交通运输企业安全生产标准化考评丛书

# 港口码头企业安全生产标准化
# 考评指南

交通运输部安全监督司 编

人民交通出版社

## 内 容 提 要

本书为港口码头企业安全生产标准化考评指南，其主要内容包括：综合法律法规，安全管理内涵与基本方法，专业法律法规，港口企业安全管理概述，人员，港口设备设施，港口作业现场，预防预控方法与应对措施，事故调查与处理，考评执业规范，港口码头企业安全生产标准化达标考评指标，考评流程与监督管理，现场考评。

本书适合港口码头企业安全生产管理人员学习参考，也可供港口码头企业安全生产标准化考评员学习使用。

**图书在版编目(CIP)数据**

港口码头企业安全生产标准化考评指南 / 交通运输部安全监督司编. —北京 : 人民交通出版社, 2012.8
ISBN 978-7-114-10031-4

Ⅰ. ①港… Ⅱ. ①交… Ⅲ. ①港口企业－企业管理－安全生产－指南②码头－企业管理－安全生产－指南
Ⅳ. ①U698.5-62

中国版本图书馆 CIP 数据核字(2012)第 199035 号

Gangkou Matou Qiye Anquan Shengchan Biaozhunhua Kaoping Zhinan

书　　名：港口码头企业安全生产标准化考评指南
著 作 者：交通运输部安全监督司
责任编辑：林宇峰
出版发行：人民交通出版社
地　　址：（100011）北京市朝阳区安定门外外馆斜街3号
网　　址：http：//www.ccpress.com.cn
销售电话：（010）85285969，85285966
总 经 销：北京金飞图书发行中心
经　　销：各地新华书店
印　　刷：北京交通印务实业公司
开　　本：787 × 1092　1/16
印　　张：48.5
字　　数：1144千
版　　次：2012年8月　第1版
印　　次：2013年3月　第2次印刷
书　　号：ISBN 978-7-114-10031-4
定　　价：120.00元
（有印刷、装订质量问题的图书由本社负责调换）

# 序 XU

近年来，党和国家越来越重视安全生产工作，把安全生产置于前所未有的高度。交通运输作为国民经济和社会发展的基础和先导性行业，其安全生产是我国安全生产的重要组成部分，直接关系到人民群众生命财产安全，关系到改革发展稳定大局，关系到党和政府形象及声誉。

交通运输部一直高度重视安全生产工作，坚决贯彻党和国家关于安全生产一系列决策部署，坚持科学发展安全发展，坚持以人为本，坚持把安全生产工作放在首位，并作为推进现代交通运输事业发展的重要前提。

企业安全生产标准化是通过建立安全生产责任制，规范生产行为，健全长效管理机制，使各生产环节中的人、机、物、环处于良好状态，并持续改进，从而不断提升企业本质安全生产水平。

为更好地指导和推动全国交通运输企业安全生产标准化建设工作，按照国务院相关部署，交通运输部相继出台了交通运输企业安全生产标准化建设实施方案、考评管理办法、考评发证实施办法、考评机构管理实施办法和考评员管理实施办法，制定了达标考评指标。并组织有关单位和专家编写了交通运输企业安全生产标准化考评丛书。该丛书共13册，主要供各级交通运输主管部门、交通运输企业、考评机构和考评员学习使用。

希望全国交通运输系统各部门、各单位和从事安全生产标准化考评工作的人员按照交通运输部的统一部署，把加强企业安全生产标准化建设工作作为当前和今后一个时期的重要工作任务，抓好抓细抓实、抓出成效，进一步推进交通运输安全生产持续稳定好转。

交通运输部部长 李盛霖

2012年7月27日

交通运输企业安全生产标准化考评丛书

## 审 委 会

**主　任:** 王金付

**副主任:** 张宝晨

**委　员:** 阮瑞文　张树森　梁雄耀　田文彪　李科浚　李维双

## 编 委 会

**主　任:** 翁　垒

**副主任:** 彭付平

**委　员:** 杜永东　李海义　陈光斌　侯建宇　张立承　徐开金　李望斌
李玉辉　周陈慈　王桂付　杜　强　张新财　白　嵴

## 本书编写组

黄世元　陆朝晖　宋宏图　马大为　宋佳森　王新亭　陈佳元
伍　跃　杨云超　吴　冰　戴广超　李少春　张　赫　左良栋
褚冠全　贺　奎

# 鸣　谢

北京市交通委员会

湖北省交通运输厅

重庆市交通委员会

江苏省交通运输厅

山西省交通运输厅

福建省交通运输厅

江西省交通运输厅

河南省交通运输厅

长江航务管理局

交通运输部水运科学研究院

中国船级社

中国交通建设集团

中远集团

中国外运长航集团

中国交通企业管理协会

北京交运安全卫生技术咨询中心

# 目 录 MULU

## 上篇 基础知识



## 中篇 专业知识

## 下篇　考评知识

# 上篇　基础知识

# 第一章 概 述

## 第一节 企业安全生产标准化的背景与意义

企业安全生产标准化就是依据国家、行业的法律、法规、规程、规章和标准制定本企业安全生产方面的规章、制度、规程、标准、办法,使企业的各项活动、工序及各个环节、岗位都规范化、制度化、标准化、科学化和法制化。安全生产标准化包括企业安全管理标准化、安全技术标准化、安全装备标准化、现场(环境)安全标准化和岗位作业安全标准化五大方面,重点是把握企业安全管理标准化、现场安全管理标准化和岗位作业安全标准化。

### 一、企业安全生产标准化建设的背景

安全生产事关人民群众生命财产安全,事关改革开放、经济发展和社会稳定大局,事关党和政府的形象和声誉。党中央、国务院一直高度重视安全生产工作,新中国成立后特别是改革开放以来,采取了一系列重大举措加强安全生产工作,颁布实施了《中华人民共和国安全生产法》(2002 年颁布)等法律法规,明确了安全生产责任,初步建立了安全生产监管体系,对重点行业和领域集中开展了安全生产专项整治,我国安全生产状况持续稳定好转。

早在新中国成立初期,我国就开始了安全生产标准化的研究和建设工作。2004 年,国务院发布《关于进一步加强安全生产工作的决定》(国发〔2004〕2 号),提出“在全国所有的工矿、商贸、交通、建筑施工等企业普遍开展安全质量标准化活动”。为了贯彻落实国发〔2004〕2 号文件,国家安全生产监督管理总局下发了相关指导文件,并陆续在煤矿、金属非金属矿山、危险化学品、烟花爆竹、冶金、机械等行业开展了安全生产标准化创建活动,有效地提升了企业的安全生产管理水平。

与此同时,组织和制度建设也在同步进行。国家安全生产监督管理局于 2004 年在政策法规司设立了标准处。在国家质量监督检验检疫总局、国家标准化管理委员会的大力支持下,多年来安全生产标准一直没有代号的难题终于得以解决,安全生产标准化的领域逐步确定,为安全生产标准化工作的开展打下了良好基础。安全生产各领域都开展了卓有成效的工作,制定了大量的安全生产标准,在保障生产经营单位安全生产中发挥了重要作用,也为政府部门进行安全生产监督监察提供了重要的技术依据。

在国家标准化管理委员会的领导和支持下,经过国务院各有关部门、协会以及各标准化技术委员会的共同努力,我国制定了一大批安全生产国家标准和行业标准,基本涵盖了各有关生产领域和作业场所。安全生产作为“十一五”期间国家标准化工作的重点领域,纳入了国家《标准化“十一五”发展规划》和《安全生产“十一五”规划》。为了进一步加强安全生产标准化工作,国家标准化管理委员会会同国家安全生产监督管理总局组织编制了《全国安全生产 2007—2010 年标准化发展规划》(后根据安全工作实际需要更名为《2008—2010 年全

国安全生产(主要工业领域)标准化发展规划》)。

到了2010年,全国生产安全事故逐年下降,安全生产状况总体稳定、趋于好转,但生产安全形势依然十分严峻,事故总量仍然很大,非法、违法生产现象严重,重特大事故多发频发,给人民群众生命财产安全造成重大损失。暴露出一些企业重生产轻安全、安全管理薄弱、主体责任不落实,一些地方和部门安全监管不到位等突出问题。

为进一步加强安全生产工作,全面提高企业安全生产水平,2010年国务院印发了《国务院关于进一步加强企业安全生产工作的通知》(国发〔2010〕23号),其中要求"全面开展安全达标,深入开展以岗位达标、专业达标和企业达标为内容的安全生产标准化建设,凡在规定时间内未实现达标的企业要依法暂扣其生产许可证、安全生产许可证,责令停产整顿;对整改逾期未达标的,地方政府要依法予以关闭",同时要求"安全生产监管监察部门、负有安全生产监管职责的有关部门和行业管理部门要按职责分工,对当地企业包括中央、省属企业实行严格的安全生产监督检查和管理,组织对企业安全生产状况进行安全标准化分级考核评价,评价结果向社会公开,并向银行业、证券业、保险业、担保业等主管部门通报,作为企业信用评级的重要参考依据"。同年,国家安全生产监督管理总局发布了行业标准《企业安全生产标准化基本规范》(AQ/T 9006—2010),在形式要求、基本内容、考评办法等方面进一步规范了企业安全生产标准化工作。

2011年5月,国务院安全生产委员会发布了《关于深入开展企业安全生产标准化建设的指导意见》(安委〔2011〕4号),阐明了深入开展企业安全生产标准化建设的重要意义,提出了总体要求、目标任务、实施方法和工作要求。

为贯彻落实国务院《关于进一步加强企业安全生产工作的通知》(国发〔2010〕23号)精神和国务院安委会《关于深入开展企业安全生产标准化建设的指导意见》(安委〔2011〕4号)的总体要求,全面推进交通运输企业安全生产标准化建设工作,2011年7月,交通运输部印发了《交通运输企业安全生产标准化建设实施方案》,明确了交通运输企业安全生产标准化建设的指导思想、工作目标,确定了实施范围、管理分工和工作内容,提出了具体工作要求。

2011年11月,国务院出台了《关于坚持科学发展安全发展促进安全生产形势持续稳定好转的意见》(国发〔2011〕40号),明确要求"推进安全生产标准化建设。在工矿商贸和交通运输行业领域普遍开展岗位达标、专业达标和企业达标建设,对在规定期限内未实现达标的企业,要依据有关规定暂扣其生产许可证、安全生产许可证,责令停产整顿;对整改逾期仍未达标的,要依法予以关闭。加强安全标准化分级考核评价,将评价结果向银行、证券、保险、担保等主管部门通报,作为企业信用评级的重要参考依据"。

为规范交通运输企业安全生产标准化考评及其管理行为,2012年4月,交通运输部印发了《交通运输企业安全生产标准化考评管理办法》,对交通运输企业安全生产标准化达标等级分类、形式、考评机构与考评员条件、考评、发证、换证等作出规定;同时,印发了《交通运输企业安全生产标准化达标考评指标》,给出了5大类、共计16类企业的考评指标。另外,交通运输部还制定了《交通运输企业安全生产标准化考评发证实施办法》、《交通运输企业安全生产标准化考评机构管理实施办法》、《交通运输企业安全生产标准化考评员管理实施办法》等。至此,企业安全生产标准化建设及达标考评工作在交通运输领域全面展开。

## 二、交通运输行业安全生产标准化的现状及存在的问题

据统计，现行的企业安全生产国家标准有近1500项，内容涉及许多行业。除国家标准外，还有数千项有关安全生产的行业标准，其中涉及交通运输安全方面的标准有50多项，针对交通运输基础设施、交通运输工具、交通运输驾驶和操作人员、交通运输环境与条件、交通运输营运管理等多个领域。

交通运输安全法律法规的贯彻实施迫切需要交通运输安全生产标准作为支撑。交通运输安全法律法规多为原则性规定，要付诸实施，必须有更为具体、更为详尽的技术性标准和规程予以支持。交通运输安全生产标准具有交通运输安全技术性法律规定的作用，是交通运输安全法律规定的延伸。交通运输安全评价需要以交通运输标准作为依据。认定交通运输企业是否具备安全条件，交通运输产品设备等是否符合安全要求，也需要交通运输标准规范和技术规程为依据。交通运输安全标准是交通运输市场准入的必要条件。标准化是交通运输社会化和国际化的要求，是社会生产力发展水平的反映。

在党和政府有关部门的支持和领导下，我国交通运输企业安全生产标准化工作取得了很大的成绩，在规范交通运输生产经营单位安全生产和安全生产监管监察中发挥了重要作用，但是仍然存在如下一些问题：

(1)交通运输安全生产标准的种类太过庞杂、系统性差，缺少部分安全生产标准，如缺少安全监管监察部门装备配备标准、安全生产应急救援装备配备标准等，而且很多标准与其他行业的安全生产标准体系之间存在着内容重复、交叉等问题。

(2)部分交通运输安全生产标准老化、内容过时，目前我国仍存在部分标龄超过5年甚至10年以上未修订的安全生产标准。

(3)国际化程度低，在交通运输安全生产标准中，采用国际标准和国外发达国家标准的比率较低。

(4)交通运输安全生产标准化体系、方法和技术等基础理论研究不足，在标准制定之前没有进行足够的、系统的研究。许多标准的体系混乱，方法也欠科学，缺乏逻辑性，技术上也不太成熟，导致实施起来有困难。

## 三、企业安全生产标准化建设的重要意义

企业安全生产标准化建设对于进一步规范我国企业安全生产行为，改善安全生产条件，强化安全基础管理，有效防范和坚决遏制重特大事故的发生，具有十分重要的意义。

(1)落实企业安全生产主体责任的必要途径。国家有关安全生产法律法规和规定明确要求，要严格企业安全管理制定，全面开展安全达标工作。企业是安全生产的责任主体，也是安全生产标准化建设的主体，要通过加强企业每个岗位和环节的安全生产标准化建设，不断提高安全管理水平，促进企业安全生产主体责任落实到位。

(2)强化企业安全生产基础工作的长效制度。安全生产标准化建设涵盖了增强人员安全素质、提高装备设施水平、改善作业环境、强化岗位责任落实等各个方面，是一项长期的、基础性的系统工程，有利于全面促进企业提高安全生产保障水平。

(3)政府实施安全生产分类指导、分级监管的重要依据。实施安全生产标准化建设考

评，将企业划分为不同等级，能够客观真实地反映出各地区企业安全生产状况和不同安全生产水平的企业数量，为加强安全监管提供有效的基础数据。

(4)有效防范事故发生的重要手段。深入开展安全生产标准化建设，能够进一步规范从业人员的安全行为，提高机械化和信息化水平，促进现场各类隐患的排查治理，推进安全生产长效机制建设，有效防范和坚决遏制事故发生，促进全国安全生产状况持续稳定好转。

## 第二节　企业安全生产标准化的工作原理

### 一、企业安全生产标准化的内涵

标准化是指通过制定、实施国家及行业等标准，来规范各种生产行为，以获得最佳生产秩序和社会效益的过程。它是一个有目的的过程，是现代化大生产的必要条件。

安全生产标准化是指通过建立安全生产责任制，制定安全管理制度和操作规程，排查治理隐患和监控重大危险源，建立预防机制，规范生产行为，使各生产环节符合有关安全生产法律法规和标准规范的要求，人、机、物、环境处于良好的生产状态，并持续改进，不断加强企业安全生产规范化建设。它涵盖了企业安全生产工作的全局，是企业开展安全生产工作的基本要求和衡量尺度，也是企业加强安全管理的重要方法和手段。

安全生产标准化的目的是严格落实企业安全生产责任制，加强安全科学管理，实现企业安全管理的规范化。加强安全教育培训，强化安全意识、技术操作和防范技能，杜绝“三违”。加大安全投入，提高专业技术装备水平，深化隐患排查治理，改进现场作业条件。通过安全生产标准化建设，实现岗位达标、专业达标和企业达标，实现各行业(领域)企业的安全生产水平明显提高，安全管理和事故防范能力明显增强的目的。

企业开展安全生产标准化工作，遵循“安全第一、预防为主、综合治理”的方针，以隐患排查治理为基础，提高安全生产水平，减少事故发生，保障人身安全健康，保证生产经营活动的顺利进行。

企业安全生产标准化工作采用“策划、实施、检查、改进”动态循环的模式，依据相关要求，结合自身特点，建立并保持安全生产标准化系统；通过自我检查、自我纠正和自我完善，建立安全绩效持续改进的安全生产长效机制。

企业安全生产标准化工作实行企业自主评定、外部考评的方式组织实施。

### 二、企业安全生产标准化的基本原理

企业安全生产标准化是科学系统的目标管理模式和管理体系建设模式，它要求生产经营单位分析生产安全风险，建立预防机制，健全科学的安全生产责任制、管理制度和操作规程；各生产环节和相关岗位的安全工作符合法律法规、规章规程和标准，并持续改进，控制生产安全风险，始终处于安全生产的良好状态。从安全生产标准化建设内容上看，是具有战略性系统整合能力的动态管理过程，是全面开发企业安全管理潜能、提高企业安全管理全水平、促进企业建立安全生产长效机制的有效途径。

企业安全生产标准化管理工作包括四大基本原理：

1. 明确目标,整合企业资源

要搞好企业安全生产标准化管理工作,首先要确定目标和理念,整合企业资源,将企业安全生产提升到战略高度。

1)安全管理理念是企业安全生产标准化的最终目标

安全管理理念是安全生产标准化的最终目标,是站在健康和环境的高度,超出企业追求利益最大化的角度,抛开了企业作为个体的角度,将企业个体放大到整体的层面上来谋划和设计。实际上,这个终极目标也是一个企业发展壮大,或者说是企业能长久生存的至高法则。

安全生产标准化体系的建设,是以突出"安全第一、预防为主、综合治理"的方针和以人为本为宗旨,注重科学性、规范性和系统性,立足危害辨识、风险评价和隐患治理,风险管理和预防事故发生的思想,充分体现安全与效益、安全与健康、安全与环境之间的内在联系,并与生产经营单位其他方面的基础管理有机结合,是长远性战略意义的安全管理理念,通过制定、传达、评审、修订、识别、提升、跟踪和沟通等方式,使组织战略逐步得以定位和实现。它要求企业以发挥协同效应为原则,梳理部门职能和关键岗位职责,设立安全管理方针和目标,建立起安全生产标准化管理体系。

2)安全生产标准化管理的优势是整合企业资源

安全生产标准化与传统的安全管理本质的差别在于各自与战略的关系。传统的安全管理是一个相对独立的系统,通常与组织战略、组织文化、管理者的承诺和支持等相脱离。但这些组织中的背景因素,对于成功实施安全管理的影响越来越大,安全管理必须能够衔接组织战略和企业日常管理工作。安全生产标准化系统能够完成这一任务,并且能够将企业所有的资源整合起来,做到有的放矢、齐心协力,实现安全与效益、安全与健康、安全与环境的和谐统一,为企业发展壮大保驾护航。

2. 动态循环,推行全程沟通

安全生产标准化体系是由若干个元素组成,这些元素又划分为若干个子元素;它是根据系统原理和持续改进的要求而进行的动态管理。

1)安全生产标准化体系是一个动态循环的管理系统

安全生产标准化体系是由若干个元素组成,这些元素又划分为若干子元素,是根据系统原理和持续改进的要求,引用管理学中的一个通用模型PDCA(Plan-Do-Check-Action,即计划、执行、检查、处置)循环进行动态的循环管理。动态循环管理的理念使安全生产标准化系统蕴涵着不竭的动力。

PDCA循环,可以使我们的思想方法和工作步骤更加条理化、系统化、图像化和科学化,是质量管理的基本方法;它既适用于整个工程项目,也适用于整个企业及内部科室、工段、班组和个人。安全标准化各子元素的策划、执行、符合、绩效四个方面,都有自己的PDCA循环,层层循环,形成大环套小环、小环又套更小的环的模式。大环是小环的母体和依据,小环是大环的分解和保证。各子元素的小环都围绕着上层元素的要求朝着同一方向转动,通过循环把企业安全生产管理的各项工作有机地联系起来,彼此协同和促进。

2)安全生产标准化体系是一个全程沟通的管理系统

安全生产标准化的科学性体现在:它建立了一个高效的沟通平台,沟通贯穿整个安全生产标准化管理系统，且形成闭环，问题能够有条理、按程序地解决。该机制传达信息及时，能有效落实法律法规、制度、标准；信息的及时传达和管理的高效、通畅，使生产过程各种风险得到有效的掌控。安全生产标准化体系的沟通系统能充分发挥员工的聪明才智，员工们能主动参与管理，积极提出意见和建议。

3. 科学评价，发挥员工潜能

1）安全生产标准化体系的全面评价功能，为企业安全管理精细化提供了条件

安全标准化的全面评价功能，塑造了企业员工的精神面貌。安全生产标准化评定的实质是对企业安全管理的全面评价，涵盖企业所有生产经营活动和人员。该标准化作为评价体系，为全面、准确、真实地认识安全现状提供了有效方法，为发现和解决问题打下了良好基础。该评价方法改变了传统安全管理中模糊定性认识的评价方法，引入了新的准确定量认识的评价方法，全面掌握了企业的安全现状，使安全管理工作尽快转移到以危险预防、预控为中心的现代化安全管理轨道上来，实现对危险的有效控制和安全管理的持续改进，企业在人、机、物、环境等环节处于良好的运行状态，为企业安全管理精细化打下坚实的基础。

2）实施安全生产标准化体系使员工潜能得到充分释放

通过安全标准化体系的有效运行，开展全面的安全评价，职工的潜能被激发出来。安全标准化体系对员工的培训不生硬，员工不是填鸭式的被动接受，而是人性化、自愿的接受，并积极主动地参与管理，使员工安全意识和素质得到提高。

4. 全员参与，全面提升安全生产目标

安全标准化全员参与的要求，体现了该标准化建设过程中员工的素质提升是跨越式的，安全绩效是显著的。安全标准化是一个系统工程，从管理层到普通员工，两者在安全标准化运行过程中均有不可替代的作用。标准化的建设工作不是一蹴而就的，要长期不懈努力。从安全目标和方针的建立到生产工艺环节、从高层管理到基层员工，都是安全生产标准化工作的在控对象。方针和目标的变化、生产工艺的变化、法律法规的变化、制度的变化、规程的变化等，都需要企业员工了解和掌握。在系统运行过程中，能有效检索出薄弱环节，发现问题能及时修正，保证全体员工能力的有效提升。安全标准化的良好运行，能确保企业员工每天做好每一件事，能真正达到全员、全过程、全方位的安全管理要求，形成横向到边、纵向到底的安全管理状态。

## 三、交通运输企业安全生产标准化的内容和程序

根据2012年交通运输部印发的《交通运输企业安全生产标准化考评管理办法》、《交通运输企业安全生产标准化达标考评指标》、《交通运输企业安全生产标准化考评发证实施办法》、《交通运输企业安全生产标准化考评机构管理实施办法》、《交通运输企业安全生产标准化考评员管理实施办法》等相关规定，达标考评指标共有5大类16个交通运输业被纳入安全生产标准化考评工作。

交通运输企业安全生产标准化达标等级由高到低分为一级、二级、三级（除城市轨道交通企业外）；交通运输部负责一级达标企业的考评工作；省级交通运输主管部门和长江航务管理局、珠江航务管理局负责二、三级达标企业的考评工作；主管机关或其认定的考评机构负责对交通运输企业实施考评；考评机构资质类别分为道路运输、水路运输、港口码头、城市

客运、交通运输工程建设5类，资质分为一、二、三级；考评员专业类型分为道路运输、水路运输、港口码头、城市客运、交通运输工程建设五大类；交通运输企业安全生产标准化考评的基本程序是：企业自评、企业提出申请、主管机关指定考评机构受理、考评机构核查、考评机构考评（或告知核查未通过）、考评机构提出整改意见、企业整改（或提出复核申请，主管机关组织复核）、考评机构核实、主管机关公示企业达标等级、发证（或核查）。

## 第三节　交通运输企业安全生产标准化的工作任务

为贯彻落实《国务院关于进一步加强企业安全生产工作的通知》（国发（2010）23号）的精神和《国务院安委会关于深入开展企业安全生产标准化建设的指导意见》（安委〔2011〕4号）的总体要求，全面推进交通运输企业安全生产标准化建设工作，2011年以来，交通运输部出台了《交通运输企业安全生产标准化建设实施方案》等一系列文件，对交通运输企业安全生产标准化建设的指导思想和工作目标、实施范围、管理分工、主要内容、工作任务以及工作要求等作了具体规定。

### 一、指导思想和工作目标

交通运输企业安全生产标准化建设的指导思想是：以科学发展观为统领，坚持“安全第一、预防为主、综合治理”的方针，牢固树立以人为本、安全发展的理念，全面贯彻国发〔2010〕23号和安委〔2011〕4号文件精神，以落实企业安全生产主体责任为主线，以强化安全生产“双基”（基层、基础）为重点，通过开展企业安全生产标准化建设，全面提升交通运输企业安全生产水平，为构建便捷、安全、经济、高效的综合运输体系、发展现代交通运输业提供可靠的安全保障。

交通运输企业安全生产标准化建设的工作目标：

（1）企业安全生产水平明显提升。通过开展交通运输企业安全生产标准化建设，体制机制不断完善，主体责任进一步落实，员工素质稳步提高，科技装备水平和管理能力明显提升，突出问题有效解决，企业安全生产形势持续稳定好转。

（2）各类事故明显下降。重大以上事故明显下降，到2015年，营运车辆万车死亡事故件数和死亡人数平均每年下降3%；运输船舶百万吨港口吞吐量水上交通事故件数和死亡人数平均每年下降5%；城市客运百万车公里死亡事故件数和死亡人数平均每年下降1%；公路水运工程建设百亿元投资死亡事故件数和死亡人数平均每年下降1%。

（3）推进企业全面达标。交通运输企业全面开展安全生产标准化建设工作，实现企业安全管理标准化、作业现场标准化和操作过程标准化。力争使从事客运、危险化学品和烟花爆竹等重点运输企业在2013年底前达标，其他交通运输企业在2015年之前达标。

### 二、实施范围和管理分工

实施范围。具有独立法人资格，具体从事公路水路运输、城市客运和公路水运工程施工等生产经营建设活动的交通运输企业。

管理分工。交通运输企业安全生产标准化达标分一级、二级、三级，其中一级最高，三级最低。交通运输部负责一级企业的达标评审管理,省级交通运输主管部门和长江航务管理局、珠江航务管理局负责二级、三级企业的达标评审管理。

## 三、工作任务

交通运输企业安全生产标准化建设的工作任务是根据交通运输部关于企业达标的目标安排,2015 年前对全国交通运输企业进行分批、分类达标考评,并做好以后的考评工作。

1)主管机关的工作任务

交通运输部主管全国交通运输企业安全生产标准化工作并负责一级达标企业的考评工作;省级交通运输主管部门负责本管辖范围内交通运输企业安全生产标准化工作和二、三级达标企业的考评工作;长江航务管理局、珠江航务管理局分别负责长江干线、西江干线跨省航运企业安全生产标准化工作和二、三级达标企业的考评工作。

主管机关负责对考评机构的认可、资质证书的发放和监督管理;负责考评员适任条件的审核、考试发证、注册登记等管理工作,并建立档案;负责指定企业申请受理考评机构,对企业提出的复核申请及时组织复核,向社会公示考评结果,并核查公示期间的实名举报,达标证书发放。

2)考评机构的工作任务

按照考评管理的有关办法和程序,对申请达标的企业核查、考评,对考评员进行管理,建立考评员档案,将考评员有关材料报主管机关,进行年度考评工作总结并报主管机关。

3)考评员的工作任务

按照考评管理的有关办法和程序,在主管机关和考评机构的统一管理下,对申请达标企业进行考评,并自觉接受主管机关、考评机构的监督管理,年度继续教育时间不少于 8 学时。

4)港口企业的工作任务

按照主管机关的有关要求,深入开展企业安全生产标准化建设,并按照考评管理的有关办法和程序,申请达标等级。

## 四、主要内容

制定工作方案。各部门、各单位要根据本方案的内容和要求,结合本地区、本单位实际情况,制定实施方案,明确目标、任务、责任,确定标准化示范企业名单,确保标准化建设有计划、有步骤地顺利开展。

建立相关制度和标准。根据国家和交通运输安全生产相关法律法规、标准和规范,制定交通运输企业安全生产标准化达标管理办法、评级程序和达标标准,明确工作流程,细化安全生产达标标准。

确定考评机构和考评员。一级安全生产标准化企业的考评机构由交通运输部确定;二级、三级安全生产标准化企业的考评机构由省级交通运输主管部门、长江航务管理局、珠江航务管理局确定,并报交通运输部备案,确定的考评机构应向社会公布。考评一级企业的考评员资质由交通运输部认可,评审二级、三级企业的考评员资质由省级交通运输主管部门、长江航务管理局、珠江航务管理局确定,并报交通运输部备案。

示范推广。交通运输部确定于 2012 年内在公路水路运输、城市客运和公路水运工程施工企业各选择 1 至 2 家作为示范，以总结经验、深入推广。省级交通运输管理部门和长江航务管理、珠江航务管理局也应结合实际，做好示范推广工作。

## 五、工作要求

(1)加强组织领导。部安全委员会负责全国交通运输企业安全生产标准化建设工作的组织领导，部安全委员会办公室具体负责日常工作。各部门、各单位要结合实际，明确相应的组织领导机构，认真制定工作方案，合理确定阶段目标，分阶段、分步骤实施。2011 年和 2012 年重点抓好政策法规、考评管理办法和达标考评指标(即达标考评标准)的制定及宣传推广等工作；2013 年底前完成客运、危险化学品和烟花爆竹等重点运输企业达标评级工作，其他交通运输企业成熟一批、评审一批，确保 2015 年底以前达标。

(2)加强工作指导。各部门、各单位要按照方案要求，指导和督促企业、评审单位积极开展安全生产标准化建设和评审工作，按期完成工作任务，确保工作质量。要实行分类指导，加强对评审单位和评审人员的专题培训，研究解决安全生产标准化建设工作中的新问题；要开展示范推广，发挥榜样作用，创新体制机制，加强经验交流，以点带面、推动企业全面达标，为企业安全生产标准化建设提供有效的指导服务。

(3)加强跟踪管理。各部门、各单位要加强跟踪和监督检查，不断巩固建设成果，坚持与时俱进、突出建设重点、解决突出问题，做到持续改进和升级，切实提高企业安全生产标准化建设水平。要将安全达标与行政许可、日常安全监管工作有机结合起来，凡不符合安全生产条件的，一律不得批准从事交通运输生产经营建设活动；凡在规定的时间内仍不能达标的企业，一律依法停业整顿直至吊扣或注销经营许可证，并在媒体公开曝光。要加强相关立法工作，以法律手段督促达标；完善考核制度，落实工作责任，以行政手段推进达标；建立有效激励机制，激发企业自觉性，以经济手段引导达标。要建立安全生产标准化建设工作信息化管理平台，加强对工作进展的实时管理，及时掌握动态信息，提高工作效率和服务水平。

(4)加大宣传力度。各部门、各单位要采取多种形式大力开展安全生产标准化建设宣传教育活动，充分利用各种媒体，及时广泛宣传工作进展和好的经验做法，为企业安全生产标准化建设工作营造良好的氛围。凡经考评达标的企业，要向社会公告，通过加大正面宣传力度，带动其他企业做好安全生产达标工作。

# 第二章　综合法律法规

## 第一节　企业安全生产标准化法律法规体系构架

### 一、企业安全生产标准化的概念

企业安全生产标准化是指通过建立安全生产责任制，制定安全管理制度和操作规程，排查治理隐患和监控重大危险源，建立预防机制，规范生产行为，使各生产环节符合有关安全生产法律法规和标准规范的要求，人员、设备、设施、环境等处于良好的生产状态，并持续改进，不断加强企业安全生产规范化建设。

企业安全生产标准化建设体现了“安全第一、预防为主、综合治理”的方针和“以人为本”的科学发展观，强调企业安全生产工作的科学化、规范化、系统化和法制化，强化风险管理和过程控制，注重绩效管理和持续改进，符合安全管理的基本规律，代表了现代企业安全管理的发展方向，是先进的安全管理思想与我国传统安全管理方法、企业具体实际的有机结合，能有效提高企业安全生产水平，从而推动我国安全生产状况的根本好转。

企业安全生产标准化主要内容包括：企业安全生产标准化的目标、组织机构和职责、安全生产投入、法律法规与安全管理制度、教育培训、生产设备设施、作业安全、隐患排查和治理、重大危险源监控、职业健康、应急救援、事故报告和调查处理、绩效评定和持续改进 13 个方面。

### 二、企业安全生产管理的组织领导

交通运输企业安全生产管理体制是由交通运输部安全生产委员会统一领导、交通运输部安全监督司具体实施的组织形式。

为加强对交通运输企业安全生产工作的统一领导，促进安全生产形势的稳定好转，保护国家财产和人民生命安全，交通运输部成立了交通运输安全生产委员会；同时，办公室设立交通运输部安全监督司作为安委会的日常办事机构。

为贯彻落实《国务院关于进一步加强企业安全生产工作的通知》（国发〔2010〕23 号）精神和《国务院安委会关于深入开展企业安全生产标准化建设的指导意见》（安委〔2011〕4 号）的总体要求，全面推进交通运输企业安全生产标准化建设工作，交通运输部制定了《交通运输企业安全生产标准化建设实施方案》，并发布了一系列交通运输企业安全生产标准化建设和考评的文件。具体内容见第四章。

### 三、企业安全生产标准化法律法规体系

“法”是特殊的社会规范，一般是指广义的法，即法的整体。在我国，安全生产管理的法律法规的整体主要由法律、法规和国家行政机关颁布的规章制度所构成，一般称为群法。安

全生产管理法律法规是在国家安全生产方面的法律、法规。国家行政机关颁布规章以及纳入估计法律、法规要强制执行的各种法律法规的集合。

我国的企业安全生产标准化法律法规体系大致分为五个方面：

(1)全国人民代表大会及其常务委员会颁布的法律；

(2)国务院颁布的行政法规及国务院文件；

(3)地方人民代表大会及其常务委员会颁布的法规；

(4)国家有关部委颁布的规章；

(5)各安全生产标准化技术委员会公布的标准规范。

下面是一些重要的与企业安全及安全生产生产标准化有关的法律法规列表，见表2-1。

**国家有关安全生产的重要法律法规列表**

表2-1

| 法律法规名称 | 颁布机关 | 颁布时间 |
|---|---|---|
| 中华人民共和国刑法 | 全国人大 | 1979年通过,1997年修订 |
| 中华人民共和国刑法修正案(八) | 全国人大常委会 | 2011年通过 |
| 中华人民共和国突发事件应对法 | 全国人大常委会 | 2007年通过 |
| 中华人民共和国消防法 | 全国人大常委会 | 1998年通过,2008年修订 |
| 中华人民共和国安全生产法 | 全国人大常委会 | 2002年通过 |
| 中华人民共和国海上交通安全法 | 全国人大常委会 | 1983年通过 |
| 中华人民共和国道路交通安全法 | 全国人大常委会 | 2003年通过 |
| 中华人民共和国港口法 | 全国人大常委会 | 2003年通过 |
| 中华人民共和国海洋环境保护法 | 全国人大常委会 | 1982年通过,1999年修订 |
| 中华人民共和国职业病防治法 | 全国人大常委会 | 2001年通过 |
| 中华人民共和国劳动法 | 全国人大常委会 | 1994年通过 |
| 中华人民共和国标准化法 | 全国人大常委会 | 1988年通过 |
| 中华人民共和国内河交通安全管理条例 | 国务院 | 2002年通过 |
| 中华人民共和国道路交通安全法实施条例 | 国务院 | 2004年通过 |
| 中华人民共和国道路运输条例 | 国务院 | 2004年通过 |
| 中华人民共和国渔港水域交通安全管理条例 | 国务院 | 1989年通过 |
| 生产安全事故报告和调查处理条例 | 国务院 | 2007年通过 |
| 危险化学品安全管理条例 | 国务院 | 2011年通过 |
| 烟花爆竹安全管理条例 | 国务院 | 2006年通过 |
| 易制毒化学品管理条例 | 国务院 | 2005年通过 |
| 中华人民共和国标准化法实施条例 | 国务院 | 1990年通过 |
| 关于特大安全事故行政责任追究的规定 | 国务院 | 2001年通过 |
| 关于进一步加强安全生产工作的决定 | 国务院 | 国发〔2004〕2号 |
| 关于进一步加强企业安全生产工作的通知 | 国务院 | 国发〔2010〕23号 |
| 关于坚持科学发展安全发展促进安全生产形势持续稳定好转的意见 | 国务院 | 国发〔2011〕40号 |

## 第二节　企业安全生产标准化主要法律法规的基本内容

### 一、《中华人民共和国刑法》中有关安全生产的内容

《中华人民共和国刑法》(以下简称《刑法》)于 1979 年 7 月 1 日第五届全国人民代表大会第二次会议通过,1997 年 3 月 14 日第八届全国人民代表大会第五次会议修订。修订后的《刑法》自 1997 年 10 月 1 日起施行。

《刑法》的任务,是用刑罚同一切犯罪行为作斗争,以保卫国家安全,保卫人民民主专政的政权和社会主义制度,保护国有财产和劳动群众集体所有的财产,保护公民私人所有的财产,保护公民的人身权利、民主权利和其他权利,维护社会秩序、经济秩序,保障社会主义建设事业的顺利进行。

《刑法》中有关安全生产的内容主要体现在以下几个条款中:

第一百二十五条　非法制造、买卖、运输、邮寄、储存枪支、弹药、爆炸物的,处三年以上十年以下有期徒刑;情节严重的,处十年以上有期徒刑、无期徒刑或者死刑。

非法买卖、运输核材料的,依照前款的规定处罚。

单位犯前两款罪的,对单位判处罚金,并对其直接负责的主管人员和其他直接责任人员,依照第一款的规定处罚。

第一百三十一条　航空人员违反规章制度,致使发生重大飞行事故,造成严重后果的,处三年以下有期徒刑或者拘役;造成飞机坠毁或者人员死亡的,处三年以上七年以下有期徒刑。

第一百三十二条　铁路职工违反规章制度,致使发生铁路运营安全事故,造成严重后果的,处三年以下有期徒刑或者拘役;造成特别严重后果的,处三年以上七年以下有期徒刑。

第一百三十三条　违反交通运输管理法规,因而发生重大事故,致人重伤、死亡或者使公私财产遭受重大损失的,处三年以下有期徒刑或者拘役;交通运输肇事后逃逸或者有其他特别恶劣情节的,处三年以上七年以下有期徒刑;因逃逸致人死亡的,处七年以上有期徒刑。

第一百三十四条　工厂、矿山、林场、建筑企业或者其他企业、事业单位的职工,由于不服管理、违反规章制度,或者强令工人违章冒险作业,因而发生重大伤亡事故或者造成其他严重后果的,处三年以下有期徒刑或者拘役;情节特别恶劣的,处三年以上七年以下有期徒刑。

第一百三十五条　工厂、矿山、林场、建筑企业或者其他企业、事业单位的劳动安全设施不符合国家规定,经有关部门或者单位职工提出后,对事故隐患仍不采取措施,因而发生重大伤亡事故或者造成其他严重后果的,对直接责任人员,处三年以下有期徒刑或者拘役;情节特别恶劣的,处三年以上七年以下有期徒刑。

第一百三十六条　违反爆炸性、易燃性、放射性、毒害性、腐蚀性物品的管理规定,在生产、储存、运输、使用中发生重大事故,造成严重后果的,处三年以下有期徒刑或者拘役;后果特别严重的,处三年以上七年以下有期徒刑。

第一百三十七条　建设单位、设计单位、施工单位、工程监理单位违反国家规定,降低工

程质量标准,造成重大安全事故的,对直接责任人员,处五年以下有期徒刑或者拘役,并处罚金;后果特别严重的,处五年以上十年以下有期徒刑,并处罚金。

第三百九十七条 国家机关工作人员滥用职权或者玩忽职守,致使公共财产、国家和人民利益遭受重大损失的,处三年以下有期徒刑或者拘役;情节特别严重的,处三年以上七年以下有期徒刑。本法另有规定的,依照规定。

国家机关工作人员徇私舞弊,犯前款罪的,处五年以下有期徒刑或者拘役;情节特别严重的,处五年以上十年以下有期徒刑。本法另有规定的,依照规定。

《刑法》自 1997 年 10 月 1 日起施行后至 2011 年 2 月 25 日,全国人民代表大会常务委员会通过了八个《修正案》,其中《中华人民共和国刑法修正案(六)》(2006 年 6 月 29 日第十届全国人民代表大会常务委员会第二十二次会议通过)涉及安全生产的内容有如下条款:

一、将刑法第一百三十四条修改为:在生产、作业中违反有关安全管理的规定,因而发生重大伤亡事故或者造成其他严重后果的,处三年以下有期徒刑或者拘役;情节特别恶劣的,处三年以上七年以下有期徒刑。

"强令他人违章冒险作业,因而发生重大伤亡事故或者造成其他严重后果的,处五年以下有期徒刑或者拘役;情节特别恶劣的,处五年以上有期徒刑。"

二、将刑法第一百三十五条修改为:"安全生产设施或者安全生产条件不符合国家规定,因而发生重大伤亡事故或者造成其他严重后果的,对直接负责的主管人员和其他直接责任人员,处三年以下有期徒刑或者拘役;情节特别恶劣的,处三年以上七年以下有期徒刑。"

## 二、《中华人民共和国安全生产法》的基本内容

我国安全生产管理在法律层面主要依据的是《中华人民共和国安全生产法》(以下简称《安全生产法》),这是我国企业安全生产方面的综合性法律。《安全生产法》由中华人民共和国第九届全国人民代表大会常务委员会第二十八次会议于 2002 年 6 月 29 日通过,自 2002 年 11 月 1 日起施行。

1.《安全生产法》的立法背景与意义

1)《安全生产法》的立法背景

安全生产,事关人民群众生命财产安全、国民经济持续快速健康发展和社会稳定大局。《安全生产法》自提出立法建议到出台,经历了 21 年的历程。《安全生产法》的公布施行,是我国安全生产法制进程中新的里程碑,它标志着我国安全生产法制建设进入了一个新的阶段。

改革开放以来,在党中央、国务院的领导下,我国的安全生产状况逐步好转。但安全生产形势依然严峻,重大、特大事故连续发生。为了加强安全生产监督管理,遏制事故的发生,保障人民生命安全和减少财产损失,保证社会主义现代化建设的顺利进行,党中央、国务院坚持安全第一的方针,采取了安全生产专项整治特别是加强法制等重大举措,为实现安全生产的稳定好转创造了更好的法制环境。

为了加强安全生产监督管理,确立安全生产的基本管理制度和要求,规定针对性、可操作性较强的具体措施,加大对违法犯罪行为的处罚力度,防止和减少生产安全事故的发生,保障人民群众生命财产安全,促进经济发展和保障社会稳定,迫切需要制定一部综合性的、

适用范围宽的《安全生产法》。《安全生产法》正是在这种背景和条件下制定出台的。

2)《安全生产法》的意义

《安全生产法》作为我国安全生产的综合性法律，具有丰富的法律内涵和规范作用。《安全生产法》贯穿了“三个代表”、与时俱进和安全责任重于泰山的重要思想，反映了党和政府重视人权的社会主义本质，总结了我国安全生产正反两方面的经验，体现了依法治国的基本方略。各级领导干部、生产经营单位及其从业人员，要从讲政治、保稳定、促发展的高度，学习宣传和贯彻《安全生产法》，深刻领会其立法宗旨和精神实质。它的通过实施，对全面加强我国安全生产法制建设，激发全社会对公民生命权的珍视和保护，提高全民族的安全法律意识，规范生产经营单位的安全生产，强化安全生产监督管理，遏制重大、特大事故发生，促进经济发展和保持社会稳定都具有重大的现实意义，必将产生深远的历史影响。

《安全生产法》是我国第一部全面规范安全生产的专门法律，是我国安全生产法律体系的主体法。《安全生产法》贯彻实施的意义如下：

(1)有利于全面加强我国安全生产法律法规体系建设；

(2)有利于保障人民群众生命安全；重视和保护人的生命权，是制定《安全生产法》的根本出发点和落脚点；

(3)有利于依法规范生产经营单位的安全生产工作；

(4)有利于各级人民政府加强对安全生产工作的领导；

(5)有利于安全生产监管部门和有关部门依法行政，加强监督管理；

(6)有利于提高从业人员的安全素质；

(7)有利于增强全体公民的安全法律意识；

(8)有利于制裁各种安全违法行为。

2.《安全生产法》的主要内容

《安全生产法》由七个部分组成：第一章总则；第二章生产经营单位的安全生产保障；第三章从业人员的权利和义务；第四章安全生产的监督管理；第五章生产安全事故的应急救援与调查处理；第六章法律责任；第七章附则。

立法目的：为了加强安全生产监督管理，防止和减少生产安全事故，保障人民群众生命和财产安全，促进经济发展。适用范围：在中华人民共和国领域内从事生产经营活动的单位(以下统称生产经营单位)的安全生产，适用本法；有关法律、行政法规对消防安全和道路交通安全、铁路交通安全、水上交通安全、民用航空安全另有规定的，适用其规定。

生产经营的目标：安全生产管理，坚持安全第一、预防为主的方针。生产经营单位必须遵守本法和其他有关安全生产的法律、法规，加强安全生产管理，建立、健全安全生产责任制度，完善安全生产条件，确保安全生产。

从业人员的权利和义务：生产经营单位的从业人员有依法获得安全生产保障的权利，并应当依法履行安全生产方面的义务。

安全生产的监督管理：工会依法组织职工参加本单位安全生产工作的民主管理和民主监督，维护职工在安全生产方面的合法权益。国务院和地方各级人民政府应当加强对安全生产工作的领导，支持、督促各有关部门依法履行安全生产监督管理职责。县级以上人民政府对安全生产监督管理中存在的重大问题应当及时予以协调、解决。国务院负责安全生产监督管理的部门依照本法,对全国安全生产工作实施综合监督管理;县级以上地方各级人民政府负责安全生产监督管理的部门依照本法,对本行政区域内安全生产工作实施综合监督管理。国务院有关部门依照本法和其他有关法律、行政法规的规定,在各自的职责范围内对有关的安全生产工作实施监督管理;县级以上地方各级人民政府有关部门依照本法和其他有关法律、法规的规定,在各自的职责范围内对有关的安全生产工作实施监督管理。国务院有关部委应当按照保障安全生产的要求,依法及时制定有关的国家标准或者行业标准,并根据科技进步和经济发展适时修订。生产经营单位必须执行依法制定的保障安全生产的国家标准或者行业标准。各级人民政府及其有关部门应当采取多种形式,加强对有关安全生产的法律、法规和安全生产知识的宣传,提高职工的安全生产意识。依法设立的为安全生产提供技术服务的中介机构,依照法律、行政法规和执业准则,接受生产经营单位的委托为其安全生产工作提供技术服务。

安全事故的调查处理:县级以上地方各级人民政府应当组织有关部门制定本行政区域内特大生产安全事故应急救援预案,建立应急救援体系,配备必要的救援人员,以及救援器材。发生安全事故后,应及时上报,保留证据,不得隐瞒。负责安全生产监督的部门得到上报后,应按照国家规定处理,不得谎报、瞒报。任何单位接到协助安全生产事故的通知时,应提供一切便利条件,立即赶到现场实施事故抢救。调查结果应以尊重事实、尊重科学为原则,及时准确查明原因。有过失者,依法追究法律责任。任何单位和个人不得阻挠和干涉对事故的依法调查处理。县级以上负责安全生产的部门应定期分析统计安全事故的情况,并向社会公布。

法律责任:国家实行生产安全事故责任追究制度,依照本法和有关法律、法规的规定,追究生产安全事故责任人员的法律责任。国家鼓励和支持安全生产科学技术研究和安全生产先进技术的推广应用,提高安全生产水平。国家对在改善安全生产条件、防止生产安全事故、参加抢险救护等方面取得显著成绩的单位和个人,给予奖励。

## 三、《中华人民共和国突发事件应对法》的基本内容

### 1.《突发事件应对法》的立法过程与重要意义

1)《突发事件应对法》的立法过程

近年来,我国重大突发事件频繁发生。各级人民政府在积极应对突发事件的过程中总结出了丰富经验,得到了许多教训。2003 年,抗击“非典”的过程给了各级人民政府许多重要启示,其中重要的一点就是要依靠法制应对突发事件。自 2003 年 5 月起,国务院有关部委成立了法律起草领导小组,着手《突发事件应对法》的研究起草工作。法律起草小组重点研究了美、俄、德、意、日等十多个国家应对突发事件的法制制度,深入全国各地开展调研,举办了多次学术研讨会,对法制基本结构和内容进行了深入研究。《突发事件应对法》草案广泛征求了全国人大、全国政协有关单位、有关社会团体、各省(自治区、直辖市)人民政府、国务院各部委,以及各方面专家学者的意见。国务院第 83 次、第 138 次常务会议,十届全国人大常委会第二十二次、第二十八次、第二十九次会议,多次深入讨论和审议《突发事件应对法》草案,对法律草案进行了大量修改和完善。因此,《突发事件应对法》的立法过程体现了党和政府对突发事件应对工作的高度重视,体现了各级各部门对突发事件应对工作规律性

的认识,很好地保证了这部法律的权威性、实用性和科学性。

2)《突发事件应对法》的重要意义

突发事件应急管理是一项内容庞杂、情况多变,涉及各方面利益又需要各方面参与,理论性和实践性都很强的工作,必须在法律上对这项工作的各个方面、各个环节进行严格规范。据统计,在《突发事件应对法》出台前,全国已经制定涉及突发事件应对的法律35件、行政法规37件、部门规章55件。而制定和实施《突发事件应对法》,是国务院进一步加强应急管理法制建设的又一重要举措,使我国基本形成了以《突发事件应对法》为核心,以相关法律、法规和规章为基础,门类齐全、覆盖面广的应急管理法律体系。《突发事件应对法》的核心作用主要体现在以下几个方面:

(1)《突发事件应对法》是我国应急管理长期实践的高度总结。《突发事件应对法》提炼了近几年应急管理实践创新和理论创新的最新成果,很好地贯彻了科学发展观的基本内涵和根本要求。

(2)《突发事件应对法》确立了我国应急管理的基本制度。《突发事件应对法》从法律层面明确了我国统一领导、综合协调、分类管理、分级负责、属地为主的应急管理体制,以制度的形式建立了预防与应急准备、监测与预警、应急处置与救援等方面的机制,促进了党委领导下的行政领导责任制的进一步落实,从而在法律上确立了应急管理工作的基本制度。

(3)《突发事件应对法》是规范各方应对突发事件行为的基本法律。《突发事件应对法》既明确了政府在应急管理工作中的主体地位和作用,也规定了社会、公民参与突发事件应对活动的责任、权利和义务,形成了政府主导、社会支持、公众参与的应急管理工作基本格局。

(4)《突发事件应对法》是推动应急体系建设的强大动力。《突发事件应对法》对应急救援队伍、应急基础设施、物资储备、科技保障能力等应急体系的建设工作作出了明确规定,这必将有力地推动各级人民政府应急体系建设。

2.《突发事件应对法》的主要内容

1)《突发事件应对法》的立法宗旨和适用范围

根据《突发事件应对法》第一条规定,该法的立法宗旨是预防和减少突发事件的发生,控制、减轻和消除突发事件引起的严重社会危害,规范突发事件应对活动,保护人民生命财产安全,维护国家安全、公共安全、环境安全和社会秩序。这充分体现了我国宪法确立的"国家尊重和保障人权"的人权原则,反映了贯彻科学发展观、推进构建社会主义和谐社会的必然要求。

根据《突发事件应对法》第二条规定,该法的适应范围是突发事件的预防与应急准备、监测与预警、应急处置与救援、事后恢复与重建等应对活动。也就是把应对突发事件的事前、事中、事后的全过程活动纳入该法的调整范围之内。

2)突发事件的内涵及其分类分级

根据《突发事件应对法》第三条规定,突发事件是指突然发生,造成或者可能造成严重社会危害,需要采取应急处置措施予以应对的自然灾害、事故灾难、公共卫生事件和社会安全事件。这一概念具有几个核心要素:一是突发事件具有明显的公共性或社会性,即属于公共危机;二是突发事件具有突发性和紧迫性;三是突发事件具有危害性和破坏性;四是突发事件必须借助于公权力(即政府权力)的介入,运用社会人力、物力才能解决。

突发事件按照其性质、过程和发生机理的不同,可以分为自然灾害、事故灾难、公共卫生事件和社会安全事件。自然灾害主要包括水旱灾害、气象灾害、地震灾害、地质灾害、海洋灾害、生物灾害和森林草原火灾等;事故灾难主要包括工矿商贸等企业的各类安全事故、交通运输事故,公共设施和设备事故,环境污染和生态破坏事件等;公共卫生事件主要包括传染病疫情、群体性不明原因疾病、食品安全和职业危害、动物疫情,以及其他严重影响公众健康和生命安全的事件;社会安全事件主要包括严重危害社会治安秩序的突发事件。按照突发事件的社会危害程度、影响范围,以及性质、可控性、行业特点等因素,原则上将各类突发事件分为特别重大、重大、较大和一般四个等级。突发事件的分级标准由国务院或国务院确定的部门制定。

3)建立健全突发事件应急预案体系

根据《突发事件应对法》第十七条和第十八条规定,国家建立健全突发事件应急预案体系。

国务院制定国家突发事件总体应急预案,组织制定国家突发事件专项应急预案;国务院有关部门根据各自的职责和国务院相关应急预案,制定国家突发事件部门应急预案。

地方各级人民政府和县级以上地方各级人民政府有关部门根据有关法律、法规、规章、上级人民政府及其有关部门的应急预案以及本地区的实际情况,制定相应的突发事件应急预案。

应急预案制定机关应当根据实际需要和情势变化,适时修订应急预案。应急预案的制定、修订程序由国务院规定。

应急预案应当根据本法和其他有关法律、法规的规定,针对突发事件的性质、特点和可能造成的社会危害,具体规定突发事件应急管理工作的组织指挥体系与职责和突发事件的预防与预警机制、处置程序、应急保障措施以及事后恢复与重建措施等内容。

4)建立全国统一的突发事件信息系统和监测预警制度

按照《突发事件应对法》,突发事件监测与预警工作主要包括建立突发事件信息系统、突发事件监测制度、突发事件预警制度三个方面内容。

《突发事件应对法》规定,县级以上人民政府及其有关部门应当根据突发事件的类型和特点,建立完善监测网络,划分监测区域,确定监测站点,明确监测项目,安排必要装备,配备专门人员,对可能发生的突发事件进行密切监测。

县级以上地方各级人民政府应当建立本地区统一的突发事件信息系统,汇集、储存、分析、传输突发事件信息。县级以上人民政府及其有关部门、专业机构应当在当地居民委员会、村民委员会和有关单位建立专、兼职信息报告员制度,多种途径收集突发事件信息。

获悉突发事件信息的公民、法人或者其他组织,应当立即向当地人民政府及有关主管部门或者指定的专业机构报告。有关单位和人员报送、报告突发事件信息,应当做到及时、客观、真实,不得迟报、谎报、瞒报、漏报。地方各级人民政府应当及时汇总分析突发事件信息,会商、评估突发事件状态和影响,并按照规定向上级人民政府报送突发事件信息,并实时预警。

《突发事件应对法》规定，可以预警的突发事件的预警级别，按照突发事件的紧急程度、发展势态和可能造成的危害程度分为一级、二级、三级和四级，分别用红色、橙色、黄色和蓝色标示，一级为最高级别。预警级别的划分标准由国务院或国务院确定的部门制定。

可以预警的突发事件即将发生或发生概率较大时，县级以上地方各级人民政府应当根据权限和程度，发布相应级别的警报，决定并宣布有关地区进入预警期，同时向上一级人民政府报告。

发布三级、四级警报，宣布进入预警期后，县级以上地方各级人民政府应当根据情况采取相应措施：

(1)启动应急预案；

(2)加强有关突发事件监测、预报和信息收集、报告工作；

(3)组织有关方面对突发事件信息进行分析评估，预测其发生概率、影响范围与强度；

(4)定时向社会发布与公众有关的突发事件预测信息和评估情况；

(5)向社会发布咨询电话和相关警示，宣传相关防灾、避灾常识。

发布一级、二级警报，宣布进入预警期后，县级以上地方各级人民政府除采取以上措施外，还可根据情况采取以下相应措施：

(1)责令应急救援队伍及相关人员进入待命状态，做好应急救援和处置准备；

(2)调集应急救援、处置所需物资，准备应急设施和避难场所；

(3)加强对重点单位、重要部位和重要基础设施的安全保卫，维护社会治安秩序；

(4)采取必要措施，确保城市交通、通信等生命线工程安全和正常运行；

(5)及时发布防灾、避灾的警示、劝告；

(6)转移、疏散危险地区人员和重要财产；

(7)关闭易受突发事件危害的场所，控制或限制公共场所活动。

5)单位和个人违反《突发事件应对法》应负的法律责任

《突发事件应对法》规定，有关单位凡未按规定及时消除已发现的可能引发突发事件的隐患，未采取预防措施，导致发生严重突发事件的；未做好应急设备、设施日常维护、检测工作，导致发生严重突发事件或突发事件危害扩大的；不及时组织开展应急救援工作，造成严重后果的，由所在地负责应对突发事件的人民政府责令停产停业，暂扣或者吊销许可证或者营业执照，并处五万元以上二十万元以下的罚款，构成违反治安管理行为的，由公安机关依法给予处罚。

编造并传播有关突发事件事态发展或者应急处置工作的虚假信息，或者明知是突发事件虚假信息仍然传播的，责令改正，并给予警告；造成严重后果的，依法暂停其业务活动或者吊销其执业许可证；是国家工作人员的，要依法对其给予处分；构成违反治安管理行为的，由公安机关依法给予处罚。

单位或个人不服从所在地人民政府及其有关部门发布的决定、命令或者不配合其依法采取的措施，构成违反治安管理行为的，由公安机关依法给予处罚。单位或个人违反《突发事件应对法》规定，导致突发事件发生或者危害扩大，给他人人身、财产造成损害的，应当依法承担民事责任。

## 四、《中华人民共和国消防法》的基本内容

1.《消防法》的立法背景与意义

《中华人民共和国消防法》(以下简称《消防法》)由中华人民共和国第十一届全国人民代表大会常务委员会第五次会议于 2008 年 10 月 28 日修订通过,自 2009 年 5 月 1 日起施行。

《消防法》自 1998 年 9 月 1 日施行以来,有力地推动了我国消防法治建设、社会化消防管理、公共消防设施建设以及消防监督执法规范化、提升政府应急救援能力、火灾隐患整改等方面的工作,对预防和减少火灾危害,保护人身、财产安全,维护公共安全,发挥了重要作用。

近年来,随着我国经济社会的发展和政府职能的转变,特别是在贯彻落实党的十七大精神的新阶段,面临着社会和广大人民群众对消防安全的新需求、新期待,面对着以人为本、保障和改善民生、强化社会管理和公共服务的新要求,原有的《消防法》的一些规定已经难以适应新时期消防工作的需要。主要表现在:

(1)对消防工作责任主体规定不够全面,责任不够完善和清晰,制约和影响了消防工作责任制的落实,不适应消防工作社会化的需要;

(2)对消防监督管理制度的设置不适应形势需要,计划经济时期包揽式管理的色彩较浓,公安机关消防机构监督职责与有关责任主体的消防安全职责不明晰,不适应转变政府职能的要求;

(3)缺乏运用市场机制和经济手段防范火灾风险的规定,不利于发挥市场主体在保障消防安全方面的作用;

(4)对违反消防法规危害公共安全的行为规定不全,处罚力度不够,缺乏必要的强制措施,不能有效消除和制止违反消防法规的行为和严重危及公共安全的火灾隐患。

《消防法》的修订和重新颁布实施,有利于保障消防工作与经济建设和社会发展相适应,不断提高社会公共消防安全水平;有利于全面落实消防安全责任制,建立健全社会化的消防工作网络;有利于加强和改革消防工作制度,有效预防火灾和减少火灾危害;有利于推进利用市场机制和经济手段防范火灾风险,切实发挥市场主体在保障消防安全方面的作用;有利于加强应急救援工作,推进消防力量建设,提升火灾扑救和应急救援能力;有利于完善消防执法监督工作机制,促进公正、严格、文明、高效执法。

《消防法》是预防火灾和减少火灾危害,加强应急救援工作,维护公共安全的重要法律。《消防法》的修订和颁布实施,对加强我国消防法制建设,推进消防事业科学发展,维护公共安全,促进社会和谐,具有十分重要的意义。

2.《消防法》的主要内容

《消防法》包括七章七十四条,包括总则、火灾预防、消防组织、灭火救援、监督检查、法律责任、附则等内容。

与企业安全生产有关的内容节选如下:

第二条　消防工作贯彻预防为主、防消结合的方针,按照政府统一领导、部门依法监管、单位全面负责、公民积极参与的原则,实行消防安全责任制,建立健全社会化的消防工作

网络。

第十六条　机关、团体、企业、事业等单位应当履行下列消防安全职责：(一)落实消防安全责任制，制定本单位的消防安全制度、消防安全操作规程，制定灭火和应急疏散预案；(二)按照国家标准、行业标准配置消防设施、器材，设置消防安全标志，并定期组织检验、维修，确保完好有效；(三)对建筑消防设施每年至少进行一次全面检测，确保完好有效，检测记录应当完整准确，存档备查；(四)保障疏散通道、安全出口、消防车通道畅通，保证防火防烟分区、防火间距符合消防技术标准；(五)组织防火检查，及时消除火灾隐患；(六)组织进行有针对性的消防演练；(七)法律、法规规定的其他消防安全职责。

单位的主要负责人是本单位的消防安全责任人。

消防安全重点单位除应当履行本法第十六条规定的职责外，还应当履行下列消防安全职责：(一)确定消防安全管理人，组织实施本单位的消防安全管理工作；(二)建立消防档案，确定消防安全重点部位，设置防火标志，实行严格管理；(三)实行每日防火巡查，并建立巡查记录；(四)对职工进行岗前消防安全培训，定期组织消防安全培训和消防演练。

第十九条　生产、储存、经营易燃易爆危险品的场所不得与居住场所设置在同一建筑物内，并应当与居住场所保持安全距离。

生产、储存、经营其他物品的场所与居住场所设置在同一建筑物内的，应当符合国家工程建设消防技术标准。

第二十二条　生产、储存、装卸易燃易爆危险品的工厂、仓库和专用车站、码头的设置，应当符合消防技术标准。易燃易爆气体和液体的充装站、供应站、调压站，应当设置在符合消防安全要求的位置，并符合防火防爆要求。

第二十三条　生产、储存、运输、销售、使用、销毁易燃易爆危险品，必须执行消防技术标准和管理规定。

进入生产、储存易燃易爆危险品的场所，必须执行消防安全规定。禁止非法携带易燃易爆危险品进入公共场所或者乘坐公共交通工具。

储存可燃物资仓库的管理，必须执行消防技术标准和管理规定。

## 五、《生产安全事故报告和调查处理条例》的基本内容

《生产安全事故报告和调查处理条例》于2007年3月28日国务院第172次常务会议通过，自2007年6月1日起施行(中华人民共和国国务院令第493号)。主要内容如下：

为了规范生产安全事故的报告和调查处理，落实生产安全事故责任追究制度，防止和减少生产安全事故，根据《安全生产法》和有关法律，制定本条例。

生产经营活动中发生的造成人身伤亡或者直接经济损失的生产安全事故的报告和调查处理，适用本条例；环境污染事故、核设施事故、国防科研生产事故的报告和调查处理不适用本条例。

### 1.生产安全事故等级划分

根据生产安全事故(以下简称事故)造成的人员伤亡或者直接经济损失，事故一般分为以下等级：

(1)特别重大事故，是指造成30人以上死亡，或者100人以上重伤(包括急性工业中毒，

下同)，或者1亿元以上直接经济损失的事故；

(2)重大事故，是指造成10人以上30人以下死亡，或者50人以上100人以下重伤，或者5000万元以上1亿元以下直接经济损失的事故；

(3)较大事故，是指造成3人以上10人以下死亡，或者10人以上50人以下重伤，或者1000万元以上5000万元以下直接经济损失的事故；

(4)一般事故，是指造成3人以下死亡，或者10人以下重伤，或者1000万元以下直接经济损失的事故。

国务院安全生产监督管理部门可以会同国务院有关部门，制定事故等级划分的补充性规定。

2. 事故报告

事故发生后，事故现场有关人员应当立即向本单位负责人报告；单位负责人接到报告后，应当于1小时内向事故发生地县级以上人民政府安全生产监督管理部门和负有安全生产监督管理职责的有关部门报告。

情况紧急时，事故现场有关人员可以直接向事故发生地县级以上人民政府安全生产监督管理部门和负有安全生产监督管理职责的有关部门报告。

安全生产监督管理部门和负有安全生产监督管理职责的有关部门接到事故报告后，应当依照下列规定上报事故情况，并通知公安机关、劳动保障行政部门、工会和人民检察院：

(1)特别重大事故、重大事故逐级上报至国务院安全生产监督管理部门和负有安全生产监督管理职责的有关部门；

(2)较大事故逐级上报至省、自治区、直辖市人民政府安全生产监督管理部门和负有安全生产监督管理职责的有关部门；

(3)一般事故上报至设区的市级人民政府安全生产监督管理部门和负有安全生产监督管理职责的有关部门。

安全生产监督管理部门和负有安全生产监督管理职责的有关部门依照前款规定上报事故情况，应当同时报告本级人民政府。国务院安全生产监督管理部门和负有安全生产监督管理职责的有关部门以及省级人民政府接到发生特别重大事故、重大事故的报告后，应当立即报告国务院。

必要时，安全生产监督管理部门和负有安全生产监督管理职责的有关部门可以越级上报事故情况。

3. 事故报告时效

单位负责人接到报告后，应当于1小时内向事故发生地县级以上人民政府安全生产监督管理部门和负有安全生产监督管理职责的有关部门报告。

安全生产监督管理部门和负有安全生产监督管理职责的有关部门逐级上报事故情况，每级上报的时间不得超过2小时。

事故报告后出现新情况时，应当及时补报。自事故发生之日30日内，事故造成的伤亡人数发生变化的，应当及时补报。道路交通事故、火灾事故自发生之日起7日内，事故造成的伤亡人数发生变化的，应当及时补报。

4. 事故调查

(1)特别重大事故由国务院或者国务院授权有关部门组织事故调查组进行调查。

(2)重大事故、较大事故、一般事故分别由事故发生地省级人民政府、设区的市级人民政府、县级人民政府负责调查。省级人民政府、设区的市级人民政府、县级人民政府可以直接组织事故调查组进行调查,也出可以授权或者委托有关部门组织事故调查组进行调查。

(3)未造成人员伤亡的一般事故,县级人民政府也可以委托事故发生单位组织事故调查组进行调查。

(4)上级人民政府认为必要时,可以调查由下级人民政府负责调查的事故。

根据事故的具体情况,事故调查组由有关人民政府、安全生产监督管理部门、负有安全生产监督管理职责的有关部门、监察机关、公安机关以及工会派人组成,并应当邀请人民检察院派人参加。

5.事故处理

重大事故、较大事故、一般事故,负责事故调查的人民政府应当自收到事故调查报告之日起15日内作出批复;特别重大事故,30日内作出批复,特殊情况下,批复时间可以适当延长,但延长的时间最长不超过30日。

有关机关应当按照人民政府的批复,依照法律、行政法规规定的权限和程序,对事故发生单位和有关人员进行行政处罚,对负有事故责任的国家工作人员进行处分。

事故发生单位应当按照负责事故调查的人民政府的批复,对本单位负有事故责任的人员进行处理。

负有事故责任的人员涉嫌犯罪的,依法追究刑事责任。

6.法律责任

(1)根据违规行为,对事故发生单位主要负责人、直接负责的主管人员和其他直接责任人员处上一年年收入的30%至100%的罚款。

(2)事故发生单位对事故发生负有责任的,依照下列规定处以罚款:①发生一般事故的,处10万元以上20万元以下的罚款;②发生较大事故的,处20万元以上50万元以下的罚款;③发生重大事故的,处50万元以上200万元以下的罚款;④发生特别重大事故的,处200万元以上500万元以下的罚款。

同时,《条例》还对其他违规行为规定了处罚。

## 六、《危险化学品安全管理条例》的基本内容

《危险化学品安全管理条例》(中华人民共和国国务院令第591号)经2011年2月16日国务院第144次常务会议修订通过,修订后的自2011年12月1日起施行。

这次对原《危险化学品安全管理条例》的修订,是一次比较全面的修改,对危险化学品安全管理各个环节的制度和措施,都作了相应的补充、修改和完善,篇幅由原来的7章74条,修改为8章102条,修改的内容很丰富,既有填补空白、堵塞漏洞的新增制度和措施,也有对原有规定的调整和完善。主要包括以下八个方面:

(1)在行政法规层面明确了安监部门在危险化学品安全监督管理方面的职责。按照原条例规定,国务院经济贸易综合管理部门(原国家经贸委),负责危险化学品安全监督管理综合工作,地方政府经济贸易管理部门或者负责危险化学品安全监督管理综合工作的部门承担危险化学品监督管理的相关职责。根据安全生产监管体制以及国务院机构改革后有关部

门职责分工的变化，上述职责已经转到了安监部门，新条例将原条例中所有的经济贸易综合管理部门、经济贸易管理部门、负责危险化学品安全监督管理综合工作的部门等称呼，统一改成了“安全生产监督管理部门”，从行政法规层面明确了安监部门的监督管理职责。

(2)建立了统一的危险化学品目录的确定和调整机制。原条例中是没有“危险化学品目录”这个概念，危险化学品被分成两部分：一部分是列入《危险货物品名表》(GB 12268—2005)的危险化学品，另一部分则是剧毒化学品和没有列入《危险货物品名表》的其他危险化学品，其目录由国务院经济贸易综合管理部门会同国务院公安、环保、卫生、质检、交通部门确定并公布。《危险货物品名表》是从运输安全角度着眼的，而危险化学品安全管理则涉及生产、储存、经营、运输等多个环节，因此危险化学品与危险货物的范围并不完全一致，新条例明确提出了“危险化学品目录”的概念，建立了统一的危险化学品目录确定、调整机制，明确规定：危险化学品目录，由国务院安全生产监督管理部门会同国务院工信、公安、环保、卫生、质检、交通、铁路、民航、农业部门，根据化学品危险特性的鉴别和分类标准确定、公布，并适时调整。

(3)将危险化学品生产、储存企业设立审批制度，修改为危险化学品生产、储存建设项目安全条件审查制度。原条例对设立危险化学品生产企业、储存企业实行审批制度，并规定由省级人民政府或者设区的市级人民政府负责审批，目的是严格危险化学品生产企业、储存企业的市场准入，从源头上保证危险化学品生产、储存安全。实际上，从源头上保障危险化学品生产、储存安全，关键不在于对危险化学品生产企业、储存企业的设立进行审批，而在于严格把住生产、储存危险化学品的建设项目的安全条件。同时，由省级政府或者设区的市级政府作为企业设立的审批机关，没有一个明确的部门具体负责。新条例把危险化学品生产、储存企业设立审批制度改成了生产、储存危险化学品的建设项目安全条件审查制度，规定新建、改建、扩建生产、储存危险化学品的建设项目，应当由安全生产监督管理部门进行安全条件审查，同时对安全条件审查的实施程序作了明确规定。

(4)调整了原条例关于生产、储存、使用危险化学品的单位应当对本单位的生产、储存装置定期进行安全评价的规定。生产、储存过程中的安全评价，对于保证危险化学品单位持续具备相应的安全条件非常重要。为了使安全评价制度更具有针对性，新条例对安全评价制度作了较大程度的调整完善。首先，安全评价的对象不再局限于“本单位的生产、储存装置”，而是调整为“本单位的安全生产条件”，使安全评价的对象更加全面；其次是将安全评价制度适用的主体范围限定为生产、储存危险化学品的企业，以及使用危险化学品从事生产的企业，对企业以外的储存、使用危险化学品的单位，包括教学科研医疗单位等，不再要求进行安全评价，这样更加符合实际情况。第三是明确规定安全评价需要由具备国家规定的资质条件的机构承担，进一步规范了安全评价活动，有利于安全评价的客观、公正、权威。第四是将安全评价的周期统一确定为 3 年，有利于减轻企业负担，也与《安全生产许可证条例》的有关规定相衔接。

(5)进一步强化了危险化学品使用的安全管理，确立了危险化学品安全使用许可制度。原条例对危险化学品生产、储存的安全管理制度和措施，规定得比较全面，也比较具体，对危险化学品使用的安全管理制度，则规定得相对薄弱一些。近年来的实践证明，使用危险化学品特别是使用危险化学品从事生产，在危险程度上并不亚于生产危险化学品，由此引发的事故也比较多,使用危险化学品成了危险化学品安全管理中的薄弱环节。所以,新条例对“使用安全”单设一章作了规定,突出和强调危险化学品使用的安全管理。更为重要的是,新条例确立了危险化学品安全使用许可制度,从源头上保障使用危险化学品从事生产的企业的安全条件。这是条例修改中新增加的唯一一项行政许可。新条例对安全使用许可证制度的适用范围从两个方面作了限制:一是企业性质的限制。必须是使用危险化学品从事生产的化工企业;二是使用量的限制。使用量必须达到规定的数量标准。同时具有这两种情形的企业,才需要取得危险化学品安全使用许可证。

(6)进一步完善了危险化学品经营安全的制度措施。这次修改条例主要从进一步完善的角度,对有关危险化学品经营安全的规定作了相应调整。其中比较重要的有三点:

①明确把危险化学品仓储经营纳入了危险化学品经营的范围。

②进一步严格市场准入,在危险化学品经营企业应当具备的条件中,增加了必须有专职安全管理人员、有应急救援预案和应急救援器材设备两项条件,进一步加强了危险化学品经营企业的安全保障。

③为方便企业办事,适当下放了危险化学品经营许可证的审批权限,将发证机关由原来的“省级政府经济贸易管理部门”和“设区的市级政府负责危化品监管综合部门”,分别下放到“设区的市级政府安全生产监督管理部门”和“县级政府安全生产监督管理部门”,并明确规定了审批的时限。同时,为减少环节,避免对同一个企业重复许可,减轻企业负担,新条例还明确规定,依法取得危险化学品安全生产许可证、危险化学品安全使用许可证、危险化学品经营许可证、民用爆炸物品生产许可证的企业,可以直接凭相应的许可证件购买剧毒化学品、易制爆危险化学品。

(7)调整完善了危险化学品内河运输安全的管理制度。新条例既没有绝对禁止通过内河运输危险化学品,也没有明确放开内河运输危险化学品,而是建立了一个科学合理并且较为严密的机制,规定由交通运输部、环境保护部、工业和信息化部、安全监管总局四个部门,根据危险化学品的危险特性、对人体和水环境的危害程度以及消除危害后果的难易程度等因素,规定禁止通过内河运输的剧毒化学品以及其他危险化学品的范围。这个机制既能满足保障人民生命健康和内河水环境安全的需要,也能顾及到企业生产经营的实际需要。对于允许通过内河运输的危险化学品,新条例还从运输企业的资质条件,运输船舶和专用码头、泊位的安全条件,各类危险化学品的运输方式、包装规范和安全防护措施,运输危险化学品的船舶的警示标志悬挂和进出港管理等,补充规定了相关的安全保障措施,以从制度上确保通过内河运输危险化学品的安全。

(8)进一步完善了危险化学品登记制度。危险化学品登记是一项基础性、长远性的工作,这项制度虽然不是一线的监管制度,但对于强化危险化学品安全管理的基础,提升危险化学品安全管理的层次和水平,具有不可或缺的重要作用。危险化学品登记工作已经开展了几年时间,取得明显成效,但仍需要进一步加强和规范。新条例对危险化学品登记制度作了进一步完善。主要有三点:

①原条例规定需要办理危险化学品登记的主体范围是危险化学品生产企业、储存企业以及使用剧毒化学品和数量构成重大危险源的其他危险化学品的单位。考虑到危险化学品登记属于产品信息登记,为了使登记范围既全面、没有遗漏,又避免重复登记,给企业带来不

必要的负担，新条例一方面增加规定危险化学品进口企业需要办理危险化学品登记，同时不再规定危险化学品储存企业以及使用剧毒化学品和数量构成重大危险源的其他危险化学品的单位办理危险化学品登记。

②原条例没有规定危险化学品登记的具体内容，新条例增加规定了危险化学品登记的具体内容，包括危险化学品的分类和标签信息，物理、化学性质，主要用途，危险特性以及储存、使用、运输的安全要求和出现危险情况时的应急处置措施等，进一步规范危险化学品登记。

③新条例明确规定对同一企业生产、进口的同一品种的危险化学品，不进行重复登记，避免给企业造成不必要的负担。同时，为保证实现危险化学品登记的目的，新条例又增加规定，危险化学品生产企业、进口企业发现其生产、进口的危险化学品有新的危险特性时，应当及时办理登记内容变更手续，从而将危险化学品登记变成了一项动态性的制度。

## 第三节　企业安全生产标准化相关规定

### 一、国务院《关于进一步加强安全生产工作的决定》(国发〔2004〕2 号)

1.《决定》出台的背景

安全生产关系人民群众的生命财产安全，关系改革发展和社会稳定大局。党中央、国务院高度重视安全生产工作，新中国成立以来特别是改革开放以来，采取了一系列重大措施加强安全生产工作。颁布实施了《安全生产法》等法律法规，明确了安全生产责任；初步建立了安全生产监管体系，安全生产监督管理得到加强；对重点行业和领域集中开展了安全生产专项整治，生产经营秩序和安全生产条件有所改善，安全生产状况总体上趋于稳定好转。

但是，目前全国的安全生产形势依然严峻，煤矿、道路交通运输、建筑等领域伤亡事故多发的状况尚未扭转；安全生产基础比较薄弱，保障体系和机制不健全；部分地方和生产经营单位安全意识不强，责任不落实，投入不足；安全生产监督管理机构、队伍建设以及监管工作亟待加强。

为了进一步加强安全生产工作，尽快实现我国安全生产局面的根本好转，国务院于二〇〇四年一月九日出台了《关于进一步加强安全生产工作的决定》(国发〔2004〕2 号)。

2.《决定》的内容

1)提高认识，明确指导思想和奋斗目标

(1)充分认识安全生产工作的重要性。搞好安全生产工作，切实保障人民群众的生命财产安全，体现了最广大人民群众的根本利益，反映了先进生产力的发展要求和先进文化的前进方向。做好安全生产工作是全面建设小康社会、统筹经济社会全面发展的重要内容，是实施可持续发展战略的组成部分，是政府履行社会管理和市场监督管理职能的基本任务，是企业生存发展的基本要求。我国目前尚处于社会主义初级阶段，要实现安全生产状况的根本好转，必须付出持续不懈的努力。各地区、各部门要把安全生产作为一项长期艰巨的任务，警钟常鸣，常抓不懈，从全面贯彻落实“三个代表”重要思想，维护人民群众生命财产安全的高度，充分认识加强安全生产工作的重要意义和现实紧迫性，动员全社会力量，齐抓共管，全力推进。

(2)指导思想。认真贯彻"三个代表"重要思想,适应全面建设小康社会的要求和完善社会主义市场经济体制的新形势,坚持"安全第一、预防为主"的基本方针,进一步强化政府对安全生产工作的领导,大力推进安全生产各项工作,落实生产经营单位安全生产主体责任,加强安全生产监督管理;大力推进安全生产监管体制、安全生产法制和执法队伍"三项建设",建立安全生产长效机制,实施科技兴安战略,积极采用先进的安全管理方法和安全生产技术,努力实现全国安全生产状况得根本好转。

(3)奋斗目标。到2007年,建立起较为完善的安全生产监管体系,全国安全生产状况稳定好转,矿山、危险化学品、建筑等重点行业和领域事故多发状况得到扭转,工矿企业事故死亡人数、煤矿百万吨死亡率、道路交通运输万车死亡率等指标均有一定幅度的下降。到2010年,初步形成规范完善的安全生产法治秩序,全国安全生产状况明显好转,重特大事故得到有效遏制,各类安全生产事故和死亡人数有效大幅度的下降。力争到2020年,我国安全生产状况实现根本性好转,亿元国内生产总值死亡率、十万人死亡率等指标达到或接近世界中等发达国家水平。

2)完善政策,大力推进安全生产各项工作

(4)加强产业政策的引导。制定和完善产业政策,调整和优化产业结构。逐步淘汰技术落后、浪费资源和环境污染严重的工艺技术、装备及不具备安全生产条件的企业。通过兼并、联合、重组等措施,积极发展跨区域、跨行业经营的大公司、大集团和大型生产供应基地,提高有安全生产保障企业的生产能力。

(5)加大政府对安全生产的投入。加强安全生产基础设施和支撑体系建设,加大对企业安全生产技术改造的支持力度。运用长期建设国债和预算内基本建设投资,支持大中型国有煤炭企业的安全生产技术改造。各级地方人民政府要重视安全生产基础设施建设资金的投入,并积极支持企业安全技术改造,对国家安排的安全生产专项资金,地方政府要加强监督管理,确保专款专用,并安排配套资金予以保障。

(6)深化安全生产专项整治。坚持把矿山、道路和水上交通运输、危险化学品。民用爆破器材和烟花爆竹、人员密集场所消防安全等方面的安全生产专项整治,作为整顿和规范社会主义市场经济秩序的一项重要任务,持续不懈地抓下去。继续关闭取缔非法和不具备安全条件的小矿小厂、经营网点,遏制低水平重复建设。把安全生产专项整治与依法落实生产经营单位安全生产保障制度、加强日常监督管理以及建立安全生产长效机制结合起来,确保整治工作取得实效。

(7)健全完善安全生产法制。对《安全生产法》确立的各项法律制度,要抓紧制定配套法规规章。认真做好各项安全生产技术规范、标准的制定修订工作。各地区要结合本地实际,制定和完善《安全生产法》配套实施办法和措施。加大安全生产法律法规的学习宣传和贯彻力度,普及安全生产法律知识,增强全民安全生产法制观念。

(8)建立生产安全应急救援体系。加快全国生产安全应急救援体系建设,尽快建立国家生产安全应急救援指挥中心,充分利用现有的应急救援资源,建设具有快速反应能力的专业化救援队伍,提高救援装备水平,增强生产安全事故的抢险救援能力。加强国家、省(区市)、市(地)、县(市)四级重大危险源监控工作,建立应急救援预案和生产安全预警机制。

(9)加强安全生产科研和技术开发。加强安全生产科学学科建设,积极发展安全生产普通高等教育,培养和造就更多的安全生产科技和管理人才。加大科技投入力度,充分利用高等院校、科研机构、社会团体等安全生产科研资源,加强安全生产基础研究和应用研究。建立国家安全生产信息管理系统,提高安全生产信息系统的准确性、科学性和权威性。积极开展安全生产领域的国际交流与合作,加快先进的生产技术引进、吸收和自主创新步伐。

3)强化管理,落实生产经营单位安全生产主体责任

(10)依法加强和改进生产经营单位安全管理。强化生产经营单位安全生产主体地位,进一步明确安全生产责任,全面落实安全保障的各项法律法规。生产经营单位要根据《安全生产法》等有关法律规定,设置安全生产管理机构或者配备专职(或兼职)安全生产管理人员。保证安全生产的必要投入,积极采用安全性能可靠的新技术、新工艺、新设备和新材料,不断改善安全生产条件。改进生产经营单位安全管理,积极采用职业安全健康管理体系认证、风险评估、安全评价等方法,落实各项安全防范措施,提高安全生产管理水平。

(11)开展安全质量标准化活动。制定和颁布重点行业、领域安全生产技术规范和安全生产质量工作标准,在全国所有工矿、商贸、交通运输、建筑施工等企业普遍开展安全质量标准化活动。企业生产流程的各环节、各岗位要建立严格的安全生产质量责任制。生产经营活动和行为,必须符合安全生产有关法律法规和安全生产技术规范的要求,做到规范化和标准化。

(12)搞好安全生产技术培训。加强安全生产培训工作,整合培训资源,完善培训网络,加大培训力度,提高培训质量。生产经营单位必须对所有从业人员进行必要的安全生产技术培训,其主要负责人及有关经营管理人员、重要工种人员必须按照有关法律、法规的规定,接受规范的安全生产培训,经考试合格,持证上岗。完善注册安全工程师考试、任职、考核制度。

(13)建立企业提取安全费用制度。为保证安全生产所需资金投入,形成企业安全生产投入的长效机制,借鉴煤矿提取安全费用的经验,在条件成熟后,逐步建立对高危行业生产企业提取安全费用制度。企业安全费用的提取,要根据地区和行业的特点,分别确定提取标准,由企业自行提取,专户储存,专项用于安全生产。

(14)依法加大生产经营单位对伤亡事故的经济赔偿。生产经营单位必须认真执行工伤保险制度,依法参加工伤保险,及时为从业人员缴纳保险费。同时,向受到生产安全事故伤害的员工或家属支付赔偿金。进一步提高企业生产安全事故伤亡赔偿标准,建立企业负责人自觉保障安全投入,努力减少事故的机制。

4)完善制度,加强安全生产监督管理

(15)加强地方各级安全生产监管机构和执法队伍建设。县级以上各级地方人民政府要依照《安全生产法》的规定,建立健全安全生产监管机构,充实必要人员,加强安全生产监管队伍建设,提高安全生产监管工作的权威,切实履行安全生产监管职能。完善煤矿安全生产监察体制,进一步加强煤矿安全生产监察队伍建设和监察执法工作。

(16)建立安全生产控制指标体系。要制定全国安全生产中长期发展计划,明确年度安全生产控制指标,建立全国和分省(区、市)的控制指标体系,对安全生产情况实行定量控制和考核。从2004年起,国家向各省(区、市)人民政府下达年度安全生产各项控制指标,并进

行跟踪检查和监督考核。对各省(区、市)安全生产控制指标完成情况,国家安全生产监督管理部门将通过新闻发布会、政府公告、简报等形式,每季度公布一次。

(17)建立安全生产行政许可制度。把安全生产纳入国家行政许可的范围,在各行业的行政许可制度中,把安全生产作为一项重要内容,从源头上制止不具备安全生产条件的企业进入市场。开办企业必须具备法律规定的安全生产条件,依法向政府有关部门申请、办理安全生产许可证,持证生产经营。新建、改建、扩建项目的安全设施必须同时设计、同时施工、同时投产和使用(简称“三同时”),对未通过“三同时”审查的建设项目,有关部门不予办理行政许可手续,企业不准开工投产。

(18)建立企业安全生产风险抵押金制度。为强化生产经营单位的安全生产责任,各地区可结合实际,依法对矿山、道路交通运输、建筑施工、危险化学品、烟花爆竹等领域从事生产经营活动的企业,收取一定数额的安全生产风险抵押金,企业生产经营期间发生生产安全事故的,转作事故抢险救灾和善后处理所需资金。具体办法由国家安全生产监督管理部门会同财政部门研究制定。

(19)强化安全生产监管监察行政执法。各级安全生产监管监察机构要增强执法意识,做到严格、公正、文明执法。依法对生产经营单位安全生产情况进行监督检查,指导督促生产经营单位建立健全安全生产责任制,落实各项防范措施。组织开展好企业安全评估,搞好分类指导和重点监管。对严重忽视安全生产的企业及其负责人或企业主,要依法加大行政执法和经济处罚的力度。认真查处各类事故,坚持事故原因未查清不放过,责任人员未处理不放过,整改措施未落实不放过,有关人员未受到教育不放过的“四不放过”原则,不仅要追究事故直接责任人的责任,同时要追究有关负责人的领导责任。

(20)加强对小企业的安全生产监管。小企业是安全生产管理的薄弱环节,各地要高度重视小企业的安全生产工作,切实加强监督管理。从组织领导、工作机制和安全投入等方面入手,逐步探索出一套行之有效的监管办法。坚持寓监督管理于服务之中,积极为中小企业提供安全技术、人才、政策咨询等方面的服务,加强检查指导,督促帮助小企业搞好安全生产。要重视解决小煤矿安全生产投入问题,对乡镇及个体煤矿,要严格监督其按照规定提取安全费用。

5)加强领导,形成齐抓共管的合力

(21)认真落实各级领导安全生产责任。地方各级人民政府要建立健全领导干部安全生产责任制,把安全生产作为干部政绩考核的重要内容,逐级抓好落实。特别要加强县乡两级领导干部安全生产责任制的落实。加强对地方领导干部的安全知识培训和安全生产监管人员的执法业务培训。国家组织对市(地)、县(市)两级政府分管安全生产工作的领导干部进行培训;各省(区、市)要对县级以上安全生产监管部门负责人,分期分批进行执法能力培训。依法严肃查处事故责任,对存在失职、渎职行为,或对事故发生负有领导责任的地方政府、企业领导人,要依照有关法律法规严格追究责任。严厉惩治安全生产领域的腐败现象和黑恶势力。

(22)构建全社会齐抓共管的安全生产工作格局。地方各级人民政府每季度至少召开一次安全生产例会,分析、部署、督促和检查本地区的安全生产工作;大力支持并帮助解决安全生产监管部门在行政执法中遇到的困难和问题。各级安全生产委员会及其办公室要积极发挥综合协调作用。安全生产综合监管及其他负有安全生产监督管理职责的部门要在政府的统一领导下，依照有关法律法规的规定，各负其责，密切配合，切实履行安全监管职能。各级工会、共青团组织要围绕安全生产，发挥各自优势，开展群众性安全生产活动。充分发挥各类协会、学会、中心等中介机构和社团组织的作用，构建信息、法律、技术装备、宣传教育、培训和应急救援等安全生产支撑体系。强化社会监督、群众监督和新闻媒体监督，丰富全国"安全生产月"、"安全生产万里行"等活动内容，努力构建"政府统一领导、部门依法监管、企业全面负责、群众参与监督、全社会广泛支持"的安全生产工作格局。

(23)做好宣传教育和舆论引导工作。把安全生产宣传教育纳入宣传思想工作的总体布局，坚持正确的舆论导向，大力宣传党和国家安全生产方针政策、法律法规和加强安全生产工作的重大举措，宣传安全生产工作的先进典型和经验；对严重忽视安全生产、导致重大事故发生的典型事例要予以曝光。在大中专院校和中小学开设安全知识课程，提高青少年在道路交通、消防、城市燃气等方面的识灾和防灾能力。通过广泛深入的宣传教育，不断增强群众依法自我安全保护的意识。

3. 国务院办公厅《关于加强中央企业安全生产工作的通知》(国办发〔2004〕52号)

为进一步加强中央企业的安全生产工作，保护人民群众的生命和财产安全，经国务院同意，国务院办公厅于二○○四年六月二十四日下发了《关于加强中央企业安全生产工作的通知》(国办发〔2004〕52号)。

《通知》规定：

(1)中央企业是安全生产的责任主体，必须认真贯彻执行"安全第一、预防为主"的方针和国家有关安全生产的法律法规、标准等，把安全生产作为一项长期的任务，做到警钟长鸣，常抓不懈。

(2)中央企业的主要负责人是企业安全生产的第一责任人。要全面负起责任，认真履行职责，加强对安全生产工作的领导，经常检查本单位的安全生产情况，研究解决安全生产中的重大问题，组织建立并落实各级安全生产责任制。企业党委、工会、共青团组织要充分发挥各自优势，形成齐抓共管的合力。

(3)国防科技、公安、建设、铁道、交通、信息产业、水利、质检、环保、民航、旅游、邮政等国务院有关部门及其设在各省(区、市)、市(地)的有关机构，各省(区、市)、市(地)人民政府有关部门，负责相关行业或领域中央企业安全生产监督管理工作。电监会及其设在各区域、各省(区、市)的监管机构负责电力系统中央企业的安全生产监督管理工作。上述各有关部门要按照职责分工，对中央企业贯彻执行安全生产法律法规、规章制度等情况进行监督检查。主要内容包括企业安全生产条件、安全标准、设备设施、劳动防护用品及作业场所职业危害情况，重大危险源监控情况，安全生产专项整治情况等。

国家安全监管局及省(区、市)、市(地)安全监管部门具体负责工矿商贸中央企业的安全生产监督管理工作，除按照前款规定的监督检查内容对工矿商贸企业安全生产进行监督检查外，从综合监管的角度，负责指导、协调有关部门的安全生产监督管理工作。中央煤炭企业的安全监察工作，依据《安全生产法》、《煤矿安全监察条例》等规定，由煤矿安全监察机构负责。

国资委按照国有资产出资人的职责，负责检查督促中央企业贯彻落实党和国家的安全生产方针政策及有关法律法规、标准等;督促中央企业主要负责人落实安全生产第一责任人的责任和企业安全生产责任制,搞好对企业负责人的安全业绩考核;依照有关规定,参与或组织开展中央企业安全生产检查、督查,督促企业落实各项安全防范和隐患治理措施;参与企业重特大事故的调查,负责落实事故责任追究的有关规定;督促企业搞好统筹规划,把安全生产纳入中长期发展规划,保障职工健康与安全。

(4)中央企业要结合本企业实际,制定生产安全事故应急救援预案并进行演练,建立应急救援组织,配备必要的应急救援器材、设备。发生生产安全事故后,要迅速采取有效措施组织抢救,防止事故扩大,努力减少人员伤亡和财产损失,并按规定立即报告当地政府、安全生产监督管理部门和有关主管部门。

有关地方人民政府和负有安全生产监督管理职责的部门的负责人接到中央企业重大生产安全事故报告后,应当立即赶到事故现场,组织事故抢救并依照有关规定及时报告上级部门。

根据国务院办公厅《通知》精神,为切实加强交通运输中央企业(以下简称央企)安全生产监督管理,交通运输部于二〇一〇年九月二十八日下发了《关于进一步加强交通运输中央企业安全生产监督管理的通知》(交安监发〔2010〕534 号),作了如下规定:

(1)交通运输部代表国家承担中国远洋运输(集团)总公司、中国海运(集团)总公司、中国外运长航集团有限公司、招商局集团有限公司、中国交通建设集团有限公司五家央企安全生产的政府监管职责。

(2)交通运输部安全监督司代表交通运输部对五家央企安全生产工作实行统一归口管理;部相关司局、质监总站、海事局根据各自职责和业务分工各司其职,对央企的相关生产经营行为进行安全监管。

(3)受交通运输部委托,各级交通运输主管部门、长江航务管理局、部直属海事局根据各自的职责和业务分工对所在地的各央企分公司、子公司及其所属单位的安全生产履行政府监管职责。

## 二、国务院《关于进一步加强企业安全生产工作的通知》(国发〔2010〕23 号)

近年来,全国生产安全事故逐年下降,安全生产状况总体稳定、趋于好转,但形势依然十分严峻,事故总量仍然很大,非法违法生产现象严重,重特大事故多发频发,给人民群众生命财产安全造成重大损失,暴露出一些企业重生产轻安全、安全管理薄弱、主体责任不落实,一些地方和部门安全监管不到位等突出问题。为进一步加强安全生产工作,全面提高企业安全生产水平,国务院于 2010 年出台了《关于进一步加强企业安全生产工作的通知》(国发〔2010〕23 号),并要求各地区、各部门和各有关单位要做好对加强企业安全生产工作的组织实施,制定部署本地区本行业贯彻落实本通知要求的具体措施,加强监督检查和指导,及时研究、协调解决贯彻实施中出现的突出问题。国务院安全生产委员会办公室和国务院有关部门要加强工作督查,及时掌握各地区、各部门和本行业(领域)工作进展情况,确保各项规定、措施执行落实到位。省级人民政府和国务院有关部门要将加强企业安全生产工作情况及时报送国务院安全生产委员会办公室。

《通知》内容如下:

**(一)总体要求**

(1)工作要求。深入贯彻落实科学发展观,坚持以人为本,牢固树立安全发展的理念,切实转变经济发展方式,调整产业结构,提高经济发展的质量和效益,把经济发展建立在安全生产有可靠保障的基础上;坚持“安全第一、预防为主、综合治理”的方针,全面加强企业安全管理,健全规章制度,完善安全标准,提高企业技术水平,夯实安全生产基础;坚持依法依规生产经营,切实加强安全监管,强化企业安全生产主体责任落实和责任追究,促进我国安全生产形势实现根本好转。

(2)主要任务。以煤矿、非煤矿山、交通运输、建筑施工、危险化学品、烟花爆竹、民用爆炸物品、冶金等行业(领域)为重点,全面加强企业安全生产工作。要通过更加严格的目标考核和责任追究,采取更加有效的管理手段和政策措施,集中整治非法违法生产行为,坚决遏制重特大事故发生;要尽快建成完善的国家安全生产应急救援体系,在高危行业强制推行一批安全适用的技术装备和防护设施,最大程度减少事故造成的损失;要建立更加完善的技术标准体系,促进企业安全生产技术装备全面达到国家和行业标准,实现我国安全生产技术水平的提高;要进一步调整产业结构,积极推进重点行业的企业重组和矿产资源开发整合,彻底淘汰安全性能低下、危及安全生产的落后产能;以更加有力的政策引导,形成安全生产长效机制。

**(二)严格企业安全管理**

(3)进一步规范企业生产经营行为。企业要健全完善严格的安全生产规章制度,坚持不安全不生产。加强对生产现场监督检查,严格查处违章指挥、违规作业、违反劳动纪律的“三违”行为。凡超能力、超强度、超定员组织生产的,要责令停产停工整顿,并对企业和企业主要负责人依法给予规定上限的经济处罚。对以整合、技改名义违规组织生产,以及规定期限内未实施改造或故意拖延工期的矿井,由地方政府依法予以关闭。要加强对境外中资企业安全生产工作的指导和管理,严格落实境内投资主体和派出企业的安全生产监督责任。

(4)及时排查治理安全隐患。企业要经常性开展安全隐患排查,并切实做到整改措施、责任、资金、时限和预案“五到位”。建立以安全生产专业人员为主导的隐患整改效果评价制度,确保整改到位。对隐患整改不力造成事故的,要依法追究企业和企业相关负责人的责任。对停产整改逾期未完成的不得复产。

(5)强化生产过程管理的领导责任。企业主要负责人和领导班子成员要轮流现场带班。煤矿、非煤矿山要有矿领导带班并与工人同时下井、同时升井,对无企业负责人带班下井或该带班而未带班的,对有关责任人按擅离职守处理,同时给予规定上限的经济处罚。发生事故而没有领导现场带班的,对企业给予规定上限的经济处罚,并依法从重追究企业主要负责人的责任。

(6)强化职工安全培训。企业主要负责人和安全生产管理人员、特殊工种人员一律严格考核,按国家有关规定持职业资格证书上岗;职工必须全部经过培训合格后上岗。企业用工要严格依照劳动合同法与职工签订劳动合同。凡存在不经培训上岗、无证上岗的企业,依法停产整顿。没有对井下作业人员进行安全培训教育,或存在特种作业人员无证上岗的企业,情节严重的要依法予以关闭。

(7)全面开展安全达标。深入开展以岗位达标、专业达标和企业达标为内容的安全生产标准化建设，凡在规定时间内未实现达标的企业要依法暂扣其生产许可证、安全生产许可证，责令停产整顿；对整改逾期未达标的，地方政府要依法予以关闭。

**（三）建设坚实的技术保障体系**

（8）加强企业生产技术管理。强化企业技术管理机构的安全职能，按规定配备安全技术人员，切实落实企业负责人安全生产技术管理负责制，强化企业主要技术负责人技术决策和指挥权。因安全生产技术问题不解决产生重大隐患的，要对企业主要负责人、主要技术负责人和有关人员给予处罚；发生事故的，依法追究责任。

（9）强制推行先进适用的技术装备。煤矿、非煤矿山要制定和实施生产技术装备标准，安装监测监控系统、井下人员定位系统、紧急避险系统、压风自救系统、供水施救系统和通信联络系统等技术装备，并于3年之内完成。逾期未安装的，依法暂扣安全生产许可证、生产许可证。运输危险化学品、烟花爆竹、民用爆炸物品的道路专用车辆，旅游包车和三类以上的班线客车要安装使用具有行驶记录功能的卫星定位装置，于2年之内全部完成；鼓励有条件的渔船安装防撞自动识别系统，在大型尾矿库安装全过程在线监控系统，大型起重机械要安装安全监控管理系统；积极推进信息化建设，努力提高企业安全防护水平。

（10）加快安全生产技术研发。企业在年度财务预算中必须确定必要的安全投入。国家鼓励企业开展安全科技研发，加快安全生产关键技术装备的换代升级。进一步落实《国家中长期科学和技术发展规划纲要（2006－2020年）》等，加大对高危行业安全技术、装备、工艺和产品研发的支持力度，引导高危行业提高机械化、自动化生产水平，合理确定生产一线用工。“十二五”期间要继续组织研发一批提升我国重点行业领域安全生产保障能力的关键技术和装备项目。

**（四）实施更加有力的监督管理**

（11）进一步加大安全监管力度。强化安全生产监管部门对安全生产的综合监管，全面落实公安、交通、国土资源、建设、工商、质检等部门的安全生产监督管理及工业主管部门的安全生产指导职责，形成安全生产综合监管与行业监管指导相结合的工作机制，加强协作，形成合力。在各级政府统一领导下，严厉打击非法违法生产、经营、建设等影响安全生产的行为，安全生产综合监管和行业管理部门要会同司法机关联合执法，以强有力措施查处、取缔非法企业。对重大安全隐患治理实行逐级挂牌督办、公告制度，重大隐患治理由省级安全生产监管部门或行业主管部门挂牌督办，国家相关部门加强督促检查。对拒不执行监管监察指令的企业，要依法依规从重处罚。进一步加强监管力量建设，提高监管人员专业素质和技术装备水平，强化基层站点监管能力，加强对企业安全生产的现场监管和技术指导。

（12）强化企业安全生产属地管理。安全生产监管监察部门、负有安全生产监管职责的有关部门和行业管理部门要按职责分工，对当地企业包括中央、省属企业实行严格的安全生产监督检查和管理，组织对企业安全生产状况进行安全标准化分级考核评价，评价结果向社会公开，并向银行业、证券业、保险业、担保业等主管部门通报，作为企业信用评级的重要参考依据。

（13）加强建设项目安全管理。强化项目安全设施核准审批，加强建设项目的日常安全监管，严格落实审批、监管的责任。企业新建、改建、扩建工程项目的安全设施，要包括安全监控设施和防瓦斯等有害气体、防尘、排水、防火、防爆等设施，并与主体工程同时设计、同时施工、同时投入生产和使用。安全设施与建设项目主体工程未做到同时设计的一律不予审批,未做到同时施工的责令立即停止施工,未同时投入使用的不得颁发安全生产许可证,并视情节追究有关单位负责人的责任。严格落实建设、设计、施工、监理、监管等各方安全责任。对项目建设生产经营单位存在违法分包、转包等行为的,立即依法停工停产整顿,并追究项目业主、承包方等各方责任。

(14)加强社会监督和舆论监督。要充分发挥工会、共青团、妇联组织的作用,依法维护和落实企业职工对安全生产的参与权与监督权,鼓励职工监督举报各类安全隐患,对举报者予以奖励。有关部门和地方要进一步畅通安全生产的社会监督渠道,设立举报箱,公布举报电话,接受人民群众的公开监督。要发挥新闻媒体的舆论监督,对舆论反映的客观问题要深查原因,切实整改。

**(五)建设更加高效的应急救援体系**

(15)加快国家安全生产应急救援基地建设。按行业类型和区域分布,依托大型企业,在中央预算内基建投资支持下,先期抓紧建设 7 个国家矿山应急救援队,配备性能可靠、机动性强的装备和设备,保障必要的运行维护费用。推进公路交通、铁路运输、水上搜救、船舶溢油、油气田、危险化学品等行业(领域)国家救援基地和队伍建设。鼓励和支持各地区、各部门、各行业依托大型企业和专业救援力量,加强服务周边的区域性应急救援能力建设。

(16)建立完善企业安全生产预警机制。企业要建立完善安全生产动态监控及预警预报体系,每月进行一次安全生产风险分析。发现事故征兆要立即发布预警信息,落实防范和应急处置措施。对重大危险源和重大隐患要报当地安全生产监管监察部门、负有安全生产监管职责的有关部门和行业管理部门备案。涉及国家秘密的,按有关规定执行。

(17)完善企业应急预案。企业应急预案要与当地政府应急预案保持衔接,并定期进行演练。赋予企业生产现场带班人员、班组长和调度人员在遇到险情时第一时间下达停产撤人命令的直接决策权和指挥权。因撤离不及时导致人身伤亡事故的,要从重追究相关人员的法律责任。

**(六)严格行业安全准入**

(18)加快完善安全生产技术标准。各行业管理部门和负有安全生产监管职责的有关部门要根据行业技术进步和产业升级的要求,加快制定修订生产、安全技术标准,制定和实施高危行业从业人员资格标准。对实施许可证管理制度的危险性作业要制定落实专项安全技术作业规程和岗位安全操作规程。

(19)严格安全生产准入前置条件。把符合安全生产标准作为高危行业企业准入的前置条件,实行严格的安全标准核准制度。矿山建设项目和用于生产、储存危险物品的建设项目,应当分别按照国家有关规定进行安全条件论证和安全评价,严把安全生产准入关。凡不符合安全生产条件违规建设的,要立即停止建设,情节严重的由本级人民政府或主管部门实施关闭取缔。降低标准造成隐患的,要追究相关人员和负责人的责任。

(20)发挥安全生产专业服务机构的作用。依托科研院所,结合事业单位改制,推动安全生产评价、技术支持、安全培训、技术改造等服务性机构的规范发展。制定完善安全生产专业服务机构管理办法,保证专业服务机构从业行为的专业性、独立性和客观性。专业服务机构对相关评价、鉴定结论承担法律责任,对违法违规、弄虚作假的,要依法依规从严追究相关人员和机构的法律责任,并降低或取消相关资质。

**(七)加强政策引导**

(21)制定促进安全技术装备发展的产业政策。要鼓励和引导企业研发、采用先进适用的安全技术和产品,鼓励安全生产适用技术和新装备、新工艺、新标准的推广应用。把安全检测监控、安全避险、安全保护、个人防护、灾害监控、特种安全设施及应急救援等安全生产专用设备的研发制造,作为安全产业加以培育,纳入国家振兴装备制造业的政策支持范畴。大力发展安全装备融资租赁业务,促进高危行业企业加快提升安全装备水平。

(22)加大安全专项投入。切实做好尾矿库治理、扶持煤矿安全技改建设、瓦斯防治和小煤矿整顿关闭等各类中央资金的安排使用,落实地方和企业配套资金。加强对高危行业企业安全生产费用提取和使用管理的监督检查,进一步完善高危行业企业安全生产费用财务管理制度,研究提高安全生产费用提取下限标准,适当扩大适用范围。依法加强道路交通事故社会救助基金制度建设,加快建立完善水上搜救奖励与补偿机制。高危行业企业探索实行全员安全风险抵押金制度。完善落实工伤保险制度,积极稳妥推行安全生产责任保险制度。

(23)提高工伤事故死亡职工一次性赔偿标准。从2011年1月1日起,依照《工伤保险条例》的规定,对因生产安全事故造成的职工死亡,其一次性工亡补助金标准调整为按全国上一年度城镇居民人均可支配收入的20倍计算,发放给工亡职工近亲属。同时,依法确保工亡职工一次性丧葬补助金、供养亲属抚恤金的发放。

(24)鼓励扩大专业技术和技能人才培养。进一步落实完善校企合作办学、对口单招、订单式培养等政策,鼓励高等院校、职业学校逐年扩大采矿、机电、地质、通风、安全等相关专业人才的招生培养规模,加快培养高危行业专业人才和生产一线急需技能型人才。

**(八)更加注重经济发展方式转变**

(25)制定落实安全生产规划。各地区、各有关部门要把安全生产纳入经济社会发展的总体布局,在制定国家、地区发展规划时,要同步明确安全生产目标和专项规划。企业要把安全生产工作的各项要求落实在企业发展和日常工作之中,在制定企业发展规划和年度生产经营计划中要突出安全生产,确保安全投入和各项安全措施到位。

(26)强制淘汰落后技术产品。不符合有关安全标准、安全性能低下、职业危害严重、危及安全生产的落后技术、工艺和装备要列入国家产业结构调整指导目录,予以强制性淘汰。各省级人民政府也要制定本地区相应的目录和措施,支持有效消除重大安全隐患的技术改造和搬迁项目,遏制安全水平低、保障能力差的项目建设和延续。对存在落后技术装备、构成重大安全隐患的企业,要予以公布,责令限期整改,逾期未整改的依法予以关闭。

(27)加快产业重组步伐。要充分发挥产业政策导向和市场机制的作用,加大对相关高危行业企业重组力度,进一步整合或淘汰浪费资源、安全保障低的落后产能,提高安全基础保障能力。

**(九)实行更加严格的考核和责任追究**

(28)严格落实安全目标考核。对各地区、各有关部门和企业完成年度生产安全事故控制指标情况进行严格考核,并建立激励约束机制。加大重特大事故的考核权重,发生特别重大生产安全事故的，要根据情节轻重，追究地市级分管领导或主要领导的责任；后果特别严重、影响特别恶劣的，要按规定追究省部级相关领导的责任。加强安全生产基础工作考核，加快推进安全生产长效机制建设，坚决遏制重特大事故的发生。

(29)加大对事故企业负责人的责任追究力度。企业发生重大生产安全责任事故，追究事故企业主要负责人责任；触犯法律的，依法追究事故企业主要负责人或企业实际控制人的法律责任。发生特别重大事故，除追究企业主要负责人和实际控制人责任外，还要追究上级企业主要负责人的责任；触犯法律的，依法追究企业主要负责人、企业实际控制人和上级企业负责人的法律责任。对重大、特别重大生产安全责任事故负有主要责任的企业，其主要负责人终身不得担任本行业企业的矿长(厂长、经理)。对非法违法生产造成人员伤亡的，以及瞒报事故、事故后逃逸等情节特别恶劣的，要依法从重处罚。

(30)加大对事故企业的处罚力度。对于发生重大、特别重大生产安全责任事故或一年内发生 2 次以上较大生产安全责任事故并负主要责任的企业，以及存在重大隐患整改不力的企业，由省级及以上安全监管监察部门会同有关行业主管部门向社会公告，并向投资、国土资源、建设、银行、证券等主管部门通报，一年内严格限制新增的项目核准、用地审批、证券融资等，并作为银行贷款等的重要参考依据。

(31)对打击非法生产不力的地方实行严格的责任追究。在所辖区域对群众举报、上级督办、日常检查发现的非法生产企业(单位)没有采取有效措施予以查处，致使非法生产企业(单位)存在的，对县(市、区)、乡(镇)人民政府主要领导以及相关责任人，根据情节轻重，给予降级、撤职或者开除的行政处分，涉嫌犯罪的，依法追究刑事责任。国家另有规定的，从其规定。

(32)建立事故查处督办制度。依法严格事故查处，对事故查处实行地方各级安全生产委员会层层挂牌督办，重大事故查处实行国务院安全生产委员会挂牌督办。事故查处结案后，要及时予以公告，接受社会监督。

## 三、国务院《关于坚持科学发展安全发展促进安全生产形势持续稳定好转的意见》(国发〔2011〕40 号)

安全生产事关人民群众生命财产安全，事关改革开放、经济发展和社会稳定大局，事关党和政府形象和声誉。2011 年 11 月 16 日，国务院为深入贯彻落实科学发展观，实现安全发展，促进全国安全生产形势持续稳定好转，下发了《关于坚持科学发展安全发展促进安全生产形势持续稳定好转的意见》(国发〔2011〕40 号)，提出了以下意见：

1. 充分认识坚持科学发展安全发展的重大意义

(1)坚持科学发展安全发展是对安全生产实践经验的科学总结。多年来，各地区、各部门、各单位深入贯彻落实科学发展观，按照党中央、国务院的决策部署，大力推进安全发展，全国安全生产工作取得了积极进展和明显成效。"十一五"期间，事故总量和重特大事故大幅度下降，全国各类事故死亡人数年均减少约 1 万人，反映安全生产状况的各项指标显著改善，安全生产形势持续稳定好转。实践表明，坚持科学发展安全发展，是对新时期安全生产客观规律的科学认识和准确把握，是保障人民群众生命财产安全的必然选择。

(2)坚持科学发展安全发展是解决安全生产问题的根本途径。我国正处于工业化、城镇化快速发展进程中，处于生产安全事故易发多发的高峰期，安全基础仍然比较薄弱，重特大事故尚未得到有效遏制，非法违法生产经营建设行为屡禁不止，安全责任不落实、防范和监督管理不到位等问题在一些地方和企业还比较突出。安全生产工作既要解决长期积累的深层次、结构性和区域性问题，又要应对不断出现的新情况、新问题，根本出路在于坚持科学发展安全发展。要把这一重要思想和理念落实到生产经营建设的每一个环节，使之成为衡量各行业领域、各生产经营单位安全生产工作的基本标准，自觉做到不安全不生产，实现安全与发展的有机统一。

(3)坚持科学发展安全发展是经济发展社会进步的必然要求。随着经济发展和社会进步，全社会对安全生产的期待不断提高，广大从业人员"体面劳动"意识不断增强，对加强安全监管监察、改善作业环境、保障职业安全健康权益等方面的要求越来越高。这就要求各地区、各部门、各单位必须始终把安全生产摆在经济社会发展重中之重的位置，自觉坚持科学发展安全发展，把安全真正作为发展的前提和基础，使经济社会发展切实建立在安全保障能力不断增强、劳动者生命安全和身体健康得到切实保障的基础之上，确保人民群众平安幸福地享有经济发展和社会进步的成果。

2. 指导思想和基本原则

(1)指导思想。坚持以邓小平理论和"三个代表"重要思想为指导，深入贯彻落实科学发展观，牢固树立以人为本、安全发展的理念，始终把保障人民群众生命财产安全放在首位，大力实施安全发展战略，紧紧围绕科学发展主题和加快转变经济发展方式主线，自觉坚持"安全第一、预防为主、综合治理"方针，坚持速度、质量、效益与安全的有机统一，以强化和落实企业主体责任为重点，以事故预防为主攻方向，以规范生产为保障，以科技进步为支撑，认真落实安全生产各项措施，标本兼治、综合治理，有效防范和坚决遏制重特大事故，促进安全生产与经济社会同步协调发展。

(2)基本原则。——统筹兼顾，协调发展。正确处理安全生产与经济社会发展、与速度质量效益的关系，坚持把安全生产放在首要位置，促进区域、行业领域的科学、安全、可持续发展。——依法治安，综合治理。健全完善安全生产法律法规、制度标准体系，严格安全生产执法，严厉打击非法违法行为，综合运用法律、行政、经济等手段，推动安全生产工作规范、有序、高效开展。——突出预防，落实责任。加大安全投入，严格安全准入，深化隐患排查治理，筑牢安全生产基础，全面落实企业安全生产主体责任、政府及部门监管责任和属地管理责任。——依靠科技，创新管理。加快安全科技研发应用，加强专业技术人才队伍和高素质的职工队伍培养，创新安全管理体制机制和方式方法，不断提升安全保障能力和安全管理水平。

3. 进一步加强安全生产法制建设

(1)健全完善安全生产法律制度体系。加快推进安全生产法等相关法律法规的修订制定工作。适应经济社会快速发展的新要求，制定高速铁路、高速公路、大型桥梁隧道、超高层建筑、城市轨道交通和地下管网等建设、运行、管理方面的安全法规规章。根据技术进步和产业升级需要，抓紧修订完善国家和行业安全技术标准，尽快健全覆盖各行业领域的安全生产标准体系。进一步建立完善安全生产激励约束、督促检查、行政问责、区域联动等制度，形成规范有力的制度保障体系。

(2)加大安全生产普法执法力度。加强安全生产法制教育,普及安全生产法律知识,提高全民安全法制意识,增强依法生产经营建设的自觉性。加强安全生产日常执法、重点执法和跟踪执法,强化相关部门及与司法机关的联合执法,确保执法实效。继续依法严厉打击各类非法违法生产经营建设行为,切实落实停产整顿、关闭取缔、严格问责的惩治措施。强化地方人民政府特别是县乡级人民政府责任,对打击非法生产不力的,要严肃追究责任。

(3)依法严肃查处各类事故。严格按照"科学严谨、依法依规、实事求是、注重实效"的原则,认真调查处理每一起事故,查明原因,依法严肃追究事故单位和有关责任人的责任,严厉查处事故背后的腐败行为,及时向社会公布调查进展和处理结果。认真落实事故查处分级挂牌督办、跟踪督办、警示通报、诫勉约谈和现场分析制度,深刻吸取事故教训,查找安全漏洞,完善相关管理措施,切实改进安全生产工作。

4. 全面落实安全生产责任

(1)认真落实企业安全生产主体责任。企业必须严格遵守和执行安全生产法律法规、规章制度与技术标准,依法依规加强安全生产,加大安全投入,健全安全管理机构,加强班组安全建设,保持安全设备设施完好有效。企业主要负责人、实际控制人要切实承担安全生产第一责任人的责任,带头执行现场带班制度,加强现场安全管理。强化企业技术负责人技术决策和指挥权,注重发挥注册安全工程师对企业安全状况诊断、评估、整改方面的作用。企业主要负责人、安全管理人员、特种作业人员一律经严格考核、持证上岗。企业用工要严格依照劳动合同法与职工签订劳动合同,职工必须全部经培训合格后上岗。

(2)强化地方人民政府安全监管责任。地方各级人民政府要健全完善安全生产责任制,把安全生产作为衡量地方经济发展、社会管理、文明建设成效的重要指标,切实履行属地管理职责,对辖区内各类企业包括中央、省属企业实施严格的安全生产监督检查和管理。严格落实地方行政首长安全生产第一责任人的责任,建立健全政府领导班子成员安全生产"一岗双责"制度。省、市、县级政府主要负责人要定期研究部署安全生产工作,组织解决安全生产重点难点问题。

(3)切实履行部门安全生产管理和监督职责。健全完善安全生产综合监管与行业监管相结合的工作机制,强化安全生产监管部门对安全生产的综合监管,全面落实行业主管部门的专业监管、行业管理和指导职责。相关部门、境内投资主体和派出企业要切实加强对境外中资企业安全生产工作的指导和管理。要不断探索创新与经济运行、社会管理相适应的安全监管模式,建立健全与企业信誉、项目核准、用地审批、证券融资、银行贷款等方面相挂钩的安全生产约束机制。

5. 着力强化安全生产基础

(1)严格安全生产准入条件。要认真执行安全生产许可制度和产业政策,严格技术和安全质量标准,严把行业安全准入关。强化建设项目安全核准,把安全生产条件作为高危行业建设项目审批的前置条件,未通过安全评估的不准立项;未经批准擅自开工建设的,要依法取缔。严格执行建设项目安全设施"三同时"(同时设计、同时施工、同时投产和使用)制度。制定和实施高危行业从业人员资格标准。加强对安全生产专业服务机构管理,实行严格的资格认证制度,确保其评价、检测结果的专业性和客观性。

(2)加强安全生产风险监控管理。充分运用科技和信息手段,建立健全安全生产隐患排查治理体系，强化监测监控、预报预警，及时发现和消除安全隐患。企业要定期进行安全风险评估分析，重大隐患要及时报安全监管监察和行业主管部门备案。各级政府要对重大隐患实行挂牌督办，确保监控、整改、防范等措施落实到位。各地区要建立重大危险源管理档案，实施动态全程监控。

(3)推进安全生产标准化建设。在工矿商贸和交通运输行业领域普遍开展岗位达标、专业达标和企业达标建设，对在规定期限内未实现达标的企业，要依据有关规定暂扣其生产许可证、安全生产许可证，责令停产整顿；对整改逾期仍未达标的，要依法予以关闭。加强安全标准化分级考核评价，将评价结果向银行、证券、保险、担保等主管部门通报，作为企业信用评级的重要参考依据。

(4)加强职业病危害防治工作。要严格执行职业病防治法，认真实施国家职业病防治规划，深入落实职业危害防护设施"三同时"制度，切实抓好煤(矽)尘、热害、高毒物质等职业危害防范治理。对可能产生职业病危害的建设项目，必须进行严格的职业病危害预评价，未提交预评价报告或预评价报告未经审核同意的，一律不得批准建设；对职业病危害防控措施不到位的企业，要依法责令其整改，情节严重的要依法予以关闭。切实做好职业病诊断、鉴定和治疗，保障职工安全健康权益。

6. 深化重点行业领域安全专项整治

(1)深入推进煤矿瓦斯防治和整合技改。加快建设"通风可靠、抽采达标、监控有效、管理到位"的瓦斯综合治理工作体系，完善落实瓦斯抽采利用扶持政策，推进瓦斯防治技术创新。严格控制高瓦斯和煤与瓦斯突出矿井建设项目审批。建立完善煤矿瓦斯防治能力评估制度，对不具备防治能力的高瓦斯和煤与瓦斯突出矿井，要严格按规定停产整改、重组或依法关闭。继续运用中央预算内投资扶持煤矿安全技术改造，支持煤矿整顿关闭和兼并重组。加强对整合技改煤矿的安全管理，加快推进煤矿井下安全避险系统建设和小煤矿机械化改造。

(2)加大交通运输安全综合治理力度。加强道路长途客运安全管理，修订完善长途客运车辆安全技术标准，逐步淘汰安全性能差的运营车型。强化交通运输企业安全主体责任，禁止客运车辆挂靠运营，禁止非法改装车辆从事旅客运输。严格长途客运、危险品车辆驾驶人资格准入，研究建立长途客车驾驶人强制休息制度，持续严厉整治超载、超限、超速、酒后驾驶、高速公路违规停车等违法行为。加强道路运输车辆动态监管，严格按规定强制安装具有行驶记录功能的卫星定位装置并实行联网联控。提高道路建设质量，完善安全防护设施，加强桥梁、隧道、码头安全隐患排查治理。加强高速铁路和城市轨道交通建设运营安全管理。继续强化民航、农村和山区交通、水上交通的安全监管，特别要抓紧完善校车安全法规和标准，依法强化校车安全监管。

(3)严格危险化学品安全管理。全面开展危险化学品安全管理现状普查评估，建立危险化学品安全管理信息系统。科学规划化工园区，优化化工企业布局，严格控制城镇涉及危险化学品的建设项目。各地区要积极研究制定鼓励支持政策，加快城区高风险危险化学品生产、储存企业搬迁。地方各级人民政府要组织开展地下危险化学品输送管道设施安全整治，加强和规范城镇地面开挖作业管理。继续推进化工装置自动控制系统改造。切实加强烟花爆竹和民用爆炸物品的安全监管，深入开展"三超一改"(超范围、超定员、超药量和擅自改变工房用途)和礼花弹等高危产品专项治理。

(4)深化非煤矿山安全整治。进一步完善矿产资源开发整合常态化管理机制,制定实施非煤矿山主要矿种最小开采规模和最低服务年限标准。研究制定充填开采标准和规定。积极推行尾矿库一次性筑坝、在线监测技术,搞好尾矿综合利用。全面加强矿井安全避险系统建设,组织实施非煤矿山采空区监测监控等科技示范工程。加强陆地和海洋石油天然气勘探开采的安全管理,重点防范井喷失控、硫化氢中毒、海上溢油等事故。

(5)加强建筑施工安全生产管理。按照"谁发证、谁审批、谁负责"的原则,进一步落实建筑工程招投标、资质审批、施工许可、现场作业等各环节安全监管责任。强化建筑工程参建各方企业安全生产主体责任。严密排查治理起重机、吊罐、脚手架等设施设备安全隐患。建立建筑工程安全生产信息系统,健全施工企业和从业人员安全信用体系,完善失信惩戒制度。建立完善铁路、公路、水利、核电等重点工程项目安全风险评估制度。严厉打击超越资质范围承揽工程、违法分包转包工程等不法行为。

(6)加强消防、冶金等其他行业领域的安全监管。地方各级人民政府要把消防规划纳入当地城乡规划,切实加强公共消防设施建设。大力实施社会消防安全"防火墙"工程,落实建设项目消防安全设计审核、验收和备案抽查制度,严禁使用不符合消防安全要求的装修装饰材料和建筑外保温材料。严格落实人员密集场所、大型集会活动等安全责任制,严防拥挤踩踏事故。加强冶金、有色等其他工贸行业企业安全专项治理,严格执行压力容器、电梯、游乐设施等特种设备安全管理制度,加强电力、农机和渔船安全管理。

7. 大力加强安全保障能力建设

(1)持续加大安全生产投入。探索建立中央、地方、企业和社会共同承担的安全生产长效投入机制,加大对贫困地区和高危行业领域倾斜。完善有利于安全生产的财政、税收、信贷政策,强化政府投资对安全生产投入的引导和带动作用。企业在年度财务预算中必须确定必要的安全投入,提足用好安全生产费用。完善落实工伤保险制度,积极稳妥推行安全生产责任保险制度,发挥保险机制的预防和促进作用。

(2)充分发挥科技支撑作用。整合安全科技优势资源,建立完善以企业为主体、以市场为导向、产学研用相结合的安全技术创新体系。加快推进安全生产关键技术及装备的研发,在事故预防预警、防治控制、抢险处置等方面尽快推出一批具有自主知识产权的科技成果。积极推广应用安全性能可靠、先进适用的新技术、新工艺、新设备和新材料。企业必须加快国家规定的各项安全系统和装备建设,提高生产安全防护水平。加强安全生产信息化建设,建立健全信息科技支撑服务体系。

(3)加强产业政策引导。加大高危行业企业重组力度,进一步整合浪费资源、安全保障低的落后产能,加快淘汰不符合安全标准、职业危害严重、危及安全生产的落后技术、工艺和装备。地方各级人民政府要制定相关政策,遏制安全水平低、保障能力差的项目的建设和延续。对存在落后技术设备、构成重大安全隐患的企业,要予以公布,责令其限期整改,逾期未整改的依法予以关闭。把安全产业纳入国家重点支持的战略产业,积极发展安全装备融资租赁业务,促进企业加快提升安全装备水平。

(4)加强安全人才和监管监察队伍建设。加强安全科学与工程学科建设,办好安全工程类高等教育和职业教育,重点培养中高级安全工程与管理人才。鼓励高等院校、职业学校进一步落实完善校企合作办学、对口单招、订单式培养等政策，加快培养高危行业专业人才和生产一线急需技能型人才。加快建设专业化的安全监管监察队伍，建立以岗位职责为基础的能力评价体系，加强在岗人员业务培训。进一步充实基层监管力量，改善监管监察装备和条件，创新安全监管监察机制，切实做到严格、公正、廉洁、文明执法。

8. 建设更加高效的应急救援体系

(1)加强应急救援队伍和基地建设。抓紧7个国家级、14个区域性矿山应急救援基地建设，加快推进重点行业领域的专业应急救援队伍建设。县级以上地方人民政府要结合实际，整合应急资源，依托大型企业、公安消防等救援力量，加强本地区应急救援队伍建设。建立紧急医学救援体系，提升事故医疗救治能力。建立救援队伍社会化服务补偿机制，鼓励和引导社会力量参与应急救援。

(2)完善应急救援机制和基础条件。健全省、市、县及中央企业安全生产应急管理体系，加快建设应急平台，完善应急救援协调联动机制。建立健全自然灾害预报预警联合处置机制，加强安监、气象、地震、海洋等部门的协调配合，严防自然灾害引发事故灾难。建立完善企业安全生产动态监控及预警预报体系。加强应急救援装备建设，强化应急物资和紧急运输能力储备，提高应急处置效率。

(3)加强预案管理和应急演练。建立健全安全生产应急预案体系，加强动态修订完善。落实省、市、县三级安全生产预案报备制度，加强企业预案与政府相关应急预案的衔接。定期开展应急预案演练，切实提高事故救援实战能力。企业生产现场带班人员、班组长和调度人员在遇到险情时，要按照预案规定，立即组织停产撤人。

9. 积极推进安全文化建设

(1)加强安全知识普及和技能培训。加强安全教育基地建设，充分利用电视、互联网、报纸、广播等多种形式和手段普及安全常识，增强全社会科学发展、安全发展的思想意识。在中小学广泛普及安全基础教育，加强防灾避险演练。全面开展安全生产、应急避险和职业健康知识进企业、进学校、进乡村、进社区、进家庭活动，努力提升全民安全素质。大力开展企业全员安全培训，重点强化高危行业和中小企业一线员工安全培训。完善农民工向产业工人转化过程中的安全教育培训机制。建立完善安全技术人员继续教育制度。大型企业要建立健全职业教育和培训机构。加强地方政府安全生产分管领导干部的安全培训，提高安全管理水平。

(2)推动安全文化发展繁荣。充分利用社会资源和市场机制，培育发展安全文化产业，打造安全文化精品，促进安全文化市场繁荣。加强安全公益宣传，大力倡导“关注安全、关爱生命”的安全文化。建设安全文化主题公园、主题街道和安全社区，创建若干安全文化示范企业和安全发展示范城市。推进安全文化理论和建设手段创新，构建自我约束、持续改进的长效机制，不断提高安全文化建设水平，切实发挥其对安全生产工作的引领和推动作用。

10. 切实加强组织领导和监督

(1)健全完善安全生产工作格局。各地区要进一步健全完善政府统一领导、部门依法监管、企业全面负责、群众参与监督、全社会广泛支持的安全生产工作格局，形成各方面齐抓共管的合力。要切实加强安全生产工作的组织领导，充分发挥各级政府安全生产委员会及其办公室的指导协调作用，落实各成员单位工作责任。县级以上人民政府要依法健全完善安全生产、职业健康监管体系,安全生产任务较重的乡镇要加强安全监管力量建设,确保事有人做、责有人负。

(2)加强安全生产绩效考核。把安全生产考核控制指标纳入经济社会发展考核评价指标体系,加大各级领导干部政绩业绩考核中安全生产的权重和考核力度。把安全生产工作纳入社会主义精神文明和党风廉政建设、社会管理综合治理体系之中。制定完善安全生产奖惩制度,对成效显著的单位和个人要以适当形式予以表扬和奖励,对违法违规、失职渎职的,依法严格追究责任。

(3)发挥社会公众的参与监督作用。推进安全生产政务公开,健全行政许可网上申请、受理、审批制度。落实安全生产新闻发布制度和救援工作报道机制,完善隐患、事故举报奖励制度,加强社会监督、舆论监督和群众监督。支持各级工会、共青团、妇联等群众组织动员广大职工开展群众性安全生产监督和隐患排查,落实职工岗位安全责任,推进群防群治。

## 四、国务院安委会《关于深入开展企业安全生产标准化建设的指导意见》(安委〔2011〕4号)

为深入贯彻落实《国务院关于进一步加强企业安全生产工作的通知》(国发〔2010〕23号,以下简称《国务院通知》)和《国务院办公厅关于继续深化"安全生产年"活动的通知》(国办发〔2011〕11号,以下简称《国办通知》)精神,全面推进企业安全生产标准化建设,进一步规范企业安全生产行为,改善安全生产条件,强化安全基础管理,有效防范和坚决遏制重特大事故发生,经报国务院领导同志同意,国务院安全生产委员会于2011年出台了《关于深入开展企业安全生产标准化建设的指导意见》(安委〔2011〕4号)。

《指导意见》内容如下:

1. 充分认识深入开展企业安全生产标准化建设的重要意义

一是落实企业安全生产主体责任的必要途径。国家有关安全生产法律法规和规定明确要求,要严格企业安全管理,全面开展安全达标。企业是安全生产的责任主体,也是安全生产标准化建设的主体,要通过加强企业每个岗位和环节的安全生产标准化建设,不断提高安全管理水平,促进企业安全生产主体责任落实到位。

二是强化企业安全生产基础工作的长效制度。安全生产标准化建设涵盖了增强人员安全素质、提高装备设施水平、改善作业环境、强化岗位责任落实等各个方面,是一项长期的、基础性的系统工程,有利于全面促进企业提高安全生产保障水平。

三是政府实施安全生产分类指导、分级监管的重要依据。实施安全生产标准化建设考评,将企业划分为不同等级,能够客观真实地反映出各地区企业安全生产状况和不同安全生产水平的企业数量,为加强安全监管提供有效的基础数据。

四是有效防范事故发生的重要手段。深入开展安全生产标准化建设,能够进一步规范从业人员的安全行为,提高机械化和信息化水平,促进现场各类隐患的排查治理,推进安全生产长效机制建设,有效防范和坚决遏制事故发生,促进全国安全生产状况持续稳定好转。

各地区、各有关部门和企业要把深入开展企业安全生产标准化建设的思想行动统一到《国务院通知》的规定要求上来,充分认识深入开展企业安全生产标准化建设对加强安全生产工作的重要意义,切实增强推动企业安全生产标准化建设的自觉性和主动性,确保取得实效。

2. 总体要求和目标任务

(1)总体要求。深入贯彻落实科学发展观,坚持"安全第一、预防为主、综合治理"的方针,牢固树立以人为本、安全发展理念,全面落实《国务院通知》和《国办通知》精神,按照《企业安全生产标准化基本规范》(AQ/T9006－2010,以下简称《基本规范》)和相关规定,制定完善安全生产标准和制度规范。严格落实企业安全生产责任制,加强安全科学管理,实现企业安全管理的规范化。加强安全教育培训,强化安全意识、技术操作和防范技能,杜绝"三违"。加大安全投入,提高专业技术装备水平,深化隐患排查治理,改进现场作业条件。通过安全生产标准化建设,实现岗位达标、专业达标和企业达标,各行业(领域)企业的安全生产水平明显提高,安全管理和事故防范能力明显增强。

(2)目标任务。在工矿商贸和交通运输行业(领域)深入开展安全生产标准化建设,重点突出煤矿、非煤矿山、交通运输、建筑施工、危险化学品、烟花爆竹、民用爆炸物品、冶金等行业(领域)。其中,煤矿要在2011年底前,危险化学品、烟花爆竹企业要在2012年底前,非煤矿山和冶金、机械等工贸行业(领域)规模以上企业要在2013年底前,冶金、机械等工贸行业(领域)规模以下企业要在2015年前实现达标。要建立健全各行业(领域)企业安全生产标准化评定标准和考评体系;进一步加强企业安全生产规范化管理,推进全员、全方位、全过程安全管理;加强安全生产科技装备,提高安全保障能力;严格把关,分行业(领域)开展达标考评验收;不断完善工作机制,将安全生产标准化建设纳入企业生产经营全过程,促进安全生产标准化建设的动态化、规范化和制度化,有效提高企业本质安全水平。

3. 实施方法

(1)打基础,建章立制。按照《基本规范》要求,将企业安全生产标准化等级规范为一、二、三级。各地区、各有关部门要分行业(领域)制定安全生产标准化建设实施方案,完善达标标准和考评办法,并于2011年5月底以前将本地区、本行业(领域)安全生产标准化建设实施方案报国务院安委会办公室。企业要从组织机构、安全投入、规章制度、教育培训、装备设施、现场管理、隐患排查治理、重大危险源监控、职业健康、应急管理以及事故报告、绩效评定等方面,严格对应评定标准要求,建立完善安全生产标准化建设实施方案。

(2)重建设,严加整改。企业要对照规定要求,深入开展自检自查,建立企业达标建设基础档案,加强动态管理,分类指导,严抓整改。对评为安全生产标准化一级的企业要重点抓巩固、二级企业着力抓提升、三级企业督促抓改进,对不达标的企业要限期抓整顿。各地区和有关部门要加强对安全生产标准化建设工作的指导和督促检查,对问题集中、整改难度大的企业,要组织专业技术人员进行"会诊",提出具体办法和措施,集中力量,重点解决;要督促企业做到隐患排查治理的措施、责任、资金、时限和预案"五到位",对存在重大隐患的企业,要责令停产整顿,并跟踪督办。对发生较大以上生产安全事故、存在非法违法生产经营建设行为、重大隐患限期整顿仍达不到安全要求,以及未按规定要求开展安全生产标准化建设且在规定限期内未及时整改的,取消其安全生产标准化达标参评资格。

(3)抓达标,严格考评。各地区、各有关部门要加强对企业安全生产标准化建设的督促检查,严格组织开展达标考评。对安全生产标准化一级企业的评审、公告、授牌等有关事项,由国家有关部门或授权单位组织实施;二级、三级企业的评审、公告、授牌等具体办法,由省级有关部门制定。各地区、各有关部门在企业安全生产标准化创建中不得收取费用。要严格达标等级考评，明确企业的专业达标最低等级为企业达标等级，有一个专业不达标则该企业不达标。

各地区、各有关部门要结合本地区、本行业（领域）企业的实际情况，对安全生产标准化建设工作作出具体安排，积极推进，成熟一批、考评一批、公告一批、授牌一批。对在规定时间内经整改仍不具备最低安全生产标准化等级的企业，地方政府要依法责令其停产整改直至依法关闭。各地区、各有关部门要将考评结果汇总后报送国务院安委会办公室备案，国务院安委会办公室将适时组织抽检。

4. 工作要求

（1）加强领导，落实责任。按照属地管理和“谁主管、谁负责”的原则，企业安全生产标准化建设工作由地方各级人民政府统一领导，明确相关部门负责组织实施。国家有关部门负责指导和推动本行业（领域）企业安全生产标准化建设，制定实施方案和达标细则。企业是安全生产标准化建设工作的责任主体，要坚持高标准、严要求，全面落实安全生产法律法规和标准规范，加大投入，规范管理，加快实现企业高标准达标。

（2）分类指导，重点推进。对于尚未制定企业安全生产标准化评定标准和考评办法的行业（领域），要抓紧制定；已经制定的，要按照《基本规范》和相关规定进行修改完善，规范已达标企业的等级认定。要针对不同行业（领域）的特点，加强工作指导，把影响安全生产的重大隐患排查治理、重大危险源监控、安全生产系统改造、产业技术升级、应急能力提升、消防安全保障等作为重点，在达标建设过程中切实做到“六个结合”，即与深入开展执法行动相结合，依法严厉打击各类非法违法生产经营建设行为；与安全专项整治相结合，深化重点行业（领域）隐患排查治理；与推进落实企业安全生产主体责任相结合，强化安全生产基层和基础建设；与促进提高安全生产保障能力相结合，着力提高先进安全技术装备和物联网技术应用等信息化水平；与加强职业安全健康工作相结合，改善从业人员的作业环境和条件；与完善安全生产应急救援体系相结合，加快救援基地和相关专业队伍标准化建设，切实提高实战救援能力。

（3）严抓整改，规范管理。严格安全生产行政许可制度，促进隐患整改。对达标的企业，要深入分析二级与一级、三级与二级之间的差距，找准薄弱点，完善工作措施，推进达标升级；对未达标的企业，要盯住抓紧，督促加强整改，限期达标。通过安全生产标准化建设，实现“四个一批”：对在规定期限内仍达不到最低标准、不具备安全生产条件、不符合国家产业政策、破坏环境、浪费资源，以及发生各类非法违法生产经营建设行为的企业，要依法关闭取缔一批；对在规定时间内未实现达标的，要依法暂扣其生产许可证、安全生产许可证，责令停产整顿一批；对具备基本达标条件，但安全技术装备相对落后的，要促进达标升级，改造提升一批；对在本行业（领域）具有示范带动作用的企业，要加大支持力度，巩固发展一批。

（4）创新机制，注重实效。各地区、各有关部门要加强协调联动，建立推进安全生产标准化建设工作机制，及时发现解决建设过程中出现的突出矛盾和问题，对重大问题要组织相关部门开展联合执法，切实把安全生产标准化建设工作作为促进落实和完善安全生产法规规章、推广应用先进技术装备、强化先进安全理念、提高企业安全管理水平的重要途径，作为落实安全生产企业主体责任、部门监管责任、属地管理责任的重要手段，作为调整产业结构、加快转变经济发展方式的重要方式，扎实推进。要把安全生产标准化建设纳入安全生产“十二五”规划及有关行业(领域)发展规划。要积极研究采取相关激励政策措施,将达标结果向银行、证券、保险、担保等主管部门通报,作为企业绩效考核、信用评级、投融资和评先推优等的重要参考依据,促进提高达标建设的质量和水平。

(5)严格监督,加强宣传。各地区、各有关部门要分行业(领域)、分阶段组织实施,加强对安全生产标准化建设工作的督促检查,严格对有关评审和咨询单位进行规范管理。要深入基层、企业,加强对重点地区和重点企业的专题服务指导。加强安全专题教育,提高企业安全管理人员和从业人员的技能素质。充分利用各类舆论媒体,积极宣传安全生产标准化建设的重要意义和具体标准要求,营造安全生产标准化建设的浓厚社会氛围。国务院安委会办公室以及各地区、各有关部门要建立公告制度,定期发布安全生产标准化建设进展情况和达标企业、关闭取缔企业名单;及时总结推广有关地区、有关部门和企业的经验做法,培育典型,示范引导,推进安全生产标准化建设工作广泛深入、扎实有效开展。

## 第四节　交通运输部《安全生产“十二五”规划》的基本思路

### 一、概述

“十一五”期是我国国民经济快速发展,也是交通运输大建设、大发展的重要时期,交通运输企业安全生产和应急工作成绩显著,“十一五”期间,我国交通运输企业安全生产工作成绩显著,法制和预案体系基本形成,体制机制逐步建立,人员队伍出具规模,装备设施建设明显加强,安全生产形势保持了总体稳定,为我国交通运输快速、健康发展提供了坚强保障。“十二五”时期是全面建设小康社会的关键时期,是深化改革开放、加快转变经济发展方式的攻坚时期,交通运输发展仍处于重要战略机遇期和科学发展的关键时期。

交通运输安全生产和应急体系是我国安全生产和应急体系重要的组成部分,是推动现代交通业发展的重要保障。随着我国经济社会的快速发展,公众对安全和应急的关注度和要求越来越高。为了进一步加强交通运输行业的安全生产和应急工作,建设畅通高效、安全绿色交通运输体系,切实保障人民群众出行安全,转变交通运输发展方式,促进国家经济社会又好又快发展,交通运输部制定印发了《交通运输安全生产和应急体系“十二五”发展规划》,该规划是《交通运输“十二五”发展规划》的重要组成部分,明确了未来五年交通运输安全生产和应急发展的指导思想、基本原则、发展目标和主要任务,并从指导“十二五”交通运输行业安全生产和应急体系发展的角度,对法规和预案体系建设、体制机制建设、信息化建设、基础设施安全保障能力建设、装备设施建设、安全生产与应急队伍建设六个方面进行了规划。

### 二、交通运输安全生产和应急工作总体情况

在“十一五”期间,我国交通运输的大建设大发展取得了不平凡的成就,公路水路完成固定资产投资4.7万亿元,是“十五”的2倍多;新增公路63.9万公里,沿海港口新增通过能力30亿吨,内河新增及改善航道里程4181公里,分别是“十一五”规划目标的1.7倍、1.4倍、1.1倍。这些成绩的取得得益于安全与应急的坚强保障。

交通运输安全生产和应急体系是我国安全生产和应急体系重要的组成部分,是推动现代交通业发展的重要保障。随着我国经济社会的快速发展,公众对安全和应急的关注度和要求越来越高。交通运输部安全生产和应急工作主要涉及水路、公路交通运输、城市客运、工程建设的安全生产和应急等方面。当前,交通运输部安全生产工作格局是由安全监督司综合管理,各业务司局根据职责分工合作。

## 三、"十一五"期间交通运输安全生产形势具体情况

"十一五"期末与"十一五"初期相比,全国水上交通运输事故件数和死亡人数分别下降42.7%和30.5%,百万吨吞吐量死亡率下降68.9%。五年来,水上共成功救助101812人,搜救成功率96.3%。全国道路运输和交通运输工程建设领域安全生产形势保持了总体稳定。

"十一五"期间,我们主要做好了四个方面的工作:

一是法规和预案体系基本形成。制定并颁布了《防治船舶污染海洋管理条例》、《道路旅客运输及客运站管理规定》、《道路危险货物运输管理规定》、《国内水路运输经营资质管理规定》《老旧运输船舶管理规定》等法规和规章,出台了公路水运工程建设、养护和质量监管等一系列标准规范,修订并完善了公路、水路、海上搜救等应急预案。地方各级交通运输部门也加强了法规建设,颁布了公路桥梁养护、航道航标、渡船渡口管理、建设工程安全监管等管理规定。

二是体制机制逐步建立。各级交通运输管理部门成立了专门负责安全生产监督和应急管理的机构,进一步加强了与外交、公安、农业、国土、水利、安监、环保等部门在安全应急工作中的协调联动。海事、救捞、搜救体制不断推进,进一步完善了国家海上搜救部际联席会议制度下的协调机制。2009年,经国务院和中央军委批准,军队和武警交通部队正式纳入国家交通运输应急救援力量体系。

三是人员队伍初具规模。直属海事系统共有25000多人,直属救捞系统共有8000多人,直属航道部门15000多人,直属航运公安2700多人。各级交通运输主管部门配备了专职安全和应急管理人员,各级公路和港航管理部门初步建立了专兼职安全生产监管与应急队伍,全国已初步建立了一支年龄结构合理、专业结构基本配套、以技术骨干为主的交通运输建设安全管理和监理专业队伍,部分交通运输企业建立了专兼职安全管理队伍。

四是装备设施建设明显加强。"十一五"期间,直属系统共增加各类监管救助船舶400余艘、直升机12架、基地58处,在沿海和长江干线建设了船舶溢油应急设备库15个,已建成38个重点水域船舶交通管理系统(VTS),沿海近岸和长江干线通信系统和船舶自动识别系统(AIS)基本实现连续覆盖,海事卫星地面站和搜救卫星任务中心已改造升级,立体监管救助体系初步形成。地方各级交通运输主管部门也加强了安全设施装备的建设,全国长途客车、旅游包车和危险化学品运输车辆基本安装了自动行车记录仪,内河通航水域建设了一定数量的监管救助船艇和基地,航道应急疏通工程船舶和备用航标。运输企业也加大了相关安全生产和设施装备的投入。

## 四、"十二五"期间交通运输安全生产与应急工作面临的新挑战

"十二五"时期,我国经济社会发展既面临着难得的发展机遇,也面临着诸多风险挑战,

各类不确定因素将对我国经济社会发展产生深刻影响，交通运输安全生产和应急工作将主要面临四个方面的新挑战。

一是我国经济社会和现代交通业的发展对交通运输安全生产和应急工作提出了新要求。“十二五”时期，我国将以科学发展为主题，以加快转变经济发展方式为主线，以调整结构为主攻方向，加快改革开放和现代化建设，全面建设小康社会，这对建设安全、畅通、便捷、绿色的现代交通运输业提出更高要求。而且，随着综合交通运输体系建设的加快推进，不同运输方式将进一步有效衔接，交通运输安全生产和应急工作跨行业、跨地域、相互交叉的特征更加明显。这就要求交通运输安全生产和应急工作必须适应时代发展需要，进一步拓宽安全监管覆盖面，实现由单一监管到综合监管的转变，建立交通运输安全监管全天候、全方位、全过程无缝衔接的新模式，进一步提升应对各类突发事件的能力，建立健全反应快捷、处置高效的应急保障体系。

二是体制改革对交通运输安全生产和应急工作提出了新要求。随着大部制改革的深入推进，交通运输部新增了城市客运（含公交车、轨道交通、出租车）的运营管理职责。预计到2015年，我国城镇化率将达53%以上，城市客运量迅猛增加，特别是到2015年我国25个大中型城市将拥有72条地铁线路，城市轨道交通系统运行环境封闭、人员密集、疏散通道狭窄，运营安全防范和应急救援困难，安全保障压力越来越大。这就要求交通运输安全工作必须认真履行新的职能，借鉴国内外成功经验，加强对新领域运营安全监管的研究，不断提高安全保障能力。

三是交通运输的快速发展对交通运输安全监管和应急工作提出了新挑战。“十二五”时期是交通运输大建设大发展的重要时期。“十二五”期间，交通运输基础设施建设规模大、项目多、任务重、战线长，且建设项目中的山区公路、桥隧工程比例高、分布广、情况复杂，农村公路建设规模大、差异性大，港口工程远海孤岛分布多，处在生产安全事故的易发期和多发期。这些都给“十二五”时期的交通运输安全生产和应急工作带来巨大压力和挑战。

四是非传统安全压力对交通运输安全生产和应急工作提出了新挑战。近年来，气候变化异常，极端自然灾害频繁，给交通运输安全生产带来了极大影响。我国正处于社会转型期，影响经济安全和社会稳定的因素很多，恐怖袭击、人为破坏、公共安全等突发事件时有发生，而目前安全和应急保障的基础比较薄弱，防范和抵御非传统安全的能力比较脆弱，道路、桥梁等交通基础设施老化现象严重，各类灾害引起的次生灾害的影响大，面临着许多潜在风险和现实威胁。此外，人民的物质和文化需求不断扩大，社会交流更加频繁，各种大型公共活动越来越多，人们的安全权利意识越来越强，更加追求安全稳定、高质量的现代生活，交通运输安全已成为社会公众共同关心的重要内容，交通运输安全生产和应急工作责任越来越大。

## 五、“十二五”期间交通运输安全生产和应急工作的总体目标

“十二五”期间，交通运输安全生产和应急工作要坚持以人为本、全面落实科学发展观，贯彻“安全第一、预防为主、综合治理”的方针，围绕建设安全、畅通、便捷、绿色现代交通运输业的目标，以提高安全监管和应急能力为重点，构建组织健全、职责明确、覆盖全面、装备精良、监管有力、反应快捷、运转高效的交通运输安全生产和应急体系，不断提高保障人民群众

安全出行和经济社会安全发展的能力。

"十二五"期间交通运输安全生产和应急工作的总体目标是：到2015年，交通运输安全生产和应急法制更加完善，体制机制更加健全，装备手段更加先进，队伍素质整体提高，安全形势总体稳定，应急能力显著增强，基本建成适应现代交通运输业发展需要的安全生产和应急体系。

公路交通运输方面要实现：营运车辆万车死亡事故件数和死亡人数平均每年下降3%；一般灾害情况下公路抢通时间不超过24小时；12小时内可集结车辆200辆以上；国省干线公路重点路段运行监测覆盖率达到60%以上。

水路交通运输方面要实现：运输船舶百万吨港口吞吐量水上交通事故件数和死亡人数平均每年下降5%，较大以上事故件数每年下降3%，特别重大事故实行零控制；24小时内可调集电煤船舶运力沿海100万载重吨、长江干线30万载重吨以上；内河航道抢通应急到达时间不超过1小时；沿海船舶整体打捞能力由目前的5万吨提高到8万吨以上，水下探摸打捞深度由目前的200米提升到300米；沿海通航水域一次船舶溢油清除控制能力由200吨提高到500吨，重点水域一次船舶溢油清除控制能力达到1000吨；人命救助成功率大于93%。

城市客运方面：百万车公里死亡事故件数和死亡人数平均每年下降1%。工程建设方面：百亿元投资死亡事故件数和死亡人数平均每年下降1%；工程抢险救援应急联动时间不超过120分钟。

## 六、"十二五"交通运输安全生产和应急工作的对策措施

一是要将安全生产和应急体系建设内容纳入相关规划和建设工程。各级交通运输主管部门要将安全生产和应急信息平台和装备设施建设等作为强制性建设项目，纳入规划年度实施计划，加快相关工程的立项、投资和建设，并与公路水路交通其他专项建设规划和建设工程相衔接，同步规划设计、同步建设施工、同步验收运行，保证规划的实施。各地方交通运输主管部门应根据规划的要求，制定本地规划，做好与区域规划、部门规划的衔接，并逐条细化、逐年落实安全生产与应急具体建设任务。

二是加大安全生产和应急体系建设投入。各级政府、交通运输主管部门、交通运输企业应加大对安全生产和应急体系建设的投入，将交通运输安全生产和应急工程建设投入纳入交通运输基础设施建设总体和年度预算；将安全生产和应急方面的运行维护、科学研究、宣传教育、培训演练、应急补偿等资金纳入各级政府财政预算和企业的专项支出。按照事权划分原则，交通运输安全生产和应急工程建设项目由中央、地方和企业分别承担，并积极引导社会资金投入。

三是加大安全生产和应急工作的政策支持力度。各级政府和交通运输主管部门应加大对安全生产和应急的立法支持，切实加快相关法律立法进程；在职责配置、机构设置、人员编制、工作条件等方面给予充分支持，进一步建立健全组织机构，提高管理效能；强化队伍的培训和演练，加强人才队伍的培养和选拔，提高队伍的整体素质，并建立相应的激励约束机制，充分调动从业人员的工作积极性。

四是加强安全生产和应急方面的科学研究。要加强交通运输行业安全生产和应急管理

科研,鼓励有关交通院校设立安全生产和应急相关学科。加大对交通运输生产和应急管理理论和关键技术研究开发力度,重点支持相关标准规范的制修订和防灾抗灾、应急抢险的科学研究。积极鼓励和支持研究、开发交通运输安全生产和应急领域的新产品、新工艺和新技术,实现交通运输安全生产和应急方面核心技术与重大装备研制的突破,促进科研成果的转化和推广应用。

五是加强组织领导和监督检查。交通运输部和各省级交通运输主管部门应进一步加强对本规划实施的组织领导、监督落实和沟通协调,确保本规划按进度实施,力争早完成、早见效。确保规划所有工程建设项目的落实,加强建设项目全过程有效监管,保证工程建设的规范化和制度化。2015 年前,全面实现和完成各项建设目标和任务;加强对规划执行情况的评估,各省级交通运输主管部门每年要会同有关部门组织一次督促检查。2013 年,交通运输部组织对本规划实施情况进行中期评估。

# 第三章 安全管理内涵与基本方法

安全管理是管理科学的一个重要分支，它是为实现安全目标而进行的有关决策、计划、组织和控制等方面的活动，主要是运用现代管理原理、方法和手段，在生产过程所有环节和流程，分析和研究各种不安全因素，从技术上、组织上和管理上采取有力的措施，减少和消除各种不安全因素，防止事故的发生。安全管理也是企业生产管理的重要组成部分，其对象是生产体系中一切人、物、环境的状态管理与控制，安全管理是一种动态管理，是一门综合性的系统科学。本章主要对安全管理中的战略管理、目标管理、危机管理、隐患及危险源监控、预案编制及实施管理进行介绍。

## 第一节 安全管理概述

20世纪初，现代工业兴起并快速发展，重大生产事故和环境污染相继发生，造成了大量人员伤亡和巨大财产损失，给社会带来了极大危害，使人们不得不在一些企业设置专职安全人员，对工人进行安全教育。20世纪30年代，很多国家设立了安全生产管理的政府机构，发布了劳动安全卫生的法律法规，逐步建立了较完善的安全教育、管理、技术体系，呈现了现代安全生产管理雏形。进入20世纪50年代，经济快速增长，人们生活水平迅速提高，就业机会创造、工作条件改进、社会财富公平分配等问题，引起了越来越多经济学家、管理学家和安全工程专家和安全管理政治家的注意。劳动者强烈要求不仅有工作机会，还要有安全健康的工作环境。一些工业化国家，进一步加强了安全生产法律法规体系建设，在安全生产方面投入大量的资金进行科学研究，加强企业安全生产管理的制度化建设，产生了安全生产管理原理、事故致因理论和事故预防原理等风险管理理论，以系统安全理论为核心的现代安全管理方法、模式、思想、理论基本形成。到20世纪末，随着现代制造业和航空航天技术的飞跃发展，人们对职业安全卫生问题的认识也发生了很大变化，安全生产成本、环境成本等成为产品成本的重要组成部分，职业安全卫生问题成为非官方贸易壁垒的利器。在这种背景下，“持续改进”、“以人为本”的安全健康管理理念逐渐被企业管理者所接受，以职业安全健康管理体系为代表的企业安全生产风险管理思想开始形成，现代安全生产管理的内容更加丰富，现代安全生产管理理论、方法、模式以及相应的标准、规范更成熟。

安全管理的主要目标是减少乃至消除事故，遵循特定的管理原理和原则，内容涵盖事故理论、战略管理、目标管理和危机管理，分别针对安全管理中出现的不同问题采取不同方法进行应对。事故理论分析事故特征和发生机理，找寻事故根源，为事故预防、事故应对提供理论支撑；安全战略管理为组织机构进行合理的安全战略定位及决策提供科学有效的工具；安全目标管理确保组织机构实施安全战略、开展日常安全生产管理，实现安全生产战略目标；危机管理使组织机构面临意外或极端危险情境时冷静应对、积极行动，有效化解危机。

## 一、事故理论、应对策略及安全管理原则

### （一）事故理论、应对策略

1. 事故与事故理论

事故（Accident）是以人体为主，在与能量系统有关的系列上，突然发生的与人的希望和意志相反的事件。事故可能导致人员伤亡、职业病或设备设施等财产损失以及环境污染。事故也可以定义为：个人或集体在时间的进程中，在为了实现某一意图而采取行动的过程中，突然发生了与人的意志相反的情况，迫使这种行动暂时地或永久地停止的事件。美国安全工程师海因里希（Heinrich）认为："事故是非计划的、失去控制的事件。"并根据后果的严重程度把事故分为三个层次，分别是：严重伤害事故、轻微伤害事故和无伤害事故，通过统计指出，三种事故发生的概率存在着一般规律——1∶29∶300。

事故现象是在人们的行动过程中发生的，如以人为中心来考察事故后果，大致有如下两种情况：伤亡事故（Injury）；一般事故（Incident）。

1）伤亡事故

伤亡事故，简称伤害，是个人或集体在行动过程中接触了与周围条件有关的外来能量，该能量若作用于人体，致使人体生理机能部分或全部丧失。这种事故的后果，严重时会决定一个人一生的命运，所以习惯称为不幸事故。人体本身就是一个能量体系，它把能量吸收在人体的生理机构中，并通过自身的新陈代谢消耗能量以进行各种活动，当人的行动超出了正常状态，且与生产设备的能量流动发生接触、碰撞以致遭受打击而蒙受伤害。这时也就妨碍了行动的正常进行。在生产区域中发生的和生产有关的伤亡事故，叫工伤事故。

2）一般事故

指人身没有受到伤害或受伤轻微，停工短暂或与人的生理机能障碍无关的事故。由于传给人体的能量很小，尚不足以构成伤害，习惯上称为微伤；另一种是对人身而言的未遂事故，也称为无伤害事故。

事故发生时，其结果到底是伤亡事故，还是一般事故，这完全是一个受偶然性支配的、只有毫厘之差的问题。两者的分界线不明显。把两者分开的可能性，从本质上说是一个偶然性的问题，只能用概率来加以论述。

国内一般把事故分为生产事故和企业职工伤亡事故。生产事故是指生产经营活动（包括与生产经营有关的活动）过程中，突然发生的伤害人身安全和健康或者损坏设备、设施或者造成经济损失，导致原活动暂时中止或永远终止的意外事件。而企业职工伤亡事故在《企业职工伤亡事故报告和处理规定》中将企业职工伤亡事故规定为：企业职工在劳动过程中发生的人身伤害、急性中毒事故。它的发生可能会导致生产、科研活动的暂停或造成财产损失或人身伤亡，形成某种程度的灾害，因此事故与灾害往往连在一起，所以事故也称为事故灾害。

2. 事故的基本特征

通过各种事故数据的分析，人们意识到事故有其自身特性。了解、把握事故特征对于了解事故、预防事故具有重要价值。从一般意义上来看，事故具备以下特征：

1）事故的因果性

所谓因果性就是某一现象作为另一现象发生的根据的两种现象之关联性。事故的起因

是它和其他事物相联系的一种形式。事故是相互联系的诸原因的结果。事故这一现象都和其他现象有着直接的或间接的联系。在这一关系上看来是“因”的现象,在另一关系上却会以“果”出现,反之亦然。

因果关系有继承性,或称非单一性,也就是多层次的,即第一阶段的结果往往是第二阶段的原因。

给人造成直接伤害的原因(或物体)是比较容易掌握的,这是由于它所产生的某种后果显而易见。然而,要寻找出究竟为何种原因又是经过何种过程而造成这样的结果,却非易事。因为随着时间的推移,会有种种因素同时存在。并且它们之间尚有某种相互关系,同时还可能由于某种偶然机会而造成了事故后果。因此,在制定预防措施时,应尽最大努力掌握造成事故的直接和间接的原因,深入剖析其根源,防止同类事故重演。

2)事故的偶然性、必然性和规律性

从本质上讲,伤亡事故属于随机事件,其在一定条件下可能发生,也可能不发生。事故的发生包含着诸多偶然因素。事故的偶然性是客观存在的,与我们是否明了现象的原因没有关联。

事故是由于客观某种不安全因素的存在,随时间进程产生某些意外情况而显现出的一种现象。因它或多或少地含有偶然的本质,故不易决定它所有的规律;但在一定范畴内,用一定的科学仪器或手段,却可以找出近似的规律,从外部和表面上的联系,找到内部的决定性的主要关系。虽不详尽,却可知其近似规律。如应用偶然性定律,即采用概率论的分析方法,收集尽可能多的事故案例进行统计处理,并应用大数定律[1],找出带根本性的特征。

从偶然性中找出必然性,认识事故发生的规律性,把事故消除在萌芽状态之中,变不安全条件为安全条件,化险为夷。这就是防患未然、预防为主的科学意义。科学的安全管理就是从事故合乎规律的发展过程中去认识它、改造它,实现安全生产。

3)事故的潜在性、再现性和可预测性

在时间的推移中,事故会突然违反人的意愿而发生。时间,实质上是存在于一切过程的始终,是一去不复返的。无论是人的全部活动还是机械作业时的运动,在其所经过的时间内,不安全的因素是潜在的,条件成熟就会显现,决不会脱离时间而存在。事故潜在于“绝对时间”之中;也可以说,事故是潜在于空间之中的。人行动在外界条件的空间中,空间又是“相互外在性”的东西。这一本质一经破坏,在其特有的时间、场所就显现为事故。

事故包含在绝对时间之中,我们不能认识绝对时间,因而也不能认识绝对时间中的某些事故;但是,我们却可能认识在相对时间轨迹上相继展开的相对时间及在其中显现的事故。时间是一去不复返的,完全相同的事件也不会重复显现。只能说,对于类似的事故,阻挡其再现是可能的。

基于人们对过去的事故所积累的经验,把人作为主体,可以在自然的客体中进行预测。人们在进行有目的的活动时,也一定对自己的行动能否达到目的而进行种种预测。这种预测是根据以往积累的经验和知识,通过研究所构思出来的一个模型,即所谓“预测模型”。若

[1] 有些随机事件无规律可循,但不少却是有规律的,这些“有规律的随机事件”在大量重复出现的条件下,往往呈现几乎必然的统计特性,这个规律就是大数定律。

“预测模型”的准确性高，在实际进行中，其活动过程或结果就会接近于预测的模型。但是，如果在未来的时间里出现了与最初设想的初始条件不一致的变化情况，当对这种变化情况应对或控制不当时，活动进程相应发生变化，使外界的能量传递给人体而造成人的伤害或机械的损坏。为此，为防止事故发生，在进行生产活动开始之时，就应正确掌握当时的条件，充分运用已有的经验和知识，及时加以调整，以便将未来时间里的情况预测得更加准确。

但是，事故有其突然性，突然出现在相对时间上的事故，往往难于预测。意想不到的偶然性是存在的。集体劳动中的个人，不常是按照自然环境中的客观规律去干，而是有不少人工环境，这与人们在生活环境中所积累的经验有不同之处，有不少新的经验尚未取得，故也有难于预测之处。另外，人们通过五感（视、听、嗅、味、触）对外界条件取得信息，再经大脑综合判断而预测其结果。这种判断也离不开过去的经验。但在自然环境中，经验不起作用的事是存在的。例如煤矿的瓦斯是无色、无味无臭的，单凭人的五感是无力预测的，只有用科学仪器来扩大人的五感的灵敏度。所以使用科学仪器和科学方法是提高预测可靠性的重要途径。

3. 事故致因理论

从事故的定义和特性可知，事故是违背人的意愿而发生的意外事件，事故具有明显的因果性和规律性。要想找出事故的根本原因，进而预防和控制事故，就必须在千变万化、各种各样的事故中发现共性的东西，把其抽象出来，即把感性的认识与积累的经验升华到理论的水平，反过来指导实践，并在此基础上，制定出事故控制的最有效的方案。阐明事故为什么会发生，是怎样发生事故的，以及如何防止事故发生的理论，被称为事故致因理论，或事故发生及预防理论。

事故致因理论是从大量典型事故的本质原因的分析中所提炼出的事故机理和事故模型。这些机理和模型反映了事故发生的规律性，能够为事故的定性定量分析、预测预防、改进安全管理工作等，从理论上提供科学的、完整的依据。随着科技技术和生产力水平的提升，事故发生的类型、规律不断变化，人们对事故原因的认识也不断深入，先后出现了十几种具有一定代表性的事故致因理论和事故模型。下面对其作简要介绍。

1）海因里希因果连锁论。

海因里希因果连锁论又称海因里希模型或多米诺骨牌理论。在该理论中，海因里希借助多米诺骨牌形象地描述了事故的因果连锁关系，即事故的发生是一连串事件按一定顺序互为因果依次发生的结果。如一块骨牌倒下，则将发生连锁反应，使后面的骨牌依次倒下。海因里希模型中的这5块骨牌依次是：

①遗传及社会环境：遗传及社会环境是造成人的缺点的原因。遗传因素可能使人具有鲁莽、固执、粗心等不良性格；社会环境可能妨碍教育，助长不良性格的发展。这是事故因果链上最基本的因素。

②人的缺点：人的缺点是由遗传和社会环境因素所造成，是使人产生不安全行为或使物产生不安全状态的主要原因。这些缺点既包括各类不良性格，也包括缺乏安全生产知识和技能等后天的不足。

③人的不安全行为和物的不安全状态：即造成事故的直接原因。

④事故：即由物体、物质或放射线等，对人体发生作用，使人体受到伤害的、出乎意料的、

失去控制的事件。

⑤伤害：直接由于事故而产生的人身伤害。

该理论的积极意义在于，如果移去因果连锁中的任一块骨牌，则连锁被破坏，事故过程即被中止，达到控制事故的目的。海因里希还强调指出，企业安全工作的中心就是要移去中间的骨牌，即防止人的不安全行为和物的不安全状态，从而中断事故的进程，避免伤害的发生。当然，通过改善社会环境，使人具有更为良好的安全意识，加强培训，使人具有较好的安全技能，或者加强应急抢救措施，也都能在不同程度上移去事故连锁中的某一骨牌来增加该骨牌的稳定性，使事故得到预防和控制。海因里希理论不足之处在于对事故致因连锁关系描述过于简单化、绝对化，也过多地考虑了人的因素。尽管如此，由于其形象化和在事故致因研究中的先导作用，使其有着重要的历史地位。后来，博德、亚当斯等人都在此基础上进行了进一步的修改和完善，形成了博德事故因果连锁理论、亚当斯事故因果连锁理论、北川彻三事故因果连锁理论等。

2）亚当斯的事故因果连锁论

亚当斯（Edward Adams）提出了一种与博德事故因果连锁理论类似的因果连锁模型，在该理论中，事故和损失因素与博德理论相似。该模型内容见表 3-1。

**亚当斯因果连锁模型**

表 3-1

| 管理体制 | 管理失误 | | 现场失误 | 事故 | 伤害或损坏 |
|---|---|---|---|---|---|
| 目标组织机能 | 领导者在下述方面决策错误或没做决策：<br>政策；<br>目标；<br>权威；<br>责任；<br>职责；<br>注意范围；<br>权限授予 | 安全技术人员在下述方面管理失误或疏忽：<br>行为；<br>责任；<br>权威；<br>规则；<br>指导主动性；<br>积极性；<br>业务活动 | 不安全行为；<br>不安全状态 | 伤亡事故；<br>损坏事故；<br>无伤害事故 | 对人；<br>对物 |

在该因果连锁理论中，第四、五个因素基本上与博德的事故因果连锁理论相似。这里把事故的直接原因，即人的不安全行为及物的不安全状态称作现场失误。不安全行为和不安全状态是操作者在生产过程中的错误行为及生产条件方面的问题，采用现场失误这一术语，其主要目的在于提醒人们注意不安全行为及不安全状态的性质。

该理论的核心在于对现场失误的背后原因进行了深入的研究。操作者的不安全行为及生产作业中的不安全状态等现场失误，是由于企业领导者及事故预防工作人员的管理失误造成的。管理人员在管理工作中的差错或疏忽，企业领导人决策错误或没有作出决策等失误，对企业经营管理及事故预防工作具有决定性的影响。管理失误反映企业管理系统中的问题，它涉及管理体制，即有组织地进行管理工作，确定怎样的管理目标，如何计划、实现确定的目标等方面的问题。管理体制反映作为决策中心的领导人的信念、目标及规范，它决定各级管理人员安排工作的轻重缓急，工作基准及指导方针等重大问题。

3）博德事故因果连锁理论

博德（Frank Bird）在海因里希事故因果连锁理论的基础上，提出了现代事故因果连锁理论。博德事故因果连锁理论认为:事故的直接原因是人的不安全行为、物的不安全状态;间接原因包括个人因素及与工作有关的因素。根本原因是管理的缺陷,即管理上存在的问题或缺陷是导致间接原因存在的原因,间接原因的存在又导致直接原因存在,最终导致事故发生。

博德的事故因果连锁过程同样为五个因素,但每个因素的含义与海因里希的都有所不同。

①管理缺陷。对于大多数企业来说,由于各种原因,完全依靠工程技术措施预防事故既不经济也不现实,只能通过完善安全管理工作,经过较大的努力,才能防止事故的发生。企业管理者必须认识到,只要生产没有实现本质安全化,就有发生事故及伤害的可能性,因此,安全管理是企业管理的重要一环。安全管理系统要随着生产的发展变化而不断调整完善,十全十美的管理系统不可能存在。由于安全管理上的缺陷,致使能够造成事故的其他原因出现。

②个人及工作条件的原因。这方面的原因是由于管理缺陷造成的。个人原因包括缺乏安全知识或技能,行为动机不正确,生理或心理有问题等;工作条件原因包括安全操作规程不健全,设备、材料不合适,以及存在温度、湿度、粉尘、气体、噪声、照明、工作场地状况(如打滑的地面、障碍物、不可靠支撑物)等有害作业环境因素。只有找出并控制这些原因,才能有效地防止后续原因的发生,从而防止事故的发生。

③直接原因。人的不安全行为或物的不安全状态是事故的直接原因。这种原因是安全管理中必须重点加以追究的原因。但是,直接原因只是一种表面现象,是深层次原因的表征。在实际工作中,不能停留在这种表面现象上,而要追究其背后隐藏的管理上的缺陷原因,并采取有效的控制措施,从根本上杜绝事故的发生。

④事故。这里的事故被看做是人体或物体与超过其承受阈值的能量接触,或人体与妨碍正常生理活动的物质的接触。因此,防止事故就是防止接触。可以通过对装置、材料、工艺等的改进来防止能量的释放,或者操作者提高识别和回避危险的能力,佩带个人防护用具等来防止接触。

⑤损失。人员伤害及财物损坏统称为损失。人员伤害包括工伤、职业病、精神创伤等。在许多情况下,可以采取恰当的措施使事故造成的损失最大限度地减小。例如,对受伤人员进行迅速正确地抢救,对设备进行抢修以及平时对有关人员进行应急训练等。

博德的事故理论也被称为“4M”理论,因其将事故连锁反应理论中的“深层原因”进一步分析,将其归纳为四大因素,即人的因素(Man)、设备的因素(Machine)、作业环境的因素(Media)、管理的因素(Management)。

4)北川彻三事故因果连锁理论

之前几种事故因果连锁理论(海因里希因果连锁论、亚当斯事故因果连锁、博德事故因果连锁理论)把考察的范围局限在企业内部。日本的北川彻三认为,工业伤害事故发生的原因是很复杂的,企业是社会的一部分,一个国家、一个地区的政治、经济、文化、科技发展水平等诸多社会因素,对企业内部伤害事故的发生和预防有着重要的影响。北川彻三正是基于这种考虑,对海因里希的理论进行了一定的修正,提出了另一种事故因果连锁理论。该模型以表3-2的形式给出,则为:

北川彻三事故因果连锁理论 表3-2

| 基本原因 | 间接原因 | 直接原因 | | |
|---|---|---|---|---|
| 学校教育的原因<br>社会的原因<br>历史的原因 | 技术的原因<br>教育的原因<br>身体的原因<br>精神的原因<br>管理的原因 | 不安全行为<br>不安全状态 | 事故 | 伤害 |

北川彻三事故因果连锁理论认为：事故的间接原因包括技术、教育、身体、精神上的原因。技术原因指机械、装置、设施的设计、建造、维护有缺陷；教育原因指因教育培训不充分而导致人员缺乏安全知识及操作经验；身体原因指人员的身体状况不佳；精神原因指人员的不良态度、不良性格、不稳定情绪。而事故的根本原因是管理、学校教育、社会和历史的原因。管理原因指领导者不重视，作业标准不明，制度有缺陷，人员安排不当；学校教育原因指教育机构的教育不充分；社会和历史的原因指安全观念落后，法规不全，监管不力。

在北川彻三的因果连锁理论中，基本原因中的各个因素，已经超出了企业安全工作的范围。但是，充分认识这些基本原因因素，对综合利用可能的科学技术、管理手段来改善间接原因因素，达到预防伤害事故发生的目的，是十分重要的。

除因果连锁理论外，对于事故致因人们也提出其他一些不同角度的模型和观点，如能量意外转移理论❶，基于人体信息处理的人为失误事故模型（威格尔斯沃思模型、瑟利模型、劳伦斯模型等），动态变化理论（扰动起源事故理论、变化－失误理论），轨迹交叉论❷等。不同理论从不同角度对于事故致因或事故演变机理进行分析，对于安全生产管理都具有一定的指导意义。

**（二）安全管理的基本原理**

安全管理是管理科学的一个重要分支，安全管理是企业生产管理的重要组成部分，是一门综合性的系统科学。安全管理的对象是生产中一切人、物、环境的状态管理与控制，安全管理是一种动态管理。安全管理，主要是组织实施企业安全管理规划、指导、检查和决策，同时，又是保证生产处于最佳安全状态的根本环节。安全管理原理是对管理学基本原理的应用和发展，主要包括系统原理、人本原理、预防原理等。

1. 系统原理

系统原理是现代管理学的一个最基本原理，是指人们在管理工作中，运用系统论的观点、理论和方法，对管理活动进行充分的系统分析，以达到管理的优化目标，即用系统论的原

---

❶ 1961年吉布森（Gibson）提出了事故是一种不正常的或不希望的能量释放，意外释放的各种形式的能量是构成伤害的直接原因。因此，应该通过控制能量，或控制作为能量达及人体媒介的能量载体来预防伤害事故。

在吉布森的研究基础上，1966年美国运输部安全局局长哈登（Haddon）完善了能量意外释放理论，提出"人受伤害的原因只能是某种能量的转移。"并提出了能量逆流于人体造成伤害的分类方法，将伤害分为两类：第一类伤害是由于施加了局部或全身性损伤阈值的能量引起的；第二类伤害是由影响了局部或全身性能量交换引起的，主要指中毒窒息和冻伤。

❷ 在事故发展进程中，人的因素运动轨迹与物的因素运动轨迹的交点就是事故发生的时间和空间，即人的不安全行为和物的不安全状态发生于同一时间、同一空间，或者说人的不安全行为与物的不安全状态相遇，则将在此时间、空间发生事故。

理和方法来认识和处理管理中出现的问题。

系统是由相互作用和相互依赖的若干部分组合的，具有特定功能并处于一定环境中的有机整体。任何管理对象都可以看做一个系统，系统可以分为若干个子系统，子系统可以分为若干个要素，即系统是由要素组成的。按照系统论的观点，管理系统具有六个特征，即集合性、相关性、目的性、整体性、层次性和适应性。安全生产管理系统是生产管理的一个子系统，它包括各级安全管理人员、安全防护设备与设施、安全管理规章制度、安全生产操作规范和规程以及安全生产管理信息等。安全贯穿生产活动的方方面面，安全生产管理是全方位、全天候和涉及全体人员的管理。在安全管理活动中应用系统原理应遵循以下原则：

1）整分合原则

高效的现代安全管理必须整体规划，明确分工，在分工基础上进行有效的综合，这就是整分合原则。

整体规划就是在对系统进行深入、全面分析的基础上，把握系统的全貌及其运动规律，确定整体目标，制定规划与计划及各种具体规范。明确分工就是确定系统的构成，明确各个局部的功能，把整体的目标分解，确定各个局部的目标以及相应的责、权、利，使各局部都明确自己在整体中的地位和作用，从而为实现最佳的整体效应最大限度地发挥作用。有效综合就是对各个局部必须进行强有力的组织管理，在各纵向分工之间建立起紧密的横向联系，使各个局部协调配合，综合平衡地发展，从而保证最佳整体效应的圆满实现。

整体把握、科学分解、组织综合是整分合原则的主要含义。运用整分合原则，要求企业管理者在制定整体目标和宏观决策时，必须将安全生产纳入其中，资金、人员和体系都必须将安全生产作为一项重要内容考虑。

2）反馈原则

反馈控制论和系统论的基本概念之一，是指控制过程中对控制机构的反作用。反馈普遍存在于各种系统之中，也是管理中的一种普遍现象，是管理系统达到预期目标的主要条件。由于负反馈是抵消外界因素的干扰，维持系统的稳定性，因此，为了使系统做合乎目的的运动，一般均采用负反馈。

成功的高效安全管理，离不开灵活、准确、快速的反馈。企业生产的内部条件和外部环境在不断变化，所以必须及时捕获、反馈各种安全生产信息，及时采取行动。

3）封闭原则

任何一个管理系统的管理手段、管理过程等必须构成一个连续封闭的回路，才能形成有效的管理活动，这就是封闭原则。

封闭就是把管理手段、管理过程等加以分割，使各部分、各环节相对独立，各行其是，充分发挥自己的功能。然而又互相衔接，互相制约，并且首尾相连，形成一条封闭的管理链。对于企业管理，管理系统的组织结构体系必须是封闭的，管理法规的建立和实施也必须封闭。

在企业安全生产中，各管理机构之间、各种管理制度和方法之间，必须具有紧密的联系，形成相互制约的回路，才能有效。

4）动态相关性原则

构成系统的各个要素是运动和发展的，而且是相互关联的，它们之间的相互联系又相互制约，这就是动态相关性原则。

该原则是指任何企业管理系统的正常运转，不仅要受到系统本身条件的限制和制约，还要受到其他有关系统的影响和制约，并随着时间、地点以及人们的不同努力程度而发生变化。企业管理系统内部各部分的动态相关性是管理系统向前发展的根本原因。所以，要提高安全管理的效果，必须掌握个管理对象要素之间的动态相关特征，充分利用相关因素的作用。

5）弹性原则

在对系统外部环境和内部情况的不确定性给予事先考虑并对未来演变的各种可能性及其概率分布，做较为充分认识、预判的基础上，在制定目标、计划、策略等方面，相适应地留有余地，以增强组织系统的可靠性和管理活动对未来态势的应变能力，这就是弹性原则。

弹性原则对于安全管理具有重要意义。安全管理面的形势错综复杂，在当下的风险社会和转型阶段，事故致因日趋多变，因此安全管理必须尽可能保持良好、积极的弹性。一方面不断推进安全管理科学化、现代化，加强安全分析和危险评价，尽量做到对风险因素的充分识别、应对和控制；另一方面也要采取全方位、多层次的事故预防策略，实现全面、全员及全流程的安全管理。

*2. 人本原理*

在过去相当长的时间内，人们曾经热衷于片面追求产值和利润，却忽视了创造产值、创造财富的人和使用产品的人。在生产经营实践中，人们越来越认识到，决定一个企业、一个社会发展能力的，主要并不在于机器设备，而在于人们拥有的知识、智慧、才能和技巧。人是社会经济活动的主体，是一切资源中最重要的资源。归根到底，一切经济行为，都是由人来进行的；人没有活力，企业就没有活力和竞争力。组织本身是一个生命体，组织中的每一个人不过是这有机生命体中的一分子，所以，管理不仅要研究每一成员的积极性、创造力和素质，还要研究整个组织的凝聚力与向心力，形成整体的强大合力。从这一本质要求出发，一个有竞争力的现代企业，就应当是齐心合力、配合默契、协同作战的团队。因此，安全管理需要以人为本。人本原理有两层含义：

①一切管理活动都是以人为本展开的，人既是管理的主体，又是管理的客体，每个人都处在一定的管理层面上。

②管理活动中，作为管理对象的诸要素和管理系统各环节，都是需要人去掌管、运作、推动和实施。

人本原理的前提是：人不是单纯的“经济人”，而是具有多种需要、复杂的“社会人”。以人为本的原理要求管理者研究人的行为，理解人的各种需要，掌握激励、沟通、领导规律和技巧；关注人、尊重人、激励人，开发利用人的创造力，满足员工合理需要，开发人的潜能，实现人的价值。在安全管理活动中必须把人的因素放在首位，体现以人为本的指导思想。具体在管理中，人本原理表现为若干原则，即是动力原则、能级原则和激励原则。

①动力原则。推动管理活动的基本力量是人，管理必须有能够激发人的工作能力的动力，这就是动力原则。对于管理系统，有3种动力，即物质动力、精神动力和信息动力。

②能级原则。现代管理认为，单位和个人都具有一定的能量，并且可按照能量的大小顺序排列，形成管理的能级，就像原子中电子的能级一样。在管理系统中，建立一套合理能级，

根据单位和个人能量的大小安排其工作，发挥不同能级的能量，保证结构的稳定性和管理的有效性，这就是能级原则。

③激励原则。管理中的激励就是利用某种外部诱因的刺激，调动人的积极性和创造性。以科学的手段，激发人的内在潜力，使其充分发挥积极性、主动性和创造性，这就是激励原则。人的工作动力来源于内在动力、外部压力和工作吸引力。

人本原理在安全管理中，应体现在对以人为本的安全理念的贯彻上。实现以人为本的安全管理，需要加强企业安全文化建设，严格执行各项安全生产法律法规，使安全生产成为员工的共识和主动需求，同时也要改善生产条件，加大安全投资，以保障以人为本的理念落到实处。

3. 预防原理

安全管理工作应当以预防为主，即通过有效的管理和技术手段，防止人的不安全行为和物的不安全状态出现，从而使事故发生的概率降到最低，这就是预防原理。

预防，其本质是在有可能发生意外人身伤害或健康损害的场合，采取事前的措施，防止伤害的发生。预防与善后是安全管理的两种工作方法。善后是针对事故发生以后所采取的措施和进行的处理工作，在这种情况下，无论处理工作如何完善，事故造成的伤害和损失已经发生，这种完善也只能是相对的。显然，预防的工作方法是主动的、积极的，是安全管理应该采取的主要方法。

安全管理以预防为主，其基本出发点源自生产过程中的事故是能够预防的观点。除了自然灾害以外，凡是由于人类自身的活动而造成的危害，总有其产生的因果关系，探索事故的原因，采取有效的对策，原则上讲就能够预防事故的发生。

由于预防是事前的工作，因此正确性和有效性就十分重要。生产系统一般都是较复杂的系统，事故的发生既有物的方面的原因，又有人的方面的原因，事先很难估计充分。有时重点预防的问题没有发生，但未被重视的问题却酿成大祸。为了使预防工作真正起到作用，一方面要重视经验的积累，对既成事故和大量的未遂事故（险肇事故）进行统计分析，从中发现规律。做到有的放矢；另一方面要采用科学的安全分析、评价技术，对生产中人和物的不安全因素及其后果作出准确的判断，从而实施有效的对策，预防事故的发生。应用预防原理应遵循以下原则：

1）偶然损失原则

事故所产生的后果（人员伤亡、健康损害、物质损失等），以及后果的大小如何，都是随机的，是难以预测的。反复发生的同类事故，并不一定产生相同的后果，这就是事故损失的偶然性。

关于人身事故，美国学者海因里希（Heinrich）调查指出：对于跌倒这样的事故，如果反复发生，则存在这样的后果：在330次跌倒中，无伤害300次，轻伤29次，重伤1次。这就是著名的海因里希法则，或者称为1:29:300法则。日本学者青岛贤司的调查表明，伤亡事故与无伤亡事故的比例：重型机械和材料工业为1:8；轻工业为1:32。上述比率均是调查统计的结果。实际上，这些比率随事故种类、工作环境和调查方法等的不同而不同。它们的重要意义在于指出事故与伤害后果之间存在着偶然性的概率原则。根据事故损失的偶然性，可得到安全管理上的偶然损失原则：无论事故是否造成了损失，为了防止事故损失的发生，惟一的办法是防止事故再次发生。

2)因果关系原则

因果,即原因和结果。因果关系就是事物之间存在着一事物是另一事物发生的原因这种关系。事故是许多因素互为因果连续发生的最终结果。一个因素是前一因素的结果,而又是后一因素的原因,环环相扣,导致事故的发生。事故的因果关系决定了事故发生的必然性,即事故因素及其因果关系的存在决定了事故或迟或早必然要发生。掌握事故的因果关系,切断事故因素的环链,就消除了事故发生的必然性,就可能防止事故的发生。

事故的必然性中包含着规律性。必然性来自于因果关系,深入调查、了解事故因素的因果关系,就可以发现事故发生的客观规律,从而为防止事故发生提供依据。应用整理统计方法,收集尽可能多的事故案例进行统计分析,就可以从总体上找出带有规律性的问题,为宏观安全决策奠定基础,为改进安全工作指明方向,从而做到"预防为主",实现安全生产。

从事故的因果关系中认识必然性,发现事故发生的规律性,变不安全条件为安全条件,把事故消灭在早期起因阶段,这就是因果关系原则。

3)3E 原则

造成人的不安全行为和物的不安全状态的主要原因可归结为四个方面:

①技术的原因。其中包括:作业环境不良(照明、温度、湿度、通风、噪声、振动等),物料堆放杂乱,作业空间狭小,设备、工具有缺陷并缺乏保养,防护与报警装置的配备和维护存在技术缺陷。

②教育的原因。其中包括:缺乏安全生产的知识和经验,作业技术、技能不熟练等。

③身体和态度的原因。其中包括:生理状态或健康状态不佳,如听力、视力不良,反应迟钝,疾病、醉酒、疲劳等生理机能障碍;怠慢、反抗、不满等情绪,消极或亢奋的工作态度等。

④管理的原因。其中包括:企业主要领导人对安全不重视,人事配备不完善,操作规程不合适,安全规程缺乏或执行不力等。

针对这四个方面的原因,可以采取三种防止对策,即工程技术(Engineering)对策、教育(Education)对策和法制(Enforcement)对策。这三种对策就是 3E 原则。

技术对策是运用工程技术手段消除生产设施设备的不安全因素,改善作业环境条件,完善防护与报警装置,实现生产条件的安全和卫生。教育对策是提供各种层次的、各种形式和内容的教育和训练,使职工牢固树立"安全第一"的思想,掌握安全生产所必需的知识和技能。法制对策是利用法律、规程、标准以及规章制度等必要的强制性手段约束人们的行为,从而达到消除不重视安全、违章作业等现象的目的。

在应用 3E 原则时,应该针对人的不安全行为和物的不安全状态的四种原因,综合地、灵活地运用这三种对策,不要片面强调其中某一个对策。具体改进的顺序是:首先是工程技术措施,然后是教育训练,最后才是法制。

4)本质安全化原则

本质安全化原则来源于本质安全化理论。该原则的含义是指从一开始和从本质上实现了安全化,就可从根本上消除事故发生的可能性,从而达到预防事故发生的目的。所谓本质上实现安全化(本质安全化)指的是:设备、设施或技术工艺含有内在的能够从根本上防止发生事故的功能,具体地讲,包含两个方面的内容:

①失误—安全(Fool-Proof)功能。指操作者即使操纵失误也不会发生事故和伤害，或者说设备、设施具有自动防止人的不安全行为的功能。

②故障—安全(Fail-Safe)功能。指设备、设施发生故障或损坏时还能暂时维持正常工作或自动转变为安全状态。

上述两种安全功能应该是设备、设施本身固有的，即在它们的规划设计阶段就被纳入其中，而不是事后补偿的。

本质安全化是安全管理预防原理的根本体现，也是安全管理的最高境界，实际上目前还很难做到，但是我们应该坚持这一原则。

**(三)安全管理的基本原则**

加强安全管理工作，应当坚持以下六项基本原则：

1. 管生产同时管安全

安全寓于生产之中，并对生产发挥促进与保证作用。因此，安全与生产虽有时会出现矛盾，但从安全、生产管理的目标、目的，表现出高度的一致和完全的统一。安全管理是生产管理的重要组成部分，安全与生产在实施过程，两者存在着密切的联系，存在着进行共同管理的基础。国务院在《关于加强企业生产中安全工作的几项规定》中明确指出："各级领导人员在管理生产的同时，必须负责管理安全工作"。"企业中各有关专职机构，都应该在各自业务范围内，对实现安全生产的要求负责。"

管生产同时管安全，不仅是对各级领导人员明确安全管理责任，同时，也向一切与生产有关的机构、人员，明确了业务范围内的安全管理责任。由此可见，一切与生产有关的机构、人员，都必须参与安全管理并在管理中承担责任。认为安全管理只是安全部门的事，是一种片面的、错误的认识。各级人员安全生产责任制度的建立，管理责任的落实，体现了管生产同时管安全。

2. 坚持安全管理的目的性

安全管理的内容是对生产中的人、物、环境因素状态的管理，有效的控制人的不安全行为和物的不安全状态，消除或避免事故。达到保护劳动者的安全与健康的目的。没有明确目的安全管理是一种盲目行为。盲目的安全管理，充其量只能算作花架子，劳民伤财，危险因素依然存在。在一定意义上，盲目的安全管理，只能纵容威胁人的安全与健康的状态，向更为严重的方向发展或转化。

3. 必须贯彻预防为主的方针

安全生产的方针是"安全第一、预防为主"。安全第一是从保护生产力的角度和高度，表明在生产范围内安全与生产的关系，肯定安全在生产活动中的位置和重要性。

进行安全管理不是处理事故，而是在生产活动中，针对生产的特点，对生产因素采取管理措施，有效的控制不安全因素的发展与扩大，把可能发生的事故，消灭在萌芽状态，以保证生产活动中，人的安全与健康。

贯彻预防为主，首先要端正对生产中不安全因素的认识，端正消除不安全因素的态度，选准消除不安全因素的时机。在安排与布置生产内容的时候，针对施工生产中可能出现的危险因素，采取措施予以消除是最佳选择。在生产活动过程中，经常检查、及时发现不安全因素，采取措施，明确责任，尽快、坚决地予以消除，是安全管理应有的鲜明态度。

4. 坚持"四全"动态管理

安全管理不是少数人和安全机构的事,而是一切与生产有关的人共同的事。缺乏全员的参与,安全管理不会有生气、不会出现好的管理效果。当然,这并非否定安全管理第一责任人和安全机构的作用。生产组织者在安全管理中的作用固然重要,全员性参与管理也十分重要。

安全管理涉及生产活动的方方面面,涉及从物料采购到售后服务全部过程,涉及全部的生产时间,涉及一切变化着的生产因素。因此,生产活动中必须坚持全员、全过程、全方位、全天候的动态安全管理。

只抓住一时一事、一点一滴,简单草率、一阵风式的安全管理,是走过场、形式主义,不是我们提倡的安全管理作风。

5. 安全管理重在控制

进行安全管理的目的是预防、消灭事故,防止或消除事故伤害,保护劳动者的安全与健康。在安全管理的四项主要内容中,虽然都是为了达到安全管理的目的,但是对生产因素状态的控制,与安全管理目的关系更直接,显得更为突出。因此,对生产中人的不安全行为和物的不安全状态的控制,必须看做是动态安全管理的重点。事故的发生,是由于人的不安全行为运动轨迹与物的不安全状态运动轨迹的交叉。从事故发生的原理,也说明了对生产因素状态的控制,应该作为安全管理重点,而不能把约束当做安全管理的重点,是因为约束缺乏带有强制性的手段。

6. 在管理中发展、提高

安全管理是在变化着的生产活动中的管理,是一种动态过程。这就意味着安全管理本身是不断发展变化的,以适应不断变化的生产特征,消除新的危险因素;更为重要的是应不间断的分析新情况、摸索新规律,总结管理、控制的措施与经验,指导新的环境、条件下的安全管理,从而使安全管理不断的提升到新的水平。

## 二、安全生产战略管理

战略一词,古代就有,先是分别使用,战略原来是军事方面的术语,指的是将帅的智谋、筹划以及军事力量的运用。西方的战略概念起源于古代的战术,原指将帅本身,后来指军事指挥中的活动英语中,战略一词来源于希腊文"Strategos",其含义是"将军"。当时这个词的意义是指挥军队的克敌制胜艺术和科学。战略一词引入到企业管理中来也只有几十年的时间。在企业管理这个范畴中,究竟什么是战略目前尚无一个统一的定义。不同的学者与企业管理人员给战略赋予不同的含义。有的认为战略应该包括目标,即广义的战略;有的则认为战略不应该包括目标,即主张狭义的战略。企业经营战略一词最早由安索夫在1976年出版的《从战略规划到战略管理》中提出:战略是一套指导企业行为的决策准则,贯穿企业活动与产品/市场之间的连线:产品/市场范围、增长向量、竞争优势、协同作用等。钱德勒的定义是:确定企业基本长期目标,选择决策行动路径和为实现这些目标进行的资源的分配。明茨博格提出战略从五个不同方面的定义,即战略是:计划(Plan)、计谋(Ploy)、模式(Pattern)、定位(Position)和观念(Perspective)即5P模型。

企业生产经营过程充满各种大大小小,不同种类的风险,既有来自企业内部环境的,也有来自企业外部的;既有企业发展战略决定主动面对的风险,也有企业无法规避,无法转嫁而不得不被动面对的风险。企业生产经营安全是企业稳定发展的基础。对于安全生产管理部门而言,根本使命在于通过各种管理措施和手段确保国家法律法规和标准规定在企业得以遵守、实施,监督机构员工做好安全生产工作。随着社会经济进入新的发展阶段,对安全生产要求将更严格,如何在新形势下做好安全生产管理工作成为官大安全生产监督和管理人员必须面对的问题。战略管理与传统安全生产管理相比视野更宽广,立足点更高,将战略管理导入安全生产管理将拓展安全生产管理理念,使得安全生产管理与机构的总体发展战略高度统一,使机构对安全生产管理的意义更加清晰。

不仅如此,安全战略同样是各类企业整体发展战略的必要组成部分。企业战略管理近期的趋势是强调企业的可持续发展,对企业员工健康和生命安全,对企业财产安全,对利益相关者(产品和劳务的购买者, 股东,债权人等)和环境安全的承诺是企业可持续发展的基础条件,也是企业履行社会责任的重要内容。从更大的层面上看,生产安全战略是行业稳定发展和区域经济稳定运行的基础,同时也是行业发展战略和区域发展战略的必要组成部分。

1. 安全生产战略管理的特点

企业安全生产战略管理是关系到企业安全长期性,全局性和方向性的重大问题,是企业在复杂多变的风险环境中谋求生存和发展的一种管理方式,同一般的安全生产管理方法相比而言,企业安全生产战略管理具有如下特点:

1)全局性

企业安全生产战略是带全局性的策略,确定企业安全生产战略必须从整个企业的生存和发展来加以考虑,是以企业全局为对象,根据企业经营发展的总体发展需要而制定的。涉及企业生产经营全过程的各种活动,追求的是总体安全效果。全局性表现在两个方面,一方面,企业安全生产战略必须以企业全局分析为基础,既要分析企业内部的目标、条件,又要分析企业外部竞争威胁和机会,还要分析企业内部自身的优势和弱点,把各方面的分析结合起来才能形成制定企业安全生产战略的可靠基础;另一方面,企业安全生产战略必须是针对企业经营中涉及生产安全的全局性问题而提出来的,如果没有全局的思想,也就谈不上企业安全生产战略。

2)长期性

企业安全生产战略决策者面临的问题并不是企业明天在生产经营安全问题上应该怎么办,而是为了应付不确定的风险环境下,我们今天应该如何做?企业安全生产战略是着眼于未来,是根据过去较长一段时间企业在经营活动中总结出来的安全生产经验和教训,以及市场环境变化的总体趋势,为保障企业未来发展的可持续性而制定的安全生产长期方针和政策。其长期性表现在三个方面:一是安全目标的长期性,二是风险环境的长期性,三是安全措施的长期性。为了企业长远的生存和发展目标,要克服急功近利的短期行为,尤其是在安全目标设置和安全投入方面不能存在短视和侥幸,在长期安全与短期利益发生冲突时,要着眼于企业的未来安全,自觉地放弃无助于企业长远发展,损害企业生产安全的短期做法,而谋求企业安全生产的长期可持续性。

3)权变性

企业的经济活动就是把现在的资源运用于不确定的未来。经济活动的本质就是冒险。

企业安全生产战略不能消灭风险,也难以把风险降到最小,重要的是要冒该冒之险。成功的安全生产战略具有承受更大风险的能力。所谓权变,是指要对可能发生哪些变化,各种变化将对企业安全生产形势形成何种后果,从而应采取哪些应变的战略方案都要有足够的了解和准备,并要求具备相应的应变能力。安全生产战略制定后不是一成不变的,应根据企业外部环境和内部条件的变化,适时地对其加以调整,以适应变化后的情况,这就是安全生产战略的权变性。

4)政策性

安全生产战略对企业安全生产各方面的工作具有指导意义。安全生产战略一经制定,企业上下就要为完成这个战略目标而努力。安全生产战略的政策性就是指一方面企业作为现代社会的经济细胞,企业战略应该同区域安全生产战略和国家总体安全生产战略的要求相适应,不能违反政府相关安全生产法律的规定;另一方面,企业安全生产战略确定后,还要进一步在企业内部通过宣传、培训等方式阐明企业安全生产战略的一系列政策,以保证其能正确无误地加以执行。

5)有限合理性

从企业总体出发对安全生产战略进行优化是一个重要原则,但在其贯彻中必然涉及诸多复杂因素,其中还会有相当多的因素是不确定的。由于安全生产战略决策受到时间和信息不完备的限制,往往只能在可取得的信息及时间许可的范围内寻求令人满意的方案(可能不是理论上的最优方案),此外,安全生产战略决策除理性因素外,还要受非理性因素(如组织结构和人的行为因素)的制约。以有限合理性为基础,考虑到非理性的因素,是一个重要的战略观念。

6)资源有限性

企业在经营中具有的和可取得的资源(人力、物力、财力)总是有限的。为此,在安全生产战略决策中必须有所取舍,有所为,有所不为,不应贪多求全,应把有限的资源有重点地使用在建立一些具有关键作用的安全生产保障能力,而不应去过度追求建立"100%安全"。把有限的资源用于追求"100%安全",就可能使安全生产管理和其他生产经营任务产生激烈矛盾,在集中使用资源的诸多重点中,还应进一步分清轻重缓急,对资源的调配使用制定出优先顺序,避免因某些偶然事件的发生而导致偏离企业安全生产的方向与战略部署。

2.安全生产战略管理的作用

1)安全生产战略是决定企业经营成败的关键

战略本身作为一项十分重大的决策,直接关系企业的成败和兴衰,一个企业战略方向选择的正确与否,是决定企业经营成败的关键所在。正如美国未来学家托夫勒所说的那样:"如果对于将来没有一个长期明确的方向,对本企业的未来形式没有一个实在的指导方针,不管企业的规模多大,地位多稳定,都将在新的革命性的技术和经济的大变革中失去生存条件。"安全生产战略为企业未来的安全生产设定总的方针和任务,对企业持续平稳健康发展具有重要的保障作用。

2)安全生产战略是编制安全生产工作计划和制定安全生产各项制度措施的依据

从根本上来说,战略本身也是一个属于计划范畴内的概念,但战略作为企业未来发展方向的远景规划,与具体的经营计划有本质区别。一方面,战略具有方向性、长远性和不确定性,因此战略只能是一种概括性、粗线条的长远规划,并且包括许多事先难以确定的因素;而安全生产工作计划具有具体性、稳定性和可操作性,因此必须是一种明确而细致的行动计划,其中所包含的不确定因素相应也少得多。另一方面,安全生产战略作为一种远景规划,最重要地规定了企业安全生产工作长远发展方向,而安全生产工作计划作为一种执行计划,侧重于各个具体时期内沿着既定的安全生产战略方向应该达到的目标。

3)安全生产战略管理有利于企业从社会的角度来审视自身,从而建立起与社会共同发展的和谐关系

安全生产战略管理中规定了企业对员工及环境的安全责任,包括确保各种利益相关者安全的行为准则,规定了安全生产目标和安全生产关键领域,规定了企业在哪些方面应满足社会对企业安全生产经营水平的预期,所以企业安全生产战略的整个过程始终体现着企业在满足社会需求和履行社会责任的基础上,谋求自身和社会共同发展的和谐关系。

3. 安全生产战略管理过程

安全生产管理的战略管理包括四个模块:环境分析、战略的制定、战略的实施以及战略的评估与控制。图3-1展示了安全生产战略管理过程基本模块。在战略的最初阶段是进行环境分析,然后制定合适自己的战略,接下来就是积极推进战略的实施,最后还要对战略的成效进行评估,然后重新回到环境分析部分对安全生产战略进行调整和控制,很显然,这是一个循环的过程,而且是一种螺旋上升式的前进,这种模式能够保证安全生产战略与整个社会的发展同步。

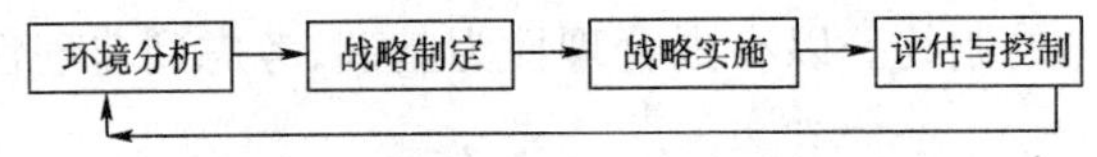


图3-1　安全生产战略管理过程模块

1)安全管理环境分析

环境分析是从外部与内部环境中监测、评估与提取信息,它是安全生产战略管理的关键因素。安全生产战略管理所面对的外部环境包括国家对安全生产总的方针政策,本地安全生产管理部门的具体措施,以及本地安全生产状况等。这里必须明确的是,只有充分了解安全生产的外界环境及其变化和发展趋势后才有可能制定出符合实际的战略目标。

进行安全生产外界环境的分析主要是为了发现机会和威胁。目前国家对安全生产很重视,如何将安全生产方针政策落实为具体的工作就是安全生产管理部门的重要使命。当然安全生产管理还要面对各种威胁,安全生产工作本身就存在一些基本理论的不完善,再加上各种事故,突发事件的发生,所以安全生产管理部门所面对的是一个动荡的环境,有很多威胁,这也是安全生产管理部门必须明确的。

安全生产管理工作不仅要了解外界的环境,同时也要清楚自身的资源。作为安全生产战略管理的制定者和执行者,如果不了解自身的资源,那么任何的决策都是没有意义的。安全生产管理工作是通过安全生产管理职能部门有限的人力、物力和资金等投入,充分发挥企业和社会对安全生产的要求,而且还必须经过不断的努力才能完成安全生产的战略目标。

通过分析自身现有的资源,识别出安全生产管理职能部门的优势和劣势,安全生产管理的战略管理才找到了真正的出发点。强化已有的优势,改进存在的劣势就成为最基本的工作起点。

通过分析外界环境和自身资源，安全生产管理部门必须重新评价安全生产战略目标。这样的方法被称为SWOT分析，它把对安全生产管理部门的优势(Strengths)、劣势(Weakness)、机会(Opportunities)和威胁(Threats)的分析结合在一起，以便安全生产管理部门能够制定出更有效可行的战略管理方案。在制定安全生产战略时，也需要将企业社会责任❶的要求纳入其中，并凸显企业理念中的核心价值观❷。

2)安全生产战略管理制定和实施

安全生产管理战略的制定是综合考虑安全生产管理部门的优势与劣势，为了更有效地把握机会，消除或回避危险，而开展制定的中长期安全生产规划。这个规划主要包括安全生产管理的目标、战略和政策等。

安全生产战略管理总的目标是确保广大企业的人员的安全和健康，同时还要确保国家和企业的财产不受损失。这是一个总体的概念，或者是一个最终的结果。具体的目标就还要加上完成时间，量化的指标等具体内容。

安全生产管理的战略管理简单说就是表明如何达到目标，完成使命的综合计划。一般说来，安全生产的战略管理是分层次性的，主要包括：国际安全生产管理层次、国家安全生产管理层次和地方安全生产管理层次。

安全生产战略管理的政策是把战略制定与实施连接起来指导决策的指南。安全生产管理部门正是通过一系列的政策来支持安全生产的战略管理目标。

安全生产管理战略的实施是通过安全生产的一系列行动和检查，将安全生产的战略和政策推向行动之中。这个过程涉及安全生产的各个环节，一般是由地方的安全生产管理部门和企业共同完成，更高级别的部门主要是负责评估和控制他们完成的工作。

安全生产管理战略的实施首先需要一个完整的安全生产行动计划，它描述的是安全生产战略的行动步骤，是战略实施的指导。安全生产管理战略的实施还包括各种形式的安全检查。由于安全生产所要处理问题的复杂性，再加上安全生产管理部门人力、物力、财力等的限制，安全生产战略的实施更多地只能是设计制定出标准的检查表进行，而且很多具体的检查和评估要让安全生产中介机构来完成，政府职能部门主要还是从整体上把握和控制。

安全生产战略管理的评估与控制实际上就是将安全生产的实际情况与期望的安全状况进行比较，其实这就是一个反馈与学习的过程。图3-2描述了一个典型的战略管理过程。

4.安全生产战略管理的基本工具和技术

1)计划工具

安全生产管理需要通过对时间进行科学合理地分配以达到战略管理所确定的目标。具体的技术包括："甘特图"、计划评审技术等。

---

❶ 企业社会责任(英文:Corporate social responsibility，简称CSR)，是指企业在其商业运作里对其利害关系人应负的责任。企业社会责任的概念是基于商业运作必须符合可持续发展的想法，企业除了考虑自身的财政和经营状况外，也要加入其对社会和自然环境所造成的影响的考虑。

❷ 核心价值观就是指企业在经营过程中坚持不懈，努力使全体员工都必须信奉的信条。是企业哲学的重要组成部分，它是解决企业在发展中如何处理内外矛盾的一系列准则，如企业对市场、对客户、对员工等的看法或态度，它是企业表明企业如何生存的主张。企业的"核心价值观"是"一个企业本质的和持久的一整套"原则。它既不能被混淆于特定企业文化或经营实务，也不可以向企业的财务收益和短期目标妥协。

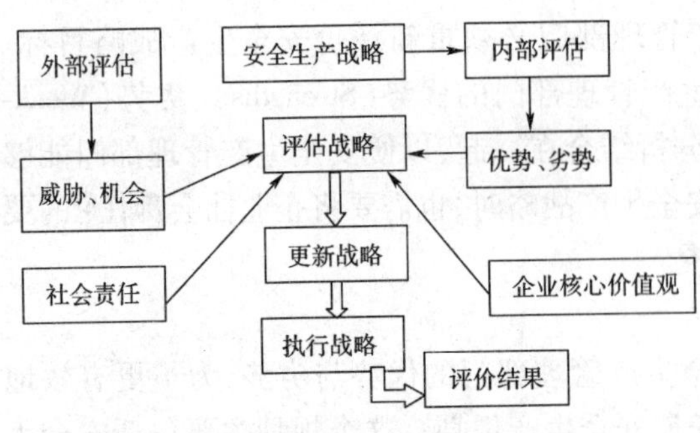


图 3-2　安全生产战略 SWOT 分析及决策过程

"甘特图"是由亨利·甘特在 20 世纪初提出的，其实就是通过纵向的线条表示完成工作的情况。"甘特图"直观地表明了任务计划在什么时候开始，以及目前的进度情况。❶

随着科学技术和生产力的迅速发展，出现了许多庞大而复杂的科研和工程项目，它们工序繁多，协作面广，常常需要动用大量人力、物力、财力。因此，如何合理而有效地把它们组织起来，使之相互协调，在有限资源下，以最短的时间和最低的费用，最好地完成整个项目就成为一个重要问题。

计划评审技术❷就是在这种背景下出现的。这种计划方法是利用网络图来表达项目中各项活动的进度和它们之间的相互关系，并在此基础上，进行网络分析，计算网络中各项时间多数，确定关键活动与关键路线，利用时差不断地调整与优化网络，以求得最短周期。然后，还可将成本与资源问题考虑进去，以求得综合优化的项目计划方案。因为这种方法都是通过网络图和相应的计算来反映整个项目的全貌，所以又叫做"网络计划技术"❸。

2）环境扫描

安全生产管理工作的实践性特别强，不同的社会环境对安全生产管理所提的要求是不同的，所以必须进行全面的环境扫描❹。环境扫描（Environment Scanning）是指浏览大量的信息以察觉正在出现的趋势并形成一套设想。

由于生产过程可能出现的事故具有一个重要特征就是潜在性。在没有发生事故的时候，看上去一切都似乎"风平浪静"，但实际已经存在各种事故隐患，这里的关键问题是作为管理者是否能够及时发现并进行处理。所以，对于安全生产战略管理过程的环境扫描来说，最重要的问题就是对事故隐患的检查和扫描，这是整个环境扫描的中心环节。由于事故呈现的多样性，所以，隐患的形式也是多种多样的，如何发现这些隐患不仅是一个战略问题，同时也是一个现场安全管理的问题，这需要丰富的经验和长期知识的积累。目前安全生产中最常见的环境扫描手段就是安全检查表，这是最基本的一种系统安全工具。经过环境扫描

❶ 甘特图，也称为条状图（Bar chart）。是在 1917 年由亨利·甘特开发的，其内在思想简单，基本是一条线条图，横轴表示时间，纵轴表示活动（项目），线条表示在整个期间上计划和实际的活动完成情况。它直观地表明任务计划在什么时候进行，及实际进展与计划要求的对比。管理者由此极为便利地弄清一项任务（项目）还剩下哪些工作要做，并可评估工作是提前还是滞后，亦或正常进行。甘特图事实上仅仅部分地反映了项目管理的三重约束（时间、成本和范围），因为它主要关注进程管理（时间）。

❷ PERT（Program Evaluation and Review Technique）即计划评审技术，最早是由美国海军在计划和控制北极星导弹的研制时发展起来的。PERT 技术使研制北极星潜艇的时间缩短了两年。简单地说，PERT 是利用网络分析制定计划以及对计划予以评价的技术。它能协调整个计划的各道工序，合理安排人力、物力、时间、资金，加速计划的完成。在计划的编制和分析上，PERT 被广泛的使用，是管理的重要手段和方法。

❸ 1956 年，美国杜邦公司在制定企业不同业务部门的系统规划时，制定了第一套网络计划。这种计划借助于网络表示各项工作与所需要的时间，以及各项工作的相互关系。通过网络分析研究工程费用与工期的相互关系，并找出在编制计划及计划执行过程中的关键路线。这种方法称为关键路线法（CPM）。

❹ 环境扫描的概念最早是由美国哈佛商学院教授 Francis Aguilar 在 1967 年提出的，他认为环境扫描是指获取和利用外部环境中有关事件信息、趋势信息和关系信息的行为，以协助企业的高级管理层制定其未来行动计划。

后,安全生产战略制定者还需要对今后可能出现的问题有一个连贯性的思考,这可以称为设想方案。因为环境扫描只是找到了一些隐患,而且这些隐患暂时不会对生产过程造成危害,但今后如何消除或减弱各个隐患之间的关联以及这些隐患今后的发展趋势就是安全生产战略制定前必须全面考虑的,否则环境扫描就没有任何作用。

3)安全生产工作的预测

环境扫描为安全生产工作的预测奠定了良好的基础,安全生产战略制定者从扫描到的大量信息中找出各种隐患信息,然后进行全面的设想,这成为安全生产工作预测的前提,而预测就是对未来可能发生事故的提前预计。安全生产工作需要做大量的事前的预防工作,至于工作的最终结果如何,在很大程度上需要科学的预测技术。

选择科学合理的预测技术对安全生产管理工作十分重要。具体说来,安全生产管理工作中的评价审核,安全检查在一定程度上都属于预测工作。选择科学合理的预测技术是安全生产管理工作的重点和难点。从这个角度上说,安全技术和安全管理具有同等的重要性。

安全生产管理工作中的预测技术主要有定量预测和定性预测。定量预测是将一组数学规律运用到环境扫描所获取的信息上,目的是得到今后可能的结果。定性预测主要根据个人的知识和经验对环境扫描所获得的信息进行分析和判断。定性预测一般运用于缺乏或难以获得精确信息的场合。

定量预测技术主要包括时间序列分析和回归预测,它需要数理统计的知识、专业知识以及大量实际数据,而且对于回归分析来说,一般是不能随意外推的。虽然有很多的局限,但定量预测的最大优势就是结果比较客观、直接,对安全生产战略的制定有直接的影响。

定性预测技术主要通过专家或小组的经验和知识来进行判断,其优点是预测速度很快,可以获得多种有价值的观点和意见,适合中长期的预测。其缺点在于可能完全没有发现真正的隐患,最终导致事故发生的时候没有相应的准备。

4)安全生产工作的预算

安全生产工作需要投入各种人力、物力和财力,而且这些投入很难直接变成收入,使公司或企业的利润增加。正因为这样的原因,不少单位的安全生产预算长期不能得到有效的保证,这也是困扰安全生产工作健康发展的重要因素。安全生产战略必须对安全生产工作的预算进行明确和保证,这是开展安全生产工作的基本条件。

目前安全生产工作中最常见的预算方法是传统预算,也称为增量预算。这种预算方法具有两个显著特征。首先,资金被分配到安全生产部门,然后安全生产部门的管理者再次对有限的资金进行分配;其次,预算资金的增减是根据上一次的预算值作为参考。传统预算的不足在于,安全工作千头万绪,无论什么项目都有充分理由要求给予资金支持,如何确定各项工作的先后顺序是很困难的。安全生产涉及方面多,如果平均分配资金可能导致预算针对性不强,结果就是安全生产问题长期存在而得不到解决;如果资金采取倾斜做法,突出重点领域,可能导致原本不突出的安全隐患可能成为事故的源头,形成资金的浪费和低效率。

安全生产预算关键问题在于采取合理的排序标准,把有限的预算资金依次投入到最需要的地方,减少或消除可能出现的针对性不强或低效率问题。

5)安全生产管理投入产出分析

安全生产管理属于管理过程,为确保安全生产战略目标的实现,构建安全生产管理体系,组织人手,进行相关安全设备采购和安全设施投资,开展安全生产监督检查、宣传、培训及演练,遭遇安全生产事故时采取有效应对都需要资源投入。企业内部所掌握的资源是有限的,无论是资金、技术还是人力资源。企业安全生产管理方面的资源投入是为了获得安全保障角度的产出,或者说是安全程度的提高。了解一些安全经济学方面的内容,理解安全投入与安全产出之间的经济关系,有助于企业管理层进行合理的安全生产决策。❶

1)安全生产管理经济分析

安全对企业的生产和经济效益的取得具有确定的作用,安全活动应被看成一种能创造价值的活动,一种能带来经济效益的活动。从理论上讲,安全具有两大经济功能:第一,安全能直接减轻或免除事故或危害事件给人、社会和自然造成的损害,实现保护人类财富,减少无益消耗和损失的功能。第二,安全能保障生产经营劳动条件、服务过程,提升企业信誉,改善企业形象,实现其间接为企业和社会提供价值增值的功能。

第一种功能实际是预防事故及减少损失,可用损失函数$L(S)$来表达:一般情况下,损失幅度将随着安全程度的提高而不断减少。当系统无任何安全性时($S=0$),从理论上讲损失趋于无穷大,具体值取决于机会因素;当$S$趋于100%时,损失趋于零。但损失减少的趋势逐渐放缓、呈递减模式。

第二种功能是通过企业内部环境及企业与社会交互界面、过程安全程度的提高来优化企业社会责任的履行绩效,提升利益相关群体对企业的总体评价,从而间接提升企业总体价值,用增值函数$I(S)$来表达:增值函数$I(S)$随安全性$S$的增大而增大,但是其值是有限的,最大值取决于社会技术系统特定时期具体特征。同样,增值幅度增加趋势逐渐放缓、呈递减模式。

提高或改变安全性,需要投入,即付出代价或成本。安全性要求越大,需要成本越高。从理论上讲,要达到100%的安全(绝对安全),所需投入趋于无穷大。由此可有安全的成本函数$C(S)$。而且,一般情况下,安全投入与安全程度之间并非线性关系,随着安全水平提升,所需的安全投入往往呈递增趋势。如图3-3所示:

综合安全投入和安全产出两个方面的变化趋势,可以认为,如果在特定时空条件下,只从经济角度考虑,安全投入存在一个合理区间,以使安全效益为正值。并使安全效益尽可能极大化。

2)安全成本分析方法

安全成本是指为了确保安全而发生的费用以及没有达到安全所造成的成本。安全成本不同于产品的制造成本,而是为确保安全的成本。一般由以下几个部分构成:①预防成本,指用于预防产生不符合规定情况或因发生设备故障而停航所需的各项费用,包括安全管理

❶ 安全经济学是研究安全的经济(利益、投资、效益)形式和条件,通过对人类安全活动的合理组织、控制和调整,达到人、技术、环境的最佳安全效益的科学。这一定义具有如下几点内涵:(1)安全经济学的研究对象是安全的经济形式和条件,即通过理论研究和分析,揭示和阐明安全利益、安全投资、安全效益的表达形式和实现条件;(2)安全经济学的目的是实现人、技术、环境三者的最佳安全效益;(3)安全经济学的目标是通过控制和调整人类的安全活动来实现的。

体系中为预防、保证和控制安全质量、开展安全管理所需的费用。②鉴定成本，指评定产品是否满足安全质量要求所需的费用，包括试验设备校准维护费等。③内部损失成本，指因不满足规定的安全技术质量要求而支付的费用。④外部损失成本。一般指修理费用，也包括因 PSC 检查不符而导致的滞港及船期损失等。

一般以为不合格率越低越好作为考核企业的安全指标。甚至以为不出现一个不符合更好，但实际上在航运企业经济效益上。不一定是最合理的。如图 3-4 所示，曲线 $A$ 代表内部损失成本 + 外部损失成本。曲线 $B$ 代表预防成本 + 鉴定成本，曲线 $C$ 代表安全总成本。当 $A$ 与 $B$ 相交点之对应点 $D$，这便是代表最适宜的安全总成本，则其对应的安全质量最适宜水平 $P$ 应是作为考核企业的安全指标。

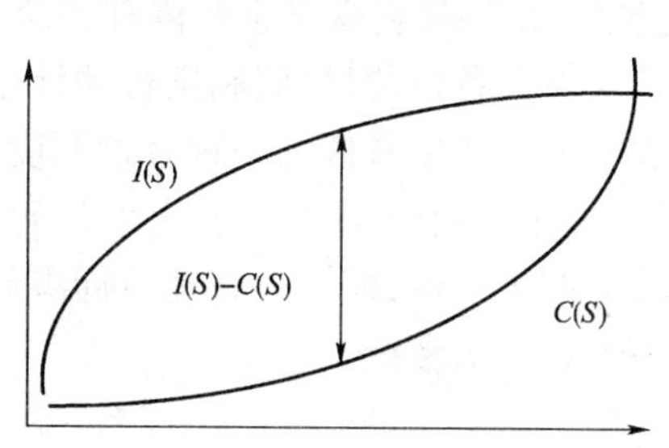


图 3-3 安全经济参数曲线图

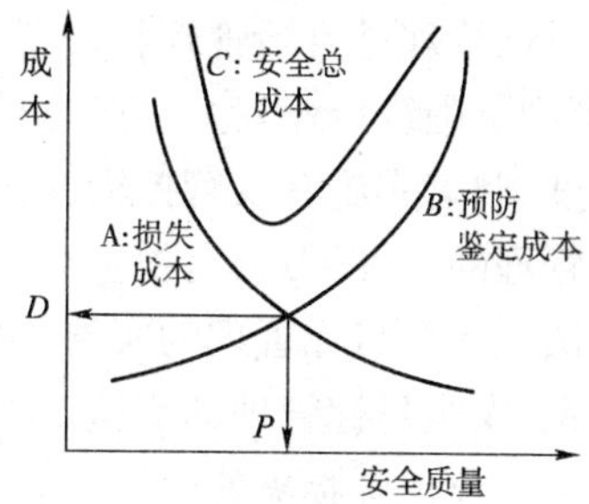


图 3-4 安全成本与安全质量关系图

以集装箱码头大型港机设备更新为例。按技术规范标准应该使用的是进口备件，但是为了节省备件成本费用，采用订购国产廉价替代品的方法降低成本。由于忽视了港机重要备件的不可替代性，备件质量不满足技术规范、工艺的要求，结果导致了设备使用寿命缩短、司机劳动强度增加，给港机运行造成危害。再从安全技术、经济性角度分析，由于码头企业的外部损失费用、内部损失费用、预防成本和鉴定成本都明显上升，反而增加了安全成本，结果是得不偿失。

3）安全投入的优化

安全活动是以投入一定的人力、物力、财力为前提的。把投入安全活动的一切人力、物力和财力的总和称为安全投资，也称为安全资源。因此，在安全活动实践中，安全专职人员的配备、安全与卫生技术措施的投入、安全设施维护、保养及改造的投入、安全教育及培训的花费、个体劳动防护及保健费用、事故援救及预防、事故伤亡人员的救治花费等，都是安全投资。而事故导致的财产损失、劳动力的工作日损失、事故赔偿等，非目的性（提高安全活动效益的目的）的被动和无益的消耗，则不属于安全投资的范畴。

根据不同的目的和用途，各种各样分类的安全投资。如按投资的作用划分，有预防性投资，包括安全措施费、防护用品费、保健费、安全奖金等超前预防性投入；控制性投资，事故营救、职业病诊治、设备（或设施）修复等。按投资的时序划分，有事前投资，指在事故发生前所进行的安全投入；事中投资，指事故发生中的安全消费，如事故或灾害抢险、伤亡营救等事故发生中的投入费用；事后投资，指事故发生后的处理、赔偿、治疗、修复等费用。按投资所形成的技术“产品”划分，有硬件投资；软件投资。按安全工作的专业类型划分，有安全技术投资；工业卫生技术投资；(3)辅助设施投资；宣传教育投资（含奖励经费）；防护用品投资；职业病诊治费；保健投资；事故处理费用；修复投资等。

科学地进行安全投资，进行安全投资技术的研究是提高社会或企业有限安全投入效益的重要方面。要研究不同时期、不同行业和不同安全生产水平企业的安全投资强度和结构问题，如研究国家或行业的安全投资指数；预防性投资与事故投资的结构，安全措施经费与个人防护品费用的比例结构，安全技术投资与工业卫生投资的比例结构等。

## 三、安全生产目标管理

目标管理是以目标为导向，以人为中心，以成果为依据，而使企业和个人取得最佳业绩的现代管理方法。目标管理亦称"成果管理"，也称责任制。是指在企业员工的积极参与下，自上而下确定工作目标，并在工作中实行"自我控制"，自下而上地保证目标实现的一种管理办法。安全目标管理是目标管理在安全管理方面的应用，它是指企业内部各个部门以至每个员工，从上到下围绕企业安全生产总目标，层层展开各自的目标，确定行动计划，安排安全生产工作进度，制定实施有效管控措施，并对安全绩效严格考核的一种管理制度。安全目标管理是参与管理的一种形式，是根据企业安全工作目标来实现企业安全生产的一种科学有效的管理方法。安全目标管理的实施过程可分为四个阶段，即安全管理目标决策、建立安全目标指标体系、安全目标管理的实施、安全绩效的评价与考核。

1. 安全生产管理目标决策

安全生产目标是企业实施安全生产目标管理，控制企业安全生产活动的首要依据。确定企业安全生产目标，实际上是一个完整的决策过程，它包括搜集情报信息、拟定目标方案、评估目标方案并选择最优方案等一系列的步骤。

1）决策的依据

①国家政府有关法律法规及安全技术标准。例如，《中华人民共和国劳动法》、《中华人民共和国安全生产法》、《中华人民共和国职业病防治法》、《危险化学品安全管理条例》等；有关职工安全健康的国际条约和公约，例如，国际劳工组织关于化学品的170号公约，关于建筑安全和健康的167号公约，关于职工安全的155号公约和161号公约，国际劳工组织的职业安全健康管理体系规则（ILO—OSH2001）等，都是设定安全生产目标的重要参考，国际航运企业在国际市场营运，对于相关国际公约更应加以重视。

②政府及行业主管部门下达的安全生产五年计划、考核指标，尘毒达标等的要求。

③企业安全生产的现状，是指企业生产技术状况，技术装备的安全程度，人员的情况，安全生产管理的薄弱环节，主要危险因素及危险程度，企业改制的有关新情况、新问题等。

④企业中、长期安全规划、同类企业安全情况，行业安全水平，行业标杆企业安全水平等。

⑤工伤事故和职业病统计资料和数据，企业上一年度安全目标的实施情况。

⑥企业的经济条件及技术条件。

2）目标决策的原则

设定安全生产目标结合体现先进性、可行性与科学性。目标值定得过低，不经过努力就可达到，缺乏激励作用，失去了目标管理的意义。目标值定得过高，可望而不可即，作出最大努力也无法达到，就会使人丧失信心、挫伤积极性。要做到先进性和可行性的正确结合，就必须把目标值建立在科学分析论证的基础上，要充分了解自身条件和状况，要对未来作出科

学的预测和决策。为此，安全生产目标的制定应遵守以下原则。❶

①符合性。安全生产目标必须符合国家法律法规和安全技术标准的要求。安全生产目标要确保政府和行业上级部门下达的安全生产考核指标实现。

②可行性。应该充分认识达到目标的有利条件和充分估计困难，目标水平不宜太低，也不宜太高，要经过一定的努力才能达到。太低，目标无刺激性，职工的潜力不能充分发挥；太高，虽经再三努力却无法实现，只会打击员工的积极性。

③明确性。安全生产目标必须具体化、定量化、数据化，不能模棱两可，目标数目不宜过多，以免努力过于分散，要突出重点、要集中明确、要有度量性。使目标的预期结果各种指标做到比去年降低，安全系数提高，以利于进行同期比较、检查和评价。

④科学性。目标应具有科学预见性，即目标高度是根据需要与可能两方面进行平衡确定，既先进又可行。

⑤系统性。目标的制定要考虑系统性，即充分考虑到企业内部上下左右之间内在联系与分工协作的关系，使目标具有可分性，而且能体现系统的组合性，以实现目标的优化。

3）目标决策的过程

确定安全目标，实际上是一个完整的决策过程，绝非是指拍板定案的瞬间，而是指制定目标前后所需进行的大量具体工作的过程。包括分析、预测、模拟、论证、定案等一系列步骤，往往是一个反复优化、逐步完善的过程。

目标决策过程中主要步骤如下：

①掌握情报信息。全面搜集、掌握企业的外部资料和内部资料。如国家方针、政策、法规，上级部门下达的安全指标，同行业各企业的安全生产状况；本企业管理水平、人员素质、安全生产的现状及存在的问题，历年的事故统计资料等。

②拟定目标方案。在充分地分析及整理情报信息的基础上，提出若干个目标方案。这一工作应注意充分发动群众，找目标、提方案，并及时综合、鉴别。

③评估目标方案。即对目标进行可行性论证，这是决策的关键环节。一般采用专家意见与群众讨论相结合的方式，对拟定的多个目标方案逐一就限制因素（如经济条件、技术条件、人员素质、安全水平等）、综合效益、潜在的问题等方面广泛地征集意见，进行研究、分析、评价和估算。

④选择最优方案。在评估目标方案的基础上，用定性分析与定量分析相结合的方法，在众多方案中选出最优者。这一环节应全面权衡方案的利弊得失，有时还需要在综合原拟方案的基础上设立新方案。

4）安全生产目标的内容

制定安全生产目标包括确定企业安全生产目标方针、总体目标和制定实现目标的对策措施等三个方面。

（1）企业安全生产目标方针。

企业安全目标方针就是用简明扼要激励人心的文字、数字对企业安全生产目标所进行

---

❶ 有管理者认为设定目标应符合 SMART 原则：明确的（specific）、可测量的（measurable）、行动导向的（action-oriented）、务实的（realistic）、有时间表的（time-related）。

的高度概括，它是企业安全生产工作的指南和行动纲领。制定企业的安全生产目标方针一般首先呼应企业的经营方针目标，符合企业实际性和政府及行业上级有关部门的具体要求。

例如，某集装箱码头企业安全生产目标是不发生职工因工死亡事故。

(2)总体目标。

总体目标是企业安全生产目标的具体化。它具体地规定了为实现目标方针在各主要方面应达到的要求和水平。只有目标方针而没有总目标，方针就成了一句空话，也只有根据目标方针确定总目标，总目标才能有正确的方向，才能保证方针的实现。目标方针与总体目标是紧密联系、不可分割的。

总体目标由若干目标项所组成，这些目标项应既能全面反映安全工作在各个方面的要求，又能适用于国家的实际情况。

每一个目标项都应规定达到的标准，而达到的标准必须数据化，即一定要有成果的目标标准。因为只有这样才能使员工的行动方向明确具体，在实施过程中便于检查控制，在考核评比时有准确的依据。

一般来说，目标项目可以包括以下几个方面。

①各类企业职工伤亡事故指标。企业职工伤亡事故指标有千人死亡率、千人重伤率、伤害率等。根据行业特点，也可选用以产品、产量计算的死亡率(百万吨死亡率、百万千米事故率等)。

②企业职工伤亡事故造成的经济损失指标。这类指标有千人经济损失率和百万元产值经济损失率。根据企业的实际情况，为了便于统计计算，也可以只考虑直接经济损失，而以直接经济损失作为控制目标。

③尘、毒、噪声、辐射等职工危害作业点合格率。

④日常安全生产管理工作指标。对于安全生产管理的组织机构、安全生产责任制、安全生产规章制度、安全技术措施计划、安全生产培训、安全生产检查、隐患整改、安全生产档案、安全生产班组建设，以及“三同时”、“五同时”日常安全生产管理工作的各个方面均按设定目标并确定目标数值。

在具体确定安全生产目标值时可以有三种情况。

⑤如果只有近几年统计数据(如经济损失率最近几年才比较重视，过去数据比较少，也不准确)，可以取其中均值作为初始目标值。

⑥对于数据比较齐全的目标项目(如千人死亡率等)可以用统计方法或其他预测方法进行定量的预测。

对于日常安全生产管理工作的目标值，可以结合对安全生产工作的考核评价加以确定。也就是说，把对安全生产工作考核评价的指标作为安全生产管理工作的目标值。

(3)确保目标实现的对策措施。

为了保证安全生产目标的实现，在制定目标时必须制定相应的对策措施，作为安全生产目标的不可缺少的组成部分，制定对策措施应该注意重点，针对影响实现目标的关键问题，集中力量加以解决。一般而言，对策措施可以从以下方面加以考虑：组织制度；安全技术；安全教育；安全检查；隐患整改；班组建设；信息管理；竞赛、考核和评价；奖惩；其他。

制定对策措施要重视研究新的情况。对等措施逐项列出规定的措施内容、完成日期，并落实责任。

2. 安全生产目标的实施

1）目标分解的措施

安全生产目标的分解又称安全生产目标的展开，是安全生产目标的重要环节，目标的展开应遵循以下原则。

①安全生产目标的展开，在指导思想上要以能充分调动全体人员的主观能动性，保证实现总目标为前提。上下级之间、部门之间，必须相互理解，积极支援，一起平等协商，取得平衡，避免相互牵制或脱节。例如，不同的企业、部门，因工作任务、性质、作业条件不同，危险因素的程度会有异，达到目标的难易程度也会有所区别，那么，目标值就应体现差异，与各企业、部门的实际情况一致。同时，每一级在进行安全生产目标展开时，都要核算自己的目标值对上一级目标的保证程度。检查各种标准是否订在适当的幅度，分析主要措施的可靠性，使每一级目标既具有挑战性，又具有可行性，能够激发各个部门和员工的工作欲望，充分发挥其工作能力，真正发挥目标的激励作用。

②安全生产目标的展开要纵向到底，横向到边，不应遗漏任何部门和个人。且越往下目标措施应越具体，易于实施，责任明确。充分发挥每个人的智慧和力量，去实现每个人最直接的措施和目标。

③目标展开要贯彻责、权、利统一，使方针目标跟责任、权限、义务等密切结合，各层有各层的自主性。实行责任、权限、义务三等边的原则，这三者大小必须是像正三角形那样三条边相等。

④方针目标展开要结合落实安全生产责任制。在目标展开的同时要逐级签订安全生产责任状，把安全生产目标内容纳入其中，以确保目标的实现。

⑤各企业、部门在制定本单位的方针目标时，必须以总目标为依据，但不能照抄照搬，选择的问题点应是上级方针目标中问题点的展开。

安全生产目标的展开，在方法上应按企业组织结构自上而下层层展开，自下而上层层保证，展开必须纵向到底，横向到边，纵横联系，贯穿整个体系。形成层层互保的安全生产目标体系。制定切实可行的实现目标的措施，是实现安全生产目标的重要保证。企业必须从自身实际出发，对企业现状的有关数据进行充分分析、比较，应用现代管理方法和手段，进行客观的判断与科学的预测，找出影响安全生产目标实现的关键问题点，然后对存在的问题点“一追到底”：是什么性质的问题，是哪个环节的问题，这个问题对安全生产的影响程度等，把问题的现状分析透彻，在此基础上提出解决问题的方法。对应达到的安全标准，负责具体工作的主办、协办单位，完成日期提出明确的要求。使制定的对策措施既科学又可行，为实现安全生产目标提供制度上的保证。

要实现总目标，关键在于科学分解。若目标分解不合适，有的完成了，有的完不成，就会造成总目标完不成。因为目标分解是“自上而下”，目标的实现则是“自下而上”，从个别目标的达成开始，逐级累积为部门目标与企业总目标的预期成果。目标的分解要做到人尽其才、物尽其用，要根据各部门及各人的具体情况设立分目标。因此，确定分目标时，不能领导说了算，而必须是由分目标执行部门负责人或执行者根据上一级目标及本部门或本人的工作内容、工作能力自己制定，提出具体措施，然后由上一级领导全面考虑，综合协调，最后共同确定分目标。

安全生产目标制定后,目标执行部门上下级之间应签订安全生产目标责任书。

2)实施目标管理

实施目标应与经济挂钩,每个分目标都要有具体的保证措施、责任承担者及相应的权重系数,一般保证措施由下级站在本部门的立场上,根据本部门的现状,按部门、设备、环境、工种、人员等进行展开,找出实现本部门目标的问题点,然后采取措施制定本部门的活动计划,以确保目标的实现。只有下级的保证措施做好了,分目标实现了,才有可能实现总目标。因此,目标是由上而下的层层分解,保证措施是由下而上的层层保证。

实施目标管理有一整套管理控制方法,其要点是实行自主管理和自主控制,充分放权使每个人都能发挥自己的积极性、创造性。领导主要起宏观控制作用,注意协调,防止相互干扰。

在目标管理中,上级对下级部门不是监督、干涉,下级部门也不必事事向上级请示,时时汇报工作情况。但是,"放权"不等于撒手不管。上级要对下级目标的实施进度和状况进行管理,定期深入下级部门,了解和检查目标的完成情况,与其交换意见,对其工作进行必要的具体指导。特别是出现与上下左右部门有联系、易扯皮的问题,更要发挥领导作用,进行协调,以保证目标管理的顺利实施。另外,在目标管理的实施过程中,下级执行者如遇到自己不能独立解决、对全过程有影响的问题时,应及时向上级汇报,使上级及时了解情况,尽快帮助解决,保证目标管理实施的连续性。

3.安全生产管理绩效指标体系与考核

安全绩效是指基于安全生产理念、方针和目标,控制和消除风险取得的可测量结果。企业要保证安全理念、方针得以推行、安全目标得以现实,就必须对各级机构和人员的安全绩效进行适时考核,不断修正实施过程中的偏差,不断总结推广安全生产管理经验,不断激励各级领导干部和员工奋发进取,自觉地搞好安全生产工作。

1)建立安全绩效考核制度必须满足的要求

安全绩效考核制度必须有助于对人们的安全意识和理念的积极强化。对于安全绩效的考核可以产生两方面的效果,其一是有助于让被考核部门和人员了解什么有效、什么无效,从而有助于改进其安全工作过程。其次,有助于保持动机和努力,可以起到鼓舞作用。但并非所有的考核都会产生正面作用❶,其效果受多个因素影响,如所用指标的类型、衡量指标的特性,以及企业使用这些指标的方式等。因此,一个合理的安全绩效考核制度必须满足几方面的要求。

①一致性。考核的指标必须与企业安全目标是一致的。如果我们希望通过考核来引导人们的努力,那么对于所选指标的首要要求是它与企业安全目标的一致性。也就是说,我们所建立的考核指标体系必须能够促进企业安全目标的实现。

在现实中,有些企业并没有明确的取得共识的安全理念和方针,因此也谈不上有一套能够反应企业的安全理念、方针和目标的绩效指标。有的企业建立了整体的安全理念和方针,

❶ 安全绩效考核如果不考虑企业实际状况、安全绩效考核方法的选择以及企业文化特征,安全绩效考核将流于形式,甚至引发员工内部冲突,不仅妨碍安全生产目标完成,而且对企业发展产生阻碍。

但却不能将其分解为一套协调一致的任务安排和评价指标。下级部门自行建立的安全绩效指标未必与企业的安全理念、方针和目标一致，因而其努力就不可能有整体的安全绩效。也有很多企业虽有明确的安全理念和方针，并分解成了一套协调一致的任务安排和绩效指标，但却未随着时间的变化而变化。安全绩效指标的一致性不是静止不变的，当环境变化时，安全理念、方针和目标都要发生相应变化。因此，必须通过定期的评审来保证安全绩效指标的有效性。

②完整性。安全绩效指标必须具有完整性，也就是要能够全面反映出被考核部门和人员的绩效情况。缺乏完整性的指标只能反映被考核部门和人员的安全活动及其影响的局部。而未被衡量的方面往往会受不到重视，从而导致安全管理上的漏洞和隐患，可能影响企业整体目标的实现。

③可控性。安全考核指标还必须具有可控性。衡量指标如果只受到被考核部门和人员可控制因素的影响，这个安全绩效指标就是可控的，它对被考核部门和人员的安全绩效的反映就是可靠的。很多情况下，这种理想状况是难以实现的。例如，一个岗位的安全运行状况受该岗位管理和操作人员的影响，但也受到相关联岗位波动的影响，而这种波动是前者所无法控制的。在其他条件相同的情况下，衡量指标受到的“外部”因素影响越大，人们的努力就越容易被这些不可控因素所压倒，这些指标所反映出的绩效状况与被考核对象的努力之间的关联性就会越差。因此，从道理上而言，对被考核部门和人员的考评只应针对他们所能控制的部分。但是，确定绩效的某个方面是否可控并非易事。绩效指标的完整性和可控性之间经常存在着矛盾。不同工作之间的依存度越高，各自的绩效就越是难以衡量。另外，绩效指标数量的增加会降低其边际效益。在有些情况下，过多的指标反而会引起负面的效果。人们只能对有限的信息加以理解和作出反应，从而只会认真对待有限的几个绩效指标。

④激励性和时效性。无论任何形式的考核起到的作用都是外在的激励。通过外部考核激发被考核单位和人员的内在动力，安全绩效考核才更具有意义，因此一旦被考核部门和人员作出了预期的行为就应当给予强化。对预期行为的强化，告诉了被考核部门和人员该行为是重要的。中止了对某一行为的强化，会使被考核单位和人员认为该行为已不再重要。良好的强化对于预期行为应当是积极的、具体的，应真心实意且在行为之后迅速进行。积极的后果应当成为鼓励高绩效的工作环境的组成部分。

根据实施的频次和范围，可将安全绩效考核分为日常考核、季度考核和年度考核：a. 日常考核：通过日常监测、观察，对各级组织和人员的安全绩效进行评价，目的在于促进各级组织和员工自我管理；b. 季度考核：每季度末，对各级组织和员工该季度的安全绩效进行考核；c. 年度考核：每年底，对各级组织和员工全年的安全绩效进行总体考评。

⑤系统的固有危险性。应考虑被考核部门和员工所管理（控制）对象（装置）的固有危险程度。对于所管理（控制）对象（装置）固有危险程度大的部门和员工比所管理（控制）对象（装置）固有危险程度小的部门和人员，取得相同的控制结果，付出的努力需要更大。在确定安全绩效指标时，合理考虑控制对象的固有危险程度，对被考核部门和人员更公平，也更能激发其安全管理热情。

2)安全绩效考核制度实施过程应注意的问题

在安全绩效考核制度实施过程中,应注意以下几个问题。

①正确制定安全绩效考核标准。考核标准是评价安全生产目标执行结果的基本依据,能否制定出符合客观实际的考核标准,是做好安全绩效考核工作的关键。应广泛发动员工,群策群力,做到考核尺度明确具体、项目内容全面正确,且与安全生产目标体系一直,时限要求与目标计划期一致,奖惩规定体现奖优惩劣原则。

②做好日常考核记录。日常考核记录是在安全生产目标实施过程中对各部门和个人实施目标情况的文字记载。是正确考核安全绩效的基础性资料。认真做好日常考核记录,才能使负责安全生产目标考核的管理者和有关部门及时正确了解各目标责任者的目标实施情况。

③综合采用多种考核办法。每一种安全绩效考核方法都有其优点和局限性,不太可能完全准确地反映集体或个人的工作绩效。须综合运用多种考核方法,做到上级考核与本级考核相结合,自我评价和部门评价相结合,才能达到考核目的,发挥激励作用。

④及时实施奖惩。奖励先进,鞭策落后,是调动员工安全生产参与积极性的重要手段。安全绩效考核结果公布后,应立即实施奖惩,做到奖惩兑现。

⑤定期总结。定期公布某个阶段的安全生产目标进展情况,考核绩效,认真总结经验、教训,把合理、可行的措施加以肯定,规范化、制度化、标准化。定期进行交叉绩效评估,对照自评结果,根据既定目标和对策措施表所须承担的内容进行经验教训总结,查找可能存在的问题,及时采取补救措施。

3)基于"平衡计分卡理论"建立安全绩效考核模式的探讨

"平衡计分卡理论"是近年来企业界非常流行的一种绩效考评模式,主张任何单一的绩效指标都难以反映出组织的绩效全貌,必须用一套"平衡的"指标体系来要求组织才能使之健康地发展。利用"平衡计分卡理论",建立安全绩效考核模式,得到由6大类别、22个着重方面所构成的一个指标体系(如表3-3)构成,这6类要求分为2种类型,第1类称为"结果"型的要求,其余5类为"对策—展开"型的要求。

借助现代信息技术,平衡计分卡将企业的安全绩效状况综合地反映在了一份简单的电子表格上,一目了然;更为重要的是,平衡计分卡中的安全绩效指标来自于企业的安全理念、方针和目标。

**安全绩效考核指标例表** 表3-3

| 序号 | 类别 | 着重方面 |
|---|---|---|
| 1 | 安全目标(50分) | 1.1 是否发生工亡事故、重伤事故、重大火灾事故、重大危化品事故、重大特种设备事故、重大交通事故 |
| | | 1.2 火灾事故直接经济损是否失超出企业下达的考核指标 |
| | | 1.3 设备事故直接经济损失是否超出企业下达的考核指标 |
| | | 1.4 环境污染事件直接经济损失是否超出企业下达的考核指标 |
| | | 1.5 轻伤事故(含中毒、窒息)是否超出企业下达的考核指标 |
| | | 1.6 职业病发生率是否超出企业下达的考核指标 |

续上表

| 序号 | 类　别 | 着 重 方 面 |
|---|---|---|
| 2 | 安全基础管理(15分) | 2.1 层层签订安全目标责任书,严格执行安全生产组织人员保证体系 |
| | | 2.2 安全台账、记录等基础资料齐全、记录真实完整 |
| | | 2.3 各种计划、总结、报表上报及时 |
| | | 2.4 安全教育 |
| 3 | 安全检查和隐患治理(10分) | 3.1 按规定的频次和项目要求进行安全检查,发现问题和隐患及时整改,并按要求上报 |
| | | 3.2 对上级下达的隐患整改项目,落实"五定"责任制,按计划完成治理 |
| | | 3.3 对暂时不具备整改条件的隐患,制定可靠的监控措施和应急方案 |
| 4 | 现场(作业)安全管理(15分) | 4.1 严格执行危险作业许可制度,作业前进行风险分析,制定控制措施 |
| | | 4.2 作业现场警示标志符合要求,配备了必要的安全防护用品(具)及消防设施与器材 |
| | | 4.3 严格执行操作规程,不违章作业,不违反安全纪律、工艺纪律、劳动纪律和环保纪律 |
| | | 4.4 严格进行检修作业前的安全条件确认及作业完成后的安全验收,并做到"工完、料尽、场地清" |
| 5 | 职业卫生管理(5分) | 5.1 做好清洁文明生产,严防"跑、冒、滴、漏",保证岗位职业有害因素监测合格率达100% |
| | | 5.2 按要求(组织)参加职业性健康检查 |
| | | 5.3 按要求对职业卫生设施进行定期检查,落实专人维护保养 |
| 6 | 应急管理(5分) | 6.1 建立完善应急指挥与救援系统,明确职责。按照事故处理原则,对事故进行调查处理和总结 |
| | | 6.2 准备足够适用的应急资源,按要求对安全防护设施及应急设施进行定期检查,落实专人维护保养 |
| | | 6.3 按要求制定应急预案,定期进行应急培训和演练,并对演练效果进行评价、对预案进行评审和修订 |

注:总分合计100分。

平衡计分卡在企业中层层展开,从而能够使得企业的各个部门的安全管理置于企业的安全理念、方针和目标的指导之下。通过这种展开,各部门确立了适应本单位情况 的绩效指标。平衡计分卡的展开一般涉及两个相关联的过程,一是直接采用有关整体安全目标的指标和本单位适用的指标;二是重新设计反映本单位特殊需要的指标。平衡计分卡就其概念而言,意味着对于安全理念、方针和目标的分解,它可以一直分解到每个员工头上。

平衡计分卡具体的评分主要依据三个尺度,这便是安全对策、展开和结果。

所谓"安全对策"便是"应对类别要求的诸方法"。对于安全对策的评估主要从四个方面来进行:

①安全对策相对于要求的适当性;

②安全对策应用的有效性及可重复、协调、一致地应用的程度,体现计划、实施、检查、改进这一循环的程度,基于可靠的信息和数据的程度;

③与企业的安全需要的协调一致;

④有益的安全创新的变革的证据；

“展开”是指“安全对策应用的程度”。对于展开的评估主要从两个方面来进行：

⑤安全对策在对你的组织相关且重要的类别要求方面的应用；

⑥所有相关的工作单位对于该安全对策应用。

“结果”是评价所依据的第三个尺度，它指的是实现1.1－1.6中的目的的成果。对于结果的评价主要从四个方面来进行：

①当前安全绩效；

②相对（他人或标杆）的安全绩效；

③安全绩效改进的速率和范围；

④安全绩效指标与基础管理、安全检查与隐患治理、现场（作业）安全、职业卫生、应急管理等方面的绩效要求之间的联系。

## 四、安全生产危机管理

### 1.危机管理的涵义

危机管理是企业为应对各种危机情境所进行的规划决策、动态调整、化解处理及员工培训等活动过程，其目的在于消除或降低危机所带来的威胁和损失。通常可将危机管理分为两大部分：危机爆发前的预计，预防管理和危机爆发后的应急善后管理。危机管理是专门的管理科学，它是为了应对突发的危机事件，抗拒突发的灾难事变，尽量使损害降至最低点而事先建立的防范、处理体系和应对的措施。对一个企业而言，可以称之为企业危机的事项是指当企业面临与社会大众或顾客有密切关系且后果严重的重大事故，而为了应付危机的出现，在企业内预先建立防范和处理这些重大事故的体制和措施，则称为企业的危机管理。

企业安全管理最常见的活动在于对各种风险源或事故征兆进行日常的监控，一方面对风险因素或针对事故征兆（现象）进行纠正活动，防止该风险程度增加或现象的扩展蔓延，逐渐使其恢复到正确状态；另一方面则在日常对策活动中发现难以有效控制的风险源或事故征兆（现象）后对可能发生的事故状态进行假设与模拟活动，并提出对策方案，为进入“事故危机管理”阶段做好准备。

危机管理是企业日常监控活动无法有效扭转危险状态的发展，企业生产活动陷入危机状态时采取的一种特殊性质的管理，只有在特殊情况下才采用的特别管理方式。它是在企业生产安全管理系统已无法控制事故状态或企业领导层基本丧失指挥能力的情况下，以特别的危机计划、特别领导小组、紧急救援体系等介入企业领导管理过程。一旦危机状态恢复到可控状态，危机管理的任务便告完成，由日常监控环节继续履行预控对策的任务。

预控对策活动中的组织准备与日常监控活动，是执行预控对策任务的主体；危机管理活动，是特殊情况下对“日常监控”活动的一种扩展。日常监控和危机管理工作都要以“组织准备”活动为前提。而组织准备活动，不仅是联结预警分析与预控对策活动的环节，它也为整个事故预警管理系统提供组织运行规范。

### 2.危机的特征

危机是危机管理的对象或所面临的处境。危机具备如下特征：

（1）突发性。危机往往都是不期而至，令人措手不及。危机发生的时候一般是在企业毫无准备的情况下瞬间发生,给企业带来的是混乱和惊恐。

(2)破坏性。危机发生后可能会带来比较严重的物质损失和负面影响,有些危机用毁于一旦来形容一点不为过。

(3)不确定性。事件爆发前的征兆一般不是很明显,企业难以作出预测。危机出现与否与出现的时机是无法完全确定的。

(4)急迫性。危机的突发性特征决定了企业对危机作出的反应和处理的时间十分紧迫,任何延迟都会带来更大的损失。危机的迅速发生引起了各大传媒以及社会大众对于这些意外事件的关注,使得企业必须立即进行事件调查与对外说明。

(5)信息资源紧缺性。危机往往突然降临,决策者必须作出快速决策,在时间有限的条件下,混乱和惊恐的心理使得获取相关信息的渠道出现瓶颈现象,决策者很难在众多的信息中发现准确的信息。

(6)舆论关注性。危机事件的爆发能够刺激人们的好奇心理,常常成为人们谈论的热门话题和媒体跟踪报道的内容。企业越是束手无策,危机事件越会增添神秘色彩从而引起各方的关注。

3. 危机管理的原则

企业在经营与发展过程中遇到挫折和危机是正常和难免的,危机是企业生存和发展中的一种普遍现象。那么如何建立一个有效的危机管理体系,从而能够成功地预防危机、处理危机,甚至反败为胜,在危机中恢复并得到发展,需要把握危机管理的一些基本原则。由于不同国家历史文化及企业管理理念的差异,学者和企业管理者对于危机管理基本原则提出不同看法。比较有代表性的有6C原则和6F原则。

1)危机管理6C原则

(1)全面化(Comprehensive)。

危机管理的目标不仅仅是“使公司免遭损失”,而是“能在危机中发展”。很多企业将危机管理与业务发展看成是一对相互对立的矛盾,认为危机管理必然阻碍业务发展,业务发展必定排斥危机管理。从而导致危机管理与业务发展被割裂开来,形成“两张皮”。危机管理机构在制定规章制度时往往不考虑其对业务发展的可能影响;而业务部门在开拓业务时则是盲目地扩张,根本不顾及危机问题。

全面化可归纳为三个“确保”,即首先应确保企业危机管理目标与业务发展目标相一致;二是确保企业危机管理能够涵盖所有业务和所有环节中的一切危机,即所有危机都有专门的、对应的岗位来负责;三是应确保危机管理能够识别企业面临的一切危机。

(2)价值观的一致性(Consistent values)。

危机管理有道亦有术。危机管理的“道”是根植于企业的价值观与社会责任感,是企业得到社会尊敬的根基。危机管理的“术”是危机管理的操作技术与方法,是需要通过学习和训练来掌握的。危机管理之“道”是企业危机之“术”的纲。

从根本上讲,危机就其本质而言,是无法预知的,如何处理危机根植在企业的价值体系中。

(3)关联化(Correlative)。

有效的危机管理体系是一个由不同的子系统组成的有机体系,如信息系统、沟通系统、决策系统、指挥系统、后勤保障系统、财物支持系统等。因而,企业危机管理的有效与否,除了取决于危机管理体系本身,在很大程度上还取决于它所包含的各个子系统是否健全和有效运作。任何一个子系统的失灵都有可能导致整个危机管理体系的失效。

(4)集权化(Centralized)。

集权化的实质就是要在企业内部建立起一个职责清晰、权责明确的危机管理机构。因为清晰的职责划分是确保危机管理体系有效运作的前提。同时,企业应确保危机管理机构具有高度权威性,并尽可能不受外部因素的干扰,以保持其客观性和公正性。危机的集权管理有利于从整体上把握企业面临的全部危机,从而将危机策略与经营策略统一起来。但值得注意的是,为了提高危机管理的效率和水平,不同领域的危机应由不同的部门来负责,即危机的分散管理。危机的分散管理有利于各相关部门集中力量将各类危机控制好。但不同的危机管理部门最终都应直接向高层的专门管理人员负责,即实现危机的集中管理。

(5)互通化(Communicating)。

从某种意义上讲,危机战略的出台在很大程度上依赖于其所能获得的信息是否充分。而危机战略能否被正确执行则受制于企业内部是否有一个充分的信息沟通渠道。如果信息传达渠道不畅通,执行部门很可能会曲解上层的意图,进而作出与危机战略背道而驰的行为。

有效的信息沟通可以确保所有的工作人员都能充分理解其工作职责与责任,并保证相关信息能够传递给适当的工作人员,从而使危机管理的各个环节正常运行。企业内部信息的顺畅流通在很大程度上取决于企业信息系统是否完善。因此企业应加强危机管理的信息化建设。以任何理由瞒报、迟报,甚至不报的行为都是致命的。

(6)创新化(Creative)。

危机管理既要充分借鉴成功的经验,也要根据危机的实际情况,尤其要借助新技术、新信息和新思维,进行大胆创新。切不可墨守成规,固步自封。

2)危机管理6F原则

事先预测原则;迅速反应原则;尊重事实原则;承担责任原则;坦诚沟通原则;灵活变通原则。

(1)事先预测原则(Forecast)。

“防火”胜于“灭火”,当危机发生以后,对公众利益的伤害和企业组织形象的损失往往已经造成。这时再尽力去“补救”,是作为“消防员”在挽回损失。因而,对于任何组织和个人,最大程度减少危机损失和影响的做法便是避免危机的发生。在危机事件爆发后频频露面四处扑火的公众焦点和危急时刻挺身而出力挽狂澜的风云人物,虽然会给人留下深刻的印象,但也只是作为“消防员”在控制事态和避免损失的加剧。而危机管理的真正高手,则是通过事先分析、科学预测,防患“火警”发生的“安全员”。

管理者们应该及早发现危机的端倪,防患未然。在危机应对中通过科学分析作出事前预测和判断,从而将事件控制在酝酿、萌芽状态,在不被人察觉中将危机化解。

危机应对的预见性原则首先体现在组织必须对可能发生危机的各个领域和环节作出事先预测和分析,制定全面、可行的危机预案和计划。危机预测原则还体现为危机事件发展前期决策者对态势的把握。在危机发展初期组织决策者必须要能够准确判断危机发展态势、影响程度和社会公众的反应,从而将危机控制在萌芽期,避免危机的进一步扩大。

(2)迅速反应原则(Fast)。

危机的解决,速度是关键。危机降临时,企业高层管理人员应当保持冷静,采取有效的措施,隔离危机,要在第一时间查出原因,找准危机的根源,以便迅速、快捷地消除公众的疑虑。同时,企业必须以最快的速度启动危机应变计划并立刻制定相应的对策。如果是内因就要下狠心处置相应的责任人,给舆论和受害者一个合理的交代;如果是外因要及时调整企业战略目标,重新考虑企业发展方向;在危机发生后要时刻同新闻媒体保持密切的联系,借助公证、权威性的机构来帮助解决危机,承担起给予公众的精神和物质的补偿责任,做好恢复企业的事后管理,从而迅速有效的解决企业危机。

(3)尊重实事原则(Fact)。

任何组织在处理危机过程中,都必须坚持实事求是的原则,这是妥善解决危机的最根本原则。犯了错误并不可怕,可怕的是不敢承认错误。从危机公关的角度来说,只有坚持实事求是、不回避问题,勇于承担责任,向公众表现出充分的坦诚,才能获得公众的同情、理解、信任和支持。

对于处于危机风波中的企业来说,最大的致命伤便是失信于民,一旦媒体和公众得知企业在撒谎,新的危机又会马上产生。世上没有不透风的墙,违背事实原则弄虚作假、封锁消息、愚弄公众,往往会产生一系列连锁反应,进一步加重危机的负面作用,以至给组织造成不可挽回的损失。

(4)承担责任原则(Face)。

是否遵循危机管理中的承担责任原则,实质上是考验陷于危机中的企业对于组织利益选择的不同态度。危机发生后,公众关注的焦点往往集中在两个方面:一方面是利益的问题,另一方面则是感情问题。利益是公众关注的焦点。危机事件往往会造成组织利益和公众利益的冲突激化,从危机管理的角度来看,无论谁是谁非,组织应该主动承担责任。

目光短浅的企业,为了保护自身、获取短期利益,在危机管理中往往将公众利益和社会责任束之高阁,最终却为之付出巨大代价。而具有强烈责任感的企业,宁愿以牺牲自身短暂利益换来良好的社会声誉,树立和不断提升组织和品牌形象,从而实现企业发展的可持续性。

(5)坦诚沟通原则(Frank)。

危机管理中的坦诚沟通原则是指处于危机中的企业组织要高度重视做好信息的传递发布并在组织内外部进行积极、坦诚、有效的沟通公关,充分体现出组织在危机应对中的社会责任感,从而为妥善处理危机创造良好的氛围和环境,达到维护和重树形象的目标。危机处理中,组织遵循坦诚沟通原则、及时向公众发布信息的意义在于:保障社会公众的知情权、体现组织的社会责任感、为危机应对创造良好的外部环境、维护和树立组织的良好形象。

危机沟通包含两个方面:一是危机事件中组织内部的沟通问题,二是组织与社会公众和利益相关者之间的沟通公关。概括来说,企业组织危机沟通的覆盖范围主要有:企业内部管理层和员工、直接消费者及客户、产业链上下游利益相关者、政府权威部门和行业组织、新闻媒体和社会公众等五类群体。

(6)灵活变通原则(Flexible)。

危机管理,既是一门科学,又是一门艺术。企业危机管理和危机公关,既是关系到组织生存与发展的严肃话题,又给管理者们提供了一个管理智慧和创新才能发挥的广阔空间。事实上,从危机事件爆发前的预防、危机事件发生后的应对和危机后期处理环节,既要遵循一些危机管理的基本程序和规则,又无绝对统一的模式可以照搬。危机管理高手们能结合事态形势的变化、组织自身优弱势、内外部资源条件等进行灵活处理和应对,不仅力挽狂澜成功跨越危机,甚至还将危机事件转变成提升企业形象的契机。

4. *危机管理对策*

企业在生产经营中面临着多种危机,并且无论哪种危机发生,都有可能给企业带来致命的打击。企业通过危机管理把一些潜在的危机消灭在萌芽状态,把必然发生的危机损失减少到最小的程度。虽然危机具有偶然性,但是危机管理并不是无章可循。危机管理对策主要包括如下几个方面:

1)做好危机预防工作

危机产生的原因是多种多样的,不排除偶然的原因,多数危机的产生有一个变化的过程。如果企业管理人员有敏锐的洞察力,根据日常收集到的各方面信息,能够及时采取有效的防范措施,完全可以避免危机的发生或使危机造成的损害和影响尽可能减少到最小程度。因此,预防危机是危机管理的首要环节。

(1)树立强烈的危机意识。企业进行危机管理应该树立一种危机理念,营造一个危机氛围,使企业的员工面对激烈的市场竞争,充满危机感,将危机的预防作为日常工作的组成部分。

(2)建立预防危机的预警系统。预防危机必须建立高度灵敏、准确的预警系统。信息监测是预警的核心,随时搜集各方面的信息,及时加以分析和处理,把隐患消灭在萌芽状态。

(3)建立危机管理机构。这是企业危机管理有效进行的组织保证,不仅这是处理危机时必不可少的组织环节,而且在日常危机管理中也非常重要的。危机发生之前,企业要做好危机发生时的准备工作,建立起危机管理机构,制定出危机处理工作程序,明确主管领导和成员职责。危机管理机构的具体组织形式,可以是独立的专职机构,也可以是一个跨部门的管理小组,还可以在企业战略管理部门设置专职人员来代替。企业可以根据自身的规模以及可能发生的危机的性质和概率灵活决定。

(4)制定危机管理计划 。企业应该根据可能发生的不同类型的危机制定一整套危机管理计划,明确怎样防止危机爆发,一旦危机爆发立即作出针对性反应等。事先拟定的危机管理计划应该囊括企业多方面的应酬预案。在计划中要重点体现危机的传播途径和解决办法。

2)进行准确的危机确认

危机管理人员要做好日常的信息收集、分类管理,建立起危机防范预警机制。危机管理人员要善于捕捉危机发生前的信息,在出现危机征兆时,尽快确认危机的类型,为有效的危机控制做好前期工作。

3)危机处理

有效的危机控制。危机发生后,危机管理机构快速调查事件原因,弄清事实真相,尽可能把真实的、完整的情况公布于众，各部门保证信息的一致性，避免公众的各种无端猜疑。配合有关调查小组的调查，并做好应对有关部门和媒体的解释工作以及事故善后处理工作。速度是危机控制阶段的关键，决策要快速，行动要果断，力度要到位。

迅速拿出解决方案。企业以最快的速度启动危机处理计划。每次危机各不相同，应该针对具体问题，随时修正和充实危机处理对策。主动、真诚、快速反应、公众利益至上是企业面对危机最好的策略。企业应该掌握宣传报道的主动权，通过召开新闻发布会，向公众告知危机发生的具体情况，企业解决问题的措施等内容，发布的信息应该具体、准确，随时接受媒体和有关公众的访问，以公众利益至上的原则解决问题。还可以利用权威性的机构对解决危机的作用，处理危机时，最好邀请权威人士辅助调查，以赢取公众的信任，这往往对企业危机的处理能够起到决定性的作用。

4)危机的善后工作

危机的善后工作主要是消除危机处理后遗留问题和影响。危机发生后，企业形象受到了影响，公众对企业会非常敏感，要靠一系列危机善后管理工作来挽回影响。

(1)进行危机总结、评估。对危机管理工作进行全面的评价，包括对预警系统的组织和工作程序、危机处理计划、危机决策等各方面的评价，要详尽地列出危机管理工作中存在的各种问题。

(2)对问题进行整顿。多数危机的爆发与企业管理不善有关，通过总结评估提出改正措施，责成有关部门逐项落实，完善危机管理内容。

(3)寻找商机。危机给企业制造了另外一种环境，企业管理者要善于利用危机探索经营的新路子，进行重大改革。这样，危机可能会给企业带来商机。

总之，危机并不等同于企业失败，危机之中往往孕育着转机。危机管理是一门艺术，是企业发展战略中的一项长期规划。企业在不断谋求技术、市场、管理和组织制度等一系列创新的同时，应将危机管理创新放到重要的位置上。一个企业在危机管理上的成败能够显示出它的整体素质和综合实力。成功的企业不仅能够妥善处理危机，而且能够化危机为商机。

## 第二节　安全隐患排查与治理

近年来，国家出台了一系列关于加强安全生产工作，开展各类事故隐患排查治理政策措施。事故隐患的排查和治理，已经成为提高社会和企业本质安全水平、确保社会经济和谐稳定发展的一项有效措施。随着社会经济快速发展，企业单位迅猛扩张，与此同时，由于人们安全意识淡薄、安全管理制度的缺失、日常监管手段的局限，事故隐患以各种形态大量存在。事故隐患的排查整改显得尤为重要。

### 一、隐患定义与分类分级

隐患是在某个条件、事物以及事件中所存在的不稳定并且影响到个人或者他人安全利益的因素，它是一种潜藏着的因素，“隐”字体现了潜藏、隐蔽，而“患”字 则体现了祸患，不好的状况。《安全生产事故隐患排查治理暂行规定》将隐患定义为：企业违反安全生产法律、法规、规章、标准、规程和安全生产管理制度的规定，或者因其他因素在生产经营活动中存在可能导致事故发生的物的危险状态、人的不安全行为和管理上的缺陷。将各种“违反”的概念规定为事故隐患，为安全生产管理领域加强对遵守各种规定的“执行力”奠定了坚实的基础。

隐患从性质上分为一般事故隐患和重大事故隐患。

一般事故隐患是指危害和整改难度较小，发现后能够立即整改排除的隐患。

重大事故隐患是指危害和整改难度较大，依照法律、法规规定应当全部或者局部停产停业，并经过一定时间整改治理方能排除的隐患，或者因外部因素影响致使企业自身难以排除隐患。是可能导致重大人身伤亡或者重大经济损失的事故隐患。

重大事故隐患根据作业场所、设备及设施的不安全状态，人的不安全行为和管理上的缺陷，可能导致事故损失的程度分为两级：

(1)特别重大事故隐患是指可能造成死亡 50 人以上或可能直接经济损失 1000 万元以上的事故隐患；

(2)重大事故隐患是指可能造成死亡 10 人以上，或可能造成直接经济损失 500 万元以上的事故隐患。

事故隐患的分级是以隐患的整改、治理和排除的难度及其影响范围为标准的。根据这个分级标准，在企业中通常将隐患分为班组级、车间级、分厂级直至厂(公司)级，其含义是在相应级别的组织(单位)中能够整改、治理和排除。其中的厂(公司)级隐患中的某些隐患如果属于应当全部或者局部停产停业，并经过一定时间整改治理方能排除的隐患，或者因外部因素影响致使企业自身难以排除的隐患应当列为重大事故隐患。

## 二、隐患排查及隐患治理

1. 隐患排查及治理的重要性

《安全生产法》第十七条规定企业主要负责人有“督促、检查本单位的安全生产工作，及时消除生产安全事故隐患”的职责；

《国务院关于进一步加强企业安全生产工作的通知(国发〔2010〕23 号)》进一步强调了及时排查治理安全隐患的重要性。

《通知》第四条要求：企业要经常性开展安全隐患排查，并切实做到整改措施、责任、资金、时限和预案“五到位”。建立以安全生产专业人员为主导的隐患整改效果评价制度，确保整改到位。对隐患整改不力造成事故的，要依法追究企业和企业相关负责人的责任。对停产整改逾期未完成的不得复产。

《通知》第八条要求：因安全生产技术问题不解决产生重大隐患的，要对企业主要负责人、主要技术负责人和有关人员给予处罚。

《通知》第十四条要求：依法维护和落实企业职工对安全生产的参与权与监督权，鼓励职工监督举报各类安全隐患，对举报者予以奖励。

《通知》第十六条要求：对重大危险源和重大隐患要报当地安全生产监管监察部门、负有安全生产监管职责的有关部门和行业管理部门备案。

《通知》第二十六、三十条要求：对存在落后技术装备、构成重大安全隐患的企业，要予以公布，责令限期整改，逾期未整改的依法予以关闭；存在重大隐患整改不力的企业，由省级及以上安全监管监察部门会同有关行业主管部门向社会公告，并向投资、国土资源、建设、银行、证券等主管部门通报,一年内严格限制新增的项目核准、用地审批、证券融资等,并作为银行贷款等的重要参考依据。

《国务院安委会办公室关于实行安全生产事故隐患排查治理情况月通报的通知(安委办〔2012〕23 号)》要求:自 2012 年 7 月 1 日起,对全国安全生产事故隐患排查治理情况实行月通报。月通报主要内容是:每月汇总各地区、各有关部门和单位开展安全生产事故隐患排查治理情况,重点分析开展隐患排查治理企业和单位、一般事故隐患排查治理、重大事故隐患排查治理、重大事故隐患挂牌督办以及落实隐患治理资金等情况,查找存在的问题,提出下一阶段的工作措施。启用安全生产事故隐患排查治理信息统计网上报送系统。

可见,对于企业而言,隐患排查和治理已经成为安全生产管理的核心内容之一,企业隐患治理整改情况也是政府安全生产监督部门关注的焦点之一,企业应从安全生产制度上确保隐患排查治理的经常化,通过安全生产技术创新提高隐患排查治理绩效。

2. 隐患排查治理与安全生产标准化的关系

1)隐患排查治理是安全生产标准化工作的重要组成部分

安全生产标准化工作是我国安全生产领域在当前一段时间内的重点工作,其实施的主要依据是以《企业安全生产标准化基本规范》为主的各行业的安全生产标准化评定标准。[1]在《规范》中提出了十三项核心要求,其他行业的相关标准也大体相似。其中第八项核心要求即为隐患排查和治理,对隐患排查、排查范围与方法、隐患治理和预测预警等四个方面作出了原则性规定。

2)隐患排查治理是安全生产标准化有关内容的具体化

隐患排查治理可以成为一个具有依据明确、结构完整、内容充实和可操作性强的独立运行的系统,是安全生产标准化的进一步细化和深化,也为安全生产标准化其他部分的核心要求开创了一个深入和具体化的先例。

3)突出了企业是隐患排查治理工作的责任主体

安全生产标准化工作所涉及的部门和单位比较多,如安全监管部门、评审组织单位、评审单位还有专业技术服务机构等,尽管企业仍是安全生产标准化的责任主体,但还需要其他部门和单位的具体动作和参与才能共同完成此项工作。而隐患排查治理工作则突出了企业的主体责任,自建体系、自查自改以及自己上报等工作均是其职责,还要接受政府有关监管部门的监督管理以及核查,充分体现了"安全生产法"所规定的企业对其安全生产工作负主体责任的精神。

4)隐患排查治理体系有更强的及时性

建立隐患排查治理体系的主要目的是为了更好地促进企业做好隐患排查治理工作,使政府有关监管部门能及时、准确地掌握其安全生产状况。按照《国务院安委会办公室关于实行安全生产事故隐患排查治理情况月通报的通知》要求,隐患排查治理整改情况的评估开始按月开展,并及时上报。安全生产标准化工作通常要求企业每年至少进行一次自评,安全生

[1] 交通运输部的安全生产标准化工作是在国务院安委会的指导下展开,《企业安全生产标准化基本规范》作为一个推荐性标准,对于交通运输行业的安全生产标准化工作有一定的参考意义。尤其在隐患排查治理方面,到目前为止,交通运输部并没有制定相关标准、规范或指南,在安全生产标准化推进过程中,考虑交通行业特征,有选择地借鉴《规范》的做法是可行的。

产标准化企业证书和牌匾有效期为3年,到期时企业可按有关规定申请延期,换发证书、牌匾。

3. 隐患排查治理措施与方法

隐患排查是指企业组织安全生产管理人员、工程技术人员和其他相关人员对本单位的事故隐患进行排查的行为。隐患治理就是指消除或控制隐患的活动或过程。

企业是隐患排查工作的责任主体,方法是定期组织安全生产管理人员、工程技术人员和其他相关人员排查本单位的事故隐患和鼓励、发动职工发现事故隐患,鼓励社会公众举报。此项工作通常与企业的各种安全生产检查工作相结合。对排查出的事故隐患,应当按照事故隐患的等级进行登记,建立事故隐患信息档案。根据上述要求,隐患排查的过程就是企业定期组织所属人员主动、全面地查找并发现隐患、确定其等级、建立事故隐患信息档案,同时鼓励社会公众举报。

企业对于排查出的事故隐患,应当按照事故隐患的等级进行登记,建立事故隐患信息档案,并按照职责分工实施监控治理。对于一般事故隐患,由于其危害和整改难度较小,发现后应当立即整改排除。对于重大事故隐患,由应企业主要负责人组织制定并实施事故隐患治理方案;在事故隐患治理过程中,应采取相应的安全防范措施,防止事故发生。

1)企业隐患排查治理工作的主要内容

企业是隐患排查治理工作的最直接和最重要的主体,是隐患排查治理工作的直接实施者。企业隐患排查治理工作主要包括三个方面:自查隐患、治理隐患和自报隐患。自查是为了发现自身所存在的隐患,保证全面而减少遗漏;治理是为了将自查中发现的隐患控制住,防止引发后果,尽可能从根本上解决问题;自报是为了将自查和治理情况报送政府有关部门,以使其了解企业在排查和治理方面的信息,提供监管和帮助,从企业的外部获得相关的服务。

企业在政府及其部门的统一安排和指导下,确定自身的分类分级的定位,采用其适用的隐患排查治理标准,通过全面准备、制度建设、实施排查、分析改进等步骤形成完整的系统的企业自查机制。

(1)全面准备。

为保证隐患自查工作从一开始就能够打下坚实的基础,企业必须做好与之相关的全面准备工作。隐患排查治理是涉及企业所有部门、所有生产流程、所有人员的一项系统工程,如果不做好全面的准备,那么所建立的隐患排查治理机制肯定缺乏系统性并且可操作性差,结果必然是“一阵风”式的开展一次“运动”,不能做到深入和持久地开展自查工作。

(2)制度建设。

制度是企业管理的基本依据,需要企业将法律法规和标准规范以及上级和外部的其他要求全面掌握,吃透其精神和实质,将其各项具体的规定结合自身的实际情况,通过编制工作将外部的规定转化为企业内部的各项规章制度,再经过全面地执行和落实,变成企业的管理行动。隐患排查治理工作也不例外,也基本上按这一思路展开。

(3)实施排查。

排查的实施是一个涉及企业所有管理范围的工作,不能是“一窝蜂”式的运动式排查,需要有计划、按部就班地开展。排查的实施阶段主要工作包括:排查计划、首次会议、实施排查、总结分析、末次会议和隐患治理等。

(4)上报。

企业隐患排查治理主管部门将有关排查记录等材料整理后，在企业信息管理部门的配合下，应用隐患排查治理信息管理系统，向上级单位和有关政府监管部门的上报规定的信息。

(5)改进。

全面总结分析隐患排查治理工作的情况，重点关注实际工作中的情况与隐患排查治理制度所规定的内容不相符合的地方，对制度文件进行修订，为隐患排查治理工作的常规化奠定基础。

2)隐患的日常自查

企业通过前一阶段的隐患排查治理初期工作已经初步形成了一个隐患排查治理工作框架，但还需要通过更多的日常工作才能建立比较完善、正常运转的隐患排查治理工作的实施机制，以保证此项工作的常态化和持续改进。

(1)组织机构。

形成从主要负责人到一线员工的隐患排查治理工作网络，确定各个层级的隐患排查治理职责。

领导层：主要负责人是隐患排查治理工作的第一责任人，通过安委会、办公会等形式，将隐患排查治理工作纳入到其日常工作的范围中，亲自定期组织和参与检查，及时准确把握情况，发出明确的指令。确定主管负责人，当然常见的就是主管安全生产工作的副职，要在其职责中明确有关隐患排查治理的内容，将有关情况上传下达，做好主要负责人的帮手。其他有关领导也要在各自管辖范围内做好隐患排查治理工作，至少要知道、过问、督促、确认。

管理层：安全生产管理机构和人员是隐患排查治理工作的骨干力量，编制有关制度、培训各类人员、组织检查排查、下达整改指令、验证整改效果等是主要的工作内容，还要通过监督方式对各级管理人员在隐患排查治理工作方面的履职情况进行了解，纳入考核，避免将隐患排查治理工作只限于安全部门的范围，而是要全力推动全方位和全员化。

操作层：在责任制和操作规程中明确隐患排查治理是其工作内容的不可或缺的重要组成部分，在日常的各项工作中，要有高度的隐患意识，随时发现和处理各种隐患和事故苗头，自己不能解决的及时上报，并采取临时性的控制措施，并注意做好记录，为统计分析隐患问题留下第一手资料。

(2)规章制度。

与隐患排查治理工作相关的内容应包含在安全生产责任制中，并有专门的隐患排查治理制度，还要在操作规程中有所体现。

(3)隐患排查的主体。

隐患排查的主体是企业的所有人员，从领导到一线员工直到在企业工作范围内的外部人员。因为隐患的存在是广泛的，而所有人员能够在各自工作岗位上及时发现之，才能保证排查的全面性和有效性。所有人员能不能或者会不会隐患排查是有前提的，必须对其进行有针对性和有效果的教育培训，在各种安全生产教育培训工作中要将隐患排查的内容纳入，并根据需要做专门的培训，还要确认培训的效果，以保证所有人员有意识、有能力地开展隐患排查。

隐患排查的主体重点在专业技术人员和班组的一线员工。

3)隐患排查的方式方法

排查隐患前要制定隐患排查方案,明确排查的目的、范围,选择合适的排查和方法。排查方案应根据:有关安全生产法律、法规要求;涉及规范、管理标准、技术标准,行业安全生产目标。

隐患排查方式是由其组织方式决定的,主要的隐患排查方式如下:

(1)综合检查。

综合性安全检查是以落实岗位安全责任制为重点、各专业共同参与的全面检查。企业至少每年组织检查或抽查一次,基础单位、班组可以增加综合检在的频次。

(2)专业检查。

专业性检查主要是对锅炉、压力容器、电器设备、机械设备、安全装备、监测仪器、危险物品等系统分别进行的专业检查,及在开行前、新装置竣工及试运转等时期进行的专项安全检查。

(3)季节性检查。

季节性检查是根据各季节特点开展的专项检查。春季安全大检查以防雷、防静电、防解冻跑漏为重点;夏季安全大检查以防暑降温、防食物中毒、防台风、防洪防汛为重点;秋季安全大检查以防火、防冻保温为重点;冬季安全大检查以防火、防爆、防煤气中毒、防冻防滑、防滑为重点。

(4)节假日检查。

节假日检查主要是节前对安全、保卫、消防、生产设备、备用设备、应急预案等进行的检查,特别是对节日干部、检维修队伍的值班安排和原辅料、备品备件、应急预案的落实情况等应进行重点检查。

(5)日常检查。

日常检查包括班组、岗位员工的交接班检查和班中巡回检查,以及基层单位领导和生产、设备、安全等专业技术人员的经常性检查。各岗位应严格履行日常检查制度,特别应对关键装置要害部位的危险点、源进行重点检查和巡查。

事故隐患排查方法有很多,有群查、点查、循章排查和类比复查等,实际排查中,可以将这几种方法组合运用。

(1)群查。

群查是指调动员工预防事故的积极性和能动性,同心协力查找生产(工作)中的事故隐患,它包括部门、车间、班组内的自查互查、基层工会的监督检查等形式。群查的优点是把排查事故隐患的视线从身边逐步向远处延伸,既要做好自身岗位设备设施以及周边作业环境中事故隐患的排查,又要以此为基本依据,撒开“大网”,把平时那些司空见惯、习以为常的问题都网在其中,逐一排查,防止出现漏洞。

(2)点查。

点查是采取抽样的方式、不定期的“突袭排查”,也可以针对容易形成重大事故隐患的重要部位组织专人进行排查。“点查”能够发现一些平时不容易暴露或预先检查中被“掩饰”

的事故隐患,掌握其真实情况,有利于纠偏和事故隐患的治理;也可以突出重点,强化重要部位的控制和防范。

(3)循章排查。

循章排查是遵循法律、法规、标准、条例和操作规程等规定,排查生产过程中的事故隐患,凡不符合法规、标准规定的,都是事故隐患,都是可能出现事故或导致伤亡,必须立即制止,坚决纠正。“循章排查”能提高企业遵纪守法的自觉性,使排查内容“合规合法”。

(4)类比复查。

类比复查是借鉴事故案例,复查本单位有没有类似情况,确定事故隐患。企业应善于吸取其他单位的事故案例,将导致事故的原因“对号入座”,排查本单位是否存在这类情况,是否构成了事故隐患。同时,企业要“借题发挥”,要及时将事故案例当作一面镜子,衍射到安全生产的方方面面,反复进行排查。

“群查”与“点查”相结合的事故隐患排查方法,既可以扩大排查的面,又能突出排查中的重点:无论是“群查”还是“点查”,都应针对生产工艺和作业方式的实际,编制事故隐患排查标准,其基本内容为:排查时间、排查内容、执行人、信息交流和反馈的方式和程序等。“循章排查”和“类比复查”相结合的事故隐患排查方法,可以提高排查的科技含量和排查的合规性及针对性。

4)隐患排查的范围

交通运输企业营运过程风险种类复杂,既涉及法律风险、市场风险,也较为频繁收到自然灾害、恶劣天气和人为因素的影响,此外,设备设施的运转状态等也是重要因素。因此,交通运输企业隐患排查范围可以进行如下界定:

(1)经营资质:企业是否取得合法许可证照,经营资质,经营范围是否合法合规。

(2)人员资质及设备设施标准:各级各类从业人员是否取得合法证照及资质,各种设备设施是否符合相关法规、规范及标准要求。

(3)安全生产管理制度合规性:安全生产管理责任制建立与否,安全主体责任是否落实,是否逐级签订责任书,安全生产台账、安全生产费用是否制度化。

(4)挂靠或代管运输设备安全管理:非本企业运输设备安全管理是否落实。

(5)设备设施及作业场所、作业活动安全管理:是否制定、落实设备、设施、作业场所及关键作业活动安全管理制度。

(6)人员安全管理:是否通过培训、教育、检查及奖惩等各项措施落实安全文化建设。

(7)重大危险源管理:是否建立危险源辨识、分级及监控制度,执行是否到位,整改要求是否切实执行。

(8)应急管理:是否针对企业具体情况制定相关预案体系或专项预案,应急人员是否配备并执行应急值班、应急设备、物资是否齐备及状态正常,应急演练是否按期开展等。

(9)事故管理:是否严格执行安全生产事故责任制度。

5)隐患治理与持续改进

隐患排查的目的不仅是要发现隐患,更要消除隐患,并不断改进企业安全生产水平。针对隐患排查结果,企业应采取合理的隐患治理措施进行应对。

(1)制定隐患治理方案。

制定隐患治理方案主要针对重大事故隐患来讲的。对于一般事故隐患，由企业或部门负责人或者有关人员立即组织整改。对于重大事故隐患，由企业主要负责人组织制定并实施事故隐患治理方案。重大事故隐患治理方案应当包括以下内容：

①治理的目标和任务；

②采取的方法和措施；

③经费和物资的落实；

④负责治理的机构和人员；

⑤治理的时限和要求；

⑥安全措施和应急预案。

(2)采取隐患治理措施。

在事故隐患治理过程中，应当采取相应的安全防范措施，防止事故发生。事故隐患排除前或者排除过程中无法保证安全的，应当从危险区域内撤出作业人员，并疏散可能危及的其他人员，设置警戒标志，暂时停产停业或者停止使用；对暂时难以停产或者停止使用的相关生产储存装置、设施、设备，应当加强维护和保养，防止事故发生。

重大事故隐患在治理前应采取临时控制措施并制定应急预案。

一般而言，隐患治理措施应包括：

①工程技术措施；

②管理措施；

③教育措施；

④防护措施和应急措施。

(3)自然灾害或极端环境的预防。

对于因自然灾害或极端环境可能导致事故灾难的隐患，应当按照有关法律、法规、标准和本规定的要求排查治理，采取可靠的预防措施，制定应急预案。在接到有关自然灾害或极端环境预报时，应当及时向下属单位发出预警通知；发生自然灾害或极端环境可能危及企业和人员安全情况时，应当采取撤离人员、停止作业、加强监测等安全措施，并及时向当地人民政府及其有关部门报告。

(4)验证和评估。

隐患治理情况验证和评估。治理完成后，应对治理情况进行验证和效果评估，验证治理的措施是否得当，是否达到了预期效果，隐患是否已经消除，是否满足生产安全运行，是否产生新的安全隐患等。

隐患排查治理机制的各个方面都不是一成不变的，也要随着安全生产管理水平的提高而与时俱进，借助安全生产标准化的自评和评审、职业健康安全管理体系的合规性评价、内部审核与认证审核等外力的作用，实现企业在此工作方面的持续改进。另外隐患排查治理也为整体安全生产管理提供了持续改进的信息资源，通过对隐患排查治理情况的统计、分析，能够为预测预警输入必要的信息，能够为管理的改进提供方向性的资料。这种资源在当前还没有得到充分的认识和重视，应当给予特别的关注。

6)企业隐患排查治理的制度及相关措施

企业应建立完备的隐患排查及治理制度。内容应涉及：事故隐患排查治理的档案台账制度、监控和应急管理制度、挂牌制度、限期整改销号制度、专项资金使用制度、岗位责任制度、统计分析制度、公告公示制度、定期报告和举报奖励等制度，组织事故隐患排查，及时发现并排除从业人员存在的各类违章行为和带病运行的设备、设施及场所的各类事故隐患。具体而言，需要做好以下几个方面的工作。

(1)企业主要负责人对本单位事故隐患排查治理工作全面负责。定期组织安全生产管理人员和其他相关人员排查本单位的事故隐患，并逐级落实从主要负责人到每个从业人员的隐患排查治理的范围和责任，保证不留空当，不留死角。

(2)依照有关法律法规和文件要求制定具体方案，对安全生产规章制度、落实责任、安全管理体系、资金投入、人员培训、劳动纪律、现场管理、防控手段、事故查处以及安全生产基本条件、基础设施、技术、作业环境等方面组织自查。

(3)企业接到有关部门下达的责令停产整改指令，必须立即停止经营，由主要负责人组织制定方案，并及时报送有关部门。停产整改方案应确定整改项目、整改目标、整改时限、整改作业范围、从事整改的作业人员，落实整改责任人、资金，还应包括安全技术措施和应急预案，以及职工安全教育和培训等内容。

(4)定期召开例会，企业主要负责人和内设机构负责人参加，通报隐患排查治理工作，研究解决隐患排查工作中存在的问题，安排隐患排查治理阶段性工作；安全生产小组应结合安全生产日常监管工作，组织人员，定期对企业安全生产事故隐患进行检查，发现问题及时依法查处。

(5)对本企业自查和有关部门检查发现的重大事故隐患要予以公示。对本企业存在的重大事故隐患应当在排查或检查发现的 3 日内进行公示。出现重大隐患，应主动接受社会舆论监督，及时公开重大事故隐患的治理情况。

(6)安全生产小组对单位重大事故隐患整改，要落实跟踪督办的内设机构和责任人，督促企业落实各项防范措施，对单位重大事故隐患的治理情况进行跟踪督办。督促整改的责任人应当定期进入作业现场，跟踪检查有关防范和监控措施落实情况，及时掌握重大事故隐患整改进度，督促相关部门按整改方案对重大事故隐患进行治理，彻底消除重大事故隐患。

(7)重大事故隐患整改结束后，整改单位应向督办单位提出复产验收申请。接受申请的部门组织有关人员进行现场核查。

(8)重大事故隐患在整改期限内彻底治理，经有关部门验收合格后，将有关档案整理后归档管理。

(9)应当建立隐患排查治理工作奖惩机制，对未定期排查事故隐患或未及时有效整改事故隐患的部门和个人，实施责任追究；对在隐患排查治理工作中成效突出的部门和个人给予奖励。

## 第三节　危险源分析与辨识

### 一、风险与风险管理概述

1. 风险与危险

“风险”一词的由来，最为普遍的一种说法是，在远古时期，以打鱼捕捞为生的渔民们，每次出海前都要祈祷,祈求神灵保佑自己能够平安归来,其中主要的祈祷内容就是让神灵保佑自己在出海时能够风平浪静、满载而归;他们在长期的捕捞实践中,深深地体会到"风"给他们带来的无法预测无法确定的危险,他们认识到,在出海捕捞打鱼的生活中,"风"即意味着"险",因此有了"风险"一词的由来。比较权威的说法是来源于意大利语的"RISQUE"一词。在早期的运用中,也是被理解为客观的危险,体现为自然现象或者航海遇到礁石、风暴等事件。大约到了19世纪,在英文的使用中,风险一词常常用法文拼写,主要是用于与保险有关的事情上。现代意义上的风险一词,已经大大超越了"遇到危险"的狭义含义。经过两百多年的演化,风险一词越来越被概念化,并随着人类活动的复杂性和深刻性而逐步深化,并被赋予了从哲学、经济学、社会学、统计学甚至文化艺术领域的更广泛更深层次的含义,且与人类的决策和行为后果联系越来越紧密,风险一词也成为人们生活中出现频率很高的词汇。

一般认为,风险是指在某一特定环境下,在某一特定时间段内,某种损失发生的可能性。风险是由风险因素、风险事故和风险损失等要素组成。换句话说,是在某一个特定时间段里,人们所期望达到的目标与实际出现的结果之间产生的距离称之为风险。

就水上运输而言,风险主要有海上风险(marine risks)和外来风险。海上风险包括海上发生的自然灾害和意外事故。自然灾害是指由于自然界的变异引起破坏力量所造成的灾害。海运保险中,自然灾害仅指恶劣气候、雷电、海啸、地震、洪水、火山爆发等人力不可抗拒的灾害。意外事故是指由于意料不到的原因所造成的事故。海运保险中,意外事故仅指搁浅、触礁、沉没、碰撞、火灾、爆炸和失踪等。外来风险其实是指由于外来原因引起的风险。它有一般和特殊之分。比如在货物运输途中由于遭到偷窃,下雨,短量,渗漏,破碎,受潮、受热、霉变、串味、沾污、钩损、生锈、碰损等是一般外来风险。而由于战争,罢工,拒绝交付货物等政治,军事,国家禁令及管制措施所造成的风险与损失是特殊外来风险。

风险与危险两者的相同点都是可能对行为主体发生损害,不同点在于,风险是抽象的概念,由多个因素构成,其结果导致损害,也可能导致获利;但是危险通常指一种具体的概念,其结果导致损害。客观上风险或危险可能给企业或个体带来利益损失,凸显风险管理或危险因素管理的必要性。

2. 风险管理

对于风险管理,不同学者或机构有不同理解。有的认为风险管理是风险管理是指通过风险识别、风险估计、风险驾驭、风险监控等一系列活动来防范风险的管理工作。有的则认为风险管理是指如何在一个肯定有风险的环境里把风险减至最低的管理过程。

风险管理作为企业的一种管理活动,起源于20世纪50年代的美国。当时美国一些大公司发生了重大损失使公司高层决策者开始认识到风险管理的重要性。其中一次是1953年8月12日通用汽车公司在密歇根州的一个汽车变速箱厂因火灾损失了5000万美元,成为美国历史上损失最为严重的15起重大火灾之一。这场大火与50年代其他一些偶发事件一起,推动了美国风险管理活动的兴起。后来,随着经济、社会和技术的迅速发展,人类开始面临越来越多、越来越严重的风险。科学技术的进步在给人类带来巨大利益的同时,也给社会带来了前所未有的风险。1979年3月美国三里岛核电站的爆炸事故,1984年12月3日美国联合碳化物公司在印度的一家农药厂发生了毒气泄漏事故,1986前苏联乌克兰切尔诺贝利核电站发生的核事故等一系列事件,大大推动了风险管理在世界范围内的发展,同时,在美国的商学院里首先出现了一门涉及如何对企业的人员、财产、责任、财务资源等进行保护的新型管理学科，这就是风险管理。目前，风险管理已经发展成企业管理中一个具有相对独立职能的管理领域，在围绕企业的经营和发展目标方面，风险管理和企业的经营管理、战略管理一样具有十分重要的意义。

风险管理目标由两个部分组成：损失发生前的风险管理目标和损失发生后的风险管理目标，前者的目标是避免或减少风险事故形成的机会，包括节约经营成本、减少忧虑心理；后者的目标是努力使损失的标的恢复到损失前的状态，包括维持企业的继续生存、生产服务的持续、稳定的收入、生产的持续增长、社会责任。二者有效结合，构成完整而系统的风险管理目标。

风险管理的基本程序包括风险识别、风险估测、风险评价、风险控制和风险管理效果评价等环节。

①风险的识别：是经济单位和个人对所面临的以及潜在的风险加以判断、归类整理，并对风险的性质进行鉴定的过程。风险识别过程的活动是将不确定性转变为明确的风险陈述。

②风险估测或风险分析：是指在风险识别的基础上，通过对所收集的大量的详细损失资料加以分析，运用概率论和数理统计，估计和预测风险发生的概率和损失程度。风险估测的内容主要包括损失频率和损失程度两个方面。风险分析过程的活动是将风险陈述转变为按优先顺序排列的风险列表。包括确定风险的驱动因素、分析风险来源、预测风险影响、对风险按照风险影响进行优先排序。

③风险管理方法：分为控制法和财务法两大类，前者的目的是降低损失频率和损失程度，重点在于改变引起风险事故和扩大损失的各种条件；后者是事先做好吸纳风险成本的财务安排。

④风险管理效果评价：是分析、比较已实施的风险管理方法的结果与预期目标的契合程度，以此来评判管理方案的科学性、适应性和收益性。

对于航运企业而言，重大危险源管理涉及危险源辨识和控制，实质上也属于风险管理。重大危险源属于较为严重的风险因素，需要进行认真应对，以减少损失发生频率和损失程度。

## 二、重大危险源概念及辨识

20 世纪 80 年代以来，预防重大工业事故已成为各国社会、经济和技术发展的重点研究对象之一，引起了国际社会的广泛重视。欧盟、美国、澳大利亚、印度、泰国等国家和地区都颁布了一系列有关预防重大工业事故的法规和标准，1993 年第 80 届国际劳工大会通过了《预防重大工业事故公约》。预防重大工业事故的核心要求是辨识、评价和控制重大危险源或称重大危害设施（major hazard installations）。改革开放进入新阶段的中国，经济发展水平逐步进入中等发达国家行列，伴随生产技术水平的提高，生产过程安全管理的压力也与日俱增。重大危险源管理也开始得到广泛重视。20 世纪和 90 年代初，我国开始了重大危险源辨识、评价与控制技术研究，国家“八五”科技攻关计划中列入了“重大危险源评价和宏观控制技术研究”课题，“九五”科技攻关计划中列入了“矿山重大危险源辨识评价技术”课题，“十五"科技攻关计划中研究了"重大危险源安全规划与应急预案编制技术"。通过科技攻关和试点研究,提出了一套适合中国国情的重大事故预防体系思想和重大危险源辨识、评价、控制技术。《安全生产法》第33条规定:"企业对重大危险源应登记建档,进行定期检测、评估、监控,并制定应急预案,告知从业人员和相关人员在紧急情况下应当采取的应急措施。",强调了企业对重大危险源辨识、控制、告知的责任和义务。为全面推进企业安全生产标准化建设,进一步规范企业安全生产行为,改善安全生产条件,强化安全基础管理,有效防范和坚决遏制重特大事故发生,国务院安委会在《国务院安委会关于深入开展企业安全生产标准化建设的指导意见》(安委〔2011〕4号)中指出危险源监控属于基础性工作。

在《安全生产法》和《重大危险源辨识》(GB 18218—2000)中,均把重大危险源定义为:长期地或临时地生产、搬运、使用或者储存危险物品,且危险物品的数量等于或者超过临界量的单元(包括场所和设施)。可见重大危险源是生产活动中危险物质或能量超过临界量的设备、设施或场所。重大危险源同重大事故隐患是两个既有联系又有区别的概念,前者强调设备、设施、场所中存在或固有的危险物质(能量)的多少,后者可以认为是出现明显缺陷(人的不安全行为,物的不安全状态或管理上的缺陷)的重大危险源。预防重大生产事故的基础是辨识或确认重大危险源。政府主管部门和权威机构在物质毒性、燃烧、爆炸特性基础上,规定出要重点监控的危险物质及其临界量标准。通过危险物质及其临界量标准,可以确定出要重点监控的设备、设施和场所。国际劳工组织建议:各国应根据具体的特定行业生产情况制定合适的危险物质及其临界量标准。标准的定义应能反映出当地急需解决的问题以及一个国家的行业生产模式,可能需要有一个特指的或是一般类别或是两者兼有的危险物质一览表,并列出每个物质的限额或允许的数量,设施现场的危险物质数量超过这个数量,就可以定为重大危险源。

1. 危险源辨识概述

危险源管理和风险管理类似,首先需要对危险源进行识别,这涉及危险源识别过程及识别标准,然后进行危险源监控和隐患排查。危险源识别标准是关键,但是不同行业生产过程存在差异,生产设备千差万别,很难有一个具体详细且适用所有行业的危险源识别标准。海上运输或内河运输过去有自己的安全管理体系,体系中并未明确提出重大危险源的概念和标准,因此只能借鉴其他行业的安全生产管理标准化做法进行适当的风险源辨识。

在国家标准重大危险源辨识(GB 18218—2000)中,重大危险源被定义分为生产场所重大危险源和贮存区重大危险源两种,并给出定量标准。对于普通货物运输而言,无法适用。因此,需要对危险源进行重新定义。危险源是指可能导致死亡、伤害、职业病、财产损失、工作环境破坏或上述情况组合形成的根源和状态。危险源不同于隐患,隐患是在一定程度上已经暴露出来、如不及时采取措施就会引发的不安全因素,而危险源是潜在的暂时还没有暴露出来,应当预料到,需预先采取控制措施,加以预防的不安全因素。对事故隐患的控制管理总是与一定的危险源联系在一起,因为没有危险的隐患也就谈不上要去控制它;而对危险源的控制,实际就是消除其存在的事故隐患或防止其出现事故隐患。

危险源存在于确定的系统中,不同的系统范围,危险源的区域也不同。例如,从全国范围来说,对于危险行业(如石油、化工等)具体的一个企业(如炼油厂)就是一个危险源。而从一个企业系统来说,可能是某个车间、仓库就是危险源,一个车间系统可能是某台设备是危险源;因此,分析危险源应按系统的不同层次来进行。一般来说,危险源可能存在事故隐患,也可能不存在事故隐患,对于存在事故隐患的危险源一定要及时加以整改,否则随时都可能导致事故。

根据上述对危险源的定义,危险源应由三个要素构成:潜在危险性、存在条件和触发因素。危险源的潜在危险性是指一旦触发事故,可能带来的危害程度或损失大小,或者说危险源可能释放的能量强度或危险物质量的大小。危险源的存在条件是指危险源所处的物理、化学状态和约束条件状态。例如,物质的压力、温度、化学稳定性,盛装压力容器的坚固性,周围环境障碍物等情况。触发因素虽然不属于危险源的固有属性,但它是危险源转化为事故的外因,而且每一类型的危险源都有相应的敏感触发因素。如易燃、易爆物质,热能是其敏感的触发因素,又如压力容器,压力升高是其敏感触发因素。因此,一定的危险源总是与相应的触发因素相关联。在触发因素的作用下,危险源转化为危险状态,继而转化为事故。

*2. 危险源辨识方法*

重大危险源在没有触发之前是潜在的,常不被人们所认识和重视,因此需要通过一定的方法进行辨识。重大危险源辨识的目的就是通过对系统的分析,界定出系统的哪些区域、部分是危险源,其危险的性质、危险程度、存在状况、危险源能量、事故触发因素等。

重大危险源辨识的程序如图 3-5 所示:

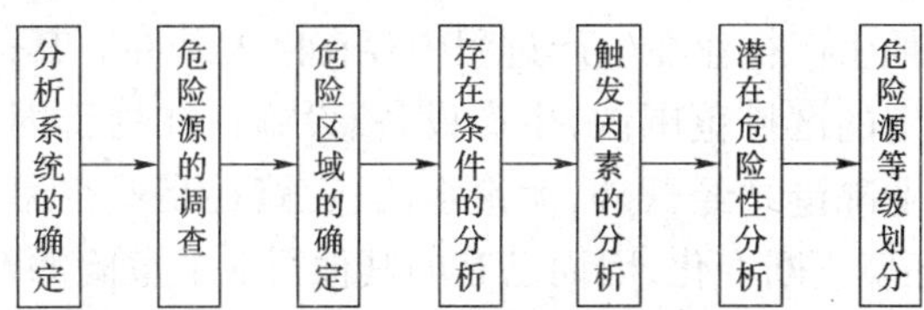


图 3-5 危险源辨识程序图

一个更为完整的危险源辨识监控流程如图 3-6 所示:

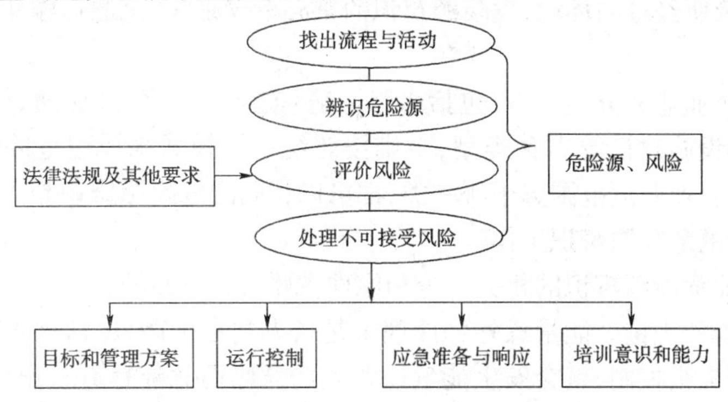


图 3-6 危险源辨识监控流程图

1)危险源辨识范围

(1)一般行业的危险源辨识范围。

危险源的辨识范围要考虑各种状态和时态及参照 GB 6441—86《企业伤亡事故分类》中分为 16 类危险源和《职业病范围和职业病处理办法的规定》中分为 7 类的危险源即:物体打击、车辆伤害、机械伤害、起重伤害、触电、淹溺、灼烫、火灾、高处坠落、坍塌、放炮、火药爆炸、化学性爆炸、物理性爆炸、中毒和窒息以及其他伤害。危险源的识别还应包括所有进入作业场所人员的活动、作业场所内的设施，无论是企业内部的还是外部场所提供的设施均应纳入危险源的控制管理，并将已识别的危险源填入危险源调查表。

危险源辨识的范围应覆盖：

①常规和非常规活动；

②所有进入工作场所的人员(包括承包方人员和访问者)的活动；

③人员行为、能力和其他人为因素；

④已识别的源于工作场所外、能够对工作场所内组织控制下的人员的健康安全产生不利影响的危险源；

⑤在工作场所附近，由组织控制下的工作相关活动所产生的危险源；

⑥由本组织或外界所提供的工作场所的基础设施、设备和材料；

⑦组织及其活动的变更、材料的变更，或计划的变更；

⑧职业健康安全管理体系的更改包括临时性变更等，以及对运行、过程和活动的影响；

⑨所有与风险评价和实施必要控制措施相关的适用法律义务；

⑩对工作区域、过程、装置、机器和(或)设备、操作程序和工作组织的设计，包括其对人的能力的适应性。

(2)交通运输行业的危险源辨识范围。

交通运输行业和其他生产行业在生产过程中存在巨大差异。其他行业的生产作业活动往往发生在一个相对给定的区域范围内，生产设备、设施往往处于固定状态，所处的环境相对静止。而交通运输行业除港站经营外，无论水路、道路还是航空运输，主要生产设备往往处于运动状态，所处的环境不断变化，因而已有的其他行业的危险源辨识范围很难应用于交通运输行业。此外，其他行业危险源辨识较多关注人的健康与安全，交通运输行业由于企业资产主要以运输设备的形态存在，且单价巨大，承担的外部责任较多指向承运的旅客、货物，所利用的设施以及所经过的环境，危险源辨识的重心不仅是人，交通运输企业财产损失及责任同等重要。

从交通运输企业业务分布来看，包括水路运输、道路运输、公共交通、航空运输、港口站场经营、交通基础设施建设等多种类型，很难按照统一的模式来设定危险源辨识范围。但是，无论交通运输企业营运范围属于哪一类，都可以相同的危险源辨识相关理论和原理为指导，开展行之有效的危险源辨识工作。

交通运输行业危险源辨识的相关理论和原理主要有以下几种：

①能量意外释放理论。能量意外释放理论是指人类在生产、生活中不可缺少的各种能量，如因某种原因失去控制，就会发生能量违背人的意愿而意外释放或逸出，使进行中的活动中止而发生事故，导致人员伤害或财产损失。

②4M 理论。Frank Bird 对于事故的深层原因进行总结，归纳 4 个方面：即人的因素(Man)、设备的因素(Machine)、作业环境的因素(Media)、管理的因素(Management)。交通行业一些学者和专家将其应用于具体实践，总结出人 - 船 - 环境 - 管理或人 - 车 - 道路 - 管理的交通事故致因理论。

③人—机—环境系统工程。运用系统科学理论和系统工程方法，正确处理人、机、环境三大要素的关系，深入研究人—机—环境系统最优组合的一门科学，其研究对象为人—机—

环境系统。系统中的"人",是指作为工作主体的人(如操作人员或决策人员);"机",是指人所控制的一切对象(如汽车、飞机、生产过程等)的总称;"环境",是指人、机共处的特定工作条件。系统最优组合的基本目标是"安全、高效、经济"。

基于以上理论,交通行业危险源辨识范围主要涉及两个方面:一是系统中存在的、可能发生意外释放的能量或危险物质(包括各种能量源和能量载体);二是导致约束 、限制能量措施失效破坏的各种不安全因素(包括人—运输及相关设备—管理 - 环境)。

第一类危险源在事故时放出的能量是导致人员伤害或财产损失的能量主体,决定事故后果的严重程度,是事故发生的前提;第二类危险源的出现破坏了对第一类危险源的控制,使能量或危险物质意外释放,是第一类危险源导致事故的必要条件。第二类危险源的出现的难易程度决定事故发生的可能性的大小。第二类危险源是围绕第一类危险源随机出现的人—运输及相关设备—管理—环境方面的问题,其辨识、评价和控制应在第一类危险源辨识、评价和控制的基础上进行;第二类危险源的辨识、评价和控制比第一类危险源辨识、评价和控制更为困难。

需要指出的是,第一类危险源属于各个不同行业带有共性的因素,第二类危险源则与具体行业、具体企业和具体业务的特征紧密联系。因此,交通行业企业危险源辨识范围应着重关注第二类危险源。如高速公路运输企业危险源辨识就应关注:

①人的因素。包含驾驶员、乘客及路人。与驾驶员有关的包括疲劳驾驶,无证驾驶、酒后开车、超速行驶、违章超车及违章装载、车辆间距过近等;乘客携带危险物品;乘车人在高速公路上随意上下车以及行为擅自在高速公路上穿行等。

②车的因素。如轮胎爆裂、发动机故障、发动机过热、电气故障、燃料用尽等。除此之外超载,偏载也是重要因素。

③路的因素。高速公路的线形设计和道路结构。其中线形设计如道路的曲率半径过小、直线距离过长、视距过小、纵坡过大、平纵线形不协调等都易引发事故。路面的强度稳定性、平整度和抗滑性也是影响高速公路安全原因。

④管理的因素。由于"一路两制",公安部门和交通部门职责不清,使得管理容易问题。此外管理硬件设施落后,科学化管理水平低,也是影响高速公路安全的因素。

在辨识过程中,要考虑三种状态(正常、异常和紧急)和三种时态(过去、现在和将来)。三种时态包括:过去的作业活动、系统或设备等安全控制状态及发生过的人身伤害事故,并延续到现在的;作业活动、系统或设备等现在的安全状态;可以预见的作业活动发生变化、系统、设备等新产生或在维护、改进、报废等活动时产生的安全控制状态。三种状态涉及:正常状态即正常、持续的生产运行;异常状态即指生产的开车、停车、检修等情况;紧急状态指发生爆炸、火灾、洪水等重大突发性事件。危险源辨识要包括:四个方面: 物的不安全状态;人的不安全行动;作业环境因素;安全健康管理因素。

2)危险源辨识方法

危险源辨识的途径主要是

①询问和交流:与作业人员交流,获取信息。

②现场观察:通过观察现状,进行辨识。

③查阅记录:包括事故、事件、健康安全检查、设备检修记录。

④向外部有关机构、上级主管部门咨询。

危险源辨识的方法很多，理论方法主要有系统危险分析、危险评价等方法和技术。表3-4列举了部分系统分析方法的目的、分析结果、所需资料和特点。实际中可根据生产系统特点选用合适的分析方法。

危险源辨识方法一览表

表 3-4

| | | |
|---|---|---|
| 安全检查表 | 目的 | 主要用于确保有关规定和标准得以实施，某些情况下，将检查表分析方法与其他安全分析方法结合起来去发现只用安全检查表分析可能无法发现的危险 |
| | 分析结果 | 分析人员确定标准的设计或操作以建立安全检查表，然后用它产生一系列基于缺陷或差异的问题，所完成的安全检查表包括对所提问题的回答，分析结果将作出与标准或规程是否一致的结论。此外，安全检查表分析通常提出一系列提高安全性的可靠性的可能途径 |
| | 所需资料 | 一份适当的安全检查表、工程设计程序和操作方法，以及分析系统的基本知识 |
| | 特点 | 方法简单，用途广泛，没有任何限制 |
| 事故树分析 | 目的 | 识别导致(设想)事故的设备故障和人为失误的组合 |
| | 分析结果 | 发现事故发生的基本原因(人、环境和部件等方面)以及相互关系，从而(可定性和定量的)得出系统失败的可能方式和防止事故的可能措施(途径) |
| | 所需资料 | 详细的装置或系统功能图、工艺图和操作程序，以及各种故障模式和它们的结果；系统培训和富有经验的分析人员 |
| | 特点 | 使用布尔逻辑门产生系统故障模型来描述事故的各种原因及其之间的逻辑关系，简明形象。FTA 非常适合高度复杂性的系统 |
| 原因后果分析 | 目的 | 同时识别潜在事故的原因和后果 |
| | 分析结果 | 描述事故顺序图和对潜在事故的定性说明 |
| | 所需资料 | 可能导致事故故障的工艺过程的波动知识；影响事故后果的安全系统和紧急处理预案资料；产生所有故障的原因 |
| | 特点 | 将 FA 和 ET 组合而成的分析方法。可作为一种交流工具；原因—后果图显示事故发展(后果)与它们的基本事件之间的关系 |

我们这里介绍的是基本分析法和工作安全分析法。

(1)基本分析法。

对于某项作业活动，依据“作业活动信息”(作业经过的描述)，对照危险源分类和事故类型(或职业相关病症的类型)，确定本项作业活动中具体的危险源。

(2)工作安全分析法。

①如果某个作业活动可以分解为若干个相连接的作业步骤：

对每个作业步骤，参考危险源类别中前两大类的分类内容，辨识出与此步骤有关的物的不安全状态和人的不安全行为，然后将各步骤中的危险源汇总。

将整个作业活动作为一个整体，参考危险源类别中后两大类的分类内容，辨识出与此作业活动有关的作业环境的缺陷和安全健康管理上的缺陷。

将上述辨识出的危险源汇总，汇总合并同类项。

②如果某作业活动不能分解成若干个相连接的作业步骤，就直接参考危险源分类的内容，辨识出与此作业活动有关的物的不安全状态、人的不安全行为、作业环境的缺陷和安全

健康管理上的缺陷,确定在此活动中存在的危险源。

一个典型的危险源调查表格如表 3-5 所示:

**危险源调查样表**　　表 3-5

| 作业活动 | 考虑方面 | 危险源 | 可能导致的事故 | 时态 | 状态 |
|---|---|---|---|---|---|
| 船只进港作业 | 物的不安全状态 | 通导设备故障 | 碰撞 | | |
| | 人的不安全行动 | 与临船未保持安全间距 | 触碰 | | |
| | 作业环境因素 | 瞬时强侧风 | 偏离航道搁浅或碰撞 | | |
| | 安全健康管理因素 | 高级船员突发急病 | 船只滞留、船期损失 | | |

在进行危险源评价前应对危险源辨识充分性进行确认,确认标准是以下两个:覆盖已发生的事故的原因(通过查阅事故档案、资料和员工的回忆,列出所有曾发生过的事故的原因。辨识出危险源应覆盖所有事故的原因,以及同行业企业已发生事故的原因。);覆盖法规要求(将辨识出的危险源与所有适用的法律、法规和其他要求相对照。除辨识出的危险源之外,不应存在其他的违法现象。)

3. 危险源评价方法

危险源评价方法很多,根据企业现状有不同选择。一般可以采取采用定性法和半定量法(LEC 法)相结合的评价方法。

(1)先用定性评价,满足下列任意一项时,可直接判断为重大风险。

①严重不符合法律法规及其他要求;

②涉及发生过死亡事故、重伤事故、三次及以上轻伤事故的风险,且未采取有效的控制措施;

③相关方合理抱怨或要求。

(2)直接判断无法判断时用半定量法进行评价(LEC 法)。

计算公式是:

$$D = L \times E \times C$$

式中:$L$——发生事故的可能性大小;

$E$——人体暴露在这种风险环境中的频繁程度;

$C$——一旦发生事故会造成后果的严重程度;

$D$——风险性分值 。

参数 $L$ 一般根据发生事故的可能性大小来赋值。分值见表 3-6:

**参数 $L$ 赋值表**　　表 3-6

| 事故发生的可能性大小 | 分　值 | 事故发生的可能性大小 | 分　值 |
|---|---|---|---|
| 完全可以预料 | 10 | 很不可能,可以设想 | 0.5 |
| 相当可能 | 6 | 极不可能 | 0.2 |
| 可能,但不经常 | 3 | 实际不可能 | 0.1 |
| 可能性小,完全意外 | 1 | | |

参数 $E$ 一般根据暴露于危险环境的频繁程度来赋值，分值见表 3-7。

**参数 $E$ 赋值表** 表 3-7

| 频繁程度 | 分 值 | 频繁程度 | 分 值 |
|---|---|---|---|
| 连续处于危害环境 | 10 | 每月几次 | 2 |
| 每天处于危害环境 | 6 | 每年几次 | 1 |
| 每周几次 | 3 | 几年一次处于危害环境 | 0.5 |

注：8 小时不离岗为"连续处在危险环境中"；8 小时内有暴露次数的为"每天在有危险环境中工作"。

参数 $C$ 一般根据发生事故可能造成的后果来赋值，分值见表 3-8。

**参数 $C$ 赋值表** 表 3-8

| 发生事故产生的后果 | 分 值 | 发生事故产生的后果 | 分 值 |
|---|---|---|---|
| 10 人以上死亡 | 100 | 重伤 | 7 |
| 3～9 人死亡 | 40 | 轻伤 | 3 |
| 1～2 人死亡 | 15 | 微伤 | 1 |

根据事故的定义，仅有财产损失列入危害辨识的范围时，按财产损失评价，$E$ 统一取固定值 1。

仅有财产损失评价时，$C$ 的赋值如表 3-9 所示。

**仅发生财产损失条件下参数 $C$ 赋值表** 表 3-9

| 财产损失金额 | 分数值 | 财产损失金额 | 分数值 |
|---|---|---|---|
| 100 万元以上 | 110 | 3 以上至 8 万元 | 7 |
| 20 以上至 100 万元 | 55 | 1 以上至 3 万元 | 3 |
| 8 以上至 20 万元 | 25 | 1 万元及 1 万元以下 | 1 |

当人员伤害与财产损失同时存在时，以人员伤害为主进行评价。

4. 危险源等级的判断

根据经验，危险性分数在 70 以下的因素被认为是低危险性的，一般说来可以被人们所接受，定为 4、5 级。危险性分数为 70 以上，定为 1、2、3 级是不可容许的风险。危险性程度分级分数如表 3-10 所示。

**危险源等级分级表** 表 3-10

| $D$ 值 | 危险程度 | 危险源等级 | 是否重大危险源 | 应对策略 |
|---|---|---|---|---|
| >320 | 极高危险 | 1 | 是 | 极其危险，停止工作 |
| 161～320 | 高度危险 | 2 | 是 | 高度危险，要立即整改 |
| 71～160 | 显著危险 | 3 | 否 | 显著的危险，需要整改 |
| 20～70 | 一般危险 | 4 | 否 | 一般危险，需要注意 |
| <20 | 稍有危险 | 5 | 否 | |

对危险源进行等级判定后，对于危险性程度分值大于 70 的危险源应填写《重大危险源

清单》。对小于70的危险源填写《一般危险源清单》,发放到各相关部门。相应表格可参照下列样表3-11～表3-13所示。

安全风险评价样表　　表3-11

| 序号 | 危险源名称 | 可能发生的事故 | 工序/活动 | 岗位 | 主要关键设备 | 涉及场所 | 风险评价得分 | | | | 等级 | 是否重大危险源 |
|---|---|---|---|---|---|---|---|---|---|---|---|---|
| | | | | | | | *L* | *E* | *C* | *D* | | |
| × | 浮吊吊装作业 | 货件掉落 | | 浮吊司机、理货员 | 浮吊 | 浮吊趸船 | 3 | 6 | 15 | 135 | 3 | 否 |

一般危险源清单　　表3-12

| 序号 | 危险源名称 | 可能发生的事故 | 作业名称 | 涉及工序/活动 | 涉及岗位 | 控制措施 |
|---|---|---|---|---|---|---|
| × | 系缆作业 | 人员落水 | | 码头浮吊 | 水手 | 穿好救生衣 |

重大危险源清单　　表3-13

| 序号 | 危险源名称 | 可能发生的事故 | 作业名称 | 涉及工序/活动 | 涉及岗位 | 控制措施 |
|---|---|---|---|---|---|---|
| × | 甲醇储罐装卸作业平台 | 甲醇泄漏并引起燃烧、爆炸 | 装卸 | 装卸/作业管线连接 | 装卸作业人员 | 严格遵守操作规程 |

同时,对于各种重大危险源应制定《管理方案》来落实安全技术措施或采取管理措施。管理方案可参照表3-14。

危险源管理方案　　表3-14

| 目　标 | | | | | |
|---|---|---|---|---|---|
| | | | | | |
| | | | | | |
| 存在问题<br>薄弱环节 | | | | | |
| 序号 | 措施内容 | 启动时间 | 完成时间 | 责任部门 | 经费预算 |
| | | | | | |
| 编制： | | | 日期： | | |
| 实施验证：<br>验证人：　　日期： | | | | | |

对各部门的危险源辨识和评价结果进行确认后应汇总成公司危险源清单,并报公司决策部门批准。此外,随着认识的提高、生产的发展和危险控制措施的落实,危险源会发生变化,因此,需每年组织各部门对危险源再次采用作业条件危险性评价法(LEC法)进行一次动态辨识和评价,同时修订危险源辨识与评价表、一般危险源清单、重大危险源清单、管理方案。

5. 危险源控制办法

人的失误,管理上的疏忽,设备状态不良是重大事故发生的主要原因。为了有效地控制重大危险源,避免重大货物运输生产事故的发生,必须严格实施危险源管理。危险源的控制可从三方面进行,即技术控制、人行为控制和管理控制。

1)技术控制

即采用技术措施对固有危险源进行控制,主要技术有消除、控制、防护、隔离、监控、保留和转移等。

2)人行为控制

即控制人为失误,减少人不正确行为对危险源的触发作用。人为失误的主要表现形式有:操作失误、指挥错误、不正确的判断或缺乏判断、粗心大意、厌烦、懒散、疲劳、紧张、疾病或生理缺陷、错误使用防护用品和防护装置等。人行为的控制首先是加强教育培训,做到人的安全化;其次应做到操作安全化。

(1)加强教育培训,做到人的安全化。

危险源控制的各项措施能否得到贯彻执行,执行质量的高低,很大程度上取决于航运公司和作业人员的安全意识和对危险源控制的认识程度及有关的安全知识和操作技能的掌握程度,因此,必须对涉及危险源控制的有关管理和作业人员进行专门的安全教育和培训。培训内容应包括:危险源控制管理的意义,本单位(岗位)的主要危险类型,产生危险的主要原因,控制事故发生的主要方法及日常的安全操作要求,应急措施和各种具体的管理要求,通过教育培训使他们提高实行危险源控制管理的自觉性,掌握进行控制管理的方法和技术。

对作业人员的要求是,首先要合理选用作业人员,由于危险源多涉及重要岗位,有的操作管理技术比较复杂,对作业人员的要求较高,因此应选拔那些认真负责、技术高、能力强的人来从事重大危险源相关岗位的作业。其次应严格培训考核,加强上岗前的教育,从事危险源相关岗位工作的人员要作专门培训,加强技能训练以及提高文化素质,加强法制教育和职业道德教育等。

再次,切实做好作业人员的健康管理,减少职业病的发生率,确保交通运输的生产安全,重点是要严格把好作业人员体检质量关,正确评估其健康体能,加大健康宣教力度,普及基本急救知识,提高作业人员自我保健意识和疾病防范意识,确保生命安全和健康。

(2)操作安全化。

研究企业各项作业性质和操作的运作规律;制定合理的操作内容、形式及频次;运用正确的信息流控制操作设计;合理操作力度及方法,以减少疲劳;利用形状、颜色、光线、声响、温度、压力等因素的特点,提高操作的准确性及可靠性。

3)管理控制

可采取以下管理措施,对危险源实行控制。

(1)建立健全危险源管理的规章制度。

危险源确定后,在对危险源进行系统危险性分析的基础上建立健全各项规章制度,包括岗位安全生产责任制、危险源重点控制实施细则、安全操作规程、操作人员培训考核制度、日常管理制度、交接班制度、检查制度、信息反馈制度、危险作业审批制度、异常情况应急措施、考核奖惩制度等等。

(2)明确责任,定期检查。

应根据各危险源的等级,分别确定各级负责人,并明确他们应负的具体责任。特别是要明确各级危险源的定期检查责任。除了作业人员必须每天自查外,还要规定各级管理者定期参加检查。对于重点危险源,应做到定期检查。对于低级别的危险源也应制定出详细的检查安排计划。

对危险源的检查要对照检查表逐条逐项,按规定的方法和标准进行检查,并作记录。如发现隐患则应按信息反馈制度及时反馈,促使其及时得到消除。凡未按要求履行检查职责而导致事故者,要依法追究其责任。规定各级管理者参加定期检查,有助于增强他们的安全责任感,体现管生产必须管安全的原则。也有助于重大事故隐患的及时发现和得到解决。专职安技人员要对各级人员实行检查的情况定期检查、监督并严格进行考评,以实现管理的封闭。

(3)加强危险源的日常管理。

要严格要求作业人员贯彻执行有关危险源日常管理的规章制度。搞好安全值班、交接班,按安全操作规程进行操作;按安全检查表进行日常安全检查;危险作业经过审批等等。所有活动均应按要求认真做好记录。管理者和安技部门定期进行严格检查考核,发现问题及时给以指导教育,根据检查考核情况进行奖惩。

(4)抓好信息反馈,及时整改隐患。

要建立健全危险源信息反馈系统,制定信息反馈制度并严格贯彻实施。对检查发现的事故隐患,应根据其性质和严重程度,按照规定分级实行信息反馈和整改,做好记录,发现重大隐患应立即向安技部门和行政第一领导报告。信息反馈和整改的责任应落实到人。对信息反馈和隐患整改的情况各级管理者和安技部门要进行定期考核和奖惩。安技部门要定期收集、处理信息,及时提供给各级管理者研究决策,不断改进危险源的控制管理工作。

(5)搞好危险源控制管理的基础建设工作。

危险源控制管理的基础工作除建立健全各项规章制度外,还应建立健全危险源的安全档案和设置安全标志牌。应按安全档案管理的有关内容要求建立危险源的档案,并指定人专门保管,定期整理。应在危险源的显著位置悬挂安全标志牌,标明危险等级,注明负责人员,按照国家标准的安全标志表明主要危险,并扼要注明防范措施。

(6)搞好危险源控制管理的考核评价和奖惩

应对危险源控制管理的各方面工作制定考核标准,并力求量化,划分等级。定期严格考核评价,给予奖惩并与班组升级和评先进结合起来。逐年提高要求,促使危险源控制管理的水平不断提高。

## 第四节　应急预案与管理

### 一、应急管理概述

1. 突发事件简介

应急管理的对象是突发事件。广义上,突发事件可被理解为突然发生的事情:第一层的含义是事件发生、发展的速度很快,出乎意料;第二层的含义是事件难以应对,必须采取非常规方法来处理。狭义上,突发事件就是意外地突然发生的重大或敏感事件,简言之,就是天灾人祸。前者即自然灾害,后者如恐怖事件、社会冲突、丑闻包括大量谣言等等,专家也称其为"危机"。

根据中国2007年11月1日起施行的《中华人民共和国突发事件应对法》的规定,突发事件,是指突然发生,造成或者可能造成严重社会危害,需要采取应急处置措施予以应对的自然灾害、事故灾难、公共卫生事件和社会安全事件。

突发公共事件主要分成4类:自然灾害——主要包括水旱灾害、气象灾害、地震灾害、地质灾害、海洋灾害、生物灾害和森林草原火灾等;事故灾难——主要包括工矿商贸等企业的各类安全事故、交通运输事故、公共设施和设备事故、环境污染和生态破坏事件等;公共卫生事件——主要包括传染病疫情、群体性不明原因疾病、食品安全和职业危害、动物疫情以及其他严重影响公众健康和生命安全的事件;社会安全事件——主要包括恐怖袭击事件、经济安全事件、涉外突发事件等。按照各类突发公共事件的性质、严重程度、可控性和影响范围等因素,总体预案将突发公共事件分为四级,即Ⅰ级(特别重大)、Ⅱ级(重大)、Ⅲ级(较大)和Ⅳ级(一般)。

根据《交通运输突发事件应急管理规定》,交通运输突发事件,是指突然发生,造成或者可能造成交通运输设施毁损,交通运输中断、阻塞,重大船舶污染及海上溢油应急处置等,需要采取应急处置措施,疏散或者救援人员,提供应急运输保障的自然灾害、事故灾难、公共卫生事件和社会安全事件。《规定》中,交通运输突发事件并未进行分类、分级。

在《水路交通突发事件应急预案》中,水路交通突发事件是指由下列突发事件引发的、造成或可能造成航道或港口出现中断、瘫痪、重大人员伤亡、财产损失、生态环境破坏和严重社会危害,以及由于社会经济异常波动等造成重要物资需要由交通主管部门提供水路应急运输保障的紧急事件。

(1)水路运输事件。主要包括航道堵塞或中断,港口瘫痪受损,港口危险品事故,港口环境污染损害,水运施工建设事故等。

(2)社会安全事件。主要包括恐怖袭击事件,严重破坏基础设施事件,群体性事件,偷渡、走私等涉外事件等。

(3)公共卫生事件。主要包括重大传染病疫情,群体性不明原因疾病,食品安全和职业危害,动物疫情,以及其他严重影响公众健康和生命安全的事件。

(4)自然灾害。主要包括水旱灾害,气象灾害,地震灾害,地质灾害,海洋灾害,生物灾害和森林草原火灾等。

水路交通突发事件按照其性质、严重程度、可控性和影响范围等因素,一般分为四级:Ⅰ级(特别重大)、Ⅱ级(重大)、Ⅲ级(较大)和Ⅳ级(一般)。

2. 应急管理

应急管理是指政府部门及其他机构在突发事件的事前预防、事发应对、事中处置和善后管理过程中,通过建立必要的应对机制,采取一系列必要措施,保障公众生命财产安全;促进社会和谐健康发展的有关活动。危险包括人的危险、物的危险和责任危险三大类。首先,人的危险可分为生命危险和健康危险;物的危险指威胁财产和火灾、雷电、台风、洪水等事故;责任危险是产生于法律上的损害赔偿责任,一般又称为第三者责任险。其中,危险是由意外事故、意外事故发生的可能性及蕴藏意外事故发生可能性的危险状态构成。

事故应急管理的内涵,包括预防、预备、响应和恢复四个阶段。尽管在实际情况中,这些阶段往往是重叠的,但他们中的每一部分都有自己单独的目标,并且成为下个阶段内容的一部分。

1)应急管理工作的意义

做好应急管理,是港口企业健康成长的一种标志和能力,更是企业承担社会责任的重要表现。同时政府在水运交通应急管理中,也需要借助港口企业资源,满足应急处置救援要求、物资需求和重建需求,港口企业日益成为政府水上交通应急管理的重要支持保障力量。对于企业来说应急管理系统是港口企业发展的必备系统和保障,应急管理要体现长期性、主动性及前瞻性,才能在危急关头发挥最好的作用。前瞻性要求港口企业提前介入,变事后应急为事前预防;主动性是对企业事故发生的可能性、强度、范围作出判断,主动作为;长期性意味着应急准备是一项长期的工作,目前不发生不等于永远没有事故。

应建立健全港口企业内部应急机制。要牢固树立风险意识,做到有备无患。首先要建立企业应急管理组织体系,大型港口码头企业应成立应急管理机构,配备专职人员,形成总经理全面负责、分管副总具体负责、相关部门具体实施的企业应急管理组织体系。制定企业应急预案,将企业应急管理纳入企业管理的各个环节,形成上下畅通、多方联动、运转高效的企业应急管理机制,使港口码头企业应急管理工作规范化、制度化。

2)应急管理的原则

国家突发公共事件总体应急预案提出了多项应急管理工作的基本原则,即:以人为本,减少危害;居安思危,预防为主;统一领导,分级负责;依法规范,加强管理;快速反应,协调应对;依靠科技,提高素质。

①加强预防。增强忧患意识,高度重视应急管理工作,居安思危,常抓不懈,防患于未然。坚持预防与应急相结合,常态与非常态相结合,做好应对突发事件的思想准备、预案准备、组织准备以及物资准备等。航运企业应重视企业突发事件的预防。预防是突发事件事前、事中、事后应急管理三个阶段的第一道防线。是在事件的潜伏或出现征兆阶段,通过采取有力措施,实施预警预控,防范和阻止突发事件的发生。

②快速反应。突发事件应急处置的各环节都要坚持效率原则,建立健全快速反应机制,及时获取充分而准确的信息,跟踪研判,果断决策,迅速处置,最大程度地减少危害和影响。

③以人为本。把保障人员健康和生命安全作为首要任务。凡是可能造成人员伤亡的突发事件发生前,要及时采取人员避险措施;突发事件发生后,要优先开展抢救人员的紧急行动;要加强抢险救援人员的安全防护,最大程度地避免和减少突发事件造成的人员伤亡和危害。

④损益合理。处置突发事件所采取的措施应该与突发事件造成的危害的性质、程度、范围和阶段相适应;处置突发事件有多种措施可供选择的,应选择对公众利益损害较小的措施;对公众权利与自由的限制,不应超出控制和消除突发事件造成的危害所必要的限度,并应对利益相关者的合法利益所造成的直接损失给予适当的补偿。

⑤资源整合。整合现有突发事件的监测、预测、预警等信息系统,建立网络互联、信息共享、科学有效的防范体系;整合现有突发事件应急指挥和组织网络,建立统一、科学、高效的指挥体系;整合现有突发事件应急处置资源,建立分工明确、责任落实、常备不懈的保障

体系。

⑥依法规范。坚持依法行政，妥善处理应急措施和常规管理的关系，合理把握非常措施的运用范围和实施力度，使应对突发事件的工作规范化、制度化、法制化。

⑦责权一致。实行应急处置工作责任制，依法保障责任单位、责任人员按照有关法律法规和规章以及预案的规定行使权力；在必须立即采取应急处置措施的紧急情况下，有关责任单位、责任人员应视情临机决断，控制事态发展；对不作为、延误时机、组织不力等失职、渎职行为追究责任。

3）应急管理工作的内容

应急管理工作内容概括起来叫做"一案三制"。"一案"是指应急预案，就是根据发生和可能发生的突发事件，事先研究制定的应对计划和方案。应急预案包括各级政府总体预案、专项预案和部门预案，以及基层单位的预案和大型活动的单项预案。"三制"是指应急工作的管理体制、运行机制和法制。

①应急管理体制（或称应急体制）也可称为行政应急管理体制，是行政管理管理体制的重要组成部分。通常是指应急管理机构的组织形式，也就是综合性应急管理机构、各专项应急管理机构以及各地区、各部门的应急管理机构各自的法律地位、相互间的权力分配关系及其组织形式等。应急管理体制是一个由横向机构和纵向机构、政府机构与社会组织相结合的复杂系统，包括应急管理的领导指挥机构、专项应急指挥机构以及日常办事机构等不同层次。应急管理体制决定了应急管理体系的静态结构，规定了应急管理体系的潜在功能。

②应急管理机制可以界定为：突发事件预防与应急准备、监测与预警、应急处置与救援以及善后回复与重建等全过程中各种制度化、程序化的应急管理方法与措施。从内涵看，应急管理机制是一组以相关法律、法规和部门规章等为基础的政府应急管理工作流程；从外在形式看，应急管理机制体现了政府应急管理的各项具体职能；从功能作用看，应急管理机制侧重在突发事件防范、处置和善后处理的整个过程中，各部门和单位如何通过科学地组织和协调各方面的资源和能力，以更好地防范与应对突发事件。总的来看，应急管理机制以应急管理全过程为主线，涵盖事前、事发、事中和事后各个时间段，包括预防与应急准备、监测与预警、应急处置与救援、善后恢复与重建等多个环节。

根据国家《突发事件应对法》的相关规定，结合应急管理工作流程，可把我国应急管理机制分成如下九大部分：

一是预防与应急准备机制：通过预案编制管理、宣传教育、培训演练、应急能力和脆弱性评估等，做好各项基础性、常态性的管理工作，从更基础的层面改善应急管理。

二是监测与预警机制：通过危险源监控、风险排查和重大风险隐患治理，尽早发现导致产生突发事件苗头的信息并及时预警，减少事件产生的概率及其可能造成的损失。

三是信息报告与通报机制：按照信息先行的要求，建立统一的突发事件信息系统，有效整合现有的信息资源，拓宽信息报送渠道，规范信息传递方式，做好信息备份，实现上下左右互联互通和信息的及时交流。

四是应急指挥协调机制：通过信息搜集、专家咨询来制定与选择方案，实现科学果断、综合协调、经济高效的应急决策和处置。

五是信息发布与舆论引导机制：在第一时间通过主动、及时、准确地向公众发布警告以及有关突发事件和应急管理方面的信息，宣传避免、减轻危害的常识，提高主动引导和把握舆论的能力，增强信息透明度，把握舆论主动权。

六是社会动员机制：在日常和紧急情况下，动员社会力量进行自救、互救或参与政府应急管理行动，在应急处置过程中对民众善意疏导、正确激励、有序组织，提高全社会的安全意识和应急技能。

七是善后恢复与重建机制：积极稳妥地开展生产自救，做好善后处置工作，把损失降到最低，让受灾地区和民众尽快恢复正常的生产、生活和工作秩序，实现常态管理与非常态管理的有机转换。

八是调查评估和学习机制：遵循公平、公开、公正的原则，引入第三方评估机制，开展应急管理过程、灾后损失和需求等方面的评估，以查找、发现工作中的问题和薄弱环节，提出防范和改进措施，不断完善应急管理工作。

九是应急保障机制：建立人财物等资源清单，明确资源的征用、调用、发放、跟踪等程序，规范管理应急资源在常态和非常态下的分类与分布、生产和储备、监控与储备预警、运输与配送等，实现对应急资源供给和需求的综合协调和与优化配置。

③应急管理法制一般分为广义与狭义两种。广义的法制是静态和动态的有机统一。从静态来看，法制是指法律和制度的总称，包括法律规范，法律组织，法律设施等。从动态来看，法制是指各种法律活动的总称，包括法的制定、实施、监督等。狭义的法制是指建立在民主制度基础上的法律制度和普遍手法，严格依法办事的原则。

④应急预案即预先制定的紧急行动方案，指根据国家和地方的法律、法规和各项规章制度，综合本部门、本单位的历史经验、实践积累和当地特殊的地域、政治、民族、民俗等实际情况，针对各种突发事件而事先制定的一套能切实迅速、有效、有序解决突发事件的行动计划或方案，从而使政府应急管理工作更为程序化、制度化，做到有法可依、有据可查。应急预案要求在辨识和评估潜在的重大危险、事故类型、发生的可能性、发生过程、事故后果及影响严重程度的基础上，对应急管理机构与职责、人员、技术、装备、设施(备)、物资、救援行动及其指挥与协调等预先作出具体安排，用以明确事前、事发、事中、事后各个进程中，谁来做、怎样做、何时做以及相应的资源和策略等。简言之，应急预案是针对可能发生的突发事件，为迅速、有效、有序地开展应急行动，政府组织管理、指挥协调应急资源和应急行动的整体计划和程序规范。应急预案的主要功能是以确定性应对不确定性，针对最坏的情况做最好的打算，化不确定性的突发事件为确定性的常规事件，转应急管理为常规管理。一般说来，一个完善的预案体系应包括预案制定管理、预案评估管理、基于预案的辅助决策技术等，同时预案的制定应该具有针对性、可行性、及时性和全面性等特点。

根据责任主体的不同，我国的应急预案体系包括国家总体应急预案、专项应急预案、部门应急预案、地方应急预案、企事业单位应急预案以及针对大型聚会/活动的预案等六个层次。其中，国家总体应急预案是国家应急管理的行动纲要，也是全国应急预案体系的总纲，为各地区各部门的预案提供了行动准则和基本思路。目前已完成的国家总体应急预案、25件专项应急预案、80件部门应急预案，基本覆盖了经常发生的突发事件的主要方面。此外，目前各省(区、市)也完成了省级总体应急预案编制工作，许多市、区(县)也纷纷制定了应急预案。2006年1月8日，国务院发布了《国家突发公共事件总体应急预案》，随后陆续发布了事故灾难类、自然灾害类、突发公共卫生事件类等专项应急预案。按照2006年7月《国务院关于全面加强应急管理工作的意见》所提出的要求，在“十一五”期间，我国将建成覆盖各地区、各行业、各单位的“横向到边、纵向到底”的应急预案体系。交通运输部陆续制定并发布了《水路交通突发事件应急预案》、《公路交通突发事件应急预案》、《民用航空器海上遇险应急预案》、《公路水运工程生产安全事故应急预案》等专项预案及应急处置管理规定。

3. 应急预案简介

积极有效应对突发事件有三层含义：一是预防，“凡事预则立，不预则废。”将突发事件消灭在萌芽状态，不让其发生。做好突发事件处置工作的关键和前提是思想认识的高低。二是预警。就是将一切可能导致突发事件的隐患、重大事件一一列出来，确立突发事件发生的指标体系，防止信息不对称现象发生，并将这些方面实施重点监控。在此基础上，建立健全并完善突发事件预警机制，将监督与预防措施结合起来，做到防微杜渐，“防患于未然”；三是预案。突发事件既有人为因素，也有非人为因素（包括不可抗拒的自然因素），从这个意义上说，要想完全避免突发事件是不可能的。因此必须把防范突发事件的基点放在准备工作上，其中制定应急预案是重中之重的工作。

应急预案指面对突发事件如自然灾害、重特大事故、环境公害及人为破坏的应急管理、指挥、救援计划等。是针对具体设备、设施、场所和环境，在安全评价的基础上，为降低事故造成的人身、财产与环境损失，就事故发生后的应急救援机构和人员，应急救援的设备、设施、条件和环境，行动的步骤和纲领，控制事故发展的方法和程序等，预先作出的科学而有效的计划和安排。它一般应建立在综合防灾规划上。其几大重要子系统为：完善的应急组织管理指挥系统；强有力的应急工程救援保障体系；综合协调、应对自如的相互支持系统；充分备灾的保障供应体系；体现综合救援的应急队伍等。

应急预案可以分为企业预案和政府预案，企业预案由企业根据自身情况制定，由企业负责，政府预案由政府组织制定，由相应级别的政府负责。应急预案根据内容也可以分为以下四类：

①应急行动指南或检查表。针对已辨识的危险制定应采取的特定的应急行动。指南简要描述应急行动必须遵从的基本程序，如发生情况向谁报告，报告什么信息，采取哪些应急措施。这种应急预案主要起提示作用，对相关人员要进行培训，有时将这种预案作为其他类型应急预案的补充。

②应急响应预案。针对现场每项设施和场所可能发生的事故情况，编制的应急响应预案。应急响应预案要包括所有可能的危险状况，明确有关人员在紧急状况下的职责。这类预案仅说明处理紧急事务的必需的行动，不包括事前要求（如培训、演练等）和事后措施。

③互助应急预案。相邻企业为在事故应急处理中共享资源，相互帮助制定的应急预案。这类预案适合于资源有限的中、小企业以及高风险的大企业，需要高效的协调管理。

④应急管理预案。应急管理预案是综合性的事故应急预案，这类预案详细描述事故前、事故过程中和事故后何人做何事、什么时候做，如何做。这类预案要明确制定每一项职责的具体实施程序。应急管理预案包括事故应急的4个逻辑步骤：预防、预备、响应、恢复。

## 二、交通运输企业预案编制

各类交通运输企业营运过程中，面对包括自然灾害及意外事故等各种复杂风险状况，随时有可能发生交通运输突发事件，企业层面的交通运输应急能力显得尤为重要。对于交通运输企业来说，提升应急能力需要做好几个方面的工作，如加强作业过程中的危险源辨识和分析，据此制定事故应急救援预案和措施，强化事故应急管理，使其成为安全生产的最后一道“防火墙”。企业应急能力的一个重要元素是应急预案。如果应急预案形式化，只注重有预案，预案要件齐全，至于预案是否切合本企业实际，是否是从本企业的事故和伤害诊断情况作出，是否具有针对性等等不管不问，应急预案不是为出现事故救援设置，是为检查准备。企业应急能力将存在重大缺陷。

交通运输部2011年第9号令公布了《交通运输突发事件应急管理规定》，对于交通运输企业的应急管理工作提出了指导性意见，《规定》中对于交通运输企业预案编制及应急准备工作提出了明确要求。

第七条：交通运输企业应当按照所在地交通运输主管部门制定的交通运输突发事件应急预案，制定本单位交通运输突发事件应急预案。

第八条：应急预案应当根据有关法律、法规的规定，针对交通运输突发事件的性质、特点、社会危害程度以及可能需要提供的交通运输应急保障措施，明确应急管理的组织指挥体系与职责、监测与预警、处置程序、应急保障措施、恢复与重建、培训与演练等具体内容。

第九条：应急预案的制定、修订程序应当符合国家相关规定。应急预案涉及其他相关部门职能的，在制定过程中应当征求各相关部门的意见。

第十一条：公共交通工具、重点港口和场站的经营单位以及储运易燃易爆物品、危险化学品、放射性物品等危险物品的交通运输企业所制定的应急预案，应当向所属地交通运输主管部门备案。

第十二条：应急预案应当根据实际需要、情势变化和演练验证，适时修订。

第十三条：交通运输企业应当按照有关规划和应急预案的要求，根据应急工作的实际需要，建立健全应急装备和应急物资储备、维护、管理和调拨制度，储备必需的应急物资和运力，配备必要的专用应急指挥交通工具和应急通信装备，并确保应急物资装备处于正常使用状态。

第十四条：交通运输企业应当根据实际需要，建立由本单位职工组成的专职或者兼职应急队伍。

第十六条：交通运输企业应当将本单位应急装备、应急物资、运力储备和应急队伍的实时情况及时报所在地交通运输主管部门备案。

第二十条：交通运输企业应当按照交通运输主管部门制定的应急预案的有关要求，制定年度应急培训计划，组织开展应急培训工作。

第二十一条：交通运输企业应当根据本地区、本单位交通运输突发事件的类型和特点，制定应急演练计划，定期组织开展交通运输突发事件应急演练。

第二十三条：交通运输企业应当安排应急专项经费，保障交通运输突发事件应急工作的需要。应急专项资金和经费主要用于应急预案编制及修订、应急培训演练、应急装备和队伍建设、日常应急管理、应急宣传以及应急处置措施等。

## 三、预案实施与管理

在《交通运输突发事件应急管理规定》中,交通运输部对于企业预案实施与管理提出了明确意见。包括如下几个方面:

(1)交通运输企业应当组织开展企业内交通运输突发事件危险源辨识、评估工作,采取相应安全防范措施,加强危险源监控与管理,并按规定及时向交通运输主管部门报告。

(2)交通运输企业应当建立应急值班制度,根据交通运输突发事件的种类、特点和实际需要,配备必要值班设施和人员。

(3)交通运输企业应当加强对本单位应急设备、设施、队伍的日常管理,保证应急处置工作及时、有效开展。

(4)交通运输突发事件应急处置过程中,交通运输企业应当接受交通运输主管部门的组织、调度和指挥。

从企业层面来看,交通运输企业应急预案的实施与管理主要涉及以下几个方面的具体工作。

1)建立组织,明确职责

企业应明确本企业应急组织形式,如领导小组、专家小组、现场处置小组等。应指明各级应急指挥机构的构成部门(单位)或人员,并明确每一级机构负责单位或人员和每一具体行动的负责人及替代关系。并尽可能以结构图的形式表示出来。

明确应急指挥机构的主要职责,以及总指挥和副总指挥的相应职责。企业视情可建立应急抢险专家库,以便指挥机构在必要时成立专家小组,为现场应急工作提供应急救援建议和技术支持。指挥机构的职责主要包括:研究政策、落实措施、批准预案、启动和终止预案、协调和指挥抢险、发布信息和组织演练等。应急指挥机构根据事故类型和应急工作需要,可以设置相应的专项应急处置工作小组,并明确各小组负责人和各小组的工作任务及职责。

2)严密监控,科学预警,及时响应

明确本企业对危险源监测监控的方式、方法,以及采取的预防措施。企业应针对可能发生的各类突发事件,完善预防与预警机制,开展安全风险评估,做到早发现、早报告、早处置并制定有效的预防措施。按职开展安全监督、检查,坚决制止"三违"行为。对可能引发各类突发事件的预测、预警信息要及时上报。明确事故预警的条件、方式、方法和信息的发布程序。企业可通过搜集和研究可能导致安全生产突发事件的内部信息和外部信息,及早提示、预警并采取有效的应对措施,以预防事件的发生。

当发生突发事件时,应密切跟踪事态发展,做好应急准备工作,并向有关单位发布预警信息。当事件发展符合本级预案启动条件时立即发出启动本预案指令,按照预案程序和规定通知相关机构或部门立即进入应急工作状态。当事态发展认为需要支持时应及时请求上一级应急救援指挥机构协调和指导。

根据本企业的组织结构、职能分配和所属单位情况,明确已划分各级别突发事件响应程序。包括明确各级别事件应急预案的启动条件、响应的基本原则、突发事件响应等级递进规定和响应过程的联系方式等,以及明确各响应等级的应急指挥、应急行动、资源调配、应急避险等响应程序。在制定响应程序时应当注意,如果超出本级应急处置能力时,要及时请求上一级应急指挥机构启动应急预案实施救援。

3）及时上报，信息通畅

各企业要建立、完善先进的应急通信系统，并做好平时的管理和维护工作，确保应急通信24小时畅通。明确企业24小时应急值守电话、事故信息接收和通报程序。包括公示企业全天候值班电话、明确员工报警的标准、方式、信号、相互认可的报告、报警形式和内容（避免误解）、应急反应人员向外求援的方式、以及信息在事发企业与上一级企业和事发企业内部各级应急机构间的传递和处置等；报告内容包括常规信息、事件信息、人员信息、措施信息等。

明确事故发生后向上级主管部门和地方人民政府，以及有关单位报告事故信息的流程、内容和时限。当突发事件发生后，企业在视情启动应急预案的同时，应按照有关规定及时如实向上一级企业和当地政府或主管部门报告，不得迟报、谎报、瞒报和漏报。报告内容主要包括时间、地点、信息来源、事件性质、危害程度、事件发展趋势和已经采取的措施等。

4）合理配员，保障物资及经费

明确各类应急响应的人力资源，包括专业应急队伍、兼职应急队伍的组织与保障方案。企业应按照各行业有关规定配备应急救援队伍，以专职和兼职应急救援队伍为基础，加强应急队伍业务培训和演练，强化全员应急能力建设。加强对外交流和与合作，不断提高本企业应急队伍综合素质。

明确应急救援需要使用的应急物资和装备的类型、数量、性能、存放位置、管理责任人及其联系方式等内容。明确应急专项经费来源、使用范围、数量和监督管理措施，保障应急状态时企业应急经费的及时到位。

5）强化训练，及时更新

明确对本企业人员开展的应急培训计划、方式和要求。企业每年应按照有关规定结合本单位实际情况制定应急培训计划，对全体员工进行应急培训教育（包括应急预防、避险、避灾、自救、互救等有关应急综合素质培训）。应急指挥机构负责制定专职或兼职应急人员培训计划，并列入各级行政管理培训课程计划。如果预案涉及社区和居民，要做好宣传教育和告知等工作。

明确应急演练的规模、方式、频次、范围、内容、组织、评估、总结等内容。企业各级应急指挥机构应结合本单位的实际情况按照国际公约、法规及有关规定，定期或不定期组织应急演习以保证各级应急预案的有效实施，如应规定每年至少进行一次专项应急演练。要做好应急演练的组织、策划、实施工作，并做好演练结束后的总结评估及改进等各项工作。演练的总结和评估要向上一级单位报告。

明确应急预案维护和更新的基本要求，定期进行评审，实现可持续改进。本预案所依据的公约、法律法规、所涉及的机构和人员发生重大改变或在执行中发现存在重大缺陷时，本企业应及时组织修订，定期组织对本预案进行评审。并将预案纳入企业的日常管理规章，并接受有关机构的监督、审核和检查，不断自我改进。当本预案有变动时应重新向上一级单位和主管机构报备。

此外，在应急预案的实施过程中，应明确事故应急救援工作中奖励和处罚的条件和内容。企业突发事件应急处置工作，应实行行政领导负责制和责任追究制。对突发事件应急管理工作中作出突出贡献的先进集体和个人要给予表彰和奖励。对迟报、谎报、瞒报和漏报突发事件重要情况或者应急管理工作中有其他失职、渎职行为的，按照企业有关规定对有关责任人给予行政处分。构成犯罪的移送司法机关依法追究刑事责任。

# 中篇　专 业 知 识

# 第四章 专业法律法规

## 第一节 港口安全生产相关法律法规与规章

### 一、相关法规总体介绍

港口安全生产法律法规是港口企业安全生产管理和安全生产技术的制度基础。港口企业安全生产标准化考评员必须熟练掌握港口安全生产相关法律法规和企业安全生产标准化规定。港口安全生产法律体系是一个包含多种法律形式和法律层次的综合性系统。按照其立法权限的不同,可以分为法律、行政法规、部门规章等3个层次。

1. 法律

法律是指全国人民代表大会及其常务委员会制定的有关各项法律,以国家主席令形式发布,在全国范围内施行,其地位和效力仅次于宪法。它是港口安全生产法律体系的核心。目前已颁布实施的主要有《港口法》。《港口法》目前是我国港口规划、建设、经营与管理的最高层次的法律。《港口法》第4章港口安全与监督管理和第5章法律责任,详细规定了港口经营人、港口行政管理部门、进出港船舶等的安全责任和违规处罚规定,对规范我国港口安全管理起到了重要的指导作用。

2. 行政法规

行政法规是指国务院依法制定并以总理令形式发布的有关安全生产的各项法规,其地位和效力次于宪法和法律。已颁布实施的主要有《危险化学品安全管理条例》等。《危险化学品安全管理条例》对港口储存、装卸、运输危险品,以及安全应急救援措施等进行了详细的规定。

3. 部门规章

部门规章是指由国务院相关部委制定并以部长令形式发布的各项规章,或由国务院几个部委联合制定并发布的规章。已颁布实施的主要有:《港口危险货物管理规定》、《港口经营管理规定》、《港口货物作业规则》、《港口安全评价管理办法》、《港口设施保安规则》、《港口装卸机械管理规定》、《水路危险货物运输规则(第一部分 水路包装危险货物运输规则)》、《船舶引航管理规定》、《水路旅客运输规则》等。

### 二、重点法律、法规与规章介绍

1.《港口法》

2003年6月28日,《中华人民共和国港口法》(以下简称《港口法》)由第十届全国人大常委会第三次会议审议通过,国家主席胡锦涛签署第五号国家主席令予以颁布,于2004年1月1日起施行。

《港口法》是中华人民共和国成立以来第一部对港口事业进行全面、系统规范的法律,制定工作历经十年,由两届全国人大常委会进行了三次审议。《港口法》总结了几十年来我国港口管理、特别是二十多年改革开放的实践经验,借鉴吸收了国际上港口管理和立法的有益做法,在港口规划、建设、维护、经营、管理等方面确立了一系列重要法律制度。《港口法》的颁布和实施,对我国港口的发展产生了深远的影响。

《港口法》共6章61条,规定了我国港口管理的若干基本制度,主要包括:

(1)港口行政管理实行"政企分开"的制度。港口的行政管理职能,由政府负责港口行政管理的部门承担;港口经营业务,由依法设立的港口经营企业自主经营。新中国成立以来在沿海和内河主要港口长期实行的港务局"政企合一"的管理体制,从法律制度上得以改变。

(2)鼓励国内外经济组织和个人依法投资建设、经营港口的制度,实现港口建设投资主体和港口经营主体的多元化。

(3)港口建设的统一规划布局制度。港口布局规划和港口总体规划必须严格依照法定程序编制和批准,并予以公布。对依法制定的港口规划,各方面必须一体遵循,禁止违反港口规划建设任何港口设施。

(4)建设港口设施使用港口岸线的审批制度。未经法定审批部门依法审查批准,不得占用港口岸线建设任何港口设施。这是保证港口规划得以有效执行,保证有限的岸线资源得以合理利用的重要措施。

(5)县级以上人民政府应当保证必要的资金投入,用于港口公用基础设施建设和维护的制度。改革港口建设投资体制和港口经营机制后,港口各项经营性设施的建设和维护,应当主要由港口经营人自行投资,通过港口经营活动取得投资回报,国家对此予以支持和鼓励。而港口公用的航道、防波堤、锚地等公用基础设施,作为社会公共产品,政府仍然有责任投入必要的资金进行建设和维护。政府可以通过依法向港口使用者收取有关规费等办法,筹集必要的资金。

(6)对港口经营实行市场准入的制度,从事港口经营活动必须依法取得行政许可。

(7)确立了从事港口经营活动必须遵循的基本准则,包括港口经营人必须依照法律规定和合同约定向用户提供公平、良好的服务;港口经营性收费必须依法、合理、透明;禁止在港口经营中实施垄断和不公平竞争的行为等。

(8)港口经营活动中的安全生产管理制度,包括港口危险货物作业管理的制度。

(9)维护港口秩序,禁止从事危及港口安全和影响港口功能正常发挥的活动的制度。包括禁止在港口水域从事养殖、种植活动,禁止在港区内从事可能危及港口安全的采掘、爆破以及倾倒泥土、砂石等活动。

(10)港口行政主管部门对本法执行情况实施监督检查的制度。对这些法定的港口管理制度,各有关方面必须严格贯彻执行。

港口是一个劳动密集、资产密集、人员密集的区域,安全状况如何不仅关系到港口企业自身的经济利益,而且与港口所在城市人民生命财产和地区经济正常运行关系极大。港口安全管理的目的是维护港口的公共秩序、环境,同时保护港口基础设施和人们生命、财产的安全。为此,《港口法》对港口管理者、港口经营者、港口使用者以及其他相关人在港口基础设施保护和港口安全生产监督管理方面相关的职责与义务作了十分详尽的规定。确立了船舶进出港口和港口内危险货物作业的报告制度、对可能危及港口安全活动的禁止和审批制度、解决突发安全事故的应急制度、引航制度、港口行政管理部门对港口安全生产情况监督检查制度等。《港口法》中涉及港口安全管理的内容主要有：

(1)港口经营人必须依照《中华人民共和国安全生产法》(以下简称《安全生产法》)等有关法律、法规和国务院交通主管部门有关港口安全作业规则的规定，加强安全生产管理，建立健全安全生产责任制等规章制度，完善安全生产条件，采取保障安全生产的有效措施，确保安全生产。港口经营人应当依法制定本单位的危险货物事故应急预案、重大生产安全事故的旅客紧急疏散和救援预案以及预防自然灾害预案，保障组织实施。

本条是关于港口经营人负有安全生产义务的规定：

①港口作为水陆货物运输集散地，每天要靠泊大量的船舶，装卸、搬运、过驳和存储大批货物，其中许多货物是危险货物。港口每天还要进出大量的车辆、人员和旅客。因此，港口的安全生产十分重要。港口经营人作为具体从事港口生产的部门，负有履行安全生产义务的责任。该法对港口安全生产作出了一些规定，但条款不多，主要是针对港口的特点作出的。港口经营人在安全生产上，除应遵守本法的有关规定外，还应遵守国家有关安全生产的法律、法规和规章的规定。

②《安全生产法》和《危险化学品安全管理条例》等有关法律法规都对安全生产作出了明确的规定，这些规定包括生产单位应当建立、健全本单位的安全生产责任制，制定本单位安全生产规章制度和操作规程，从业人员必须经过安全教育与培训方能上岗作业；特别针对危险品的作业，上述法律法规还规定，化学危险品单位的主要负责人必须保证本单位危险化学品的安全管理符合有关法律、法规和规章的规定和国家标准的要求，从事危险品作业的人员必须接受有关培训，经过考试合格，方可上岗作业。国务院交通主管部门作为主管全国港口工作的部门，长期以来在港口安全生产方面也制定了大量的规章，包括有关港口防台、大型港口机械管理等方面的规定。交通部根据《安全生产法》、《化学危险品安全监督管理条例》和本法的有关规定，也颁布了《港口危险货物管理规定》，对港口危险货物的作业管理作出了具体的规定。港口经营人进行安全生产作业必须遵守上述法律、法规和规章的规定。

③本条规定港口经营人应当针对港口作业的特点制定本单位的应急预案。应急预案是指港口经营人针对本单位所从事港口作业的特点，针对可能发生的各种恶性突发事件及其后果，预先制定的抢险、救援方案或计划。应急预案应当具体、明确，应当使每一参与抢险应急的人都明白如何应对各种可能的突发事件。《港口危险货物管理规定》第 9 条对港口危险货物事故应急计划的主要内容概括为：危险货物作业码头、库场、储罐、锚地等港口设施的概况、重点部位、应急队伍的组成及职责、应急措施、应急救援流程图、指挥序列表、通信方式、应急人员联络表等。除上述危险货物事故应急预案外，本条还规定港口经营人应当制定重大安全事故旅客紧急疏散、救援预案、预防自然灾害预案。此外，《中华人民共和国海洋环境保护法》也规定，沿海可能发生重大海洋环境污染事故的单位，应当依照国家的规定，制定污染事故应急计划；装卸油类的港口、码头、装卸站必须编制溢油污染应急计划，并配备相应的溢油污染应急设备和器材。这些规定同样适用于港口经营人。

④制定本单位的应急预案是各单位安全生产工作的重要组成部分，应急预案本身是本单位安全生产制度的一部分。港口经营人不仅要制定有关应急预案，还要定期按照预案进

行演习,告知从业人员和相关人员在紧急情况下应当采取的应急措施,在发生突发事件时应当及时组织实施。特别应当指出的是,港口经营人制定的本单位应急预案是整个港口应急体系的有机组成部分,应当与港口行政主管部门的有关应急预案相衔接。按照《安全生产法》、《海洋环境保护法》和《化学危险品安全监督管理条例》等法律、法规的规定,港口经营人编制的应急预案(计划),应当分别报港口行政管理部门、当地负责安全生产的综合管理部门以及环保部门、海洋部门备案。

(2)港口行政管理部门应当依法制定可能危及社会公共利益的港口危险货物事故应急预案、重大生产安全事故的旅客紧急疏散和救援预案以及预防自然灾害预案,建立健全港口重大生产安全事故的应急救援体系。

本条是关于港口行政管理部门应当建立健全港口重大生产安全事故的应急救援体系的规定:

①除港口经营人应当制定应急预案外,港口行政管理部门也应当制定整个港口的有关应急预案,建立健全港口重大生产事故的应急救援体系。按照国务院关于港口体制改革的要求,港口全面下放地方人民政府,实行政企分开。实行港口政企分开后,在港口范围内港口经营人往往不是一家,而是若干家。在港口发生一般的安全生产事故,波及面小,危害相对较轻,有关的港口经营人有能力控制,港口经营人经当按照本单位制定的应急计划进行抢险救援,并依法及时向有关部门报告。但港口发生重大安全生产事故时,港口经营人的自身能力和资源往往是不够的,仅靠一个单位的力量难以实施有效的应急抢险。这时港口行政部门应当动员和组织港口区域内其他力量,甚至协调组织社会上的力量进行应急救援。此外,港口公共基础设施也会受到各种自然灾害的侵害。因此,港口行政管理部门作为代表当地政府对港口实施具体行政管理的部门,应当针对本港口的特点、生产经营状况和各种资源的分布情况,制定整个港口的危险货物事故应急预案、重大安全事故的旅客紧急疏散预案和救援预案以及预防自然灾害预案等应急预案,并组织实施。应当指出的是,港口行政管理部门的预案与港口经营人制定的应急预案不是相互独立的,应当相互衔接、相互协调,形成一个应急救援体系。港口管理机构对港口经营人制定本单位的预案应当进行必要的指导,制定整个港口的有关预案时应当充分考虑各个港口经营人的实际情况,广泛征求他们的意见。只有这样才能真正按照本条规定建立和健全港口的应急救援体系。

②根据《安全生产法》、《海洋环境保护法》等法律的规定,县级以上地方人民政府应当组织有关部门制定本行政区域内特大生产安全事故应急救援预案,建立应急救援体系;国家海事行政管理部门、海洋行政管理部门也要制定船舶和海洋石油勘探开发重大海上溢油应急计划等。港口行政管理部门制定有关应急救援预案应当与上述预案和应急计划相衔接和协调。

(3)船舶进出港口,应当依照有关水上交通安全的法律、行政法规的规定向海事管理机构报告。海事管理机构接到报告后,应当及时通报港口行政管理部门。船舶载运危险货物进出港口,应当按照国务院交通主管部门的规定将危险货物的名称、特性、包装和进出港口的时间报告海事管理机构。海事管理机构接到报告后,应当在国务院交通主管部门规定的时间内作出是否同意的决定,通知报告人,并通报港口行政管理部门。但是,定船舶、定航线、定货种的船舶可以定期报告。

本条是关于船舶,包括载运危险货物船舶,进出港口报告审批的规定:

①港口是水陆交通的节点,也是国家对外开放的重要门户。世界各国从维护国家主权、防止船舶走私、保障水上交通安全和防止船舶污染等考虑出发,对船舶进出港口都规定有报告和审批制度。我国《海上交通安全法》、《内河交通安全管理条例》、《国际航行船舶进出中华人民共和国口岸检查办法》等法律、行政法规对此也都作出了规定。这些规定包括国际航行的中外船舶进出中华人民共和国港口的申报审批制度,中国籍非国际航线船舶进出港口的签证制度。本条规定船舶进出港的报告制度,指的就是上述制度。但本还规定海事管理机关接到上述报告后,还应当将船舶报告的信息通报给有关港口的港口行政管理部门。这是一项新的规定。其原因是港口行政管理部门对港口内的生产秩序和安全负有监督管理的职责,及时了解船舶进出港口的动态是做好上述工作的基础。

②对于装载危险货物进出港口的船舶,由于其本身具有一定的危险性,处理不好会给港口和周围的船舶带来重大损失。因此,对这些船舶的进出港口,国家历来实行更为严格的管理。交通部于 1981 年就制定了《船舶载运危险货物管理规定》,规定这类船舶应当在预计进港前 24 小时向海事管理机关报告,经海事管理机关同意后,方可进港。《港口法》在本条重申了这一制度,并规定海事管理机关在作出同意或不同意船舶进出港口的决定后,应当及时向港口行政管理部门通报。对于定船舶、定航线、定货种的船舶,由于这类船舶往往是油船、液化气船等,船舶都是针对某一类货种设计、建造,并经过严格的检验取得了相应的证书。因此,船舶本身具有较强的安全可靠性。只要固定在某个航线上,始终装载同一类货物,按照本条规定和交通部的有关规定,这类船舶可以不用每次进出港都报告,而应按照交通部的规定定期向海事管理机关报告。

(4)在港口内进行危险货物的装卸、过驳作业,应当按照国务院交通主管部门的规定将危险货物的名称、特性、包装和作业的时间、地点报告港口行政管理部门。港口行政管理部门接到报告后,应当在国务院交通主管部门规定的时间内作出是否同意的决定,通知报告人,并通报海事管理机构。

本条是关于危险货物港口作业的规定:

《安全生产法》、《化学危险品安全管理条例》和交通部根据上述法律、法规制定的《港口危险货物管理规定》都规定了从事危险品作业的单位必须经有关部门的审批,取得相应的专门资质;从事作业的人员也要经过培训和考试,取得相应的上岗资格,并对危险货物装卸作业场所规定了具体要求。但港口危险货物的管理仅仅做到这些是不够的。港口装卸、过驳作业是运输过程的重要一环。由于装卸、过驳危险货物需要对货物进行搬运、吊装,处理不好容易发生危险货物泄漏、爆炸等事故,必须加强这一环节的危险货物作业管理。因此本条规定在港口内进行危险货物作业,每次作业前均应当向负责该港口的港口行政管理部门报告。经港口行政管理部门同意后,方可作业。根据这一规定,交通部制定的《港口危险货物管理规定》进一步明确,报告由拟从事作业的港口经营人在开始作业 24 小时前向港口行政管理部门提出。港口行政管理部门应当在收到报告后 24 小时内作出同意作业或不同意作业的决定。同时,根据《海上交通安全法》、《内河交通安全管理条例》和交通部的有关规定,海事管理机关负责船舶载运危险货物的安全监督管理,而港口行政管理部门负责危险货物港口作业的管理。两个部门在危险货物管理上既有分工,又应当合作。因此,《港口法》本条和交通部的《港口危险货物管理规定》均规定，港口行政管理部门应当向有关的海事管理机关通报有关信息。

(5)港口行政管理部门应当依法对港口安全生产情况实施监督检查，对旅客上下集中、货物装卸量较大或者有特殊用途的码头进行重点巡查；检查中发现安全隐患的，应当责令被检查人立即排除或者限期排除。负责安全生产监督管理的部门和其他有关部门依照法律、法规的规定，在各自职责范围内对港口安全生产实施监督检查。

本条是关于港口行政管理部门负责安全监督管理职责和实施必要巡查的规定：

①根据本条规定，港口行政管理部门负责对港口安全生产的监督管理。这一规定与《安全生产法》第9条确定的安全生产管理体制是一致的。《安全生产法》第9条规定：县级以上地方人民政府有关部门依照本法(安全生产法)和其他有关法律、法规的规定在各自的职责范围内对有关的安全生产工作实施监督管理。同时规定，地方人民政府负责安全生产监督管理的部门对本行政区内的安全生产工作实施综合管理。该法第54条将这些部门统称为负有安全生产监督管理职责的部门。因此，港口行政管理部门应当依据本法和《安全生产法》、《化学危险品安全管理条例》和交通部有关港口安全生产管理的规章，做好港口安全生产的监督管理。

②港口行政管理部门做好安全生产工作不仅要严格按照本法和有关法律、法规规定把好审批、审核关，还要针对港口的实际，按照本条规定主动对旅客上下集中、货物装卸量较大或者有特殊用途的码头进行重点巡查。这里所说的“有特殊用途的码头”应当包括危险品码头、由货主经营和管理的专用码头，以及内河港口水域中为当地生产生活目的使用的零星码头。这些码头或者是安全方面有特殊要求的码头，或者是在平时管理中容易疏忽的。港口行政管理部门在监督检查中发现安全隐患的，按照本条要求应当根据隐患的危害程度和排除的难度责令有关被检查的单位和人员立即排除或限期排除。

③除港口行政管理部门要依据港口法和有关法律、法规的规定对港口安全生产实施监督检查外，如上所述，《安全生产法》规定县级以上地方人民政府负责安全生产监督管理的部门对本行政区内的安全生产工作实施综合管理，自然包括对港口安全生产的综合管理。此外，港口消防工作还要接受港口公安或地方公安消防部门的监督检查。因此，本条规定负责安全生产监督管理的部门和其他有关部门要依法在各自职责范围内对港口安全生产实施监督检查。

(6)禁止在港口水域内从事养殖、种植活动。不得在港口进行可能危及港口安全的采掘、爆破等活动；因工程建设等确需进行的，必须采取相应的安全保护措施，并报经港口行政管理部门批准；依照有关水上交通安全的法律、行政法规的规定须经海事管理机构批准的，还应当报经海事管理机构批准。禁止向港口水域倾倒泥土、砂石以及违反有关环境保护的法律、法规的规定排放超过规定标准的有毒、有害物质。

本条是有关禁止和限制港区内非港口作业活动的规定：

①《港口法》第3条规定，港口是由一定的范围的水域和陆域组成的区域。这个区域就是港区。港区是为了保障港口正常的生产经营和一定时期的发展而由港口所在地的地方人民政府划定的。一般而言，港区陆域内港口设施林立，水域上船舶往来繁忙。另一方面，为港口的发展以及国家和地方经济建设的需要，港口陆域和水域内也经常需要进行各种建设

施工活动。由于自然地理和历史上的一些原因，港区内也存在一定程度的种植、养殖活动和挖沙、捕捞等活动。这些活动对港口的正常生产秩序和安全，对港区内有关港口设施都会产生重大影响。为了保证港口的正常生产秩序，保护港口安全，对港区内的各种非生产性活动必须进行必要的管理与控制。

②本条针对这种行为的性质，将港口内易发生的各种非生产性活动分为禁止性行为和限制性行为。禁止性行为包括在港口水域内从事养殖、种植活动和向港口水域倾倒泥土、砂石以及违反有关环境保护的法律、法规的规定排放超过规定标准的有毒、有害物质。这些活动严禁在港区内进行。而限制性行为则包括本条规定的因工程建设等确需进行的采掘、爆破等可能影响港口安全的活动。对于这类活动的限制主要体现在：其一，必须是国家工程建设所确需的。对非因工程建设需要而进行的这些活动，如在港口水域内进行经营性采砂等，应当予以禁止。其二，必须采取相应的安全保护措施。这里所说的相应安全保护措施是指保障港口和相邻设施安全所应采取的一切措施。其三，必须报经港口行政管理部门批准。港口行政管理部门在对这些活动进行审批时，也要从上述两点来考虑。进行上述活动，除需要经港口行政管理部门批准外，从维护港口通航环境、保障船舶航行、停泊安全出发，《海上交通安全法》规定，在沿海水域进行水上水下施工以及划定相应的安全作业区，必须报经主管机关核准公告。在港区内使用岸线或者进行水上水下施工包括架空施工，还必须附图报经主管机关审核同意。《内河交通安全管理条例》第 25 条规定在内河通航水域或者岸线上进行下列可能影响通航安全的勘探、采掘、爆破等作业或者活动的，应当在进行作业或者活动前报海事管理机构批准。并规定进行这些作业或者活动，需要进行可行性研究的，在进行可行性研究时应当征求海事管理机构的意见。因此，本条还规定，从事上述活动，依照有关水上交通安全的法律、行政法规的规定须经海事管理机构批准的，还应当报经海事管理机构批准。

(7)建设桥梁、水底隧道、水电站等可能影响港口水文条件变化的工程项目，负责审批该项目的部门在审批前应当征求港口行政管理部门的意见。

本条规定主要是针对河港和河口海港。在这些港口的河流上下游建设桥梁、水底隧道、水电站等设施，即便这些设施位于港口区域以外，仍然会对港口的生产环境和安全产生重大影响。如在港口上下游建设桥梁，其跨境和净空高度对进出港口的船舶会产生一定限制，进而影响港口的生产能力和发展，而建设水底隧道，也会影响船舶在其上的航行与锚泊。建设水电站更会对港口水深产生重大影响。蓄水期可能会导致下游港口水深变浅，影响大型船舶的进出港口与靠泊，而行洪或发电排水时也有可能导致港口水位的突然上升，给港口内生产作业的船舶带来危险。这些工程带来的水文变化还有可能造成港口淤积等问题。因此，本条规定建设可能导致港口水灾变化的这些工程，负责审批该项目的部门应当事先征求港口行政管理部门的意见，以便综合评价这些工程项目对周围港口的影响。

(8)依照有关水上交通安全的法律、行政法规的规定，进出港口须经引航的船舶，应当向引航机构申请引航。引航的具体办法由国务院交通主管部门规定。

本条是关于船舶进出港口强制引航的规定：

①船舶引航是指由专职的引航员引领船舶航行、靠泊、离泊、移泊的活动。由于船舶航行于各个不同港口之间，每个港口的航道、水文状况不尽相同，船长和船舶驾驶员不可能熟

知每个港口的具体条件。同时,港口又是国家的重要对外门户,在外交、国防等方面有着重要的意义。因此,从维护国家主权和保障港口、船舶安全的不同角度,世界大多数国家均对船舶进出本国港口规定有一定程度的强制引航要求。我国也不例外。我国《海上交通安全法》和《内河交通安全管理条例》均规定外国籍船舶进出中华人民共和国港口或者在港内和内河航行、移泊以及靠离港外系泊点、装卸站等,必须申请引航员引航。《内河交通安全管理条例》第 19 条还规定通航条件受限制的中国籍船舶以及 1000 总吨以上的中国籍海上机动船舶,除船长驾驶同一类型的海上机动船舶在同一内河通航水域航行与上一航次间隔 2 个月以内的外,在内河航行,也应当向引航机构申请引航。对于客船和载运危险货物的船舶的强制引航要求,《内河交通安全管理条例》授权交通部作出规定。

②本法对引航作出规定,表明引航是港口工作的重要一环。除强制引航的要求外,引航管理还涉及引航机构的设置、引航区划定、引航机构和引航员的管理等。对于这些管理内容,《港口法》授权交通部制定具体的管理办法。而交通部也已于 2001 年以第 10 号交通部令的形式发布了《船舶引航管理规定》,对船舶引航工作作出了详细的规定。

(9)遇有旅客滞留、货物积压阻塞港口的情况,港口行政管理部门应当及时采取有效措施,进行疏港;港口所在地的市、县人民政府认为必要时,可以直接采取措施,进行疏港。

本条是关于港口行政管理部门和地方人民政府履行疏港职责的规定:

①港口是重要的基础设施,具有投资大、建设周期长的特点。对于货源和客源市场上的急剧变化,往往难于在短期内作出相应的调整。客货市场上的货源急剧抬升,会在一定港口和一定时期,造成港口能力的紧张,出现压船压港现象。改革开放初期,由于经济的快速发展,外贸进出口和内贸运输迅速增长,而全国港口能力相对滞后,曾经在全国许多港口出现大量旅客滞留港口和货物积压阻塞港口的现象,交通部作为主管全国港口的部门和大量直属港口的直接上级主管部门,每年都要做大量的疏港工作。随着多年来港口建设不断发展,目前全国港口紧张的状况得到很大的缓解。在一些地方和一些货种的码头方面甚至出现了港口能力过剩的情况。但从全国来看,港口吞吐能力与经济的发展仍有一定的差距。尤其集装箱码头和其他专业性码头仍然不足。此外,旅客运输和一定货种的运输具有很强的季节性,在放长假和一定季节,客货运输会急剧上升。由此,在一定地区、一定时期,局部性的港口紧张现象仍会发生。随着港口体制改革的进行,港口全部下放地方人民政府,并实行港口政企分开。这种情况下,在发生港口紧张、旅客滞留和货物积压阻塞港口的情况时,负责疏港的责任自然应当落到负责港口行政管理的部门和当地人民政府的头上。

②根据本条规定,在遇有旅客滞留、货物积压阻塞港口的情况时,港口行政管理部门有义务及时采取有效措施,进行疏港。港口行政管理部门采取疏港措施时,一般要统一调配港口内的各种资源,如各类码头、仓库、堆场、装卸设备和人员等。港口行政管理部门在采取措施时应当主要运用其综合协调能力,尽量采用协商的方式进行,并应当对投入设施、设备和人员的港口经营人予以适当的补偿。但本条规定的"有效措施",不排除必要时采用强行命令的方式调配港内资源。为了保障港口经营人的合法权益和港口行政管理部门依法职权,我们认为,有关部门和地方在依据本法制定有关管理规定时,应当对此作出更为具体明确的规定。在压港现象比较严重的情况下,仅仅靠港口行政管理部门调配港口资源是不够的。这时港口行政管理部门应当及时向当地市县人民政府报告,由当地市、县人民政府依据本条

规定,在认为必要时直接采取措施,进行疏港。

(10)未经依法批准,在港口建设危险货物作业场所、实施卫生除害处理的专用场所的,或者建设的危险货物作业场所、实施卫生除害处理的专用场所与人口密集区或者港口客运设施的距离不符合国务院有关部门的规定的,由港口行政管理部门责令停止建设或者使用,限期改正,可以处五万元以下罚款。

本条是关于违法建设港口危险货物作业场所或者实施卫生除害处理的专用场所的法律责任的规定:

①本条列举的违法行为包括两种:

a. 未经依法批准,在港口建设危险货物作业场所、实施卫生除害处理的专用场所的。

港口作为货物的集散地,每天有大量的货物进出港口,其中也包括危险物品,如易燃、易爆的固态、液态、汽态物品,有毒或有腐蚀性的物品等。这里讲的危险货物的具体名录,应由国务院交通主管部门根据有关危险物品种类和品名的国家标准予以确定并公布。为了保证港口作业的安全,对危险货物实施装卸、运输、仓储等港口作业时,必须在具备相应条件的危险货物的作业场所进行。同时,为了防止疫病的传播,依照有关法律的规定,对船舶运输的某些物品需要在港口进行卫生除害处理,如对来自疫区的、被检疫传病污染的或者可能成为检疫传染病传播媒介的行李、货物、邮包等物品应当进行消毒、除鼠、除虫或者其他卫生处理;对输入的经检疫发现有植物危险性病、虫、杂草的植物、植物产品和其他检疫物进行除害处理等,这也需要在专用的卫生除害处理场所来进行。依照本法第 17 条的规定,港口的危险货物作业场所、实施卫生除害处理的专用场所,必须经港口行政管理部门批准后,方可建设;未经依法批准进行建设的,应依照本条规定追究其法律责任。

b. 建设的危险货物作业场所、实施卫生除害处理的专用场所与人口密集区和港口客运设施的距离不符合国务院有关部门的规定的。

危险货物作业场所和实施卫生除害处理的专用场所具有一定的危险性,因此对其位置的设置有相应的强制性要求。如国务院制定的《危险化学品安全管理条例》规定,储存危险化学品的仓库的周边防护距离必须符合国家标准或者国家有关规定;该条例还规定,危险化学品的生产装置和储存数量构成重大危险源的储存设施,与人口密集区等区域的距离必须符合国家标准或者国家有关规定。本法第 17 条也明确规定,港口的危险货物作业场所、实施卫生除害处理的专用场所与人口密集区和港口客运设施的距离应当符合国务院有关部门的规定;违反者要承担相应的法律责任。

②根据本条规定,未经依法批准,擅自在港口建设危险货物作业场所、实施卫生除害处理的专用场所的,或者建设的危险货物作业场所、实施卫生除害处理的专用场所与人口密集区和港口客运设施的距离不符合国务院有关部门的规定的,由港口行政管理部门责令停止建设或者使用,并限期改正。违法行为人应当在接到港口行政管理部门的改正通知后,停止建设或者使用本法规定的特定场所,并采取相应的改正措施:未经依法批准建设上述特定场所的,应当依法办理审批手续,若没有得到批准,应当拆除其违法建设的设施或者经批准后改作其他用途;如建设的危险货物作业场所和实施卫生除害处理的专用场所与人口密集区和港口客运设施的距离不符合有关规定的,应当拆除其设施或者经批准后改作他用。

同时,根据本条规定,对未经依法批准建设危险货物作业场所或者实施卫生除害处理的专用场所，或者建设的危险货物作业场所或实施卫生除害处理的专用场所与人口密集区和港口客运设施的距离不符合有关规定的，港口行政管理部门可以根据其情节轻重、危害大小等因素选择对其处以罚款。罚款的幅度范围是五万元以下，具体数额由港口行政管理部门决定。

(11)码头或者港口装卸设施、客运设施未经验收合格，擅自投入使用的，由港口行政管理部门责令停止使用，限期改正，可以处五万元以下罚款。

本条是关于码头等港口设施未经验收合格就投入使用的违法行为应当承担的法律责任的规定：

①码头、港口装卸设施和客运设施都属于港口的基础设施，其质量的好坏对于港口的正常运行和港口作业的安全起着重要的作用。码头、港口装卸设施和客运设施在按照设计要求完成全部施工任务，准备交付使用时，应当由有关单位对其进行验收。这是对港口设施工程质量实施控制的最后一个重要环节，认真做好港口设施的竣工验收工作对于保证港口设施质量具有重要的作用。因此，本法第19条明确规定，港口设施建设项目竣工后，应当按照国家有关规定经验收合格，方可投入使用。码头、港口装卸设施和客运设施未经验收合格，擅自投入使用的，应当依据本条规定承担相应的法律责任。

本条所指的“未经验收合格”包括两种情况：一种是没有经过有关单位进行验收；另一种是虽然经过有关单位进行验收但是不合格。在这两种情况下，擅自投入使用的，都属于本条规定的违法行为。

②根据本条规定，码头、港口装卸设施和客运设施未经验收合格，擅自投入使用的，首先由港口行政管理部门责令停止使用，限期改正。码头、港口装卸设施和客运设施的所有人或经营人在接到港口行政管理部门依法作出的处理决定后，应当在规定的时间内改正其违法行为：

a. 对于没有经过验收的码头、港口装卸设施和客运设施，应当按照有关规定，申请对其进行验收，经验收合格后方可投入使用。

b. 对于验收不合格的码头、港口装卸设施和客运设施，其所有人或经营人应当在规定的时间内，采取改正措施，以使其达到合格标准。根据有关规定，交付竣工的建筑工程设施，必须符合规定的建筑工程质量标准，有完整的工程技术资料和经签署的工程保修书，并具备国家规定的其他竣工条件。港口设施的所有人或经营人应当认真分析验收不合格的原因，采取有针对性的改正措施，在规定的期限使其码头、港口装卸设施和客运设施达到验收合格的标准，并按照有关规定重新经过验收合格后，方可将其设施投入使用。

同时，对于码头、港口装卸设施和客运设施未经验收合格，擅自投入使用的，港口行政管理部门可以根据情节轻重、危害大小等情况选择对其实施罚款的行政处罚。罚款的对象是实施了本条规定的违法行为的码头、港口装卸设施和客运设施的所有人或经营人，罚款的幅度范围是五万元以下，具体数额由港口行政管理部部门根据具体情节决定。

(12)港口经营人违反本法关于安全生产的规定的，由港口行政管理部门或者其他依法负有安全生产监督管理职责的部门依法给予处罚；情节严重的，由港口行政管理部门吊销港口经营许可证，并对其主要负责人依法给予处分；构成犯罪的，依法追究刑事责任。

本条是关于港口经营人违反有关安全生产的法律、行政法规所应承担的法律责任的

规定:

①所谓“安全生产”,是指在生产经营活动中,为避免发生造成人员伤害和财产损失的事故而采取相应的事故预防和控制措施,以保证从业人员的人身安全,保证生产经营活动得以顺利进行的相关活动。保证安全生产,是生产经营单位在生产经营过程中必须履行的法定义务。在我国有关法律、行政法规中,对生产经营单位在安全生产方面的义务作了明确规定。港口经营人作为在港口从事服务经营的单位,也必须严格遵守有关法律、行政法规关于安全生产方面的规定,认真履行有关安全生产义务。本法第 32 条专门作出规定,要求:港口经营人必须依照《安全生产法》等有关法律、法规和国务院交通主管部门有关港口安全作业规则的规定,加强安全生产管理,建立健全安全生产责任制等规章制度,完善安全生产条件,采取保障安全生产的有效措施,确保安全生产。港口经营人应当依法制定本单位的危险货物事故应急预案、重大生产安全事故的旅客紧急疏散和救援预案以及预防自然灾害的预案,保障组织实施。港口经营人不遵守上述要求,违反有关安全生产的法律、法规的规定以及港口安全作业规则的,根据本条规定,由港口行政管理部门或者其他依法负有安全生产监督管理职责的部门依法给予处罚。

②2002 年 11 月 1 日起施行的《安全生产法》是关于生产经营单位安全生产管理的综合性法律。此外,其他有关法律、行政法规也对生产经营单位的安全生产作出了相关规定,如《消防法》对生产经营单位在消防安全方面的义务及违反者的法律责任作出了规定;国务院制定的《危险化学品安全管理条例》对危险化学品的生产、经营、运输、储存。使用等方面的安全管理作了规定,对生产经营单位违反有关规定的行为规定了罚款、没收违法所得、责令停产停业等形式的行政处罚,并对生产经营单位的有关人员给予处分等。

港口经营人违反《安全生产法》、《消防法》、《危险化学品安全管理条例》以及其他法律、法规有关安全生产的规定,根据本条的规定,港口行政管理部门或者其他依法负有安全生产监督管理职责的部门应依照相关法律、法规的规定对其给予处罚。例如:港口经营人未按照规定设立安全生产管理机构、配备安全生产管理人员及对有关人员未按照规定进行教育、培训和考核的,按照《安全生产法》第 82 条的规定,应由有关部门责令限期改正,逾期未改正的,责令停产停业整顿,可以处二万元以下的罚款;未经依法批准擅自生产、经营、储存危险物品的,按照《安全生产法》第 84 条的规定,应由有关部门责令停止违法行为,没收违法所得,并处以罚款。

生产经营单位违反有关危险物品管理的规定及进行危险作业未安排专门管理人员进行现场安全管理,按照《安全生产法》第 85 条的规定,应由有关部门责令停止违法行为,责令停产停业整顿,可以处以二万元以上十万元以下的罚款;港口经营人未根据危险化学品的种类、特性,在库房等作业场所设置相应的监测、通风、防晒、调温、防火、灭火、防爆、泄压、防毒、消毒、中和、防潮、防雷、防静电、防腐、防渗漏、防护围堤或者隔离操作等安全设施、设备的,按照《危险化学品安全管理条例》第 58 条的规定,应由有关部门责令立即或者限期改正,处二万元以上十万元以下的罚款。港口经营人违反其他有关安全生产的法律、行政法规的规定的,也应由有关部门依据相关规定给予其处罚。

③此外,根据本条规定,港口经营人违反有关安全生产的法律。法规以及港口安全作业规则,情节严重的,吊销港口经营许可证。吊销许可证的行政处罚,只能由授予证书的机关

作出。因此本条规定,吊销港口经营许可证的行政处罚,由港口行政管理部门作出;其他依法负有安全生产监督管理职责的部不能对违反有关安全生产的法律、法规以及港口安全作业规则的港口经营人作出吊销港口经营许可证的处罚。

④根据本条规定,港口经营人违反有关安全生产的法律、行政法规,构成犯罪的,依法追究刑事责任。这里所说的"构成犯罪",主要是指刑法第135条规定的重大劳动安全事故罪、第136条规定的危险物品肇事罪、第139条的消防责任事故罪等犯罪。刑法第135条规定:"工厂、矿山、林场、建筑企业或者其他企业、事业单位的劳动安全设施不符合国家规定,经有关部门或者单位职工提出后,对事故隐患仍不采取措施,因而发生重大伤亡事故或者造成其他严重后果的,对直接责任人员,处三年以下有期徒刑或者拘役;情节特别恶劣的,处三年以上七年以下有期徒刑。"第136条规定:"违反爆炸性、易燃性、放射性、毒害性、腐蚀性物品的管理规定,在生产、储存、运输、使用中发生重大事故,造成严重后果的,处三年以下有期徒刑或者拘役;后果特别严重的,处三年以上七年以下有期徒刑。"第139条规定:"违反消防管理法规,经消防监督机构通知采取改正措施而拒绝执行,造成严重后果的,对直接责任人员,处三年以下有期徒刑或者拘役;后果特别严重的,处三年以上七年以下有期徒刑。"港口经营人违反有关安全生产的法律、行政法规,且其行为符合刑法规定的重大劳动安全事故罪、危险物品肇事罪、消防责任事故罪以及其他犯罪的构成要件,构成刑法中规定的某一形式的犯罪的,应依照刑法的有关规定承担刑事责任。

(13)未依法向港口行政管理部门报告并经其同意,在港口内进行危险货物的装卸、过驳作业的,由港口行政管理部门责令停止作业,处五千元以上五万元以下罚款。

本条是关于未按规定报告并经同意在港口内进行危险货物的装卸、过驳作业应承担的法律责任的规定:

①按照本法规定,在港口内进行危险货物的装卸、过驳作业,应当按照国务院交通主管部门的规定向港口行政管理部门报告,报告的内容包括:危险货物的名称、特性、包装和作业时间、地点。港口行政管理部门接到报告后,应当在国务院交通主管部门规定的时间内作出是否同意的决定,并通知报告人。即报告人必须在得到港口行政管理部门的同意以后,才能进行危险货物的装卸、过驳作业,如果未经同意就进行作业,则构成本条的违法行为,应依照本条规定承担相应的法律责任。

②按照本条规定,如果未向港口行政管理部门报告并经其同意,在港口内进行装卸、过驳作业的,由港口行政管理部门责令停止作业。同时,根据违法行为的情节,处以罚款,其幅度为五千元以上五万元以下,罚款的具体数额,由港口行政管理部门根据违法行为的情节轻重决定。

(14)在港口水域内从事养殖、种植活动的,由海事管理机构责令限期改正;逾期不改正的,强制拆除养殖、种植设施,拆除费用由违法行为人承担;可以处一万元以下罚款。

本条是关于在港口内从事养殖、种植活动应承担的法律责任的规定:

①在港口水域从事养殖、种植活动,会妨碍航行的顺畅、可能危及航行安全、影响港口的环境。因此,本法第37条第一款明确规定,禁止在港口水域内从事养殖、种植活动。违反这一规定的,应依照本条规定追究其法律责任。

②按照本条规定,在港口水域从事养殖、种植活动的,首先由海事管理机构责令限期改

正，即由海事管理机构责令违法行为人在一定的期限内，纠正违法行为，拆除违法建设的养殖、种植设施。对于逾期不改正，即违法行为人在规定的期限内，不予拆除违法建设的养殖、种植设施的，则由海事管理机构予以强制拆除，因强制拆除养殖、种植设施所发生的费用，要由违法行为人承担。对于违法行为人根据违法情节可以处最高不超过一万元的罚款，如果违法行为情节较轻，也可以不处罚款。是否给予罚款处罚以及罚款的数额，由行政执法机关决定。

③本条规定的强制拆除，是行政强制执行的一种。所谓行政强制执行，是指公民、法人或者其他组织不履行行政机关依法所作行政处理决定中规定的义务，有关国家机关依法强制其履行义务或达到与履行义务相同状态的行为。行政强制执行原则上应当由人民法院执行，即如果法律没有授予行政机关强制执行的权力，都需要申请人民法院强制执行。但是也有由行政机关强制执行的例外，这种例外来自于法律的规定。由于在港口水域从事养殖、种植活动，不立即采取措施，有可能会危及船舶航行的安全，造成比较严重的后果，因此，本条规定将这种强制执行权赋予行政机关行使。又由于行政强制执行是由违法行为人以外的人代违法行为人执行的，必然要支出一定的费用，这些费用都应当由违法行为人承担。

④本条规定的行政执法主体是海事管理机构。包括设在中央管理水域的中华人民共和国海事局（交通部海事局）所属各水上安全监督机构和设在其他水域的地方各水上安全监督机构。

（15）未经依法批准在港口进行可能危及港口安全的采掘、爆破等活动的，向港口水域倾倒泥土、砂石的，由港口行政管理部门责令停止违法行为，限期消除因此造成的安全隐患；逾期不消除的，强制消除，因此发生的费用由违法行为人承担；处五千元以上五万元以下罚款；依照有关水上交通安全的法律、行政法规的规定由海事管理机构处罚的，依照其规定；构成犯罪的，依法追究刑事责任。

本条是关于未经批准在港口水域进行采掘、爆破，倾倒泥土、砂石应承担法律责任的规定：

为了维护正常的港口经营秩序，保证港口安全，本法第 37 条第二款规定，不得在港口进行可能危及港口安全的采掘、爆破等活动；因工程建设等确需进行的，必须采取相应的安全保护措施，并报经港口行政管理部门批准；依照有关水上交通安全的法律、行政法规的规定须经海事管理机构批准的，还应报经海事管理机构批准。同时还规定，禁止向港口水域倾倒泥土、砂石。对违反上述规定的行为，应依照本条规定追究其法律责任。

①首先，应由港口行政管理部门责令停止违法行为，限期消除因此造成的安全隐患。即停止进行可能危及港口安全的采掘、爆破等活动，停止向港口水域倾倒泥土、砂石的违法行为，在规定的期限内消除因从事采掘、爆破活动，倾倒泥土、砂石对港口所形成的不安全因素。违法向港口水域倾倒砂石、泥土，影响港口水域船舶安全航行。靠泊的，应当负责打捞清除；因采掘、爆破给港区道路、建筑等造成安全隐患的，应当采取消除安全隐患的措施，恢复安全状态。对于超过行政执法部门规定的期限仍不消除安全隐患的，为保证港口安全，依照本条规定，应由港口行政管理部门直接采取强制消除的行政执行措施，因此发生的费用由违法在港口进行采掘、爆破或倾倒泥土、砂石的行为人承担。

②对有本条所列违法行为的，除应依法责令其限期改正，消除因其违法行为造成的安全

隐患外,港口行政管理部门还要对违法行为人处以五千元以上五万元以下的罚款,罚款的具体数额,由港口行政管理部门根据违法行为人的违法情节决定。

③依照有关水上交通安全的法律、行政法规的规定由海事管理机构处罚的,依照其规定。

a. 按照《海上交通安全法》的规定,在沿海水域进行水上水下施工,必须报经主管机关核准公告。在港区内使用岸线或者进行水上水下施工包括架空施工,还必须附图报经主管机关审核同意。未经主管机关批准,不得在港区等地设置、构筑设施或者进行其他有碍航行安全的活动。对于在港区内擅自设置、构筑设施,主管机关有权责令其所有人限期搬迁或拆除。对于违反以上规定的,主管机关可视情节,给予警告、扣留或吊销职务证书、罚款三种处罚中的一种或几种处罚。

b. 按照《内河交通安全管理条例》的规定,在内河通航水域或者岸线上进行采掘、爆破作业的,应当在进行作业前报海事管理机构批准。对于未经批准进行作业的,由海事管理机构责令改正,即补办规定的手续,取得海事管理机构的批准。对违法行为人要处以五千元以上五万元以下的罚款,由海事管理机构根据违法行为的情节轻重决定罚款的具体数额。

④构成犯罪的,依法追究刑事责任。我国刑法没有将未经依法批准进行爆破等活动的行为作为危害公共安全罪的行为。但是,如果未经依法批准,在港口进行可能危及港口安全的采掘、爆破等活动,造成了严重后果,则可能构成过失爆炸罪、重大责任事故罪、重大劳动安全事故罪以及危险物品肇事罪等犯罪。构成犯罪须具备的条件是:一是行为人主观上是过失,这种过失体现在对危害结果的主观意愿上。如果行为人主观上是故意,则构成爆炸罪等。二是必须造成严重后果,主要是指致人重伤、死亡或者使公私财产遭受重大损失的后果。这是构成犯罪的前提条件。对于构成过失爆炸罪的,将依照刑法第 115 条的规定处三年以上七年以下有期徒刑;情节较轻的,处三年以下有期徒刑或者拘役。对于构成重大责任事故罪的,将依照刑法第 134 条的规定处三年以下有期徒刑或者拘役;情节特别恶劣的,处三年以上七年以下有期徒刑。对于构成重大劳动安全事故罪的,将依照刑法第 135 条的规定对直接责任人员处三年以下有期徒刑或者拘役;情节特别恶劣的,处三年以上七年以下有期徒刑。对于构成危险物品肇事罪的,将依照刑法第 136 条的规定处三年以下有期徒刑或者拘役;后果特别严重的,处三年以上七年以下有期徒刑。

### 2. 港口经营管理规定

《港口经营管理规定》于 2003 年 11 月 14 日由交通部发布,后于 2009 年 11 月 6 日修订,自 2010 年 3 月 1 日起施行。修订《港口经营管理规定》的目的是完善港口经营管理制度,规范市场秩序,提高港口管理水平。适用于我国港口经营及相关活动。

《港口经营管理规定》共 6 章 49 条,内容涵盖总则、资质管理、经营管理、监督管理、法律责任和附则等。其主要内容归纳如下:

1)管理体制

(1)交通运输部负责全国港口经营行政管理工作。

(2)省、自治区、直辖市人民政府交通运输(港口)主管部门负责本行政区域内的港口经营行政管理工作。

(3)省、自治区、直辖市人民政府、港口所在地设区的市(地)、县人民政府确定的具体实施港口行政管理的部门负责该港口的港口经营行政管理工作。

2)资质管理制度

(1)从事港口经营,应当申请取得港口经营许可。实施港口经营许可,应当遵循公平、公正和公开透明的原则,不得收取费用,并应当接受社会监督。港口经营许可应当具备的条件有:

①港口经营(港口理货、船舶污染物接收除外)。

a.有固定的经营场所;

b.有与经营范围、规模相适应的港口设施、设备,其中:

Ⅰ.码头、客运站、库场、储罐、污水处理设施等固定设施应当符合港口总体规划和法律、法规及有关技术标准的要求;

Ⅱ.为旅客提供上、下船服务的,应当具备至少能遮蔽风、雨、雪的候船和上、下船设施;

Ⅲ.为国际航线船舶服务的码头(包括过驳锚地、浮筒),应当具备对外开放资格;

Ⅳ.为船舶提供码头、过驳锚地、浮筒等设施的,应当有相应的船舶污染物、废弃物接收能力和相应污染应急处理能力,包括必要的设施、设备和器材;

c.有与经营规模、范围相适应的专业技术人员、管理人员;

d.有健全的经营管理制度和安全管理制度以及生产安全事故应急预案。

②港口理货。

a.与经营范围、规模相适应的组织机构和管理人员、理货员;

b.有固定的办公场所和经营设施;

c.有业务章程和管理制度。

③船舶污染物接收经营。

a.有固定的经营场所;

b.配备海务、机务、环境工程专职管理人员至少各一名,专职管理人员应当具有3年以上相关专业从业资历;

c.有健全的经营管理制度和安全管理制度以及生产安全事故应急预案;

d.使用船舶从事船舶污染物接收的,应当拥有至少一艘不低于300总吨的适应船舶污染物接收的中国籍船舶;使用港口接收设施从事船舶污染物接收的,港口接收设施应处于良好状态;使用车辆从事船舶污染物接收的,应当拥有至少一辆垃圾接收、清运专用车辆。

(2)从事港口装卸和仓储业务的经营人不得兼营理货业务。理货业务经营人不得兼营港口货物装卸经营业务和仓储经营业务。

(3)《港口经营许可证》的有效期为3年。

(4)申请人凭港口行政管理部门或者交通运输部核发的《港口经营许可证》到工商管理部门办理工商登记,取得营业执照后方可从事港口业务。

(5)港口经营人应当按照港口行政管理部门许可的经营范围从事港口经营活动。

(6)港口经营人变更经营范围的,应当就变更事项按照本规定办理许可手续,并到工商部门办理相应的变更登记手续。港口经营人变更企业法定代表人或者办公地址的,应当向港口行政管理部门备案并换发《港口经营许可证》。

(7)港口经营人应当在《港口经营许可证》有效期届满之日30日以前,向《港口经营许可证》发证机关申请办理延续手续。

(8)港口经营人停业或者歇业,应当提前30个工作日告知原许可机关。原许可机关应当收回并注销其《港口经营许可证》,并以适当方式向社会公布。

3)经营管理

(1)港口经营人变更或者改造码头、堆场、仓库、储罐和污水垃圾处理设施等固定经营设施,应当依照有关法律、法规和规章的规定履行相应手续。依照有关规定无需经港口行政管理部门审批的,港口经营人应当向港口行政管理部门备案。

(2)从事港口旅客运输服务的经营人,应当采取必要措施保证旅客运输的安全、快捷、便利,保证旅客基本生活用品的供应,保持良好的候船条件和环境。

(3)港口经营人应当优先安排抢险、救灾和国防建设急需物资的港口作业。政府在紧急情况下征用港口设施,港口经营人应当服从指挥。港口经营人因此而产生费用或者遭受损失的,下达征用任务的机关应当依法给予相应的经济补偿。

(4)港口经营人从事港口经营业务,应当遵守有关法律、法规和规章的规定,依法履行合同约定的义务,为客户提供公平、良好的服务。

(5)港口经营人应当遵守国家有关港口经营价格和收费的规定,应当在其经营场所公布经营服务收费项目和收费标准,使用国家规定的港口经营票据。

(6)港口经营人不得采取不正当手段,排挤竞争对手,限制或者妨碍公平竞争;不得对具有同等条件的服务对象实行歧视;不得以任何手段强迫他人接受其提供的港口服务。

(7)港口经营人应当按照有关规定及时足额交纳港口行政性收费。港口经营人的合法权益受法律保护。任何单位和个人不得向港口经营人摊派或者违法收取费用。港口经营人有权拒绝违反规定收取或者摊派的各种费用。

(8)港口行政管理部门应当依法做好港口行政性收费的征管工作,保证港口行政性收费征收到位,并及时足额解缴。港口行政性收费实行专户管理,专款专用。

(9)港口经营人应当按照国家有关规定,及时向港口行政管理部门如实提供港口统计资料及有关信息。各级交通运输(港口)主管部门和港口行政管理部门应当按照有关规定向交通运输部和上级交通运输(港口)主管部门报送港口统计资料和相关信息,并结合本地区的实际建设港口管理信息系统。上述部门的工作人员应当为港口经营人保守商业秘密。

4)安全预案管理

(1)在旅客严重滞留或者货物严重积压阻塞港口的紧急情况下,港口行政管理部门应当采取措施进行疏港。港口所在地的市、县人民政府认为必要时,可以直接采取措施,进行疏港。港口内的单位、个人及船舶、车辆应当服从疏港指挥。

(2)港口行政管理部门应当依法制定可能危及社会公共利益的港口危险货物事故应急预案、重大生产安全事故的旅客紧急疏散和救援预案以及预防自然灾害预案,建立健全港口重大生产安全事故的应急救援体系。港口行政管理部门按照前款规定制定的各项预案应当予以公布,并报送交通运输部和上级交通运输(港口)主管部门备案。

(3)港口经营人应当依照有关法律、法规和交通运输部有关港口安全作业的规定,加强安全生产管理,完善安全生产条件,建立健全安全生产责任制等规章制度,确保安全生产。港口经营人应当依法制定本单位的危险货物事故应急预案、重大生产安全事故的旅客紧急疏散和救援预案以及预防自然灾害预案,并保障组织实施。港口经营人按照前款规定制定的各项预案应当报送港口行政管理部门和港口所在地海事管理机构备案。

5)监督检查

(1)港口行政管理部门应当依法对港口安全生产情况和本规定执行情况实施监督检查,并将检查的结果向社会公布。港口行政管理部门应当对旅客集中、货物装卸量较大或者特殊用途的码头进行重点巡查。检查中发现安全隐患的,应当责令被检查人立即排除或者限期排除。各级交通运输(港口)主管部门应当加强对港口行政管理部门实施《港口法》和本规定的监督管理,切实落实法律规定的各项制度,及时纠正行政执法中的违法行为。

(2)港口行政管理部门的监督检查人员依法实施监督检查时,有权向被检查单位和有关人员了解情况,并可查阅、复制有关资料。监督检查人员应当对检查中知悉的商业秘密保密。监督检查人员实施监督检查,应当两个人以上,并出示执法证件。

(3)监督检查人员应当将监督检查的时间、地点、内容、发现的问题及处理情况作出书面记录,并由监督检查人员和被检查单位的负责人签字;被检查单位的负责人拒绝签字的,监督检查人员应当将情况记录在案,并向港口行政管理部门报告。

(4)被检查单位和有关人员应当接受港口行政管理部门依法实施的监督检查,如实提供有关情况和资料,不得拒绝检查或者隐匿、谎报有关情况和资料。

6)法律责任

(1)有下列行为之一的,由港口行政管理部门责令停止违法经营,没收违法所得;违法所得十万元以上的,并处违法所得二倍以上五倍以下罚款;违法所得不足十万元的,处五万元以上二十万元以下罚款:

①未依法取得港口经营许可证,从事港口经营的;

②未经依法许可,经营港口理货业务的;

③港口理货业务经营人兼营货物装卸经营业务、仓储经营业务的。

有前款第③项行为,情节严重的,由交通运输部吊销港口理货业务经营许可证,并以适当方式向社会公布。

(2)经检查或者调查证实,港口经营人在取得经营许可后又不符合本规定第七、八、九条规定一项或者几项条件的,由港口行政管理部门责令其停止经营,限期改正;逾期不改正的,由作出行政许可决定的行政机关吊销《港口经营许可证》,并以适当方式向社会公布。

(3)港口经营人不优先安排抢险物资、救灾物资、国防建设急需物资的作业的,由港口行政管理部门责令改正;造成严重后果的,吊销《港口经营许可证》,并以适当方式向社会公布。

(4)港口经营人违反本规定第二十六条关于安全生产规定的,由港口行政管理部门或者其他依法负有安全生产监督管理职责的部门依法给予处罚;情节严重的,由港口行政管理部门吊销《港口经营许可证》;构成犯罪的,依法追究刑事责任。

(5)港口经营人违反本规定第二十七条、第二十八条规定,港口行政管理部门应当进行调查,并协助相关部门进行处理。

(6)港口经营人违反本规定第三十二条规定不及时和不如实向港口行政管理部门提供港口统计资料及有关信息的,由港口行政管理部门按照有关法律、法规的规定予以处罚。

(7)港口行政管理部门不依法履行职责,有下列行为之一的,对直接负责的主管人员和

其他直接责任人员依法给予行政处分;构成犯罪的,依法追究刑事责任:

①对不符合法定条件的申请人给予港口经营许可的;

②发现取得经营许可的港口经营人不再具备法定许可条件而不及时吊销许可证的;

③不依法履行监督检查职责,对未经依法许可从事港口经营的行为,不遵守安全生产管理规定的行为,危及港口作业安全的行为,以及其他违反本法规定的行为,不依法予以查处的。

(8)港口行政管理部门违法干预港口经营人的经营自主权的,由其上级行政机关或者监察机关责令改正。向港口经营人摊派财物或者违法收取费用的,责令退回;情节严重的,对直接负责的主管人员和其他直接责任人员依法给予行政处分。

7)与其他规章制度的关系

《港口经营管理规定》第47条明确规定,港口引航适用《船舶引航管理规定》(交通部令2001年第10号)。从事危险货物港口作业的,应当同时遵守《港口危险货物管理规定》(交通部令2003年第9号)。

3.港口危险货物管理规定

《港口危险货物管理规定》于2003年8月7日经第10次部务会议通过,于2003年8月29日正式对外公布,自2004年1月1日起施行。该规定是为了加强港口危险货物管理,保障人民生命、财产安全,根据《港口法》、《安全生产法》、《危险化学品安全管理条例》等有关法律、行政法规为依据而制定的。适用于在港口装卸、过驳、储存、包装危险货物或者对危险货物集装箱进行装拆箱等项作业。2003年12月5日,交通部又发布了541号文,关于贯彻实施《港口危险货物管理规定》有关事项的通知,就切实做好港口危规的实施工作,又做了详细的部署。

《港口危险货物管理规定》共41条。其主要内容归纳如下:

1)管理机构

《港口危险货物管理规定》第4条明确规定,交通部负责全国港口危险货物管理工作;

省级和设区的市级人民政府交通(港口)主管部门根据地方人民政府确定的职权负责本行政区域内港口的危险货物管理工作;港口所在地人民政府设置的港口行政管理部门具体负责该港口的危险货物管理工作。

2)港口设施安全规定

《港口危险货物管理规定》第6、7条明确规定,新建、改建、扩建危险货物作业码头、库场、储罐、锚地等港口设施,应当符合港口总体规划和国家有关建造规范和标准,经所在地港口行政管理部门批准后,按照国家有关基本建设程序办理审批手续。港口行政管理部门在批准新建、改建、扩建危险货物码头、锚地时,应当事先征得海事管理机构同意。

危险货物港口作业的码头、库场、储罐、锚地等港口设施投入作业前,应当按照国家有关规定组织验收。验收合格后,方可交付使用。

3)港口经营企业资质认定

(1)港口经营人从事危险货物港口作业,应当具备本规定第九条规定的条件,并向所在地港口行政管理部门申请危险货物港口作业资质认定。未取得危险货物港口作业资质的,不得从事危险货物港口作业。

(2)从事危险货物港口作业的港口经营人,应当具备以下条件:

①符合《港口法》规定的港口经营许可条件;

②具有符合国家标准的应急设备、设施;

③具有健全的安全管理制度和操作规程;

④至少有一名企业主要负责人应当具备与本单位所从事的危险货物港口作业相关的安全生产知识和管理技能;

⑤配备足够的具有上岗资格证书的管理、作业人员;

⑥具备事故应急预案;

⑦取得消防、环保部门核准意见。

事故应急预案的主要内容应当包括:危险货物作业码头、库场、储罐、锚地等港口设施的概况、重点部位、应急队伍的组成及职责、应急措施、应急救援流程图、指挥序列表、通信方式、应急人员联络表等。

(3)港口行政管理部门应当自收到危险货物港口作业资质申请之日起30日内按照相关规定予以审核,作出予以认定或者不予认定的决定。予以认定的,应当根据该港口经营人的危险货物作业能力确定认可作业的范围,并核发相应的危险货物港口作业认可证;对不予认定的,应当书面通知申请人并说明理由。

(4)危险货物港口作业认可证由所在地港口行政管理部门按照国务院交通主管部门规定的统一格式制作、发放、管理。

(5)从事危险货物港口作业的企业应当在危险货物港口作业认可证上核定的危险货物港口作业范围内从事危险货物港口作业活动。

4)港口从业人员安全知识培训

从事危险货物港口作业的企业,应当对从事危险货物港口作业的人员进行有关安全作业知识培训。从事危险货物港口作业的管理、作业人员,必须接受有关法律、法规、规章和安全知识、专业技术、职业卫生防护和应急救援知识的培训,并经交通部或其授权的机构组织考核。考核合格,取得上岗资格证后,方可上岗作业。

对危险货物港口作业人员进行培训的机构,应当具备相应的教学、师资条件,按照交通部规定的考核科目、考试大纲和培训大纲进行培训,保障学员能满足本规定规定的资格要求。

5)危险货物港口作业申报机制

(1)船舶载运危险货物进出港口,应当将危险货物的名称、理化性质、包装和进出港口的时间等事项,在预计到、离港24小时前向海事管理机构报告。但定船舶、定航线、定货种的船舶可以按照有关规定向海事管理机构定期申报。海事管理机构接到上述报告后应当及时将上述信息通报港口所在地港口行政管理部门。

(2)作业委托人应当向从事危险货物港口作业的企业提供正确的危险货物名称、国家或联合国编号、适用包装、危害、应急措施等资料,并保证资料正确、完整。作业委托人不得在委托作业的普通货物中夹带危险货物,不得将危险货物匿报或者谎报为普通货物。

(3)从事危险货物港口作业的企业,在危险货物港口装卸、过驳、储存、包装、集装箱装拆箱等作业开始24小时前,应当将作业委托人,以及危险货物品名、数量、理化性质、作业地点和时间、安全防范措施等事项向所在地港口行政管理部门报告。港口行政管理部门应当在接到报告后24小时内作出是否同意作业的决定，通知报告人，并及时将有关信息通报海事管理机构。未经港口行政管理部门同意，不得进行危险货物港口作业。

(4)发生下列情况，从事危险货物港口作业的企业应当及时处理并报告所在地港口行政管理部门：

①发现未申报或者申报不实、申报有误的危险货物；

②在普通货物或集装箱中发现性质相抵触的危险货物。

6)危险货物港口日常作业安全管理规定

(1)从事危险货物港口作业的企业，应当按照安全管理制度和操作规程组织危险货物港口作业。

(2)从事危险货物港口作业的人员应当按照企业安全管理制度和操作规程进行危险货物的操作。

(3)从事危险货物港口作业的企业，应当对危险货物包装进行检查，发现包装不符合国家有关规定的，不得予以作业，并应当及时通知作业委托人处理。港口行政管理部门应当根据国家有关规定对危险货物包装进行抽查。不符合规定的，可责令作业委托人处理。

(4)爆炸品、压缩气体和液化气体、易燃液体、易燃固体、自燃物品和遇湿易燃物品的港口作业，企业应当划定作业区域，明确责任人并实行封闭式管理。作业区域应当设置明显标志，禁止无关人员进入和无关船舶停靠。作业期间严禁烟火，杜绝一切火源。

7)制定安全应急预案规定

(1)从事危险货物港口作业的企业应当按照事故应急预案进行定期演练，做好演练记录，并根据实际情况对事故应急预案进行修订。

(2)当危险货物港口作业发生事故时，从事危险货物港口作业的企业应迅速启动事故应急预案，采取应急行动，排除事故危害，控制事故进一步扩散。并按照国家有关规定立即向港口行政管理部门和有关部门报告。

(3)港口行政管理部门应当制定事故应急预案，当危险货物港口作业发生事故时，应当及时组织救助。发生特大安全事故，港口行政管理部门和有关单位、企业应当服从地方人民政府指挥，积极配合救助，并按照规定向有关部门报告。

8)安全监督检查权规定

港口行政管理部门及其管理人员对从事危险货物港口作业的企业进行监督检查，可以行使下列职权：

(1)进入并检查港口危险货物作业场所，查阅、抄录、复印相关的文件或者资料，提出整改意见；

(2)发现危险货物港口作业和应急设备、设施不符合法律、法规、规章规定和标准要求的，责令立即停止使用；

(3)发现安全隐患，应当责令立即排除或者限期排除；

(4)发现违法行为，应当当场予以纠正或者责令限期改正。

9)违规处罚规定

(1)违反本规定，从事爆炸品、压缩气体和液化气体、易燃液体、易燃固体、自燃物品和遇湿易燃物品的港口作业,企业未划定作业区域,明确责任人并实行封闭式管理的,由港口行政管理部门按照《安全生产法》第八十五条第(一)项规定处罚。

(2)违反本规定,未按有关规定、标准和规范配备应急器材、必要安全设施、设备的,由港口行政管理部门按照《安全生产法》第八十三条第(五)项规定处罚。

(3)违反本规定,有下列行为之一的,由港口行政管理部门按照《安全生产法》第八十五条规定处罚:

①安全管理制度和操作规程不健全的;

②未按事故应急预案进行定期演练的。

(4)违反本规定,企业未对危险货物港口作业人员进行有关安全作业知识培训的,由港口行政管理部门按照《安全生产法》第八十二条第(三)项规定处罚。

(5)港口经营人有第二十九条、第三十条、第三十一条、第三十二条、第三十三条违法行为,情节严重的,港口行政管理部门可依据《港口法》第五十一条规定吊销港口经营许可证。

(6)违反本规定第六条规定,未经批准建设、改建和扩建危险货物作业码头、库场、储罐、锚地等港口设施的,由港口行政管理部门按照《港口法》第四十六条规定处罚。

(7)违反本规定,从事危险货物港口作业企业未按规定在作业前向港口行政管理部门报告并经其同意的,由港口行政管理部门按照《港口法》第五十三条规定处罚。

(8)违反本规定,从事危险货物港口作业的人员未按照安全管理制度和操作规程作业的,由港口作业单位予以批评教育,依照有关规章制度予以处分;造成重大事故,构成犯罪的,由有关机关依法追究刑事责任。

(9)违反本规定,未及时报告危险货物港口作业事故的,分别按照《安全生产法》第九十一条和第九十二条的规定处理。

(10)从事危险货物港口作业不具备本规定第九条规定的条件,港口行政管理部门应当责令停业整顿,经停业整顿仍不具备条件的,取消其危险货物港口作业资质。构成犯罪的,由有关机关依法追究刑事责任。

(11)交通(港口)主管部门和港口行政管理部门的工作人员在执行本规定中,滥用职权、玩忽职守、徇私舞弊的,依法给予行政处分。构成犯罪的,由有关机关依法追究刑事责任。

《港口危险货物管理规定》是依据《安全生产法》、《港口法》、《危险化学品安全管理条例》等国家新的安全生产法律、法规制定的实施性规定,是对危险货物港口作业活动进行全面规范的行政规章,它在总结我国港口国际、国内危险货物安全管理经验和教训基础上建立了新的管理制度,对落实法律、法规规定的各项安全监督职责和企业安全管理责任,加强港口安全生产监督管理,规范危险货物港口作业活动,建立事故应急救援体系,推动水路危险货物运输逐步规范化、法制化,促进水路危险货物运输健康发展具有重要意义。为了切实做好《港口危险货物管理规定》的实施工作,交通部又发布了关于贯彻实施《港口危险货物管理规定》有关事项的通知,就相关问题再次进行了说明和部署,具体内容如下:

1)关于危险货物港口作业认可证的核发问题

《通知》明确规定,鉴于已经从事危险货物港口作业的企业数量多,港口行政管理部门资质审核工作需要一定的时间,决定凡从事危险货物港口作业的企业、单位,以及其他组织,都应当在2004年6月30日前取得危险货物港口作业认可证。自2004年7月1日起,未取得危险货物港口作业认可证的,不得从事危险货物港口作业活动。

2)关于危险货物港口作业申报工作

《通知》明确要求,港口行政管理部门应当在2004年1月1日前做好接受申报的准备工作,并根据危险货物港口作业申报工作量的实际情况,以为港口企业服务为宗旨,合理安排并公布申报方式,指定专门接受申报的处室,配备必要人员,做好日常申报管理工作,保障港口畅通和生产顺利进行。

对于在危险货物港口作业证认可范围内的品种,如果是港口企业对该品种的第一次作业,应当进行安全评估,并同时向港口行政管理部门提交安全评估报告。如果不是港口企业对该品种的第一次作业,可以由港口行政管理部门决定采取报备的方式进行管理。

3)关于从业人员上岗资格问题

《通知》明确要求,自2004年5月1日起,未取得上岗资格证书的人员,企业不得安排上岗从事危险货物港口作业活动。从事危险货物港口作业的企业要按照国家法律、法规和规章的要求,对未取得上岗资格证书的人员制定培训计划,并报告港口行政管理部门,保障相关人员按时参加培训。

从业人员上岗资格培训、考核、发证等工作,中国港口协会和各省交通主管部门应当在2004年4月30日前完成,以便为企业申请危险货物港口作业资质创造必要的条件。自2004年5月1日起,港口行政管理部门应当按照港口危规的规定,对从事危险货物港口作业的人员持证上岗实行严格监督检查。

4)关于制定应急救援预案

《通知》明确说明,事故应急预案是事故应急处置体系重要组成部分,主要应当解决发生事故后,怎么实施救援,用什么方法救援的问题。港口企业要结合自身的情况制定适合本企业的应急救援预案。港口行政管理部门应当组织专家和相关人员指导企业制定应急救援预案,提高事故应急救援预案的质量和有效性。同时,港口行政管理部门也应当按照规定抓紧制定全港的事故应急预案,提高港口安全管理的应急能力。

5)关于封闭式管理

《通知》明确说明,由于港口作业的危险货物品种、类别多种多样,港口作业的管理方式应当根据不同的品种或者类别确定相应的管理原则和方法。根据全国危险货物港口作业的实践,其管理方式原则确定如下:

(1)原油、成品油、液化气、散装危险化学品的装卸、储存作业应当实行封闭式管理;

(2)危险货物储存或者装拆箱作业,应当实行封闭式管理;

(3)集装箱装运的危险货物,成套设备中含有危险货物,以及散装固体硫黄、硝酸铵、鱼粉、种子饼等在港口装卸作业,可不实行封闭式管理。

4. 危险化学品安全管理条例

《危险化学品安全管理条例》于2002年1月26日由国务院公布,后于2011年2月16日经国务院第144次常务会议修订通过,自2011年12月1日起施行。该条例的颁布实施,是为了加强我国危险化学品的安全管理,预防和减少危险化学品事故,保障人民群众生命财产安全,保护环境。该条例适用于我国危险化学品生产、储存、使用、经营和运输的安全管理等。

《危险化学品安全管理条例》共8章102条,内容涵盖总则、生产与储存安全、使用安全、经营安全、运输安全、危险化学品登记与事故应急救援、法律责任和附则等。其中,港口主要涉及危险化学品的装卸与储存,相关内容主要有:

1)明确了归口管理部门和危险化学品单位的基本职责

《危险化学品安全管理条例》第6条规定,交通运输主管部门负责危险化学品道路运输、水路运输的许可以及运输工具的安全管理,对危险化学品水路运输安全实施监督,负责危险化学品道路运输企业、水路运输企业驾驶人员、船员、装卸管理人员、押运人员、申报人员、集装箱装箱现场检查员的资格认定。

《危险化学品安全管理条例》第4、5条规定,生产、储存、使用、经营、运输危险化学品的单位的主要负责人对本单位的危险化学品安全管理工作全面负责。危险化学品单位应当具备法律、行政法规规定和国家标准、行业标准要求的安全条件,建立、健全安全管理规章制度和岗位安全责任制度,对从业人员进行安全教育、法制教育和岗位技术培训。从业人员应当接受教育和培训,考核合格后上岗作业;对有资格要求的岗位,应当配备依法取得相应资格的人员。任何单位和个人不得生产、经营、使用国家禁止生产、经营、使用的危险化学品。国家对危险化学品的使用有限制性规定的,任何单位和个人不得违反限制性规定使用危险化学品。

2)港口储存危险化学品的规定

(1)新建、改建、扩建生产、储存危险化学品的建设项目,应当由安全生产监督管理部门进行安全条件审查。

建设单位应当对建设项目进行安全条件论证,委托具备国家规定的资质条件的机构对建设项目进行安全评价,并将安全条件论证和安全评价的情况报告报建设项目所在地设区的市级以上人民政府安全生产监督管理部门;安全生产监督管理部门应当自收到报告之日起45日内作出审查决定,并书面通知建设单位。具体办法由国务院安全生产监督管理部门制定。

新建、改建、扩建储存、装卸危险化学品的港口建设项目,由港口行政管理部门按照国务院交通运输主管部门的规定进行安全条件审查。

(2)生产、储存危险化学品的单位,应当对其铺设的危险化学品管道设置明显标志,并对危险化学品管道定期检查、检测。

进行可能危及危险化学品管道安全的施工作业,施工单位应当在开工的7日前书面通知管道所属单位,并与管道所属单位共同制定应急预案,采取相应的安全防护措施。管道所属单位应当指派专门人员到现场进行管道安全保护指导。

(3)生产、储存危险化学品的单位,应当根据其生产、储存的危险化学品的种类和危险特性,在作业场所设置相应的监测、监控、通风、防晒、调温、防火、灭火、防爆、泄压、防毒、中和、防潮、防雷、防静电、防腐、防泄漏以及防护围堤或者隔离操作等安全设施、设备,并按照国家标准、行业标准或者国家有关规定对安全设施、设备进行经常性维护、保养,保证安全设施、设备的正常使用。

生产、储存危险化学品的单位,应当在其作业场所和安全设施、设备上设置明显的安全警示标志。生产、储存危险化学品的单位，应当在其作业场所设置通信、报警装置，并保证处于适用状态。

(4)生产、储存危险化学品的企业，应当委托具备国家规定的资质条件的机构，对本企业的安全生产条件每3年进行一次安全评价，提出安全评价报告。安全评价报告的内容应当包括对安全生产条件存在的问题进行整改的方案。

生产、储存危险化学品的企业，应当将安全评价报告以及整改方案的落实情况报所在地县级人民政府安全生产监督管理部门备案。在港区内储存危险化学品的企业，应当将安全评价报告以及整改方案的落实情况报港口行政管理部门备案。

(5)生产、储存剧毒化学品或者国务院公安部门规定的可用于制造爆炸物品的危险化学品的单位，应当如实记录其生产、储存的剧毒化学品、易制爆危险化学品的数量、流向，并采取必要的安全防范措施，防止剧毒化学品、易制爆危险化学品丢失或者被盗；发现剧毒化学品、易制爆危险化学品丢失或者被盗的，应当立即向当地公安机关报告。生产、储存剧毒化学品、易制爆危险化学品的单位，应当设置治安保卫机构，配备专职治安保卫人员。

(6)危险化学品应当储存在专用仓库、专用场地或者专用储存室(以下统称专用仓库)内，并由专人负责管理；剧毒化学品以及储存数量构成重大危险源的其他危险化学品，应当在专用仓库内单独存放，并实行双人收发、双人保管制度。危险化学品的储存方式、方法以及储存数量应当符合国家标准或者国家有关规定。

(7)储存危险化学品的单位应当建立危险化学品出入库核查、登记制度。对剧毒化学品以及储存数量构成重大危险源的其他危险化学品，储存单位应当将其储存数量、储存地点以及管理人员的情况，报所在地县级人民政府安全生产监督管理部门(在港区内储存的，报港口行政管理部门)和公安机关备案。

(8)危险化学品专用仓库应当符合国家标准、行业标准的要求，并设置明显的标志。储存剧毒化学品、易制爆危险化学品的专用仓库，应当按照国家有关规定设置相应的技术防范设施。储存危险化学品的单位应当对其危险化学品专用仓库的安全设施、设备定期进行检测、检验。

3)港口经营安全管理规定

(1)国家对危险化学品经营(包括仓储经营，下同)实行许可制度。未经许可，任何单位和个人不得经营危险化学品。依法设立的危险化学品生产企业在其厂区范围内销售本企业生产的危险化学品，不需要取得危险化学品经营许可。

依照《港口法》的规定取得港口经营许可证的港口经营人，在港区内从事危险化学品仓储经营，不需要取得危险化学品经营许可。

(2)从事危险化学品经营的企业应当具备下列条件：

①有符合国家标准、行业标准的经营场所，储存危险化学品的，还应当有符合国家标准、行业标准的储存设施；

②从业人员经过专业技术培训并经考核合格；

③有健全的安全管理规章制度；

④有专职安全管理人员；

⑤有符合国家规定的危险化学品事故应急预案和必要的应急救援器材、设备；

⑥法律、法规规定的其他条件。

4)水路运输危化品的安全规定

(1)从事危险化学品道路运输、水路运输的,应当分别依照有关道路运输、水路运输的法律、行政法规的规定,取得危险货物道路运输许可、危险货物水路运输许可,并向工商行政管理部门办理登记手续。危险化学品道路运输企业、水路运输企业应当配备专职安全管理人员。

(2)危险化学品道路运输企业、水路运输企业的驾驶人员、船员、装卸管理人员、押运人员、申报人员、集装箱装箱现场检查员应当经交通运输主管部门考核合格,取得从业资格。具体办法由国务院交通运输主管部门制定。

危险化学品的装卸作业应当遵守安全作业标准、规程和制度,并在装卸管理人员的现场指挥或者监控下进行。水路运输危险化学品的集装箱装箱作业应当在集装箱装箱现场检查员的指挥或者监控下进行,并符合积载、隔离的规范和要求;装箱作业完毕后,集装箱装箱现场检查员应当签署装箱证明书。

(3)运输危险化学品,应当根据危险化学品的危险特性采取相应的安全防护措施,并配备必要的防护用品和应急救援器材。

用于运输危险化学品的槽罐以及其他容器应当封口严密,能够防止危险化学品在运输过程中因温度、湿度或者压力的变化发生渗漏、洒漏;槽罐以及其他容器的溢流和泄压装置应当设置准确、起闭灵活。

运输危险化学品的驾驶人员、船员、装卸管理人员、押运人员、申报人员、集装箱装箱现场检查员,应当了解所运输的危险化学品的危险特性及其包装物、容器的使用要求和出现危险情况时的应急处置方法。

(4)通过水路运输危险化学品的,应当遵守法律、行政法规以及国务院交通运输主管部门关于危险货物水路运输安全的规定。

(5)海事管理机构应当根据危险化学品的种类和危险特性,确定船舶运输危险化学品的相关安全运输条件。拟交付船舶运输的化学品的相关安全运输条件不明确的,应当经国家海事管理机构认定的机构进行评估,明确相关安全运输条件并经海事管理机构确认后,方可交付船舶运输。

(6)禁止通过内河封闭水域运输剧毒化学品以及国家规定禁止通过内河运输的其他危险化学品。前款规定以外的内河水域,禁止运输国家规定禁止通过内河运输的剧毒化学品以及其他危险化学品。

禁止通过内河运输的剧毒化学品以及其他危险化学品的范围,由国务院交通运输主管部门会同国务院环境保护主管部门、工业和信息化主管部门、安全生产监督管理部门,根据危险化学品的危险特性、危险化学品对人体和水环境的危害程度以及消除危害后果的难易程度等因素规定并公布。

(7)通过内河运输危险化学品,应当由依法取得危险货物水路运输许可的水路运输企业承运,其他单位和个人不得承运。托运人应当委托依法取得危险货物水路运输许可的水路运输企业承运,不得委托其他单位和个人承运。

(8)通过内河运输危险化学品,应当使用依法取得危险货物适装证书的运输船舶。水路运输企业应当针对所运输的危险化学品的危险特性,制定运输船舶危险化学品事故应急救援预案,并为运输船舶配备充足、有效的应急救援器材和设备。

通过内河运输危险化学品的船舶,其所有人或者经营人应当取得船舶污染损害责任保险证书或者财务担保证明。船舶污染损害责任保险证书或者财务担保证明的副本应当随船携带。

(9)通过内河运输危险化学品,危险化学品包装物的材质、形式、强度以及包装方法应当符合水路运输危险化学品包装规范的要求。国务院交通运输主管部门对单船运输的危险化学品数量有限制性规定的,承运人应当按照规定安排运输数量。

(10)用于危险化学品运输作业的内河码头、泊位应当符合国家有关安全规范,与饮用水取水口保持国家规定的距离。有关管理单位应当制定码头、泊位危险化学品事故应急预案,并为码头、泊位配备充足、有效的应急救援器材和设备。

用于危险化学品运输作业的内河码头、泊位,经交通运输主管部门按照国家有关规定验收合格后方可投入使用。

(11)船舶载运危险化学品进出内河港口,应当将危险化学品的名称、危险特性、包装以及进出港时间等事项,事先报告海事管理机构。海事管理机构接到报告后,应当在国务院交通运输主管部门规定的时间内作出是否同意的决定,通知报告人,同时通报港口行政管理部门。定船舶、定航线、定货种的船舶可以定期报告。

在内河港口内进行危险化学品的装卸、过驳作业,应当将危险化学品的名称、危险特性、包装和作业的时间、地点等事项报告港口行政管理部门。港口行政管理部门接到报告后,应当在国务院交通运输主管部门规定的时间内作出是否同意的决定,通知报告人,同时通报海事管理机构。

载运危险化学品的船舶在内河航行,通过过船建筑物的,应当提前向交通运输主管部门申报,并接受交通运输主管部门的管理。

(12)载运危险化学品的船舶在内河航行、装卸或者停泊,应当悬挂专用的警示标志,按照规定显示专用信号。载运危险化学品的船舶在内河航行,按照国务院交通运输主管部门的规定需要引航的,应当申请引航。

(13)载运危险化学品的船舶在内河航行,应当遵守法律、行政法规和国家其他有关饮用水水源保护的规定。内河航道发展规划应当与依法经批准的饮用水水源保护区划定方案相协调。

5)水路运输危化品的应急救援规定

《危险化学品安全管理条例》第71条规定,发生危险化学品事故,事故单位主要负责人应当立即按照本单位危险化学品应急预案组织救援,并向当地安全生产监督管理部门和环境保护、公安、卫生主管部门报告;道路运输、水路运输过程中发生危险化学品事故的,驾驶人员、船员或者押运人员还应当向事故发生地交通运输主管部门报告。

6)违规处罚规定

《危险化学品安全管理条例》第7章法律责任,明确了违反本条例的处罚规定。其中,涉及港口和水运方面的内容主要有:

(1)有下列情形之一的,由安全生产监督管理部门责令改正,可以处5万元以下的罚款;

拒不改正的，处 5 万元以上 10 万元以下的罚款；情节严重的，责令停产停业整顿：

①生产、储存危险化学品的单位未对其铺设的危险化学品管道设置明显的标志，或者未对危险化学品管道定期检查、检测的；

②进行可能危及危险化学品管道安全的施工作业，施工单位未按照规定书面通知管道所属单位，或者未与管道所属单位共同制定应急预案、采取相应的安全防护措施，或者管道所属单位未指派专门人员到现场进行管道安全保护指导的；

③危险化学品生产企业未提供化学品安全技术说明书，或者未在包装（包括外包装件）上粘贴、拴挂化学品安全标签的；

④危险化学品生产企业提供的化学品安全技术说明书与其生产的危险化学品不相符，或者在包装（包括外包装件）粘贴、拴挂的化学品安全标签与包装内危险化学品不相符，或者化学品安全技术说明书、化学品安全标签所载明的内容不符合国家标准要求的；

⑤危险化学品生产企业发现其生产的危险化学品有新的危险特性不立即公告，或者不及时修订其化学品安全技术说明书和化学品安全标签的；

⑥危险化学品经营企业经营没有化学品安全技术说明书和化学品安全标签的危险化学品的；

⑦危险化学品包装物、容器的材质以及包装的形式、规格、方法和单件质量（质量）与所包装的危险化学品的性质和用途不相适应的；

⑧生产、储存危险化学品的单位未在作业场所和安全设施、设备上设置明显的安全警示标志，或者未在作业场所设置通信、报警装置的；

⑨危险化学品专用仓库未设专人负责管理，或者对储存的剧毒化学品以及储存数量构成重大危险源的其他危险化学品未实行双人收发、双人保管制度的；

⑩储存危险化学品的单位未建立危险化学品出入库核查、登记制度的；

⑪危险化学品专用仓库未设置明显标志的；

⑫危险化学品生产企业、进口企业不办理危险化学品登记，或者发现其生产、进口的危险化学品有新的危险特性不办理危险化学品登记内容变更手续的。

从事危险化学品仓储经营的港口经营人有前款规定情形的，由港口行政管理部门依照前款规定予以处罚。储存剧毒化学品、易制爆危险化学品的专用仓库未按照国家有关规定设置相应的技术防范设施的，由公安机关依照前款规定予以处罚。

生产、储存剧毒化学品、易制爆危险化学品的单位未设置治安保卫机构、配备专职治安保卫人员的，依照《企业事业单位内部治安保卫条例》的规定处罚。

（2）生产、储存、使用危险化学品的单位有下列情形之一的，由安全生产监督管理部门责令改正，处 5 万元以上 10 万元以下的罚款；拒不改正的，责令停产停业整顿直至由原发证机关吊销其相关许可证件，并由工商行政管理部门责令其办理经营范围变更登记或者吊销其营业执照；有关责任人员构成犯罪的，依法追究刑事责任：

①对重复使用的危险化学品包装物、容器，在重复使用前不进行检查的；

②未根据其生产、储存的危险化学品的种类和危险特性，在作业场所设置相关安全设施、设备，或者未按照国家标准、行业标准或者国家有关规定对安全设施、设备进行经常性维护、保养的；

③未依照本条例规定对其安全生产条件定期进行安全评价的；

④未将危险化学品储存在专用仓库内，或者未将剧毒化学品以及储存数量构成重大危险源的其他危险化学品在专用仓库内单独存放的；

⑤危险化学品的储存方式、方法或者储存数量不符合国家标准或者国家有关规定的；

⑥危险化学品专用仓库不符合国家标准、行业标准的要求的；

⑦未对危险化学品专用仓库的安全设施、设备定期进行检测、检验的。

从事危险化学品仓储经营的港口经营人有前款规定情形的，由港口行政管理部门依照前款规定予以处罚。

(3)有下列情形之一的，由公安机关责令改正，可以处 1 万元以下的罚款；拒不改正的，处 1 万元以上 5 万元以下的罚款：

①生产、储存、使用剧毒化学品、易制爆危险化学品的单位不如实记录生产、储存、使用的剧毒化学品、易制爆危险化学品的数量、流向的；

②生产、储存、使用剧毒化学品、易制爆危险化学品的单位发现剧毒化学品、易制爆危险化学品丢失或者被盗，不立即向公安机关报告的；

③储存剧毒化学品的单位未将剧毒化学品的储存数量、储存地点以及管理人员的情况报所在地县级人民政府公安机关备案的；

④危险化学品生产企业、经营企业不如实记录剧毒化学品、易制爆危险化学品购买单位的名称、地址、经办人的姓名、身份证号码以及所购买的剧毒化学品、易制爆危险化学品的品种、数量、用途，或者保存销售记录和相关材料的时间少于 1 年的；

⑤剧毒化学品、易制爆危险化学品的销售企业、购买单位未在规定的时限内将所销售、购买的剧毒化学品、易制爆危险化学品的品种、数量以及流向信息报所在地县级人民政府公安机关备案的；

⑥使用剧毒化学品、易制爆危险化学品的单位依照本条例规定转让其购买的剧毒化学品、易制爆危险化学品，未将有关情况向所在地县级人民政府公安机关报告的。

生产、储存危险化学品的企业或者使用危险化学品从事生产的企业未按照本条例规定将安全评价报告以及整改方案的落实情况报安全生产监督管理部门或者港口行政管理部门备案，或者储存危险化学品的单位未将其剧毒化学品以及储存数量构成重大危险源的其他危险化学品的储存数量、储存地点以及管理人员的情况报安全生产监督管理部门或者港口行政管理部门备案的，分别由安全生产监督管理部门或者港口行政管理部门依照前款规定予以处罚。

生产实施重点环境管理的危险化学品的企业或者使用实施重点环境管理的危险化学品从事生产的企业未按照规定将相关信息向环境保护主管部门报告的，由环境保护主管部门依照本条第一款的规定予以处罚。

(4)未依法取得危险货物道路运输许可、危险货物水路运输许可，从事危险化学品道路运输、水路运输的，分别依照有关道路运输、水路运输的法律、行政法规的规定处罚。

(5)有下列情形之一的，由交通运输主管部门责令改正，处 5 万元以上 10 万元以下的罚款；拒不改正的，责令停产停业整顿；构成犯罪的，依法追究刑事责任：

①危险化学品道路运输企业、水路运输企业的驾驶人员、船员、装卸管理人员、押运人

员、申报人员、集装箱装箱现场检查员未取得从业资格上岗作业的；

②运输危险化学品，未根据危险化学品的危险特性采取相应的安全防护措施，或者未配备必要的防护用品和应急救援器材的；

③使用未依法取得危险货物适装证书的船舶，通过内河运输危险化学品的；

④通过内河运输危险化学品的承运人违反国务院交通运输主管部门对单船运输的危险化学品数量的限制性规定运输危险化学品的；

⑤用于危险化学品运输作业的内河码头、泊位不符合国家有关安全规范，或者未与饮用水取水口保持国家规定的安全距离，或者未经交通运输主管部门验收合格投入使用的；

⑥托运人不向承运人说明所托运的危险化学品的种类、数量、危险特性以及发生危险情况的应急处置措施，或者未按照国家有关规定对所托运的危险化学品妥善包装并在外包装上设置相应标志的；

⑦运输危险化学品需要添加抑制剂或者稳定剂，托运人未添加或者未将有关情况告知承运人的。

(6)有下列情形之一的，由交通运输主管部门责令改正，处 10 万元以上 20 万元以下的罚款，有违法所得的，没收违法所得；拒不改正的，责令停产停业整顿；构成犯罪的，依法追究刑事责任：

①委托未依法取得危险货物道路运输许可、危险货物水路运输许可的企业承运危险化学品的；

②通过内河封闭水域运输剧毒化学品以及国家规定禁止通过内河运输的其他危险化学品的；

③通过内河运输国家规定禁止通过内河运输的剧毒化学品以及其他危险化学品的；

④在托运的普通货物中夹带危险化学品，或者将危险化学品谎报或者匿报为普通货物托运的。

在邮件、快件内夹带危险化学品，或者将危险化学品谎报为普通物品交寄的，依法给予治安管理处罚；构成犯罪的，依法追究刑事责任。邮政企业、快递企业收寄危险化学品的，依照《中华人民共和国邮政法》的规定处罚。

(7)有下列情形之一的，由交通运输主管部门责令改正，可以处 1 万元以下的罚款；拒不改正的，处 1 万元以上 5 万元以下的罚款：

①危险化学品道路运输企业、水路运输企业未配备专职安全管理人员的；

②用于危险化学品运输作业的内河码头、泊位的管理单位未制定码头、泊位危险化学品事故应急救援预案，或者未为码头、泊位配备充足、有效的应急救援器材和设备的。

(8)有下列情形之一的，依照《中华人民共和国内河交通安全管理条例》的规定处罚：

①通过内河运输危险化学品的水路运输企业未制定运输船舶危险化学品事故应急救援预案，或者未为运输船舶配备充足、有效的应急救援器材和设备的；

②通过内河运输危险化学品的船舶的所有人或者经营人未取得船舶污染损害责任保险证书或者财务担保证明的；

③船舶载运危险化学品进出内河港口，未将有关事项事先报告海事管理机构并经其同意的；

④载运危险化学品的船舶在内河航行、装卸或者停泊,未悬挂专用的警示标志,或者未按照规定显示专用信号,或者未按照规定申请引航的。

未向港口行政管理部门报告并经其同意,在港口内进行危险化学品的装卸、过驳作业的,依照《港口法》的规定处罚。

(9)危险化学品单位发生危险化学品事故,其主要负责人不立即组织救援或者不立即向有关部门报告的,依照《生产安全事故报告和调查处理条例》的规定处罚。

危险化学品单位发生危险化学品事故,造成他人人身伤害或者财产损失的,依法承担赔偿责任。

5.港口安全评价管理办法

《港口安全评价管理办法》于 2004 年 8 月 20 日正式对外发布,自 2004 年 10 月 1 日起施行。该办法是为了贯彻"安全第一,预防为主"的安全生产方针,保障和促进港口安全生产,规范港口建设工程项目和港口生产系统的安全评价管理,根据《中华人民共和国安全生产法》、《中华人民共和国港口法》、《中华人民共和国行政许可法》、《中华人民共和国海上交通安全法》、《中华人民共和国内河交通安全管理条例》、《危险化学品安全管理条例》等有关法律、行政法规而制定的。适用于中华人民共和国境内沿海与内河港口(不包括渔港、军港)的新建、改建、扩建和技术改造工程项目(以下简称港口建设项目)及港口生产经营单位的安全评价管理工作。

《港口安全评价管理办法》共 26 条。主要内容归纳如下:

1)港口安全评价的种类

港口安全评价包括港口建设项目安全预评价、安全验收评价以及港口生产经营单位的安全现状评价、专项安全评价等。

2)港口安全评价机构及从业人员规定

(1)从事港口安全评价的机构应依法取得由国家安全生产主管部门核准的《安全评价机构资质证书》,资质类别应符合评价项目要求,业务范围包括港口业。

(2)承担港口安全评价的机构应严格遵守国家和行业安全生产的法律、法规、规章、技术标准和规范,按照国家安全生产主管部门颁布的有关评价导则开展工作,建立严格的内部管理制度,规范评价程序,采用先进、科学的安全评价方法,确保评价工作质量,对评价结果负责。

(3)根据国家安全评价管理的有关规定和港口管理实际,大型港口建设项目的安全预评价报告和验收评价报告,由交通水运安全评审中心或国家安全监管局安全科学技术研究中心组织评审;其他港口建设项目和港口生产经营单位的安全评价报告由交通水运安全评审中心或其他具备资质条件的社会中介机构组织评审。为确保评审结果的客观性和公正性,组织评审的机构不得评审本机构承接的评价项目。

(4)组织港口安全评价报告评审的机构应以安全生产科研为依托,拥有熟悉安全技术的专业人员,并建立规范的评审制度、工作程序和评审专家库。工作中必须认真执行国家和行业安全生产法律、法规、规章、技术标准和规范,坚持"科学、客观、公正、求实"的原则,根据评价项目实际随机选择相关的专家,充分发挥评审专家组的作用,确保评审工作的质量。交通水运安全评审中心、国家安全监管局安全科学技术研究中心组织的港口安全评价的评审工作应接受交通部和国家安全监管局主管司局的监督与指导，在组织评审过程中如发生重大分歧情况，应及时向有关主管部门报告。

(5)港口安全评价从业人员应持有效《安全评价人员资格证书》。

(6)安全评价机构及其从业人员、评审机构及参加评审工作的专家应认真履行职责，对有失公正、弄虚作假等违纪、违法行为应承担相应法律责任。同时，应保守港口建设单位或生产经营单位的商业秘密，尊重和保护评价报告有关技术内容的知识产权。

3)港口建设项目安全预评价

港口建设项目安全预评价，是根据建设项目可行性研究报告的内容，运用科学的评价方法，对拟建工程设计方案以及类比工程进行分析，预测该建设项目存在的危险、有害因素的种类和程度，提出合理可行的安全技术设计和安全管理的建议，作为该建设项目初步设计中安全设施设计和建设项目安全管理、监察的主要依据。

国家规定的港口大中型基本建设项目和限额以上的技术改造项目，都应进行安全预评价；对客运码头、石油化工码头及罐(库)区、散粮筒仓码头及筒仓、港口危险货物装卸码头及库场、构成重大危险源的港内加油站以及生产用燃料油储存库等建设项目，必须进行安全预评价。

4)港口建设项目安全验收评价

大型港口建设项目、客运码头、石油化工码头及罐(库)区、散粮筒仓码头及筒仓、港口危险货物装卸码头及库场、构成重大危险源的港内加油站以及生产用燃料油储存库等建设项目竣工、试生产运行正常后，应进行安全验收评价，安全验收评价报告作为建设项目安全设施单项验收的重要依据。

安全验收评价的内容包括：建设项目落实预评价报告的安全技术措施的情况，安全设施是否与主体工程同时设计、同时施工、同时投入生产和使用，与建设项目配套的安全设施、设备是否符合国家和行业有关安全生产法律、法规、规章、技术标准和规范的要求，建设项目试生产后的安全管理机构和安全制度是否适应安全管理的需要，从总体上评价港口建设项目的运行状况和安全管理是否正常、安全、可靠。

5)港口建设项目专项安全评价

石油化工码头及罐(库)区、港口危险货物装卸码头及库场、构成重大危险源的港内加油站以及生产用燃料油储存库等场所应进行专项安全评价。根据国家《危险化学品安全管理条例》的要求，从事危险化学品装卸、储运经营的港口生产单位应每两年进行一次专项安全评价，根据不同危险化学品的理化性能、装卸安全技术要求、装卸量、储存量，港口周边环境影响以及安全管理状况等因素，科学地分析突发重大事故的致因并预测模拟其后果，提出安全对策措施和重大安全事故应急预案。

6)港口建设项目安全现状评价

客运码头(包括客滚码头、火车轮渡码头)、散粮筒仓码头及筒仓和其他非危险货物装卸码头，对存在的安全生产不稳定因素，港口生产经营单位应主动开展安全现状评价，通过评价查找生产经营过程中存在的危险、有害因素，确定其危险程度，制定合理可行的安全对策措施，及时整改安全生产条件和事故隐患；客运码头应制定重大生产安全事故的旅客紧急疏散和救援预案，保障旅客安全。

6. 水路危险货物运输规则(第一部分 水路包装危险货物运输规则)

水路危险货物运输规则(第一部分 水路包装危险货物运输规则)于1996年11月4日由交通部第10号令颁布实施。该规则的目的是为了加强水路危险货物运输管理,保障运输安全,防止事故发生,适应国民经济的发展。适用于在中华人民共和国境内从事危险货物的船舶运输、港口装卸、储存等业务,除了国际航线运输(包括港口装卸)、军运、散装危险货物等另有规定的除外。

水路危险货物运输规则(第一部分 水路包装危险货物运输规则)共8章73条。涉及港口安全的内容主要有:

1)安全包装

根据危险货物的性质和水路运输的特点,包装应满足以下基本要求:

(1)包装的规格、形式和单件质量(质量)应便于装卸或运输。

(2)包装的材质、形式和包装方法(包括包装的封口)应与拟装货物的性质相适应。包装内的衬垫材料和吸收材料应与拟装货物性质相容,并能防止货物移动和外漏。

(3)包装应具有一定强度,能经受住运输中的一般风险。盛装低沸点货物的容器,其强度须具有足够的安全系数,以承受住容器内可能产生的较高的蒸气压力。

(4)包装应干燥、清洁、无污染,并能经受住运输过程中温、湿度的变化。

(5)容器盛装液体货物时,必须留有足够的膨胀余位(预留容积),防止在运输中因温度变化而造成容器变形或货物渗漏。

2)安全装卸

(1)船舶载运危险货物,承运人应按规定向港务(航)监督机构办理申报手续,港口作业部门根据装卸危险货物通知单安排作业。

(2)装卸危险货物的泊位以及危险货物的品种和数量,应经港口管理机构和港务(航)监督机构批准。

(3)装卸危险货物应选派具有一定专业知识的装卸人员(班组)担任。装卸前应详细了解所装卸危险货物的性质、危险程度、安全和医疗急救等措施,并严格按照有关操作规程作业。

(4)装卸危险货物,应根据货物性质选用合适的装卸机具。装卸易燃、易爆货物,装卸机械应安置火星熄灭装置,禁止使用非防爆型电器设备。装卸前应对装卸机械进行检查,装卸爆炸品、有机过氧化物、一级毒害品、放射性物品,装卸机具应按额定负荷降低25%使用。

(5)装卸危险货物,应根据货物的性质和状态,在船—岸,船—船之间设置安全网,装卸人员应穿戴相应的防护用品。

(6)夜间装卸危险货物,应有良好的照明,装卸易燃、易爆货物应使用防爆型的安全照明设备。

(7)船方应向港口经营人提供安全的在船作业环境。如货舱受到污染,船方应说明情况。对已被毒害品、放射性物品污染的货舱,船方应申请卫生防疫部门检测,采取有效措施后方可作业。

起卸包装破损的危险货物和能放出易燃、有毒气体的危险货物前,应对作业处所进行通风,必要时应进行检测。如船舶确实不具备作业环境,港口经营人有权停止作业,并书面通知港务(航)监督机构。

(8)船舶装卸易燃、易爆危险货物期间,不得进行加油、加水(岸上管道加水除外)、拷铲等作业;装卸爆炸品(第1.4S除外)时,不得使用和检修雷达、无线电电报发射机。所使用的通信设备应符合有关规定。

(9)装卸易燃、易爆危险货物,距装卸地点50m范围内为禁火区。内河码头、泊位装卸上述货物应划定合适的禁火区,在确保安全的前提下,方可作业。作业人员不得携带火种或穿铁掌鞋进入作业现场,无关人员不得进入。

(10)没有危险货物库场的港口,一级危险货物原则上以直接换装方式作业。特殊情况,需经港口管理机构批准,采取妥善的安全防护措施并在批准的时间内装上船或提离港口。

(11)装卸危险货物时,遇有雷鸣、电闪或附近发生火灾,应立即停止作业,并将危险货物妥善处理。雨雪天气禁止装卸遇湿易燃物品。

(12)装卸危险货物,现场应备有相应的消防、应急器材。

(13)装卸危险货物,装卸人员应严格按照计划积载图装卸,不得随意变更。装卸时应稳拿轻放,严禁撞击、滑跌、摔落等不安全作业。堆码要整齐、稳固、桶盖、瓶口朝上,禁止倒放。包装破损、渗漏或受到污染的危险货物不得装船,理货部门应做好检查工作。

(14)爆炸品、有机过氧化物、一级易燃液体、一级毒害品、放射性物品,原则上应最后装最先卸。装有爆炸品的舱室内,在中途港不应加载其他货物,确需加载时,应经港务(航)监督机构批准并按爆炸品的有关规定作业。

(15)对温度较为敏感的危险货物,在高温季节,港口应根据所在地区气候条件确定作业时间,并不得在阳光直射处存放。

(16)装卸可移动罐柜,应防止罐柜在搬运过程中因内装液体晃动而产生静电等不安全因素。

(17)危险货物集装箱在港区内拆、装箱,应在港口管理机构批准的地点进行,并按有关规定采取相应的安全措施后方可作业。

(18)对下列各种情况,港口管理机构有权停止船舶作业,并责令有关方面采取必要的安全处置措施:

①船舶设备和装卸机具不符合要求;

②货物装载不符合规定;

③货物包装破损、渗漏、受到污染或不符合有关规定。

3)安全储存

(1)经常装卸危险货物的港口,应建有存放危险货物的专用库(场);建立健全管理制度,配备经过专业培训的管理人员及安全保卫和消防人员,配有相应的消防器材。库(场)区域内,严禁无关人员进入。

(2)非危险货物专用库(场)存放危险货物,应经港口管理机构批准,并根据货物性质安装安全电气照明设备,配备消防器材和必要的通风、报警设备。库内应保持干燥、阴凉。

(3)危险货物入库(场)前,应严格验收。包装破损、撒漏、外包装有异状、受潮或沾污其他货物的危险货物应单独存放,及时妥善处理。

(4)危险货物堆码要整齐,稳固,垛顶距灯不少于1.5m;垛距墙不少于0.5m、距垛不少于1m；性质不相容的危险货物、消防方法不同的危险货物不得同库存放，确需存放时应符合附件四中的隔离要求。消防器材、配电箱周围1.5m内禁止存放任何物品。堆场内消防通道不少于6m。

(5)存放危险货物的库(场)应经常进行检查，并做好检查记录，发现异常情况迅速处理。

(6)危险货物出运后，库(场)应清扫干净，对存放危险货物而受到污染的库(场)应进行洗刷，必要时应联系有关部门处理。

4)消防和泄漏处理

(1)港口经营人、承运船舶应建立健全危险货物运输安全规章制度，制定事故应急措施，组织建立相应的消防应急队伍，配备消防、应急器材。

(2)承运船舶、港口经营人在作业前应根据货物性质配备《船舶装运危险货物应急措施》有关应急表中要求的应急用具和防护设备，并应符合本规则附件一“各类危险货物引言和明细表”中的特殊要求。作业过程中(包括堆存、保管)发现异常情况，应立即采取措施，消除隐患。一旦发生事故，有关人员应按《危险货物事故医疗急救指南》(附录二)的要求在现场指挥员的统一指挥下迅速开展施救，并立即报告公安消防部门、港口管理机构和港务(航)监督机构等有关部门。

(3)船舶在港区、河流、湖泊和沿海水域发生危险货物泄漏事故，应立即向港务(航)监督机构报告，并尽可能将泄漏物收集起来，清除到岸上的接收设备中去，不得任意倾倒。船舶在航行中，为保护船舶和人命安全，不得不将泄漏物倾倒或将冲洗水排放到水中时，应尽快向就近的港务(航)监督机构报告。

7.国际海运危险货物规则

《国际海运危险货物规则》是国际海事组织海上安全委员会组织在海运危险货物方面有丰富经验的专家制定的国际准则，对实施《1974年国际海上人命安全公约》(SOLAS)和《经1978年议定书修正的1973年国际防止船舶造成污染公约》(MARPOL 73/78)，保障船舶载运危险货物和人命财产安全、防止海洋污染具有重要的作用。《国际海运危险货物规则》是从事海运货物安全和防污染监督管理人员、承运人、托运人及其代理人、船公司管理人员、船舶检验人员、危险品制造商、危险货物包装检验人员、港口作业及管理人员应必备的工具书。

《国际海运危险货物规则》内容十分丰富，分上下2册，共7大部分。第1部分是总则、定义和培训，内容包括第1.1章总则，第1.2章定义、计量单位和缩写，第1.3章培训；第2部分是分类，内容包括第2.0章序言，第2.1章第1类爆炸品，第2.2章第2类气体，第2.3章第3类易燃液体，第2.4章第4类易燃固体、易自燃物质、遇水放出易燃气体的物质，第2.5章第5类氧化物质和有机过氧化物，第2.6章第6类有毒物质和感染性物质，第2.7章第7类放射性物质，第2.8章第8类腐蚀品，第2.9章第9类杂类危险物质和物品，第2.10章海洋污染物；第3部分是危险货物一览表和限量内免除，内容包括第3.1章一般规定，第3.2章危险货物一览表，第3.3章适用特定物质、材料和物品的特殊规定，第3.4章限量，第3.5章第7类放射性物质运输表；第4部分是包装和罐柜规定，内容包括第4.1章包装(包括中型散装容器和大宗包装)的使用，第4.2章可移动罐柜和多单元气体容器的使用，第4.3章散装包装的使用；第5部分是托运程序，内容包括第5.1章一般规定，第5.2章包件(包括中型散装容器)的标记和标志,第5.3章货物运输组件的标牌和标记,第5.4章单证,第5.5章特殊规定;第6部分是包装、中型散装容易、大宗包装、可移动罐柜和公路罐车的构造和实验,内容包括第6.1章包装(除适用第6.2类物质的包装以外)的构造和实验规定,第6.2章压力容器、气雾剂容器和盛装气体的小容器的构造和试验规定,第6.3章第6.2类物质的包装构造和试验规定,第6.4章第7类物质和包件的构造、试验和批准规定,第6.5章中型散装容器的结构与试验规定,第6.6章大宗包装的结构与试验规定,第6.7章可移动罐柜和多单元气体容器的设计、构造、检验和试验规定,第6.8章公路罐车规定,第6.9章有关固体物质(如粉状或颗粒状物质)运输的特别规定;第7部分是运输作业的有关规定,内容包括第7.1章积载,第7.2章隔离,第7.3章发生事故时的特殊规定和有关危险货物的消防措施,第7.4章船舶载运货物运输组件,第7.5章货物运输组件的装载,第7.6章载驳船上船载驳里危险货物的运输,第7.7章温度控制规定,第7.8章废弃物运输,第7.9章主管机关的批准等。在上述内容中,与港口安全相关的内容主要是岸上作业人员的培训,具体内容是:

(1)从事准备交付海运的危险货物运输的岸上人员须接受与其职责相匹配的有关危险货物规定内容的培训。

(2)岸上人员包括从事下列工作的人:

①对危险货物进行分类和确定危险货物的正确运输名称;

②把危险货物包装成包件;

③对危险货物加标记、标志或标牌;

④装/拆货物运输组件;

⑤为危险货物制作运输单证;

⑥交付运输危险货物;

⑦接受交付运输的危险货物;

⑧运输中处理危险货物;

⑨制作危险货物装船/积载图;

⑩危险货物装船/卸船;

⑪载运危险货物;

⑫按适用规则和规定实施、检验或检查;

⑬从事主管机关规定的危险货物运输方面的其他工作。

(3)应接受下列培训:

①总体了解/熟悉培训。

a. 每个人都应接受旨在使其熟悉危险货物运输一般规定的培训;

b. 此类培训应包括各类危险货物的特性、标志、标记、标牌、包装、积载、隔离和配装类规定;对危险货物运输单证目的和内容的描述(如多式联运危险货物申报表和集装箱/车辆包装证明);对适用的应急反应文件的描述;

②具体职责培训。

每人都应接受适用于其所履行的职责的有关危险货物运输规定的详细培训。

③安全培训。

每人都应接受在发生事故时暴露的危险及所履行的职责相符的下列方面的培训:

a. 预防事故的方法或措施,如包件装卸设备的合理使用和危险货物积载的正确方法;

b. 可得到的应急反应资料以及如何使用这些资料;

c. 各类危险货物呈现的危险及在暴露时如何防止那些危险,包括(如合适)如何使用个人防护服和防护设备;

d. 危险货物偶然事故发生之后应立即采取的措施。包括由该人负责的任何应急反应措施和应采取的个人防护措施。

8. 港口设施保安规则(适合海港)、内贸码头港口保安基本措施和程序(适用内河港)

《港口设施保安规则》于2007年11月30日经第12次部务会议通过,于2007年12月7日正式对外公布,自2008年3月1日起施行。该规则是为了加强港口设施保安工作,根据经修订的《1974年国际海上人命安全公约》(以下简称SOLAS公约)、《国际船舶和港口设施保安规则》(以下简称ISPS规则)和《国际海运危险品规则》而制定。该规则主要适用于为航行国际航线的客船、500总吨及以上的货船、500总吨及以上的特种用途船和移动式海上钻井平台服务的港口设施保安工作。

《港口设施保安规则》共11章85条。内容涵盖总则、保安等级、保安评估、保安计划、港口设施保安符合证书、港口设施保安主管、保安声明、港口设施保安培训、训练和演习、保安信息与联络、监督检查与法律责任、附则等。其中,涉及港口安全方面的内容主要有:

1)港口设施经营人或管理人员的职责

(1)负责制定《港口设施保安计划》和已批准计划的后续修订;

(2)实施经批准的《港口设施保安计划》;

(3)为港口设施保安主管履行职责提供必要的条件;

(4)在3级保安状态下,实施交通部发出的保安指令;

(5)收集、整理、分析并向有关部门提供港口设施保安信息;

(6)进行港口设施保安训练,参加港口设施保安演习。

港口设施保安是港口安全管理的重要内容,港口设施经营人或管理人应当与港口生产经营统筹考虑,遵循节约、环保、资源共享的原则。

2)港口保安等级

(1)港口设施的保安等级从低到高分为三级,分别是保安等级1、保安等级2和保安等级3。

保安等级1是指应当始终保持的最低防范性保安措施的等级。

保安等级2是指由于保安事件危险性升高而应在一段时间内保持适当的附加保护性保安措施的等级。

保安等级3是指当保安事件可能或者即将发生(尽管可能尚无法确定具体目标)时应当在一段有限时间内保持进一步的特殊保护性保安措施的等级。

(2)港口设施经营人或者管理人应当根据保安等级的变化,按照经批准的《港口设施保安计划》及时调整保安措施。

在3级保安状态下,港口设施的经营人或者管理人应当执行交通部发出的保安指令,省、自治区交通(港口)管理部门和港口所在地港口行政管理部门应当监督保安指令的执行。

(3)交通部变更港口设施保安等级,应当根据具体情况及时以适当的方式通知有关的交通(港口)管理部门、海事管理机构、港口设施经营人或者管理人。

(4)各级交通(港口)管理部门、海事管理机构、港口设施经营人或者管理人收到港口设施保安等级变更的决定后,应当予以确认,并报告所采取的相应措施。

(5)计划入港或者在港的船舶保安等级高于港口设施的保安等级时,港口设施保安主管应当与船舶保安员或者船公司保安员协商,对有关情况作出评估,确定适当的保安措施,签署《保安声明》;计划入港或者在港的船舶保安等级不得低于该港口设施保安等级。

(6)港口设施经营人或者管理人应当将港口设施保安等级变更过程中的有关情况予以记录,作为进行港口设施保安评估、编写《港口设施保安评估报告》、制(修)订《港口设施保安计划》、实施经批准的《港口设施保安计划》的参考依据。

3)港口保安计划

(1)港口设施经营人或者管理人负责制定《港口设施保安计划》,也可以委托经指定的保安组织制定。制定《港口设施保安计划》应当根据《港口设施保安评估报告》、交通部提出的修改意见和建议进行。

(2)《港口设施保安计划》应当包含下列内容:

①港口设施经营人或者管理人所确定的负责实施《港口设施保安计划》的机构或者部门;

②负责实施《港口设施保安计划》的组织与其他有关单位的联系和必要的通信系统;

③港口设施保安主管及二十四小时联系方式;

④1 级保安状态下的保安措施和保安等级提高时的全部附加措施和特殊的保安措施;

⑤根据经验和实际情况对《港口设施保安计划》进行经常性评价,并不断完善的安排;

⑥《港口设施保安计划》保密措施;

⑦向交通(港口)管理部门报告的程序;

⑧港口设施内部报告保安事件的程序;

⑨便利船上人员登岸或者人员变动以及来访者上船的程序和措施;

⑩对保安状况受到的威胁或者破坏作出反应的程序,包括维护港口设施或者船港界面的关键操作的规定;

⑪对交通部在 3 级保安状态下发出的保安指令的反应程序;

⑫在保安状况受到威胁或者破坏的情况下撤离人员的程序;

⑬负有保安责任的港口设施人员和设施内参与保安事务的其他人员的职责;

⑭与船舶保安活动进行配合的程序,特别是港口设施的保安等级低于船舶的保安等级时港口设施应当采取的程序和保安措施;

⑮港口设施内船舶的保安报警系统被启动后作出反应的程序;

⑯针对与曾靠泊过非缔约国港口的船舶、不适用 ISPS 规则的船舶以及固定(浮动)平台或者移动式海上钻井平台进行船港界面活动的程序和保安措施。

(3)对港口设施重新进行保安评估时,港口设施经营人或者管理人应当按照本规则规定重新制定《港口设施保安计划》。

(4)《港口设施保安计划》应当保密。港口设施经营人或者管理人、审查批准计划的机构应当制定并落实防止擅自接触、泄露的措施。未经交通部同意,任何人不得泄露其内容。

在下列条件下，执法人员可以查看《港口设施保安计划》：

①各级港口行政管理部门进行港口设施保安现场检查时；

②《港口设施保安符合证书》年度核验过程中需要对《港口设施保安计划》内容实施情况进行核实时。

(5)港口设施经营人或者管理人应当全面落实批准后的《港口设施保安计划》，包括配备必要的保安人员，安装使用保安设备设施，制定并执行各项保安制度、措施和程序。

(6)港口设施经营人或者管理人应当按照交通部规定的保安标准配备保安、交通、通信装备，按照规定设置港口设施内的标志。

(7)新建或者改扩建的港口设施的保安设备设施应当与港口设施主体工程同时设计、同时建设、同时验收、同时投入使用。

(8)港口设施经营人或者管理人在执行保安措施时，应当最大限度地减少对乘客、船舶、船上人员和来访者、货物以及相关服务的干扰或者延误。

4)港口设施保安符合证书

(1)《港口设施保安计划》实施后，港口设施经营人或者管理人应当向交通部申请《港口设施保安符合证书》，并将申请书抄送港口所在地交通(港口)管理部门。《港口设施保安符合证书》的有效期为五年。在有效期内每年由省级交通(港口)管理部门核验一次。《港口设施保安符合证书》年度核验期限为签发之日起每周年的前三个月和后三个月。

(2)港口设施经营人或者管理人应当于《港口设施保安符合证书》签发之日起每周年的前三个月内，向省级交通(港口)管理部门提出年度核验申请，并提交如下材料：

①《港口设施保安符合证书》年度核验申请表；

②《港口设施保安符合证书》正、副本；

③港口设施保安年度工作报告；

④港口设施保安主管及相关人员具备履行其职责的知识和能力的证明；

⑤港口设施保安自评表；

⑥其他需要提交的文件。

(3)通过年度核验的港口设施，由省级交通(港口)管理部门主管领导或者其授权的人员(仅限授权1名)在《港口设施保安符合证书》正、副本上签字并加盖专用章。

(4)未通过年度核验的港口设施，由省级交通(港口)管理部门主管领导或者其授权的人员在年度核验申请书上签署意见并退还申请人，责令其限期改正。港口设施经营人或者管理人在期限内改正完毕，可以重新申请《港口设施保安符合证书》年度核验。

(5)《港口设施保安符合证书》记载的内容发生变化或者证书丢失、毁损时，应当向交通部书面申请换发或者补办，并附相关证明材料。交通部核发新证书时，应当公告原证书作废。

5)港口设施保安主管

(1)港口设施经营人或者管理人应当指定具备履行其职责的知识和能力的人员担任港口设施保安主管。

(2)港口设施保安主管应当由专人担任。一人只能担任一个港口设施的港口设施保安主管。

(3)港口设施保安主管履行下列职责：

①配合港口设施保安评估对港口设施进行初次全面保安检查；

②确保港口设施按本规则的规定制定《港口设施保安计划》；

③对港口设施进行定期保安检查，保证《港口设施保安计划》有效实施；

④对《港口设施保安计划》所载内容进行经常性评价和必要的调整；

⑤进行港口设施相关人员保安意识和警惕性的教育；

⑥确保港口设施保安工作人员获得充分的培训；

⑦与相关机构和人员保持信息沟通，向有关部门报告危及港口设施保安的事件并保存事件记录；

⑧与船公司和船舶保安员协调实施《港口设施保安计划》；

⑨签署《保安声明》；

⑩与提供保安服务的机构协调保安工作；

⑪确保港口设施保安人员符合相关要求；

⑫确保正确操作、测试、校准和保养保安设施设备；

⑬在接到船舶保安员请求时，协助其确认登船人员的身份。

(4)当港口设施保安主管被告知船舶在履行 SOLAS 公约第Ⅺ-2 章和 ISPS 规则的要求或者在实施《船舶保安计划》所列的措施和程序遇到困难时，以及在港口设施处于 3 级保安的情况下，港口设施的经营人或者管理人执行交通部发出的保安指令遇到困难时，港口设施保安主管和船舶保安员应进行联络并协调适当的行动。

(5)港口设施保安主管在船舶入港之前和船舶在港口期间，应当履行下列义务：

①了解船舶履行 SOLAS 公约和 ISPS 规则的情况；

②与船舶保安员或者船公司保安员联系，了解该船舶的保安等级，并掌握有关船舶保安等级的任何变化；

③在与船舶建立联系后，港口设施保安主管应当将港口设施保安等级及其任何后续变化通知港内靠泊船舶和将要靠泊的船舶，并向船舶提供必要的保安信息。

(6)当港口设施的保安等级确定为 2 级或者 3 级后，港口设施保安主管应及时确认《港口设施保安计划》所列的对应保安措施和程序得到执行，并应当立即与相关船公司和船舶保安员取得联系并协调适当的行动。

(7)当港口设施保安主管得知船舶所处的保安等级高于港口设施的保安等级时，应当及时报告港口所在地港口行政管理部门，并与船舶保安员取得联系并协调适当的行动，包括按照各自的《保安计划》操作，并可视情填写或者签署《保安声明》。

6)保安声明

(1)在下列情况下，应船舶的要求，港口设施经营人或者管理人应当与船舶签署《保安声明》：

①该船所处的保安等级高于与之发生界面活动的港口设施的保安等级；

②中国政府与其他缔约国政府之间有涉及某些国际航线或者这些航线上的特定船舶关于《保安声明》的协议；

③曾经有过涉及该船或者涉及该港口设施的保安威胁或者保安事件。

(2)在港口设施保安评估所确定的需要引起特别注意的船港界面活动开始前,应港口设施经营人或者管理人的要求,船舶应当与港口设施经营人或者管理人签署《保安声明》。

(3)《保安声明》由港口设施保安主管与船长或者船舶保安员签署。《保安声明》应当由港口设施保安主管保存三年。

7)港口设施保安培训、训练和演习

(1)港口设施保安主管及下列从事港口设施保安工作的人员,应当按照ISPS规则的有关要求,完成交通部规定的港口设施保安培训,具备履行其职责的知识和能力:

①从事港口设施保安行政管理工作的人员;

②从事港口设施保安评估的人员;

③制定《港口设施保安计划》的人员;

④参加《港口设施保安评估报告》、《港口设施保安计划》审查批准和预审工作的人员;

⑤港口设施经营人中主管安全、生产的副总经理。

其他从事与港口设施保安有关工作的人员,应当按照ISPS规则的有关要求,经过相应的培训,具备履行其担任职责方面的知识和能力。

(2)万吨级以上的港口设施应有六人以上具备履行保安职责方面的知识和能力,万吨级以下的港口设施应有三人以上具备履行保安职责方面的知识和能力。

(3)港口设施经营人或者管理人应当对其员工进行相关保安基础知识和岗位保安要求的教育或者培训,使其有针对性地了解并掌握《港口设施保安计划》中与其职责相关的内容,并保证其具备如下知识:

①各保安等级的含义和本岗位保安要求;

②辨认和探察武器、危险物质和装置;

③辨认可能威胁保安者的特点和行为模式;

④紧急撤离、简单救护等自我保护技术。

(4)港口设施应当进行保安训练和演习,确保港口设施人员熟练履行其在各保安等级所承担的保安职责,发现并及时改进任何保安缺陷。

(5)港口设施的经营人或者管理人应当保证至少每三个月进行一次港口设施保安训练。训练应当根据《港口设施保安计划》进行,目的是对经批准的《港口设施保安计划》全部或部分内容进行测试。

(6)港口设施的经营人或者管理人应当参加包括有关部门、船舶保安员共同进行的保安演习。

(7)港口设施保安训练、演习可以采用实地或者模拟的形式,也可以与相关训练、演习结合进行。训练、演习完成后,应当进行评估并记录存档。

8)港口保安信息与联络

(1)港口设施保安主管收到保安报警后,应立即与港口所在地港口行政管理部门联系,报告港口设施名称、位置,经营人或者管理人名称,设施内相关船舶、人员和货物,受到的保安威胁等情况。港口设施保安主管应当随时保持通信联络畅通。

(2)港口设施保安相关信息发生变化后港口设施经营人或者管理人应当向原报送单位及时发出更正信息。

9)违规处罚

(1)未按规定取得有效《港口设施保安符合证书》且不符合本规则第三十九条规定的港口设施,不得为航行国际航线船舶提供服务。对于违反前款规定,擅自为航行国际航线船舶提供服务的港口设施,由港口所在地港口行政管理部门予以警告并责令停止违法行为,并可处以3万元以下罚款。

(2)对于违反本规则规定,港口设施保安主管和相关人员未经必要的培训,港口行政管理部门可以责令更换;港口设施保安主管和相关人员未能履行本规则规定的职责,港口行政管理部门可以责令其参加保安培训,情节严重的,可以责令暂停或者撤销其港口设施保安主管资格。

《内贸码头港口保安基本措施和程序》(试行)主要适用于内河港的港口保安管理工作,其内容主要有:

1)内贸码头要建立组织机构,明确职责和分工

(1)内贸码头要成立保安工作领导小组,负责本港口设施保安的工作组织,制定码头保安措施和程序。

(2)码头公司总经理担任组长,作为保安工作第一责任人,全面负责码头保安工作。

(3)分管安全的副总经理担任保安主管,兼任领导小组副组长,具体负责港口保安体系建设和各项措施落实。

(4)各部门负责人作为领导小组成员,负责本部门保安工作,配合和支持港口保安工作的开展。

(5)配备或聘请与码头规模相适应的保安人员,经培训后具体实施港口保安各项措施。

(6)对全部员工进行港口保安内部培训和教育,提高其保安警惕性,使其具备本岗位保安能力和知识。

2)要保证通信联络畅通

(1)保安工作领导小组成员要24小时保持联络畅通。

(2)保安人员在港区值班时要保持联络畅通。

(3)码头要各部门24小时保持联络畅通。

(4)相关人员要熟悉港口保安联系方式,包括所在地港口行政管理、海事、公安、消防等部门。

(5)要配备一定数量的移动通信设备,并保证其处于畅通状态。

(6)保安联络办法要在港区醒目位置及重点部位明示。

3)要制定措施及操作程序并保证有效实施

立足于防范恐怖活动和各类突发性公共事件,通过采取各项保安措施,对进出港的人员、车辆、货物、行李、物料及港内相关作业活动加强管理。

(1)建立以下规章制度,通过培训、训练和演习,保证各项保安措施得到落实。

①封闭及分区管理制度;

②门岗管理制度;

③人员、车辆进出港管理(含证件管理)制度;

④全港实时动态监控(值守、巡逻或电子监控)制度;

⑤保安措施执行情况评估及持续改进制度;

⑥危险品码头限制区域管理制度。

(2)建立可疑情况、保安事件和各类突发性事件报告制度,报告程序如下:

①报告顺序依此是:距离自己最近的保安人员;所在部门负责人;保安主管;保安工作领导小组其他成员。

②报告内容包括:可疑情况或事件描述;发生的时间、地点;事态的发展趋势及可能产生的后果;报告人的姓名、所属部门及联系方式。

(3)建立保安事件处理与应急处置程序,包括:

①一般性保安事件。

对于一般性保安事件(如发现有人翻越围墙或栅栏、未经允许的港外人员强行要求进港、港区内出现不明身份人员等),保安主管直接向现场保安人员或有关部门下达指令,由其现场处置并报告处理结果。

②严重保安事件。

对于严重保安事件(如港区内出现可疑物品、可疑船只接近或搭靠码头等),保安主管立即向公司保安工作第一责任人报告,并启动保安工作领导小组工作,由领导小组制定处置方案并负责实施。

③重大保安事件。

对于重大保安事件(如发现有人企图在港区内纵火、制造爆炸事故、港内发生绑架活动等),保安主管立即向公司保安工作第一责任人报告,并启动保安工作领导小组和相应的应急反应程序。同时,应向有关部门(公安、消防、海事、港口管理等)报告,以获得必要的援助和支持。

(4)配备保安设备设施,达到港口保安要求

①港口设施周界。

通过设置实体围墙或铁栅栏等防护设施,对港口设施实行全封闭管理(船舶停靠水域一侧除外)。防护设施外侧顶部距地面的高度应大于1.8m,并具有足够的强度。

②码头前沿。

在码头前沿配备足够的照明设备,保证码头作业和前沿水域照明,并能够保证应急照明。危险品码头照明设备应符合有关安全要求,并至少配备1台便携式可燃气体探测仪。

③港区出入口。

在港区出入口处设立保安警告标志,设置隔离墩等阻隔设施,设置固定岗亭。

④行李及物品检测。

水运客运站至少配备1台X射线检查仪,设置2个以上的防爆桶(箱),并配备安检门或2套以上手持式金属探测仪。交通运输部要求配备大型车辆检测仪的客滚码头,应落实有关要求,加强日常检查。对于未要求配备车辆检测仪的滚装码头,应当采取相应的措施,有效预防车辆夹带危险品上船。

⑤人员上下船。

设置明显隔离的区域,保证已检人员和未检人员隔离。人员上下船的出口、入口应分别设置或有效隔离。

⑥标志。

此外，交通运输部还陆续发布了一系列港口设施保安的意见和通知，主要有：

(1)《港口设施保安演练演习指导意见》(2004 年 5 月 13 日交通部交水发〔2004〕221 号文印发)；

(2)《关于港口设施保安履约工作有关问题的补充通知》(2004 年 5 月 14 日交通部办公厅厅水字〔2004〕184 号文印发)；

(3)《关于发布〈港口设施保安符合证书年度核验办法〉的通知》(2005 年 3 月 16 日交通部交水发〔2005〕102 号文印发)；

(4)《中华人民共和国船舶和港口设施保安报警处理程序》(2008 年 7 月 2 日交通运输部交搜救〔2008〕163 号文印发)；

(5)《关于发布港口设施保安评估报告评审和保安计划审查工作办法的通知》(2009 年 1 月 22 日交通运输部交水发〔2009〕29 号文印发)；

(6)《关于发布港口设施保安评估导则等 5 项交通运输行业标准的公告》(2010 年 4 月 22 日交通运输部公告第 10 号公布)。

以上这些意见和通知，对于加强我国港口设施保安管理工作起到了巨大的推动作用。

9. *船舶引航管理规定*

《船舶引航管理规定》于 2001 年 10 月 12 日经第 11 次部务会议通过，于 2001 年 11 月 30 日正式对外公布，自 2002 年 1 月 1 日起施行。该规定是为了规范船舶引航活动，维护国家主权，保障水上人命财产安全，适应水上运输和港口生产的需要而制定的。适用于在中华人民共和国沿海、内河和港口从事船舶引航活动。

《船舶引航管理规定》共 6 章 49 条。内容涵盖总则、引航机构、引航员、引航申请与实施、罚则和附则等。船舶引航总体上分为港区外引航和港区内引航，其中，港区内引航一般是由港口负责。涉及港区内引航的主要内容归纳如下：

1)管理机构

交通部主管全国引航工作，市(设区的市，下同)级以上地方人民政府港口主管部门负责本行政辖区引航行政管理工作。交通部设置的长江航务管理部门负责长江干线引航行政管理工作。海事管理机构负责引航安全监督管理工作。

2)需要引航的船舶

(1)外国籍船舶；

(2)为保障船舶航行和港口设施的安全，由海事管理机构会同市级地方人民政府港口主管部门提出报交通部批准发布的应当申请引航的中国籍船舶；

(3)法律、行政法规规定应当申请引航的其他中国籍船舶。

本条规定以外的其他船舶在引航区内外航行或者靠泊、离泊、移泊，可根据需要申请引航。

3)引航机构设立的条件

(1)有为外国籍船舶和必须申请引航的中国籍船舶提供引航服务，且年引领船舶在 600 艘次以上的需要，或者在引航区内未设立引航机构的；

(2)引航区内有三名以上持有有效引航员适任证书的引航员。

4)引航员的资质管理和培训

(1)从事引航的人员必须持有有效的引航员适任证书。引航员应按照有关规定提供引航服务,服从引航机构的安排和管理。

(2)符合下列条件的人员,可申领引航员适任证书:

①具有中华人民共和国国籍;

②年满20周岁、未满60周岁;

③身体健康;

④具备大专以上航海或者船舶驾驶专业学历并完成规定的专业培训;

⑤无重大船舶交通责任事故记录和严重违反船舶及船员管理的违章记录。

(3)引航员应当经过规定的培训、考试,取得培训合格证和引航员适任证书。引航员考试发证的有关规定,由交通部另行制定。

5)引航申请与实施

(1)申请引航的船舶或者其代理人应当向相应的引航机构提出引航申请。船舶不得直接聘请引航员或者非引航员登船引航。

(2)引航机构在接到船舶引航申请后,应当及时安排持有有效证书的引航员,并将引航方案通知申请人。

(3)引航机构应当根据船舶状况和通航条件,制定合理的拖轮使用方法。被引航船舶应当根据引航机构提供的拖轮使用方法的要求安排拖轮或者委托引航机构安排拖轮,并承担相应的费用。

(4)引航员登船后,应当向被引船舶的船长介绍引航方案;被引船舶的船长应当向引航员介绍本船的操纵性能以及其他与引航业务有关的情况。

(5)引航员应当谨慎引航,按规定向海事管理机构及时报告被引船舶动态。引航员发现海损事故、污染事故或违章行为时,应当及时向海事管理机构报告。

(6)在引航过程中被引船舶发生水上安全交通事故,引航员应当采取下列措施:

①采取有效措施减少事故损失;

②尽快向引航机构和海事管理机构报告;

③接受、配合或者协助调查水上交通事故。

引航机构应当在水上交通事故发生后24小时内向海事管理机构递交水上交通事故报告书。

(7)引航员应当将被引船舶从规定的引航起始地点引抵规定的引航目的地。引航员离船时应当向船长或者接替的引航员交接清楚,在双方确认安全的情况下方可离船。

6)《船舶引航管理规定》中涉及港口安全方面的主要内容

(1)港口企业对被引船舶靠、离泊,应当做好下列工作:

①泊位的靠泊等级必须符合被靠船舶相应等级,泊位防护设施完好;

②确保泊位有足够的水深,水下无障碍物;

③泊位有效长度应当至少为被引船舶总长的120%;被引船舶总长度小于100m的,泊位长度应大于被引船舶总长的20m;

④被引船舶靠离泊半小时前,应当按照引航员的要求将有碍船舶靠离泊的装卸机械、货

物和其他设施移至安全处所并清理就绪；

⑤指泊员在被引船舶靠离泊半小时前应当到达现场，与引航员保持密切联系，并按规定正确显示泊位信号，备妥碰垫物；

⑥被引船舶夜间靠离泊，码头应当具备足够的照明；

⑦泊位靠泊条件临时发生变化，必须立即告知引航员。

(2)新建码头使用前，码头所属单位应当及时向引航机构提供泊位吨级、系泊能力、泊位水深、主航道水深图等与船舶安全靠、离有关的资料。

(3)若违反上述规定，港口企业不按规定配合和保障被引船舶靠离泊的、不按规定向引航机构提供相关资料的，由市级地方人民政府港口主管部门或者长江航务管理部门责令港口企业纠正其违法行为，并处以警告或者1万元以下的罚款。

为进一步规范和完善我国船舶引航管理，交通运输又陆续出台了一系列相关通知、意见和管理办法等。具体列举如下：

(1)《关于我国港口引航管理体制改革实施意见的通知》(2005年10月24日交通部交水发〔2005〕483号文印发)；

(2)《关于进一步加强引航安全管理的通知》(2005年11月24日交通部交海发〔2005〕559号文印发)；

(3)《关于加强港口引航管理工作的若干意见》(2006年6月20日交通部交水发〔2006〕293号文印发)；

(4)《关于加强我国港口引航管理的通知》(2007年5月9日交通部交水发〔2007〕174号文印发)；

(5)《引航员注册和任职资格管理办法》(2008年2月13日交通部令第2号公布)；

(6)《关于切实加强引航机构管理的意见》(2011年1月28日交通运输部交水发〔2011〕28号文印发)。

以上通知、意见和管理办法，对加强和改进我国船舶引航管理工作，深化落实《船舶引航管理规定》，起到了重要的推动作用。

10. 港口货物作业规则

《港口货物作业规则》于2000年7月17日经第八次部长办公会议通过，于8月28日正式发布，自2001年1月1日起施行。该规则明确了水路运输货物港口作业有关当事人的权利、义务，适用于在中华人民共和国境内，为水路运输货物提供的装卸、驳运、储存、装拆集装箱等港口作业。

《港口货物作业规则》共5章54条，涉及港口安全的内容主要有：

1)作业委托人的安全申报和包装制度

《港口货物作业规则》第12、13、15、16、17条明确规定，笨重、长大货物作业，作业委托人应当向港口经营人声明货物的总件数、质量和体积(长、宽、高)以及每件货物的质量、长度和体积(长、宽、高)。笨重、长大货物的判断标准为：

(1)沿海：质量5t，长度12m；

(2)长江、黑龙江干线：质量3t，长度10m。

各省(自治区、直辖市)交通主管部门对本省内作业的笨重、长大货物标准可以另行规定,并报国务院交通主管部门备案。

需要具备运输包装的作业货物,作业委托人应当保证货物的包装符合国家规定的包装标准;没有包装标准的,应当在保证作业安全和货物质量的原则下进行包装。需要随附备用包装的货物,作业委托人应当提供足够数量的备用包装。

危险货物作业,作业委托人应当按照有关危险货物运输的规定妥善包装,制作危险品标志和标签,并将其正式名称和危害性质以及必要时应当采取的预防措施书面通知港口经营人。作业委托人未按照上述规定申明和包装,由此给港口经营人造成损失的,应该承担赔偿责任。

2)港口经营人的安全责任和权利

《港口货物作业规则》第26、28、31、44、47条明确规定,港口经营人应当按照作业合同的约定,根据作业货物的性质和状态,配备适合的机械、设备、工属具、库场,并使之处于良好的状态;港口经营人应当妥善地保管和照料作业货物;经对货物的表面状况检查,发现有变质、滋生病虫害或者其他损坏,应当及时通知作业委托人或者货物接收人;单元滚装运输作业,港口经营人应当提供适合滚装运输单元候船待运的停泊场所、上下船舶和进出港的专用通道;保证作业场所的有关标识齐全、清晰,照明良好;配备符合规范的运输单元司乘人员及旅客的候船场所。旅客与运输单元上下船和进出港的通道应当分开。港口经营人应当按照配、积载图(表)进行作业。船方可以在现场对配、积载提出具体要求。

但是,如果作业委托人未按照本规则第十七条规定,未将危险货物进行妥善包装,并将其危害性质通知港口经营人或者通知有误的,港口经营人可以在任何时间、任何地点根据情况需要停止作业、销毁货物或者使之不能为害,而不承担赔偿责任。作业委托人对港口经营人因作业此类货物所受到的损失,应当承担赔偿责任。港口经营人知道危险货物的性质并且已同意作业的,仍然可以在该项货物对港口设施、人员或者其他货物构成实际危险时,停止作业、销毁货物或者使之不能为害,而不承担赔偿责任。

11.港口装卸机械管理规定

《港口装卸机械管理规定》于1997年1月22日经第2次部长办公会议通过,于1998年1月5日正式对外公布,并于当天开始实施。该规定制定的目的是为了保障港口的生产和安全,加强港口装卸机械的管理(以下简称港机管理)。适用于交通部部属港口企业、交通部和地方双重领导港口企业、地方港口企业及其他自有专用码头的企业(以下统称港口企业)。

《港口装卸机械管理规定》共6章90条。内容涵盖总则、管理、使用、维护和检修、奖励和处罚、附则等。其中,涉及港口安全方面的内容主要有:

1)港机的选型、购置

(1)港机选型应当遵循经济合理、技术先进、满足生产、安全可靠、方便维修、利于管理、节约能源和符合环境保护的原则综合择优选择。

(2)港口企业自制港机应当有完整的技术资料,按有关规定进行审批,并组织技术鉴定和验收。未经鉴定或者验收不合格的,不得生产和使用。

2)港机的改造与更新

(1)港口企业应当有计划、有步骤地对技术落后、性能差的港机进行技术改造。

(2)港机的技术改造应遵循提高效率、改善性能、便利维修、简化机型、降低消耗、确保安全的原则。

3)港机操作人员的教育与培训

(1)港口企业应当重视培训港机管理与维修专业人员,把港机专业人员的教育和培训列入企业职工教育计划。

(2)港口企业的港机管理人员,应当具有高中以上文化并具有一定专业知识和实践经验。

(3)港机操作、维修工人应当进行岗位培训,经过考核持证上岗。新机种投入使用前,应当对操作和维修工人进行超前培训。

4)港机的使用

(1)港机使用的工况和环境,必须符合本机械技术特性的要求及确保安全运行的基本条件。港口作业应当使用一、二类港机,停用三类港机,禁止使用四类港机。

(2)港口企业应当建立健全的港机操作规程和岗位责任制,根据港机特点和生产需要实行定人定机制度。

(3)港机只能由下列人员进行操作:

①正式司机;

②在正式司机直接监督下,学习期满半年以上的学徒工等受训人员;

③持有有效港机操作证照的其他有关人员。

(4)港口企业的生产指挥、机械操作和维修人员,应当严格遵守港机的操作、使用规程和制度,禁止超规范、超负荷操作和使用港机。

(5)港口企业在组织流动机械从事搬运作业时,规定如下:

①轮胎起重机、汽车起重机和履带起重机,除产品说明书允许外,不得吊载行驶;

②叉车的搬运行程不宜超过300m;

③装载机的搬运行程不宜超过100m;

④蓄电池搬运车的搬运行程不宜超过500m;

⑤集装箱正面吊运机载箱运行距离不宜超过200m。

(6)港口企业对港机在运行过程中发生的故障,应当尽快排除。在未排除前,不得继续作业。

5)港机的保养和检查

(1)港机的定期保养是指港机运行一定间隔期后,有计划地对港机强制进行的全面维护和保养作业。

(2)港机的定期保养以专业保养人员为主、操作人员为辅,保养的主要内容有:

①对机械进行擦洗和清洁内部;

②检查、清洁和更换各种滤清器;

③检查、调整和紧固各操作、传动等连接机构的零部件;

④利用简单检测设备对港机的主要测试点进行检测;

⑤对各润滑点进行检查和清油;

⑥检查和调整安全装置、保证灵敏可靠;

⑦更换已损坏的零部件。

(3)定期检查是指港机在基本不解体的情况下,通过人体感官和利用检测设备有计划地进行的检查。定检是进行状态维修的一个重要组成部分,港口企业应当建立健全的港机定检制度和工作程序。

6)港机的修建检验和验收

(1)港口企业应当建立健全的港机维修检验和验收制度,认真做好验收记录。验收不合格的港机不得投入使用。

(2)港口企业对维修检验和验收实行分级管理,并组成自检、互检、专检的检验网络,保证维修质量,提高一次验收合格率,降低返修率。

7)处罚规定

(1)对港口企业的港机管理混乱,严重失修失养,影响生产或者导致特大事故的,应当追究港口企业法定代表人及其有关人员的责任。

(2)港口企业对玩忽职守、违章指挥、违章操作造成事故和经济损失的人员,应当根据情节轻重,追究其经济和行政责任。对触犯刑律构成犯罪的,由司法机关依法追究刑事责任。

12. 港口大型机械防阵风防台风管理规定

《港口大型机械防阵风防台风管理规定》于 2003 年 4 月 11 日经第 3 次部务会议通过,于 2003 年 5 月 9 日正式对外公布,自 2003 年 6 月 1 日起施行。该规定是为了加强港口大型机械的防阵风、防台风(以下简称防风防台)管理,保障港口安全生产,保护国家和人民的财产。本规定适用于全国港口的大型机械防阵风、防台风管理工作。港口大型机械(以下简称大型港机)是指:门座起重机、岸边集装箱起重机、吸粮机、轨道式龙门起重机、装(卸)船机、轮胎式集装箱龙门起重机、斗轮堆取料机、露天固定带式输送机、轮胎起重机(25t 级及以上)和输油臂等。

《港口大型机械防阵风防台风管理规定》共 5 章 24 条。内容涵盖总则、防风防台工作的监督与实施、防风防台工作的要求和措施、罚则、附则等。其中,涉及港口安全管理方面的内容主要有:

1)港口企业的安全职责

(1)港口企业负责本单位大型港机预防、抵御阵风和台风具体措施的制定和实施工作:

①结合本单位的具体情况,配备大型港机防风防台技术装置,制定符合实际情况的防风防台措施和工作规程,并组织实施;

②加强与气象部门和其他相关部门的联系和协调,及时掌握气象信息,注意台风动态,实施预防工作;

③加强港口生产人员培训,提高安全素质和意识。

(2)港口企业接到台风预报后,应当提前组织和布置防台措施;接到台风警报和紧急警报后,应当检查和落实防台措施,并建立 24 小时专人值班制度,确保大型港机安全。

2)港口码头的安全设计

港口码头的设计应当考虑大型港机防风防台的要求,大型港机安装应当配备和设置防阵风和防台风装置(以下简称防风装置)。防风装置分为防止风的水平力、上拔力的装置和防滑制动装置,以及防风预(警)报装置。

防止风的水平力、上拔力的装置是指码头上设置的防止机械水平移动和倾覆的装置,包括锚定坑、防风系缆(或者拉杆)地锚、系缆墩柱等。

防滑制动装置是指机械自身设置的防滑装置和行走机构配备的惯性制动器,其中防滑装置应当在防爬器、夹轮器、顶轨器、夹轨器、铁楔等中选取。

防风预(警)报装置是指接收、测量、记录阵风和台风信息、发布警示和警报的设备和设施,基本配置为带记录和警示功能的风速仪。有条件的港口可选择配置气象雷达。

3)大型港机防风防台工作的基本要求

(1)对大型港机的防风装置应当定期进行检查和维护,确保其完好并具备防风防台能力;

(2)大型港机作业的码头和场所,应当根据当地阵风或者台风的实际情况设置足够的锚定装置,对不具备防风防台能力的码头和大型港机应当采取有效的改进措施,确保其具备防风防台能力;

(3)正常使用的大型港机应当具有良好的整机机械性能,其行走机构的制动器应当完备、有效,并具有足够的制动力矩。

4)轨道式大型港机防风防台的基本要求

(1)一般大型港机防风防台工作的基本要求;

(2)应当配备防滑和制动装置,其中防滑装置须保证设备在15~35m/s的现场风力作用下不发生滑移;

(3)选择配备防止风的水平力和上拔力的装置时,须保证设备在35~55m/s的现场风力作用下不发生倾覆。使用单位所在地区50年最大风速历史记录超出上述范围的,应当按照50年最大风速设防;

(4)行走轨道应当平整,轨道两端应当设置钢筋混凝土或者钢板制成的挡块,并与码头基础紧固在一起;

(5)应当配备防风预(警)报装置,并进行技术测试,以满足对设计风速警示预报的要求。

5)大型港机预防突发性阵风的措施

(1)在正常作业时,大型港机的行走机构应当具有良好的制动功能。任何情况下,不允许擅自降低行走制动器制动力矩;

(2)大型港机正常作业过程中遭遇阵风时,如无法行驶到锚泊位置,应当就地采取防风措施,使用包括防风装置以及货物、其他设施阻塞轨道等手段来保证设备的安全;

(3)阵风多发季节,大型港机停止作业、移好机位后,操作人员离机前应当检查并确认所使用的防风装置处于正常工作状态,在采取以下措施后,切断操作电源:

①门座起重机应当将吊钩起升至驾驶室以上的高度,起重臂收至平衡点或者最小幅度,转盘转至起重臂不易碰撞的位置;

②岸边集装箱起重机应当将前大梁收至最小幅度,吊具起升到最高位置或者设计位置;

③对轮胎式集装箱龙门起重机将吊具起升到最高位置,并塞紧轮胎防滑块。带支腿的轮胎集装箱起重机(高架吊),应当将旋转销锁定。

6)单台门座起重机的防台措施

(1)在允许旋转机构自由转动时的防台措施:

①各门座起重机之间的安全距离应当大于50m,或者确保吊臂不相碰撞;

②起重臂摆放的幅度小于三分之二,锁紧变幅制动器,吊钩起升到最高位置;

③将门座起重机锚定,盖好各种电机和行走齿轮的防护罩,拴牢机房顶盖,确认防滑制动装置处于锁紧状态。

(2)在不允许旋转机构自由转动时的防台措施:

①各门座起重机之间的安全距离应当大于15m;

②采取第十一条第(三)项的措施;

③销定旋转机构,起重臂收至平衡点或者最小幅度,起升钢丝绳收紧并系在一边门腿上,固定好变幅配重箱。

7)岸边集装箱起重机的防台措施

(1)将装卸桥锚定,锁定小车,扬起前大梁并固定在安全钩上,用防台插销锁定大梁,确认防滑制动装置处于锁紧状态;

(2)使用专用的锚定环,用拉杆或者钢丝绳分别在轨道内外侧垂直地拉紧装卸桥的四条门腿,如不能垂直布置也可以成八字形布置;

(3)装卸吊具起升至设计规定位置,用钢丝绳拉紧并捆绑在自身门框或者设备的其他部位。吊具设有防摆钢丝绳的,应当将吊具的四条防摆钢丝绳拉紧;

(4)关好全部门窗,切断操作电源。

8)吸粮机的防台措施

(1)各吸粮机之间的安全距离应当大于40m;

(2)将吸粮机锚定,确认大车行走制动器处于锁紧状态,并采取与门座起重机相同的防滑制动措施;

(3)把臂架旋转至与轨道平行位置,吸嘴放置地面,固定吸粮机臂架和吸嘴;

(4)关好全部门窗,盖好并拴牢电机和齿轮箱防护罩,清理走廊和楼梯口的杂物,切断操作电源。

9)装(卸)船机的防台措施

(1)根据装(卸)船机的结构和类型,结合各港口、码头的实际情况,对轨道式装(卸)船机可以参照岸边装卸桥或者门座起重机的防台措施;对轮胎式装(卸)船机,则应当将装(卸)船机开到堆场,朝着货堆一方摆放并楔紧行走轮胎;

(2)码头上设有防台架的装(卸)船机,应当将装(卸)船机移至防台架附近,把悬臂放在合适的位置上,用铁链或者钢丝绳将悬臂和溜筒固定在防台架上;

(3)将出料皮带机降低至支承位置;

(4)选择适当距离捆扎好输送带;

(5)切断操作电源,卷好电缆,盖好并拴牢需防雨、防潮的部件。

10)轮胎式集装箱龙门起重机的防台措施

(1)将起重机固定在防风系缆(拉杆)地锚或者系缆墩柱上,锁紧制动装置,塞上轮胎防滑块;

(2)将集装箱吊具与着地重箱连接并收紧吊具钢丝绳;

(3)关好全部门窗,密盖各种箱罩。

11)斗轮堆取料机的防台措施

(1)将悬臂放低,将斗轮搁在料堆上或者固定在支撑架上;

(2)确认行走制动装置处于抱紧状态,并采取与门座起重机相同的防滑制动措施;

(3)在尾车与地面皮带过渡处挂上皮带防风链或者用绳索把皮带捆于皮带架上;

(4)关好全部门窗,清理杂物,切断操作电源。

12)露天固定带式输送机的防台措施

(1)用防风链或者绳索把输送带捆在机架上;

(2)切断操作电源,用防水布盖好并拴牢开关箱和配电箱。

13)25 吨级及以上轮胎起重机的防台措施

(1)将起重机停放到指定地点;

(2)将吊钩起升到最高位置、起重臂放置至合适位置;

(3)锁定旋转机构和行走制动器,塞上轮胎防滑块或者打好支腿,关好全部门窗。

14)输油臂的防台措施

(1)固定旋转部位;

(2)收拢并固定输油臂;

(3)切断操作电源。

15)处罚规定

(1)港口企业未按本规定组织、实施防风防台工作的,由港口所在地港口管理部门视情况给予警告,并责令整改。

(2)港口所在地港口管理部门的工作人员未按本规定督促、检查港口企业防风防台工作,玩忽职守的,由所在单位或者上级主管部门依照国家有关规定给予行政处分。

13. 水路旅客运输规则

《水路旅客运输规则》于 1995 年 12 月 12 日对外发布,于 1996 年 6 月 1 日正式施行,后根据针对在实际工作中出现的问题于 1997 年 8 月 26 日进行了修正。该规则是为了明确水路旅客运输中承运人、港口经营人、旅客之间的权利和责任的界限,维护水路旅客运输合同、行李运输合同和港口作业、服务合同当事人的合法权益,依据国家有关法律、法规而制定的。适用于中华人民共和国沿海、江河、湖泊以及其他通航水域中一切从事水路旅客运输(含旅游运输,下同)、行李运输及其有关的装卸作业。军事运输、集装箱运输、滚装运输,除另有规定者外,均适用本规则。

《水路旅客运输规则》共 10 章 150 条。内容涵盖总则、运输合同及作业合同的订立、旅客运输合同的履行、行李运输合同的履行、作业合同的履行、代理业务、客运费用、运输发生意外情况的处理、运输、作业合同争议的处理、附则等。其中,涉及港口安全方面的内容主要有:

1)港口经营人的安全责任

(1)港口经营人应按承运人提供的客船班期时刻表安排客船泊位。客船靠泊的码头应相对固定。

(2)港口经营人对客船的行李和货物装卸应予优先安排。如遇客船晚点,应尽力压缩客船的停港时间。客船晚点时,客运站应及时公告。

(3)港口经营人应负责旅客自进入候船室至登上客船(或舷梯)前或自离开客船(或舷梯)至出站期间的安全。

(4)港口经营人应负责行李自办理托运手续至装入客船行李舱或自客船行李舱卸出至交付旅客期间的安全质量。

(5)客运站应配备旅客上下船客梯和安全网,并负责搭拴工作。由于客梯和安全网搭拴不牢(在码头、囤船一边)造成旅客伤亡的,由客运站负责。旅客翻越栏杆(或船舷)上船造成伤亡的,由客运站负责。

(6)旅客上下船应与行李、货物(车辆)装卸作业隔开,不得交叉作业。

2)旅客发生疾病、伤害或死亡的处理

(1)旅客在船上发生疾病或遭受伤害时,客船应尽力照顾和救护,必要时填写客运记录,将旅客移交前方港处理。

(2)旅客在船上死亡,客船应填写客运记录,将死亡旅客移交前方港会同公安部门处理。

(3)旅客在船上发生病危、伤害、死亡或失踪的,客船填写的客运记录应详细写明当事人的姓名、性别、年龄或特征,通信地址及有关情况;准确记录事发的时间、地点及经过情况;如实报告客船所采取的措施及结果。客运记录应取得两人以上的旁证;经过医生治疗的,应附有医生的"诊治记录",并由旅客本人或同行人签字。

3)赔偿责任

(1)在旅客及其行李的运送期间,因承运人或港口经营人的过失,造成旅客人身伤亡或行李灭失、损坏的,承运人或港口经营人应当负赔偿责任。旅客的人身伤亡或自带行李的灭失、损坏,是由于客船的沉没、碰撞、搁浅、爆炸、火灾所引起或者是由于客船的缺陷所引起的,承运人除非提出反证,应当视为其有过失。旅客托运的行李的灭失或损坏、不论由于何种事故引起的,承运人或港口经营人除非提出反证,应当视为其有过失。

(2)经承运人或港口经营人证明,旅客的人身伤亡,是由于旅客本人的过失或者旅客和承运人或港口经营人的共同过失造成的,可以免除或者相应减轻承运人或港口经营人的赔偿责任。

(3)因疾病、自杀、斗殴或犯罪行为而死亡或受伤者,以及非承运人或港口经营人过失造成的失踪者,承运人或港口经营人不承担赔偿责任。

(4)旅客的行李有下列情况的,承运人或港口经营人不负赔偿责任:

①不可抗力造成的损失;

②物品本身的自然性质引起的损耗、变质;

③本规则所规定不准携带或托运的物品发生灭失、损耗、变质。

(5)在行李运送期间,因承运人或港口经营人过失造成行李损坏的,承运人或港口经营人应负责整修,如损坏程度已失去原来使用价值,应按规定进行赔偿。

(6)承运人或港口经营人对灭失的托运行李赔偿后,还应向旅客退还全部运杂费,并收回行李运单。灭失的行李,赔偿后又找到的,承运人或港口经营人应通知索赔人前来领取。如索赔人同意领取时,则应撤销赔偿手续,收回赔偿款额和已退还的全部运杂费。

4)合同争议的处理

承运人、港口经营人以及旅客在履行水路旅客运输合同、水路行李运输合同以及作业合同中发生纠纷时，应协商解决。协商不成时，可向仲裁机构申请仲裁，也可以直接向人民法院起诉。

14. 突发公共卫生事件交通应急规定

《突发公共卫生事件交通应急规定》于2003年11月25日经交通部第15次部务会议通过，于2004年3月4日正式对外公布，自2004年5月1日起施行。该规定是为了有效预防、及时控制和消除突发公共卫生事件的危害，防止重大传染病疫情通过车辆、船舶及其乘运人员、货物传播流行，保障旅客身体健康与生命安全，保证突发公共卫生事件应急物资及时运输，维护正常的社会秩序，根据《中华人民共和国传染病防治法》、《中华人民共和国传染病防治法实施办法》、《突发公共卫生事件应急条例》、《国内交通卫生检疫条例》的有关规定而制定的。

《突发公共卫生事件交通应急规定》共9章48条，内容涵盖总则、预防和应急准备、应急信息报告、疫情应急处理、交通应急保障、紧急运输、检查监督、法律责任、附则等内容。其中，涉及港口安全管理方面的内容主要有：

(1)道路运输经营者、水路运输经营者应当按照有关规定，建立卫生责任制度，制定各自的突发事件应急预案。制定突发事件交通应急预案，应当以突发事件的类别和快速反应的要求为依据，并征求同级人民政府卫生行政主管部门的意见。为防范和处理重大传染病疫情突发事件制定的突发事件交通应急预案，应当包括以下主要内容：

①突发事件交通应急处理指挥部的组成和相关机构的职责；

②突发事件有关车船、港站重大传染病病人、疑似重大传染病病人和可能感染重大传染病病人的应急处理方案；

③突发事件有关污染车船、港站和污染物的应急处理方案；

④突发事件有关人员群体、防疫人员和救护人员的运输方案；

⑤突发事件有关药品、医疗救护设备器械等紧急物资的运输方案；

⑥突发事件有关车船、港站、道路、航道、船闸的应急维护和应急管理方案；

⑦突发事件有关交通应急信息的收集、分析、报告、通报、宣传方案；

⑧突发事件有关应急物资、运力储备与调度方案；

⑨突发事件交通应急处理执行机构及其任务；

⑩突发事件交通应急处理人员的组织和培训方案；

⑪突发事件交通应急处理工作的检查监督方案；

⑫突发事件交通应急处理其他有关工作方案。

为防范和处理其他突发事件制定的突发事件交通应急预案，应当包括本条前款除第(二)项、第(三)项和第(八)项规定以外的内容，并包括突发事件交通应急设施、设备以及其他有关物资的储备与调度方案。

(2)道路运输经营者、水路运输经营者应当按照国家有关规定，使客车、客船、客运站保持良好的卫生状况，消除车船、港站的病媒昆虫和鼠类以及其他染疫动物的危害。

(3)道路、水路运输从业人员和旅客要增强对突发事件的防范意识和应对能力。

(4)道路运输经营者、水路运输经营者应当按有关规定向所在地县级人民政府交通行政主管部门和卫生行政主管部门报告有关突发事件的预防、控制、处理和紧急物资运输的有关情况。

(5)任何单位和个人不得隐瞒、缓报、谎报或者授意他人隐瞒、缓报、谎报有关突发事件和突发事件交通应急情况。

(6)重大传染病疫情发生后,道路运输经营者、水路运输经营者应该采取的措施:

①要按照县级以上人民政府交通行政主管部门和同级人民政府卫生行政主管部门的规定,在客运站、客运渡口、路口等设立交通卫生检疫站或者留验站,依法实施交通卫生检疫。

②要对车船、港站、货物应当按规定进行消毒或者进行其他必要的卫生处理,并经县级以上地方人民政府卫生行政主管部门疾病预防控制机构检疫合格,领取《交通卫生检疫合格证》后,方可投入营运或者进行运输。《交通卫生检疫合格证》的印制、发放和使用,按照交通部与卫生部等国务院有关行政主管部门联合发布的《国内交通卫生检疫条例实施方案》的有关规定执行。

③应当组织对驾驶人员、乘务人员和船员进行健康检查,发现有检疫症状的,不得安排上车、上船。

④应当在车船、港站以及其他经营场所的显著位置张贴有关传染病预防和控制的宣传材料,并提醒旅客不得乘坐未取得《交通卫生检疫合格证》和道路旅客运输经营资格或者水路旅客运输经营资格的车辆、船舶,不得携带或者托运染疫行李和货物。

⑤客车、客船应当在依法批准并符合突发事件交通应急预案要求的客运站、客运渡口上下旅客。

⑥旅客购买车票、船票,应当事先填写交通部会同有关部门统一制定的《旅客健康申报卡》。旅客填写确有困难的,由港站工作人员帮助填写。客运站出售客票时,应当对《旅客健康申报卡》所有事项进行核实。没有按规定填写《旅客健康申报卡》的旅客,客运站不得售票。

⑦客运站应按车次或者航班将《旅客健康申报卡》交给旅客所乘坐车船的驾驶员或者船长、乘务员。到达终点客运站后,驾驶员、船长或者乘务员应当将《旅客健康申报卡》交终点客运站,由终点客运站保存。在中转客运站下车船的旅客,由该车船的驾驶员、船长或者乘务员将下车船旅客的《旅客健康申报卡》交中转客运站保存。

15. 水路运输易流态化固体散装货物安全管理规定

《水路运输易流态化固体散装货物安全管理规定》于2011年11月9日由交通运输部以交水发〔2011〕638号印发,自公布之日起施行。该规定是为了加强水路运输易流态化固体散装货物安全管理,保障运输安全,根据《中华人民共和国安全生产法》、《中华人民共和国港口法》、《中华人民共和国海上交通安全法》等有关法律、法规和国际公约的规定而制定的。本规定适用于中华人民共和国管辖范围内港口间运输船舶和到港船舶、港口以及其他有关单位从事易流态化固体散装货物运输、装卸、储存和检测等活动。

《水路运输易流态化固体散装货物安全管理规定》共28条,涉及港口安全方面的内容主要有:

1)安全监管单位

(1)交通运输部主管全国水路运输易流态化固体散装货物安全管理工作。

(2)海事管理机构负责管辖区域内易流态化固体散装货物船舶运输安全监督管理工作。

(3)港口行政管理部门负责行政管辖区域内港口装卸、储存易流态化固体散装货物安全监督管理工作。

2)装卸作业报告和确认制度

(1)船舶装载易流态化固体散装货物前12小时,作业委托人应当将易流态化固体散装货物检测报告等相关单证提供港口经营人,港口经营人应及时对易流态化固体散装货物检测报告等相关单证进行核对,经核对无误后方可作业。港口经营人应当在作业前12小时前用传真或电子邮件将作业计划和有关核对情况报告港口行政管理部门和海事管理机构。

(2)港口经营人在装船前或装船过程中发现货物不符合规定要求的,应当告知船舶并配合船舶不予装载或停止装载,同时报告港口行政管理部门和海事管理机构。装船过程遇降水天气,应当停止装船作业并关闭舱盖。

(3)船舶在易流态化固体散装货物作业前,应对照《散货船装卸船/岸安全检查项目表》进行安全检查,并与港口经营人共同确认。

(4)港口经营人应根据船舶提供的配载、积载要求装载货物。装载完毕后按船方要求做好平舱工作,船舶对装载质量给予确认。

3)港口安全作业

(1)港区内外露天储存易流态化固体散装货物,所用堆场应具备良好的排水功能。堆场经营人和港口经营人应当根据气候情况和货物性质加以苫盖,或采取适当措施,防止货物含水率增加。堆场经营人和港口经营人应当将堆场位置及规模等情况报港口行政管理部门备案。

(2)港口经营人在作业过程中应当做好作业情况记录,内容包括作业船舶名称、货种、作业时间、作业单位、负责人及联系方式、天气情况、资料核对情况、堆场情况、装船情况、发现的问题及处理情况等。

(3)托运人、港口经营人、船舶经营人及其代理人应当健全制度、加强安全管理、诚实守信,依法经营。

16.关于印发港口生产安全事故统计报表制度的通知

《关于印发港口生产安全事故统计报表制度的通知》于2008年11月3日由交通运输部办公厅以厅水字〔2008〕125号文正式印发。该通知是为了为及时、准确了解和掌握港口生产安全事故信息、特点和规律,做好港口生产安全事故统计分析工作,从而有针对性地采取措施,控制、减轻和消除事故引起的严重社会危害,保护人民生命财产安全,保障港口安全发展,依据《中华人民共和国统计法》、《中华人民共和国安全生产法》、《中华人民共和国港口法》、《中华人民共和国突发事件应对法》和《生产安全事故报告和调查处理条例》等法律法规而制定的。主要内容归纳如下:

1)确立了统一管理、分级负责的管理制度

交通运输部负责全国港口生产安全事故统计工作,各省(区、市)港口行政管理部门负责本行政区域的港口生产安全事故统计工作,各所在地港口行政管理部门负责本港区的港口生产安全事故统计工作,港口企业应当按照《制度》的要求,及时向所在地港口行政管理部门报送港口生产安全事故情况和统计报表。

2)强调各单位要认真负责,及时报送

各部门、各单位应当严格按照《制度》规定的指标涵义、计算方法、范围口径和填报要求,认真组织实施，按时报送统计资料，并对报送的统计数据的真实性、准确性负责。

3)明确了责任追究制度

各级港口行政管理部门要加强统计监督工作，对港口生产安全事故隐瞒不报、谎报或拖延报告期限的，按《中华人民共和国统计法》和部有关规章给予相应的处罚。

4)指定了数据分析和汇总机构

交通部水运科学研究院具体承担全国港口生产安全事故统计数据的汇总和分析工作，并于每季度后20个工作日内完成上个统计期的全国港口生产安全事故统计分析报告，报送部水运司。

17. 关于开展水路内贸集装箱超载治理工作的通知、关于禁止运输和装卸超重集装箱的通知

《开展水路内贸集装箱超载治理工作的通知》于2008年7月23日由交通运输部以交水发〔2008〕192号文正式对外印发。该通知的目的是为了进一步促进水路内贸集装箱运输持续健康发展，更好地保障人民生命财产安全，按照"把住源头、综合治理、标本兼治、依法严管"的要求，对水路内贸集装箱超载进行综合治理，制止水路内贸集装箱超载和装卸、船舶运输超载内贸集装箱等违法行为，保障水路内贸集装箱运输安全、高效和持续健康发展。该通知的主要内容归纳如下：

1)超载认定标准

(1)符合GB/T 1413—1998标准的国际标准集装箱，20ft箱单箱总重超过24000kg的为超载箱，40ft箱单箱总重超过30480kg的为超载箱。

(2)符合GB/T 1413—2008标准的国际标准集装箱，20ft箱和40ft箱单箱总重超过30480kg的为超载箱。

(3)集装箱卡车运输国际标准集装箱时，需遵守我国公路管理部门发布的载重车辆超限超载认定标准。

2)建立健全内贸集装箱码头闸口称重系统

自2008年8月1日起至2008年12月31日止，所有内贸集装箱码头闸口必须配备称重系统，并由所在地港口行政管理部门验收合格。在规定时间内未配备闸口称重系统的内贸集装箱码头，视为经营条件不完备，不得从事内贸集装箱港口作业活动。自2009年1月1日起，每一个内贸集装箱必须经过称重并记录保留质量数据3年，港口只允许不超载的集装箱装船。

3)建立内贸集装箱质量监控信息系统

自2008年8月1日起至2008年12月31日止，建立内贸集装箱质量监控信息系统。自2009年1月1日起，所有内贸集装箱码头闸口称重系统获取的每个内贸集装箱信息必须直接或通过码头信息系统传输至交通运输部和所在地港口行政管理部门的内贸集装箱质量监控信息系统。在规定时间内不能与监控信息系统联网、不能实现内贸集装箱质量数据自动传输的，视为营业条件不完备，不得从事内贸集装箱港口作业活动。

4)对超载箱实施强制减载

自2009年1月1日起，内贸集装箱装船码头应通过闸口称重系统严把每个内贸集装箱进港关，对超载箱采取退回措施或就地进行减载，严禁将超载箱装上船。对卸船中发现的超

载箱进行减载,严禁将超载箱运出港区。

5)对内贸集装箱超载实施监管

所在地港口行政管理部门是对内贸集装箱超载实施监管的主体,内贸集装箱港口经营人是实施内贸集装箱超载治理的具体执行者。自通知发布后,港口行政管理部门要组织好辖区内的内贸集装箱超载治理宣传工作,及时督促、指导港口经营人完成码头闸口称重系统和信息系统的建设改造,对于具备经营条件的港口经营人应及时组织验收,并换发《港口经营许可证》。

自2009年1月1日起,对营业条件不完备的港口经营人,采取措施监督其停止从事内贸集装箱港口作业活动。自2009年1月1日起,所在地港口行政管理部门通过内贸集装箱质量监控信息系统对内贸集装箱超载实施常态化监管的同时,应定期检查或不定期抽查内贸集装箱装船码头是否严把内贸集装箱进港关,监督检查港口经营人对进入闸口的每一个内贸集装箱进行称重,按规定采集、保存、报送内贸集装箱信息,对不遵守规定的港口经营人依法实施行政处罚。

各地海事管理机构应积极协助所在地港口行政管理部门开展水路内贸集装箱超载治理工作,对内贸集装箱船舶运输加强监管,发现船舶装有超载箱,可以暂停向该船核发离港签证,及时通报所在地港口行政管理部门,由船舶对超载箱进行处理后予以放行。

《关于禁止运输和装卸超重集装箱的通知》于2000年4月11日由交通部以交水发〔2000〕187号文的形式正式对外发布。该通知的目的是为了维护集装箱运输秩序,保障运输安全,促进国内集装箱运输的健康发展,严禁各有关单位运输、装卸超重集装箱。该通知的主要内容总结如下:

(1)明确了超重集装箱的概念。凡总重超过24t的20ft重箱,总重超过30.5t的40ft重箱为超重集装箱。因此,20ft集装箱装货质量应控制在20t以内,最多不得超过22t;40ft集装箱装货不得超过26t。其他集装箱装货也应根据国家有关集装箱额定质量标准执行。

(2)严禁装箱单位和装箱人超载装箱,在装箱单(或载运清单)中要如实填写装箱总质量,因装箱单位、装箱人超载装箱,总质量填写不实而引起安全事故,对他人造成损害,或受到运输、港口单位拒运、拒装,造成经济损失的,由装箱单位和装箱人承担责任。

(3)严禁港口装卸企业、航运企业、公路运输企业和个人装卸、运输超重集装箱。任何单位和个人故意参与装卸、运输超重集装箱而引起事故的,要追究该单位和个人的责任。

(4)各有关单位在运输、装卸过程中,发现超重集装箱,可以采取相应措施进行处理,由此产生的费用与责任由装箱单位负责和承担。

18. *港口建设管理规定、港口工程竣工验收办法*

《港口建设管理规定》于2007年1月25日经第2次部务会议通过,于2007年4月24日正式对外公布,自2007年6月1日起施行。该规定是为了加强港口建设管理,规范港口建设市场秩序,保证港口工程质量,根据《港口法》、《建设工程质量管理条例》、《建设工程勘察设计管理条例》等法律、行政法规而制定的。适用于在中华人民共和国境内新建、扩建、改建港口建设项目(包括与其他建设项目配套建设的港口建设项目)及其配套设施的建设活动。军事和渔业港口的建设活动不适用本规定。

《港口建设管理规定》共6章65条。内容涵盖总则、港口建设程序管理、港口建设市场

管理、信息报送、法律责任、附则等。其中,港口建设程序为:

(1)港口建设应当按照国家规定的建设程序和有关规定进行。除国家另有规定外,不得擅自简化建设程序。

(2)政府投资的港口建设项目的项目建议书和可行性研究报告实行审批制,企业投资的港口建设项目的项目申请报告、备案文件分别实行核准制、备案制。

(3)政府投资的港口建设项目,按照以下建设程序执行:

①开展工程预可行性研究,编制项目建议书;

②根据批准的项目建议书,进行工程可行性研究,编制可行性研究报告;

③根据批准的可行性研究报告,编制初步设计文件;

④根据批准的初步设计,编制施工图设计文件;

⑤根据批准的施工图设计,组织项目监理、施工招标;

⑥根据国家有关规定,进行施工前准备工作,并向港口行政管理部门办理开工备案手续;

⑦备案后组织工程实施;

⑧工程完工后,编制竣工材料,进行工程竣工验收的各项准备工作;

⑨港口行政管理部门按权限组织竣工验收。

(4)企业投资的港口建设项目,按照以下建设程序执行:

①开展工程可行性研究,编制工程可行性研究报告;

②根据工程可行性研究报告,编制项目申请报告或者备案文件,履行核准或者备案手续;

③根据核准或者备案的项目申请报告或者备案文件,编制初步设计文件;

④根据批准的初步设计,编制施工图设计文件;

⑤根据批准的施工图设计,组织项目监理、施工招标;

⑥根据国家有关规定,进行施工前准备工作,并向港口行政管理部门办理开工备案手续;

⑦备案后组织工程实施;

⑧工程完工后,编制竣工验收材料,进行工程竣工验收的各项准备工作;

⑨港口行政管理部门按权限组织竣工验收。

(5)港口岸线实行行政许可制度。港口深水岸线由交通部会同国家发展和改革委员会批准;港口非深水岸线由港口行政管理部门批准。国家发展和改革委员会批准建设的港口建设项目使用港口岸线,不再另行办理使用港口岸线的审批手续。港口岸线审批的具体程序和要求另行制定。

(6)港口工程设计实行行政许可制度。港口工程设计分为初步设计和施工图设计两个阶段。港口工程初步设计按照规定的权限由相应的港口行政管理部门审批,施工图设计由港口所在地港口行政管理部门审批。

(7)港口工程设计经批准后,应当严格遵照执行,不得擅自修改、变更。如确有必要对已批准的建设规模、标准、内容、工程概算及设计方案、主体结构、主要工艺流程或者主要设备等进行重大调整的,应当报原审批机关批准后方可实施。

(8)港口建设项目开工应当具备以下条件：

①施工图设计文件已经完成并经审查批准；

②建设资金已经落实；

③征地手续已办理，拆迁基本完成；

④施工、监理单位已确定；

⑤已办理质量监督手续。

(9)港口建设项目完工后，应当按照交通部《港口工程竣工验收办法》的有关规定进行竣工验收。港口建设项目经竣工验收合格后，方可交付使用。

《港口工程竣工验收办法》是为规范港口工程竣工验收工作，保证港口工程质量，保护人民生命和财产安全，根据《港口法》制定的，中华人民共和国交通部令 2005 年第 2 号颁布，自 2005 年 6 月 1 日起施行。其主要内容如下：

(1)港口工程竣工后，经验收合格方可投入使用。

(2)港口工程竣工验收，实行统一管理、分级负责制度。交通部统一管理全国港口竣工验收工作。经国务院投资主管部门审批、核准和经交通部审批的港口工程竣工验收，由交通部负责。省级人民政府投资主管部门审批、核准和省级交通主管部门审批的港口工程竣工验收，由省级交通主管部门负责。本条前款规定以外的港口工程由港口所在地港口行政管理部门负责竣工验收。

(3)港口工程进行竣工验收应当具备以下条件：

①港口工程有关合同约定的各项内容已基本完成，申请竣工验收的建设项目有尾留工程的，尾留工程不得影响建设项目的投产使用，尾留工程投资额可根据实际测算投资额或按照工程概算所列的投资额列入竣工决算报告，但不得超过工程总投资的 5%，施工单位对工程质量自检合格，监理工程师对工程质量评定合格，项目法人组织设计、施工、监理、工程质量监督等单位进行的交工验收合格；

②主要工艺设备或设施通过调试具备生产条件；

③一般港口工程经过 3 个月试运行，设有系统装卸设备的矿石、煤炭、散粮、油气、集装箱码头等港口工程，经过 6 个月试运行，符合设计要求；

④环境保护设施、安全设施、消防设施已按照设计要求与主体工程同时建成，并通过有关部门的专项验收；航标设施以及其他辅助性设施已按照《港口法》的规定，与港口同时建设，并保证按期投入使用；

⑤竣工档案资料齐全，并通过专项验收；

⑥竣工决算报告编制完成，并通过审计；

⑦廉政建设合同已履行。

(4)交通部和省级交通主管部门负责竣工验收的港口工程，由该港口所在地港口行政管理部门组织初步验收。初步验收合格后，由港口行政管理部门向省级交通主管部门提出竣工验收申请，其中交通部负责竣工验收的，由省级交通主管部门向交通部转报竣工验收的申请材料。

(5)港口工程竣工验收由竣工验收部门组织质量监督机构、当地海事管理机构、有关行政主管部门、有关专家组成竣工验收委员会实施。港口工程项目法人、设计单位、监理单位、施工单位等应当参加竣工验收工作。

(6)对竣工验收合格的,港口工程竣工验收部门应当自《港口工程竣工验收鉴定书》签署之日起10个工作日内,签发《港口工程竣工验收证书》。竣工验收不合格的,项目法人应当按照竣工验收委员会提出的处理意见进行限期整改。整改期满后,项目法人应当重新提出港口工程竣工验收申请。

## 第二节 港口安全生产相关标准规范与要求

标准是为了在一定范围内获得最佳秩序,经协商一致制定并由公认机构批准,共同使用的和重复使用的一种规范性文件。标准宜以科学、技术的综合成果为基础,以促进最佳的共同效益为目的。《安全生产法》第十条规定"国务院有关部门应当按照保障安全生产的要求,依法及时制定有关的国家标准或者行业标准,并根据科技进步和经济发展适时修订。生产经营单位必须执行依法制定的保障安全生产的国家标准或者行业标准。"保障安全生产的国家标准或者行业标准,是做好安全生产工作的重要技术依据,对规范生产经营单位的行为、保障安全生产具有重要意义。

按照标准的适用范围,我国的标准分为国家标准、行业标准、地方标准和企业标准四个级别,而按照《安全生产法》第十条的规定,保障安全生产的标准只有国家标准和行业标准,因此从行业管理来讲,我们在本教材中只对部分国家标准和行业标准作介绍。国家标准,是指对全国经济技术发展有重大意义,需要在全国范围内统一的技术要求所制定的标准,由国务院标准化行政主管部门制定(编制计划、组织起草、统一审批、编号、发布),在全国范围内适用,其他各级别标准不得与国家标准相抵触。行业标准,是指国务院有关主管部门对没有国家标准而又需要在全国某个行业范围内统一的技术要求所制定的技术规范。行业标准是对国家标准的补充,是专业性、技术性较强的标准。制定行业标准的前提是没有国家标准,行业标准的制定不得与国家标准相抵触,国家标准公布实施后,相应的行业标准即行废止。

标准制定后,关键在于得到认真执行,否则只能是一纸空文。按照标准化法的规定,国家标准和行业标准的性质可以分为强制性标准和推荐标准。强制性标准,是国家通过法律的形式明确要求对于一些标准所规定的技术内容和要求必须执行,不允许以任何理由或方式加以违反、变更,这样的标准称之为强制性标准,包括强制性的国家标准、行业标准和地方标准。对违反强制性标准的,国家将依法追究当事人法律责任。推荐标准,指国家鼓励自愿采用的具有指导作用而又不宜强制执行的标准,即标准所规定的技术内容和要求具有普遍的指导作用,允许使用单位结合自己的实际情况,灵活加以选用。在规范港口建设和生产的相关标准中,由于许多涉及保障人体健康,人身、财产安全,根据标准化法的规定属于强制性标准。对于这类强制性标准,具有和法律、法规同等的效力,生产经营单位必须执行,不得置国家标准和行业标准于不顾,我行我素,盲目追求经济效益,忽视安全生产。任何单位和个人都无权擅自变更、降低这种标准。这是生产经营单位的一项法定义务,也是防患于未然、减少或者杜绝生产安全事故的基本条件。

为促进交通运输生产的规范化,多年来,按照我国标准化建设工作的总方针,交通主管部门组织制定出台了一系列交通运输生产(包括交通基础设施建设、交通运输作业工具的生产制造和检验、运输作业规程等方面)的标准规范,作为行业的执行准则。特别是交通运输是为广大人民群众直接提供人、货流通交流的重要服务行业,生产作业环节与人民群众的生命财产安全休戚相关,许多标准的制定目的就是为了从技术上或管理上规范交通运输安全生产,是以强制性标准发布实施,具有法律约束性,是企业安全生产和部门安全监管的重要依据。

针对港口生产的标准,既有国家标准,也有行业标准,许多标准在最初是制定发布时是作为行业标准来提出的,但随着行业发展进步对相关要求的不断提高,后修订上升为国家标准。目前港口标准涵盖了港口基础设施的建设、工程质量和安全保障、港口机械设备及港口作业规程等多个方面,其中港口工程建设方面的标准,由于涉及建设工程的质量和安全,多为强制性标准,而港口装卸机械设备类的标准则以推荐标准居多,限于篇幅,对各标准不一一列举,只作大致分类介绍。

## 一、港口装卸作业相关标准

港口装卸作业类标准是以规范港口装卸作业的生产环节为目的的准则,主要是对各类港口装卸作业的过程、方法及相关的机械、场所和人员进行规范,是各港口企业开展具体港口装卸作业生产的主要指导依据,其中涉及集装箱、危险货物港口作业的,鉴于其作业复杂性和安全风险较高,其作业安全规程多是强制性标准,是各港口企业必须严格遵守的技术要求,也是港口安全生产管理的重要技术依据。

1. 集装箱港口装卸作业安全规程(GB 11602—2007)

本标准于2007年5月15日发布,2007年12月1日实行。标准内容共10章,规定了集装箱港口装卸作业的一般要求以及集装箱在船舶装卸、吊运、叉运、货场堆码、拖运和拆装箱作业的安全要求,适用于集装箱专用码头的装卸作业,非专用码头和集装箱中转站亦可参照使用。本标准的全部技术内容为强制性。

标准对港口集装箱作业一般要求进行了规范(第4章,共10条)。

(1)从事集装箱作业的人员应接受专业技术培训,特别是安全操作规程和技能的培训,并应经考核合格;

(2)在作业前对集装箱的装卸机械、集装箱外形结构及部件进行检查,确保符合要求;

(3)作业前对集装箱进行辨别、分类,根据重箱、空箱和危险化学品箱的不同类型,分别采用相关作业措施;

(4)集装箱作业时照明应满足相关标准;

(5)作业人员在作业时的人身安全防护,与作业无关人员不准进入作业区域,尽量避免在危险位置作业,如确需要时应采取有效防跌落措施,人员和车辆不应在起吊的集装箱下方作业、停留和穿行;

(6)作业现场应标设和配置安全运作的指示和装置;

(7)集卡等运输车辆的限行限速规定,按指示行进,按规定停车,在转弯、箱区、主干道最高行驶速度分别为15km/h、20km/h、35km/h;

(8)大型集装箱起重机械防风规定,设置防风装置且其工作状态和非工作状态下防风能力应不小于35m/s、55m/s,配备风速报警仪,在风速超过17m/s或经设计和验证的风速报警时,应行至锚定位置按要求锚定,风速超过20m/s时应立即停止作业并就地锚定。

2. 散装石油、液体化工产品港口储存通则(GB 17379—1998)

本标准于1998年5月18日发布,1999年2月1日实行。本标准共11章,对散装石油、散装液体化工产品在港口的储存,从储存场所、储存安排、商品的养护与储罐区管理、出入库管理、防雷防静电、污染物控制、应急措施和人员培训等方面作了规范性要求,适用于沿海、内河港口。

1)散装液货港口储存的基本要求

(1)罐区。

储存散装液货的港口应建立专用储罐式罐区。根据所储存散装液货的理化性质不同应分区、分类储存,对化学性质相抵触或灭火方法不同的散装液货不得在同一库区内存储。罐区每罐的存储量应根据散装液货的品种及储罐类型等因素作相应的安排,不允许超过安全容积和容量。

(2)分类管理。

散装液货按其产品所具有的火灾危险性、腐蚀性作相应的分类,见表4-1。

**易燃可燃液体储存分类** 表4-1

| 储存类别 | | 特　征 |
|---|---|---|
| 甲类 | | 闪点 < 28℃的液体 |
| 乙类 | A | 28℃≤闪点≤45℃的液体 |
| | B | 45℃ < 闪点 < 60℃的液体 |
| 丙类 | A | 60℃≤闪点≤120℃的液体 |
| | B | 闪点 > 120℃的液体 |

腐蚀性液体储存分类分为:无机酸性腐蚀品、有机酸性腐蚀品、碱性腐蚀品和其他腐蚀品四类。

(3)人员。

必须配备有专业知识的技术人员、工人。罐区及储罐应设专人管理,有关人员必须配备可靠的个人安全防护用品。

(4)消防。

设置储存散装液货罐区必须经公安消防机构审核合格。储存散装液货的库区严禁吸烟和使用明火,当需要施工动火时,应遵循规定的施工及动火程序要求,取证施工。

(5)标志。

存储散装液货危险品的储罐宜在其醒目处注明所储危险品的联合国编号并标打危险货物标志,标志应符合GB 190《危险货物包装标志》要求。当在同一区域内存有一般货物和危险品的应按危险品的等级标志,当存有两种或者两种以上危险品时,应按最高危险品级别标志。

2)储存场所要求

(1)防火间距。

存储甲、乙、丙类散装液货储罐的布置、防火间距应按《石油化工企业设计防火规范》(GB 50160—1992)中5.2的有关规定执行。罐组内相邻可燃液体地上防火间距见表4-2:

罐组内相邻可燃液体地上防火间距　　表4-2

| 液体类别 | 储罐形式 | | | |
|---|---|---|---|---|
| | 固定顶罐 | | 浮顶罐、内浮顶罐 | 卧罐 |
| | ≤1000m$^3$ | >1000m$^3$ | | |
| 甲、乙类 | 0.6$D$(固定式消防冷却)<br>0.75$D$(移动式消防冷却) | 0.6$D$,且≤20 | 0.4$D$,且≤20 | 0.8 |
| 丙A类 | 0.4$D$,且≤15 | | — | |
| 丙B类 | 2 | 5 | — | |

注:1. 表中$D$为较大罐直径,防火间距单位为m;

2. 储存不同类别液体的或不同形式的相邻储罐的防火间距,应采用本表规定的较大值;

3. 高架罐的防火间距不宜小于0.6m;

4. 现有浅盘式内浮顶罐的防火间距同固定顶罐。

(2)装卸的设施和输送管线。

港口装卸散装液货产品应符合《散装液体化工产品港口装卸技术要求》(GB 15626)的要求。铁路装卸油品设施、装卸油品码头和热力管线,应符合《油码头安全技术基本要求》(GB 16994—1997)中5.7的要求。

(3)储存场所的电气安装。

①油品及易燃易爆液体储存场所应按规范正确划分爆炸危险区域,并据此配备适宜的电力设备或设施。

②甲、乙类液体储罐区消防用电设备应按二级负荷供电,丙类储罐区应按三级负荷供电,当储罐区兼有甲、乙、丙三类物质时,应按最高负荷供电。

③在储罐上设置夜间照明设施时,应使照明器表面的高温部位远离储罐上的挥发气体溢出处,并采取隔热、散热等防火保护措施,或使用防爆照明灯具。

④储存场所的消防用电设备应能够充分满足消防用电的需要,其输配电线路、火灾事故照明和疏散指示标志都应符合《建筑防火设计规范》的相应要求。其中甲、乙类液体储罐与电力架空线的最近水平距离不应小于电杆(塔)高度的1.5倍,丙类液体储罐不应小于1.2倍。

3)储罐与储存安排

(1)对于不同性质的散装液货应配有相应材质和形式的储罐。散装液货与罐体材质的相容性按该标准的附录A执行。

(2)散装液货的储罐应配备液位检测、温度检测、液位报警、可燃气体报警装置等仪表设备。根据气候条件,部分散装液货储罐应设有冷却喷淋装置。

(3)对性质相抵触的散装液货,在换装时必须对上一次储存的罐体进行内部彻底清洗、惰性气体转换后,由专门的人员检测确认合格后方可储存另一种液货。

4)散装液货的养护和储罐区管理

(1)散装液货的养护。

必须有一套完整的散装液货保管和养护制度。散装液货的保管应采取与所保管散装液货理化性质相适应的方法。必须具备完善的检测计量手段,并防止散装液货由于异常原因而短少。必须有一套严格的散装液货控温制度和方法,必须使散装液货在港保管期间处于安全温度之内。散装液货储存必须保持在安全液位之内。必须对所保管散装液货定期进行巡检和养护,并记录相关数据。散装液货进出罐必须有明确的记录,做到单证齐全。

(2)储罐区管理。

①港口散装液货储罐区应在进出口醒目位置设置储罐分布图,以利指导安全生产和应急反应。

②散装液货储罐区必须建立严格的出入管理制度,进入储罐区的机动车辆必须配备经公安消防部门检验的尾气火花熄灭装置,遵守罐区限定的车速,严禁超速行驶,进入罐区的人员必须采取防火措施,不得携带火种和易燃易爆品入内。

③必须制定严格的散装液货进出罐操作运行工艺规程。

④必须制定相应的散装液货罐区安全技术及管理规定。

⑤必须制定健全的散装液货罐区巡回检查制度,对巡回检查的范围和检查内容及检查时间作出明确规定,值班人员巡回检查设备和管线时,发现异常情况要及时处理、汇报,并做好原始记录。

⑥必须建立严格的储罐区值班制度和储罐区交接班制度,交接班人员应按规定的时间和规定的内容在现场对口进行交接。

⑦必须建立严格的防冻、防凝和保(恒)温管理措施。

⑧散装液货更换产品品种进出罐时应采用惰性气体或其他安全介质将罐区管线内散装液货扫尽,扫线介质应控制在一定的流速和设计规定的压力之内。

⑨必须有完善的计量技术手段和建立严格的计量管理制度。

⑩储罐区应建立消防设施和器材管理规定,制定储罐区灭火预案,并定期对消防设施和器材进行检查与组织消防演练。

5)出入库管理

(1)储存散装液货的储罐区必须建立严格的出入库管理制度。散装液货出入库前必须按合同进行检查验收和登记。经核对后方可入库、出库,当商品性质不明时不准入库。

(2)作业前港口有关部门应根据装卸商品的性质和作业环境制定安全防护措施,并向作业部门下达安全注意事项通知书,在未落实之前,不得安排作业。

(3)进入油品和易燃液体储存区的铁路罐(槽)车和铁路钢轨,应连接成电气通路并采取静电接地措施;汽车罐(槽)车车体应设有连接端板、端板和罐(槽)体应连接成电气通路,并采用符合规范的导静电橡胶拖地带,予以静电接地。

(4)装卸腐蚀性物品时,操作人员应根据危险性穿戴防护用品。

(5)作业必须符合规范要求。对于有毒物品在装卸时,应注意保持通风和避免呼吸蒸汽,并佩戴必要的防护用具。如通风条件有困难或含有大量溢出的封闭空间,应使用压缩空气呼吸面罩。

(6)在各储罐区入口处应设置人体静电消除栓,进入库区前必须进行人体静电消除。进入装卸现场的人员必须穿符合国家标准的防静电工作服、防静电工作鞋,作业时禁止穿脱衣服、帽子或其他类似物品。

(7)在装卸甲、乙类散装液货的作业现场,禁止使用无防爆装置的无线电话机及其他通信器材。

6）防雷、防静电和消防措施

（1）储存场所的防雷、防静电设施。

港口散装液货储存区内建筑物、构筑物的防雷设计，储存场所的防雷接地、防雷设计、防静电接地应，以及电力装置的接地符合有关国家标准和规范要求。散装液体石油产品的储存及装卸应符合静电安全要。

（2）储存场所的消防设施。

储存场所的消防设施应符合规范要求。消防设施的设置种类和数量应根据场所、储罐形式、火灾危险性、油库等级以及邻近单位消防协作条件等因素综合考虑确定，并配备经过培训的兼职和专职的消防人员。库区火灾宜采用中、低倍数空气泡沫灭火。库区各种场所应根据需要设置灭火器具，其种类和数量可根据场所的性质、火灾危险性、面积等因素确定。

7）污染控制和应急措施

（1）储存散装液货的港口应配备足够的污水、残留液货、废弃物等的回收、处理设施和器材，并按有关操作规定安放防污染设施、设备。选用的防污染设施、设备应满足其技术要求。必须有确保人员自身安全和安全执行工作任务的设备，配备油类、化学品溢漏事故应急措施及相应设备。

（2）散装液货库区的污水（包括接收油、散化船上的压舱水和洗舱水）必须经过回收处理，达到地方规定的污染排放标准或《污水综合排放标准》（GB 8978）规定的排放要求时才允许排放。酸、碱溶液漏洒在作业、储存场地上时，应立即用大量的水冲洗或用稀碱溶液或酸溶液中和。散装液货库区应定期对大气、水质进行监控，测试。各库区装卸、储运应控制跑、冒、滴、漏等，防止意外性事故发生，确保安全和保护环境。

（3）港口码头应根据本港实际情况制定应急计划，建立散装液货溢漏事故反应体系，确保防污染和应急反应程序。组织应急反应队伍，明确应急岗位人员的职责和通信联络方式，配备足够的清污器材和物品。并经严格训练，定期演习，以便届时作出及时而有效的反应。

8）人员培训

港口散装液货罐区管理人员和装卸作业人员必须进行培训，经考核合格后持证上岗。各类人员除进行专业培训外均须定期进行消防知识培训，熟悉各类消防器材和应急消防措施。管理人员培训的主要内容为安全生产管理制度及规定，相应专业管理知识，散装液货储罐系统运行操作规程等。装卸作业人员培训的主要内容为安全生产规定，安全技术操作规程，岗位责任制等内容。管理人员及装卸人员还应熟知所储各类散装液货的理化性质及相应的应急自救措施，并根据所储液货品种的变动及时进行新品种理化知识培训。

3. 油船油码头安全作业规程（GB 18434—2001）

本标准于 2001 年 9 月 3 日发布，2002 年 4 月 1 日实行。标准共 17 章，对油船和油码头的一般预防措施，油船在抵港、靠泊、装卸、压载、洗舱、除气和进入封闭舱室等作业时的安全作业规程作了详细规定，适用于原油、成品油油船和油码头。本标准的全部技术内容为强制性标准。

1）油码头的一般要求

（1）油码头应符合 GB 16994《油码头安全与技术基本要求》的规定。

(2)油码头禁止吸烟。在油品作业点周围100m内禁止用明火。

(3)油管线。码头油管线应选用特定的材质,并符合相关的设计规范,管线跨越、穿越应符合主管机关的有关技术规范和规定。管线应采用补偿措施,应选用符合使用要求的波纹补偿器。管线应采用焊接,阀件与管道或设备的连接应采用法兰连接,管线与储罐间应采用金属软管连接。

(4)围油栏。油码头应配备满足作业需要的围油栏。围油栏的选用应能经受6级以上风浪冲击或5t以上的海水冲击,应耐老化、耐油、耐海水腐蚀。应在海水或河流中定点位置连接围油栏组,围油栏端点应用锚链固定,锚链长度应是水深的5倍以上。

(5)作业人员。参加装卸人员作业前应消除人体静电,严禁在作业时穿着及更换尼龙、化纤服装或穿钉子鞋。作业时应使用认可型的防爆工具及照明设备,接触钢设备时,严禁敲打和撞击。

(6)登船机。适用于5万t级以上油船,机械和电气应满足相关要求。

2)油码头在油船抵港、靠泊和装卸作业期间的有关要求

(1)抵港前油船应向主管机关和码头递交船舶的有关必要信息,码头则向油船递交泊位水深等相关系泊、作业条件和设备的信息,确保船、岸间的有效沟通。

(2)油船停泊于码头泊位期间,应遵守油码头和地方规则,留足人员,做好系泊缆具、通信设备、船岸通道、固定式和便携式电气设备管理,管制吸烟,落实安全预防措施,明确应急程序,确保船舶随时处于应急戒备状态。

(3)货油装卸前,油船和油码头应相互提供有关作业油品、设备、作业程序等资料,议定装卸计划,达成书面通信协议,进行受载前油舱检查,共同完成“船/岸安全检查表”。

(4)在整个装卸作业过程中应始终保持如下安全措施:

①一名负责驾驶员值班。船上配备足够的处理安全作业的船员,安排适任船员在甲板不间断值班。

②一名高职的油码头代表值班并与油船值班驾驶员保持联系。

③油码头适任人员应在船岸连接处附近保持连续值班。该监管人员应能采取有效措施,具有防止危险的能力。只有对整个货油作业能有效控制时才能使用电视监视装置。

④约定的船岸通信系统,并应保持良好的工作状态。

⑤在开始装卸和人员交接班时,值班驾驶员和油码头代表应各自确认控制装卸操作的通信方法已被自己和全部值班人员与巡视的人员所了解。

⑥所有有关人员应完全明白装油时正常停泵的预备要求和油船与油码头双方紧急停止作业的处理方法。

3)油码头和停泊于泊位的油船危险区

(1)根据可燃性混合气体存在的可能性将危险区分为三个等级:

0级危险区——可燃性气体连续的存在、或者长期存在的区域;

1级危险区——在正常作业条件下很可能存在可燃性混合气体的区域;

2级危险区——在这区域内未必会出现可燃性混合气体,即使出现也出现也可能只是保持短暂时间。

(2)油船停泊在油码头时,各种非认可型电气设备和电子设备不应在危险区域内使用,

若有可能进入危险区时,采取适当措施防止使用,如加以隔离。

4)油码头应急计划

(1)各油码头应制定包括发生紧急情况时所采取的各方面应急行动的油码头应急计划。起草应急计划时应征求主管机关、消防、警务机构等方面的意见,并使之与港口的应急计划相协调。

(2)应急计划应包括:

①指明紧急情况现场人员进行事故报告、抑制和排除事故险情所采取的初步行动;

②根据事故的需要动用油码头资源所遵循的程序;

③应变岗位职责、程序和方法;

④遇险人员所处位置的通报;

⑤应急组织、人员的职责;

⑥通信方法;

⑦控制中心;

⑧应急设备清单。

(3)油码头应有应急组织,其职责应包括编制、实施和修订应急程序,并执行这些程序。应急计划一经指定,就应以应急手册的方式成为正式文件,这些手册应提供给予油码头相关联的所有人员使用。应急程序初步反应的要点应以告示的方式明显的张贴于油码头范围内的各重要处所。

(4)训练和演习。

①油码头应派人员接受油码头现有消防和应急设备的训练。油码头全体工作人员应接受防火基本知识和基本灭火技能的教育。应定期训练、举行消防演习。

②担负消防工作的拖轮船员,应接受与岸上消防机构联合扑灭各种油类火灾方面的教育与训练。必要时可请岸上经过训练的人员协助船员进行消防。随时提供机会进行包括拖轮和岸上消防机构在内的联合演习。

③在不延误油船和油码头正常工作的情况下,可组织岸上人员和靠泊油船船员之间的联合消防演习或谈论会。

4. 危险货物集装箱港口作业安全规程(JT 397—2007)

本标准时交通行业标准,于2007年12月29日发布,2008年4月1日实行。本标准共6章,规定了危险货物集装箱港口作业的安全要求和堆场、仓库的安全技术要求。本标准适用于危险货物集装箱港口作业。本标准的全部内容为强制性,本标准的附录A为规范性附录。

1)一般要求

(1)内贸集装箱港口作业,执行《国家水路危险货物运输规则》(以下简称《水路危规》);外贸集装箱港口作业,执行《国际海运危险货物规则》(以下简称《国际海运危规》)的规定;同时兼有的,执行《水路危规》第十七条规定。

(2)企业从事危险货物集装箱港口作业,应取得危险货物港口作业资质。从事危险货物港口作业的人员,应按照国家有关规定经培训取得资格证后,方可上岗作业。

(3)从事危险货物集装箱港口作业应根据所装卸危险货物的特性,配备相应的防护用品。

(4)装有危险货物的集装箱,箱体两侧及两端应粘贴或印刷符合 GB 190 或《国际海运危规》规定且与箱内所装危险货物性质相一致的危险货物标志。

(5)从事危险货物集装箱港口作业的企业,应制定本单位事故应急救援预案,配备必要的器材、设备。应急预案应定期组织演练,做好记录,适时进行修订。

(6)危险货物集装箱的港口装卸作业安全技术要求执行 GB 11602 的有关规定。

(7)易燃易爆危险货物集装箱装卸时,距装卸地点 50m 范围内为禁止明火作业区域。

(8)从事危险货物集装箱港口作业的企业或作业委托人,在作业前应将危险货物品名、数量、理化性质、作业地点和时间、安全防范措施等事项向主管部门申报。未经同意,不得进行港口作业。

(9)危险货物集装箱作业、堆存区域不得进行车辆维修、保养等工作。

(10)作业前,相关作业人员应确认危险货物申报内容与所装卸的危险货物集装箱标志、标牌一致,详细了解其性质、危险程度、安全应急措施和医疗急救措施。作业中,应严格按照相关操作规程进行作业。作业结束,应按规定妥善处置残留物和有关工具及防护用品。

(11)危险货物集装箱堆场和仓库四周应采用围栏或实体围墙封闭并设置环形消防通道;出入口应不少于两处,并安装明显的安全警示标志牌;灭火器材配置应符合 GB 50140《建筑灭火器配置设计规范》的规定。

2)装卸作业

(1)码头前沿作业。

①危险货物集装箱在装船或卸船前,作业方应会同船方对集装箱外观进行检查,重点检查集装箱结构是否有损坏、有无撒漏或渗漏现象。发现异常情况应通知有关部门处理。在未处理之前不得装卸。

②舱内作业时,作业人员下舱前应先开舱通风,确认无危险后方可作业。

③装卸作业指挥人员佩戴的标志应明显,指挥信号应清晰、准确。

④应根据危险货物的性质、配装要求及船方确认的配载图进行装载。

⑤危险货物集装箱的操作人员,应做到谨慎操作,稳起稳落。

⑥装卸易燃易爆危险货物集装箱期间,不得进行加油、加水(岸上管道加水除外)等作业。

(2)水平运输作业。

①港内运输车辆应配备灭火器材和在车顶悬挂危险标志灯。

②港内运输车辆应遵守港区有关危险货物车辆运行路线、时间及速度等规定。

③港内运输危险货物集装箱车辆的驾驶员严禁超车、急转弯、急刹车,前后车辆应保持安全距离。

(3)堆场作业。

①危险货物集装箱应在专门区域内存放。其中 1.1 项、1.2 项爆炸品和硝酸铵类物质的危险货物集装箱,应实行直装直取,不准在港内存放;除 1.1 项、1.2 项以外的爆炸品、2 类气体和 7 类放射性物质的危险货物集装箱的堆场存放,应经具有资质的中介机构安全评价和

港口行政管理部门批准后，可以限时限量存放。

②危险货物集装箱堆场作业，应在装卸管理人员的现场指挥下进行。

③危险货物集装箱堆场，应严格划分各类危险货物的堆存区域，按危险货物的性质和类别要求堆码。

④易燃易爆危险货物集装箱，最高只许堆码二层，其他危险货物集装箱不超过三层，并根据不同性质的危险货物，做好有效的隔离，隔离要求按本标准的附录 A 执行。

⑤装有遇潮湿易产生易燃气体的 4.3 项货物的集装箱和需敞门运输的易产生易燃气体的集装箱，宜在最上层堆码。

⑥液化天然气罐式集装箱相互不得叠放，与其他非易燃易爆危险货物集装箱叠放时，应放置在最上层。

⑦装有毒性物质中包装类别 I 的危险货物集装箱应箱门对箱门，集中堆放。

⑧熏蒸作业不得在危险货物堆场进行。

3）拆、装箱作业

（1）一般要求。

①港内拆、装和查验危险货物集装箱作业时，应在专门区域进行。

②作业人员要求：

a. 作业前，作业人员应穿戴好必需的防护用品。

b. 拆、装易燃易爆危险货物集装箱时，禁止穿带铁掌、铁钉鞋和易产生静电的工作服。

c. 拆、装毒害品的作业期间严禁进食；温度高、时间长、作业量大时，应轮换或间歇作业；作业完毕后应立即进行全身冲洗、换装后方可进食；穿过的工作服、手套等防护衣物应单独清洗。

③凡进入作业现场的水平运输机械应配备火星熄灭装置，作业完毕，及时撤离作业现场。

④拆、装易燃易爆危险货物集装箱，应使用防爆型电器设备和不会摩擦产生火花的工属具，并有专人负责现场监护。

⑤在拆、装装有爆炸品、有机过氧化物、毒害气体、毒性物质中包装类别 I 集装箱时，所有机具应按额定负荷降低 25% 使用。

⑥拆、装感染性物质集装箱，应经有关部门监测批准后方可作业。

⑦拆熏蒸集装箱时，打开箱门后应强制通风，确认无危险后方可作业。

⑧在夏季高温季节，拆、装对温度敏感的危险货物集装箱时，应根据港口所在地气候条件，确定作业时间，并采取有效的降温措施，在有遮蔽通风良好的环境下进行，货物不得在阳光直射处存放。

⑨拆、装危险货物集装箱，遇有闪电、雷雨或附近发生火灾时，应立即停止作业并关闭箱门，对箱外货物作妥善处理；雨雪天、大雾天禁止露天拆、装遇水放出易燃气体的物质集装箱。

（2）装箱作业。

危险货物集装箱的装箱作业要求应符合 JT 672《海运危险货物集装箱装箱安全技术要求》的规定。

(3)拆箱作业。

①拆箱前应先检查施封是否完好。开启箱门时,应先打开一扇门,不准在门前站立,在通风并确认无危险后,方可拆箱作业。

②拆箱过程中应谨慎操作,轻拿轻放,发现损坏、渗漏应立即报告有关部门处置。

(4)仓库作业。

①待装箱和拆箱后的危险货物,应执行危险货物的出入库制度,核对、检验出入库的货物的规格、数量、包装标记,单证、资料不符的不得出入库。

②危险货物堆码应符合"水路危规"的相关规定。同库存放的危险货物应符合隔离要求,隔离要求见表4-3。

③危险货物分装、改装、开箱、开桶检查应在库外安全地点进行。

④作业结束后,应当对库区、库房进行检查,确认安全后方可离开。

(5)清洗箱作业。

危险货物集装箱的清洗应交由有资质的单位处理。

**危险货物隔离表** 表4-3

| 类 项 | 1.1、1.2、1.5 | 1.3 1.6 | 1.4 | 2.1 | 2.2 | 2.3 | 3 | 4.1 | 4.2 | 4.3 | 5.1 | 5.2 | 6.1 | 6.2 | 7 | 8 | 9 |
|---|---|---|---|---|---|---|---|---|---|---|---|---|---|---|---|---|---|
| 爆炸品 1.1、1.2、1.5 | * | * | * | 4 | 2 | 2 | 4 | 4 | 4 | 4 | 4 | 4 | 2 | 4 | 2 | 4 | × |
| 爆炸品 1.3、1.6 | * | * | * | 4 | 2 | 2 | 4 | 3 | 3 | 4 | 4 | 4 | 2 | 4 | 2 | 2 | × |
| 爆炸品 1.4 | * | * | * | 2 | 1 | 1 | 2 | 2 | 2 | 2 | 2 | 2 | × | 4 | 2 | 2 | × |
| 易燃气体 2.1 | 4 | 4 | 2 | × | × | × | 2 | 1 | 2 | × | 2 | 2 | × | 4 | 2 | 1 | × |
| 无毒不燃气体 2.2 | 2 | 2 | 1 | × | × | × | 1 | × | 1 | × | × | 1 | × | 2 | 1 | × | × |
| 有毒气体 2.3 | 2 | 2 | 1 | × | × | × | 2 | × | 2 | × | × | 2 | × | 2 | 1 | × | × |
| 易燃液体 3 | 4 | 4 | 2 | 2 | 1 | 2 | × | × | 2 | 1 | 2 | 2 | × | 3 | 2 | × | × |
| 易燃固体 4.1 | 4 | 3 | 2 | L | × | × | × | × | 1 | × | 1 | 2 | × | 3 | 2 | 1 | × |
| 易自燃物质 4.2 | 4 | 3 | 2 | 2 | 1 | 2 | 2 | 1 | × | 1 | 2 | 2 | 1 | 3 | 2 | 1 | × |
| 遇水放出易燃气体的物质 4.3 | 4 | 4 | 2 | × | × | × | 1 | × | 1 | × | 2 | 2 | × | 2 | 2 | 1 | × |
| 氧化剂 5.1 | 4 | 4 | 2 | 2 | × | × | 2 | 1 | 2 | 2 | × | 2 | 1 | 3 | 1 | 2 | × |
| 有机过氧化物 5.2 | 4 | 4 | 2 | 2 | 1 | 2 | 2 | 2 | 2 | 2 | 2 | × | 1 | 3 | 2 | 2 | × |
| 毒害品 6.1 | 2 | 2 | × | × | × | × | × | × | 1 | × | 1 | 1 | × | 1 | × | × | × |
| 感染性物质 6.2 | 4 | 4 | 4 | 4 | 2 | 2 | 3 | 3 | 3 | 2 | 3 | 3 | 1 | × | 3 | 3 | × |
| 放射性物质 7 | 2 | 2 | 2 | 2 | 1 | 1 | 2 | 2 | 2 | 2 | 1 | 2 | × | 3 | × | 2 | × |
| 腐蚀品 8 | 4 | 2 | 2 | L | × | × | × | 1 | 1 | 1 | 2 | 2 | × | 3 | 2 | × | × |
| 杂类危险物质和物品 9 | × | × | × | × | × | × | × | × | × | × | × | × | × | × | × | × | × |

注:隔离数码分别表示:

| 库内: | 场地: |
|---|---|
| 1——相距3m | 1——相距3m |
| 2——分库房 | 2——相距10m |
| 3——中间隔一个库房 | 3——相距30m |
| 4——中间隔一个库房 | 4——相距30m |

×——无隔离要求

*——见"水路危规"第1类引言隔离一节

5. 海运危险货物集装箱装箱安全技术要求(JT 672—2006)

本标准于2006年12月19日发布,2007年3月1日实行。本标准共9章,规定了集装箱装运危险货物的装箱安全基本要求、装箱前准备工作、危险货物装载操作规则、封箱操作、装箱后要求以及记录与单证等安全技术要求。本标准适用于海运危险货物集装箱装箱,是运输、仓储、生产、经营和监督管理部门对装箱安全质量进行控制和检查的依据。

1)危险货物装箱基本要求

(1)集装箱的设计、制造、检验、试验等均应符合IMO《1972年国际集装箱安全公约》或《集装箱检验规范》的规定,并持有相应的证书。集装箱应显示安全合格牌照和检验合格标记。

(2)海运危险货物的包装应坚固并处于完好的状态,可能与货物相接触的内表面应不会受所装货物的危险性影响并能经受装卸和海运的一般危险。海运危险货物的包装应经国家认可的专业检测、检验机构检测、检验合格,持有相应的合格证明,并按规定显示检验合格的包装标记代号。

(3)国内海运危险货物包装标志应符合GB 190的有关规定。国际海运危险货物包装标志应符合IMO《国际海运危险货物规则》的有关规定。

(4)装箱检查人员应接受相关法律要求、危险货物安全及集装箱装载专业知识培训合格,取得相应资格。

(5)装箱作业环境良好,应在白天或者光线明亮,足够以人的肉眼看清作业视线的环境下进行装箱作业,除装箱场所具备良好遮蔽条件外,雷鸣雨雪天气应停止作业,关闭箱门。高温天气,应遵守易燃易爆危险品作业时间限制的规定。装箱现场应采取适当的措施防止起火,禁止在危险货物周围吸烟。

(6)根据货物包装性质选用合适的装卸机具。机械及其附属器械不得影响包装的完整性。叉车装卸搬运货物能确保安全速度,采取安全防火、防护措施。在箱内操作的叉车,提升质量限定为2.5t。

2)危险货物装载操作规则

(1)装箱前准备工作。

①装箱人应备齐货物的申报资料、包装检验合格证书、危险货物安全技术说明书、适用版本的危险货物运输规则等相关资料。申报资料的内容包括正确的运输名称、类别、危险货物编号、闭杯闪点(如有)、包装类、标记、标识批号、拟装危险货物总量及总重。装箱人应审核货物的相关资料与实际货况、装箱信息的一致性。

②装箱前应计划好集装箱中危险货物的装载和系固方法。装载计划应科学、合理,满足集装箱和货物的要求。若为拼箱积载,应充分考虑各种货物相容性及其性质。

③对集装箱的外部、内部、箱门和危险货物的包装、标志、标记及托盘进行全面检查,确保符合装箱要求。集装箱的置放应平整、固定。

(2)装箱人员。

①装箱人员装载、系固危险货物时,应在装箱检查人员的直接监督下进行。

②装箱人员在作业时应穿戴相适应的防护用品,作业完毕,及时清洗,作业中不得饮食。

(3)装载要求。

①按积载计划装箱。

②装载过程中应轻拿轻放，禁止肩扛、背负、冲撞、摔碰、翻滚，以防包装破损。

③装载包装的桶盖、瓶盖应朝上，不准倒置。包装通气孔向上，不被堵塞。

④应符合所装载物质的其他特殊要求。

⑤禁止装运破漏的包装件。装载时危险货物包装发生损坏、渗漏，应在装箱检查人员的监督下，立即按货物特性进行有效处置。

⑥渗漏的危险货物会造成爆炸、自燃、毒害或类似重大危险的，应立即将人员撤离到安全地带，并通知有关应急部门。

⑦装载有温控要求的危险货物，冷藏箱应经过足够的预冷，保证装载温度符合要求。

(4)衬垫要求。

①箱内不同货物或采用不同包装形式时，货物之间应用有效衬垫材料作为间壁。

②桶装危险货物上下层间应用有效衬垫材料衬垫，以分散上层货物负荷。

③装载货物与箱壁之间可用有效衬垫材料塞紧，防止货物发生移动。

④衬垫应有足够防护强度，其使用应能有效避免货物在运输过程中在集装箱内发生垂直或水平方向上的位移而引起的损坏。

⑤衬垫的类型包括托盘、胶合板、木条和木板等。使用时应尽量支撑在角柱、角件、端柱和侧柱上，要避免侧壁板、箱门板损坏。

(5)危险货物在集装箱内的系固。

①充分考虑海上运输过程中造成箱内货物移动的因素，应对集装箱内的货物加以系固，防止移动。同时，货物系固方法本身也不应导致货物或集装箱的损坏或变坏。

②用于系固的材料应有足够的强度，能消解由于运输加速度的变化而产生的各种应力，并且不至于在运输中给箱内危险货物带来安全隐患。系固的材料主要有钢丝绳、纤维索、钢带、尼龙带、气袋等。

③必要时，应使用集装箱内的系固设备来防止货物发生移动。用于集装箱内系固的紧固件应具有紧固后的固定装置，系固完毕后，所有紧固件都应处于固定位置，或能起到同样效果，以防在运输途中因车、船的振动和摇摆等因素的影响，使紧固件松动而降低系固效果。

④气袋使用应符合要求：使用空气袋应认真遵守制造商关于冲灌压力的指导。考虑到集装箱内部温度升高的可能性，装货时应留有余量；空气袋在集装箱门口处使用时，应采取相应的防护措施。

(6)封箱操作。

装箱完毕后，应进行清理，清除多余的系固材料、工具、废弃的包装材料等，然后关闭箱门。确认箱门的关闭装置锁闭牢靠。在施封装置上加以封志。

(7)装箱后要求：

①应巡视装箱后集装箱外观情况，并确认正常。

②在集装箱箱体两端、两侧张贴该危险货物的标牌。

③使用固体二氧化碳或其他膨胀或制冷剂，应按规定在箱外作出标识。

④装载熏蒸货物或在熏蒸条件下运输的封闭集装箱，箱门外应张贴警告牌。

⑤装载有温控要求的危险货物冷藏箱，应开启制冷系统，保持相应的运输温度，并采取

监控措施。

3)记录与单证

(1)从事海运危险货物装箱作业的单位应将每次危险货物装箱作业情况按要求如实记录。记录内容应包括:积载计划、装箱时间、装箱货况、集装箱箱体状况、货物包装状况、装箱衬垫、加固情况等事项。

(2)装箱作业情况应由负责装箱的现场检查员记录。

(3)应将危险货物装箱情况拍摄存档,正确显示装箱前、中、后三种箱体状况和相应箱号,并保存于记录档案。

(4)使用集装箱装运危险货物的,应提交装箱检查人员检查后签发的《集装箱装箱证明书》。《集装箱装箱证明书》应由装箱现场检查员在装箱完毕后按内容格式正确填写。

6. 其他部分港口作业类标准规范简介

1)港口水泥装卸作业安全技术要求(JT 461—2001)

本标准于2001年12月14日发布,2002年5月1日实行。本标准规定了沿海港口水泥装卸作业安全技术要求。本标准适用于沿海港口袋装水泥和散水泥的装卸作业。内河港口水泥装卸作业可参照执行。

2)港口重大件装卸作业技术要求(GB/T 27875—2011)

本标准于2011年12月30日发布,2012年6月1日实行。本标准规定了港口重大件装卸作业的基本要求、装卸工属具的选择和使用要求,以及装卸技术要求和操作方法。本标准适用于进出港口码头的笨重、长大散件货物和各种机器、成套设备和车辆等。

3)散装液体化工产品港口装卸技术要求(GB/T 15626—1995)

本标准于1995年7月17日发布,1996年4月1日实行,规定了散装液体化工产品在港口装卸、转运过程中,工艺、设备、设施方面的技术要求。本标准适用于沿海和内河的港口、码头。本标准虽为推荐标准,但在其他强制性标准应用后,即可成为强制性要求。

4)港口件杂货物装卸作业安全技术要求(JT/T 330—1997)

本标准于1997年9月29日发布,1998年1月1日实行,规定了件杂货物在港口装卸作业过程中的一般安全要求以及装卸船、装卸车、吊运、水平运输、堆拆垛过程中的安全技术要求。本标准适用于桶装、袋装、箱装(非集装箱)、捆状、托盘成组、锭类等件杂货物的装卸作业。本标准不适用于钢材、散货集装袋、重大件、细长形捆扎货物以及纸品、危险货物等的装卸作业。

5)港口钢材装卸作业安全技术要求(JT/T 245—2011)

本标准于2011年10月21日发布,2011年12月20日实行,规定了钢材在港口装卸过程中,船舶装卸、车辆装卸、堆拆垛、吊运、拖运、叉运等操作环节的安全技术要求。适用于型钢、钢板,钢带、钢管,钢丝等钢材的装卸作业。

6)港口货物堆垛要求(JT/T 706—2007)

本标准于2007年12月29日发布,2008年4月1日实行,规定了港口货物堆垛的安全距离要求,以及不同货物的堆垛形式及要求。本标准适用于沿海港口装卸货物堆垛作业,同类包装货物堆垛形式可参照执行,内河港口可参照使用。本标准不适用于危险货物的港口堆垛作业。

7)集装箱进出港站检查交接要求(GB/T 11601—2000)

本标准于2000年5月8日发布,2001年1月1日实行,规定了集装箱进出港站时对箱体的检查项目、技术要求及交接要求。本标准适用于集装箱进出港站时对集装箱的检查与交接。

## 二、港口设施设备类标准规范

港口设施设备是港口生产的物质基础,从本质安全来讲,港口设施设备的安全达标是保障后期港口码头投产运营后正常生产的前提条件。港口设施建设和设备安装是归口到建设工程质量管理范畴的,因而对港口设施设备的安全要求是从港口建设阶段就开始把关的,涉及此类的标准规范基本为建设要求和设计要求,且多为强制性。

1. 油码头安全技术基本要求(GB 16994—1997)

本标准于1997年9月19日发布,1998年5月1日实行,本标准共5章,规定了油码头设施、设备和作业的安全技术基本要求,适用于海港(包括河口港)、河港油码头,为国家强制性标准。标准共对油码头的平面布置、电气装置(包括防静电、防杂散电流、防雷)、消防设施、安全标志和警示标志、总体工艺及工程设计、输油及热力管线、铁路装卸油类设施、油类装车装船、油泵房与油罐区、防复燃设施设备、通风11个方面作了具体要求。

1)油码头装卸油类火灾危险性分级

油码头装卸油类火灾危险性按油类闪点划分为三级,见表4-4

**油码头装卸油类火灾危险性分级** 表4-4

| 类　别 | 闪　点 | 类　别 | 闪　点 |
|---|---|---|---|
| 甲 | <28℃ | 丙 | ≥60℃ |
| 乙 | 28~60℃ | | |

2)输油及热力管线

(1)输油及热力管线的材质、管径和壁厚应按其输送介质、流量和压力等因素确定。

(2)地上或管沟内的管线,应敷设在管墩或管架上。保温管线应设管托。

(3)地上或管沟内的管线以及埋地管线的出土端均应采用补偿和锚固措施。

(4)穿越。管线穿越铁路和道路时,其交角不应小于60°,并应敷设在涵洞或套管内,套管两端伸出铁路路基边坡不得小于2.0m,道路路肩不得小于1.0m;套管顶距铁路轨面不应小于1.0m,道路路面不得小于0.8m。套管内的管线不应有连接焊口。

(5)跨越。管线跨越铁路和道路时,轨面以上净空高度应不小于5.5m(蒸汽及内燃机车)、6.5m(电气机车),路面以上净空高度应不小于5.0m。

(6)管线应采用焊接连接,特殊需要的地方可采用法兰连接,但应便于安全检查和维修。

(7)钢管及其附件的外表面,必须涂刷防腐涂层,埋地钢管还应采取防腐绝缘或其他防护措施;输送易凝油类的管线应采取防凝措施;管线的保温层外应设良好的防水层;不放空、不保温的地上输油管线应在适当位置采取泄压措施。

2. 其他部分港口设施设备类标准规范简介

1)码头附属设施技术规范(JTJ 297—2001)

本标准于2001年12月25日发布,2002年5月1日起施行,为强制性标准。本标准共7

章，对港口码头前沿的系船设施，防冲设备，岸边装卸运输机械的钢轨、车挡和埋设件，爬梯和阶梯，护轮槛、系网环和护栏等设施的设计和安装技术作了相应规定。

2）装卸油品码头防火设计规范（JTJ 238—1999）

本标准于1999年10月15日发布，1999年12月31日起施行，为强制性标准。本规范适用于新建、改建和扩建的原油、成品油码头以及常温压力式液化石油气码头的防火设计。临时性油品码头的防火设计应参照执行。液体化工品码头除灭火剂的选择外，可参照执行。

3）港口防雷与接地技术要求（JT 556—2004）

本标准于2004年6月3日发布，2004年9月1日实行，规定了港口防雷与接地的基本要求，规定了铁塔及港口装卸设备、供电系统、电子信息系统、粮食筒仓设施、油品储运设施、易燃易爆货物储运等防雷与接地的技术要求。本标准适用于港口内的设备和设施的防雷与接地工程的设计、施工、维护和管理。本标准的4.3，4.7，5.1.1，5.1.5，5.2.2，5.2.4，5，3，5.4.1，5.4.4，5.5.2，5.5，3，5.5.5，6.2.2，6.2.4，7.2.1，7.2.2，7.2.3，7.2.9，7.2.10，7.2.11，8.1.1，8.1.2，8.1.5，8.2.1，9.1.1，9.1.2，9.1.3，9.2.2，9.2.3，9.2.5，9.3.2，9.3.4，9.3.5，9.4.1，9.4.2，9.4.6，9.6.3，10.1.1，10.1.3，10.1.4，10.1.5，10.2.1，10.2.3，11.1.3，11.1.4，11.2.2.1，11.2.2.3，11.2.3.2，11.2.5.1，11.2.5.3，11.3.2，11.3.6，11.3.11，11.5.3和11.6.1为强制性的，其余为推荐性的。标准的附录A、附录B和附录C为规范性附录。

4）港口设备安装工程技术规范（JTJ 280—2002）

本标准于2002年8月5日交通部交水发〔2002〕358号发布，为强制性行业标准，自2002年12月1日起施行。主要包括港口装卸、电气装置、控制系统、管道、消防和环保等设备安装，钢结构制作与安装，电气设备交接试验和设备试运转等技术内容。

5）石油化工码头装卸工艺设计规范（JTS 165-8—2007）

本标准于2007年12月15日交通部43号公告发布，为强制性行业标准，自2008年5月1日起施行。本标准的第3.0.3条、第3.0.7条、第4.1.5条、第4.3.1条、第5.1.1条、第5.1.2条和第5.8.3条的黑体字部分为强制性条文，与建设部发布的《工程建设标准强制性条文（水运工程部分）》（建标〔2002〕273号）具有同等效力，必须严格执行。

6）液化天然气码头设计规范（JTS 165-5—2009）

本标准于2009年10月30日交通部46号公告发布，为强制性行业标准，2010年1月1日起实行。第3.0.3条、第3.0.7条、第5.3.2条、第5.3.3条、第5.3.4条、第5.4.3条、第5.6.2条、第5.6.3条、第5.7.1条、第7.1.1条、第9.1.1条、第9.1.8条、第9.1.9条、第9.2.1条、第9.2.3条、第9.2.4条、第9.2.5条、第9.3.5条、第9.4.1条和第9.4.2条中的黑体字部分为强制性条文，必须严格执行。

7）滚装码头设计规范（JTS 165-6—2008）

本标准于2008年8月24日交通部第22号公告发布，为强制性行业标准，自2009年2月1日起施行。本标准的第3.1.3条、第3.3.1条、第3.4.2条、第4.2.2条、第7.0.1条、第7.0.4条、第7.0.5条、第7.0.6条、第7.0.7条、第7.0.8条、第7.0.9条和第7.0.10条的黑体字部分为强制性条文，必须严格执行。

8）港口货运缆车安全设施技术规范（JTS 197—2011）

本标准于2011年2月17日交通部第9号公告发布,为强制性行业标准,自2011年5月1日起施行。第3.0.1条、第3.0.4条、第4.1.2条、第4.3.4条、第4.6.2条、第5.2.2条、第5.2.4条、第5.3.3条、第5.3.5条、第5.4.2条、第5.4.3条、第6.3.4条、第7.3.2条和第7.7.2条中的黑体字部分为强制性条文,必须严格执行。

9)长江三峡库区港口客运缆车安全设施技术规范(JTS 196-7—2007)

本标准于2007年11月26日交通部第38号公告发布,为强制性行业标准,自2008年3月1日起施行。本标准的第2.0.1条、第2.0.4条、第2.0.7条、第2.0.9条、第2.0.10条、第3.0.1条、第3.0.2条、第4.0.1条、第4.0.2条、第7.1.2条、第7.1.4条、第7.1.6条、第7.1.7条、第7.2.2条、第7.2.3条、第7.2.4条、第7.2.5条、第7.2.6条、第7.2.7条、第7.2.9条、第7.3.3条、第7.3.6条、第7.4.1条、第7.4.2条、第7.4.3条、第7.4.4条、第7.4.5条、第7.4.6条、第8.1.1条、第8.1.4条、第8.2.2条、第8.2.3条、第8.2.4条、第8.3.2条、第8.3.4条、第8.3.5条、第8.3.8条、第8.3.10条、第8.3.11条、第9.0.1条、第9.0.3条、第9.0.4条、第9.0.9条、第9.0.10条和第9.0.11条的黑体字部分为强制性条文,必须严格执行。

10)其他

JT 320—1997　港口工程劳动安全卫生设计规定

JT 366—1997　客滚船码头安全技术及管理要求

JT 416—2000　液化气码头安全技术要求

JT/T 622—2005　港口装卸机械电气安全规程

JT/T 557—2004　港口装卸区域照明照度及测量方法

JT/T 451—2009　港口码头溢油应急设备配备要求

JT/T 93—2008　港口装卸机械电气设备安装及检测规范

JT/T 779—2010　港口设施保安评估导则

JT/T 780—2010　港口设施保安计划制定导则

JT/T 439—2001　港口动力接电箱通用技术要求

JT/T 660—2006　水上加油站安全与防污染技术要求

## 三、港口机械类标准规范

港口装卸机械是港口作业的主要工具,对提高港口装卸作业效率具有显著作用。随着我国港口生产技术水平的不断发展和进步,港口装卸机械越来越多的应用在港口装卸作业领域,是推进港口生产机械化、现代化和自动化的重要内容。在港口装卸机械中,多以大型起重机械、输送设备为主,具有体积大、结构复杂、强度要求高等特点,如若使用、保养不到位,极容易在作业过程中造成生产人员伤亡事故,是安全管理的重点环节,因而通过统一的标准规范建立其生产、制造、安装、使用和维修、保养活动准则,将更有利于提高机械设备的管理水平,减少机械伤害。

1. 港口装卸机械类国家标准

1)港口连续装卸设备安全规程 第1部分:散粮筒仓系统(GB 13561.1—2009)

本标准于2009年6月4日发布,2010年1月1日实行,全部技术内容为强制性。本部分共11章，规定了港口散粮筒仓系统的布置与结构、工艺设计及装卸设备、电气及监控系统、静电防护、通风除尘、消防设施、熏蒸和安全管理的防火防爆等基本要求。本部分适用于港口散粮筒仓系统的防火防爆设计、安全设施的配置和安全管理，其他散粮筒仓系统也可参照使用。

散粮筒仓系统的安全管理：

(1)筒仓系统的生产经营单位应设立专门的安全生产管理机构或配备专职安全生产管理人员。

(2)应建立健全各种规章制度和操作规程，制定各项应急救援预案，包括火灾爆炸事故应急救援预案和紧急情况人员疏散预案，并定期演练。

(3)筒仓系统的工作人员在上岗前，应经过严格培训，熟悉本岗位职责，了解粉尘防爆知识，经考试或考核合格后方可上岗。

(4)筒仓系统应为无火种区，凡进入筒仓系统的人员应办理出入手续，严禁穿带铁钉的鞋进入筒仓系统，严禁带入火种。

(5)筒仓系统各部委应有明显的禁止吸烟、警惕粉尘爆炸及火警电话等安全标志。

(6)装卸作业时，在爆炸危险场所内严禁用铁器敲击墙壁、金属设备管道及其他物体。

(7)入库作业的机械车辆应性能完好，并配备火花熄灭装置和灭火器材。

(8)应严格按照机电设备管理制度进行设备的运行管理和维修保养工作。

(9)应绘制、编制或有运动部件的检查、清洁、润滑、拆洗、紧固与调整的周期表和流程图，并落实到岗位责任制上。

(10)在筒仓系统内，不应进行明火作业，如需进行此类作业时，应向主管部门提出临时动火申请，确定作业负责人和安全监护人，由主管部门召集安全、消防和技术部门察看现场，确认具备严密的安全措施后方可批准作业。

(11)在获准进行明火作业时应遵循如下规定：

①筒仓系统内与动火作业有关的各种机械应全部停机；

②清除需要焊接或切割的设备内壁的积尘；

③作业点周围半径10m范围内，所有可燃性材料均应从作业现场撤离，确实不能走的，应用不燃材料隔离保护；

④作业现场的门、窗、泄爆口应打开，与其他密闭容器相连的管道，有隔离阀门的应把阀门关严，无隔离阀门的则应拆除一段管道，使管道有开放段，同时封闭非动火作业段管道；

⑤作业现场的地面及其下层地面均应打扫干净并用水淋湿；

⑥作业点周围10m范围内，地面与墙壁上的孔洞、通风除尘吸风口等均应用非燃烧性材料覆盖，防止火花溅落在孔洞内；

⑦作业时严禁无关人员进入作业现场；

⑧作业时，应有消防人员携带灭火器在现场监视作业，结束后作业负责人、安全监护人和消防人员应共同负责熄灭残火，安全监护人进行守护，检查确认安全后，方可撤离作业现场。

(12)筒仓系统应配备氧浓度测定仪，在筒仓、船舱有可能缺氧的场所作业时，应按GB 8958的规定执行。

(13)在检查仓内料位或清扫仓底时，应用防爆灯具进行照明。

(14)安全设施和通风除尘设施未经安全主管部门批准,严禁拆除。

2)港口连续装卸设备安全规程　第2部分:气力卸船机(GB/T 13561.2—2008)

本标准于2008年5月27日发布,2008年12月1日实行,本部分规定了气力卸船机在设计、制造、安装试验、使用保养、检验与维修及报废等方面的安全技术要求。本部分适用于岸边固定式、轨道式、浮式、轮胎式气力卸船机。

3)港口连续装卸设备安全规程　第3部分:带式输送机、埋刮板输送机和斗式提升机(GB/T 13561.3—2009)

本标准于2009年3月31日发布,2009年11月1日实行,本部分规定了港口带式输送机、埋刮板输送机和斗式提升机在设计、制造、使用、保养和维修及报废等方面的安全要求。本部分适用于港口装卸、粮仓储运的带式输送机、埋刮板输送机、斗式提升机。

4)港口连续装卸设备安全规程　第6部分:连续装卸机械(GB/T 13561.6—2006)

本标准于2006年1月10日发布,2006年6月1日实行,本部分规定了港口连续装卸设备——连续装卸机械(以下简称连续装卸机)在设计、制造、安装与试验、使用与保养、维修与检验等方面的安全技术要求。本部分适用于港口斗轮连续卸船机、斗轮堆取料机、链斗式卸船机、散货装船机。其他同类的机械亦可参照使用。

5)集装箱正面吊运起重机安全规程(GB/T 17992—2008)

本标准于2008年5月27日发布,2008年12月1日实行,本标准规定了集装箱正面吊运起重机设计、制造、安装、使用与保养、检验与维修等方面的安全技术要求。本标准适用于起重量不小于24000kg的正面吊运机,起重量小于24000kg的正面吊运机亦可参照使用。

6)其他

GB/T 21920—2008　岸边集装箱起重机安全规程

GB/T 18438—2001　港口起重机 验收试验规则

GB/T 18439—2001　港口起重机 稳定性基本要求

GB/T 18440—2001　港口起重机 技术性能和验收文件

GB/T 18441—2009　港口起重机 供需文件

GB/T 14734—2008　港口浮式起重机安全规程

GB/T 19912—2005　轮胎式集装箱门式起重机安全规程

GB/T 14741—2009　港口吸粮机

GB/T 14743—2009　港口轮胎起重机

GB/T 15361—2009　岸边集装箱起重机

GB/T 14783—2009　轮胎式集装箱门式起重机

GB/T 17495—1998　港口门座起重机技术条件

GB/T 17496—1998　港口门座起重机修理技术规范

2.港口装卸机械类行业标准

1)港口大型装卸机械防风安全要求(JT 399—1999)

本标准于1999年9月3日发布,1999年12月1日实行。本标准规定了港口大型装卸机械(以下简称港口大型机械)的防风装置与防风安全技术要求。适用于露天装卸作业用的移动式港口大型机械。不适用于港口浮式起重机、港口流动机械、带式输送机械等。港口大型装卸机械，是指岸边集装箱起重机、集装箱门式起重机（包括轮胎式）、港口门座起重机、门式起重机、臂式斗轮堆取料机、门式堆取料机、门式取料机、门式堆料机、螺旋式卸船机、埋刮板式卸船机、悬臂式堆料机、夹皮带式卸船机、气吸式卸船机、链斗式卸船机、斗轮式卸船机、悬链式卸船机、波纹挡边胶带式卸船机、波纹挡边胶带式装卸船兼用机、桥式抓斗卸船机、港口高塔柱式起重机等，其防风安全要求如下：

(1)防风装置必须满足在36.9m/s（沿海港口码头）或32.6m/s（内河港口码头）风速下强风顺整机运行方向作用，整机不发生滑移现象；亦可按订购合同要求确定防风装置的抗风能力。

(2)防风装置应与大型港口机械大车运行机构联锁，并保证运行机构先制动整机停稳后，防风装置再接入工作。

(3)对使用中的大型港口机械在台风和阵风季节中应每月检查一次防风装置的有效性。台风到来之前应检查防风装置以及与防风装置连接部位处的牢固性和可靠性。

(4)用于阵风季节环境中的轨道式港口大型机械必须配置下述防风装置中的两种或几种：铁鞋、顶轨器、楔块式防爬器、自锁式防滑动装置，并具有当港口大型机械在无人操作时也能处于防风状态。

(5)沿海港口码头使用的港口大型机械，必须设置既能制止滑移又能防止倾覆的锚定装置或抗风拉索（含防风拉杆）装置，亦可设置其他具有同等功能的新型有效抗台风装置。内河港口可由用户根据当地气象资料确定对锚定装置或抗风拉索装置的设置。

(6)锚定装置和抗风拉索装置必须满足用户所提风速产生的风力顺整机运行方向作用，整机不发生移动与倾覆。新建、扩建、改建的沿海码头考虑的最大风速应不小于55m/s。

2)其他

JT 400—1999　港口门座起重机安全规程

JT 421—2000　港口固定起重机安全规程

JT/T 463—2001　港口气垫带式输送机

JT/T 561—2004　港口台架起重机安全规程

JT/T 562—2004　港口轮胎起重机安全规程

JT/T 563—2004　港口浮式起重机

JT/T 564—2004　港口缆车起重机

JT/T 565—2004　港口缆车起重机安全规程

JT/T 566—2004　轨道式集装箱门式起重机安全规程

JT/T 567—2004　港口货运斜坡缆车

JT/T 568—2004　港口货运斜坡缆车安全规程

JT/T 398—1999　港口输油臂

JT/T 29.1—2004　交通行业职业技能要求 港口　第1部分　内燃装卸机械司机

JT/T 29.2—2004　交通行业职业技能要求 港口　第2部分　电动装卸机械司机

JT/T 29.3—2004　交通行业职业技能要求 港口　第3部分　内燃装卸机械修理工

JT/T 29.4—2004　交通行业职业技能要求 港口　第4部分　电动装卸机械修理工

JT/T 29.5—2004　交通行业职业技能要求 港口　第5部分　装卸机械电器修理工

JT/T 29.6—2004　交通行业职业技能要求 港口　第6部分　衡器检定修理工
JT/T 29.7—2004　交通行业职业技能要求 港口　第7部分　码头维修工
JT/T 29.8—2004　交通行业职业技能要求 港口　第8部分　港口装卸工
JT/T 29.9—2004　交通行业职业技能要求 港口　第9部分　港口理货员
JT/T 29.10—2004　交通行业职业技能要求 港口　第10部分　港口系缆工
JT/T 29.11—2004　交通行业职业技能要求 港口　第11部分　装卸工具修制工
JT/T 29.12—2004　交通行业职业技能要求 港口　第12部分　流体装卸操作工
JT/T 29.13—2004　交通行业职业技能要求 港口　第13部分　皮带输送机操作工
JT/T 29.14—2004　交通行业职业技能要求 港口　第14部分　衡器操作工
JT/T 29.15—2004　交通行业职业技能要求 港口　第15部分　运输带粘接工
JT/T 29.16—2004　交通行业职业技能要求 港口　第16部分　水面防污工
JT/T 29.17—2004　交通行业职业技能要求 港口　第17部分　港口除尘操作工
JT/T 29.18—2004　交通行业职业技能要求 港口　第18部分　移排工
JT/T 29.19—2004　交通行业职业技能要求 港口　第19部分　木材防火喷涂工
JT/T 29.20—2004　交通行业职业技能要求 港口　第20部分　港口客运员
JT/T 29.21—2004　交通行业职业技能要求 港口　第21部分　港口行李员
JT/T 29.22—2004　交通行业职业技能要求 港口　第22部分　港口广播员
JT/T 29.23—2004　交通行业职业技能要求 港口　第23部分　港口售票员
JT/T 331.1—2006　港口码头劳动定员　第1部分:术语
JT/T 331.2—2006　港口码头劳动定员　第2部分:件杂货码头
JT/T 331.3—2006　港口码头劳动定员　第3部分:煤炭码头
JT/T 331.4—2006　港口码头劳动定员　第4部分:集装箱码头
JT/T 331.5—2006　港口码头劳动定员　第5部分:散货码头
JT/T 331.6—2006　港口码头劳动定员　第6部分:油码头
JT/T 331.7—2006　港口码头劳动定员　第7部分:客运码头

## 第三节　其他相关法律法规、标准规范与要求

其他相关法律法规、标准规范与要求,是指不直接涉及港口企业安全管理,但是与其有较为密切的关系,需要在港口企业安全管理过程中密切关注和留意的相关法律、法规、部门规章、标准等。其中,法律主要有:《职业病防治法》、《海上交通安全法》等;法规主要有:《水路运输管理条例》、《国际海运条例》、《船员条例》、《内河交通安全管理条例》、《航道管理条例》、《航标条例》、《特种设备安全监察条例》、《国际航行船舶进出中华人民共和国口岸检查办法》等;部门规章主要有:《特种设备作业人员监督管理办法》、《特种作业人员安全技术培训考核管理规定》、《起重机械安全监察规定》等。具体内容概述如下:

### 一、相关法律法规

1. 特种设备安全监察条例

《特种设备安全监察条例》于2003年3月11日由国务院对外公布,2003年6月1日起

开始施行,后于2009年1月24日由国务院进行了修订。该条例是为了加强特种设备的安全监察,防止和减少事故,保障人民群众生命和财产安全,促进经济发展而制定的。适用于特种设备的生产(含设计、制造、安装、改造、维修,下同)、使用、检验检测及其监督检查等,但本条例另有规定的除外。军事装备、核设施、航空航天器、铁路机车、海上设施和船舶以及矿山井下使用的特种设备、民用机场专用设备的安全监察不适用本条例。房屋建筑工地和市政工程工地用起重机械、场(厂)内专用机动车辆的安装、使用的监督管理,由建设行政主管部门依照有关法律、法规的规定执行。

《特种设备安全监察条例》共8章103条,内容涵盖总则、特种设备的生产、特种设备的使用、检验检测、监督检查、事故预防和调查处理、法律责任、附则等。港口企业往往需要使用大型起重机械和大量的港内专用机动车辆,因此,对这些大型设备的使用就适用于《特种设备安全监察条例》。该条例中涉及港口安全的内容主要有:

1)特种设备范围

本条例所称特种设备是指涉及生命安全、危险性较大的锅炉、压力容器(含气瓶,下同)、压力管道、电梯、起重机械、客运索道、大型游乐设施和场(厂)内专用机动车辆。

2)特种设备的使用

(1)特种设备使用单位,应当严格执行本条例和有关安全生产的法律、行政法规的规定,保证特种设备的安全使用。特种设备使用单位应当建立健全特种设备安全、节能管理制度和岗位安全、节能责任制度。

(2)特种设备使用单位应当使用符合安全技术规范要求的特种设备。

(3)特种设备在投入使用前或者投入使用后30日内,特种设备使用单位应当向直辖市或者设区的市的特种设备安全监督管理部门登记。登记标志应当置于或者附着于该特种设备的显著位置。

(4)特种设备使用单位应当建立特种设备安全技术档案。

(5)特种设备使用单位应当对在用特种设备进行经常性日常维护保养,并定期自行检查。特种设备使用单位对在用特种设备应当至少每月进行一次自行检查,并作出记录。特种设备使用单位在对在用特种设备进行自行检查和日常维护保养时发现异常情况的,应当及时处理。特种设备使用单位应当对在用特种设备的安全附件、安全保护装置、测量调控装置及有关附属仪器仪表进行定期校验、检修,并作出记录。

(6)特种设备使用单位应当按照安全技术规范的定期检验要求,在安全检验合格有效期届满前1个月向特种设备检验检测机构提出定期检验要求。检验检测机构接到定期检验要求后,应当按照安全技术规范的要求及时进行安全性能检验和能效测试。未经定期检验或者检验不合格的特种设备,不得继续使用。

(7)特种设备出现故障或者发生异常情况,使用单位应当对其进行全面检查,消除事故隐患后,方可重新投入使用。特种设备不符合能效指标的,特种设备使用单位应当采取相应措施进行整改。

(8)特种设备存在严重事故隐患,无改造、维修价值,或者超过安全技术规范规定使用年限,特种设备使用单位应当及时予以报废,并应当向原登记的特种设备安全监督管理部门办理注销。

(9)特种设备使用单位应当对特种设备作业人员进行特种设备安全、节能教育和培训，保证特种设备作业人员具备必要的特种设备安全、节能知识。特种设备作业人员在作业中应当严格执行特种设备的操作规程和有关的安全规章制度。

(10)特种设备作业人员在作业过程中发现事故隐患或者其他不安全因素，应当立即向现场安全管理人员和单位有关负责人报告。

3)违规处罚规定

(1)特种设备使用单位有下列情形之一的，由特种设备安全监督管理部门责令限期改正；逾期未改正的，处2000元以上2万元以下罚款；情节严重的，责令停止使用或者停产停业整顿：

①特种设备投入使用前或者投入使用后30日内，未向特种设备安全监督管理部门登记，擅自将其投入使用的；

②未依照本条例规定，建立特种设备安全技术档案的；

③未依照本条例规定，对在用特种设备进行经常性日常维护保养和定期自行检查的，或者对在用特种设备的安全附件、安全保护装置、测量调控装置及有关附属仪器仪表进行定期校验、检修，并作出记录的；

④未按照安全技术规范的定期检验要求，在安全检验合格有效期届满前1个月向特种设备检验检测机构提出定期检验要求的；

⑤使用未经定期检验或者检验不合格的特种设备的；

⑥特种设备出现故障或者发生异常情况，未对其进行全面检查、消除事故隐患，继续投入使用的；

⑦未制定特种设备事故应急专项预案的；

⑧未依照本条例规定，对电梯进行清洁、润滑、调整和检查的；

⑨未按照安全技术规范要求进行锅炉水(介)质处理的；

⑩特种设备不符合能效指标，未及时采取相应措施进行整改的。

(2)特种设备存在严重事故隐患，无改造、维修价值，或者超过安全技术规范规定的使用年限，特种设备使用单位未予以报废，并向原登记的特种设备安全监督管理部门办理注销的，由特种设备安全监督管理部门责令限期改正；逾期未改正的，处5万元以上20万元以下罚款。

(3)特种设备使用单位有下列情形之一的，由特种设备安全监督管理部门责令限期改正；逾期未改正的，责令停止使用或者停产停业整顿，处2000元以上2万元以下罚款：

①未依照本条例规定设置特种设备安全管理机构或者配备专职、兼职的安全管理人员的；

②从事特种设备作业的人员，未取得相应特种作业人员证书，上岗作业的；

③未对特种设备作业人员进行特种设备安全教育和培训的。

(4)发生特种设备事故，有下列情形之一的，对单位，由特种设备安全监督管理部门处5万元以上20万元以下罚款；对主要负责人，由特种设备安全监督管理部门处4000元以上2万元以下罚款；属于国家工作人员的，依法给予处分；触犯刑律的，依照刑法关于重大责任事故罪或者其他罪的规定，依法追究刑事责任：

①特种设备使用单位的主要负责人在本单位发生特种设备事故时，不立即组织抢救或者在事故调查处理期间擅离职守或者逃匿的；

②特种设备使用单位的主要负责人对特种设备事故隐瞒不报、谎报或者拖延不报的。

(5)特种设备作业人员违反特种设备的操作规程和有关的安全规章制度操作，或者在作业过程中发现事故隐患或者其他不安全因素，未立即向现场安全管理人员和单位有关负责人报告的，由特种设备使用单位给予批评教育、处分；情节严重的，撤销特种设备作业人员资格；触犯刑律的，依照刑法关于重大责任事故罪或者其他罪的规定，依法追究刑事责任。

2. 特种设备作业人员监督管理办法、特种作业人员安全技术培训考核管理规定

《特种设备作业人员监督管理办法》于2005年1月10日由国家质量监督检验检疫总局对外公布，后于2011年5月3日进行了修订，自2011年7月1日起施行。该办法是为了加强特种设备作业人员监督管理工作，规范作业人员考核发证程序，保障特种设备安全运行，根据《中华人民共和国行政许可法》、《特种设备安全监察条例》和《国务院对确需保留的行政审批项目设定行政许可的决定》而制定的。适用于锅炉、压力容器(含气瓶)、压力管道、电梯、起重机械、客运索道、大型游乐设施、场(厂)内专用机动车辆等特种设备的作业人员。按照本办法的规定，特种设备作业人员经考核合格取得《特种设备作业人员证》，方可从事相应的作业或者管理工作。

《特种设备作业人员监督管理办法》共5章41条。内容涵盖总则、考试和审核发证程序、证书使用及监督管理、罚则、附则等。因港口内有起重机械等特种设备，因此特种设备作业人员也适用于《特种设备作业人员监督管理办法》的相关规定，其主要内容归纳如下：

1)考试发证机构

(1)特种设备作业人员考试和审核发证程序包括：考试报名、考试、领证申请、受理、审核、发证。

(2)申请《特种设备作业人员证》的人员，应当首先向省级质量技术监督部门指定的特种设备作业人员考试机构(以下简称考试机构)报名参加考试。对特种设备作业人员数量较少不需要在各省、自治区、直辖市设立考试机构的，由国家质检总局指定考试机构。

(3)特种设备作业人员考核发证工作由县以上质量技术监督部门分级负责。省级质量技术监督部门决定具体的发证分级范围，负责对考核发证工作的日常监督管理。申请人经指定的考试机构考试合格的，持考试合格凭证向考试场所所在地的发证部门申请办理《特种设备作业人员证》。

(4)特种设备作业人员考试机构应当具备相应的场所、设备、师资、监考人员以及健全的考试管理制度等必备条件和能力，经发证部门批准，方可承担考试工作。发证部门应当对考试机构进行监督，发现问题及时处理。

(5)发证部门和考试机构应当在办公处所公布本办法、考试和审核发证程序、考试作业人员种类、报考具体条件、收费依据和标准、考试机构名称及地点、考试计划等事项。其中，考试报名时间、考试科目、考试地点、考试时间等具体考试计划事项，应当在举行考试之日2个月前公布。有条件的应当在有关网站、新闻媒体上公布。

2)申请《特种设备作业人员证》的基本条件

(1)年龄在18周岁以上；

(2)身体健康并满足申请从事的作业种类对身体的特殊要求;

(3)有与申请作业种类相适应的文化程度;

(4)具有相应的安全技术知识与技能;

(5)符合安全技术规范规定的其他要求。

3)特种设备作业人员应当遵守的基本规定

(1)作业时随身携带证件,并自觉接受用人单位的安全管理和质量技术监督部门的监督检查;

(2)积极参加特种设备安全教育和安全技术培训;

(3)严格执行特种设备操作规程和有关安全规章制度;

(4)拒绝违章指挥;

(5)发现事故隐患或者不安全因素应当立即向现场管理人员和单位有关负责人报告;

(6)其他有关规定。

4)用人单位的基本义务

(1)制定特种设备操作规程和有关安全管理制度;

(2)聘用持证作业人员,并建立特种设备作业人员管理档案;

(3)对作业人员进行安全教育和培训;

(4)确保持证上岗和按章操作;

(5)提供必要的安全作业条件;

(6)其他规定的义务。

5)违规处罚规定

(1)申请人隐瞒有关情况或者提供虚假材料申请《特种设备作业人员证》的,不予受理或者不予批准发证,并在1年内不得再次申请《特种设备作业人员证》。

(2)有下列情形之一的,责令用人单位改正,并处1000元以上3万元以下罚款:

①违章指挥特种设备作业的;

②作业人员违反特种设备的操作规程和有关的安全规章制度操作,或者在作业过程中发现事故隐患或者其他不安全因素未立即向现场管理人员和单位有关负责人报告,用人单位未给予批评教育或者处分的。

(3)非法印制、伪造、涂改、倒卖、出租、出借《特种设备作业人员证》,或者使用非法印制、伪造、涂改、倒卖、出租、出借《特种设备作业人员证》的,处1000元以下罚款;构成犯罪的,依法追究刑事责任。

(4)发证部门未按规定程序组织考试和审核发证,或者发证部门未对考试机构严格监督管理影响特种设备作业人员考试质量的,由上一级发证部门责令整改;情节严重的,其负责的特种设备作业人员的考核工作由上一级发证部门组织实施。

(5)考试机构未按规定程序组织考试工作,责令整改;情节严重的,暂停或者撤销其批准。

(6)发证部门或者考试机构工作人员滥用职权、玩忽职守、以权谋私的,应当依法给予行政处分;构成犯罪的,依法追究刑事责任。

(7)特种设备作业人员未取得《特种设备作业人员证》上岗作业,或者用人单位未对特种设备作业人员进行安全教育和培训的，按照《特种设备安全监察条例》第八十六条的规定对用人单位予以处罚。

《特种作业人员安全技术培训考核管理规定》于2010年4月26日国家安全生产监督管理总局局长办公会议审议通过，于2010年5月24日正式对外公布，自2010年7月1日起施行。该规定是为了规范特种作业人员的安全技术培训考核工作，提高特种作业人员的安全技术水平，防止和减少伤亡事故，根据《安全生产法》、《行政许可法》等有关法律、行政法规而制定的。适用于生产经营单位特种作业人员的安全技术培训、考核、发证、复审及其监督管理工作。有关法律、行政法规和国务院对有关特种作业人员管理另有规定的，从其规定。

《特种作业人员安全技术培训考核管理规定》共7章46条，内容涵盖总则、培训、考核发证、复审、监督管理、罚则、附则等。其主要内容归纳为：

1）特种作业人员资质管理

（1）特种作业人员必须经专门的安全技术培训并考核合格，取得《中华人民共和国特种作业操作证》（以下简称特种作业操作证）后，方可上岗作业。

（2）特种作业人员应当接受与其所从事的特种作业相应的安全技术理论培训和实际操作培训。已经取得职业高中、技工学校及中专以上学历的毕业生从事与其所学专业相应的特种作业，持学历证明经考核发证机关同意，可以免予相关专业的培训。

2）特种作业人员的基本条件

（1）年满18周岁，且不超过国家法定退休年龄；

（2）经社区或者县级以上医疗机构体检健康合格，并无妨碍从事相应特种作业的器质性心脏病、癫痫病、美尼尔氏症、眩晕症、癔病、震颤麻痹症、精神病、痴呆症以及其他疾病和生理缺陷；

（3）具有初中及以上文化程度；

（4）具备必要的安全技术知识与技能；

（5）相应特种作业规定的其他条件；

（6）危险化学品特种作业人员除符合上述第（一）项、第（二）项、第（四）项和第（五）项规定的条件外，应当具备高中或者相当于高中及以上文化程度。

3）培训机构

（1）从事特种作业人员安全技术培训的机构（以下统称培训机构），必须按照有关规定取得安全生产培训资质证书后，方可从事特种作业人员的安全技术培训。培训机构开展特种作业人员的安全技术培训，应当制定相应的培训计划、教学安排，并报有关考核发证机关审查、备案。

（2）培训机构应当按照安全监管总局、煤矿安监局制定的特种作业人员培训大纲和煤矿特种作业人员培训大纲进行特种作业人员的安全技术培训。

4）考试发证

（1）特种作业人员的考核包括考试和审核两部分。考试由考核发证机关或其委托的单位负责；审核由考核发证机关负责。安全监管总局、煤矿安监局分别制定特种作业人员、煤矿特种作业人员的考核标准，并建立相应的考试题库。考核发证机关或其委托的单位应当按照安全监管总局、煤矿安监局统一制定的考核标准进行考核。

(2)特种作业操作证有效期为6年,在全国范围内有效。特种作业操作证由安全监管总局统一式样、标准及编号。

5)复审

(1)特种作业操作证每3年复审1次。特种作业人员在特种作业操作证有效期内,连续从事本工种10年以上,严格遵守有关安全生产法律法规的,经原考核发证机关或者从业所在地考核发证机关同意,特种作业操作证的复审时间可以延长至每6年1次。

(2)特种作业操作证需要复审的,应当在期满前60日内,由申请人或者申请人的用人单位向原考核发证机关或者从业所在地考核发证机关提出申请,并提交下列材料:

①社区或者县级以上医疗机构出具的健康证明;

②从事特种作业的情况;

③安全培训考试合格记录。

(3)特种作业操作证申请复审或者延期复审前,特种作业人员应当参加必要的安全培训并考试合格。安全培训时间不少于8个学时,主要培训法律、法规、标准、事故案例和有关新工艺、新技术、新装备等知识。

(4)特种作业人员有下列情形之一的,复审或者延期复审不予通过:

①健康体检不合格的;

②违章操作造成严重后果或者有2次以上违章行为,并经查证确实的;

③有安全生产违法行为,并给予行政处罚的;

④拒绝、阻碍安全生产监管监察部门监督检查的;

⑤未按规定参加安全培训,或者考试不合格的;

⑥具有本规定第三十条、第三十一条规定情形的。

6)撤销、注销特种作业操作证

(1)有下列情形之一的,考核发证机关应当撤销特种作业操作证:

①超过特种作业操作证有效期未延期复审的;

②特种作业人员的身体条件已不适合继续从事特种作业的;

③对发生生产安全事故负有责任的;

④特种作业操作证记载虚假信息的;

⑤以欺骗、贿赂等不正当手段取得特种作业操作证的。

特种作业人员违反前款第(四)项、第(五)项规定的,3年内不得再次申请特种作业操作证。

(2)有下列情形之一的,考核发证机关应当注销特种作业操作证:

①特种作业人员死亡的;

②特种作业人员提出注销申请的;

③特种作业操作证被依法撤销的。

7)违规处罚规定

(1)生产经营单位未建立健全特种作业人员档案的,给予警告,并处1万元以下的罚款。

(2)生产经营单位使用未取得特种作业操作证的特种作业人员上岗作业的,责令限期改正;逾期未改正的,责令停产停业整顿,可以并处2万元以下的罚款。

煤矿企业使用未取得特种作业操作证的特种作业人员上岗作业的，依照《国务院关于预防煤矿生产安全事故的特别规定》的规定处罚。

(3)生产经营单位非法印制、伪造、倒卖特种作业操作证，或者使用非法印制、伪造、倒卖的特种作业操作证的，给予警告，并处1万元以上3万元以下的罚款；构成犯罪的，依法追究刑事责任。

(4)特种作业人员伪造、涂改特种作业操作证或者使用伪造的特种作业操作证的，给予警告，并处1000元以上5000元以下的罚款。特种作业人员转借、转让、冒用特种作业操作证的，给予警告，并处2000元以上10000元以下的罚款。

3.船员条例

《船员条例》经2007年3月28日国务院第172次常务会议通过，于2007年4月14日正式对外公布，自2007年9月1日起施行。该条例是为了加强船员管理，提高船员素质，维护船员的合法权益，保障水上交通安全，保护水域环境而制定的。适用于中华人民共和国境内的船员注册、任职、培训、职业保障以及提供船员服务等活动，适用本条例。

《船员条例》共8章73条，内容涵盖了总则、船员注册和任职资格、船员职责、船员职业保障、船员培训和船员服务、监督检查、法律责任、附则等。因港区内有工作船、交通船、拖船等船舶，在这些船舶上工作的船员同样适用于《船员条例》的相关规定，其主要内容归纳如下：

1)管理机构

《船员条例》第3条明确规定，国务院交通主管部门主管全国船员管理工作。国家海事管理机构依照本条例负责统一实施船员管理工作。负责管理中央管辖水域的海事管理机构和负责管理其他水域的地方海事管理机构(以下统称海事管理机构)，依照各自职责具体负责船员管理工作。

2)船员注册的基本条件

(1)年满18周岁(在船实习、见习人员年满16周岁)但不超过60周岁；

(2)符合船员健康要求；

(3)经过船员基本安全培训，并经海事管理机构考试合格。

申请注册国际航行船舶船员的，还应当通过船员专业外语考试。

3)船员适任证书

(1)参加航行和轮机值班的船员，应当依照本条例的规定取得相应的船员适任证书。

(2)申请船员适任证书，应当具备下列条件：

①已经取得船员服务簿；

②符合船员任职岗位健康要求；

③经过相应的船员适任培训、特殊培训；

④具备相应的船员任职资历，并且任职表现和安全记录良好。

(3)申请船员适任证书，应当向海事管理机构提出书面申请，并附送申请人符合本条例第九条规定条件的证明材料。对符合规定条件并通过国家海事管理机构组织的船员任职考试的，海事管理机构应当发给相应的船员适任证书。

(4)船员适任证书应当注明船员适任的航区(线)、船舶类别和等级、职务以及有效期限等事项。船员适任证书的有效期不超过5年。

4)船员的职责

(1)船员的基本要求：

①携带本条例规定的有效证件；

②掌握船舶的适航状况和航线的通航保障情况，以及有关航区气象、海况等必要的信息；

③遵守船舶的管理制度和值班规定，按照水上交通安全和防治船舶污染的操作规则操纵、控制和管理船舶，如实填写有关船舶法定文书，不得隐匿、篡改或者销毁有关船舶法定证书、文书；

④参加船舶应急训练、演习，按照船舶应急部署的要求，落实各项应急预防措施；

⑤遵守船舶报告制度，发现或者发生险情、事故、保安事件或者影响航行安全的情况，应当及时报告；

⑥在不严重危及自身安全的情况下，尽力救助遇险人员；

⑦不得利用船舶私载旅客、货物，不得携带违禁物品。

(2)船长的基本要求：

船长管理和指挥船舶时，应当符合下列要求：

①保证船舶和船员携带符合法定要求的证书、文书以及有关航行资料；

②制定船舶应急计划并保证其有效实施；

③保证船舶和船员在开航时处于适航、适任状态，按照规定保障船舶的最低安全配员，保证船舶的正常值班；

④执行海事管理机构有关水上交通安全和防治船舶污染的指令，船舶发生水上交通事故或者污染事故的，向海事管理机构提交事故报告；

⑤对本船船员进行日常训练和考核，在本船船员的船员服务簿内如实记载船员的服务资历和任职表现；

⑥船舶进港、出港、靠泊、离泊，通过交通密集区、危险航区等区域，或者遇有恶劣天气和海况，或者发生水上交通事故、船舶污染事故、船舶保安事件以及其他紧急情况时，应当在驾驶台值班，必要时应当直接指挥船舶；

⑦保障船舶上人员和临时上船人员的安全；

⑧船舶发生事故，危及船舶上人员和财产安全时，应当组织船员和船舶上其他人员尽力施救；

⑨弃船时，应当采取一切措施，首先组织旅客安全离船，然后安排船员离船，船长应当最后离船，在离船前，船长应当指挥船员尽力抢救航海日志、机舱日志、油类记录簿、无线电台日志、本航次使用过的航行图和文件，以及贵重物品、邮件和现金。

(3)船长的权利：

船长在其职权范围内发布的命令，船舶上所有人员必须执行。船长为履行职责，可以行使下列权力：

①决定船舶的航次计划，对不具备船舶安全航行条件的，可以拒绝开航或者续航；

②对船员用人单位或者船舶所有人下达的违法指令，或者可能危及有关人员、财产和船

舶安全或者可能造成水域环境污染的指令,可以拒绝执行;

③发现引航员的操纵指令可能对船舶航行安全构成威胁或者可能造成水域环境污染时,应当及时纠正、制止,必要时可以要求更换引航员;

④当船舶遇险并严重危及船舶上人员的生命安全时,船长可以决定撤离船舶;

⑤在船舶的沉没、毁灭不可避免的情况下,船长可以决定弃船,但是,除紧急情况外,应当报经船舶所有人同意;

⑥对不称职的船员,可以责令其离岗。

船舶在海上航行时,船长为保障船舶上人员和船舶的安全,可以依照法律的规定对在船舶上进行违法、犯罪活动的人采取禁闭或者其他必要措施。

5)船员培训及培训机构

(1)申请在船舶上工作的船员,应当按照国务院交通主管部门的规定,完成相应的船员基本安全培训、船员适任培训。在危险品船、客船等特殊船舶上工作的船员,还应当完成相应的特殊培训。

(2)依法设立的培训机构从事船员培训,应当符合下列条件:

①有符合船员培训要求的场地、设施和设备;

②有与船员培训相适应的教学人员、管理人员;

③有健全的船员培训管理制度、安全防护制度;

④有符合国务院交通主管部门规定的船员培训质量控制体系。

(3)从事船员培训业务的机构,应当按照国务院交通主管部门规定的船员培训大纲和水上交通安全、防治船舶污染、船舶保安等要求,在核定的范围内开展船员培训,确保船员培训质量。

6)监督检查

(1)海事管理机构应当建立健全船员管理的监督检查制度,重点加强对船员注册、任职资格、履行职责、安全记录,船员培训机构培训质量,船员服务机构诚实守信以及船员用人单位保护船员合法权益等情况的监督检查,督促船员用人单位、船舶所有人以及相关的机构建立健全船员在船舶上的人身安全、卫生、健康和劳动安全保障制度,落实相应的保障措施。

(2)依照本条例的规定,取得船员服务簿、船员适任证书、中华人民共和国海员证的船员以及取得从事船员培训业务许可、船员服务业务许可的机构,不再具备规定条件的,由海事管理机构责令限期改正;拒不改正或者无法改正的,海事管理机构应当撤销相应的行政许可决定,并依法办理有关行政许可的注销手续。

7)违规处罚规定

(1)违反本条例的规定,以欺骗、贿赂等不正当手段取得船员服务簿、船员适任证书、船员培训合格证书、中华人民共和国海员证的,由海事管理机构吊销有关证件,并处2000元以上2万元以下罚款。

(2)违反本条例的规定,伪造、变造或者买卖船员服务簿、船员适任证书、船员培训合格证书、中华人民共和国海员证的,由海事管理机构收缴有关证件,处2万元以上10万元以下罚款,有违法所得的,还应当没收违法所得。

(3)违反本条例的规定,船员服务簿记载的事项发生变更,船员未办理变更手续的,由海事管理机构责令改正,可以处1000元以下罚款。

(4)违反本条例的规定,船员在船工作期间未携带本条例规定的有效证件的,由海事管理机构责令改正,可以处2000元以下罚款。

(5)违反本条例的规定,船员有下列情形之一的,由海事管理机构处1000元以上1万元以下罚款;情节严重的,并给予暂扣船员服务簿、船员适任证书6个月以上2年以下直至吊销船员服务簿、船员适任证书的处罚:

①未遵守值班规定擅自离开工作岗位的;

②未按照水上交通安全和防治船舶污染操作规则操纵、控制和管理船舶的;

③发现或者发生险情、事故、保安事件或者影响航行安全的情况未及时报告的;

④未如实填写或者记载有关船舶法定文书的;

⑤隐匿、篡改或者销毁有关船舶法定证书、文书的;

⑥不依法履行救助义务或者肇事逃逸的;

⑦利用船舶私载旅客、货物或者携带违禁物品的。

(6)违反本条例的规定,船长有下列情形之一的,由海事管理机构处2000元以上2万元以下罚款;情节严重的,并给予暂扣船员适任证书6个月以上2年以下直至吊销船员适任证书的处罚:

①未保证船舶和船员携带符合法定要求的证书、文书以及有关航行资料的;

②未保证船舶和船员在开航时处于适航、适任状态,或者未按照规定保障船舶的最低安全配员,或者未保证船舶的正常值班的;

③未在船员服务簿内如实记载船员的服务资历和任职表现的;

④船舶进港、出港、靠泊、离泊,通过交通密集区、危险航区等区域,或者遇有恶劣天气和海况,或者发生水上交通事故、船舶污染事故、船舶保安事件以及其他紧急情况时,未在驾驶台值班的;

⑤在弃船或者撤离船舶时未最后离船的。

(7)船员适任证书被吊销的,自被吊销之日起2年内,不得申请船员适任证书。

(8)违反本条例的规定,船员用人单位、船舶所有人有下列行为之一的,由海事管理机构责令改正,处3万元以上15万元以下罚款:

①招用未依照本条例规定取得相应有效证件的人员上船工作的;

②中国籍船舶擅自招用外国籍船员担任船长或者高级船员的;

③船员在船舶上生活和工作的场所不符合国家船舶检验规范中有关船员生活环境、作业安全和防护要求的;

④不履行遣返义务的;

⑤船员在船工作期间患病或者受伤,未及时给予救治的。

(9)违反本条例的规定,未取得船员培训许可证擅自从事船员培训的,由海事管理机构责令改正,处5万元以上25万元以下罚款,有违法所得的,还应当没收违法所得。

(10)违反本条例的规定,船员培训机构不按照国务院交通主管部门规定的培训大纲和水上交通安全、防治船舶污染等要求,进行培训的,由海事管理机构责令改正,可以处2万元以上10万元以下罚款;情节严重的,给予暂扣船员培训许可证6个月以上2年以下直至吊销船员培训许可证的处罚。

(11)违反本条例的规定,未经批准擅自从事船员服务的,由海事管理机构责令改正,处5万元以上25万元以下罚款,有违法所得的,还应当没收违法所得。

(12)违反本条例的规定,船员服务机构和船员用人单位未将其招用或者管理的船员的有关情况定期报海事管理机构备案的,由海事管理机构责令改正,处5000元以上2万元以下罚款。

(13)违反本条例的规定,船员服务机构在提供船员服务时,提供虚假信息,欺诈船员的,由海事管理机构责令改正,处3万元以上15万元以下罚款;情节严重的,并给予暂停船员服务6个月以上2年以下直至吊销船员服务许可的处罚。

(14)违反本条例的规定,船员服务机构在船员用人单位未与船员订立劳动合同的情况下,向船员用人单位提供船员的,由海事管理机构责令改正,处5万元以上25万元以下罚款;情节严重的,给予暂停船员服务6个月以上2年以下直至吊销船员服务许可的处罚。

(15)海事管理机构工作人员有下列情形之一的,依法给予处分:

①违反规定签发船员服务簿、船员适任证书、中华人民共和国海员证,或者违反规定批准船员培训机构、船员服务机构从事相关活动的;

②不依法履行监督检查职责的;

③不依法实施行政强制或者行政处罚的;

④滥用职权、玩忽职守的其他行为。

(16)违反本条例的规定,情节严重,构成犯罪的,依法追究刑事责任。

4.起重机械安全监察规定

《起重机械安全监察规定》于2006年11月27日国家质量监督检验检疫总局局务会议审议通过,于2006年12月29日正式对外公布,自2007年6月1日起施行。该规定是为了加强起重机械安全监察工作,防止和减少起重机械事故,保障人身和财产安全,根据《特种设备安全监察条例》而制定的。适用于起重机械的制造、安装、改造、维修、使用、检验检测及其监督检查等。房屋建筑工地和市政工程工地用起重机械的安装、使用的监督管理按照有关法律、法规的规定执行。

《起重机械安全监察规定》共7章46条,内容涵盖总则、起重机械制造、起重机械安装改造维修、起重机械使用、监督检查、法律责任、附则等。因港口企业内拥有大量的起重机械,因此也适用于《起重机械安全监察规定》的相关规定,其主要内容归纳如下:

1)监管机构

国家质量监督检验检疫总局(以下简称国家质检总局)负责全国起重机械安全监察工作,县以上地方质量技术监督部门负责本行政区域内起重机械的安全监察工作。

2)起重机械安装改造维修许可

(1)起重机械安装、改造、维修单位应当依法取得安装、改造、维修许可,方可从事相应的活动。起重机械安装、改造、维修许可实施分级管理,安装、改造、维修单位取得安装、改造、维修许可应当具备相应条件,具体要求按照有关安全技术规范等规定执行。从事起重机械改造活动,应当具有相应类型和级别的起重机械制造能力。

(2)起重机械安装、改造、维修许可证有效期为4年。安装、改造、维修单位应当在许可证有效期届满6个月前提出书面换证申请;经审查后,许可部门应当在有效期满前作出准予许可或者不予许可的决定。起重机械安装、改造、维修许可证有效期届满而未换证的,不得继续从事起重机械安装、改造、维修活动。

3)起重机械使用登记

(1)起重机械在投入使用前或者投入使用后30日内,使用单位应当按照规定到登记部门办理使用登记。流动作业的起重机械,使用单位应当到产权单位所在地的登记部门办理使用登记。

(2)起重机械使用单位发生变更的,原使用单位应当在变更后30日内到原登记部门办理使用登记注销;新使用单位应当按规定到所在地的登记部门办理使用登记。

(3)起重机械报废的,使用单位应当到登记部门办理使用登记注销。

5.海上交通安全法

《中华人民共和国海上交通安全法》于1983年9月2日第六届全国人民代表大会常务委员会第二次会议通过,自1984年1月1日起施行。《海上交通安全法》是我国自建国以来所制定的关于海上交通安全管理的第一部法律。它的颁布,标志着我国海上法制建设进入了一个新阶段。它的实施,对加强我国海上交通管理,保障船舶、设施和人命财产的安全,维护国家权益,产生了重大的作用和深远的影响。

《海上交通安全法》共12章53条。它适用于中国沿海的港口、内水和领海以及国家管辖的一切其他海域,在沿海水域航行、停泊和作业的一切船舶、设施和人员及船舶、设施的所有人、经营人。其主要内容可归纳为:

1)规定了船舶及船员必须具备的技术条件

《海上交通安全法》要求船舶和船上有关航行安全的重要设备必须具有船舶检验部门签发的有效技术证书,船舶必须持有船舶国籍证书,或船舶登记证书,或船舶执照;船舶应当按照标准定额配备足以保证船舶安全的合格船员;船长、轮机长、驾驶员、轮机员、无线电报务员、话务员以及水上飞机、潜水器的相应人员,必须持有合格的职务证书,且必须掌握避碰、信号、通信、消防、救生等专业技能,并必须遵守有关海上交通安全的规章制度和操作规程,保障船舶、设施航行、停泊和作业的安全。

2)规定了船舶进出港口办理签证和引航制度

《海上交通安全法》要求国际航行船舶进出中华人民共和国港口,必须接受主管机关的检查。本国籍国内航行船舶进出港口,必须办理进出港签证。外国籍船舶进出中华人民共和国港口或者在港内航行、移泊以及靠离港外系泊点、装卸站等,必须由主管机关指派引航员引航。

3)规定了安全保障制度

《海上交通安全法》要求在沿海水域进行水上水下施工以及划定相应的安全作业区,必须报经主管机关核准公告,无关的船舶不得进入安全作业区,施工单位不得擅自扩大安全作业区范围;在港区内使用岸线或者进行水上水下施工包括架空施工,必须附图报经主管机关审核同意;不得在港区、航道内进行有碍安全航行的活动;禁止损坏助航标志和导航设施,禁止擅自设置禁航区和打捞沉船沉物;设施的搬迁、拆除,沉船沉物的打捞清除,水下工程的善后处理,都不得遗留有碍航行和作业安全的隐患,在未妥善处理前,其所有人或经营人必须负责设置规定的标志,并将碍航物的名称、形状、尺寸、位置和深度准确地报告主管机关。

4)明确了主管机关

《海上交通安全法》明文规定,主管机关统一确定海上交通管制区和港口锚地,统一公布禁航区和安全作业区,统一发布航行警告和航行通告,统一组织指挥海难救助等,为维护法律的实施和保障海上交通安全,主管机关有权禁止船舶和设施进出港口,或令其停航、改航、停止作业,或采取其他必要的强制性处置措施。船舶、设施在中国沿海水域发生交通事故,必须及时向主管机关报告,并接受调查处理,由主管机关查明原因,判明责任。

5)规定了交通事故引起民事纠纷的解决办法

《海上交通安全法》规定,交通事故引起的民事纠纷,当事人可申请主管机关调解;也可以直接向人民法院起诉;涉外交通事故引起的民事纠纷,还可根据书面协议提交仲裁机构仲裁。对违法者,主管机关可视情节给予警告、罚款、扣留或吊销职务证书的处罚。当事人对主管机关给予的罚款和吊销职务证书的处罚不服,可在15天内向人民法院起诉,由人民法院进行裁定。期满不起诉又不执行的,由人民法院强制执行。

6.内河交通安全管理条例

《中华人民共和国内河交通安全管理条例》于1986年12月16日由国务院发布实施,后于2002年6月28日修订。该条例是为了加强我国内河交通安全管理,维护内河交通秩序,保障人民群众生命、财产安全。适用于在中华人民共和国内河通航水域从事航行、停泊和作业以及与内河交通安全有关的活动。

《内河交通安全管理条例》共11章95条,内容十分丰富。主要内容归纳如下:

1)明确了我国内河交通管理体制

条例明文规定,国务院交通主管部门主管全国内河交通安全管理工作。国家海事管理机构在国务院交通主管部门的领导下,负责全国内河交通安全监督管理工作。国务院交通主管部门在中央管理水域设立的海事管理机构和省、自治区、直辖市人民政府在中央管理水域以外的其他水域设立的海事管理机构(以下统称海事管理机构)依据各自的职责权限,对所辖内河通航水域实施水上交通安全监督管理。县级以上地方各级人民政府应当加强本行政区域内的内河交通安全管理工作,建立、健全内河交通安全管理责任制。乡(镇)人民政府对本行政区域内的内河交通安全管理履行下列职责:

(1)建立、健全行政村和船主的船舶安全责任制;

(2)落实渡口船舶、船员、旅客定额的安全管理责任制;

(3)落实船舶水上交通安全管理的专门人员;

(4)督促船舶所有人、经营人和船员遵守有关内河交通安全的法律、法规和规章。

2)规定了船舶、浮动设施和船员的条件

《内河交通安全管理条例》第6、7、8、9条明文规定,船舶和浮动设施必须具备经海事管理机构认可的船舶检验机构依法检验并持有合格的船舶检验证书;经海事管理机构依法登记并持有船舶登记证书;配备符合国务院交通主管部门规定的船员;船舶还必须)配备必要的航行资料。

船员必须经水上交通安全专业培训,其中客船和载运危险货物船舶的船员还应当经相应的特殊培训,并经海事管理机构考试合格,取得相应的适任证书或者其他适任证件,方可担任船员职务。严禁未取得适任证书或者其他适任证件的船员上岗。船员应当遵守职业道德,提高业务素质,严格依法履行职责。

3)规定了船舶内河航行规则

《内河交通安全管理条例》第14、15、16、17条明文规定,船舶在内河航行,应当悬挂国旗,标明船名、船籍港、载重线。按照国家规定应当报废的船舶、浮动设施,不得航行或者作业。船舶在内河航行,应当保持了望,注意观察,并采用安全航速航行。船舶安全航速应当根据能见度、通航密度、船舶操纵性能和风、浪、水流、航路状况以及周围环境等主要因素决定。使用雷达的船舶,还应当考虑雷达设备的特性、效率和局限性。船舶在限制航速的区域和汛期高水位期间,应当按照海事管理机构规定的航速航行。

船舶在内河航行时,上行船舶应当沿缓流或者航路一侧航行,下行船舶应当沿主流或者航路中间航行;在潮流河段、湖泊、水库、平流区域,应当尽可能沿本船右舷一侧航路航行。船舶在内河航行时,应当谨慎驾驶,保障安全;对来船动态不明、声号不统一或者遇有紧迫情况时,应当减速、停车或者倒车,防止碰撞。

船舶相遇,各方应当注意避让。按照船舶航行规则应当让路的船舶,必须主动避让被让路船舶;被让路船舶应当注意让路船舶的行动,并适时采取措施,协助避让。船舶避让时,各方避让意图经统一后,任何一方不得擅自改变避让行动。船舶航行、避让和信号显示的具体规则,由国务院交通主管部门制定。

4)规定了船舶进出港签证和引航制度

《内河交通安全管理条例》第18、19条明文规定,船舶进出内河港口,应当向海事管理机构办理船舶进出港签证手续。下列船舶在内河航行,应当向引航机构申请引航:

(1)外国籍船舶;

(2)1000总吨以上的海上机动船舶,但船长驾驶同一类型的海上机动船舶在同一内河通航水域航行与上一航次间隔2个月以内的除外;

(3)通航条件受限制的船舶;

(4)国务院交通主管部门规定应当申请引航的客船、载运危险货物的船舶。

5)规定了向海事管理机构报告的制度

《内河交通安全管理条例》规定,船舶在内河通航水域载运或者拖带超重、超长、超高、超宽、半潜的物体,必须在装船或者拖带前24小时报海事管理机构核定拟航行的航路、时间,并采取必要的安全措施,保障船舶载运或者拖带安全。船舶需要护航的,应当向海事管理机构申请护航;在内河通航水域中拖放竹、木等物体,应当在拖放前24小时报经海事管理机构同意,按照核定的时间、路线拖放,并采取必要的安全措施,保障拖放安全;船舶装卸、过驳危险货物或者载运危险货物进出港口,应当将危险货物的名称、特性、包装、装卸或者过驳的时间、地点以及进出港时间等事项,事先报告海事管理机构和港口管理机构,经其同意后,方可进行装卸、过驳作业或者进出港口(定船、定线、定货的船舶可以定期报告);船舶应当在码头、泊位或者依法公布的锚地、停泊区、作业区停泊,遇有紧急情况,需要在其他水域停泊的,应当向海事管理机构报告。任何单位和个人发现下列情况,应当迅速向海事管理机构报告:

(1)航道变迁,航道水深、宽度发生变化;

(2)妨碍通航安全的物体;

(3)航标发生位移、损坏、灭失;

(4)妨碍通航安全的其他情况。

6)危险货物监管制度

(1)码头、泊位。

从事危险货物装卸的码头、泊位,必须符合国家有关安全规范要求,并征求海事管理机构的意见,经验收合格后,方可投入使用。禁止在内河运输法律、行政法规以及国务院交通主管部门规定禁止运输的危险货物。

(2)船舶。

载运危险货物的船舶,必须持有经海事管理机构认可的船舶检验机构依法检验并颁发的危险货物适装证书,并按照国家有关危险货物运输的规定和安全技术规范进行配载和运输。载运危险货物的船舶,在航行、装卸或者停泊时,应当按照规定显示信号,其他船舶应当避让。

7)渡口管理制度

(1)批准单位。

设置或者撤销渡口,应当经渡口所在地的县级人民政府审批;县级人民政府审批前,应当征求当地海事管理机构的意见。

(2)设置条件。

①选址应当在水流平缓、水深足够、坡岸稳定、视野开阔、适宜船舶停靠的地点,并远离危险物品生产、堆放场所;

②具备货物装卸、旅客上下的安全设施;

③配备必要的救生设备和专门管理人员。

(3)资质管理。

渡口工作人员应当经培训、考试合格,并取得渡口所在地县级人民政府指定的部门颁发的合格证书。渡口船舶应当持有合格的船舶检验证书和船舶登记证书。

(4)安全监管。

渡口经营者应当在渡口设置明显的标志,维护渡运秩序,保障渡运安全。渡口所在地县级人民政府应当建立、健全渡口安全管理责任制,指定有关部门负责对渡口和渡运安全实施监督检查。遇有洪水或者大风、大雾、大雪等恶劣天气,渡口应当停止渡运。

渡口载客船舶应当有符合国家规定的识别标志,并在明显位置标明载客定额、安全注意事项。渡口船舶应当按照渡口所在地的县级人民政府核定的路线渡运,并不得超载;渡运时,应当注意避让过往船舶,不得抢航或者强行横越。

7. 职业病防治法

《中华人民共和国职业病防治法》由中华人民共和国第九届全国人民代表大会常务委员会第二十四次会议于2001年10月27日通过,自2002年5月1日起施行。该法是为了预防、控制和消除职业病危害,防治职业病,保护劳动者健康及其相关权益,促进经济发展,根据宪法而制定的。适用于中华人民共和国领域内的职业病防治活动。

《职业病防治法》共7章79条,内容涵盖总则、前期预防、劳动过程中的防护与管理、职业病诊断与职业病病人保障、监督检查、法律责任和附则等。其主要内容如下:

1)前期预防

产生职业病危害的用人单位的设立除应当符合法律、行政法规规定的设立条件外,其工作场所还应当符合下列职业卫生要求:

(1)职业病危害因素的强度或者浓度符合国家职业卫生标准;

(2)有与职业病危害防护相适应的设施;

(3)生产布局合理,符合有害与无害作业分开的原则;

(4)有配套的更衣间、洗浴间、孕妇休息间等卫生设施;

(5)设备、工具、用具等设施符合保护劳动者生理、心理健康的要求;

(6)法律、行政法规和国务院卫生行政部门关于保护劳动者健康的其他要求。

2)劳动过程中的防护与管理

(1)用人单位应当采取下列职业病防治管理措施:

①设置或者指定职业卫生管理机构或者组织,配备专职或者兼职的职业卫生专业人员,负责本单位的职业病防治工作;

②制定职业病防治计划和实施方案;

③建立、健全职业卫生管理制度和操作规程;

④建立、健全职业卫生档案和劳动者健康监护档案;

⑤建立、健全工作场所职业病危害因素监测及评价制度;

⑥建立、健全职业病危害事故应急救援预案。

(2)用人单位必须采用有效的职业病防护设施,并为劳动者提供个人使用的职业病防护用品。用人单位为劳动者个人提供的职业病防护用品必须符合防治职业病的要求;不符合要求的,不得使用。

(3)用人单位应当优先采用有利于防治职业病和保护劳动者健康的新技术、新工艺、新材料,逐步替代职业病危害严重的技术、工艺、材料。

(4)产生职业病危害的用人单位,应当在醒目位置设置公告栏,公布有关职业病防治的规章制度、操作规程、职业病危害事故应急救援措施和工作场所职业病危害因素检测结果。对产生严重职业病危害的作业岗位,应当在其醒目位置,设置警示标识和中文警示说明。警示说明应当载明产生职业病危害的种类、后果、预防以及应急救治措施等内容。

(5)对可能发生急性职业损伤的有毒、有害工作场所,用人单位应当设置报警装置,配置现场急救用品、冲洗设备、应急撤离通道和必要的泄险区。对放射工作场所和放射性同位素的运输、储存,用人单位必须配置防护设备和报警装置,保证接触放射线的工作人员佩戴个人剂量计。对职业病防护设备、应急救援设施和个人使用的职业病防护用品,用人单位应当进行经常性的维护、检修,定期检测其性能和效果,确保其处于正常状态,不得擅自拆除或者停止使用。

(6)用人单位应当实施由专人负责的职业病危害因素日常监测,并确保监测系统处于正常运行状态。用人单位应当按照国务院卫生行政部门的规定,定期对工作场所进行职业病危害因素检测、评价。检测、评价结果存入用人单位职业卫生档案,定期向所在地卫生行政部门报告并向劳动者公布。

(7)任何单位和个人不得将产生职业病危害的作业转移给不具备职业病防护条件的单

位和个人。不具备职业病防护条件的单位和个人不得接受产生职业病危害的作业。

(8)用人单位与劳动者订立劳动合同(含聘用合同,下同)时,应当将工作过程中可能产生的职业病危害及其后果、职业病防护措施和待遇等如实告知劳动者,并在劳动合同中写明,不得隐瞒或者欺骗。劳动者在已订立劳动合同期间因工作岗位或者工作内容变更,从事与所订立劳动合同中未告知的存在职业病危害的作业时,用人单位应当依照前款规定,向劳动者履行如实告知的义务,并协商变更原劳动合同相关条款。用人单位违反前两款规定的,劳动者有权拒绝从事存在职业病危害的作业,用人单位不得因此解除或者终止与劳动者所订立的劳动合同。

(9)对从事接触职业病危害的作业的劳动者,用人单位应当按照国务院卫生行政部门的规定组织上岗前、在岗期间和离岗时的职业健康检查,并将检查结果如实告知劳动者。职业健康检查费用由用人单位承担。

用人单位不得安排未经上岗前职业健康检查的劳动者从事接触职业病危害的作业;不得安排有职业禁忌的劳动者从事其所禁忌的作业;对在职业健康检查中发现有与所从事的职业相关的健康损害的劳动者,应当调离原工作岗位,并妥善安置;对未进行离岗前职业健康检查的劳动者不得解除或者终止与其订立的劳动合同。

(10)用人单位应当为劳动者建立职业健康监护档案,并按照规定的期限妥善保存。职业健康监护档案应当包括劳动者的职业史、职业病危害接触史、职业健康检查结果和职业病诊疗等有关个人健康资料。劳动者离开用人单位时,有权索取本人职业健康监护档案复印件,用人单位应当如实、无偿提供,并在所提供的复印件上签章。

(11)用人单位不得安排未成年工从事接触职业病危害的作业;不得安排孕期、哺乳期的女职工从事对本人和胎儿、婴儿有危害的作业。

(12)劳动者享有下列职业卫生保护权利:

①获得职业卫生教育、培训;

②获得职业健康检查、职业病诊疗、康复等职业病防治服务;

③了解工作场所产生或者可能产生的职业病危害因素、危害后果和应当采取的职业病防护措施;

④要求用人单位提供符合防治职业病要求的职业病防护设施和个人使用的职业病防护用品,改善工作条件;

⑤对违反职业病防治法律、法规以及危及生命健康的行为提出批评、检举和控告;

⑥拒绝违章指挥和强令进行没有职业病防护措施的作业;

⑦参与用人单位职业卫生工作的民主管理,对职业病防治工作提出意见和建议。

用人单位应当保障劳动者行使前款所列权利。因劳动者依法行使正当权利而降低其工资、福利等待遇或者解除、终止与其订立的劳动合同的,其行为无效。

8. 防治船舶污染海洋环境管理条例、防治船舶污染内河水域环境管理规定

《防治船舶污染海洋环境管理条例》于2009年9月2日国务院第79次常务会议通过,于2009年9月9日向社会正式公布,自2010年3月1日起施行。该条例是为了防治船舶及其有关作业活动污染海洋环境,根据《中华人民共和国海洋环境保护法》而制定的。适用于防治船舶及其有关作业活动污染中华人民共和国管辖的海域。

《防治船舶污染海洋环境管理条例》共9章78条。其中,内容涵盖了总则、防治船舶及其有关作业活动污染海洋环境的一般规定、船舶污染物的排放和接收、船舶有关作业活动的污染防治、船舶污染事故应急处置、船舶污染事故调查处理、船舶污染事故损害赔偿和法律责任等内容。其中,涉及港口安全的内容主要有:

1)港口、码头防治污染海洋环境的一般规定

(1)港口、码头、装卸站以及从事船舶修造的单位应当配备与其装卸货物种类和吞吐能力或者修造船舶能力相适应的污染监视设施和污染物接收设施,并使其处于良好状态。

(2)港口、码头、装卸站以及从事船舶修造、打捞、拆解等作业活动的单位应当制定有关安全营运和防治污染的管理制度,按照国家有关防治船舶及其有关作业活动污染海洋环境的规范和标准,配备相应的防治污染设备和器材,并通过海事管理机构的专项验收。

港口、码头、装卸站以及从事船舶修造、打捞、拆解等作业活动的单位,应当定期检查、维护配备的防治污染设备和器材,确保防治污染设备和器材符合防治船舶及其有关作业活动污染海洋环境的要求。

(3)船舶所有人、经营人或者管理人以及有关作业单位应当制定防治船舶及其有关作业活动污染海洋环境的应急预案,并报海事管理机构批准。

港口、码头、装卸站的经营人应当制定防治船舶及其有关作业活动污染海洋环境的应急预案,并报海事管理机构备案。船舶、港口、码头、装卸站以及其他有关作业单位应当按照应急预案,定期组织演练,并做好相应记录。

(4)发现船舶及其有关作业活动可能对海洋环境造成污染的,船舶、码头、装卸站应当立即采取相应的应急处置措施,并就近向有关海事管理机构报告。

2)船舶在港区防治污染海洋环境的规定

(1)从事船舶清舱、洗舱、油料供受、装卸、过驳、修造、打捞、拆解,污染危害性货物装箱、充罐,污染清除作业以及利用船舶进行水上水下施工等作业活动的,应当遵守相关操作规程,并采取必要的安全和防治污染的措施。

(2)船舶不符合污染危害性货物适载要求的,不得载运污染危害性货物,码头、装卸站不得为其进行装载作业。污染危害性货物的名录由国家海事管理机构公布。

(3)载运污染危害性货物进出港口的船舶,其承运人、货物所有人或者代理人,应当向海事管理机构提出申请,经批准方可进出港口、过境停留或者进行装卸作业。

(4)载运污染危害性货物的船舶,应当在海事管理机构公布的具有相应安全装卸和污染物处理能力的码头、装卸站进行装卸作业。

3)防治船舶污染内河水域环境管理规定

《防治船舶污染内河水域环境管理规定》于2005年6月20日经第12次部务会议通过,于2005年8月20日正式对外公布,自2006年1月1日起施行。该规定是为了加强对防治船舶污染内河水域环境的监督管理,保护内河水域的环境及资源,促进经济和社会的可持续发展,根据《中华人民共和国水污染防治法》、《中华人民共和国水污染防治法实施细则》等法律、行政法规,而制定的。适用于船舶在中华人民共和国内河水域从事航行、停泊、作业及其他影响内河水域环境的活动。

《防治船舶污染内河水域环境管理规定》共10章60条。内容涵盖了总则、一般规定、船

舶载运污染危害性货物及相关作业、船舶垃圾和生活污水、船舶污染物的排放与接收、船舶拆解、打捞、修造和其他水上水下施工作业、船舶污染事故应急反应、污染事故调查处理、法律责任、附则等内容。其中，涉及港口安全方面的内容主要有：

(1)船舶载运污染危害性货物进出港口必须要事先申报。有关单位应当按照法律、行政法规和国务院交通主管部门关于船舶载运危险货物的管理规定，事先向海事管理机构办理申报手续，经同意后，方可进出港口。

(2)港口作业必须遵守有关作业流程，并制定防污措施。船舶从事污染危害性货物装卸作业和水上过驳作业时，必须遵守有关作业规程，并会同作业单位商定操作方案，合理配置和使用装卸管系及设备，针对货物特性和作业方式制定并落实防污染措施。有关防污染措施应当在作业前报海事管理机构备案。

(3)港口要有污染物接收能力。港口、装卸站应当具备与其装卸货物和吞吐能力相适应的污染物接收或者处理能力，满足到港船舶的需要。港口、装卸站应当将接收或者处理能力的情况向海事管理机构备案。

(4)从事船舶污染物接收、船舶清舱作业活动的单位，必须具备相应的接收处理能力，配备足够的防污染设备，建立安全与防污染制度。从事船舶污染物接收、船舶清舱作业活动的单位，应当将其接收和处理能力向海事管理机构备案。

(5)港口、装卸站以及从事船舶修造、打捞、拆解等作业活动的单位和载运污染危害性货物的船舶，应当配备符合国家有关标准和适合当地水文条件的防污染应急设备和器材。

9. 水路运输管理条例

《水路运输管理条例》于 1987 年 5 月 12 日由国务院发布，后于 2008 年 12 月 27 日经过第二次修正，自 2009 年 1 月 1 日起施行。该条例是为了加强水路运输管理，维护运输秩序，提高运输效益而制定的。适用于在中华人民共和国沿海、江河、湖泊及其他通航水域内从事水路运输和水路运输服务业务的单位和个人。

《水路运输管理条例》共 4 章 33 条，内容涵盖总则、营运管理、罚则等。主要内容归纳如下：

1)主管单位

交通部主管全国水路运输事业，各地交通主管部门主管本地区的水路运输事业。各地交通主管部门可以根据水路运输管理业务的实际情况，设置航运管理机构。

未经中华人民共和国交通部准许，外资企业、中外合资经营企业、中外合作经营企业不得经营中华人民共和国沿海、江河、湖泊及其他通航水域的水路运输。

2)设立条件

设立水路运输企业必须具备下列条件：

(1)具有与经营范围相适应的运输船舶；

(2)有较稳定的客源或货源；

(3)经营旅客运输的，应当落实客船沿线停靠港(站)点，并具备相应的服务设施；

(4)有经营管理的组织机构和负责人；

(5)有与运输业务相适应的自有流动资金。

设立水路运输服务企业，必须具备上述第四项规定的条件，并拥有与水路运输服务业务相适应的自有流动资金。水路运输企业以外的单位和个人从事营业性运输,必须具备上述第一、二、三、五项规定的条件,并有确定的负责人。

3)港口的权利和义务

(1)海、河民用港口应当按照国家港口管理规定和计划安排,向运输船舶提供港埠设施和业务服务。船舶进出港口必须遵守港口规章,服从管理。水路运输企业和其他从事营业性运输的单位、个人同港埠企业之间,可以根据自愿原则,按照有关规定签订业务代理合同。

(2)水路运输企业和其他从事营业性运输的单位、个人必须按照国家规定缴纳税金、规费(港务费、船舶停泊费);从事非营业性运输的单位和个人必须按照国家规定缴纳规费。规费的计征办法由交通部会同国务院有关主管部门制定。

4)违规处罚规定

违反本条例有下列行为之一的,由县级以上人民政府交通主管部门按照下列规定给予处罚:

(1)未经批准,擅自设立水路运输企业、水路运输服务企业,或者水路运输企业以外的单位和个人擅自从事营业性运输的,没收违法所得,并处违法所得1倍以上3倍以下的罚款;没有违法所得的,处3万元以上25万元以下的罚款;

(2)水路运输企业、水路运输服务企业超越经营范围从事经营活动的,没收违法所得,并处违法所得1倍以上3倍以下的罚款;没有违法所得的,处2万元以上20万元以下的罚款;

(3)违反国家有关规定收取运费或者服务费的,没收违反规定收取的部分,并处2万元以上15万元以下的罚款;

(4)未使用规定的运输票据进行营业性运输的,视情节轻重给予警告或者处1万元以下的罚款;

(5)未按照规定缴纳国家规定的规费的,责令限期缴纳;逾期仍不缴纳的,除责令补缴所欠费款外,处欠缴费款1倍以上3倍以下的罚款;情节严重的,并可以暂扣许可证;

(6)垄断货源,强行代办服务的,处1万元以上10万元以下的罚款;情节严重的,并可以暂扣或者吊销许可证。

10. 国际海运条例

《国际海运条例》于2001年12月5日国务院第49次常务会议通过,于2001年12月11日正式对外公布,自2002年1月1日起施行。该条例是为了规范国际海上运输活动,保护公平竞争,维护国际海上运输市场秩序,保障国际海上运输各方当事人的合法权益而制定的。适用于进出中华人民共和国港口的国际海上运输经营活动以及与国际海上运输相关的辅助性经营活动。

《国际海运条例》共7章61条。内容涵盖总则、国际海上运输及其辅助性业务的经营者、国际海上运输及其辅助性业务经营活动、外商投资经营国际海上运输及其辅助性业务的特别规定、调查与处理、法律责任、附则等。主要内容归纳如下:

1)经营船舶运输业务的条件

经营国际船舶运输业务,应当具备下列条件:

(1)有与经营国际海上运输业务相适应的船舶,其中必须有中国籍船舶;

(2)投入运营的船舶符合国家规定的海上交通安全技术标准;

(3)有提单、客票或者多式联运单证；

(4)有具备国务院交通主管部门规定的从业资格的高级业务管理人员。

2)经营无船承运业务的条件

(1)应当向国务院交通主管部门办理提单登记；

(2)要交纳保证金，并附送证明已经按照本条例的规定交纳保证金的相关材料。保证金金额为80万元人民币；每设立一个分支机构，增加保证金20万元人民币。保证金应当向中国境内的银行开立专门账户交存。

(3)在中国境内经营无船承运业务，应当在中国境内依法设立企业法人。

3)经营国际船舶代理业务的条件

(1)高级业务管理人员中至少2人具有3年以上从事国际海上运输经营活动的经历；

(2)有固定的营业场所和必要的营业设施。

4)经营国际船舶管理业务的条件

(1)高级业务管理人员中至少2人具有3年以上从事国际海上运输经营活动的经历；

(2)有持有与所管理船舶种类和航区相适应的船长、轮机长适任证书的人员；

(3)有与国际船舶管理业务相适应的设备、设施。

5)经营国际班轮运输规定

(1)国际船舶运输经营者经营进出中国港口的国际班轮运输业务，应当取得国际班轮运输经营资格。未取得国际班轮运输经营资格的，不得从事国际班轮运输经营活动，不得对外公布班期、接受订舱。

(2)经营国际班轮运输业务，应当向国务院交通主管部门提出申请，并附送下列材料：

①国际船舶运输经营者的名称、注册地、营业执照副本、主要出资人；

②经营者的主要管理人员的姓名及其身份证明；

③运营船舶资料；

④拟开航的航线、班期及沿途停泊港口；

⑤运价本；

⑥提单、客票或者多式联运单证。

6)外国国际船舶运输经营者规定

外国国际船舶运输经营者不得经营中国港口之间的船舶运输业务，也不得利用租用的中国籍船舶或者舱位，或者以互换舱位等方式变相经营中国港口之间的船舶运输业务。

7)外商投资经营国际海上运输及其辅助性业务的规定

经国务院交通主管部门批准，外商可以依照有关法律、行政法规以及国家其他有关规定，投资设立中外合资经营企业或者中外合作经营企业，经营国际船舶运输、国际船舶代理、国际船舶管理、国际海运货物装卸、国际海运货物仓储、国际海运集装箱站和堆场业务；并可以投资设立外资企业经营国际海运货物仓储业务。

(1)经营国际船舶运输、国际船舶代理业务的中外合资经营企业，企业中外商的出资比例不得超过49%。

(2)经营国际船舶运输、国际船舶代理业务的中外合作经营企业，企业中外商的投资比例比照适用前款规定。

(3)中外合资国际船舶运输企业和中外合作国际船舶运输企业的董事会主席和总经理，由中外合资、合作双方协商后由中方指定。

8)法律责任

(1)未取得《国际船舶运输经营许可证》，擅自经营国际船舶运输业务的，由国务院交通主管部门或者其授权的地方人民政府交通主管部门责令停止经营；有违法所得的，没收违法所得；违法所得50万元以上的，处违法所得2倍以上5倍以下的罚款；没有违法所得或者违法所得不足50万元的，处20万元以上100万元以下的罚款。

(2)未办理提单登记、交纳保证金，擅自经营无船承运业务的，由国务院交通主管部门或者其授权的地方人民政府交通主管部门责令停止经营；有违法所得的，没收违法所得；违法所得10万元以上的，处违法所得2倍以上5倍以下的罚款；没有违法所得或者违法所得不足10万元的，处5万元以上20万元以下的罚款。

(3)未办理登记手续，擅自经营国际船舶代理业务或者国际船舶管理业务的，由国务院交通主管部门或者其授权的地方人民政府交通主管部门责令停止经营；有违法所得的，没收违法所得；违法所得5万元以上的，处违法所得2倍以上5倍以下的罚款；没有违法所得或者违法所得不足5万元的，处2万元以上10万元以下的罚款。

(4)外国国际船舶运输经营者经营中国港口之间的船舶运输业务，或者利用租用的中国籍船舶和舱位以及用互换舱位等方式经营中国港口之间的船舶运输业务的，由国务院交通主管部门或者其授权的地方人民政府交通主管部门责令停止经营；有违法所得的，没收违法所得；违法所得50万元以上的，处违法所得2倍以上5倍以下的罚款；没有违法所得或者违法所得不足50万元的，处20万元以上100万元以下的罚款。拒不停止经营的，拒绝进港；情节严重的，撤销其国际班轮运输经营资格。

(5)未取得国际班轮运输经营资格，擅自经营国际班轮运输的，由国务院交通主管部门或者其授权的地方人民政府交通主管部门责令停止经营；有违法所得的，没收违法所得；违法所得50万元以上的，处违法所得2倍以上5倍以下的罚款；没有违法所得或者违法所得不足50万元的，处20万元以上100万元以下的罚款。拒不停止经营的，拒绝进港。

11. 航道管理条例

《航道管理条例》于1987年8月22日由国务院对外发布，自1987年10月1日起施行。后于2008年12月28日由国务院修正。该条例是为了加强航道管理，改善通航条件，保证航道畅通和航行安全，充分发挥水上交通在国民经济和国防建设中的作用而制定的。适用于中华人民共和国沿海和内河的航道、航道设施以及与通航有关的设施。

《航道管理条例》共6章32条。内容涵盖总则、航道的规划和建设、航道的保护、航道养护经费、罚则和附则等。主要内容归纳如下：

1)航道管理体制

(1)国家航道及其航道设施按海区和内河水系，由交通部或者交通部授权的省、自治区、直辖市交通主管部门管理。

(2)地方航道及其航道设施由省、自治区、直辖市交通主管部门管理。

(3)专用航道及其航道设施由专用部门管理。

(4)国家航道和地方航道上的过船建筑物，按照国务院规定管理。

2)航道规划

(1)各级水利电力主管部门编制河流流域规划和与航运有关的水利、水电工程规划以及进行上述工程设计时,必须有同级交通主管部门参加。

(2)各级交通主管部门编制渠化河流和人工运河航道发展规划和进行与水利水电有关的工程设计时,必须有同级水利电力主管部门参加。

(3)各级水利电力主管部门、交通主管部门编制上述规划,涉及运送木材的河流和重要的渔业水域时,必须有同级林业、渔业主管部门参加。

3)航道保护

(1)修建与通航有关的设施或者治理河道、引水灌溉,必须符合国家规定的通航标准和技术要求,并应当事先征求交通主管部门的意见。违反该规定,中断或者恶化通航条件的,由建设单位或者个人赔偿损失,并在规定期限内负责恢复通航。

(2)在通航河流上建设永久性拦河闸坝,建设单位必须按照设计和施工方案,同时建设适当规模的过船、过木、过鱼建筑物,并解决施工期间的船舶、排筏通航问题。过船、过木、过鱼建筑物的建设费用,由建设单位承担。

(3)在不通航河流或者人工渠道上建设闸坝后可以通航的,建设单位应当同时建设适当规模的过船建筑物;不能同时建设的,应当预留建设过船建筑物的位置。过船建筑物的建设费用,除国家另有规定外,应当由交通部门承担。

(4)因紧急抗旱需要,在通航河流上建临时闸坝,必须经县级以上人民政府批准。旱情解除后,建闸坝单位必须及时拆除闸坝,恢复通航条件。

(5)对通航河流上碍航的闸坝、桥梁和其他建筑物以及由建筑物所造成的航道淤积,由地方人民政府按照"谁造成碍航谁恢复通航"的原则,责成有关部门改建碍航建筑物或者限期补建过船、过木、过鱼建筑物,清除淤积,恢复通航。

(6)在通航河段或其上游兴建水利工程控制或引走水源,建设单位应当保证航道和船闸所需要的通航流量。在特殊情况下,由于控制水源或大量引水影响通航时,建设单位应当采取相应的工程措施,地方人民政府应当组织有关部门协商,合理分配水量。

(7)水利水电工程设施管理部门制定调度运行方案,涉及通航流量、水位和航行安全时,应当事先与交通主管部门协商。协商不一致时,由县级以上人民政府决定。

(8)沿海和通航河流上设置的助航标志必须符合国家规定的标准。在沿海和通航河流上设置专用标志必须经交通主管部门同意;设置渔标和军用标,必须报交通主管部门备案。

4)航道养护费

经国家批准计征港务费的沿海和内河港口,进出港航道的养护费由港务费开支。

12. 航标条例

《航标条例》于1995年12月3日由国务院正式对外发布,自发布之日起施行。该条例是为了加强对航标的管理和保护,保证航标处于良好的使用状态,保障船舶航行安全而制定的。适用于在中华人民共和国的领域及管辖的其他海域设置的航标。

《航标条例》共25条,主要内容归纳如下:

1)航标管理机构

(1)国务院交通行政主管部门负责管理和保护除军用航标和渔业航标以外的航标。

(2)国务院交通行政主管部门设立的流域航道管理机构、海区港务监督机构和县级以上地方人民政府交通行政主管部门,负责管理和保护本辖区内军用航标和渔业航标以外的航标。交通行政主管部门和国务院交通行政主管部门设立的流域航道管理机构、海区港务监督机构统称航标管理机关。

(3)军队的航标管理机构、渔政渔港监督管理机构,在军用航标、渔业航标的管理和保护方面分别行使航标管理机关的职权。

2)航标的设置、保养、移动和拆除

(1)航标由航标管理机关统一设置;但是,军队和渔政渔港的航标除外。专业单位可以自行设置自用的专用航标。专用航标的设置、撤除、位置移动和其他状况改变,应当经航标管理机关同意。

(2)航标管理机关和专业单位设置航标,应当符合国家有关规定和技术标准。

(3)航标管理机关设置、撤除航标或者移动航标位置以及改变航标的其他状况时,应当及时通报有关部门。

(4)航标管理机关和专业单位分别负责各自设置航标的维护保养,保证航标处于良好的使用状态。任何单位或者个人发现航标损坏、失常、移位或者漂失时,应当立即向航标管理机关报告。

(5)因施工作业需要搬迁、拆除航标的,应当征得航标管理机关同意,在采取替补措施后方可搬迁、拆除。搬迁、拆除航标所需的费用,由施工作业单位或者个人承担。

3)禁止行为规定

(1)禁止下列危害航标的行为:

①盗窃、哄抢或者以其他方式非法侵占航标、航标器材;

②非法移动、攀登或者涂抹航标;

③向航标射击或者投掷物品;

④在航标上攀架物品,拴系牲畜、船只、渔业捕捞器具、爆炸物品等;

⑤损坏航标的其他行为。

(2)禁止破坏航标辅助设施的行为

航标辅助设施,是指为航标及其管理人员提供能源、水和其他所需物资而设置的各类设施,包括航标场地、直升机平台、登陆点、码头、趸船、水塔、储水池、水井、油(水)泵房、电力设施、业务用房以及专用道路、仓库等。

(3)禁止下列影响航标工作效能的行为:

①在航标周围20米内或者在埋有航标地下管道、线路的地面钻孔、挖坑、采掘土石、堆放物品或者进行明火作业;

②在航标周围150米内进行爆破作业;

③在航标周围500米内烧荒;

④在无线电导航设施附近设置、使用影响导航设施工作效能的高频电磁辐射装置、设备;

⑤在航标架空线路上附挂其他电力、通信线路;

⑥在航标周围抛锚、拖锚、捕鱼或者养殖水生物;

⑦影响航标工作效能的其他行为。

13. 国际航行船舶进出中华人民共和国口岸检查办法

《国际航行船舶进出中华人民共和国口岸检查办法》于1995年3月21日由国务院正式对外发布,自发布当日起施行。该办法是为了加强对国际航行船舶进出中华人民共和国口岸的管理,便利船舶进出口岸,提高口岸效能而制定的。适用于进出中华人民共和国口岸的国际航行船舶(以下简称船舶)及其所载船员、旅客、货物和其他物品等。但是,法律另有特别规定的,或者国务院另有特别规定的,从其规定。

《国际航行船舶进出中华人民共和国口岸检查办法》共17条,分别对口岸检查机关、国际航行船舶的抵达和驶离等作出了相应的规定。具体为:

1)口岸检查机关

(1)中华人民共和国港务监督机构(以下简称港务监督机构)、中华人民共和国海关(以下简称海关)、中华人民共和国边防检查机关(以下简称边防检查机关)、中华人民共和国国境卫生检疫机关(以下简称卫生检疫机关)和中华人民共和国动植物检疫机关(以下简称动植物检疫机关)是负责对船舶进出中华人民共和国口岸实施检查的机关(以下统称检查机关)。

(2)港务监督机构负责召集有其他检查机关参加的船舶进出口岸检查联席会议,研究、解决船舶进出口岸检查的有关问题。

2)国际航行船舶的抵达

(1)船方或其代理人应当在船舶预计抵达口岸24小时前(航程不足24小时的,在驶离上一口岸时),将抵达时间、停泊地点、靠泊移泊计划及船员、旅客的有关情况报告检查机关。

(2)船方或其代理人在船舶抵达口岸前未办妥进口岸手续的,须在船舶抵达口岸24小时内到检查机关办理进口岸手续。船舶在口岸停泊时间不足24小时的,经检查机关同意,船方或其代理人在办理进口岸手续时,可以同时办理出口岸手续。

(3)船方或其代理人在船舶抵达口岸前已经办妥进口岸手续的,船舶抵达后即可上下人员、装卸货物和其他物品。船方或其代理人在船舶抵达口岸前未办妥进口岸手续的,船舶抵达后除检查机关办理进口岸检查手续的工作人员和引航员外,其他人员不得上下船舶、不得装卸货物和其他物品;船舶进出的上一口岸是中华人民共和国口岸的,船舶抵达后即可上下人员、装卸货物和其他物品,但是应当立即办理进口岸手续。

3)国际航行船舶的驶离

(1)船方或其代理人应当在船舶驶离口岸前4小时内(船舶在口岸停泊时间不足4小时的,在抵达口岸时),到检查机关办理必要的出口岸手续。有关检查机关应当在《船舶出口岸手续联系单》上签注;船方或其代理人持《船舶出口岸手续联系单》和港务监督机构要求的其他证件、资料,到港务监督机构申请领取出口岸许可证。

(2)船舶领取出口岸许可证后,情况发生变化或者24小时内未能驶离口岸的,船方或其代理人应当报告港务监督机构,由港务监督机构商其他检查机关决定是否重新办理出口岸手续。

## 二、其他相关标准规范

GB 6944—2005　　危险货物分类和品名编号

GB 12268—2005　危险货物品名表
GB 190—2009　危险货物包装标志
GB 18218—2009　危险化学品重大危险源辨识
GB 50016—2006　建筑设计防火规范
GB 2894—2008　安全标志及使用导则
GB 2893—2008　安全色
GB 5768—2009　道路交通标志和标线(第1、2、3部分)
GB 13851—2008　内河交通安全标志
GB 50074—2002　石油库设计规范
GB 6441—1986　企业职工伤亡事故分类
GB 12331—1990　有毒作业分级
GBZ 2.1—2007　工作场所有害因素职业接触限值(化学有害因素)
GBZ 2.2—2007　工作场所有害因素职业接触限值(物理有害因素)
AQ 8001—2007　安全评价通则

# 第五章 港口企业安全管理概述

港口企业安全管理是一门综合性的系统管理工作,其管理对象是装卸生产中一切人、物、环境的状态管理与控制。港口安全管理要突出“以人为本”的原则,具体应该做到以下四点:

(1)确定管理目标:即通过安全管理,来规范人的行为,减少、控制生产安全事故,确保不发生重特大生产安全事故。

(2)明确管理内容:港口安全管理是一项系统管理工程,内容多,涉及面广。在开展安全制度、安全教育、安全检查、安全奖惩等各项安全基础管理的基础上,在管理内容上可进一步明确“规定动作”:即:①一个重要指标:即遏制现场违章;②两个重点岗位:一是现场管理人员,二是装卸机械司机;③三项标准化管理:一是危险源辨析,二是指挥岗位,三是现场检查;④四项考核原则:一是危害程度分级,二是连带责任追究,三是任职资格挂钩,四是分段考核评价。

(3)实施分层管理:①安委会的领导层;②工会、纪委、安全监督部门的监督层;③各部门的管理层;④现场运作的执行层。

(4)实施动态措施:①职责要细化;②标准要明晰;③管理要直观;④奖惩要明确。

## 第一节 企业资质

企业资质就是企业在从事某种行业经营中,应具有的资格以及与此资格相适应的质量等级标准。企业资质包括企业的人员素质、技术及管理水平、工程设备、资金及效益情况、承包经营能力和建设业绩等。

根据《港口法》、《危险化学品安全管理条例》、《港口危险货物管理规定》、《港口经营管理规定》、《港口设施保安规则》等法律法规的规定,港口企业必须要取得相应的资质,才能开展正常的港口经营业务。

### 一、港口企业资质的要求

#### 1.港口经营许可证

根据《港口法》第22、23、24条规定,从事港口经营,应当向港口行政管理部门书面申请取得港口经营许可,并依法办理工商登记。港口行政管理部门实施港口经营许可,应当遵循公开、公正、公平的原则。港口经营包括码头和其他港口设施的经营,港口旅客运输服务经营,在港区内从事货物的装卸、驳运、仓储的经营和港口拖轮经营等。

取得港口经营许可,应当有固定的经营场所,有与经营业务相适应的设施、设备、专业技术人员和管理人员,并应当具备法律、法规规定的其他条件。

港口行政管理部门应当自收到书面申请之日起三十日内依法作出许可或者不予许可的

决定。予以许可的，颁发港口经营许可证；不予许可的，应当书面通知申请人并告知理由。

另外，《港口法》同时规定，未依法取得港口经营许可证，从事港口经营的，由港口行政管理部门责令停止违法经营，没收违法所得；违法所得十万元以上的，并处违法所得二倍以上五倍以下罚款；违法所得不足十万元的，处五万元以上二十万元以下罚款：

此外，《港口经营管理规定》第 2 章资质管理中也有相应的规定：

(1)从事港口经营，应当申请取得港口经营许可。

实施港口经营许可，应当遵循公平、公正和公开透明的原则，不得收取费用，并应当接受社会监督。

(2)从事港口经营(港口理货、船舶污染物接收除外)，应当具备下列条件：

①有固定的经营场所。

②有与经营范围、规模相适应的港口设施、设备，其中：

a. 码头、客运站、库场、储罐、污水处理设施等固定设施应当符合港口总体规划和法律、法规及有关技术标准的要求；

b. 为旅客提供上、下船服务的，应当具备至少能遮蔽风、雨、雪的候船和上、下船设施；

c. 为国际航线船舶服务的码头(包括过驳锚地、浮筒)，应当具备对外开放资格；

d. 为船舶提供码头、过驳锚地、浮筒等设施的，应当有相应的船舶污染物、废弃物接收能力和相应污染应急处理能力，包括必要的设施、设备和器材。

③有与经营规模、范围相适应的专业技术人员、管理人员。

④有健全的经营管理制度和安全管理制度以及生产安全事故应急预案。

(3)从事船舶污染物接收经营，应当具备下列条件：

①有固定的经营场所；

②配备海务、机务、环境工程专职管理人员至少各一名，专职管理人员应当具有三年以上相关专业从业资历；

③有健全的经营管理制度和安全管理制度以及生产安全事故应急预案；

④使用船舶从事船舶污染物接收的，应当拥有至少一艘不低于 300 总吨的适应船舶污染物接收的中国籍船舶；使用港口接收设施从事船舶污染物接收的，港口接收设施应处于良好状态；使用车辆从事船舶污染物接收的，应当拥有至少一辆垃圾接收、清运专用车辆。

(4)申请从事港口经营，应当提交下列相应文件和资料：

①港口经营业务申请书；

②经营管理机构的组成及其办公用房的所有权或者使用权证明；

③港口码头、库场、储罐、污水处理等固定设施符合国家有关规定的竣工验收证(明)书及港口岸线使用批准文件；

④使用港作船舶的，港作船舶的船舶证书；

⑤负责安全生产的主要管理人员通过安全生产法律法规要求的培训证明材料；

⑥证明符合第七条规定条件的其他文件和资料。

(5)申请从事港口经营(申请从事港口理货除外)，申请人应当向港口行政管理部门提出书面申请和规定的相关文件资料。港口行政管理部门应当自受理申请之日起 30 个工作日内作出许可或者不许可的决定。符合资质条件的，由港口行政管理部门发给《港口经营许可证》，并在因特网或者报纸上公布；不符合条件的，不予行政许可，并应当将不予许可的决定及理由书面通知申请人。《港口经营许可证》应当明确港口经营人的名称与办公地址、法定代表人、经营项目、经营地域、主要设施设备、发证日期、许可证有效期和证书编号。

(6)《港口经营许可证》的有效期为3年。

(7)交通运输部和港口行政管理部门对申请人提出的港口经营许可申请，应当根据下列情况分别作出处理：

①申请事项依法不需要取得行政许可的，应当即时告知申请人不受理；

②申请事项依法不属于交通运输部或者港口行政管理部门职权范围的，应当即时告知申请人向有关行政机关申请；

③申请材料存在可以当场更正的错误的，应当允许申请人当场更正；

④申请材料不齐全或者不符合法定形式的，应当当场或者在五日内一次告知申请人需要补正的全部内容，逾期不告知的，自收到申请材料之日起即为受理；

⑤申请事项属于交通运输部或者港口行政管理部门职权范围，申请材料齐全、符合法定形式，或者申请人按照要求提交全部补正申请材料的，应当受理经营业务许可申请。

受理或者不受理经营业务许可申请，应当出具加盖许可机关专用印章和注明日期的书面凭证。

(8)申请人凭港口行政管理部门或者交通运输部核发的《港口经营许可证》到工商管理部门办理工商登记，取得营业执照后方可从事港口业务。

(9)港口经营人应当按照港口行政管理部门许可的经营范围从事港口经营活动。

(10)港口经营人变更经营范围的，应当就变更事项按照相关规定办理许可手续，并到工商部门办理相应的变更登记手续。港口经营人变更企业法定代表人或者办公地址的，应当向港口行政管理部门备案并换发《港口经营许可证》。

(11)港口经营人应当在《港口经营许可证》有效期届满之日30日以前，向《港口经营许可证》发证机关申请办理延续手续。申请办理《港口经营许可证》延续手续，应当提交下列材料：

①《港口经营许可证》延续申请；

②其他证明材料。

(12)港口经营人停业或者歇业，应当提前30个工作日告知原许可机关。原许可机关应当收回并注销其《港口经营许可证》，并以适当方式向社会公布。

由此可知，港口企业必须要取得港口行政管理部门核发的《港口经营许可证》，才能开展相应的经营业务。否则，将会受到较为严厉的处罚。

2. 危险货物港口作业资质

根据《港口危险货物管理规定》的相关规定，港口经营人从事危险货物港口作业，应当具备规定的条件，并向所在地港口行政管理部门申请危险货物港口作业资质认定。未取得危险货物港口作业资质的，不得从事危险货物港口作业。

从事危险货物港口作业的港口经营人，应当具备以下条件：

(1)符合《港口法》规定的港口经营许可条件；

(2)具有符合国家标准的应急设备、设施；

(3)具有健全的安全管理制度和操作规程;

(4)至少有一名企业主要负责人应当具备与本单位所从事的危险货物港口作业相关的安全生产知识和管理技能;

(5)配备足够的具有上岗资格证书的管理、作业人员;

(6)具备事故应急预案;

(7)取得消防、环保部门核准意见。

事故应急预案的主要内容应当包括:危险货物作业码头、库场、储罐、锚地等港口设施的概况、重点部位、应急队伍的组成及职责、应急措施、应急救援流程图、指挥序列表、通信方式、应急人员联络表等。

港口行政管理部门应当自收到危险货物港口作业资质申请之日起三十日内按照相应规定予以审核,作出予以认定或者不予认定的决定。予以认定的,应当根据该港口经营人的危险货物作业能力确定认可作业的范围,并核发相应的危险货物港口作业认可证;对不予认定的,应当书面通知申请人并说明理由。

另外,《港口危险货物管理规定》还规定,未取得危险货物港口作业资质认定,擅自从事危险化学品港口作业的,由所在地港口行政管理部门按照《危险化学品安全管理条例》第六十五条的规定处罚;在港口经营活动中擅自从事其他危险货物的作业的,由所在地港口行政管理部门处以3万元以下罚款。未取得港口经营许可的,按照《港口法》第四十八条处罚。

由此可知,港口企业要从事危险货物作业必须要取得由港口行政管理部门颁发的危险货物港口作业资质,否则将受到相应的处罚。

3. 企业法人营业执照

企业法人营业执照是企业或组织取得合法经营权所必需的凭证。《营业执照》的登记事项为:名称、地址、负责人、资金数额、经济成分、经营范围、经营方式、从业人数、经营期限等。营业执照分正本和副本,二者具有相同的法律效力。正本应当置于公司住所或营业场所的醒目位置,营业执照不得伪造、涂改、出租、出借、转让。

港口企业也是企业的一种类型,只是专门从事港口装卸、搬运、仓储、配送、信息服务等功能的一种企业。根据《港口法》、《港口经营管理规定》等法律法规的相关规定,港口企业申请人必须凭港口行政管理部门或者交通运输部核发的《港口经营许可证》到工商管理部门办理工商登记,取得营业执照后方可从事港口业务。

由此可见,港口企业必须要取得工商行政管理部门核发的《企业法人营业执照》,才能正式对外开展港口经营业务。

4. 港口安保要求

根据《港口设施保安规则》及交通运输部相关的通知和指导意见,港口设施经营人或管理人必须按照相关规定制定《港口设施保安计划》,并上报交通运输部审查批准。《港口设施保安计划》实施后,港口设施经营人或者管理人应当向交通部申请《港口设施保安符合证书》,并将申请书抄送港口所在地交通(港口)管理部门。

交通部受理申请后应当委托港口所在地港口行政管理部门对《港口设施保安计划》落实情况进行检查并提出检查意见,必要时也可以组织直接检查。对检查合格的,交通部颁发《港口设施保安符合证书》。对检查不合格的,不予颁发证书,并说明理由。

《港口设施保安符合证书》应当自受理之日起 20 个工作日内完成颁发工作。20 个工作日内不能作出决定的，经本机关负责人批准，可以延长 10 个工作日，并应将延长期限的理由告知申请人。《港口设施保安符合证书》由交通部指定的负责人签发，并在签发后通知相关交通（港口）管理部门。

《港口设施保安符合证书》的有效期为 5 年。在有效期内每年由省级交通（港口）管理部门核验一次。《港口设施保安符合证书》年度核验期限为签发之日起每周年的前三个月和后三个月。港口设施经营人或者管理人应当于《港口设施保安符合证书》签发之日起每周年的前三个月内，向省级交通（港口）管理部门提出年度核验申请，并提交如下材料：

（1）《港口设施保安符合证书》年度核验申请表；

（2）《港口设施保安符合证书》正、副本；

（3）港口设施保安年度工作报告；

（4）港口设施保安主管及相关人员具备履行其职责的知识和能力的证明；

（5）港口设施保安自评表；

（6）其他需要提交的文件。

省级交通（港口）管理部门应当自受理之日起 20 个工作日内完成《港口设施保安符合证书》年度核验。20 个工作日内不能完成的，经本机关负责人批准，可以延长 10 个工作日，并应将延长期限的理由告知申请人。年度核验内容包括：

（1）港口设施保安组织结构；

（2）港口设施保安主管及相关人员是否具备履行其职责的知识和能力；

（3）港口设施保安设备状况及运行情况；

（4）港口设施保安通信状况；

（5）港口设施保安规章制度及实施情况；

（6）港口设施保安训练、演习情况；

（7）《港口设施保安计划》所确定保安措施及程序的落实情况；

（8）港口设施保安事件发生及应对情况；

（9）《港口设施保安计划》的年度调整情况；

（10）其他与港口设施保安工作有关的事项。

年度核验时，省级交通（港口）管理部门可以对港口设施上一年度的保安工作进行核查，也可以委托港口所在地港口行政管理部门核查并接受其提交的核查报告。

此外，《港口设施保安规则》第 82 条规定，未按规定取得有效《港口设施保安符合证书》且不符合该规则第 39 条规定的港口设施，不得为航行国际航线船舶提供服务。对于违反该规定，擅自为航行国际航线船舶提供服务的港口设施，由港口所在地港口行政管理部门予以警告并责令停止违法行为，并可处以 3 万元以下罚款。

由此可知，港口企业必须取得《港口设施保安符合证书》，才能开展正常的港口经营业务。

5. 其他相关资质

1）危险化学品经营许可证

根据《危险化学品经营许可证管理办法》的相关规定，国家对危险化学品经营销售实行许可制度。经营销售危险化学品的单位,应当依照该办法取得危险化学品经营许可证,并凭经营许可证依法向工商行政管理部门申请办理登记注册手续。未取得经营许可证和未经工商登记注册,任何单位和个人不得经营销售危险化学品。

危险化学品经营销售单位,应当具备以下基本条件:

(1)经营和储存场所、设施、建筑物符合国家标准《建筑设计防火规范》(GBJ 16)、《爆炸危险场所安全规定》和《仓库防火安全管理规则》等规定,建筑物应当经公安消防机构验收合格;

(2)经营条件、储存条件符合《危险化学品经营企业开业条件和技术要求》(GB 18265)、《常用危险化学品储存通则》(GB 15603)的规定;

(3)单位主要负责人和主管人员、安全生产管理人员和业务人员经过专业培训,并经考核,取得上岗资格;

(4)有健全的安全管理制度和岗位安全操作规程;

(5)有本单位事故应急救援预案。

危险化学品经营许可证有效期为3年。有效期满后,经营单位继续从事危险化学品经营活动的,应当在经营许可证有效期满前3个月内向原发证机关提出换证申请,经审查合格后换领新证。未取得经营许可证,擅自从事危险化学品经营的,由省级发证机关或市级发证机关依照《危险化学品安全管理条例》第57条的规定予以处罚。

2)成品油经营许可证

根据《成品油市场管理办法》的相关规定,国家对成品油经营实行许可制度。

申请从事成品油批发、仓储经营资格的企业,应当向所在地省级人民政府商务主管部门提出申请,省级人民政府商务主管部门审查后,将初步审查意见及申请材料上报商务部,由商务部决定是否给予成品油批发、仓储经营许可。申请从事成品油零售经营资格的企业,应当向所在地市级(设区的市,下同)人民政府商务主管部门提出申请。地市级人民政府商务主管部门审查后,将初步审查意见及申请材料报省级人民政府商务主管部门。由省级人民政府商务主管部门决定是否给予成品油零售经营许可。

(1)申请成品油批发经营资格的企业,应当具备下列条件:

①具有长期、稳定的成品油供应渠道:

a. 拥有符合国家产业政策、原油一次加工能力100万t以上、符合国家产品质量标准的汽油和柴油年生产量在50万t以上的炼油企业,或者

b. 具有成品油进口经营资格的进口企业,或者

c. 与具有成品油批发经营资格且成品油年经营量在20万t以上的企业签订1年以上的与其经营规模相适应的成品油供油协议,或者

d. 与成品油年进口量在10万t以上的进口企业签订1年以上的与其经营规模相适应的成品油供油协议。

②申请主体应具有中国企业法人资格,且注册资本不低于3000万元人民币;

③申请主体是中国企业法人分支机构的,其法人应具有成品油批发经营资格;

④拥有库容不低于10000$m^3$的成品油油库,油库建设符合城乡规划、油库布局规划;并通过国土资源、规划建设、安全监管、公安消防、环境保护、气象、质检等部门的验收;

⑤拥有接卸成品油的输送管道或铁路专用线或公路运输车辆或1万t以上的成品油水运码头等设施。

(2)申请成品油仓储经营资格的企业,应当具备下列条件:

①拥有库容不低于10000$m^3$的成品油油库,油库建设符合城乡规划、油库布局规划;并通过国土资源、规划建设、安全监管、公安消防、环境保护、气象、质检等部门的验收;

②申请主体应具有中国企业法人资格,且注册资本不低于1000万元人民币;

③拥有接卸成品油的输送管道或铁路专用线或公路运输车辆或1万t以上的成品油水运码头等设施;

④申请主体是中国企业法人分支机构的,其法人应具有成品油仓储经营资格。

(3)申请成品油零售经营资格的企业,应当具备下列条件:

①符合当地加油站行业发展规划和相关技术规范要求;

②具有长期、稳定的成品油供应渠道,与具有成品油批发经营资格的企业签订3年以上的与其经营规模相适应的成品油供油协议;

③加油站的设计、施工符合相应的国家标准,并通过国土资源、规划建设、安全监管、公安消防、环境保护、气象、质检等部门的验收;

④具有成品油检验、计量、储运、消防、安全生产等专业技术人员;

⑤从事船用成品油供应经营的水上加油站(船)和岸基加油站(点),除符合上述规定外,还应当符合港口、水上交通安全和防止水域污染等有关规定;

⑥面向农村、只销售柴油的加油点,省级人民政府商务主管部门可根据本办法规定具体的设立条件。

《成品油批发经营批准证书》、《成品油仓储经营批准证书》由商务部颁发;《成品油零售经营批准证书》由省级人民政府商务主管部门颁发。未取得上述相应资质而从事成品油批发、仓储、零售的,将受到相应的处罚。

## 二、安全评价管理

1. 安全评价概述

1)安全评价定义

安全评价是指以实现安全为目的,应用安全系统工程原理和方法,辨识与分析工程、系统、生产经营活动中的危险、有害因素,预测发生事故或造成职业危害的可能性及其严重程度,提出科学、合理、可行的安全对策措施建议,作出评价结论的活动。

2)安全评价目的

安全评价的目的是根据企业的生产或拟设立的项目的情况,由相应的安全评价中介公司的评价师进行现场检查,针对安全上的不足,给出整改要求和措施,由企业进行整改,达到安全生产的目的。

3)安全评价的分类

我国目前根据工程、系统生命周期和评价目的将安全评价分为安全预评价、安全验收评价、安全现状评价、专项安全评价等四类。

(1)安全预评价。

安全预评价是根据建设项目可行性研究报告的内容,分析和预测该建设项目可能存在的危险、有害因素的种类和程度,提出合理可行的安全对策、措施和建议。它是对项目在建设前进行的预测性评价。

安全预评价是加强源头安全的一个重要内容。通过安全预评价,可以回答该建设项目依据设计方案建成后的安全性能如何,能否达到有关的安全标准;通过有关安全评价标准对系统进行总体分析,说明该建设项目系统的安全性;对项目存在的危险、有害因素进行定性、定量的分析,对发生事故、危害的可能性及严重程度进行评价。安全预评价报告,是项目最终设计的重要依据之一,在设计阶段,必须落实安全预评价所提出的各项措施,切实做到建设项目在设计中"三同时"。

(2)安全验收评价。

安全验收评价是在建设项目竣工验收之前、试生产运行正常以后,通过对建设项目的设施、设备等实际运行情况及管理情况的安全评价,查找该建设项目投产后存在的危险、有害因素,并确定其程度,提出合理可行的安全对策、措施及建议。它是建设项目正式投产前进行的一种检查性安全评价。通过对危险、有害因素进行定性和定量的评价,作出评价结论并提出补救(调整)措施,以实现系统安全。

安全验收评价是为安全验收进行的准备,安全验收评价报告将作为建设单位向安全生产监督管理部门申请建设项目安全验收审批的依据。

(3)安全现状评价。

安全现状评价是针对生产经营单位总体或局部生产经营活动安全现状进行的评价,查找存在的危险、有害因素,确定其程度,并提出必要的控制措施建议。

(4)专项安全评价。

专项安全评价是根据政府有关管理部门要求而进行的,它一般是针对某一活动或场所,以及一个特定的行业、产品、生产方式、生产工艺或生产装置等存在的危险、有害因素,确定其程度,提出安全对策、措施和建议。

2.港口企业安全评价要求

根据交通部、国家安全生产监督管理局共同制定了《港口安全评价管理办法》的相关规定,港口安全评价是以实现港口建设项目和港口生产系统的安全为目的,应用安全系统工程原理和方法,对港口建设项目和生产系统中存在的危险、有害因素进行辨识与分析,判断建设项目、生产系统发生安全事故的可能性及其严重程度,为制定港口建设与生产的安全对策措施以及进行安全生产监察提供科学依据。安全评价包括港口建设项目安全预评价、安全验收评价以及港口生产经营单位的安全现状评价、专项安全评价。

1)安全预评价

根据《港口安全评价管理办法》的相关规定,国家规定的港口大中型基本建设项目和限额以上的技术改造项目,都应进行安全预评价;对客运码头、石油化工码头及罐(库)区、散粮筒仓码头及筒仓、港口危险货物装卸码头及库场、构成重大危险源的港内加油站以及生产用燃料油储存库等建设项目,必须进行安全预评价。

港口建设项目安全预评价,是根据建设项目可行性研究报告的内容,运用科学的评价方法，对拟建工程设计方案以及类比工程进行分析，预测该建设项目存在的危险、有害因素的种类和程度，提出合理可行的安全技术设计和安全管理的建议，作为该建设项目初步设计中安全设施设计和建设项目安全管理、监察的主要依据。

港口建设单位对港口建设项目安全设施“三同时”负全面责任，在建设项目工程可行性研究阶段，委托设计单位以外的安全评价机构进行建设项目安全预评价，评价应在初步设计会审前完成。设计单位对港口建设项目安全设施设计负技术责任，应遵守和落实国家及行业现行的安全标准、技术规范，依据工程可行性研究和安全预评价的要求进行安全设施设计，同时编制安全专篇。施工单位应对港口建设项目的安全设施的工程质量负责，应严格依据设计文件要求施工，做到建设项目的安全设施与主体工程同时施工，确保安全设施设计方案的有效实施。

2）安全验收评价

根据《港口安全评价管理办法》的相关规定，大型港口建设项目、客运码头、石油化工码头及罐（库）区、散粮筒仓码头及筒仓、港口危险货物装卸码头及库场、构成重大危险源的港内加油站以及生产用燃料油储存库等建设项目竣工、试生产运行正常后，应进行安全验收评价，安全验收评价报告作为建设项目安全设施单项验收的重要依据。

安全验收评价的内容包括：建设项目落实预评价报告的安全技术措施的情况，安全设施是否与主体工程同时设计、同时施工、同时投入生产和使用，与建设项目配套的安全设施、设备是否符合国家和行业有关安全生产法律、法规、规章、技术标准和规范的要求，建设项目试生产后的安全管理机构和安全制度是否适应安全管理的需要，从总体上评价港口建设项目的运行状况和安全管理是否正常、安全、可靠。

3）安全现状评价

根据《港口安全评价管理办法》的相关规定，客运码头（包括客滚码头、火车轮渡码头）、散粮筒仓码头及筒仓和其他非危险货物装卸码头，对存在的安全生产不稳定因素，港口生产经营单位应主动开展安全现状评价，通过评价查找生产经营过程中存在的危险、有害因素，确定其危险程度，制定合理可行的安全对策措施，及时整改安全生产条件和事故隐患；客运码头应制定重大生产安全事故的旅客紧急疏散和救援预案，保障旅客安全。

4）安全专项评价

根据《港口安全评价管理办法》的相关规定，石油化工码头及罐（库）区、港口危险货物装卸码头及库场、构成重大危险源的港内加油站以及生产用燃料油储存库等场所应进行专项安全评价。根据国家《危险化学品安全管理条例》的要求，从事危险化学品装卸、储运经营的港口生产单位应每两年进行一次专项安全评价，根据不同危险化学品的理化性能、装卸安全技术要求、装卸量、储存量，港口周边环境影响以及安全管理状况等因素，科学地分析突发重大事故的致因并预测模拟其后果，提出安全对策措施和重大安全事故应急预案。

## 第二节　安全责任与制度

### 一、企业的安全责任

生产经营单位是生产经营活动的主体，也是发生安全事故的载体。因此，生产经营单位作为安全生产工作的直接承担者，只有切实遵守安全生产法律法规，加强各项安全生产管理，完善安全生产条件，才能从根本上避免、预防和消除生产安全事故。

1. 法定责任

《安全生产法》规定了一些基本的安全生产条件，《安全生产许可证条例》、《危险化学品安全管理条例》、《特种设备安全监察条例》等行政法规对高危行业、特殊物品、特种设备的安全准入提出了具体要求，这些条件和要求是安全生产的基本条件：

(1)《安全生产法》规定："生产经营单位应当具备本法和有关法律、行政法规和国家标准或行业标准规定的安全生产条件；不具备安全生产条件的，不得从事生产经营活动"。

(2)《安全生产许可证条例》中对危险化学品、烟花爆竹、民用爆破物品的生产储存单位，矿山、建筑施工企业提出了取得安全生产许可证应符合的12项条件要求。

(3)《危险化学品安全管理条例》对从事危险化学品的生产、经营、储存、运输、使用以及进口危险化学品的经营、储存、运输、使用和处置等活动规定了具体条件。

(4)《特种设备安全监察条例》对从事特种设备的生产（含设计、制造、安装、改造、维修）、使用、检验检测活动规定了具体条件。

(5)《建设工程安全生产管理条例》对于与建设工程有关的建设单位、勘察及设计单位、工程监理、施工、设备租赁等单位的条件作出了相应的规定。

上述条例确定了生产经营单位在安全生产中的主体地位，规定了依法进行安全生产管理是生产经营单位的行为准则和必需条件。强调了加强管理、建章立制、改善条件，是生产经营单位实现确保安全生产的必要措施。明确了确保安全生产是建立、健全安全生产责任制的根本目的。

2. 社会责任

近年来，企业的社会责任日益受到人们的关注。其中，安全责任是企业社会责任的重要内容，包括对员工进行广泛深入的安全教育，消除安全隐患；对可能出现的各种安全事故制定危机预案，并配备事故后污染处理的设施和能力；将安全事故发生概率降到最小等方面。

安全生产责任重于泰山，人的生命是最宝贵的。我们的发展不能以牺牲精神文明为代价，不能以牺牲生态环境为代价，更不能以牺牲人的生命为代价。重特大安全事故给人民群众生命财产造成了重大损害。我们一定要吸取教训，切实加大安全生产工作的力度，坚决遏制住重特大安全事故频发的势头。企业是独立承担民事责任的法人实体，也是安全生产的责任主体。所有企业都必须自觉遵守安全生产法律法规，落实责任制，加强安全管理，搞好职工培训；都应当具备法律法规和国家标准、行业标准规定的安全生产条件。要遏制住重特大事故多发势头，实现安全生产稳定好转，企业责任重大，必须结合企业的特点不折不扣地落实相关安全生产措施，承担起安全生产责任主体的职责：

(1)企业法定代表人要切实履行企业安全生产第一责任人的职责。这既要靠提高企业家的素质和自觉性，同时也要靠政府和社会从外部给企业压力和推动力。

(2)企业要做到有法必依。目前，由国家法律、行政法规、部门规章以及地方性法规规章所组成的安全生产法律体系正在形成，关键在于贯彻执行。

(3)企业要强化安全生产管理。大量的责任事故多是“三违”(违章指挥、违章作业、违反劳动纪律)造成的,多是管理混乱造成的。因此,要加强安全生产工作,必须加强生产管理和安全管理,打牢安全生产基础,严格执行各项规章制度,杜绝违章指挥、违章作业和违反劳动纪律现象。加强安全技术人才培养和职工安全技能培训。依法实行强制性全员安全培训制度,高危行业主要工种必须持证上岗。企业负责人要依法取得任职资格证书,严格执行任前培训制度。

(4)企业要强化自律约束。强化企业自律约束就是企业从内部承担社会责任的角度,对自己的经营理念、经营行为进行自我规范、约束和控制。企业自律约束是企业一种内在的、自觉的行为。

3. 责任体系

企业应该要依法落实安全生产主体责任,制定从公司董事长到员工的多级安全生产责任体系。公司领导层、管理层、班组、员工都要制定有安全责任制和岗位职责,并将制度上墙。按照“谁主管、谁负责”和“一岗双责”的原则,公司主要领导是安全生产第一责任人,对安全生产负全面责任;公司其他领导对分管范围内的安全生产工作承担直接领导责任;各部门主要负责人,对其工作职权范围内的安全生产工作,承担直接管理责任。

企业要建立健全安全生产委员会、基层部门安全生产领导小组、班组安全员三级安全生产组织体系。领导层、管理层、班组、员工,逐级签订年度安全生产目标责任书,年底认真考核落实。把安全生产的重担传递到每一个员工的肩上,做到全员安全责任化,“安全生产、人人有责”。

## 二、安全责任制

1. 安全责任制的概念及法律法规要求

1)概念

安全生产责任制是企业一项最基本的安全生产制度,是各种职业安全健康制度的核心,它明确规定了企业领导者、管理者及各类人员对安全生产应负的责任、权利和义务。认真贯彻、落实安全生产责任制是搞好安全健康工作的重要环节,是各层次、各类人员在安全生产中分工协作、各负其责的具体体现,也是“分级管理、分线负责”的安全管理体系形成和正常运行的关键。企业安全生产责任制应涵盖企业的所有单位和部门,按照“横向到边、纵向到底”的原则,建立健全各级各岗位人员的安全生产责任制。

2)法律法规要求

《安全生产法》第4条和第17条明确规定,生产经营单位必须遵守本法和其他有关安全生产的法律、法规,加强安全生产管理,建立、健全安全生产责任制度,完善安全生产条件,确保安全生产。生产经营单位的主要负责人对本单位安全生产工作负有下列职责:

(1)建立、健全本单位安全生产责任制;

(2)组织制定本单位安全生产规章制度和操作规程;

(3)保证本单位安全生产投入的有效实施;

(4)督促、检查本单位的安全生产工作,及时消除生产安全事故隐患;

(5)组织制定并实施本单位的生产安全事故应急救援预案;

(6)及时、如实报告生产安全事故。

《港口法》第32条明确规定,港口经营人必须依照《安全生产法》等有关法律、法规和国务院交通主管部门有关港口安全作业规则的规定,加强安全生产管理,建立健全安全生产责任制等规章制度,完善安全生产条件,采取保障安全生产的有效措施,确保安全生产。港口经营人应当依法制定本单位的危险货物事故应急预案、重大生产安全事故的旅客紧急疏散和救援预案以及预防自然灾害预案,并保障组织实施。

此外,《港口经营管理规定》第7条也明确规定,从事港口经营(港口理货、船舶污染物接收除外),应当具备下列条件:

(1)有固定的经营场所;

(2)有与经营范围、规模相适应的港口设施、设备,其中:

①码头、客运站、库场、储罐、污水处理设施等固定设施应当符合港口总体规划和法律、法规及有关技术标准的要求;

②为旅客提供上、下船服务的,应当具备至少能遮蔽风、雨、雪的候船和上、下船设施;

③为国际航线船舶服务的码头(包括过驳锚地、浮筒),应当具备对外开放资格;

④为船舶提供码头、过驳锚地、浮筒等设施的,应当有相应的船舶污染物、废弃物接收能力和相应污染应急处理能力,包括必要的设施、设备和器材;

(3)有与经营规模、范围相适应的专业技术人员、管理人员;

(4)有健全的经营管理制度和安全管理制度以及生产安全事故应急预案。

由此可见,港口企业必须建立起健全的安全生产管理制度。

2. 安全生产职责

1)主要负责人的安全生产职责

企业主要负责人应全面负责安全生产工作,并履行下列主要职责:

①组织建立、健全本单位的安全生产责任制,并保证有效执行;

②组织制定安全生产规章制度和操作规程,并保证其有效实施;

③保证本单位安全生产投入的有效实施;

④督促、检查本单位的安全生产工作,及时消除生产安全事故隐患;

⑤组织制定并实施本单位的生产安全事故应急救援预案;

⑥及时、如实报告生产安全事故。

2)各职能部门的安全生产职责

(1)安全技术部门的安全生产职责:

①认真贯彻执行国家及上级安全生产方针、政策、法令、法规、指示,在经理、副经理和安全生产委员会的领导下,负责企业的安全生产工作;

②负责对职工进行安全思想和安全技术知识教育,对新入厂职工进行厂级安全教育,组织对特种作业人员的安全技术培训和考核,组织开展各种安全活动;

③组织制定、修订本企业安全生产管理制度和安全技术规程,编制劳动保护专项措施计划,提出劳动保护专项措施方案,并检查执行情况;

④组织参加安全大检查,贯彻事故隐患整改制度,协助和督促有关部门对查出的隐患制

定防范措施，检查隐患整改工作；

⑤参加新建、改建、扩建及大修项目的设计审查、竣工验收、试车投产等工作，使其符合安全技术要求；

⑥负责特种设备的安全管理；检查督促有关部门和单位搞好安全装置的维护保养和管理工作；

⑦深入现场检查，解决有关安全问题，纠正违章指挥、违章作业，遇有危及安全生产的紧急情况，有权令其停止作业，并立即报告有关领导处理；

⑧监督检查安全防火管理制度的执行情况；

⑨负责各类事故的汇总统计、上报工作，并建立、健全事故档案，按规定参加事故的调查、处理工作；

⑩负责对企业各单位的安全考核评比工作，会同工会认真开展安全生产竞赛活动，总结交流安全生产先进经验，积极推广安全生产科研成果、先进技术及现代安全管理方法；建立健全安全生产管理网，指导基层安全生产工作。

(2)机修部门的安全生产职责：

①贯彻国家、上级部门关于设备制造、检修、维护保养及施工方面的安全规程和规定，做好主管业务范围的安全工作，负责制定和修改各类设备设施的操作规程和管理制度；

②负责设备设施、管网及港口建筑物的管理，使其符合安全技术要求；

③负责组织对特种设备、职业危害防护设施、安全装置、计量装置进行定期检查、校验和送检工作，协助办理特种设备的注册登记；

④在制定或审订有关设备制造、更新改造方案和编制设备检修计划时，应有相应的安全卫生措施内容，并确保实施；

⑤组织本专业的安全大检查，对检查出的有关问题要有计划地及时解决，按期完成安全技术措施计划和事故隐患整改项目。

(3)技术部门的安全生产职责：

①编制或修订技术作业规程或工艺技术规程时必须符合安全生产的要求，并经常督促检查执行；

②制定长远发展规划，编制公司技术措施计划；

③严格执行安全卫生设施与主体工程同时设计、同时施工、同时投产和使用的原则；

④组织并督促各生产单位对生产操作工人的技术训练；

⑤负责组织开展安全技术研究工作，积极采用安全生产的新技术、新工艺和新材料，提高本质安全。

(4)调度部门的安全生产职责：

①及时传达、贯彻、执行有关安全生产的指标，坚持生产与安全的“五同时”；

②在保证安全的前提下组织指挥装卸，发现违反安全生产制度和安全技术规程的行为，应及时制止，严禁违章指挥；

③在生产中出现不安全因素、险情及事故时，要果断正确处理，防止事态扩大，并通知有关主管部门共同处理，认真做好记录；

④参加安全生产大检查，随时掌握安全生产动态。

(5)人事劳资部门的安全生产职责:

①对新入厂人员(包括实习、代培人员)及时组织安全教育,经考核合格后方可分配到各岗位。会同安全部门组织对职工的安全技术教育及特种作业人员的培训、考核工作,并对培训效果进行评定;

②把安全工作业绩纳入干部晋升、职工晋级和奖励考核内容;

③按国家规定,从质量和数量上保证安全生产人员的配备;

④临时用工协议书中应有安全方面的条文,并会同有关部门执行。

(6)保卫部门的安全生产职责:

①健全安全保卫制度,认真做好要害部门安全生产的保卫工作;

②掌握企业主要生产过程的火灾特点,经常深入基层监督检查火源、火险及灭火设施的管理,督促落实火险隐患的整改,确保消防设施完备和消防道路通畅。

(7)计划、财务部门的安全生产职责:

①在编制生产计划和总结生产完成情况时,必须同时计划和总结安全生产工作;

②在编制、检查建设项目的同时,编制检查安全技术措施计划,认真贯彻国务院关于企业安全措施经费的规定,专款专用,定期核算;

③保证劳动保护用品、保健食品和清凉饮料的开支,保证企业安全生产实际需要的经费。

(8)储运、销售部门的安全生产职责:

①对所管辖范围内的安全生产负责,建立健全安全规章制度和操作规程;

②加强危险货物的管理防止事故发生;

③按计划及时供应安全技术措施项目所需的设备、材料;

④负责各类劳动防护用品的采购、保管并按标准发放;

⑤加强对购入设备、配件及有关原材料的质量管理,使其安全可靠性能符合企业要求;

⑥认真执行上级有关交通安全的规定,做好机动车辆的年检和驾驶员的年审、安全教育和考核工作;

⑦认真做好车辆维修保养工作,确保安全行驶。

(9)工会的安全生产职责:

①贯彻总工会有关安全卫生的方针、政策,并监督认真执行,对忽视安全生产和违反劳动保护的现象及时提出批评和建议,督促和配合有关部门及时改进;

②监督劳动保护费用的使用情况,对有碍安全生产、危害职工安全健康和违反安全操作规程的行为有权抵制、纠正和控告;

③做好安全生产宣传教育工作,教育职工自觉遵纪守法,执行安全生产各项规程、规定,支持公司对安全生产作出突出贡献的单位和个人给予表彰和奖励,对违反安全生产规定的单位和个人给予批评和惩罚;

④参加企业有关安全生产规章制度制定;

⑤协助行政搞好班组的安全建设;

⑥关心职工劳动条件的改善,保护职工在劳动中的安全与健康,组织从事职业危害作业人员进行预防性健康检查和疗养;

⑦发动和依靠广大职工群众有效地搞好安全生产；

⑧参加安全生产检查和对建设项目的“三同时”监督，参加事故的调查处理。

## 三、安全管理制度

1. 安全管理制度的概念和要求

1）概念

安全管理是企业管理的重要组成部分，是安全科学的一个分支。所谓安全生产管理，就是针对人们在生产过程中的安全问题，运用有效的资源，发挥人们的智慧，通过人们的努力，进行有关决策、计划、组织和控制等活动，实现生产过程中人与机器设备、物料、环境的和谐，达到安全生产的目标。

安全生产管理的目标是减少和控制危害，减少和控制事故，尽量避免生产过程中由于事故所造成的人身伤害、财产损失、环境污染以及其他损失。安全生产管理包括安全生产法制管理、行政管理、监督检查、工艺技术管理、设备设施管理、作业环境和条件管理等方面。

安全生产管理的基本对象是企业的员工，涉及企业中的所有人员、设备设施、物料、环境、财务、信息等各个方面。安全生产管理的内容包括：安全生产管理机构和安全生产管理人员、安全生产责任制、安全生产管理规章制度、安全生产策划、安全培训教育、安全生产档案等。

2）基本要求

（1）企业必须遵守国家有关安全生产的法律、法规、规程、标准和规范。

（2）企业必须建立、健全安全生产责任制、安全目标管理制度、安全奖惩制度、安全技术审批制度、安全隐患排查制度、安全检查制度、安全办公会议等制度。

（3）企业必须设置安全生产机构，配备适应工作需要的安全生产人员和装备。

（4）企业必须对职工进行安全培训。未经安全培训的，不得上岗作业。特种作业人员必须按国家有关规定培训合格，取得操作资格证书。

（5）企业必须实行群众监督，职工有权制止违章作业，拒绝违章指挥；工作地点出现险情时，有权立即停止作业，撤到安全地点；当险情没有得到处理不能保证人身安全时，有权拒绝作业。

2. 港口企业应建立的安全管理制度

一般来讲，港口企业按照其经营范围的不同可以分为客运码头、集装箱码头、件杂货码头、危险品码头、大宗干散货码头、油码头、滚装码头等。不同类型的港口企业在建立健全安全管理制度时，一般都既有基本的安全管理制度，又有根据其自身的特点和安全管理的需求而建立特殊的安全管理制度。

1）基本安全管理制度

（1）安全生产责任制：

安全生产责任制是企业一项最基本的安全生产制度，是各种职业安全健康制度的核心，它明确规定了企业领导者、管理者及各类人员对安全生产应负的责任、权利和义务。是所有港口企业都必须建立和完善的一项基本安全管理制度。举例说明如下：

**案例：**

## 某港口企业安全生产责任制

第一条　总经理安全生产的主要工作责任

①贯彻国家和重庆市安全生产方针、政策、法律法规，执行上级安全生产规章，按“谁主管谁负责”的要求，是公司安全生产第一责任人，对公司安全生产工作负主要领导责任。

②主持公司安委会工作，研究解决安全生产重大问题，审定公司安全生产专项资金和安全解危项目、重大隐患整改资金投入，负责确定公司安全生产方针目标，督促、检查、落实公司安委会确定的安全生产工作计划。

③依法建立健全安全生产责任体系，落实企业安全生产主体责任，主持制定公司安全生产责任制、安全生产奖惩制度、安全生产考核制度等主要安全规章制度，把安全生产纳入公司领导和部门主管业绩考核的主要内容。

④负责主持贯彻落实公司安全生产责任制、岗位职责、操作规程和各项安全生产管理制度。

⑤强化安全生产教育和安全技术培训，实现企业本质安全。

⑥督促、检查公司重要安全生产应急预案的制定和落实，组织、指挥重大事故抢险工作。

⑦根据公司《安全质量处罚办法》和“四不放过”原则，认真查处各类事故。发生重大事故、死亡事故，按规定上报，并协助上级调查处理。

⑧推进安全科技开发、安全生产标准化、安全文化建设。

⑨履行法律、法规规定的其他职责。

第二条　副总经理（生产、安全）安全生产的主要工作责任

①贯彻国家和重庆市安全生产方针、政策、法律法规，执行上级安全生产规章和公司安委会决定。按“谁主管谁负责”要求，对分管的安全生产工作负具体领导责任。

②负责指导、督促、检查、落实有关部门制定、完善安全工作责任制、岗位安全职责、货物运输、装卸作业等操作规程及、工艺技术标准。

③指导、督促有关部门根据到达的危险货物、特殊货物、高价值货物，制定并落实作业方案、预防预控措施。

④指导、督促有关部门制定、实施安全生产事故应急预案和重大安全质量隐患整改，组织指挥重大安全事故抢险、排危工作。

⑤贯彻落实公司安全生产责任制，负责在保证安全质量的前提下安排生产，在生产作业过程中，实施全员、全过程、全方位的管理、监督、检查。

⑥指导、督促有关部门定期进行《化学危险品集装箱作业专项安全评价》复评、《危险货物港口作业许可证》复审工作。对危险货物、特殊货物作业加强监控，确保其安全运输。

⑦主持安全质量事故的调查，并根据公司《安全质量处罚办法》和“四不放过”原则进行处理。参与公司重大安全质量事故调查处理。

⑧履行法律、法规规定的其他职责。

第三条　副总经理（基建和技术）安全生产的主要工作责任

①贯彻国家和重庆市安全生产方针、政策、法律法规，执行上级安全生产规章和公司安

委会决定。按"谁主管谁负责"要求,对分管范围的安全生产工作负直接领导责任。

②负责指导有关部门制定、完善安全工作责任制度、岗位职责,并督促、检查、落实。

③指导、督促有关部门制定关键设备、重点设备、特种设备安全操作规程、设备管理制度、消防管理制度,并实施预防预控措施、制定安全生产事故应急预案。督促重大安全隐患整改。

④督促检查机械及电器设备、船舶设备、通信系统、消防设施,督促落实整改措施,完善和优化网络信息系统及视频监控系统。

⑤加强督查码头前沿栈桥、挡土墙、轨道梁等重要基建设施,及时消除事故隐患,负责公司基建工程项目的"三同时"工作,负责协调生产与基建的关系,在保证安全的前提下,做到两不误。

⑥督促项目法人单位、参建单位、项目管理单位建立健全并落实安全生产责任制、安全生产管理机构、安全生产预防预控措施、事故应急预案。

⑦参与设备事故、基建事故的调查,根据公司《安全质量处罚办法》和"四不放过"原则进行处理。

⑧履行法律、法规规定的其他职责。

第四条 财务总监安全生产的主要工作责任

①贯彻国家和重庆市安全生产方针、政策、法律法规,执行上级安全生产规章和公司安委会决定。按"谁主管谁负责"的要求,对分管范围的安全生产工作负直接领导责任。

②执行国家关于企业安全技术措施经费提取的有关规定,做到专款专用,并监督执行,切实保证对安全生产的资金投入,保证安全生产措施和隐患整改项目费用到位。

③审查企业生产经营计划时,要同时审查安全技术措施计划,并检查执行。

④把安全管理纳入经济责任制,分析企业安全生产经济效益,支持开展各项安全生产竞赛活动,审查各类事故费用支出。

⑤履行法律、法规规定的其他职责。

第五条 部门基本安全生产责任

①部门主管是本部门安全生产第一责任人,在实际工作中应牢固树立安全意识,认真贯彻国家和上级公司关于安全生产的法律、法规、制度。

②按本责任制的规定,制定本部门安全生产责任制细则,并做到责任到岗,措施到人。

第六条 安质部安全生产的主要工作责任

①贯彻国家和重庆市安全生产方针、政策、法律法规。执行公司安全生产规章和公司安委会决定。

②拟定公司年度安全目标和工作计划,采取措施并保证落实。

③负责制定、实施本部门安全工作责任制和安全规章制度。

④负责制定公司安全生产责任制、安全质量奖励办法、水上作业、危险品作业、道路交通、消防等主要安全规章,并监督执行。

⑤制定、完善公司重大安全质量事故、火灾事故、危险品事故、抗洪抢险等应急预案,指导有关部门制定安全生产事故应急预案。

⑥经常开展事故隐患排查治理工作。定期组织安全大检查、安全专项检查、季节性安全

检查,强化安全重点部位、特殊作业现场、危险品作业现场的安全监控,督促有关部门落实安全整改项目。

⑦开展安全生产监督、检查、执法工作,及时制止、纠正、查处违章指挥、违章作业、违反劳动纪律的行为。

⑧组织一般工伤、安全事故调查处理、制定防范措施,并监督实施。根据公司《安全质量处罚办法》和"四不放过"原则查处各类事故。参与重大安全事故的调查、分析,并提出调查处理意见。

⑨履行法律、法规规定的其他职责。

第七条　生产操作部安全生产的主要工作责任

①贯彻国家和重庆市安全生产方针、政策、法律法规,执行上级安全生产规章和安委会决定。

②负责制定本部门的安全工作责任制、班组安全责任制、安全管理规定。

③负责制定并实施装卸作业操作规程、装卸工艺技术标准、现场作业安全管理规定等安全生产规章制度和操作规程。

④根据到达的危险品货物、特殊货物、高价值货物,制定并落实安全作业方案、预防预控措施。

⑤制定、实施安全生产事故应急预,落实事故隐患整改。

⑥贯彻落实安全生产责任制、操作规程、安全生产管理制定,加强安全生产全过程、全方位、全员的管理、监督、检查,坚决制止、纠正本部门的违章指挥、违章操作现象,发现事故隐患,及时整改。确保现场作业安全、有序、高效进行。

⑦开展安全宣传、教育、培训,不断增强员工安全意识,提高员工业务技术水平。

⑧发生事故后,按规定汇报,并协助公司调查、处理。

第八条　财务部安全生产的主要工作责任

①贯彻国家和重庆市安全生产方针、政策、法律法规。执行公司安全生产规章和安委会决定。

②负责制定、实施本部门安全工作责任制和安全规章制度。

③负责落实公司安委会、主要领导、分管领导关于安全生产、隐患整改等批示中涉及资金的筹措,确保安全生产专项资金及时、合理使用,优先安排安全解危项目、重大隐患整改资金。

④办理公司有关安全管理专款资金及奖罚支出。

⑤加强财务管理,落实现金管理制度,确保资金安全。

⑥加强经营活动中涉及安全生产的有关项目成本核算,做好安全生产资金统计核算工作。

⑦履行法律、法规规定的其他职责。

第九条　人力资源部安全生产的主要工作责任

①贯彻国家和重庆市安全生产方针、政策、法律法规,执行公司安全生产规章和安委会决定。

②负责制定、实施本部门安全工作责任制和安全规章制度。

③审核公司各部门的岗位职责、部门职责，配合安质部制定安全技术培训、劳动纪律、安全生产与绩效考核挂钩等安全管理制度。

④负责办理工伤保险、工伤伤残鉴定、有毒有害工种定期体检。

⑤将安全工作优劣纳入员工技术职称评定、技能等级鉴定、劳动定额修订、年度考核内容。负责选调、聘用安全意识强、业务技能好、工作责任心强的员工，充实调整到安全生产关键岗位。

⑥负责特种作业人员的取证和复审工作。组织特种作业人员培训、考试、考核，确保特种作业人员依法持证上岗。

⑦组织新员工上岗前、改换工种人员复岗前的安全教育和技术培训。督促、指导各部门部门开展安全教育和技术培训，确保全员安全生产培训合格率100%。

⑧负责组织临时工、农民工、季节性劳务用工等人员的安全教育和技术培训，在签订的劳动合同中应有安全管理条款和免责条款。

⑨履行法律、法规规定的其他职责。

第十条　市场发展部安全生产的主要工作责任

①贯彻国家和重庆市安全生产方针、政策、法律法规，执行公司安全生产规章和安委会决定。

②负责制定、实施本部门安全工作责任制和安全规章制度。

③指导、督促有关部门制定货物装卸、储存、中转等各个生产作业环节的安全管理规定、安全生产预防预控措施、事故应急预案，并监督、检查、落实。

④贯彻落实公司安全生产责任制和各项安全管理制度。督促、检查货物运输各个生产作业环节的安全生产情况，加强危险品货物、特殊货物、高价值货物作业的督查、指导、监控。

⑤针对货物质量工作中的问题、隐患，制定改进措施，并督促有关部门整改，及时消除货运事故隐患。

⑥对外签订货物运输合同时，应有安全管理条款和免责条款。

⑦组织一般货损事故调查处理，制定防范措施，并监督实施。组织重大货损事故调查、分析，并提出调查处理意见。

⑧履行法律、法规规定的其他职责。

第十一条　工程技术部安全生产的主要工作责任

①贯彻国家和重庆市安全生产方针、政策、法律法规，执行公司安全生产规章和安委会决定。

②负责制定本部门的安全工作责任制、班组安全责任制、安全管理规定。

③负责制定设备安全操作规程、设备管理、使用、维修制度、基建安全生产管理制度及设备设施预防预控措施、事故应急预案，并认真监督、检查、落实。

④贯彻落实安全生产责任制，督促、检查机电设备、通信系统、船舶设备、流动机械、基础设施的技术状况，及时制止、纠正违章行为，发现事故隐患及时整改。

⑤督促、检查设备计划修理落实情况，确保设备安全技术性能符合安全规范。

⑥负责审查新建(购)成套设备的技术安全方案。负责对新购大型设备和大修设备投产前的安全检测、验收，达到满足安全生产的技术要求，方能投入使用。

⑦督促项目法人单位、项目管理单位建立健全并落实安全生产责任制、安全生产管理机构、安全生产预防预控措施、事故应急预案。

⑧组织一般设备和基建事故调查处理，制定防范措施，并监督实施。组织重大设备和基建事故调查、分析，并提出调查处理意见。

⑨履行法律、法规规定的其他职责。

第十二条　综合部安全生产的主要工作责任

①贯彻国家和重庆市安全生产方针、政策、法律法规，执行公司安全生产规章，执行公司安委会决定。

②负责制定、实施本部门安全工作责任制和安全规章制度。

③贯彻“安全第一、预防为主、综合治理”的安全方针，执行公司领导指示，负责相关工作的安排、落实、督查、协调。

④在对各部门工作信息收集分析中，及时反应有关安全工作信息，为领导决策提供参考。

⑤配合安委会办公室，督促、指导、协调各部门落实公司有关安全生产的决议、指示、安排。

⑥配合公司安质部，做好安全管理公文处理、会议安排、上级和公司有关文件的传达贯彻。

⑦履行法律、法规规定的其他职责。

第十三条　员工安全生产主要职责

①牢记“安全第一，预防为主、综合治理”方针，树立“安全生产，人人有责”的意识，自觉接受企业组织的各类安全生产培训、教育，认真学习安全生产法律、法规和规章制度，积极参加安全生产活动，提高自我保护意识与能力。

②遵章守纪，服从分配，坚守岗位，听从领导和安全管理人员的指挥，认真履行岗位职责，不违章指挥、不违章操作、不违反劳动纪律，特种作业人员持证上岗。

③正确使用个人劳动防护用品、用具，维护安全设施和防护装置，爱护安全标志。

④发现安全隐患，应立即向领导报告，在确保自身安全的前提下，采取有效措施、消除隐患。

⑤发生事故后，应逐级上报，并应积极抢救人员和财产，减少事故损失。

⑥积极向有关部门或领导提出安全生产合理化建议，有权越级反映有关安全生产中存在的隐患和问题。

⑦有权拒绝违章作业，有责任劝阻、纠正和制止他人违章作业。

第十四条　本责任制如有与国家颁布的安全生产方针政策、法律、法规不相一致的，以国家颁布的为准

第十五条　本责任制由公司安委会办公室负责解释，自发布之日起施行

(2)安全例会制度

《安全例会制度》是港口企业必须制定的一项基本的安全管理制度。制定该制度的目的是为了及时了解和掌握各时期的安全生产情况，协调和处理公司生产组织过程中存在的安全问题，消除事故隐患，确保安全生产。一般适用于班组及以上部门。会议的内容主要包

括:传达上级部门有关文件及会议精神,学习有关安全规程和安全技术,回顾、总结、分析车间安全生产工作情况,总结和交流安全生产监督管理方面的工作经验,研究、部署、督促、检查全厂安全生产工作等。举例说明如下:

## 某港口企业安全会议制度

为了更好地加强公司安全管理工作,完善安全会议制度,公司实行三级安全会议制度:《安委会会议制度》、《月度安全例会制度》、《部门级安全会议制度》、《班组安全会议制度》、《工前安全会议制度》。

第一条 公司安委会会议制度

①会议时间:

定时上半年一次,下半年一次。有重要安全事件可临时召开会议。

②会议地点:公司会议室。

③会议主持:安委会主任。

④参会人员:全体安委会成员(参加人员每次不得少于80%)。

⑤会议内容:

a. 学习贯彻国家安全法律法规,上级安全工作部署、企业安全规章制度。

b. 对前期的安全工作进行检查、分析、总结、评比,对后期安全工作进行研究部署。

c. 建立健全公司安全生产管理规章制度。

d. 提出重点安全部位、安全生产检查、安全设施投入、安全隐患整改、重大安全事件的研究和决策。

e. 推广安全管理先进经验,表彰安全先进部门、个人,处理重大安全事故。

⑥会议纪律:

a. 参会人员不得迟到、早退,因故不能到会必须向会议主持人请假。

b. 严格会议纪律,不准开小会,手机处于静音状态。认真学习,积极发言。

第二条 公司月度安全例会会议制度

①会议时间:每月25日下午2点。(遇双休日顺延)

②会议地点:公司会议室。

③会议主持:安全副总经理。

④参加人员:各部门主管、班组长。

安质部负责会议筹备工作,各参会人员须签到。

⑤会议内容:

a. 组织学习国家安全法律法规、企业安全规章制度、机械技术、生产组织、装卸工艺、现场管理规定等。

b. 各部门汇报当月安全工作存在的问题,提出次月安全工作的重点。

c. 参加会议人员汇报现场安全工作情况及问题。

d. 讲评当月安全工作情况,布置次月安全工作重点。

e. 参会人员交流沟通,各部门主管强调安全重点。

f. 安全副总经理进行工作总结,并提出要求。

⑥会议纪律：

a. 参会人员不得迟到、早退，因故不能到会必须向会议主持人请假。

b. 严格会议纪律，不准开小会，手机处于静音状态。认真学习，积极发言。

第三条　部门级安全会议制度

①会议时间：每月一次。（时间自定，会议必须有记录）

②会议地点：公司会议室。

③会议主持：部门主管。

④参加人员：部门其他管理人员、班组长、安全员、安全重点部位管理人员、技术骨干。

⑤会议内容：

a. 传达公司安全月度会议精神，讲评当月安全工作情况，布置次月安全工作重点。

b. 推广班组现场安全管理经验，互相交流学习，提出安全建议。

c. 学习国家安全法规，公司安全制度，岗位安全操作规程。

⑥会议纪律：

a. 参会人员不得迟到、早退，因故不能到会必须向会议主持人请假。

b. 严格会议纪律，不准开小会，手机处于静音状态。认真学习，积极发言。

第四条　班组安全学习制度

①会议时间：每月 12 日、26 日两次。

②会议地点：安全学习室。

③会议主持：班组长。

④参加人员：班组全体人员。

⑤会议内容：学习国家安全法规、企业规章制度、现场安全知识、安全操作规程、安全案例、安全隐患查找、交流操作经验。

⑥会议纪律：

a. 参会人员不得迟到、早退，因故不能到会必须向会议主持人请假。

b. 严格会议纪律，不准开小会，手机处于静音状态。认真学习，积极发言。

第五条　工前安全会议制度

①会议时间：开工前一刻钟。

②会议地点：生产现场或候工室。

③会议主持：现场作业班长。

④参加人员：装卸工人，装卸司机，理货员（必要时安质、中控、市场、公司领导参加）。

⑤会议内容：布置生产任务、提出安全重点、落实安全措施、强调安全操作。指派指挥手、指定各作业点临时负责人。

⑥会议纪律：

a. 参会人员不得迟到、早退，因故不能到会必须向会议主持人请假。

b. 严格会议纪律，不准开小会，手机处于静音状态。认真学习，积极发言。

(3) 文件和档案管理制度

《文件和档案管理制度》是港口企业安全生产必须建立的一项基本的管理制度。该制度产生目的是为了保证公司文件的完整，便于查找利用，做好收集、立卷、保管、借阅、统计等工作。尤其是要做好安全文件资料的收集和存档，可以便于公司接受安监和上级主管单位的监督检查。举例说明如下：

## 某港口企业安全信息及档案管理制度

安全信息包括安全工作布置、相关会议贯彻情况、安全工作计划、布置、安排、检查、总结、事故调查、分析、处理、重点任务实施情况与安全生产相关档案，安全会议记录、纪要、决定、电话记录、传真邮件及其他安全资料。为了规范和加强公司安全信息及档案管理，根据国家有关法律法规规定和上级有关要求，特制定公司信息及档案管理制度。

第一条　与安全生产相关的文件处理

①上级重要来文（含电子公文）按公司公文处理办法执行，办理结果存档备查。

②公司安全部门起草的安全文件，经公司领导签发后下发并上报，办理结果存档备查。

③外来文件由公司综合部负责送公司领导审阅和有关部门传阅，办理结果存档备查，并复印一份交安质部门传达贯彻。

第二条　安全会议资料处理

①传达贯彻上级部门重要会议精神，做好会议内容记录和贯彻落实情况的记录及相关资料的存档备查。

②召开公司安委会会议，准备相关会议资料，做好会议记录，形成会议纪要，督查指导落实会议纪要，保存相关资料。

③定期召开公司安全月度会议，准备相关资料，收集安全信息，讲评上月安全生产情况，通报安全违章事故，布置本月安全重点工作，做好会议记录，督促落实会议决定，保存相关资料。

④调度会议记录，与安全有关的各种生产记录。

⑤公司分管领导、安质部门针对安全专项指导工作组织召开的专题会议，做好会议记录，贯彻落实会议决定，保存相关资料。

第三条　电话记录、传真等其他安全信息的处理

①公司各部门建立电话簿，接收、发布相关安全信息，做好记录备查。

②安质部门发送的安全简报、安全整改通知书、会议通知、安全信息联络单、电子邮件等其他相关信息，做好登记，保存相关记录。

第四条　安全生产事故资料处理

安全生产事故的调查、报告、会议、分析、处理、结案等相关资料按照公司安全事故管理制度的办法执行。

第五条　安全信息资料收集内容

①安全文件资料。

a. 地方政府、上级机关、公司下发的安全文件。

b. 上级部门对安全工作的指示、意见、安排、部署、批复、通知、信函等。贯彻上级安全工作要求的意见、方案、通知、对上级的汇报材料等。

c. 公司对安全工作的安排、布置、检查、总结。

d. 各部门报送的安全总结、请示报告、批示、批复、安全整改通知书等资料。

②安全会议记录

a.贯彻上级安全会议内容的相关资料记录。

b.安全会会议记录纪要,贯彻会议决定的相关资料。

c.各级安全会议记录,上级安全简报等。

d.安全专题会议记录、纪要、安全事故分析材料资料等。

第六条　安全信息的整理归档

①各部门应及时分类各种安全信息,整理归档,专人负责管理,随时接受上级指导和检查。

②公司相关安全资料按年度移交档案室。

(4)安全生产费用提取和使用管理制度

《安全生产费用提取和使用管理制度》是港口企业安全生产必须建立的一项基本的管理制度。该制度是为了保证安全生产所需资金投入,建立企业安全生产投入长效机制,加强安全生产费用计划、管理和使用的规范性,切实维护本企业、职工以及社会公共利益,确保公司生产,经营活动正常有序地开展,根据《中华人民共和国国家安全生产法》和国家有关法律法规的各项规定,结合本企业的实际情况而制定的。举例说明如下:

**某港口企业安全生产费用提取和使用管理办法**

第一章　总则

第一条　安全生产费用(以下简称安全费用)是指按规定计划、预算,在成本中列支,专门用于完善和改进本公司安全生产条件的资金。

第二条　安全费用按照"计划预算、保证需要、据实结算、使用入账"的原则进行管理。

第三条　安全费用由公司安委会提出年度计划,纳入公司年度 资金预算。

第二章　使用和管理

第四条　财务部建立安全费用使用台账,次年初将年度费用情 况统计汇总后上报。

第五条　以下费用计入安全费用:

①完善、改造和维护安全防护设备、设施支出,包括运输 工具安全状况检测及维护系统、运输工具附属安全设备等。

②配备必要的应急救援器材、设备和现场作业人员安全防护物品支出。

③安全生产检查与评价支出。

④重大危险源、重大事故隐患、作业环境职业危害的评估、检测、整改、监控支出。

⑤安全技能培训及进行应急救援演练支出。

⑥为职工办理的团体人身意外伤害保险或个人意外伤害 保险,以及为相关方办理的人身伤害和财产损失公众保险所支出 的保险费用。

⑦为职工提供的职业病防治、工伤保险、医疗保险所需费用。

⑧其他与安全生产直接相关的支出。

第六条　安全费用纳入公司年度资金预算,在成本费用中列支。

第七条　利用安全费用形成的资产,应当纳入相关资产进行管理。

第三章　监督

第八条　公司应当按规定计划、使用和管理安全费用。在年度资金预算和财务会计报告中,应当有安全费用的计划和使用情况。

第九条　安委会和财务部门对公司安全费用的计划、管理和使用进行监督检查。

第四章　附则

第十条　安全费用的会计处理,应当符合国家统一的会计制度的规定。

第十一条　各部门应及时向安委会提出安全费用的投入计划,并建立本部门安全费用的使用台账,每月将使用情况统计汇总后,报安全部门备案。

第十二条　本制度由公司安委会办公室负责解释,自公布之日起施行。

(5)设施、设备、货物安全管理制度

《设施、设备、货物安全管理制度》是港口企业安全生产必须建立的一项基本的管理制度。该制度是为了强化和规范港区设施、设备、货物的安全管理,预防安全事故发生,保证作业人员及设施、设备和货物的安全而制定的。有些港口企业可能是分别制定了《港口设施安全管理制度》、《特种设备安全管理制度》、《危险货物安全管理制度》等。举例说明如下:

## 某港口企业机械设备安全管理制度

第一条　总则

①为强化和规范港区机械设备的安全管理,预防安全事故,保证作业人员及设备安全,特制定本制度。

②搞好机械设备管理的基本原则是:尊重科学、规范管理、安全第一、预防为主。

第二条　机械设备的使用、维修保养管理

①机械设备使用的日常管理由生产操作部负责,即贯彻“谁使用,谁管理”的原则。工程技术部负责技术指导和监督检察工作。

②设备使用部门必须建立设备的维修保养制度,加强设备的使用管理,设备必须做到各项技术性能良好,安全装置完整可靠,运转正常,无跑、冒、滴、漏现象。

③设备零部件齐全,金属结构无明显变形、磨损、腐蚀,控制系统、仪表、液压、润滑系统正常。

④设备各部位安全装置做好注册和登记,必须保持其性能良好。

⑤坚持操作人员持证上岗,持证人员必须取得国家有关机构颁发的有效证件和接受安全、技术、人事部门现场实作考核合格后方可独立操作。

⑥技术熟练的操作人员确有多种技能,须经教育培训,考核合格后,可取得多种设备操作证。

⑦重点设备、重点部位,必须有专人检查,专人监控,制定和完善各项有效措施,确保设备安全、正常运行。

⑧持证操作人员必须熟悉本工种的安全操作规程,熟练掌握本车台的技术状况,作业前认真对设备进行检查、调整、紧固、润滑和试车等工作,并认真填写运行记录。运行中严格控制车速,加强观察瞭望,严禁超速、超载和开病车作业。作业完毕要按规定要求停放设备,并做好设备整洁工作。

⑨严格执行交接班制度，并填写交接班记录，交接过程中发现问题及时处理，不能处理的问题应及时通知有关部门进行处理，严禁设备带病运行。

⑩强化设备维修保养制度，设备日常维护保养由设备操作者负责进行，维护内容为设备检查、调试、紧固、润滑，及时清除异响或安全隐患，清除污垢，擦拭设备，设备定期保养由修理工和操作者共同完成。

第三条 设备的安全检查制度

设备实施日检、周检和月检制度，并辅之以专业性、临时性的设备检查，以确保设备安全。

①设备日检查制度：由工程技术部技术员在作业现场巡检为主，了解设备运行状况，检查设备故障，纠正违章操作，处理一般故障。

②设备的周检查制度：由工程技术部负责组织，安质部、操作部派员参加，重点检查各作业线、车台的安全装置、保养紧固、清洁卫生、设备运行操作人员操作规程执行等情况。

③设备的月检查制度：由工程技术部组织，安质部、操作部、分管设备的领导参加，主要检查设备的重点部位和大型设备、重点设备的技术状况、金属结构、安全装置和设备保养、紧固、润滑情况。

第四条 违章处罚和隐患整改

①对违章操作设备和没有按照规定要求进行设备的维修保养的责任人实施经济处罚。

②对设备检查中发现的安全隐患由工程技术部下达安全整改通知书，责成有关部门限期整改。

③对恶意损坏安全装置和设备的人员，公司将从重处理。

④对设备安全事故的责任人按照公司有关规定进行处理。

(6)安全生产培训和教育学习制度

《安全生产培训和教育学习制度》是港口企业安全生产必须建立的一项基本的管理制度。该制度是为了增强企业职工安全意识和自我保护能力，提高安全素质，确保安全生产而制定的。适用于港口企业全体员工，包括高层管理者、中层骨干和基层员工。举例说明如下：

### 某港口企业员工安全生产培训教育制度

根据安全生产法第21条"生产经营单位应当对从业人员进行安全生产教育和培训，保证从业人员具备必要的安全生产知识，熟悉有关的安全生产规章制度和安全操作规程，掌握本岗位的安全操作技能，未经安全生产教育和培训合格的从业人员不得上岗"的规定，特制定安全生产培训教育制度。

第一条 凡新进公司的员工、外来实习人员、农民工、换岗或复岗员工，都必须进行公司、部门、现场(班组)的三级安全教育培训，经考核合格后方能进入操作岗位。

第二条 对员工进行安全理论教育重点是：国家《安全生产法》、重庆市《劳动安全条例》、公司《安全管理办法(试行)》、《安全生产责任制》、《安全操作规程》等国家安全生产、劳动保护的法律、法规、政策和企业规章制度。

第三条 对员工的岗前培训重点是本岗位的安全操作规程、通用安全技术知识及防火、防爆知识。

第四条 特种作业人员,必须严格执行公司《特种作业人员管理办法》有关规定:

①指定师傅带,方能上岗学习;

②理论和操作技能培训、考核;

③考核合格后,持质监局及其他有关职能部门发给的《特种作业人员操作证》,才能独立上岗操作。

第五条 各部门应定期组织员工搞好"安全月"活动,布置安全工作,讲解事故案例,提高员工安全意识和事故防范能力。

第六条 在采用新生产工艺、使用新技术设备时,必须对工人进行岗前安全教育和技术培训。

第七条 公司员工要加强自身的安全学习,钻研业务技术,增强安全意识和技术水平,提高自我保护能力和防止事故发生的应变能力。

(7)安全生产监督检查制度

《安全生产监督检查制度》是港口企业安全生产必须建立的一项基本的管理制度。该制度是为了规范安全生产监督检查工作,依据《安全生产法》等有关法律法规的规定而制定的。其主要目的是督促生产经营单位认真执行安全生产法律法规及国家标准、行业标准的各项规定,具备安全生产条件,落实主体责任,纠正违法行为,排除事故隐患,实现安全生产。举例说明如下:

## 某港口企业安全检查制度

为了加强安全事故的预防、预控,保证公司的设施设备和工作环境的安全,建立安全生产的长效管理机制,保障公司正常的安全工作秩序,特制定公司安全检查制度。

第一条 安质部负责组织季节性,专业性,阶段性安全检查。

①时间要求:每月不得少于两次。

②参加部门:工程技术部、生产操作部、安质部。

③检查项目:重点安全部位、重点机械设备、重点电器设备、重点作业现场(含斜坡道防滑)、趸船设施安全、防洪度汛工作、防暑降温工作、消防防火、汽车安全等。

④工作要求:确定整改项目、提出整改要求、落实责任部门和完成时间、负责督促整改和检查验收、做好记录。

第二条 工程技术部负责组织机械设备、电器设备周检,建筑设备设施、危房、危岩、危坎的安全检查。

①时间要求:机械设备、电器设备的检查每周一次,建筑设备、危房、危岩、危坎的安全检查,每月不少于一次,暴雨后及时检查。

②检查人员:部门主管、技术人员、安质部人员、维修人员。

③协助部门:生产操作部。

④机械设备、电器设备的检查项目:设备保养、紧固润滑、跑、冒、滴、漏、安全装置、钢架结构、钢丝绳索、作业线路、车容车貌,重点部位的管理。

建筑设备设施、危房、危岩、危坎的检查项目:建筑设备隐患跟踪监控的落实、危岩危坎的变化情况。

⑤工作要求:确定整改项目、提出整改要求、落实责任人员和完成时间、负责督促整改和检查验收、做好记录。

第三条　生产操作部负责组织管理范围内的机械设备、趸船设施、作业环境的安全检查。

①机械设备、作业环境的安全检查:

时间要求:每月不得少于一次。

参加人员:部门主管、有关班组长、维修人员、安质人员。

检查项目:设施设备、作业线路、作业环境、照明灯光、重点部位、机容机貌。

②趸船设施、防洪度汛的安全检查:

时间要求:1、2、3、4、10、11、12月每月一次、5~9月每月两次,江水陡涨陡退及时检查。

参加人员:部门主管、水手长、维修人员、安质人员。

工作要求:确定整改项目、提出整改要求、落实责任人员和完成时间、负责督促整改和检查验收、做好记录。

第四条　安质部负责消防工作安全检查。

①时间要求:1、2、3、4、10、11、12月每月一次,5~9月每月两次。

②参加人员:部门主管、消防管理员、电器技术人员、维修人员、物业总务员。

③协助部门:公司各部门。

④检查内容:消防设备的配置和管理、重点防火部位的制度落实、电源线路、私拉乱接、违章使用大功率电器、消防安全通道。

⑤工作要求:确定整改项目、提出整改要求、落实责任人员和完成时间、负责督促整改和检查验收、做好记录。

第五条　综合部负责组织汽车的安全检查。

①时间要求:每月不得少于一次。(节假日临时增加检查次数)

②参加人员:部门主管、司机、维修人员、安质人员。

③检查内容:刹车、制动、灯光、喇叭等安全装置、维修保养、超员超载、乱停乱放、车容车貌、国家交通法规的执行情况。

④工作要求:确定整改项目、提出整改要求、落实责任人员和完成时间、负责督促整改和检查验收、及时整改安全隐患,做好工作记录。

(8)事故统计报告制度

《事故统计报告制度》是港口企业安全生产必须建立的一项基本的管理制度。该制度是为了规范事故报告工作,为了及时有效地组织施救,防止事故蔓延和扩大损失,以至为后来找准事故原因,分清责任,制定防范措施,防止事故再次发生,根据相关的法律法规的各项规定而制定的。举例说明如下:

### 某港口企业安全事故管理制度

第一条　事故报告程序

①作业现场发生一般工伤、安全质量事故后,当事人或班组长立即向本部门主管和中

控、安质部报告。

②部门主管接到报告后,立即核实情况,及时向公司领导报告。公司领导接到报告后,视情况24小时向上级报告。

③作业现场发生五类重大安全事故(死亡事故除外),部门立即向公司报告,公司在8小时内向上级公司报告。

④作业现场发生工伤死亡事故,部门立即向公司报告,公司立即向上级公司和大渡口区安全监督局报告。

第二条 事故报告内容

①事故发生部门、地点、时间及事故现场情况。

②事故简要经过,伤亡人数(包括下落不明的人数)。

③事故原因的初步分析。

④事故发生后的主要措施。

⑤报告部门及主管。

第三条 事故报告方式

电话或其他快速方式。

第四条 事故现场处理

为了防止事故的蔓延和事故损失的扩大,除了现场受伤人员的抢救以外,事故现场未经有关领导同意,任何部门和个人不得随意撤除和破坏现场,影响事故现场取证。当接到撤除命令后,各部门应立即组织恢复生产。

①成立事故现场处理小组,其组成成员如下:

公司分管领导、安质部、中控、事故部门主管,由分管领导任组长。

②成立事故现场抢险组,由下列人员组成:

生产操作部主管、电工、钳工、司机长、作业班长、现场作业人员、安保人员等相关人员,由生产操作部主管任事故抢险组长。

③事故处理程序:

抢救伤员、保护现场(维持秩序,划定警戒线)、绘制草图、摄影拍照、现场调查、恢复生产。

第五条 事故调查处理

①成立事故调查组;

②物证收集;

③事故材料收集;

④证人材料收集;

⑤召开事故分析会;

⑥事故原因分析;

⑦事故性质认定;

⑧事故责任划分;

⑨安全防范措施;

⑩事故处理意见;

⑪事故调查报告编写;

⑫事故结案归档。

第六条　事故处理权限规定

①现场小伤小害由各部门负责调查处理,24 小时内将结论性意见和事故处理意见上报公司。

②现场一般工伤事故由公司负责调查处理,24 小时内将结论性意见和事故处理意见上报上级公司。

③五类重大安全事故由上级公司调查处理。

④发生死亡事故由大渡口区安全监督局和上级公司相关部门调查处理。

第七条　事故处理原则

①一般工伤事故按照公司规定进行处理。

②五类重大事故首先要追究事故部门主管的责任。对严重官僚主义、冒险蛮干、忽视安全工作造成重大事故的责任人,违纪的要执行纪律处分,违法的要追究法律责任。

③事故的处理必须按照"四不放过"的原则。对隐瞒不报、制造假象谎报、故意拖延时间上报、破坏重大事故现场、阻挠事故调查、打击报复举报人行为的将从重从严处理。

第八条　事故的善后处理

①生产操作部负责事故现场伤员救护和送医途中的看护。

②事故部门负责工伤人员的抢救送医、医疗费用缴纳结算、病人护理等有关工作。

③安质部负责工伤人员的就医安排、工伤认定的申报、工伤证明的出据、工伤费用报销的审定,配合人力资源部、工会、参与工伤员工的待遇确定。

④人力资源部负责工伤费用的结算、工伤等级鉴定、工伤待遇的确定。

(9)安全生产奖惩制度

《安全生产奖惩制度》是港口企业安全生产必须建立的一项基本的管理制度。该制度是为了更好地贯彻安全生产方针、政策、法规,落实安全生产的各项规章制度,根据国家相关法律规定而制定的。适用于公司所有生产人员和管理人员。有些港口企业可能将奖励与处罚分开,分别制定了《安全生产奖励制度》和《安全生产处罚制度》。举例说明如下:

## 某港口企业安全质量奖惩条例

为了加强安全生产,强化安全质量管理,确保公司各项管理制度认真执行,进一步完善激励机制,充分调动员工安全生产积极性,做到奖惩分明、有章可循,特制定《安全质量奖励条例》。

第一条　为防止员工伤亡作出了重大贡献者,一次性奖励 500~1000 元。

第二条　在防止发生重大安全事故、机损事故、货损事故、海损事故、火灾事故、交通事故方面作出了重大贡献者,一次性奖励 500~1000 元。

第三条　在事故发生过程中或发生后,抢救有力,效果显著,使国家财产或员工生命安全免遭或挽回重大损失者。一次性奖励 1000~2000 元。

第四条　在公司确定的专项工作中,成绩明显,效益显著,一次性奖励 1000~3000 元。

第五条　在公司安全管理、生产组织、设备管理、货运质量等方面作出贡献,对有功人员一次性奖励200~1000元。

第六条　被评为部、市级劳动模范,一次性给予奖励2000元。

第七条　被评为部、市级标兵,一次性奖励1000元。

第八条　对公司的安全生产、货运质量、服务质量提出建设性意见,经公司采纳后并取得显著效果的,给予一次性奖励500~1000元。

第九条　员工对公司辖区内的违章行为、安全隐患、安全质量事故进行举报,经查证核实后,视其举报内容的严重性和紧迫性,给予一次性奖励200~500元,并给予保密。

第十条　对在安全质量工作作出显著成绩的员工,除一次性奖励外,还可以给予表扬、通报表扬、年终表彰等其他鼓励。

第十一条　申请安全质量奖励或专项工作奖励,由所属部门先写出书面报告、部门负责人签字,交公司安委会办公室调查核实,经公司分管领导审批,由公司安委会主任批准后,再行奖励。有特别重大贡献者,由公司安全生产委员会讨论决定后,再行奖励。

## 某港口企业安全质量处罚办法

第一章　总则

第一条　制定《处罚办法》的依据:国家、交通部、重庆市有关安全生产法律、法规、政策和本公司有关安全质量的规章制度。

第二条　坚持"安全第一,预防为主,综合治理"安全生产方针,强化安全预防措施,不断改善劳动安全条件,防止各类事故发生,减轻职业危害,保障员工生命健康和国家财产安全。

第三条　公司主要领导是安全生产第一责任人,对公司生产经营和安全生产承担全面领导责任;其他公司领导按照"谁主管、谁负责"和"一岗双责"的原则,对工作职责和分管范围的公司生产经营和安全生产承担直接领导责任。

第四条　公司各部门主要负责人是本部门安全生产第一责任人,对本部门安全生产工作承担全面管理责任;各部门分管负责人、按照"谁主管、谁负责"和"一岗双责"的原则,对工作职责和分管范围的本部门安全生产工作承担直接管理责任。

第五条　公司其他人员按照"一岗双责"的原则,对工作职责范围的安全生产工作承担直接责任。

第六条　实行工作问责制、责任事故追究制、重大事故倒查制。

第二章　处罚细则

第七条　严格遵守公司《劳动安全保护规定》。有下列违章情节,罚款100~300元。

①进入装卸作业现场,进入可能发生物体高空坠落的场所,要正确佩戴安全帽,违者罚款100元。

②电焊工、配电工、电工、装卸工作业时,必须按规定戴好个人防护用品,违者罚款100元。

③作业有毒有害物品时,必须按规定穿戴好防毒、防酸碱的个人防护用品。违者罚款200元。

④水上作业时,必须穿好救生衣。水上舷外作业必须准备好救生圈、救生绳。违者罚款200元。

⑤高空作业时，必须拴好安全带，必要时按规定设置安全护栏，铺好安全网，搭好安全跳板。违者对现场指挥人员、责任者各罚款200~300元。

第八条　严格遵守公司《消防安全管理规定》。有下列违章情节，罚款100~500元。

①不准在公司范围内私拉乱接电源。违者罚款100元。

②禁止在仓库、油库内使用裸体线，禁止使用破损闸刀、插座、保险盒、电线。违者罚款200元。

③未经许可，严禁使用电炉、电饭煲、电炒锅、电取暖器等大功率电热器具。违者按300元/kW处罚，并没收器具。

④在危险品箱区、仓库、油库等容易引起火灾、爆炸和危险场所严禁动火。特殊情况需要动火时，严格实行动火审批制度和监控制度。违者罚款500元。

⑤在保管和使用汽油、油漆、氧气瓶、乙炔瓶的场所，周围不得有易燃、易爆物品，不得靠近热源，距离明火10m以上。违者罚款200~300元。

⑥严禁擅自移动、拆除消防设施和器材（特殊情况经安质部同意的除外），违者罚款100~200元。

⑦严禁携带任何易燃、易爆物品进入港区，港区内严禁燃放烟花爆竹。违者罚款300元。

第九条　严格遵守公司《港区道路交通安全管理办法》。有下列违章情节，罚款100~300元。

①严禁在港区内超速、逆向行驶。违者罚款100~200元。

②严禁在港区内超线、抢道、追尾。违者罚款200元。

③严禁公司集卡和流动机械出港（特殊情况需出港时，必须凭有关部门书面证明）。违者罚款300元。

④严禁外来车辆在港区内乱停乱放、停车过夜。违者罚款100~200元。

⑤在港区等候作业或待办手续的客户车辆，应按工作人员指定地点依次等候。违者罚款100元。

第十条　严格遵守公司《化学危险品作业安全管理规定》。有下列违章情节，罚款100~500元。

①操作部箱管计划室必须按规定向港航局申报危险品作业计划，违者罚款200元。

②在危险品装、拆箱作业前，操作部受理室必须按规定将危险品作业有关信息（如：危险品品名全称、危品编号、化学和物理特性、作业注意事项、安全预防措施）书面送达货站理货室。违者罚款100元。

③未按规定组织召开工前会，对责任现场作业班长罚款100元。

④接到控制室危险品作业通知后，有关部门和安质部应及时到现场进行指导、监护。违者罚款100元。

⑤严禁危险品在非危品箱区堆存和进行装拆箱作业。违者罚款200元，在仓库内作业或堆存危险品，罚款500元。

⑥夏季货站不按规定对危品箱用水喷淋降温。对CFS班长罚款200元。

⑦危险品作业前或作业中，发现危险品有渗漏、破损、污染或其他缺陷，理货员要及时汇

报，不得安排作业。违者罚款200元。

第十一条　严格遵守公司《设备安全技术操作规程》。有下列违章情节，罚款100～500元。

①特种作业人员必须取得《特种作业人员操作证》后，方能上岗操作。学工必须在持有操作证师傅的指导监护下，才能上岗操作。违者罚款300元。

②电工、配电工在高压电气设备、线路进行保养、检修时，必须严格执行"停电、验电、接地"的操作规程、倒闸操作票制度、监护制度。违者罚款300元。

③各类司机要严格执行交接班制度和班前检查制度。认真进行调整、紧固、润滑、加油、清洁，并如实填写记录。违者罚款100～200元。

④场桥必须随时保持良好技术状态。钢丝绳、制动系统、主要安全装置、吊架、旋锁、锁位指示灯等存在安全隐患应及时修复。严禁开带病车。违者罚款200元。

⑤公司所有机动车辆、流动机械必须随时保持良好技术状态。制动系统、转向盘、灯光、喇叭、轮胎等主要部位存在安全隐患应及时修复。严禁开带病车。违者罚款300元。

⑥在作业过程中，设备出现异常情况或故障，应立即停车检查。在未查明原因、消除故障前，严禁盲目和冒险作业。违者罚款300～500元。

⑦未经工程技术部同意擅自拆除设备安全装置，罚款300元。

⑧场桥作业时，必须解除锚定装置、取掉三角木或三角铁。违者罚款200元。

⑨在接到7级或7级以上暴风预警后，浮吊、场桥司机必须严格按照防暴风规定，及时采取有效防暴风措施；有关部门及领导要及时赶到现场，检查并落实防暴风措施落实情况。违者罚款200元。

⑩严禁设备超负荷作业。违者罚款200元。

⑪正面吊、浮吊、场桥装卸作业时，必须听从指挥手指挥。违者罚款200元。

⑫紧急情况，装卸现场任何人员发出紧急停车信号，装卸司机必须服从。违者罚款300元。

⑬起重司机在进行升降、行走、变幅、旋转操作前，必须鸣铃示警。违者罚款200元。

⑭集卡车在浮吊、场桥卸箱时，必须在集装箱离开平板后，才能动车；或者集卡车在浮吊、场桥提箱时，必须在吊架脱离集装箱后才能动车。违者对集卡车司机罚款200元。

⑮场桥作业时，严禁将2个20ft集装箱当成1个40ft的集装箱一次起吊。违者罚款500元。

⑯在货站和公路上，严禁叉车一次叉2个箱(在堆场路面状况良好，近距离可以一次叉2个箱)，违者罚款300元。

⑰接到抢修设备通知后，不按规定时间赶到抢修现场，罚款100～200元；无故不参加或拒绝参加，罚款300～500元，情节严重者另行处罚。

第十二条　严格遵守公司《装卸作业安全操作规程》。有下列违章情节，罚款100～500元。

①严格执行班前检查制度。由现场作业班长检查吊货钢丝绳、通道、照明、安全网、跳板等，确保符合安全要求，发现问题或安全隐患及时解决或上报。违者罚款100～200元。

②严格执行工前会制度。作业前由作业班长主持召开工前会，检查个人防护用品穿戴

情况，交代装卸工艺、作业要求、注意事项，落实安全预防措施。违者对作业班长罚款100元。

③严禁使用报废钢丝绳，严禁吊货钢丝绳超负荷使用，严禁使用不符合安全规范的吊钩、卸扣、扎头、夹具等主要工属具。违者罚款300~500元。

④作业第一吊时，必须在货物起升净空高度20~30cm处，停止起升，进行试吊，确认设备制动良好，方可正式起吊。违者对指挥手罚款100元。

⑤严禁无证指挥。每道装卸工序，严禁多人指挥。违者罚款200元。

⑥货物（含箱）上有人、货物质量不明、拴套不牢或不平衡，严禁起吊。违者罚款200元。

⑦禁止歪拉斜吊，禁止起吊被埋在地下和凝固在其他物体上的货物。违者罚款200元。

⑧作业易滑动的长型钢材（如钢管），必须采取锁套，严禁兜套。违者罚款300元。

⑨利用叉车、正面吊、浮吊进行装卸作业，指挥手要正确、合理选择吊点和拴套方法。违者并造成险情，罚款200元。

⑩挂钩、摘钩完毕后，做好呼唤应答，待装卸工人站到安全位置后，指挥手才能发出吊装指令。违者罚款200元。

⑪货关下有人、货物动荡打转，严禁松关。违者罚款300元。

⑫严禁站在船帮、车帮上指挥作业。违者罚款200元。

⑬用浮吊作业集装箱，要按照相应操作程序操作。在起箱作业时，旋锁一定要锁紧；在落箱作业，落箱到位后，旋锁一定要完全松开。违者罚款200元。

⑭吊装钢板或者其他钢材时，在与钢丝绳接触的尖角处，要采取防勒保护措施。违者罚款100元。

第十三条　严格遵守公司《水手安全操作规程》。有下列违章情节，罚款100~300元。

①严禁在船舷边取笑打闹、大、小便。违者罚款300元。

②未经中控室同意，禁止驳船靠泊。违者罚款300元。

③在浮吊与驳船之间的空档，要设置安全通道，搭好跳板，铺好安全网。跨档时必须从安全通道通过。违者罚款100元。

④水手作业不许穿拖鞋、硬底鞋，解接缆、移船等舷边作业须穿好救生衣。违者罚款300元。

⑤值班水手必须勤巡视、勤检查。随时检查浮吊趸船上的绞关、水泵、钢丝绳、系缆设施、消防设施、照明设施等。发现问题要及时解决或上报。违者罚款100~200元。

⑥值班水手要勤测水深，随时观察水位涨退情况和趸船受载情况，根据需要及时排迭趸船。内舷水深不得低于2.1m。违者罚款300元。

⑦值班水手要根据驳船水尺变化情况和作业需要，及时妥挪驳船。妥挪驳船时必须坚持双缆妥挪船制度。违者罚款300元。

⑧离泊作业时，解缆结束后，经检查确认无误后，通知船舶可以离开，违者罚款200元。

⑨排迭趸船必须有趸船水手3个或3个以上方能作业；在驳船靠离泊时，在系缆、解缆作业中、妥挪驳船时必须有趸船水手2人或2人以上方能作业。违者罚款300元。

第十四条　严格遵守公司《货物运输规则》、《货运质量要求》。有下列违章情节，罚款100~800元。

①在货物堆码作业时，按货种、规格分票堆码，摆放整齐，重不压轻，木箱不压纸箱，桶口、箭头向上，袋口朝里，标志向外。违者罚款100元。

②装卸作业要轻拿轻放，严禁高抛高丢，野蛮装卸、冒险作业。违者罚款200元。

③作业容易倒落、散捆货物，应按规定加固套牢；作业易滑、易滚、稳性不好货物，应按规定塞垫衬牢，必要时加支撑。违者罚款100元。

④货站或浮吊作业精密仪器、高价值货物，CFS班长到现场指导。违者罚款200元。

⑤对原残货物漏检，对责任理货员罚款300~500元。

⑥货物发生工残或者发货差货损事故，不编制原始记录或编制的记录与实情不一致，对责任理货员罚款100元；给公司造成损失，对责任理货员罚款300~500元。

⑦发生破损、湿损、污损、落水等货损事故，对责任者罚款200~500元。

⑧发生错装、错卸、漏装、漏卸、错收、错发等货运事故，对责任者罚款200~500元。

⑨货物装卸作业单证要正确、规范填写。如错填、漏填、账货不符、票货不符等，对责任者罚款100~300元。

⑩发生一般客户有效投诉（如故意刁难、怠慢、辱骂、态度恶劣等），对责任者罚款300~500元。

⑪发生重大客户有效投诉（如敲诈、强要强拿、殴打客户等），严重影响公司信誉、货源，对责任者罚款800元，并停工检查；对有关管理者，罚款300~500元。

第十五条　严格遵守公司《集装箱箱务管理规定》，若有下列违章情节，处罚100~200元。

①未按时编制进出场计划和移返箱计划，或者计划失误，对箱管计划员按100元/次罚款。

②卸船箱进场后，24小时内、48小时内、120小时内、超过120小时发现箱号、箱型、箱类错误，按照规定对堆场员、箱务管理员、箱管计划分管负责人、操作部分管副经理相应给以100元/次罚款。

③堆场员未按照“先来先走”的用箱原则发箱，按100元/次罚款。

④控制员未及时处理单证，导致集装箱在场信息错误或单证遗失，按100元/次罚款。

⑤装卸司机在无堆场员指令情况下进行集装箱作业，或者不按集装箱堆码标准进行堆码，按100元/次罚款。

⑥闸口录入员不按规定打印收发箱小票，或者审核处理单证失误，按100元/次罚款。

⑦理货员不按规定提请移返箱作业申请，造成拆箱滞后或集装箱积压货站，按100元/次罚款。

⑧卸船箱进场时，原残箱漏检，在出场时发现，对船边堆场员按照100元/箱罚款。

⑨司机操作失误，造成工残箱，对司机按照200元/箱罚款。

第十六条　严格遵守公司《计算机管理规定》，若有下列违章情节，处罚100~1000元。

①在使用计算机时不得随意卸载、删除任何系统档，改变系统配置，违者罚款200~1000元。

②严禁任何部门、个人（生产操作部除外）在计算机任意增加或删除操作系统、办公软件及其他专业应用软件。违者罚款200~500元。

③公司所有计算机严禁安装各类游戏软件,违者罚款500元。因安装游戏软件造成计算机不能正常工作,对安装者,罚款1000元。造成损失另外处理。

④未经批准,应杜绝他人以任何方式查阅计算机内各种数据信息,以保障数据保密性。违者罚款200元。

第十七条　严格遵守公司《港区治安管理办法》。有下列违章行为,罚款100~500元。

①对进入港区的外来车辆、人员实行"准入"管理,未经许可,不准进港。违者罚款100~500元。

②载货、载箱、载物车辆从门岗出港时,凭有关部门出门条放行。严禁违规放行。违者罚款300元。

③港区严禁各种形式的赌博。违者罚款100~500元。

④严禁任何人偷拿运输物资。违者罚款300~500元。

⑤港区内严禁打架、斗殴。违者罚款100~500元。

⑥财务部、综合部、人力资源部、市场发展部等主要部门要妥善保管好资金、物资、票据、档案。如果违反规定,造成被盗或遗失,对责任者罚款100~300元。

第十八条　严格遵守公司《车辆使用管理规定》。若有下列违章情节,处罚100~500元。

①公务用车,必须持综合部派车单方可用车。无综合部派车单擅自用车,对司机罚款100~200元(特殊情况如抢险、施救、抢救病员等除外)。

②因公长途用车,需报总经理批准,并提前一天向部门报告、安排。违者罚款200~500元。

③公务用车需较长时间停放时,驾驶员应将车停靠在正规停车场内,若停放在无人看管的停车场所时必须留人守护。未按规定停车而造成车辆受损或被盗,由当事人负全责,并罚款300元。

④车辆不得擅自进厂维修与保养,不得擅自更换车辆内外设施,违者罚款300元。

⑤严禁公车私用。禁止非专职驾驶员驾驶公司车辆。违者罚款300元。

第十九条　严格遵守《后勤管理规定》。有下列违章情节,罚款100~500元。

①责任区域内环境卫生脏、乱、差,责令限期改正。对逾期不改正的责任部门或个人罚款100~300元。

②禁止在办公楼、候工楼、现场办公场所堆放杂物,违者罚款100元。

③禁止在港区内乱扔杂物、乱泼污水、乱倒垃圾、乱贴、乱画。违者罚款100元。

④在港区公路上抛撒废弃物或车轮带泥污染港区,对驾驶员罚款100~300元。

⑤擅自毁坏或砍伐树木者,罚款200~500元。

⑥非本公司员工,未经公司同意,严禁入住候工楼。如有违反,对候工楼管理人员罚款300元。

⑦在候工楼、农工宿舍,严禁男女混住在一屋。严禁长住户将寝室转让他人入住。违者罚款300元。

⑧出售变味、腐烂食品,对食堂团长罚款300元。

⑨发生员工食物中毒,对食堂团长罚款500元;造成严重后果的,对分管的管理人员罚

款300元。

第二十条　有下列违章情节，罚款100～1000元。

①各部门必须对辖区的安全生产情况随时进行自查自纠，及时消除隐患，对自身无力整改的，要及时上报。违者罚款200元。

②不按照公司安委会办公室下达的整改通知进行整改，又不能说明正当理由，对责任部门主管罚款100元，对责任人罚款200元。

③不按照公司安委会确定的重大安全整改项目进行整改，又不能说明正当理由，则对主要责任人、责任部门主管各罚款500元。

④安全整改项目涉及的部门互相推诿、扯皮，造成影响或后果，对责任部门的主管罚款200～300元。

⑤不及时汇报、不及时处理事故隐患，或者不按照公司规定整改，导致事故发生。对责任者罚款300～1000元。

⑥不按规定组织班组安全活动，对组长罚款100元。

⑦发生事故后，不按规定组织事故分析会，对部门主管罚款200元。事故责任者无故不参加事故分析会，罚款100～300元。

第二十一条　必须严格执行公司《节能管理规定》。有下列违章情节者，罚款100～300元。

①冬季气温在10℃以下（含10℃），才能使用空调。使用空调时，严格控制室内温度，其控制温度不得高于21℃。违者按200元/台次罚款。

②夏季气温在32℃以上（含32℃），才能使用空调。使用空调时，严格控制室内温度，其控制温度不得低于26℃。违者按200元/台次罚款。

③在禁止使用空调时段，特殊情况下（接待客人、开会等），可以使用空调，特殊情况结束后仍在使用，按200元/台次罚款。

④对温度有特殊要求的部门、部位、设备，在禁止使用空调时段，需要使用空调，必须由所在部门书面申请、公司分管领导批准、安质部备案，方可按规定使用。违者按200元/台次罚款。

⑤空调运行时，门要关闭，严禁开窗。人离开时，必须关闭空调。违者罚款100元。

⑥正面吊、堆高机、集卡车不作业时，禁止在驾驶室使用空调，违者罚款200元。

⑦禁止用机动车辆、流动机械从事非生产性活动。违者罚款100～300元。

⑧发现长明灯、长流水，一次罚款100元。

第二十二条　有下列违章情节，罚款100～500元。

①在港区货站、堆场、码头等现场吸烟，罚款100元。

②在距乙炔瓶、氧气瓶5m以内（包括5m）吸烟者，罚款200元。

③在货站仓库内吸烟，罚款300元。

④在危险品现场、油库吸烟，罚款500元。

第二十三条　有下列违章情节，罚款100～500元。

①岗前4小时饮酒者，罚款300元。

②配电工、电工、水手当班饮酒，罚款500元。

③饮酒后在港区驾驶集卡、流动机械、操作场桥或者浮吊，罚款500元，并停工检查。

④饮酒后在工作场所闹事，加倍罚款，并停工检查。

第二十四条　有下列违章情节者，罚款100~300元。

①在港区河边游泳、洗澡、洗衣、钓鱼者，罚款100元。

②上班打毛线、干私活、玩手机、打游戏者，罚款100元。

③上班迟到、早退者，罚款100元。

④上班擅离职守或中途溜走者，罚款300元。

⑤进入港区现场，不准穿带钉鞋、拖鞋、高跟鞋。违者罚款100元。

第三章　事故处理

第二十五条　发生事故后，不按规定进行汇报；或者隐瞒不报、谎报，无故延误报告时间；或者擅自撤除或毁坏事故现场，阻挠调查，对调查处理设置障碍者，处以200~500元罚款。

第二十六条　事故发生后，有关部门、人员不及时赶到现场，影响事故调查、施救，罚款100~300元。

第二十七条　在事故施救过程中，不采取有力措施，或不讲科学、不按规定、盲目施救，造成事故蔓延和损失扩大。对责任者罚款200~500元。

第二十八条　发生伤亡事故，视其情节罚款200~5000元。

①发生轻伤事故。

a. 当月发生轻伤一人次，主要责任者罚款300~500元，次要责任者罚款200~300元。

b. 同一班组当月发生轻伤二人次，扣减该班组当月工资总额5%或绩效工资总额的10%。

c. 同一班组当月发生轻伤三人次，扣减该班组当月工资总额10%或绩效工资总额的20%。

d. 当月发生轻伤三人次，扣减责任部门当月绩效工资总额的4%。

②发生重伤事故。

a. 主要责任者罚款800元，次要责任者、现场指挥者、责任部门分管负责人各罚款300~500元；责任部门主管、安质部主管、相关职能部门主管各罚款200~300元。

b. 扣减主要责任者当月工资总额50%或绩效工资总额100%。

c. 扣减责任班组当月工资总额20%或绩效工资总额40%。

d. 扣减主要责任部门当月绩效工资总额10%。

③发生一般死亡事故(一次死亡1~2人)。

a. 公司分管副总经理、分管安全副总经理各罚款1000~3000元。

b. 安质部、主管职能部门、责任部门主管各罚款800~2000元。

c. 责任部门分管负责人罚款1000~3000元。

d. 事故相关责任者罚款500~1500元。

e. 事故主要责任者罚款1000~5000元。

f. 扣减主要责任部门当月绩效工资总额100%或当月工资总额50%。

g. 扣减安质部、主管职能部门当月绩效工资总额50%。

h. 扣减其他部门当月绩效工资总额25%。

i. 公司领导的绩效工资由上级扣减。

④发生重大死亡事故(一次死亡3~9人),由上级主管部门处理。

第二十九条 发生各种损失事故(交通、火灾事故;机损、货损、海损事故以及其他损失事故),视其情节罚款200~5000元。

①发生一般损失事故(损失金额1万元以内)。

a. 主要责任者罚款300~800元。

b. 现场管理者、次要责任者各罚款200~500元。

c. 责任班组长各罚款200~300元。

②发生较大损失事故(损失金额1万~10万元)。

a. 主要责任者罚款1000元。

b. 相关责任者、现场指挥者、责任部门分管负责人各罚款800元。

c. 责任部门主管、职能部门主管罚款300~500元。

d. 扣减主要责任班组当月工资总额5%~20%或当月绩效工资总额10%~40%。

e. 扣减主要责任部门当月绩效工资总额5%~10%。

③发生重大损失事故(损失金额10~100万元)。

a. 公司分管副总经理、分管安全副总经理各罚款300~1000元。

b. 安质部主管、职能部门主管、责任部门主管各罚款300~1000元。

c. 事故相关责任者罚款500~3000元。

d. 事故主要责任者罚款1000~5000元。

e. 扣减主要责任部门当月绩效工资总额60%~100%或当月工资总额30%~50%。

f. 扣减主管职能部门当月绩效工资总额40%。

g. 扣减其他部门当月绩效工资总额20%。

h. 公司领导的绩效年薪工资由上级公司扣减。

④发生特大损失事故(损失金额100万元以上),由上级主管部门处理。

第三十条 发生经济损失事故,按以下规定赔偿:

①事故经济损失金额在2000元以内,由责任人全额赔偿。

②经济损失金额在2000元以上至10000元以内的,由责任人赔偿2000元后,余下的部分由责任人和责任部门各赔偿其中的50%。

③经济损失金额在10000~50000元以内,除按本条第二款赔付外,超过10000元的部分,由责任者和责任部门各赔偿其中的5%~10%。

④经济损失50000元以上的损失事故,除按本条第二款、第三款赔付外,超过50000元的部分,其赔偿由公司安委会决定。

第三十一条 设备事故、货损事故、安全事故损失金额,以工程技术部、市场开发部、安质部认定的数据为准,作为事故赔偿的依据。

第四章 附则

第三十二条 违反公司管理规定,其违章行为,前面条款没有描述的,可视其情节给予100~500元罚款。

第三十三条　违反公司管理规定,造成伤亡事故、工作失误、经济损失、负面影响,在进行经济处罚时,视其情节、后果、影响,可以采取罚款、加倍罚款、扣减当月绩效工资、扣减当月工资、扣减当月津贴、扣减年终奖等多种处罚形式中的一种或几种。

第三十四条　违反公司管理规定,造成死亡事故、重大工作失误、重大经济损失、重大负面影响,除按规定给以经济处罚外,视其情节、态度、后果、影响,还可以给予警告、记过、降职、撤职、留用察看直至解除劳动合同等行政处理。构成犯罪的,移送司法机关处理。

第三十五条　造成死亡责任事故,重大工作失误、重大经济损失、重大负面影响,上级公司有处理决定的,执行上级公司决定;上级处理决定没有涉及的,执行公司的处理决定。

第三十六条　事故责任者对事故处理不服的,在接到事故处理正式通知后,五日内可向公司安委会提请复议,由安委会作出最后裁决。

第三十七条　凡违章被处罚者,在接到处罚通知后,五日内不按规定到财务部缴纳罚款,则强制执行并加倍处罚。

第三十八条　如果事故赔偿金额较多,可与人力资源部协商,取得同意后,可以分月赔偿。

第三十九条　凡违章被处罚者,拒绝接受处罚、态度顽抗、甚至发生围攻、打骂执法人员,则强制执行、加倍处罚、停工检查,情节特别严重,给以警告、记过、降职、撤职、留用察看直至解除劳动合同等行政处理。

第四十条　本《处罚办法》适用于公司所有员工、临时工、农民工、外单位驻港人员、客户及其他来公司人员。

第四十一条　本《处罚办法》由安质部负责执行。

第四十二条　本《处罚办法》由公司安全生产委员会负责解释。

2)特殊安全管理制度

(1)客运码头:

客运码头需要根据自身特点制定出相应的一些特殊安全管理制度,比如《客运码头管理规定》、《旅客上下船安全管理规定》、《候船大厅安全管理办法》、《客运码头消防安全管理办法》、《旅客行李托运管理办法》、《客运码头安全应急预案》等。

(2)集装箱码头:

集装箱码头需要根据自身特点制定出相应的一些特殊安全管理制度,比如《集装箱码头设备安全管理规定》、《集装箱装卸作业安全操作规程》、《集装箱码头现场交通安全管理办法》、《集装箱拆装箱安全管理办法》、《集装箱码头安全应急预案》等。

(3)件杂货码头:

件杂货码头需要根据自身特点制定出相应的一些特殊安全管理制度,比如《件杂货码头安全作业操作规程》、《件杂货码头消防安全管理办法》、《件杂货码头设备安全管理规定》、《件杂货码头堆场安全管理办法》等。

(4)危险品码头:

危险品码头需要根据自身特点制定出相应的一些特殊安全管理制度,比如《危险品码头作业安全管理规定》、《危险品码头消防安全管理规定》、《危险品安全储存管理规定》、《危险品码头应急救援预案》、《易燃易爆品安全操作规程》、《有毒有害品安全操作规程》、《腐蚀品安全操作规程》等。

(5)大宗干散货码头：

大宗干散货码头需要根据自身特点制定出相应的一些特殊安全管理制度，比如《煤炭安全装卸规程》、《煤炭安全储存管理规定》、《铁矿石安全作业规程》、《粮食安全作业规程》、《水泥安全作业规程》、《化肥安全作业规程》、《大宗干散货码头应急救援预案》等。

(6)油码头：

油码头需要根据自身特点制定出相应的一些特殊安全管理制度，比如《原油安全作业规程》、《成品油安全作业规程》、《储油罐安全管理办法》、《油码头消防安全管理办法》、《油码头安全应急预案》、《油码头装卸设施安全检查管理办法》等。

(7)滚装码头：

滚装码头需要根据自身特点制定出相应的一些特殊安全管理制度，比如《车辆上下船安全管理办法》、《车辆安全检查管理规定》、《滚装码头消防安全管理规定》等。

## 第三节　安全管理机构

### 一、安全管理机构的概念和设立要求

1. 概念

安全生产管理机构指的是生产经营单位专门负责安全生产监督管理的内设机构，其工作人员都是专职安全生产管理人员。安全生产管理机构的作用是落实国家有关安全生产法律法规，组织生产经营单位内部各种安全检查活动，负责日常安全检查，及时整改各种事故隐患，监督安全生产责任制落实等等。它是生产经营单位安全生产的重要组织保证。

2. 设立要求

《安全生产法》第19条明确规定，港口企业涉及经营、储存危险物品的单位应设置安全生产管理机构或者配备专职安全生产管理人员。普通货物港口企业从业人员超过300人的，应当设置安全生产管理机构或者配备专职安全生产管理人员；从业人员在300人以下的，应当配备专职或者兼职的安全生产管理人员，或者委托具有国家规定的相关专业技术资格的工程技术人员提供安全生产管理服务。港口企业成立的安全管理机构应以公司文件的形式下发公布。

### 二、安全管理机构的职责

安全生产管理机构的作用是落实国家有关安全生产法律法规，组织生产经营单位内部各种安全检查活动，负责日常安全检查，及时整改各种事故隐患，监督安全生产责任制落实等等，其具体的职责如下：

(1)监督检查企业各部门对国家有关安全生产的方针、政策和法规以及安全措施计划的贯彻执行情况。

(2)调查研究生产建设中的不安全因素，提出改进意见，督促企业、部门内的有关单位加以解决。

(3)对特殊工种进行培训,对新工人进行厂级的安全教育。

(4)制止违章指挥和违章作业,必要时,有权停止作业,并及时报告领导。

(5)参加本单位各种生产会议,对企业的生产计划、组织管理等各项活动提出安全生产的意见和要求。

(6)组织和协调有关部门制定、修订、审查安全生产制度和操作规程、安全技术操作规程等,并经常检查贯彻执行情况。

(7)开展经常性的安全宣传、教育活动。

(8)做好防尘、防毒和防寒工作,参加本单位新建、改建和新工艺的设计审查和竣工验收工作。

(9)编制安全技术措施计划,并负责实施。

(10)组织安全生产大检查和日常现场安全检查,发现影响安全的问题,及时向领导和有关部门报告,并提出处理意见,落实整改措施。

(11)参加事故的抢救、调查、处理工作,做好伤亡事故的统计、分析和事故档案管理工作,按时上报本单位的伤亡事故报表。

(12)有权拒绝上级不符合安全生产、文明生产的指令和意见。

## 三、企业如何设置安全管理机构

1. 安全机构构成

港口企业应该成立安全生产委员会(下称安委会),安委会是港口企业安全管理的最高机构,由企业主要领导、分管领导和相关部门主管组成,定期召开安全会议,分析、研究、处理安全工作中的重大问题并作出决定,负责督促实施,公司安委会办公室一般设在安质部(或安保部),在公司安委会的领导下履行日常安全生产监督管理职能。

公司所属生产部门成立安全工作领导小组,由部门主要领导、各分管领导和相关人员组成,定期召开安全工作会议,分析、研究、处理安全工作中的重大问题并作出决定,督促实施。

各生产班组设安全员一人,组织召开班组的安全会议,负责班组的安全学习,协助班长搞好安全生产工作。

2. 安全职责

1)公司安委会职责

(1)贯彻执行国家、重庆市、上级公司有关安全生产法律、法规、政策和安全规章,执行上级有关安全生产的指示、决定。

(2)建立、完善公司安全生产管理体系,并制定相应的制度。

(3)审定公司"安全生产责任制"、"安全操作规程"、"岗位安全职责"、"安全质量奖惩条例"、"安全质量考评办法"等各项安全规章制度。

(4)制定安全生产规划和目标,并督促实施。

(5)审定公司安全解危项目、重大安全设施投入;检查、督促资金到位和重大安全隐患整改。

(6)建立公司安全应急救援体系;审定重大事故、火灾事故、危品作业等应急救援预案,并督促组织演练。

(7)每月定期对安全、质量、设备、消防等进行综合大检查,制定相应的安全预防措施,并督促实施。

(8)建立安全、质量激励和约束机制,将其纳入绩效考核指标,每月定期考评。

(9)对重大事故、死亡事故按规定上报;协助上级调查;按"四不放过"原则进行处理;追究有关领导、部门主管的领导责任和管理责任。

(10)负责公司年终安全工作的评比、表彰。

2)公司安委会办公室职责

(1)贯彻执行国家和重庆市安全生产法律、法规、政策,执行上级和公司安委会决定,依法对公司安全生产实施监督管理。

(2)结合公司实际,制定和完善公司"安全生产责任制"、"安全质量奖惩条例"等各项安全规章制度,并督促执行。

(3)制定公司重大事故、火灾事故、危品作业等应急救援预案,并负责组织演练。

(4)对安全重点部位、重点作业现场、重大危险源实施监控,督促有关部门加强管理,落实预防、预控措施。

(5)认真开展安全生产监督、检查。针对安全质量隐患,督促有关部门制定整改措施并落实。

(6)按章执法,及时制止、纠正、查处违章指挥、违章操作、违反劳动纪律等各种违章行为。

(7)负责对工伤事故、一般安全事故进行调查、认定;对机损、货损事故,协助技术、商务部门进行调查、认定;根据公司《安全质量奖惩条例》和"四不放过"原则处理各种事故。

(8)对各种重大事故、死亡事故按规定上报,协助上级进行调查、处理。

(9)负责公司年度安质工作计划及总结,协助上级做好评比、表彰。

3)部门安全生产领导小组职责

(1)贯彻执行国家"安全第一,预防为主,综合治理"安全生产方针,严格执行(落实)公司"安全生产责任制"、"安全操作规程"、"岗位职责"等各项安全规章,对本部门安全生产实施管理。

(2)根据本部门实际,制定和完善安全生产规章并督促实施。

(3)开展安全宣传、教育、培训,不断增强员工安全意识,提高员工业务技能。

(4)及时传达并执行公司有关安全生产的指示、决定,及时收集、了解、反馈落实情况。做到上情下达、下情上传。

(5)负责制定本部门安全重点部位、重点作业现场、重大危险源预防措施,加强监控,认真落实。

(6)强化现场安全管理。加强安全生产全过程、全方位、全员的安全监控,确保公司生产安全、有序、高效地推进。

(7)随时检查本部门安全生产工作,发现隐患,及时整改。

(8)及时制止、纠正、查处本部门违章作业、违章指挥、违章操作、违反劳动纪律等各种违章行为。

(9)发生事故后,按程序汇报,协助公司调查、处理。

4)班组安全员

(1)贯彻执行企业和码头泊位对安全生产的规定和要求,全面负责本班组(趸船)的安全生产;

(2)组织职工学习并贯彻执行企业、码头泊位各项安全生产规章制度和安全技术操作规程,教育职工遵纪守法,制止违章行为;

(3)组织并参加安全活动,坚持班前讲安全、班中检查安全、班后总结安全;

(4)负责对新工人(包括实习、代培人员)进行岗位安全教育;

(5)负责班组安全检查,发现不安全因素及时组织力量消除,并报告上级;

(6)发生事故立即报告,并组织抢救,保护好现场,做好详细记录;

(7)搞好生产设备、安全装置、消防设施、防护器材和急救器具的检查维护工作,使其经常保持完好和正常运行,督促教育职工合理使用劳动保护用品、用具,正确使用灭火器材。

3. 安全管理机构框架图

港口企业安全管理机构框架图如图5-1所示。

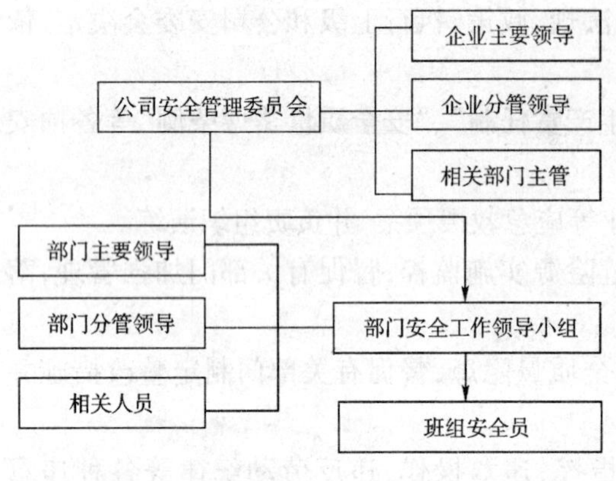

图5-1　港口企业安全管理机构框架图

## 四、“一岗双责”

“一岗双责”安全责任制是指领导干部对所在岗位既要履行业务工作职责,又要履行安全生产工作职责。按照“一岗双责”的原则,港口企业要制定公司各级领导和各部门、各岗位人员安全生产责任体系。要健全公司的三级安全保障体系(安委会、安全领导小组、安保部),优化专职和兼职安全管理人员,明确各级安全负责人、安全管理人员的职能职责。

港口企业全体员工要增强责任意识,严格落实“一岗双责”,具体可从以下几个方面来开展工作:

(1)切实增强做好安全生产工作的责任感和使命感。要牢固树立“安全发展”的理念,提高“抓业务就要抓安全生产”的思想认识,严格按照“一岗双责”的要求,切实负起主管业务范围内的安全监管职责,把安全生产工作与业务工作一起布置、一起考核、一起落实。

(2)建立健全安全生产目标责任管理和考核制度。要加强对安全生产目标责任的考核,严格考核程序,细化考核标准,对安全生产目标管理考核不合格的部门或相关责任人,在年终评优实行“一票否决”。各部门要严格按照“一岗双责”的要求,分解落实责任,建立健全安全生产责任体系,形成人人抓安全生产的责任意识,自觉地把安全生产工作体现到行业管理的全过程。

(3)加强沟通协调,促进企业生产安全、持续、快速发展。各部门要加强沟通协调,既要认真履行安全生产岗位职责,也要建立信息相互通报的良好工作机制,形成共同监督管理的工作合力。特别是对存在严重安全隐患和薄弱环节的企业,要建立整改专项档案,采取切实有效的措施,落实整改效果,确保行业生产安全、持续、快速发展。

# 第四节 安全投入与科技创新

## 一、安全投入

1. 安全投入的概念和总体要求

1）概念

安全投入是指安全活动的一切人力、物力和财力的总和。人员、技术、设施等的投入、安全教育及培训、劳动防护及保健费用、事故援救及预防、事故伤亡人员的救治花费等，均视为安全投入。

2）总体要求

（1）法律依据与责任主体：

《安全生产法》第 18 条明确规定，生产经营单位应当具备安全生产条件所必需的资金投入。生产经营单位必须安排适当的资金，用于改善安全设施，进行安全教育培训，更新安全技术装备、器材、仪器、仪表以及其他安全生产设备设施，以保证生产经营单位达到法律、法规、标准规定的安全生产条件，并对由于安全生产所必需的资金投入不足导致的后果承担责任。

安全生产投入资金具体由谁来保证，应根据企业的性质而定。一般来说，股份制企业、合资企业等安全生产投入资金由董事会予以保证；一般国有企业由厂长或者经理予以保证；个体工商户等个体经济组织由投资人予以保证。上述保证人承担由于安全生产所必需的资金投入不足而导致事故后果的法律责任。

企业安全生产投入是一项长期性的工作，安全生产设施的投入必须有一个治本的总体规划，有计划、有步骤、有重点地进行，要克服盲目无序投入的现象。因此，企业切实加强安全生产投入资金的管理，要制定安全生产费用提取和使用计划，并纳入企业全面预算。

（2）安全生产投入的使用：

安全生产投入主要可用于以下方面：

①建设安全和卫生技术措施工程，如防火防爆工程、通风除尘工程等。

②增设和更新安全设备、器材、装备、仪器、仪表等以及这些安全设备的日常维护。

③重大安全生产课题的研究。

④按照国家标准为职工配备劳动保护用品和设施。

⑤职工的安全生产教育和培训。

⑥其他有关预防事故发生的安全技术措施费用，如用于制定及落实生产事故应急救援预案等。

（3）违法行为行政处罚：

国家安全生产监督管理总局颁布的《安全生产违法行为行政处罚办法》（国家安全生产监督管理总局令第 15 号）对安全生产投入的行政处罚作出了明确规定：

生产经营单位的决策机构、主要负责人、个体经营的投资人（包括实际控制人）未依法保证安全生产所必需的资金投入，致使生产经营单位不具备安全生产条件的，对生产经营单位的主要负责人、个体经营的投资人处 5 千元以上 1 万元以下罚款，并责令生产经营单位停产停业整顿。未按规定保证安全生产所必需的资金投入，导致发生生产安全事故的，依照《生产安全事故报告和调查处理条例》的规定给予处罚。

2. 港口企业的安全投入要求

根据《关于印发〈企业安全生产费用提取和使用管理办法〉的通知》（财企〔2012〕16 号）第九条规定，交通运输企业以上年度实际营业收入为计提依据，按照以下标准平均逐月提取：普通货运业务按照 1% 提取；客运业务、管道运输、危险品等特殊货运业务按照 1.5% 提取。

危险品生产与储存企业以上年度实际营业收入为计提依据，采取超额累退方式按照以下标准平均逐月提取：

（1）营业收入不超过 1000 万元的，按照 4% 提取；

（2）营业收入超过 1000 万元至 1 亿元的部分，按照 2% 提取；

（3）营业收入超过 1 亿元至 10 亿元的部分，按照 0.5% 提取；

（4）营业收入超过 10 亿元的部分，按照 0.2% 提取。

危险品生产与储存企业安全费用应当按照以下范围使用：

（1）完善、改造和维护安全防护设施设备支出（不含“三同时”要求初期投入的安全设施），包括车间、库房、罐区等作业场所的监控、监测、通风、防晒、调温、防火、灭火、防爆、泄压、防毒、消毒、中和、防潮、防雷、防静电、防腐、防渗漏、防护围堤或者隔离操作等设施设备支出；

（2）配备、维护、保养应急救援器材、设备支出和应急演练支出；

（3）开展重大危险源和事故隐患评估、监控和整改支出；

（4）安全生产检查、评价（不包括新建、改建、扩建项目安全评价）、咨询和标准化建设支出；

（5）配备和更新现场作业人员安全防护用品支出；

（6）安全生产宣传、教育、培训支出；

（7）安全生产适用的新技术、新标准、新工艺、新装备的推广应用支出；

（8）安全设施及特种设备检测检验支出；

（9）其他与安全生产直接相关的支出。

港口企业应制定安全投入保障制度，每年应制定安全投入计划，应按照财企〔2012〕16 号《企业安全生产费用提取和使用管理办法》文件的要求，设立专项的安全投入保障资金，建立安全投入专项台账，加强安全投入的审批监管力度，实行安全投入专款专用。

## 二、科技创新

随着科学技术的不断进步，以及人们对港口安全工作的愈加重视，越来越多的科技创新成果被运用到港口安全管理工作中去，对提升港口企业安全管理水平起到了巨大的推动作用。近年来，港口企业安全科技创新成果主要有：港口视频监控系统、集装箱电子标签系统、港口机械智能化（自动化）操作系统等。现简要介绍如下：

1. 港口视频监控系统

随着全球一体化进程的加快和国际经济活动的日趋频繁以及供应链管理思想的兴起，

现代港口特别是大型枢纽港的地位越来越突出，如何加强对大型港口调度、安保等各方面的管理成为建设和管理者需要面对的严峻问题。港口视频监控系统是采用传统视频技术与现代通信技术相结合的技术手段，对远端场景进行传感成像、信号传输、集中监视、图像记录以及联动控制的安全技术防范和管理系统。由于其直观的效果，日益成为现代大型港口管理的重要组成部分。

1）监控范围

监管范围包括集装箱码头、保税仓库等货物集散地的监控；海关监管的重点场所；帮助海关边检部门掌握辖区动态，开展反偷渡工作；码头前沿的船港界面；危险货物作业过程；重大危险源；引航；港口设施保安计划落实情况；进出港车辆、人员、船舶、货物等。

2）港口视频监控需求特点

（1）监控范围大。港口监控点的选择，应将摄像机安装在港区的灯塔制高点，这样视野宽、无障碍，可尽量少设监控点，使每个监控点监控覆盖的码头面积最大。

（2）全天候监控。港口监控点要全天候工作，这就需要选用红外敏感型彩色转黑白摄像机和日夜两用型镜头，并且在3km外能看清人物活动；选用螺杆传动的室外一体化重载云台。为了减少远距离图像的抖动，摄像机的安装也要确保牢固稳定。

（3）电磁干扰问题突出。港口一般都经过几十年的不断建设，设备、强电、弱电多种系统交叉运行，电磁干扰问题无处不在，因此要获得好的监控效果，必须考虑系统抗干扰的问题。

（4）避雷接地必须安全可靠。监控系统的软肋是前端的避雷与接地，前端设备的避雷与接地直接影响整个工程的安全性和可靠性，忽视避雷与接地可能给用户带来巨大的的损失。避雷原则是所有设备都要安装在避雷针的保护范围之内，接地电阻不大于10Ω，避雷与接地的特点是环境决定并影响避雷与接地的实际效果。

（5）系统资源共享。港口监控系统不但要满足生产、管理的需要，还要满足边防检查、海关、海事部门的监管需要，因此，需要解决图像资源共享和控制权限的分配问题。

3）系统架构的特点

（1）新建设的港口可视化系统具备数字化、网络化的特点，可以远程观看控制，提供开放式的接口规范，可方便实现外部监控。

（2）采用模拟与数字结合的方式，前端到调度室监控中心采用模拟传输和控制方式，保证了图像质量和操作实时性，在调度室监控中心进行数字化。

（3）以光纤为主要传输手段，配合采用其他多种灵活的传输手段。

（4）采用数字化组网方式，为各监控中心提供高清晰度图像和运行安全可靠的视频系统。

（5）建立统一的管理平台，统一权限管理，统一规划建设实现多级管理要求。

（6）整个系统具备可扩展性、稳定性，适应港口环境。

（7）满足港口业务系统、海关、港口公安局、海事局、边防等多个监控中心对监控点位合理分配和权限控制的要求。

（8）实现网上浏览与控制。

（9）实现船舶、货物进出港的全过程、全方位系统跟踪管理。

2. 集装箱电子标签系统

电子标签（又称应答器）是时下最为先进的非接触感应技术，它通过射频信号自动识别目标对象并获取相关数据。自从1998年,美国德州仪器(TI)和荷兰飞利浦公司宣布开发出了一种廉价的非接触感应芯片,到了2000年,国际标准化组织已把这种非接触感应芯片写入国际标准ISO 15693。目前,全球的许多公司都在进行射频识别技术的研究,并且将RFID芯片即电子标签嵌入其生产的产品中,用于商品的实时跟踪、促销及防伪。

1)工作原理

电子标签是数据信息的载体,通常由耦合元件(线圈、微波天线)和用于存储有关应用标识信息的存储器及微电子芯片组成。信息存储器中的数据信息要通过阅读器获得,一台典型的读写器包括高频模块(发送器和接收器)、控制单元和耦合元件(天线)。电子标签根据其上有无电源可以分为有源电子标签和无源电子标签,根据内部使用存储器类型的不同可分成只读标签和可读写标签。通常,电子标签没有自己的供电电源,当其进入阅读器的工作区域,天线接受到阅读器发出的特定的电磁波,标签上的线圈就会产生感应电流,在经过整流并给电容充电。电容电压经过稳压后作为工作电压,此时阅读器或标签上的芯片完成数据修改、存储功能。无源式电子标签的好处就是它具有永久的使用期。

电子标签是一种非接触式自动识别技术,它通过射频信号自动识别并获取相关数据,识别工作无须人工干预,与同是快速准确地确认追踪目标物体的条形码相比,电子标签的优点如下:

(1)可以透过外部材料读取数据(无可见性要求);

(2)防水、防磁、耐高温,可以在低劣的作业环境下工作,使用寿命较长;

(3)可以嵌入或附在不同类型的产品上;

(4)读取距离范围有所提高,无须直线对准扫描;

(5)写入数据的时间少,存储信息量大;

(6)同时可以读取多张卡,并且可以读取运动中标签上的信息;

(7)超薄和多种大小不一的外形,使其能封装在纸张、塑胶制品(PVC、PET),可应用于不同场合,也可再层压制卡。

2)电子标签在集装箱循环使用中的应用

港口模拟实验表明,对集装箱的随机抽检率超过5%时,港口就会有陷入瘫痪的可能性。因此,目前我国港口集装箱的抽检率普遍不到5%。但是,这显然不能满足对港口和航运安全的要求。

集装箱港口码头信息化水平的高低已经成为制约集装箱运输的关键。然而,当前集装箱物流过程中,集装箱自身不载有信息,信息的传递还依赖于传统的方式。集装箱的流向、流转和识别基本上还是处于人工、半人工的状态。近年来不断发生的恐怖袭击事件以及偷渡、走私问题,引起了全球各界的广泛关注。世界各国都高度重视集装箱物流的安全。集装箱自身不载有信息,如果中途被非法打开,就会给安全运输带来隐患。

近几年,电子标签在实际中被广泛应用。在集装箱上使用电子标签即以电子标签系统作为集装箱信息电子化的重要载体,将集装箱箱号、生产厂家、拥有人等详细信息输入电子标签,当贴有标签的货箱经过阅读器时,标签便将产品数据传递给阅读器,阅读器再将数据下载到中央处理器,生成集装箱管理数据库。这样,集装箱从出厂到最后卸货其中的所有过程都可以被清楚地了解和把握,从而使集装箱循环更加流畅,能够帮助集装箱回收部门及时了解集装箱的动态,及时与货主或代理人或租赁人保持联系,联系的方式可以是传真或者网络,避免由于长时间处于无人看管状态而被荒废,有效地提高了集装箱的利用率。

同时,有了电子标签就相当于给集装箱装上了一把“电子锁”,集装箱从工厂装箱点装好货物,到出发港口,再漂洋过海到达目的地港口,最后到达产品分销中心,每一个环节电子标签都会记录到达的时间、地点,而且集装箱的实时状态可以通过无线局域网、手机网络和互联网查询。如果海关要开箱检查,虽然属于合法开箱,但同样会留下记录。但如果是不法分子想要开箱偷货物,或者在箱内藏匿偷渡客或恐怖分子,电子箱封就会“报警”,从而确保了港口和集装箱运输的安全。

3. 港口机械智能化(自动化)系统

自动化和智能化是集机电一体化的高新技术,以其安全、准确、高效、技术含量高的特点在港口物流中发挥了巨大的作用。其中,可编程逻辑控制器(Programmable Logic Controller, PLC)技术被广泛用于港口机械的驱动和控制系统。

可编程逻辑控制器,它采用一类可编程的存储器,用于其内部存储程序,执行逻辑运算、顺序控制、定时、计数与算术操作等面向用户的指令,并通过数字或模拟式输入/输出控制各种类型的机械或生产过程。

1)基本结构

可编程逻辑控制器实质是一种专用于工业控制的计算机,其硬件结构基本上与微型计算机相同,基本构成为:

(1)电源:

可编程逻辑控制器的电源在整个系统中起着十分重要的作用。如果没有一个良好的、可靠的电源系统是无法正常工作的,因此,可编程逻辑控制器的制造商对电源的设计和制造也十分重视。一般交流电压波动在+10%(+15%)范围内,可以不采取其他措施而将PLC直接连接到交流电网上去。

(2)中央处理单元(CPU):

中央处理单元(CPU)是可编程逻辑控制器的控制中枢。它按照可编程逻辑控制器系统程序赋予的功能接收并存储从编程器键入的用户程序和数据;检查电源、存储器、I/O以及警戒定时器的状态,并能诊断用户程序中的语法错误。当可编程逻辑控制器投入运行时,首先它以扫描的方式接收现场各输入装置的状态和数据,并分别存入I/O映像区,然后从用户程序存储器中逐条读取用户程序,经过命令解释后按指令的规定执行逻辑或算数运算的结果送入I/O映像区或数据寄存器内。等所有的用户程序执行完毕之后,最后将I/O映像区的各输出状态或输出寄存器内的数据传送到相应的输出装置,如此循环运行,直到停止运行。

(3)存储器:

存放系统软件的存储器称为系统程序存储器。存放应用软件的存储器称为用户程序存储器。

(4)输入输出接口电路:

①现场输入接口电路由光耦合电路和微机的输入接口电路,作用是可编程逻辑控制器与现场控制的接口界面的输入通道。

②现场输出接口电路由输出数据寄存器、选通电路和中断请求电路集成,作用可编程逻辑控制器通过现场输出接口电路向现场的执行部件输出相应的控制信号。

(5)功能模块:

如计数、定位等功能模块。

(6)通信模块:

2)工作原理

当可编程逻辑控制器投入运行后,其工作过程一般分为三个阶段,即输入采样、用户程序执行和输出刷新三个阶段。完成上述三个阶段称作一个扫描周期。在整个运行期间,可编程逻辑控制器的CPU以一定的扫描速度重复执行上述三个阶段。

(1)输入采样阶段:

在输入采样阶段,可编程逻辑控制器以扫描方式依次地读入所有输入状态和数据,并将它们存入I/O映像区中的相应的单元内。输入采样结束后,转入用户程序执行和输出刷新阶段。在这两个阶段中,即使输入状态和数据发生变化,I/O映像区中的相应单元的状态和数据也不会改变。因此,如果输入是脉冲信号,则该脉冲信号的宽度必须大于一个扫描周期,才能保证在任何情况下,该输入均能被读入。

(2)用户程序执行阶段:

在用户程序执行阶段,可编程逻辑控制器总是按由上而下的顺序依次地扫描用户程序(梯形图)。在扫描每一条梯形图时,又总是先扫描梯形图左边的由各触点构成的控制线路,并按先左后右、先上后下的顺序对由触点构成的控制线路进行逻辑运算,然后根据逻辑运算的结果,刷新该逻辑线圈在系统RAM存储区中对应位的状态;或者刷新该输出线圈在I/O映像区中对应位的状态;或者确定是否要执行该梯形图所规定的特殊功能指令。

(3)输出刷新阶段:

当扫描用户程序结束后,可编程逻辑控制器就进入输出刷新阶段。在此期间,CPU按照I/O映像区内对应的状态和数据刷新所有的输出锁存电路,再经输出电路驱动相应的外设。这时,才是可编程逻辑控制器的真正输出。

3)功能特点

可编程逻辑控制器具有以下鲜明的特点。

(1)系统构成灵活,扩展容易,以开关量控制为其特长;也能进行连续过程的PID回路控制;并能与上位机构成复杂的控制系统,如DDC和DCS等,实现生产过程的综合自动化。

(2)使用方便,编程简单,采用简明的梯形图、逻辑图或语句表等编程语言,而无需计算机知识,因此系统开发周期短,现场调试容易。另外,可在线修改程序,改变控制方案而不拆动硬件。

(3)能适应各种恶劣的运行环境,抗干扰能力强,可靠性强,远高于其他各种机型。

4)PLC在港口机械中的应用特点

(1)可靠性高,抗干扰能力强:

高可靠性是港口电器控制设备的关键性能。PLC由于采用大规模集成电路技术,采用严格的生产工艺制造,尤其是内部电路采取了先进的抗干扰技术,具有很高的可靠性。使用

PLC 构成的控制系统，和同等规模的继电接触器相比，控制电路外围接线已经减少到原来的三分之一（当然也增加了一些 PLC、变频器等外围设备），很多控制开关的触点都变成了无触点开关，故障率大大降低。此外，PLC 还带有硬件故障自我检测功能，出现故障是可以发出自动报警，并通过触摸屏显示故障部位，大大缩短故障诊断时间。南京港某基层公司有七个泊位，共有十台十吨门机（都是传统的继电接触器电路），对其中六台门机进行了电控系统改造，对变幅、旋转两大机构增加了 PLC、变频器调速系统。据统计，传统的门座起重机每台电气故障停时为 66.1 小时，改造后的门座起重机每台电气故障停时为19.3 小时。可见实行 PLC 变频调速以后，电气故障减少三分之二以上。这就大大提高了系统运行的可靠性。

（2）功能完善，适应面广：

PLC 发展到今天，已经形成了各种规模的系列化产品，可以用于各种规模的工业控制场合，除了逻辑处理能力外，大多数 PLC 具有数据运算能力，处理速度非常快。多数在几分之一秒内完成。目前用于港口起重机械的主要是用 PLC 控制交流调速系统和直流调速系统，目前已经用于船舶机械控制、连续运输机械控制等，他们与常规继电接触器控制显著的重要区别之一就是由原来的开环控制变成了闭环控制，使得调速过程更加平稳，调速范围更广，更加可靠。

（3）易学易用，深受工程技术人员欢迎：

PLC 是面向工矿企业、交通运输企业的工控设备，它接口容易，编程语言易于为工程技术人员接受，梯形图语言的图形符号与表达方式和继电器电路图相当接近，为不熟悉电子电路、不懂得计算机原理和汇编语言的人从事工业控制工作打开了方便之门。

（4）系统设计工作量小，维护方便：

PLC 用存储逻辑代替接线逻辑，大大减少了控制设备的外围接线，使得控制系统的设计和建造周期大为缩短。同时日常维护工作量大大降低，更重要的是使同一设备通过改变程序而改变生产过程成为可能，这种状况特别适用于多品种机械的生产场合。

5）案例分析

重庆国际集装箱码头有限责任公司的轨道式集装箱龙门起重机（RMG）“自动轨迹”吊装控制系统。该系统是利用 RMG 上原有的绝对值编码器和速度反馈编码器作为取样信号的方案，通过 PLC 的计算来确定集装箱堆放情况，从而来控制 RMG 的小车运行速度。当 RMG 不是空吊具时，系统首先检测小车行走的方向，判断在小车行走的方向上是否有箱位的高度大于吊具带箱的最低点高度。如果没有，小车可以满速运行；如果有，则系统根据原来记忆的轮廓线计算距离，来控制小车运行速度，从而有效防止事故的发生。

RMG 通过自学习技术，可以根据以往的吊装运行自动得到允许安全运行的轨迹空间（简称‘自动轨迹’），再根据安全轨迹空间规划和控制 RMG 的吊装运行，从而可以保证 RMG 吊装快速、走斜线、防碰撞运行。与传统的利用高度传感器方法相比，轨道式集装箱龙门起重机（RMG）“自动轨迹”吊装控制系统具有更安全可靠、经济适用的特点，对提高吊装效率、降低能耗、防止撞箱等方面产生了重大的经济效益和社会效益。据测算，该系统提高了约 11% 的设备利用率。

# 第五节 安全教育与文化建设

## 一、安全教育与培训

安全生产教育培训是提高员工安全意识和安全素质,防止产生不安全行为,减少人为失误的重要途径。安全生产教育,首先要提高经营单位管理者及员工安全生产的责任感和自觉性,认真学习有关安全生产的法律、法规和安全生产基本知识,其次是普及和提高员工的安全技术知识,增强安全操作技能,从而保护自己和他人的安全与健康。

1. 安全教育培训的原则

(1)依法进行的原则。安全教育培训是《安全生产法》规定的重要内容之一。其中,对生产经营单位的负责人、安全管理人员、特种作业人员等都作了明确的规定,在进行安全教育培训时应按照有关的规定进行。

(2)全员参与的原则。安全生产工作的性质决定了必须全员参与教育培训,全员参与还应针对不同的对象进行,这也是安全教育的本质要求,是做好安全生产工作的基础和前提。

(3)理论联系实际的原则。安全教育培训工作本身负有预防违章肇事行为的使命,其目的是使从业人员达到“应知”、“应会”。所以,应该使从业人员明确其权利和义务。理论联系实际就是要结合本单位、本部门、本岗位的实际情况来进行安全教育培训,还要结合具体事故案例进行分析、讲解,以期达到最佳效果。

(4)规范性原则。安全教育培训很大部分内容就是规章制度、操作规程的培训。安全规章制度必须符合法律法规要求,符合科学要求;操作规程必须是规范的。程序必须清晰明确。教育培训还应统一规划好,并且要分级实施。

(5)灵活性原则。安全教育培训不能只是说教式的,而应针对对象不同采取灵活多样的方式进行。如利用图片、电化教学、演示、演练、知识竞赛、演讲、现场教学等。语言应简练易懂,通俗,直观。

(6)巩固性与反复性原则。随着社会发展、生活和工作方式的发展,安全知识需要进一步更新。另一方面安全知识的应用随着时间的推移,情况的变化而淡忘。这就需要“警钟长鸣”,不断控股安全观念,强化安全意识,也就是要反复抓,抓反复。

2. 安全教育的内容与方式

1)决策层

决策层的安全教育内容包括国家有关安全生产方面的方针、政策、法律和法规及有关行业的规程、规范和标准,安全生产管理的基础知识、方法、安全生产技术,有关行业安全生产管理专业知识,重大事故防范、应急救援措施及调查处理方法,重大危险源管理与应急救援预案编制原则,国内外先进的安全生产管理经验,典型事故案例分析等。

按照有关规定,决策层必须每年进行一次再培训教育,其教育的内容与安全管理人员再培训的内容相同。对企业决策层的安全教育可以采用定期安全培训,经考核合格,取得安全资格证书,持证上岗。根据人事部和国家安监总局的有关规定,企业决策层安全教育的方式主要是岗位资格的安全培训认证制度,这是一种非常有效的安全教育方式。

2)管理层

中层管理干部的安全教育内容包括安全管理技术知识,国家的安全生产法规、规章制度体系,重大危险源管理与应急救援预案编制方法,国内外先进的安全生产管理经验,典型事故案例等。

班组长的安全教育内容包括安全技术和技能知识,班组的工作性质、工艺流程,岗位安全生产责任制、安全操作规程,生产设备、安全装置的性能及正确使用方法,防护用品的性能和正确使用方法,事故案例等。

管理层中的管理干部的安全教育采用岗位资格认证安全教育、定期的安全再教育等形式进行。使用统一教材,统一时间,分散自学与集中讲授相结合,集中辅导考试;除了抓好干部的任职资格安全教育外,还必须进行一年一度的再培训教育;对基层管理人员主要采用授课法、谈话法、参观法等形式进行安全教育,企业每年必须对班组长进行一次系统的安全培训,由企业人事、教育、安全等部门负责组织、实施授课、考试、建档等工作。

3)安全管理人员

安全管理人员的安全教育内容包括国家有关安全生产的法律、法律、政策及有关行业安全生产的规章、规程、规范和标准,安全生产管理知识、安全生产技术、劳动卫生知识和安全文化知识,有关行业安全生产管理专业知识,工伤保险的法律、法规、政策,伤亡事故和职业病统计、报告及调查处理方法,事故现场勘查技术以及应急处理措施,重大危险源管理与应急救援预案编制方法,国内外先进的安全生产管理经验,典型事故案例等。

按照有关规定的要求,安全生产管理人员每年要进行再培训,再培训的主要内容是新知识、新技能和新本领。对于企业安全管理人员的安全教育,必须按照法规的要求,进行资格认证教育和再培训教育。由国家认可的部门或中介机构进行专门的培训教育,以保证培训的质量和效果。

4)员工

(1)三级安全教育是指厂级、车间级、班组级安全教育。厂级安全教育的主要内容是安全生产基础知识,车间级安全教育的主要内容是本车间的生产性质和主要的工艺流程及安全生产状况及规章制度,班组级安全教育的主要内容是班组工作的性质、操作步骤及防护用品的性能及正确使用方法等。

(2)转岗、变换工种和"四新"安全教育。随着岗位、工种的改变,转岗、变换工种后和"四新"出现时均需进行相应的安全教育。"四新"是指新工艺、新产品、新设备、新材料。

(3)经常性安全教育。主要是安全生产新知识、新技术,安全生产法律、法规,作业现场和工作岗位存在的危险因素、防范措施及事故应急措施,事故案例等。

*3. 安全教育培训方法*

安全生产教育培训方法与一般教学方法一样,多种多样,各有特点。在实际应用中,要根据培训内容和培训对象灵活选择。安全教育课采用讲授法、实际操作演练法、案例研讨法、读书指导法、宣传娱乐法等。

经常性安全培训教育的形式有:每天的班前班后会上说明安全注意事项,安全活动日,安全生产会议,各类安全生产业务培训班,事故现场会,张贴安全生产招贴画、宣传标语及标志,安全文化知识竞赛等。

## 二、企业安全文化建设

1. 安全文化的定义与内涵

1)定义

安全文化有广义和狭义之分。广义的安全文化是指在人类生存、繁衍和发展历程中,在其从事生产、生活乃至生存实践的一切领域内,为保障人类身心安全并使其能安全、舒适、高效地从事一切活动,预防、避免、控制和消除意外事故和灾害,为建立起安全、可靠、和谐、协调的环境和匹配运行的安全体系,为使人类变得更加安全、康乐、长寿,使世界变得友爱、和平、繁荣而创造的物质财富和精神财富的总和。

狭义的安全文化是指企业安全文化。关于狭义的安全文化,比较全面的是英国安全健康委员会下的定义:一个单位的安全文化是个人和集体的价值观、态度、能力和行为方式的综合产物。安全文化分为三个层次:

(1)直观的表层文化,如企业的安全文明生产环境与秩序;

(2)企业安全管理体制的中层文化,它包括企业内部的组织机构、管理网络、部门分工和安全生产法规与制度建设;

(3)安全意识形态的深层文化。

而国内普遍认可的定义是,企业安全文化是企业在长期安全生产和经营活动中,逐步形成的,或有意识塑造的为全体员工接受、遵循的,具有企业特色的安全价值观、安全思想和意识、安全作风和态度,安全管理机制及行为规范,安全生产和奋斗目标,为保护员工身心安全与健康而创造的安全、舒适的生产和生活环境和条件,是企业安全物质因素和安全精神因素的总和。由此可见,安全文化的内容十分丰富,应主要包括:一是处于深层的安全观念文化;二是处于中间层的安全制度文化;三是处于表层的安全行为文化和安全物质文化。

《企业安全文化建设导则》(AQ/T 9004—2008)给出了企业安全文化的定义:被企业组织的员工全体所共享的安全价值观、态度、道德和行为规范的统一体。

2)内涵

一个企业的安全文化是企业在长期安全生产和经营活动中逐步培育形成的、具有本企业特点、为全体员工认可遵循并不断创新的观念、行为、环境、物态条件的总和。

企业安全文化包括保护员工在从事生产经营活动中的身心安全与健康,既包括无损、无害、不伤、不亡的物质条件和作业环境,也包括员工对安全的意识、信念、价值观、经营思想、道德规范、企业安全激励进取精神等安全的精神因素。

企业安全文化是"以人为本"多层次的复合体,由安全物质文化、安全行为文化、安全制度文化、安全精神文化组成。企业文化是"以人为本",提倡对人的"爱"与"护",以"灵性管理"为中心,以员工安全文化素质为基础所形成的,群体和企业的安全价值观和安全行为规范,表现于员工在受到激励后的安全生产的态度和敬业精神。

企业安全文化是尊重人权、保护人的安全健康的实用性文化,也是人类生存、繁衍和发展的高雅文化。要使企业员工建立起自护、互爱、互救,心和人安,以企业为家,以企业安全为荣的企业形象和风貌,要在员工的心灵深处树立起安全、健康、高效的个人和群体的共同奋斗意识。安全文化教育,从法制、制度上保障员工受教育的权利,不断创造和保证提高员工安全技能和安全文化素质的机会。

2. 安全文化建设的意义

文化是一种无形的力量，影响着人的思维方式和行为方式。相对于提高设备设施安全标准和强制性安全制度规程来讲，安全文化建设是事故预防的一种“软”力量，是一种人性化管理手段。

安全文化建设通过创造一种良好的安全人文氛围和协调的人机环境，对人的观念、意识、态度、行为等形成从无形到有形的影响，从而对人的不安全行为产生控制作用，以达到减少人为事故的效果。利用文化的力量，可以利用文化的导向、凝集、辐射和同化等功能，引导全体员工采用科学的方法从事安全生产活动。利用文化的约束功能，一方面形成有效的规章制度的约束，引导员工遵守安全规章制度；另一方面，通过道德规范的约束，创造一种团结友爱、相互信任，工作中相互提醒、相互发现不安全因素，共同保障安全的和谐气氛，形成凝聚力和信任力。利用文化的激励功能，使每个人能明白自己的存在和行为的价值，体现出自我价值的实现。持之以恒地坚持企业安全文化建设，以企业形成尊重生命的价值观，形成统一的思维方式和行为方式，进而提升企业安全目标、政策、制度的贯彻执行力。

3. 企业安全文化的基本特征与主要功能

1）企业安全文化的基本特征

（1）安全文化是指企业生产经营过程中，为保障企业安全生产，保护员工身心安全与健康所涉及的种种文化实践及活动。

（2）企业安全文化与企业文化目标是基本一致的，即“以人为本”，以人的“灵性管理”为基础。

（3）企业安全文化更强调企业的安全形象、安全奋斗目标、安全激励精神、安全价值观和安全生产及产品安全质量、企业安全风貌及“商誉”效应等，是企业凝集力的体现，对员工有很强的吸引力和无形的约束作用，能激发员工产生强烈的责任感。

（4）企业安全文化对员工有很强的潜移默化的作用，能影响人的思维，改善人们的心智模式，改变人的行为。

2）企业安全文化的主要功能

（1）导向功能。企业安全文化所提出的价值观为企业的安全管理决策活动提供了为企业大多数职工所认同的价值取向，他们能将价值观内化为个人的价值观，将企业目标“内化”为自己的行为目标，使个体的目标、价值观、理想与企业的目标、价值观、理想有了高度一致性和同一性。

（2）凝聚功能。当企业安全文化所提出的价值观被企业职工内化为个体的价值观和目标后就会产生一种积极而强大的群体意识，将每个职工紧密地联系在一起。这样就形成了一种强大的凝聚力和向心力。

（3）激励功能。企业安全文化所提出的价值观向员工展示了工作的意义，员工在理解工作的意义后，会产生更大的工作动力，这一点已为大量的心理学研究所证实。一方面用企业的宏观理想和目标激励职工奋发向上；另一方面它也为职工个体指明了成功的标准与标志，使其有了具体的奋斗目标。还可用典型、仪式等行为方式不断强化职工追求目标的行为。

（4）辐射和同化功能。企业安全文化一旦在一定的群体中形成，便会对周围群体产生强大的影响作用,迅速向周边辐射。而且,企业安全文化还会保持一个企业稳定的、独特的风格和活力,同化一批又一批新来者,使他们接受这种文化并继续保持与传播,使企业安全文化的生命力得以持久。

4. 安全文化建设的内容

1)建立稳定可靠、标准规范的安全物质文化

安全物质文化需要依靠技术进步和技术改造来不断提高本质安全化程度,它主要包括三方面的内容:

(1)作业环境安全。生产场所中有不同程度的噪声、高温、尘毒和辐射等有害物质,他们直接影响作业人员的身心健康和生命安全,应将其控制在规定的标准范围内,创造舒适、安全的工作条件,使环境条件符合人的心理和生理要求。

(2)工艺过程安全。工艺过程主要指对生产操作、质量等方面的控制过程。工艺过程安全应做到操作者了解物料、原料的性质,正确控制好温度、压力和质量等参数。

(3)设备控制过程安全。通过对生产设备和安全防护设施的管理来实现设备控制过程安全。在具体实践中应做到:从设备的设计、制造等方面都要考虑其防护能力、可靠性和稳定性;对设备要正确使用、精心维护和科学检修;开发应用并推广安全新技术、新产品和新设施。

2)建立符合安全伦理道德和遵章守纪的安全行为文化

(1)通过多渠道、多手段保证员工掌握安全知识的基础上,熟练掌握各种安全操作技能。

(2)严格进行安全规程操作。

3)建立健全完善、切实可行的安全制度文化

安全制度文化指的是物态、心态、行为安全文化相适应的组织机构和规章制度的建立、实施及控制管理的总和,主要包括:

(1)建立健全企业安全管理机制。主要指建立起切实执行"企业负责"、各方面各层次责任落实、横向到边、纵向到底、队伍素质高的高效运作的企业安全管理网络;建立起切实履行"群众监督"职责、奖惩严明、上下结合、对各层次进行有效监督的企业劳动保护监督体系。

(2)建立完善的企业安全管理基本法规、专业安全规章制度和奖惩制度,使其规范化、科学化、适用化,并严格执行。

4)建立"安全第一、预防为主"的安全精神文化

(1)首先应通过多种形式的宣传教育提高员工的保护意识,包括应急安全保护意识、间接安全保护意识和超前的安全保护意识,并进行生产作业安全知识、公共生活安全知识等的教育培训。

(2)进行安全伦理道德教育,为他人和集体的安全考虑,自觉约束自己的行为,承担起应尽的责任和义务。这种教育不仅要向普通的员工,更应集中于各级管理人员和技术人员。

5. 港口企业的安全文化建设

港口企业应该把安全工作放在"高于一切、重于一切、压倒一切"的位置常抓不懈,牢固树立"生命至上、安全是福"的安全核心理念,将安全生产纳入港口企业文化建设内容,从关心职工出发,坚持"以人为本、严管厚爱",采取各种方式,倡导安全文化,传播安全理念,加强安全管理,营造安全文化氛围,以文化促管理,以管理促安全,以安全促发展,建设本质安全

型企业,从而推动港口企业真正实现安全标准化的目标。

港口企业应从领导到职工都充分认识到:安全生产是包括领导在内的每一位职工的本职和责任,也是职工的最大福利,更是企业发展的根本。港口企业要将创建安全文化建设示范企业纳入重要议事日程,成立领导小组和工作机构,全力推进"创建"工作的开展,以落实主体责任为抓手,加强宣传教育,完善规章制度,排查整治隐患,规范记录台账,使广大职工逐步实现从"要我安全"到"我要安全"的意识转变,进而达到"我会安全"的境界。

**案例:**

## 重庆国际集装箱码头有限责任公司安全文化建设情况

1. 以理念为引导,确保人的本质安全

公司高度重视安全文化建设工作,把它纳入企业文化建设的重要内容,同步研究、同步部署、同步实施;公司成立了安全文化建设工作领导机构,明确安保部负责安全文化建设日常工作。公司制定了安全文化建设工作计划和实施方案,明确工作目标、任务、责任部门、工作内容和实施步骤。公司还加大安全投入,进一步落实了安全文化建设经费,保证深入、持久地推进安全文化建设。

1)提炼和升华企业安全文化理念

老港口的安全管理"高压线"原则和安全教育"火炉"原则,在寸滩港区得到传承和发扬。公司上下达成共识:安全生产管理犹如高压线,管理好了会得利,管理不好会深受其害;安全教育如火炉,一定要深刻理解"火炉烫伤"的危害,职工才会把安全生产作为自觉的行动。通过4年多的实践探索,公司安全生产理念逐步形成和提炼,为全公司职工所认同:

安全管理方针——安全第一、预防为主、综合治理。

安全价值观——安全是生命,安全是效益。

安全认识理念——安全是最大的和谐,安全是最大的稳定。

安全生产理念——生命至上,安全是福。

安全管理理念——以人为本,严管厚爱。

安全行为准则——不伤害自己,不伤害别人,不被别人伤害。

安全操作理念——以制度为准绳,以"标准"为依据。

安全管理作风——严格管理、严格检查、严格整改、严格执法。

通过大力宣传和弘扬安全文化理念,达到启发人、教育人、提高人、约束人和激励人的目的,引导职工自觉遵守各项规章制度,高度重视安全生产,通过综合治理,解决人的不安全行为、物的不安全状态和管理上存在的缺陷。

2)加大安全生产宣传教育力度,积极开展群众性安全活动

安全文化建设需要有活动载体。安全理念系统确立后,公司调动了各种宣传工具进行全员、全面、广泛、深入的集中教育,让理念深入人心,并转化为职工的自觉行动。

(1)有计划、有步骤地开展"安全生产月"活动,有目标、组织机构、活动方案和总结。

(2)组织开展"安康杯职工安全知识竞赛"、"安全在我心中征文演讲比赛"、"创建平安窗口"等多种群众性安全生产活动,取得了较好效果。

(3)每月组织一次全体职工参加的安全宣传教育活动。

(4)收集、整理了原港务集团14个重大事故，编印成事故案例教材《警钟长鸣》，分发到各个班组组织学习讨论，吸取血写的教训，牢记事故的痛苦。

(5)为现场生产班组订阅安全生产杂志，覆盖率100%。

3)营造安全文化建设氛围

(1)利用集团OA系统、集团安全管理系统、集团和公司网站等信息平台以及宣传专栏，宣传安全生产方针政策和规章制度。

(2)结合公司特点，提炼出富有特色、易于记忆、便于理解、职工认同的安全警示语、危险标识和温馨提示。如："疏忽一时、痛苦一世"，"一丝不苟保安全、半分疏忽生祸端"，"与其事后痛哭流涕、不如事前遵章守纪"等。这些安全警示语、温馨提示设置在作业现场、班组活动场所、职工上下班通道等80余处显著位置，时刻提醒、教育和警示职工生命至上、确保安全。

4)建立和完善各项管理制度

经过开港以来6年多的时间，我们不断完善、优化，建立并实施一套符合寸滩港区实际的安全生产制度体系。《事故汇报、调查、处理制度》责任明确，程序清楚，《重大安全事故应急救援预案》、《火灾事故应急救援预案》、《化学危险品应急救援预案》、《防汛抢险应急预案》等应急预案，科学规范，切合实际。公司制定有安全生产管理制度22个、安全操作规程18个，覆盖了安全生产各个方面，是安全文化建设的重要内容。

公司加强基层班组建设，对班组每周一次的安全活动日要求"三落实"，即：落实时间、落实人员、落实内容。严格交接班和点检制度，规范管理台账和记录，要求每个作业过程、每个操作行为都要留下管理痕迹。

公司加强巡检队伍建设，提高巡检人员业务素质，加大现场执法力度。围绕安全生产、提高质量进行广泛宣传，深入发动，把"为客户做好每一件事"的服务理念和"安全在我心中、质量在我手中"的安全生产理念同时根植于职工心中。

公司对安全生产实行全员、全过程、全方位控制：

(1)每月召开安全会，布置、总结安全生产工作。

(2)强化安全生产管理、监督、检查和执法，加强重点现场、重点部位、危险品作业等的监控，坚决制止"三违"行为，确保生产现场处于可控状态，保证生产安全。

(3)发生事故后，严格按照事故管理规定进行汇报、调查、处理、登记，做到"四不放过"。

公司加强对重大危险源的监控和管理，化学危险品实行登记建档，按照国家、行业以及上级主管部门的规定，严格执行危险品作业申报制度。同时，公司制定了相应的危险品管理制度、监控措施和应急预案，确保危险品作业的安全。

公司坚持开展安全隐患排查治理专项活动，每月至少组织1次事故隐患的全面排查、整治，从重点现场、重点部位、危险品作业、消防安全、水上安全、道路交通安全、货运质量等七个方面，针对人的不安全行为，设备和环境存在的不安全因素和隐患，管理上存在的缺陷和漏洞，进行全方位、全过程、全面的排查，对查找出的问题和隐患，制定并落实整治方案。整改做到"五落实"：落实人员、责任、措施、资金和时限。2010年，在《安全生产督查落实专项行动》和《安全生产大排查、大整治，促双基、保安全，建立安全长效机制专项行动》活动中，公司共查出一般安全隐患68项，整治68项，整改率100%。

此外,公司坚持每半年组织1次事故应急处置、救援、逃生自救演习,以赛代训。

5)探索符合公司实际、独具特色的安全管理模式

作为开港不久的新港区,公司面临诸多影响安全生产的实际困难:一是开港时间短,且生产与建设同步运行,制度、机构、管理等难以迅速一步到位;二是人员新,大部分员工是从原港务集团各基层公司抽调而来,安全意识、业务技术、管理能力参差不齐;三是设备新,大型设备在全集团最先进,技术含量最高,单台价值最贵,因而在管理上难有现成的经验可借鉴;四是机械化作业程度在全集团最高,机械伤人的几率增大。根据这些实际情况,通过6年多的实践与探索,公司逐步摸索总结出符合自身特色的"345"安全生产管理模式,即:建立完善安全生产责任、组织和制度"三大体系",夯实安全生产基础;在安全生产的全员、全过程、全方位控制中,做到严格管理、严格检查、严格整改、严格执法"四个严格";落实安全投入、安全监管、科技进步、设备技术、人员培训等安全生产"五大保障"。6年多来,管理效果明显。

6)强化安全生产教育培训

按照规定和要求,公司"4个培训"的参培率均达到100%:

(1)公司主要负责人、分管领导、安全生产管理人员按规定参加安全培训并经考核合格,参培率100%,合格率100%。

(2)特种作业人员按规定参加培训,持证上岗率100%。

(3)新员工上岗前进行培训,培训率100%。

(4)每季度组织一次全员职工学习,内容包括安全生产法律法规、基本安全知识、安全操作技能和应对突发事故知识,全员培训率100%。

通过安全教育培训,提高了员工的安全意识、技术素质和对事故的应变处置能力,员工由"要我安全"逐步转变为"我要安全"、"我会安全"。

**2.以"标准"为依据,确保设备本质安全**

公司通过贯彻执行行业和国际的安全、质量管理标准,落实安全技术操作规程,采用科技和技术手段,实现设备本质安全。

为切实搞好基层基础工作,实现安全管理科学化、规范化、标准化,根据重庆市安监局有关精神和重庆港务物流集团的要求,公司积极开展安全标准化建设达标活动,贯彻执行《重庆市港口企业安全标准》,顺利通过了市安监局的考评。

公司加速推进ISO 9001:2008质量管理体系的建立,全面推行质量管理标准化,以"贯标"为龙头,加强内部生产管理,以《寸滩港区装卸服务标准》为生产和服务的指导和依据,采用体系的PDCA过程控制方法,加强对现场各生产环节实施全过程的有效控制。

通过采用安全可靠的新技术、新材料和新装备,提高工艺技术和自动控制水平,提高企业控制安全风险的能力,不断改进安全生产条件。公司的场、岸桥等大型重要设备均采用了先进的PLC智能控制技术,限位器改进为红外线探测,极大地提高了设备的安全技术性能。公司利用科技和信息技术进行安全管理,视频监控覆盖了生产现场全过程。

**3.以管理为基础,确保环境本质安全**

开港以来,根据现场生产运行实际,针对作业环境中存在的不安全因素和隐患,公司逐步进行了改进和完善。如道路栏杆尤其是前沿码头的栏杆,全部换成了坚实、粗壮的铁柱、

铁栏。

公司不断改善作业环境和条件，所有机房、驾驶室、候工室、学习室等场所，均有空调、饮水等设备。作业点的照明也将陆续换上LED高亮度的节能灯。

为提升企业形象和员工归属感，减少环境危害，塑造整齐、清爽的工作场所，培养员工良好的安全习惯，公司加强港区环境卫生和绿化美化管理，明确责任部门，划分责任区，办公室实行“定置”管理，安全检查的同时，进行环境卫生大检查。通过推行现场管理，打造一个好的工作环境，使职工的工作心情更舒畅，作业环境更明朗，生产生活更有秩序，全体干部职工始终处于一个安全、舒适的工作环境之中。

**4. 以机制为保障，确保企业本质安全**

安全文化建设是一项系统工程，是一个创新发展、不断提升的过程，安全文化建设要靠全体职工的参与。要想顺利推进，得到职工的支持与认同，让职工逐步理解、认同、接受，最终去践行，必须建立一套完整科学的安全管理长效机制。

为认真贯彻落实重庆市（渝府发〔2010〕3号）文件精神，依法落实企业安全生产主体责任，公司制定了从董事长到员工的四级安全生产责任体系，横向到边、纵向到底。公司领导层、管理层、班组、员工都制定有安全责任制和岗位职责，并制度上墙。按照“谁主管、谁负责”和“一岗双责”的原则，公司主要领导是安全生产第一责任人，对安全生产负全面责任；公司其他领导对分管范围内的安全生产工作承担直接领导责任；各部门主要负责人，对其工作职权范围内的安全生产工作，承担直接管理责任。

公司建立健全了公司安全生产委员会、基层部门安全生产领导小组、班组安全员三级安全生产组织体系。领导层、管理层、班组、员工，逐级签订年度安全生产目标责任书，年底认真考核落实。把安全生产的重担传递到每一个员工的肩上，做到全员安全责任化，“安全生产、人人有责”。

同时，公司制定了《安全质量奖励办法》和《安全质量处罚办法》，建立起一套立功受奖、违章处罚，严管厚爱、奖惩分明的激励和约束机制。

通过落实责任、强化管理、加强培训、完善机制，公司安全生产管理取得显著成效。开港6年多来，取得了重伤为0、死亡事故为0、重大事故为0的好成绩。

大力推进安全文化建设，让文化融入安全，让安全成为文化，实现安全标准化，是重庆国际集装箱码头有限责任公司不懈追求的目标。在安全文化建设上，公司花大力气、下狠工夫，做了一些尝试和探索，取得了较好的成效。未来，公司将在重庆市安监局和上级部门的指导下，以提高职工素质为第一保障，以保护职工生命和国家财产安全为第一目标，坚持以人为本，采取思想的、文化的等多种途径，立足于规范化、人性化，更加扎实地开展安全文化建设工作，提高企业安全管理水平，确保安全生产，确保港区平安。

# 第六章 人 员

“安全生产,以人为本”,安全生产管理遵循人本原理,在管理中把人的因素放在首位,体现了以人为本的指导思想。安全生产的目的是为了切实保护劳动者的生命安全和身体健康,人是企业安全生产的重要保护对象,所以,安全生产管理的基本对象就是企业的员工。同时,在管理活动中,作为管理对象的要素和管理系统各环节,都需要人掌管、运作、推动和实施。人,既是安全生产措施的执行和落实者,也是安全生产“人、机、环境”三大要素中的重要一环。因此,通过对生产、管理人员的安全作相应要求,以保障生产人员的安全,是安全工作的重要内容之一。

## 第一节 企业人员的岗位要求

### 一、安全管理人员

港口企业安全生产管理人员是指在港口从事安全生产管理工作的人员。具体指港口企业安全生产管理机构负责人及其工作人员,以及未设安全生产管理机构的专兼职安全生产管理人员等。安全管理人员是港口企业落实安全责任、实施安全管理的直接管理人员,国家有关法律法规对安全管理人员的配备及其个人技能都有相应的要求。

1. 安全管理人员的配备

安全管理人员的配备是港口企业顺利开展安全管理工作的基本条件之一,根据《安全生产法》第十九条规定,港口企业安全管理人员的配备应符合以下要求:

(1)涉及危险物品装卸、储存的港口企业,应当设置安全生产管理机构或者配备专职安全生产管理人员。

(2)其他港口企业,从业人员超过三百人的,应当设置安全生产管理机构或者配备专职安全生产管理人员;从业人员在三百人以下的,应当配备专职或者兼职的安全生产管理人员,或者委托具有国家规定的相关专业技术资格的工程技术人员提供安全生产管理服务。专、兼职安全管理人员的配备主要根据具体港口企业的危险性、规模大小等因素来确定。

(3)若港口企业按规定委托工程技术人员提供安全生产管理服务的,保证安全生产的责任仍由本单位负责。

《国务院关于进一步加强安全生产工作的决定》(国发〔2004〕2 号)第十条规定:“依法加强和改进生产经营单位安全管理。强化生产经营单位安全生产主体地位,进一步明确安全生产责任,全面落实安全保障的各项法律法规。生产经营单位要根据《安全生产法》等有关法律规定,设置安全生产管理机构或者配备专职(或兼职)安全生产管理人员。”进一步强调了港口企业配备专兼职安全生产管理人员的重要性。

《危险化学品安全管理条例》第三十四条明确规定从事危险化学品经营的企业应当有专

职安全管理人员和经过专业技术培训并考核合格的从业人员。从事危险化学品的港口企业也必须满足以上条件。

另外，交通运输部实施的《港口危险货物管理规定》第九条也对从事危险货物港口作业的港口经营人有了相应规定：

(1)至少有一名企业主要负责人应当具备与本单位所从事的危险货物港口作业相关的安全生产知识和管理技能；

(2)配备足够的具有上岗资格证书的管理、作业人员。

综合以上规定，按要求设置安全生产管理机构、配备专职(或兼职)安全生产管理人员，是港口企业必须履行的法律责任。港口企业除了配备专职的安全管理人员以外，其他管理人员都兼有安全管理职责。

2. 安全管理人员的岗位职责

安全管理人员是港口企业顺利开展安全生产工作的重要保障条件，安全管理人员应具备相应的素质和知识技能，以满足港口企业安全生产的需要。根据《安全生产法》第二十条规定："安全生产管理人员必须具备与本单位所从事的生产经营活动相应的安全生产知识和管理能力，危险物品的生产、经营、储存单位以及矿山、建筑施工单位的主要负责人和安全生产管理人员，应当由有关主管部门对其安全生产知识和管理能力考核合格后方可任职。"

交通运输部《关于明确港口危险化学品安全监督管理若干问题的通知》(厅水字〔2012〕4号)明确提出："根据《港口法》和《条例》的规定，鉴于港口危险化学品作业的专业性和危险性，为确保港口安全，切实做好安全管理工作，对从事港口危险化学品装卸管理、申报、集装箱装箱现场检查等业务的人员以及企业主要负责人，由交通运输主管部门负责组织安全培训和资格认定。向港口危险化学品经营人提供安全评价服务的机构和从业人员，应当符合交通运输主管部门的有关要求。"即交通运输主管部门负责港口企业危险品装卸、经营等从业人员的资格认定。

安全生产管理人员应具备以下主要职责：

(1)宣传、贯彻、执行"安全第一，预防为主"的安全生产方针、政策、法律、法规和标准；

(2)组织制定或修订企业各级安全生产责任制和各项安全规章制度及安全操作规程；

(3)履行安全生产监管职责，组织安全检查，注意发现监控重大危险源，督促整改事故隐患，组织开展安全生产宣传教育活动；

(4)制止违章作业、违章指挥和不安全行为，监督落实各项安全生产设备、设施的防护措施，对发生的生产安全事故进行报告、调查，采取预防措施。

此外，港口企业安全生产管理人员，还应该熟悉和了解港口生产流程、作业环节、操作工艺以及主要机械设备等情况，以制定与本港口生产实际相适应的规章制度和安全操作规程，掌握安全生产的重点部位和重要环节实施有效监控，更全面地开展安全检查和隐患排查，更好地履行安全生产监督管理的责任。

## 二、现场管理人员

现场管理是港口企业的一项重要工作，现场管理人员的素质和技能水平对港口安全生产工作和管理水平有着直接的影响。从安全角度出发，根据《安全生产法》第三十五条，港口企业进行吊装等危险作业，应当安排专门人员进行现场安全管理，确保操作规程的遵守和安全措施的落实。

1. 现场管理及人员

现场管理是指对生产现场的各项工作进行计划、组织、协调和控制的综合管理，以保证作业现场的各种生产要素进行合理配置和优化组合，经过生产过程的转换，按预定的现场作业目标实现产出的一系列管理活动的总称。现场管理水平体现着企业管理水平，决定着企业效率的高低和竞争力的强弱。因此，港口现场管理是指用科学的标准和方法对港口生产现场各生产要素，包括人（工人和管理人员）、机（设备、工具、工位器具）、物、料（运输的人员、货物）、法（装卸、运输的方法）、环（港口环境）、信（信息、通信）等进行合理有效的计划、组织、协调、控制和检测，使其处于良好的结合状态，达到优质、高效、低耗、均衡、安全、文明生产的目的。现场管理的主要内容及要求是：企业人员精干、物流有序、设备良好、信息灵敏、纪律严明、环境整洁。从事港口现场管理的人员即为现场管理人员。

对于港口而言，班组是港口企业现场作业的细胞，是企业最基层的生产组织，是现场管理的核心，又是大量、繁琐的基础工作的前沿阵地，从原始记录、台账，到统计等，均要靠班组做到及时、准确、可靠的全面记载和分析整理，才能及时反馈信息给企业领导，以便组织指挥生产。所以，港口企业的现场管理是以班组为单位，即港口企业的现场管理人员主要是班组长。班组长是现场管理的直接责任人，具有举足轻重的作用。

2. 港口班组长岗位职责

班组长是港口企业生产作业的直接执行者，负责一线安全生产管理，责任重大。班组长应当检查、督促从业人员遵守安全生产规章制度和操作规程，遵守劳动纪律，不违章指挥、不强令工人冒险作业，对本班组的安全生产负责。港口班组长的职责要求如下：

(1) 根据调度指令，负责组织进行装卸作业，并对生产作业安全负责；

(2) 根据生产作业计划的要求，负责统筹安排各工班相关人员作业，提高劳动生产率；

(3) 负责货物验收、存储、交付和各类单证、台账的填制、流转、保管等工作；

(4) 严格执行调度指令，协助调度室对作业现场进行组织、监督、管理；

(5) 严格按各工种操作规程的要求进行生产作业，确保货运质量，杜绝发生各类事故；

(6) 按时完成其他工作任务。

## 三、装卸操作人员

港口装卸操作人员包括港口装卸工、装卸机械司机、皮带输送机操作工、流体装卸操作工、油码头油泵工。油码头油泵工是指操作泵机对进出油码头的石油进行输送，并对泵机和泵房内管道、阀门等附属设备进行维护保养的人员。下面将详细介绍前四种人员的技能要求。

1. 港口装卸工

在港口以体力劳动为主，借助装卸机械设备和工具，从事船与场、船与车、场与车运输过程中货物装卸作业的人员。港口装卸工可分为初级和中级两个等级。

1) 初级港口装卸工

了解货物装卸作业的基本知识，能够独立完成常见货物的装卸作业。

(1)应知:

①安全技术操作规程和装卸工艺规程;

②一般装卸工具属和劳动防护用品的使用方法和要求;

③装卸指挥信号;

④隔票、分票、扎位的一般知识,一般货物堆码的要求;

⑤常用工具属的安全负荷和报废标准;

⑥常用装卸机械的安全负荷和主要技术参数;

⑦作业区域码头、泊位、库场铁路线等名称、位置;

⑧一般货物及常见危险货物的种类、名称、特性、包装、标志和标记;

⑨作业现场和工作岗位存在危险因素、防范措施及发生事故的现场处理报告程序。

(2)应会:

①按安全技术操作规程和装卸工艺规程进行装卸作业;

②正确使用工属具和劳动防护用品;

③按标准进行做关(装兜)、拆关(拆兜)、系挂、摘钩、堆拆垛和车辆、船驳装卸作业;

④常见危险货物的装卸作业;

⑤选择正确作业位置;

⑥结打常用绳扣;

⑦装卸货物的捆扎和加固作业;

⑧识别一般货物和常见危险货物的包装和标志。

2)中级港口装卸工

熟悉各种货物的装卸工艺规程。能从事大型、特种货物装卸作业和解决装卸作业中的疑难问题。掌握各种船舶起货机的操作技能,并具有组织指导初级装卸工进行装卸作业的能力。

(1)应知:

①大型、特种货物的装卸工艺,常见危险货物的装卸工艺;

②各类索具额定负荷计算;

③各种复杂车船装卸过程的各工序配工、作业内容和安全生产要求;

④常见货物的装卸劳动定额;

⑤船舶起货设备或一般装卸机械的性能、种类和安全操作规程;

⑥船舶吊杆的力学原理;

⑦船舶起货负荷标志的有关知识。

(2)应会:

①大型、特种货物的装卸作业;

②难度较大的装卸作业程序,工属具安全合理使用;

③常见危险货物的装卸和防护;

④操作船舶起货机;

⑤识别船舶起货负荷标志,布置船舶吊杆;

⑥结打各种绳扣;

⑦培训新进工人并组织指导初级装卸工进行装卸作业。

2. 内燃装卸机械司机

内燃装卸机械司机是指从事各类内燃装卸机械设备的操作人员。分为初级(五级)、中级(四级)、高级(三级)和技师(二级)四个等级。

1)初级内燃装卸机械司机

了解内燃装卸机械的基本构造和工作原理。掌握一种机型机械装卸作业的技能。独立完成设备例行保养,并协助完成设备定期保养工作。

(1)应知:

①安全技术操作规程;

②岗位责任制、交接班的详细内容和要求;

③装卸作业中统一的指挥信号,主要货种的特性和装卸技术要求;

④内燃装卸机械主要技术性能参数、负荷曲线图及其主要部件的构造、性能、作用及相互关系;

⑤内燃装卸机械轮胎、吊钩、吊具、钢丝绳的规格、检查要求及报废标准;

⑥主要工属具名称、性能、用途及使用要求;

⑦各季节适用的燃料、工作液、润料的种类牌号、性能及本机种的润滑部位、润滑要求;

⑧日常点检、日常保养、例行保养的作业范围、技术要求和质量标准;

⑨蓄电池构造原理及其使用保养方法,内燃机直流电基本知识;

⑩驾驶室内仪表及报警装置的功用,安全保护装置的结构、作用;

⑪内燃机的基本构造、工作原理和机械传动知识;

⑫常用金属材料的知识和机械制图基本知识。

(2)应会:

①按照安全技术操作规程、货物特性和包装标志及装卸条件,选择合理的操作方法,独立进行装卸作业;

②填写运行日志、日常点检卡和作业票;

③根据机械特点,掌握节约燃、润料的操作方法;

④及时发现常见油、电路和机械故障,并对运行中出现的不正常情况及时采取相应措施;

⑤按照技术要求独立进行日常点检、日常保养,并协助完成例行保养工作;

⑥检查和更换钢丝绳并对专用工属具进行日常保养;

⑦看懂简单的机械零件图。

2)中级内燃装卸机械司机

熟悉内燃装卸机械的构造、工作原理和检修要求。掌握两种机型的操作技能(大型和特殊专用机械除外)。熟练地对各类货物进行装卸作业。判断和排除简单故障。

(1)应知:

①内燃机的构造和工作原理及汽油发动机、柴油发动机的主要区别;

②发动机功率、扭矩和转速的关系;

③液压传动的基本工作原理,主要液压元件的构造、作用;

④主要机件损坏的原因、磨损规律及预防措施；

⑤内燃装卸机械燃料、润料、工作液及钢丝绳的使用特性、失效原因和更换标准；

⑥内燃装卸机械检修的作业范围、技术要求和质量标准；

⑦内燃装卸机械电器设备的构造和工作原理；

⑧机械制图、机械基础知识；

⑨故障诊断技术和状态监测技术的一般原理；

⑩安全保护装置的工作原理及调整的技术要求；

⑪传动系、转向系和制动系等的工作及工作原理；

⑫内燃装卸机械的技术性能与特点。

(2)应会：

①在复杂条件下安全熟练地对各类货物进行装卸作业；

②两种机型的操作技能；

③在操作中减少机械零部件的磨损，延长机械使用寿命；

④调整主要零部件的装配间隙或松紧度；

⑤及时发现运行中出现的异常情况，并能判断和排除；

⑥提出各级修理的增加项目，进行检修后的检验工作；

⑦看懂总装图，绘制简单零件图；

⑧正确使用检测仪器和量具，掌握钳工基本操作技能。

3)高级内燃装卸机械司机

熟知内燃装卸机械的技术性能与特点。掌握三种机型的操作技能(大型和特殊专用机械除外)和完成难度较大的装卸作业的技能。指导初、中级工进行装卸作业和设备维护保养。

(1)应知：

①内燃装卸机械的动力性、经济性和可靠性等基础知识；

②内燃装卸机械的液压、电气、气动系统及机械传动的工作原理；

③机械大修作业的范围和质量标准；

④内燃装卸机械故障产生的原因及预防措施；

⑤故障诊断技术和状态监测技术的基础知识；

⑥新型内燃装卸机械的技术性能、使用要求与维护保养方法。

(2)应会：

①三种机型的操作技能；

②在复杂情况下完成各种特殊货类及难度较大的装卸作业；

③按技术规范进行大修前的技术鉴定和大修后的检验工作；

④判断零部件的非正常磨损，分析重大机械质量事故原因；

⑤对各种内燃装卸机械的动力性、经济性进行比较分析；

⑥对内燃装卸机械进行状态监测；

⑦对吊、夹具及工属具提出改进意见；

⑧看懂装配图和技术文件；

⑨初级钳工的基本技能。

4)内燃装卸机械司机技师

具有丰富的生产实践经验和操作技能特长。熟悉内燃装卸机械的新设备、新技术、新材料、新工艺。掌握新型内燃装卸机械设备的操作技能和维护保养。解决内燃机械装卸作业工艺的疑难问题。指导高级工进行装卸作业和设备维护保养。

(1)应知:

①内燃装卸机械的结构、工作原理、技术技能和特点,新型内燃装卸机械的技术技能、使用要求及维护保养方法;

②新设备、新技术、新材料、新工艺在内燃装卸机械上的应用;

③内燃装卸机械修理级别、修理项目及验收标准;

④机、电、液、仪一体化基础知识;

⑤国内外内燃装卸机械及检测设备发展方向;

⑥内燃装卸机械技术管理知识;

⑦生产组织及生产管理基本知识。

(2)应会:

①新型内燃装卸机械的操作技能;

②在复杂情况下,完成难度大的装卸作业并组织指导高级工进行装卸作业;

③根据设备技术状态提出修理级别及修理项目的意见,按照技术标准验收;

④内燃装卸机械的监测技术基本知识及检测设备的应用;

⑤内燃装卸机械的故障分析及排除方法;

⑥对新工艺、新技术、新材料的应用提出意见和建议;

⑦借助外文字典了解本机种外文技术资料及发展动态,了解计算机的基本知识;

⑧结合工作实践撰写技术总结或论文。

3. 电动装卸机械司机

电动装卸机械司机是指从事各类电动装卸机械设备的操作人员。分为初级(五级)、中级(四级)、高级(三级)、技师(二级)四个等级。

1)初级电动装卸机械司机

了解电动装卸机械的基本构造和工作原理。掌握一种机型进行装卸作业的技能。独立完成设备例行保养,并协助完成设备定期保养工作。

(1)应知:

①安全技术操作规程;

②本岗位责任制、交接班的详细内容和要求;

③装卸作业中统一的指挥信号,主要货种的特性和装卸技术要求;

④电动装卸机械基本构造、工作原理和机械传动知识;

⑤电动装卸机械主要技术性能参数、负荷曲线图及其主要部件的构造、性能、作用及相互关系;

⑥电动装卸机械行走轮、钢丝绳、吊钩、吊具、制动器的规格、检查要求及报废要求;

⑦主要工属具名称、性能、用途及使用要求;

⑧各季节适用的工作液、润料的种类牌号、性能及本机种的润滑部位、润滑要求；

⑨日常点检、日常保养、定期保养的作业范围、技术要求和质量要求；

⑩蓄电池构造原理及其使用保养方法，内燃机直流电基本知识；

⑪电动装卸机械电路概况和主要电器元件的作用、保养方法及电工基本知识；

⑫驾驶室内仪表及报警装置的功用；

⑬常用金属材料的知识和机械制图基本知识；

⑭安全保护装置的结构、作用。

(2)应会：

①按照安全技术操作规程、货物特性和包装标志及装卸条件，选择合理的操作方法，独立进行装卸作业；

②填写运行日志和作业票；

③正常运行条件下节约用电的操作方法；

④及时发现常见机械、电气线路故障，并对运行中出现的不正常情况及时采取相应措施；

⑤按照技术要求独立进行日常点检、日常保养并协助完成设备定期保养工作；

⑥检查更换钢丝绳并对专用工索具进行日常保养；

⑦按安全用电规定和电器设备的容量，选用熔断器；

⑧看懂简单的机械零部件和电气线路图；

⑨一般部件的调整方法，使用简单的维修工具。

2)中级电动装卸机械司机

熟悉电动装卸机械的构造、工作原理和检修要求。掌握两种机型的操作技能(大型和特殊专用机械除外)。熟练地对各类货物进行装卸作业。判断和排除装卸机械的简单故障。

(1)应知：

①同类型电动装卸机械的性能、结构，各部分的作用、相互之间的关系，机械传动系统的工作原理；

②电动机功率、转矩和转速的关系等基本理论知识；

③主要机件损坏的原因、磨损规律及预防措施；

④电动装卸机械润料、工作液、钢丝绳使用特性、失效原因和更换要求；

⑤电动装卸机械检修的作业范围、技术要求和质量要求；

⑥蓄电池机械电器设备的构造和工作原理；

⑦机械制图、机械基础知识；

⑧故障诊断技术和状态监测技术的一般原理；

⑨安全保护装置工作原理及其调整的技术要求；

⑩各种制动器的结构、制动原理和调整方法。

(2)应会：

①在复杂条件下安全熟练地对各类货物进行装卸作业；

②两种机型的操作技能；

③在操作中减少机械零部件的磨损，延长机械使用寿命；

④调整主要零部件的装配间隙或松紧度；

⑤及时发现运行中出现的异常情况,并能判断和排除；

⑥提出各级修理的增加项目,进行检修后的检验工作；

⑦看懂总装图,绘制简单零件图；

⑧使用检测仪器和量具,掌握电工基本操作技能。

3)高级电动装卸机械司机

熟知电动装卸机械的技术性能与特点。掌握三种机型的操作技能和完成难度较大的装卸作业的技能(大型和特殊专用机械除外)。指导初、中级工进行装卸作业和设备维护保养。

(1)应知：

①电动装卸机械的动力性、经济性和可靠性等基础知识；

②电动装卸机械的液压、电气系统及机械传动的工作原理；

③大修作业范围质量要求；

④电动装卸机械故障产生的原因及预防措施；

⑤故障诊断技术和状态监测技术的基础知识；

⑥新型电动装卸机械的技术性能、使用要求与维护保养方法。

(2)应会：

①三种机型的操作技能；

②在复杂情况下,完成各种特殊货类及难度较大的装卸作业；

③按技术规范机械大修前的技术鉴定和大修后的检验工作；

④判断零部件的非正常磨损并分析重大机械质量事故的原因；

⑤对各种电动装卸机械的动力性、经济性进行比较分析；

⑥对电动装卸机械进行状态监测；

⑦对吊、夹具、工属具提出改进意见；

⑧看懂装配图、电器原理图和技术文件；

⑨初级电工和钳工的基本操作技能。

4)电动装卸机械司机技师

具有丰富的生产实践经验和操作技能特长。熟悉电动装卸机械的新设备、新技术、新材料、新工艺。掌握新型电动装卸机械设备的操作技能和维护保养。解决电动机械装卸作业工艺的疑难问题。指导高级工进行装卸作业和设备维护保养。

(1)应知：

①电动装卸机械的结构、工作原理、技术性能和特点,新型电动装卸机械的技术性能,使用要求及维护保养方法；

②新设备、新技术、新材料、新工艺在电动装卸机械上的应用；

③电动装卸机械修理级别、修理项目及验收要求；

④机、电、液、仪一体化基础知识；

⑤电动装卸机械技术管理知识；

⑥生产组织及生产管理基本知识；

⑦计算机的基本知识。

(2)应会:

①新型电动装卸机械的操作技能;

②在复杂情况下,完成难度大的装卸作业并组织指导高级工进行装卸作业;

③根据设备技术状态提出修理级别及修理项目的意见,按照技术要求验收;

④电动装卸机械的监测技术基本知识及检测设备的应用;

⑤电动装卸机械的故障分析及排除方法;

⑥对新工艺、新技术、新材料的应用提出意见和建议;

⑦借助外文字典了解本机种外文技术资料及发展动态;

⑧操作装卸机械的计算机装置;

⑨结合工作实践撰写技术总结或论文。

4. 流体装卸操作工

从事港口流体货物装卸操作的工作人员。分为初级、中级两个等级。

1)初级流体装卸操作工

熟悉常见流体货物的基本特征和装卸要求。掌握流体货物装卸操作方法。能独立进行流体货物装卸作业。

(1)应知:

①作业区域码头的结构特点、标尺、吃水及靠泊能力;

②船舶靠离作业的联系信号,潮汐、风向等对靠离泊的影响;

③装卸的流体货物基本理化特性,温度、压力、气候等因素变化对装卸作业的要求;

④流体装卸设施、设备和工属具的基本知识和保养方法;

⑤流体装卸管线、阀体、仪表等承压的安全负荷;

⑥常见流体货物的装卸工艺要求;

⑦装卸流体货物适用的管道对接基本知识;

⑧安全生产管理规则和本岗位安全技术操作规程;

⑨防火、防爆的基本知识;

过驳作业所需管线数、靠球数及其船舶吃水、装载量。

(2)应会:

①靠泊信号、带解缆绳、靠球摆放;

②随装载水尺变化,调整缆绳及橡胶靠球的位置;

③排除管道对接、阀体、装卸设备等一般性故障;

④使用简单流体装卸设施、设备和工属具,按照操作规程进行装卸作业;

⑤对所属设备、管线、仪表、阀体等进行监护和保养;

⑥使用各种消防器材和防护用品;

⑦填写运行日志和作业票;

⑧会测量水深、识读水尺;

⑨对操作过程中的突发事故报警。

2)中级流体装卸操作工

熟知常用流体装卸设备的性能、规格、构成和工作原理。熟练地操作装卸设备进行流体作业。具有组织、指导装卸作业的能力。

(1)应知:

①船舶的基本性能,流体货物装卸队船舶稳定性的影响;

②流体货物装卸的基本知识,装卸工艺标准,输送管线结构布局;

③输油臂的性能、规格及船岸管道对接的基本知识;

④液货货物的理化特性及相关知识,对装卸中转作业影响和安全防护要求;

⑤船舶卸载的泵速、泵效、排量及舱容换算;

⑥预防安全事故的基本措施及施救方法;

⑦防污染的基本知识。

(2)应会:

①会根据水位变化调整囤船锚链松紧;

②按安全技术操作规程和装卸工艺标准熟练操作较为复杂的设备进行装卸作业;

③识读船舶装载水尺;

④管工、钳工的基本技能;

⑤能够进行简单的水上防污、消防和救生;

⑥应急处理操作过程中的突发事故,熟练使用本岗位的消防设施;

⑦防爆电器的基本操作。

5. 皮带输送机操作工

从事皮带输送机械操作工作的人员。分为初级、中级两个等级。

1)初级皮带输送机操作工

了解皮带输送机基本构造和性能。掌握皮带输送机的操作方法。能独立操作皮带输送机进行装卸作业。

(1)应知:

①皮带输送机的安全技术操作规程;

②常用工、夹、量具、设备的维护、保养范围和质量标准,熟悉装卸工艺流程;

③皮带输送机的基本构造、技术性能和在不同条件下皮带输送机安装要求;

④各季节使用的润料种类、规格及润滑部位;

⑤皮带磨损规律及预防措施;

⑥钳工及电工基本知识;

⑦机械制图基本知识。

(2)应会:

①熟练操作皮带输送机;

②校正皮带偏移,调整皮带松紧度,根据皮带运行状态调整落料料口流量;

③更换托辊;

④及时发现、排除各机构产生的故障;

⑤按要求独立进行皮带输送机维修保养;

⑥绘制皮带输送机工作原理图;

⑦钳工基本操作技能。

2)中级皮带输送机操作工

熟知皮带输送机各主要部件的构造和工作原理。掌握皮带输送机各总成拆装和排除故障的技能。具有组织完成皮带输送机维修作业能力。

(1)应知:

①皮带输送机主要部件构造、工作原理和损坏的原因及修复方法;

②同类机械的保修制度及质量检验标准;

③同类机械的优缺点;

④常用金属材料和机械制图的基本知识;

⑤电工基础知识。

(2)应会:

①操作各种皮带输送机;

②皮带输送机各总成的拆装工作及主要部件间隙调整;

③分析、判断皮带输送机各种故障原因并提出防范措施;

④按技术规范进行修前的技术鉴定和修后检验工作;

⑤组织维修工作;

⑥对皮带输送机的选型提出改进意见。

## 四、辅助装卸生产人员

辅助装卸生产人员是指没有直接从事起重、吊装等作业的其他人员,主要包括装卸机械修理工、装卸工索具修制工、港口系缆工、运输粘接工等生产人员。

1. 内燃装卸机械修理工

内燃装卸机械修理工是指从事各类内燃装卸机械设备的修理人员。分为初级(五级)、中级(四级)、高级(三级)、技师(二级)、高级技师(一级)五个等级。

1)初级内燃装卸机械修理工

熟悉内燃装卸机械的基本构造和各机构或系统的工作原理。掌握内燃装卸机械的功能及用途、判断及排除简单故障、零部件的检修及装配等。参与内燃装卸机械各机构的修理工作和完成一种机型的保养作业。

(1)应知:

①常用维修设备、工具的功用及安全技术操作规程;

②钳工基本知识和常用工、夹、量具及设备的使用方法和维护常识;

③内燃装卸机械主要技术性能参数和基本工作原理;

④各种装卸机械各机构或系统的组成;

⑤内燃装卸机械主要部件的构造、作用、相互关系、技术标准;

⑥内燃装卸机械的点检、保养和检修知识及标准;

⑦主要机型各工作机构故障的检查步骤和排除方法;

⑧内燃装卸机械电工常识;

⑨常用燃料、润料、工作液的种类、牌号、性能和使用标准;

⑩机械制图、机械基础的基本知识。

(2)应会：

①使用钳工常用设备和工具；

②使用常用仪表及测量工具；

③能检修发动机各系统的一般故障；

④调整发动机怠速、高速、加速，能判断转速是否正常；

⑤按技术标准对机构或系统能进行一般的检修和调整，判断及排除简单故障；

⑥正确使用、维护用于维修的起重设备；

⑦零部件检测及装配标准；

⑧看懂带剖面的常用零件图，按实样绘制简单的零件图。

(3)工作实例：

①检测零部件的尺寸及调整间隙；

②拆、洗内燃装卸机械各总成件和零部件；

③检修机油泵、水泵总成；

④检修、调整离合器及传动轴总成；

⑤检修、调整制动总(分)泵、手制动器、真空增压器总成；

⑥检修、调整转向机构；

⑦调整发动机气门间隙，校对点火正时。

2)中级内燃装卸机械修理工

熟悉内燃装卸机械的构造和机构或系统工作原理及检修技术标准。能独立完成主要装卸机械的三级保养和主要机构或系统项目修理工作，独立判断和排除内燃装卸机械的常见故障。

(1)应知：

①内燃装卸机械检修的技术标准；

②内燃装卸机械各级别的保养内容和标准；

③内燃装卸机械各部总成的构造原理和简易调试方法；

④发动机各型燃烧室的构造特点和工作原理；

⑤各型化油器、喷油器、喷油泵、调节器的构造、性能、工作原理及调整方法；

⑥爆燃、点火时间、进排气量对发动机动力性及机械寿命的影响；

⑦各种内燃装卸机械的机构或系统的构造及工作原理；

⑧常用机加工和电气焊的基本知识；

⑨液压的基本知识；

⑩主要机件配合标准和装配知识；

⑪内燃装卸机械电气原理。

(2)应会：

①按工艺技术标准，对发动机和机构或系统及总成件进行检修；

②校对喷油器的喷油压力，检查其雾化程度；

③检查发动机工作是否正常；

④判断和排除内燃装卸机械的常见故障；

⑤调整主要零部件的装配间隙或松紧度；

⑥看懂复杂机械零件图及一般装配图；

⑦初级钳工的基本操作技能。

(3)工作实例：

①检测发动机的气缸压力；

②检测和调整液压系统及液力传动系统的工作压力；

③检验、校正、铰削、组装活塞连杆组；

④检验、校正、铰削、组装曲轴轴承、连杆轴承；

⑤检修、调整液力变矩器，并检修、调整变速器、主减速器齿轮的啮合性能。

3)高级内燃装卸机械修理工

掌握内燃装卸机械的修理技术标准和要求，熟知各机构或系统构造及工作原理和各种疑难故障发生的原因及预防措施，能主持完成三级保养及机构或系统的维修工作，具有指导初级、中级工的实际工作的能力。

(1)应知：

①内燃装卸机械修理的技术标准和要求；

②内燃装卸机械各种故障的发生原因及预防措施；

③内燃装卸机械零件的互换性；

④常用机械零部件的加工工艺过程；

⑤常用金属材料的热处理方法和技术标准；

⑥常用金属材料的焊接特性、工艺和标准；

⑦一般液压元器件的工作原理；

⑧调整喷油泵和液力传动系统的有关知识；

⑨形位公差和主要机件装备知识。

(2)应会：

①按修理标准进行性能试验，鉴定修理质量；

②判断和排除内燃装卸机械的疑难故障；

③对金属构件的受损部位进行冷、热矫正，局部改造与安装；

④内燃装卸机械常用零部件的改装、改制工作；

⑤进口内燃装卸机械常用零配件国产化；

⑥看懂较复杂的装配图、零件图和有关技术文件，绘制一般的零部件图；

⑦看懂内燃装卸机械各机构或系统的工作原理图；

⑧校正各种喷油泵；

⑨中级钳工和起重基本操作技能；

⑩正确使用各种检测仪表和测量工具。

(3)工作实例：

①检测气缸的圆柱度、圆度、表面粗糙度和连杆轴线平行度；

②检修、调整发动机的配气相位；

③检修、装配发动机总成；

④检修、装配液压泵、控制阀、液压传动机件、油缸总成,排除液压系统的故障;

⑤发动机、各机构或系统疑难故障的判断与排除。

4)内燃装卸机械修理技师

掌握内燃装卸机械大修的技术标准和要求,能主持完成主要装卸机械的大修工作,解决大修过程中各种疑难问题。了解新技术、新工艺和新材料的应用,具有对初级、中级、高级工技术培训和指导实际工作的能力。

(1)应知:

①内燃装卸机械大修的技术标准、要求和大修工艺;

②内燃机功率、扭矩、压缩比的计算方法;

③计算齿轮、蜗轮、蜗杆等几何尺寸的有关知识;

④新技术、新工艺和新材料在内燃装卸机械中的应用;

⑤内燃装卸机械结构和零部件的材料及性能;

⑥零部件的热处理标准及金属材料的焊接性能;

⑦设计工、夹具的基本知识;

⑧计算机的基本知识;

⑨装卸机械上用外文标注的内容;

⑩生产管理、质量管理、技术管理等基本知识。

(2)应会:

①按大修的技术标准对零部件进行检测和技术鉴定;

②根据零部件的使用性能,能合理的选材,提出热处理标准和加工工艺;

③按图纸标准,组织内燃装卸机械各部件的组装和总装,解决装配的疑难问题;

④判断各种内燃装卸机械非正常损坏的主要原因,并能予以排除;

⑤对大修后的内燃装卸机械按技术标准进行质量鉴定;

⑥根据生产工作任务和修理标准,改进、改制工具、机具和设备;

⑦提出和改进修理工艺;

⑧结合工作实际撰写技术总结或论文。

(3)工作实例:

①内燃装卸机械的状态监测;

②按修理级别和标准进行性能试验,鉴定修理质量;

③内燃装卸机械的大修调试;

④化油器的调试与改进;

⑤校验柴油机高压油泵;

⑥检修液压泵、马达、多位换向阀。

5)内燃装卸机械修理高级技师

掌握内燃装卸机械的技术性能、标准和要求,能独立主持完成各种内燃装卸机械的大修工作,不断改进大修工艺,对设计进行改进、改造,具有对初级、中级、高级工的技术培训和指导实际工作的能力。

(1)应知:

①结构力学、材料力学、金属材料学基本知识;

②焊接和机加工工艺、方法;

③内燃装卸机械的检测、试验及相关标准;

④机构和系统、零部件设计的基本知识;

⑤液压、电气的相关知识;

⑥内燃装卸机械发展历史和方向。

(2)应会:

①采用新技术、新工艺和新材料不断改进内燃装卸机械使用性能,延长使用寿命;

②对内燃装卸机械设计提出改进、改造方案;

③内燃装卸机械零部件的设计;

④改进内燃装卸机械大修工艺;

⑤看懂复杂的结构、装配、液压和一般的电器原理图;

⑥借助计算机对装卸机械故障进行分析诊断;

⑦借助外文字典查阅、读懂外文资料和技术文件;

⑧计算和校核零部件的强度;

⑨结合工作实际写有一定水平的技术论文。

(3)工作实例:

①新型内燃装卸机械大修方案及工艺;

②新技术、新工艺和新材料在内燃装卸机械中的应用;

③工、夹具和零部件的设计;

④内燃装卸机械机构或系统及零部件改进和改造方案。

2.电动装卸机械修理工

电动装卸机械修理工是指从事各类电动装卸机械设备的修理人员。分为初级(五级)、中级(四级)、高级(三级)、技师(二级)、高级技师(一级)五个等级。

1)初级电动装卸机械修理工

熟悉电动装卸机械的基本原理。掌握电动装卸机械的装配及检修的基本技能。参与电动装卸机械各机构的修理工作和完成一种机型的保养作业。

(1)应知:

①常用维修设备、工具的功能及安全技术操作规程;

②电动装卸机械的种类及用途、主要机构及部件的名称、工作原理、构造、作用、主要技术性能参数;

③一种机型电动装卸机械的点检、保养的范围和标准、修理工艺过程及大修理机械走合期的保养标准;

④常用钢丝绳的结构形式,安装、维护标准,检验规则及报废条件;

⑤吊钩总成及防转装置、滑轮及滑轮组、卷筒总成的构造、维护保养和检修技术标准;

⑥常用联轴器、制动器的形式、特点、构造及调整、修理技术标准;

⑦液压基础知识;

⑧常用液压油、润滑剂的种类、名称、牌号、性能及用途;

⑨机械制图、表面粗糙度、尺寸公差及形位公差基本知识；

⑩电气基本知识和安全用电常识；

⑪了解起重吊运指挥信号。

(2)应会：

①正确使用和维护保养常用的工具、量具及简单起重机械；

②填写机械点检、保养和检修作业的原始记录；

③按工艺规程标准,拆装和修理常用电动装卸机械的零部件；

④判断并排除机械的常见故障；

⑤完成通用电动装卸机械的保养作业；

⑥按技术标准,检修、装配、调整常用联轴器；

⑦按技术标准,检修、装配、调整常用制动器；

⑧修理普通带式输送机和正确调整输送带的跑偏；

⑨机械制图、机械基础的基本知识；

⑩正确执行机械修理工安全技术操作规程。

(3)工作实例：

①拆、洗电动装卸机械总成和零部件；

②检修、装配常用的联轴器；

③检修、装配、调整常用的制动器；

④拆装、检修吊钩总成；

⑤拆卸和装配滑动轴承、滚动轴承；

⑥轴上装配键连接的齿轮或其他零件；

⑦电动机定中心安装。

2)中级电动装卸机械修理工

熟悉电动装卸机械主要总成件的构造、原理和检修技术标准。掌握一种机型的大修技能。判断和排除电动装卸机械较复杂的故障。

(1)应知：

①电动装卸机械主要总成件检修技术标准；

②一种机型大修理工艺技术标准；

③各类减速器、联轴器、制动器、齿条传动的构造及工作原理,常见故障及其排除方法；

④常用液压、气动元件的构造及工作原理；

⑤液力耦合器的工作原理、构造、修理及装配标准；

⑥常用滚动轴承的名称、型号、性能、选用方法及配合、安装技术标准；

⑦常用金属材料及热处理的基本知识；

⑧常用金属材料基本知识和热处理常识；

⑨金属切削加工的基本知识；

⑩电动装卸机械防风抗滑装置和安全防护装置的种类、构造及修理、调整技术标准。

(2)应会：

①按修理工艺标准,完成一种机械主要机构的修理工作；

②按修理工艺标准,对电动装卸机械进行大修作业;

③对安装或修理后的机械进行整机调试;

④判断和排除较复杂的机械故障;

⑤对常用液压、气动元件进行修理;

⑥安装简单的液压、气动系统,并进行调试和故障排除;

⑦各类防风抗滑装置和安全防护装置的检修、安装和调试;

⑧看懂复杂机械零件图、液压原理图及一般装配图;

⑨看懂电力拖动主线路原理图;

⑩初级起重工基本技能。

(3)工作实例:

①检修、装配圆柱齿轮减速器、调整齿轮啮合间隙;

②检修、装配和调整起重机起升结构,排除故障;

③检修、装配液压控制阀、油缸总成;

④拆卸、检修、装配液力耦合器;

⑤检修、装配和调整轨行式机械的运行机构,排除故障;

⑥检修、装配和调整防风装置。

3)高级电动装卸机械修理工

熟知电动装卸机械大修理的技术标准和各种故障发生的原因及预防措施。能主持机械大修理并解决修理和装配中的疑难问题。具有指导初级、中级修理工的实际工作能力。

(1)应知:

①通用电动装卸机械的构造、工作原理及修理技术标准;

②电动装卸机械各种故障发生的原因、排除方法及预防措施;

③电动装卸机械零部件的互换性;

④圆锥齿轮、蜗轮、蜗杆传动机构的检修、装配技术标准及几何尺寸计算;

⑤行星齿轮减速器的类型、构造和检修、装配、调整技术标准;

⑥液压传动系统和气动系统技术知识;

⑦高强度螺栓连接基本知识和施工质量标准;

⑧主要机械零部件的加工工艺过程;

⑨常用金属材料的热处理方法和技术标准;

⑩电机与电力拖动基本知识及电动装卸机械电气调速基本知识;

⑪电焊、气焊、涂装、起重基本知识。

(2)应会:

①根据机械运行状况,确定状态修理内容;

②制定电动装卸机械各机构的修理方案;

③判断电动装卸机械非正常损坏的主要原因,并提出预防措施;

④组织电动装卸机械各部件的组装,解决装配中的疑难问题;

⑤看懂液压和气动系统原理图,对常见液压和气动系统故障进行判断和排除;

⑥按修理级别和技术标准进行机械性能试验;

⑦绘制零件图,看懂复杂的装配图和有关技术文件;

⑧中级钳工及起重工基本技能。

(3)工作实例:

①检修、装配蜗轮、蜗杆减速器,调整啮合间隙;

②检修、装配起重机回转机构,调整小齿轮与大齿轮圈啮合间隙,排除故障;

③检修液压泵、换向阀,排除液压系统故障;

④检修、调整带液压系统的集装箱吊具;

⑤检修、装配、调整液压或机械驱动变幅机构,排除故障;

⑥检修、调整转柱式起重机回转机构下支承装置。

4)电动装卸机械修理技师

掌握复杂电动装卸机械的维修技术。能主持装卸机械修理工作。具有组织和指导初级、中级、高级修理工完成复杂电动装卸机械修理作业的能力。

(1)应知:

①本企业大型电动装卸机械修理技术规范;

②电动装卸机械大修理验收技术标准;

③设备故障诊断与状态监测基本知识;

④电动机械变频调速基本原理和 PLC 的应用;

⑤维修新技术、新工艺、新材料的应用知识;

⑥各类输送机械的工作原理、构造、特性、调整方法及检修技术标准;

⑦机械设计和金属结构的力学基础及设计基本知识;

⑧液压传动系统的工作原理、基本类型及检修技术标准;

⑨机械零件修复的种类和方法;

⑩电机与电力拖动基本知识;

⑪常用电气控制基本知识和 PLC 可编程序控制器的基本原理;

⑫计算机应用基本知识;

⑬生产管理、质量管理、技术管理等基本知识。

(2)应会:

①组织并指导大型电动装卸机械的大修理、调整和性能试验;

②使用相关仪器、工具测量大型构件的尺寸公差和形状、位置偏差;

③设计或改制专用工、夹、模具或设备;

④绘制部件装配图,提出装配技术标准;

⑤分析、判断金属结构件变形、裂纹的原因,并提出修复方案;

⑥熟悉电气控制原理图;

⑦对损坏的零部件根据其材质及使用标准提出修复、改造利用方案;

⑧编制维修作业的安全防护措施;

⑨结合自己工作实践撰写技术总结或论文。

(3)工作实例:

①主持大型电动装卸机械的大修理作业,达到验收标准;

②运行机构车轮啃轨的检修和调整；

③测绘齿轮零件图、绘制齿轮装配部件图。

5）电动装卸机械修理高级技师

全面掌握电动装卸机械的相关专业知识和维修新技术。有丰富的维修经验和一定的管理能力。能解决电动装卸机械修理中复杂的技术问题和排除疑难故障。具有对初级、中级、高级修理工进行培训和指导实际工作的能力。

（1）应知：

①本企业大型专用电动装卸机械的性能构造、工作原理及修理规范；

②电动装卸机械大修理验收技术标准；

③设备故障诊断与状态监测基本知识；

④电动机械变频调速基本原理和 PLC 的应用；

⑤维修新技术、新工艺、新材料的应用知识。

（2）应会：

①组织并指导大型专用电动装卸机械的修理、安装和调试；

②主持电动装卸机械的检验、性能试验和鉴定验收；

③编织修理方案和组织施工方案；

④编织电动装卸机械修理工艺规程；

⑤使用常用的监测仪器（或设备），分析、判断、排除复杂的机械、液压系统故障；

⑥应用新技术、新工艺、新材料；

⑦结合工作实际写有一定水平的技术论文。

（3）工作实例：

①主持大型专用电动装卸机械的拆卸、修理、安装；

②对电动装卸机械进行状态监测；

③编写电动装卸机械各机构修理工艺。

3. 装卸机械电器修理工

装卸机械电器修理工是指从事各类装卸机械设备的电气、电路修理工作的人员。包括初级、中级、高级、技师、高级技师五类。

1）初级装卸机械电器修理工

了解装卸机械电气工作原理；掌握安装 10kW 以下感应电机及控制设备的基本技能；能独立排除装卸机械的简单电气故障。

（1）应知：

①常用工、夹、量具、仪表使用和保养方法；

②常用电机轴承、润滑油、电刷、导线、绝缘材料的种类、型号、规格、用途；

③电工、电子技术和电缆的基础知识；

④常用交、直流电器的基本构造、用途及使用维修方法；

⑤常用电机工作原理和修理工艺技术要求；

⑥简单电气原理图、接线图和各电器元件的作用；

⑦搭铁、接零的作用及避雷和安全用电常识；

⑧装卸机械结构的基本原理和机械操作方法；

⑨电工和起重工安全技术操作规程；

⑩计算机的基本操作知识。

（2）应会：

①使用常用工具、仪表；

②常用低压电器的维护和检修；

③拆装、维护 10kW 以下的感应电机；

④按电机型号和参数，选择导线、自动空气开关、熔断器、接触器及热继电器；

⑤按图安、拆装 10kW 以下感应电机的控制设备；

⑥按图检查并排除电动装卸机械的常见电路故障；

⑦排除装卸机械启动、照明和信号电路的故障；

⑧绕制直流发动机、启动电动机线圈；

⑨排除变频调速系统的简单故障；

⑩使用常用电工材料；

⑪触电急救、人工呼吸和电器消防灭火的方法。

（3）工作实例：

①拆装 10kW 鼠笼电机；

②检查电机开路、短路故障；

③按图正确安装 Y-△降压启动线路；

④判断五根截面不同的导线规格；

⑤用仪表判断三极管的类型和极性；

⑥绕制内燃装卸机械的整流发电机定子绕组；

⑦排除装卸机械继电接触器部分的常见故障。

2）中级装卸机械电器修理工

熟悉装卸机械电器的工作原理和低压电力线路的检修方法；掌握装卸机械电器检修的基本技能；检查和排除装卸机械电器的复杂故障。

（1）应知：

①变压器、互感器的构造、工作原理和使用要求；

②常用交直流电机和特殊电机的工作原理、用途及其故障的检查、排除方法；

③常用低压电器灭弧装置的构造和原理；

④电桥的工作原理、使用和维护方法；

⑤大型电动装卸机械继电接触器控制线路；

⑥一般电子电路的工作原理；

⑦涡流制动原理和电磁铁系统控制原理；

⑧低压电力线路的检修方法；

⑨交直流电焊机的构造和工作原理；

⑩交流变频调速装置的基本知识；

⑪常用可编程序控制器（LPC）控制电路的工作原理。

(2)应会:

①使用电桥测量各种阻抗;

②按图安装和调试电动装卸机械电气设备的控制线路;

③各类内燃装卸机械电器线路的检修;

④按电机型号和参数选择启动控制电器的种类和规格;

⑤按机械电器修理、安装项目和内容,提出所需设备材料清单;

⑥变幅电机涡流制动电气线路的检修;

⑦PLC 及变频器常见故障排除方法;

⑧初级钳工的操作技能。

(3)工作实例:

①用单臂电桥测电阻;

②检修内燃装卸机械电气线路故障;

③按图安装电动起重机控制线路;

④修复 50kW 绕线电机的定子方法;

⑤电磁铁断电五保磁电器线路故障;

⑥排除装卸机械继电接触器部分故障;

⑦检修轮胎起重机磁放大器故障;

⑧按图排除 PLC 控制线路故障。

3)高级装卸机械电器修理工

熟知各种复杂控制线路的调整试验方法及主要电气设备的工作原理和性能要求;能主持装卸机械电器修理的安装、调试工作并能解决修理中产生的各种疑难问题;具有指导初、中级工检修作业的能力。

(1)应知:

①电气仪表、传感器、控制元件的工作原理;

②同步电机的构造和控制方法;

③各类控制电机的基本工作原理;

④交流电机、变压器、低压电器绕组改绕的计算方法;

⑤交流电机三相旋转磁场原理和直流电机换向原理;

⑥各种复杂控制线路的调试方法;

⑦电机的启动力矩、电流、电压、转速之间的关系和各种调速、制动方法;

⑧电力变压器的修理工艺;

⑨主要电器设备的工作原理和性能要求;

⑩液压传动的基本原理;

⑪集成电路、逻辑电路的基本原理。

(2)应会:

①检修并排除交流电机控制线路故障;

②检修特殊电机;

③计算电机、变压器绕组的匝数、截面;

④主持较复杂机械的电气设备、控制线路的施工、安装、调试；

⑤设计绕组式电机的控制线路；

⑥数控设备的故障排除；

⑦按图纸安装和调试 PLC 控制线路；

⑧根据变频器提供的信息，判断故障并进行维修；

⑨应用新工艺、新技术、新材料。

(3)工作实例：

①根据电气控制原理检修主起升电机励磁电流偏低故障；

②排除集装箱桥式起重机主起升电路无动作故障；

③排除集装箱桥式起重机 SSCD 逻辑控制板块故障；

④排除集装箱叉车起升无力电气故障；

⑤看图指出不同型号集装箱桥式起重机控制原理的主要区别；

⑥排除电磁铁、保磁及蓄电池充、放电控制板故障。

4)装卸机械电器修理技师

熟悉装卸机械涉及的电子电路的设计和调整方法。熟悉装卸机械电气设备的工作原理和性能要求。能指导整个装卸机械电器的修理、安装和调试。具有指导高级工检修作业的能力。

(1)应知：

①受控源电路的基本分析方法；

②多级放大电路的一般分析方法；

③可控硅整流电路、逆变电路的基本应用；

④交、直流调速系统的工作原理；

⑤自动控制系统的基本原理；

⑥常用传感器工作原理、特征以及基本检测电路；

⑦典型控制电路的分析方法；

⑧单片机在装卸机械上的应用原理；

⑨PLC 常用指令的功能和程序设计的一般方法；

⑩装卸机械上常用故障诊断器显示的英文内容；

⑪交流变频调速系统的基本概念和工作原理；

⑫编码器的工作原理。

(2)应会：

①根据要求设计一般的电子电路，并会选择元、器件，计算参数；

②根据电子电路图原理分析；

③对可控硅电路作原理分析并设计可控硅整流电路；

④排除交、直流电机调速系统故障；

⑤根据工艺流程安装、调试自动控制电路并能运用自动控制原理改善现有控制系统的特性；

⑥应用 PLC 技术对装卸机械局部电路进行改造；

⑦根据继电接触器电路图设计 PLC 梯形图和外部接线图；

⑧借助计算机网络对装卸机械进行故障诊断和修理；

⑨变频器部分参数的设置；

⑩装卸机械中电气维修出现的疑难问题；

⑪制定改造、修理方案和结合工作实际写技术总结或论文。

(3)工作实例：

①利用示波仪判断并排除直流驱动器缺少触发脉冲的故障；

②根据要求调节直流电机的经济磁场；

③排除由 PLC 控制的双箱平移吊具的故障；

④驱动器测速反馈故障的排除；

⑤用改进液压系统控制的方法，排除吊具的中锁油缸自动下降故障；

⑥通过调整地址分配，排除驱动器与 PLC 通信的故障；

⑦排除位置编码器的故障；

⑧根据电气控制原理，修改 PLC 的梯形图。

5)装卸机械电器修理高级技师

掌握装卸机械较为复杂的电子电路的设计和调整的方法。掌握装卸电气设备中自动控制的工作原理和性能要求。能应用先进的方法指导整个装卸机械电器的修理、安装、调试和改造。具有指导高级工、及时检修作业的能力。

(1)应知：

①用三要素法计算暂态电路；

②组合逻辑电路、时序逻辑电路的分析以及设计方法；

③可控硅整流电路、逆变电路的分析方法及其应用；

④自动控制在装卸机械方面的应用；

⑤交流电机矢量控制调速系统的基本概念及其工作原理；

⑥编码器在装卸机械方面应用的工作原理。

(2)应会：

①要求能设计较为复杂的实用电子电路；

②读懂装卸机械复杂的电气电路图；

③说明可控硅应用电路的特点；

④对三相可控硅整流电路进行波形分析和调试；

⑤运动自动控制的基本原理排除故障；

⑥把复杂的继电接触器电路转换成 PLC 控制的梯形图和语句表；

⑦用高级编程语言编制较复杂的生产工艺流程的控制程序，画出 PLC 的接线原理图，并安装调试；

⑧借助英文词典阅读装卸机械电器方面一般的英文资料；

⑨变频调速系统调试；

⑩对装卸接卸局部电路进行优化改造；

⑪结合工作实际写有一定水平的技术论文。

(3)工作实例:

①根据应急需要,在安全保障的前提下,通过修改 PLC 程序,使起重机械临时投入使用;

②通过对软、硬件的处理,排除 PLC 与远程 I/O 通信故障;

③通过调节参数,排除驱动器过电压的故障;

④通过调节参数,排除变频器启动的故障;

⑤通过 PLC 程序的设计,解决绝对编码器过零点的问题;

⑥调整 PLC 中 D/A 转换模板的输出范围;

⑦调整驱动器控制系统中的速度环 PI 调节器参数;

⑧安装笔记本电脑 PLC 软件并进行通信设置。

4.港口系缆工

从事港口各类船舶靠离码头系、解缆工作的人员。分为初级、中级两个等级。

1)初级港口系缆工

了解本工种安全操作规程和船舶靠离码头的有关技术要求。能独立完成各类船舶靠离码头的系、解缆作业。

(1)应知:

①港口系缆工安全操作规程;

②港口作业船舶靠离码头的基本方法和技术要求;

③各类码头泊位船舶靠离码头的系、解缆方法;

④船舶靠离码头规范的联络信号;

⑤特种作业及潮汐变化对系、解缆的技术要求;

⑥码头系、解缆设施概况、使用要求和防护的基本知识;

⑦潮汐变化对船舶靠离码头的影响及应采取的措施和方法;

⑧各种系缆工具、供水设施的使用、保养知识;

⑨船舶供水业务知识;

⑩水上救生、救护的基本知识。

(2)应会:

①使用系缆工具和船舶靠离码头时的各种联络信号;

②一般船舶靠离码头的系、解缆作业,抛缆水平距离为 25m,偏差不超过 ±3m;

③操作舢板式救生艇完成系、解缆作业;

④常用工具和供水设施的日常保养;

⑤游泳 100m;

⑥正确使用常用的消防设备。

2)中级港口系缆工

熟知与本工种系、解缆有关的各类知识。能在复杂的情况下,指挥和完成各种特殊船舶靠离码头的系、解缆作业。

(1)应知:

①港区码头的结构特点、码头标尺和水深情况;

②常见船舶的船舶规范等情况;

③潮汐、水流、风力在船舶靠离码头时对系、解缆作业影响的有关知识；

④供水设施的维修、保养知识；

⑤港口系缆基础英语知识。

(2)应会：

①抛缆水平距离32m，偏差不超过±2m；

②指挥特殊类型船舶靠离码头的有关系、解缆作业；

③在船舶靠离码头发生危险时采取紧急措施防止事故发生；

④使用高频电话等通信设施与船方、调度保持联系，确保船舶靠离码头的安全；

⑤在不良气候等条件下，指挥和完成船舶靠离码头的系、解缆作业；

⑥对供水设施进行维修；

⑦与系、解缆有关的英语会话。

5. 装卸工具修制工

从事各类绳扣、吊带、吊索、吊钩、网络等装卸工具修理和制作的工作人员。分为初级、中级两个等级。

1)初级装卸工具修制工

了解一般装卸工具修制的技术要求和工艺标准。掌握常用装卸工具制作、修理方法。能独立完成常用装卸工具的修制工作。

(1)应知：

①装卸工具修制的安全操作规程；

②常用工、夹、量具的名称、规格、用途、使用规则和维护保养方法；

③工具修制设备的维护保养方法；

④装卸工具的修制的技术要求和工艺标准；

⑤装卸工具的名称、规格、性能、负荷及适用范围；

⑥装卸工具的报废标准；

⑦机械制图基本知识。

(2)应会：

①使用修制设备和工具，并进行保养；

②修理常规装卸工具；

③常规装卸工具的使用方法；

④绘制简单装卸工具零配件图；

⑤钳工基本技能。

2)中级装卸工具修制工

熟知装卸工具修制的基本理论知识，掌握常规装卸工具的制作、修理方法。能对装卸工具进行技术鉴定，提出改进措施和创新建议。解决装卸工具修制过程汇总的疑难问题。

(1)应知：

①装卸工具修制安全操作知识及必要的防护手段；

②装卸工具修制设备的性能和用途；

③常规装卸工具修制标准、技术要求和适用范围；

④常规货物装卸工艺基础知识；
⑤常规装卸工具装配图的基本知识；
⑥常用金属材料性能和热处理基础知识；
⑦电工和焊接基础知识。
(2)应会：
①对常规装卸工具进行维修、故障检测和排除；
②常规装卸工具、自用装卸工具的热处理；
③依据货类和装卸工艺的变化革新装卸工具；
④按图纸制作装卸工具；
⑤常用设备的维护和保养；
装卸工具革新改造图纸的绘制。

6. 运输带粘接工

从事港口皮带输送机织物芯运输带粘接、修补的工作人员。初级、中级、高级、技师四个级别。

1)初级运输带粘接工

了解运输带粘接的基本知识和常用粘接剂配比方法、掌握运输带粘接基本技能。独立完成一般运输带粘接作业。

(1)应知：
①常用设备的名称、型号、规格、使用和保养方法；
②常用工、夹、量具的名称用途和保养方法；
③带式输送机的工作原理、主要结构和作用；
④橡胶运输带的结构、尺寸、型号、规格、性能、用途；
⑤常用粘接剂的种类、性能、使用方法、保管要求；
⑥运输带粘接修补工艺；
⑦有毒有害物品的防护和消防基础知识；
⑧安全用电知识和安全技术操作规程；
⑨机械识图、机械基础的基本知识。
(2)应会：
①常用设备、工具的正确使用和保养；
②正确配制和使用常用粘接剂；
③按工艺技术要求粘接运输带接头；
④运输带简单的修补；
⑤有毒有害物品的防护一般消防器材的使用；
⑥钳工操作技能；
⑦正确执行安全技术操作规程。
(3)工作实例：
①橡胶运输带顺口、横口的修补；
②橡胶运输带局部硫化修理；

③织物芯运输带接头粘接工作。

2)中级运输带粘接工

熟悉运输带粘接的工艺要求,正确确定接头尺寸和下料,掌握配制粘接剂的基本知识和方法,完成较复杂断口的粘接工作。

(1)应知:

①常用设备的种类、名称、结构、性能、特点和使用要求;

②运输带的种类、规格型号、结构、技术参数;

③常用粘接剂的种类、性能、主要成分、配制及使用方法;

④运输带粘接工艺技术要求;

⑤解决粘接接头常见质量问题的方法;

⑥吊装起重牵引车基本知识;

⑦初级电工装卸机械修理工相关知识;

⑧电工基本知识。

(2)应会:

①运输带的牵引、定位;

②按运输带的规格型号,正确确定接头尺寸和下料;

③按技术要求、工艺标准熟练进行粘接作业;修复运输带破损断裂部位;

④分析解决运输带粘接接头常见技术质量问题;

⑤排除硫化设备的一般常见故障。

(3)工作实例:

①橡胶运输带较复杂破损断裂部位的修补;

②织物芯运输带接头尺寸、下料及粘接;

③钢丝绳运输带接头粘接。

3)高级运输带粘接工

熟悉运输带粘接的基础理论知识,掌握大型输送机运输带粘接修理的全过程,具有分析解决粘接过程中出现的技术质量问题的能力。

(1)应知:

①运输带的粘接原理和粘接剂的化学成分;

②运输带接头形式、特点和计算方法;

③运输带粘接质量的鉴定标准和技术质量问题的解决方法;

④带式输送机的种类、结构、特点、原理、作用;

⑤中级电动装卸机械修理工的相关知识;

⑥现场装卸工艺流程。

(2)应会:

①确定运输带接头形式,计算接头尺寸;

②制定运输带粘接修理工艺;

③解决粘接工艺存在的技术质量问题;

④熟练掌握粘接技能,组织指导粘接全过程的操作,并符合技术要求;

⑤分析解决硫化设备存在的简单故障，组织本工种范围内的一般性检修。

(3)工作实例：

①运输带负载破损的修复；

②运输带复杂破损粘接接头尺寸设计、计算、下料及修复；

③分析解决粘接过程中的技术质量问题。

4)运输带粘接技师

熟知运输带粘接原理，了解橡胶机运输带的生产工艺，分析运输带损坏的原因，解决粘接过程中的各种技术质量问题。具有对初、中、高级工进行技术培训和指导实际工作的能力。

(1)应知：

①粘接的基本原理和接头设计的基本原则；

②橡胶的种类、特性、硫化和运输带的生产工艺；

③运输带损坏的原因和解决方法；

④影响粘接强度的因素和改善粘合质量的方法；

⑤计算机应用基本知识。

(2)应会：

①运输带接头粘接和修补工艺的确定；

②分析运输带损坏的原因并提出解决方法；

③针对运输带粘接缺陷提出改进方案；

④分析解决硫化设备的各种故障；

⑤掌握新技术、新材料、新工艺的要求；

⑥制定本岗位工作标，规范作业程序；

⑦计算机的一般操作；

⑧结合自己工作实际撰写技术总结或论文。

(3)工作实例：

①运输带粘接修补工艺确定和操作；

②分析解决粘接过程中的各种技术质量问题。

7.其他辅助装卸生产人员

除了以上介绍的内燃装卸机械修理工、电动装卸机械修理工、装卸机械电器修理工、港口系缆工、装卸工索具修制工、运输带粘接工以外，还包括其他装卸机械修理人员、装卸工属具收发工等人员。具体如下：

(1)其他装卸机械修理人员：从事钣金工、冷做工、充电工、油漆工、轮胎工、木工、机加工、电焊工等装卸机械主修工和辅修工；

(2)装卸工属具收发工：从事装卸工索具和劳动保护、安全防护用品的收发、检验、整理、保养、保管工作的人员。

(3)油码头油、水质化验工：在油码头从事油品、水质有关指标的测定、化验和分析工作的人员。

(4)油码头司炉工：操作锅炉，提供石油输送用气，并对锅炉进行维护保养的人员。

(5)油码头油泵修理工:在油码头从事泵机和泵房内管道、阀门等附属设备修理工作的人员。

(6)输油管道维修工:从事输油管道、阀门的安装和维修工作的人员。

(7)油码头电器仪表修理工:在油码头从事各种电器、仪表设备修理和保养工作的人员。

## 五、货运业务人员

港口货运业务人员主要包括港口理货员、衡器操作工以及与货运相关的其他业务人员。

1. 港口理货员

从事港口库场、码头等理货作业的人员。分为初级、中级两个等级。

1)初级港口理货员

了解水路货物运输的有关规定。掌握港口理货作业的基本知识。能够独立进行常见货物的理货作业。

(1)应知:

①国内水路货物运输及港口货物作业规则中关于理货作业的有关规定;

②货物收发、保管、交接等有关规定;

③一般货物的基本特性、装卸工艺和运输、保管、包装、标志要求;

④库、场的面积、货位、堆存能力及堆码标准;

⑤货物的计数、计量方法和计量单位;

⑥了解货物运单的内容和流程;

⑦危险货物装卸运输的有关规定和成组、集装箱运输的基本方法。

(2)应会:

①按货物的承运验收、保管、交接、到达交付等规定程序作业;

②根据货物特性、包装、流向等安排货位;

③指导装卸工正确装卸和堆码,制作相应标志,并根据气象等情况采取必要防护措施;

④件货 划类、点垛、收发等计数和散货水尺计量;

⑤交接清单及有关单证、账表的填写和递交;

⑥填写货物转栈过程及保管时间等有关费率计算凭据;

⑦准确填报货运事故的有关记录,分清工残、原残,及时进行妥善处理;

⑧使用库、场的消防设备;

⑨掌握常见货物名称、包装、标志、残损描述等专业外文知识。

2)中级港口理货员

掌握港口理货业务。解决理货作业中的疑难问题。具有组织、指导初级理货员进行理货作业的能力。

(1)应知:

①水路货物运输的有关规则和规定;

②特殊货物和危险货物的基本特性、包装、标志、运输、装卸工艺和保管要求;

③货车的车型、车种和装卸、加固要求;

④水运货物换算质量和港口有关费收项目;

⑤一般货物的自然减量及损耗率；

⑥集装箱及成组装卸运输管理和单元滚装运输的基本知识；

⑦了解溢短货物、无法交付货物和货运事故的处理方法。

(2)应会：

①单船理货的交接工作；编制理货作业计划，办理货物验收、交接等手续；

②货物的盘点、核对及登销台账；

③根据货物动态，编制库场积载计划的积载图表，合理安排货位；

④识别常见货物的名称、港口、包装标志灯专业外文，能应用外文进行简单对话；

⑤填写货运事故、溢短货物和无法交付货物的有关记录；

⑥通过计算机应用能力初级培训考试。

2. 衡器操作工

衡器操作工是指操作计量衡器，完成货物运输过程中静态和动态计量作业的人员。分为初级、中级两个等级。计量衡器是指在港口企业内被普遍用于货物城中的衡器设备，它包括汽车衡、轨道衡、自动定量包装秤、非连续累计料斗秤、移动式灌包设备、电子皮带秤、电子吊秤、行李包裹秤及管理等。

1)初级衡器操作工

了解衡器的工作原理和操作方法。掌握衡器仪表内校和标定的基本技能。能独立操作衡器。

(1)应知：

①衡器的技术操作规程；

②计量法规和法定计量单位、质量计量的基础知识；

③机械式衡器的零件、名称、结构和工作原理；

④衡器的维护保养知识；

⑤常用的数学计算和不同计量单位之间的换算知识；

⑥安全用电知识。

(2)应会：

①独立操作衡器；

②衡器仪表内校和标定，并对衡器仪表数据作常见误差的分析与判断；

③对衡器进行日常的使用维护保养；

④处理衡器的常见故障；

⑤填写或打印计量原始数据和报表。

2)中级衡器操作工

掌握衡器的结构原理和性能。能及时处理衡器计量业务中出现的疑难问题。分析判断和协助排除各类衡器故障。

(1)应知：

①各类衡器检定规程的内容；

②衡器主要技术指标(灵敏性、稳定性、准确性、不变性)相互之间的关系；

③力—角位移转换装置的结构原理；

④电子衡器的打印、显示、仪表、传感器等设备的工作原理和性能；

⑤各类报表、单据、账册的填写或打印要求；

⑥相关机电技术的基础知识；

⑦钳工的基础知识。

(2)应会：

①操作各类衡器；

②按检定规程标定衡器，对标定数据进行误差分析，并对仪表进行调整；

③按有关规范对各类衡器进行日常的使用和保养；

④分析判断各类衡器的故障，并能协助排除；

⑤钳工、电工的基本操作技能。

3. 其他货运业务人员

除了包括港口理货员、衡器操作工以外，还包括以下几种：

(1)货运业务员：负责货运组织、计费、费收、核算、商务理赔等业务工作的人员。

(2)流体计量工：操作计量设备对流体货物进行计量，并对有关设备进行维护保养的人员。

(3)煤管工：在煤炭堆场从事煤炭分票保管和收发工作的人员。

(4)集装箱单证受理员：接受、审核集装箱客户委托集装箱进出业务单证工作的人员。

(5)集装箱检查桥业务员：在集装箱检查桥从事集装箱进出的单证审核、数据输入和检箱工作的人员。

(6)集装箱单证输入员：从事集装箱单证资料计算机输入工作的人员。

(7)特种集装箱物流仓储操作工：应用专业知识，使用专用设备确保危险品集装箱和冷藏集装箱等特种集装箱在物流仓储过程中安全堆放和正常运转进行操作的人员。

(8)客户服务员：在装卸业务受理中，为客户提供服务的人员。

(9)理赔员：装卸运输过程中发生的货损、货差，与客户进行交涉、赔偿等工作的人员。

## 六、客运业务员

港口客运业务员主要包括港口客运业务员、港口行李员、港口售票员、港口广播员。

1. 港口客运员

从事进出港旅客、滚装车辆的检票、候船、停放、安检等服务的人员。分为初级、中级两个等级。

1)初级港口客运员

了解和掌握港口旅客、滚装车辆运输业务的基本知识和技能，为旅客、滚装车辆运输提供进出港服务。

(1)应知：

①验票、补票、引导、候船厅、服务台、接船、安检等工作流程和有关规定；

②当班各航线船舶的航次、到港时间、停靠泊位，候船、车辆停放位置，上、下客时间、装车时间、开船时间、进出站、检票口等；

③通航港口的名称、地理位置、里程、航行时间、到达时间、票价及联运知识；

④旅客自带“三超”物品的标准和自理手续的办理方法；

⑤小件寄存的范围、收费标准、保管方法、注意事项及其他有关规定；

⑥对携带危险品的旅客、滚装车辆及车载货物的检查方法和查处规定；

⑦常见危险品的种类、名称、特征、性能等基本知识；

⑧常用单据、报表的内容、作用和填写要求；

⑨上下船区域的安全防护措施；

⑩各客、滚班轮的设施，港口滚装车辆设施的使用和一般保养知识；

⑪行包提运的程序和方法。

(2)应会：

①解答旅客的一般询问；

②计算体积、使用各种衡器工具；

③识别各类有效船票、滚装船票、码头票和其他有关票据；

④目测儿童半价票、免票标准高度，误差不超过±2cm，车辆高、宽、长度，误差不超过±20cm；

⑤按规定对携带危险品的旅客、滚装车辆及车载货物进行检查和处理；

⑥填写常用的单据和报表；

⑦普通话和常用英语；

⑧按船舶配载方案合理搭配装载车辆。

2)中级港口客运员

熟悉港口旅客、滚装车辆运输业务及通航港的有关知识，妥善处理旅客、滚装车辆运输方面的疑难问题，具有指导初级港口客运员工作的能力。

(1)应知：

①旅客、滚装车辆运输工作各项规定；

②各航线里程、票价、中途停靠港及航行时间；

③本市内各大宾馆、旅店、医院的方位以及主要公共汽车的线路和交通要道；各类危险品的特性、保管、搬运和处理方法；

④港口客运实用英语；

⑤通航各港口的车站及其客运方面的业务知识；

⑥上、下船旅客、滚装车辆的安全规范。

(2)应会：

①使用、保养客、滚设施；

②解答旅客有关询问，妥善保管旅客的失物，及时帮助解决旅客的困难；

③目测旅客自带行李的“三超”情况，其误差不超过质量±5kg、长度±0.1m、体积±0.05$m^3$；车辆的高、宽、长度误差分别不超过±20cm；

④按有关规定及时解决旅客、滚装车辆运输工作中发生的争议问题；

⑤按规定处理客运事故；

⑥安全、妥善的保管和搬运被查处的危险品；

⑦识别各类危险品的标志和包装特点；

⑧懂客运方面的常用哑语；

⑨熟悉船舶的车辆配载方案及客位。

2. 港口行李员

从事港口客运行李、包裹的托运、存储、交付和统计工作的人员。

港口行李员分为初级、中级两个等级。

1）初级港口行李员

了解水路客运有关行李托运的规定。办理一般行包的存放、保管及托运手续。能处理一般的行李进出港口业务。

(1)应知：

①水路旅客运输规则有关行包托运的规定；

②常用计量工具的使用及检算的一般常识；

③行李库场的堆存面积、通过能力和各类行包堆存要求；

④行包进、出口过程中的流程、交接方法和注意事项，各种单据（证）的作用和填写标准及联运知识；

⑤行包物品的特性、包装标志、流向、质量要求和注意事项；

⑥行包托运和旅客随身携带物品的范围，危险品和违禁品的种类及检查程序；

⑦取消行包托运、变更托运、行包丢失或损坏赔偿的一般处理方法和步骤；

⑧行包运价和自带行李收费的标准；

⑨与行包业务有关的航线、航班和港口名称。

(2)应会：

①按水路旅客运输规则的要求，办理旅客行包托运；

②熟练使用计量工具计量收费，填制托运单据，办理退、补货票手续；

③办理船港交接计数和监装监卸，对货差、货损进行记录处理；

④识别常见的禁运品和行包包装标志；

⑤处理行包业务所发生的溢、缺、残、损等一般性问题；

⑥按规程填报各种统计报表；

⑦库场管理，保持设备良好，做好防火、防盗、防潮工作；

⑧使用微机进行计收费机单据发售等；

⑨讲普通话。

2）中级港口行李员

熟悉水路客运有关行李托运的规定和行包存放、保管等知识。能够处理负责的行包联运业务。具有指导初级港口行李员工作的能力。

(1)应知：

①水路旅客运输规则中的有关客运的一般规定；

②库场堆存面积、设施配备、通过能力和各类行包存取规范；

③行包的费率和运、杂费的组成及费收规定；

④客运船舶的仓容、装载能力及行包托运的质量、体积和堆载性能；

⑤与行包业务有关的各类航线、船舶、港口的中转和联运环节；

⑥集装箱使用、周转和保管方法。

(2)应会：

①目测和手感估算行包质量、体积、长度、总误差不超过 ±10%；

②填写各类行包中的单证，计算运杂费，作业溢、缺、残、损等记录；

③处理行包进、出口过程中与旅客、航方所发生的争议及事故；

④管理、使用行包托运设施；

⑤处理行包逾期、无主、错运、错发、丢失等业务；

⑥客运方面的常用哑语；

⑦有较熟练的微机操作技能和相关故障排除能力。

3. 港口广播员

从事通过播音设备及屏幕，及时、准确发布与旅客、滚装车辆运输相关信息的人员。

港口广播员分为初级、中级两个等级。

1)初级港口广播员

了解广播宣传工作的基础知识和一般客运业务知识。具有一定的语言、文字表达能力及客运业务常用英语知识。能独立进行播音工作。

(1)应知：

①水上安全作业有关规定、必要的防护手段和旅客、滚装车辆运输工作各项规定和业务范围；

②与港口客运、货运、滚装车辆运输配套设施的分布现状；

③广播器材的名称、用途、安全使用常识及简单维修方法；

④船期动态和船舶始发经停港的名称、时间；

⑤旅客、货运、滚装车辆运输的基本流程；

⑥旅客旅行、车辆运输安全、卫生常识和严禁携带危险品的规定；

⑦客运业务常用英语知识。

(2)应会：

①使用、保养广播器材，及时排除简单故障；

②宣传旅客、滚装车辆运输的基本要求，客、货车辆运输业务知识和安全卫生常识，介绍服务设施的分布和使用情况；

③准确、及时播送当班船期动态、气象情况和其他稿件；

④编写一般广播稿；

⑤用普通话和常用英语广播，口齿清楚、语言流畅。

2)中级港口广播员

熟悉旅客、滚装车辆运输广播业务和相关知识。具有较高文字表达能力和宣传稿件编辑的能力及客运业务常用英语知识。具有指导初级港口广播员工作的能力。

(1)应知：

①旅客、滚装车辆运输工作业务知识；

②广播器材的性能和电器维修知识；

③地区和港口的交通线路、文化经济、民情风俗、风景名胜和特产知识；

④与客运业务相关的英语知识。

(2)应会:

①根据旅客、滚装车辆运输要求,收集相关信息编写各种稿件;

②介绍当地主要概括、交通线路、文化经济、民情风俗、风景名胜和特产等;

③排除广播器材的常见故障;

④处理广播工作中的疑难问题;

⑤讲普通话和用英语播送与客运相关的业务内容。

4.港口售票员

从事港口旅客、滚装车辆的售票、配票和订票等票务的人员。港口售票员分为初级、中级两个等级。

1)初级港口售票员

熟悉售票业务。了解售票业务的相关知识。能独立处理售票中的一般业务问题。

(1)应知:

①有关旅客、滚装车辆运输的业务知识;

②旅客、滚装车车票的制式、标记和等级种类;

③发售航线的船舶名称、航行时间、到达港的里程、时间和各等级票价;

④旅客、滚装车售票的有关规定、当班船期、售票计划;

⑤免票、半价票、退票的条件和办理联运客票的手续;

⑥常用单据、报表的内容及作用;

⑦客滚船载客(车)定额,船舶对滚装车辆高、高限制和配载及桥板负荷的规定;

⑧微机售票系统的基本知识。

(2)应会:

①使用微机发售旅客、滚装车车票及办理退、补票;

②唱收、唱付并向旅客介绍发售航线窗口、票额和舱位等级情况;

③制作发售旅客、滚装车车票的流量、流向、舱位、大小车辆、金额等有关报表;

④讲普通话。

2)中级港口售票员

掌握售票业务及相关知识。承担较复杂的售票业务。具有指导初级港口售票员工作的能力。

(1)应知:

①微机售票工作的全部流程;

②航班船舶的旅客、滚装车辆运输定额和发售港的旅客、滚装车车票定额;

③航线内各大城市水陆交通衔接的中转情况;

④外币与人民币的兑换率及对外宾购票的有关规定;

⑤相关旅客、滚装车辆运输业务有关的英语基础知识。

(2)应会:

①辨认涉外购票的各种证件、钞面等;

②处理售票工作中的疑难问题;

③团体订票、配票等业务；

④用英语和哑语售票；

⑤排除微机售票系统的一般故障。

## 七、生产调度人员

港口企业生产调度人员主要包括装卸调度员（装卸控制员）、装卸调度客运调度统计员计划员（装卸计划员）、装卸调度统计员（装卸统计员）、客运调度员、客运调度计划员、客运调度统计员、船舶货物装卸指导员等。具体如下：

（1）装卸调度员：依据装卸作业计划，按照装卸工艺规程，调配劳动力和机械设备，组织落实货物装卸作业的人员。

（2）装卸调度计划员：依据月度生产计划、装卸进度和船舶动态，编制装卸、配载、疏运作业计划，安排泊位和检查生产计划执行情况的人员。

（3）装卸调度统计员：负责各项装卸生产指标的统计、汇总、分析，并填报有关统计报表的人员。

（4）客运调度员：依据客运作业计划，按照客运工艺规程，调配劳动力和机械设备，组织安排客运作业的人员。

（5）客运调度计划员：依据月度客运生产计划和船舶动态，编制客运作业计划，安排泊位和检查客运计划执行情况的人员。

（6）客运调度统计员：负责各项客运生产指标的统计、汇总、分析，并填报有关统计报表的人员。

（7）船舶货物装卸指导员：组织和指挥船舶货物装卸作业的现场管理人员。

## 八、码头其他人员

港口企业种类繁多，作业环节不尽相同，涉及的工作人员较多。除了以上几部分介绍的主要人员外，还有现场安全监督员、现场货运质量监督员等，由于篇幅有限，以下只介绍衡器鉴定修理工、码头维修工、移排工、港口水面防污工、港口除尘操作工、木材防火喷涂工、港口船员、港口驾驶员的技能要求。

1. 衡器检定修理工

从事衡器校检和修理工作的人员。可分为初级、中级、高级和技师四个等级。

1）初级衡器检定修理工

了解衡器的工作原理、构造和使用方法。按技术要求正确安装衡器的仪表、传感器的各零部件。能够独立排除衡器的简单故障。

（1）应知：

①衡器的校验规程；

②常用仪表、工具的名称、规格及用途；

③常用金属材料、电工器材、电子元件的名称、规格及用途；

④有关计量法规和常用计量基础知识；

⑤机械、电子图基础知识及计量常用符号、标志；

⑥机械式衡器和常用电子衡器的基本工作原理、构造和使用方法。

(2)应会:

①使用常用的仪表;

②按技术要求正确安装机械式衡器和常用电子衡器的仪表、传感器及各零部件;

③排除衡器在使用中的简单故障,并能正确调试和维护;

④移动式杠杆秤检定及误差分析,填写有关试验记录;

⑤识读简单零件图及绘制简单草图。

(3)工作实例:

①排除移动式杠杆秤故障及检定;

②看懂一种电子衡器的线路图,并能拆装该零件;

③会一种电子衡器准确度的调整和简单称量误差的排除。

2)中级衡器检定修理工

熟悉电子衡器的线路图及工作原理;掌握对衡器的检定数据进行误差分析和故障排除的基本技能;安装和调试衡器判断和解决所发生的技术问题。

(1)应知:

①传感器的工作原理、使用和检验方法;

②衡器常见故障和排除和维修方法;

③衡器电子线路图及其工作原理;

④机械基础和电工基础知识。

(2)应会:

①使用示波器、电位差计等仪表对衡器的仪表进行测试;

②安装和调试衡器的仪表、传感器、秤架,判断所发生的技术问题,并提出解决方法;

③传感器的测试分析和计算;

④排除衡器在使用中的故障;

⑤衡器的检定和误差分析;

⑥识读复杂的部件图和绘制零件草图;

⑦初级钳工基本操作技能。

(3)工作实例

①绘制衡器机械零件或电器控制电路的草图,并进行加工;

②修理简单的专用秤和地秤计量杠杆;

③参照资料修理两次仪表常见故障;

④静态秤和一种动态秤的检定。

3)高级衡器检定修理工

了解电子衡器的新技术和新动向。熟知各种衡器产生复杂故障的原因。能解决衡器在调试过程中产生的疑难问题。具有指导初、中级工进行检定修理的能力。

(1)应知:

①电子衡器的电子线路及工作原理;

②各种衡器产生复杂故障的原因;

③脉冲数字电路、模拟电路、电子计算机的基本原理及应用知识；

④机械设计及电子线路设计的基础知识；

⑤电子衡器的新技术、新动态。

(2)应会：

①按实样测绘衡器的部件装配图；

②设计衡器的简单零件图；

③排除各种衡器的副总故障；

④解决衡器在调试过程中产生的疑难问题；

⑤对设计、改进的衡器系统，提出工艺设计要求。

4)衡器检定修理技师

熟悉国内衡器行业的主要高端技术产品。了解国外衡器行业发展新动向，对引进的大型计量设备，能按技术要求进行安装、调试，并能独立处理解决大型计量设备运行中的复杂故障。具有主持调试大型衡器及指导高级工进行检定、修理的能力。

(1)应知：

①各类大型衡器的检定规程、各检定项目的检定条件和实施方法；

②高端专用衡器设备的结构和工作原理；

③测量不确定度的评定及误差理论；

④计算机可编程序控制器，通信与网络技术在大型计量设备系统中的应用；

⑤相关衡器的 OIML 国际建议；

⑥各类衡器的技术特点及发展方向。

(2)应会

①安装、调试、检定大型计量设备系统；

②港口散货专业化生产工艺流程中衡器的配备方案(准确度等级、数量、种类、位置)；

③大型计算设备系统中的计算机通信与网络技术进行硬件调试和适当的软件修改；

④根据生产需要，设计、改进称重设备系统；

⑤借助词典阅读进口衡器随即产品说明书；

⑥对引进计量设备先进技术和消化吸收剂部件的国产化；

⑦结合自己工作实践撰写技术总结或论文。

(3)工作实例

①港口散货专业化生产工艺中大型计量设备配置方案；

②排除大型计量设备系统中 PLC 的故障；

③按外文说明书中的技术要求，安装、调试一台复杂的高准确度的电子衡器；

④设计特殊需要的电子称重配套设备，并实施安装调试；

⑤对失准的大型衡器进行修复、调试，并按检定规程验收合格。

2. 码头维修工

从事码头水工设施安装维修的工作人员。可分为初级、中级、高级、技师四个级别。

1)初级码头维修工

了解码头水工设施加固、修缮和钢筋混凝土构件吊运码放的基本知识。掌握水工设施加固、修缮和更换、安装护舷的操作方法。在中、高级码头维修工指导下，能独立完成码头水工设施的各种维修作业。

(1)应知：

①水上作业安全技术操作规程；

②码头泊位的护舷名称、种类、规格、性能、作用；

③码头水工维修常用设备、工、夹、量具的名称、规格、性能和用途；

④码头水工设施加固、修缮工艺标准、技术要求以及混凝土护面块体(四种异块)吊运码放的基本知识；

⑤常用建筑材料的基本知识以及钢筋、电焊条的型号、类别、用途；

⑥常用水泥标号和钢筋混凝土的配比方法以及钢筋在混凝土中不同位置的作用；

⑦码头岸线防护知识和潮汐变化情况；

⑧电气焊的基本知识。

(2)应会：

①按水上安全技术操作规程、工艺标准，从事水工设施加固、修缮作业；

②常用设备、工属具的使用和保养；

③看懂一般护舷安装图，按技术要求更换、安装各种简易护舷；

④搭、拆常用脚手架、吊篮、跳板以及插 $\phi$ 19mm 以下钢丝绳扣；

⑤指挥起重机按施工要求码放混凝土构件(四种异块)，进行抛锥摆块作业；

⑥支、拆构件模板，绑扎钢筋骨架和浇注混凝土；

⑦钳工、电气焊工的基本操作技能；

⑧游泳 50m。

(3)工作实例：

①安装 D 型 1500mm×300mm×400mm 护舷；

②插 $\phi$ 19mm 以下 6 股钢丝绳扣；

③码放 5t 六角锥。

2)中级码头维修工

熟悉码头水工设施加固、修缮和更换安装护舷的各项工艺规范、技术要求。掌握不同条件下混凝土添加剂、配合比和钢筋混凝土浇注方法。判断护舷损害原因，鉴定水工建筑施工质量。

(1)应知：

①港口泊位的结构、特点、水深，各种防冲设备、系船设施的构造、性能、布置方式和适用条件；

②护坡、护岸墙的构造以及岸前消波措施；

③码头护舷种类、规格、构造、性能、作用以及大型护舷的吊点选择(如充气护舷等)、报废标准；

④混凝土和钢筋混凝土添加剂基本知识和配比计算方法；

⑤港口一般水工设施建筑施工的基本知识。

(2)应会：

①分析判断护舷损坏原因，提出处理意见和改进措施；

②按图纸要求绑扎各种钢筋骨架、入模并放置垫块，安防预埋件；

③码头面层混凝土及水下混凝土和钢筋混凝土的浇注；

④鉴定水工建筑设施的修缮、加固施工质量及钢筋点对焊接的质量；

⑤按码头护岸（坡）修缮技术要求和工艺规范施工。

（3）工作实例：

①绑扎单排筋 1200mm×600mm×200mm 钢筋骨架；

②支 3000mm×390mm×350mm 码头冒沿模板；

③摆放 2t（每 5 块为 1 组）四角空心块体；

④安装 2400mm 充气护舷。

3）高级码头维修工

熟知码头水工设施加固、修缮的基础理论知识。掌握小型简易水工项目的设计与施工技能。具有解决码头维修技术疑难问题和指导初、中级施工作业的能力。

（1）应知：

①护岸设计知识和损坏护岸的原因；

②各种护舷的技术性能和负荷参数；

③材料力学的基本知识。

（2）应会：

①使用水准仪、经纬仪进行施工放样；

②解决码头维修施工技术和工程质量的疑难问题；

③根据水文地质条件进行小型简易水工项目的设计与施工；

④编制码头修缮、加固施工项目的预算及施工工艺。

（3）工作实例：

①绑扎 3000mm×390mm×350mm 异型双排以上钢筋骨架；

②指挥安装 2800mm 充气护舷或鼓型护舷。

4）码头维修技师

了解建筑法及相关法规。熟知本港码头现状及维修体系。掌握水工钢筋混凝土、钢结构的防腐方法及措施，分析港口水工设施破损原因，并能制定修复方案。具有对初、中、高级工进行技术培训和指导实际工作的能力。

（1）应知：

①《建筑法》及相关法律、法规；

②工程监理规范；

③港口设施技术状态分类标准、安全使用规定、维修管理、测量管理、报废管理；

④港口水工设施维修维护一般规定、方案设计、材料要求；

⑤本港码头现状及维修管理体系；

⑥码头维修常用新材料、新技术、新工艺；

⑦水工钢筋混凝土、钢结构构件的防腐措施；

⑧计算机的基本知识。

(2)应会:

①特种混凝土的配制及施工要求;

②码头维修竣工资料的编制和整理;

③施工质量事故和安全事故的处理;

④大型混凝土构件的吊装方案的编制;

⑤港口水工设施破损原因分析、修补方法及施工要求,港口码头水工设施变形的构成及加固修缮方案的制定,并组织实施;

⑥混凝土构件或结构模板设计;

⑦结合自己工作实践撰写技术总结或论文。

(3)工作实例:

①使用环氧树脂砂浆修补钢筋混凝土沉箱裂缝;

②空心方块模板设计。

3. 港口水面防污工

操纵防污设备清除水面污染物的工作人员。初级、中级两个级别。

1)初级港口水面防污工

了解水面防污染的有关知识。掌握一般围油栏布设方法。能够操纵除污设备清除水面污染物。

(1)应知:

①常用工属具、防污设备、设施的保养方法;

②防污设备、设施的名称、规格、型号、构造原理、性能及适用范围;

③水面防污作业的技术要求、工艺标准和安全技术操作规程;

④水面防污染的基本知识和环境保护的要求;

⑤一般气象、水域潮汐变化的基本知识;

⑥水上消防、救生的知识。

(2)应会:

①保养水面防污的工具、设备;

②按工艺标准、技术要求和潮汐变化设置围油栏;

③操作除污机械和器具,收集、清除围油栏的污染物;

④排除水面防污设备的一般故障;

⑤按水上防污安全规程作业;

⑥水上消防、救生的基本方法;

游泳50m。

2)中级水面防污工

熟知防污材料和污水处理的基本知识。正确处理水面污染物。具有组织、指导初级水面防污工进行作业的能力。

(1)应知:

①水上防污交通工具的性能、适用范围;

②防污材料的名称、规格、性能、化学作用等技术指标;

③污水排放标准和污水处理的基本知识；

④有关水面防污染的政策法规；

⑤水面防污技术发展概况。

(2)应会：

①主持水面防污作业；

②使用防污材料，处理污染水域的污染物；

③分析判断污染水域的污染程度；

④判断防污器具出现的故障，采取相应的措施；

⑤提出改进水面防污工艺的措施。

4. 港口除尘操作工

使用干、湿除尘设备，防止和清除货物在港口装卸过程汇总产生的粉尘污染，并承担除尘设备维修的人员。分为初级、中级两个级别。

1)初级港口除尘操作工

熟悉除尘设备的工作原理。掌握粉尘特点和除尘工艺。根据季节变化独立完成除尘工作。

(1)应知：

①安全技术操作规程；

②常用工具、设备的名称、用途和维护保养方法；

③除尘设备的工作原理、构造及用途；

④港口粉尘特点和除尘工艺；

⑤粉尘防火、防爆、防燃的基本知识；

⑥国家对粉尘污染的有关政策法规；

⑦电工基本知识；

⑧粉尘对人体的危害及劳动保护常识。

(2)应会：

①按安全技术操作规程正确操作除尘(干、湿式)设备；

②对除尘设备(干、湿式)进行维护和保养；

③根据除尘工艺标准、季节变化选择除尘方式；

④除尘设备的一般故障排除和修理；

⑤钳工、管工的基本操作技能；

⑥使用常用的消防器材。

2)中级港口除尘操作工

熟悉除尘工作的基本理论知识。掌握除尘设备故障的处理方法。具有指导初级港口除尘操作工进行作业的能力。

(1)应知：

①除尘设备的名称、种类、性能和适用范围；

②除尘设备故障的处理方法；

③配合专业部门对安装的除尘设备进行技术质量鉴定；

④掌握粉尘浓度测定标准

(2)应会：

①能看懂常用除尘设备[illegible]泵、喷枪、鼓风机等)的设备结构、原理、操作说明等技术资料；

②分析判断除尘设备的故[illegible]原因并进行修复；

③解决除尘作业中常见的技术问题；

④测定粉尘浓度,采取防燃、防爆的措施；

⑤提出改进除尘工艺的措施。

5. 港口移排工

从事港口内圆木、毛竹的水上扎排和移送工作的人员。分为初级一个等级。

了解扎排的工艺操作要求。掌握正确使用扎、移排工具的基本技能。能够独立进行扎、移排作业。

(1)应知：

①水上安全作业有关规定和扎移排的工艺操作要求及必要的防护手段；

②常用工具的作用、使用及维修方法；

③航标和港内主要航道的特点；

④所使用船舶的性能和驾驶拖排操作常识；

⑤扎、移排的材种、标记、规格、流向和沉浮性；

⑥风向、风力等天气情况和潮汛涨落时间与流速。

(2)应会：

①使用扎、移排工具,系结各种绳索结扣；

②扎、移排的操作方法,按材种、规格、数量及航道特点确定编扎排身的长度、宽度和深度；

③按河港有关航行规定,使用移排工具进行移排作业；

④抢救各种流失竹、木排和散排,遇有意外时能采取相应措施,排除事故；

⑤按气象和潮汐、水位、流速变化,合理安排作业；

⑥游泳50m。

6. 木材防火喷涂工

使用喷涂机械和药物,为木材的防火和防腐进行处理工作的人员。分为初级一个等级。

熟知木材防火喷涂的质量标准和技术要求。能在多种气温条件下,独立完成木材防火喷涂工作。

(1)应知：

①喷涂机械的主要性能及使用、保养知识；

②喷涂药物的基本作用、质量要求和保管方法；

③喷涂标准和喷涂的技术要求；

④腐朽木材鉴定方法；

⑤腐朽木材防火的基本知识,喷涂作用及有关安全防护规定。

(2)应会：

①使用和保养喷涂机械；

②鉴定喷涂药物的质量并对药物机械妥善保管；

③根据不同气温下的工艺要求，按喷涂标准，对腐蚀部分机械喷涂；

④对批量较大的腐朽木材，进行场内预喷；

⑤根据腐朽木材的数量，计算喷涂药物用量。

7. 港口运输车辆驾驶人员

港口机动车驾驶员，必须经过车辆管理机关考试合格，领取驾驶证，方准驾驶车辆。机动车驾驶员，必须遵守下列规定：

(1)驾驶车辆时，须携带驾驶证和行驶证；

(2)不准转借、涂改或伪造驾驶证；

(3)不准将车辆交给没有驾驶证的人驾驶；

(4)不准驾驶与驾驶证准驾车型不相符合的车辆；

(5)未按规定审验或审验不合格的，不准继续驾驶车辆；

(6)饮酒后不准驾驶车辆；

(7)不准驾驶安全设备不全或机件失灵的车辆；

(8)不准驾驶不符合装载规定的车辆；

(9)有妨碍安全行车的疾病或过度疲劳时，不准驾驶车辆；

(10)车厢没有关好时，不准行车；

(11)不准穿拖鞋驾驶车辆；

(12)不准在驾驶车辆时吸烟、饮食、闲谈或有其他妨碍安全行车的行为。

8. 港口作业船员

港口趸船上上工作的船员应当按照国务院交通主管部门的规定，完成相应的船员基本安全培训、船员适任培训，并经船员注册取得船员服务簿。船员在船工作期间，应当符合下列要求：

(1)携带规定的有效证件；

(2)掌握趸船所在位置的水文、气象情况；

(3)遵守趸船的管理制度和值班规定，按照水上交通安全和防治船舶污染的操作规则操纵、控制和管理趸船，如实填写有关趸船法定文书，不得隐匿、篡改或者销毁有关趸船法定证书、文书；

(4)参加趸船的应急训练、演习，按照趸船应急部署的要求，落实各项应急预防措施；

(5)遵守趸船报告制度，发现或者发生险情、事故、保安事件或者影响航行安全的情况，应当及时报告；

(6)在不严重危及自身安全的情况下，尽力救助遇险人员。

对于港作船舶船员也应按照交通主管部门的相关规定，也必须符合相应要求：持有规定的有效证件上岗；按照相关规章制度和操作要求进行操作；参加船舶的应急训练、演习，落实各项应急预防措施；发现险情、事故等及时报告等。

## 九、应急救援人员

应急救援人员建设是企业应急救援指挥体系建设的重要组成部分，是防范和应对突发事件的重要举措。突发事故时，应急救援人员能最大度限度减少突发事故带来的损失。

《生产经营单位安全生产事故应急预案编制导则》(AQ/T 9002—2006)5.8.2 应急队伍保障，明确各类应急响应的人力资源，包括专业应急队伍、兼职应急队伍的组织与保障方案。

根据《安全生产法》的规定，生产经营单位的主要负责人员有组织制定并实施 本单位的生产安全事故应急预案的职责；危险物品经营、储存单位应当建立应急救援组织，生产经营规模较小，可以不建立应急救援组织的，应当指定兼职的应急救援人员。所以，从事危险物品装卸、储存的大型港口企业应当设置专职的应急求援人员，规模小的应指定兼职的应急救援人员。总之，港口企业应通过建立应急救援体系，设置相应的应急机构和队伍。港口应急救援人员应符合以下要求：

(1)经过安全生产应急知识的综合或专项培训，熟悉企业应急救援体系、应急预案，掌握港口重大生产安全事故应急演练；

(2)应急救援过程中严格服从应急救援指挥者的安排；

(3)手机必须随时处于开机状态，电话、对讲机要确保畅通；

(4)落实应急救援物资和装备；

(5)制定应急预案，定期开展应急培训和应急演练等工作。

## 第二节　从业人员安全资格培训

港口企业从业人员范围为与港口作业相关的所有人员，包括现场管理人员和现场作业人员，以及港口企业的主要负责人。港口企业是劳动密集型生产经营单位，其从业人员多数以农民工为主，以不签订劳动合同或签订短期的劳动合同为主要形式，由于此类人员文化水平不高、流动性大，安全教育培训投入不大，从而导致从业人员对违章作业及作业中危险因素认识不清。因此，加强港口从业人员的安全资格培训，提高从业人员对作业风险的辨识、控制、应急处置和避险自救能力，提高从业人员安全意识和综合素质，是防止产生不安全行为，减少人为失误的重要途径。

《安全生产法》二十一条规定：“生产经营单位应当对从业人员进行安全生产教育和培训，保证从业人员具备必要的安全生产知识，熟悉有关的安全生产规章制度和安全操作规程，掌握本岗位的安全操作技能。未经安全生产教育和培训合格的从业人员，不得上岗作业。”

### 一、安全管理人员培训

1.基本要求

根据《安全生产法》第二十条规定，港口企业主要负责人和安全生产管理人员必须按国家有关规定，经过安全生产培训，具备与本单位所从事的生产经营活动相应的安全生产知识和管理能力。危险物品的生产、经营、储存单位以及矿山、建筑施工单位的主要负责人和安全生产管理人员，必须经过安全生产培训，由安全生产监督管理部门或法律、法规规定的有关主管部门考核合格并取得安全资格证书后，方可任职。

根据安监管人字〔2002〕123 号文件《关于生产经营单位主要负责人、安全生产管理人员及其他从业人员安全生产培训考核工作的意见》,国家安全生产监督管理局(国家煤矿安全监察局)(以下简称国家局)依法组织、指导、监督全国生产经营单位主要负责人和安全生产管理人员的安全生产培训、考核及安全资格认证工作;指导并监督检查生产经营单位其他从业人员安全生产教育培训工作。县级以上各级地方人民政府安全生产监督管理部门依法组织、监督所辖区域内生产经营单位主要负责人和安全生产管理人员的安全生产培训、考核及安全资格认证工作;指导并监督检查辖区内生产经营单位其他从业人员安全生产教育培训工作。

2. 培训内容

安全管理人员培训分为初次培训和再次培训。

1)初次培训内容

(1)港口企业主要负责人安全培训主要内容。

①国家有关安全生产的方针、政策、法律和法规及有关行业的规章、规程、规范和标准;

②安全生产管理的基本知识、方法与安全生产技术,有关行业安全生产管理专业知识;

③重大事故防范、应急救援措施及调查处理方法,重大危险源管理与应急救援预案编制原则;

④国内外先进的安全生产管理经验;

⑤典型事故案例分析。

(2)港口企业安全生产管理人员安全培训的主要内容。

①国家有关安全生产的法律、法规、政策及有关行业安全生产的规章、规程、规范和标准;

②安全生产管理知识、安全生产技术、劳动卫生知识和安全文化知识,有关行业安全生产管理专业知识;

③工伤保险的法律、法规、政策;

④伤亡事故和职业病统计、报告及调查处理方法;

⑤事故现场勘验技术,以及应急处理措施;

⑥重大危险源管理与应急救援预案编制方法;

⑦国内外先进的安全生产管理经验;

⑧典型事故案例。

2)再培训主要内容

港口生产经营单位主要负责人和安全生产管理人员每年应进行安全生产再培训,再培训的主要内容是新知识、新技能和新本领,包括:

(1)有关安全生产的法律、法规、规章、规程、标准和政策;

(2)安全生产的新技术、新知识;

(3)安全生产管理经验;

(4)典型事故案例。

3. 培训时间

(1)涉及危险物品的装卸、储存港口企业的主要负责人和安全生产管理人员安全资格培训时间不得少于48学时;每年再培训时间不得少于16学时。

(2)其他港口企业主要负责人和安全生产管理人员安全生产管理培训时间不得少于24学时;每年再培训时间不得少于8学时。

4.培训考核与发证

生产经营单位主要负责人和安全生产管理人员的培训考核与发证按照以下规定办理:

(1)国家局或国家局委托有关行业主管部门,负责中央管理的生产经营单位主要负责人和安全生产管理人员的培训、考核和发证;各省(区、市)安全生产监督管理部门或其委托的部门负责本行政区域内生产经营单位主要负责人和安全生产管理人员的培训、考核和发证。

(2)生产经营单位主要负责人和安全生产管理人员经安全生产培训合格者,由培训机构发给培训证书,并报安全生产监督管理部门备案。

危险物品的生产、经营、储存单位的主要负责人和安全生产管理人员,经安全资格培训并考核合格,由安全生产监督管理部门或法律、法规规定的有关主管部门发给安全资格证书。

生产经营单位主要负责人和安全生产管理人员有下列行为的由考核发证部门吊销其安全资格证书:

(1)弄虚作假,骗取安全资格证书的;

(2)未按期参加培训、再培训或考核不合格的。

交通运输部《关于明确港口危险化学品安全监督管理若干问题的通知》(厅水字〔2012〕4号)明确提出:"根据《港口法》和《条例》的规定,鉴于港口危险化学品作业的专业性和危险性,为确保港口安全,切实做好安全管理工作,对从事港口危险化学品装卸管理、申报、集装箱装箱现场检查等业务的人员以及企业主要负责人,由交通运输主管部门负责组织安全培训和资格认定。

## 二、特种作业人员培训

1.特种作业及人员

特种作业,是指容易发生事故,对操作者本人、他人的安全健康及设备、设施的安全可能造成重大危害的作业。特种作业人员是指直接从事特种作业的从业人员。

特种作业的范围由特种作业目录规定,包括电工作业、焊接与热切割作业、高处作业、制冷与空调作业、煤矿安全作业、金属非金属矿山安全作业、石油天然气安全作业、冶金(有色)生产安全作业、危险化学品安全作业、烟花爆竹安全作业、安全监管总局认定的其他作业等11个大类。其中,电工作业、焊接与热切割作业、高处作业等特种作业,绝大部分港口均会涉及,从事危险货物装卸、储存的港口还涉及危险品特种作业。以下港口企业涉及的特种作业情况:

(1)电工作业。电工作业是指发电、送电、变电、配电和电气设备的安装、运行、检修、试验以及维修等作业。主要分为高压电工作业、低压电工作业和防爆电气作业。港口生产过程中也涉及一些电工作业。

(2)焊接与热切割作业。指运用焊接或者热切割方法对材料进行加工的作业(不含《特种设备安全监察条例》规定的有关作业)。包括融化焊接与热切割作业、压力焊作业、钎焊作业。港口生产作业中也会涉及机械设备维修中的焊接与切割作业。

(3)高处作业。高处作业是指人在一定位置为基准的高处进行的作业。包括登高架设作业和高处安装、维护、拆除作业。国家标准 GB/T 3608—2008《高处作业分级》规定:"凡在坠落高度基准面 2m 以上(含 2m)有可能坠落的高处进行的作业,都称为高处作业。"根据这一规定,在港口生产过程中涉及高处作业的范围是比较广泛的,如集装箱堆场空箱堆高紧固绑扎、集装箱装卸桥作业等。

(4)危险品作业。从事危险品的港口企业会涉及危险货物的装卸、储存等作业。

港口特种作业人员主要是指在港口从事电工作业、焊接与热切割作业、高处作业、从事危险货物作业人员和船舶系解缆作业等人员,包括:安装、维修、配电、手工焊、电焊、危险品等工种作业人员。其中,港口危险品特种作业是指在港口装卸、过驳、储存、包装危险货物或者对危险货物集装箱进行装拆箱等项作业,简称危险货物港口作业,其从业人员即为危险货物港口作业人员。

2. 总体要求

按照《特种作业人员安全技术培训考核管理规定》(国家安全生产监督管理总局令第 30 号)第四条的规定,特种作业人员应当符合下列条件:

(1)年满 18 周岁,且不超过国家法定退休年龄;

(2)经社区或者县级以上医疗机构体检健康合格,并无妨碍从事相应特种作业的器质性心脏病、癫痫病、美尼尔氏症、眩晕症、癔病、震颤麻痹症、精神病、痴呆症以及其他疾病和生理缺陷;

(3)具有初中及以上文化程度;

(4)具备必要的安全技术知识与技能;

(5)相应特种作业规定的其他条件。

危险化学品特种作业人员除符合前款第(1)项、第(2)项、第(4)项和第(5)项规定的条件外,应当具备高中或者相当于高中及以上文化程度。

为此,特种作业人员必须按照国家有关规定经专门的安全作业培训,取得特种作业操作资格证书,方可上岗作业。

3. 培训及考核发证

特种作业人员应当接受与其所从事的特种作业相应的安全技术理论培训和实际操作培训,《特种作业人员安全技术培训考核管理规定》(国家安全生产监督管理总局令第 30 号)第五条规定:"特种作业人员必须经专门的安全技术培训并考核合格,取得《中华人民共和国特种作业操作证》后,方可上岗作业。"另外,专业(技工)学校的毕业生,已按国家(或部)颁发的特种作业《安全技术考核标准》和有关规定进行教学、考核的,可不再进行培训。特种作业人员的安全技术培训、考核、发证、复审工作由各省、自治区、直辖市人民政府安全生产监督管理部门负责。

特种作业人员的考核包括考试和审核两部分。考试由考核发证机关或其委托的单位负责;审核由考核发证机关负责。特种作业操作资格考试包括安全技术理论考试和实际操作考试两部分。

特种作业操作证有效期为 6 年,在全国范围内有效,每 3 年复审 1 次。如果特种作业人员在特种作业操作证有效期内,连续从事本工种 10 年以上,严格遵守有关安全生产法律法规,经原考核发证机关或者从业所在地考核发证机关同意,特种作业操作证的复审时间可以延长至每6年1次。

特种作业操作证申请复审或者延期复审前,特种作业人员应当参加必要的安全培训并考试合格。按规定,安全培训时间不少于8个学时,主要培训法律、法规、标准、事故案例和有关新工艺、新技术、新装备等知识。

离开特种作业岗位6个月以上的特种作业人员,应当重新进行实际操作考试,经确认合格后方可上岗作业。

生产经营单位应当加强对本单位特种作业人员的管理,建立健全特种作业人员培训、复审档案,做好申报、培训、考核、复审的组织工作和日常的检查工作。特种作业人员在劳动合同期满后变动工作单位的,原工作单位不得以任何理由扣押其特种作业操作证。

根据国务院实施的《危险化学品安全管理条例》第四条,危险化学品单位应当具备法律、行政法规规定和国家标准、行业标准要求的安全条件,建立、健全安全管理规章制度和岗位安全责任制度,对从业人员进行安全教育、法制教育和岗位技术培训。从业人员应当接受教育和培训,考核合格后上岗作业;对有资格要求的岗位,应当配备依法取得相应资格的人员。第六条规定交通运输主管部门负责危险化学品道路运输企业、水路运输企业驾驶人员、船员、装卸管理人员、押运人员、申报人员、集装箱装箱现场检查员的资格认定。港口企业危险货物从业人员必须进行教育培训,并取得有效地资格证书,方可上岗作业。

对于港口企业危险品特种作业,除了国家安全生产监督管理总局、国务院的相关规定外,交通主管部门也作了一系列的规定。《关于明确港口危险化学品安全监督管理若干问题的通知》(厅水字〔2012〕4号)"根据《港口法》和《条例》的规定,鉴于港口危险化学品作业的专业性和危险性,为确保港口安全,切实做好安全管理工作,对从事港口危险化学品装卸管理、申报、集装箱装箱现场检查等业务的人员以及企业主要负责人,由交通运输主管部门负责组织安全培训和资格认定。向港口危险化学品经营人提供安全评价服务的机构和从业人员,应当符合交通运输主管部门的有关要求。"

交通部《港口危险货物管理规定》第十三条规定:"从事危险货物港口作业的企业,应当对从事危险货物港口作业的人员进行有关安全作业知识培训。从事危险货物港口作业的管理、作业人员,必须接受有关法律、法规、规章和安全知识、专业技术、职业卫生防护和应急救援知识的培训,并经交通部或授权的机构组织考核。考核合格,取得上岗资格证后,方可上岗作业。"该规定建立了危险货物港口作业的企业从业人员持证上岗制度。对未取得上岗资格证书的人员,港口企业不得安排上岗从事危险货物港口作业活动,从事危险货物港口作业的企业要按照国家法律、法规和规章的要求,对未取得上岗资格证书的人员制定培训计划,并报告港口行政管理部门,保障相关人员按时参加培训。

## 三、特种设备作业人员培训

### 1. 特种设备作业及人员

特种设备是指涉及生命安全、危险性较大的锅炉、压力容器(含气瓶)、压力管道、电梯、起重机械、客运索道、大型游乐设施和场(厂)内专用机动车辆等设备。根据国务院《特种设备安全监察条例》及质量技术监督部门有关文件的规定,凡从事特种设备生产、改造、安装、维修、使用的作业人员及其相关管理人员统称特种设备作业人员。特种设备作业人员主要有:锅炉作业(锅炉操作、水处理作业)、压力容器作业(压力容器操作、气瓶充装)、压力管道作业、电梯作业(安装、维修、司机)、起重机械作业(机械安装、维修;电气安装、维修;司索;指挥;司机)、客运索道作业、大型游乐设施作业、场(厂)内专用机动车辆作业(司机、维修)、安全附件维修作业、特种设备焊接作业、特种设备管理等人员。

港口企业主要从事货物装卸作业和客运服务工作,港口生产作业中涉及特种设备的主要有起重机械、场内专用机动车辆和客运索道等作业种类,因此,港口特种设备作业人员主要是指此类特种设备的使用和管理人员,主要包括起重机械司机(如浮吊起重机司机、门座式起重机驾驶员、桥门式起重机驾驶员)、场内专用机动车辆司机(如叉车司机)、船舶客运索道操作人员等。除了必须满足法律法规的基本要求外,港口特种设备作业人员还应该具备以下条件:

(1)严格执行特种设备的操作规程和有关安全规章制度的自觉性;

(2)熟悉并了解所操作设备的基本构造、原理和性能以及安全装置;

(3)熟悉并了解港口装卸工艺或客运服务标准;

(4)听从指挥,保持本岗位设备的安全和清洁,不随意拆除安全保护装置,有权拒绝违章指挥;

(5)能够发现作业过程中的事故隐患或者其他不安全因素,并且立即向现场安全管理人员和单位有关负责人报告;

(6)能够检查和排除机械设备的一般故障;

(7)具备应急处置能力。

港口企业作为窗口行业,具有重要的经济地位和社会影响,因此,更应该按照国家有关法律法规的规定,做好特种设备作业人员的管理工作。

2. 基本要求

国务院颁布实施的《特种设备安全监察条例》(修订)中第三十八条规定“锅炉、压力容器、电梯、起重机械、客运索道、大型游乐设施、场(厂)内专用机动车辆的作业人员及其相关管理人员(统称特种设备作业人员),应当按照国家有关规定,经特种设备安全监督管理部门考核合格,取得国家统一格式的特种作业人员证书,方可从事相应的作业或者管理工作。第三十九条明确规定“特种设备使用单位应当对特种设备作业人员进行特种设备安全、节能教育和培训,保证特种设备作业人员具备必要的特种设备安全、节能知识”。

《国家质量监督检验检疫总局关于修改〈特种设备作业人员监督管理办法〉的决定》中第二条规定“从事特种设备作业的人员应当按照本办法的规定,经考核合格取得《特种设备作业人员证》,方可从事相应的作业或者管理工作。”第五条“特种设备生产、使用单位(以下统称用人单位)应当聘(雇)用取得《特种设备作业人员证》的人员从事相关管理和作业工作,并对作业人员进行严格管理。”

国家质量监督检验检疫总局统一负责全国特种设备作业人员培训考核的综合管理工作,省级质量技术监督行政部门负责辖区内特种设备作业人员培训考核的组织管理工作。国家质量监督检验检疫总局及地方质量技术监督行政部门的特种设备安全监察机构,在《特种设备作业人员培训考核管理规则》明确的职责范围内,负责实施特种设备作业人员的培训考核工作。

特种设备作业由于涉及生命安全，危险性大，所以，国家相关法律法规对特种设备作业人员的从业资格和条件作出了严格的规定和要求。按照《特种设备安全监察条例》（国务院令第549号）第十条规定，申请《特种设备作业人员证》的人员应当符合下列条件：

（1）年龄在18周岁以上；

（2）身体健康并满足申请从事的作业种类对身体的特殊要求；

（3）有与申请作业种类相适应的文化程度；

（4）有与申请作业种类相适应的工作经历；

（5）具有相应的安全技术知识与技能；

（6）符合安全技术规范规定的其他要求。

综上，依据相关法律法规，港口企业特种设备作业人员必须通过资格培训和企业内部的教育培训，以掌握必要的特种设备安全作业知识、作业技能和及时进行知识更新。

3. 培训内容

从事特种设备作业人员必须进行专业技术培训。专业技术培训包括专业技术理论和实际操作的培训，重点是提高作业人员安全作业的技能与预防事故、处理突发事件的实际能力。

专业技术培训应按照国家特种设备安全监察机构组织制定的《特种设备作业人员专业技术培训考核大纲》的要求，并参照其指定的专业技术理论考试与实际操作考核的题库和推荐的培训教材进行。

专业技术理论培训内容包括：设备的性能、结构和基本原理，各控制部位和安全装置的名称、作用与使用方法；设备安全操作的规程和技术，设备维护和保养的方法；一般常见故障、突发事件和事故的判断与处理方法；典型事故案例分析等。

实际操作培训内容应根据各工种作业的安全操作规程与技能的基本要求而确定。

除了取得资格证的专业技术培训外，港口企业还应当对作业人员进行安全教育和培训，保持特种设备作业人员具备必要的特种设备安全作业知识、作业技能和及时进行知识更新。作业人员未能才加港口企业培训的，可以选择专业培训机构进行培训。作业人员培训的内容按照国家质检总局制定的相关作业人员培训考核大纲等安全技术规范执行。

在培训工作中，对于新进入岗位的特种设备作业人员，应全面进行特种设备基础知识、专业知识、安全管理知识、法规知识、节能减排知识的培训教学；对于从业两年以上的作业人员，应侧重知识的更新、案例的分析，以强化知识，提高预防事故和应急处理的能力，提高节能减排意识和实际经验。

4. 培训时间

专业技术培训具体的学时和内容应当根据培训考核大纲的要求确定，但安装（改造）、维修保养等作业人员参加取证的专业技术培训不得少于160个学时，使用操作（司机）及其他作业人员参加取证的专业技术培训不得少于80个学时。

5. 考核发证

特种设备作业人员的培训可由具有相应资质的培训单位进行，但其专业技术的考核应由地、市级以上质量技术监督行政部门的特种设备安全监察机构组织实施。考核包括专业技术理论考试和实际操作考核两部分，考核内容必须按照培训考核大纲和专业技术理论考试与实际操作考核的题库进行。

考试机构要按照理论知识考试机考化、实际操作考试实物化（模拟化）要求配置资源，应当具备相应的场所、装备、师资等必备的条件和能力，并应在本机构的考试场所对符合条件的报名人员进行考试。考试场所所在地指实操考试基地所在地，实操考试原则上不得在实操考试基地以外进行，特殊情况仅限需要利用考生所在单位的条件和设施进行实操考试的，应事先经过当地省级质量技术监督局批准。

特种设备作业人员证书发证工作由省级质量技术监督局确定的部门分级负责，发证部门对考试机构考核批准后，报省级质量技术监督局同意并指定成为考试机构。对于特种设备作业人员数量较少不需要在各省、自治区、直辖市设立考试机构的，发证部门对考试机构考核批准后，报国家质检总局同意并指定成为考试机构。国家质检总局和省级质量技术监督局应将指定的考试机构在中国特种设备公示信息查询网上向社会公布。

取得资格证书者，每 4 年进行一次复审。持证人员应填写《申请书》，并在资格证书有效期满前 3 个月，向当地的考核发证部门提出复审申请。对持证人员在 4 年内符合有关安全技术规范规定的不间断作业要求和安全、节能教育培训要求，且无违章操作或者管理等不良记录、未造成事故的，发证部门应当按照有关安全技术规范的规定准予复审合格，并在证书正本上加盖发证部门复审合格章。复审不合格、逾期未复审的，其《特种设备作业人员证》予以注销。

## 四、其他人员培训

港口企业从业人员安全资格培训除了要求安全管理人员、特种作业人员、特种设备作业人员培训及取得资格证以外，其他人员也应该掌握相应的安全生产知识和基本技能，如《安全生产法》第二十一条规定：从业人员应该具备必要的安全生产知识，熟悉有关的安全生产规章制度和安全操作规程，掌握本岗位的安全操作技能。未经安全生产教育和培训合格的从业人员，不得上岗作业。如对港口从业的船员、驾驶人员的资格培训也有一定要求。

1. 港口船员培训

船员按职务不同可分为船长、高级船员和普通船员。船长是指在船上任职并负责指挥一艘船舶的人，高级船员是船上驾驶员、轮机员和无线电通信人员的统称，普通船员是除船长和高级船员以外的人员。港口船员主要是指港口企业拥有的趸船船员以及港作船舶作业人员，如港口拖轮、驳船、供给船舶等船员，这部分船员也需要具备相应的船员资质。根据内河和沿海的不同，可分为内河船员和海船船员。

1）内河船员培训

我国对水上交通安全高度重视，针对内河船员管理，相继制定了一系列的船员管理法律和法规，明确各相关部门的责任和义务。国务院颁布的《中华人民共和国内河交通安全管理条例》明确规定严禁未取得适任证书或者其他适任证件的船员在船上任职。我国交通主管部门、海事管理机构相继出台和完善了关于内河船员培训、考试、发证等船员管理的系列法规。

2011 年 1 月 1 日，交通部令《中华人民共和国内河船舶船员适任考试和发证规则》实施，进一步规范内河船舶船员的资格培训。只有按此规则进行适任考试并取得《内河船舶船员适任证书》，方可担任相应的岗位职责。船员的适任考试和发证工作由国家海事管理机构在国务院交通运输主管部门的领导下进行统一管理，由各级海事管理机构具体负责。

内河船舶船员培训种类主要分为以下几种：

①船员基本安全培训。指船员在上船任职前接受的个人求生技能、消防、基本急救以及个人安全和社会责任等方面的培训。培训对象为在内河船舶工作的所有人员和接受船舶驾驶以及轮机专业教育的学生。培训的时间不少于24小时，其中实际操作不少于10小时。

②船员适任考前培训。按目前船员管理有关规定，内河船员职务适任考前培训采取自愿参加的方式进行，不作强制要求。培训对象包括船长、驾驶员、轮机长、轮机员、申请内河航线行驶资格证明的海船船员。

③内河船员特殊培训。主要针对不同类型船舶所进行的专业特殊培训，包括：内河高速船船员特殊培训、内河滚装船船员特殊培训、内河客船船员特殊培训、内河油船船员特殊培训、内河散装化学品船船员培训等，后两种的培训对象是内河600总吨以下的相应船舶，600总吨以上的则按照海船船员相应的特殊培训考试办法执行。

④船员违纪记分强制培训。培训对象为在一个记分周期内船员违法记分值满15分的船员，培训时间不超过7天。

⑤再有效培训。针对适任证书和特殊培训证书合格证期满的船员，培训时间由海事管理机构确定。

内河船员经过培训后，需通过相应的考试，内河船舶船员考试分为理论考试和实际操作考试。理论考试是指采用书面或电子方式对船员进行理论知识、概念、原理等内容的考察，以考核船员的专业知识水平和应用能力；而实际操作则指以综合运用能力和实际操作能力为主要目标，通过相应设备或模拟器操作、听力测验、口试、船上培训以及海上资历和业绩考核等，对船员进行的技能考核。按照培训种类，内河船舶船员考试包括职务适任考试、特殊培训考试、船员违法记分强制培训考试和适任证书及特殊培训合格证再有效培训考试四种。以下只介绍前两种：

(1)职务适任考试。

内河船舶船员职务适任考试的主要依据是《中华人民共和国内河船舶船员适任考试和发证规则》。

《适任证书》按照船员任职的内河船舶的总吨位或者主推进动力装置总功率分为一类（适用于在1000总吨及以上或者500千瓦及以上的内河船舶上任职的船员）、二类（适用于在300总吨及以上至1000总吨或者150千瓦及以上至500千瓦的内河船舶上任职的船员）三类《适任证书》（适用于在300总吨以下或者150千瓦以下的内河船舶上任职的船员）。各类《适任证书》适用的船员职务资格也不同。一类《适任证书》适用船长、大副、二副、三副、轮机长、大管轮、二管轮、三管轮；二类和三类《适任证书》适用船长、驾驶员、轮机长、轮机员。内河船舶船长和担任驾驶部职务船员的《适任证书》类别按照船舶总吨位确定，担任轮机部职务船员的《适任证书》类别按照船舶主推进动力装置总功率确定，内河船舶中拖轮的船长和担任驾驶部职务船员的《适任证书》类别按照拖轮的主推进动力装置总功率确定。

取得《适任证书》，应具备以下条件：

①已经取得船员服务簿;

②符合国家海事管理机构规定的内河船舶船员适任岗位健康标准;

③经过与所申请《适任证书》类别、职务资格相对应的内河船舶船员适任培训;

④通过国家海事管理机构规定相应科目的内河船舶船员适任考试;

⑤具备内河船舶船员有效水上服务资历,并且任职表现和安全记录良好。

内河船舶船员的适任考试分为理论考试和实际操作考试。理论考试以理论知识为主要考试内容,重点对内河船舶船员专业知识的掌握和理解程度进行书面测试;实际操作考试则通过对相应船舶、模拟器或者其他设备的操作等方式,对内河船舶船员专业知识综合运用、操作及应急等能力进行技能测评。

内河适任证书有效期不超过36个月,证书有效期到期,证书持有人可申请再有效审验,每次再有效的有效期不超过36个月。证书有效期的截止日期,对女性持证人,不得超过60周岁,对男性持证人,不得超过65周岁。

(2)内河船舶船员特殊培训考试。

以内河客船船员特殊考试为例,分为理论考试和实际操作考试,两者均及格者,由海事管理机构签发相应的《内河客船特殊培训合格证》;理论考试和(或)实际操作考试不及格者,海事管理机构可允许其在考试成绩公布之日起6各月内补考一次,补考不及格者,须重新参加培训和考试。实际操作考试要求应考人包括等级的船舶和航线上进行,其所需船舶由应考人所在单位提供,每次考试主考员不得少于两名,主考员应在《实际操作考试成绩记录表》上逐人逐项做好评分记录,考试结束后由主考员共同评定考试结果。

内河船舶船员特殊培训合格证的有效期,除内河滚装船为2年外,其他类型的船舶均为3年,合格证有效期满进行再有效更新培训考试合格后,按新的编码规则换发新的合格证。

内河船舶船员上岗资格证除了船员适任证书、专业培训合格证和特殊培训合格证外,还需要船员服务簿,该证件主要载明船员本人的服务资历、参见有关专业训练和体格检查情况的证件,是船员申请参加考试、办理职务升级签证和换领船员职务适任证书的证明文件之一。同时还能记录持证人受到违章处罚、违法记分的情况,交通部颁布的河、海船员考试发证规则所使用的船舶上所有中国籍船员均应办理《船员服务簿》。

2)海船船员培训

根据《中华人民共和国海上安全交通法》等法律的规定,中国海船船员需要完成海员教育和培训,通过国家的考试和评估,取得如下有效证书后,方可上船工作。

(1)船员服务簿

服务簿是记录船员本人的服务资历、参加有关专业训练和体格检查情况的证件,有船员申请考试、办理职务签证和领取船员职务证书的证明文件之一。

(2)适任证书

海船船员取得《适任证书》考试及发证的主要依据是交通运输部2012年3月1日施行的《中华人民共和国海船船员适任考试和发证规则》。培训则由符合规定的从事各项船员培训的企事业单位、社会团体和院校。国务院交通运输主管部门主管全国海船船员适任考试和发证工作。国家海事管理机构在国务院交通运输主管部门的领导下,对海船船员适任考试和发证工作进行统一管理。国家海事管理机构所属的各级海事管理机构按照国家海事管理机构确定的职责范围具体负责海船船员适任考试和发证工作。

取得适任证书,应当具备下列条件:

①持有有效的船员服务簿;

②符合国家海事管理机构规定的海船船员任职岗位健康标准;

③完成本规则附件规定的适任培训;

④具备本规则附件规定的海上任职资历,并且任职表现和安全记录良好;

⑤通过相应的适任考试。

适任证书的主要内容有:

①适任证书编号。适任证书有主管机关按照证书的航区、等级、职务以及发证机关编有特殊的编号。

②持证人的自然条件及签名。包括姓名、籍贯、出生年月。

③持证人适任的范围。其中包含持证人适任的航区、等级、职务和职能以及对持证人限制的项目。

④签发机关名称,签发官员的署名。

⑤签发证书的日期和有效截止日期。适任证书有效期不超过5年,到期前应该及时到签发机关指定的培训单位进行知识更新培训(水手、机工免)以便换取新的适任证书。对已满65周岁的男性持证人和已满60岁的女性持证人不再换取新的适任证书。

(3)培训合格证书

根据《中华人民共和国海船船员培训合格证书签发管理办法》,中华人民共和国海事局负责统一管理培训合格证书考试和签发工作,各级海事管理机构依照各自职责具体负责培训合格证书考试和签发工作。

培训合格证书系指向海船船员签发的除按《中华人民共和国船员条例》规定的适任证书以外的,表明符合经修正的《1978年海员培训、发证和值班标准国际公约》有关培训、适任或海上服务资历相关要求的证书。培训合格证书包括:基本安全培训合格证;精通救生艇筏和救助艇培训合格证;精通快速救助艇培训合格证;高级消防培训合格证;精通急救培训合格证;船上医护培训合格证;保安意识培训合格证;负有指定保安职责船员培训合格证;船舶保安员培训合格证;油船和化学品船货物操作基本培训合格证;油船货物操作高级培训合格证;化学品船货物操作高级培训合格证;液化气船货物操作基本培训合格证;液化气船货物操作高级培训合格证;客船船员特殊培训合格证;大型船舶操纵特殊培训合格证;高速船船员特殊培训合格证;船舶装载散装固体危险和有害物质作业船员特殊培训合格证;船舶装载包装危险和有害物质作业船员特殊培训合格证;我国缔结或加入的有关国际公约规定的其他培训合格证。所有船员均应当持有基本安全培训合格证,其他合格证按照相应要求持有。

申请培训合格证书者应当符合以下基本条件:

①年满16周岁;

②完成规定的培训;

③具有规定的海上服务资历和合格的任职表现;

④符合海船船员健康检查要求;

⑤通过相应考试,并完成规定的船上见习;

⑥《中华人民共和国海船船员培训合格证书签发管理办法》规定的其他条件。

但申请精通救生艇筏和救助艇培训合格证、精通快速救助艇培训合格证和船舶保安员培训合格证者，应当年满18周岁；初次申请高速船船员特殊培训合格证者，不超过45周岁。

申请船舶保安员培训合格证者，在参加培训前应当具有不少于12个月的海上服务资历。申请高速船船员特殊培训合格证者，在参加培训前应当具有担任船长、驾驶员、轮机长、轮机员职务不少于12个月，或者高速船船上不少于12个月的海上服务资历。申请大型船舶操纵特殊培训合格证者，在参加培训前应当具有担任船长、驾驶员职务不少于12个月的海上服务资历。

培训合格证考试科目和大纲由中华人民共和国海事局制定并公布。各级海事管理机构应当在职责范围内制定并公布考试计划，明确考试的时间、地点、申请程序等相关信息。申请参加培训合格证考试者，应当完成规定项目的培训并取得培训证明，由其所在的船员培训机构向海事管理机构申请相应培训项目的考试。

培训合格证考试包括理论考试与评估。培训合格证理论考试满分为100分，除船舶保安员合格证80分及以上为及格外，其他合格证60分及以上为及格。评估成绩分为及格和不及格两种。培训合格证理论考试和评估均及格，方为通过培训合格证考试。培训合格证考试有科目或项目不及格者，可以自初次考试之日起6个月内申请1次补考。逾期不能通过全部考试的，已有考试成绩失效并应重新参加培训。考试成绩自通过培训合格证考试之日起5年内有效。

2. 港口车辆驾驶人员

港口车辆驾驶人员主要是指港口内转车司机（如集装箱港口的场内集卡牵引车司机、滚装码头商品车移动驾驶员）、港口企业生产车辆驾驶员。

根据《公安部关于修改〈机动车驾驶证申领和使用规定〉的决定》（公安部令第111号），港口驾驶人员必须取得相应车型的驾驶证，方可上岗。依据交通部发布的《道路运输从业人员管理规定》，经营性运输驾驶员还需要进行资格考试，并取得相应的从业资格，从业资格证全国通用，有效期6年。

## 第三节 从业人员职业健康防护

在职业活动中存在的不良因素，有可能给从业人员带来各种职业病。许多职业病严重损害从业人员的健康及劳动能力，其治疗和康复费用昂贵，给从业人员、用人单位以及国家造成巨大损失。

在传统的职业危害尚未得到完全控制，新的职业病危害又不断产生的新形势下，加强职业危害因素的控制和职业病预防的管理工作，是搞好安全管理的重要课题。

### 一、职业健康防护的概念和基本要求

1. 职业健康的概念

职业健康是研究并预防因工作导致的疾病，防止原有疾病的恶化。主要表现为工作中因环境及接触有害因素引起人体生理机能的变化。职业健康的定义有很多种，最权威的是

1950 年由国际劳工组织组织和世界卫生组织的联合职业委员会给出的定义:职业健康应以促进并维持个行业职工的生理、心理及社交处在最好状态为目的;并防止职工的健康受工作环境影响;保护职工不受健康危害因素伤害;并将职工安排在适合他们的生理和心理的工作环境中。

2001 年 12 月,原国家经贸委、国家安全生产局修订《职业安全卫生管理体系试行标准》时,将"职业卫生"一词修订为"职业健康",并正式发布了《职业安全健康管理体系指导意见》和《职业安全健康管理体系审核规范》。目前在我们国家,劳动卫生、职业卫生、职业健康三种叫法并存,内涵相同。

国家标准《职业安全卫生术语》(GB/T 15236—2008)中,对职业卫生的定义是:以职工的健康在职业活动过程中免受有害因素侵害为目的的工作领域及其在法律、技术、设备、组织制度和教育等方面所采取的相应措施。

国家安监总局统一采用职业安全健康一词,简称职业健康。

2. 职业健康工作的方针与原则

职业危害因素预防控制工作的目的是预防、控制和消除职业危害,防治职业病,保护劳动者健康及相关权益,促进经济发展。《中华人民共和国职业病防治法》第三条明确了职业病防治工作坚持"预防为主、防治结合"的方针,建立用人单位负责、行政机关监管、行业自律、职工参与和社会监督的机制,遵循"三级预防"的原则,实行分类管理、综合治理。

第一级预防,又称病因预防。是从根本上杜绝职业危害因素对人的作用,即改进生产工艺和生产设备,合理利用防护设施及个人防护用品,以减少工人接触的机会和程度。将国家制定的工业企业设计卫生标准、工作场所有害物质职业接触限值等作为共同遵守的接触限值或"防护"的准则,可在职业病预防中发挥重要的作用。

根据职业病防治对职业病前期预防的要求,产生职业危害的生产经营单位的设立,除应当符合法律、行政法规规定的设立条件外,其工作场所还应当符合以下要求:

(1)职业危害因素的强度或者浓度符合国家职业卫生标准。

(2)有与职业危害防护需求相适应的设施。

(3)生产布局合理,符合有害与无害作业分开的原则。

(4)有配套的更衣间、洗浴间、孕妇休息间等卫生设施。

(5)设备、工具、用具及设施符合保护劳动者生理、心理健康的要求。

(6)法律、行政法规和国务院卫生行政部门关于保护劳动者健康的其他要求。

国家实行由安全生产监督管理部门主持的职业危害项目的申报制度,即新建、扩建、改建建设项目和技术改造、技术引进项目可能产生职业危害的,建设单位在可行性论证阶段应当提交职业危害预评价报告。建设项目在竣工验收前,建设单位应当进行职业危害控制效果评价。建设项目竣工验收时,其职业危害防护设施所需费用,应当纳入建设项目工程预算,并与主体工程同时设计,同时施工,同时投入生产和使用。这些措施均属于第一级预防措施。

第二级预防,又称发病预防。是早期检测和发现人体受到职业危害因素所致的疾病。其主要手段是定期进行环境中职业危害因素的监测和对接触者的定期体格检查,评价工作场所职业危害程度,控制职业危害,加强防毒防尘,防止物理性因素等有害因素的危害,使工作场所职业危害因素的浓度(强度)符合国家职业卫生标准。对劳动者进行职业健康监护，开展职业健康检查，早期发现职业性疾病损害，早期鉴别和诊断。

第三级预防，是在病人患职业病以后，合理进行康复处理。包括对职业病病人的保障；对疑似职业病病人进行诊断。保障职业病病人享受职业病待遇，安排职业病病人进行治疗、康复和定期检查，对不适宜继续从事原工作的职业病病人，应当调离原岗位并妥善安置。

第一级预防是理想的方法，针对整体的或选择的人群，对人群健康和福利状态均能起根本的作用，一般所需投入比第二级预防和第三级预防要少，且效果更好。

3. 职业健康的基本要求

为预防、控制和消除职业病危害，防治职业病，保护劳动者健康及其相关权益，促进经济发展，我国于2001年10月颁布了《职业病防治法》，经2011年修正后，新修订的《中华人民共和国职业病防治法》于2012年5月1日起施行。我国《劳动法》中也设有劳动安全卫生专章，对保障劳动者安全卫生作了明确规定和要求。国家安全生产监督管理总局于2009年颁布了《作业场所职业健康监督管理暂行规定》(国家安全生产监督管理总局令第23号)，对作业场所职业健康监督管理工作的基本要求和内容等作了详细规定。

生产经营单位是职业危害防治的责任主体，应依据国家法律法规及标准要求开展职业危害管理工作。生产经营单位的主要负责人对本单位作业场所的职业危害防治工作全面负责。《作业场所职业健康监督管理暂行规定》(国家安全生产监督管理总局令第23号)第三条规定：生产经营单位应当加强作业场所的职业危害防治工作，为从业人员提供符合法律、法规、规章和国家标准、行业标准的工作环境和条件，采取有效措施，保障从业人员的职业健康。该规定还用第二章整章29条的篇幅，明确了生产经营单位的职责。

1)组织机构和规章制度建设

生产经营单位应当设置或者指定职业健康管理机构，配备专职或者兼职的职业健康管理人员，负责本单位的职业危害防治工作。生产经营单位的主要负责人和职业健康管理人员应当具备与本单位所从事的生产经营活动相适应的职业健康知识和管理能力，并接受安全生产监督管理部门组织的职业健康培训。职业病防治工作应纳入法人目标管理责任制，确保职业病防治必要的经费投入。应建立、健全下列职业危害防治制度和操作规程：

(1)职业危害防治责任制度；

(2)职业危害告知制度；

(3)职业危害申报制度；

(4)职业健康宣传教育培训制度；

(5)职业危害防护设施维护检修制度；

(6)从业人员防护用品管理制度；

(7)职业危害日常监测管理制度；

(8)从业人员职业健康监护档案管理制度；

(9)岗位职业健康操作规程；

(10)法律、法规、规章规定的其他职业危害防治制度。

2)前期预防管理

(1)职业危害申报。

2009年,国家安全生产监督管理总局颁布《作业场所职业危害申报管理办法》(国家安全生产监督管理总局令第27号),要求在中华人民共和国境内存在或者产生职业危害的生产经营单位(煤矿企业除外),应当按照国家有关法律、行政法规及本办法的规定,及时、如实申报职业危害,并接受安全生产监督管理部门的监督管理。

职业危害申报工作实行属地化管理,作业场所职业危害申报采取电子和纸质文本两种方式。生产经营单位通过"作业场所职业危害申报与备案管理系统"进行电子数据申报,同时将《作业场所职业危害申报表》加盖公章并由生产经营单位主要负责人签字后,连同有关资料一并上报所在地相应的安全生产监督管理部门。

生产经营单位申报职业危害时,应当提交《作业场所职业危害申报表》和下列有关资料:

①生产经营单位的基本情况。

②产生职业危害因素的生产技术、工艺和材料的情况。

③作业场所职业危害因素的种类、浓度和强度的情况。

④作业场所接触职业危害因素的人数及分布情况。

⑤职业危害防护设施及个人防护用品的配备情况。

⑥对接触职业危害因素从业人员的管理情况。

⑦法律、法规和规章规定的其他资料。

作业场所职业危害每年申报一次。生产经营单位下列事项发生重大变化的,应当按规定向原申报机关申报变更:

①进行新建、改建、扩建、技术改造或者技术引进的,在建设项目竣工验收之日起30日内进行申报。

②因技术、工艺或者材料发生变化导致原申报的职业危害因素及其相关内容发生重大变化的,在技术、工艺或者变化之日起15日内进行申报。

③生产经营单位名称、法定代表人或者重要负责人发生变化的,在发生变化之日起15日内进行申报。

生产经营单位终止市场经营活动的,应当在生产经营活动终止之日起15日内向原申报机关报告并办理相关手续。

(2)建设项目职业卫生"三同时"管理。

新建、改建、扩建工程建设项目和技术改造、技术引进项目可能产生职业危害的,建设单位应当按照有关规定,在可行性论证阶段委托具有相应资质的职业健康技术服务机构进行预评价。产生职业危害的建设项目应当在初步设计阶段编制职业危害防治专篇。建设项目的职业危害防护设施应当与主体工程同时设计、同时施工、同时投入生产和使用,职业危害防护设施所需费用应当纳入建设项目工程预算。建设项目在竣工验收前,建设单位应当按照有关规定委托具有相应资质的职业健康技术服务机构进行职业危害控制效果评价。建设项目竣工验收时,其职业危害防护设施依法经验收合格,取得职业危害防护设施验收批复文件后,方可投入生产和使用。

(3)职业卫生安全许可证管理。

作业场所使用有毒物品的生产经营单位,应当按照有关规定向安全生产监督管理部门申请办理职业卫生安全许可证。其主要管理内容为按照法规标准要求确定的申办程序、条件以及有关延期、变更等的要求，向安全生产监督管理部门提交有关材料申办职业卫生安全许可证，并接受安全生产监督管理部门的监督管理。

3）劳动过程中的管理

（1）材料和设备管理。

优先采用有利于职业病防治和保护劳动者健康的新技术、新工艺和新材料；不生产、经营、进口和使用国家明令禁止使用的可能产生职业危害的设备和材料；生产经营单位原材料供应商的活动也必须符合安全健康要求；不采用有危害的技术、工艺和材料，不隐瞒其危害；可能产生职业危害的设备有中文说明书；在可能产生职业危害的设备醒目位置，设置警示标识和中文警示说明；使用、生产、经营可能产生职业危害的化学品，要有中文说明书；使用放射性同位素和含有放射性物质、材料的，要有中文说明书；不将职业危害的作业转嫁给不具备职业病防护条件的单位和个人；不接受不具备防护条件的有职业危害的作业；有毒物品的包装有警示标识和中文警示说明。

（2）作业场所管理。

职业危害因素的强度或者浓度应当符合国家职业卫生标准要求；生产布局合理；有害作业与无害作业分开；在可能发生急性职业损伤的有毒有害作业场所设置报警装置、配置现场急救用品、冲洗设备、设应急撤离通道和必要的泄险区；放射作业场所应设报警装置；放射性同位素的运输、储存应配置报警装置；一般有毒作业设置黄色区域警示线；高毒作业场所设红色区域警示线；高毒作业应设淋浴间、更衣室、物品存放专用间；还应为女工设冲洗间。

（3）作业环境管理和职业危害因素检测。

设专人负责职业危害因素日常检测；按规定定期对作业场所职业危害因素进行检测与评价；检测、评价的结果存入生产经营单位的职业卫生档案。

（4）防护设备设施和个人防护用品。

职业危害防护设施台账齐全；职业危害防护设施配备齐全；职业危害防护设施有效；有个人职业危害防护用品计划，并组织实现；按标准配备符合防治职业病要求的个人防护用品；有个人职业危害防护用品发放登记记录；及时维护、定期检测职业危害防护设备、应急救援设施和个人职业危害防护用品。

（5）履行告知义务。

在醒目位置公布有关职业并防治的规章制度；签订劳动合同，并在合同中载明可能产生的职业危害及其后果，载明职业危害防护措施和待遇；在醒目位置公布操作规程，公布职业危害事故应急救援措施，公布作业场所职业危害因素监测和评价的结果，告知劳动者职业病健康体检结果；对于患职业病或者职业禁忌症的劳动者，企业应告知本人。

（6）职业健康监护。

职业健康监护是职业危害防治的一项主要内容。通过健康监护不仅起到保护员工健康、提高员工健康素质的作用，而且也便于早期发现疑似职业病病人，使其早期得到治疗。职业健康监护工作的开展，必须有专职人员负责，并建立健全职业健康监护档案。职业健康监护档案包括劳动者的职业史、职业危害接触史、职业健康检查结果和职业病诊疗等有关个人健康资料。

职业健康监护的主要管理工作内容包括：按职业卫生有关法规标准的规定组织接触职

业危害的作业人员进行上岗前职业健康体检；按规定组织接触职业危害的作业人员进行在岗期间职业健康体检；按规定组织接触职业危害的作业人员进行离岗职业健康体检；禁止有职业禁忌症的劳动者从事其所禁忌的职业活动；不安排未成年工从事接触职业病危害的作业；不安排孕期、哺乳期的女职工从事对本人和胎儿、婴儿有危害的作业；调离并妥善安置有职业健康损害的作业人员；未进行离岗职业健康体检，不得解除或者终止劳动合同；职业健康监护档案应符合要求，并妥善保管；无偿为劳动者提供职业健康监护档案复印件。

《职业健康监护技术规范》(GBZ 188—2007)对接触各种职业危害因素的作业人员职业健康体检周期与体检项目给出了具体规定。例如，该标准关于接触粉尘人员的职业健康体检规定如下：

接触矽尘作业人员在上岗前、在岗期间和离岗前均应进行职业健康体检。

职业健康检查内容有：

①症状询问：重点询问咳嗽、咳痰、胸痛、呼吸困难，也可有喘息、咯血等症状。

②体格检查：内科常规检查，重点是呼吸系统和心血管系统。

③实验室和其他检查。必检项目：后前位 X 射线高千伏胸片、心电图、肺功能。选检项目：血常规、尿常规、血清 ALT。

在岗期间健康检查周期：

①劳动者接触二氧化硅粉尘浓度符合国家卫生标准，每 2 年 1 次；劳动者接触二氧化硅粉尘浓度超过国家卫生标准，每 1 年 1 次。

②X 射线胸片表现为 0 + 作业人员医学观察时间为每年 1 次，连续观察 5 年，若 5 年内不能确诊为矽肺患者，应按一般接触人群进行检查。

③矽肺患者每年检查 1 次。

接触煤尘(包括煤矽尘)作业人员在上岗前、在岗期间和离岗前均应进行职业健康体检。

职业健康检查内容有：

①症状询问：重点询问呼吸系统、心血管系统疾病史、吸烟史及咳嗽、咳痰、喘息、胸痛、呼吸困难、气短等症状。

②体格检查：内科常规检查，重点是呼吸系统、心血管系统。

③实验室和其他检查。必检项目：心电图、后前位 X 射线高千伏胸片、肺功能。选检项目：血常规、尿常规、血清 ALT。

在岗期间健康检查周期：

①劳动者接触煤尘浓度符合国家卫生标准，每 3 年 1 次；劳动者接触煤尘浓度超过国家卫生标准，每 2 年 1 次；

②X 射线胸片表现为 0 + 作业人员医学观察时间为每年 1 次，连续观察 5 年，若 5 年内不能确诊为煤工尘肺患者，应按一般接触人群进行检查。

③煤工尘肺患者每 1 ~ 2 年检查 1 次。

其他粉尘指除矽尘、煤尘和石棉粉尘以外按现行国家职业病目录中可以引起尘肺病的其他矿物性粉尘，包括：炭黑粉尘、石墨粉尘、滑石粉尘、云母粉尘、水泥粉尘、铸造粉尘、陶瓷粉尘、铝尘(铝、铝矾土、氧化铝)、电焊烟尘等粉尘。接触其他粉尘作业人员在上岗前、在岗期间和离岗前均应进行职业健康体检。

职业健康检查内容有：

①症状询问：重点询问咳嗽、咳痰、胸痛、呼吸困难，也可有喘息、咯血等症状。

②体格检查：内科常规检查，重点是呼吸系统和心血管系统。

③实验室和其他检查。必检项目：后前位 X 射线高千伏胸片、心电图、肺功能。选检项目：血常规、尿常规、血清 ALT。

在岗期间健康检查周期：

①劳动者接触粉尘浓度符合国家卫生标准，每 4 年 1 次；劳动者接触粉尘浓度超过国家卫生标准，每 2 ~ 3 年 1 次；

②X 射线胸片表现为 0 + 作业人员医学观察时间为每年 1 次，连续观察 5 年，若 5 年内不能确诊为尘肺患者，应按一般接触人群进行检查。

③尘肺患者每 1 ~ 2 年进行 1 次医学检查。

(7) 职业卫生培训

生产经营单位的主要负责人、管理人员应接受职业卫生培训；对上岗前的劳动者进行职业卫生培训；定期对劳动者进行在岗期间的职业卫生培训。

(8) 职业危害事故的应急救援、报告与处理

建立健全职业危害应急救援预案；应急救援设施应完好；定期进行职业危害事故应急救援预案的演练。发生职业危害事故时，应当及时向所在地安全生产监督管理部门和有关部门报告，并采取有效措施，减少或者消除职业危害因素，防止事故扩大。对遭受职业危害的从业人员，及时组织救治，并承担所需费用。

4) 职业病诊断与病人保障

及时向卫生部门和安全生产监管部门报告职业病发病情况；及时向卫生部门报告疑似职业病患者；向所在地劳动保障部门报告职业病患者；积极安排劳动者进行职业病诊断和鉴定；安排疑似职业病患者进行职业病诊断；安排职业病患者进行治疗，定期检查与康复；调离并妥善安置职业病患者；如实向职工提供职业病诊断证明及鉴定所需要的资料等。

*4. 劳动者的权利*

《中华人民共和国职业病防治法》第四十条明确规定劳动者享有下列职业卫生保护权利：

(1) 获得职业卫生教育、培训；

(2) 获得职业健康检查、职业病诊疗、康复等职业病防治服务；

(3) 了解工作场所产生或者可能产生的职业病危害因素、危害后果和应当采取的职业病防护措施；

(4) 要求用人单位提供符合防治职业病要求的职业病防护设施和个人使用的职业病防护用品，改善工作条件；

(5) 对违反职业病防治法律、法规以及危及生命健康的行为提出批评、检举和控告；

(6) 拒绝违章指挥和强令进行没有职业病防护措施的作业；

(7) 参与用人单位职业卫生工作的民主管理，对职业病防治工作提出意见和建议。

《职业病防治法》还规定：用人单位应当保障劳动者行使前款所列权利。因劳动者依法行使正当权利而降低其工资、福利等待遇或者解除、终止与其订立的劳动合同的，其行为

无效。

工会组织应当督促并协助用人单位开展职业卫生宣传教育和培训,有权对用人单位的职业病防治工作提出意见和建议,依法代表劳动者与用人单位签订劳动安全卫生专项集体合同,与用人单位就劳动者反映的有关职业病防治的问题进行协调并督促解决。

工会组织对用人单位违反职业病防治法律、法规,侵犯劳动者合法权益的行为,有权要求纠正;产生严重职业病危害时,有权要求采取防护措施,或者向政府有关部门建议采取强制性措施;发生职业病危害事故时,有权参与事故调查处理;发现危及劳动者生命健康的情形时,有权向用人单位建议组织劳动者撤离危险现场,用人单位应当立即作出处理。

5. 工伤保险

1)工伤保险定义

工伤保险,又称职业伤害保险,是指通过社会统筹的办法,集中用人单位缴纳的工伤保险费,建立工作保险基金,劳动者在工作中或在规定的特殊情况下,遭受意外伤害或患职业病导致暂时或永久丧失劳动能力以及死亡时,劳动者或其遗属从国家和社会获得物质帮助的一种社会保险制度。其包含两层含义:一是工伤发生时劳动者本人可获得物质帮助;二是劳动者因工伤死亡时其遗属可获得物质帮助。

工伤保险的认定,劳动者因工负伤或职业病暂时失去劳动能力,工伤不管什么原因,责任在个人或在企业,都享有社会保险待遇,即补偿不究过失原则。

2)对工伤保险的法定要求

《安全生产法》第四十三条明确规定生产经营单位必须依法参加工伤社会保险,为从业人员缴纳保险费。

《工伤保险条例》第二条规定中华人民共和国境内的企业、事业单位、社会团体、民办非企业单位、基金会、律师事务所、会计师事务所等组织和有雇工的个体工商户应当依照本条例规定参加工伤保险,为本单位全部职工或者雇工(即企业职工)缴纳工伤保险费。

《中华人民共和国职业病防治法》第七条规定:“用人单位必须依法参加工伤保险。国务院和县级以上地方人民政府劳动保障行政部门应当加强对工伤保险的监督管理,确保劳动者依法享受工伤保险待遇。”第六十条规定:“劳动者被诊断患有职业病,但用人单位没有依法参加工伤保险的,其医疗和生活保障由该用人单位承担。”

综上,港口企业必须依法参加工伤保险,保障劳动者依法享受工伤保险待遇。

3)工伤保险的作用及意义

实行工伤保险是为了保障因工作遭受事故伤害或者患职业病的职工获得医疗救治和经济补偿,促进工伤预防和职业康复,分散用人单位的工伤风险。其主要作用有:

(1)工伤保险作为社会保险制度的一个组成部分,是国家通过立法强制实施的,是国家对职工履行的社会责任,也是职工应该享受的基本权利、工伤保险的实施是人类文明和社会发展的标志和成果。

(2)实行工伤保险保障了工伤职工医疗以及其基本生活、伤残抚恤和遗属抚恤,在一定程度上解除了职工和家属的后顾之忧、工伤补偿体现出国家和社会对职工的尊重,有利于提高他们的工作积极性。

(3)建立工伤保险有利于促进安全生产,保护和发展社会生产力。工伤保险与生产单位改善劳动条件、防病防伤、安全教育、医疗康复、社会服务等工作紧密相联。对提高生产经营单位和职工的安全生产，防止或减少工伤、职业病，保护职工的身体健康，至关重要。

(4)工伤保险保障了受伤害职工的合法权益，有利于妥善处理事故和恢复生产，维护正常的生产、生活秩序，维护社会安定。

工伤事故和职业病带来了严重的经济损失和人员伤亡。经济损失通过恢复生产经过一定时间后是可以弥补的，而人员伤亡的后果，在较长时间里却难以消除，如医疗康复、生活抚恤和子女供养等问题需要长期解决。工伤员工为生产经营单位和社会创造了财富，而自己却付出了身体的损害、鲜血甚至生命，他们及其亲属是十分痛苦的，如果不能在经济和物质上给予帮助，提供相应的保障，不仅影响社会安定，也会影响在职员工的生产积极性，进而干扰生产经营单位的经济效益。因此，必须对工伤建立一种保险制度。

在市场经济条件下，生产经营单位都具有风险性，一旦生产经营单位经济效益不好或亏损破产，工伤员工及供养直系亲属的长期抚恤必难保证，从而给工伤员工及供养亲属的生活造成严重影响，不利于社会稳定。

*6. 劳动防护用品*

1)劳动防护用品定义

劳动防护用品又称“个体防护用品”。劳动防护用品是用人单位为员工个人配备的保护用品，使用后可以对个人起到保护作用，达到避免或减轻职业危害或意外事故伤害的目的，保护员工生命和健康。在某些特定作业条件下，使用个人防护用品甚至是最主要的防护措施。

劳动防护用品分为一般劳动防护用品和特种劳动防护用品两种。1991 年我国开始对部分劳动防护用品实施生产许可证制度，列入许可证目录的劳动防护用品称为特种劳动防护用品。其范围有以下几类：

(1)头部护具类：安全帽。

(2)呼吸护具类：防尘口罩、过滤式防毒面具、自给式空气呼吸器、长管面具等。

(3)眼(面)护具类：焊接眼面防护具、防冲击眼护具等。

(4)防护服类：阻燃防护服、防酸工作服、防静电工作服等。

(5)防护鞋类：保护足趾安全鞋、防静电鞋、导电鞋、防刺穿鞋、胶面防砸安全靴、电绝缘鞋、耐酸碱皮鞋、耐酸碱胶靴、耐酸碱塑料模压靴等。

(6)防坠落护具类：安全带、安全网、密目式安全立网等。

2)对劳动防护用品的法定要求

(1)原则要求。

根据《中华人民共和国劳动法》、《中华人民共和国职业病防治法》等法规，对港口企业劳动防护用品的要求如下：

①使用劳动防护用品的单位应为劳动者免费提供符合国家规定的劳动防护用品。

②使用单位不得以货币或其他物品替代应当配备的劳动防护用品。

③使用单位应教育本单位劳动者按照劳动防护用品使用规则和防护要求正确使用劳动防护用品。

④使用单位应建立健全劳动防护用品的购买、验收、保管、发放、使用、更换、报废等管理

制度；并应按照劳动防护用品的使用要求，在使用前对使用者进行使用方法的培训，以及对防护用品的防护功能进行必要的检查。

⑤使用单位应到定点经营单位或生产企业购买特种劳动防护用品。购买的劳动防护用品须经本单位的安全技术部门验收。

（2）配备标准。

《劳动防护用品配备标准（试行）》（国经贸安全〔2000〕189 号）参照《中华人民共和国工种分类目录》规定了 116 个典型工种的劳动防护用品配备最低种类；其他工种可参照本标准的附录 B“相近工种对照表”确定后执行；各地方、行业未列入的工种可根据实际情况制定相应的配备标准。

（3）采购。

在采购要求方面，应该选择有资质的供方和合格的商品，总体应符合以下要求：

①生产单位应具备国家生产许可资质；

②用品规格、性能符合国家标准；

③产品经过国家检验，有说明书和合格证；

④特种劳动防护用品有安全鉴定证、安全标志。

在验收方面，采购的防护用品须经本单位的安全技术部门验收，确认合格后方可登记入库。

（4）劳动防护用品的配发。

配发应把握好以下环节：

①按国家标准《劳动防护用品配备标准（试行）》足额配发。

②发放的特种劳动防护用品应具有“三证”即生产许可证、合格证、安全鉴定证，以及“一标志”即安全标志。

③禁止配发不合格、有缺陷的、过期、报废与失效的劳动防护用品。

④按规定时间间隔发放新的替换劳动防护用品。但若发现防护用品已不适用应随时更换，不受时限限制。

（5）培训。

新上岗或转岗员工上岗前应接受劳动防护用品使用的培训并记录。培训内容有：

①岗位劳动防护用品配备标准。

②识别劳动防护用品合格与否的方法。

③正确使用的方法和要求。

④保养和清洁的方法和要求。

⑤使用的必要性和不用的后果严重性等意识教育。

（6）使用。

使用劳动防护用品，应遵循以下步骤：

①验证配发的劳动防护用品是否符合岗位配备标准。

②检查劳动防护用品性能、有无外观缺陷、失效、过期。

③按说明书或培训要求正确使用。

④使用过程中发现劳动防护用品有异常应及时报告。

⑤按期更新防护用品，及时更换不适用防护用品。

(7)维护保养。

妥善维护、保养，可延长防护用品的使用期限，更重要的是能保证用品的防护效果。维护保养防护用品时须注意以下事项：

①定期对自己的劳动防护用品进行维护和保养。

②按照说明书或培训要求去清洁保养，以免意外将其损坏。

③在作业场所个人防护用品的存放应有固定的地点和位置，避免混乱和相互误用。

④发现破损、过期、失效、丢失应及时报告与更换。

(8)检查和监督。

①建立防护用品检查和监督制度。

②安全部门负责检查和监督管理。

③开展自检、互检、定期检查和巡视检查等活动。

④发现违章行为及时纠正并教育。

## 二、职业有害因素与职业病

正常的生产经营活动，包括生产过程、劳动过程和生产环境三个方面，职业有害因素也产生在相应的过程和环境中。职业危害主要就是指因职业有害因素对从业人员健康的危害。有害因素的作用如果达到一定程度并持续一定时间，就会引发职业病。

1.职业有害因素的主要种类及危害

1)种类

职业有害因素是指职业活动中存在的不良因素，既包括生产过程中存在的有害因素，也包括劳动过程和生产环境中存在的有害因素。

(1)生产过程中的有害因素。

生产过程是指按生产工艺要求的各项生产设备进行的连续生产作业，随着生产技术、机器设备、使用材料和工艺流程的变化不同而发生变化，与生产过程有关的原材料、工业毒物、粉尘、噪声、震动、高温、辐射及生物性因素有关。

①化学因素。生产过程中使用和接触到的原料、中间产品、成品以及在生产过程中产生的废气、废水和废渣等，都可能对作业人员产生危害。主要包括工业毒物、粉尘等。

②物理因素。物理因素是生产过程中的主要危害因素，不良的物理因素都可能对作业人员造成职业危害。主要包括高温、低温、潮湿、气压过高或过低等异常的气象条件，噪声、振动、辐射等。

③生物因素。生产过程中使用的原料、辅料以及在作业环境中可能存在某些致病微生物和寄生虫，如：炭疽杆菌、霉菌、布氏杆菌、森林脑炎病毒和真菌等。

(2)劳动过程中的有害因素。

劳动过程是指从业人员在物质资料生产中从事的有价值的活动过程，它涉及劳动力、劳动对象、生产工具三个要素，主要与生产工艺的劳动组织情况、生产设备工具、生产制度、作业人员体位和方式以及智能化程度有关。

①劳动组织和劳动制度的不合理，如劳动时间过长，劳动休息制度不健全或不合理等。

②劳动中紧张度过高。如精神过度紧张，长期固定姿势造成个别器官与系统的过度紧张，单调或较长时间的重复操作，光线不足引起的视力紧张等。

③劳动强度过大或劳动安排不当。如安排的作业与从业人员的生理状况不适应，生产定额过高，超负荷的加班加点，妇女经期、孕期、哺乳期安排不适宜的工作等。

④不良工作体位。长时间处于某种不良的体位，如可以坐姿工作但安排站立，或使用不合理的工具、设备等，如微机操作台与座椅的高低比例不合适，低煤层挖煤工人的匍匐式作业等。

(3)生产环境中的有害因素。

生产环境主要指作业环境，包括生产场地的厂房建筑结构、空气流动情况、通风条件以及采光、照明等，这些环境因素都会对作业人员产生影响。

①生产场所设计或安装不符合卫生要求或卫生标准。如厂房矮小、狭窄，门窗设计不合理等。

②车间布局不合理。如噪声较大工序安排在办公、住宿区域，有毒工序同无毒工序安排在同一车间内，有毒、粉尘工序安排在低洼处等。

③通风。通风条件不符合卫生要求，或缺乏必要的通风换气设备。

④照明。车间照明、采光不符合卫生要求。

⑤防尘、防毒、防暑降温。车间内缺乏必要的防尘、防毒、防暑降温措施、设备，或已经安装但不能正常使用等。

⑥安全防护。安全防护措施或个人防护用品有缺陷或配备不足，造成操作者长期处于有毒有害环境中。

2)危害

职业性有害因素可能对人体造成有害影响。有害影响的产生及其大小，根据其强度(剂量)、人体与其接触机会及程度、从业人员个体因素、环境因素以及几种有害因素相互作用等条件的不同有所不同。当有害作用不大时，人体的反应仍处于生理变化范围以内。若职业性有害因素对人体的作用超过一定的限度，并持续较长时间，则可能产生由轻到重的两种不同后果。

(1)出现职业特征。

有害因素引起身体的外表改变，称为职业特征，如皮肤色素沉着、起老茧子等。这在一定程度上可以看做是机体对环境因素的代偿性反应。

(2)抗病能力下降。

有害因素极可能引起人体内发生暂时性的机能改变或者出现人体抵抗力下降，较一般人群更容易患某些疾病。表现为患病率增高和病情加重。

(3)引发职业病。

有害因素的作用如果达到一定程度，持续一定时间，在防护不好的情况下，将造成特定功能和器质性病理改变，引发职业病，并且可能在不同程度上影响人的劳动能力。

2. 职业病的种类

通常意义上所说的职业病是狭义概念上的职业病，称为法定职业病。依据《中华人民共和国职业病防治法》的规定，职业病是指企业、事业单位和个体经济组织的从业人员在职业活动中，因接触粉尘、放射性物质和其他有毒、有害物质等因素而引起的疾病，根据卫生部、劳动和社会保障部《关于印发<职业病目录>的通知》，具体有：

1）尘肺病

包括：矽肺、煤工尘肺、石墨尘肺、炭黑尘肺、石棉肺、滑石尘肺、水泥尘肺、云母尘肺、陶工尘肺、铝尘肺、电焊工尘肺、铸工尘肺、根据《尘肺病诊断标准》和《尘肺病理诊断标准》可以诊断的其他尘肺等 13 种。

2）职业性放射性疾病

包括：外照射急性放射病、外照射亚急性放射病、外照射慢性放射病、内照射放射病、放射性皮肤疾病、放射性肿瘤、放射性骨损伤、放射性甲状腺疾病、放射性性腺疾病、放射复合伤、根据《职业性放射性疾病诊断标准（总则）》可以诊断的其他放射性损伤等 11 种。

3）职业中毒

包括：铅及其化合物中毒（不包括四乙基铅），汞及其化合物中毒，锰及其化合物中毒，镉及其化合物中毒，铍病，铊及其化合物中毒，钡及其化合物中毒，钒及其化合物中毒，磷及其化合物中毒，砷及其化合物中毒，铀中毒，砷化氢中毒，氯气中毒，二氧化硫中毒，光气中毒，氨中毒，偏二甲基肼中毒，氮氧化合物中毒，一氧化碳中毒，二硫化碳中毒，硫化氢中毒，磷化氢、磷化锌、磷化铝中毒，工业性氟病，氰及腈类化合物中毒，四乙基铅中毒，有机锡中毒，羰基镍中毒，苯中毒，甲苯中毒，二甲苯中毒，正己烷中毒，汽油中毒，一甲胺中毒，有机氟聚合物单体及其热裂解物中毒，二氯乙烷中毒，四氯化碳中毒，氯乙烯中毒，三氯乙烯中毒，氯丙烯中毒，氯丁二烯中毒，苯的氨基及硝基化合物（不包括三硝基甲公）中毒，三硝基甲苯中毒，甲醇中毒，酚中毒，五氯酚（钠）中毒，甲醛中毒，硫酸二甲中毒，丙烯酰胺中毒，二甲基甲酰胺中毒，有机磷农药中毒，氨基甲酸酯类农药中毒，杀虫脒中毒，溴甲烷中毒，拟除虫菊酯类农药中毒，根据《职业性中毒性肝病诊断标准》可以诊断的职业性中毒性肝病，根据《职业性急性化学物中毒诊断标准（总则）》可以诊断的其他职业性急性中毒等 56 种。

4）物理因素所致职业病

包括中暑、减压病、高原病、航空病、手臂振动病等 5 种。

5）生物因素所致职业病

包括炭疽、森林脑炎、布氏杆菌病 3 种。

6）职业性皮肤病

包括：接触性皮炎、光敏性皮炎、电光性皮炎、黑变病、痤疮、溃疡、化学性皮肤灼伤、根据《职业性皮肤病诊断标准（总则）》可以诊断的其他职业性皮肤病等 8 种。

7）职业性眼病

包括：化学性眼部灼伤、电光性眼炎、职业性白内障（含放射性白内障、三硝基甲苯白内障）3 种。

8）职业性耳鼻喉口腔疾病

包括：噪声聋、铬鼻病、牙酸蚀病 3 种。

9）职业性肿瘤

包括：石棉所致肺癌、间皮瘤，联苯胺所致膀胱癌，苯所致白血病，氯甲醚所致肺癌，砷所致肺癌、皮肤癌，氯乙烯所致肝血管肉瘤、焦炉工人肺癌、铬酸盐制造业工人肺癌 8 种。

10）其他职业病

金属烟热、职业性哮喘、职业性变态反应性肺泡炎、棉尘病、煤矿井下工人滑囊炎5种。职业病病人依法享受国家规定的职业病待遇。用人单位应当按照国家有关规定，安排职业病病人进行治疗、康复和定期检查。用人单位对不适宜继续从事原工作的职业病病人，应当调离原岗位，并妥善安置。用人单位对从事接触职业病危害的作业的从业人员，应当给予适当岗位津贴。

3. 港口生产常见职业病

港口生产涉及不同作业环节、作业货种，与港口生产相关的职业病主要有：

1）尘肺病

粉尘作业人员，煤码头的装卸作业，集装箱港口如货站装卸工人、电焊工等，如不注意个人防护，轻者可导致上呼吸道感染、慢性支气管炎、肺气肿或支气管哮喘，长期在粉尘的工作和环境下工作，严重时导致尘肺。

2）职业性眼病

如电焊工在焊接操作时，不带眼罩，不注意眼部的保护，可导致电光眼，使眼睛红肿疼痛，不能视物。

3）高温中暑

由于夏天高温露天作业，太阳直射，没有防护措施，或者防护不当，不科学安排工作时间。很容易造成作业人员中暑。

4）职业中毒

常见的是油码头卸车台、泵房、油罐区等作业环境易发生的座油气中毒情况。

5）噪声

港口作业过程中机械设备操作噪声。

4. 职业病的诊断

职业病的诊断是一项政策性、技术性很强的工作。如果把职业病漏诊或误诊为一般疾病，则会忽视劳动条件的改善，使从业人员继续受害，甚至发生大事故。但若是把一般疾病误诊为职业病，不但给从业人员造成思想负担和波动，也会给国家和生产带来很大损失。因此，对职业病的诊断工作，必须持严肃认真的科学态度。职业病诊断应当由省级以上人民政府卫生行政部门批准的医疗卫生机构承担，从业人员可以在用人单位所在地或者本人居住地依法承担职业病诊断的医疗卫生机构进行职业病诊断。

1）诊断依据

①职业接触史。职业病的诊断中了解职业接触史是很重要的，它是一项重要的诊断依据。在询问病史中，应注意了解病人所接触的毒物的确切名称、浓度、接触时间等。对新化学物质应弄清其理化性质。

②临床表现及实验室检查。不同的毒物中毒后的临床症状各有差异。许多中毒具有特殊的症候群，对诊断很有帮助。要根据患者的临床表现，结合实验室的各项检查结果进行综合诊断。

③劳动现场调查。劳动现场的调查中，必须了解毒物浓度的高低，过去与现在的生产条件和劳动卫生条件，患者岗位防护情况等。通过了解和现场观察，分析出是否存在发生职业

病的客观条件，从而作出正确的诊断。

2）诊断方法

对从病史、职业史、体格检查、实验室检查和现场调查中取得的资料，加以综合分析，不能单纯依靠某一方的情况而轻易作出诊断。只有患者的临床表现符合其从事工作中所接触毒物应出现的反应，同时又与实验室检查结果相吻合时，其诊断结果才比较正确。为了避免主观性、片面性的因素，切忌由一个医生作出诊断，要认真坚持集体讨论诊断的原则。预防职业危害与职业病的一般措施有：

（1）加强宣传工作。

积极开展劳动卫生、预防职业病的科普教育，使广大职工和各级领导人员既认识到讲究劳动卫生和预防职业病的重要意义，又具备较高的劳动卫生和职业病防治的科学知识水平，更自觉地与危害健康的生产性有害因素作斗争。同时，加强对有关法规、条例、标准、制度、规定宣传，使之能真正得到贯彻措施，并在实践中不断完善。

（2）组织措施。

加强领导，建立、健全相应的组织机构，以负责本单位劳动安全卫生领导工作，认真贯彻执行我国政府颁布的有关防治职业病的规定、政策和法令，以及结合劳动过程中的生产性有害因素而制定安全操作规程，提出改善劳动条件措施的原则和卫生要求，逐步建立厂矿企业职业卫生检查、职业病防治保健网。

（3）职业卫生技术措施。

厂房设计要符合卫生要求，尤其是要杜绝有害因素的发生源，使接触者受的影响减至最低限度。重视工它改革和技术改革，采用低毒或无毒物质代替有毒物质，改革能导致产生有害因素的工艺过程，实现生产过程的密闭化、遥控化、机械化和自动化，防止有害物质污染环境。

（4）职业卫生保健措施。

主要是合理地使用个人防护用具，做好就业前和定期的健康检查，定期和经常性地对生产环境的职业危害进行监测，及时发现和查明有害因素污染环境的原因、程度和变化规律，以便采取有效的防护措施。

（5）对卫生设计进行审查。

从建设开始就抓起．使厂址选择、厂房建筑、车间布局工艺流程、通风装置等符合劳动安全卫生要求，从根本上防止或减少造成职业病的生产性职业危害。

## 三、常见职业危害的防护

1．粉尘及其控制

粉尘是指较长时间呈浮游状态存在于空气中的固体微粒。在工业生产中所产生的粉尘叫做工业粉尘。在工业生产过程中，经常产生散发的各种粉尘，如果不加控制，将污染场所和周围环境，有些粉尘达到一定的浓度，遇到货源会发生爆炸，造成人身伤亡和重大经济损失。有些粉尘长期吸入会引起肺部病变，患尘肺病，危害身体健康。

粉尘在港口企业主要体现在煤炭、矿石等散货操作上，对港口作业人员有一定的影响。

1）粉尘的来源与种类

（1）粉尘的来源。

①固体物质的机械粉碎、研磨过程，如选矿，耐火材料与铸造车间的破碎机、球磨机等散发的粉尘。

②粉末状微粒物料的混合、过筛、运输、包装及清理过程，如玻璃制造业、水泥行业筛分、配料、拌料以及铸造行业的混砂、造型、浇铸、开箱、清砂等所散发的粉尘。

③物质不完全燃烧或爆炸，如锅炉烟气中夹杂的大量烟尘。

④物质被加热时产生的蒸汽在空气中凝结或被氧化，如矿石烧结、金属冶炼等过程中产生的锌蒸汽，在空气中凝结，氧化成氧化锌固体微粒。

港口企业粉尘的主要来源于第②种，如矿石、煤炭、水泥、粮食等散货装卸、灌包、堆存过程中会有大量的粉末状微粒浮游与空气中。

(2)粉尘的种类。

①无机性粉尘。矿物性粉尘，如硅石、石棉、滑石等；金属性粉尘，如铁、锡、铅等；人工无机性粉尘，如水泥、金刚砂、玻璃纤维等。

②有机性粉尘。植物性粉尘，如棉、麻、面粉、烟草等；动物性粉尘，如兽毛、角质、骨质、毛发等；人工有机粉尘，如有机染料、炸药、人造纤维。

③混合性粉尘。指上述各种粉尘混合存在。生产环境中，此类粉尘最常见。

港口企业生产过程中，以上种类的粉尘都存在。

(3)粉尘的理化特性。

粉尘的理化特性与它的生物学作用于防尘措施等有密切的关系。在卫生学上意义较大的是粉尘的化学组成、分散度、溶解度、荷电性、形状与硬度等。

①化学组成。粉尘对人体的危害主要是与其化学组成及其在空气中的含量有关。例如含矽的粉尘，其成分中含有游离二氧化矽量越高，对人体的危害就越大。

②分散度。分散度是物质被粉碎的程度，用各种尘粒粒径范围的个数或质量百分比分配情况来表示。粒径愈小占的比例愈大，则其分散度愈大，反之则愈小。

③荷电性。由于原料加工和粉碎时的摩擦或因吸附了空气离子使分散度大的尘粒通常带有电荷。带电的粉尘容易被阻留在呼吸道上，而且带电的尘粒不易被人体内吞噬细胞所吞噬，因此对人体的危害性大。

④溶解度。粉尘的溶解度的大小对人体的危害性与粉尘对人体作用性质有关。例如人吸入的某种粉尘对机体主要是机械刺激作用的，则其溶解度越大危害性越小；如粉尘对机体是起化学毒物作用的，则其溶解度越大危害性也越大。

⑤形状和硬度。尘粒的形状影响它在空气中沉降越快，因此不易被人吸入。尘粒的硬度越大，越易损伤上呼吸道。

2)粉尘对人体的危害

人的机体长期吸入某些粉尘造成的尘肺，是粉尘对人体健康最重要的危害。部分人接触还可引起变态反应性疾病等。归纳起来有以下几个方面的病变：

(1)破坏人体的正常防御功能。

长期大量吸入生产性粉尘，可使呼吸道黏膜、气管、支气管的纤毛上皮细胞受到损伤。随着吸入粉尘的增加，肺内尘源积累也随之逐渐增加，此过程是接触粉尘人员在脱离接触粉尘仍可能患尘肺病的主要原因。

(2)粉尘可引起肺部病变。

粉尘最严重的危害是引起尘肺病。其病理特点是肺组织发生弥漫性、进行性纤维组织增生,引起呼吸功能严重受损而致使劳动能力下降和丧失。矽肺是纤维化病变最严重、进展最快、危害最大的尘肺病。

(3)粉尘有中毒作用。

吸入含铅、砷、锰等有毒粉尘,能在支气管和肺泡壁上被溶解吸收,引起铅、砷、锰等中毒。

(4)粉尘的局部作用。

粉尘堵塞皮脂腺使皮肤干燥,可引起粉刺、毛囊炎等皮肤病;粉尘对角膜的刺激和损伤可导致角膜的感觉丧失,角膜混浊等改变;粉尘刺激呼吸道黏膜可引起鼻炎、咽炎、喉炎等。

3)工艺上的防尘措施

工艺上的防尘措施包括从工艺方法上和从工艺布置上两个方面。

(1)工艺方法上的防尘措施。

广泛采用新工艺、新技术既能推动生产的发展、成倍地提高劳动生产率,又能从根本上改善生产的劳动条件,降低场区的粉尘浓度,减少粉尘对从业人员的危害,并为改善环境提供有利条件。如采用工艺过程密闭化、机械化和自动化的方式等。

(2)工艺布置上的防尘措施。

工艺布置与防尘工作有很大关系,在工艺布置时考虑到防尘措施,有利于减少粉尘对人体的危害和对环境污染。

①从通风角度考虑。工艺设备和生产流程的布局应使主要工作点和操作人员多的工段位于场区通风良好和空气较为清洁的地方,减少受粉尘危害的人数。(如码头货站操作)

②从隔离角度考虑。有严重粉尘污染源的工段散发粉尘和有害物较多,尽可能用实体墙和其他部分隔离,最好布置在单独的厂房内。

③从工艺流程角度考虑。在布置工艺设备和安排生产流程时应该为除尘系统,包括风管敷设、平台位置、粉尘收集或污泥法除尘等合理布置提供必要的条件。

(3)湿式作业。

在生产过程,对工件或原料加入适量的水分使之湿润后进行操作,以防止粉尘的飞扬,称为湿式作业。湿式作业是利用含矽原料都有较好的亲水性这一特性来达到防尘目的。当石英砂中水分超过6%时,砂中就开始有黏结现象,从而能防止粉尘的飞扬。湿式作业是一种简单易行和效果较好的防尘方法。目前采用湿式作业的有石英磨粉、玻璃、搪瓷、凿岩等行业。

(4)通风防尘。

通风防尘是一项极其有效的技术措施。局部的机械通风防尘需要的风量最小,防尘效果最好。如果受生产条件的限制,不能采用局部通风,或采用局部通风后,室内粉尘浓度仍超过国家规定标准,就应采用全面通风。全面通风是对整个车间进行通风换气,用新鲜空气把整个车间的有害物质浓度冲淡到国家标准以下。

4)防尘的综合措施

在解决粉尘危害问题时,必须综合考虑各种有害物质的散发情况,采用综合措施。尘肺是粉尘引起的主要职业性疾病，预防尘肺病的关键是降尘、防尘。防尘综合措施既有各种技术措施，也有各种组织措施，两者不能偏废，应是相辅相成。概括起来就是“革”、“水”、“密”、“风”、“护”、“管”、“教”、“查”八个字。

(1)革。

即革新工艺与设备。生产工艺和生产设备的技术革新，逐步使用先进设备，是生产过程中不产生或少产生粉尘，以低毒性粉尘代替高毒性粉尘，以至消除粉尘危害的基本措施。

(2)水。

即湿式作业。湿式作业可有效防止粉尘飞扬。在有较大粉尘的作业环境中通常使用湿式作业降低粉尘，除尘效果较好并且经济方便。如玻璃陶瓷业采用湿式拌料；铸造也采用湿式造型、湿式开箱、水力清砂等。

(3)密。

即把粉尘发生源密闭，防止粉尘向外飞扬。将粉尘发生源密闭在独立的区域内，减少人员接触粉尘的频次和浓度，将有效减少粉尘对人体的危害。

(4)风。

即通风。包括自然通风系统和机械通风装置。自然通风主要通过设计合理的通风通道，使含尘空气沿设计的方向自然排出。通风防尘工作，主要是扬尘点密闭基础上再安装合理的通风除尘装置。在不易密闭防尘的作业点，可采用局部抽出式排风装置，抽风风向尽可能与粉尘运动方向一致。

(5)护。

即加强个人防护和增强体质。个人防护的目的是防止粉尘进入呼吸道。主要通过作业人员佩戴防尘口罩来进行防护。此外，注意个人卫生、开展体育活动，增强体质也可以有效地增强个人的防护能力。

(6)管。

即加强防尘工作的技术管理。依据法规要求建立科学的防尘制度和除尘通风设备的维护保养管理制度。除尘设备必须进行经常性和定期的技术检测、检测维修，以发挥其防尘作用。同时，还要落实新建、扩建、改建、技术改造和技术引进项目“三同时”制度，保证职业卫生措施必须与主体工程同时设计，同时施工，同时投入生产和使用。

(7)教。

即做好防尘工作的宣传教育。通过学习职业危害和防尘方面的法律法规，粉尘危害，粉尘防止的基本知识，使作业人员了解粉尘的危害、防治尘肺病的基本知识，了解尘肺病是完全可以预防的。发动从业人员做好各自岗位的防尘、降尘职责，提高粉尘危害治理、尘肺病防治的意识和自觉性。

(8)查。

即加强对粉尘作业人员职业健康检查，是早期发现、早起诊断、早起治疗尘肺病患者及职业多发病的重要措施。粉尘作业人员的职业性健康检查包括上岗前、在岗期间、离岗后的职业性健康检查。

2. 毒物及其控制

一般来说，凡对人体产生有害作用的物质称为毒物。在工业生产中使用和产生的毒物称工业毒物。毒物在一定条件下作用于机体,与细胞成分产生生物化学作用或物理变化,扰乱或破坏机体的正常功能,引起机体功能性或器质性改变,导致暂时性或永久性病理损害,甚至危及生命。工业毒物系指在工业生产中的有毒化学物质,亦称生产性毒物。

1)工业毒物的分类

(1)按照工业毒物的来源分类。

①原料和生产辅助材料:在工业生产中有的工艺所使用的原料本身就是有毒物质,例如,油漆中的溶剂(苯及同系物),压铸铅字用的铅,金属热处理中表面氰化处理所使用的氰化物等。

②成品、半成品或副产品:在冶炼工业和化学工业中最为常见,例如铅、汞的开采和冶炼,氯、氨、二氧化碳、二硫化碳等的生产,它们的成品、半成品或副产品具有毒性。

③中间体及反应产物:有时原料和产品无毒,而中间体和反应产物有毒。如煤及有机物燃烧不完全产生的一氧化碳等。

④废气、废水、废渣:在工业生产中,可能产生各种各样的有害物质,它们以固态、液态或气态的形式存在于工业生产的废气、废水和废渣中,造成环境污染,直接或间接危害人类。如,铅在熔融时产生的铅蒸气、矿石在粉碎时产生的二氧化硅等。

(2)按照毒物的化学结构分类。

①金属、类金属及其化合物:如铅、锰、汞、锌、砷、硫、福及其化合物等。

②窒息性或刺激性气体:窒息性气体如一氧化碳、硫化氢、氰化氢等,刺激性气体如氯气、氨、二氧化硫等。

③有机溶剂:按化学结构可分为芳香烃、脂肪烃、卤代烃、醇、醚等。

④芳香族氨基及硝基化合物等。

⑤高分子化合物:主要指塑料、合成纤维、合成橡胶等。其毒性作用主要取决于聚合物中所含的游离单体和助剂。

⑥农药:主要包括杀虫剂、杀菌剂、除草剂等。

⑦放射性物质:如铀、钍、镭、钚等。

2)工业毒物中毒方式

工业毒物可以直接进入人体,引起中毒,也可以通过中间介质(如植物、动物等)引起间接中毒。

(1)直接中毒。

工业毒物经过呼吸系统、消化系统或皮肤进入人体,毒物进入人体后,虽然会发生升华转化的解毒作用,部分排出体外,但总会有一定的毒物滞留体内,如果人体滞留的毒物数量较大,就会使人发生急性中毒。如果毒物滞留较少,但较长时间内逐步积累,会对积蓄的器官产生危害,病情发展时间较长,历时6个月以上,称为慢性中毒。

(2)间接中毒。

工业生产过程中,工业毒物会以气态、液态、固态形式污染环境,受污染区的植物或动物会对毒物起到富集作用,特别是鱼类和浮游生物,其富集浓度可达到一千到十万倍,人们吃了这种带毒的生物,会引起中毒,称为间接中毒。引起间接中毒常见的有汞、镉、砷及有机氯农药等。

3）工业毒物对人体的危害

（1）刺激。

刺激说明身体与有毒化学品接触已相当严重，一般受刺激的部位为皮肤、眼睛和呼吸系统。许多化学品和皮肤接触时，能引起不同程度的皮肤炎症；与眼睛接触轻则导致轻微的、暂时性的不适，重则导致永久性的伤残。一些刺激性气体可引起气管炎，甚至严重损害气管和肺组织。

（2）过敏。

接触某些化学品可引起皮肤或呼吸系统过敏（如出现皮疹或水疤）的症状，这种症状不一定在接触的部位出现，而可能在身体的其他部位出现，引起这种症状的化学品有煤焦油衍生物和铬酸等。呼吸系统过敏可引起职业性哮喘，包括咳嗽以及呼吸困难等。

（3）窒息。

窒息涉及对身体组织氧化作用的干扰。这种症状分为单纯窒息、血液窒息和细胞内窒息三种。单纯窒息是在空间有限的工作场所，周围氧气被窒息性气体所代替，如氮气、二氧化碳、乙烷、氢气或氦气，而使氧气量不足以维持生命的继续；血液窒息是毒性化学物质直接影响机体传送氧的能力，典型的血液窒息性物质就是一氧化碳；细胞内窒息是毒性化学物质直接影响机体和氧结合的能力，如氰化氢、硫化氢这些物质影响细胞和氧的结合能力。

（4）麻醉和昏迷。

接触高浓度的某些化学品，有类似醉酒的作用。如乙醇、丙醇、丙酮、丁酮、乙炔、烃类、乙醚、异丙醚会导致中枢神经抑制。这些化学品一次大量接触可导致昏迷甚至死亡。

（5）中毒。

人体由许多系统组成，所谓全身中毒是指化学物质引起的对一个或多个系统产生有害影响并扩展到全身的现象，这种作用不局限于身体的某一点或某一区域。一些物质对肝脏有害，例如溶剂酒精、氯仿、四氯化碳、三氯乙烯，根据接触的剂量和频率，反复损害肝脏组织可能造成伤害并引起病变（肝硬化）和降低肝脏的功能；重金属和卤代烃对肾有毒性；长期接触一些有机溶剂会引起疲劳、失眠、头痛、恶心，更严重的将导致运动神经障碍、瘫痪、感觉神经障碍；接触二硫化碳，可引起精神紊乱。

（6）致癌。

长期接触一定的化学物质可能引起细胞的无节制生长，形成恶性肿瘤。这些肿瘤可能在第一次接触这些物质的许多年以后才表现出来，潜伏期一般为4～40年。造成职业肿瘤的部位是变化多样的，未必局限于接触区域，如砷、石棉、铬、镍等物质可能导致肺癌；鼻咽癌和鼻窦癌是由铬、镍、木材、皮革粉尘等引起的；膀胱癌与接触联苯胺、萘胺、皮革粉尘等有关；皮肤癌与接触砷、煤焦油和石油产品等有关；接触氯乙烯单体可引起肝癌；接触苯可引起再生障碍性贫血。

（7）致畸。

接触化学物质可能对未出生胎儿造成危害，干扰胎儿的正常发育。在怀孕的前3个月，胎儿的脑、心脏、胳膊和腿等重要器官正在发育，一些研究表明，化学物质可能干扰正常的细胞分裂过程，如麻醉性气体、水银和有机溶剂，从而导致胎儿畸形。

（8）致突变。

某些化学品对人的遗传基因的影响可能导致后代发生异常，实验结果表明，80% ~85%的致癌化学物质对后代有影响。

化学毒物引起的中毒往往是多器官、多系统的损害。机体与有毒化学品之间的相互作用是一个复杂的过程，中毒后症状也不一样。

4）常见工业毒物对人体的危害

（1）常见金属及类金属毒物的危害。

①铅（Pb）：银灰色重金属。长期接触铅粉尘、铅烟或食入被铅污染的食物、水等都会引起铅中毒，能导致恶心、呕吐、便秘、脐固痛、腹绞痛和触痛、贫血、肢体麻木、伸肌麻痹、震颤、头痛、肌肉痛性痉挛、关节痛、神经衰弱、精神抑郁、精神错乱、肝炎、夜尿、血尿、蛋白尿、孕妇流产、怀死胎、畸胎等症状。

②汞（Hg）：俗称水银，银白色液体。急性汞中毒主要表现为腐蚀性胃炎、气管炎、汞毒物肾炎、急性口腔炎等。慢性汞中毒主要表现在神经－精神症状、植物神经功能紊乱震颤。一次吸入2.5g汞蒸气可以致死。

③铬（Cr）：银白色有光泽金属。铬的六价化合物毒性最大，三价铬化合物次之，二价铬及金属铬为最小。经误食、吸入式皮肤吸收后，会引起鼻炎、鼻出血、鼻中隔穿孔、眼结膜炎、接触性皮炎、湿疹、溃疡、上皮癌咽炎、喉炎、支气管炎、肺炎、恶心、厌食、十二指肠溃疡、结肠炎、肺支气管癌、肺癌等。

④钡（Ba）：银白色金属。其可溶性盐（例如氯化钡）被误食或吸入后有高毒，会刺激眼或呼吸道，引起瞳孔散大、呼吸麻痹、尘肺、皮炎、脱发、呕吐、腹绞痛、肌震颤、高血压、头昏、心律不齐、中毒性出血性脑炎，呼吸衰竭等，碳酸钡被误食后可被胃酸分解为可溶性钡而发生中毒。

（2）常用的有机溶剂的危害。

①苯（$C_6H_6$）：苯是无色透明具芳香味的易挥发性液体，苯主要由呼吸道吸入也可由皮肤少量吸入，急性苯中毒主要表现为神志恍惚、兴奋、步态不稳、头晕、头痛、恶心、呕吐，严重时可出现昏迷、抽搐。极严重者可因呼吸中枢麻痹而死亡。慢性苯中毒主要表现为头晕、头痛、乏力、失眠、多梦、健忘等症。

②二硫化碳（$CS_2$）：无色、油状、透明液体。二硫化碳主要经呼吸道进入人体。急性中毒主要表现为头痛、眩晕、恶心、步态蹒跚及精神症状，严重者可出现意识丧失、瞳孔反射消失甚至死亡，慢性中毒可出现记忆力衰退、迟钝、失眠、乏力等。

（3）窒息性与刺激性气体的危害。

①一氧化碳（CO）：无色、无臭、无味、无刺激性气体。一氧化碳吸入人体后经肺脏进入血液，与血液中的血红蛋白很快形成碳氧血红蛋白，使血色素丧失运氧能力，以致全身组织，特别是中枢神经系统会因严重缺氧而引起剧毒。

②氰化物：指氰化氢气体或氰化物。氰化氢（HCN）和氰根（CN-）是一种剧毒物质，短期内大量吸入或误服，可使人在数秒内无预兆地突然昏迷，1 ~15min内呼吸停止而死亡。

③硫化氢（$H_2S$）：无色、带有臭鸡蛋样气味的气体，吸入后对人体有剧毒，主要作用于中枢神经系统。当接触浓度较高时，由于迷走神经反射，会立即发生昏迷和呼吸麻痹而呈“闪电式”的死亡，严重的会使人立即产生喉头痉挛、咽喉水肿而窒息。

④氯气($Cl_2$):黄绿色、具有异臭的强烈刺激性气体,易溶于水。慢性中毒可引起慢性支气管炎、肺功能减退、肺气肿以至肺硬化,当空气中浓度达到一定程度时,可发生急性中毒,接触0.5~1h亦有生命危险。

⑤光气($COCl_2$):无色气体,有烂稻草味。当空气中光气达到30~50mg/m$^3$时可发生急性中毒。主要表现为起初干咳,数小时后加重,皮肤发绀、呼吸困难、口吐血性泡沫、脉搏加快、血压降低、虚脱、心力衰竭甚至窒息死亡。

⑥二氧化氮($NO_2$):红棕色刺鼻气体。急性吸入可导致急性肺水肿、化学性肺炎、化学性支气管炎等,潜伏期可达48h。长期接触氮氧化物有上呼吸道刺激症状、神经衰弱症候群以及过敏及心动过速。

5)影响工业毒物危害人体的因素

在工业毒物作用下,是否能发生中毒,其影响因素是多方面的,除与毒物进入途径和在体内的代谢、吸入剂量有关,还与毒物的化学结构、理化特性、作业环境和劳动强度等有很大关系。

(1)化学结构的影响。

毒物的化学结构决定它在体内可能参与干扰各生化过程,参与的程度和速度决定毒作用的性质和大小。

(2)理化特性的影响。

一般说来,毒物在体内的溶解度越大,其毒性越大,分散度越大,其化学活性增大,毒物作用越大;挥发性越大,在空气中形成浓度越高,吸入和中毒的危险性就越大。

(3)毒物的相加作用。

两种毒物的同时存在,可能表现为毒性相加或毒性相乘作用,从而显示更大的毒性。

(4)生产环境状况的影响。

生产环境条件的好坏和劳动强度的大小直接关系到毒物对人体危害的程度。高温、高湿、高气压在不同程度上会增加毒物吸收的速度。接触毒物时间长短不同,会使毒物进入人体的量不同。劳动强度大会使肺吸入量增加使毒物吸入速度加快,使耗氧量增加,从而使劳动者对于某些毒物所致的缺氧更敏感。

(5)个体差别。

不同的劳动者个人由于年龄、性别、中枢神经状态、健康状况以及对毒物的耐受性、习惯性或过敏性不同,在同样作业环境下对毒物毒性的敏感程度也不同。总之,接触毒物后是否发生中毒受多因素影响,了解这些因素的相互制约、相互联系的规律,控制不利因素,可以有效地防止中毒现象的发生。

6)工艺上的防毒措施

(1)采用新技术,改进落后生产工艺。

在工业防毒的各项技术措施之中,应首先着重于运用先进的科学技术,对原有的落后生产工艺、设备进行技术改造,选用那些在生产过程中不产生毒物或将毒物消灭于生产过程中的工艺路线。

(2)以无毒、低毒原料代替有毒、高毒原料。

在生产中使用的物料不是利用其毒性,而是利用其毒性以外的属性的,应尽量采用新的无毒、低毒物料或工艺来代替有毒、高毒的原料或工艺。例如:以醇类代替苯、以甲醛酯代替苯、以丙酮代替苯、以抽余油代替苯等。

(3)密闭化生产。

在生产过程中,特别是在生产中应首先改革那些敞开式的投料、出料、放料、反应的陈旧生产方式,实行机械化密闭输送原料的全封闭式生产工艺,尽量减少毒物在生产过程中的散发机会。

(4)隔离操作和自动化控制。

对采取防毒措施,仍不可避免毒物影响的作业,应采取措施使操作人员与生产设备隔离。隔离的方法,可采用把产生毒害严重的设施安置在隔离室内,使之处于负压状态,防止毒物外逸;也可把操作仪表、开关等放于隔离室内,操作人员在室内操作,并使室内保持正压,防止有毒气体进入。

7)通风与净化回收

(1)通风排毒。

通风排毒就是以风力排除或稀释生产中散发的有毒物质,改良劳动环境工业通风,一般分为自然通风和机械通风两种。

①自然通风。自然通风进气口一般利用侧窗,排气口可利用天窗。

②机械通风。机械通风指利用通风机械送风和排风进行换气和排毒。当自然通风不能满足防毒要求时就需采用机械通风来换气、排毒,它包括全面换气通风、局部排风、局部送风。

(2)净化回收。

当毒物排出室外能构成污染时,必须考虑到其排放前的净化与回收。对以雾、烟、粉尘(统称为气溶胶)等物理状态存在的毒物一般采用过滤、重力沉降、离心分离、湿法净化、凝聚、电场沉降等方法进行净化分离。对以气(汽)态存在的毒物可以采用催化破坏、燃烧分解、吸收净化、吸附净化、冷凝回收、综合利用等方法加以净化回收。

8)综合防毒措施

综合防毒措施就是要根据工业生产中有毒物质危害的具体情况,从多方面采取防毒措施。综合防毒措施包括组织管理、技术措施、个人防护、卫生保健和有毒物质的监测等方面。

(1)组织管理措施。

企业及其主管部门在组织生产的同时,要加强对防毒工作的领导,严格执行国家有关安全生产的法规、政策、规定等。必须有保证安全生产和消除有害有毒物质的设施。这些设施要与主体工程同时设计、同时施工、同时投产。

(2)技术措施。

采取防毒技术措施,就是通过改革生产工艺和采取通风净化等技术手段,消除和减少毒物对职工的危害,这是工业防毒中的关键一环。

(3)个人防护措施。

在因生产技术条件限制,还不能完全消除毒物散发的情况下,在工作中得当地使用个人防护措施是防止毒物对人体侵害的一种重要手段。使用防护服、手套、口罩、鞋盖、面罩等可以防止粉尘的吸入及有毒物质由皮肤侵入,必要时可根据毒物的性质在暴露的皮肤上涂布防护油膏等。在作业条件恶劣、毒物浓度大，抢修设备和抢救人员时应该使用送风面盔、过滤式防毒面具或口罩、氧气呼吸器等，采取呼吸防护措施。

(4)卫生保健措施。

对于长期从事有毒岗位作业的职工，必须实行卫生保健制度，以保障职工的身体健康，防止职业病的发生，主要包括：搞好个人卫生，建立职业病体检档案，了解毒物中毒的机理和中毒后的急救措施。

3. 物理有害因素及其控制

物理有害因素有很多，如：温度、湿度、流速、热辐射、噪声、振动、电离辐射以及高频、微波、红外线、紫外线、失重、超重等因素都可成为物理有害因素。本节仅介绍常接触的噪声、振动、电离辐射等因素的危害与防治知识。

1)噪声的危害与控制

噪声，亦称"噪声"，指不同频率和不同强度、无规律地组合在一起的声音，有嘈杂刺耳的感觉，对人们生活和工作有害。在生产中，由于物体的冲撞、机器的转动、高压气流的喷出以及爆炸、爆破等原因产生的噪声称为工业噪声。根据不同声源的噪声特点，可分为空气动力性噪声、机械性噪声、电磁性噪声。

(1)噪声对人体的危害。

①噪声对听力的损伤。长年累月地在噪声环境中工作，长期持续地受到噪声的刺激，内耳听觉器官会发生器质性病变，听觉遭受不同程度的破坏，甚至听力丧失，出现噪声性耳聋。发病与噪声的强度和频率有关，噪声强度越大，频率越高，发病率就越高。通常认为长期在90dB以上的噪声环境中工作，就有可能发生噪声性耳聋。突然的强烈的噪声袭击还可使人听觉器发生急性外伤，引起鼓膜破裂流血，双耳失聪。

②噪声对健康的影响。噪声可以通过听觉器官作用于中枢神经系统，从而影响全身各个器官。噪声作用于人的中枢神经系统，使大脑皮层兴奋；噪声还会引起肠胃机能阻滞，消化液分泌异常，胃酸度下降，消化不良，食欲不振，恶心呕吐，从而导致肠胃病和溃疡病发病率增高；噪声对心血管系统也有不良影响。会引起心跳加快，心律不齐，血管痉挛，血压升高等症状。由于强噪声的干扰，身体抵抗力减弱，容易诱发其他疾病。

③噪声对正常生活和工作的干扰。噪声影响人们的正常生活，它妨碍睡眠，干扰说话，吵得人惶惶不安，烦闷异常。噪声还能分散人的注意力，使人疲劳，反应迟钝，不但会影响工作效率，还会使工作差错率高，降低工作质量。特别是对那些要求注意力高度集中的复杂作业，影响更大，甚至会因此导致工伤事故的发生。

④较强噪声能损害仪器设备和建筑物。当噪声级超过135dB后，强烈的噪声能损坏电子仪器，使其发生故障。当超过150dB后，会严重损坏电阻、电容等元器件，使整机发生故障。在特别强烈噪声的作用下，由于声频交变负载的反复作用，会使材料组成结构发生疲劳现象而断裂。当噪声超过140dB后，则对轻型建筑物开始起破坏作用。

(2)噪声控制的基本方法。

①降低声源噪声。降低声源噪声是控制噪声的最有效最直接的措施。通过研制或选择低噪声设备，改进生产加工工艺，提高机器设备的加工精度和装配质量，使发声体不发声，或者大大降低发声体的辐射功率，这是控制噪声的根本途径。

②在传播途径上降低噪声。当由于客观原因而无法降低声源噪声时，就必须在噪声的传播途径上采取适当的措施。如采用“闹静分开”和吸声、隔声、消声、隔振等噪声控制技术等。

③卫生保健措施。防止噪声进入人耳，在上述方法无法实现，噪声仍然很强的情况下，可以对遭受噪声的个人进行防护，最简单的是佩戴个人防护用具，常用的有耳塞、耳罩、防声头盔等。采取定期体格检查、合理安排劳动和休息、经常检查噪声的发生情况和预防措施等。

2）振动的危害及预防

物体在力的作用下，沿直线或弧线经过某一中心位置或平衡位置的来回往复运动称为振动。按振动作用于人体的方式，可分局部振动和全身振动两种，有的以一种振动为主，有的则受两种振动的共同作用，常见的和危害性较大的是局部振动。

振动以振动波形式对组织交替压缩与拉伸并向四周传播开去。机体组织对振动波的导性优劣顺序是：骨结缔组织、软骨、肌肉，腺组织和脑等。

（1）振动对人体的危害。

局部振动对人体的影响是全身性的，主要包括以下几个方面。

①对神经系统的影响。主要表明在大脑皮层功能下降，条件反射潜伏期延长或缩短，植物神经系统组织营养障碍，皮肤感觉迟钝，触觉、温热觉、痛觉和振动觉的功能下降。

②对心血管系统的影响。可以导致心率过缓、心律不齐、血管痉挛、脑血管改变等。

③对肌肉系统的影响。可能引起握力下降、肌肉萎缩和疼痛等。

④对胃组织的影响。振幅大而冲击强的振动，会引起胃和关节的改变等。

⑤对听觉器官的影响。振动的影响和噪声不同，振动引起听力损失的以125 ~250Hz的低频音为主，长期会引起听力下降。对机体还有其他一些影响。

全身振动多为大振幅、低频率的振动，常引起足部周围神经和血管的改变，常出现呕吐、头痛、头晕、食欲不振、全身衰弱等现象。全身振动还可引起内脏移位、胃分泌机能障碍、肠蠕动发生改变。

（2）振动的预防。

伴有生产性振动的作业很多，其危害相当明显，振动病的发病率比较高，目前又无良好的治疗方法，一旦发病，即使立即脱离振动作业岗位，恢复也相当缓慢，甚至仍会继续发展。因此控制生产性振动危害，预防振动的发生非常重要。振动的防护措施主要有消除或减少振动源，切断或控制振动的转换途径，以及加强个人防护措施等。

①从建筑物上防振动。厂房的结构与形式对防止振动有很大作用。为了预防全身振动，建筑厂房地基时，就应注意预防振动。机器、设备应安装在单独隔离的基座上，设备地基与建筑物地基之间应利用空间层、橡胶、石棉、毛毡、软木或其他弹性材料隔开，以隔离振动源。

②从机械设备上预防振动。从工艺和技术上消除或减少振动源，这是预防振动危害最根本的措施。改革生产工艺，不但能消除振动危害，同时也提高生产效率和工艺质量。

③减少振动的接触时间。尽可能减少操作人员在振动中的停留时间，应有适当的工间休息。技术性不强的振动作业工种，可以考虑操作人员的轮换制度，并尽可能减少女工参加

振动作业。

④改善操作方法及加强技术培训。在可能的条件下应将振动工具用机械支持。不熟练的人员,由于握持工具往往比熟练的操作者受到的振动更大,所以对使用振动工具的人应进行必要的技术训练。

⑤个人防护。使用防护手套,多层布手套和棉手套均可阻止振动。长期从事振动作业的工人应定期进行查体。如发现患病,应及时调离原作业环境。

3)射频、电离辐射的危害及防护

各种工业设施中的交流电路都会向周围空间放射电磁能,形成有一定强度的电力磁力作用的空间。若在某一区域内有变化的电场或磁场存在,这种电场和磁场交替地产生,由近及远,互相垂直,并与自己的运动方向垂直地以一定速度在空间内传播,称为射频电磁辐射。射频电磁场强超过一定限度时,能对人体健康产生不良影响。

电离辐射是指由 α 粒子、γ 粒子、x 射线、γ 射线和中子等组织中的原子和分子产生电离 γ 辐射。当电离辐射放射线作用于机体的剂量超过了容许剂量就会对人体造成伤害。

(1)射频辐射对人体的危害。

①一般影响。机体处在射频电磁场的作用下,会吸收一定的辐射能量,发生生物学作用。在临床表现出神经衰弱症候群:头疼脑涨、失眠多梦、疲劳乏力、记忆力减退、心悸等,或四肢酸痛、食欲不振、脱发、体质下降、多汗等症状,部分女工发生月经周期紊乱现象,少数人员指颤、易激动。此外,还会引起心血管系统的某些病变,如心动过缓及心律不齐等现象。

②其他影响。大功率的射频设备形成的射频辐射会对通信、电视以及附近的电子仪器、精密仪表、参数测试等造成一定的干扰。强的电磁辐射可能构成某些武器弹药的严重威胁,可能使金属器件之间相碰撞时打火引起燃烧和爆炸。

(2)射频辐射的防护。

①屏蔽。屏蔽是控制射频电磁场传播的一个重要的手段,即将电磁能量限制在指定的空间范围内,阻止其传播、扩散的措施。

②实行区域控制。在射频辐射造成的污染与危害较为严重的某些范围内,可以采取将辐射源相对集中,同时可在工作地域内进行绿化、种植树木等以防辐射。

③个人防护。对在电磁场强大区域内工作的人员,可根据情况穿防护服等。

(3)电离辐射的危害。

①体外伤害。指射线由体外穿入机体而造成的损伤。X 射线、γ 射线、γ 粒子和中子都能造成这种伤害。

②体内伤害。指放射性物质被吞食、吸入、接触或通过皮肤直接进入人体而造成对机体的损伤。

③电离辐射对人体组织细胞会造成损伤效应。主要是阻碍和伤害细胞活动抗体。并导致细胞死亡。放射线还能损伤遗传物质。主要可引起基因突变和染色体畸变。遗传性效应有的在第一代子女中出现,也可能在下几代陆续出现。

(4)电离辐射的防护。

①封闭性防护。将放射源藏在壳内,在正常情况下不向周围环境扩散放射性物质,称为封闭型放射性工作的防护,也简称“封闭源”。

②开放型防护。放射源无包壳，在操作时有可能向周围环境扩散的称为开放型放射性物质，也称“开放源”。对“开放源”的防护，称为开放型防护。

4）防暑降温

高温、火花或飞溅的熔融物质，以及伴随而来的辐射线，都可能对人体造成危害。应采取相应的措施保护高温作业对从业人员的健康和工作效率。

（1）热与高温。

同一类物体，单位质量的含热量大，它的温度就高。生产中产生的热量如不采取适当的措施，就会使室内温度比室外温度高，形成高温作业的环境。

一般地说，散热量较大的生产性热源及辐射热等造成气温较高，或气候原因造成的高温天气都是高温。构成热环境的因素很多，如与气温、湿度、风速和辐射热等因素有关。这四种因素的不同组合对机体可产生不同的影响。室内温度在35℃以上的车间称为高温车间，有高温、强烈辐射型和高温、高湿型两种，前者是高温和强烈的热辐射向时存在，各种热源通过传导、对流、辐射方式散发出大量的热，使周围物体和空气温度升高，从而使人体和周围物体受热；后者是高温和高湿度，气压较低，辐射的强度不大，使室温常保持在35℃以上，相对湿度也高达90%以上。

（2）高温作业及对人体的影响。

高温作业是指在高温、高湿或强烈辐射的环境下从事的生产劳动。

高温和热辐射，可以造成人体体温调节，水盐代谢及循环系统、消化系统、神经系统等一系列生理功能的变化。人体一方面从体内产生热量（通过饮食供应营养，经过氧化代谢作用产生热量），从外界吸收热量；另一方面通过辐射、对流、蒸发等向外界散热。这种热量的产生、吸收和散放是通过人体中枢神经来调节的。在通常情况下，人体体内产生的热量，从外界吸收的热量与散发的热量是一致的。在人体内既没有热量的积蓄，也不过量地散发。这种人体的机能保证内外热量交换顺利进行，体温不受外界气温的影响而保持一定的热平衡，称为体温调节。人体产热量与散热量保持平衡时，人的体温则保持正常，成年人在36.5～37℃之间。如果产热量大于散热量，体内产生热量积蓄，人的体温就会升高。当体温升高时，正常生理作用就会受到影响，身体就感到不舒适，使人体生理机能受到伤害，可能招致生命危险。

（3）高温中暑。

中暑是指因处于高温高热的环境而引起的疾病，一般有三类：

①热射病。它是人体在高温或伴随高温的环境下，体温调节机构失调，体温、脑温上升引起的一种中枢神经障碍。其症状除了头晕、恶心、剧烈头疼、耳鸣等前期症状外，还表现为发汗停止、皮肤干热、体温上升、直肠温度达41～43 ℃，患者多处于昏睡、意识不清的状态。

②日射病。其主要是强烈的太阳辐射或高温辐射直接作用于人的头部引发的。由于颅内积热、温度过高，脑神经系统出现急性的功能失调，从而使人产生剧烈的头痛、头晕、眼花、耳鸣、恶心、呕吐等症状。

③热痉挛。它是因大量出汗后，人体内电解质丧失过多，不能及时得到补充而引起的。常常发生在高温高热的作业现场，最典型的症状是肌肉痉挛和疼痛，从而引起呕吐。发病时，体温并不怎么上升。

(4)防暑降温措施。

①减轻热源的影响。尽量采取机械化、半机械化,消除或减轻笨重体力劳动,以避免或减少工人同热源的接触。

②热绝缘。在发热体外包覆一层导热性能差的材料,使热阻增加,以减少热量散发,外覆材料的导热性愈差,厚度愈大,隔热效果越好。

③热屏挡。根据用途可分为透明、半透明和不透明三类。其中透明热屏挡主要用来把工作地点和需要经常观察的发热体两者隔离开来。

④排走热量。通过自然通风和机械通风,把车间内热空气迅速排走,把室外较冷空气送进来。

⑤局部降温冷却。通常使用的局部通风降温装置有送风风扇、喷雾风扇、空气淋浴等。

⑥供给适宜的清凉饮料。在夏季高温季节,供给含盐0.5%的饮料,弥补工人由于出汗所消耗的盐分和水分,还可供应盐茶水、绿豆汤等,但必须凉饮。

## 四、职业健康安全管理体系

职业健康安全管理体系(OHSMS)是20世纪80年代后期兴起的现代安全生产管理模式,它与ISO 9000、ISO 4000等标准化管理体系一样被称为是后工业化时代的管理方法。

国际社会对职业健康安全管理体系普遍关注,一些发达国家率先开展了实施职业健康安全管理体系的活动。2001年12月,原国家经贸委根据我国实际情况颁布了《职业健康安全管理体系指导意见》和《职业健康安全管理体系审核规范》。国家质量监督检验检疫总局根据我国开展职业健康安全管理体系工作的具体情况,颁布了《职业健康安全管理体系规范》国家标准(GB/T 28001—2001),进一步规范了我国此项工作的开展。

### 1.职业健康安全管理体系的运行模式

职业健康安全管理体系是一套系统化、程序化,同时具有高度自我约束、自我完善机制的科学管理体系。在我国实施职业健康安全管理体系,不仅可以强化企业的安全管理,完善企业安全生产的自我约束机制和激励机制,达到保护职工安全与健康的目的,也有利于增强企业的凝聚力和竞争力。

职业健康安全管理体系是以著名的戴明管理思想为基础,即"戴明模型"或称为PDCA模型。一个组织的活动可分为:"计划(PLAN)、行动(DO)、检查(CHECK)、改进(ACT)"四个相互联系的环节来实现,通过此种方式可有效改善组织的职业健康安全管理绩效。

1)计划环节

计划环节是对管理体系的总体规划,包括确定组织的方针、目标;配备必要资源,包括人力、物力资源等;建立组织机构,规定相应的职责、权限及其相互关系;识别管理体系运行的相关活动或过程,并规定活动或过程实施程序和作业方法等。

2)行动环节

按照计划所规定的程序(如组织机构、程序和作业方法等)加以实施。实施过程与计划的符合性及实施的结果决定了用人单位能否达到预期目标,所以,保证所有活动在受控状态下进行是实施的关键。

3)检查环节

检查环节是为了确保计划行动的有效实施,需要对计划实施效果进行检查衡量,并采取措施修正消除可能产生的行为偏差。

4)改进环节

管理过程不可能是一个封闭的系统,需要随着管理的进程,针对管理活动实践中所发现的缺陷不足或根据变化的内外部条件,不断进行管理活动的调整、完善。

2. 职业健康安全管理体系要素

GB/T 28001—2001《职业健康安全管理体系规范》标准所规定的职业健康安全管理体系依据 PDCA 管理模式,提出了由职业安全健康方针、策划、实施与运行、检查与纠正措施、管理评审所组成的五大基本运行过程。

GB/T 28001—2001《职业健康安全管理体系规范》第四部分是该规范的核心内容,包括18 个条款,除"4.1"总要求外,其余 17 条款构成了对职业健康安全管理体系的完整要求,通常也被称为 17 个职业健康安全管理体系要素,它们严格规范了各类组织建立、实施和保持职业健康安全管理体系应遵循的原则和要求。

GB/T 28001—2001《职业健康安全管理体系规范》要素是(按标准编号次序):

4.1 总要求

组织应建立并保持职业健康安全管理体系。

4.2 职业安全健康方针

组织应有一个经最高管理者批准的职业健康安全方针,该方针应清楚阐明职业健康安全总目标和改进职业健康安全绩效的承诺。

职业健康安全方针应:

适合于组织的职业健康安全风险的性质和规模;

包括持续改进的承诺;

包括组织至少遵守现行职业健康安全法规和组织接受的其他要求的承诺;

形成文件,实施并保持;

传达到全体员工,使其认识各自的职业健康安全义务;

可为相关方所获取;

定期评审,以确保其与组织保持相关和适宜。

4.3 策划

策划是组织建立与运行职业健康安全管理体系的启动阶段,目的是对如何实现职业健康安全方针作出明确的规划,该阶段包括:4.3.1 对危险源辨识、风险评价和风险控制的策划,4.3.2 法规和其他要求,4.3.3 目标,4.3.4 职业健康安全管理方案,共四个要素。

4.4 实施与运行

实施与运行这一大要素的目的是开发实现组织的方针、目标和指标所需的能力和支持机制,以确保体系的有效运行和计划内容的有效实施。实施与运行这一大要素包括:4.4.1 机构和职责,4.4.2 培训、意识和能力,4.4.3 协商与沟通,4.4.4 文件,4.4.5 文件和资料控制,4.4.6 运行控制,4.4.7 应急准备和响应,共七个要素。

4.5 检查和纠正措施

组织应通过检查和纠正措施这一基本过程来经常和定期地监督、测量和评价管理体系的运行情况，对发生偏离 OHS 方针、目标和指标的情况及时加以纠正，并防止发生事故、事件和不符合事项的再次发生。这一大要素包括：4.5.1 绩效测量和监视，4.5.2 事故、事件、不符合、纠正和预防措施，4.5.3 记录和记录管理，4.5.4 审核，共四个要素。

4.6　管理评审

组织的最高管理者应按照规定的时间间隔对职业健康安全管理体系进行评审，以确保体系的持续适宜性、充分性和有效性。管理评审过程应确保收集到必要的信息，以共管理者进行评价。管理评审应形成文件。

管理评审应根据职业健康安全管理体系审核的结果、环境的变化和对持续改进的承诺，指出可能需要修改的职业健康安全管理体系方针、目标和其他要素。

3. 建立职业健康安全管理体系的步骤

不同的组织在建立、完善职业健康安全管理体系时，可根据自己的特点和具体情况，采取不同的步骤和方法。但总体来说，建立职业健康安全管理体系一般要经过下列基本步骤：

1）前期准备

作为前期准备工作，包括最高管理者在内的全员培训，是建立和保持职业健康安全管理体系的基本保证，要针对不同的人员，组织不同形式的培训，为保证职业健康安全管理体系的顺利实施，组织应明确管理者代表，确定体系建立负责机构，以及与体系有关的各单位的工作任务。

2）初始状态评审

初始评审是建立职业健康安全管理体系的基础和关键环节。其主要目的是了解组织职业健康安全管理现状，为建立体系收集信息，确定职业健康安全绩效持续改进的依据。

3）体系策划

包括制定职业健康安全方针、目标和管理方案；进行职能分析和机构确定；进行职能分配；确定职业健康安全管理体系文件结构和各层次文件清单等。

4）文件编写

文件是职业健康安全管理体系的主要特点之一，对体系策划的结果形成适用的权威性的文件，是对各类组织风险有效控制和管理的保证。

5）体系运行

通过体系运行，检验体系策划与设计及文件的充分性、有效性和适宜性，充分发现体系存在的问题，利用体系自我发现、自我纠正和自我完善的机制，使体系不断得到完善。

6）监督和评审

及时发现职业健康安全管理体系运行过程中出现的问题，是体系不断完善和改进的重要手段，通过体系自身的各种监督，检查体系是否按计划运行，判定体系的有效性、适宜性和充分性。

7）纠正和预防

为保证体系能够有效发挥作用，对检查中发现的问题必须采取纠正措施，以保证体系按计划实施，为防止类似的问题重复出现，还应制定相应的预防措施，并保证实施。

8）持续改进和保持

“建立和保持”是职业健康安全管理体系的重要要求，体系能否持续有效和使用，保持是关键，体系保持是根据组织情况和外部环境的变化而动态适应的过程。

4. 职业健康安全管理体系的审核

1）审核的定义

GB/T 28001—2001 将审核定义为："为获得审核证据并对其进行客观评价，以确定满足审核的程度所进行的系统的、独立的、并形成文件的过程。"根据其定义，审核是由两个过程所组成：

第一是"获得审核证据"的过程。根据 ISO 9000 的定义，审核证据是指"与审核准则有关的能够证实的记录、事实陈述和其他信息"。这些证据，常见的记录包括运行中的各种记录。如安全检查记录、组织执行相关法律法规的记录、方针和目标以及管理方案执行情况的记录、事故和职业病记录、应急记录、内部审核报告以及管理评审报告等。而"事实陈述"是指审核过程中有意义的访谈结果，"其他信息"则主要指现场审核时通过观察、获取和收集人员的不安全行为、物的不安全状态或环境的不安全条件。

第二是对这些审核证据"进行客观的评价以确定满足审核准则的程度"的过程。常用的审核准则包括：审核标准 GB/T 28001—2001；相关法律、法规、标准；组织的职业健康安全管理体系文件。

2）审核的分类

审核分为内部审核和外部审核。内部审核又称为第一方审核；外部审核又分为第二方审核及第三方审核。

职业健康安全管理体系内部审核与外部审核的区别见表 6-1。

职业健康安全管理体系内部审核与外部审核的区别　　表 6-1

| 序号 | 项　目 | 内部审核 | 外部审核 |
|---|---|---|---|
| 1 | 委托方、审核方和受审方 | 无委托方、审核方和受审方，均属同一个组织 | 第二方审核时委托方为需方，审核方为需方自己或需方委托的一个审核机构；受审方为供方，第三方审核时，审核方为体系审核机构，受审方是某个组织；委托方可以使受审方，也可以是其他组织 |
| 2 | 审核的主要目的和重点 | 主要目的在于改进自身的体系，故重点是发现问题，纠正和预防不符合项 | 主要目的在于决定是否批准认证，故重点是评价受审方的体系 |
| 3 | 前期准备工作 | 由组织的管理层组建审核组或指定某机构主管审核工作 | 了解受审方情况，预审文件，决定是否受理申请（第三方审核） |
| 4 | 审核计划 | 例行审核，编制年度滚动计划，每月审核一个或几个部门，半年或一年覆盖全部要素及部门 | 集中审核所有有关部门和要素，进行现场审核 |
| 5 | 样本量及审核深度 | 时间比较充裕，样本量可取得较多，审核可以较深 | 时间较短，样本量及深度相对较小 |
| 6 | 首末次会议 | 虽也有较正规的首末次会议，但由于都是同一组织的人，不用相互介绍，其他内容也可简化，故首次会议较简短 | 正规的首末次会议，审核组长应作全面说明，包括人员介绍、审核程序、方法以及保密原则的声明等 |

续上表

| 序号 | 项　目 | 内部审核 | 外部审核 |
| --- | --- | --- | --- |
| 7 | 不符合问题的分类 | 按性质分类,目的在于抓住重点问题纠正,以及评价体系改进情况 | 按严重程序分类,目的在于决定是否予以通过认证(第三方审核)或认可(第二方认定) |
| 8 | 纠正措施 | 重视纠正措施,对纠正措施计划可作具体咨询,对纠正措施完成情况不仅要跟踪验证,还要分析研究其有效性 | 对纠正措施不能作咨询,对纠正措施计划的实施要跟踪验证 |
| 9 | 监督审核 | 无此内容 | 认证认可后,每年至少要进行 1 次监督检查 |
| 10 | 审核员的注册 | 目前我国尚无内部审核员注册制度 | 认证机构的审核员必须取得国家注册审核员资格 |

5. 职业健康安全管理体系认证实施程序

职业健康安全管理体系认证是依据审核准则,由获得认可资格的认证机构,对受审核方的职业健康安全管理体系实施认证及认证评定,确认受审核方的职业健康安全管理体系的符合性和有效性,并颁发认证证书与标志的过程。

职业健康安全管理体系认证具有以下特征:认证的对象是组织的职业健康安全管理体系。认证的依据职业健康安全管理体系规范。认证的方法是由认证机构派遣审核人员对组织的职业健康安全管理体系进行评定,提交审核报告,提出审核结论;获得认证的结果,组织通过认证机构的审核,最终取得认证机构的职业健康安全管理体系认证证书和认证标志,证书和标志将向外部相关方证明,该组织的职业健康安全管理体系符合职业健康安全管理体系规范的要求。认证的性质:职业健康安全管理体系认证是第三方从事的活动,第三方是独立于第一方(供方)和第二方(需方)之外的一方,与第一方和第二方既无行政的隶属关系,又无经济上的利害关系,强调职业健康安全管理体系认证要由第三方实施是为了确保认证活动的公正性。

6. 职业健康安全管理体系审批发证后的监督管理

认证后监督包括监督审核和管理,对监督审核和管理过程发现的问题应及时处置,并在特殊情况下组织临时性监督审核。获证单位认证证书有效期为 3 年,有效期届满时,可通过复评,获得再次认证。

监督审核:监督审核是指认证机构对获得认证的组织在证书有效期限内,所进行的定期或不定期的审核。其目的是通过对获得证书单位的职业健康安全管理体系的验证,确保受审核方的职业健康安全管理体系持续地符合《职业健康安全管理体系规范》、体系文件以及法律、法规和其他要求,确保持续有效地实现既定的职业健康安全方针和目标,并有效运行。

根据中国认证机构国家认可委员会的相关文件规定,通常每年至少一次(对初次通过认证组织的首次监督评审应在获证后半年内进行)。监督审核分为定期(例行)监督审核和不定期监督审核。

复评:获证单位在认证证书有效期届满时,应重新提出认证申请,认证机构受理后,重新对组织进行的审核称为复评。

为了满足组织的职业健康安全管理体系持续满足《职业健康安全管理体系规范》的要求,且职业健康安全管理体系得到了很好的实施和保持,认证机构应对组织职业健康安全管理体系定期进行复评,复评周期一般不超过3年。复评应在认证证书有效期终止前3个月进行,认证机构根据复评结果,作出是否换发证书的决定。

# 第七章　港口设备设施

在港口生产活动中设备设施是港口生产的重要因素，设备工况的好坏对港口安全生产有重要的影响，根据近年港口安全事故的统计大部分安全事故是因设备不良或设备不当引起，因此如何加强港口设施设备管理是港口安全的重要课题。设备的安全标准化就是要保证设施设备处于正常的工况和正确使用设施设备。

设备的安全管理应贯彻“安全第一，预防为主”的方针，贯彻“安全第一，预防为主”的方针就是要求港机设备使用和主管部门在管理工作中树立“预先防止”、“防重于治”的指导思想，并把它贯彻到设备一生的全过程中。在设备的规划、购置阶段就是要注重设备的可靠性和维修性；在使用阶段要严格遵守设备的安全操作规程，加强日常维护，开展预防性的定期检查、试验和设备状态管理，掌握设备的故障征兆及发展趋势，及时采取维修对策，以消灭事故隐患和减少意外停机损失。另外，要求港机设计制造单位提供可靠性和维修性高的产品，做好设备的售后服务工作，在听取用户意见的基础上不断改进设备的设计水平和制造质量。

另外依靠技术进步首先要采用高效技术改造现有老的设备。其次要不断提高设备管理维修人员的技术水平，推广采用先进的设备管理模式、故障诊断技术和计算机辅助管理手段。

要为港口企业生产提供优良技术装备，正确处理港口生产与设备管理之间的辩证关系。企业在日常装卸生产计划安排中，要兼顾港机设备的维护保养工作计划的实施要求。港机设备管理部门要继续提高企业技术装备的整体素质，降低设备使用维修成本，提高港口企业的经济效益的综合意识；积极推行设备管理体制的改革，建立和逐步完善设备管理的激烈机制和约束机制，不断适用港口生产发展的需求。港口企业经营者要充分地认识到市场经济条件下设备管理工作的地位和作用，重视港机设备适时的更新改造和保值增值，为港口企业长远发展目标奠定基础。

## 第一节　港口设施设备的管理

港口设备安全管理的主要工作是基础管理、安全技术管理、现场管理。

港口设备管理的重要作用包括：

（1）减少港口设备的维修维护费用，节约更新改造的投资，充分发挥港口机电设备的潜力。设施管理是贯穿设施整个生命周期的重要工作，在港口机电设备的设计建造过程中，及早考虑设施未来的使用、维护、维修，必将对港口的未来产生积极的影响。港口机电设备的维修维护是专业性很强的工作，设施状况的鉴定、维修维护时机和方案的确定，无不影响着港口机电设备的使用成本，影响着港口生产的经济效益。

（2）保证港口设备的合理使用。港口机电设备是按照港口生产的一定要求而设计建造的，其使用必须以设施设计的限定条件为基础，并按照设计的泊位水深、靠泊船只的吨位、码头堆场的承载能力而使用。如果超标、超载使用,必须经过严格的计算复核,在条件允许的情况下才能使用。所以港口机电设备的有效管理可以规范设施使用者的行为,同时为港口生产提供有效的帮助。

(3)保证装卸生产的安全可靠实现,延长港口机电设备的使用寿命期。港口机电设备的使用年限较长,在漫长的使用过程中,它不仅要受长期风浪、泥沙、气候等自然条件的变化影响,而且要接受港口生产长期复杂多变的使用条件的影响。港口机电设备的损伤和隐患具有很大的隐蔽性、可变性和复杂性,同时也具有很大的危害性。它们的存在和发生,不仅对港口的生产带来巨大的危害,而且会使人民的生命和财产受到损害。

## 一、港口生产与设备设施的关系

港口生产是一个劳动较为密集型的产业,以装卸作业为主体,很多采用机械化、半机械化、自动化、半自动化的作业方式。由于港口装卸作业、船舶类型、货物结构、生产作业环境、设备和装卸工艺的复杂性以及生产作业人员的素质各异,决定了港口生产独有的特点。

1. 港口装卸生产特点

(1)港口装卸方式的流动性和分散性。港口装卸生产的实质是实现货物的空间位移,决定了装卸方式是流动和分散的特点。以此形成了装卸作业点多、线长、面广、货杂、人员分散的特点。

(2)船舶类型的多样化。当今港口装卸运输船舶船型复杂,部分为改装船,而且逐步向大型化、大吨位型发展,因而在生产安全技术方面的要求也愈来愈高。

(3)装卸工艺的复杂性。装卸条件复杂多样,包括装卸环境、装卸对象、装卸过程、装卸机械、装卸工具等。

(4)港口生产多层次结构并存。目前港口仍然保持着自动化、机械化、半机械化和手工劳作并存的格局,这是由于港口码头的地理分布和生产发展所决定的。而且各地码头、作业锚地及其安全防护设施也不相同,安全技术设备的先进与落后同在,无疑要适应这种并存格局的安全管理也十分艰巨。

(5)装卸货物结构的复杂性。在港口装卸的货物结构、包装、性质种类各不一样,它们具有超长、超重、危险品性能,还存在粉尘多、湿度大的各种特点,这些都在不同程度上影响工人生产作业的安全装卸,因而预先掌握货物特点,制定作业安全防范措施并严格抓好落实,是确保港口整个生产过程安全顺利的一项重点工作。

(6)装卸工艺的连续性和复杂性。港口的生产作业是三班制,具有一定的连续性,同时生产作业的复杂性决定了其劳动安全保护需解决时间上所带来的危机。也就是要解决好不同班次工人的精神状态,是否会导致事故的"危机点"。据以往分析,大部分事故的发生都出现在夜间或凌晨,对这个"危机点"必须有一个清醒的认识并严加重视。

(7)劳动的密集性及人机交叉性。港口装卸作业近年来机械化、半机械化作业逐步增加,但是人力打码、堆叠总是必不可少,装卸工人舱内、库场作业仍是密集作业进行,且劳动强度很大。在港口装卸过程及设备的维修抢修中,人、机、货接触密度很高,基本上是立体交叉的作业空间。

2. 港口安全生产特性

由于港口装卸作业的特点,形成了港口安全生产的特殊性。

(1)安全操作工艺的复杂性。港口安全生产是一个人、机、货、船、环境等要素组成的相互交叉,错综复杂的母系统,各个子系统都要有一整套安全操作规程及制度,由此形成了复杂多样的操作工艺。

(2)港口工伤事故的多发性。由于港口装卸生产的复杂性增加了安全管理的难度,使港口装卸生产的事故具有多发性、随机性和严重性的特点。根据国内外工伤事故统计分析,港口装卸生产是危险性较大、事故频率偏高的行业。

(3)安全管理方法的动态性。港口装卸生产的特点,决定了港口安全管理方法必须是同步的、动态的,在装卸生产的全过程都必须注意安全措施的落实和操作规程的贯彻,装卸作业现场的安全检查,采用随时进行的生产者自查和互查,主管部门和各级领导的定时检查,抽样检查和全天候的巡回检查。起重吊运作业是港口装卸作业最主要、最基本的作业,而与之相关的起重伤害事故也是港口最主要的伤亡事故类别。据统计,起重伤害占港口伤亡事故总数近40%。所以,控制起重伤害事故是港口企业安全管理的重点之一。

3. 港机设备存在的不安全因素

基于港口生产特点和安全生产特性,港口设备存在的不安全因素有:

(1)起重作业过程中,起重设备上的机件、臂架和吊运的货物、吊钩、工属具及单机杂物等物件从高处坠落。造成高空坠物而导致此类伤害的直接原因主要有:吊机上的零部件松脱、断裂,变幅钢丝绳出笼或破断,货码堆叠不稳、捆绑不紧或选择起吊点不当,吊货钢丝绳破断,吊运的货码摆荡、打转,吊运的货码与船舷栏杆等障碍物碰撞。

(2)设备在作业过程中失稳倾翻。造成机械倾覆而导致此类伤害的直接原因主要是:设备超负荷运行(包括幅度负荷)、轮胎吊没有放下支腿或支在地沟板上等承受力差的地点,流动机械在太大的斜坡上作业,轨道起重机已出轨,作业时风力太大。

(3)起重作业时被摆荡的货码、吊钩、工属具等撞压或被弹飞的钢丝绳、钩子等物体打击。造成物体撞压、打击而导致此类伤害的直接原因主要是:非垂直起吊、货码钩挂不当、变幅或摆盘旋转速度太快等导致货码、吊钩、工属具等物体摆荡、旋转,超负荷起吊把钢丝绳拉断或解码回钩时强行快速起升拉出被压的钢丝绳等造成钢丝绳、钩子等物体弹出。

(4)起吊或落码时货码倒塌。造成货码倒塌而导致此类伤害的直接原因主要有:货码堆叠不稳、捆绑不紧或选择的吊点不当,钩挂不牢、不当,落码点不平整或面积太小,货码没有落稳即摘钩解码,回钩(抽拉出钢丝绳)时钩拉货码。

(5)在货码起吊或落码时因扶码或摘挂钩而被货码或工属具夹伤或轧伤。造成此类伤害的直接原因主要是:货码未打好、未钩挂好,人员未离开即起吊、手脚放在钢丝绳、钩头内侧(靠货码一侧),落码或吊头时手脚伸到货码下面。

(6)电气设备和线路老化、短路及漏电,由此可引发触电事故。

(7)在金属结构密闭箱体内检查因通风不够或有有毒气体,由此可造成窒息中毒。

4. 港机设备的安全管理要点

港机设备安全管理的目的是要消除设备在装卸过程中的不安全因素,避免职业危险,保障劳动者在劳动过程中的安全和健康及国家财产不受损失。根据事故致因理论,针对导致事故的直接原因和间接原因及港口装卸特点和安全生产特性,结合港机设备的特点,港机设备安全管理应从“管、用、养、修”各个环节,以控制人的不安全行为,消除设备的不安全状态,改善作业环境为对策。具体措施包括：

(1)健全规章制度,规范人的行为。安全规章制度是安全工作的基石,只有制度先行,才能做到工作有标准、工作有依据。只有根据生产、技术的形势发展,不断完善设备安全管理规制,才能使设备安全管理工作适应形势的要求。进一步规范设备安全管理,按安全生产的总体要求,遵循设备的自然属性,落实各级设备安全责任制、设备安全检查制度、设备安全考核奖惩机制、机损事故处理规定、安全和技术操作规程、应急管理、消防管理、特殊工种管理等制度,才是真正体现“心系职工”、“以人为本”的内涵。

(2)严格执行检查制度,检验实施的效果。随着季节的变化和码头环境、装卸货种、堆场的变化,安全工作的情况无时无刻不在变化,这就要求我们安全工作要做到勤检查。检查措施计划是否得体、措施是否落实到位、机械性能是否良好、人员是否遵章守纪等等,总的来说有以下几个方面：

①公司坚持季检、节前检和专业检查制度,司属单位坚持月检、周检、日检制度,从而形成从上向下一级查一级,从下而上一级对一级负责的检查监督体系。要做到：一是领导重视,公司经理带队到基层进行检查;二是检查规范化,为确保安全检查质量,实行细化的季度安全检查考核;三是抓重点,对危险性大的部位和作业过程进行重点检查;四是抓整改,对检查发现的隐患,做到“三定四不推”。通过日检、周检、月检制度来检查机械设备、设施的安全性能,确保其处于正常的状态,以消除人的不安全行为和物的不安全状态。

②做好现场安全检查与监控。现场组的三班安全员,坚持不间断地对码头生产进行安全检查,检查各种安全规章制度的落实情况,监控、督促、指导工人进行作业,加大反“三违”力度,减少人的不安全行为,从而最大限度地消除事故的发生。

此外,现场生产应严格执行“五同时”,对特殊货物、困难作业等坚持召开船前会,制定安全措施。对作业难度大的船,加派经验丰富的指导员驻船抓安全工作。作业过程中,中队长、安全员等现场管理人员对作业全过程进行巡检,发现问题及时解决。现场管理人员对生产作业现场进行全过程、全方位的监控、对危险性大的作业、对重点部位的作业实行重点监控。

(3)推行标准化作业。根据装卸工艺,科学的制定操作程序和规范,明确现场作业人员工作前、工作中、工作结束的每个环节应该怎样做,使每个作业者都做到工作有程序、有标准,使作业者的行为完全控制在安全范围内。同时加强装卸前及装卸过程中的巡回检查,及时发现问题,及时纠正,达到减少人为失误,降低事故发生概率的目的。

(4)探索港机设备管理新方法,提高本质安全度。

首先,公司强调要牢牢树立“以生产经营为中心、以设备为生命线”的理念,既要坚持生产经营的中心地位,也要巩固设备管理的保障作用,通过加强生产部门与设备部门之间的沟通、理解和支持,促使两者进一步协调,进一步合作,实现“相互保障、相互促进”的作用。

其次,针对设备的“管、用、养、修”工作,公司提出了“轻重缓急、计划先行、零整结合”的新方法,强调在坚持“计划性项目修理法”的基础上,要根据生产需要择重、择紧,局部和整体相结合地灵活实施设备管理。同时,要科学制定好设备的保养、维修、改造计划,重视每项维修改造的前期工作,既要进行周全的技术论证,又要做好充分的准备工作,保证项目的进度和质量的双重效果,有效维护设备良好性能。

第三,要加强项目管理,抓好项目实施的全过程监控,特别是对大的设备更新改造项目,要全面、仔细抓好项目工艺方案、作业方案的审定,确保项目实施的质量和效率。

总之,港机设备安全管理,就是要运用科学的理论和管理手段,使影响安全生产的诸多因素受到控制,提高本质安全度,防止和减少事故的发生,达到安全生产的目的。

## 二、基础管理

1. 设备设施的分类与编号

(1)港机划分为四类;起重机械、输送机械、装卸搬运机械、专用机械。

(2)港口企业应当根据国家和行业标准对企业港机统一编号。编号应当标示在机械的明显部位,并清晰、醒目。对每一台港机设备要逐台建立技术档案,技术档案的内容包括卡片、台账和技术资料。

(3)港口企业应当根据港机在作业中的地位、投资费用、技术复杂程度和安全等因素,采用先进的管理方式,对港机实行分级分类管理。

港机根据技术状况分为四类:

一类:各零、部件欠完整、非主要零件的磨损在允许范围内,技术性能良好,确保安全运行和正常作业。

二类:非主要零、部件欠完整、非主要零件的磨损超过允许范围,但对整机的缘由技术性能影响不大,经维修保养后能安全运行。

三类:主要零、部件有较大的损坏和磨损,原有技术性能下降,经常发生故障。

四类:主要零部件严重缺损,已丧失原有技术性能。

正在修理的港机按修理前类别划定。

2. 设备设施基本管理制度

1)基础管理制度

(1)《设备实施条例》实施细则;

(2)港机设备分级管理制度实施规定;

(3)港机设备方针目标管理的规定;

(4)现代化设备管理的规定;

(5)设备管理工作要点;

(6)技术系统教育培训制度;

(7)港机设备统计管理制度;

(8)设备资产管理规定;

(9)港机设备全过程管理规定;

(10)港机设备技术经济管理制度;

(11)技术资料、台账管理规定;

(12)红旗设备检查评比实施细则;

(13)新工艺、新设备、新技术应用规定;

(14)港机设备管理计算机软件规定。

2)运行管理制度

(1)港机设备运行管理制度;

(2)港机设备状态监测管理实施规定;
(3)润滑管理制度;
(4)轮胎管理制度;
(5)电瓶管理制度;
(6)起重用钢丝绳管理使用规定。

3)维修管理制度

(1)港机设备定期保养和计划维修的管理规定;
(2)港机设备修理定额的使用和管理规定;
(3)港机设备故障维修规定;
(4)备件管理制度;
(5)机械设备保养、修理的技术管理规定。

4)安全管理制度

(1)现场装卸机械安全管理方法;
(2)门机防风技术措施实施细则;
(3)机损事故管理办法;
(4)电气安全技术管理规定;
(5)电梯、行车安全管理;
(6)气瓶管理制度;
(7)锅炉使用及操作规定。

5)其他

(1)机动车辆管理规定;
(2)平车管理规定;
(3)机床设备技术管理规定;
(4)压力容器管理规定。

3. 设备设施管理和维修人员的教育与培训

(1)港口企业应当重视培训港机管理与维修专业人员,把港机专业人员的教育和培训列入企业职工教育计划。

(2)港口企业的港机管理人员,应当具有高中以上文化并具有一定专业知识和实践经验。

(3)港机操作、维修工人应当进行岗位培训,经过考核持证上岗。新机种投入使用前,应当对操作和维修工人进行超前培训。

4. 设备设施的维护和检修

港口设施维修管理是通过对设施在使用过程中的检查、鉴定和维修,维持其使用功能,设施的检查应以定期和不定期检查相结合,以确定技术状态类别,设施管理部门应加强资料管理工作,建立维护档案。

1)日常维护

(1)港机的日常维护时使港机保持良好技术状况和进行维修的基础,港口且应当建立健全港机日常维护制度,包括司机交接班制度,技术操作规程和日常保养规范等。

(2)港机日常维护有操作人员负责,基本要求是:

严格按操作规程使用港机,在运行过程中经常观察港机运行情况;

保持港机完整无损,安全保护装置完备有效,保证港机安全运行;

按规定对港机进行清洁、检查、调整、紧固、润滑,保持无油污、无积灰、无泄漏、无松动,使港机保持良好技术状态;

填写"运行日志"和日常维护记录卡。

2)定期保养

(1)港机的定期保养是指港机运行一定间隔期后,有计划地对港机强制进行的全面维护和保养作业。

港口企业应当根据机种和作业条件不同,制定定期保养规范,其内容包括:

定期保养级别、周期;

定期保养项目和验收标准;

润滑图谱;

主要测点及检测范围。

(2)港机的定期保养以专业保养人员为主、操作人员为辅,保养得主要内容有:

对机械进行擦洗和清洁内部;

检查、清洁和更换各种滤清器;

检查、调整和紧固各操作、传动等连接机构的零部件;

利用简单检查设备对港机的主要测试点进行检测;

对各润滑点进行检查和清油;

检查和调整安全装置、保证灵敏可靠;

更换已损坏的零部件。

(3)港口企业应当建立和检查"定期保养记录卡",并将保养检测结果纳入对港机实施状态监测范围。

3)定期检查

(1)定期检查时指港机在基本不解体的情况下,通过人体感官和利用监测设备有计划地进行的检查。定检是进行状态维修的一个重要组成部分,港口企业应当建立健全的港机定检制度和工作程序。

(2)港口企业应当根据具体情况和机种特点制定定检规范,其主要内容包括;定检周期和计划、定检项目和标准和定检方法。

(3)港机的定检应当由专业人员负责,并严格执行定检制度规范,认真填写"定期检查记录卡"。

4)修理管理

(1)维修管理的一般要求。

①港口企业在港机修理中,可以实行以运行时间为基础的修理方式,积极推行以技术状态为基础的修理方式。

②港口企业可以根基企业情况采取不同的修理方式,制定具体的港机修理级别、周期、停机日、标准和定额。

③港口企业在港机修理中应当保持港机合理大修,港机的大修可与技术改造结合进行。

④港机有下列情况之一时,应当报废:

a. 预测经大修理后技术性能仍不能满足港口作业要求或者难于保证作业安全的;

b. 严重损坏无修复价值的;

c. 大修理后虽能恢复技术性能,但不如更新经济的;

d. 技术性能达不到规范要求,危机安全的;

e. 技术性能差、能耗低、效率低、经济效益差;

f. 危害人身健康、严重污染环境,进行修理改造又不经济的;

g. 自制的非标准港机,经生产验证不能使用,且无法改造的;

h. 国家规定淘汰的。

(2)港口设备检修管理。港口设备检修管理可以分为:事后(被动)维修;预防(主动)维修;状态维修;改善维修及改造维修5种方式,下面分别进行介绍。

①事后维修也称为被动维修,是一种较传统的维修方式,主要是指在发现港口设备出现问题之后再对其进行修理的一种维修活动。这种维修方式的好处在于:不需要事前谋划,简单易行,而且能充分利用港口设备的零、部件的物理寿命,维修费用较低。适用范围:生产中不起重要作用的或可代用的港口设备。

②预防维修,也称为主动维修,此维修方式是为了防止港口设备性能劣化或降低港口设备故障概率,按事先规定的计划所进行的维修活动。如年、季、月安排的计划性检修。港口设备的日常保养是预防维修的派生分支,是由港口设备运行工或点检人员,每天或每周对港口设备进行的日常检查、清扫、调整、加油、换件等日常维修活动。主动维修的好处在于:通常根据港口设备运行时间确定维修时间、周期。由于事前做了大量人、财、物的准备工作,一般能在规定的时间范围内,保质、保量地完成规定的维修内容。适用范围:生产中起重要作用的或故障风险大于维修风险的港口设备。

③状态维修是根据港口设备状态监测结果来进行的维修活动,其实质是预防(主动)维修的升级,是一种有的放矢且定量的维修活动。状态维修的好处在于:它克服了以港口设备运行时间确定的预防维修的不定量因素,有利于降低维修成本和减少准备工作。状态维修的适用范围:港口设备应配备较为完善的检测装置。状态维修是港口设备维护管理所提倡和发展的方向。

④改善维修是指用新工艺、新方法对港口设备维修作业进行工艺改进的维修方式。改善维修对提高维修水平及港口设备维修质量具有极大的促进作用。

⑤改造维修是对港口设备结构进行改造的维修活动。改造维修的好处是提高港口设备的性能或增强港口设备的可靠性。但是,对于此种作业应持慎重态度。应事前有论证、有批准,事后有评估。

(3)港口设备点检管理。设备日常点检使我们能牢牢掌握设备的运行情况,依据设备运行的状况制定相应措施,保持设备完好状态。设备点检制是指为了维持设备所规定的性能,在规定的时间内,按规定的检查标准(内容)和周期,由操作工或维修工凭直观目测和简单测试工具对设备所进行的一种检查方式。点检制较传统的日常保养有如下优点:

①及时发现港口设备的隐患,有利于采取防范措施,把故障消灭在萌芽状态,防止港口设备进一步劣化及港口设备事故的发生。

②港口设备点检制符合预防为主的方针,是预防维修的重要基础。通过点检资料积累,提出合理的港口设备维修和零部件更换计划,不断总结经验,完善维修标准,保持港口设备性能稳定,延长港口设备寿命。

③对港口设备的结构、性能有更深层次的掌握、理解。

④点检制是港口设备运行信息反馈的主要渠道之一,港口设备的故障和事故停机率大幅度下降,经过一段时间的努力,可靠性逐步达到并保持较高的水平。点检也是编制港口设备维修计划、提高计划准确性的重要资料。港口设备点检时,个人主张全员参与,人人都提出自己的见解,再规范整理形成一套体现人性化设计、具有较强操作性的点检制度。

(4)港口设备润滑管理。设备润滑管理是设备管理的重要内容之一,是企业设备管理中不可忽视的环节。设备润滑是防止和延缓零件磨损和其他形式失效的重要手段之一。加强设备的润滑管理工作,并把它建立在科学管理的基础上,按技术规范的要求,正确选用各类润滑材料,并按规定的润滑时间、部位、数量进行润滑,以降低摩擦、减少磨损。

(5)港口设备的用电管理。港口作业现场临时用电专用的电源中性点直接接地的220V、380V三相四线制低压电力系统必须符合:

①采用三级配电系统。三级配电系统是指作业现场从电源进线开始至用电设备中间应经过三级配电装置配送电力,即由总配电箱(一级箱或配电室内的配电柜)依次经分配电箱(二级箱或负荷或若干用电设备相对集中处),到开关箱(三级箱即用电设备处)分三个层次逐级配送电力。

②采用TN—S接地、接零保护系统。TN—S接地、接零保护系统(简称TN—S系统)是指在作业用电工程中采用具有专用保护零线(PE线)、电源中性点直接接地的220/380V三相四线制低压电力系统,或称三相五线系统,见图7-1。

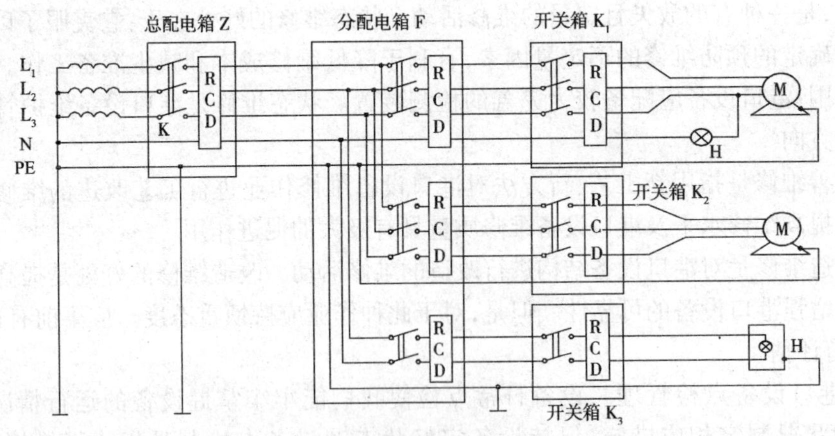


图7-1 TN—S三相五线接地、接零保护系统线路图

③采用二级漏电保护系统。两级漏电保护系统是指在整个作业现场临时用电工程中,总配电箱中必须装设漏电开关,所有开关箱中也必须装设漏电开关。

## 三、安全技术管理

港机设备安全技术管理，是为了预防港机设备事故和控制危险或不安全因素危害港机设备而采取的技术和管理措施。技术措施，主要是对港机设备选择、安装、设置有效的安全保护装置以及应用新机型、新结构、新工艺、新材料等。以确保港机设备技术性能良好、安全可靠。管理措施，主要是坚持专业管理与群众管理相结合的全员管理，对专业人员和操作人员进行安全技术教育、培训，使之具备必需的安全技术知识和安全意识；对港机设备、安全保护装置和设施制定维护、检查、调整、修理制度并认真实施，确保各类安全装置正常、有效，满足安全生产的需要。

港机设备主要安全保护装置简介：

1）超载限制器

超载限制器是限制港机设备（主要指起重机械类）超载起重，防止因超载起重而引起机械设备损坏事故的安全保护装置。

2）力矩限制器

力矩限制器是防止非工作性变幅起重机因起重力矩超过设计起重力矩，而造成起重机倾翻、折臂等事故的安全保护装置。

起重量大于和等于16吨的汽车起重机、轮胎起重机、履带起重机，以及起重能力大于和等于250kN·m的塔式起重机，非平衡式的臂架型起重机，应安装力矩限制器。起重量小于16t的汽车起重机和轮胎起重机，宜装力矩限制器。力矩限制器的设置和技术规定应满足国家标准的规定。

3）起升高度限位器

起重机起升高度限位器（限制器）是控制起升或下降重物在设计行程范围内工作的安全保护装置。当起升（或下降）高度达到设定高度时，能自动切断电动机电源，停止上升，防止吊钩组的任何部位碰撞起重机结构或臂架端部滑轮而造成事故；或下降到一定位置而切断电动机电源停止下降，以保证起升卷筒上总有不少于规定的最少钢丝绳安全圈数。

起重机都必须装有高度限位装置。安装和调整限位器的触电行程位置时，应考虑起升机构制动时的制动距离。

4）大车运行位置限制器

在固定轨道上运行的起重机应设置运行位置限制器。当起重机运行靠近轨道端部时，或当同一轨道上的两台起重机互相靠近时，它能及时地发出声（光）警示信号，切断运行机构的驱动电源，常闭式制动器动作使起重机运行停止，避免发生碰撞或脱轨事故。

5）防碰撞装置及缓冲装置

防碰撞装置主要应用于轨道起重机械的运行机构（桥架起重机还包括运行小车）运行终端。由于起重机械运行的惯性力大，并且常常在同一条轨道上同时工作着多台起重机，总可能在运行过程中产生碰撞，危害极大。因而为了防止起重机械之间的相互碰撞，或防止起重机行至终点碰撞止挡块，应在起重机运行机构的两端部安装防碰撞装置。

港机设备的缓冲装置主要是用于迅速衰减车体或部件的振动，或用于吸收设备相碰时的冲击动能。广泛用于起重机上的缓冲装置，其功能就在于防碰撞装置失灵时可吸收起重机(或桥机小车)与轨道终端挡相撞、或起重机之间相撞时的动能,达到减缓冲击的目的。

6)幅度指示器

幅度指示器是能及时、准确地显示起重机中心线与起升载荷中心线间的水平距离的器具。通过幅度指示器,可及时了解起重机的幅度变换情况,知道在该幅度下所允许的最大起重量,避免臂架仰角过大,出现臂架反倾事故或起重量超出允许范围,导致翻倾事故发生。非平衡式(非工作性)的臂架起重机(如各类轮胎起重机械,塔吊,简易吊,固定吊,汽车吊等),都必须装幅度指示器,工作性变幅的起重机(如门座起重机,带斗门机等)也宜装幅度指示器。

7)防火装置

《中华人民共和国消防法》规定"消防工作贯彻预防为主、防消结合的方针,检测专门机关与群众相结合的原则,实行防火安全责任制。""按照国家有关规定配置消防设施和器材,设置消防标志,并定期组织检验、维修,确保消防设施和器材完好、有效"。这是防火的指导方针。在积极做好防火工作的同时,在组织上、物质和技术上做好灭火的准备。我国消防条例规定"机关、企事业单位应当根据灭火的需要,配备相应种类、数量的消防器材、设备和设施"。防火器材室灭火的武器,机械设备也应根据需要配置相应的消防器材、设备和设施。并培训教育相关人员,熟悉掌握各类消防器材的技术性能、使用范围、扑火操作的基本常识。

8)防雷击装置

雷击时发生的放电现象称直击雷。由于雷击形成高压冲击波和变化的强磁场而产生的电感应,具有雷击的特征称感应雷。因此,港口设备必须安装有防直击雷过电压保护装置和防感应过电压保护装置;防直击雷过电压装置,是接闪器(包括避雷针、避雷网、避雷线和避雷带),俗称避雷针。

9)照明装置

(1)港机设备照明系统应设专用线路,与主电路隔离。

(2)照明系统必须具有较高的连续光谱,不宜使用再启动时间较长的照明灯具。

(3)照明回路电线电缆专用专设,其截面面积不应小于1.5mm$^2$。

(4)大型机械室外照明灯具应用水密灯具,处于易燃易爆场所的机械上的灯具应用防爆型灯具。

(5)照明线路必须设有短路,过载保护。

(6)港机设备和港区照明照度应符合《港口装卸区域照明及其测量方法》(JT2012-88)要求。

10)警示装置。

(1)港机设备必须具备手动警示装置(如喇叭,电铃等)。

(2)港口流动港机设备行走警示装置必须齐全,倒车行走需有闪动灯光(黄色)、声响警示。

(3)港口大型港机设备整机位移(行走)须有声响、灯光警示。

(4)港机设备安全保护装置中,超负荷、变幅终点限位、起升终点限位、应在保护装置起作用的同时发出警示声响信号(电笛或电铃)。

(5)露天作业的高大起重机械应装风速大于极限工作风速时,应能发出停止作业的警报。

(6)港口起重机总高超过30m,周围无高于起重机顶点的建筑物设施,或有可能成为飞机起落障碍时,夜间宜设红色障碍信号灯。障碍灯的电源不得受起重机停机影响而停电。

(7)按《起重机械危险部位与标志》(GB 15052—94)规定。

11)防风装置

起重机应当配置防风装置,防止起重机滑移和倾覆。其配置原则,根据港口的地理位置,设计的工作风压和非工作风压条件确定。根据《起重机设计规范》(GB 3811—83)和《港口起重机风载荷规范》(JT/T 90—94)的规定,起重机的设计计算风压,同时起重机的非工作状态风压需考虑高度变化系数。

## 四、现场管理

在现场管理中必须严格执行各类设备的操作规程,操作人员和指挥人员必须持证上岗。

1. 安全使用规定

1)一般规定

(1)港口设施不应超过设计或核定的荷载标准使用,不得任意改变使用条件和功能。

(2)技术状态为第三类的设施必须减载或限制使用,并加强观测。技术状态为第四类的设施不得使用。

(3)港口设施非自然损坏时,设施管理部门应及时组织现场鉴定和损坏登记,提出索赔资料,并及时组织修复。

(4)当在现有设施附近实施新建、改建工程时,其设计方案和作业工艺应经设施管理部门确认。

2)码头

(1)码头必须严格按照设计规定或核定的荷载标准使用,严禁超载。

(2)船舶靠泊时,不应超过设计规定的靠泊速度和角度限值。

(3)对于超设计船型靠泊或装卸大件货物、更换大型起重机械等,设施管理部门应组织核定作业条件和使用荷载。

(4)当超过设计或核定风力时,船舶宜离开码头至锚地。

(5)系船柱、系船环应按规定的负荷系缆。严禁在系网环、护舷锚链、铁爬梯等处系带船舶。严禁利用码头梁、板、柱等结构构件系带船舶。

(6)泊位水深应定期测量。对达不到设计水深的,应浚深至设计水深。码头前沿应控制超挖。

(7)受水流冲刷的码头基床、水下护坡应定期进行检查。发现淘空、冲刷现象并影响结构安全时,应及时修复。

(8)使用部门不得任意在码头梁、板、桩等结构构件上打洞凿眼、安装设备等。

(9)装卸易燃、易爆、腐蚀性货物、临时装卸大件货物或特殊机械行驶码头前沿时,应对码头面层结构采取有效的保护措施。

(10)码头护舷脱落、破损时,应及时修复,无用的外露铁件应及时割除。

(11)浮码头引桥与趸船间连接必须牢固。

(12)趸船的固定锚链应随着水位的变化而及时松紧。

(13)码头前沿宜设置护轮坎。护轮坎宜涂刷醒目的色彩。

3)防波堤及护岸

(1)应经常检查防波堤迎浪面及护岸的结构完好情况。

(2)靠近防波堤及护岸附近疏浚时,要保证防波堤及护岸的稳定,必要时应采取安全措施。

(3)护岸附近不得任意堆存货物。

(4)在汛期、台风季节,应加强对防波堤及护岸的观测。

4)仓库及堆场

(1)仓库及堆场必须按照设计或核定的荷载标准使用。

(2)一般性仓库墙体及库内柱周围1.0m范围内不得堆存货物。

(3)有机械入库作业的仓库,应在库门、柱等易受到碰撞的部位加设护角、护栏等。防护高度不应低于1.4m。

(4)入库作业机械严禁碰撞库门、墙体、柱、屋架等结构,发现碰损应及时组织修复。

(5)严禁在仓库内任意打洞、凿眼、拆墙、开门或堵门等。

(6)除特殊规定外,屋面不得堆存货物和晾晒物品,不得作为与使用功能不符的工作或活动场所。屋面禁止无故上人。

(7)汛期前后应加强对仓库屋面防水、天沟、落水管及排水系统的检查与检修。

(8)除专用仓库外,不得在一般仓库内堆存化肥,以及其他腐蚀性较强的货物。确需堆存,应采取必要的防护措施。

(9)应加强对仓库及堆场消防系统的检查与维修。

(10)仓库及堆场应设置荷载标志。

5)油罐及管线

(1)应定期观测油罐基础和管线主要支架的沉降情况,及时消除由于沉降可能引起的各种事故隐患。

(2)应对油罐呼吸阀、安全阀、活动罐顶排水阀和管线的伸缩部件进行定期检查,做好记录。发现问题应及时处理。

(3)对浮顶罐的活动罐顶,必须按照核定的上下限使用。浮顶要始终呈悬浮状态,上不冒顶,下不落底。浮顶上应无积水,罐壁无挂油。

(4)油罐和管线的保温层和防腐处理应完好。对渗油、漏油部位应及时处理。

(5)油罐和管线区域在作业动火前,必须进行清罐、洗罐、吹管、扫线、测爆等工作,并经消防部门核准。

(6)油罐及管线的防静电接地必须牢固。接地电阻应符合设计要求。

(7)应经常检查正在作业的管线有无跑、冒、滴、漏、凝管等现象。应经常检查未扫线且有伴热的管线的内压力。当压力超过允许值时,要及时打开罐根阀卸压。

(8)油罐区消防系统及消防器材应齐备、有效。

(9)油罐区应保持整洁、排水畅通。排水沟内不应有残油存在。

(10)其他液体储罐及管线可参照执行。

6)港池、航道及锚地

(1)严禁在港池、航道及锚地内进行水产养殖和捕捞。

(2)严禁向港池投放杂物。进行装卸作业时应采取措施,防止货物等落入水中,影响泊位水深。

(3)进行码头维修、改造时,应明确作业范围、作业用船的停泊位置和航行路线。作业完毕必须进行水下检查,复测使用水深等。

(4)应定期进行港池、港内航道及锚地的水深测量。对达不到设计水深的,应疏浚至设计水深。

(5)应定期对航标、锚标等助航设施进行检查与维护,并进行定位校核,保持其良好技术状态。

2. 合理使用原则

(1)港机使用的工况和环境,必须符合本机械技术特性的要求及确保安全运行的基本条件。

(2)港口企业应当建立健全的港机操作规程和岗位责任制,更具港机特点和生产需要实行定人定机制度。

(3)港机只能由正式司机或在正式司机直接监督下,学习期满半年以上的学徒等受训人员以及持有有效港机操作证照的其他有关人员进行操作。

(4)港口企业的生产指挥、机械操作和维修人员,应当严格遵守港机的操作、使用规程和制度,禁止超规范、超负荷操作和使用港机。

(5)港口企业在组织生产作业时,应当选择经济合理的装卸工艺,充分发挥机械的效益。降低消耗和成本。

(6)港口企业在组织流动机械从事搬运作业时,规定如下:

①轮胎起重机、汽车起重机和履带起重机,除产品说明允许外,不得吊载行驶;

②叉车的搬运行程不宜超过300米;

③装载机的搬运行程不宜超过100米;

④蓄电池搬运车的搬运行程不宜超过599米;

⑤集装箱正面吊运机载箱运行距离不宜超过200米。

(7)港口企业对港机在运行过程中发生的故障,应当尽快排除。在未排除前,不得继续作业。

(8)故障发生后,司机应当将其发生的时间、地点、部位以及采取的措施、排除故障所用的时间等。认真如实填写在“运行日志”中。

(9)港口企业可以根据具体情况,制定本企业港机在走合期、冬季、夏季、特殊作业时的作业规定。

## 第二节 运输设备

运输设备是货物移动的载体,港口运输设备包括铁路、公路、水路等多种运输设备,是港口生产中的重要设备。

## 一、港口运输设备的分类

港内运输按照运输物料的不同形状如块状、粉状、液态、气态等,采用不同的运输设备和方式,主要可分为如下几种:运输车辆,运输船舶,运输管道,带式运输设备,管道运输设备(各种泵机),铁路机车,铁路车皮等。

1.运输车辆

港口运输车辆主要用于作在港口内的货物进行的搬运。常见的有:载重汽车、自卸汽车、铲运机、平板拖车、机动翻斗车、油罐车等,这类车辆机动灵活,载质量可大可小,对地形要求不高,基建投资少,使用方便,在港内运输中占有重要地位。

(1)平板车。又称拖车、挂车,一种具有载货平台而无驱动装置,需依靠牵引车拖带行走的载货车辆。按转向形式分为全轮转向和前轮转向两种。轮胎有气胎、硬胎、半硬胎之分。载质量有3吨、10吨、20吨等多种,其中3吨和10吨的应用最为普遍。可分有全挂型和半挂型两种。通常挂车是指全挂型而言。它有完整的轮系,能够独立承受货载,并具有转向机构,可经牵引杆架与牵引车连接。

(2)半挂车。挂车中的一种类型,它与全挂车不同之处主要在于:半挂车只有车架后部车轮组支承在地面上,而车架前端直接支承在牵引车上,因而挂车及载货质量的一部分由牵引车直接承受,这可使牵引车的牵引力能得到有效的发挥。在半挂车的前端底部一般均装有伸缩支腿,便于甩挂运输。它与全挂车相比,具有结构简单、可充分发挥牵引车的牵引力,缩短牵引车车身长度,便于倒车和连接等优点,因而它特别适合用于搬运长大件货物及集装箱。

(3)牵引车。又称拖头,一种在车辆后端装有牵引连接装置,用来在地面上拖带载货平板车以实现货物水平运输的工业车辆。一般采用内燃机驱动。车前装有推顶钢板,必要时可用来顶推货物。其基本构造与汽车相似,但结构紧凑,外形小,具有更好的机动性。它需与平板车配套使用。通常一辆牵引车可拖带多辆平板车。其利用率高,经济效益显著。

(4)搬运车。具有载货平台,能自己独立行走,用于搬运货物的车辆。一般它不能自己装卸货物,需依靠人工或其他机械对其进行装卸载。

按载货平台能否运动及运动的状况分,有固定平台式搬运车、升降平台式搬运车及倾斜平台式搬运车。

按其动力装置分,有内燃搬运车及蓄电池搬运车(或称电瓶车)。

(5)翻斗车。一种在车身前端或后端装有可自动倾翻卸货的斗的搬运车辆。通常都装有独立驱动装置,可自行。斗的倾翻动作一般是由司机通过操纵液压机构来实现。虽然它不能自行装货,但能自行卸货和搬运,因而在港口特别是在建筑工地上获得较广泛采用。

2.运输船舶

港口运输船舶有港口作业船舶和在港口靠泊作业运输的船舶。港口作业船作为港口设备设施的重要组成部分,是用作港口交通、拖带、引航、救助等作业的小型船舶,包括拖船、加油船、油趸船、生活补给船、消防船、污油回收船、浮吊等。为港口作业服务的船舶一般较小。各自具有与其承担任务相适应的特点。

1)趸船

趸船是指无动力装置的矩形平底船,固定在岸边、码头,以供船舶停靠,上下旅客,装卸货物。也可指平底匣形的非自航船,通常固定在岸边,作为船泊停靠的"浮码头",供装卸货物及旅客上下船用。主要用于船舶的靠泊和货物的装卸作业。在趸船上有些码头装有起重机械,这种趸船就兼有靠泊船舶和装卸货物的作用,这种趸船又称浮吊(详见"装卸起重设备")。

2)拖轮

拖轮又称为拖船,是用来拖曳没有自航能力的船舶、木排或协助大型船舶进出港口、靠离码头,或作救助海洋遇难船只的船舶。拖船没有装载货物的货舱,船身不大,但装有大功率的推进主机和拖曳设备,具有"个子小、力气大"的特点。拖船分海洋拖船、港作拖船和内河拖船。

(1)拖轮具有以下特点:

一是拖轮船身小,船上没有装载货物的船舱,构造坚固。

二是拖轮上的动力装置功率大,所以,具有较大的拖带能力。

三是船上还备有拖带设备,利用拖带运输方式,拖带没有动力的船舶。拖轮是船舶家族中的小个子大力士,就像举重队里的轻量级运动员。它们经常在江河中、港湾里忙碌着,拖带别的船舶。

(2)拖轮种类。按照使用水域不同,拖轮又可分为远洋拖轮、沿海拖轮、港湾拖轮和内河拖轮。不同的拖轮特点不同,远洋拖轮、沿海拖轮在海上航行,船首翘得高高的,构造坚固,以防止海上波浪冲击;港湾拖轮在港湾内使用,船身短,操纵灵活;内河拖轮在江河中航行,吃水浅。

(3)拖轮拖带船舶的方式。拖轮拖带船舶,可以像火车头拖带列车车厢一样,呈一列式拖带驳船;也可以从两旁舷侧拖带驳船。拖轮还可以拖大船,几艘小拖轮可以同时拖带一艘万吨级大船,使大船顺利地进出港,调动船位,或进出船坞。

3)驳船

驳船是在运河、河流上运载客货的大型平底船,没有动力推进装置,无自航能力,靠机动船带动的船。主要用于客货运输。驳船可以单只或编列成队由拖船拖带或由推船顶推航行。

驳船的特点主要为设备简单、吃水浅、载货量大。驳船一般为非机动船,与拖船或顶推船组成驳船船队,可航行于狭窄水道和浅水航道,并可根据货物运输要求而随时编组,适合内河各港口之间的货物运输。少数增设了推进装置的驳船称为机动驳船。机动驳船具有一定的自航能力。

驳船的可分类为以下几个类型:

一类是按用途分主要有客驳和货驳。客驳,专运旅客,设有生活设施,一般用于小河客运。货驳,用于载运货物,按所运货物可分为干货驳、矿砂驳、煤驳、油驳等。货驳一般不设起重设备,靠码头上的装卸机械装卸货物。货驳也可在港口用于货物的中转。

二类是按结构形式分为,敞舱驳,有设有几个货舱口的舱口驳也有只设一个货舱、货舱上方全敞开的。甲板驳,不设货舱、在甲板上堆装货物、甲板四周设有挡货围板。半舱驳甲

板上堆装货物、甲板四周设有舱口围板。罐驳,在甲板上设置罐等密闭容器以装运油、液化气体等液体货物的罐驳等。

三类是按材料分有钢驳、木驳、水泥驳。

四类是按船型分主要有普通驳和分节驳:

普通驳首尾两端斜削呈流线型,备有锚和舵。分节驳两端呈箱形(全分节驳),或一端斜削、另一端呈箱形(半分节驳)。中国古代的对槽船(又称两节船)可以看做是现代半分节驳组成的船队的雏形。它由两节相同长度的船组成,前节船首端斜削,尾端呈方箱形,后节船首端为方箱形,尾端斜削,两节船的方箱形一端相互对拢,用缆绳连接。舵设在后节船上。现代分节驳上一般不设舵,美国的分节驳上也不设锚,中国和西欧一些国家的分节驳上设锚。分节驳结构简单,作业方便,造价低,用分节驳组成船队,可降低航行阻力,提高载货量,因此分节驳得到广泛应用。

分拖驳船队和顶推船队两种。拖驳船队由拖船和普通驳船组成,主要用于货物运输,也用于小河上旅客运输。在海上一般是一艘拖船拖带1~3艘驳船,在内河可拖带10艘以上。拖驳船队基本为一列式拖带的队形。拖船和驳船、驳船和驳船间用缆绳连接。顶推船队由推船和驳船组成,用于运输货物。顶推船队分两种:①普通驳顶推船队,用缆绳将推船和普通驳绑结而成,船队有多种队形。②分节驳顶推船队,由推船和分节驳组成。推船和分节驳之间、分节驳和分节驳之间有用缆绳连接,有用机械连接。在海上,一般是一艘推船顶推一艘驳船;在内河,一艘推船可顶推驳船数十艘。

4)生活补给船

生活补给船主要给锚地待泊的船舶运输生活用品,接送船员的船舶。

5)加油船

加油船主要是给锚地待泊的船舶加油。

6)装卸船机(装船机,卸船机)

各种装船机和卸船机主要用于散货专业码头,是根据散货装卸船作业特点而设计的多动作、高效率的专用装卸机械。件杂装卸趋向于采用集装箱方式,目前的件杂装船机、卸船机仅用于一定规格的袋装货,主要是袋装化肥。

7)浮吊

浮吊是载有起重机的浮动平台,它可以在港口内移至任何需要的地方,或是靠泊,或是移到锚地使货物转船。浮吊通常可以起吊超重货物,叫做浮吊运输;浮吊也可以用来打捞作业,叫做浮吊打捞;也应用在桥梁施工过程中,叫做浮吊作业。浮吊可分为普通浮吊、全回转浮吊。

8)油趸船

油趸船是供运输油品船舶停靠,囤船上安装有装卸油品的油泵,可以在油船和岸上的油库之间进行油品装卸。

使用要求:上述船舶都必须按照规定定期进行检验并配备船员。无动力的船舶要按照水位的涨落及时的调整系泊设施,保证船舶的安全。

9)靠港运输船舶

港口要根据运输船舶的种类制定相应的装卸工艺,需要配备相应的设备和装卸工具。

常见在港口作业的运输船舶有：

(1)干散货船。即散装货船，用来装载无包装的大宗货物。因为所运载的物品无需成捆、成包、成箱包装，不怕挤压，便于装卸，所以一般都是单甲板船。

(2)杂货船。即普通货船，一般载质量不是很大，为了理货方便而设有两三层甲板，通常装有起货设备(如吊杆或液压旋转吊)，许多万吨级的杂货船，常设有深舱。杂货船的运输速度不是很高。杂货船主要用于装载一般包装、袋装、箱装及桶装的件杂货物。新型的杂货船一般为多用途船，既能运载普通件杂货物也能运载散货、大件货、冷藏货与集装箱。

(3)冷藏船。冷藏船是指冷藏并运输肉、鱼、蛋、鲜奶、水果、蔬菜等物品的船舶。其最大的特点就在于其货舱实际上是一个大型冷藏库，可提供货物久藏所需的温度。冷藏船又分为保温运输船和冷冻船。

(4)木材船。专门用来装载木材或原木的船舶。其特点是舱口大，船舱和甲板上都可装载木材。

(5)原油船。专门载运原油的船舶。成品油船是专门运输汽油、柴油等石油制品的船舶，有很高的防火、防爆要求。

(6)集装箱船。专门运载集装箱的船舶，又称箱装船或货箱船。集装箱船的全部或大部分船舱都用来装载集装箱。集装船货仓的尺寸都按载箱的要求规格化。集装箱船装卸效率高，有效地缩短了在港时间。这种船的航速一般较高。集装箱船又有部分集装、可变换集装和全集装箱船之分。

(7)滚装船。主要用来装载运输汽车和集装箱，在船侧或船首、尾有开口斜坡与码头连接。它的优点主要是不依赖码头的装卸设备，装卸速度快，可加速船舶周转。

(8)液化气运输船。专门运输液化气体的船舶。这些液化气体主要包括液化天然气、液化石油气、氨水、乙烯和液氯。

(9)载驳船。专门载运货驳的母子船。采用这种船的运输业务流程是先把物品装上方形货驳，再把货驳装上载驳船，运送到目的港后，把货驳卸下，用拖船把货物分送各自目的地。这种船装卸效率高，适宜于海河联运。

3. 管道运输

管道运输是用管道作为运输工具的一种长距离输送液体和气体物资的运输方式，是一种专门由生产地向市场输送石油、煤和化学产品的运输方式，是统一运输网中干线运输的特殊组成部分。有时候，气动管也可以做到类似工作，以压缩气体输送固体，而管内装着货物。管道运输石油产品比水运费用高，但仍然比铁路运输便宜。大部分管道都是被其所有者用来运输自有产品。

1)管道运输的特点

管道运输是用管道作为运输工具的一种长距离输送液体和气体的运输方式，与其他运输方式相比，具有以下几点优势：运输量大、占地小、建设周期短、费用低、安全可靠、连续性强、运输耗能少、成本低、效益好。

2)管道运输的形式

运输管道常按所输送物品的不同分为：

(1)原油管道主要是自油田输给炼油厂，或输给转运原油的港口或铁路车站。原油一般具有比重大、黏稠和易于凝固等特性。

(2)成品油管道是输送汽油、煤油、柴油、航空煤油和燃料油以及从油气中分离出来的液化石油气等成品油的管道。

(3)天然气管道是输送天然气和油田伴生气的管道,包括集气管道、输气干线和供配气管道。

(4)固体料浆道主要用于输送煤、铁矿石、磷矿石、铜矿石、铝矾石和石灰石等矿物,配置浆液主要用水,还有少数采用燃料油或甲醇等液体作载体。其输送方法是将固体粉碎、与适量的液体配置成可泵送的浆液,再用泵按液体管道输送工艺进行输送。

(5)危险化学品管道,对其享有所有权或者运行管理权的单位应当依照有关安全生产法律法规和本规定,落实安全生产主体责任,建立、健全有关危险化学品管道安全生产的规章制度和操作规程并实施,接受安全生产监督管理部门依法实施的监督检查。

3)油罐及管线维护管理

(1)检测内容与周期。

①拱顶型油罐主要检测内容与周期可参照表7-1。

**拱顶型油罐主要检测内容与周期**

表7-1

| 检测项目 | 检测内容 | 周期 | 备注 |
|---|---|---|---|
| 罐基础 | 沉降、变形 | 1年 | 投产5年内 |
| | | 2~3年 | 投产5年后 |
| 罐壁 | 腐蚀、裂缝、倾斜 | 每次清罐后 | |
| 安全阀、呼吸阀、检尺口、防火器等 | 运行情况 | 经常性 | |
| 防雷、防静电装置 | 接地电阻 | 半年 | |

②浮顶型油罐主要检测内容与周期可参照表7-2。

**浮顶型油罐主要检测内容与周期**

表7-2

| 检测项目 | 检测内容 | 周期 | 备注 |
|---|---|---|---|
| 罐基础 | 沉降、变形 | 1年 | 投产5年内 |
| | | 2~3年 | 投产5年后 |
| 罐壁 | 腐蚀、裂缝、倾斜 | 每次清罐后 | |
| 浮顶 | 凹凸、裂缝 | 每周 | |
| 浮船 | 腐蚀、渗漏 | 每周 | |
| 导向管 | 变形、运行情况 | 进出油时 | |
| 顶部人孔、呼吸阀、密封装置等 | 密封.堵塞.损坏情况 | 经常性 | |
| 防雷、防静电装置 | 接地电阻 | 半年 | |

③管线主要检测内容与周期可参照表7-3。

**管线主要检测内容与周期**

表7-3

| 检测项目 | 检测内容 | 周期 | 备注 |
|---|---|---|---|
| 管墩、支架 | 沉降、倾斜、裂缝 | 1年 | 投产5年内 |
| | | 2~3年 | 投产5年后 |

续上表

| 检测项目 | 检测内容 | 周　期 | 备　注 |
| --- | --- | --- | --- |
| 输油管 | 腐蚀、渗油 | 每周 | |
| 排气阀 | 运行情况 | 经常性 | |
| 伴热管 | 腐蚀、渗漏 | 1年 | |

凡使用10年以上的金属油罐,每年应对顶板及上层壁板进行测厚。

(2)维修。

①油罐罐体损坏较大时,必须在清罐、测爆之后进行修复或局部更换,并做充水试验。

②罐体修复时应控制焊缝质量,采取射线探伤等必要的监测方法。

③应定期对油罐罐体及管线进行全面防腐蚀处理和保温层修复,对局部损坏处应及时进行修复。

④油罐附件和管线的阀门、垫片等部件损坏时,应及时更换。

⑤管线出现破裂时,应在清管、测爆之后采用焊接或补焊等方法进行修复。

(3)保养。无论什么工具,再结实也是有期限的。要使得它们寿命更长,就得及时定期地维护保养。

①管道防腐技术。管道大多埋于地下,虽然有不少优点,但容易被腐蚀,不仅会造成其穿孔而引起的油、气、水跑漏损失与污染,给维修带来材料和人力的浪费,而且还可能引起火灾和爆炸。

可采取的措施有:选用耐蚀材料,如聚氯乙烯管等;在输送或储存介质中加入缓蚀剂抑制对内壁的腐蚀;采用内外壁防腐绝缘层;采用阴极保护法等等。

②管道清洗技术。输油(气)管道清洗技术是该科学技术领域的一部分,是一项延长管道使用寿命,保证管道正常运行的实用技术。目前,管道清洗技术主要有物理清洗法,如机械法清洗等;化学清洗法,在管道内投入含有化学试剂的清洗液,与污垢进行化学反应;物理和化学结合清洗法,两方法结合从技术上说应取长补短、相辅相成,从经济上来说,也应合理选用、兼收并蓄。

4.铁路运输设备设施

港口是水陆运输衔接的节点,大中型港口一般都有铁路专用线接入,铁路运输设备设施是港口生产的重要组成部分,港口铁路设备设施主要有铁路机车、铁路车辆、铁路轨道系统、铁路信号系统四部分组成。铁路机车主要有蒸气机车、内燃机车、电气机车三种,他是牵引铁路车辆的动力,铁路轨道系统主要由铁路路基、缓冲层、轨枕(枕木和水泥枕)、铁轨、道岔等组成。

港口铁路系统的安全运行必须遵守铁道运行管理的法律法规。铁路运输安全是铁路运输生产系统运行秩序正常、货物和运输设备完好无损的综合表现,也是铁路运输生产全过程中为达到上述目的而进行的全部生产活动协调运作的结果。铁路运输安全基础知识包括车务安全知识、机务安全知识、车辆安全知识、电务安全知识、公务安全知识和牵引供电安全知识。

## 二、运输设备安全作业管理

1.港口车辆及作业机械的安全作业管理

(1)严格遵守《中华人民共和国道路交通安全法》,并按规定进行车检。

(2)汽车司机必须经过专业训练,经有关部门考试合格,方可独立驾驶车辆。

(3)开车前司机严禁饮酒,行驶中不准吸烟、吃食品、接打电话、玩手机和闲谈。驾驶室内不准超额坐人。

(4)行车前须仔细检查车辆各部分:

①转向装置是否灵敏可靠;

②轮胎气压、螺帽、有无爆裂和松动现象;

③制动器及离合器应灵敏可靠,变速杆应置于“空挡”位置;

④喇叭及仪表是否灵敏、准确;

⑤燃油及润滑油是否充足;

⑥车门是否严密,照明及蓄电池电液是否符合规定;

⑦冷却水是否充足;

⑧引擎、传动部分及车架是否正常;

⑨确认无误方可行车,所有车辆严禁带病出车。

(5)汽车在起步、出入工厂、车间大门、倒车掉头、拐弯、过十字路口时要鸣号、减速、靠右行;通过交叉路口应“一慢、二看、三通过”;交会车时,要做到礼让三先“先让、先慢、先停”。

(6)汽车在厂区内行驶,时速不得超过10km/h;进出大门、车间、库房时速不得大于5km/h。

(7)在港口作业工地及车间内行驶要密切注意周围环境及人员动向,并应鸣号,低速慢行,随时做好停车准备。

(8)长途行驶,出发前必须随车带有足够的修理工具、材料及备用零件。

(9)用摇把发动引擎,必须拇指在外,五指并拢,不可以虎口握柄,要防止摇把反击或滑脱伤人。

(10)不能用明火预热化油器、油管及油箱。

(11)在车底下进行油润、检查及修理工作时应该将引擎熄火。引擎转动时不能用手接触高压线接头或风扇。

(12)初发动的引擎,须先慢转一二分钟,不要突然提高转速。

(13)禁止在下坡道或高速度时踏下离合器、关闭电门或将变速杆放在“空挡”,以免引擎突然加速而严重损坏机件。

(14)司机不得擅自交给他人开车。

(15)行车中,司机一方面须注意道路情况及交通标志。一方面还应注意仪表指示,同时要注意听车辆各部的声音,如有异常应停车检查,不得勉强行驶。

(16)途中遇到因水箱严重缺水而引起引擎温度过高时,应立即熄火,待引擎降温后再加冷水。

(17)途中停歇时,要查看行驶、转向、制动和引擎各部的连接与紧固情况,起动前还应围绕车辆仔细检查周围情况,以防有人进入车底。

(18)在泞滑、冰冻的路面上行车最好装上防滑链,并以较低速度行驶,不要做快速急转弯或紧急制动。

(19)通过危险地区或狭窄便桥应先停车,查验证实可以通过后再运行。

(20)禁止以链条或钢丝绳拖拉无制动、制动不良、转向失效、无人操作的车辆。拖车行驶速度不宜过快。

(21)停车须拉上驻车制动器。在坡道上尽量避免停车,必须停车时须以三角木或石块将轮胎塞住,防止溜车。

(22)载重汽车严禁超重、超长(车身前后2m)、超宽(车身左右0.5m)、超高(从地面算起4m)装运。超长物件,在托运时,要与有关部门协商,采取相应措施后,方可起运。

(23)装卸时必须有专人指挥,当用挖掘机或装载机向自卸汽车装料时,司机应将汽车刹住,以免溜滑,在铲斗需越过驾驶室时,驾驶室内严禁有人。

(24)油罐车应备有专用灭火器材,安装金属拖地装置,并确保可靠有效。油罐车工作人员不得穿有铁钉的鞋。严禁在油罐附近吸烟,并严禁火种。

(25)远距离运油中途停车时,应远离市区和人多之处,驾驶员不得离车。停放时应远离火源,炎热季节应选择阴凉处停放。遇雷雨时,油罐车不得停放在大树或高压线下方。

(26)油罐漏油需焊补时,首先要除油放气,确认无油无气并打开加油口后,方可施焊。检修过程中,操作人员如需进入油罐时,严禁携带火种,并必须有可靠的安全防护措施,罐外必须有专人监护。

(27)装有危险物品的车辆,不得随意停放,中途停放时应有专人看守。

(28)金属燃气管道不能用作自然接地体或接地线,螺纹钢筋和铝板不能用作人工接地体。

2.港口船舶安全作业管理

1)船舶通用安全操作事项

(1)作业单位应严格执行有关船舶的安全管理规定。

(2)船舶航行应遵守《国际海上避碰规则》和《中华人民共和国内河避碰规则》等有关规定。

(3)作业船舶必须在核定航区或作业水域内作业。

(4)作业船舶应制定各项安全技术措施及应急预案,并定期进行演练。

(5)作业船舶的梯口、应急场所等应设有醒目的安全警示标志或标识。楼梯、走廊、通道应保持畅通。

(6)作业船舶在作业、航行或停泊时,应按规定显示号灯或号型。

(7)作业船舶的各种设备、设施、安全装置及工索具等应定期进行检查、维护、保养或更换。

(8)船舶甲板、通道和作业场所应根据需要设有防滑装置。在大风浪中航行或冰冻天气作业时,甲板、通道和作业场所应增设临时安全护绳。

(9)上下船舶应搭设跳板,跳板下面挂安全网。使用软梯上下船舶应设专人监护,并备有带安全绳的救生圈。

(10)抛锚、带缆作业:

①作业船舶应根据作业水域的水底土质、水深、水流、风向等,选择合适的锚型、锚重和锚缆。

②抛锚应在专人指挥下进行,并应根据风向、潮流、水底土质等确定抛出锚缆长度和位

置,并应避开水下电缆、管道、构筑物和禁止抛锚区。

③抛锚过程中,作业船舶的锚机操作者应视锚艇和本船移动的速度以及锚缆的松紧程度松放缆绳,不得突然刹车。

④作业船舶不得在未成型的码头、墩台或其他构筑物上系挂缆绳。

⑤在内河港口作业时,作业船舶位于或跨越航道的锚缆应采用链式沉缆。

(11)在流速较大的河段作业时,作业船舶的纵轴线应与水流方向基本一致,不宜横流驻位,必须横流驻位时,应编制专项作业方案。

(12)作业船舶穿越桥孔或过江架空管、线前,必须预先了解其净空高度、宽度、水深、流速等情况。

(13)在狭窄水道或来往船舶较多的水域港口作业时,通信频道应有专人值守,并及时沟通避让方式。

(14)解、系缆绳作业:

①作业人员应按照指挥人员的命令进行作业,不得擅自操作。

②作业人员不得骑跨缆绳或站在缆绳圈内,向缆桩上带缆时不得用手握在缆绳圈端部。

③绞缆时,绞缆机应根据缆绳的受力状态适时调整运转速度。危险部位有人时,应立即停机。

④抛撇缆前应观察周围情况,并提示现场人员。

⑤移船绞缆应观察锚缆的状况,不得强行收绞缆绳,且不得兜曳其他物件。

⑥陆域带缆必须检查地锚的牢固性。缆绳通过的地段,必须悬挂安全警示标志,必要时设专人看护。

⑦作业船舶靠泊后,系缆长度应根据水位变化及时调节。

(15)舷外作业:

①船上应悬挂慢车信号,作业现场应设置安全警示标志。

②作业现场应有监护人员,并备有救生设备。

③船舶在航行中或摇摆较大时,不得进行舷外作业。

④舷外应设置安全可靠的工作脚手架或吊篮。

(16)船电管理:

①船舶电气检修应切断电源,并在启动箱或配电板处悬挂"禁止合闸"警示牌。

②配电板或电闸箱附近应备放扑救电气火灾的灭火器材。

③对船舶机电设备进行维护检修时,作业人员必须有可靠的安全防护,并有专人监护,严禁带电作业。

④船上人员不得随意改动线路或增设电器;禁止使用超过设计容量的电器。

⑤船舶上使用的移动灯具的电压不得大于50V,电路应设有过载和短路保护。

⑥岸电和船电系统为中性点接地的三相交流系统时,船舶接岸电必须将岸电接地线与船体接地设施进行可靠连接。

⑦蓄电池工作间应通风良好,不得存放杂物,并应设置安全警示标志。

(17)进入作业船舶的封闭处所作业:

①制定进入封闭处所作业的安全规定。

②配备必要的通风器材、防毒面具、急救医疗器材、氧气呼吸装置等应急防护设备或设施。

③作业人员进入封闭处所前,封闭处所应进行通风,并测定空气质量。

④作业人员进人封闭处所作业时,封闭处所外应有监护人员,并确保联系畅通。

⑤在封闭处所内动火作业前,动火受到影响的舱室必须进行测氧、清舱、测爆;通风时,严禁输氧换气。作业时,必须将气瓶或电焊机放置在封闭处所外。

⑥封闭处所内存在接触性有毒物质时,作业人员应穿戴相应的防护用品。

(18)收放船舶舷梯应:

①控制舷梯的升降速度,舷梯上严禁站人。

②舷梯、桥梯的踏步应设置防滑装置。

③舷梯、桥梯下应张挂安全网。

2)防风准备与遇风措施

(1)船舶防风应经常与气象台或有关部门保持联系,各船亦应按时收听当地和有关海区气象台的气象预报并记入船舶日志。

(2)各船应做好防风准备,尤其外海港口作业作业更应特别注意,以防风暴突然侵袭。

(3)船舶布置避风时,应注意下列各项:

①根据每年制定的防灾减灾预案,发现有灾害性恶劣天气,及时通知各船做好防风准备和应对措施。

②抛锚避风时选择锚地,应注意水深、地质、风流和周围环境等情况。

③抛锚避风时,放出锚链长度应为水深5~7倍,风浪大时要适当加大锚链松出长度。

④风浪过大时可采用抛八字锚,但要注意两锚之间的夹角不可>120°或<30°,防止两锚链铰结。

⑤非机动船抛锚或系固避风时使用的钢丝绳直径泥驳不小于18.5mm,挖泥、起重、打桩船不能小于25mm。

⑥船舶抛锚避风时,值班人员应打开GPS,设置船舶移位报警圈。或从陆地找一固定目标,勤观察测量本船有无走锚情况。

⑦停靠码头避风时,各缆要平均受力,缆绳摩擦部位必须加垫,靠船碰垫要适当增加,以防与码头碰撞。

⑧在浅水区域抛锚避风时,应注意风流变化,避免船底碰到本船或他船的锚。

(4)船舶航行遇风时,船长应先采取适当措施,组织船员经常检查各部位,以保证航行安全。

①船舶遇6级大风时,应做好下列各项工作:

a. 检查所有舷窗、天窗、舱室门、机舱盖、舱口盖和人孔盖等是否关紧。

b. 将甲板上和能被海水打到的物件用绳索加以固定。

c. 将通风斗背向船艏,套上帆布罩。

d. 检查排水孔是否灵活。冬季应注意甲板积水结冰。

e. 经常检查拖缆和龙须缆的摩擦部位是否正常。

f. 机舱要检查各水泵(包括手摇水泵)是否正常。

g. 当甲板上水时，应检查锚链孔封堵情况，如有漏水现象应立即采取补堵。

②若风浪转剧，对船舶安全航行有威胁时，可根据当时的情况，采取驶往附近避风港或折回出发港的措施。

③如风浪侵袭已不能采取避风的措施时，应先测定船位，采取船头迎风浪航行（船头与风浪方向有一个较小的夹角），并适当调整航速。

④在采取安全避风措施时，机动船应将船位、时间、天气情况、海况及采取的措施立即上报主管部门。

3）防冻措施、防火、防滑措施

（1）甲板部防冻措施有：

①低温状态下的铁质脆弱，用舵链传动的船舶操舵时，动作应缓和，防止折断操舵机连接杆、舵链及其他部件。

②放置室外的灭火机应有保暖措施，或移放到室内（但应便于取用），经常检查药液以免冰冻失效。

③胶皮水管及帆布水龙带用闭后，应将存水放净，以防冻裂或堵塞。

④甲板上的积水应经常清理，遇有结冰要及时清除或撒黄砂防滑。

⑤不使用的船舶，由船舶管理部门布置防冻事宜。

⑥停泊的船舶在冻冰严重时，应冲捣船壳周围的冰层，以免船体被冰挤损。

⑦冰冻季节禁止木壳机动船在冰区使用。

（2）轮机部防冻措施有：

①机动船舶停止运转后，机舱温度可能降低至5℃以下时，必须将机器内部及管路内的存水放尽。

②船舶停止运转后，机舱门窗应关闭，通风筒加罩，防止冷空气吹袭而使主机、辅机设备等冻裂。

③凡露出舱面的水管及水柜，应有保温措施。在最低点应有放水阀以利放出存水。

④机器的循环冷却水系统应在暖机前检查舷外出口及全部进水管是否冻结阻塞，必要时应预热。机器发动后应密切注意温度、水压及排水情况，以免发生意外事故。

⑤冬季内燃机停车后，除应放水外，还应盘车数转，每次盘车后曲轴应停在和之前不同的位置上。

⑥柴油机冬季暖车时间应适当延长。当机舱温度低于5℃时，应先将机舱预热。

4）防火措施

（1）船上进行电、气焊等热工作业时要经轮机长同意，报船长批准。港口作业前，必须备妥适当灭火器材，检查附近区域（包括上下、左右、前后各处），确认无易燃、易爆物品。作业后应认真检查现场，确认无造成复燃的可能后，方可离开现场。

（2）严格遵守电焊机操作规程。绝对禁止与油漆工作在同一处同时进行。绝对禁止对有压力容器、油管进行加温或施焊。油舱、油桶等施焊前要用水或蒸汽洗净，经测爆符合标准后，方可进行气、电焊作业。

（3）氧气、乙炔、丙烷瓶应相互隔离，防止碰撞，并远离火源及油类，天热时应采取降温措施，使用后应关闭并戴安全罩。

(4)易燃、易爆物品应放在指定地点,严禁在锅炉、烟囱及其他高温地方存放。

(5)船舶停靠在码头、仓库、油船附近时,应严格遵守有关制度。

(6)擦油的油布、棉纱头等要随时处理,不准乱放、堆放,以免引起火灾。

(7)禁止使用电炉。

(8)机舱、泵舱、物料仓库及蓄电池室严禁吸烟。

5)防滑措施

(1)寒冷季节,甲板上禁止浇水。若有薄冰、霜冻,应及时采取措施清除或铺草垫、沙等防滑物。

(2)甲板或人行通道有油迹、滑泥等异物时,应及时清除或铺防滑物。

(3)拆除甲板孔盖时,应设临时栏杆、拉绳或用木板盖妥,并设明显标志。

(4)船体摇摆时,通道及甲板若无扶手栏杆,应采取拉绳等防护措施。

6)救助遇难船的行动

(1)凡遇有船舶的遇难呼救时,应迅速驶往出事地点(在拖船航行时则应首先将被拖船妥善安置好),在保证自身安全的前提下全力抢救。

(2)参加救助的船舶应准备救生、消防、泵水堵漏工具及拖带设备,并尽可能携带浮具。

(3)救助搁浅坐礁船舶时,驶至遇难船附近要注意测定船位和水深,不可不顾自身安全而盲目接近。

(4)使用各种方法与遇难船联系,详细了解其周围水深、搁浅触礁程度及损坏情况。

(5)根据海图确定遇难船的位置,并尽可能将本船的接近方法与援救方案通知对方,以取得行动上的配合。

(6)切实掌握对方的漏水程度,脱浅后没有下沉危险时,方可拖带,否则应采取措施协助泵水、堵塞,而后脱浅。

(7)若遇难船舶失去控制能力,处在浮泊中时,接近时应注意风向流向,风力不大需要并靠时,若本船比对方大应靠其上风,比其小靠在下风。

(8)当风力过大不能靠上被救船时,可用浮标联上浮绳抛在对方上风舷,借风浪的推动,把浮绳送至对方后再接过拖缆,也可用同样方法传递通信。

7)消防

(1)各船必须按船舶检验局的要求和规定配置消防设备,各项消防设施必须安放在便于取用和操作的地方,全体船员应熟悉消防设施的位置。

(2)消防设备主要有:水灭火系统、手提灭火器(泡沫、二氧化碳、干粉)黄砂及砂箱、太平斧、太平桶等。

(3)消防设备要定期进行维护检查和保养,确保在有效期内,检查和检验的时间、情况用红笔记录到航海日志或轮机日志上,如有不良情况,应及时检修或更换。

(4)消防设备的保养检查按下列规定进行。

①水灭火系统:

a. 水灭火系统每六个月检查一次,修船时船检部门要对其进行试验,每次修船时检查出水情况、出水时间及喷射距离等,并记录在航海日志上,如有损坏应立即修理。

b. 水龙头附近应保持畅通,不许堆放物体,妨碍使用。

c. 水龙带及水枪头，应安放在消火栓靠近地点，不得移作他用，水龙带每三个月检查一次，保持良好状态。

②手提灭火器：

a. 所有灭火器应编号，其分布位置要适当，取用便利，不准任意移动或将机身绑扎死。

b. 灭火机外壳、挂钩、拖架每半年检查一次，如有损坏，应立即修理更换。

c. 机筒应保持清洁，油漆光亮，喷嘴要畅通、机盖必须旋紧。

d. 灭火药剂，应按规定时间检查，进行更换和补充，并标明更换日期，备用药剂应放在干燥地方，以免受潮失效。

③黄沙、沙箱：

a. 沙箱应分布在船上适当地点，外染红色，用白色标写"黄沙"。

b. 沙箱内应放置小簸箕沙斗一只。

c. 每三个月检查一次，存沙应干燥，如有结块应立即更换。

④太平斧：

a. 太平斧应置于固定而易取的地方，不得移作他用。

b. 每三个月检查一次，勿使生锈，斧柄刷红漆。

⑤太平桶：

a. 太平桶不得移作他用，有缺应补足。

b. 太平桶涂红漆，桶外标写"太平桶"及编号。

c. 每三个月检查一次，有损坏立即修理。

(5)各种消防器材的使用方法按其说明要求执行。

(6)各种船舶均应按照本船的定员和消防设备情况，制定消防分工明细表，并应张贴在最易看见之处，船长是消防的总指挥，大副担任现场指挥，轮机长应在机舱保证动力和机械的正常工作，并指挥机舱灭火，每个船员都应有明确的消防职责和使用的消防器材，并在消防工作中服从指挥。

(7)船舶统一使用的火警信号规定为连续敲乱钟一分钟或连放汽笛短声一至两分钟。如在火警信号后面再清楚地敲钟或鸣笛一短声，表示火灾在船前部；二短声，表示火灾在船的中部；三短声，表示火灾在船的后部；四短声，表示火灾在船的机舱；五短声，表示火灾在船的上层建筑。

(8)消防演习每月至少举行一次，全体船员除当班者外均应参加，演习时必须严肃认真，听从指挥。演习时间、地点和情况应用红笔记入航海日志。

8)救生

(1)救生设备应按船舶检验部门的要求和需要进行配备，并应处于良好状态，要进行定期检查，并将检查日期和情况记入船舶日志或安全记录簿。

(2)各船应根据定员和救生设备，编制救生分工明细表，明确船员在救生时职责和施放使用救生器材的分工，并张贴救生分工明细表。

(3)船舶救生设备的保养检查按下列规定进行：

①救生艇：

a. 艇身及艇上设备每月检查一次，艇内备品完整无缺，妥善保管。

b. 厂修时，应全面进行一次检查刷洗和油漆，空气箱拆除检查，试验水密，干粮箱应打开抽查。

c. 救生艇必须经常清除艇内积水及污物，防止腐蚀和油漆脱落。

d. 救生艇设备（罗经、火焰信号、太平斧、水手刀、防水电筒、急救药箱等）必须齐备并放在艇内，不准移出，艇内不可堆放非艇用物品。

e. 艇内淡水每月更换一次，冬季水柜应加保暖设备，救生饼干应定期抽查、按时更换。

f. 救生艇吊柱、滑车、吊缆等，每三个月检查一次，滑车的滑动部分应经常加油和齿轮上涂牛油，如有阻塞时应检修。

g. 吊缆放置后，应加帆布罩，以防受潮腐蚀及防止油漆，缆头磨损后可互调一次，吊缆不适用时应随时更新。

②救生筏（气胀式救生筏）按船舶检验部门规定要求进行定期检查。

③救生圈：

a. 每三个月进行一次检查，有裂痕或系带损坏时应立即修复，年度修理时油漆一次并注明船籍港及船名。

b. 每年抽出一个作浮力试验，要求在淡水中载重 14.5kg 的铁连续 24 小时不沉为合格。

c. 救生圈放在固定而易取之处，不得绑死，救生圈上应有救生索。

④救生衣：

a. 每三个月进行一次检查，有损坏即修理。检查个人的放置地点及保管情况。

b. 救生衣应保持清洁、干燥，受潮后应晾晒，不得用火烤或碱水刷洗。

c. 救生衣的编号与床铺编号相同、并放于床铺附近，不可扎死或锁在箱子里，不允许做枕头用，工作场所按值班人数放置救生衣。

d. 室外救生衣箱，应保持不漏水，箱上应注明“救生衣箱”及内装件数。

e. 每年可抽样进行浮力试验要求软木衣在水中荷重 7.3kg 浮起 24 小时为合格。木棉衣荷重 4.5kg，浮起 24 小时再增加 1kg，浮起 10 至 15 分钟为合格。泡沫或其他材料救生衣可按其说明进行浮力试验。

f. 备用救生衣应由大副负责管理，救生衣上应注明船籍与船名。

⑤各种救生焰火、火箭和信号枪，每三个月检查一次，要保持干燥完整、随时能用。

9）高空、舷外、水上作业规则

（1）凡在坠落高度基准面 2m 以上（含 2m）有可能坠落的高处所进行的作业，均为高空作业。船舷外部工作为舷外作业。在舢板、筏、艇、排泥管等有可能落水的处所工作为水上作业。

（2）高空、舷外、水上作业必须佩戴安全帽、安全带、救生衣、保险绳等相应防护用品。现场要备救生圈。

（3）对滑车、座板、脚手板、绳索、直梯及所用舢板、艇、筏等作业器材，应严格检查，确认完好，方可使用。

（4）高空、舷外、水上作业由专人指挥，指派适当人担任。工作前要布置安全注意事项，工作中要派人照顾，谨慎操作，确保安全。

（5）上高时禁止一手拿东西，一手抓梯子，需要的工具应用桶或帆布袋装妥，用绳索滑车松吊,严禁下掷上抛。注意不要让人在上高作业的正下方停留。

(6)座板升降绳末端,要绑牢在甲板固定物上,不得固定在同一滑车或钩子上。升降时要密切联系。保险绳不能系在跳板绳上。

(7)上下烟囱、桅杆应事先通知机舱和驾驶室。应注意不使热度过高,不得拉汽笛,停用高压天线,以免烫伤、触电。

(8)大风浪时,不准上高,如急需时,必须采取安全措施。航行时不准舷外作业。舷外作业要挂慢车信号,以要求他船减速驶过本船。

(9)水上作业要注意瞭望。

(10)舢板、艇、筏等与他船配合作业时,必须系紧缆绳。严禁脚踩两船作业。

(11)舢板、艇、筏不准超员,被机动船拖带时,不准乘人。

## 第三节 装卸设备及装备

港口装卸机械是港口用来完成船舶与车辆的装卸、库场货物的堆码、拆垛与转运以及舱内、车内、库内装卸作业的起重运输机械,港口装卸机械可分为港口起重机械、装卸搬运机械、港口专用机械和港口连续输运机械。

### 一、港口装卸设备的分类

港口装卸机械在港口的码头上、货场上以及仓库内、船舱内、车厢内用来完成货物的装卸、堆码、拆垛与转运作业的起重运输机械。按工作特点分为四大类:起重机械、输送机械、装卸搬运机械和专用机械。港口采用机械进行货物装卸作业,将大大有利于使装卸工人从繁重的体力劳动中解放出来,对提高装卸劳动生产率和经济效益具有十分重大作用。

港口装卸设备主要有:装卸起重设备、装卸搬运机械、装卸专用机械、装卸工属具和集装箱装卸机械等。

1. 港口连续输送机械

输送机械又称连续运输机械,主要用于港口装卸的挠性牵引构件的连续输送机。包括带式输送机,链式输送机、斗式提升机等,无牵引构件的有气力输送机、螺旋输送机等。其中带式运输设备其特点是运输量较大,能在水平、切斜及垂直方向输送物料;在输送过程中能完成某些加工工艺过程;在空间运输又能起到仓库储存作用,连续运输机线路一般是固定的,占用厂房生产面积较少。缺点是基本建设投资较大,只适用于变化不大的物料运输。

1)气力输送装置

运用气流原理输送物料的器械。气力输送装置大致可分为吸引式、压送式两种。吸引式是将大气与物料一起吸入管内,靠低于大气压力的气流进行输送。压送式是用高于大气压力的压缩空气吹动或推动物料进行输送。气力输送装置在港口被广泛地用来作为起卸船上散装的谷物、食盐、矾土、化肥、煤块等的卸料机。它可以大大提高卸料速度,缩短船舶在港停泊时间。气力卸料机一般均为吸引式,它具有如下特点:①基本上能自动地将散装在船舱里的粉粒状物料全部吸扬到岸上;②没有物料的飞散;③不需用船上设备,只靠少数人就能卸货;④输送的物料不会被污染;⑤舱底货物卸得干净。

2)气力输送机

运用风机使在封闭的管道内形成气流来输送散粒物料的输送机械。按工作原理分为:吸送式、压送式、混合式三种。在港口多采用吸送式。气力输送机具有设备简单、使用方便、生产率较高、无粉尘飞扬、货损小、卸船彻底,可不必辅助清舱作业等优点;其缺点是能耗较大,粒径较大和黏性较大的散货不便吸送式气力输送机示意图输送等。目前在港口中使用较普遍的是气力吸粮机。

3)夹皮带输送机

又称双带式输送机、压带式输送机,一种把物料夹紧在两层胶带之间进行输送的带式输送机。由于物料被夹紧输送,故可适应在大倾角直至垂直的情况下作业。这种输送机具有生产率高、自重较轻、能耗低、物料破损少、粉尘污染少、噪声低、操作及维修费用低等一系列优点,是一种有发展前景的新机型。目前已在散粮卸船机,粮食圆筒仓以及煤炭自卸船上得到应用。其缺点是构造较复杂;不能输送流动性较差的散货;对物料的要求较严格,当有锐利边缘的异物混入时会损坏胶带等。

4)波形挡边带式输送机

用波形挡边胶带作为输送带的带式输送机。以通用胶带输送机的零部件为基础发展而成,其牵引构件和承载构件为带有波形挡边和横隔板的波形挡边胶带,由波形挡边、横隔板及胶带体构成一个个盛装物料的“无盖容器”。在水平段,“容器”底部就是承载物料的输送带,在垂直段,“容器”的底部为横隔板。这种输送机既可在水平方向又可在垂直方向或任意角度下输送物料而无须转载,同时保持着胶带输送机运动平稳、速度快、生产率高、能耗低等优点,又能用通用胶带输送机的零部件,所以它日益得到广泛应用。

5)带式输送机

用连续运动的无端输送带输送货物的输送机械,以挠性输送带作为货物承载件和牵引件。输送带绕过传动、改向、张紧等滚筒,并支承在许多托辊上。工作时驱动传动滚筒,靠传动滚动与输送带之间的摩擦力使输送带运动,从而把放,在输送带上的货物随输送带一起被运送到卸货地点卸出。它既可输送散货,也可输送件货。按其工作特点可分为:固定式、移动式、可逆式、伸缩式等类型;按其输送带材料可分为:帆布带式、橡胶带式、钢带式等多种。在港口以胶带式输送机应用最为广泛。

6)埋刮板输送机

在密闭料槽中,通过全埋在物料之中的具有特殊形状刮板的链条运动,利用散粒物料颗粒间的内摩擦力大于物料与料槽之间的外摩擦力原理,而实现物料成整体连续输送的链式输送机它可水平、倾斜和垂直输送,还可多点给料及多点卸料。这种输送机生产率高、构造简单、体积小、质量较轻、维修容易、操作简单、能耗较低,密封性好、无环境污染。适用于粉末状和粒状物料的输送。目前在港口散粮码头卸船作业中已得到了推广应用。

7)胶带输送机

俗称皮带机,用橡胶带作为输送带的带式输送机。它具有结构简单、输送能力强、能耗省、运转平稳、噪声低,对物料适应性强等突出优点。在港口及工业部门都得到十分广泛的采用。

8）链式输送机

用无端链条绕过若干个链轮，通过驱动链轮带动链条运动，货物直接装载在链条上或装载在由链条带动的工作构件上进行输送的输送机械。按工作构件可分为链板输送机、埋刮板输送机、刮板输送机和链爪输送机等。

9）螺旋输送机

在料槽或料管内装有螺旋叶片，通过螺旋状叶片转动来输送粉状或粒状物料的输送机。它结构紧凑，密封防尘，可水平或垂直或任意倾角下输送，并可多点进料或卸料。但运转阻力大，功率消耗多，机壳及螺旋片磨损较快。目前，在港口散货卸船作业中已得到了一定的应用。

10）托架提升机

以两根围绕于上、下链轮并构成闭合环路的链条作为牵引构件，在链条上相隔一定距离装一托架而组成的用于装运件货的提升机。它可垂直提升，也可倾斜提升。一般用于件货仓库作业。在港口码头也有用于从水中提升圆木到岸上。

11）吸粮机

用气吸方式，在封闭的管道内形成气流来输送散粮的机械设备。由鼓风机、分离器、卸料器、除尘器、管道、吸嘴等组成。利用真空气吸原理，使封闭的管路内形成高速气流将物料在悬浮状态下输送到达卸料点而从卸料器中卸出。其特点是结构简单、安装容易、无物料失落、粉尘飞扬少、卸船彻底，可不必另外进行清舱作业等。

12）斗式提升机

在链条或带条上装有料斗的提升机。料斗自提升机下部装料口喂入或直接挖取物料，经链轮或滚筒驱动将物料提升到上部出料口处依靠重力或离心力将物料抛出。按牵引构件不同可分为带斗式和链斗式两种。一般用于散货仓库或船舶作业。

2. 装卸起重设备

起重运输机械通常用于对物料进行提升或在较短距离内沿着一定的路线从事装卸货物、安装等作业的机械设备，因而和汽车、火车、轮船等运输工具有所区别。

1）港口起重机械的基本构造及工作特点

（1）主要有以下工作特点：

①动作是间歇的、重复的、周期性的。即通过重复、短时间的工作循环，周期性地完成货物的提升和运移，每个工作循环中都包括满载和空载的过程。

②每个工作循环中，其主要工作机构都作正向和反向的运动，且起制动非常频繁。

③所受到的载荷的大小和方向都是变化的。如：货物的大小、风力的大小及方向、坡度以及起制动时的动载荷。

以上这些特点，决定了起重机的结构和设计计算方法不同于其他机械。

以门座起重机卸船装火车为例说明。

空钩下降到货物上方挂钩→满载提升→一定高度制动→变幅度→一定位置制动→旋转→一定位置制动→变幅度到车皮卸货上方制动→满载下降到车皮内制动→摘钩→空钩上升→一定高度制动→旋转→一定位置制动→变幅度→待卸货物上方制动→空钩下降→货物上方制动——一个工作循环，重复上述动作。

(2)起重机械的种类繁多,但其基本由三部分组成:

①金属结构。起重机械的骨架,用来承受起重机的自重、货重等作用在起重机械上的载荷,并且把它们传递到基础上。

②工作机构。—起重机用来完成货物提升和运移的工作装置。它由动力、传动、制动以及工作装置所组成。根据起重机类型、任务的不同,有起升、运行、变幅和旋转等机构。

③操纵控制系统和安全辅助装置。操纵起重机完成各种要求的动作,以及对起重机实施各种安全保护。如司机室、电气房、夹轨器、限位开关、缓冲器、起重量限制器、载重力矩限制器和偏斜指示器。

2)装卸起重机械的分类

起重机械是周期性间歇动作的机械,按其机构、性能不同,可分轻小起重设备、升降机、臂架起重机和桥架起重机四种基本类型。港口起重机是根据港口装卸作业特点而专门设计制造的起重机,其特点是工作频繁、速度快、生产效率高。

(1)轻小起重设备。这一类型设备,包括千斤顶、滑车、起重葫芦、卷扬机等。其特点是轻便,构造紧凑,动作简单,作业范围投影以点、线为主。起重单动作只有一个起升机构,货物沿一固定直线运动,双动作除一起升机构使货物垂直方向移动外,还具有一机构使货物沿一固定的直线或曲线移动。这一设备多用于流动性和临时性工作场合作业。

(2)升降机。升降机是沿垂直或倾斜导轨载运货物和人员的升降设备,分有电梯、液压升降机、缆车等。其特点是重物或其他取物装置只能沿导轨升降。其承载部分可采用轿箱或平台,多为电力驱动。其中电梯一般用于港口多层仓库和大型起重机内。缆车一般用于斜坡式码头。(落差较大的码头)卷扬机牵引载货平台沿着斜坡码头的轨道往复运动实现货物的搬运。

(3)臂架起重机。具有臂架的起重机,这一机械主要利用臂架的变幅(俯仰)、绕垂直轴线回转配合升降货物,使用灵活,满足装卸要求,其形式可分为固定式、移动式和浮式。按臂架是否可摆动分为,有固定臂式和移动臂式;按臂架结构形式分为,有直臂式、曲臂式、悬臂式、组合臂式等多种。固定式臂架起重机直接安装在码头和库场的墩座上,只能原地工作。其中有的臂架只能俯仰不能回转;有的即可俯仰又可回转,如桅杆起重机、船舶吊杆等。移动式臂架起重机可沿轨道或在地面上运行,港口常用的门座超重机、轮胎起重机、桅杆起重机、浮式起重机等均属臂架起重机之列。

其特点是可以是挂在起吊钩或其他取物装置上的重物在空间实现垂直升降和水平移动。可以绕下轴摆动的臂架,臂架装设在可绕垂直轴旋转的转台上。臂架的摆动和旋转使货物能在两个平面内运移。它的工作范围是一环形面积及其上空,如果配上行走机构,就可以扩大其工作范围。

(4)桥架起重机。具有桥架结构,起重小车可沿安装在桥架主梁上的轨道行走,整机(大车)也可沿安装在地面或基础上的轨道行走的起重机。这类具有小车和大车运行机构,使它可以在一个长方形的作业面上工作。其特点有三个及三个以上工作机构,(如起升、小车运行和大车运行等),货物水平移动由大、小车的运动来实现。它的工作范围为一长方体。根据其结构及工作性能可划分为:通用桥式起重机、龙门起重机、装卸桥、缆索起重机等。

通用桥式起重机主要用在仓库、厂房设备安装及维修等。大车在轨道上运行,小车在桥架上运行。

龙门起重机就是带腿的桥式起重机，它的桥架安装在支腿上，支腿沿着铺设在地面上的轨道上作纵向运行，小车在桥架上作横向运行。一般用在后方堆场上，龙门起重机各机构的速度较低，但起重量较大，它可以在轨道上运行，也可以采用橡胶轮胎，在地面上运行。

装卸桥结构形式和龙门起重机相似，主要区别：用途不同，所以性能也就不同。

装卸桥的小车运行速度和提升速度都很高，$V_{小}$ 达 240m/min，$V_{升}$ 达 70m/min。悬臂较长，且可折起，一般用于散货、集装箱的装卸。

缆索起重机主要用于地形复杂，如林场、煤场、山区、水库等地方。用钢丝绳作桥架，这种起重机跨度可达几百米以上，起升高度也很大。

起重机械的分类列于图 7-2。

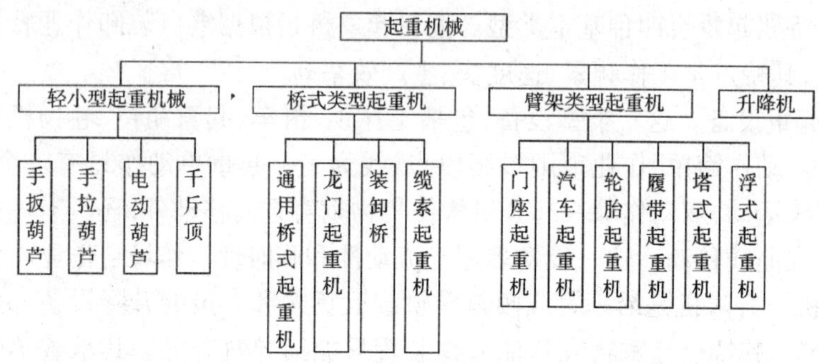


图 7-2　起重机械的分类

3）主要起重设备介绍

起重机械主要用于使货物实现垂直升降或兼作水平运移的机械统称为起重机械。它包括简单的轻小型起重设备、起重机和升降机等。其工作特点是间歇重复工作。

（1）千斤顶。用刚性顶举件通过顶部托座在小行程内顶升重物的轻小型起重设备。习惯叫法很多，如顶重举、举重器、顶镐、压勿煞等等。操作时只需较小的力量就能将重物顶起或移动。常用的有螺旋千斤顶、齿条千斤顶、液压千斤顶等。多在机械检修场合作顶举工具用。

（2）起重葫芦。一种带有驱动装置、传动装置、制动装置，并通过链轮与链条或卷筒与钢丝绳带动取物装置升降而起重货物的轻小型起重设备。主要有由人力驱动的手拉葫芦和由电力驱动的电动葫芦两种。

①手拉葫芦是由人力驱动的起重葫芦。多用链轮链条作牵引传动件，其上装有载荷自制式制动器以防止重物的重力下降，工作安全可靠，自重轻，便于携带，多用于安装和维修工作。

②电动葫芦是由电力驱动的起重葫芦。电动机、减速器、制动器与卷筒均装在同一轴线上，结构紧凑。制动器多为锥盘式、片式或载荷自制式。电动葫芦分有固定式和能沿工字梁运行的小车式两种。其升降及运行动作均由操作人员在地面上通过按钮进行控制。起重量一般在 5 吨以下。

（3）滑车。滑车是由吊钩（或吊环）和滑轮等组成，用以提升或牵引重物的轻小型起重设备。按制造材料分，有木制滑车和钢制滑车两种，港口通常使用钢制滑车。按滑轮数目分,有单轮滑车和多轮滑车;按形式分,有普通滑车和开口滑车。使用时,一般采用由定滑车与动滑车以及绕过它们滑轮的绳索所组成的滑车系统,以便省力地提升或牵引重物。为了提高其起重或牵引能力,它常与绞车配套使用。主要用于安装作业或重件装卸。

(4)电梯。采用轿箱作为承载装置,电力驱动,沿垂直轨道运送货物的升降机械。分有载货电梯、载人电梯和人、货两用电梯等类型。港口一般采用载货电梯,用于多层仓库的转载。

(5)缆车。用绞车(卷扬机)通过钢丝绳牵引斜架平台车沿倾斜轨道运行的升降机械。一般多用于内河港口斜坡码头运送货物。

(6)缆车起重机。装在缆车上的臂架起重机。它具有结构简单、自重轻、体积小、制造容易等特点,但其起重量较小,适合在水位差较大的斜坡式内河港口码头上进行装卸业。

(7)门座起重机。简称门机、门吊。一种装在可沿地面轨道行走的门形座架上的臂架起重机。门架下方可通过火车或其他地面车辆。它具有起升、旋转、变幅、行走四个可协同动作的机构,有较大的起升高度和工作幅度,因此作业范围大,工作效率高,能进行车船直接作业及外档船舶过驳作业,特别适用于在有火车船舶直接作业要求的海港码头对大型船舶进行装卸,是岸壁式码头前沿应用最为广泛的一种起重机械。港口门座起重机主要有吊钩抓斗两用的普通型、抓斗作业专用的带斗型以及多用途型三种。

(8)龙门起重机。简称龙门吊,其桥架主梁支承在两侧刚性支腿上的桥架起重机。它的起重小车可沿安装在主梁上的轨道行走,而整机(火车)则可沿着安装在地面上的轨道行走。按主梁形式分,有单梁式、双梁式、单悬臂式,双悬臂式龙门起重机等;按支腿形式分,有 C 型、L 型、O 型龙门起重机等。龙门起重机主要用于货场上作业。

(9)台架起重机。一种安装在可沿地面轨道行走台架上的旋转动臂起重机。由于台架下面的净空高度较低,故其下不能通过铁路车辆。适合在内河中小港口或其下不要求通过铁路车辆的场合上使用。

(10)多用途门座起重机。它是普通型门座起重机的一种变型。与普通型门座起重机在主体结构和机构上基本相同,也具有起升、旋转、变幅和整机可沿地面轨道行走的功能。不同的是,多用途门座起重机的设计主要是根据装卸集装箱的要求,同时兼顾装卸其他货物来设计的。它克服了用普通型门座起重机进行集装箱装卸作业时存在的缺陷,还考虑到了快速更换不同属具的特殊要求。因此,多用途门座超重机不仅可像普通型门座起重机那样使用吊钩、抓斗进行件杂货和散货作业,还可使用集装箱专用吊具,快速优质、安全高效地进行集装箱作业。也可装设电磁吸盘,用来装卸废钢铁。多用途门座起重机特别适合在货种变化大的非专业化码头上使用。

(11)汽车起重机。简称汽车吊,它是装在标准的或专用的载重汽车底盘上的臂架超重机。它与轮胎超重机的主要区别在于:底盘结构有所不同,它的发动机装设在底盘上而不是转台上;具有两个分别安装在底盘和转台上的司机室;一般只能三面作业;作业时必须放下支腿,因此不能吊货行驶;一般只能使用吊钩而不能使用双绳抓斗作业;行驶速度高,因此适合在作业地点比较分散且相距较远的场合工作等。

(12)轮胎起重机。简称轮胎吊,一种装在专用轮胎底盘上的自行式全旋转动臂起重机。其特点是司机室及动力装置均装设在旋转平台上,可独自行走,机动灵活,稳定性能好,能四面作业,在一定条件下还可吊货行走。它的超质量随着幅度的变化而变化。为增大起重能力和保证工作的稳定性,超重作业时一般需放下支腿。主要适用于港口货场作业,在中小内河港口也可用于码头前沿进行装卸船舶作业,是港口起重机中用途最广泛的机型之一。轮胎起重机,一般采用内燃机驱动,其传动形式有:机械、电动和液压等。有的则采用外接交流电源作动力源,这种轮胎超重机通常称为电动轮胎起重机,简称电吊,它不能自行,行驶时需依靠其他机械牵引。

(13)带斗门座起重机。简称带斗门机,又称门座抓斗卸船机。是高效的抓斗卸船机之一。其结构基本上与普通门座起重机相似,不同的是它在门架上装有漏斗及胶带输送机系统。它只用抓斗进行散货卸船作业。作业时,抓斗从船舱内抓取散货后,经起升、变幅动作将散货卸入机上漏斗,再经胶带输送机把货物输送到货场上。它的起升速度和变幅速度均比普通型门座起重机高,且作业行程短,因而采用它卸散货船舶可获得较之普通型门座起重机更高的生产效率。特别适合在散货专业化码头上工作。

(14)绞车。又称卷扬机,由卷筒、减速装置、制动装置等组成,并通过缠绕在卷筒上的钢丝绳带动取物装置升降或牵引重物的轻小型起重设备,分有手动和电动两种。它一般多与滑车配套使用,作为临时性的起重设备。也可作为内河港口斜坡码头的牵引设备。如果将电动绞车安装在起重机上作为起升重物用,就成为起重机起升机构的起重绞车。

(15)超重机。又称吊车,一种能使挂在起重吊钩或其他取物装置上的重物在空间实现垂直升降和水平运移的起重机械。它除必具有提升货物用的起升机构外,一般还具有旋转机构、变幅机构、行走机构中的一种或几种,以实现货物水平方向的运移。按用途分,有港口起重机、造船起重机、建筑起重机、冶金起重机等;按结构形式分,有臂架起重机和桥架起重机;按能否移动分,有固定式起重机和移动式起重机;按结构与工作特点分,有门座起重机、轮胎起重机、汽车起重机、桅杆起重机、浮式起重机,桥式起重机、龙门起重机、装卸桥等。

(16)桥式起重机。简称桥吊,俗称行车、天车。其桥架支承在建筑物两边的高架轨道上,并能沿轨道行走的桥架起重机。分有单梁式和双梁式两种。前者又称为单梁吊,它的行走桥架为单梁型,其上一般装有可沿设在单梁上的工字形轨道移动的电动葫芦;后者又称为双梁吊,它的行走桥架为双梁形,在桥架上设有可沿铺设在桥架上的轨道行走的起重小车。桥式起重机常在仓库、车间内使用。

(17)桅杆起重机。简称桅杆吊,是固定安装在码头或库场上具有桅杆(立柱)的臂架起重机。其起升、变幅或旋转机构一般装设固定在机体的外部,且机构的工作速度都较低。多数桅杆起重机只能在一定角度范围内旋转,因而其工作范围受到一定限制。因其结构简单、质量轻、投资省而在港口装卸中获得应用,多用于装卸重大件货。

(18)趸船起重机。固定在浮码头(趸船)上的臂架起重机,又称船边起重机。其旋转中心离船舷较近,可使工作幅度充分利用,趸船起重机在水位差变化较大的斜坡式内河港口码头上得到广泛采用。

(19)浮式起重机。简称浮吊,又称起重船,一种装在专用平底浮船上的臂架起重机。它具有能在水上(锚地)进行装卸,自重不受码头地面承载能力的限制,可以从一个码头移到另一个码头,利用率高,且不受水位差影响等突出优点,因而被广泛应用于海河港口进行船岸间或船舶间的装卸作业,此外,还常用于建港、建桥、水利工程以及船舶修造、水上打捞救险等的起重作业。浮式起重机按船体性能分,有自航式和非自航式两种,前者备有内燃机发电机组,供自航,起重作业以及辅机、生活用电;后者的移泊、航行要靠拖轮拖带,起重动力靠船上发电或岸上供电。按起重部分能否相对于船体转动的特点分,有固定式和旋转式两种,前者一般只具有起升机构;后者具有起升、旋转和变幅机构,作业范围扩大,能更好地满足港口多种装卸作业的要求,因而常多采用。

(20)装卸桥。一种具有较大跨度,起重小车行走速度较高,主梁分别支承在一刚性支腿和一柔性支腿上的桥架型起重机。

3. 装卸搬运机械

装卸搬运机械是一些在港区内水平搬运和堆码货物的机械,可用于库场、舱内、车厢内等进行装卸作业。有叉车、跨运车、单斗车等。

(1)叉式装卸车。简称叉车,又称铲车、万能装卸车,一种在可自行的轮胎式底盘上装有带货叉的升降式门架,可单独对货物进行装卸、堆码和搬运等作业的车辆。如配备不同的取物装置可适应多种货物的装卸搬运。应用十分广泛。主要特点是:结构紧凑、机动性好、能一机多用、生产效率高,用于托盘成组货物的装卸搬运作业时,效果尤佳。其种类很多。按动力装置分有:内燃叉车和蓄电池叉车两种;按传动方式分有:机械传动式、液力机械传动式及静液压传动式等;按结构形式分有:平衡重式、前移式、插腿式、侧面式。

(2)单斗车。又称装载机、铲斗车。由铲斗、升降机构、倾翻机构及行走底盘构成,能铲取散货并进行装卸、搬运和堆积作业的机械。铲斗的升降和倾翻动作均由液压操纵。行走部分多为轮胎式底盘,少数为履带式底盘。具有结构紧凑、操作简便、机动性好、装卸效率高等特点,如将铲斗换作圆弧爪型抱夹,还可用于原木的装卸作业。

(3)跨运车。一种将门形车体跨于货堆上对货物进行装卸、搬运与堆码的车辆。它由门形车架与带抱叉或集装箱专用吊具的提升架所组成。前者称为普通跨运车,主要用来搬运和堆码钢材、木材等长大件货;后者称为集装箱跨运车,专门用于在堆场上对集装箱进行装卸、搬运和堆码。一般为内燃机驱动。行走时货物或集装箱均置于其门形车体架内,因而行走稳定性好。

4. 装卸专用机械

装卸专用机械是港口专用于某一作业环节、特殊货种、指定场所或特殊使用条件的装卸机械。包括装船机械、卸船机械、舱内机械、装车机械、卸车机械、库场机械、集装箱装卸机械以及石油、煤炭、木材等货物装卸机械等。

各种装船机和卸船机主要用于散货专业码头,是根据散货装卸船作业特点而设计的多动作、高效率的专用装卸机械。

卸船机是根据船型和各种货种卸船作业特点而设计的多动作卸船专用机械,具有较高的生产效率,适用于专业化码头。按工作特点不同分为周期式卸船机和连续式卸船机,按所卸货种不同分为散货卸船机和件货卸船机,其中以散货卸船机应用最为广泛。

装船机是一种根据装船作业特点而设计的多动作的专用输送机械。按所装货物的不同可分为散货装船机和件货装船机两大类,具有较高的生产率,适用于专业化码头。如煤炭专业码头用的煤炭装船机,矿石专业码头用的矿石装船机,件货专业码头用的件货装船机等。件杂装卸趋向于采用集装箱方式,目前的件杂装船机、卸船机仅用于一定规格的袋装货,主要是袋装化肥。

(1)斗轮卸船机。取料装置采用低速旋转斗轮的机械式连续卸船机。它的基本结构组成与其他机械式连续卸船机大体相同。由于刚性斗轮的巨大挖掘能力,它几乎可用来卸任何散粒物料,除此之外,它还具有适用船型广,对风浪引起的船的颠簸不敏感、作业的平均生产率高、能耗较低、环境污染少等优点。其主要缺点是整机自重较大和造价较高。它在海河港口上都有应用。

(2)气力卸船机。

(3)夹皮带卸船机。又称双带式卸船机、压带式卸船机。一种由垂直夹皮带输送机和水平输送设备及机架等组成的连续式散货卸船机械。它具有生产效率高、能耗省、适应性灵活性较好、物料破损和粉尘污染少、噪声低等优点。但它自身不能直接取料,必须附设取料装置。不能运送黏性和块度较大的物料。目前已在港口散粮码头的卸船作业中得到了应用。

(4)件货卸船机。由托架提升机、输送机和门形支架组成的件货连续卸船机械,作业时,由托架提升机将件货提升出舱。然后由机上输送机传送给岸上其他机械或货场上。

(5)件货装船机。用于成件货装船作业的连续式输送机械,可自动码垛或人工辅助码垛。适用于不能采取成组运输的场合。目前多用于袋装货物的装船。按结构形式可分为简易式、螺旋式、夹带式等类型。

(6)抓斗卸船机。用抓斗抓取散货进行卸船作业的专用机械。其基本特征是机上装设有与通往后方的固定式胶带输送机系统相联系的漏斗,具有较高的生产效率。按结构形式分,有门座抓斗卸船机(或称带斗门机)和桥式抓斗卸船机(或称抓斗装卸桥)两类。

(7)平舱机。配合装船机使散货能平整地装入船舱的专用机械。一般把抛料机或可伸缩的胶带输送机等用作平舱机械。通过不断调整平舱机的卸料角度或位置,将物料抛射或输送至所需部位,以保证船舱满载且料面平整。

(8)取料机。从堆场取出物料,并向输送机连续供料的专用机械。一般由取料、运料和行走部分组成。取料部分不停地从料堆取料,通过运料部分向输送机供料。行走部分则通过整机位移来保证取料部分能连续取料。有斗轮取料机、滚龙取料机和螺旋取料机等。它们都可达到较高的生产率,并便于与固定胶带输送机衔接。

(9)码垛机。在库场或船舱内进行件货码垛作业的专用机械。有连续性工作的桥式链板联合堆包机、轮式自动码包机及周期性工作的桥式堆垛起重机和叉式装卸车等。前者仅用于码垛,后者拆、码垛均可。

(10)非悬链式链斗卸船机。靠刚性支架将料斗插进物料中进行取料的链斗卸船机械。它的基本组成与悬链式链斗卸船机大体相似,不同之处主要在于它的链斗机构没有张紧装置,取料区段的斗链呈张紧状态而非悬垂状,从而使其结构自重比悬链式大。它与抓斗卸船机相比,具有卸船效率高、能耗低、自重较轻、对环境污染少、工作平稳、操作简便等优点。

适合用于对海轮进行卸载,故又有的称它为海轮用链斗卸船机。按其取料提升机构的特点分,主要有两大类:一类是取料、提升动作由同一个链斗机构完成,其取料机头有固定式和摆动伸缩式两种;另一类是取料提升动作分别由两个独立的机构完成。

(11)刮抛机。由取料、输送、抛料、行走四个机构组成的清舱专用机械。各机构分别由电动机驱动。工作时,物料被由若干叶片组成的取料机构刮入输送机后,经抛料机构将其抛射到所需位置堆集起来。行走机构用以保证刮抛机可到达舱内任意位置上进行连续不断的刮抛作业。

(12)波形挡边带式卸船机。一种用波形挡边带式输送机作为物料的垂直和水平输送的连续式散货卸船机械。它是随着可实现大倾角输送的波形挡边带式输送机的开发和完善而逐步发展起来的。整机的结构组成基本与其他类型的机械式连续卸船机相似。它具有生产率高、能耗低、波形带能垂直和水平平滑过渡而无需转载,又采用密闭输送,所以几乎无粉尘飞扬,不污染环境、运输平稳、货损少、噪声低、适应性强、清舱量小等优点。其缺点是不能自行直接取料,必须附设取料装置,以及不能运送有黏性或块度较大的物料。它目前已在散粮码头卸船作业中获得应用,具有良好的发展前景。

(13)卸车机。把散货自铁路敞车中卸出的专用机械。目前主要有螺旋卸车机、链斗卸车机、推铲卸车机和翻车机等。采用除翻车机外的其他卸车机卸货时,一般还得人工辅助清车,以扫除残存的物料。

(14)埋刮板卸船机。一种利用埋刮板输送机垂直提升物料而进行卸船作业的专用连续卸船机械。它由垂直埋刮板输送机、水平输送设备及机架等组成。对于卸流动性较好的物料,可自行取料;对卸流动性较差的物料需附设取料装置。具有生产效率高、无粉尘污染,无物料撒落、结构简单、操作方便、维修容易(比链斗卸船机和夹皮带卸船机维修量小、费用低)、能耗省(如卸散粮为吸粮机能耗的三分之一)、工艺布置灵活,对工作现场条件的适应性较强等优点。其缺点是对黏性、磨削性、块度较大的物料不宜使用。目前它已在港口散货卸船作业中获得了应用和发展。

(15)桥式抓斗卸船机。又称抓斗装卸桥,使用抓斗抓取散货进行卸船作业的桥架起重机。它除具有和一般桥架起重机相似的抓斗起升、闭合机构、小车行走机构、大车行走机构外,还在机上装设有漏斗以及与其相联系的胶带输送机系统。它的可沿桥架轨道行走的抓斗小车主要有三种形式,即自行式、全绳索牵引式和半绳索牵引式。桥式抓斗卸船机与门座抓斗卸船机相比,由于它的抓斗小车行走速度高,起动快,因而可达到很高的卸船效率。且其外伸距大,更能适应大型船舶的作业需要。实践证明,对于年吞吐量大的码头,采用桥式抓斗卸船机比采用门座抓斗卸船机更为经济合理。通常在年吞吐量小于 200 万吨的码头上,以配置门座抓斗卸船机为宜;当年进口量为 400 万吨,则采用起重量为 25 吨的桥式抓斗卸船机比采用 16 吨门座抓斗卸船机的装卸成本低、耗电量少。

(16)堆料机。将输送机运送来的散货在堆场上进行堆集的专用机械,它由装在伸臂上的输送机、机架及其行走机构等组成。伸臂一般可上下俯仰和水平摆动。具有堆放面积大,工作效率高的特点。有单臂式、双臂式等。适用于煤炭、矿石、黄砂等大宗散料物资的堆集。

(17)堆取料机。一种既能堆料又能取料的连续式散货输送机械。常用的斗轮堆取料机,采用斗轮作取料装置,其结构与斗轮取料机相似,所不同的是其胶带输送机是可逆的,堆料和取料时,胶带输送机的运转方向不同。取料时由斗轮取料经胶带输送机送出;堆料时则将由主输送机运来的散货经胶带输送机直接进行堆集。这种堆取料机生产效率高,能一机两用,经济性好。在散货堆场上获得广泛应用。

(18)推耙机。在履带行走底盘前方装有一块推耙板,以推耙方式堆集散货的清舱专用机械。工作时,放下推耙板,或向前推,或向后耙,把舱底的散货推耙至舱口下堆集起来,以便于卸船机进行卸船作业。它是一种采用较多的散货清舱机械。

(19)推铲卸车机。利用推铲的往复运动将物料从车辆一侧推卸出的一种散货卸车机械。它由可沿地面轨道行走的车架、推铲及使其作往复运动的卷扬机等组成。卸车时,卸车机位于待卸车辆的一侧,利用推铲将散货从车辆另一侧推下。它只适用于侧开门的车辆。

(20)悬链式链斗卸船机。链斗机构没有张紧装置,取料区段的斗链呈自由悬垂状态,利用悬索原理和斗的质量挖取物料的链斗卸船机。它以链条为牵引构件,料斗为承载构件兼作挖取物料之用,料斗按一定节距固定在链条上,可在料层中自行取料。它的组成主要包括链斗机构、胶带输送机、升降、横移机构、金属结构等几部分。其自重比非悬链式轻。与抓斗卸船机相比,具有生产效率高、自重轻、作业能耗省、清舱效果好、构造简单、造价低、经济效益高等一系列优点。特别适用于敞口驳船的卸载。它在内河大宗散货进口码头用于卸船作业具有广阔的应用前景。目前我国已有这种卸船机的系列产品,其最大设计生产率为1200t/h(卸铁矿石)。

(21)清舱机。配合卸船机将船舱死角的散货移集至舱口,以便于卸船机卸船的专用机械。常用的有装载机、刮抛机、推耙机等。

(22)绳斗卸船机。以钢丝绳为牵引构件,以料斗为承载构件的连续式散货卸船机。料斗为圆桶状,按一定间隔距离穿结在钢丝绳上。绳斗机构中无张紧装置,取料区段斗绳呈自由悬垂状态,利用悬索原理和斗的质量在料层中自行挖取物料。其结构组成主要包括取料、提升、水平输送及机架等几部分。它的主要优点是自重轻(比相同生产率的链斗卸船机自重约轻一半)、生产效率高、能适应的货种比较广泛、装机容量小、能耗低、清舱量少,清舱效果好等。其缺点是钢丝绳的磨损较为严重,寿命较短。目前它已在煤炭、矿石、化肥等散货卸船作业中得到了应用。

(23)喂料机。在散货堆场为坑道漏斗或不能自行装料的机械喂料的专用机械。有多种形式,其中螺旋式喂料机由能行走的机架和带螺旋的伸臂组成。工作时,通过螺旋转动带动物料沿伸臂移动,将物料推送至坑道漏斗或其他机械设备上。有时也可将推土机、装载机等作为喂料机使用。

(24)链斗卸车机。由可沿地面轨道行走的门形机架、可升降的链斗提升机、横向胶带输送机等几部分组成的散货卸车机械。卸车时,它的链斗提升机下降至敞车内挖取物料,通过链斗提升机将物料提升到适当高度后卸入横向胶带输送机上,由输送机送往铁路一侧或两侧卸下。链斗卸车机的生产率比螺旋卸车机低些,且卸料时易扬起灰尘。但不必在轨道旁挖建坑道。应用也十分广泛。

(25)链斗卸船机。由链斗提升机、胶带输送机、机架、起升机构、旋转机构、俯仰机构及行走机构等几个主要部分组成的散货链斗卸船机械。卸船时,链斗下降到船舱内挖取物料,并将物料提升到船舱外适当高度后卸至机上的胶带输送机上,由输送机运送至码头岸边而卸入主输送机系统中去。根据链斗工作的特点分,有悬链式链斗卸船机和非悬链式链斗卸船机两类。链斗卸船机是目前散货连续卸船机中应用最多的一种。

(26)装车机。供车辆装货的专用机械。按货种不同可分为散货装车机和件货装车机。其中散货装车机应用较多,有链斗装车机、斗轮装车机、圆盘装车机和蟹耙装车机等。无论哪种形式的装车机,都是由取料装置和运料输送机两大部分组成。工作时,由取料装置攫取物料后经运料输送机再装到车上。

(27)螺旋卸车机。利用螺旋的转动,将散货逐步推至车厢两侧外的一种卸车机械。由螺旋的旋转机构、摆动机构、起升机构、行走机构及金属结构机架等几部分组成。通常它与铁路边的坑道胶带输送机配合工作,并要求铁路车辆必须是敞车侧开门的。它的生产效率较高,大型螺旋卸车机的生产率可达 1000t/h。

(28)螺旋卸船机。由垂直螺旋输送机、水平螺旋输送机或其他类型的输送机、旋转、变幅、摆动和行走机构、金属结构等几部分组成的连续式散货卸船机械。作业时,通过垂直螺旋叶片的转动,将直接或经进料装置从料堆中取得的物料运送出舱,而后经机上输送机传送至货场。它的主要优点是生产效率高、结构简单、质量轻、对物料适应性强、环境污染少、维修简单、营运费用比其他机械式连续卸船机低。其缺点是中间轴承及螺旋面的磨损较快、能耗较大。目前在港口散货卸船作业中已得到了一定的应用和发展。

(29)翻车机。用倾翻车辆的方法,卸出所载散货的机械。有转子式和侧倾式两种。卸货干净利索,具有较高的生产率。适用于大型专业化散货码头使用。

5.港口装卸工属具

港口装卸工属具在港口生产中,配合装卸机械完成货物装卸与搬运所使用的各种附属工具的总称。是装卸机械装卸与搬运货物的附属装置。在装卸作业中使用装卸工属具可以有效地利用港口装卸机械与船舶起货设备,充分发挥装卸机械的作用,减轻装卸工人的劳动强度,提高装卸质量与效率,压缩车船在港作业时间,降低装卸成本,提高港口经济效益等。其品种、类型和规格繁多,可根据作业对象和条件配置选用。它大体上可分为装卸机械属具、吊货工具、承载工具、简单搬运工具、装卸工具连接件等几大类。港口装卸生产中使用的工属具是保证港口装卸作业顺利开展,促进安全生产的一个重要环节。

吊货工具简称吊具。广义指港口装卸作业中使用的各种吊货设备。狭义指某种用于装卸时连接起重机械吊钩与货物或承载工具之间起吊挂作用的吊货设备。它们一般均须配合装卸机械一起使用,在港口装卸作业中起着极其重要的作用,对于提高装卸效率、减轻劳动强度和改善劳动条件以及降低事故均具有重大意义。它随着装卸货物的种类、大小、质量,性能和包装形式的不同,有着多种多样的形式,按其作用分,有直接吊具与间接吊具(中间吊具),前者是指能够直接捆、钩、夹、吊货物,利用起重机械进行装卸作业的各种索具、夹具、吊带、吊架、绳钩等;而后者是指不直接捆、钩、夹、吊货物,它们在装卸作业中仅作为配合起重机械起吊货物承载工具用的各种链钩、绳钩、带钩或各种夹具的吊架等。按货物种类分,有件杂货吊具、散货吊具、木材吊具、长钢材吊具、钢板吊具等。按货物包装形式分:有包装货吊具、袋装货吊具、桶装货、捆装货吊具、箱装货吊具、无包装货吊具等。按吊货工具的形式和作用原理分,有索具、夹具、吊带、吊架等。可根据作业对象和条件选用。

成组工具在物资流通过程中,使货物集并成组的工具。使用成组工具将货物成组,使货物有利于机械作业。在货物装卸运输中,减少单件搬运和做关、拆关的劳动,有利于货物的计数、验收、堆存和保管。它包括为成组装卸、成组堆垛和成组运输而采用的各种托盘、网络、集装箱、集装袋等。

(1)C 形吊具。一种插入式吊具。其外形与英文字母 C 相似。顶部有平衡装置(平衡重块或平衡弹簧),以保证作业时的平衡。有单 C 形吊具和双 C 形吊具两种。具有结构简单。起重量大的特点。适用于装卸线圈、钢卷和各种平底货物。

(2)八角斗。一种呈八角形的运送货物用的承载工具。由钢板焊接而成,平底、上大下小,四边有吊环。既可装散货,也可装杂货及袋装成组货物。作业时,只需将货物连同网络、绳扣等吊放在置于平板车上的八角斗中,由牵引车拖到卸货地点卸载,可防止由于车辆颠簸而使货物沿途散落。

(3)电磁吸盘。又称起重电磁铁。一种利用电磁力吸取磁性货物的装置。主要由钟盖、线圈、极靴、外极靴等几部分组成。靠线圈通电激磁吸料,断电去磁卸料。通常配合起重机一起使用。适用于装卸生铁,钢板、废钢铁等货物。其最大优点是可省去做关、拆关、挂钩、摘钩等工序,省时省力。缺点是需要直流电源,电源引入较麻烦;能耗大;自重也大,使起重机的起重量利用率降低;在突然断电时货物有坠落的危险,吸取货物的质量受物料形状、性质及表面温度的影响大等。为了避免因突然断电而造成货物坠落的危险,可以采用备有安全装置的电磁吸盘,也可以采用永磁式电磁吸盘,或采用电控永磁式电磁吸盘等。

(4)托盘。一种用于机械化装卸、搬运和堆存货物的集装单元工具。有平式托盘(又称货板。其中两边装有吊环,既可叉又可吊的平式托盘称为货盘)、箱式托盘、立柱式托盘等类型。其基本结构由两层铺板中间夹以纵梁(或垫块)或单层铺板下设纵梁(或垫块、支腿)所组成。它的最小高度应能方便地使叉车或托盘搬运车的货叉插入。适用于成组装卸或成组运输。作业时,先将箱装、捆装或袋装等货物整齐地堆放在托盘上,叉车或托盘搬运车的货叉既可插入面板下方的空间,平稳地托起托盘进行搬运、码垛或装车。配备专用吊具后,也可用起重机械进行吊运作业。托盘可用钢材、木材或钢木混合制作。

(5)成组网络。货物成组运输与成组装卸中使用的网络。它分有四角形网络和八角形网络等,货物自起运港做关装好成组网络后,装船运至目的港拆关止,在整个运输过程中的各作业环节均是成组方式进行装卸和运输。它可以大量减少做关和拆关劳动,显著提高装卸效率,降低装卸运输成本。

(6)吊带。用钢丝或锦纶丝等材料编织成扁平带状的吊货工具。它的一端有一金属扣。作业时,只要将吊带绕过所吊的货物,穿过金属扣挂在超重机吊钩上即可起吊。其优点是平衡和夹紧货物的性能比吊索好,可减少货物损坏,在作业中吊带不会打结。适用于吊运长件货、箱装货、捆装货,袋装货等。缺点是钢丝吊带自重较大,锦纶吊带价格较贵。

(7)吊架。起重机械专用框架式吊货工具。由吊环、绳索、链条、撑杆、钩、框架等连接组成。在一个吊架上可装置若干付夹具,以充分利用起重机械的起重能力,提高装卸效率。由于框架或撑杆的作用,使得作业平稳,防止吊索勒坏货物,确保装卸质量和作业安全。常用的吊架有卧桶吊架、四钩吊架、货板托架及各种车辆(汽车、火车等)吊架等。

(8)网络。又称网兜,用白棕绳、钢丝绳、锦纶绳、橡胶带、锦纶带等材料编织制成的网状承载工具。由网心筋、边框、吊系、小环、大环等组成。按用途可分为袋货网络、散货网络、生铁网络、木板网络、成组网络等。作业时,先将货物堆码在网络上再把大环挂在吊钩上即可起吊。用其承货吊运,货物不易散落和损坏,可提高装卸质量和装卸效率,在港口装卸作业中获得广泛应用。

(9)自动脱钩。一种在货物落关后能自动脱钩的吊钩,有重锤式、弹簧式、拨叉式等。用链条或钢丝绳与吊环连接起来,并与一般的链钩或绳钩配套使用。多用于网络装卸作业。

使用自动脱钩可以节省人力摘钩,保证作业安全,简化操作过程,提离装卸生产效率。

(10)自动卸料斗。具有自动卸料功能的斗状承载工具,例如:脱底货斗、活门货斗。斗体为长方形,用角钢和钢板焊接而成。斗底或纵向的一侧斗壁做成可开闭的活门,配上相应的索具即可实现自动卸料。省时省力,安全方便。

(11)抓斗。一种靠颚板的闭合与张开来抓取与卸出物料的专用取物装置。它由上、下承梁、撑杆、颚板及滑轮组(或链轮组)等组成。钢丝绳直接或绕过滑轮后与起重机的起升绞车卷筒相连。其构造简单、使用方便、抓卸货在司机直接控制下自动进行,装卸效率高、经济效益显著,应用十分广泛,是目前港口装卸大宗散货的主要工具之一。它的种类繁多,可以做以下分类:

①按操作特点分有:单绳抓斗、双绳抓斗和马达抓斗;

a. 单绳抓斗。仅用一根钢丝绳来实现抓斗开闭与起升动作的抓斗。其内设有特殊的开闭机构,以便实现抓斗开闭动作的转换。它结构较简单,在只要有一个起升卷筒的起重机上便可使用,但它不能在任意高度卸货,因而作业效率较低。按其卸载方法可分为:接触式单绳抓斗、靠操纵绳卸载的单绳抓斗、靠卸载钩卸载的单绳抓斗等;按其开闭机构不同可分为:滑块式,撳轮式、偏心板式和翻板式单等绳抓斗。

b. 马达抓斗。是一种自身带有颚板开、闭驱动装置的抓斗,可直接挂在起重机吊钩上或任何形式的单卷筒驱动装置上使用。其颚板开、闭机构的传动形式主要有:电力机械传动、液压传动和气力传动三种。它与单、双绳抓斗相比,具有抓取性能较好,但由于多增设了一套颚板开闭机构而使其自重较大;而且为了驱动其内部的颚板开闭机构而需加一套供送能量的装置,例如,电缆及其电缆卷筒或油压、气压导管等。

c. 双绳抓斗。一种具有两根钢丝绳的抓斗。其中一根为支持绳,另一根为开闭绳,它们分别由各自的绞车卷筒驱动。靠两根钢丝绳不同运动的组合,可在任意高度位置卸货,因而板生产效率高。获得广泛采用,凡是具有双卷筒起升机构的起重机上都可使用。但不能在只具有一个卷筒装置的通用吊钩式起重机上应用。

d. 四绳抓斗。具有两根开闭绳和两根支持绳的抓斗。其开闭绳与支持绳分别与双联式卷筒相连。它是为满足与桥式类型起重机的双联式卷筒绞车配套使用需要或为减小钢丝绳直径,以及为减少抓斗在工作中产生自转现象,而在双绳抓斗基础上发展而成。其总体结构组成和工作原理与双绳抓斗相同。

②按颚板数目分有:双颚板抓斗和多颚板抓斗;

a. 多颚板抓斗。颚板数目多于两块,每一块颚板的刃口成尖形荷花瓣状的抓斗。又称为荷花抓斗。适用于抓取块状物料,如矿石、铝锭、铁屑及废钢等。

b. 滑块式单绳多颚板抓斗。由上海港务局木材装卸公司研制的专利产品。曾荣获中国发明协会银牌奖及第十五届日内瓦国际发明和新技术展览会金奖。它为单绳多颚板式结构,具有滑块式开闭机构,能任意多次在料堆上选择落点,工作准确可靠。使用表明,每条装卸生铁作业线的工人已由 14 人减为 3 人,工作效率可比人力作业提高 8.8 倍,并极大地减轻了工人的劳动强度。目前它已形成有起重量为 7.5 吨及 15 吨的系列产品。

c. 扭矩抓斗。近年来新研制的一种非对称性双颚板抓斗。与众不同的是:采用了由扭矩卷筒、链轮、链条及鼓形导链轮等组成的传动机构代替在普通抓斗上采用的滑轮组,来作为颚板闭合力的增力机构。使用证明;它的抓取能力系数比剪式抓斗大 5% ~15%,比长撑杆式抓斗大 30% ~50%,而颚板闭合力也要比剪式抓斗大 1/5,比长撑杆式抓斗大一倍。此外,它还具有结构简单、自重小、传动效率高、颚板刃口封闭严密、物料撒漏较少,故特别适用于散粮装卸作业。

d. 防漏抓斗。在结构上采取有专门防止斗内物料外漏措施的抓斗。防漏方法有多种,例如可在颚板上设水平刀刃与垂直刀刃。水平刀刃利用物料静止角特性而对物料进行非接触式密封,而垂直刀刃可采用密封条对物料产生接触式密封等。防漏抓斗的采用对于减少流动性大的细粒状或粉状物料在装卸过程中的撒落损失具有重要的经济意义。

③按结构形式分有长(短)撑杆抓斗、剪式抓斗、钳式抓斗、拉矩抓斗、斜压式抓斗等;

a. 钳式抓斗。它是上海海运学院肖乾信教授于 1982 年研制成功的一种性能优良的双颚板散货抓斗。它具有抓取能力系数高、开闭斗时间短、装卸效率高、重心低、稳定性好、覆盖面积大,有利于清舱作业,以及结构简单、制造成本低等优点。此外,与剪式抓斗相比,它还具有自重利用率高、抓斗呈闭合状态时整体高度尺寸小等优越性。应用前景广阔。其不足之处是闭合绳有时会与散货接触而磨损加快。

b. 斜压式抓斗。近几年新研制的一种新型双绳双颚板抓斗。其结构独特之处在于:由弓形撑杆和直撑杆组成抓斗的撑杆体系与头部(上承梁)、增力滑轮安装在弓形撑杆上。结构简单,自重轻、抓取性能好。实践证明,它既有长撑杆双绳抓斗的较大初始闭合力特点,又有着剪式抓斗在闭合过程中闭合力不断增长的优点,因此是一种较有发展前途的抓斗形式,尤其适合用于港口装卸煤炭与矿石等散货。

c. 剪式抓斗。一种外形与剪刀相似,运用剪刀原理制成的双颚板抓斗。它与普通长撑杆式双颚板抓斗相比,具有结构简单、闭合绳行程短、张开覆盖面积大,在闭合过程中,颚板的闭合力矩逐渐增加直至最大,使斗的充满率好,抓取系数大,即以较轻的自重而抓取得到较大的抓取量、生产效率高、装卸每吨物料的动力消耗小、装卸成本低等一系列优点,特别适合在专用码头上对矿石、煤炭等物料进行装卸,有广阔的应用前景。

d. 船舶吊杆抓斗。我国为利用船艄吊杆进行散货卸船作业而首创的一种抓斗。其主要特点是在双绳抓斗头部铰接了一个与支持绳相连的梳齿环,在开闭绳上固接一个球锥锚。当支持绳放松时,梳齿环在自身质量作用下平放在抓斗头部,开闭绳的球锥锚能顺利通过,使抓斗在船舱内抓货。当抓斗由两套船吊绞车操纵到达弦外卸货时,放松开闭绳,球锥锚则向下滑过梳齿环,抓斗卸货。当空抓斗被拉回舱口时,梳齿卡住球锥锚,使空抓斗保持张开状态,解决了普通双绳抓斗用于船舶吊杆时不能张开进舱的问题。船舶吊杆抓斗的采用,可节约对码头大型岸壁起重设备的投资;充分利用船舶吊杆,实现散货出舱作业的机械化,对提高港口装卸效率和扩大通过能力发挥了重大作用。具有良好的经济效益。

④按用途分有:清舱(耙集)抓斗、木材抓斗、废钢块料抓斗、煤炭抓斗、矿石抓斗、粮食抓斗等;

a. 耙集抓斗。一种具有大张开度,闭合过程中颚板切口几乎沿水平线移动的双颚板抓斗。它耙集面积大,不会造成对底板的损坏,因而特别适用于对船舶进行散货清舱作业,故又称为清舱抓斗。其缺点是闭合绳的工作条件差,钢丝绳寿命较短;抓斗自重也较大。另外,因挖掘深度浅,抓货量少,故一般不适合用于一般用途的装卸作业。

b. 木材抓斗。颚板呈圆弧爪状的专门用于木材装卸作业的抓斗。独特的抓斗结构和爪形曲线，使抓斗不仅能抓取大捆原木，而且能夹紧单支原木。使用木材抓斗进行木材装卸作业，可简化装卸程序，实现装卸过程中的完全机械化，人木得以分离，保证安全生产，是一种比较理想的木材装卸工具。

c. 异步开闭废钢块料抓斗。上海港务局木材装卸公司研制的专利产品。它为双绳多颚板结构，具有滑移支承机构，各颚板能根据物料的形状和大小分别异步闭合，一直至把物料全部夹紧为止，从而有效地解决了现有多颚板抓斗容易产生的撒漏现象。独特的颚板曲线，合理的自重分配和新颖的整体结构，特别有利于废钢和大块物料的装卸。据测定，废钢和大块矿石的抓取比可达1∶0.7～1.1（因物料块度不同），性能可与动力式抓具和电磁吸盘媲美。使用表明，它动作准确，使用安全可靠，装卸废钢的每条作业线人数可从9人减为3人，可提高生产效率50%，具有明显的经济效益。目前它已形成有起重量为5吨、8吨及10吨的系列产品。

⑤按被抓取物料的容重分有：特轻型（容重0.8t/$m^3$以下）抓斗、轻型（容重约1t/$m^3$）抓斗、中型（容重约1.6t/$m^3$）抓斗、重型（容重约2.6t/$m^3$）抓斗、特重型（容重约1.6t/$m^3$）抓斗等。

(12)货板托架。又称货板托辊，是一种配合货板进行装卸作业的专用吊具。由一只吊环和两根用钢管制成的托辊组成，每根托辊用两根钢丝绳与吊环连接。作业时先将吊具挂在起重机吊钩上，然后再将两根托辊分别置放于货板两端上下面板之间的空隙中即可起吊。

(13)卷筒纸夹。又称卷纸吊具、卷纸卡具，装卸卷筒纸的专用夹具。具有结构轻巧、操作方便、安全可靠等特点。它的种类很多，按卷筒纸起吊状态分，有立式和卧式卷纸夹两大类；按夹具的结构形式分，有绳索式、绳索杠杆式、连杆杠杆式、钳式、伸缩撑杆式、筒式等。

(14)卸扣。又称卡环，用来连接缆绳索具的一种连接工具，由本体及横销两大部分组成。它可使钢丝绳，链条、绳索等超重索与吊钩及工夹具活络地连接起来。在港口装卸作业中，由于其拆装方便、安全牢靠、因而使用十分广泛。

(15)钢板夹。又称钢板钳，俗称钢板卡子。装卸钢板用的专用夹具。它主要由钳体、钳舌及横销等组成。在钳舌的上端用钢丝绳或链条与吊环相连。作业时，成对使用，先将它们成对地挂在起重机械的吊钩上，然后将每个夹钳分别夹住钢板的两边即可起吊，由于杠杆原理、活动钳舌在吊力作用下往钳体里移动而稳固、牢靠地压紧钢板，保证作业安全。为了进一步增加压紧钢板的牢靠度，可将钳体和活动钳舌与钢板接触的表面制成齿形。尽管钢板夹具有多种结构形式，但其基本结构与作用原理相同。

(16)钢丝绳扣。一种装卸长型钢材和原木等货物的索具，在成组装卸和成组运输中普遍使用。主要有钢材和木材钢丝绳扣两种。在港口装卸作业中常用的钢丝绳扣有一头带环，另一头带钩、带环、带琵琶头的三种形式。一头带环，另一头带钩的钢丝绳扣在落关后容易散关，影响成组装卸质量。一头带环，另一头带琵琶头的钢丝绳扣由于琵琶头容易被所装卸钢材轧扁，使挂钩发生困难，故不宜用于钢材装卸。两头带环的钢丝绳扣的两头都便于挂钩，使用方便，磨损不集中于一处，使用寿命较长，但其在落关后抽取很不方便。一般在装卸钢材时大都采用两头带扁圆形钢环的钢丝绳扣;在装卸木材时使用一头带环,另一头带钩或琵琶头的钢丝绳扣。

(17)钢卷夹具。用于装卸卷钢板的专用吊具,根据卷钢板起吊时的状态可分为:平放卷钢板夹具和立放卷钢板夹具两种。一种立放卷钢板夹具主要由夹具体和夹具杠杆构成,它是运用杠杆原理制成。使用时,只需将夹具竖直地套入卷钢板,起吊夹具杠杆后即可将卷钢板吊起。由于夹具上的杠杆比较大,且夹具与卷钢板壁间表面镶有钝齿,使两者间摩擦力增大,夹紧更牢固。该夹具除了能将立放卷钢板吊起之外,又能将平放的卷钢板竖起,这对于卷钢板的竖直装车能起到独特的作用。采用钢卷夹具能提高装卸效率,省时省力、节约钢丝绳,保证了装卸作业的安全。

(18)钩钳夹吊具。利用钩、钳、夹、卡等原理制成的吊货工具的统称。通常都与起重机械配套使用。一般由吊挂钢丝绳或链条、工作装置的机械零部件等组成。它的种类繁多,港口常见的有橡胶钩、钢板钳、桶夹、卷纸夹等。

(19)活络绳扣。一种可以收缩的绳索索具。由一个吊环连接两根带钢环的白棕绳(或锦纶绳、钢丝绳)互相对穿而成。适用于装卸箱装、捆装货物。作业时,只要将绳扣松开,套在货物上,抽紧后即可起吊。

(20)索具。以绳为主要材料制成的各种简单吊货工具的总称。它在起重机械与起吊货之间起挠性连接作用,适宜于系吊各种货物。在港口装卸作业中使用极为广泛。它由绳索及其连接起吊货物专用构件活络绳扣(环、钩子等)组成。按绳索材料不同可分为钢丝绳索具、链条索具、纤维绳索具等几种;按系吊货物方法不同可分为通用式、钩挂式和插销式等。

(21)真空吸盘。使吸盘与货物表面形成密闭空间,利用真空原理吸住货物的一种装置。吸盘由吊圈、触发开发,面板及橡胶环等几部分组成。通常与起重机配合使用。适用于吸吊各种表面平整、光洁的货物,如钢板、玻璃、塑料、木板、卷筒纸、油桶等。它的主要优点是:吸运安全可靠,装卸实现自动化,效率高,货损少,能耗少以及使用寿命高等。按其结构类型可分为:无泵式、有泵式和射流式三类。它的操纵方式有自控、手控和遥控三种。

(22)桶夹。又称桶钳,装卸桶装货物用的夹具。它的种类较多,按桶的堆放和起吊中的状态可分为卧式与立式两种;按结构形式可分为单臂式、爪式、鹅头式、鹰嘴式等;按操纵方式可分为人工挂摘式和自动挂摘式两种。最简单的卧式圆桶夹由上下卡板、卡钩和弹簧组成。上卡板头部穿过端部带有吊环的链条。成对使用。作业时,先将吊环挂在起重机吊钩上,然后在链条上向两边分开桶夹,相对地夹住桶上的凸缘即可起吊。由于弹簧起拉紧的作用,吊运时桶不会脱落。桶落地后,只需拉开弹簧即可摘下桶夹。使用桶夹装卸桶装货物,操作方便、安全可靠、能减轻劳动强度,为充分利用起重机械的起重能力,提高装卸效率,通常将若干付桶夹装设在一只吊架上使用。

(23)集装袋。用高强度化学纤维和橡胶混合制成的一种大型货袋。用来集装粉末状和颗粒状货物。采用它运送货物,可减少货损、节省包装和运输费用、缩短装卸时间,提高货运质量。

(24)橡胶钩。装卸橡胶、黄麻等货物用的吊具。由吊环、链条和穿在同一根链条上的两只钩子所组成,可随货物体积的大小放橡胶钩长或缩短钩子间的距离。作业时,只要用钩子钩住货物的上部即可起吊。操作方便、省时省力。

6. 集装箱装卸机械

集装箱专用码头专门提供停靠集装箱船，装卸集装箱用的码头。一般在投资建造集装箱专用码头之前，要进行运量预测。只有在港口集装箱吞吐量每年能够达到五万个左右标准箱才合算。否则就应该建造多用途码头。1981 年我国在天津港建成大陆上第一座集装箱专用码头。

集装箱装卸主要是用机械把集装箱装在集装箱的运载工具（如船舶、车辆）上，以及从集装箱运载工具上把集装箱卸下来的操作过程。这是集装箱港口码头的主要业务。为了在最短时间内完成集装箱的装卸工作，必须预先做好堆场配置计划和船舶配载计划。集装箱船舶在港口码头的装卸作业方式可分为吊上吊下方式和滚上滚下方式等。

集装箱泊位是码头上专供集装箱船舶停靠系泊的岸线位置。一个集装箱泊位只能停靠一条集装箱船。考虑到集装箱船舶大型化的需要，集装箱码头的泊位水深最少要有 12m，长度应大于集装箱船长度的 10 ~ 20m。目前，一般集装箱泊位的长度在 200 ~ 300m 之间。

（1）集装箱机械是用于港口对船舶和车辆的集装箱装卸、库场堆码，拆垛、装拆箱及搬运的专用机械。主要有集装箱起重机、集装箱叉式装卸车，集装箱跨运车、集装箱牵引车、集装箱挂车等。

①集装箱起重机在港口码头、车站、货场对集装箱船舶、车辆进行集装箱装卸、堆码、拆垛和搬运的起重机。其主要类型有：岸边集装箱起重机、集装箱龙门起重机、集装箱正面吊运机、侧面吊运机和塔柱式集装箱轮胎起重机等。根据各自的结构特点，配置上专用吊具，可分别用于码头前沿或堆场上进行集装箱作业。

②集装箱搬运机械主要用于在集装箱堆场，或在码头前沿，或在堆场与码头前沿之间进行集装箱搬运作业的机械统称。主要有底盘车、集装箱牵引车与挂车、集装箱叉车、集装箱跨运车、集装箱吊运机等。

③集装箱堆场机械在集装箱堆场上为进行集装箱装卸、搬运、堆垛、拆垛等作业而使用的机械。常用的集装箱堆场机械有集装箱跨运车、集装箱龙门起重机、集装箱叉车、集装箱正面吊运机等。

（2）集装箱堆场。是堆存、保管和交接集装箱用的露天场地。有集装箱前方堆场、后方堆场及空箱堆场之分。它是同集装箱中转站相对应的，实际上很难同编排场区别开来。为了提高使用效率，都是将集装箱堆场和集装箱编排场作为一个整体来使用。另外，在集装箱堆场上，一般都设有供冷藏集装箱用的电源插座和防风雨用的加固装置。集装箱堆场的面积按所需堆存的箱数、堆放的行、列、层数和选用的装卸工艺方式而定。集装箱场是待装下一艘船重箱以外的空、重箱以及向货主进行交接的空、重箱所占的场地。一般情况下，集装箱场和集装箱堆场很难划分，几乎两者成为一体。

①集装箱后方堆场邻接在前方堆场之后的集装箱堆场。它是为了存放、保管和交接集装箱所需要的场地。

②集装箱前方堆场位于集装箱码头前区域，为加速集装箱船舶装卸作业而暂时堆放集装箱的场地。它与码头前沿邻接。其主要作用是提高船舶的装卸效率。装船时，在集装箱船到港前，先把出口集装箱按装船次序整齐地堆码排列在这堆场上，卸船时，把从船上卸下的箱子也暂时堆放在这里，以便加快船舶装箱或离岸。

(3)集装箱叉式装卸车。简称集装箱叉车,用货叉直接插入集装箱底部的叉槽内或在货叉上加装顶吊架(集装箱吊具),专门从事集装箱装卸、堆码与搬运的叉式装卸车。当货叉插入集装箱底部的叉槽后,或当顶吊架与集装箱四角上的角配件通过液压操纵互相锁紧后,即可进行集装箱的吊运和堆码作业。它的特点是设备投资省、机动灵活,但堆场面积的利用率较低。按结构特点可分为正面集装箱叉车和侧面集装箱叉车。

(4)正面集装箱叉车。货叉装置位于车体正前面的集装箱叉车。它是在集装箱叉车中应用最为广泛的一种。如果没有特别的指明,一般所说的集装箱叉车是指正面集装箱叉车而言。

(5)起重行走小车。岸边集装箱桥架型起重机用以装卸、吊运集装箱的主要工作部件。它可沿着安装在桥架上的轨道高速行走。在其上安装有装卸集装箱用的专用吊具。按其行走牵引方式分有四种形式,即自行式、全绳索牵引式、半绳索牵引式及导杆牵引式。

①自行式起重行走小车。这种小车是内部驱动式,其起升机构和小车行走机构全都装在小车车架上,小车可以自行。它的优点是没有复杂的绳索卷绕系统,维修费用较低;易于准确地确定吊重的位置,小车定位和微动操作简便;前伸臂仰起后,码头上仍能继续作业。其缺点是小车自重较大,因而导致整机自重增加,轮压加大,码头建造费用增加;小车受驱动车轮打滑条件限制,其加速时间不能太短,给生产率的提高带来一定影响。

②半绳索牵引式起重行走小车。这种小车的起升驱动装置仍装设在固定于桥架后部的机器房内,而小车行走驱动装置则装设在小车车架上。它的优缺点介于自行式和全绳索牵引式小车之间,钢丝绳系统比较简单,小车自重也较轻,是目前岸边集装箱桥架型起重机中用得最多的一种起重行走小车结构形式。

③全绳索牵引式起重行走小车。这种小车采用外部驱动,其起升驱动装置和小车行走驱动装置都装设在固定于桥架后部的机器房内。集装箱的升降及小车行走全靠绳索牵引来实现。它的主要优点是小车自重轻,因而作用于起重机金属结构上的载荷减小,整机自重减轻、轮压减小,码头建造费用相应降低。由于不存在驱动车轮打滑问题,小车可作高速行走,起动和加速性能较好,这对提高起重机的生产效率具有积极的意义。其缺点是钢丝绳缠绕系统复杂、维修不便、钢丝绳容易磨损、更换钢丝绳比较费事、由于钢丝绳下垂而影响吊具精确对位等。

④导杆牵引式起重行走小车。这种小车与全绳索牵引式小车相同之处是起升驱动装置和小车行走驱动装置都装设在固定于桥架后部的机器房内,不同之处在于小车的行走牵引不用钢丝绳,而用一套摆动导杆机构。摆动导杆是靠装设在机器房内的驱动装置来推动小车行走。这种小车的自重也较轻,不存在驱动车轮打滑问题,小车行走可达到较高的速度,起动和加速性能比较好,这有利于起重机生产效率的提高。其缺点是结构尺寸较大,制造工艺要求高。

(6)后面吊装型集装箱自装自卸车组。从后面进行集装箱装卸作业的自装自卸车组。吊装时,从车组后面先通过液压机构顶起挂车货板前端,然后用钢丝绳或链条将集装箱拉到车组上。卸下时则相反。这种形式的自装自卸车组,只能解决自己车组的集装箱装卸问题,而不能对另外半挂车上的集装箱进行装卸。

(7)轮胎式集装箱龙门起重机。行走部分采用轮胎支承,专门用于集装箱装卸的龙门起重机。外形似加宽了的跨运车。主要用于堆场作业。通常以内燃机为动力,采用柴油机电动驱动方式。其桥梁采用箱形双梁结构。一般也装设有吊具减摇装置。其跨度内可通过6列集装箱和1条底盘车通道。集装箱堆码高度可达4层。其工作高度和跨度虽不如轨道式集装箱龙门起重机高大,但它具有较好的机动性,无轨行走、可采用机械液压装置或无线电感应装置,保持在堆场上直线行走,并可作90°直角转向,方便地从一个作业场转移到另一个作业场。目前,它在我国港口集装箱堆场上得到较普遍的采用。

(8)轨道式集装箱龙门起重机。沿地面轨道行走,专门用于集装箱装卸的龙门起重机。主要用于堆场作业。其桥架大都采用箱形双梁结构。通常装设有吊具减摇装置。其跨度内可堆放10~20列集装箱,悬臂下通常可通过两条底盘车作业线,或者堆放3列集装箱。堆码高度5~6层。它具有结构较简单、操作容易、维修方便、易于实现单机自动化控制、工作跨度大、堆码层数多、可充分利用堆场面积,提高堆场的堆存能力等特点。但其作业范围受轨道限制,机动性较差。

(9)岸边集装箱起重机门架。用来支承岸边集装箱桥架型起重机上部结构和工作机构,呈门字形的金属结构件。它由海侧门框、陆侧门框和两个侧向联系平面组成。侧向联系平面除下部需留出足够的门架净空,以保证火车、汽车及集装箱装卸搬运车辆能顺利通过外,上部都做成具有斜杆的大构件桁架结构体系。按其侧平面的形状分有A形门架、H形门架及AH组合形门架。A形门架是侧平面呈A字形的岸边集装箱桥架型起重机门架。这种门架造型美观,不致碰到船舶的上层建筑,整机质量较轻,但制造拼装较麻烦。H形门架是侧平面呈H字形的岸边集装箱桥架型起重机门架。这种门架制造拼装容易、焊接工艺性好,高度较低。适宜在当起重机的海侧轨道离岸壁较远足以保证起重机不致碰到船舶上层建筑时采用。

(10)岸边集装箱桥架型起重机。在集装箱码头前沿,专门用于对集装箱船舶进行装卸作业的桥架型起重机。它由前、后两片门框和拉杆构成的门架和支承在门架上的桥架组成主体结构,行走起重小车沿着桥架上的轨道用专用吊具吊运集装箱,进行装卸船作业。门架可沿着与岸线平行的轨道行走,以便调整起重机的作业位置和对准箱位。为了便于船舶靠离码头,桥架伸出码头外面的部分可以俯仰。对于高速型岸边集装箱桥架型起重机,还装有吊具减摇装置。一般在一个集装箱泊位上都设有2~3台这种起重机。

它是集装箱码头前沿上应用最为广泛的一种集装箱起重机械。故又常被称为岸边集装箱起重机,也有称为岸边集装箱装卸桥或简称为岸桥。

(11)侧面集装箱叉车。货叉装置位于车体侧面的集装箱叉车。它可将门架和货叉从侧面移出,叉取集装箱后收回,将集装箱放置在货台上进行搬运。与正面集装箱叉车比较,其载箱行走时的横向尺寸要小得多,因而要求的通道宽度也小,且此时的负荷中心位在前后车轮之间,故行走稳定性较好,轮压分配也较均匀。但其结构和操作较复杂,装载视线差,装卸效率也较低。一般适用在集装箱吞吐量不大的普通综合性码头和堆场上进行作业。

(12)侧面吊装型集装箱自装自卸车组。从侧面进行集装箱吊装作业的自装自卸车组。它一般只能在一侧作业。既可将车组上的集装箱卸到地面或相邻的半挂车上,又可将地面或相邻半挂车上的集装箱吊装到车组上。

(13)俯仰前伸臂。指岸边集装箱桥架型起重机伸出码头外面的可俯仰的桥架部分。它与固定桥架部分铰接。工作状态时,它由拉杆拉住,处于水平位置,起重小车可在其上进行吊运集装箱作业;非工作状态时,通过俯仰机构可将其仰起80°~85°,用安全钩钩住,以确保船舶安全靠离码头。

(14)塔柱式集装箱轮胎起重机。塔柱装在自行式轮胎底盘上,带有集装箱专用吊具,专门从事集装箱装卸作业的臂架型旋转起重机。是在普通轮胎式起重机基础上发展起来的一种起重机械。它既有轮胎式起重机机动性强,对场地要求不高的优点,又具有门座起重机操作方便、变幅时货物能作水平移动、驾驶室和臂架下铰点离地面较高,方便卸船作业、工作速度快、生产效率高等优点。适合用在地点比较分散的集装箱码头上对船舶进行集装箱作业。

(15)超大型岸边集装箱起重机。装有两台载重小车,可同时往复进行集装箱装卸的大型岸边集装箱起重机。1985年荷兰鹿特丹港欧洲集装箱码头公司(ECT)首先装设了这种目前世界上最大的岸边集装箱起重机。该机自重1250t;外伸距50m;轨距35m;内伸距15m;总起升高度47m;起重量55t;可装卸甲板上堆放4层16列集装箱,船宽为39.6m的"超巴拿马型"集装箱船。

(16)超巴拿马型岸边集装箱桥架型起重机。随着海上集装箱运输的不断发展,载运集装箱的船舶也越来越趋于大型化,但集装箱船船型的发展,在某些方面将要受到运河通航条件的限制,如巴拿马运河允许通过的船舶最大宽度为32.3m(106英尺),吃水为12m(39英尺6英寸)。然而,据有关专家预测,为适应环球集装箱运输的需要,在与巴拿马运河无关的航线上,将出现"超巴拿马型"大型集装箱船,其船宽将达到35.6m甚至39.6m,甲板上装3~4层14~16列集装箱,舱内装9层11~12列集装箱,总装箱量4500~5500TEU。用于对这种"超巴拿马型"大型集装箱船进行装卸作业的大型岸边集装箱桥架型起重机,就称为超巴拿马型岸边集装箱桥架型起重机,它的起升高度及外伸距都需有较大的增加,例如外伸距将由35m增至42~50m。

(17)集装箱吊具。专门用来吊运集装箱的取物装置。可从集装箱顶部的四个角配件处吊挂集装箱。它主要由金属结构架、旋锁装置、导向爪装置等几部分组成,有的还具有伸缩机构、平衡机构等。按结构形式可分为固定式、伸缩式、主从式等;按动力形式可分为手动、液动、半自动和全自动等。根据各自的构造特点可与各种集装箱起重机、集装箱叉车,以及集装箱吊运机等配套使用。

(18)集装箱挂车。由集装箱牵引车拖带的用于承载集装箱的专用挂车。车架上有旋锁,可将集装箱固定在其上。按结构形式可分为集装箱底盘车和集装箱平板车等;按拖挂形式可分为全挂式和半挂式等。

集装箱半挂车专门用于装运集装箱的半挂车。它与普通型半挂车不同之处仅在于:在其车架的四角处设置有固定集装箱用的旋锁装置。它大都用来装运20英尺和40英尺的国际标准集装箱,是在集装箱运输中应用最为广泛的一种挂车。

集装箱全挂车专门用于装运集装箱的全挂型挂车。它与普通型全挂车不同之处仅在于:在其车架的四角处设置有固定集装箱用的旋锁装置。

(19)集装箱堆垛。采用堆场上的装卸机械将运到堆场上的集装箱堆存起来的作业。常用的堆箱机械有叉车、跨运车和堆场起重机等。重箱一般可堆2~4层,空箱可堆5层。

(20)集装箱中转站。它是进行零担货物的拼箱和拆箱,以及集装箱集散的场所。一般分有临海集装箱中转站、公路集装箱中转站和铁路集装箱中转站三种类型。按其功能、运量大小和具体条件设有拆、装箱库、堆场、停车场、地磅、调度指挥室和公用设施，并配备相应的装卸搬运机械等。

(21)集装箱板车。用于装运集装箱的平板式挂车。可做成全挂式或半挂式。在其车架上全部铺上钢板，并在四角处配有固定集装箱用的旋锁装置。它除可装运国际标准集装箱外，也可兼顾装运普通长大件货。但其自重较大，造价较高。宜用于兼顾装运长大件货与集装箱的场所，而在专业化的集装箱运输中应用较少。

(22)集装箱货运站。由船公司或其代理人进行装箱和拆箱的场地。主要是为拼箱货进行装拆作业主用。有些进出口的集装箱一时不能提走或运出，也暂时在这里存放和保管，起着集中和疏散集装箱货物的作用。所以也叫集装箱集散站或中转站。集装箱货运站的设置应便于装箱和拆箱，有公路铁路相连接，便于车辆进行装卸和有足够的操作面积。一般由货运站代表承运人办理如下业务：①拼箱货的理货和交接；②对货物外表检验如有异状进行批注；③拼箱货的配箱积载和装箱；④进口拼箱货的拆箱和保管；⑤代表承运人加铅封并签发港站收据；⑥办理各项单证的签证和编制等。

(23)集装箱底盘车。车架仅由底盘骨架构成的集装箱半挂车。又称骨架式集装箱半挂车。车架前方有可伸缩支腿，后方有单车桥或双车桥，车架的前后四角处装有旋锁，可将集装箱锁紧在车架上。它具有结构简单、自重轻、维修方便等优点，在集装箱运输中用得最多，大都用来装运 20 英尺和 40 英尺的国际标准集装箱。

(24)集装箱牵引车.用来拖带集装箱挂车的牵引车。既可用于公路运输，也可用于货场或滚装船运输。大都与集装箱半挂车配合使用。一般具有较大功率和较高车速以及较好的加速与制动性能。

(25)集装箱停车场。专供集装箱码头车辆及集装箱拖挂车停放的场地。

(26)集装箱清洗间。对装过化学品、毒品、动植物及其他不洁货物而被污染的集装箱，进行冲洗熏蒸和消毒处理的场所。

(27)集装箱编排场。为集装箱船舶进港后，将卸下的集装箱按交货要求排列而留起来的宽阔地面。它一般与码头前沿相邻接。编排场是集装箱码头作业中心的重要部分，它的预留位置和面积大小是否得当，对整个集装箱码头的运转及经营成本都有一定的影响。

(28)集装箱跨运车。在码头前沿或堆场或在它们之间搬运与堆码集装箱的专用跨运车。由门形车架、起升机构、行走机构、动力装置及其他辅助设备所组成。它以门形车架跨在集装箱上，由装有集装箱吊具的液压升降系统吊起集装箱，进行搬运和堆码。一般可将集装箱堆高 2 ~3 层。由于它以内燃机为动力，具有轮胎式无轨行走机构，因而具有较大的机动性。可单独作业，也可与龙门起重机和底盘车配合使用。

(29)集装箱内陆货站。为更好地运输集装箱货物，在港口以外的内陆腹地，主要工业城市周围设置的集装箱堆场(包括中转站)。集装箱枢纽港都设有很多内陆货站。例如天津港在天津、北京、唐山、石家庄等地设有内陆货站达 20 处，拥有堆场面积 770 万平方米。

(30)集装箱码头大门。集装箱码头的出入口。这里一般都设有若干股车道，有关交接集装箱和集装箱货的各种手续、指定集装箱的堆放场地、检查集装箱的完好情况、核对铅封箱号，以及集装箱的称重等都在此进行。多数设在码头前沿的后面，也有少数设在侧面。

(31)集装箱码头前沿。从集装箱码头岸壁到前方堆场这一部分地段。码头前沿的宽度一般为20～30m。在集装箱码头前沿一般都装设有岸边集装箱起重机械。

(32)集装箱空箱堆场。专门办理集装箱空箱收集、保管、堆存和交接的场地。这种堆场不办理重箱或货物交接业务。它可由集装箱装卸公司在外另设,也可以单独经营。它一般是为补充集装箱转运站堆场不足而设立的。

(33)集装箱维修车间。负责对集装箱和装卸搬运集装箱所需的一切机械设备进行检查、维修和保养的场所。以使集装箱和集装箱机械经常处于良好状态。一般都设在不影响集装箱装卸作业的地方。它对保证集装箱码头的正常营运起重要作用。

(34)集装箱正面吊运机。装在自行轮胎底盘上,具有伸缩臂架的集装箱装卸搬运机械。它与挑杆式起重机相近似,都是以臂架俯仰来实现变幅运动,所不同的是,它能带载变幅,以及装设了带有可伸缩和左右共旋转120°的集装箱专用吊具,能适应不同规格的集装箱作业。与集装箱叉车相比,它具有转弯半径小,稳定性好,轮压较低,堆码层数多,并能进行跨箱作业,因而装卸效率提高,堆场利用率也提高(约可提高80%)等优点,是一种很有发展前途的堆场集装箱装卸搬运机械。

(35)集装箱龙门起重机。在集装箱堆场上,专门用来进行集装箱装卸、堆码、拆垛及转运作业的龙门起重机。其结构与普通龙门起重机相似,但需配备专用的集装箱吊具。其工作高度可将集装箱堆码三层或三层以上。跨度至少要在集装箱宽度的三倍以上,以满足至少并列堆装三排集装箱的要求。按行走特征分,有轮胎式和轨道式两种。

(36)集装箱堆场控制塔。亦称"集装箱堆场指挥塔",是统辖集装箱堆场作业的指挥所。负责集装箱堆场内的排列、计划、指示、监督集装箱船舶的装卸作业等项业务。它位于全码头的最高处,不一定建成塔形,只要能瞭望整个集装箱堆场即可。现在许多国家已经采用了现代化的管理方法。我国有的港口已在室内安装了闭路电视系统。工作人员不必登高远望即可对码头和堆场上的各项操作一目了然。

(37)集装箱自装自卸车组。由集装箱牵引车、半挂车和专用吊具组成,无需其他机械帮助可自行完成装卸、运输集装箱全部作业的车组。按其装卸方式不同可分为侧面吊装型和后面吊装型两种。采用集装箱自装自卸车组可以解决在集装箱中转站或货主没有集装箱装卸机械的问题,能较好地满足"门到门"运输的要求,可以作为港口与公路联运集装箱的衔接机械。具有使用方便、投资省、装卸平稳可靠等特点。它除了装卸和运输集装箱外,还可将大件货物放在货板上进行运输和装卸作业。

(38)集装箱装卸桥机器房。装设集装箱装卸桥机电设备的场所。它处于大梁靠陆地一侧的上部。全绳索牵引小车式集装箱装卸桥的起升驱动装置、小车行走驱动装置、前伸臂俯仰驱动装置等机电设备都配装在机器房内。要求能够承受振动和风的压力,有足够的宽度和高度,以便于工作人员进出加油、检查和维修。

(39)集装箱装卸桥驾驶室。集装箱装卸桥上供司机进行装卸作业时操纵机械的场所。它被安装在能最方便看到装卸作业情况,又是最适当的高度上。要求具有良好的瞭望条件,视野尽可能地宽广,其宽度和高度在操作过程中没有障碍。为了能清晰地看到集装箱的装卸作业情况,它一般都与起重行走小车连接在一起,可随小车同步移动。也有做成可单独移动的。

(40)集装箱码头大门检查桥。集装箱码头大门上方的桥形设施,便于观察集装箱顶部的完好情况。

(41)滚装堆场。滚装船载运的带有底盘车的集装箱存放场地。

(42)薄壳式集装箱。箱体结构采用像飞机结构那样的薄壳结构形式,按薄壳理论进行设计的集装箱。其优点是质量轻,受扭力作用时不会引起永久变形。

(43)端门。在集装箱箱端上设置的门。一般通用集装箱的箱门设置在箱后端。

(44)端壁。集装箱端框架所包围的部分。为保证其强度和刚性,铝集装箱的端壁由端壁板和端柱组成。端壁板用铆钉固定在端框架上,端柱可设在端壁板的内侧或外侧,一般用螺栓或铆钉固定在端壁板上。钢集装箱的端壁一般用波纹钢板焊接在端框架上,而无需设端柱。

(45)端框架。垂直于集装箱纵向轴线的,由左、右角柱和其上的角件以及上、下端梁组成的框形结构。它主要是指集装箱前端的框架。后端的框架实为门框架。

(46)箱门。设置在集装箱后端或侧面的门。通常为两扇对开式,由门框和门板组成,用铰链安装在角柱上,具有密封性能,门上配有锁杆和锁把手等门锁装置。

(47)箱顶。在上侧梁、上端梁和门楣范围内,由顶板和顶梁组合而成的构件,使集装箱封顶。箱顶必须水密,并具有足够强度。

(48)箱底结构。由箱底部的四个角件,左、右两根下侧梁、下端梁、门槛、底板和若干底梁组成的集装箱构件。它应有足够强度,能承受箱子的额定货载和叉车进入箱内进行装卸作业时的轮压。

(49)罐式集装箱。由液罐和箱体框架两部分构件组成,专门用于装载液体货物的集装箱。液罐是装载货物的主体,置于用高强度钢制成的框架中间,罐的顶部设有注入孔,端部设有排出口和排出阀。框架的强度和尺寸应符合国际标准要求,角柱上也装有国际标准角件,装卸时与国际标准集装箱相同。它主要用于装载酒、油、液体食品、医药品和化学品等。这种集装箱根据装载货物的要求,各装有不同的装置,如高压、低压、保温或加热装置。一般还装有温度表、安全阀和铁梯等附属设备。

## 二、装卸设备港口安全作业使用要求

(1)新安装的、经过大修或改变重要性能的起重机械,要取得特种设备证书或经质量监督站检验合格,在使用前必须按照起重机性能试验的有关规定进行吊重试验。

(2)起重机每班作业前应先作无负荷的升降、旋转、变幅,前后左右的运行以及制动器、限位装置的安全性能试验,如设备有故障,应排除后才能正式作业。

(3)起重机司机与信号员应按各种规定的手势或信号进行联络。作业中,司机应与信号员密切配合,服从信号员的指挥。但在起重作业发生危险时,无论是谁发出的紧急停车信号,司机都应立即停车。

(4)司机在得到信号员发出的起吊信号后,必须先鸣信号后起重。起吊时重物应先离地面试吊,当确认重物挂牢、制动性能良好和起重机稳定后再继续起吊。

(5)起吊重物时,吊钩钢丝绳应保持垂直,禁止吊钩钢丝绳在倾斜状态下拖动被吊的重物。在吊钩已挂上但被吊重物尚未提起时,禁止起重机移动位置或作旋转运动。

(6)重物起吊、旋转时,速度要均匀平稳,以免重物在空中摆动发生危险。在放下重物时,速度不要太快,以防重物突然下落而损坏。吊长、大型重物时应有专人拉溜绳,防止因重物摆动,造成事故。

(7)起重机严禁超过本机额定的起重量工作。如果两台起重机同时起吊同一重物,必须有专人统一指挥,两机的升降速度应保持相等。

(8)起重机吊运重物时,不能从人头上越过,也不要吊着重物在空中长时间停留,在特殊情况下,如需要暂时停留,应发出信号,通知一切人员不要在重物下面站立或通行。

(9)起重机在工作时,所有人员应尽量避免站在起重臂回转区域内。起重臂下严禁站人。装吊人员在挂钩后应及时站到安全区域。禁止在吊运重物上站人或对吊挂着的重物进行加工,必须加工时应将重物放下垫好,并将起重臂、吊钩及回转机构的制动器刹住。若加工时间较长,应将重物放稳,起重机摘钩。重物起吊后司机和信号员不得随意离开工作岗位。在停工或休息时,严禁将重物悬挂在空中。

(10)当起重机运行时,禁止人员上下、从事检修工作或用手触摸钢丝绳和滑轮等部位。

(11)吊运金属溶液和易燃、易爆、有毒、有害等危险品时,应制定专门的安全措施,司机要连续发出信号,通知无关人员离开现场。

(12)使用电磁铁的起重机,应当划定一定的工作区域,在此区域内禁止有人,车辆卸铁块时,重物严禁从驾驶室上面经过,汽车司机必须离开驾驶室,以防吸铁失灵铁块落下伤人。

(13)起重机在吊重作业中禁止起落起重臂,在特殊情况下,应严格按说明书的有关规定执行,严禁在起重臂起落稳妥前变换操纵杆。

(14)起重机在吊装高处的重物时,吊钩与滑轮之间应保持一定的距离,防止卷扬机过限将钢丝绳拉断或起重臂后翻。在起重臂达到最大仰角或吊钩在最低位置时,卷筒上的钢丝绳应至少保留3圈以上。

(15)起重机的工作地点,应有足够的工作场所和夜间照明设备。起重机与附近的设备、建筑物应保持一定的安全距离,使其在运行时不会发生碰撞。

(16)起重机作业时,有下列情况之一时,不能起吊:

a. 质量超过规定不准吊;

b. 信号不清不准吊;

c. 吊重物下有人不准吊;

d. 吊物上站人不准吊;

e. 埋在地下的物体不准吊;

f. 斜拉、斜挂不准吊;

g. 散物捆扎不牢不准吊;

h. 零杂物无容器盛放不准吊;

i. 吊物质量不明、索具不符合规定不准吊;

j. 遇有大雨、大雪、大雾和六级以上大风等恶劣天气不准吊。

(17)起重机不得在架空输电线路下面作业,在通过架空输电线路时,应将起重臂落下,以免碰撞。在架空输电线路一侧作业时,不论在任何情况下,起重臂、钢丝绳或重物等与架空输电线路的最小距离不小于下表7-4。

架空输电线路的最小距离规定　　表 7-4

| 输电线路电压(kV) | 允许与输电线路的最近距离(m) | 垂直安全距离(m) |
|---|---|---|
| <1 | 1.5 | 1.5 |
| 1~20 | 2 | 1.5 |
| 35~110 | 4 | 2.5 |
| <154 | 5 | 2.5 |
| <220 | 6 | 2.5 |

(18)起重机的电器、内燃发动机或锅炉部位的安全技术要求,应严格遵照动力机械的有关规定执行。

## 三、港口装卸机械设备的管理

装卸机械修理是对装卸机械可修复性有形老化的补偿。或者说,是为了将已损坏或已丧失规定功能的机械零部件修复所进行的工作。其目的是为了恢复装卸机械原有的技术性能和良好的技术状况,延长其使用寿命。它一般分有:故障修理、计划修理(小修、大修)、同步修理等几种。修理范围根据修理级别所规定的作业项目而定。修理方法按修理工艺分有:以不更换机械任何总成为原则的原车修理法、总成互换修理法,按组织形式分有:综合修理法(单机包修法)和专业分工修理法。

(1)装卸机械大修。装卸机械使用到规定期限,按照计划进行的彻底恢复性修理。其目的是为了恢复装卸机械原有的良好技术经济性能和延长机械的使用寿命。大修时应将整台机械拆散为各个总成及零部件,并将零件进行检验和分类,分为可用零件,需修零件、不可修零件。更换不可修的零件,修复需修零件,配齐所有总成中的零件,并按照大修技术标准加以装合、调整试验和试车。

(2)装卸机械小修。装卸机械使用到规定期限,按计划进行的维护性修理。其修理内容及范围较小,主要是为了对使用中发现的易损零部件损坏进行修复。

(3)以可靠性为中心的维修。是一种为实现设备固有可靠性而设计的维修方式,简称为RCM(Reliability Centered Maintenance 的缩写)。是 20 世纪 60 年代由美国联合航空公司首先提出并采用的,它是根据机械设备可能出现的故障后果和可靠性的要求,运用"逻辑分析决断法"对重要维修项目逐项分析其可靠性特点及发生功能性故障的影响来确定应采用哪种维修方式,即根据不同零部件不同的可靠性特征及不同的故障后果,选用不同的维修方式,避免采用单一维修方式所造成的针对性差、增加了维修工作量与维修费用等弊端,从而能以最低的费用来实现机械设备的固有可靠性水平。这种维修方式的采用,应具备:①要有充分的可靠性试验数据、资料和作为判别机械设备状态的依据;②要具备必要的检测手段和标准;③要求机械设备设计部门和维修部门密切配合制定机械设备的维修大纲。以可靠性为中心的维修在我国目前虽然只有少数部门在研究试行,但可预计,在今后将会得到逐步完善与推广应用。

(4)设备更新的 MAPI 方式。美国机械工业协会研究部长德包尔于 1949 年提出的一种评价设备更新经济性的方法。MAPI 是美国机械工业协会(Machinery and Allie Products lnstitute)的英文缩写。在1958年德包尔又对这一方法加以改进。为了区别起见,把先提出的称之为旧MAPI方式,把改进后的称之为新MAPI方式。60年代以来MAPI方式在很多国家广为流行。MAPI方式实质上是更新设备经济寿命期等额年费用比较法(旧方式)和相对投资利率比较法(新方式)。它是以更新设备正常投产的第一年作为比较的期间,计算更新设备和被更新设备在同时期的一年内的费用或利益率,加以比较,若更新设备的年费用小于被更新设备,或相对投资利益率大于旧设备投资利益率,则设备更新是合理的,否则,就继续使用旧设备,在一年之后再进行比较。

(5)装卸机械台时。又称装卸机械日历台时,是指在一定时期内,装卸机械在册天数与24小时的乘积。它是计算装卸机械完好率和利用率的基础。

(6)装卸机械台账。根据装卸机械作业票和保养维修清单等原始记录和凭证按时间顺序逐期进行登记、汇总、整理而专门设置的一种登记簿册。它是填报装卸机械统计报表和修订技术定额的依据,也是技术人员对装卸机械进行技术管理,正确使用、定期保养维修以及更新改造的必要依据。

(7)装卸机械老化。装卸机械在诞生以后,随着时间的推移,其技术经济性能逐渐低劣化和价值量逐渐减少的过程。装卸机械的老化是由其按自然技术规律和社会经济规律运动所决定的,表现为物质运动和价值运动的双重形态,包括有机械设备物质实体老化和机械设备价值减少两个方面。它是机械设备寿命、机械设备补偿、机械设备更新的基础,从而对装卸机械设备管理有重要的意义。它按经济性质可分为:有形老化和无形老化;按机械设备是否在社会经济生活中发挥效率又可分为:有效老化和无效老化。

(8)装卸机械寿命。装卸机械从诞生后投入使用开始,直到它报废消亡为止所经历的时间。亦即装卸机械的工龄。它与机械设备一生(也称寿命周期)是有区别的,它并不像机械设备一生那样还包括机械设备开始使用前的计划、设计、制造、安装、调试这一段时间历程。装卸机械寿命决定于它的老化速度,老化速度越快,则其寿命越短。通过对装卸机械的正确合理使用、加强维修与管理,可延长其寿命。

(9)装卸机械报废。装卸机械因事故引起严重损坏或到达寿命终结期而无法修复使用或无修理价值时,经有关业务部门鉴定并报上级机关批准后,将这些机械作出因无使用价值而退出生产岗位的一种处理安排。

(10)装卸机械封存。因装卸生产任务或作业环境条件等变化,将不适于作业或多余而技术状况良好,可供正常使用的装卸机械暂时停止使用的一种措施。它封存前应做好保养工作,封存期内不提折旧费。

(11)装卸机械验收。对新购置的或经大修后的装卸机械,在正式投入使用前。检验其性能是否符合出厂或有关技术标准要求和检查其零部件及配件是否完整的工作。

(12)装卸机械维修。装卸机械维护与修理的总称。它是指可修复的装卸机械保持与恢复其功能状态的一切技术活动与管理活动的总和。是一种行动,一种管理、技术措施。装卸机械的维修方式分式有预防维修与事后维修,预防维修又可为分为定期(计划)维修与按需维修。

(13)装卸机械可靠性。一台装卸机械在规定的使用条件下,在规定的时间内,无故障地保持其规定功能的能力,或能保持其规定功能的时间。它表示一台装卸机械的耐用程度。

也是衡量装卸机械设备质量优劣的重要指标。可靠性可以用由概率来表示的可靠度等可靠性量化指标来加以计算度量。装卸机械的工作可靠性由固有可靠性和使用可靠性所构成，前者是在设计和制造阶段所确定的，它决定着机械设备的可靠性水平；后者是在实际使用中保证其固有可靠性发挥的可靠性。装卸机械设备的可靠性与经济效益密切相关，一般来说，可靠性高的机械设备，其制造费用或购置费用也必然提高，然而其使用维修费用却可以降低，从经济观点出发，装卸机械设备的最佳可靠度应按设备的购置费用和维修保养费用的总和为最小的原则来加以确定。对于装卸机械设备这种可修复产品的可靠性，除了考虑产品的无故障性即狭义可靠性外，还应考虑包括设备出现故障后修理的难易程度即所谓维修性问题在内的广义可靠性问题。

(14)装卸机械生产率。装卸机械单机每小时完成货物装卸的吨数。它是综合了起重量(或输送量)、工作速度和工作行程等基本参数以及操作技能、作业组织管理等因素，而表明装卸机械工作能力的一个综合指标。一般分为理论最大生产率和实际作业生产率。理论生产率按单机计算每一工作循环周期内各个动作(如抓斗起重机的抓货、超吊、变幅、旋转、下降、卸货及空载返回等)所需的时间总和，求出每小时工作循环次数，热后乘上一次起运量即得。实际作业生产率是根据一个装卸工艺流程中各单机每小时实际完成的货物装卸量计算。计算单位为 t/h。在港口企业生产活动中，应尽量采取措施提高装卸机械的生产率。

(15)装卸机械利用率。又称装卸机械使用率。装卸机械工作台时与日历台时的百分比。它反映港口企业装卸机械在一定时期内的利用程度。提高装卸机械利用率，对充分发挥装卸机械作用，减轻装卸工人的劳动强度具有重要作用。其计算公式为：

装卸机械利用率(%)=装卸机械工作台时/装卸机械日历台时×100%

提高装卸机械完好率、及时维修保养、科学生产调度、合理工艺组织等是提高装卸机械利用率的重要途径。

(16)装卸机械作业量。在装卸作业过程中，装卸机械所操作完成的货物吨数。其计算单位是起运吨。若在同一操作过程中由数台机械联合作业，则每台机械都按起运货物的质量分别计算起运吨。在一定时期内港口企业各类装卸机械作业量等于该时期内相应类型每台装卸机械完成的起运吨之和。

(17)装卸机械返修率。衡量装卸机械修理质量的一个指标。是装卸机械在出修理厂后的保证期内，因修理质量或零部件不良等原因，引起机械发生故降或损坏而造成回厂再次修理的台数与原修理出厂的台数的百分比。也可用修理工时来计算，其计算公式如下：

装卸机械返修率(%)=返修台数/原修理出厂的台数×100%

装卸机械返修率(%)=返修工时总和/原修理出厂机械的修理工时总和×100%

(18)装卸机械完好率。又称装卸机械可用率，装卸机械完好台时与日历台时的百分比。它反映港口企业装卸机械设备能供使用的程度。一般说，装卸机械完好率越高越好，说明装卸机械处在良好状态。要提高装卸机械完好率，就需加强装卸机械管理，做好装卸机械维修、保养工作，合理使用，科学调配等等。其计算公式为：

装卸机械完好率(%)=装卸机械完好台时/装卸机械日历台时×100%

(19)装卸机械故障率。装卸机械设备在规定的使用条件下，使用到某时刻，在某时刻后，在尚未发生故障的设备中，单位时间内发生故障的概率。在现场统计中，通常采用平均故障率，它是指在被观测的装卸机械设备中，在某个观测期间内，一台或多台设备发生故障的总次数与总累积工作时间之比，其计算公式为：

平均故障率(1/h) = 设备发生故障的总次数/设备总积累工作时间

它是反映装卸机械工作可靠性的一个指标。在港口企业生产活动中，应加强管理，采取有效措施降低装卸机械故障率，以获得高的企业经济效益。

(20)装卸机械起运吨。表示装卸机械作业量的计量单位。参见“装卸机械作业量”条。

(21)装卸机械维修性。维修性与维修是两个既有密切联系又有区别的概念。所谓装卸机械的维修性是指可修复的装卸机械在规定的条件下和规定的时间内完成维修的能力。它反映了机械被修复的难易程度和时间快慢。是机械的一项固有设计特性。维修性与可靠性相结合构成了装卸机械设备的有效性即广义可靠性。

(22)装卸机械工作台时。装卸机械实际从事装卸作业和其他工作(如转移工作场地、途中行驶)的小时数。它是统计装卸机械使用情况的常用数量指标之一。

(23)装卸机械无形老化。从社会机械设备运动出发，不与机械设备实物运动相适应，只与机械设备价值相联系，是由无形的社会经济技术进步引起的一种老化。它与机械设备的使用与否无关，而是与时间的长度、社会经济和技术进步的速度相关联。无形老化的总量一般是按设备原值与重置价和经济效率系数之积的差来进行计量的。按其发生的原因可分为经济性无形老化和技术性无形老化。前者是由于社会经济进步而引起；后者是由于科技的进步而引起的。按其补偿性又可分为可改造补偿的无形老化和不可改造补偿的无形老化两种。前者是指可以通过设备技术改造来消除的无形老化，后者是指不可能通过技术改造来消除的。这种不可能，包括技术上的不可能(除非整机更换)和经济上的不合理，即改造费用大于设备通过改造恢复的价值量。

(24)装卸机械日常点检。简称点检，是装卸机械预防维修的主要维护活动之一。它是根据制定的标准，每天由操作人员通过目察、耳闻，手触及嗅觉等感官对装卸机械有无异状或状态是否良好从外观进行检查的工作，其主要目的是消除发生故障的因素，防止发生突然故障，保证设备正常运转。点检内容一般包括：异音、温升，漏油、油量、压力、振动、润滑、清洁、调整等。操作人员应将检查结果记录入由机械设备管理部门制定的日常点检卡中。

(25)装卸机械有形老化。从个别机械设备运动出发，与实物运动相联系相一致的一种老化。由于这种老化是可以通过感官或借助检测手段加以确定的，故称为有形老化。理论上，它可以通过对实物进行技术测量来度量，但为简便，实际上，有形老化一般是直接通过价值量度，即用设备的重置价与它的现实价之差的方法进行计量的。有形老化按其发生的原因可以分为使用中的有形老化和闲置中的有形老化。前者是指机械设备在使用过程中，由于设备结构和零部件发生的摩擦、振动、疲劳、腐蚀等，使得零部件损坏、精度下降甚至形状改变等等，从而使得装卸机械的技术经济性能绝对下降；后者是指购置以后进入使用岗位之前，和使用中的服务中断的全部非使用时间里，由于自然力的风化腐蚀，生物侵蚀以及保管不善等而引起的生锈、裂缝、变形等等，使得装卸机械的技术经济性能绝对下降。若按其能否得到恢复上又可分为可修复性老化和不可修复性老化两种。但应明确，这里所指的对于可修复性的划分，不是在于技术上的可能性，而是在于经济上的界线，即修理恢复其实体具备的技术经济性能时，修理费用的耗费不大于被修理设备恢复的价值量，若修理费用的耗费超过了这部分有形老化设备恢复的价值量，则属于不可修复的有形老化。

(26)装卸机械同步修理。将已发生故障的零件与未发生而即将要发生故障的零件都安排在一起修理，使故障修理同步化，从而把多次故障引起的零件损坏人为地改变成为一次故障引起的零件损坏，减少了重复作业。同步修理对于维修大型的、复杂的、昂贵的机械设备项目具有特殊的重要意义，因为这些机械设备因故障而造成停工修理的费用很高。

(27)装卸机械自然寿命。又称装卸机械使用寿命，是装卸机械从投入使用直到不能修复而报废为止所经历的整个时间。它除与自身的材料、结构、生产工艺有着密切关系外，还与管理、使用、保养维修等是否合理有密切关系。另外，随着科学技术的发展，在技术上和经济上更合理更先进的同类装卸机械的出现也会加速原装卸机械被淘汰的速度。所以，装卸机械自然寿命的长短受着诸多因素的影响，对其应从技术与经济方面出发全面综合考虑后加以决策。

(28)装卸机械设备更新。对设备老化进行实物补偿的一种方式。通常只指对设备实物进行全部老化的补偿，即整机更新。它不是以保留在役设备为前提，而是以改变在役设备的实物面貌和技术经济性能为特征的。设备更新包括了两重含义：一是用同样的设备更换；二是用新的效率更高的设备来替代。设备更新是增加和提高企业及社会经济效益的重要途径，对促进企业和社会经济发展有重大意义。但它又同时受到现实的社会与企业经济水平、物力、财力、管理水平及技术力量等的制约，而且需要有较大的资金占用和耗费，因此对设备更新必须从国情出发、从实际出发、做好分析论证，否则过早地丢弃处置旧设备，将会造成财务状况的被动局面和经济效益下降。最佳的更新周期应是设备到达经济寿命之时。

(29)装卸机械寿命周期。装卸机械设备的一生。从设备的筹划开始，包括计划、设计、制造、安装、调试、使用、保养、维修直至报废为止的整个一段时间。寿命周期的长短与设计、制造、使用、维修等诸方面因素有密切关系。它是进行现代设备管理与经济活动分析的基础。

(30)装卸机械技术改造。应用先进技术，改变使用阶段上装卸机械的实物结构，从而改善机械的技术性能和经济性能，使之达到一个新水平的工作。它既是在实物补偿上消除机械的技术性无形老化，又是扩大其生产能力的一个有效途径。

(31)装卸机械技术寿命。装卸机械从诞生后投入使用开始，直到它的技术性能下降到低于人们要求于它的技术性能标准而被淘汰时为止所经历的时间。它由影响机械技术性能的有形老化和无形老化的共同作用所决定。在大多数情况下，它小于自然寿命。

(32)装卸机械作业台时。装卸机械实际进行装卸作业的时间。是从装卸机械开始进行装卸作业时起至最后一次货物装卸完中为止的全部小时数。

(33)装卸机械完好台时。在装卸机械技术状况良好条件下，可供使用的台时。它包括工作台时与停工台时。在完好台时中，应尽量提高工作台时所占比重。

(34)装卸机械状态监测。对装卸机械在运转作业的状态下，利用检测仪器仪表，定期或长期连续地测定其某些特征参数的变化，来判断装卸机械的技术状态是否正常的工作。状态监测的方法有：振动监测、红外线监测、噪声监测、声发射技术、超声技术、光导纤维探头探视等。它适用于对一切有发展过程的故障（包括有规则的和随机的）进行监测。但由于目前状态监测设备价格比较昂贵，故仅在特别重要的机械设备或生产连续性要求很强，停产将会造成很大损失的械设备系统上才采用。

(35)装卸机械事后维修。又称故障维修,它是当装卸机械设备发生故障后才进行的维修,通俗地说,就是不坏不修,坏了才修的一种非预防性维修方式。它具有不需要预防维修时间、可提高机械设备利用率及充分发挥每个零部件的寿命潜力,避免因盲目拆卸而引起人为差错等优点;但由于故障的出现是随机的,因而使得其维修工作组织管理较为困难。这种维修方式主要适用于对安全无直接危害的突发性故障、规律不清楚的故障、故障损失小于预防维修费用的耗损型故障等三类故障的维修。装卸机械使用寿命参见"装卸机械自然寿命"条。

(36)装卸机械定期点检。简称定检,它是根据制定的标准,定期地通过人的感官和利用检测仪器,对装卸机械有无异状或状态是否良好进行检查测定,并将检测结果同检测标准相比较而加以判定的工作。其目的在于保持机械设备的正常运转性能。定检内容为测定设备机能的劣化状况并及效率的指标。它的大小与装卸机械的技术性能、司机的操作技术熟练程度、货物的品种与包装形式、劳动组织、装卸工艺与管理水平、自然因素的影响等有关。因此,装卸机械平均台时产量不是一个常数,它随着港口生产条件的改善和技术管理水平的提高而不断增长。其计算公式为:

装卸机械平均台时产量(起运吨/台时)=装卸机械作业量/装卸机械作业台时

(37)装卸机械安全操作规程。为防止发生任何机损及人身伤亡事故,确保安全生产,对司机在操作装卸机械之前、操作过程中及操作后应进行的工作及应注意的安全事项作出明确规定的技术文件。司机必须严格遵守它。根据装卸机械的种类不同,分别制定有相应的安全操作规程。

(38)装卸机械设备技术效率。设备具有帮助人们利用资源改进生产和生活的有效程度。表现为使用设备过程中资源利用的数量比例。它由设备内含的科学技术原理所决定,是设备的技术性能的决定性因素。毫无疑问,一台把90%的电能转换成机械能的电动机,其技术效率表现为输出与输入功率之比即90%,比较于只能把输入电能的80%转换成机械能的电动机技术效率高,其技术性能也较好。技术效率总是在大于0小于1的数值范围之内。

(39)装卸机械设备经济效益。使用设备后,给国家、企业带来的经济效果和利益。表现为使用设备后所获得的收入与使用设备时耗费的费用(成本)二者之间的关系。通常可按下列两式分别计算其相对经济效益和绝对经济效益:

设备的(相对)经济效益=收入/支出=使用设备而获得的总收入/使用设备而耗费的资金成本

设备的(绝对)经济效益=净收益(利润)=收入-支出

这里,收入是指用货币计量的通过使用设备经济效率与经济效益是两个既有着密切联系而又有着明显区别的不同概念。设备经济效益不仅以经济效率为基础具有自然属性,而且它的实现和分配都体现着一定的社会生产关系,具有社会属性,与设备使用的社会方式相联系,不像经济效率那样只具有自然属性。其次,收入不等于产出,销售收入不等于产值。另外,经济效益总是产生于并决定于使用阶段,即在此阶段上对设备的经济管理,不像经济效率那样不仅与使用阶段有关,而且主要地决定于设计、制造阶段上所获得的技术经济性能。

(40)装卸机械设备经济效率。设备在使用中能够节约人们劳动的能力和程度。表现为使用设备节省的劳动时间与为了使用它而耗费的劳动量的关系,或者说,表现为使用设备所发挥的物质手段的功能与建造使用这一设备时劳动耗费之间的比例关系,一般把前者称为产出,后者称为投入。设备经济效率通常可按下式计算:

设备经济效率 = 设备的产出/设备的投入 = 产值/资金(或成本)

由于劳动时间及劳动量可以表现为价值货币形态,因而一般用货币计量表示。当用货币量来计量时,设备的投入是使用设备时占用或耗费的全部资金;设备的产出是使用设备生产出来的价值。

(41)装卸机械设备综合管理。对装卸机械设备从工程技术、财务经济和组织管理三个方面综合进行管理的一种现代设备管理体系与方法。其主要特点是:把装卸机械设备的一生作为管理对象,进行全过程管理;以寿命周期费用作为评价设备管理的重要经济指标,并追求寿命周期费用最优化;从工程技术、财务经济和组织管理三个方面对设备进行综合管理和研究;重视设备设计、使用、维修过程中技术经济分析与信息反馈的管理等。

(42)装卸机械技术经济定额。关于装卸机械生产效率、作业量、时间、费用、原材料及能源消耗量等每一技术经济指标所应达到的标准或限额。它是由港口企业有关部门,在总结装卸机械使用、维修与管理等实践经验基础上,经研究讨论制定,并由领导部门审查批准的。它既是港口计划管理和经济核算的基础,又是分析企业经济活动和考察企业管理水平的主要依据。制定并推行适宜的装卸机械技术经济定额,对搞好企业管理,提高劳动生产率和降低成本,提高企业的经济效益都能起到积极的促进作用。

(43)装卸机械使用经济调配。一个港口企业通常都拥有多种各式各样、不同品种与规格的装卸机械设备,而装卸运输任务又是各不相同,经常发生着变化,这就存在着一个对装卸机械设备如何合理地组合与调配问题。为了充分发挥全部机械设备的综合效率,使装卸运输生产的经济耗费尽可能地减少,使企业经济效益尽可能地获得大的提高,就应根据各种港口装卸机械设备的性能和特点,合理地安排装卸运输任务,以及根据生产任务和装卸工艺的变化,及时调整设备,使生产设备与装卸对象、生产任务相适应,这就是装卸机械使用的经济调配。

(44)装卸机械定期(计划)维修。指按照规定的程序,每隔一定时间就进行一次维修的一种预防性维修方式。它规定有一维修周期,只要机械设备使用到预先规定的维修周期,不管其技术状态如何,都要按此维修周期定期地对机械设备进行规定的维修工作,如一级或二级保养、小修或大修等。它立足于概率论,根据机械设备内零部件的磨损规律以及发生故障的时间分布规律,以此为出发点来制定维修周期。其最佳维修周期按使机械设备有效度最大或维修总费用最小的原则确定。这种维修方式具有维修工作便于组织管理的优点,但由于其维修工作是按计划强制执行的,所投入的人力和物力对有些部件而言往往是不必要,盲目的拆卸不仅增加了维修工作量,而且会破坏零部件的配合特性,从而造成零部件的固有可靠性及机械设备的维修经济性下降等不良后果。它主要适用于对影响严重,会给安全带来危害而且发展迅速或无条件视情的耗损型故障的维修。

(45)装卸机械单机能源定额。根据各类装卸机械的功率大小和技术性能等有关情况制定的各台装卸机械完成单位起运吨所消耗能源数量的标准。它为制定生产能源消耗计划、控制生产成本、考核装卸机械司机的技术熟练程度提供依据。同时也是衡量技术管理水平和机械性能良好程度的指标。对于提高劳动生产率、推动增产节约有着重要的意义。

(46)装卸机械设备寿命周期费用。机器设备设置费和维持费的总和。其中机器设备设置费:①如果机器设备是企业自行研制的,则包括研究、设计、制造、安装、试验等费用;②如果机器设备是从外单位购买的,则包括购件,运输费和安装费。机器设备维持费,包括操作人员工资、能源消耗费,保养修理费、应付占用费、发生事故后的损失费等。研究设备寿命周期费用的目的,在于使所选择的机器设备有效而经济。

(47)装卸机械设备某年经济效益。选取设备寿命中某一年时间内的使用设备收入和成本进行比较时所得到的经济效益,可按下式计算:

设备某一年的经济效益=某一年使用设备的收入/某一年使用设备的成本

分期的经济效益计算,可反映出设备经济效益在设备寿命期中的动态变化,以便在其一旦失去经济效益可能导致损失(负效益)之前,及时地采取措施进行更新和处理。

(48)装卸机械例行(日常)维护保养。为保持装卸机械处于完整和完好状态,以保证机械正常运转,由司机在每工班前、后进行的维护保养工作。其工作内容主要包括:检视、润滑、清洁、补给及消除所发现的一般小故障或缺陷。工作重点为清洁和检视。装卸机械的例行(日常)维护保养工作与日常点检工作基本相似。

(49)装卸机械修理技术检验规范。对装卸机械通过修理应达到的技术要求与标准,以及检验用的仪器仪表和工具、方法等作出规定的技术文件。分有进厂检验规范,修理过程检验规范和出厂检验规范。

(50)装卸机械设备寿命期经济效益。以设备的整个寿命期中预测的成本和收入进行比较时所得的经济效益,可按下式计算:

设备寿命周期费用效率=设备系统效率/设备寿命周期费用

通过寿命期经济效益的比较,可为使用单位的设备选择作出最佳决策,即选取在使用单位既定条件或预计条件下经济效益最高的设备。

(51)装卸机械设备某一年经济效率。设备的投入和产出选取设备寿命中的某一年时间来比较时所得到的经济效率。它等于设备某一年的全部产出除以某一年的全部投入。这里,设备的投入为某一年中设备的全部耗费,包括某一年末比年初的设备原值减少额和这一年里使用设备的经营费用。

(52)装卸机械技术状况诊断与监测。在装卸机械基本不解体的条件下,利用检测仪器或设备等检测手段,对装卸机械的技术状况进行检测(或监控),根据检测结果作出科学的"判断"或根据症状来确定故障的工作。通过对装卸机械技术状况的诊断与监测,可以根据诊断与监测结果,确定机械是否需要维修或允许其继续运转。因此,它是采用按需维修新方式必不可少的条件,其经济效益十分显著。

(53)装卸机械设备寿命周期经济效率。设备的投入和产出都是以没备的整个寿命周期来比较时所得到的经济效率。它等于设备寿命期的全部产出除以设备一生的投入。这里,设备的投入为设备一生的全部投入,包括设备原值与残值差额和此期间的全部经营费用。

(54)装卸机械设备寿命周期费用效率。设备系统效率与设备寿命周期费用的比率。它是衡量机器设备效果的指标。所谓设备系统效率,包括生产能力,可靠性(安全程度、操作难易、维修繁简等），舒适性（噪声大小、污染轻重、振动强弱等）、灵活性（适应生产变化的能力），以及机器设备所需的人力、物力是否能及时获得等。其表示式为：

设备寿命周期费用效率 = 设备系统效率/设备寿命周期费用

式中的设备系统效率所包括的诸因素中，有些能用数量表示的可作定量的分析计算，不能用数量表示的可作定性的分析比较。例如：A、B、C 三种机械，使用年限相同，其寿命周期费用和生产能力分别见表 7-5。

**装卸机械设备寿命周期费用效率表**　　表 7-5

| 机械名称 | 安全周期费用（万元） | 生产效率（吨/年） |
|---|---|---|
| A | 120 | 1602 |
| B | 120 | 1410 |
| C | 100 | 1410 |

三种机械的费用效率分别为：

A = 1602/120 = 13.5 吨/（年/万元）

B = 1410/120 = 11.75 吨/（年/万元）

C = 1410/100 = 14.1 吨/（年/万元）

由上可知，C 机械效果最好，A 机械次之，B 机械最差。

（55）装卸机械平均故障间隔时间 MTBF。是一个衡量装卸机械可靠性的常用指标。它是指可修复的装卸机械相邻两次故障之间的平均间隔时间或平均工作时间即平均寿命，记为 MTBF（Mean Time Between Failure 的缩写），其估计值可按下式计算：

MTBF（估计值）= 总工作时间/该时间内的总故障数

## 第四节　电 气 设 备

### 一、概述

港口是水陆交通运输的重要枢纽，电力是港口生产作业的动力，如果港口供电停止，港口将停止运转并引发船舶压港，火车车皮堵港，汽车塞港的重大交通堵塞。这种堵塞将严重影响港口城市的功能，影响该地区及其周边经济运转，因此，如何保证港口供电系统的安全是港口安全的重要课题。

港口供电对象，主要是装卸机械、辅助设施、照明、通信及导航等设施。按电气设备的重要性，负荷种类分三级：

一级负荷：中断供电将造成人身伤亡或重大政治、经济损失者。如重要通信导航设施、铁路型号等；

二级负荷：中断供电将造成较大政治或经济损失者。如港口的主要生产用电；

三级负荷：不属于一、二级负荷的其他负荷。

大中型港口和危险货物码头按照规范必须采用一、二级负荷供电方式。

港口电源应按负荷等级作相应配置。一级负荷应由两个电源供电，当从电力系统取得第二电源有困难时，可配备柴油发电机组；二级负荷应有一条专用线路供电，宜再取得一条备用回路；三级负荷可采用一般供电方式。

港口主电源取自国家电网，并根据港口规模及负荷的等级和容量，旋转合理的电压等级。大中型港口一般设专用变电站，电源电压为110kV、66kV、35kV。港内配电电压可以为10kV、6kV、380V/220V。港内各变电所为主应尽量靠近负荷。

## 二、变配电设备设施

配电房是指改变电压分配电流的场所。为了把供电部门供应的电能输送到码头各工作场所，一般供电所送到码头的电压均为10000V以上的高压，必须把电压降低，变为码头工作场所需要的电压，这种升降电压的工作靠配电房来完成。配电房的主要设备是开关和变压器。

1. 配电室

带有低压负荷的室内配电场所称为配电室，主要为低压用户配送电能，设有中压进线（可有少量出线）、配电变压器和低压配电装置。10kV及以下电压等级设备的设施，分为高压配电室和低压配电室。高压配电室一般指6～10kV高压开关室；低压配电室一般指10kV或35kV站用变出线的400V配电室。

（1）位置要求：

①靠近电源。

②周围环境灰尘少、潮气少、振动少、无腐蚀介质、无易燃易爆物、无积水。

③靠近负荷中心。

④进、出线方便。

⑤周边道路畅通。

⑥避开污染源的下风侧和易积水场所的正下方。

（2）配电室的建筑物和构筑物的耐火等级不低于3级，室内配置砂箱和可用于扑灭电气火灾的灭火器。

（3）配电室经常保持整洁，无杂物，门向外开，并配锁。

（4）配电室的照明分别设置正常照明和事故照明。

2. 变压器

变压器是变电站的主要设备，它是指利用电磁感应的原理来改变交流电压的装置，主要构件是初级线圈、次级线圈和铁芯（磁芯）。主要功能有：电压变换、电流变换、阻抗变换、隔离、稳压（磁饱和变压器）等。按用途可以分为：配电变压器、电力变压器、全密封变压器、组合式变压器、干式变压器、油浸式变压器、单相变压器、电炉变压器、整流变压器等。

变压器的运行及维护要求有：

（1）防止变压器过载运行：如果长期过载运行，会引起线圈发热，使绝缘逐渐老化，造成匣间短路、相间短路或对地短路及油的分解。

（2）保证绝缘油质量：变压器绝缘油在贮存、运输或运行维护中，若油质量差或杂质、水分过多，会降低绝缘强度。当绝缘强度降低到一定值时，变压器就会短路而引起电火花、电弧或出现危险温度。因此，运行中变压器应定期化验油质，不合格的油应及时更换。

（3）防止变压器铁芯绝缘老化损坏：铁芯绝缘老化或夹紧螺栓套管损坏，会使铁芯产生很大的涡流，引起铁芯长期发热造成绝缘老化。

(4)防止检修不慎破坏绝缘：变压器检修吊芯时，应注意保护线圈或绝缘套管，如果发现有擦破损伤，应及时处理。

(5)保证导线接触良好：线圈内部接头接触不良，线圈之间的连接点、引至高、低压侧套管的接点，以及分接开关上各支点接触不良，会产生局部过热，破坏绝缘，发生短路或断路。此时所产生的高温电弧会使绝缘油分解，产生大量气体，变压器内压力加。当压力超过瓦斯断电器保护定值而不跳闸时，会发生爆炸。

(6)防止电击：电力变压器的电源一般通过架空线而来，而架空线很容易遭受雷击，变压器会因击穿绝缘而烧毁。

(7)短路保护要可靠：变压器线圈或负载发生短路，变压器将承受相当大的短路电流，如果保护系统失灵或保护定值过大，就有可能烧毁变压器。为此，必须安装可靠的短路保护装置。

(8)保持良好的接地：对于采用保护接零的低压系统，变压器低压侧中性点要直接接地当三相负载不平衡时，零线上会出现电流。当这一电流过大而接触电阻又较大时，接地点就会出现高温，引燃周围的可燃物质。

(9)防止超温：变压器运行时应监视温度的变化。如果变压器线圈导线是A级绝缘，其绝缘体以纸和棉纱为主，温度的高低对绝缘和使用寿命的影响很大，温度每升高8℃，绝缘寿命要减少50%左右。变压器在正常温度(90℃)下运行，寿命约20年；若温度升至105℃，则寿命为7年。温度升至120℃，寿命仅为两年。所以变压器运行时，一定要保持良好的通风和冷却，必要时可采取强制通风，以达到降低变压器温升的目的。

3. 高低压开关

高低压开关柜是一种电设备，外线先进入柜内主控开关，然后进入分控开关，各分路按其需要设置。如仪表，自控，电动机磁力开关，各种交流接触器等，有的还设高压室与低压室开关柜，设有高压母线，如发电厂等，有的还设有为保主要设备的低压减载。

(1)高低压开关分类

①低压抽出式开关柜。

②交流低压配电柜。

③金属铠装移开式开关柜。

④低压固定分隔式开关柜。

⑤高压电容器柜。

⑥高压开关柜。

(2)高低压开关柜安全技术操作规程

①在全部和部分带电的盘上进行工作，应将检修设备与运行设备以明显标志隔开。

②有电流互感器和电压互感器的二次绕组应有永久性的、可靠的保护接地。

③在运行的电流互感器二次回路上工作时，应采取下列安全措施：

a. 严禁将电流回路断开。

b. 为了可靠地将电流互感器二次线圈短路，必须使用短路片和短路线，禁止使用导线缠绕。

c. 禁止在电流互感器与短路端子之间的回路和导线上进行任何工作。

④在运行中的电压互感器二次回路上工作时,应采取下列安全措施:

a. 严格防止短路或接地;

b. 应使用绝缘工具、戴绝缘手套,必要时在工作前停用有关继电保护装置;

c. 接临时负载时,必须装有专用的开关和熔断器;

d. 二次回路通电试验时,为防止由二次侧向一次反变压,除将二次回路断开外,还应取下一次熔断器;

e. 二次回路通电或耐压试验前,应通知值班员和有关人员,并派人看守现场,检查回路,确认无人工作后方可加压;

f. 检查断电保护和二次回路的工作人员,未经值班人员许可,不准进行任何倒闸操作。

4. 配电箱与开关柜

配电箱是按电气接线要求将开关设备、测量仪表、保护电器和辅助设备组装在封闭或半封闭金属柜中或屏幅上,构成低压配电装置。正常运行时可借助手动或自动开关接通或分断电路。故障或不正常运行时借助保护电器切断电路或报警。借测量仪表可显示运行中的各种参数,还可对某些电气参数进行调整,对偏离正常工作状态进行提示或发出信号。常用于各发、配、变电所中。

开关箱又名配电柜,配电盘,配电箱,是集中、切换、分配电能的设备,一般由柜体、开关(断路器)、保护装置、监视装置、电能计量表,以及其他二次元器件组成,按照电流可以分为交、直流开关箱。按照电压可分为照明开关箱和动力开关箱,或者高压配电盘和低压配电盘。

1)配电箱及开关箱要求

(1)配电箱、开关箱应采用冷轧钢板或阻燃绝缘材料制作,钢板厚度应为1.2~2.0mm,其中开关箱箱体钢板厚度不得小于1.2mm,配电箱箱体钢板厚度不得小于1.5mm,箱体表面应做防腐处理。配电箱、开关箱不得采用木板制作。

(2)每台用电设备必须有各自专用的开关箱,严禁用同一个开关箱直接控制2台及2台以上用电设备(含插座)。

(3)动力配电箱与照明配电箱宜分别设置。当合并设置为同一配电箱时,动力和照明应分路配电;动力开关箱与照明开关箱必须分设。

(4)配电箱、开关箱应装设端正、牢固。固定式配电箱、开关箱的中心点与地面的垂直距离应为1.4~1.6m。移动式配电箱、开关箱应装设在坚固、稳定的支架上。其中心点与地面的垂直距离宜为0.8~l.6m。

(5)配电箱、开关箱内的电器(含插座)应先安装在金属或非木质阻燃绝缘电器安装板上,然后方可整体紧固在配电箱、开关箱箱体内。金属电器安装板与金属箱体应做电气连接。

(6)配电箱、开关箱内的电器(含插座)应按其规定位置紧固在电器安装板上,不得歪斜和松动。

(7)配电箱的电器安装板上必须分设N线端子板和PE线端子板。N线端子板必须与金属电器安装板绝缘;PE线端子板必须与金属电器安装板做电气连接。进出线中的N线必须通过 N 线端子板连接;PE 线必须通过 PE 线端子板连接。

(8)配电箱、开关箱内的连接线必须采用钢芯绝缘导线。导线绝缘的颜色标志应按规定要求配置并排列整齐;导线分支接头不得采用螺栓压接,应采用焊接并做绝缘包扎,不得有外露带电部分。

(9)配电箱、开关箱的金属箱体、金属电器安装板以及电器正常不带电的金属底座外壳等必须通过 PE 线端子板与 PE 线做电气连接,金属箱门与金属箱体必须通过采用编织软铜线做电气连接。

(10)配电箱、开关箱中导线的进线口和出线口应设在箱体的下底面。

(11)配电箱、开关箱的进、出线口应配置固定线卡,进出线应加绝缘护套并成束卡固在箱体上,不得与箱体直接接触。移动式配电箱、开关箱的进、出线应采用橡皮护套绝缘电缆,不得有接头。

(12)配电箱、开关箱外形结构应能防雨、防尘。

2)电器装置的选择要求

(1)配电箱、开关箱内的电器必须可靠、完好,严禁使用破损、不合格的电器。

(2)配电箱的电器应具备电源隔离,正常接通与分断电路,以及短路、过载、漏电保护功能。

(3)配电箱、开关箱的电源进线端严禁采用插头和插座做活动连接。

3)配电箱、开关箱使用与维护要求

(1)配电箱、开关箱应有名称、用途、分路标记及系统接线图。

(2)配电箱、开关箱箱门应配锁,并应由专人负责。

(3)配电箱、开关箱应定期检查、维修。检查、维修人员必须是专业电工。检查、维修时必须按规定穿、戴绝缘鞋、手套,必须使用电工绝缘工具,并应做检查、维修工作记录。

(4)对配电箱、开关箱进行定期维修、检查时,必须将其前一级相应的电源隔离开关分闸断电,并悬挂“禁止合闸、有人工作”停电标志牌,严禁带电作业。

(5)配电箱、开关箱必须按照下列顺序操作:

①送电操作顺序为:总配电箱—分配电箱—开关箱。

②停电操作顺序为:开关箱—分配电箱—总配电箱。但出现电气故障的紧急情况可除外。

(6)港口作业现场停止作业 1 小时以上时,应将动力开关箱断电上锁。

(7)开关箱的操作人员必须:

①掌握安全用电基本知识和所用设备的性能;

②按规定穿戴和配备好相应的劳动防护用品,并应检查电气装置和保护设施,严禁设备带“缺陷”运转;

③保管和维护所用设备,发现问题及时报告解决;

④暂时停用设备的开关箱必须分断电源隔离开关,并应关门上锁;

⑤移动电气设备时,必须经电工切断电源并做妥善处理后进行。

(8)配电箱、开关箱内不得放置任何杂物,并应保持整洁。

(9)配电箱、开关箱内不得随意挂接其他用电设备。

(10)配电箱、开关箱内的电器配置和接线严禁随意改动。

(11)熔断器的熔体更换时,严禁采用不符合原规格的熔体代替。漏电保护器每天使用前应启动漏电试验按钮试跳一次,试跳不正常时严禁继续使用。

(12)配电箱、开关箱的进线和出线严禁承受外力,严禁与金属尖锐断口、强腐蚀介质和易燃易爆物接触。

(13)电气设备的接地,通常的方法是将金属导体埋入地中,并通过导体与设备作电气连接(金属性连接)。这种埋入地中直接与地接触的金属物体称为接地体,而连接设备与接地体的金属导体称为接地线,接地体与接地线的连接组合就称为接地装置。

4)接插配电柜(箱)要求

(1)插电时,应用螺母将电缆线头压紧,严禁挂在桩头上。严禁将电缆并股单接挂在桩头上,严禁用木梗代替插头插电。

(2)插电时,应尽量分开平均使用桩头,不要过于集中在同一个桩头上。

(3)熔断器的熔体更换时,严禁用不符合规格的熔体代替。

(4)使用后应随手关闭,门锁应有专人保管。

5.功率因数补偿装置

电网中的电力负荷如电动机、变压器、日光灯及电弧炉等,大多属于电感性负荷,这些电感性的设备在运行过程中不仅需要向电力系统吸收有功功率,还同时吸收无功功率。因此在电网中安装并联电容器无功补偿设备后,将可以提供补偿感性负荷所消耗的无功功率,减少了电网电源侧向感性负荷提供及由线路输送的无功功率。减少了无功功率在电网中的流动,可以降低输配电线路中变压器及母线因输送无功功率造成的电能损耗,这种措施称做功率因数补偿。

由于功率因数提高的根本原因在于无功功率的减少,因此功率因数补偿通常称之为无功补偿。在大系统中,无功补偿还用于调整电网的电压,提高电网的稳定性。在小系统中,通过恰当的无功补偿方法还可以调整三相不平衡电流。按照 wangs 定理:在相与相之间跨接的电感或者电容可以在相间转移有功电流。因此,对于三相电流不平衡的系统,只要恰当地在各相与相之间以及各相与零线之间接入不同容量的电容器,不但可以将各相的功率因数均补偿至 1,而且可以使各相的有功电流达到平衡状态。

目前港口供电系统中都采用集中补偿和跟踪补偿方式相结合的方式,无功补偿装置和滤波设备主要由并联电容器及电抗器组成。在工频条件下,电容器的电抗值系统的电感电抗值大,不会发生谐振,但是在高次谐波条件下由于感抗的增加和容抗的减少,就可能发生并联谐振或串联谐振。这种谐振往往会是谐波电流放大几倍甚至几十倍,会对电网及无功补偿装置构成很大的威胁。

功率因素补偿装置主要由补偿柜和电力电容器组成,电力电容器要防止其过热、漏油。补偿柜的仪器仪表开关应该处于正常工作状态。

## 三、输电线路

输电是用变压器将发电机发出的电能升压后,再经断路器等控制设备接入输电线路来实现。按结构形式,输电线路分为架空输电线路和电缆线路。架空输电线路由线路杆塔、导线、绝缘子、拉线、杆塔基础、接地装置等构成,架设在地面之上。按照输送电流的性质,输电分为交流输电和直流输电。

1. 架空输电线路

架空线路是指用绝缘子及线路金具将导线架设于杆塔上的电力线路。某些架空线路也可能采用绝缘导线。需考虑的问题有:

(1)架空线路暴露在大气环境中,会直接受到气象条件的作用,必须有一定的机械强度以适应当地气温变化、强风暴侵袭、结冰荷载以及跨越江河时可能遇到的洪水等影响。同时,雷闪袭击、雨淋、湿雾以及自然和工业污秽等也都会破坏或降低架空线路的绝缘强度甚至造成停电事故。架空线路还存在电磁环境干扰问题。这些因素都必须在架空线路的设计、运行和维护中加以考虑。

(2)架空线路所经路径要求有足够的地面宽度和净空走廊,或称线路走廊。高压和超高压架空线路以及城市供电用架空线路,由于土地利用、自然环境和城市建筑等条件的限制,不易开辟线路走廊,常常给线路建设带来困难,成为发展架空输电线路的一项障碍。一些工业发达的国家多采用同杆并架的方式,即将相同或不同电压等级的输电线路架设在同一杆塔上,以节省线路走廊。

(3)在分段测量线路的绝缘电阻时必须拆开线路三相的引流线,然后分别测量各段三相导线的绝缘电阻,原因有:

①有的线路较长,导线在途中进行换位,在没有标明 A、B、C 相的情况下,防止漏测故障相绝缘电阻,引起错误判断;

②认为产生单相不完全接地时,对地电压最低的一相必定是接地相,因此只测一相绝缘电阻,而实际上有可能漏测了故障相,易出差错;

③线路有可能多点接地等。因此,当发生架空线路接地时,必须认真检测、判断准确,工作中不能马虎。

2. 电缆线路

电缆线路由导线、绝缘层、包护层等构成;导线:传输电能,用铜或铝的单股或多股线,通常用多股;绝缘层:使导线与导线、导线与包护层互相绝缘,绝缘材料有橡胶、沥青、聚乙烯、聚氯乙烯、棉、麻、绸、油浸纸和矿物油、植物油等,目前大多数用油浸纸;包护层:保护绝缘层,并有防止绝缘油外溢的作用,分为内护层和外护层;电缆线路的造价比架空线路高,但其不用架设杆塔,占地少,供电可靠,极少受外力破坏,对人身安全。

1)电缆线要求

(1)所有电线必须采用绝缘导线。

(2)电缆的选择主要依据是线路敷设的要求和线路负荷计算的计算电流。

(3)电缆中必须包含:

①全部工作芯线和用作保护零线或保护线的芯线。需要三相四线制配电的电缆线路必须采用五芯电缆。

②五芯电缆必须包含淡蓝、绿/黄两种颜色绝缘芯线。淡蓝色支线必须用作 N 线;绿/黄双色芯线必须用作 PE 线,严禁混用。

(4)电缆截面的选择:

①导线中的计算负荷电流不大于其长期连续负荷允许载流量。

②线路末端电压偏移不大于其额定电压的5%。

③三相四线制线路的N线和PE线截面不小于相线截面的50%,单相线路的零线截面与相线截面相同。根据其长期连续负荷允许载流量和允许电压偏移确定。

(5)为船舶提供岸电的电缆线路必须有短路保护和过载保护。

2)电缆线的敷设要求

(1)电缆敷设应采用埋地或架空两种方式,严禁沿地面明设,以防机械损伤和介质腐蚀。

(2)埋地电缆需要注意:

①埋地电缆在穿越建筑物、构筑物、道路、易受机械损伤、介质腐蚀场所及引出地面从2m高到地下0.2m处必须加设防护套管,防护套管内径不应小于电缆外径的1.5倍。

②电缆直接埋地敷设的深度不应小于0.7m,并应在电缆上、下、左、右侧均匀敷设不小于50mm厚的细砂,然后覆盖混凝土板等硬质保护层。

③埋地电缆与其附近外电电缆和管沟的平行间距不得小于2m、交叉间距不得小于1m。

④埋地电缆路径应设方位标志。

⑤架空线路的敷设需要注意:

a.架空线的档距不得大于35m;

b.在一个档距内,每层导线的接头数不得超过该层导线条数的50%;

c.一条导线应只有一个接头;

d.跨越铁路、公路、河流时架空线不得有接头;

e.绝缘导线;

f.架空线必须采用绝缘导线,其导线截面应符合《作业现场临时用电安全技术规范》的有关规定;

⑥电缆接线盒:应能防水、防尘、防机械损伤,并远离易燃、易爆、易腐蚀场所;

⑦作业岸电通往水上的线路,应用绝缘物架设,导线长度应留有余量,不得将电线缠绕在钢筋、树木或脚手架上。

⑧水上和潮湿地带的电缆线,必须绝缘良好并具有防水功能。电缆线的接头必须进行防水处理;

⑨船舶进出的航道、抛锚区域和锚缆摆动区域,严禁架设或布设临时电缆;

⑩从岸上拉到船上架设的电缆线,应保持潮水涨落或移船的余量,并应采取措施,防止电缆受挤压破损、断裂。

最后电缆在甲板上通过,应有防止受挤压破损、断裂的保护措施,并应设立警示标志。

## 四、用电设备

1.照明器具

1)照明器具的一般要求

(1)在坑洞内作业、夜间港口作业或作业工棚、料具堆放场、道路、仓库、办公室、食堂、宿舍及自然采光差等场所,应设一般照明、局部照明或混合照明。在一个工作场所内,不得只设局部照明。

(2)停电后作业人员需要及时撤离现场的特殊工程,例如夜间高处作业工程及自然采光很差的深坑洞工程等场所,还必须装设由独立自备电源供电的应急照明。

(3)对于夜间影响行人和车辆安全通行的在建工程,如开挖的沟、槽、孔洞等,应在其邻边设置醒目的红色警戒照明。

(4)对于夜间可能影响飞机及其他飞行器安全通行的主塔及高大机械设备或设施,如塔式起重机、外用电梯等,应在其顶端设置醒目的红色警戒照明。

(5)设置不受停电影响的保安照明。

2)照明器具的选择

(1)正常湿度(相对湿度≤75%)的一般场所,可选用普通开启式照明器。

(2)潮湿或特别潮湿(相对湿度>75%)场所,属于触电危险场所,必须选用密闭型防水照明器或配有防水灯头的开启式照明器。

(3)含有大量尘埃但无爆炸和火灾危险的场所,属于触电一般场所,必须选用防尘型照明器,以防尘埃影响照明器安全发光。

(4)有爆炸和火灾危险的场所属于触电危险场所,应按《爆炸和火灾危险环境电力装置设计规范》(GB 50058)危险场所等级选用防爆型照明器,详见现行国家标准。现举一例予以说明,假设火灾危险场所属于火灾危险区域划分的23区,即具有固体状可燃物质,在数量和配置上能引起火灾危险的环境,按该规范规定,照明灯具的防护结构应为IP2X级。

(5)存在较强振动的场所,必须选用防振型照明器。

(6)有酸碱等强腐蚀介质场所,必须选用耐酸碱型照明器。

3)照明供电的选择

(1)一般场所,照明供电电压宜为220V,即可选用额定电压为220V的照明器。

(2)隧道、人防工程、高温、有导电灰尘、比较潮湿或灯具离地面高度低于规定4m等较易触电的场所,照明电源电压不应大于36V。

(3)潮湿和易于触及带电体的触电危险场所,照明电源电压不得大于24V。特别潮湿、导电良好的地面、锅炉或金属容器等触电高度危险场所,照明电源电压不得大于12V。

(4)行灯电压不得大于36V。

(5)照明电压偏移值最高为额定电压的-10%~5%。

4)照明装置的设置

(1)安装高度:一般220V灯具室外不低于3m,室内不低于4m;碘钨灯及其他金属卤化物灯安装高度宜在3m以上。

(2)安装接线:螺口灯头的中心触头应与相线连接,螺口应与零线(N)连接;碘钨灯及其他金属卤化物灯的灯线应固定在专用接线柱上;灯具的内接线必须牢固,外接线必须做可靠的防水绝缘包扎。

(3)对易燃易爆物的防护距离:普通灯具不宜小于300mm;聚光灯及碘钨灯等高热灯具不宜小于500mm,且不得直接照射易燃物。达不到防护距离时,应采取隔热措施。

照明方式可分为一般照明及局部照明,一般照明是指大面积的普通照面,局部照明是指工作部位加强照明。我国港口堆场多采用40m高杆灯。港区室外照明包括码头面、堆场、铁路站场、道路等,各部分的照明度要求列于表7-6。

码头区域照明度要求表 表7-6

| 场所 | | 照明(单位Lx) |
| --- | --- | --- |
| 码头前沿 | 集装箱 | 5 |
| | 其他 | 3 |
| 堆场 | 集装箱 | 4 |
| | 件杂货 | 3 |
| | 散货 | 0.5 |
| 仓库 | | 5 |
| 道路 | 主干道、次干道 | 1 |
| | 辅助道路 | 0.5 |
| 铁路装卸线 | | 3 |

5)控制与保护

(1)任何灯具必须经照明开关箱配电与控制,配置完整的电源隔离、过载与短路保护及漏电保护电器。

(2)路灯还应逐灯另设熔断器保护。

(3)灯具的相线必须经开关控制,不得直接引入灯具。

(4)暂设工程的照明灯具宜采用拉线开关控制,其安装高度为距地2~3m。宿舍区禁止设置床头开关。

6)临时照明要求

(1)一般场所宜选用额定电压为220V的照明器。

(2)现场照明应采用高光效、长寿命的照明光源。对需大面积照明的场所,应采用高压汞灯、高压钠灯或混光用的卤钨灯等。

(3)照明器具和器材的质量应符合国家现行有关强制性标准的规定,不得使用绝缘老化或破损的器具和器材。

(4)使用行灯应符合下列要求:

①电源电压不大于36V。

②灯体与手柄应坚固、绝缘良好并耐热耐潮湿。

③灯头与灯体结合牢固,灯头无开关。

④灯泡外部有金属保护网。

⑤金属网、反光罩、悬吊挂钩固定在灯具的绝缘部位上。

(5)额定电压为12~36V照明的场所,其电压允许偏移值为额定电压值的-10%~5%;其余场所电压允许偏移值为额定电压值的±5%。

(6)照明变压器必须使用双绕组型安全隔离变压器,严禁使用自耦变压器。

(7)照明系统宜使三相负荷平衡,其中每一单相回路上,灯具和插座数量不宜超过25个,负荷电流不宜超过15A。

2. 电力变压器

电力变压器是变配电站的核心设备,按照绝缘结构分为油浸变压器和干式变压器。

油浸式变压器所用油的闪点在135~160℃之间,属于可燃液体。变压器的固体绝缘衬垫、纸板、棉纱、布、木材等都属于可燃物质，其火灾危险性较大，而且有爆炸的危险。变压器各部件及本体的固定必须牢固，电气连接必须良好，铝导体与变压器的连接应采取铜铝过滤接头，其低压绕组中性点、外壳及其阀型避雷器三者共用的接地必须良好，接地线上应有可断开的连接点。

干式变压器的安装场所应有良好的通风。

3. 电力电容器

电力电容器是充油设备、安装、运行或操作不当即可能着火甚至发生爆炸，电容器的残留电荷还可能对人身安全构成直接威胁。

电容器所在环境温度一般不应超过40℃，周围不应有腐蚀性气体和蒸气，不应有大量灰尘和纤维；所安装环境应无易燃、易爆危险物或强烈振动，应避免阳光直射，应有良好的通风，电容器外壳和钢架均应采取接地（或接零）措施。电容器外壳不应有明显变形，不应有漏油痕迹。电容器的开关设备、保护电器盒放电装置应保持完好。

港口设备的有效管理在促进港口生产的持续高效发展，以及保证投资效益顺利实现的过程中发挥着巨大的作用。港口设备的完好是生产经营的重要保障，因此，加强港口设备的管理就显得尤为重要。

4. 电动机

电动机是把电能转换成机械能的一种设备。它是利用通电线圈（也就是定子绕组）产生旋转磁场并作用于转子鼠笼式闭合铝框形成磁电动力旋转扭矩。电动机按使用电源不同分为直流电动机和交流电动机，电力系统中的电动机大部分是交流电机，可以是同步电机或者是异步电机（电机定子磁场转速与转子旋转转速不保持同步速）。电动机主要由定子与转子组成，通电导线在磁场中受力运动的方向跟电流方向和磁感线（磁场方向）方向有关。电动机工作原理是磁场对电流受力的作用，使电动机转动。电动机使用要求有：

（1）在拆卸前，要用压缩空气吹净电机表面灰尘，并将表面污垢擦拭干净。

（2）选择电机解体的工作地点，清理现场环境。

（3）熟悉电机结构特点和检修技术要求。

（4）准备好解体所需工具（包括专用工具）和设备。

（5）为了进一步了解电机运行中的缺陷，有条件时可在拆卸前做一次检查试验。为此，将电机带上负载试转，详细检查电机各部分温度、声音、振动等情况，并测试电压、电流、转速等，然后再断开负载，单独做一次空载检查试验，测出空载电流和空载损耗，做好记录。

（6）切断电源，拆除电机外部接线，做好记录。

（7）选用合适电压的兆欧表测试电机绝缘电阻。为了跟上次检修时所测的绝缘电阻值相比较以判断电机绝缘变化趋势和绝缘状态，应将不同温度下测出的绝缘电阻值换算到同一温度，一般换算至75℃。

（8）测试吸收比 K 值。当吸收比大于 1.33 时，表明电机绝缘不曾受潮或受潮程度不严重。为了跟以前数据进行比较，同样要将任意温度下测得的吸收比换算到同一温度。

## 五、电气设备基本安全要求

1. 变配电站安全

变配电站是企业的动力枢纽。变配电站装有变压器、互感器、避雷器、电力电容器、高低压开关、高低压母线、电缆等多种高压设备和低压设备。变配电站发生事故不仅使整个生产活动不能正常运行，还可能导致火灾和人身伤亡事故。

(1)变配电站位置。变配电站位置应符合供电、建筑、安全的基本原则。从安全角度考虑，变配电站应避开易燃易爆环境；变配电站宜设在企业的上风侧，并不得设在容易沉积粉尘和纤维的环境；变配电站不应设在人永远密集的场所。变配电站的旋转和建筑应考虑灭火、防蚀、防污、防水、防雨、防雪、防振的要求。地势低洼处不宜建变配电站。变配电站应有足够的消防通道并保持畅通。

(2)建筑结构。高压配电室、低压配电室、油浸电力变压器室、电力电容室、蓄电池应为耐火建筑。蓄电池室应隔离。变配电站各间隔的门应向外开启；门的两面有配电装置时，应两边开启。门应为非燃烧体或难燃烧体材料制作的实体门。

(3)间隔、屏护和隔离。变配电站各部和屏护应符合专业标准的要求。室外变、配电装置与建筑物应保持规定的防火间距。室内充油量60kg以下者允许安装在两侧有隔板的间隔内；油量60～600kg者须安装在有防爆隔离的间隔内；600kg以上者应安装在单独的间隔内。

(4)通道。变配电站室内各通道应符合要求。高压配电装置长度大于6m时，通道应设两个出口；低压配电装置两个出口间的距离超过15m时，应增加出口。

(5)通风。蓄电池室、变压器室、电力电容器室应有良好的通风。

(6)封堵。门窗及孔洞应设置网孔小于10mm×10mm的金属网，防止小动物钻入。通向站外的孔洞、沟道应予以封堵。

(7)标志。变配电室的重要部位应设有“止步，高压危险！”等标志。

(8)连锁装置。断路器与隔离开关操动机构之间、电力电容器的开关与其放电负荷之间应装有可靠的连锁装置。

(9)电气设备正常运行。电流、电压、功率因数、油量、油色、温度指示应正常；连接点应无松动、过热迹象；门窗、围栏等辅助设施应完好；声音应正常，应无异常气味；瓷绝缘不得掉瓷、不得有裂纹和放电痕迹并保持清洁；充油设备不得漏电、浸油。

(10)安全用具和灭火器材。变配电站应具有高压系统图、低压系统图、电缆布线图、二次回路接线图、设备使用说明书、试验记录、测量记录、检修记录、运行记录等技术资料。

(11)管理制度。变配电站应建立并执行各项行之有效的规章制度，如工作票制度、工作许可制度、工作监护制度、值班制度、巡视制度、检查制度、检修制度及防护责任制等规章制度。

2.电气防火措施

(1)电气防火技术性措施应严格执行《作业现场临时用电安全技术规范》的各项技术要求。

(2)电气防火制度性措施有：

①建立易燃易爆物和腐蚀介质管理制度。

②建立电气防火责任制，加强电气防火重点场所烟火管制，并设置禁止烟火标志。

③建立电气防火教育制度，定期进行电气防火知识宣传教育，提高各类人员电气防火意识和电气防火知识水平。

④建立电气防火检查制度,发现问题,及时处理,不留任何隐患。

⑤建立电气火警预报制,做到防患于未然。

⑥建立电气防火领导体系及电气防火队伍,掌握扑灭电气火灾的知识和方法。

3.外电防护

1)外电线路

在港口作业现场周围往往存在一些高、低压电力线路,这些不属于港口作业现场的外接电力线路统称为外电线路。外电线路一般为架空线路,个别现场也会遇到电缆线路。由于外电线路的原位置已固定,因而其与港口作业现场的相对距离也难以改变,这就给港口现场作业安全带来了不利影响。如果港口作业现场距离外电线路较近,往往会因港口作业人员搬运物料、器具,尤其是金属料具或操作不慎会意外触及外电线路,从而发生触电伤害事故。

2)外电防护

(1)当港口作业现场邻近外电线路作业时,为了防止外电线路对港口现场作业人员可能造成的触电伤害事故,港口作业现场必须对其采取相应的防护措施,这种对外电线路触电伤害的防护称为外电线路防护。

(2)港口作业现场外基本上不存在安全特低电压和限制放电能量的问题,因此这种特殊的防护主要措施是做到绝缘、屏护和保持安全距离。

3)外电防护的技术措施

(1)绝缘。

(2)屏护。通过采用木、竹或其他绝缘材料增设屏障、遮栏、围栏、保护网等与外电线路实现强制性绝缘隔离。隔离处应悬挂醒目的警告标志牌。

(3)保证安全距离。

①不得在外电架空线路正下方港口作业,搭设作业棚、建造生活设施或堆放货物及其他杂物等;

②货物与外电架空线路的边线之间的最小安全操作距离应不小于下表所列数值。

防护设施与外电线路之间的最小安全距离见表7-7。

**防护设施与外电线路之间的最小安全距离** 表7-7

| 外电线路电压等级(kV) | <1 | 1~10 | 35~110 | 220 | 330~500 |
|---|---|---|---|---|---|
| 最小安全操作距离(m) | 4.0 | 6.0 | 8.0 | 10 | 15 |

(4)限制放电能量。

(5)24V及以下安全特低电压。

## 六、电气设备的检验检测

电气设备要按照有关标准和规范定期进行检测,其中高压电器部分应由专业的检测机构检测,低压部分也可以由企业的技术部门组织专业人员进行检测。检测的数据要符合国家有关标准规范,如不符合应进行检修。

# 第五节　港口基础设施

港口基础设施主要包括港口水工设施、港池、港口道路、货物堆场、仓库、办公楼等设施以及附着在码头上的码头基础设备。码头基础设备设于码头上供船舶靠离和装卸作业用的各类固定设备。包括系船及防冲设备、路面、阶梯、小梯、起重机轨道和火车轨道、供水供电的各种工艺管线等。

## 一、主要港口基础设施介绍

码头结构是构成码头建筑物的主体。一般可分为三个组成部分:上部结构,下部结构和码头设备。上部结构,如重力式码头的胸墙,板桩码头的帽梁,高桩码头的梁、板和靠船构件等,其功用在于将下部结构的构件连成整体和装设护木、系船柱、管沟、轨道等。上部结构和下部结构的连接高程,一般略高于作业水位,以保证浇筑上部结构时不被淹没,或至少在一个潮汐周期的大部分时间内不被淹没。下部结构,如重力式码头的墙身和基础,板桩码头的板桩,高桩码头的桩基等等。它们的功用主要是挡土和将码头自重及作用于上部结构的荷载传递到基础和地基中去。码头设备主要包括系船及防冲设备以及码头路面和供水、供电的各种管线等等。

(1)港池。港池包括码头前沿水域、船舶转头水域、港内锚地等。码头前沿水域是供船舶靠泊码头,进行货物装卸和旅客上下用的水域。船舶转头水域是供船舶靠离码头以前或以后需要回转用的水域。港内锚地是供船舶进行水上船转船的货物装卸作业(称过驳作业)、避风停泊和等候靠泊码头的水域。河港的港内锚地还作为供船队进行编解作业之用。港池有时也可狭义地理解为仅指码头前沿水域或突堤式码头间的水域。港池在海港和河港中的布置方式是不相同的。

海港港池按口门布置分为开口式和闭合式两种,以开口式居多。开口式港池通常只有一个口门,但为了便利船舶进出,减少泥沙淤积,根据具体情况,也有布置两个口门的。口门方向和宽度根据港口所在地区的风向、波浪、潮流、冰凌(如在冰冻地区)等情况和船舶尺度、航行密度、单行或双行等条件确定。在潮差较大地区如西欧英吉利海峡两岸,为减少潮差影响,降低码头高度和港池深度,节省造价,多在港池口门处设一船闸,形成闭合式港池。港内锚地一般布置在港池前方靠近口门处。船舶转头水域位于港内锚地和码头前沿水域之间。

港池面积,特别是人工掩护的港池和人工开挖的港池的面积,应根据使用要求和发展趋势确定。船舶在港池内自航转头,船舶转头水域的半径约为船长1.5~2倍,当用拖船协助时半径可等于船长一倍。如果利用码头上的带缆桩抛锚或采用拖船协助转头,转头水域半径还可适当减小。港池自口门至码头前沿应有一定的距离,以保证船舶驶入口门后减速到接近静止状态,安全靠泊码头;并使进入口门的波浪逐渐扩散,波能基本消失,以免在码头岸壁前形成立波,影响系泊稳定。波浪消散所需距离可通过模型试验确定。

海港多采用突堤码头或突堤和顺岸相结合的码头,以节省岸线长度。两突堤间的水域宽度根据设计船舶尺度、泊位数、船舶靠离码头的作业方式以及在同一泊位上并列靠泊的船舶数目确定。大型船舶在突堤间一般由港作拖船协助靠离码头,在这种情况下,突堤间水域的最小宽度约为设计船舶长度的1.2倍。

河港港池通常采用顺岸式码头，因而港池顺岸线布置，不占用主航道。港池宽度一般为设计船舶宽度的3~4倍。码头前沿水域边缘一般与码头前沿线成30°~45°交角向外扩展，扩展部分应达到设计水深。船舶转头水域布置在码头前沿水域上下游端，其长度（顺水流方向）一般不小于船长或船队总长的2.5倍；宽度（垂直水流方向）一般不小于船长或船队总长的1.5倍。对拖带船队，转头水域可适当减小。锚地一般顺岸线布置在码头上游或下游。

（2）码头路面。自码头线到前方仓库（或货场）前之间的地带的路面。它要能适应流动起重机械、装卸车辆和临时堆放货物的要求。设计时要根据码头的具体结构形式、作用荷载、基础条件等进行设计。一般以刚性路面为好。在透空式码头的钢筋混凝土承台面板上，一般是现浇一层混凝土作为路面，并起找平及磨耗层作用。在承台上如有一层不厚的回填，则在碾压碎石垫层上再浇筑混凝土路面。在码头后方的回填区，考虑到将来可能发生不均匀沉降，一般采用混凝土方块或块石路面，也有先用水结碎石路面或简易泼油路面，作为过渡性路面；待经过一段时期沉降基本完成后，再在水结碎石路面上浇筑永久性混凝土刚性路面，或在简易泼油路面上铺筑永久性沥青路面。混凝土路面的平整度好，便于流动机械的运行及理货管理工作，维修量小，但它造价高，对沉降的适应性差。沥青路面对沉降的适应性强，造价较低，但在建成初期及夏季里会泛油发软，流动机械行驶费力，并且对行驶履带式起重机的适应性较差。

（3）码头管沟。设置在码头前沿，供铺设供水、供电、照明、通信、输油等管线之用的管沟或廊道。在修船、舣装码头的管沟或廊道中还铺设有压缩空气、氧气、乙炔等管线。管沟设置深度一般较浅，顶面用活动盖板铺盖；在通过系船柱块体处需设套管与之沟通。管沟的最小净宽一般约50~60cm。管沟底应有一定的纵坡，并应设排水装置。这种管沟易漏水，不保温，易进脏物。

廊道比管沟大，为满足维修人员在廊道内进行工作的要求，最小宽度一般不小于1m，最小净高不小于1.2m。在廊道顶面设人孔及通气孔，个别人孔尺寸要适当加大，便于器材进出。廊道保温防冻和防止锈蚀的条件较好，不易进入脏物。但廊道下部经常浸水，容易发生渗水、漏水现象，止水工作量较管沟为大。廊道底部要有一定的纵向和横向排水坡度，并设置排水装置。

为保证安全，在修船，舣装码头，如采用管沟，乙炔管和氧气管或者压缩空气管和氧气管不能放在同一管沟内，电缆最好单独设一管沟。有的码头将乙炔管和压缩空气管，供水管和氧气管，电缆三者分别敷设在三条管沟中。当采用廊道时，乙炔管也不能和氧气管、压缩空气管及电缆放入同一个廊道内，一般也另设管沟或明设。

（4）斜坡码头护岸。保证斜坡码头岸坡稳定的建筑物。一般采用块石护面或护底。护面块石的质量，根据波浪和水流的作用力确定。块石之下设垫层和倒滤层。水下护面层当采用抛石时，一般抛两层；当大块石由潜水工安放时，可以立放（即以长边垂直于坡面来砌放）一层。水上护面层一般多采用立放干砌。各层边坡不陡于其自然安息坡度。岸坡的整体稳定性，可用圆弧滑动法进行验算。

（5）卸荷板。用于减小墙后填土压力，增加墙身稳定的反倾覆荷载的板状构件。其作用是遮拦板上的地面荷载（包括填土和地面上的使用荷载），使板下墙背产生的土压力大为减小。一般由混凝土或钢筋混凝土预制安放。在重力式码头中,常将其置于胸墙下,胸墙位置宜尽可能放低,以提高其卸荷作用,在其他重力式挡土构筑物中也可采用。

(6)沉箱接头。两矩形沉箱间的接缝。一般采用平接或对头接。在沉箱码头,接头处的垂直缝的平均宽度一般均为5cm。当码头墙后有抛石棱体时,采用平接形式;墙后无抛石棱体时,采用对头接形式。对头接的空腔宽度一般约为30~50cm,腔内填充倒滤层。

(7)扶壁结构。由钢筋混凝土立板、底板和肋板组成的挡土结构。肋板又称扶壁,起加强立板和底板联系作用。立板又称墙面板,承受墙后回填土的土压力。底板是扶壁结构的基底,作用是保持结构的稳定,宽度由建筑物的稳定性和地基强度确定。在底板的前后缘可以外伸,分别称为前、后趾板。底板后方还可以翘起而形成尾板。一个扶壁构件的肋板数量和肋板间距一般通过技术经济比较确定。扶壁结构可以预制,也可现场浇筑。预制的扶壁构件通常在肋板上留吊孔,其位置在预制件重心的上方。两段预制扶壁结构之间的接头为垂直通缝,缝宽一般约3cm。当扶壁结构背后无抛石棱体时,在垂直缝处须设置倒滤屏,以防止墙后填土从缝中流失。扶壁结构常用于码头、船坞、船闸以及其他挡土建筑物。

(8)高桩码头靠船构件。高桩码头上部结构中的一个重要组成部分。高桩码头为轻型结构,桩台位置比较高而刚度小,一般常设置专门承受船舶撞击力和挤靠力的靠船构件。它是船舶靠码头时的依靠。靠船力由其传给桩台,再传至基桩。板梁式和无梁面板式高桩码头的上部结构和靠船构件,可分块拼装。靠船构件一般多采用悬臂梁式。当潮差较大,船舶干舷又较小时,可降低横梁标高或增加横向支撑,以改善受力情况。为了简化码头上部结构,也可在码头外侧打钢靠船桩代替靠船构件。

(9)码头端部翼墙。顺岸码头端部与岸坡连接的挡土墙。翼墙适宜于码头端部受地形限制的情况,并可兼供停靠小型工作船之用。由于翼墙是建在斜坡上,高度逐渐变化,一般易发生较大的不均匀沉降,结构出现裂缝,虽不影响使用,但颇不美观。如果地形不受限制,端部无使用要求,可采用另外的处理方式。例如将码头后面的填土做成斜坡,并将码头端部外墙作成台阶形,作为护岸。这种形式一般没有不均匀沉降的问题,并且便于码头以后的延长。

(10)板桩锚碇结构。板桩码头结构中的重要组成部分。其作用是保持板桩的稳定。一般包括拉杆和锚碇,也有不用拉杆而采用斜拉桩的。

锚碇结构的拉杆又称锚杆,承受板桩对于锚碇的拉力,是锚碇结构之间的连系构件;一般采用钢杆,内涂红丹及防锈漆,外缠沥青麻布或包以混凝土、钢丝网混凝土作防护层。拉杆位置,根据作业水位和作业方便的原则,高度尽可能放低,使板桩获得较经济的断面。拉杆的平面间距,一般为1.5~1.0m,钢筋混凝土板桩按板桩宽的整数倍数计,槽钢板桩则按板桩两倍宽度的整倍数选取。锚碇结构形式常用的有锚碇板、锚碇板桩(或锚碇桩)、锚碇叉桩及斜拉桩等多种。锚碇板靠板前面的土抗力来承受拉杆拉力,其尺寸和埋入深度由稳定计算确定。锚碇板系用现浇的或预制的钢筋混凝土平板或带肋的板,沿码头线方向可做成连续的或不连续的(可以利用板两侧扩散上体的土抗力)。

锚碇板桩(或锚碇桩)是靠地基对板桩的弹性嵌固来承受拉杆拉力。为了增大承载力并减小跨中弯矩,锚碇板桩的顶端最好高出锚碇点一定的距离,最经济的布置是使锚碇点处的弯矩与跨中弯矩相等。采用锚碇板或两根以上的锚碇桩时,需设水平导梁。

锚碇叉桩由两根相反方向的斜桩组成,靠两斜桩轴向力的水平分力之和来承受拉杆拉力。与前两种形式比较,其优点是承载力大和可以尽量靠近板桩墙,大大缩短拉杆长度和减少挖填土方,特别是当岸壁后面存在不允许拆除或拆除不经济的建筑物时,采用叉桩最为有利。但其造价较高。三种形式的锚碇结构,离板桩都要求一定距离,土的主动破坏棱体与锚碇前的被动破坏棱体不能相交,受力后会产生一定的位移。适用于原地面较高的情况,但锚碇板作业较简易,造价较低。为了充分发挥锚碇叉桩中单桩的承载力,锚碇叉桩应布置在板桩背后的主动破裂棱体之外;但其桩尖和板桩之间的净距要大于1.0m。叉桩顶上要浇制桩帽或帽梁。这两种锚碇结构位移量较小。适用于原地较低,码头后地域狭窄的情况;同时可兼作码头起重机轨道梁基桩。

(11)板桩帽梁。板桩顶端的纵向连接构件。一般常用钢筋混凝土现场浇制,使板桩顶端连成整体,保证码头线平直。在作业方便的前提下,有的与码头胸墙、系船块体或导梁合并浇成一个构件,以降低板桩高度,增强码头的强度。帽梁变形缝一般每隔约20~30m设一条。为防止帽梁变形开裂,可在码头回填和码头前挖泥以后再行浇筑。

(12)板桩导梁。板桩与拉杆间的传力构件。位在板桩与拉杆交接之处。它须在板桩受力前安装完毕。如果用锚碇板桩,在锚碇板桩上也须设置导梁。钢板桩的导梁一般采用槽形钢或工字钢,可安设在板桩墙的前面或后面。钢筋混凝土板桩的导梁可用预制的钢筋混凝土梁,但一般以采用现浇结构为多;现浇的导梁紧贴板桩,且外侧面平直整齐。导梁的变形缝间距应与帽梁的一致,一般约为20~30m。

(13)主桩板桩结构。板桩结构形式之一。由主桩和板桩组成。主桩较长,板桩较短,可以节约材料。板桩打在主桩之间,在顶部用帽梁把板桩和主桩连在一起,锚碇拉杆装在主桩上。多用于小型简易码头、驳岸和护岸工程。

(14)主桩板桩结构主桩套板结构。由主桩和横放的套板所组成。一般常采用木板。仅用于小型简易码头、驳岸和护岸工程。

(15)主桩套板结构格形板桩结构。将钢板桩圈成区格状,区格内填砂石料或混凝土的结构。区格形状一般多采用圆形。常用以构筑码头、防波堤、围堰、桥墩、灯塔基础、靠船墩以及挡土建筑等。它坚固、整体性好,作业进度快,但需用钢材较多。

(16)斜拉桩板桩结构。斜拉桩代替常用的拉杆锚碇系统的板桩结构。斜拉桩除承受拉力外,还可减小作用于板桩上的土压力,使板桩厚度和入土深度可较其他锚碇结构者为小。板桩和斜拉桩装在一起,在后方回填之前即可承受一定的波浪作用。这种结构可用作码头和护岸。它占地面积小,特别适用于岸线后方狭窄,不便设置锚碇板(或桩)的地区。但斜拉桩所需断面及长度均较大,且结构受力情况比较复杂,作业有时不便。

(17)码头胸墙。直立式码头上部构成靠船面,装设防冲设备,挡住墙后回填料,并与下部结构连成整体的构件。其作用主要是把作用于码头上的外力传到码头下部和地基中去。系船柱块体一般与胸墙连成一整体。胸墙构造因码头结构形式的不同而略有不同。重力式码头的胸墙常采用浆砌块石或现浇混凝土结构,其底面高程稍高于作业水位。对卸荷板式方块码头,为了提高卸荷作用,胸墙底面须尽可能放低。对板桩码头,当板桩的自由高度比较小时,常用胸墙代替帽梁和导梁,以简化结构和便于安装护木。如将钢板桩的钢导梁埋入胸墙,还可以防止锈蚀。

(18)抛石基床。用块石抛填成的重力式码头或防波堤等的基础。抛填时要进行夯实整平处理对非岩石地基,它的作用是将建筑物的压力分布到较大的面积上,以减小地基应力,并使墙体坐落在平整的底面上。基床的最小厚度是使基床底面的最大压力不超过地基的容许应力;对岩石地基是使床面平整。基床有暗基床、明基床相混合式三种形式,根据建筑物水深、地形和地基情况选用。影响基床稳定的因素主要有基床形式、厚度、肩宽、直墙下的基底应力和墙前的波浪、水流条件等;在修船码头和舣装码头还受试车时产生螺旋桨水流的影响。基床肩宽根据码头高度和基床厚度确定,一般不小于1.5~2.0m;在风浪较大或墙前沿底流速较大情况下,为防止地基冲刷,外肩应适当加宽,并放缓边坡。基床顶面应向墙里倾斜,其坡度一般约为1.0%~15%。

(19)回填。在码头或挡土建筑物后填筑土石料的工程。为了减小墙后土压力,在紧靠墙背的部分常用内摩擦角大的材料(如块石等)填筑一棱柱体(称减压棱体),在体顶面和坡面铺设倒滤层,然后再填普通土砂料。

(20)减压棱体。在紧靠直墙码头或大载荷的挡土建筑物后,在回填时从底部起,常采用块石等大摩擦角的材料,为减小作用于墙上的土压力而填筑的一横卧墙后的棱柱体。减压棱体的断面形式,不仅影响减压效果,也关系到填料用量,设计时须根据建筑物高度、当地材料情况确定。为了减少石料用量,棱体可采用分级式,也称折闪式,一般采用一次折闪。棱体顶面高程,一般与胸墙齐平。

(21)码头沉降量。码头在荷载作用下,地基受压而产生的沉降量。在设计重力式码头(和防波堤)时,为了控制作业时的预留沉降量和防止由于不均匀沉降而引起的建筑物断裂,须预先计算其地基沉降量。计算时按前趾和后趾分别进行,根据其差值再计算码头底面的倾斜度。在沿码头线的地基压缩层厚度和土的压缩系数有较大变化时,要分段计算沉降量。关于断面平均沉降量的允许值,在方块码头和扶壁码头,一般约为15~20cm,在沉箱码头为20~25cm。

(22)码头路面排水坡。为适应排水要求而确定的码头路面一定区间的高度差与水平距离的比值。根据当地的暴雨情况、路面粗糙程度及可能产生的沉降等因素确定。一般对混凝土及沥青路面取5%~10%,对方块及水结碎路面取10%,或更大些。当码头面的宽度不大时,一般取向码头前沿单向排水考虑;当码头面较宽时,可自码头前沿一定距离起开始向码头后方的排水系统排泄。有些透空式码头在其前沿15m左右的范围内,不设排水坡度,而是通过按一定间距布设的竖向排水孔直接排到码头下面去,排水孔上面盖有圆形铸铁栅。

(23)道牙。设置在引桥码头和窄突堤码头的前、后沿的凸坎。是防止流动机械、物件和工人等坠入水中的安全措施。在顺岸码头或宽突堤码头的前沿,有些港口根据习惯和要求也有设置。在港口道路、城市街道两侧,为保护路面边缘冲刷破坏和防止车辆越轨,均普遍设置道牙。一般码头上的道牙均采用钢筋混凝土结构,高20~25cm,厚10~20cm;其他地方的道牙,用混凝土或料石结构。

(24)地锚。又称地牛,主要构筑于内河航道、海洋的沿岸、码头、坡岸等地的地表,供水上设施、船舶、浮具等定位、系泊用。地锚的构造分为地面部分和地下部分,地面为锚链、系船环、系船柱组成,地下由一定数量的钢筋混凝土块体整体浇注组成,它是由专业的设计机构根据停靠船舶的大小、系缆力和地质情况设计的水工设施,在内河水位落差较大的码头还应根据不同的水位设置,其使用要求是不能超过地锚的设计能力。

(25)系船柱。供船舶靠、离、停泊码头时拴系缆绳用的柱体装置。多设在码头前沿。它要求结构简单、牢固、使用方便,不影响船舶靠离码头及码头上流动机械的运行与作业。按用途分,有普通系船柱、风暴系船柱、试车系船柱等。普通系船柱中心的位置一般距前沿线约0.5~0.8m,过近,易被船舶靠离时撞击,对带缆操作也不安全;太靠后,有碍装卸机械作业和损坏缆绳。对于舣装和修船码头,由于前沿有接电箱等设施,要求系船柱距前缘线稍远,约取0.8~1.0m。风暴系船柱供风暴时船舶系缆之用,一般设在码头后方。有些港口由于遭受台风的机会很少,或大风时船舶不在港内避风,因而不设风暴系船柱;有些港口,为了不妨碍装卸运输机械运行,在码头后方不另设风暴系船柱,而是将普通系船柱的尺寸加大,使其在大风时也可使用。

系船柱为便于船舶系缆所采用的各种柱头形式。常用的形式为单面挡檐、大小挡檐、全挡檐等几种,其中以单面挡檐柱头采用最广。它在带缆、解缆时都比较方便,适应性也较大。但遇两船的首缆尾缆共用一个系船柱时,单面挡檐有时会发生掀缆现象。为解决这一问题,在系船柱前方再增加两个小挡檐,便形成大小挡檐柱头,但也可能使解缆发生一些困难。全挡檐柱头可从各个方向系带缆绳,常用于纵横两船位的交角处。但解缆时不方便。

(26)系船环。埋设在码头面或胸墙立面上的凹坑内用于系船的钢质套环。有带挂钩和不带挂钩的圆形环及卡环等形式。它的位置依水位和使用要求而定。当水位差(或潮差)不大时,安装在码头面上两个系船柱中间;当水位差较大时,安装在码头立面上,高程在码头顶面以下1.2~2.0m,纵向间距每隔10~20m一个;当水位差很大时,一般分上下两排交错布置。船闸闸墙上也设置系船环,布置方法与码头立面上的基本相同。系船环主要供木帆船、驳船等小型船舶停靠码头(或过闸时)系泊之用。

(27)系网环。埋设在一般货运码头前沿的套环。构造与系船环基本相似。供船舶装卸作业时拴系安全网之用。系网环与码头前沿线的距离一般约0.6~1.0m。当前沿有道牙时,也可安设在道牙内侧的立面上。系网环沿码头线的纵向间距一般约2.0~3.0m。如个别系网环兼作系船环使用,则其构件尺寸应适当加大。

(28)防冲设备。防止船舶和码头发生直接碰撞的装置。用以减小船舶靠、离码头时的撞击能量。防冲设备一般可归纳为三大类:①护木,有整片式、分组式和浮护式;②橡胶防冲设备,有筒形、鼓形、V形、旧轮胎及D型充气胶囊等;③靠船桩,有钢筋混凝土桩和钢桩。防冲设备形式的选择,取决于船型、码头结构形式以及潮汐、波浪、风等条件。对中小型船舶,一般多采用护木,有些码头在采用固定式护木的同时,加挂旧汽车轮胎,使用效果良好。对大型船舶,由于其撞击能量甚大,而码头结构近年来又向轻型方向发展,以采用弹性较大、具有良好消能性能的橡胶防冲设备为好。一般说来,护木造价较低,但木材弹性较小,耐磨性差,易腐朽和易受海虫蛀蚀,因而使用年限短,维修工作量大。橡胶防冲设备弹性大,消能性能好,耐磨,耐腐蚀;虽造价较高,但使用年限长。靠船桩弹性大,消能性好,但用钢量较大,多用于大中型码头。

(29)靠帮。一种吸收船舶靠码头(或与其他水工建筑物发生碰撞)产生的动能,防止建筑物和船舶直接发生碰撞而受损伤的防冲装置。常装在码头前沿和易同船舶发生碰撞的构筑物前。随着船舶吨位的扩大和港口、航运事业的发展,靠帮的构造、类型和其功能也日益发展。目前已有的形式可归纳为浮式、弹簧式、液压和液压—气压式、重力式、木以及橡胶靠帮等六类。其中每一类形式又根据地区条件、建筑物具体情况、船舶大小等的不同,更是多种多样。现代海上离岸码头,一般靠泊十万吨级以上的巨型油轮,由于没有掩护,风浪大,冲击能量很大,多采用吸收能量大的巨型橡胶靠帮。

(30)码头爬梯。设置在码头立面上,供小型船舶的船员及码头维修人员上下码头的设施。当水位差较大而船型又较小时,更需要设置。对小型码头每船位一般设置一个,对大、中型码头一般仅设在码头两端以及前后两船位之间。为避免被船撞环梯身,宜嵌入码头立面以内,一般将爬梯设在竖护木的旁侧,借护木为防护。爬梯顶端不宜高出码头面,底端伸至设计低水位以上约0.3~0.5m。爬梯宽度一般为0.5m左右,梯磴间距为25~30cm。由于钢材在潮差段易锈蚀,爬梯杆件尺寸不能太小。

(31)码头阶梯。在小型客货码头或停靠小船比较多的码头前沿或码头两端设置砌石、混凝土或钢筋混凝土的阶梯。其位置要避开主要装卸地段,以免妨碍装卸作业。阶梯宽度视交通量大小而定,一般不应小于1m,梯级高度约20cm。

(32)靠船墩。承受船舶在靠泊中产生的撞击力及挤靠力的墩式靠船建筑物。结构形式有刚性和柔性两种。刚性的有沉箱、沉井、方块、就地浇筑混凝土结构等。它以结构自重维持自身的稳定,作用力通过结构本身传给地基,以防冲设备吸收冲击能量。柔性结构的有高桩承台和柱式构筑物等。它除用防冲设备吸收能量外,结构本身也可吸收部分能量。靠船墩一般布置在船中部的直线部分。为保证靠船安全和稳定,靠船墩的间距一般取船长的30%~50%。靠船墩由于受力明确,造价低,适应各种地基和水域条件,广泛用于墩式码头、岛式码头和栈桥码头。在透空式码头中,当潮差较大而停泊船型又大小不一时,靠船构件在结构上不易处理,所以在码头前也常采用靠船墩。

(33)靠船桩。码头防冲设备的一种。可用钢桩、钢板桩,也有采用钢筋混凝桩的。当透空式码头前的潮差变化较大,而停靠的船型又大小不一时;需要把护木底端放得很低,这时如采用悬臂式靠船构件,则悬臂太长,结构上不易处理,此时常采用靠船桩,桩顶与码头前沿相靠处,垫上弹性大的橡胶块。钢筋混凝土桩的弹性较小,如靠船力大,即易产生裂缝,使用较少。为减小大型船舶对码头结构的靠船撞击力,采用钢桩与橡胶筒联合做成的靠船桩,弹性较大,可适应较大的变形,消能效果好。但耗钢量大,造价高。一般采用废钢板制作。

(34)簇桩。桩柱式的构筑物。孤立于水中,一般由根桩或采用钢板桩围筑成墩状所构成。桩顶相互连接,也有在桩顶上加筑混凝土桩台的。按其用途,可分为靠船簇桩,防冲簇桩和导航簇桩等。

靠船簇桩是簇桩的一种。供船舶及水上设备如浮吊、泥驳等靠泊系缆之用。要求具有一定的刚度,能承受船舶的挤靠力和拉力;其上设有系船链、系船环或系船柱等。如在桩顶加筑混凝土桩台,或采用钢板桩围筑,或采用管柱,则一般习称为靠船墩。靠船簇桩或靠船墩在使用上比系船浮筒方便。浮筒漂浮于水面,随水位涨落和系泊拉力的变化会有一定的移动范围;而簇桩或靠船墩则固定不动。

防冲簇桩是簇桩的一种。建置在大型透空式码头或浮码头的外侧,上面多装设有橡胶防冲设备,用以防止船舶冲撞码头而造成伤损。如只用单桩,则习称靠船桩。

(35)系船浮筒。一种设在水上的浮式系船设备。主要设置在锚泊地,供船舶系泊使用。

有的修船滑道末端也设系船浮筒，供船舶上台定位之用。系船浮筒一般由浮筒、锚链及锚碇三部分组成。浮筒为一密封的钢质浮体。目前使用的形式多略作圆鼓形，也有圆锥形的。浮筒具有一定的抗沉性，在筒体自重、锚链质量以及带缆工作人员等的作用下能确保浮于水面。筒体内部分为若干个仓，当其中一个或几个仓损坏进水时，筒体仍可浮于水面。浮筒顶面设有钢质卸扣，用以系船。浮筒用锚链与锚碇锚固。锚链一般均为钢链。锚碇采用铸铁沉块或钢筋混凝土、混凝土的蛙形锚或沉块等。

(36)排架结构。是指主要用于单层厂房，由屋架、柱子和基础构成横向平面排架，是厂房的主要承重体系，再通过屋面板、吊车梁、支撑等纵向构件将平面排架联结起来，构成整体的空间结构。排架是在自身的平面内承载力和刚度都较大，而排架间的承载能力则较弱，通常在两个支架之间应该加上相应的支撑，避免风荷载的一个推动，发生侧向的移动。适合用于单层的工业厂房。

排架体系常用于港口高桩码头的下部结构、大型库房等。其柱顶用大型屋架或桁架连接，再覆以装配式的屋面板，根据需要，有的排架建筑屋顶还要设置大型的天窗、有的则需沿纵向设置吊车梁。由于排架体系的房屋刚度小，重心高，需承受动荷载，因此需要安装柱间斜支撑和屋盖部分的水平平斜支撑，还要在两侧山墙设置抗风柱。

## 二、基础设施管理及维护

1. 基础设施的安全管理

(1)大中型码头必须是设立专业的管理维修机构，专业的维修队伍。按照有关标准和规范维护码头港口基础设施。

(2)港口生产要按照设计吨位要求靠泊船舶、堆码货物、行驶车辆。

(3)对港口挡墙、高边坡、高桩码头等基础设施要建立沉降变形观测。

2. 主要码头形式的检测及维护

1)重力式码头维护

(1)重力式码头变形主要为发展型变形和灾害型变形。

①发展型变形主要表现形式如下：

a. 由于地基固结沉降引起码头回填土沉降、码头上部结构沉降或倾斜、码头面层损坏等，影响装卸机械作业，功能下降。

b. 由于长期受波浪力等作用，混凝土结构损坏严重或淘空，造成码头前沿沉降、码头面层损坏等，影响装卸机械作业，功能下降。

c. 由于码头上置荷载、装卸作业等引起码头面层损坏、码头前沿沉降破损等，影响使用。

②灾害型变形主要表现形式如下：

a. 由于地震等外力作用，引起码头上部结构沉降、倾斜、回填土沉降或挤出、码头前沿变形较大等，影响船舶靠离泊或机械行驶，功能下降。

b. 由于船舶碰撞等外力作用，造成结构主体损坏、上部结构滑移或倾斜等，影响装卸作业，功能下降。

(2)检测内容与周期。重力式码头检测通常采取目测观察、仪器测量、无损检验、取样分析、水下摄像等方法。检测周期应根据变形的性质与特点确定，可采取定期与不定期检测相结合。重力式码头发生灾害型变形后,应进行全面检查。重力式码头发展型变形主要检测内容与周期可参照表7-8。

重力式码头发展型变形主要检测内容与周期表　　表7-8

| 检测项目 | 检测内容 | 周期(年) | 备　注 |
|---|---|---|---|
| 码头整体 | 沉降、位移、倾斜 | 0.5~1 | 投产5年内 |
| | | 2~3 | 投产5年后 |
| 码头前沿 | 相对位移、变形、块体错位 | 1 | 发生变形后 |
| | 裂缝的位置、方向、长度、宽度 | 1 | 发生变形后 |
| | 面层、回填土沉降 | 1~2 | |
| | 水位变动区混凝土破损 | 1 | |
| | 水下区混凝土破损 | 2 | |
| 基床 | 冲刷、淘空、积淤 | 2~3 | |
| 附属设施 | 系船柱、护舷、护轮坎等 | 0.5~1 | |

(3)维修

①码头基床由于冲刷严重或浚深超挖等原因造成墙身基底出现空洞,宜采用袋装混凝土填补。基床局部超深严重时,宜补抛块石。

码头水下区混凝土裂缝处理或局部堵洞等,宜采用水下混凝土进行修补。

②码头胸墙及水位变动区墙身结构的裂缝修复,宜采用水泥压力灌浆或化学灌浆的方法。对于损坏面积较大、空洞较多等严重部位,宜采用局部拆除、重新浇筑混凝土或贴镶面板等方法。

③码头回填土由于流沙造成局部塌陷、空洞,应开挖至倒滤层,按原结构修复。

④方块重力式码头发生块体错位、滑移等变形时,宜采用灌注桩加固等修复方法。

⑤码头面层沉降或积水面积超过20%时,应进行面层加高维修。

⑥系船柱、护舷、护轮坎损坏或缺少时,应及时按原样修复。

2)高桩码头维护

(1)高桩码头变形主要为发展型变形和灾害型变形。

①发展型变形主要表现形式如下:

a.由于岸坡变形,造成基桩的倾斜、断裂或桩与桩帽连接处的损坏。

b.由于荷载、潮汐或波浪力的作用,造成上部结构损坏、桩基不均匀下沉。

c.由于构件的破损引起结构整体功能下降,造成码头面层塌陷、结构失稳。

d.由于桩及梁板混凝土的自然磨损和老化,构件表面产生裂缝,造成钢筋腐蚀、混凝土剥落等。

②灾害型变形主要表现形式如下:

a.由于地震等外力作用,造成码头沉降、倾斜、破坏等。

b.由于船舶碰撞等外力作用,造成基桩损坏、上部结构倾斜或断裂等。

(2)检测内容与周期。高桩码头检测通常采取目测观察、仪器测量、无损检验、取样分析、水下摄像、水下探摸等方法。检测周期应根据码头的技术状态、变形特点等确定,采取定期与不定期检测相结合。高桩码头发生灾害型变形后,应进行全面检查。高桩码头发展型变形主要检测内容与周期可参照表7-9。

高桩码头发展型变形主要检测内容与周期表 表7-9

| 检测项目 | 检测内容 | 检测周期(年) | 备 注 |
|---|---|---|---|
| 码头整体 | 沉降、位移、倾斜及相对变形 | 1~2 | 投产5年内 |
| | | 2~3 | 投产5年后 |
| 基桩、桩帽 | 裂缝、桩身腐蚀、基桩断裂 | 1~2 | 投产5年内 |
| | | 2~3 | 投产5年后 |
| 纵横梁、靠船构件 | 裂缝、腐蚀、破损 | 1 | 投产5年内 |
| | | 2~3 | 投产5年后 |
| 面板 | 裂缝、剥落、腐蚀 | 2~3 | |
| 挡土结构、抛石护脚 | 结构损坏、护脚块石移位 | 2~3 | |
| 附属设施 | 系船柱、护舷、铁爬梯等 | 1 | |

(3)维修

①混凝土挡土结构局部出现空洞、塌坡时,宜采用袋装混凝土修补。抛石护脚冲刷严重时,应及时补抛块石。

②基桩发生断裂时,应进行结构补强。有条件时应补桩。

③梁、板等构件破损严重时,宜采用外包混凝土或预应力后张法混凝土补强等方法。

④混凝土构件表面裂缝较少且裂缝宽度小于0.2mm时,宜采用混凝土表面防腐涂层保护。当损坏面积较大或裂缝宽度大于0.2mm时,宜采用压力灌浆、水泥砂浆枪喷等维修方法。条件允许时,可在修补后采用阴极保护措施,防止钢筋锈蚀。

⑤混凝土裂缝严重或裂缝集中的部位,当不宜实施压力灌浆技术时,可采用构件外包混凝土等维修方法。

⑥因钢筋锈蚀、发生顺筋裂缝造成结构损坏时,宜采用枪喷水泥砂浆或环氧类封闭砂浆涂抹等维修方法。条件允许时,可采用阴极保护措施。

⑦钢管桩码头,应采用技术先进的阴极保护等防腐蚀措施。

3)板桩码头维护

(1)板桩码头的变形主要为发展型变形和灾害型变形。

①发展型变形主要表现形式如下:

a.由于板桩、锚拉杆腐蚀、断裂,造成码头前沿沉降或位移、码头面层损坏。

b.由于荷载或波浪力的作用,造成码头前沿沉降或位移,板桩变形、码头面层损坏。

②灾害型变形主要表现形式如下:

a.由于地震、严重超挖等外力作用,造成码头板桩变形或断裂、回填土沉降或挤出、码头面层损坏,功能下降。

b.由于船舶碰撞等外力作用,造成板桩等主体结构损坏、码头前沿沉降或位移、码头面层损坏,功能下降。

(2)检测内容与周期。板桩码头检测通常采取目测观察、仪器测量、无损检验、水下摄像、水下探摸等方法。检测周期应根据码头的技术状态、变形特点等确定,采取定期与不定期检测相结合。板桩码头发生灾害型变形后，应进行全面检查。板桩码头发展型变形主要检测内容与周期可参照表7-10。

板桩码头发展型变形主要检测内容与周期表　　表7-10

| 检测项目 | 检测内容 | 周期(年) | 备　注 |
|---|---|---|---|
| 码头整体 | 沉降、位移、倾斜 | 1~2 | 投产5年内 |
| | | 2~3 | 投产5年后 |
| 帽梁、胸墙 | 裂缝、腐蚀 | 1~2 | |
| 板桩 | 裂缝、腐蚀、各段间相对变形 | 2~3 | |
| 附属设旋 | 系船柱、护舷、护轮坎等 | 1 | |

(3)维修

①钢板桩宜采用阴极保护或其他防腐蚀措施。由于腐蚀等原因造成结构损坏时，宜采用钢板焊接或外包混凝土等补强加固措施。

②码头帽梁、胸墙混凝土损坏严重、基桩断裂或倾斜时，应进行修复或加固。

③混凝土构件表面裂缝较少且裂缝宽度小于0.2mm时，宜采用表面防腐涂层保护。当损坏面积较大或裂缝宽度大于0.2mm时，宜采用压力灌浆、水泥砂浆枪喷等维修方法。

④混凝土裂缝严重或裂缝集中的部位，当不宜实施压力灌浆技术时，可采用外包混凝土维修方法。由于腐蚀造成结构损坏时，宜采用水泥砂浆枪喷或环氧封闭砂浆涂抹等维修方法。

⑤导梁、锚碇、拉杆等构件损坏时，应按原结构修复或更换。

4)斜坡码头和浮码头维护

(1)斜坡码头和浮码头的变形主要为发展型变形和灾害型变形。

①发展型变形主要表现形式如下：

a.由于岸坡变形，造成固定式引桥(架空斜坡道)桩、墩的倾斜或断裂，实体斜坡道的滑坡、断裂。

b.由于固定式引桥(架空斜坡道)混凝土构件的老化、裂缝等，造成钢筋腐蚀、混凝土剥落等。

c.由于地基不均匀沉降，造成实体斜坡道塌陷、滑坡、断裂等。

②灾害型变形主要表现形式如下：

a.由于地震等外力作用，造成固定式引桥(架空斜坡道)桩、墩的倾斜或断裂，实体斜坡道的滑坡、断裂等。

b.由于暴雨冲刷，造成实体斜坡道塌陷等。

c.由于船舶碰撞等外力作用，造成活动引桥、撑杆、撑墩等构件的弯曲、断裂、倾斜等。

(2)检测内容与周期。斜坡码头和浮码头检测通常采取目测观察、仪器测量、无损检测、取样分析等方法。检测周期应根据码头的技术状态、变形特点等确定，采取定期与不定期检测相结合。斜坡码头和浮码头发生灾害型变形后，应进行全面检查。斜坡码头和浮码头主要检测内容与周期可参照表7-11。

斜坡码头和浮码头主要检测内容与周期表　表7-11

| 检测项目 | | 检测内容 | 周期(年) |
|---|---|---|---|
| 实体斜坡道 | 坡顶 | 沉陷、裂缝 | 0.5~1 |
| | 坡身 | 沉陷、塌坡、倾斜 | 1 |
| | 坡脚 | 冲刷、淘空 | 1~2 |
| 固定式引桥(架空斜坡道) | 上部结构 | 混凝土裂缝、损坏 | 0.5~1 |
| | 墩台、墩柱 | 裂缝、变形 | 1 |
| 钢引桥 | 支座 | 混凝土裂缝、损坏 | 0.5~1 |
| | 面板、梁格、桁架锚链拉环 | 腐蚀、变形、断裂 | 0.5~1 |
| 轨道梁 | 钢轨 | 中心线偏差、轨顶高差 | 0.5~1 |
| 牵引系统 | 卷扬机房 | 沉降、裂缝、倾斜 | 1~2 |
| | 缆绳沟 | 断裂、沉降 | 0.5 |
| 趸船 | | 腐蚀、变形、损坏 | 0.5~1 |
| 锚链、撑杆、撑墩、升降架 | | 位移、变形、裂缝 | 0.5~1 |

(3)维修。

①实体斜坡道码头发生沉陷或塌坡变形时，坡身回填料应按设计补足、夯实。坡顶、坡面、护坡结构按原结构重新砌筑，且砂浆和混凝土标号宜比原设计提高一级。

②坡脚结构被冲刷塌坡时，一般情况下可在低水位时按原结构修复，紧急情况下可采用水下抛石护坡或水下浇筑混凝土的方法修复。

③固定式引桥(架空斜坡道)的维修可采用下列方法。

a. 钢筋混凝土桥面和坡道面，混凝土破损深度小于10mm时，宜采用水泥砂浆修补。破损深度小于30mm时，宜采用干缩砂浆修补。破损深度大于30mm时，宜采用细石混凝土修补。

b. 混凝土表面裂缝大于0.2mm时，宜采用环氧涂层进行封闭涂抹。裂缝大于2mm且钢筋锈蚀时，宜采用凿缝填环氧砂浆，并用玻璃丝布涂环氧水泥浆进行封闭。

c. 混凝土梁板结构发生严重裂缝时，宜采用加钢筋箍套、钢桁架或外包混凝土等加固方法。混凝土板损坏严重时，可采用槽钢托梁、预应力拉筋加强法等进行加固。

d. 钢引桥桥面局部损坏严重时，宜采用焊接加固或更换部分构件。

e. 趸船附件损坏时，宜采用焊接修复方法或更换附件。

f. 趸船倾角偏大时，应调整船体及舱面荷载，使之平衡。

g. 趸船舱面、水位线以上船体破损时，宜采用钢板焊接补强。舱底、水位线以下船体破损漏水时，宜采用速凝水泥砂浆堵漏。

h. 趸船锚链、撑杆、撑墩、升降架等锚固结构损坏严重时，应及时更换或按原样修复。

5)钢结构维护

(1)一般规定：

①港工钢结构按所处部位，其腐蚀环境一般分为大气区、浪溅区、水位变化区、水下区和泥下区五个区。

②大气区钢结构防腐蚀，宜采用防腐涂料涂层保护。浪溅区、水位变化区钢结构防腐

蚀,宜采用重防腐涂层保护。水下区和泥下区钢结构防腐蚀,宜采用阴极保护方法。

③港工钢结构防腐蚀方法应符合国家现行标准《海港工程钢结构防腐蚀技术规定》(JTJ 230)的有关规定。

(2)检测内容与周期。钢结构主要检测内容与周期可参照表7-12。

钢结构主要检测内容与周期表 表7-12

| 检测项目 | 检测内容 | 周期(年) |
|---|---|---|
| 桥梁支座 | 连接、运行情况、温差伸缩 | 2~3 |
| 主体结构 | 结构损坏、腐蚀 | 1 |
| 阴极保护系统 | 保护电位及电流 | 0.5~1 |
| 防腐涂层 | 涂层老化、龟裂、剥落 | 1 |

(3)维修。

①应根据对钢结构的检测情况,及时处理涂层失效、焊缝开裂、支座运行不良以及局部构件削弱等情况。

②采取防腐涂层保护时,应保证基底除锈质量。

③防腐涂层基本完好,仅局部涂层破损失效时,可采取与原涂料相配套的补涂方法。防腐涂层损坏50%以上时,应重新进行全面涂层保护。

④对桥梁支座处钢结构应重点进行防腐蚀保护。对滑动式钢支座,宜采取涂润滑油隔离措施。

⑤受力杆件、受力结构、连接件腐蚀严重或损坏时,应及时按原设计修复。

⑥对阴极保护系统,应定期检测保护电位和腐蚀状况,调查防腐保护参数,维护系统的正常工作。

⑦允许车辆通行的钢栈桥,宜铺设纵向木道板,严格控制车速,减轻桥梁振动。

6)装卸机械轨道维护

(1)一般规定:

①本规程所指装卸机械轨道,其主要结构形式包括无枕无渣结构、轨枕道渣结构、有枕无渣结构。其他结构形式可参照执行。

②应定期检测装卸机械轨道,适时进行维修,使其经常处于良好技术状态。

③装卸机械轨道维护,应保证机械运行安全。轨道变形应控制在允许范围之内。

④新建码头投产三年内,门机轨道检测周期应视具体情况确定,适时加密检测次数。

(2)维修。

①轨道变形且不满足使用要求时,应及时调整维修。

②钢轨出现下列情况时,应及时更换:

a.钢轨磨耗严重且超过允许值;

b.钢轨在任何部位有裂纹、变形;

c.轨端或顶面剥落掉块,掉块长度超过30mm,深度超过8mm,顶面擦伤深度超过2mm。

③连接部件出现下列情况时,应及时更换:

a.接头夹板断裂,螺栓孔之间裂纹;

b.接头螺栓及锚固螺栓折断或严重锈蚀;

c. 垫圈损坏变形或失去弹性；

d. 扣件损坏或变形，不能保持应有的扣压力；

e. 垫板磨穿、断裂或变形。

④轨枕道渣结构的混凝土轨枕更换或维修时，可拆除全部垫板，对起道地段进行捣固，对非起道地段进行全面或局部重点捣固。道床捣固时应在钢轨两侧各 450mm 范围内均匀捣实，枕下道床应填充饱满。

⑤无枕无渣结构的轨道进行标高调整时，宜采用增减或调整垫板的方法。垫板应垫在轨底与橡胶垫之间，调高垫板每处不得超过两块。若需帮焊螺栓时，不宜超过两次。

⑥连接部件应定期涂抹润滑油保护，螺栓宜加扣塑料盖。

⑦应随时清扫轨道槽，保证排水畅通，检修方便。

3. 报废管理

1）一般规定

(1)港口设施需报废时，应由设施管理部门组织鉴定或核准。

(2)港口设施符合下列情况之一时应办理报废，并应按照国家现行有关固定资产管理规定执行。

①主要结构严重损坏，技术状态属于第四类且无修复价值的；

②超过设计使用年限，且设施陈旧，技术性能不良，无修复价值的；

③因事故或意外灾害造成严重破坏，无修复价值的；

④港口设施因港口规划建设需要而失去作用的；

⑤因其他原因需要拆除的。

2）码头

(1)重力式码头发生下列连锁变形，且变形仍在发展时，应进行报废鉴定。

①因地震等外力作用，引起码头上部结构滑动、回填土沉降或挤出、码头前沿沉降、码头面层破坏。

②由于使用年限较长或受波浪力、船舶荷载等作用，引起码头面层断裂、回填土沉降或挤出、码头前沿沉降、码头面层破坏。

(2)高桩码头发生下列连锁变形，且变形仍在发展时，应进行报废鉴定。

①由于地震等外力作用引起码头基桩弯曲或滑移、梁板断裂破损、码头整体变形较大等。

②由于使用年限较长或受波浪力、船舶荷载等作用引起码头上部结构断裂、基桩损坏等。

(3)板桩码头发生下列连锁变形，且变形仍在发展时，应进行报废鉴定。

①由于地震等外力作用，引起码头锚碇结构移位、板桩弯曲、码头前沿变形较大等。

②由于使用年限较长或受波浪力、荷载等作用，引起板桩开裂、损伤、回填土流失、码头前沿破坏等。

3）仓库及辅助建筑

仓库及辅助建筑出现下列情况时，应进行报废鉴定。

(1)由于地基不均匀沉降，造成结构明显倾斜、裂缝、扭曲等。

(2)主要构件严重损坏、混凝土老化、钢结构腐蚀严重、承重墙严重开裂或倾斜变形。

(3)屋面开裂,地面破损严重。

## 三、码头应急通道的设置要求

《建筑设计防火规范》(GB 50016—2006)中规定"人员密集的公共场所、观众厅的疏散门不应设置门槛,其净宽度不应小于1.4m,且紧靠门口内外各1.4m范围内不应设置踏步,人员密集的公共场所的室外疏散小巷的宽度不应小于3.0m,并应直接通向宽敞地带。"结合上述规范,在码头陆域对疏散路径中的通道提出如下要求:

应急疏散时,下船乘客疏散流线仍保持与正常集散时下船流线一致,减少因下船乘客疏散流线发生剧烈变化引起的新的人流冲突和场面混乱,给人流疏散造成不必要的困难,即:下船乘客的正常出站通道即为其应急疏散通道。

下船通道的宽度取值为7m以上,在划分下船通道时设置的隔离设施除了要考虑进站乘客正常集散时的通行需要外,还应考虑应急条件下疏散客流的通行需求,即在需要穿行或借用下船通道的位置设置必要的开口,开口宽度不小于3m,在下船通道快接近码头广场出入口的区域(距离出入口不小于6m)不设隔离设施。

为了减少排队绕行设施对候船厅内乘客疏散的影响,候船厅前设置的排队绕行区域的隔离设施距候船厅墙体净距应不小于3m,如遇其他障碍物时,应相应增加净距,候船厅主要出入口前的3m通道作为候船厅内客流疏散应急通道的组成部分。

为了满足客流正常通行需要,同时也考虑客流应急疏散需求,候船厅前设置的排队绕行区域,其隔离设施与相邻候船厅绕行区隔离设施之间以及与周边其他障碍物(或建筑物)之间应保留不小于3m的净距,困难时或需求较少时可酌情减少,但不低于1.5m。间距间形成的通道在应急疏散时可作为应急疏散通道。

候船厅紧急出口对应的区域不应设任何可能对人流疏散有障碍作用的设施或建筑,且紧急出入口与广场主出入口连接便利、路径清晰通达,为紧急出口预留应急疏散通道,候船厅紧急出口的宽度设计为3m,候船厅正常出入口的宽度设计为6m。

在应急疏散通道中及毗邻地区,尽量避免设置引水台、厕所、绿化等,减少由于个别物体阻碍客流快速、有序疏散。

另外,应急疏散通道的宽度除了应满足上述要求外,还应根据各疏散路径疏散客流分配灵活调整。

# 第六节　其他设施设备

这一节中的其他设备设施主要包括:安全检查设备(大型安全检查门)、监控设备、供水设施(管道、水厂)、计算机系统、闸阀、仪器仪表等。

在客运(渡船)码头工作区域应当配备视频监控系统、X光机、金属探测仪等安保设施,防止旅客携带易燃易爆等危险化学品进港乘船。

滚装码头应当安装安全检测门,建立门架式数据采集系统和"黑名单"制度,实现信息互通共享,并加大人员培训,严格安检程序,防止运输车辆非法运输或夹带危险货物,通过滚装码头进港乘船。

集装箱作业码头应当配备摩尔探测仪，防止集装箱夹带危险货物进港上船，根据水路内贸集装箱超载治理工作，集装箱称重数据及时上报交通运输部。

危险货物码头应配备视频监控系统并全天启用，达到作业区域要实现全程监控。

## 一、大型安全检查门

1. 简介

TC-SCAN 滚装车辆安检系统是为海关港口、铁路和公路口岸装备的大型车辆/集装箱检测设备的基础上，根据客滚船运输业务的特殊性重新开发研制的最新产品。2004 年开始该滚装安检系统陆续安装到渤海湾、琼州海峡地区的有滚装业务的港口，该系统有效地提升了港口的安全管理水平。2010 年在交通运输部、湖北省交通厅和重庆市交通厅的大力支持下长江流域有滚装业务的港口码头也将陆续布置该滚装安检系统设备。

2. 结构及工作原理

TC-SCAN FMG 运输车辆安检系统主要有 60Coγ 辐射照相源(带屏蔽容器)、高压充气阵列电离室、检测移动系统及图像处理系统等组成。

其工作原理是利用 60Coγ 辐射照相源产生的 60Coγ 放射线穿过被探查的运输车辆后被高压充气阵列电离室所吸收。由于物品不同部位对 60Coγ 放射线的吸收程度不同，则高压充气阵列电离室输出的信号强弱也不同，将强弱不同的信号经图像处理系统处理后，反应在荧光屏上的就是被探查物品的图像。

运输车辆就为后固定不动，而由射线源、探测器、电子仪器、运行驱动等系统组成的检测门架匀速扫描运输车辆实现检测。在检测过程中，被准直成窄片状的 60Coγ 射线穿过客体后射入与之相匹配的沿垂直方向排列的阵列电离探测装置。探测装置由大量相互独立的电离室单元按序排列组成，每个电离室单元的输出信号与其所在位置接受到的 γ 射线强度成正比，而此处 γ 射线又与射线穿行路径上所经客体相应部位的吸收能力有关。把各电离室单元的信号采集并按序排列，显示出来，就获得图像的一条扫描线。随检测门架的行进，客体图像的一条条扫描线顺序显示出来，就获得反映运输车辆内部物质分布状况的二维辐射投影图像。运用计算机图像处理技术，可对图像进行局域窗放大、灰度和伪彩色窗调节来观察图像不同层次的细部，通过高速图像分配和传输系统，可以使多位检查人员高速、优质地完成检查工作。检查结果再由计算机系统输出及存档。

TC-SCAN FMG 运输车辆安检系统的主要功能单元包括辐射源子系统、探测器子系统、数据获取和实时成像子系统、图像与数据管理子系统、系统运行监控设备和机械结构与驱动子系统。

3. 安全要求

TC-SCAN FMG 运输车辆安检系统各工作位置均依照中华人民共和国的有关标准(GB 4792—84 及 GB 8703—88)规定 B，按照小于公众个人的年有效剂量当量限值设计、控制。同时，为保证工作人员和公众的安全，本系统还设置了多重安全防护措施：

(1)设定的警戒区域，并设有明显的电离辐射警戒标志和声光报警系统；在进行车辆安全检查时，检查区域处于受监控状态。

(2)检测通道的进、出口门均装有连锁控制系统,以保证在检测状态时有人进入检测区时,射线快门自动关闭、检测门架停止运行。

(3)警戒区、工作区以及各关键部位均有闭路电视监控,以防止无关人员进入,同时,只有工作现场一切条件均具备时(车辆就位、人员退出、就绪信号发出等)快门才被允许打开。

(4)主控台及工作区各关键部位均设有紧急停止按钮,保证意外情况发生时紧急关闭快门,停止检测机构运行,防止意外电离辐射和机械碰撞;TC-SCAN 检查系统采用工业探伤用 60Co 源作为放射源,60Coγ 射线的平均能量为 1.25MeV,这远远低于世界卫生组织所规定允许使用的辐射装置的限值(10MeV),辐射保护安全极易保证。车辆在接受 TC-SCAN 检查系统检测过程中,所受到的辐射剂量小于 0.01mGY,相当于乘飞机一小时受到的宇宙射线的辐射剂量,这样低的辐射剂量完全可以保证被检车辆中的货物(即使是食品、胶卷或生物)不会受到任何伤害,是绝对安全的。

**案例:**

**重庆郭家沱 TC-SCAN 滚装安检系统放射源装置安全措施**

(1)安检设备厂房安全要求有:

①设备安装于长 28m,宽 8m 的钢筋混凝土结构厂房内,墙体厚度 30cm,既具有辐射防护功能,同时能够防止外力冲撞导致安检设备受损。

②设备门架两端距墙体 2m,防止墙体受外界强力冲撞导致设备受损,同时在靠公路一侧墙体和围墙之间安装了直径 114mm、壁厚 4.5mm 的防撞桩。

③放射源装置安装于远离唐郭路一侧,防止了有可能存在的外力冲撞带来的损害。

(2)放射源装置安全有:

①放射源储存于 2 吨直径 1m 的铅室里,既具有辐射防护功能,同样能够防止外力冲撞导致安检设备受损。

②铅室外安装保护罩,有效保护放射源装置,有可靠的抗压性能。

## 二、摩尔探测仪

摩尔远距离爆炸物/毒品探测定位器是爆炸物/毒品探测领域的一次巨大的革命。它用于探测某一区域是否有爆炸物/毒品并判断其方位。它的基本的工作原理是:分子共振、人体静电和超低频传导技术等原理。

(1)探测目标主要有:

①可探测的炸药:军火/弹药、塑胶炸药、硝酸铵 AMFO、旋风炸药、TNT 炸药、硝化甘油炸药、黑火药、雷管、黑索金、奥克托金、季戊炸药(PETN)、硝胺炸药、苦味酸、乳胶炸药、橡胶炸药、水下胶体炸药、烟花爆竹等。

②可探测的毒品:大麻、海洛因、可卡因、迷药、安非他明、鸦片、咖啡因、吗啡等。

(2)摩尔探测仪主要技术参数有:

①探测距离:空旷地带可达 5~150m;在水面上的探测距离可达 650m。

②工作温度:-30℃ ~ +55℃。

③探测角度:地上空旷地带 45°以下,地上探测房屋在 35°以下;地下探测深度达 5m。

## 三、公共安全通道式 X 光机

X 射线安全检查设备是借助于传送带将被检查行李送入履带式通道完成的。行李进入通道后，将阻挡光障信号，检测信号被送至控制单元，触发射线源发射 X 射线束。一束经过准直器的非常窄的扇形 X 射线束穿透传送带上的行李物品落到双能量探测器上，高效半导体探测器把接收到的 X 射线变为电信号，这些很弱的电流信号被直接量化，通过通用串行总线传送到工业控制计算机作进一步处理，经过复杂的运算和成像处理后得到高质量的图像。

主要用于港口客运等有关场所，检测对象主要有行李包裹、大型箱包、手提箱、托运物品等较大物品。

## 四、水上临时设施

(1)水上临时设施主要是临时码头、水上工作平台、水上搭设的临时栈桥等，首先要保证其结构安全，应按照使用要求和相应技术规范进行设计和作业。同时，要保证作业人员在临时设施上的操作安全。水上工作平台和水上搭设的临时栈桥应设置安全警示标志和必要的救生器材。水上临时人行跳板的宽度、强度和刚度应满足使用要求。水上拖带舢板、木筏、浮筒等，其上不得载人。

(2)临时码头选址前应进行现场勘察，对周边环境，包括对掩护条件、水下障碍物、水深、地质等进行全面了解。临时码头宜选择在水域开阔、岸坡稳定、波浪和流速较小、水深适宜、地质条件较好、陆路交通便利的岸段。

(3)临时码头应按照使用要求和相应技术规范进行设计和作业，并设置安全警示标志。临时码头使用时，应按设计荷载进行物料堆存、机械作业和系靠船舶，严禁超载和系靠超吨位船舶。

(4)设计水上工作平台应考虑自重荷载、作业载荷、水流力、波浪力、风力和作业船舶系靠力等。借用工程结构作临时工作平台时，应按作业期间可能出现的最不利荷载组合进行核算。

(5)水上搭设的临时栈桥，应按照使用要求和相应技术规范进行设计和作业，确保整体稳固和使用强度要求，防止倒塌。临时栈桥较长，需在桥面下设置桩基或支墩时，必须充分考虑临时栈桥所受到的水平力。

(6)水上临时人行跳板，宽度不宜小于 60cm，跳板的强度和刚度应满足使用要求。跳板两侧应设置安全护栏或张挂安全网，跳板端部应进行固定或系挂，板面应设置防滑设施。

(7)舢板、木筏、浮筒等水上临时工作设施，使用前，应经过 24h 重载漂浮试验。使用时，应限定作业人数，配齐救生设备。

(8)水上拖带舢板、木筏、浮筒等，其上不得载人。

(9)舢板、木筏、浮筒等稳性差，在波高大于等于 0.8m 或流速大于等于 1.0m/s 时，不宜使用其进行水上作业，以防止舢板、木筏或浮筒受风浪、急流影响而失控、站立不稳，发生落水事故。

(10)作业船舶临时锚泊地，应进行扫海和水深测量；浅滩、水下暗礁和障碍物等应设置明显的安全警示标志。临时锚泊地应选择工况条件好和水底土质适宜的水域，并具有足够的船舶回转水域和富裕水深。

(11)在水底电缆上游附近、水下电缆界限标内、架空电缆下,水下管道口及其他禁止抛锚的航段内,不得选择为临时锚泊地。

(12)锚地水域应留有充足的余地,确保船舶在受到风、浪、流的影响后摆动或掉头时有足够的范围和富裕水深。

## 五、港口通信系统

随着电子技术的发展,港口通信设施发展变化很快,并在于信息传输、处理、分类系统相交融的过程中,产生了一些新的功能。通信系统规划设计的专业性很强,主要要求可参照《海港总平面设计规范》(JTJ 211—99)。港口通信系统主要包括:

(1)有线电话系统;

(2)海岸电台系统及高频电台系统;

(3)货物、贸易、运输与港口领域建立的硬件、软件电信和电子数据交换系统。还有船舶同行服务 VTS 系统,也是与港口通信系统有密切联系的。

## 六、港口给排水系统

1. 港口给水系统

港区给水系统是港口正常生产生活、环保消防的重要保证,港区给水系统分为三类:

(1)管网系统。管网系统主要由供水管道、消防管道、节点闸阀等设施设备组成。

(2)增压系统。增压系统主要由加压水泵房、蓄水池、水塔等组成。

(3)自办水厂系统。自办水厂系统主要由抽水站或抽水囤船、抽水管道、浑水池、过滤池、清水池、消毒设施、加压泵房、水塔、供电系统等组成。

(4)供水系统的安全管理要点:

①对加压泵房、蓄水池、水塔、自办水厂系统进行封闭式管理。

②设专人对管网系统巡视,防止跑、冒、漏、滴,保证管网系统正常工作。

③水厂系统必须严格执行相关的卫生防疫管理法律法规,接受有关行政管理部门的监督。相关工作人员按规定持证上岗。

2. 港口排水系统

港口排水系统要及时地排除港区的生产废水、生活污水及地面雨水,对有害的污水必须进行净化处理,达到环境保护要求后才能排放。

港口生活污水部分,应尽可能与城市或邻近企业的排水系统共用,以节省建设投资及维护费用。当港口据市区较远或有其他困难时,才设置独立的排水及污水处理系统。

排水系统有分流制、合流制两种主要制式。分流制是将污、废水与雨水分别纳入两个排水系统,需设置两套管道,投资大,优点是减少了污水处理量,能保持污水管道有适当的充满度和自洁流速(使污物不在管道内沉积),在技术上是合理的。合流制是生产废水、生活污水与雨水都在同一个系统排出,这种制式管理布置方便,但管径和污水处理设施均需加大,非雨季管道流速过低,工作状态差。

提倡分流制排水系统,并与城市集中污水处理厂相结合,只能在不可能时才独立建设污水处理厂。

煤码头通常需要自建煤污水处理厂。处理能力150$m^3$/h 的煤污水处理厂其工艺流程：煤堆场雨水或皮带冲洗污水→排水沟渠→调节池→混凝反应→斜板沉淀池→清水池(循环水池)→循环使用，主要有调节池(2000$m^3$ 左右)，沉淀泥池 2 座(400$m^3$ 左右)，循环水池(700$m^3$ 左右)，沉淀池用房 1 幢(100$m^2$ 左右)，化验室、污水泵房 1 幢(100$m^2$ 左右)，循环泵房 1 幢(70$m^2$ 左右)，晒泥场 800$m^2$ 左右，占地 3500$m^2$ 左右。

## 七、部分其他设施设备介绍

(1)输油臂。是指码头船到岸卸油品用的运输工具，其特点是口径较大，臂较长，内外臂最长可达 18m，在船舶正常漂移范围内(包络线包括船的纵向飘移、横向漂移、倾斜、起伏和水位变化)，管系可与船舶随动，操作方式有手动和液压驱动两种。根据输转介质不同，输油臂的材质有碳钢，低温钢，不锈钢和 PTFE 衬钢等，使用温度范围 －196～200℃，为了保持输送介质温度，输油臂上可附设电伴热。输送液化烃的输油臂还设有双管，一根走液相，一根走气相。液压操纵的输油臂还配备双球阀紧急脱离系统，以便在锚绳断损，船舶从栈桥漂出，失火，超载突发暴风雨天气等危险状态下，输油臂与油船接口迅速脱离，介质不会外流。

装卸速度一般被泵的容量、码头侧管道、船舶的歧管形状以及货物性质等控制，而超过臂的容许流量的大流量有时可能造成装载臂的振动。装载臂可以处理的最大速度 48ft/sec(14.6m/sec)。

选择要安装的输油臂的数量和尺寸时，要考虑以下因素：货物量、应达到的装载或卸载率、作业船舶上的歧管类型、压力损失、通过臂时报许用流量。

(2)扫线。是指用介质清扫管线，一般码头装卸管线均配有扫线装置及系统。扫线的目的主要有：

①运营中的天然气管线：清除管线内部的积水、轻质油、甲烷水合物、氧化铁、碳化物粉尘、二硫化碳、氢硫酸等腐蚀性物质，以降低腐蚀性物质对管道内壁的腐蚀损伤。

②运营中的原油管线：清除管线内部的凝油、结蜡、结垢达到减小输油回压、减小磨阻、降低输油温度的目的。

③化工物料及食用油品管线：清理具有聚合性物料管线，隔离不同管输介质实现单管多品种输送。

扫线介质的种类主要根据被吹扫介质的性质决定，同时要考虑接受储罐的结构形式。当吹扫介质与被吹扫介质接触时，不应产生剧烈的汽化、化学反应和形成爆炸混合物；浮顶或内浮顶储罐不宜用蒸汽或其他气体将油品扫入储罐。扫线介质一般按下列要求选用：

①原油管道一般用热水顶线，如管道需要动火，则放空管内存水后再用蒸汽和压缩空气吹扫。

②渣油、重油、润滑油原料及重脱沥青油管道一般用蒸汽和压缩空气扫线。

③成品润滑油、添加剂、轻柴油管道用脱水后的压缩空气或氮气吹扫。

④汽油、溶剂油、灯油、喷气燃料油、芳烃和轻污油等管道宜用氮气扫线，也可用水顶线。如管道需要动火，并应用蒸汽吹扫管道。

⑤燃料气、低压放空油气、液化石油气、氢气等宜放空后用氮气或蒸汽吹扫。

⑥酸、碱管道应用脱水后的压缩空气或氮气吹扫。

⑦输送温度大于120℃的热沥青、热渣油等管道应用轻柴油顶线后再用蒸汽和压缩空气吹扫管道。蒸汽和压缩空气不应进入热油罐。

一般情况下，正常生产中及停工过程中也会出现扫线情况，主要用途是将管线中的油品及其气相扫出，以方便检修和维护：

①偶尔使用的重质油管线，使用完毕后一般要进行扫线，否则只能采取长期伴热的措施，浪费热源。

②需检修的管线，停工后需进行扫线，一般采用的介质根据油品质要求而定，一般来讲车用汽油、柴油可用水、蒸气、氮气扫线，航煤用氮气，原油可用蒸气、水等。

③过江、海的水底管线，为了防止泄漏污染水质，建议使用完毕后进行扫线。

(3)检测仪。其原理是当气体(空气、氧气、氮气……)通过一泄漏孔隙，均会产生具有可探测高频成分的扰流，以渗漏检测仪来扫描附近区域，经由耳机可听到泄漏的急流声或是指示。检测仪愈靠近泄漏点，则急流声会愈大，指示读值会更高。当然，环境噪声是个问题，但使用橡皮聚音探头可缩小探测仪的接收区域。以阻隔杂讯噪声波的干扰，渗漏检测仪的频率调整功能可降低背景噪声干扰，让没经验的使用者也可容易地操作来检测泄漏。

(4)收油机。收油机是指专门设计用来回收水面溢油、油水混合物而不改变其物理、化学特性的任何机械装置。收油机的基本工作原理是利用油和油水混合物的流动特性、油水的密度差以及材料对油/油水混合物的吸附性，将油从水面上分离出来。收油机主要由撇油头、传输系统和动力站三部分组成。撇油头使油水分离；传输系统包括泵浦或真空装置、软管和连接件，其作用是传送动力、泵出回收的液体；动力站给撇油头和泵提供动力。

收油机主要包括：堰式、带式、动态斜面式收油机式、刷式、真空式，其中海上使用堰式、带式、动态斜面式收油机式、刷式四种；岸线防护使用真空式。

①堰式收油机是最常用的收油机之一，它是借助重力使油从水面流入集油器并将集油器内的油泵入储油容器的装置，它适用于在波高小于0.3m的平静水域回收中、低黏度的溢油。其特点具有尺寸小、质量轻、结构简单、维护保养容易、回收速度高、适用范围广等优点。

②带式收油机是利用转动的亲油吸附带吸附水面溢油，通过刮片或辊轮将吸附的溢油收入集油器内。带式收油机主要由吸附带、刮片(或压辊)、传动装置和集油器组成。带式收油机具有回收速率高、回收效率高、适应区域广、随波性好等优点。同时，带式收油机也具有结构复杂、体积大、需有起吊设备配合作业和造价高等缺点。

③动态斜面式收油机主要由螺杆式抽油泵、可拆卸的动态斜面传动带、船舶悬挂式支撑系统、防油可充气式或固体浮筒、导油板、管系、动力站及自动控制系统组成。特点适用溢油黏度范围宽，能够在行进中回收溢油，对潮流不敏感，适用于不同厚度的油层，受漂浮垃圾的影响小，适用区域广，回收效率、速率高。

④刷式收油机是指利用刷子回收溢油的机械装置，主要由几组或几排刷子、刮片、集油器组成，其工作原理：溢油黏附在旋转的刷子上并被刮下来导入集油器内，通过泵将溢油泵入储油装置。其特点回收效率、速率高随波性好，能适用1m高的波浪，易维护。

⑤真空式撇油器通常称为“撇油头”，是指利用吸入泵或真空泵，在真空储油罐内建立真空，通过撇油头处的压力差回收油水混合物的装置。真空式撇油器具有操纵装置尺寸小、操

作简单、便于携带、移动、对垃圾不敏感、维护容易、造价低廉特点。

⑥盘式收油机是指利用亲油材料制作的盘片在油水混合物中旋转，盘片旋出时，吸附的溢油被刮片刮入集油器，并泵送到储油容器的溢油回收设备，其优点对轻质油具有良好的适应性，回收效率高，对垃圾适应性好，维护简单，适用区域范围广。

⑦绳式收油机是利用漂浮亲油材料制成的一定长度的环形绳拖把吸附水面溢油，通过辊子挤压装置将绳拖把吸附的溢油挤出并存放在集油器内的装置，它具有随波性好、回收效率高、受垃圾影响小、覆盖面积大、维护容易、造价低廉等优点。

(5)围油栏。是指当海面或水面发生溢油事故时，为了防止油层扩散，便于溢油清除，用围油栏把油层限制住。橡胶围油栏由特种橡胶制成栏体，其强度高、耐磨、耐油、耐候，适用于海港水域。

防火围油栏除具有普通围油栏拦截、控制、转移溢油的特性外，还用于拦截燃烧的溢油、水面流淌火。防止火势蔓延，特别适用于油港、油码头、石油钻井平台等高防火等级敏感区域。防火围油栏还可以用于拖带溢油到合适的地点燃烧处理。不锈钢浮体，耐温可达1000℃的柔性材料和通用型快速接头组成防火围油栏的水上防火体系，可与普通围油栏串联配合使用。水下裙体为二层涂覆耐油、耐老化优质阻燃橡胶的高强度织物热合而成，具有较高强度和耐老化性。围油栏顶部的不锈钢丝绳、腰部高强度加强带和底部拉力配重链组成牢固的抗拉体系，采用包链式，整体结构简洁明快。

(6)报警仪。是用于作业环境中连续检测气体浓度的设备。

①按传感器的种类分：磁控开关报警器、震动报警器、声报警器、超声波报警器、电场报警器、微波报警器、红外报警器、激光报警器和视频运动报警器。把两种传感器安装在一个探测器里，称为双技术报警器。

②按探测器的工作方式分类：可分为主动式和被动式报警器。主动式探测器在担任警戒期间要向所防范的现场不断发出某种形式的能量，如红外线、超声波、微波等能量。被动式探测器在担任警戒期间本身则不需要向所防范的现场发出任何形式的能量，而是直接探测来自被探测目标自身发出的某种形式的能量，如红外线、振动等能量。

③按探测电信号传输信道分类：可分为有线报警器和无线报警器。

④按警戒范围分：点控制报警器、线控制报警器、面控制报警器和空间控制报警器。

⑤按应用场合分类：可分为室内与室外报警器，或可分为周界报警器、建筑物外层报警器、室内空间报警器及具体目标监视用报警器。

⑥按工作原理分：机电式、电声式、电光式及电磁式报警器等。

(7)电视监控系统。主要由前端设备和后端设备这两大部分组成，前端设备通常由摄像机、手动或电动镜头、云台、防护罩、监听器、报警探测器和多功能解码器等部件组成，它们各司其职，并通过有线、无线或光纤传输媒介与中心控制系统的各种设备建立相应的联系(传输视/音频信号及控制、报警信号)。在实际的电视监控系统中，这些前端设备不一定同时使用，但实现监控现场图像采集的摄像机和镜头是必不可少的。后端设备可进一步分为中心控制设备和分控制设备。港口视频监控需求以下特点：

①监控范围大。港口监控点的选择，应将摄像机安装在港区的灯塔制高点，这样视野宽、无障碍，可尽量少设监控点，使每个监控点监控覆盖的码头面积最大。

②全天候监控。港口监控点要全天候工作,这就需要选用红外敏感型彩色转黑白摄像机和日夜两用型镜头,并且在3km外能看清人物活动;选用螺杆传动的室外一体化重载云台。为了减少远距离图像的抖动,摄像机的安装也要确保牢固稳定。

③电磁干扰问题突出。港口一般都经过几十年的不断建设,设备、强电、弱电多种系统交叉运行,电磁干扰问题无处不在,因此要获得好的监控效果,必须考虑系统抗干扰的问题。

④避雷接地必须安全可靠。监控系统的软肋是前端的避雷与接地,前端设备的避雷与接地直接影响整个工程的安全性和可靠性,忽视避雷与接地可能给用户带来巨大的的损失。避雷原则是所有设备都要安装在避雷针的保护范围之内,接地电阻不大于10Ω,避雷与接地的特点是环境决定并影响避雷与接地的实际效果。

⑤系统资源共享。港口监控系统不但要满足生产、管理的需要,还要满足边防检查、海关、海事部门的监管需要,因此,需要解决图像资源共享和控制权限的分配问题。

(8)水泵。是输送液体或使液体增压的机械。它将原动机的机械能或其他外部能量传送给液体,使液体能量增加,主要用来输送液体包括水、油、酸碱液、乳化液、悬乳液和液态金属等,也可输送液体、气体混合物以及含悬浮固体物的液体。衡量水泵性能的技术参数有流量、吸程、扬程、轴功率、水功率、效率等;根据不同的工作原理可分为容积水泵、叶片泵等类型。容积泵是利用其工作室容积的变化来传递能量;叶片泵是利用回转叶片与水的相互作用来传递能量,有离心泵、轴流泵和混流泵等类型。水泵使用时应注意以下事项:

①如果水泵有任何小的故障切记不能让其工作。如果水泵轴的填料完全磨损后要及时添加,如果继续使用水泵会漏气。这样带来的直接影响是电机耗能增加进而会损坏叶轮。

②如果水泵在使用的过程中发生强烈的震动这时一定要停下来检查下是什么原因,否则同样会对水泵造成损坏。

③当水泵底阀漏水时,有些人会用干土填入到水泵进口管里,用水冲到底阀处,这样的做法实在不可取。因为当把干土放入到进水管里当水泵开始工作时这些干土就会进入泵内,这时就会损坏水泵叶轮和轴承,这样做缩短了水泵使用寿命。当底阀漏水时一定要拿去维修,如果很严重那就需要更换新的。

④水泵使用后一定要注意保养,比如说当水泵用完后要把水泵里的水放干净,最好是能把水管卸下来然后用清水冲洗。

⑤水泵上的胶带也要卸下来,然后用水冲洗干净后在光照处晾干,不要把胶带放在阴暗潮湿的地方。水泵的胶带一定不能沾上油污,更不要在胶带上涂一些带黏性的东西。

⑥要仔细检查叶轮上是否有裂痕,叶轮固定在轴承上是否有松动,如果有出现裂缝和松动的现象要及时维修,如果水泵叶轮上面有泥土的也要清理干净。

⑦水泵和管道的接口处一定要做好密封,因为如果有杂物进入的话都会对水泵内部造成损坏。

⑧对于水泵上的轴承也是检查的重点,用完后检查轴承是否有磨损,如果水泵用的时间长的话轴承里的小滚珠会碎,所以当水泵用过后在轴承上最好是涂一层润滑油更好的保护水泵轴承。

(9)闸阀。闸阀的启闭件是闸板,闸板的运动方向与流体方向相垂直,闸阀只能作全开和全关,不能作调节和节流。闸阀的闸板运动方向与流体方向相垂直,闸阀只能作全开和全关,不能作调节和节流。闸板有两个密封面,最常用的模式闸板阀的两个密封面形成楔形、楔形角随阀门参数而异。闸阀驱动方式分类:手动闸阀,气动闸阀,电动闸阀。

①通用闸阀的安装与维护。按密封面配置可分为楔式闸板式闸阀和平行闸板式闸阀,楔式闸板式闸阀又可分为:单闸板式、双闸板式和弹性闸板式;平行闸板式闸阀可分为单闸板式和双闸板式。按阀杆的螺纹位置划分,可分为明杆闸阀和暗杆闸阀两种。

②闸阀的安装与维护应注意以下事项:

a. 手轮、手柄及传动机构均不允许作起吊用,并严禁碰撞。

b. 双闸板闸阀应垂直安装(即阀杆处于垂直位置,手轮在顶部)。

c. 带有旁通阀的闸阀在开启前应先打开旁通阀(以平衡进出口的压差及减小开启力)。

d. 带传动机构的闸阀,按产品使用说明书的规定安装。

e. 如果阀门经常开关使用,每月至少润滑一次。

## 第七节 特种设备

### 一、特种设备的定义、港口常见特种设备的使用和检验

1. 特种设备的定义

根据《特种设备安全监察条例》规定:特种设备是指由国家认定的涉及生命安全、危险性较大的锅炉、压力容器(含气瓶)、压力管道、电梯、起重机械、客运索道、大型游乐设施和场(厂)内专用机动车辆的设备。

2. 港口常见特种设备的使用和安全管理

1)特种设备的安全作业使用要点

(1)锅炉、压力容器、作业电梯的安装和拆卸工作必须由取得相应资质证书的专业队负责,并必须由经过专业培训,取得操作证的专业人员进行操作和维修。安装后,安全装置要经试验、检测合格后方可操作使用。

(2)对压力表、安全阀、水位表进行定期检查,保证附件灵敏可靠,确保运行安全。

(3)锅炉、压力容器上面和周围不得堆置易燃材料、杂货等。

(4)锅炉水位表应配置水位自动报警装置,水位表中的水面应在正常水位,并应有轻微波动。水位表应每天冲洗一次,以防堵塞。

(5)锅炉应经常排放沉淀污水,每班至少一次。排污应在负荷低时进行,要注意水位,防止缺水。

(6)正在燃烧的锅炉发现水位表内看不清楚时,切不可盲目加水,应立即停炉,以免炉内过热受冷水冲击发生爆炸。

(7)锅炉运行中发生缺水、超压、漏水、汽水共腾等事故,必须正确分析原因,立即采取正确措施,避免发生重大事故。

(8)压火前应将锅炉水加到最高水位,并检查炉火,防止熄灭或重新燃起。

(9)司炉人员值班不得饮酒、睡觉或擅离岗位或兼作其他工作。

(10)锅炉必须每年进行一次检查,清除水垢及炉灰。由有关部门进行检查认可发给合

格证后方可再次使用。

(11)点火、停炉要缓慢进行，避免损坏锅炉各种伸缩部位。

(12)司炉工必须记好锅炉运行日志，交接班时必须签字。发现锅炉有以下情况之一时，应紧急停炉：

①气压阀迅速上升超过许可工作压力时，虽安全阀已开起，但气压仍在继续上升；

②水位表已看不到水位或水位表水位下降很快，虽加水仍继续下降；

③压力表、水位表、安全阀、排污阀及给水器，其中有一件或全部失灵；

④炉胆或其他管道已烧红以及严重漏水、漏气等。

(13)热水锅炉在工作温度上升或工作压力下降时，应立即停炉，对锅炉及系统进行检查，排除故障后方能起炉运行。紧急停炉时，首先停止燃烧，关闭风门，打开炉门和放气阀。如因缺水事故停炉，禁止向炉内立即加水。

(14)压力容器出现下列异常现象之一时，操作人员应立即采取紧急措施，并按规定的报告程序，及时向有关部门报告。

①压力容器工作压力、介质温度或壁温超过规定值，采取措施仍不能得到有效控制；

②压力容器的主要受压元件发生裂缝、鼓包、变形、泄漏等危及安全的现象；安全附件失效；

③接管、紧固件损坏，难以保证安全运行；

④发生火灾等直接威胁到压力容器安全运行；

⑤过量充装；

⑥压力容器液位超过规定，采取措施仍不能得到有效控制；

⑦压力容器与管道发生严重振动，危及安全运行；

⑧其他异常情况。

(15)以水为介质产生蒸汽的压力容器，必须做好水质管理和监测，没有可靠的水处理措施，不应投入运行。

(16)电梯限速器、制动器等安全装置必须由专人管理，并按规定进行调试检查，保持其灵敏度可靠。

(17)电梯笼乘人载物时应使荷载均匀分布，严禁超载使用，严格控制载运质量。吊笼无安全门、卸料平台无安全门，不准开车。

(18)电梯运行至最上层和最下层时仍要操纵按钮，严禁以行程限位开关自动碰撞的方法停车。

(19)多层作业交叉作业同时使用电梯时，要明确联络信号。风力达6级以上应停止使用电梯、并将电梯降到底层。

(20)各停靠层通道口处应安装栏杆或安全门，其他周边各处应用栏杆和立网等材料封闭。

(21)当电梯未切断总源开关前，司机不能离开操作岗位。作业完后、将电梯降到底层，各控制开关扳至零位，切断电源，锁好闸箱门和电梯门。

(22)暴风雨后外用电梯基座、电源、接地、暂设支撑等，要进行安全检查。

(23)严禁电梯超载运行，运送物料长度不得超过护网。

(24)司机开车思想集中,随时注意信号,遇事故和危险时立即停车。离开操作室应锁梯笼门,拉闸停电。

(25)锅炉、压力容器、作业电梯发现问题及时报告并查明原因,不得带病使用。

2)特种设备的安全管理

(1)特种设备的主要危险。特种设备的主要危险包括:爆炸、火灾、烫伤、中毒、窒息、触电、坠落、碰撞、物体打击、设备伤害等。造成事故主要有以下几个方面的原因:设备本身质量原因;违章操作原因;安装装置原因;定期检验或维护管理不到位原因;充装环节失控原因等。

(2)特种设备安全监管方式和内容。对特种设备的管理,国家实行全过程的安全监察,即对其设计、制造、安装、使用、检验、修理和改造等环节实行全过程安全监察,俗称"一条龙"管理或称"一生管理",即从其设计开始到报废全过程实施监督,特种设备安全监督管理的部门是当地技术监督局。

①设计。锅炉、压力容器中的气瓶、氧舱和客运索道、大型游乐设施的设计实行设计文件审批制度,经国务院特种设备安全监督管理部门核准的检验检测机构鉴定,才能用于制造;压力容器设计实行设计单位资格认可制度,并实行分级管理原则,即一、二类压力容器设计单位由省质监局批准,三类压力容器、汽车槽车、铁路槽车和超高压容器的设计单位由国家质检总局批准。

②制造。锅炉、压力容器、压力管道元件、电梯、起重机械、客运索道、大型游乐设施及其安全附件、安全保护装置实行制造认可制度,锅炉压力容器按其压力高低、容积大小和介质的危险程度等因素,分为A、B、C、D四个等级,实行分级管理。

A、B、C级锅炉压力容器由国家质检总局审批发证,D级锅炉压力容器由省质检局审批发证。锅炉、压力容器、压力管道元件、起重机械、大型游乐设施实行制造过程监督检验制度。未经监督检验合格的设备不得出厂。特种设备出厂时,制造厂要提供设计文件、产品质量合格证明、安装及使用维修说明、监督检验证明等文件。

③安装。安装认可制度:锅炉、压力容器、起重机械、客运索道、大型游乐设施实行安装认可制度,电梯的安装必须由电梯制造单位或者通过合同委托、同意具有电梯安装资质的单位;安装告知制度;特种设备安装前,安装单位应书面告知当地特种设备安全监督管理部门,作业验收后30日内将其有关技术资料移交使用单位。使用单位应该将其存入该特种设备的安全技术档案;安装监督检验制度;锅炉、压力容器、电梯、起重机械、客运索道、大型游乐设施安装过程要接受特种设备检验检测机构的监督检验,未经监督检验合格的不得交付使用。

④使用。实行使用注册登记制度;特种设备在投入使用前或者投入使用后30日,使用单位应当向当地质量技术监督部门办理设备使用注册登记,登记标记应当置于或者附着于该特种设备的显著位置;特种设备存在严重事故隐患,无改造、维修价值,或者超出安全技术规范规定使用年限,特种设备使用单位应当及时予以报废,并向原登记的特种设备安全监督管理部门办理注销;锅炉、压力容器、电梯、起重机械、客运索道、大型游乐设施的作业人员及其相关管理人员,应当按照国家有关规定经特种设备安全监督管理部门考核合格,取得国家统一的特种作业人员证书,方能从事相应的作业或管理工作。

⑤检验。在用特种设备实行定期检验制度。定期检验室为了及时发现设备潜伏的缺陷及使用中因腐蚀、磨损等原因产生的新的缺陷及使用管理中出现的问题。特种设备使用单位应当按照安全技术规范的定期检验要求,在安全合格有效期届满前一个月向特种设备检验检测机构提出定期检验要求。未经定期检验不合格的特种设备,不得继续使用。

⑥气瓶充装实行了充装注册制度。压力容器所含的各种气瓶,由于其反复充装及可移动的特点,对气瓶充装实行了充装注册制度。通过控制充装单位的条件、充装安全管理,消除因气瓶错装、超装及超期未检瓶的充装,从而减少各种气瓶事故。充装单位申报充装注册手续是:气瓶充装单位首先向质监局提出注册申请,进而对其审查,对符合规定条件的报省质监局审核注册发证。只有取得省质监局颁发的《气体充装站充装注册证》后方可从事充装作业。改证每五年换发一次。

气体充装站的种类有永久气体充装站(氧气、氮气)、溶解乙炔气充装站、液化气体充装站(液氨、液氯)和液化石油充装站。气瓶充装单位应当对气瓶使用者安全使用气瓶进行指导,提供服务。

⑦修理、改造。锅炉、压力容器、电梯、起重机械、客运索道、大型游乐设施修理、改造的单位经省级特种设备安全监督管理部门许可。电梯制造单位也可对电梯进行修理、改造工作。特种设备的修理、改造工作。特种设备的修理、改造单位在作业前应书面告知当地特种设备安全监督管理部门。作业验收后30日内将有关技术资料移交使用单位。使用单位应该将其存入该特种设备的安全技术档案。

(3)锅炉、压力容器、电梯、起重机械、客运索道、大型游乐设施改造、重大维修过程,必须经检验检测机构进行监督检验,未经监督检验合格的不得交付使用。

## 二、港口常见特种设备分类

1. 锅炉

锅炉是指利用各种燃料、电或者其他能源,将所盛装的液体加热到一定的参数;出口水压大于或者等于0.1MPa(表压),且额定功率大于或者等于0.1MW的承压热水锅炉。锅炉有以下几种分类方法:

(1)按用途分为电站锅炉、工业锅炉。用锅炉产生的蒸气带动汽轮机发电用的锅炉称为电站锅炉。产生的蒸气或热水主要用于工业生产和/或民用的锅炉称为工业锅炉。

(2)按锅炉产生的蒸气压力分为超临界压力锅炉、亚临界压力锅炉、超高压锅炉、高压锅炉、中压锅炉、低压锅炉。

(3)按锅炉的蒸发量分为大型、中型、小型锅炉。

(4)按载热介质分为蒸气锅炉、热水锅炉和有机载体锅炉。

(5)按热能来源可分为燃煤锅炉、燃油锅炉、燃气锅炉和废热锅炉。

(6)按结构形式可分为锅壳式锅炉(火管锅炉)、水管锅炉、混合结构形式锅炉和电热锅炉。

2. 压力容器(储罐、气瓶、氧气、乙炔等)

压力容器是指盛装气体或者液体,承载一定压力的密闭设备,其范围规定为最高工作压力大于或者等于0.1MPa(表压),且压力与容积的乘积大于或者等于2.5MPa·L的气体、液化气体和最高工作温度高于或者等于标准沸点的液体的固定式容器和移动式容器；盛装公称工作压力大于或者等于0.2MPa(表压)，且压力与容积的乘积大于或者等于1.0MPa·L的气体、液化气体和标准沸点等于或者低于60℃液体的气瓶、氧舱等。其中气瓶是指在正常环境下(-40~60℃)可重复充气使用的，公称工作压力为1.0~30MPa(表压)，公称容积为0.4~1000L的盛装永久气体、液化气体或溶解气体的移动式压力容器。压力容器的分类主要有：

(1)按承压方式分类，压力容器可以分为内压容器和外压容器，内压容器按设计压力可以划分为低压、中压、高压和超高压四个压力等级。

(2)按生产中的作用可以划分为反应压力容器、换热压力容器、分离压力容器、储存压力容器。

(3)按安装方式可以划分为固定式压力容器和移动式压力容器。

(4)按制造许可划分，国家质量监督检验检疫总局颁布的《锅炉压力容器制造监督管理办法》中，以制造难度、结构特点、设备能力、工艺水平、人员条件等为基础，将压力容器划分为A、B、C、D共四个许可级别。

为了方便安全监察、使用管理和检验检测，按《固定式压力容器安全技术监察规程》将压力容器划分为三类(Ⅰ、Ⅱ、Ⅲ类)。

3.压力管道

压力管道是指利用一定的压力，用于输送气体或者液体的管状设备，其范围规定为最高工作压力大于或者等于0.1MPa(表压)的气体、液化气体、蒸汽介质或者可燃、易爆、有毒、有腐蚀性、最高工作温度高于或者等于标准沸点的液体介质，且公称直径大于25mm的管道。压力管道的种类通常按其用途划分可分为长途管道(GA)、公用管道(GB)和工业管道(GC)。

4.电梯

电梯时指动力驱动，利用沿刚性轨道运行的箱体或者沿固定线路运行的梯级(踏步)，进行升降或者平行运送人、货物的机电设备，包括载人(货)电梯、自动扶梯、自动人行道等。电梯的分类主要有：

(1)按其用途可分为乘客电梯、客货(两用)电梯、载货电梯、车辆电梯、病床电梯、住宅电梯、杂物电梯、观光电梯、船舶电梯、其他专用电梯。

(2)按拖动方式分为曳引式、液压式及齿轮齿条三类。

(3)按提升速度快慢分为低速、快速、高速(超高速)三类。

(4)按控制方式分为手柄操纵控制、按钮控制、信号控制、集选控制、下集选控制、并联控制、梯群控制等类型。

5.起重机械

起重机械是指用于垂直升降或者垂直升降并水平移动重物的机电设备，其范围规定为额定起重量大于或者等于0.5t的升降机；额定起重量大于或者等于1t，且提升高度大于或者等于2m的起重机和承重形式固定的电动葫芦等。

(1)轻小型起重设备。轻小型起重设备一般只有一个升降机构，常见的有千斤顶、电动或手拉葫芦、绞车、滑车等。有的电动葫芦配有可以沿单轨运动的运行机构。主要轻小型起重设备主要有：

①千斤顶。用刚性顶举件通过顶部托座在小行程内顶升重物的轻小型起重设备。习惯叫法很多，如顶重举、举重器、顶镐、压勿煞等等。操作时只需较小的力量就能将重物顶起或移动。常用的有螺旋千斤顶、齿条千斤顶、液压千斤顶等。多在机械检修场合作顶举工具用。

②手拉葫芦。由人力驱动的起重葫芦，多用链轮链条作牵引传动件，其上装有载荷自制式制动器以防止重物的重力下降，工作安全可靠，自重轻，便于携带，多用于安装和维修工作。

③电动葫芦。由电力驱动的起重葫芦，电动机、减速器、制动器与卷筒均装在同一轴线上，结构紧凑。制动器多为锥盘式、片式或载荷自制式。电动葫芦分有固定式和能沿工字梁运行的小车式两种。其升降及运行动作均由操作人员在地面上通过按钮进行控制。起重量一般在5吨以下。

④绞车。又称卷扬机，由卷筒、减速装置、制动装置等组成，并通过缠绕在卷筒上的钢丝绳带动取物装置升降或牵引重物的轻小型起重设备，分有手动和电动两种。它一般多与滑车配套使用，作为临时性的起重设备。也可作为内河港口斜坡码头的牵引设备。如果将电动绞车安装在起重机上作为起升重物用，就成为起重机起升机构的起重绞车。

⑤滑车。由吊钩(或吊环)和滑轮等组成，用以提升或牵引重物的轻小型起重设备。按制造材料分，有木制滑车和钢制滑车两种，港口通常使用钢制滑车。按滑轮数目分，有单轮滑车和多轮滑车；按形式分，有普通滑车和开口滑车。使用时，一般采用由定滑车与动滑车以及绕过它们滑轮的绳索所组成的滑车系统，以便省力地提升或牵引重物。为了提高其起重或牵引能力，它常与绞车配套使用。主要用于安装作业或重件装卸。

(2)升降机。常见的升降机有垂直升降机、电梯等。它虽然属升降机构，但由于配有完善的安全装置及其他附属装置，其复杂程度是轻小起重设备不能比拟的，故列为单独一类。电梯是采用轿箱作为承载装置，电力驱动，沿垂直轨道运送货物的升降机械。分有载货电梯、载人电梯和人、货两用电梯等类型。港口一般采用载货电梯，用于多层仓库的转载。缆车是用绞车(卷扬机)通过钢丝绳牵引斜架平台车沿倾斜轨道运行的升降机械。一般多用于内河港口斜坡码头运送货物。

(3)起重机。起重机是指除了起升机构以外还有其他运动机构的起重设备。根据水平运动形式的不同，分为桥架类型起重机和臂架类型起重机两大类别。此外，还有桥架与臂架类型综合的起重机，例如，在装卸桥上装有可旋转臂架的起重机，在冶金桥式起重机上装有可旋转小车等。可分为两类：

一类：桥架类型起重机。其特点是以桥形结构作为主要承载构件，取物装置悬挂在可以沿主梁运行的起重小车上。桥架类型起重机通过起升机构的升降运动、小车运行机构和大车运行机构的水平运动，在三个工作机构的组合运动，在矩形三维空间内完成物料搬运作业。这类起重机应用于车间、仓库、露天堆场等处。桥架类型起重机根据结构形式不同还可以分为桥式起重机、门式起重机和缆索起重机。

桥式起重机使用广泛的有单主梁或双主梁起重机，由主梁和两个端梁组成桥架，整个起重机直接运行在建筑物高架结构的轨道上。最简单的是梁式起重机，采用电动葫芦在工字钢梁或其他简单梁上运行。

门式起重机又被称为带腿的桥式起重机。其主梁通过支撑在地面轨道上的两个刚性支腿或刚性-柔性支腿,形成一个可横跨铁路轨道或货场的门架,外伸到支腿外侧的主要梁悬臂部分可扩大面积。门式起重机有时制造成单支腿的半门式起重机。装卸桥是专门用于装卸作业的门式起重机,供货站、港口等部门进行散粒物料的堆取,其特点是小车运行速度大、跨度大(一般为60~90m以上),生产率高(可达500~1000t/h或更高)。集装箱门式起重机是20世纪80年代发展起来的机种,是专门用来进行集装箱的堆垛和装卸作业的门式起重机,如装卸船上集装箱的门式起重机。

绳索起重机适用于跨度大、地形复杂的货场、水库或工地作业。由于跨度大,固定在两个塔架顶部的缆索取代了桥行主梁。悬挂在其中小车上的取物装置被牵引索牵引,沿承载索往返运行,两塔架分别在相距较远的两岸轨道上,可以低速运行。

二类:臂架类型起重机其结构都是一个悬伸、可旋转的臂架作为主要受力构件,除了起升机构外,通常还有旋转机构和变幅机构,通过起升机构、变幅机构、旋转机构和运行机构等四大机构的组合运动,可以实现在圆形或长圆形空间的装卸作业。臂架式起重机可装设在车辆或其他运输工具上,构成了常见的各种运行臂架式起重机,例如,门座起重机、塔式起重机、铁路起重机、流动式起重机。

流动式起重机包括汽车起重机、轮胎起重机、履带起重机,其采用充气轮胎或履带作运行装置,可以在无轨路面长距离移动。最常见的汽车起重机安装在汽车底盘上,其优点是机动性好,可与汽车编队运行。

塔式起重机其结构特点是悬架长(服务范围大)、塔身高(增加升降高度)、设计精巧、可以快速安装、拆卸。轨道临时铺设在工地上,以适应经常搬迁的需要。

门座式起重机是回转臂架安装在门型座架上的起重机,沿地面轨道运行的门座架下可通过铁路车辆或其他车辆,多用于港口装卸作业,或造船厂进行船体与设备装配。

主要起重机特种设备有:

①桥式起重机。简称桥吊,俗称行车、天车。是桥架支承在建筑物两边的高架轨道上,并能沿轨道行走的桥架起重机。分有单梁式和双梁式两种。前者又称为单梁吊,它的行走桥架为单梁形,其上一般装有可沿设在单梁上的工字形轨道移动的电动葫芦;后者又称为双梁吊,它的行走桥架为双梁形,在桥架上设有可沿铺设在桥架上的轨道行走的起重小车。桥式起重机常在仓库、车间内使用。

②龙门起重机。简称龙门吊,是桥架主梁支承在两侧刚性支腿上的桥架起重机。它的起重小车可沿安装在主梁上的轨道行走,而整机(火车)则可沿着安装在地面上的轨道行走。按主梁形式分,有单梁式、双梁式、单悬臂式,双悬臂式龙门起重机等;按支腿形式分,有C型、L型、O型龙门起重机等。龙门起重机主要用于货场上作业。

③装卸桥。一种具有较大跨度,起重小车行走速度较高,主梁分别支承在一刚性支腿和一柔性支腿上的桥架型起重机。

④轮胎起重机。简称轮胎吊。一种装在专用轮胎底盘上的自行式全旋转动臂起重机。其特点是驾驶室及动力装置均装设在旋转平台上,可独自行走,机动灵活,稳定性能好,能四面作业,在一定条件下还可吊货行走。它的起重量随着幅度的变化而变化。为增大起重能

力和保证工作的稳定性,起重作业时一般需放下支腿。主要适用于港口货场作业,在中小内河港口也可用于码头前沿进行装卸船舶作业,是港口起重机中用途最广泛的机型之一。轮胎起重机,一般采用内燃机驱动,其传动形式有:机械、电动和液压等。有的则采用外接交流电源作动力源,这种轮胎起重机通常称为电动轮胎起重机,简称电吊,它不能自行,行驶时需依靠其他机械牵引。

⑤汽车起重机。简称汽车吊,它是装在标准的或专用的载重汽车底盘上的臂架起重机。它与轮胎起重机的主要区别在于:底盘结构有所不同,它的发动机装设在底盘上而不是转台上;具有两个分别安装在底盘和转台上的驾驶室;一般只能三面作业;作业时必须放下支腿,因此不能吊货行驶;一般只能使用吊钩而不能使用双绳抓斗作业;其行驶速度高,因此适合在作业地点比较分散且相距较远的场合工作。

⑥门座起重机。简称门机、门吊。一种装在可沿地面轨道行走的门形座架上的臂架起重机。门架下方可通过火车或其他地面车辆。它具有起升、旋转、变幅、行走四个可协同动作的机构,有较大的起升高度和工作幅度,因此作业范围大,工作效率高,能进行车船直接作业及外档船舶过驳作业,特别适用于在有火车船舶直接作业要求的海港码头对大型船舶进行装卸,是岸壁式码头前沿应用最为广泛的一种起重机械。港口门座起重机主要有吊钩抓斗两用的普通型、抓斗作业专用的带斗型以及多用途型三种。

⑦浮式起重机。简称浮吊,又称起重船。一种装在专用平底浮船上的臂架起重机。它具有能在水上(锚地)进行装卸,自重不受码头地面承载能力的限制,可以从一个码头移到另一个码头,利用率高,且不受水位差影响等突出优点,因而被广泛应用于海河港口进行船岸间或船舶间的装卸作业,此外,还常用于建港、建桥、水利工程以及船舶修造、水上打捞救险等的起重作业。浮式起重机按船体性能分,有自航式和非自航式两种,前者备有内燃机发电机组,供自航,起重作业以及辅机、生活用电;后者的移泊、航行要靠拖轮拖带,起重动力靠船上发电或岸上供电。按起重部分能否相对于船体转动的特点分,有固定式和旋转式两种,前者一般只具有起升机构;后者具有起升、旋转和变幅机构,作业范围扩大,能更好地满足港口多种装卸作业的要求,因而常多采用。(浮吊由船舶检验部门检验发证)。

⑧多用途门座起重机。它是普通型门座起重机的一种变型。与普通型门座起重机在主体结构和机构上基本相同,也具有起升、旋转、变幅和整机可沿地面轨道行走的功能。不同的是,多用途门座起重机的设计主要是根据装卸集装箱的要求,同时兼顾装卸其他货物来设计的。它克服了用普通型门座起重机进行集装箱装卸作业时存在的缺陷,还考虑到了快速更换不同属具的特殊要求。因此,多用途门座超重机不仅可像普通型门座起重机那样使用吊钩、抓斗进行件杂货和散货作业,还可使用集装箱专用吊具,快速优质、安全高效地进行集装箱作业。也可装设电磁吸盘,用来装卸废钢铁。多用途门座起重机特别适合在货种变化大的非专业化码头上使用。

⑨带斗门座起重机。简称带斗门机。是高效的抓斗卸船机之一。其结构基本上与普通门座起重机相似,不同的是它在门架上装有漏斗及胶带输送机系统。它只用抓斗进行散货卸船作业。作业时,抓斗从船舱内抓取散货后,经起升、变幅动作将散货卸入机上漏斗,再经胶带输送机把货物输送到货场上。它的起升速度和变幅速度均比普通型门座起重机高,且作业行程短,因而采用它卸散货船舶可获得较之普通型门座起重机更高的生产效率。特别

适合在散货专业化码头上工作。

(4)起重机械安全正常工作的条件有:

①金属结构和机械零部件应具有足够的强度、刚性和抗屈曲能力。

②整机必须具有必要的抗倾覆稳定性。

③原动机具有满足作业性能要求的功率,制动装置提供必需的制动力矩。

6. 机动车辆

场(厂)内专用机动车辆是指利用动力装置驱动或牵引的,在特定区域作业和行驶、最大行驶速度(设计值)超过5km/h的;或者具有起升、回转、翻转、搬运等功能的装备作业车辆或除道路交通、农用车辆以外仅在工厂厂区、旅游景区、游乐场所等特定区域使用的专用机动车辆。

我国目前在港口码头使用较为广泛的有叉车、翻斗车、单斗车、牵引车、平板车、搬运车等。主要港口作业机动车辆有:

(1)叉式装卸车。简称叉车,又称铲车、万能装卸车。一种在可自行的轮胎式底盘上装有带货叉的升降式门架,可单独对货物进行装卸、堆码和搬运等作业的车辆。如配备不同的取物装置可适应多种货物的装卸搬运。应用十分广泛。主要特点是:结构紧凑、机动性好、能一机多用、生产效率高,用于托盘成组货物的装卸搬运作业时,效果尤佳。其种类很多。按动力装置分有:内燃叉车和蓄电池叉车两种;按传动方式分有:机械传动式、液力机械传动式及静液压传动式等;按结构形式分有:平衡重式、前移式、插腿式、侧面式、叉式和跨式等多种。

(2)平板车。又称拖车、挂车。一种具有载货平台而无驱动装置,需依靠牵引车拖带行走的载货车辆。按转向形式分为全轮转向和前轮转向两种。轮胎有气胎、硬胎、半硬胎之分。载质量有3吨、10吨、20吨等多种,其中3吨和10吨的应用最为普遍。

(3)单斗车。又称装载机、铲斗车。由铲斗、升降机构、倾翻机构及行走底盘构成,能铲取散货并进行装卸、搬运和堆积作业的机械。铲斗的升降和倾翻动作均由液压操纵。行走部分多为轮胎式底盘,少数为履带式底盘。具有结构紧凑、操作简便、机动性好、装卸效率高等特点,如将铲斗换作圆弧爪型抱夹,还可用于原木的装卸作业。

(4)翻斗车。一种在车身前端或后端装有可自动倾翻卸货的斗的搬运车辆。通常都装有独立驱动装置,可自行。斗的倾翻动作一般是由驾驶员通过操纵液压机构来实现。虽然它不能自行装货,但能自行卸货和搬运,因而在港口特别是在建筑工地上获得较广泛采用。

(5)牵引车。又称拖头,一种在车辆后端装有牵引连接装置,用来在地面上拖带载货平板车以实现货物水平运输的工业车辆。一般采用内燃机驱动。车前装有推顶钢板,必要时可用来顶推货物。其基本构造与汽车相似,但结构紧凑,外形小,具有更好的机动性。它需与平板车配套使用。通常一辆牵引车可拖带多辆平板车。其利用率高,经济效益显著。

(6)搬运车。具有载货平台,能自己独立行走,用于搬运货物的车辆。一般它不能自己装卸货物,需依靠人工或其他机械对其进行装卸载。按载货平台能否运动及运动的状况分,有固定平台式、升降平台式及倾斜平台式搬运车。按其动力装置分,有内燃搬运车及蓄电池搬运车(或称电瓶车)。

7. 客运缆车

客运缆车是在内河水位落差比较大的码头上载运客人的一种港口装卸设备,是在港口货运缆车的基础上发展起来的，过去没有关于客运缆车的规范和标准，2004年，国家技术监督局把客运缆车归类于客运索道类进行管理，发布了《客运地面缆车技术规范》(GB/T 19402—2003)。其中客运索道是指动力驱动，利用柔性绳牵引箱体等运载工具运送人员的机电设备，包括客运架空索道、客运缆车、客运牵引索道等。

## 三、特种设备作业人员监督管理

国家质量监督检验检疫总局发布的《特种设备作业人员监督管理办法》作如下规定："锅炉、压力容器(含气瓶)、压力管道、电梯、起重机械、客运索道、大型游乐设施、场(厂)内专用机动车辆等特种设备的作业人员及其相关管理人员统称特种设备作业人员。特种设备作业人员作业种类与项目目录由国家质量监督检验检疫总局统一发布"。

1.特种作业及人员的范围

根据《安全生产法》及安全生产监督部门有关文件规定，特种作业是指易发生人员伤亡事故，对操作者本身、他人及周围设施的安全可能造成重大危害的作业。直接从事特种作业的人员成为特种作业人员。设计到港口的特种作业及人员范围主要包括：电工作业；金属焊接、切割作业；起重机械(含电梯)作业；企业内机动车辆驾驶；登高架设作业；锅炉作业(含水质化验)；压力容器作业；危险品作业及经国家安全生产监督管理局批准的其他作业。

2.特种设备作业(设备)人员培训

特种作业(设备)人员必须接受与本工种相适应的、专门的安全技术培训。经安全技术理论考核和实际操作技能考核合格，取得特种作业操作证后，方可上岗作业，未经培训，或者培训考核不合格者，不得上岗作业。需持证上岗的人员主要包括起重设备司机，起重工、指挥手、维修工、电工和管理人员等。港口企业应当把特种设备的管理及作业人员的教育和培训工作列入企业职工教育培训计划。

特种作业(设备)人员安全技术考核分为安全技术理论考核和实际操作考核。具体考核内容按照国家有关部门制定的特种作业人员安全技术培训考核标准执行。

3.特种作业(设备)人员复审

《特种设备作业人员证》每4年复审一次。持证人员应当在复审期届满3个月前，向发证部门提出复审申请。对持证人员在4年内符合有关安全技术规范规定的不间断作业要求和安全、节能教育培训要求，且无违章操作或者管理等不良记录、未造成事故的，发证部门应当按照有关安全技术规范的规定准予复审合格，并在证书正本上加盖发证部门复审合格章。

4.特种作业(设备)人员考核发证

国家安全生产监督管理局依法组织、指导并监督全国特种作业人员安全技术培训、考核、发证工作。各省(区、市)安全生产监督管理部门依法组织实施本地区特种作业人员安全技术培训、考核和发证工作。

5.特种作业(设备)人员的管理

申报特种作业(设备)人员必须具备以下基本条件：年满18周岁，无妨碍从事相关工种作业的疾病和生理缺陷，初中(含初中)以上文化程度且具备相应工种的安全技术知识，参加国家规定的安全技术理论和实际操作考核并成绩合格，符合相应工种作业特点需要的其他条件。

6. 有毒有害作业安全管理

为了防止患有有害作业禁忌症的(可诱发职业病的)人员进入有害工作岗位,以保护作业者的健康和安全,因此必须对有害作业点范围从事操作的人员进行体检。

## 四、特种设备检验周期

实行特种设备定期检验制度。定期检验室为了及时发现设备潜伏的缺陷及使用中因腐蚀、磨损等原因产生的新的缺陷及使用管理中出现的问题。特种设备使用单位应当按照安全技术规范的定期检验要求,在安全合格有效期届满前一个月向特种设备检验检测机构提出定期检验的要求,未经定期检验或检验不合格的特种设备,不得继续使用。

1. 锅炉

《蒸汽锅炉安全技术监察规程》第 202 条:锅炉定期检验分为外部检查、内部检查和水压试验检验三种。检验周期为,在用锅炉一般每年进行一次外部检验,每两年进行一次内部检验,每六年进行一次水压试验。当内部检验和外部检验同在一年进行时,应首先进行内部检验,然后再进行外部检验。对于不能进行内部检验的锅炉,应每三年的进行一次水压试验。

《热水锅炉安全技术监察规程》第 150 条在用锅炉每两年进行一次运行状态下一次运行状态外部检验,一般每两年按《在用锅炉定期检验规则》进行一次停炉内外部检验,一般每六年进行一次水压试验。除定期检验外,锅炉有下列情况之一时,也应进行内外部检验:(1)移装或停止运行一年以上,需要投入或恢复运行时;(2)受压元件经重大修理或改造后(还应进行水压试验);(3)发生重大事故后;(4)根据锅炉运行情况,对设备状态有怀疑,必须进行检验时。

2. 电梯

《电梯使用管理与维护保养规则》第十二条:在用电梯每年进行一次定期检验。使用单位应当按照安全技术规范的要求,在《安全检验合格标志》规定的检验有效期届满前 1 个月,向特种设备检验检测机构提出定期检验申请。未经定期检验或者检验不合格的电梯,不得继续使用。

3. 起重机械

《起重机械定期检验规则》第五条:在用起重机械定期检验周期如下:

(1)塔式起重机、升降机、流动式起重机每年 1 次,其中轮胎式集装箱门式起重机每 2 年 1 次;

(2)轻小型起重设备、桥式起重机、门式起重机、门座起重机、缆索起重机、桅杆起重机、铁路起重机、旋臂起重机、机械式停车设备每 2 年 1 次,其中吊运熔融金属和炽热金属的起重机每年 1 次。

(3)性能试验中的额定载荷试验、静载荷试验、动载荷试验项目,首检时必须进行。

(4)检验过程中,对作业环境特殊的起重机械,检验机构报经省级质量技术监督部门同意,可以适当缩短定期检验周期,但是最短周期不低于 6 个月。定期检验日期以安装改造重大维修监检、首检、停用后重新检验的检验合格日期为基准计算,以此类推(下次定检日期不因本周期内的复检、不合格整改或者逾期检验而变动)。

4. 压力容器

(1)《压力容器定期检验规则》第五条压力容器一般应当于投用后3年内进行首次定期检验。下次的检验周期，由检验机构根据压力容器的安全状况等级，按照以下要求确定：

①安全状况等级为1、2级的，一般每6年一次；

②安全状况等级为3级的，一般3~6年一次；

③安全状况等级为4级的，应当监控使用，其检验周期由检验机构确定，累计监控使用时间不得超过3年，在监控使用期间，使用单位应当制定有效的监控措施；

④安全状况等级为5级的，应当对缺陷进行处理，否则不得继续使用；

⑤压力容器安全状况等级的评定按照本规则第四章进行，符合规定条件的，可以适当缩短或者延长检验周期；

⑥应用基于风险的检验(RBI)技术的压力容器，按照《固定式压力容器安全技术监察规程》7.8.3的要求确定检验周期。

(2)有以下情况之一的压力容器，定期检验周期可以适当缩短：

①介质对压力容器材料的腐蚀情况不明或者介质对材料的腐蚀情况异常的；

②材料表面质量差或者内部有缺陷的；

③使用条件恶劣或者使用中发现应力腐蚀现象的；

④改变使用介质并且可能造成腐蚀现象恶化的；

⑤介质为液化石油气并且有应力腐蚀现象的；

⑥使用单位没有按规定进行年度检查的；

⑦检验中对其他影响安全的因素有怀疑的。

真空绝热压力容器的定期检验周期也可以适当缩短。

采用"亚铵法"造纸工艺，且无防腐措施的蒸球根据需要每年至少进行一次定期检验。使用标准抗拉强度下限值大于或者等于540MPa低合金钢制造的球形储罐，投用一年后应当开罐检验。

(3)安全状况等级为1、2级的压力容器，符合以下条件之一的，定期检验周期可以适当延长：

①聚四氟乙烯衬里层完好，其检验周期最长可以延长至9年；

②介质对材料腐蚀速率每年低于0.1mm(实测数据)、有可靠的耐腐蚀金属衬里(复合钢板)或者热喷涂金属(铝粉或者不锈钢粉)涂层，通过1~2次定期检验确认腐蚀轻微或者衬里完好的，其检验周期最长可以延长至12年。

装有触媒的反应容器以及装有充填物的大型压力容器，其检验周期根据设计文件和实际使用情况由使用单位、设计单位和检验机构协商确定，报办理《使用登记证》的质量技术监督部门(以下简称使用登记机关)备案。

5. 气瓶

《气瓶安全监察规程》第69条：各类气瓶的检验周期，不得超过下列规定：

(1)盛装腐蚀性气体的气瓶、潜水气瓶以及常与海水接触的气瓶每两年检验一次。

(2)盛装一般性气体的气瓶，每三年检验一次。

(3)盛装惰性气体的气瓶，每五年检验一次。

(4)液化石油气钢瓶,按国家标准 GB 8334 的规定。

(5)低温绝热气瓶,每三年检验一次。

(6)车用液化石油气钢瓶每五年检验一次,车用压缩天然气钢瓶,每三年检验一次。汽车报废时,车用气瓶同时报废。

气瓶在使用过程中,发现有严重腐蚀、损伤或对其安全可靠性有怀疑时,应提前进行检验。库存和停用时间超过一个检验周期的气瓶,启用前应进行检验。发生交通事故后,应对车用气瓶、瓶阀及其他附件进行检验,检验合格后方可重新使用。

6. 厂内车辆

厂内车辆每年检验一次。

7. 客运缆车

客运缆车每三年检验一次,每年进行年检。

## 第八节　消防、环保与应急设施设备

### 一、消防器材的配备和使用

1. 港口作业现场消防器材的配置

港口企业及驻港单位,应根据防火、灭火的需要,配置相应种类、数量的消防器材、设备和设施,并确定专人负责管理消防设施、设备、器材,定期进行维修保养和补充更新,使之完好有效。如木材堆料场就可以因地制宜的选择水、沙、土。有条件的作业现场,有消火栓的就可以多考虑用水灭火。无消火栓的港口作业现场可以从周围环境和可以借用的设施,如:利用河、湖取水和工程用水井、水池、工程用水车等,但对重点部位必须使用质量符合国家标准的灭火器材。

(1)各种消防设备、设施、器材包括:

①消防设备(消防车、消防中央控制室、消防泵房)。

②地上栓、地下栓、室内消火栓、消防水泵接合器等。

③消防箱、消防水带、消防直流式水枪。

④手提式干粉灭火器、手提式机械泡沫灭火器、手提式二氧化碳灭火器等。

⑤消防报警装臵:温感雨淋阀、感烟报警器、火灾声光报警器、手动火灾报警器、报警电话等。

⑥通道指示灯、安全标志标识。

⑦沙箱、消防桶等。

⑧防火通道、安全门、防火墙。

(2)主要消防设施及器材介绍:

①消防水池。是人工建造的储存消防用水的构筑物,是天然水源或市政给水管网的一种重要补充手段。消防用水宜于生活、生产用水合用一个水池,这样既可降低造价,又可以保证水质不变坏。若公用水池时,消防进水口必须在其他进水口之下,但不得超过 6m,必要时,亦可建成独立的消防水池。

②火灾自动报警系统。自动消防系统应包括探测、报警、联动、灭火、减灾等功能。火灾自动报警系统主要完成探测和报警动能,控制和联动等功能主要由联动控制系统来完成。联动控制系统是由联动控制器与现场的主动型设备和被动型设备组成。主动型设备是指在火灾参数的作用下,设备自主执行某种动作;现场被动型设备是指在控制器或认为的控制下才能动作。所有消防系统中有三种控制方式:自动控制、联动控制、手动控制。

③灭火器。灭火器是能够有效地破坏燃烧条件,中止燃烧的物质。一切灭火措施都是为了破坏已经产生的燃烧条件,并使燃烧的连锁反应中止。灭火剂被喷射到燃烧物和燃烧区域后,通过一系列的物理、化学作用,可使燃烧物与氧气隔绝、燃烧区内氧的浓度降低、燃烧的连锁反应终端,最终导致维持燃烧的必要条件受到破坏,停止燃烧反应,从而起到灭火作用。

④火灾探测器。在物质在燃烧过程中,通常会产生烟雾,同时释放出称之为气溶胶的燃烧气体,他们与空气中的氧发生化学反应,形成含有大量红外线和紫外线的火焰,导致周围环境温度逐渐升高。这些烟雾、温度、火焰和燃烧气体称为火灾参量。火灾探测器的功能就是对其火灾参数作出有效反应,通过敏感元件,将表征火灾参量的物理转化为电信号,送到火灾报警控制器。主要包括感光式火灾探测器、感烟式火灾探测器、感温式火灾探测器、复合式火灾探测器和可燃气体火灾探测器。

⑤消防梯。消防梯是消防队员扑救火灾时,登高灭火,救人或翻越障碍物的工具。目前普通使用的有单杠梯、挂钩梯、拉梯三种。按材料分为木梯、竹梯、铝合金梯等。

⑥消防水带。消防水带是火灾供水或输送泡沫混合液的必备器材,广泛应用于各种消防车消防泵消火栓等消防设备上。按材料不同分为麻织、棉织涂胶、尼龙涂胶。按口径不同分为50mm、65mm、75mm、90mm;按承压不同分为甲、乙、丙、丁四级各承受的水压强度不同,水带承压工作压力分别为大于1MPa、0.8~0.9MPa、小于0.6MPa几种。按照水带长度不同分为15m、20m、25m、30m。

⑦消防水枪。消防水枪是灭火时用来射水的工具,其作用是加快流速,增大和改变水流形状。按照水枪口径不同分为13mm、16mm、19mm、22mm、25mm等;按照水枪开口形式不同分为直流水枪、开花水枪、喷雾水枪、开花直流水枪等。

⑧消防车。目前我国的消防车有水罐泵浦车、泡沫消防车、干粉消防车、$CO_2$消防车、干粉泡沫水罐泵浦联用消防车、火灾照明车、曲臂登高消防车。

2. 常用消防器材的使用方法

作业现场常用的灭火器材有干粉灭火器、泡沫灭火车、消防水龙带。我们指常用的灭火器,主要是干粉灭火器。干粉灭火器是将以干粉为灭火剂,二氧化碳或氮气为驱动气体的灭火器。干粉灭火器用来灭火的粉末,一般由灭火剂和添加剂组成。由于干粉能迅速覆盖燃烧面,使可燃物与空气隔离,进而窒息灭火。以驱动气体储存方式可分为储气式和储压式两种类型,按充入的干粉灭火剂种类分,有碳酸氢钠干粉灭火器,也称BC干粉灭火器和磷酸铵盐干粉灭火器,也称ABC干粉灭火器两种。

使用方法:灭火时,可手提或肩扛灭火器快速奔赴火场,在距燃烧处5m左右放下灭火器。如在室外,应选择上风方向喷射。使用的干粉灭火器是外挂式储气瓶的,操作者一手紧握喷枪,另一手提起储气瓶上的开启提环。如果储气瓶上的开启提环是轮式的,则按逆时针方向旋开，并旋到最高位置，随即提起灭火器，当干粉喷出后，迅速对准火焰的根部扫射。使用的干粉灭火器若是内置式储气瓶或者是储压式的，操作者先将开启把上的保险销拔下，然后握住喷射软管前端喷嘴根部，另一只手将开启压把压下，打开灭火器进行喷射灭火。有喷射软管的灭火器或储压式灭火器，在使用时，一手应始终压下压把不能放开，否则，会中断喷射。干粉灭火器扑救可燃、易燃液体火灾时，应对准火焰根部扫射。如被扑救的液体流淌燃烧时，应对准火焰根部由近而远，并左右扫射，直到火焰全部扑灭。

3. 消防安全措施

(1)在作业现场建立消防安全责任制度，确定消防安全责任人，制定用火、用电、使用易燃易爆材料等各项消防安全管理制度和操作规程，设置消防通道、消防水源，配备消防设施和灭火器材，并在作业现场入口处设置明显标志。

(2)在设有车间或者仓库的建筑物内，不得设置员工宿舍。

(3)进入生产、储存易燃易爆危险物品的场所，必须执行国家有关消防安全的规定，禁止携带火种进入生产、储存易燃易爆危险物品的场所。禁止在具有火灾、爆炸危险的场所使用明火；因特殊情况需要使用明火作业的，应当按照规定事先办理审批手续。

(4)进行电焊、气焊等具有火灾危险的作业人员和自动消防系统的操作人员，必须持证上岗，并严格遵守消防安全操作规程。消防产品的质量必须符合国家标准或者行业标准。

(5)电器产品、燃气用具的质量必须符合国家标准或者行业标准。任何单位、个人不得损坏或者擅自挪用、拆除、停用消防设施、器材，不得埋压、圈占消火栓，不得占用防火间距，不得堵塞消防通道。

4. 消防设备、设施、器材的管理

(1)严禁各类消防设备、设施、器材挪作他用。不准在消防设施上取水用于生活和生产，不准随意用消防水带冲洗公路、仓库或做其他地方的清洁卫生(特殊情况如消防演练或公司安排除外)；

(2)严禁损坏、擅自移动、拆除消防设施、器材。如港口生产经营和安全需要移动、拆除的，需报港口安全质量部批准；

(3)严禁埋压、圈占、遮挡各种消火栓、灭火器材；

(4)严禁关闭消防水源、切断消防电源；

(5)港口生产企业各部门要对分管的消防设施、器材的完好、有效情况经常进行检查，发现问题及时改进，或及时向相关的职能部门汇报；要定期对消防设施进行保养，维护，确保其完好、灵敏、有效；

(6)各种灭火机的有效期标志，由安全质量部统一制作、张贴和定期更换。消防器材过期、失效或需要补充的，由安全质量部统一组织更换或补充；

(7)各种消防设施、器材损坏，或消防设备发生故障，应及时向安全质量部汇报，由安全质量部统一安排修复、更换或整改；

(8)港口消防控制室不准与工作无关的人员进入，其内部设备、设施严禁随意乱动(除试验报警器或发生火灾外)；

(9)每年消防报警装置要进行一次试验，试验前由安全质量部门通过“OA”系统或电话通知公司相关部门,以免引起员工的恐慌。

## 二、环保与应急物资的配备与使用

1. 港口作业现场应急救援物资的配备

港口作业现场应根据实际情况配置必要的应急救援物资。主要包括:

(1)工程机械:起重机、挖掘机、推土机、铲运机、装载机等。

(2)安全防护用品:防护服(衣、帽、鞋、手套、眼镜),救生圈、安全网、安全带、防护面罩等。

(3)电气设备:发电机、变压器、电缆、配电箱、电焊机,切割机、照明设备等。

(4)给排水设备:水泵、水带、水管、阀门等。

(5)检测设备:有毒有害检测仪器。

(6)通信设备:对讲机、手机等。

(7)交通运输工具:客车、货车、船舶。

(8)通风设备:通风机、强力风扇、鼓风机。

(9)水工:抽水机、潜水泵、深水泵。

(10)临时食宿:饮食、饮用水、住宿帐篷、移动房屋、棉衣,棉被、简易厕所(移动、固定),简易淋浴设备(车)、燃料。

(11)消防器材:灭火器、灭火弹等。

(12)垃圾清理:垃圾箱(车、船),垃圾袋。

(13)急救药箱:现场简单救助所用药品、器具。

(14)其他设备、物资、材料。

2. 港口作业现场应急救援物资的配备要求

港口作业现场应根据码头作业情况配备必要的安全、环保、应急物资。

1)对应急救援物资总体上的要求

应急救援物资质量合格是最基本的要求,是保证救援时救援人员安全、救援顺利进行的基础。危险化学品单位配备的物资应是合格的产品,严禁使用不符合标准、检验不合格、无安全标志的产品。危险化学品单位还应根据自身的特点和要求,配备应急救援物资以满足救援任务的需要。

2)作业场所配备要求

作业场所的员工是事故的第一发现人、也是第一时间现场处置人。为作业场所配备必要的应急救援物资,现场员工能第一时间利用应急救援物资抢救受害人员并进行现场处置,从而避免事故的扩大、减少人员的伤亡。

3)企业应急救援队伍应急救援人员的个人防护装备配备标准

个人防护装备配备体现“以人为本”的理念,也是应急救援人员的个人安全保障。事故救援过程中个体防护装备是应急救援人员最后一道保护屏障。只有确保应急救援人员自身安全的前提下才能进行抢险救援,因此,应配备应急救援人员的个体防护装备,确保救援人员事故救援过程中的生命安全。个体防护装备配备标准考虑了危险化学品单位应急救援队伍的特点进行配备,在满足单位应急救援任务的实际需要的情况下减少了单位购置应急救援物资的费用。如正压式空气呼吸器、化学防护服装等装备,以应急救援队伍执勤人员为基数确定配备数量。

4)企业应急救援队伍抢险救援车辆配备标准

抢险救援车辆配备的数量决定危险化学品单位应急救援队伍的作战能力,危险化学品单位抢险救援车辆的主要功能是扑灭危险化学品火灾、抢救受害人员和运输抢险救援装备等。根据各类危险化学品单位车辆配备数量和抢险救援车辆品种配备标准,危险化学品单位结合各自情况选配相适应的车辆。

生产或储存剧毒或高毒危险化学品的单位属于高危企业,社会影响大。这类企业危险化学品的数量超过重大危险源规定的数量,配备气防车,用以发生事故时现场中毒人员的抢救和事故处置。

5)企业应急救援队伍抢险救援物资配备标准

企业应急救援队伍抢险救援物资包括侦检、个体防护、警戒、通信、输转、堵漏、洗消、破拆、排烟照明、灭火、救生等物资及其他器材。本条明确了各类危险化学品单位具体配备的抢险救援物资名称、技术性能和数量。

6)其他配备要求

危险化学品单位除了作业场所和应急救援队伍,还应考虑其他部门应急救援物资的配备。沿江河湖海的危险化学品单位还应考虑水上应急救援物资的配备。

危险化学品单位应急救援物资价格都比较昂贵,要完全满足本单位救援任务需要,对一个单位来说,投入较大,尤其是救援时可能用到的重型装备。危险化学品单位或在化工园区、或周边有其他应急救援机构,可与周边地区其他相关单位或应急救援机构签订应急救援物资互助协议,利用其他单位的应急救援物资,解决应急救援物资投入大的问题。

7)管理和维护

明确了应急救援物资的各类制度和记录。应急救援物资应专人维护,保持物资处于备用状态,应急救援人员应掌握物资的使用方法。

## 第九节 保护器材与设备

### 一、港口作业中的保护器材与设备的分类

1.港口作业在职业健康中的危害

港口作业中职业健康危害主要有以下几种问题:粉尘、危险货物装卸过程中的防护、高温、电焊烟尘、放射性。针对以上五种问题,港口根据作业货物的种类应该准备以下防护器材:

(1)头部防护类。头部防护类有《安全帽一般技术条件》及冲击吸收性能、耐穿透性能、耐燃烧性能、侧面刚性、耐水性能、防寒耐压性能等试验方法标准。

(2)呼吸器官保护类。防尘防毒呼吸器官防护类有《自吸过滤式防尘口罩》标准、《过滤式防毒面具》标准,还有过滤式防毒面具的6种试验方法标准及12种滤毒的检验标准。

(3)眼、面保护类。在眼、面保护类中,有《焊接防目镜和面罩》、《炉窑护镜和面罩》及一

些试验方法标准。

(4)听觉器官防护类。在听觉器官防护方面,有《防噪声耳塞》、《防噪声面罩》标准。

(5)防护服装类。防护服装类有《浮体救生衣》等。

(6)手、足防护类。手、足防护类有《皮安全鞋》、《防静电鞋》等。

(7)防坠落类。防坠落类有安全带、安全网等标准。

2. 安全防护的内容

安全防护设备(装置)的定义:配置在设备上,保障设备安全运行,防止因故障或意外造成事故发生,确保人员和设备安全的所有防护装置。

安全防护设备(装置)包括:机械设备设施上完全固定,半固定密闭罩;机械或电气的安全防护屏障;机械或电气的联锁装置;机械或电气的双手脱开装置;自动或手动紧急停车装置;限制导致危险行程装置,防止误动作或误操作装置;警告或警报装置等。

3. 安全防护设备的配置要求

(1)安全防护设施必须稳定、可靠、有效,以保证人身和设备的安全。

(2)安全防护设施的外形结构应尽量平整光滑,避免尖锐的角和棱。

(3)有惯性冲撞的运动部件必须采取可靠的限位(测距)、减速、缓冲装置,防止因惯性而造成事故。

## 二、与职业病危害防护相适应的设施

职业病防护设施是以消除或者降低工作场所的职业病危害因素浓度或强度,减少职业病危害因素对劳动者健康的损害或影响,达到保护劳动者健康目的的装置,如通风、排毒、防尘、屏蔽、隔离等设施。配备什么设施,要根据工作场所的职业病危害情况确定,可以单独配备、也可以综合配备,如工作场所职业病危害因素浓度较低,工人密度低,则可采用自然通风设施;如工作场所可能产生较高浓度的粉尘,则应采取系统的机械通风和防尘设施;如工作场所存在较高强度的放射线,则应采取屏蔽和隔离措施等等,总之,这些设施应当能有效地消除或者降低工作场所的职业病危害因素浓度或强度,使之符合国家职业卫生标准。防护器具的要求有:

(1)产品安全要求。既能预防对人体各种暴露的危害,达到全面保护;穿着舒适,佩戴方便,质量轻,不妨碍作业活动;选用优质材料,耐腐蚀、抗老化,对皮肤无刺激,各部配件吻合严密,牢固,外观光洁,色泽均匀协调,美观大方。

(2)选择。为了对劳动者提供可靠保护,在选择使用防护器具时,应首先考虑防护的需要,即根据需要预防的各种暴露的危害,准备必需的防护器具。其次是根据需要保护的部位和要求,选择有效的和适用的类型。因此,需要熟悉各种防护器具的型号、功用及其适用范围,以方便正确选型和使用。

(3)生产。各种防护器具的生产都必须经国家指定的技术部门鉴定,符合安全卫生技术标准并发给许可证后方可生产。产品须由制造厂的技术检验部门检验,每个产品都应有合格证。

(4)发放。个体防护器具既然是劳动保护的辅助措施,就绝不能把它作为职工的福利任意发放。个体防护器具只能用于劳动者在生产劳动过程中的安全和健康。凡属于在生产过程中保护工人和安全健康所必需的则发,否则不发。对于在不同行业中劳动条件相同的同类工种,应当发给相同的防护器具;如果工种相同,但劳动条件不同,应发给不同的防护器具。

(5)使用。防护器具在保护工人的工种安全与健康方面起着重要作用,但一定要正确使用。按操作规程要求,工人必须佩戴好个体防护器具,方可进入生产岗位,不得借任何理由拒绝佩戴防护器具。

# 第八章 港口作业现场

港口作业现场人员要认真落实岗位责任制,严格执行港口安全操作规程,注意谨慎操作,做到万无一失;现场管理人员要强化现场巡回检查,及时发现问题,及时果断处置,做到管理无缺陷;企业领导要把安全生产作为当前工作的重点,坚持亲自主抓,坚持带班值守,做到督促落实到位。

## 第一节 现场作业流程及安全要求

货物在港口的作业流程因货物种类不同、客户要求不同、港口当时的作业条件不同而不同。港口装卸工艺也因货种而异,通常分散货、件杂货、集装箱和液体货、危险货物等装卸工艺。各种货物的装卸程序因货物流向不同而异。对进港货物,即水运转陆运的货物,装卸程序一般是:货物由船上卸至码头(卸船),由码头运入仓库或堆场(中间运输),在库场内堆码(库场作业)贮存,装车运出。有的货物由船上直接卸到车上。对出港货物,即陆运转水运的货物,装卸程序则相反。

### 一、客运港口作业流程及作业现场安全要求

#### (一)水上旅客运输概述

1. 水路客运的概念

水路客运是指利用船舶在江、河、湖泊、水库和人工水道等水域运送旅客的一种客运方式。

水路旅客运输在人类社会发展的历史进程中,曾发挥了巨大的作用。只是到了近代,由于铁路、公路、航空技术突飞猛进的发展,才使传统的长距离水路旅客运输逐步由兴盛走向衰落。但是,随着近些年来船舶技术的不断进步,航速不断提高,以及对外开放、贸易往来的发展,水路旅客运输的重要作用又日渐凸现,其服务水平也随着现代科学技术的进步和人们生活水平的提高而不断提高。目前,水路旅客运输仍然是我国旅客交通运输体系中的重要组成部分之一,并在特定的地域和需求中发挥着重要的作用。主要表现在以下几个方面:

(1)在陆岛、岛屿间及海峡间的中短途客运航线,以及内河、湖泊等的某些客运航线上,水路运输仍扮演着重要的角色。特别是在偏远山区,没有其他可替代的交通方式时,天然航道形成的水路运输尤其显得重要;

(2)近年来我国经济持续稳定发展,人们生活水平不断提高,对户外休闲与游憩活动有了更强的需求,水路旅游也成为一大亮点,并逐渐向包括滨水旅游、客船旅游、游轮旅游、游船旅游及水上船艇运动娱乐等方式在内的水上旅游发展;

(3)为了适应市场变化,国内外水路客运大力发展高速船、旅游船、沿海滚装客车船,内河客运实现长途旅游化、短途高速化,水路客运向着安全、高速、舒适、方便的方向发展,使世

界水路客运出现了发展生机。

2. 水路客运的特点

与水路货物运输一样,水路旅客运输也同样具有下列基本相似的特点:

(1)水路旅客运输具有运量大、能耗省、成本低等显著优势。

(2)水路旅客运输主要利用天然航道,不需要建设道路,不占或占农田,因而投资少、见效快、能耗省、成本低,这就为发展水运事业提供了良好的物质条件。

(3)水上航道四通八达,通航能力大。水路旅客运输能力主要取决于客船运输能力及港口客运站通过能力。

(4)水路客运安全、舒适。船舶在天然航道中航行、水域宽阔、运行密度小、速度慢、安全性高。船舶的规模大、活动空间大,可以布置各种生活设施、娱乐设施、舒适性好,娱乐性、趣味性大。现代客船不仅是客运交通工具,而且是现代化的浮动娱乐场所。这一特点是其他客运交通工具所无法比拟的。

(5)水路旅客运输受自然条件影响较大,特别是受气候条件影响较大,因而呈现较大的运输波动性和不平衡型。

(6)水路旅客运输航行速度慢,一般服务航速为12~20节。

(7)水路旅客运输只能在港口与港口之间运送旅客,其连续性较差。

3. 港口客运流程

目前我国港口上下客运码头的工艺方式主要有以下几种:人行踏步(梯步)、钢引桥或多跨钢引桥、客运缆车、自动扶梯等结构工艺流程。

在我国,客运码头旅客上船流程一般如下:

购票→安检→进站→候船→预告船期→通知上船时间→客船发航前准备工作(检查有关设备设施、搭跳板、铺安全网等)→旅客上船。

客运站旅客办理乘船手续和登船候船的场所。它包括客运码头、售票厅、候船室、行李托运处、小件行李寄存处等。大、中型客运站还有餐厅、小卖部、邮电交通服务等设施。

客运站的布置,要尽可能与其他运输枢纽(如火车站、汽车站等)紧密联系,便利旅客集、疏、运;要与城市发展相适应,尽量靠近市中心和人口集中的地区;客、货码头要分开设置,避免相互干扰;候船室与客码头要密切联系,保证旅客上下船安全方便。

**(二)港口客运码头作业现场安全要求**

(1)港口客运站必须建立安全生产管理机构,落实安全生产管理人员和安全生产岗位责任制。

(2)港口客运站必须建立健全各项安全管理制度和安全操作规程,确保安全生产,无旅客伤亡和落水事故;各种客运机械设备性能完好;防火器具、防盗防滑物料、照明设备、安全网配足好用;旅客上下船的扶梯牢固可靠。

(3)港口客运站必须建立制订应急预案,并定期进行演练,提高各岗位人员的素质和应急反应能力,为旅客在特殊情况下提高安全保障水平。

(4)港口客运站必须落实领导现场值班制度,配足治安管理人员;站内不发生治安事故,维持良好的公共与综合治理秩序,发生突发事件及时处理并上报。

(5)严格查堵携带易燃易爆和危险化学品及黄色书刊物品进站和上船。客运设施按时提供给旅客使用,不封闭、占挪用和随意改变公共服务设施功能。

(6)禁止在客运码头和船艇上吸烟。

(7)凡患有心脏病、高血压、糖尿病、哮喘病、传染病、肌肉麻痹症、骨质疏松症和精神病患者等影响乘船安全的疾病及孕妇和严重晕船者,港口客运站应不让其单独乘船,如确定实要乘船,必须有人护送,并通知客船以防止发生意外。对老弱病残孕和带小孩子的旅客,客运站应重点注意,并给予必要的帮助。

(8)旅客必须在工作人员的引导下排队上船,在观景平台和浮动码头上应注意安全,以免失足落水;上下引桥台阶时要小心。

(9)六十周岁以上老年人和十周岁以下儿童应由成年人陪同乘船。

(10)上船后应仔细听船长或其他船上工作人员的讲解说明,包括行程、水况、安全设施的使用方法等,并自觉穿好救生衣。

(11)旅客应自行保管好自身携带的手机、相机、摄影机等贵重物品,以免丢失或掉入水中。

(12)客船靠泊的港口码头应相对固定。

(13)港口客运码头对客船的行李和货物装卸应予优先安排。如遇客船晚点,应尽力压缩客船的停港时间。

(14)客船晚点时,客运站应及时公告,并作安旅客的安排和解释工作。

(15)港口客运站应负责旅客自进入候船室至登上客船(或舷梯)前或自离开客船(或舷梯)至出站期间的安全。

(16)客运站应负责行李自办理托运手续至装入客船行李舱或自客船行李舱卸下至交付旅客期间的安全质量。

(17)客运站应配备旅客上下船客梯和安全网,并负责搭拴工作,防止由于客梯和安全网搭拴不牢(在码头、囤船一边)造成旅客伤亡事故的发生。

(18)上船时派专人值班,防止旅客翻越栏杆(或船舷)上船造成伤亡事故。

(19)旅客上下船应与行李、货物(车辆)装卸作业隔开,不得交叉作业。

(20)旅客进站时,需进行"三品"(易燃物品、易爆物品、有毒物品)检查。

(21)候船大厅应按照安全规范设置安全标志,配备必要的安全设施、消防设施、取暖设施、降温设施,疏散通道符合安全规范。

(22)候船大厅应张贴旅客安全需知,将上船前的安全隐患及预防措施如实告之。客运站服务员应将防火、防落水、防滑、防摔等安全注意事项告诉旅客,并随时提醒。

(23)候船大厅要随时清扫,保持地面无垃圾、无污垢、无积水,定期进行大扫除;厕所要彻底清扫冲刷,做到无臭味、无污垢,以保障旅客健康。

(24)客运站要无偿供应茶水。茶水、茶具要干净卫生;客餐、食品的供应要做到品种多样,价格公道,经济实惠,干净卫生,不出售腐坏变质的食物,以防止旅客食物中毒。

(25)供旅客上下船用的扶梯、有扶手的跳板、安全网必须牢固、安全可靠。

(26)上下船的安全通道需宽敞平坦,有坡坎的地方应设置栏杆、照明设施符合安全规范。旅客上下船时,客运站应派专人在岸边进行安全指挥。

(27)客船到港或开船前,客运站必须对趸船的系缆设施、安全设施(扶梯、有扶手的跳板、安全网)进行检查,发现问题,及时处置,确保安全可靠。

(28)客运站应将客船船名、停靠码头、停靠时间、开船时间、上船注意事项等提前告诉旅客。

(29)客运站与客船之间应加强联系、互通情报、密切配合,客运站负责人在客船到发时,必须到现场,发现问题,及时处理,以保障旅客上下船安全,做到万无一失。

## 二、滚装码头作业流程及现场作业安全要求

### (一)滚装运输概述

1.滚装运输的概念

把装有货物或集装箱的货车,或装有货物的带轮的托盘,或各种机动车作为货运单元,牵引进船的货舱进行运输的一种运输方式。或者说滚装运输是指使用“滚装船”连车带货一起装运的一种海上运输方式。

滚装船是运载滚动车辆的运输船,如运载各种汽车、装满集装箱或货物的载货车和挂车等。滚装船以装满集装箱或货物的车辆为运输单元。装载时,汽车及由牵引车辆拖带的挂车通过跳板开进舱内。到达目的港后,车辆可直接开往收货单位。滚装船的装卸效率很高,每小时可达1000~2000t,而且实现了从发货单位到收货单位的“门—门”直接运输,减少了运输过程中的货损和差错。此外,船与岸都不需起重设备,即使港口设备条件很差,滚装船也能高效率装卸。因此,滚装船成为迅速发展的新船型。

滚装运输是在汽车轮渡运输的基础上发展演变而来的。滚装船的造型特殊,其上甲板没有舱口,也没有起重设备。车辆可通过船上的首门、尾门或舷门的跳板开进开出。航行时,折叠式的尾跳板矗立在船尾,驾驶台等上层建筑设置在船尾部或船首部。因为滚装船运载的车辆会排出有害气体,所以滚装船对通风的要求较高,在上甲板设有很多通风筒。

滚装船船体结构的特点是甲板层数多,一般有2~6层。为使车辆在舱内通行无阻,货舱内不设横舱壁,舱内支柱也很少,因此,滚装船的结构强度和抗沉性较差。

世界上第一艘滚装船“彗星”号,是美国于1958年建造的。直到1966年,丹麦才建成了北欧第一艘滚装船——“苏墨赛特”号。由于北欧地区海岸的潮差较小,公路运输网稠密,利用滚装船可构成海上运输和公路运输的集成运输系统,所以滚装船在北欧迅速发展,20世纪末约占全世界滚装船运输总量的一半。

滚装运输是依靠车辆或者货物自带的动力装置,这样就大大减少了对码头装卸设备的使用,对码头要求很低,而且更加快捷方便,显示了水路滚装运输与其他水路货物运输方式的优越性。资料表明,受陆基及海基技术发展的刺激以及道路运输的快速发展的影响,滚装运输成为一种极受欢迎的运输方式,在近海轮渡中尤其如此。如今,滚装运输船舶已经成为最成功的营运船舶之一。滚装运输的柔性、运行速度及与其他运输系统集成的能力使其在许多运输航线中极受欢迎。例如在我国长江上游的川江,滚装运输船舶共115艘5982车位(标滚44艘2634车位,非标71艘3348车位)。其中:重庆61艘3127车位(标滚22艘1314车位,非标39艘1813车位),湖北54艘2855车位(标滚22艘1320车位,非标32艘1535车位)。

2.滚装运输的特点

滚装运输是水路运输中较便捷的运输方式,相比公路汽车运输具有以下优势:

(1)能耗低、环境污染少。

水运燃油的绝对消耗量远远低于其他运输方式。采用滚装运输对环境的污染就大大降低,有利于我国社会经济的可持续发展,同时还可以降低能耗,有利于减少我国对原油的依赖程度,从而对保护我国能源安全起到了很大作用,大力发展水运也符合国家建设资源节约型、环境友好型社会的基本要求。

(2)基础设施投资少。

水运利用天然水域和航线,不侵占土地。水运、铁路、公路基础设施建设投资比例为1∶3∶7,修建每千米公路或铁路约占土地50亩,水运航线利用天然海洋或河道,不占耕地、投资少、长远效益高。这样及保护了我国有限耕地资源,同时也有利于保护生态环境和地质条件的稳定。

(3)运能大、价格便宜。

船舶具有最明显的优势就是运量巨大,单趟次运营成本被分担到单位质量上的份额比航空、公路、铁路低许多,航空的运价每吨以元(人民币)计,公路和铁路每吨以角计,而轮船运输的货物运价每吨以分计。

(4)有利于国防。

在战争中,铁路、公路、航空通道的基础设施都极易受到破坏,内河航线却是一条炸不断的通道。

不仅如此,滚装运输与普通的货船运输相比,也具有以下优越性:

(1)装卸效率高。

滚装运输以滚上滚下的作业方式完成装卸,从根本上改变了传统的吊装吊上吊下的工艺,使港口装卸作业过程大大简化,提高了装卸效率。普通散货或者集装箱的水运在装卸货物时需采用吊装设备或者专门的机械设备辅助完成,因此,装卸过程相对于滚装船的装卸来讲要耗费更多的时间。滚装船所运输的车辆自身的动力使得车辆和货物可以在码头和运输船舶之间任意滚下滚上,几乎不需要装卸机械的辅助,使码头机械化系统发生了根本的变化,大大节省了装卸设备的使用,使整个装卸过程简化,提高了作业效率。

(2)建设投资少。

由于工艺流程上简化,滚装运输使码头的基础设施建设投资节省了大笔费用。港口码头的建设要耗费巨大的投资,我国基础设施的建设资金相对短缺,尤其是在中西部经济不发达的省份,将有限的交通建设资金投入到边际效益最高的基础设施建设的环节,是十分有必要和有意义的举措。滚装运输的工艺流程对港口码头的建设要求很低,不需要大片的散货堆场、仓库等建筑,节约了港口的土地资源;另外,滚装运输方式也省去了大型装卸机械的安装和使用,省去了相应的安装、调试、运行和维护费用。因此,滚装运输从港口的场地建设和固定资产投资两个方面节省了大量的建设资金,将这些节约的资金投入到航道的改善和维护中去,可以使其他的散货、集装箱等水上运输共同受益。因此,从对港口码头的基础设施建设的要求来讲,滚装运输是要优越于其他水上运输方式的。

(3)泊位布置简单。

滚装运输的船舶停靠的泊位布置简单,不太受装卸机械类型、库场、铁路线路等约束。一般的散货码头泊位在布局上要求靠近装卸货物的堆场、仓库等,这样才便于装卸货物。对于专门服务于运输煤炭、矿石等大宗散货货物的泊位来讲，尽量靠近港口的连接线或者铁路线路，减少大宗散货的周转距离，才能提高装运效率。滚装泊位的要求就低得多了，由于上下滚装船的车辆自身活动灵活，因此在泊位的设计上要方便滚装船只靠岸和滚装车辆通行，往往滚装码头泊位只要具备一条线路能让车辆通过就可以了。滚装船可以在同一客运泊位上进行上下旅客和装卸货物的作业，无需进行移泊作业，缩短了泊位占用和船舶航次时间，滚装运输克服了普通货船难以解决的客货不协调的矛盾。

(4)货物在港时间短。

滚装运输的货物在港停留时间短，即来即走，大大节省了货物在流通环节的资金占用。普通散货码头的货物堆场由于空间有限，货物到港后不能长时间的堆放，否则会加大货物的运输成本，而且散货也要按次序堆放，以充分利用有限的场地面积。滚装运输的货物主要是车辆及其装载的货物，滚装船装运的车辆来到滚装码头上船前只需暂时停放，对场地占用的时间少，车辆装船的节奏快。一艘载运容量为 60 辆车的滚装船在 1 个小时内可以全部装完，卸船的速度更快，只需要 30 ~ 40 分钟，只要不出现运力不足的情况，一般不会出现车辆压港的情况。

3. 滚装运输的形式

滚装船发展到现在可以分为三种：载重汽车滚装货船(简称重滚船)、商品汽车滚装船(简称商滚船)、滚装车/客渡船(简称客滚船)。目前我国正在快速发展的是滚装货船、汽车滚装船和车/客渡船。滚装货船在长江川江段发展迅猛，集中在重庆和湖北。汽车滚装船在我国主要是商品车滚装运输船，内河运输主要分布在长江流域的港口，这些港口多位长江经济带中的汽车工业基地。我国长江商品车滚装运输港口分布在上海、重庆、江苏南京、安徽芜湖和湖北武汉等地。海上滚装运输如图 8-1 所示，内河载重汽车滚装(重滚)运输如图 8-2 所示，内河商品汽车滚装(商滚)运输如图 8-3 所示。

图 8-1 海上滚装运输

4. 滚装运输对港口的基本要求

(1)港口滚装设施建设应当符合港口总体规划，按照国家有关规定进行专项安全评价，

图 8-2 内河载货汽车滚装运输

图 8-3 内河商品车滚装运输码头

并依法办理有关审批手续。

(2)港口滚装设施建设项目竣工后,应当按照国家有关规定经验收合格后,方可正式投入使用。

(3)港口滚装设施建设和设备配备除应当满足相关技术规范、标准外,还应当符合下列要求:

①滚装码头选址应当远离石油化工及其他危险货物码头,以利于车辆和旅客的疏散,适合在波浪、水流对船舶影响小的水域。

②滚装码头应建有固定式斜坡道,配备车辆和乘客上下船设施设备,与进出港船舶和有关部门保持有效联系的通信设备。

③滚装码头应配备车辆和旅客行李安全检测设备、车辆测重设备。其中,从事轿车、客车运输的滚装码头应配备采用数字化辐射成像技术的小型车辆安检系统和旅客行李安全检测设备。从事载货汽车运输的滚装码头应配备采用数字化辐射成像技术的大型车辆安检系

统和车辆测重设备。专用于载货柴油汽车运输的滚装码头可以不配备旅客行李安全检测设备。专用于旅客及轿车、客车等轻型车辆运输的滚装码头可以不配备车辆测重设备。专用于商品汽车运输的滚装码头可以不配备车辆测重设备、车辆和旅客行李安全检测设备。

④滚装码头经营人应建有专用停车场,停车场的规模应满足滚装车辆查验和候船的需求,停车场四周应设有围栏,分设进、出口和应急疏散口,且应符合防火、防爆的安全规定。

⑤滚装码头、停车场地面应硬质、防滑,设有明显的交通通行标志和安全警示标识,应采用高杆照明和高效型照明器,并应采用弥散光照明。

⑥应建有乘客候船场所,用于旅客运输的滚装码头应建有客运站。

⑦停车场、候船场所应配备齐全的消防设施,摆放有序,并应安装监控装置。

(4)港口滚装经营人变更或者改造港口滚装固定设施,应当依照有关法律、法规和规章的规定履行相应手续。依照有关规定无需经港口行政管理部门审批的,港口滚装经营人应当向港口行政管理部门备案。

(5)港口滚装经营人应当对港口滚装设施设备定期检查、维护和保养,使其处于良好的技术状态。

(6)从事港口滚装经营,应具备本办法第九条规定的相应条件,向港口行政管理部门书面申请取得港口经营许可,并依法办理工商登记。港口经营人应当按照港口行政管理部门许可的经营范围从事港口经营活动。港口行政管理部门实施港口滚装经营许可时应当明确滚装经营种类,并遵循公开、公正、公平的原则。

(7)港口滚装经营人应当加强安全生产管理,建立、健全安全生产责任制度,配备专(兼)职安全管理人员,完善安全生产条件,确保安全生产。

(8)证职工熟悉有关安全生产规章制度和安全操作规程,掌握本岗位的安全操作技能。

(9)港口滚装经营人应当制定突发事件应急预案,并加强演练。预案应当报送当地港口行政管理部门备案。

(10)港口滚装经营人应当按照国家有关规定,及时向港口行政管理部门和县级以上人民政府安全生产监督管理部门报告港口滚装安全生产事故情况和有关重大安全信息,并做好应急处置工作。

(11)港口滚装经营人应当主动向滚装车辆驾驶员和货主宣传港口滚装安全管理有关规定。

(12)港口滚装经营人应当对滚装车辆实行登记管理,并妥善保存登记记录。车辆驾驶员应当据实填报车辆及其装载货物的名称、性质、质量和体积等情况。

(13)港口滚装经营人应当对载货滚装车辆进行称重和尺寸丈量,按《车辆装载货物、质量、尺寸情况登记表》的要求如实做好记录,并分别由过磅员和丈量员签字确认、存档保存。对称重质量超过船舶承载能力或无称重记录的车辆,未经减载合格或称重前不得安排上船。

(14)港口滚装经营人应当设专职安全检查人员对滚装车辆和旅客行李进行安全检查,如实做好安全检查记录,并由安全检查人员签字确认后妥善保存。对经检查发现装载危险货物的车辆或携带危险物品的旅客,未经整改前不得安排上船。同时,应及时将相关情况通报港口行政管理部门和公安机关,并将装载危险货物车辆信息通报其他相关港口经营人。对经检查发现制动、转向系统不良,或有其他影响安全行驶故障的车辆,故障未排除前不得安排上船。对经检查发现滚装车辆所载货物绑扎不牢固,未按要求绑扎牢固前不得安排上船。

(15)港口滚装经营人应当在滚装船舶系泊牢固、船舶跳板与码头接应稳固、平顺的情况下安排作业。

(16)港口滚装经营人应当对车辆、旅客上下船实行分流管理。上船时,应先车后客。上客之前应完成车辆装载作业,关闭汽车发动机。下船时,应先客后车。旅客全部离船后,方可发动车辆。

(17)港口滚装经营人应当向滚装船舶经营人提交拟配载车辆清单及称重记录,并配合滚装船舶经营人指挥车辆上下船。

(18)港口滚装经营人应当在滚装船舶开航前与滚装船舶经营人确认本航次乘客人数和车辆数,并做好记录。

(19)滚装车辆驾乘人员和旅客应当遵守港口滚装安全管理规定,服从工作人员指挥。

**(二)载货汽车滚装运输的码头工艺流程及作业现场安全要求**

1. 重装码头工艺流程

载货汽车滚装运输简称重滚运输,是指以一台不论是否装载旅客或货物的机动车辆或移动机械作为一个运输单元,由托运人或其雇佣人员驾驶直接驶上、驶离船舶进行的水路运输。重装码头作业流程如图8-4所示。

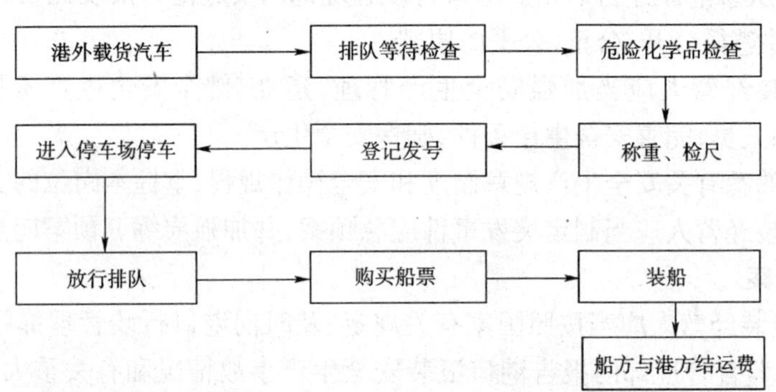


图8-4 载货汽车进场装船工艺流程

2. 载货汽车滚装码头作业现场安全要求

1)严格进行安全检查。

(1)凡通过港口进行滚装运输的载货汽车,不得装有和夹带易燃易爆和化学危险品及国家规定的危禁品,在进入港区时,必须接受危险品检查。

(2)检查时,载货汽车应出示驾驶证、行驶证、运输合同、货物单证,提供空车(拖车和拖板)质量依据。

(3)检查人员应认真核对,对照载货车辆过磅质量是否与载货质量和空车质量之和相符。如果出入过大,应要求载货汽车卸货检查,绝不准许装有危险品的车辆蒙混进入水上运输市场危及水上运输安全。

(4)危险品检查要认真负责,不能讲私人情和贪图小便利或图工作省事而放弃对载货汽车的检查或不认真检查。

(5)检查中发现装有或夹带危险品的载货汽车,应立即向港航局监察大队报告。

(6)因对载货汽车危险品检查不认真负责,导致载有或夹带的载货汽车混入水上运输市场,一经发现,将对危险品检查人按照公司《安全质量奖惩条例》相关的条款严肃处理。对造成后果触犯法律的,移交司法部门处理。

2)准确对载货汽车称重和测量,严防超载。

(1)重滚车进入滚装码头停车场应按规定进入检查桥的通道接受检查,然后进港。

(2)滚装码头重滚级派员检查重滚车所载货物是否符合水上运输管理规定。凡对装有或夹带爆炸品、危险化学物品和国家明令禁止水上运输的违禁品,严禁对该车辆称重和量尺,并劝其立即离开港区。

(3)对符合水上运输的车辆,分别对车牌号、挂车牌号、驾驶员姓名、身份证号码、驾驶证编号和行驶证编号、运输合同编号及所载货物名称、件数、质量等进行登记,对车辆进行称重、量尺并输入微机系统,发进港序号牌,并指引滚装码头路线。

(4)称重、量尺要认真准确,严禁弄虚作假或少量车辆尺寸。

(5)微机系统没有应用前,应派专人将登记的资料送到登记室。

3)载货汽车停车场安全管理规定

为了确保重滚车在港等待装船期间的停靠安全,防止发生火灾、失盗及其他安全事故,根据国家有关规定,结合港区的实际情况,载货汽车停车场必须遵守以下安全管理规定:

(1)为进一步落实交通部《关于进一步加强川江及三峡水库载货汽车滚装运输市场管理的通知》,凡进入港区的重滚车,不得装有和夹带爆炸品、危险化学品和国家规定违反水上运输的违禁品,若检查发现交港口公安部门处理。

(2)进出港区停车场的车辆,要听从停车场工作人员的指挥,按有序规范停车和出港。

(3)已经停靠在停车场的重滚车,为了保持良好的停车秩序,没有特殊情况不准随意改变停车位置。

(4)停车场内严禁货物装卸、转载。

(5)停车场内严禁车辆修理、更换轮胎和更换机油。

(6)停车场内严禁吸烟,严禁使用明火照明、取暖和焚烧杂物。

(7)保持停车场内的清洁卫生,严禁随地大、小便;严禁将爪、壳、纸、屑和塑料袋、油棉纱、杂物乱扔乱放,只能丢在设置的垃圾桶内。

(8)凡违反本规定,一次性可处以50~100元罚款。

4)载货汽车停车场消防管理制度措施

为了落实"以防为主、防消结合"的消防工作方针,防止的发生,根据《消防安全管理规定》结合滚装码头重滚车停车场的实际情况,特制定本"管理制度";

(1)凡进入滚装码头重滚车停车场的车辆,应树立安全第一的思想,消除一切火灾隐患,做好火灾的预防工作。

(2)库内严禁停放装有或夹带爆炸、易燃品和危险化学物品及国家规定的违禁品的车辆。

(3)严禁携带任何易燃易爆物品进入停车场和燃放烟花爆竹。

(4)停车场内严禁吸烟,严禁使用明火照明、取暖和焚烧杂物;严禁电焊、氧割作业。

(5)严禁乱扔废旧棉纱、油手套和可燃物。

(6)严禁私拉乱接电源线路,严禁使用大功率电热器具。

(7)人走要关闭电灯、空调、电开水桶、饮水机、电脑和办公电器的电源。

(8)爱护消防器材和消防设施,严禁将消防器材和消防设施挪作他用。

(9)严禁埋压、圈占、遮挡各种消火栓、灭火器材。

(10)严禁关闭消防水源,切断消防电源。

(11)定期对消防装置、灭火器材进行检查,发现性能降低、工能失效,要及时向安全质量部报告,并做好记录。

(12)加强对火灾隐患的检查,发现火灾隐患和可能造成火灾事故的现象,要立即采取有效措施进行整改,自己不能整改的向安全质量部报告,并做好记载。

(13)凡违反以上各条规定,则按《安全质量奖惩条例》的相关条款进行处理。

**(三)商品车滚装运输的码头工艺流程及作业现场安全要求**

1. 商装码头工艺流程

商品车滚装运输简称商滚运输,商品车预收入库操作流程如图8-5所示:

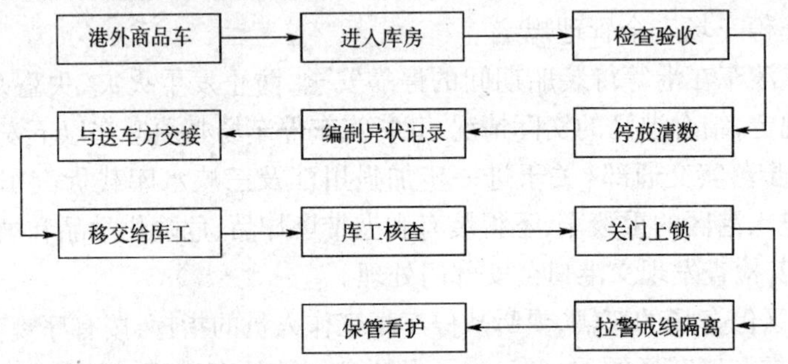


图8-5　商品车预收入库操作流程

商品车卸船入库操作流程如图8-6:

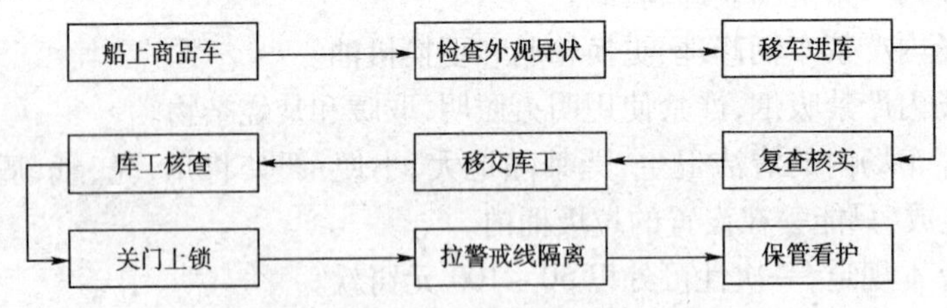


图8-6　商品车卸船入库操作流程

商品车出库装船操作流程如图8-7所示:

商品车提车出库作业流程如图8-8所示:

2. 商品车滚装码头作业现场安全要求

1)商品车滚装船靠离码头安全要求

(1)进出港口港滚装码头的船舶,应严格遵守国家水上交通安全法律、法规,遵守所在港口经营公司的《滚装码头船舶靠泊安全管理规定》。

(2)商品车滚装船或其他船舶在滚装码头靠泊作业期间,必须加强靠泊安全管理,严格遵守水上安全操作规程,对所出系缆要认真检查,防止船舶搁浅、断缆打流和发生擦挂、碰撞

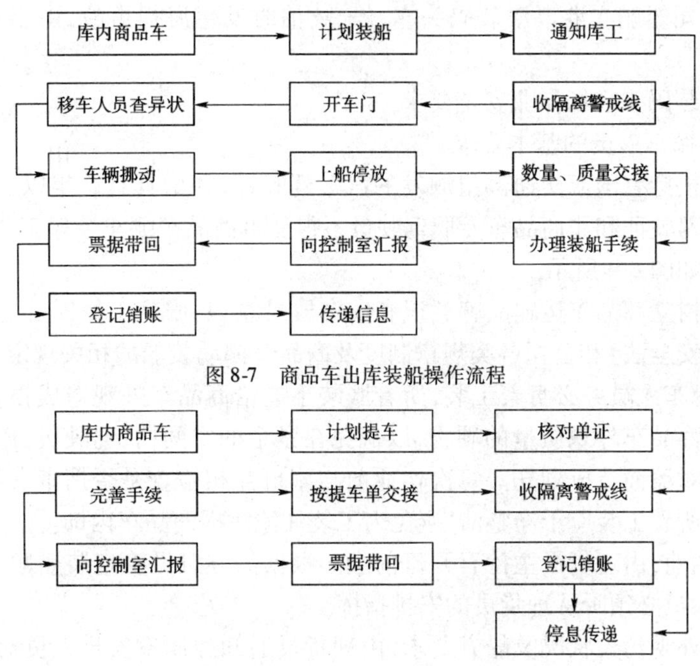


图 8-7　商品车出库装船操作流程

图 8-8　商品车提车出库作业流程

及人员落水等事故。

(3)商品车滚装泊位要抛开锚靠泊,趸船水手长负责指挥靠泊船舶的抛锚地点。

(4)船舶靠泊时,港口应派员到码头上接船、接缆,并指挥船舶出缆。

(5)船舶靠好后,接船人员应检查是否符合安全滚装车辆的要求,不符合时,应协助船方加以纠正,保证滚装作业中的安全。

(6)各船公司船舶在靠泊滚装码头前,要用其高频频道与港口公司控制室联系,提出靠泊申请。然后由控制室根据当天船舶作业计划和现场实际情况,合理指定泊位。

(7)在不能保证安全靠泊的情况下,如扎雾、泊位不够等,港口公司控制室不得准许船舶靠泊。

(8)各船公司船舶未经控制室允许,严禁在滚装码头靠泊。靠泊滚装码头时,必须在港口控制室指定的泊位靠泊。

(9)船舶在靠泊时,要仔细瞭望,确保靠泊范围内有足够空当,避免与其他船舶碰撞。

(10)靠泊时,要细心观察水势情况,谨慎操作,势子要小,防止因靠头不当而发生事故。

(11)为保证船舶靠泊后的安全,出缆时一定要出正缆、倒缆、包头缆和尾缆,决不能图一时省事系缆不出齐。各系缆要收紧并均衡受力,防止受力不均造成断缆打流事故。

(12)在靠泊作业期间,船方要随时观察涨退水和卸载或受载情况,适时调整各钢缆受力,以保证安全。同时要留足值班人员,以保证随时能应付紧急情况。

(13)离泊时,要用其高频频道与港口公司控制室联系,征得同意后,方可离泊。在扎雾的情况下,港口公司控制室不能强令已靠泊的船舶离泊。

(14)船舶在靠、停、离泊时,有损码头设施设备的,港口公司相关职能部门有权要求所在船公司赔偿。船公司船舶应予以配合,不得以任何借口抵制。

(15)各船公司船舶在港口滚装码头靠、停、离泊时发生海损事故,由当地海事局调查、处理。

2)商品车滚装码头现场作业安全要求

(1)驾驶员、挪车人员的基本要求

①驾驶员必须持有国家交通部门颁发的汽车驾驶证,并由具有5年以上驾龄的人员担任。未取得汽车驾驶证和非商品车专职驾驶员不得从事商品车挪车装船工作。商品车装卸驾驶员服装要求如图8-9所示。

②驾驶员应树立商品车运输品牌意识和安全质量意识,服从工作安排,执行《中华人民共和国道路交通安全法》和公司各类规章制度及商品车挪动装船的相关规定。

③驾驶员、挪车人员务必身着工装,所着服装不能给商品车外观造成损伤,着装上不能配挂钥匙和有损商品车外观质量的硬物,以避免在紧窄的空间内,驾驶员身上携带硬物,如钥匙甚至纽扣等对漆面造成划伤。每次作业前与副班互相检查是否携带硬物,不要因疏忽大意造成质损。所着工装应干净整洁,避免因工装油渍污损商品车内饰。

④移车、装船前,由理货员主持召开班前会。根据船方意见确定装船顺序、质量要求和交付方法,移车人员必须听从理货员的安排指挥。

⑤根据车辆外观污染状况及船方要求,由理货员通知控制室安排人员对车辆外观进行冲洗。车辆外观污染严重的车辆(指粉尘污染)禁止装船。

⑥移车人员动车前认真检查外观,核对批次、车型、到点,发现有异状的车辆不得挪动,并通知理货员进行检查核实做好记录。

⑦严禁无驾照人员和非挪车装船人员驾驶商品车。

⑧装船或库内挪车,必须带脚垫,禁止使用车内空调和开听收音机。严禁库内和车内吸烟。

⑨严禁使用商品车作交通车接送人,进库商品车在任何情况下不得开出库场(特殊情况除外)。

⑩港区内装船、转库挪车严禁超速行驶,时速不得超过20km。

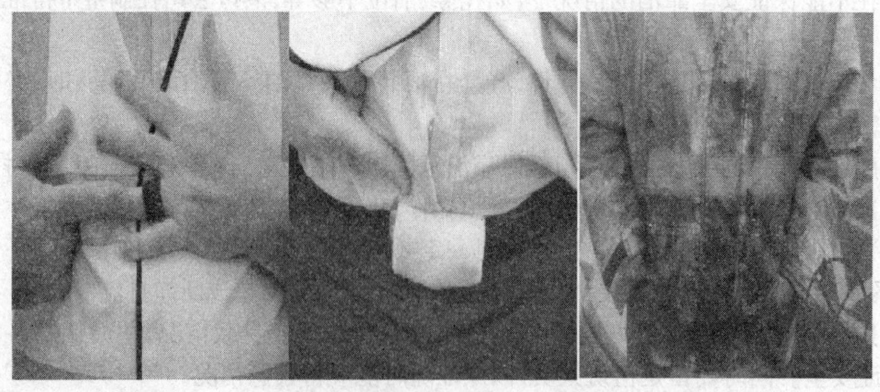

图8-9　商品车装卸驾驶员服装要求

(2)商品车标准捆绑要求

商品车标准捆绑为两个捆绑器和一条捆绑带,采用包轮式捆绑,至少要保证两个轮捆绑稳定;运输时,运输板的倾斜度不能超过25°,否则极易发生倒滑。捆绑后要确保车体下方整洁,避免有异物损伤底盘和排气系统。

(3)装板安全作业要求

无论是仓库交接还是提车交接,都需查验清楚。商品车装卸车前按标准规范操作,上板时在渡板前10cm左右位置停车,主副班一起观察并确认车辆前杠离地高度是否能安全通过渡板坡度。装卸过程中杜绝猛踩加速踏板、急速行驶等现象,要稳行和缓行,并严格按照前方引导人员指示行驶。避免发生过渡板仰角过高,底盘稍低的商品车容易发生托底和刮蹭。

装板后仍需检查车壁之间是否留有足够空隙供驾驶员顺利通过,避免与车身发生过多摩擦;检查绑带松弛度,确认车轮捆绑牢靠;不允许发生轮胎挤压变形等现象,确认车轮停放适当位置。

(4)商品车卸板作业安全要求

卸板时需要注意:针对车高较高车型,装卸前检查角度,避免发生车顶刮蹭;检查运输车上层卸板的位置,确认刮蹭下层商品车的装卸;主副班协调一致,慢行稳行,严格按照指引操作。

(5)预防商品车冬季自燃的安全要求

冬季汽车自燃,维护不当是主要原因。天气变冷后,个别驾驶员不注意汽车维护,车内橡胶件及塑料件老化龟裂容易造成电路短路;行驶中汽车机油挥发造成机件磨损,电路出现各种故障;或是私自装接车内电器,搭接不良,电阻变大产生高温,这些原因都易导致汽车自燃。

商品车冬季自燃应急措施包括:

①一旦发现汽车失火,不要惊慌,要马上停车熄火,关闭电源,关闭油箱开关和百叶窗,并立即离开车厢。如果车厢门无法打开,可以从挡风玻璃处脱离。

②小部分起火可以用灭火器,或是用车上现有的物品进行覆盖。如果是汽车的前车盖出现自燃情况时,请不要打开前车盖,应该用灭火器向前车盖缝隙中喷。

③如果着火面积大,又无灭火器材,火情危及车上货物时,应在扑救的同时,迅速把货物从车上卸下。但无论何种情况,都必须做好油箱防火防爆工作。

④如果在三分钟内仍无法灭火,就在原地马上拨打119求救。若汽车失火危及周围群众或引起更大灾害时,在灭火的同时,汽车必须驶至安全区域。

3)港口滚装码头商品车质量管理要求

(1)商品车预收入库时安全质量管理要求:

①商品车预收、保管、交付,实行全过程质量管理。分流程考核。交前由交方负责,接后由接方负责。

②送车方将各类商品车从港外送至港口商品车露天堆场,要交车型、批次、到达港、数量、质量、随车工具、书证等。

③商品车预收进库时,收车理货员要对所进车辆外观进行检查,检查油漆有无划伤、脱落、锈蚀等,查车身有无划痕、变形和凹凸不平的痕迹等;检查备胎、灭火器、千斤顶、点火器、天线、工具包、使用说明书是否齐全;检查车辆钥匙是否齐全、变形、折断(不得漏查);清点合格证,(有的车辆还要清点遥控板,如长安“福特车”),并按到达港、车型、批次分类停放,并留足检查车辆的通道。发现质量问题或随车物品及书证短缺,应编制记录,通知交货方签字

确认。在预收商品车数量质量有争议时，理货员不得擅自在进库总单上签字，应通知队分管领导和商务部门协调解决。

④收车理货员如果发现被检查的车辆有损伤或异常状况应编制记录，登记车辆型号、发动机号、底盘号、自编号（福特车还要登记钥匙号）及车身颜色；收车理货员检查发现随车备胎、灭火器、点火器、天线、工具包、千斤顶、使用说明书不齐、不全，应让送车方补齐或编制记录。所编制的记录应真实客观反映车辆损伤或异常状况，不得错编、漏编或与事实不符。编制的记录送车方应签字认可。

⑤所查的备胎、灭火器、点火器、天线、千斤顶仅负责数量，不负责使用功能；所查工具包仅负责个数，不负责工具包内工具的短缺。

⑥如果发现所收车辆有重大问题，应拒绝接收或向滚装作业队分管领导汇报。

⑦车辆收齐或当日不再进车，应与送车方办理交接手续，并将所收车型、到达港口、数量和质量移交给堆场库工，形成文字交接，双方签字认可。

⑧商品车预收完毕，应认真填写商品车进库明细表，做好进帐记录备查。并通知库工锁好车门，填制商品车保管交接班表，交库工进行签收保管。

(2)商品车库存时安全质量管理要求：

①库工接到理货员交的商品车数量和质量后，应对交接的数量、质量和车钥匙数量及异常情况进行复查，复查时应认真核实数量、外观和异状，关好车窗，并按规定对车钥匙进行技术处理，所剩车钥匙注明批次，下班后交“作业队”统一保管。核查中发现车辆数量、车钥匙数量或车辆外观异状与交接的外观异状有出入时，应在交接后的 2 小时内向滚装作业队分管领导汇报，经核实属实，由收车人员负全部责任。

②商品车在库存期间，库工要认真履行职责，保证库存车辆的数量和外观质量。

③严禁进入商品车内躲雨避太阳，严禁听收音机、翻动车内物品、偷拿零部件和随车工具，严禁在车内吸烟、休息或睡觉。

④工作时间内严禁看书报和做与工作无关的事，不准在库内吸烟，要加强巡查，制止无关人员进入库内。

⑤库工交接班时，按照“上不清下不接，接下来负全责”的原则，商品车在库存时间内发生的质量问题，由当班库工负责。车辆移动后发生的外观质量由移车驾驶员负责。

⑥商品车出库后必须及时清理残留物和垃圾，保持库场整洁。

(3)商品车装船时安全质量管理要求：

①当班理货员根据商品车装船计划和船舶到港时间，提前做好商品车装船准备工作，通知库工将要装船的商品车车门打开。

②商品车滚装船在滚装码头靠好后，及时与船方理货员取得联系，接洽商品车装船事宜，告知所装商品车的车型、到达港、批次、数量和原始记录编制情况，并对数量、质量随车物品、工具包和书证等进行交接。

③交接中发现商品车质量与原始记录不相符时，应查明不相符事实，并及时通知“作业队”分管领导或操作部值班领导解决。

④直装的商品车，理货员负责数量的交接，商品车的质量和随车物品、工具包、书证等由送车方和船方直接交接，若有商品车质量问题和随车物品、工具包、书证短缺，理货员应编制

记录证明，送车方应在记录上签字认可。

⑤计划商品车装船完毕，理货员应与船方及时办理交接手续，随车物品、工具和书证应在交接单上注明。

(4)商品车卸船时安全质量管理要求：

①商品车卸进库场，理货员应对进库的商品车进行质量的检查，检查油漆有无划伤、脱落、锈蚀等；检查车身有无划痕、变形和凹凸不平的痕迹等；检查备胎、灭火器、千斤顶、点火器、天线、工具包、使用说明书是否齐全；检查车辆钥匙是否齐全、变形、折断。检查时，所有项目不得漏查，检查后要清点合格证，并按不同的商家分车型分类停放。

②对于客户直接船边对提的商品车，理货员负责数量的交接，商品车的质量和随车物品、工具包、书证等由船方与提车客户直接交接，若有商品车质量问题和随车物品、工具包、书证短缺，理货员应编制记录证明，船方应在记录上签字认可。

③商品车卸船入库后，库工应对交接的数量、质量和车钥匙数量及异常情况进行复查，复查时应认真核实数量、外观和有无异状，并关好车窗，按规定将车钥匙进行连环锁，所剩车钥匙注明船次和所停位置，下班后交“作业队”统一保管。核查中发现车辆数量、车钥匙数量短缺或车辆外观异状与交接的外观异状有出入时，应在交接后的2小时内向滚装作业队分管领导汇报，经核实属实，由收车理货员负全部责任。商品车在库存期间，库工要认真履行职责，保证库存车辆的数量和外观质量；严禁进入商品车内躲雨避太阳，严禁听收音机、翻动车内物品、偷拿零部件和随车工具，严禁在车内吸烟、休息或睡觉；库工工作时间内严禁看书报和做与工作无关的事，不准在库内吸烟，加强巡查，制止无关人员进入库内；库工交接班时，遵照“上不清下不接，接下来负全责”的原则处理。商品车在库存时间内发生的质量问题，由当班库工负责。车辆移动后发生的外观质量由移车驾驶员负责；商品车出库后必须及时清理残留物和垃圾，保持库场整洁。

(5)客户提车时的安全质量管理要求：

①当班理货员根据商品车提车计划，待客户到达提车现场后，应认真核对客户的商品车提货单是否与到港船名、航次、提货车名、提货规格保持一致，待核查无误后方能放行。

②理货员按照客户提车单上的车名、型号、颜色和数量进行交接，若出现商品车外观质量问题或与原始记录外观质量记录有出入的，应查明与质量记录不符事实，及时请示“作业队”分管领导寻求解决。

③计划提车完毕后，交车理货员应与提车客户办清手续。

(6)港口商品车质量管理责任划分及奖惩：

①库内车辆挪动前的外观质量由保管库工负责，挪动后的质量责任由移车人员负责。

②当月库存商品车无质量事故或库场港容港貌达标，作业队库工组按人均20元的标准进行奖励。

③预收车辆，无人指挥会造成车辆混停乱放影响装船，一次应罚款50元。

④进入车内躲雨、睡觉、听收音机、移车中使用空调，发现一次罚款50元。

⑤移车人员不按规定着装，佩带工牌、脚垫，发现一次罚款50元。

⑥移车或休息时，移车人员严禁在车内吸烟或脚放方向盘上，发现一次罚款50元。

⑦保管期内不按规定设置警示标志或警示带，装车后警示带和标志不进行收捡保管，造

成标志损坏遗失及库内垃圾不清理，发现一次罚款50～100元。

⑧滚装船停靠码头后，控制室安排作业队搭好滚装跳，搭跳时间不得超过1h，发生一次罚款50～100元。

⑨从发布之日起执行，安全质量部负责监督实施，各单位相关人员相互监督，对举报违规者，按罚金的50%进行奖励。违反上述规定，除对当事人进行处罚外，并纳入公司的月度考核，按考核规定减扣责任班组的绩效工资。

**（四）客运滚装码头存在的安全问题及作业现场安全要求**

1. 客运滚装运输的概念及发展前景

客运滚装运输简称客滚，是利用专用船舶在特定水域运送旅客和车辆的一种高效运输方式。客滚运输作为水运行业中的一个重要分支，因其特有的快速、便捷、安全、低损耗、客货共享、性价比高等优势，在沿海以及川江等区域的经济发展中占有重要地位，成为繁荣当地经济、推动旅游产业的重要方式之一，也是我国积极推动和扶持的朝阳行业。

客滚运输是一种十分适合于中国各个群岛岛屿之间、岛屿与大陆之间的必不可少的水上运输方式，在经济社会发展中发挥海湾地区的客滚运输业务平每年以10%的左右的速度递增。随着客滚船滚装运输业的快速发展，中国在长山群岛、舟山群岛、琼州海峡、渤海湾等区域均设立了往返于大陆与大陆之间、大陆与岛屿之间、岛屿与岛屿之间的客滚码头。

近年来，为了满足陆岛运输量逐年扩大的需要，以及适应客滚船运载能力逐年增加的发展趋势，中国在渤海湾、琼州海峡等海域又陆续兴建或改造了一批从事旅客、车辆滚装运输作业的客滚码头。根据有资料统计，仅中国旅顺以及烟台至韩国仁川等客货滚装航线，港口客货滚装配套设施齐全，服务功能完善，年进出口旅客400多万人次，汽车滚装运输量达40多万辆。有10余艘大型豪华客货滚装船往返于烟台—大连航线，航班月均390班。其中，烟台至韩国仁川的客箱船航线每周三班，发展势头良好。并正积极筹划开通烟台至平仄的客滚船航线。

随着我国经济结构的不断优化、人民生活水平的逐步提高和船舶建造技术的突飞猛进，客滚运输行业正朝着高速化、大型化、旅游化方向发展，客滚运输行业的服务内容和服务价值正不断丰富和提升。未来，各经济圈的快速崛起及台湾海峡运输市场的启动，还将为客滚运输市场创造更广阔的发展前景。

但是，由于客滚运输特点与其他运输方式有明显的不同，再加上我国各个公司管理的客滚码头建设年代不同，安全设备设施配备情况差别较大，安全管理人员素质参差不齐，因而，随着海上货物运输业的迅猛发展，我国客滚运输的高风险性也逐渐显露出来，给国家财产和人民生命安全带来了潜在威胁。据统计，自1999年以来，中国的客滚码头在港口作业过程中发生了多起重特大火灾、沉船和旅客伤亡事故。影响客滚码头港口作业安全的影响因素较多，主要表现在人车混流、旅客或车辆夹带危险化学品进出港或上下船、车辆超宽、超长、超高“三超”等因素。

因此，客滚码头工作人员准确分析和确定客滚码头港口作业安全方面存在的主要危险因素，掌握客滚码头现场作业安全要求，将各种危险性因素控制在“可控”的范围内，最大限度地预防各类事故的发生，是保证客滚码头港口作业安全运营的重要工作。

2. 港口客滚码头存在的安全问题

客滚码头是旅客、普通货物运输车辆进出港、上下船的主要通道和专用装卸作业区，客滚码头客观存在着发生火灾、人员落水淹溺、人员相互踩踏、电气事故、船舶靠离泊事故等危险。

1)人员伤亡事故危险

车辆及旅客等人员进出客滚码头作业区时,由于车辆、旅客密布于码头前沿,必然存在旅客、车辆的相互交叉,存在着车辆、旅客相互拥堵的现象,若作业现场管理秩序失控,易导致车辆剐蹭旅客、旅客落水淹溺及人员相互踩踏等伤亡事故的发生。

2)普通车辆、旅客夹带危险化学品进出港区引起火灾、爆炸等事故危险

一些车辆驾驶员及货主往往由于受经济利益的驱动,会不顾旅客生命安全和各家企业生产管理的要求,置国家的法律、法规于不顾,在普通车辆中夹带危险化学品进出港口作业区域或上下船。由于车辆所夹带的危险化学品多为易燃易爆物质,具有易燃、易爆,腐蚀、有毒等特性,当这些车辆在港区内发生碰撞等事故,或者由于超速、晃动等,车辆所夹带的危险化学品受到撞击、摔落、重压时,包装物很容易发生破损而导致泄漏,一旦遇到火源、高温物体及与空气接触,就会导致火灾、爆炸等事故发生。若人体吸入含有这些危险化学品挥发、升华或相互反应而产生的有毒气体,可导致缺氧窒息、急性中毒等健康危害。旅客若携带这些危险化学品进出港区,也易引发各类安全事故。

3)车辆伤害事故危险

近年来,"三超"车辆普遍存在于客滚运输作业过程中。由于"三超"车辆质量大、重心高,若在港区超速行驶,易造成倾翻事故,引发驾驶员及过往人员的伤亡事故。

车辆在港区行驶过程中或在进行上下船作业过程中,若所装载货物捆扎不严,易发生货物掉落,砸伤过往人员的事故。

车辆在上下滚装船过程中,如果船舶配载不当、指挥失误或波浪较大,会造成车辆移位甚至翻倒,从而引起船舶侧倾、翻沉及人员伤亡等事故。

4)船舶靠离泊事故危险

船舶靠离泊时的带缆作业会出现船岸配合不当,或一方违章使缆绳反弹,造成物体打击伤害事故。另外,滚装船失控撞击码头,也会导致重大人员伤亡事故的发生。

5)电气事故危险

由于客滚码头设有照明灯、电缆等电气设备设施,若照明、供配电等设备设施损坏或疏于管理,易引起漏电、触电、电气火灾等事故。

6)车辆自身故障引发的危险

车辆油箱若发生损坏或关闭不严,易造成所携带的燃油泄漏,在高温季节易引发火灾事故。如果车辆刹车系统失灵及存在电气线路故障,可导致车辆在码头作业区发生碰撞、火灾等事故。

7)恐怖威胁事件引发的危险

客滚码头作为人员密集区,易成为社会不法分子、极端宗教组织及各种敌对势力发动恐怖袭击的对象。恐怖分子可能利用制造人为的危险化学品爆炸事故、人为纵火事故、绑架人质、劫持客滚船等恐怖威胁事件袭击码头及客滚船,以造成不良国内、国际影响,威胁人民生命财产安全,破坏社会的和谐、稳定。

3. 港口客滚码头作业现场安全要求

在遵循实事求是、尊重科学、及时准确的基础上,为了有效地预防事故发生,必须落实事

故预防的“三 E”原则，即全面治理引起事故的各种原因之中的技术原因、教育原因、管理原因。预防这三种原因的对策为技术对策、教育对策及管理对策，简称“三 E”对策。技术对策是客滚码头的设备设施等在设计、制造、检验、检修时所采取的安全措施即本质安全。教育对策是通过各种途径的培训和教育，掌握安全知识及操作方法。管理对策是企业制定并落实安全管理规章制度。

因此，按照“三 E”对策，针对客滚码头港口作业中主要的危险因素，所采取的主要应对措施包括建立完善的安全生产管理体系、落实安全生产责任制、配备先进的设备设施等。

1）建立完善的安全生产管理体系，落实安全生产责任制

按照《中华人民共和国安全生产法》、《中华人民共和国港口法》、《中华人民共和国突发事件应对法》等国家法律、法规的要求，建立、完善各个客滚企业的安全管理制度、操作规程，进一步落实安全生产责任制，明确企业内各个职工所担负的安全职责，必须经相应的专门机构培训，在考核合格的情况下，持证上岗；不断提高码头作业人员及公司安全管理人员的业务素质和水平，增强处置各类事故、事件的能力，逐步摸索并建立安全生产管理长效机制；与客滚船舶所在的经营公司建立联动安全管理体系，实行无缝隙对接。

明确企业主要负责人是本单位安全生产第一责任人，强调要层层建立并认真落实各级管理责任制、重大隐患治理制度，分工明确，责任到人。

2）强化安全生产的宣传教育

在港区内设立醒目的安全警示标志、宣传标志和应急逃生标志，严格按照人车分流、旅客优先的方式运营。

旅客进出港、上下船等作业过程中，首先让旅客尽快了解应急安全须知，即紧急状态下拥挤人群安全管理的各项要求。可通过在规定场所张贴的文字简报、广播、电子屏等形式向驾驶员、旅客说明消防、救生手册所处位置和船舶的应急通道及有关的消防、救生等应急措施。发生紧急情况时，严格按照应变程序组织旅客进行疏散或撤离。同时教育驾驶员、旅客不能盲动，以免造成更大的混乱和伤亡。

3）先进的设备设施与常规的检查手段相结合

坚持可靠、灵敏、安全高效的原则，采用先进的检测、探测设备设施与常规的检查手段相结合，各家客滚码头经营企业应优先配备先进、实用的安全检查检测仪器，采取各种措施，有效提高安全检查的范围和效率。同时，应建立电视监控系统，在码头前沿、进出港通道、港区大门等处配备若干电视监控探头，实现整个作业环境和作业流程的实时监控。同时，按照交通运输部水路货物滚装运输规则、关于进一步加强客滚码头安全生产的通知中，各家客滚码头经营企业必须采取配备车辆衡重设备、配备危险化学品检查专职人员、夜间作业时应配备足够的灯光照明设备等措施，以提高客滚码头作业的本质安全性。

4）定期安全评价与安全检查相结合

安全评价和安全检查是根据国家有关安全生产方面的法规、标准，运用安全系统工程理论和方法，查找客滚码头在港口作业过程中潜在的危险危害因素；查验客滚码头是否对危险危害采取了安全设施和技术措施；查验客滚码头经营企业所采取的安全技术设施和技术措施是否符合国家的有关标准和法规、是否有效和可行，各种安全管理制度是否齐全和有效，以及针对存在的问题提出整改建议，为各家经营企业加强安全管理、为政府部门实施安全监

察提供依据。按照国家法规、标准要求，定期对各个客滚码头的安全运营状况进行安全评价和安全检查是十分必要的。

5）完善应急救援预案，提高应急救援能力

为加强应对各种突发事件处理的综合指挥能力，提高紧急救援反应速度和协调水平，各家客滚码头经营企业必须切实重视应急救援预案的制定，以及建立完善的预警、预报和应急救援机制。

各家客滚码头经营企业应完善应急救援体系建设思路及其框架、机构设置、运行机制、保障制度等内容。预案必须做到快捷、可行、安全、可靠，客滚船舶与各家客滚码头经营企业都必须有相应的衔接机制，一旦在客滚码头出现各种突发事件，所处岗位的工作人员应能迅速按照预案所制定的程序，做到反应迅速、处置果断、措施合理，并及时向相关部门报告。要做到这一切，各家客滚码头经营企业必须针对所建立的各种事故应急预案定期进行演练、演习，并加以持续改进。

4. 滚装运输码头作业现场事故案例

2012 年 5 月 21 日下午 3 点多，一辆小车"开"进了瓯江，已救起一人，据说有 4 人，两个同伴还在水里漂，驾驶员没出来。类似悲剧已不是第一次发生了，就在 2010 年 12 月 9 日，一辆轿车在车渡码头靠瓯北一侧，也突然倒车坠入了瓯江，造成车内一名女子溺亡。

1）事故经过

温州到永嘉瓯北的车渡码头，由于位置比较靠近市中心，一直是诸多车辆往来市区和瓯北的便利通道。

2012 年 5 月 21 日下午 2 点 40 分左右，温州某清洁公司的胡 × 和 3 名同事一起，开着一辆普桑轿车，来到温州靠瓯江南岸的车渡码头。一艘渡轮已停泊在码头旁，胡 × 的车排在第二个上船。一名目击者说，胡 × 的车子开上船后，位置没停好，需要往左前方挪一挪。险情就在这时发生了，这辆车突然加速，冲向渡轮的出口。其实渡轮进出口处，有一道向外倾斜约 50 多度的挡板，宽约五六十厘米，就是用来防止车子冲出去的。但是，这辆车直接翻过了挡板，车头朝下，坠入了瓯江。在渡轮上挪位置，车子突然冲进瓯江，造成 3 人从后车门逃生，驾驶员不幸溺亡，从车子坠江，直到完全沉没，间隔只有数十秒。就在这段时间内，坐在后排的两名男子，打开两侧后车门逃出了车外。坐在副驾驶位置的一名男子，也爬到了车后排，从后门钻了出来。这时，渡轮的工作人员拿来了救生圈等，扔到了他们身旁。3 人陆续上岸后，大家才知道，开车的胡 × 没能出来。这时，车子也早已不见踪影。事发后，温州市公安局水上分局、东海救助局温州基地和温州海事局等部门的救援力量，陆续赶到了现场。东海救助局温州基地一名参与救援人员介绍，他们先利用磁力打捞器，确定了车子在水中的位置，下午 5 点 40 分左右，浮吊船吊起了车子。下午 6 点 40 分左右，胡 × 终于被捞起，已不幸溺亡。

2）事故分析

码头到岸边的车渡引桥，坡度多变，安全问题尤为突出。引桥和渡轮上都有一些防滑的铁条，有些司机觉得车子开不顺畅，会试着加大油门冲一下，这其实挺危险的。正确的做法是，手动挡就挂在一挡上，匀速行驶；自动挡要一点点加油门，千万不能急。又如，车子上引桥时，最好等到前面的车辆，驶出一定距离后再上桥，这样中途不用停顿，操作也就比较顺畅了。最后还要说，车子一旦上了渡轮，车上的人要走出车外，这样一旦遇到紧急情况，至少不会被困在车内。

客运码头安全管理方面应尽量告知司机一些注意安全事项，并建立安全措施应急程序以及安全操作警示标语。

## 三、港口件杂货工艺装卸流程及作业现场安全要求

### （一）港口件杂货概述

1.件杂货的概念

港口件杂货，是从运输、装卸和保管的角度，相对于港口上所装卸的散货、液体货等而言的。所谓件货通常是指有包装和无包装的成件装卸、运输、保管的货物，如各种袋装货物、五金交电器材、日用百货、棉纺织品、钢锭、有色金属块及大型机器设备等。

2.港口件杂货的特性

件杂货运输是将件杂货物单件地进行装卸、搬运和运输的一种方法。从港口装卸、搬运和保管的角度来看，件杂货主要有以下几个特点：

(1)货种多、批量小，发货和收货地点比较分散，而且往往要经过多种运输方式和进行多次装卸，搬运及换装作业。

(2)件杂货的外形、包装、质量差别很大，对装卸和保管的要求各不相同，因此要求港口装卸、搬运和保管件杂货的设备应具有一定的通用性。

(3)件杂货物一般对装卸质量要求较高。

(4)件杂货的装卸、搬运和堆码等作业效率比较低，费用也比较高。尽管装卸、搬运和保管件杂货的机械设备和其他方面都做了不少改进，但仍然存在着装卸效率较低，货损货差严重等方面的缺点。

3.港口件杂货作业的一般要求

件货往往是比较贵重的货物，装卸时一定要保证其完整无损。为此必须要求做到：

(1)工作地点要整洁。对于食品及粮食，如冷冻猪肉、袋装面粉等更要注意保持吊货工夹具、机械的工作机构及工作人员服具的清洁，以免将货物弄脏；

(2)选用合适的、牢固的吊货工夹具；

(3)正确地将货物安放在吊货工夹具上；

(4)平稳地升降货吊；

(5)将件货整齐地安放在水平运输机械上，必要时对货组要进行捆扎，以免在运输过程中震落受损。

4.件杂货运输的发展趋势

(1)实现包装标准化；

(2)发展集装箱运输和成组运输工艺；

(3)将某些本性属于散货的件货改为散装运输。

5.件杂货的分类

1)按包装特点分类

港口件杂货按包装特点可分为：

(1)包装货物:包装货物是指装入各种材料制成的容器或捆扎的货物。如袋装货物、箱装货物、捆装货物、桶装货物和圆筒状货物、筐篓坛装货物等。

(2)裸装货物:裸装货物是指在运输、装卸、搬运和保管中不加包装(或只作简易捆束),而在形态上却自成件数的货物。如汽车、铝锭、钢锭、生铁块、电线杆等。

2)按清洁程度分类

港口件杂货按清洁程度可分为:

(1)清洁货物:清洁货物是指在运输中本身不易变质,外观清洁干燥,对其他货物无污染,且本身不能被玷污的货物。如棉毛织品、纸浆、茶叶等;

(2)污秽货物:污秽货物又称污染货、脏货,是指在装卸运输中因本身无包装或包装不良,受损时对其他货物容易造成污染损害的货物,包括:

①易扬尘货物:如水泥、炭黑、矿粉等;

②易潮解货物:如糖、盐、化肥等;

③易融化货物:如松香、石蜡、肥皂等;

④易渗油货物:如煤油;豆饼、小五金等;

⑤易渗漏货物:如酒、蜂蜜、盐渍肠衣等;

⑥散发强烈异味货物:如鱼粉、氨水、油漆等;

⑦带虫害病毒货物:如未经消毒的生牛羊皮、破布、废纸等。

3)按装卸、搬运要求分类

港口件杂货按装卸、搬运要求可分为:特殊货物和普通货物。

(1)特殊货物:特殊货物也称特种货物,是指货物的本身性质、体积、质量和价值等方面具有特别之处,在积载和装卸保管中需要采取特殊设备和措施的各类货物,包括:

①危险货物:是指具有燃烧、爆炸、腐蚀、毒害和放射射线等性质,在运输过程中能引起人身伤亡、财产毁损的货物。如黄磷、硝酸、氰化钠等。

②贵重货物:是指本身价值很高的货物。如金银、玉器首饰、历史文物、名贵药材、高级仪器和电器等。

③笨重长大货物:是指单件质量、长度超过一定限量的货物。如机车头、成套设备、钢轨等。

④易腐货物:它又称鲜货,是指在常温条件下,容易腐败变质的货物。如新鲜的肉、鱼、蛋、乳、果、菜等。

⑤冷藏货物:是指使用冷藏船、舱、箱在指定的低温条件下运输的货物,主要是易腐货物。

⑥有生动植物货物:它又称活货,是指在运输过程中,仍需不断照料,维持其生命和生长机能,不使其发生枯萎、患病或死亡的动植物货物。如蜜蜂、禽畜、鱼苗以及树苗、盆景、花卉等。

⑦涉外货物:是指外交用品,如外国驻华使领馆、团体和个人的物品,以及国际礼品、展览品等物资的统称。

⑧拖带运输货物:是指不便于装载在船舶上运输,较适宜于经编扎在水上拖带运输的货物,如竹、木排、浮物、船坞等。

(2)普通货物:指除危险货物、鲜活货物以及其他因本身性质,而在装卸和积载方面有特殊要求的特殊货物外的一般货物的统称。

**(二)港口件杂货装卸工艺流程**

所谓工艺,是指社会生产中改变劳动对象所采取的方法。如一般工业企业中所讲的加工工艺,即指加工的方法。工艺不是劳动过程的对象和产品,而是达到目标的手段,工艺的效用是在整个生产过程中发挥的。

水运工艺,则是指水路运输货物的方法,即采用什么样的手段实现运输对象空间位置的移动,它包括船舶运输工艺和港口装卸工艺,这两者之间既相互配合又相互制约,有着十分密切的关系。

港口装卸工艺是指港口装卸货物的方法,即港口的生产方法,包括不同操作过程所进行装卸、堆存的各种具体方法。它是由货物的种类、流向、流量、车船、码头、库场、机械的结构形式、类型以及劳动组织等因素所决定的。就某一装卸对象来说,可以采用人力装卸、半机械化装卸、自动化装卸或不同的机械化系统等组成的装卸工艺。

港口装卸工艺的作用表现在以下几个方面:

(1)装卸工艺是港口生产的方法;

(2)装卸工艺是港口建设设计和选用装卸机械机型的重要依据;

(3)装卸工艺是提高港口装卸效益的技术保证和装卸工作组织的基础;

(4)装卸工艺是保证生产安全质量的基础。

港口装卸工艺因货种而异,通常分散货、件杂货、集装箱和液体货等装卸工艺。各种货物的装卸程序因货物流向不同而异。对进港货物,即水运转陆运的货物,装卸程序一般是:货物由船上卸至码头(卸船),由码头运入仓库或堆场(中间运输),在库场内堆码(库场作业)贮存,装车运出。有的货物由船上直接卸到车上。对出港货物,即陆运转水运的货物,装卸程序则相反。这部分主要介绍件杂货的装卸工艺流程及作业现场安全要求。

1.件货装卸工艺的设计特点

件货往往被称为件杂货,是因为港口装卸的件货种类繁多,有些货物,虽然性质与品种完全一样,但还会有不同的包装;有些货物,尽管使用同样的包装,它的尺寸和质量却又不尽相同。

大多数件货怕雨、怕潮湿,一般都应有雨天装卸作业的防雨设施和仓库保管。

正是由于件货的这种复杂性,在设计件货装卸工艺时必须注意以下的一些特点:

(1)由于货种杂因而批量小,从而在一个泊位上就需要同时装卸不同的货物。这些货物包装各式各样,尺寸大小不一,质量极不相同,所有这些都要求装卸机械化设备具有一定的通用性。

(2)由于货种杂批量小,所以大部分件货都要经过仓库进行分票或者在仓库积聚足够的货批。有些贵重的货物需要仓库内有专门的隔间保管。

(3)由于货种杂,就会使件货的进出口同时存在,即既有进口,又有出口,因而要求装卸机械化设备能适应双向货流。

以上是指绝大多数港口所装卸的件货所共同具有的性质而言的。当然,个别的例外是可能存在的。在个别情况下,对于大宗的、稳定的单一货种,件货码头也可以采用专业化设备。

在具体设计件货码头的装卸机械化系统时,要注意调查:

①重件和长大件的货物数量、质量、尺寸;

②生铁块、钢材等一吊起重量较大的货物数量所占的比重;

③发运港装卸机械的起重量,一吊成组货物的质量;

④可以露天堆放及需要仓库保管的货物数量和百分比;

⑤货批零星和不能堆高的货物数量和百分比;

⑥件货码头装卸散货的可能性。

2. 件货装卸工艺的发展趋势

件货的种类多、包装复杂,已严重阻碍了件货装卸效率的提高和工作劳动强度的减轻,因此改进件货包装是完善件货装卸工艺的重要方向。其发展趋势是:

(1)包装标准化;

(2)发展集装箱和成组运输;

(3)将某些本性属于散货的件货改为散装运输。

3. 件货主要吊货工夹具

件货工夹具种类很多,大体可分吊钩、夹具、绳扣、网络、货板、成组工具以及其他各式各样的专用工具。

1)吊钩

最常见的吊钩是马钩、成组网络钩、扁担钩及专用吊钩等。

马钩是海港里最为普遍使用的工夹具,马钩按其材质分有链条马钩、钢丝绳链条马钩、钢丝绳马钩、马钩。

2)夹具

夹具是指针对一些特殊的货物,根据其形状的特点设计成各种专用的吊钩夹具和夹钳的总称。装卸成捆铝锭的专用吊具,通常配合起重机械一起使用。这种吊钩是由琵琶头钢丝绳连接链条,穿过两个夹钩所组成。作业时,将吊具挂在起重机械的吊钩上,然后使夹钩钩住成捆铝锭。起吊时,链条在货物重力作用下能自动勒紧双钩,使起吊安全牢靠。这种吊具结构简单,使用方便。

3)绳扣

绳扣是港口装卸货物时常用的另一类吊货工夹具。根据其用途,绳扣又分为棕绳扣、活络绳扣、钢丝绳扣以及带钩钢丝绳扣等。

4)网络

网络是港口装卸时常用的承载工具。件货成组装卸和成组运输中使用的成组网络主要是袋货网络。袋货网络用白棕绳、锦纶绳、维纶绳等材料,生铁网络用钢丝绳材料编制而成,某些腐蚀性强的货物有时采用橡胶带编制网络装载。

5)货板

货板,又称通用货板或万能货板,是我国港口应用最早的成组工具,起初是用于港区内部库场货物的成组堆码,后来逐步发展到各港之间的成组运输。许多货物(如小五金、棉布、袋物、砖块等)均可用货板成组运输。

货板应用很广,形式多样,按制造材料可分木材、钢材、塑料、纸等;按结构可分为双面和单面,双面货板又可分为单面使用和双面使用两种;按叉式装卸车货叉插入的方向数目分,有两面插入式和四面插入式两种。

按国际标准化组织(1SO)规定,货板的尺寸有两种形式:铁路货板,即铁路车辆运输货物用的,货板的尺寸为800mm×1200mm;海运货板,即海船运输货物用的,货板的尺寸为1200mm×1600mm。

在我国港口中广泛使用的是木制双面货板,尺寸尚未统一,常用的是载质量为2t的货板,尺寸有2000mm×1200mm、2000mm×1100mm、1800mm×1100mm等几种。货板自重约80kg。使用这样规格的货板,货物的积载因数以接近1.7$m^3$/t为合适。

货板的缺点是由于它有一定的高度而造成亏舱。此外,海运时,货物必须捆扎在货板上。

6)专用吊货工夹具

除了上述的几个大类外,还存在着按照货物特点专门设计的各式各样的吊货工夹具。下面是几个例子:平放卷筒纸夹具。使用这种夹具,可以避免在使用插棍式卷筒纸吊具时,产生撕坏商标甚至损坏纸张的现象;立放卷筒纸夹具,平放卷钢板夹具,立放卷钢板夹具,真空吸盘吊具。

4.件货装卸艺机械化系统

装卸工艺机械化系统是指用来实现装卸工艺机械化的各种装卸机械及其辅助设备的总称。现代化的港口装卸工艺是以先进的装卸工艺机械化系统为基础的,而且机械化系统一经采用,更换则较昂贵和困难,因此必须根据港口的具体营运、自然条件等合理地设计机械化系统,特别要注意构成装卸工艺机械化系统的主体装卸设备类型的选择。

件货装卸工艺机械化系统的形式与码头结构形式较密切,而码头的结构形式则是根据航线和港口的特定条件,如货物的流量、流向、地形、水域以及运载工具的结构形式等自然条件综合各方面因素来考虑的。一般认为,海港及中小水位差河港件货码头建造直立式,采用岸上装卸设备(流动机械或船舶装卸设备)—流动机械系统;大中水位差河港件货码头建造斜坡式,采用起重船(或缆车起重机)—缆车机械系统较好。

1)岸上装卸设备(船舶装卸设备)—流动机械系统

(1)船舶装卸设备。

在这种装卸机械化系统中,其岸上装卸设备主要有:门座起重机、轮胎式起重机、高架轮胎式起重机、汽车吊等;船舶装卸设备除传统的双杆吊外,还有独杆吊、克林吊、船舶桥式起重机等。其中最主要的是门座起重机和船舶起货设备(即船吊)。门座起重机是周期循环作业机械,可以同时起升、变幅和旋转,具有起升高度大,能立体交叉作业;工作幅度大,工作区域宽广;起重量大,作业方便、可靠;通用性好,装卸效率高等优点;另外,现代干杂货运输船舶,一般在首尾货舱和小货舱舱口的一端或大舱(通常又称重点舱)的两端均设置起货设备。起货设备通常为吊杆装置,通常称为船舶吊杆,也有采用旋塔形吊车(克林吊)或船舶桥式起重机等。使用船舶吊杆进行船舶装卸作业的好处是:码头造价较低;不需要有专门供电、修理等设施;使用时不需岸上供电,营运费用低,装卸成本低;不占用码头前沿宝贵的面积。

(2)水平搬运机械、拆堆垛机械、装卸车机械。

这种系统水平搬运机械、拆堆垛机械、装卸车机械主要是牵引车挂车、汽车、蓄电池搬运车和叉式装卸车。水平搬运机械要求转弯的半径要小,载质量应与码头前沿装卸船机械的起重量相适应。采用哪种水平搬运机械合适,要根据各港的具体条件而定,其使用中尤以运输距离因素影响最大。

实践经验表明:100m 距离内应使用蓄电池叉式装卸车,100 ~ 200m 应使用内燃机叉式装卸车;200 ~ 500m 应使用牵引车挂车,500m 以上应使用汽车。运输距离短,每个周期相对运行时间少,以缩短终端站时间来提高生产率较为有利。蓄电池叉式装卸车、内燃机叉式装卸车能自行堆(拆)垛,作业中终端站时间相对较短。相反,运输距离长,每个周期相对运行时间长,以缩短运行时间来提高生产率则更为有效。港区内搬运作业,大多在 200 ~ 500m 范围,因此多采用牵引车挂车。

采用牵引车挂车,能充分地利用牵引车的动力。挂车结构简单,维修保养方便,机械故障少,工作台面低,利于装卸货作业。牵引车最好采用内燃机驱动。

(3)件货码头典型工艺布置形式。

①一线仓库布置

在使用船舶吊杆或流动起重机装卸船的码头,如一线设置仓库,码头前沿线至仓库墙边缘的前方作业地带距离一般为 15 ~ 20m。

②一线堆场、一线仓库布置

在使用门座起重机装卸船的码头,通常采用一线堆场、一线仓库的布置形式。

③一线只设堆场布置

对于所装卸的货物基本上只需在堆场存放的码头,一线可不建仓库,仅设堆场。在堆场纵深增加情况下,堆场作业可采用起重机接运方式。

2)起重船(或缆车起重机)—缆车机械化系统

超重船(或缆车起重机)—缆车曾是长江中上游港口、珠江港口应用极为广泛的件货装卸械化系统。特别是在大水位差河段的港口,建造直立式码头不论在投资和作业上都有一定困难的情况下,起重船(或缆车起重机)—缆车机械化系统是斜坡式码头主要的机械化装卸手段。

该系统由起重船(或缆车起重机)、缆车、流动机械等组成。

(1)起重船。在内河港口斜坡式码头,广泛使用起重船装卸船。除装卸重件货的码头需要专门配备大起重量的起重船外,一般件杂货码头以配备起重量 3 ~ 5t 的起重船较为合适,钢铁码头则需配备起重量 10 ~ 15t 的起重船为宜。

斜坡码头上选用的起重船,一般具有完善的起升、变幅和旋转等三个工作机构,转盘重心较低,稳定性较好,运转灵活。缆车起重机是一种安装在斜坡缆车上的旋转起重机,是斜坡式码头的另一种装卸船机型,它和浮式起重机相比具有投资省(省去了趸船)、结构简单等优点。起重船、缆车起重机应用于斜坡式码头,对水位差变化适应性均较好。

(2)缆车。由电动卷扬机牵动钢丝绳将缆车沿着铺设在斜坡上的轨道移动。在系统中缆车作为上、下坡的搬运机械。

(3)流动机械。指用于水平搬运、装卸车作业、库场内堆拆垛等各种类型的流动机械。

该系统有两种作业方法:水平搬运机械驶上缆车、随缆车运行;货物直接放在缆车上,流动机械在岸上接运。

**(三)港口件杂货作业现场安全要求**

件杂货在港口的作业主要包括装卸、搬运、堆码、储存保管和加工;作业场地包括码头前沿、船舶锚地、堆场、仓库等。其中,一部分是露天作业。港口是水陆运输的衔接点,作业面广、线长,昼夜连续作业。为了保证港口装卸作业正常进行,预防人身伤亡和设备事故、保护作业人员健康,必须采取相应的安全措施,现场作业人员一定要按规定和要求开展相关作业。港口件杂货作业现场要满足下列一般安全要求:

(1)作业前要了解货物的种类、规格特性、件重等,并根据作业条件制定装卸工艺方案;

(2)按装卸工艺方案作业;

(3)装卸机械应处于良好的技术状态;

(4)操作装卸机械要按照 GB 6067 的规定和其他有关的安全操作技术要求;

(5)装卸机械操作人员应持证上岗;

(6)工属具应符合相应的标准;

(7)船方或货方提供专用工属具装卸货物时,应保证工属具处于良好的技术状态,并向港方提供正确使用的方法。港方应按要求正确使用;

(8)作业前应清除作业区域内的障碍物。与作业无关的人员和车辆不得在作业区域内停留;

(9)作业区域内的照度应符合 JT 2012 的规定;

(10)发现残损货物,应及时通知有关人员(托运人、承运人、收贷人和港口现场管理人员)验看,分清工残、原残,未经许可不得擅自将原残货物移位;

(11)发现船舶积载、配载不当影响装卸作业和安全时,港方应通知船方认可,并做记录;

(12)装卸防潮、防污染货物时,作业人员不得在舱内喝水,不得在舱内给机械加油加水;

(13)所有作业人员必须经过安全技术教育并按规定穿戴好劳动防护用品;

(14)大雾及七级(含七级)以上大风天气不应作业。

港口件杂货作业现场除了要满足上面一般安全要求外,还需要满足各种作业条件下的安全要求以及各类人员的人身安全要求。

1. 件杂货船舶装卸作业安全要求

装卸作业现场安全包括现场作业业务安全和现场作业人员安全。

1)船舶装卸作业现场业务安全要求

(1)一般要求。

①作业前,应先给货舱通风换气,待舱内氧气、二氧化碳浓度在安全界限以内时方可作业;

②作业时,应在码头岸边和船边之间悬挂好安全网,并随船舷高低变动及时调整;

③人员上下舱时,按船方提供的安全通道行走,不得披衣或携带易钩刮的物品,以防坠舱;

④机械下舱作业应具备下列条件:

a. 舱内有足够机械运行的空间;

b. 舱内工作面能够承受铺垫物质量、机械自重和负荷；

c. 舱内工作面平坦、稳固，满足机械运行条件；

d. 机械下舱时，舱内禁止作业。

⑤吊运机械进出舱时，发动机应熄火，手刹车拉紧，使用专用吊具，拴挂牢固，平稳吊运，不得碰撞舱口及舱壁；

⑥作业过程中，不得损坏货物包装。遇有包装损坏时，应及时处理好；

⑦装卸货时保持船体平衡，船舶横倾不大于3°；

(2)装船作业现场安全要求。

①按配载图装货，按要求隔票。

②残损货物未经船、货方同意不得装船。

③根据不同货物和船方要求做好铺垫。

④装舱时应先装舱四周，再装舱口围，逐层堆码，堆垛整齐牢固。分段装载时，分段面处的货物应逐层改缩堆码，并注意采取稳固断面的措施。

⑤堆码货物时应按货物标志方向摆放，轻拿轻放。

⑥装舱过程中，发现货物有倒塌危险时，应立即停止作业，采取措施，待险情解除后方可继续作业，对于易滚动或滑动的货物，应边装边采取有效的加固措施。

⑦遇有装舱困难时，应接受船方指导。

(3)卸船作业现场安全要求。

①按票卸货，严禁混票。

②有隔垫分层的货物要逐层卸货。

③货关落吊点离码头边沿一般不少于2m。

④易滚动或滑动的货物(如卧装桶等)，应边卸边加垫楔木。

⑤卸货时，不得"挖井留山"。

⑥货物断面应呈阶梯形，以防止货物倒塌，必要时应对货物断面采取有效的稳固措施。

⑦件重100kg以上捆状货物、托盘成组货物、锭类货物、箱装货物直挖深度不超过两件高。

⑧件重100kg以下捆状货物、托盘成组货物、锭类货物、箱装货物、袋装货物、立式装载的桶装货物直挖深度不超过1.5m。

⑨卧式装载和件重100kg以上立式装载的桶装货物必须逐层卸货，一层一清。

(4)吊运作业现场安全要求。

①起吊时，吊钩垂线对准货关中心，起升到0.3m高度时应暂停，检查无异常情况后再继续起吊。

②货关起升要缓、运行要稳，避免悠荡、碰撞。

③暂停作业时，货关应停放在安全地带，不得停放在空中、车厢围板、舱口围等处。

④吊运托盘承载货物时，摘挂钩应符合下列要求：

a. 挂钩时，吊钩应由里向外钩入托盘的吊环内，钩口朝外，双手扶稳高于货物部分的钩绳，待钩绳张紧后再松手。

b. 摘钩时应将摘下的吊钩拿在手中，待其上升超过人或货物的高度后再松手，以免碰撞人或货物。

⑤吊运桶装货物时，应按下列要求进行：

a. 吊具应与被钳取货物相适用。

b. 吊具应卡正卡牢，卡放时应避开桶边的凹瘪处，以防钩坏桶壁或脱落；起吊绳索张紧后，应稍做停顿，检查无误后方可吊运出。

c. 由立式装载换成卧式装载时，宜使用换向吊具，如用人力推倒时要加垫物。

d. 摘吊具时动作要平稳迅速，摘下的吊具应放在安全位置，以防钩刮人或货物。

⑥有吊点的捆状、箱装货物按吊点位置兜套，没有吊点的一般应使用网络或托盘吊运。

⑦捆状货物，不得直接钩挂捆扎物吊运，除非有特别说明捆扎物有足够的承载能力。

⑧尺寸较小的箱装货物，不适合机械单件作业的，可参照 GB 4892 提供的尺寸系列做成包装单元，以便于机械作业。

⑨袋装货物应使用相应的成组工具吊运。

⑩使用网络吊运货物时，必须先把吊系理顺，不得有缠绕现象，挂钩要牢。

⑪吊运作业时，必须有指挥手指挥，起重机司机必须按指挥手指令操作。指挥手应穿戴好指挥服装，站在安全明显的位置，指挥手势要清楚准确。

⑫有下列情况之一，不得起吊。

a. 货关受压、不明质量、超负荷。

b. 钩未挂好，人员尚未闪开。

c. 货关不正，捆绑不牢。

d. 舱口梯有人。

e. 多人指挥或指挥信号不明确。

⑬吊运货关越过舱口、船舷、货垛或车厢围板时，货关底部要高出 0.3m 以上。

⑭吊运时货关必须从安全网上方通过。

⑮关路下不得有人或机械；货关不得经过汽车驾驶室、驳船驾驶室和居住舱上方。

⑯货关吊至落点 0.3m 时停顿，待稳关后再缓慢准确落关。

⑰落关后，抽拉钢丝绳、吊索时，应缓慢进行，避免将货物带倒或刮坏，作业人员应及时避让。吊具被压卡时不得用机械强行抽拉。

2）装卸作业现场人员安全要求

（1）现场负责人（领班）在装卸作业过程中安全要求。

①提前 30 分钟到现场，接受调度下达的作业任务，了解设备、工属具、照明、通道货位及交代车辆、船舶是否具备作业条件；主持召开工前会，布置生产任务，交代操作方法和安全措施，没有操作工艺标准和安全措施的不得开工；

②掌握、检查、监管现场各工种作业人员在作业过程中执行安全操作规程情况，制止和纠正违章作业，野蛮装卸，冒险蛮干；

③发生工伤事故、设备故障和机损事故、货物质量事故应主动向有关领导和部门报告，保护好事故现场，严禁擅自撤除事故现场和转移受损货物，积极组织现场人员进行施救和恢复现场生产，并接受事故调查；

（2）装卸司机作业安全要求。

①上班必须正确穿戴劳保服、救生衣、劳保鞋、安全帽，穿着要紧凑，上班前不得饮酒。

②作业前检查各种安全装置是否灵敏可靠，各工作仪表、指示灯是否正常。

③严禁超负荷运行。

④没有指挥人员指挥及货物质量不明，灯光不明，视线不明时不得作业。

⑤人员未离开危险区域，指挥手未发出信号，不能动车。

⑥运行货物必须听警铃，货物不得从人头上越过。

⑦起吊货物须超出障碍物 1m 方能旋转，谨防与其他设施、货物和人员碰撞。

⑧起吊货物不许歪拉斜吊，动车速度均匀平稳，禁止突快突慢和突然制动，货物未着地之前，司机不得离开操纵台。

⑨起升重大货物时，应先起吊 50 ~ 100mm，检查起重机是否稳定，各制动器是否可靠，吊点、吊具是否牢固，确认正常后方可继续作业。

⑩回转机构禁止在未停稳之前反向操作。

⑪作业后，各操作手柄回零位，拉下控制开关，切断电源。

⑫严格遵守装卸作业操作规程，集中精力，看清指挥手势，认真操作、起落要平稳、轻、准。

⑬在装卸过程中，如发生危及人身和设备安全的紧急情况，操作人员要立即紧急停车，巡检人员要采取措施，停止设备运转。

⑭在系有安全网作业中，(安全网必须牢固地系结在船舶与码头之间)，货物必须由安全线路装卸。

⑮操作中遇到断路停电，应立即将操作手柄开关置于零位，长时间停电，应将货物落地。

⑯电机工作温度超过规定，应停机检查，待温度下降到允许值后，方可继续作业，夏季作业必须打开机房门窗。

⑰随时注意各控制仪表情况，查听各部位运行响声。

⑱坚持“六不吊”，即超负荷不吊，关上关下有人不吊，没有指挥手或指挥不明不吊，关不正不牢不吊。

⑲禁止边作业边维修保养。

(3)现场指挥手在装卸作业过程中的安全要求

①指挥手必须具有二年以上的装卸工作经验，接受过专业技术培训，并经主管部门考试合格，并获得“指挥证”，方能独立从事指挥起吊作业的工作。

②指挥手必须熟悉下列安全知识：

a. 起重指挥人员岗位责任和交接班制度；起重指挥人员安全规则；装卸作业技术操作规程。

b. 参与作业的起重机械的主要技术性能；常用起重索具、吊钩、葫芦、滑轮、卸口和其他起重工属具的技术性能、检查维护方法和报废标准。合理使用吊货工属具，严禁超负荷作业。

c. 估算货物质量和钢丝绳的承载能力；绑挂货物时，绳索夹角对绳索承载能力的影响。

d. 吊运作业的操作工艺。

③指挥手必须严格按下列安全要求作业：

a. 出班时要佩戴明显的"指挥标志"。

b. 参加现场组织的"工前会",明确作业任务,确认起重设备、工具完好和具备适应任务的条件,安全设施齐备,并落实有关的安全措施,方能开工作业。

c. 指挥人员的指挥位置,应选择具有碰撞视野良好,能够看清绑挂、提升、旋转、降落和摘钩等情况,又能使司机看清指挥手势的位置,当客观条件,不能满足上述要求时,可增设中转传递指挥信号的人员。如为二人分段指挥,必须明确各自指挥的界域,以免发生贻误,造成事故。

d. 严格遵守《装卸作业指导书》指挥作业,不违章指挥,冒险蛮干。

e. 坚持"五不吊",即货物质量不明不吊,看不清货物情况不吊,绑挂不牢固、不平稳不吊,非本机合格司机和由学工操作而师傅不在岗位者不吊,绑挂和其他人员尚未避让到安全位置不吊。

f. 坚持在注视吊钩或货物的同时发出指挥手势,并做到手势正确、清楚。

g. 起吊时,升降钢丝绳应保持垂直,不准歪拉斜吊,货物上面或下面不准站人。

h. 起重机械需要连续启动数次才能达到吊运要求时,指挥人员应以前一次吊运情况作为指挥依据,并且指挥手势要给司机以明确的尺寸感,以便司机准确操作。

i. 指挥两台起重机械共同吊运一件货物时,每次指挥司机操作之前,都要发出一个"预备信号"。指挥手势既要有尺寸感,又要有节奏感,使两台吊车做到同步操作。

j. 起吊第一钩货物或起吊接近最大起重量的货物时,必须在吊离地面(舱面)不超过0.5m处进行试吊,确认绑挂及起重机械制动良好后,再开始作业。

k. 起吊的货物作水平移动时,必须离作业现场最高障碍物0.5m以上,并严禁从人头上越过。吊运重、大件货物时,必须严格执行有关部门制定的吊运工艺方案和安全措施。

l. 发生事故,除积极参加抢救人员和国家财产外,应严格保护现场,并做好记录,以便分析原因。

④应选择视野良好,能够看清拴套,挂、摘钩,升降、旋转等情况,又能使司机看清手势的指挥位置。

⑤手势正确,清楚果断,不违章指挥,冒险蛮干。

⑥指挥起吊时,吊钩、钢丝绳应与货物保持垂直,不准歪位斜吊,第一吊货物吊离地面(轮、车面)不超过0.5m时,停车试起重机械制动,确认无误后方能指挥作业。

⑦作业时,机械旋转范围内,货物下面严禁站人。

(4)现场操作人员装卸作业过程中的安全要求。

①清楚货物的质量、长度、重心、堆垛情况及周围环境,合理使用工属具和钢丝绳,正确拴套,严禁超负荷作业。

②袋装货物做关时必须定量、定型、捆好保护绳套。

③易滚动、滑动货物在摆放绞车时应注意塞好垫木,捆好腰箍钢丝绳。

④摘取吊钩时,注意避让,防止伤人。

⑤操作人员在船上(或河心)作业时,无论是做关、拴套还是指挥,都严禁背朝河心作业。

⑥正确使用撬拽撬货,严禁骑撬和顶着肚子撬货,防止撬棍伤人。

⑦挂、摘钩时手不能放在钩里面,落关时手脚严禁放在货物下面,更换钢丝绳,严禁用手

在吊钩下面拉钢丝绳,起吊时严禁操作人员站在死角上。

⑧操作人员稳关时,要等货物齐胸以下才能上前稳关,严禁对着货物站,只能站在侧面稳关,稳关时手不能放在货物下面或货物之间,摘钩后应等空钩超过人头高时,才能松手,不能随手乱扔。

(5)缆车司机安全要求。

①遵守国家安全法规和企业安全规章制度,参加各类安全学习活动。

②遵守劳动纪律,坚守工作岗位,严格执行安全规程,禁止超负荷运行,违章作业。

③熟悉安全操作规程,熟悉安全警铃制度,掌握安全装置的使用管理。

④加强安全设施检查和重点部位管理,保障设备的安全运行,及时报告安全隐患。

⑤对自己的违章行为负直接责任。

(6)其他码头现场工作人员安全要求。

①凡进入码头人员必须正确穿戴劳保用品,涉水作业必须正确穿戴救生用品,严禁酒后进入码头,更不能进行任何作业。

②进入码头作业的所有人员必须严格遵守本岗位安全操作规程。

③进入码头船方人员和劳务人员必须严格遵守港口安全管理规定,不得擅自攀越任何设备和其他违章行为。

④码头区域未经许可严禁进入其他外来车辆,劳务运输车辆严禁超载和超速行驶,必须保证车况良好。

⑤码头区域严禁闲杂人员进入,特别是违章违纪行为。

2.港口件杂货搬运作业现场安全要求

搬运作业指通过人力或者机械的力量使物件做水平或垂直的移运。搬运作业具有作业内容不固定、作业场地不固定等特点。

(1)人力搬运作业现场安全要求。

①穿戴好规定的劳动保护用具,并检查所需要的搬运工具是否良好、完整;检查物体上是否有钉、尖片等物,以免造成损伤。

②应用手掌紧握物体,不可只用指抓住物体,以免脱落。

③靠近物体,将身体蹲下,用伸直双腿的力量,不要用背脊的力量,缓慢平稳地将物体搬起,不要突然猛举或扭转躯干。

④当传送重物时,应移动双脚而不是扭转腰部。当需要同时提起和传递重物时,应先将脚指向欲搬往的方向,然后才搬运。

⑤不要一下子将重物提至腰以上的高度,而应先将重物放于半腰高的工作台或适当的地方,纠正好手掌的位置,然后再搬起。

⑥搬运重物时,应特别小心工作台、斜坡、楼梯及一些易滑倒的地方,经过门口搬运重物时,应确保门的宽度,以防撞伤或擦伤手指。

⑦搬运重物时,重物的高度不要超过人的眼睛。

⑧搬运物品时,不要因抄近路而穿过危险区。

⑨当有两人或两人以上一起搬运重物时,应由一人指挥,以保证步伐统一及同时提起及放下物体。

⑩当用小车推物时，无论是推、拉，物体都要在人的前方。

⑪货物必须放平、放稳。

⑫机动车辆通行道上不得放置货物或杂物，以保持信道畅通。

⑬货物码放要稳固、整齐，码放高度毛坯不准超过2m，木箱不准超过2.5m，以防倒塌。

⑭不准用人背易燃物品或腐蚀性物品（硫酸、火碱等），并检查容器与箱子是不是稳固，防止液体外溢伤人。

⑮搬运的货物，如标明"小心轻放"、"不可倒置"、"防湿"等字样，应特别小心，不可大意，按指示标志要求装卸。

⑯使用撬棍时，要防止棍下垫块滑动。不要用力过猛，以防突然失手事故。

⑰搬运零散货物时，其高度不得超过直径的两倍。

⑱不要在包装好的货物上行走。

⑲工作完毕应将所有搬运工具放入工具房内，将现场清理干净，并检查现场是否有火种，经检查确无问题后，才能离开现场。

(2)搬运机械驾驶员作业现场安全要求。

搬运机械驾驶员一般安全注意项如下：

①每班出车前必须检查以下各处：燃油储藏量；油管、水管、排气管以及各附件有无渗漏现象；车轮螺栓紧固程度以及各轮胎气压是否达到额定值；转向以及制动系统的灵活性和可靠性；电气线路、喇叭、转向灯以及各仪表工作是否正常。

②装卸作业时，严禁调整机件或进行检修维护工作；运行时，门架必须后倾，门架前倾时，严禁提升货物；严禁载人运行；严禁货叉提升行车；严禁超载作业；货物中心应与车体中心在一条线，不允许偏载；高升程（大于3m起升高）作业时，注意货物从上方掉下，必要时，采取防护措施；在搬运大体积货物时，货物挡着视线，叉车应倒车低速行驶；载货状态下，非紧急情况严禁突然制动；严禁在驾驶员离开时将货物吊于空中。

③行驶时，严禁高速急转弯行驶，起升或下降货物；在潮湿或较滑路面上行驶时，转向应减速；在坡道上应小心行驶；在中途停车，发动机空转时应后倾收回门架。

④工作一天后，应对燃油箱加油，在注油时，不可吸烟或接近明火，并使发动机熄火。

⑤流动起重和机械作业6m以上货物必须使用稳点绳，防止货物与吊杆碰撞。

⑥行车时不可站或坐在容易转动和脱落的部件上，更不准将腿、脚和身躯伸出车厢外部。

⑦机械应平稳运行，速度不大于15km/h；没有特殊情况不允许紧急制动，转弯应缓行。

⑧机械行驶时要避开吊运关路。

叉车操作现场安全要求如下：

①叉车行驶中必须注意如下事项：

a. 叉车怠速不能低于650r/min。

b. 货叉距地面200～300mm，起升门架须后倾到限。

c. 避免紧急制动、高速转弯及强行高速行驶。

d. 除驾驶员与实习驾驶员外，其他人员不得乘坐，驾驶室外严禁载人。

e. 进出仓库及其他狭窄地带作业时，要注意空中障碍物（门框、架子、电线），出入库时要上下左右观察。

f. 对大型叉车或搬运大体积货物时,启动前必须确定周围有无障碍物及通道情况。

②叉车作业时,应避开油桶、棉花、垛、纸张和化学产品,以避免从消音器中排除的热气引起着火、爆炸。

③在超过10°的坡上行驶时,严禁转向。若在坡道上停车,应在轮子塞楔子。

④行驶距离不宜超过300m。

⑤发动机关闭时,应将启动开关放置在零位。

⑥叉车停止作业或临时停车时,应停在安全地点,将货叉放置在地面。驾驶员离车时,发动机熄火,拉好驻车制动取下钥匙。

⑦作业中"十不准":

a. 不准将货物升高或向前倾门架作长距离行驶。

b. 不准用货叉挑翻货盘卸货。

c. 不准用货叉当吊臂起吊货物和单叉作业。

d. 不准用惯性力撮装溜卸。

e. 不准用货叉或托盘带人升降。如需带人作业,按特殊作业要求进行。

f. 不准空挡滑行。

g. 不准用货叉直接铲运危险品、易燃品。

h. 不准在起升的货叉或托盘上由工人直接装卸货物,货叉下严禁站人。

i. 不准用火焰照明检查燃油、电解液、冷却水的标尺或泄漏量。

j. 不准在发动机启动时将启动开关转到"启动"位置上,以免损坏启动电机。

⑧货站作业:

a. 叉车进入货场作业,要选择最安全的作业线路。

b. 通过货垛要低速慢行。

⑨掏装箱作业:

a. 箱内有人时,严禁叉车进箱作业。

b. 进出箱要低速慢行。避免与箱壁发生挂擦、碰撞及货物滑落。

c. 对包装较大的货物,要注意进箱与箱壁的间距。

⑩叉车置于坡道因故熄火后:

a. 踩着制动踏板不能放松(带储能器制动的,仅有一次制动效果)。

b. 将驻车制动手柄放到制动位置。

c. 将行车挡位置于空挡。

d. 起动发动机。

e. 叉车能制动的情况下,经过多次仍不能启动发动机,必须通知其他人来将车塞垫好后,驾驶员方能离座对车子进行检查。

⑪作业过程中,不得重复操作,系统发生故障,应及时报告控制室或技术信息部处理,相关情况应记录在交接班记录中。

⑫作业完毕,应退出登录,交班时,应对系统是否正常,硬件设备是否完好、齐全进行交接。

⑬禁止利用终端操作与工作无关的事情。

⑭其他一般安全要求：

a. 叉车铲取货物时，应根据货物形状和铲取部位调整两叉齿位置，稳妥铲取。

b. 叉车铲取货关时要铲平、端正。

c. 叉车铲取托盘承载的货物时，叉齿必须完全叉入托盘底部，并使两货叉受力均匀。

d. 当货叉长度小于货物铲取部位长度 2/3 时，应加套叉作业，并酌减额定负荷。

e. 若叉运的货物挡住驾驶员视线，应采取倒车缓慢行驶。

f. 叉齿或货物底部距离地面不小于 0.2m。

g. 使用反向叉齿作业时，应确认钩正挂牢后方可起步。空载时应将钩挂好。

3. 港口件杂货库场作业现场安全要求

仓库、货场是港口的重要资源和基础设施，是货物的集散场所，也是事故多发地之一。为了人员安全，确保货物在仓库、货场保管期间数量和质量得到保障，港口件杂货库场现场作业时必须按下列安全要求开展工作。

(1) 库管人员根据《货物进库通知单》和《货物出库结费通知单》，每天对进、出库货物进行复查，确认无误后将数据输入微机系统，做到货、票、账准确。

(2) 仓库、货场禁止吸烟或携带火种进入，切实做好防火、防盗、防潮、防鼠工作。24 小时设专人职守，相关管理人员不定期进行检查。

(3) 仓库屋顶和排水系统要定期检查，防止堵塞；灭火设备必须保证完好和有效；避雷设施须专业机构检验符合要求；照明要保证作业的需求。

(4) 禁止闲杂人员和非作业车辆进入仓库和货场，以保证货物安全和设施设备的安全。

(5) 仓库若需动火进行维修作业，按照“公司动火用火管理规定”执行。

(6) 进库货物按货位堆码，靠线不压线，并按照标准堆的要求，定量、定型、整齐、牢固。

(7) 仓库、货场堆存的货物必须分票清楚、拴挂好货垛牌；保持间距、留出通道；标志朝外、箭头向上；残损剔出另堆。

(8) 货场堆存怕湿货物，必须下垫上盖，捆扎牢固。客户有特殊要求或易污染的货物，仓库内仍须下垫上盖。

(9) 有互抵性的货物不能混堆或堆存在相邻货位，危险品必须堆存在专用货位。

(10) 码垛时，应按规定标准码垛，底层塞好固定垫木，上层应码于底层两件货物中间，拆垛作业应从上往下，按层次拆垛，防止货物滚动伤人。

(11) 装卸火车皮作业，车辆上沿口严禁站立、行走、指挥，开关车门做到上喊下应，货物码堆应离轨道外侧 1.73m，严禁在车辆下坐卧、休息。

(12) 在确保安全的前提下，应尽量利用仓库容积，堆码的高度，以上层物资不压下层物资为原则，不超过 50kg 一个包装的物资，高度一般为 2m。对包装整齐而又轻的物资还可以高些，物资堆码时必须整齐稳固、不偏、不斜，保证不发生倒塌事故。

(13) 库内货垛与隔墙的距离不小于 0.3m，与外墙距离不小于 0.5m，露天货场堆垛，垛底必须垫高，用水泥墙或石墩下垫。临时性货场可暂时使用枕木下垫。货场为水泥地坪时，下垫高度在 0.3 ~ 0.5m 之间。未加修整的堆码场地，地面必须高于库外四周地面，并经夯实，垛底要平，无积水与杂草，垛间排水系统应畅通，垛距应在 1.2m 左右，下垫高度至少

0.5m。

(14)定量:每垛、每层、每行、每列的数量应为整数,可采用五、十成行,五、十成方,做到过目成数,便于检查、盘点和发出。

(15)整齐:根据物资包装的外形、特性、质量,结合储存时间和季节、气候条件等,将物资按一定的规律,码成整齐、易数的垛形。同一种类物资因储存条件或数量不同,码堆方式也可以不同。对不同的品种、规格或牌号等级的物资,均应分开码垛,不相混淆。包装外表有标志的,应一律向外,便于查看和发货。

(16)节约:要从节约仓位,提高仓库面积利用率,仓容利用率,节约劳动力和降低保管费用的角度来安排。

港口库场除了按上面的安全要求,还经常进行堆、拆垛作业,堆、拆垛作业现场要符合下列安全要求。

(1)必须按货位堆码,货垛之间距离应大于0.7m,并留出足够的消防通道。

(2)人员宜从梯子上下垛。

(3)根据货物特性、规格、包装等,按需进行铺垫。

(4)堆垛时应做到大不压小、重不压轻,货垛整齐牢固。

(5)成组货物应定关、定量、定型堆垛。

(6)露天场地的防湿货物,货垛顶部要起脊,并及时苫盖。

(7)严禁超堆场允许负荷堆垛。

(8)拆垛作业应逐层或呈阶梯形进行,并随时注意货垛是否稳固,如不稳固,则应采取有效加固措施后再拆垛,以防整个货垛倒塌。

(9)货垛垛型按JT/T 5035的要求执行。

4.港口装卸车辆作业现场安全要求

(1)装卸火车前,应先检查车门销是否销好。开关车门时,作业人员要注意避让,打开后的车门要用车门卡等工属具固定牢固,以防脱落伤人。

(2)作业人员上下车厢时应从梯子或车梯上下,严禁在车厢围板上行走、在两节车厢之间跨跳等危险动作。

(3)作业完毕后,应将工属具、铺垫物等集中归拢,并放到距离铁路1.5m以外的地方。

(4)装火车时,按照货物种类、规格、件重等合理安排,充分利用车容,把货物堆码整齐。做到不超载、不集重、不偏重、不超限。

(5)装卸载货汽车时,汽车停放位置应使驾驶室避开关路。

(6)装载时应从汽车车厢前部依次向后装载,货物断面应留成梯形。

(7)桶装货物立式装载,高出车厢围板部分不得超过桶高的1/2,卧式装载,高出车厢围板部分不得超过桶本身直径的1/3。

(8)箱装货物、捆状货物、托盘成组货物高出车厢围板部分不得超出两件高,并且应从两侧向中间起脊。

(9)袋装货物超出车厢围板部分,应层层压缝,并从车厢两侧向中间起脊。

(10)需苫盖的货物,苫盖要严密,当用多块篷布苫盖时,篷布之间顺鳞搭接。

(11)装车完毕后要捆绑牢固,不得以苫盖物代替捆绑加固措施。

(12)卸车时应分层均衡作业,以防止车辆倾倒。

(13)装卸平板车时,货物装载应整齐、稳固,必要时应加塞三角形垫木。

**(四)件杂货装卸作业现场事故案例分析**

2004年1月2日20时55分左右,大连YL公司港务公司院内,正在进行吊装作业的门座起重机突然翻倒,门座起重机操作员摔伤致死。

1.事故经过

2004年1月2日下午6时左右,大连YL公司(以下简称YL公司)港务公司调度张××,安排在该公司从事劳务输出的大连××建筑工程公司(以下简称建筑公司)的劳务队的劳务工进行从港内火车专用线到码头倒运原木和工字钢的装卸作业。其中港内车辆驾驶员梁××负责将原木、工字钢从火车专用线拉到码头,杨××操作15t门座起重机(设计最大载荷为15t),杨××、赵××负责起重作业的挂钩、摘钩。20时左右倒运完原木,开始进行工字钢(工字钢的型号36B,12m/根,65.6kg/m)的倒运,先后两次分别拉来13根、16根工字钢,都是一钩起吊。20时50分左右,梁××拉来第三车工字钢(28根,约22t),杨××、赵××爬上汽车准备捆绑工字钢进行挂钩作业,发现此次拉来的工字钢太多,欲分两次起吊,而门座起重机操作工杨××则示意一钩起吊,杨××、赵××没再坚持,就将28根工字钢捆绑在一起,并将绳扣挂到起重机的钩头上后跳下汽车。20时55分左右,门座起重机操作工杨××开始在19m幅度(此处最大载质量为100kN)起吊,因吊物严重超载,加之无力矩限位器,致使门座起重机发生倾倒,操作工杨××随门座起重机一同摔到地面受伤,后立即送往医院抢救无效死亡。

2.事故原因分析

经过调查组的现场勘查取证,并依据大连市事故调查分析中心提交的《中国水产大连YL公司"2004.1.2"事故现场勘查报告》,认定造成此起死亡事故发生的原因是由于违章作业、设备有缺陷、安全管理不善等造成的生产安全责任事故,发生的具体原因如下:

1)直接原因

(1)YL公司用于码头装卸货物的自制15t门座起重机存在严重设备缺陷,无力矩限位器。当门座起重机操作工杨××超载吊运工字钢时,设备无自我保护装置,吊物将门座起重机拉倒,导致门座起重机倾斜而倒塌,操作工杨××随倒塌的门座起重机一起摔倒地面受伤致死。

(2)门座起重机操作工杨××安全意识淡薄,违反YL公司的起重机操作规程,在吊运工字钢时,没有确认其质量,就盲目起吊,导致超载运行将门座起重机拉倒,其本人随倒塌的门座起重机一起摔到地面受伤致死。

2)间接原因

(1)YL公司下属港务公司对码头装卸的安全管理存在漏洞,安全规章制度落实不够,缺乏对作业现场安全的监督检查,对起重作业缺乏必要的安全交底,对在港务公司码头从事装卸的劳务人员的安全教育不落实,允许未经起重专业知识培训的劳务工从事起重作业。

(2)YL公司对在用起重设备安全管理不善,缺乏对起重设备定期的保养与检修,使15t门座起重机长期处于不安全状态下带病运行。同时违反了特种设备必须经法定检验部门进行定期检验合格后方可使用规定,15t门座起重机超过法定检验周期未申请检验,致使15t

门座起重机存在无力矩限位器的安全隐患没有及时进行整改。这是造成此起事故发生的重要原因；

(3) YL公司对劳务用工的合同管理有漏洞，违反《大连市外来劳务人员劳动安全管理规定》，将港务公司码头装卸任务交给不具备劳务输出资质和安全资质的同泰公司劳务队承担。同时，对作业现场的安全管理不到位。

(4) 建筑公司违反《大连市外来劳务人员劳动安全管理规定》，在不具备劳务输出资质和安全资质的情况下，违规承包YL公司下属港务公司码头装卸任务。同时，对作业现场的安全管理不到位。对在码头从事装卸作业人员的安全管理不到位，重视不够，教育不严，监护不力。

3. 预防事故发生的措施

(1) YL公司要从事故中吸取深刻教训，加强对特种设备的安全管理。要开展一次对在用的特种设备是否经法定检验部门进行定期检验、在安全上是否存在隐患的专项检查，对存在的问题必须立即进行整改，达到安全条件后方可使用；

(2) YL公司要加强对作业现场的安全检查的力度，落实安全生产责任制，明确安全职责，责任到人。同时要加强对职工的安全教育，特别是对劳务人员和从事起重作业等特种作业人员的安全技能的培训，提高作业人员对所从事岗位危险性的知情权和紧急避险权的教育。杜绝事故的再次发生；

(3) 建筑公司必须按照《大连市外来劳务人员劳动安全管理规定》的要求，在取得劳务输出资质和市安管局核发的《安全生产资格证》后方可以从事劳务输出业务。同时要做好对下属单位的安全监管的力度，纠正承包合同中的违法行为。

4. 事故责任分析和对事故责任者的处理意见

根据《中华人民共和国安全生产法》、《辽宁省职工因工伤亡事故处理条例》、《建设工程安全生产管理条例》和《安全生产违法行为行政处罚办法》等法律法规的规定，按照"事故原因不查清不放过，事故责任者得不到处理不放过，整改措施不落实不放过，教训不吸取不放过"的原则，大连市安监局根据事故调查组的建议，对在此起死亡事故中负有责任的相关责任人作出了经济罚款。

## 四、集装箱码头装卸工艺及现场作业安全要求

### (一)集装箱运输概述

1. 集装箱运输

集装箱运输就是将许多质量小、包装复杂的单件货物装在集装箱内，以集装箱作为一个货物集合(成组)单元，进行装卸、搬运和运输(包括船舶运输、铁路运输、公路运输、航空运输以及这几种运输方式的联合运输)的运输工艺和运输组织形式。这种现代化的运输方式把极为复杂的运输对象转化为包装标准化、单元大型化的一种装运货物的箱子，从而给件杂货的装卸、搬运及运输等环节的机械化和自动化创造了条件。

集装箱运输的发展是交通运输工艺上的一次重大变革，其影响之深远不仅表现在技术上发展了各种新型船舶、机械设备和港口布局，为实现件杂货运输的机械化、自动化开辟了多种途径，而且正在促使运输组织和运输管理体制的重大变革。过去，组成社会整个运输组

带的各种运输工具之间,相对来说不论从工艺上还是组织上都是比较独立的;现在,集装箱把它们紧密地联系在一起了。集装箱运输的发展标志着社会生产力的发展已经再也不能容忍过去那种松散的运输纽带,而要求各种运输工具能有机地连接起来,为规模日益巨大的商品流通服务。

因此,集装箱运输是当代世界上最先进的运输工艺和运输组织形式,是件杂货运输的发展方向,是交通运输现代化的产物和重要标志。集装箱运输是对传统的以单件货物进行装卸运输的工艺的一次重要革命,是运输领域的重大变革。世界各国都把集装箱运输称为20世纪的"运输革命"。

由于集装箱运输具有巨大的社会效益和经济效益,因而现代化的集装箱运输热潮已遍及全世界。各国都把集装箱运输的普及和发展看做该国运输现代化进程的标志,国际航运中心(国际运输中心,国际贸易中心)也以集装箱装卸中转量的规模为主要标志。

目前,集装箱运输已进入了以国际远洋船舶运输为主,以铁路运输、公路运输、航空运输为辅的国际多式联运为特征的新时期。国际多式联运就是在集装箱运输的基础上产生和发展起来的一种综合性的连贯运输方式,它一般是以集装箱为媒介,把海、陆、空各种传统的单一运输方式有机地结合起来,组成一种国际连贯运输。

集装箱运输之所以能如此迅速的发展,正是由于这种先进的运输方式与传统的件杂货运输方式相比具有许多优越性。使用集装箱装运货物,可以直接在发货人的仓库装货,运到收货人的仓库卸货,中途更换车、船时,无须将货物从箱内取出换装,发挥多式联运的长处,实现门到门的运输,使交通运输的各参与者都受益。集装箱运输的主要优点如下:

1)提高装卸效率,减轻劳动强度

集装箱运输扩大了运输单元,规范了单元尺寸,为实现货物装卸和搬运的机械化、自动化提供了条件。机械化乃至自动化的发展明显提高了货物装卸和搬运的效率。例如,在港口普通件杂货码头上装卸件杂货船舶,其装卸效率一般为35t/h,并且需要配备装卸工人约17人,而在集装箱专用码头上装卸集装箱,一台集装箱装卸桥的效率可达50TEU/h,按每箱载货10t计算,生产效率能达到400~500t/h,而配工人数最多只需4名,工效提高了几十倍!在铁路运输中,用人工装车,平均一个车皮需要2h,而采用铁路专用集装箱运输方式,用机械作业,一般只需20min。

在提高装卸效率的同时,工人的体力劳动强度大幅度降低,而对作业人员的知识和技能要求则在不断地提高。机械化和自动化作业方式的采用使工人只需从事一些辅助性的体力劳动,人挑肩扛的装卸搬运方式已经成为历史。

2)减少货损货差,提高货物运输质量

采用传统的件杂货运输方式时,由于在运输和保管过程中货物不易保护,尽管也采取了一些措施,但货损货差情况仍较严重,特别是在运输环节多、品种复杂的情况下,货物的中途转运,使货损货差以及被盗的事故屡屡发生,尤其是零担货物发生的事故更多,接近占整个货运事故的80%。采用集装箱运输方式后,由于采用了强度较高、水密性较好的箱体对货物进行保护,从发货人装箱、铅封到收货人收货,一票到底。因此,货物在搬运、装卸和保管过程中不易损坏,不怕受潮。同时,通过采用"门—门"的多式联运方式,货物途中丢失的可能性大大降低,货物完好率大大提高。例如,用火车装运玻璃器皿的破损率高达30%左右,改用集装箱运输后,破损率下降到5%以下。在美国,破损率不到0.01%,而日本也小于0.03%。

3)缩短货物在途时间,加快车船周转

集装箱化给港站(或库场)的货物装卸、堆码的全机械化和自动化创造了条件。标准化的货物单元使装卸搬运动作变得简单而有规律。因此,在作业过程中能充分发挥装卸搬运机械设备的能力,便于实现自动控制的作业过程。机械化和自动化可以大大缩短车船在港站停留时间,加快货物的送达速度。另一方面,由于集装箱运输方式减少了运输中转环节和收发货的交接手续,方便了货主,提高了运输服务质量。一般普通货船在港停留时间约占整个营运时间的56%,而采用集装箱运输,则在港时间可缩短为仅占整个营运时间的22%。

4)节省货物运输包装,简化理货手续

集装箱箱体作为一种能反复使用的包装物,虽然一次性投资较高,但与一次性的包装方式相比,其单位货物运输分摊的包装费用投资反而降低。例如,采用集装箱装运电视机可比原先件杂货运输方式节省包装费用约50%。又如,中国广东省出口大理石,改用集装箱运输后,每吨货物包装费比原先使用木箱包装节省68%。在运输场站,由于集装箱对环境要求不高,节省了场站在仓库方面的投资。此外,件杂货由于包装单元较小,形状各异,理货核对较为困难,而采用标准集装箱运输后,理货时按整箱清点,大大节省了检查时间,同时也节约了理货费用。

5)减少货物运输费用

除了前述的节省包装费用外,由于采用统一的货物运输单元,使换装环节设施的效能大大提高,从而降低了装卸成本。同时,采用集装箱运输方式后,货物运输的安全性明显提高,使保险费用有所下降。英国在大西洋航线上开展集装箱运输后,运输成本仅为普通杂货船的1/9。

6)推动包装的标准化

随着集装箱作为一种大型标准化容器的使用,促使了商品包装的进一步集装化和标准化。目前,中国的包装国家标准已接近400个,这些标准大多采用或参照国际标准,并且许多包装标准与集装箱标准箱相适应。

7)有利于组织多种运输方式的联合运输

由于各种运输工具各自独立地发展,装载容积无统一考虑的依据,因此,传统的运输方式给货物的换装带来了困难。随着集装箱作为一种标准运输单元的出现,使各种运输工具的运载尺寸向统一的满足集装箱运输需要的方向发展。任何一种运输方式如果对于这种发展趋势熟视无睹,它将很难融入大的运输系统中去。因此,根据标准化的集装箱设计的各种运输工具将使运输工具之间的换装衔接变得更加便利。

集装箱运输虽然具有很多优点,但开展水上集装箱运输必须具备一些基本条件,其中最主要的是两个条件:

(1)要有稳定而量大的集装箱货源。由于集装箱运输一般都是定期班轮运输,开航日期、开航时间、停靠港口都是固定的,如果货源不足或很少,将可能造成经营亏损。而货源充足且稳定的前提条件是一个国家或地区的经济发达程度高、工业化程度高、对外贸易额高。

(2)要有良好的基础设施。开展国际集装箱运输的基础设施除了集装箱船舶、集装箱外,主要还有两个方面:一是要有快速装卸集装箱的现代化、专业化的大型集装箱港口或码头;二是要有发达的内陆运输系统,以保证进口集装箱及时疏运和出口集装箱能及时集运。

这就要求一个国家的公路、铁路、内河运输能满足集装箱运输的要求。

集装箱运输作为世界件杂货运输革命的产物，凭借其大运量、高效率、适于多式联运的特点迅速成长为世界贸易的主要纽带。近年来，我国集装箱运输呈高速发展的趋势。“九五”以来，我国集装箱港口吞吐量年均增长幅度高达30%。2002 年，我国港口集装箱吞吐量为3700 万标准箱，美国为3732 万标准箱；2003 年，我国港口集装箱吞吐量比上年增长了1100 万标准箱，达到4800 万标准箱，跃居世界第一。其中，上海港和深圳港集装箱吞吐量双双突破1000 万标准箱，分列世界集装箱大港的第三、第四位。上海港货物吞吐量突破了3亿吨，位居世界第二大港，此外还有宁波、广州、天津、青岛、秦皇岛、大连、深圳等港口的货物吞吐量也超过亿吨。专家预测，到2010 年，我国港口集装箱吞吐量将达到8700 万标准箱。

现在，我国已经成为世界集装箱运输发展最为活跃的地区，集装箱运输在其运力和运量上都已处于世界前列。

2. 集装箱

在集装箱运输中所使用的标准载货容器就是集装箱。集装箱是一个大型的标准化的能反复使用的载货容器，1965 年国际标准化组织对集装箱的系列尺寸作了统一规定。集装箱在香港被称为“货箱”，在台湾被称为“货柜”。关于集装箱的定义，国际上不同国家、地区和组织的表述有所不同。许多国家（包括中国）现在基本上采用国际标准化组织ISO 对集装箱的定义。ISO 认为，所谓集装箱，是指具有一定强度、刚度和规格专供周转使用的大型装货容器，它应具备以下条件：

（1）具有足够的强度，可长期反复使用；

（2）适于一种或多种运输方式运送货物，无需中途换装；

（3）装有便于装卸和搬运的装置，特别是便于从一种运输方式转移到另一种运输方式；

（4）便于货物装满和卸空；

（5）内容积为$1m^3$ 或$1m^3$ 以上。

可以简单地说，集装箱就是具有一定强度、刚度和规格专供周转使用的大型装货容器。随着集装箱运输的快速发展，为了适应装卸不同种类货物的需要，出现了不同种类的集装箱。不同的集装箱不仅外观不同，而且结构、强度、尺寸等也不相同。

现代集装箱运输中所使用的集装箱主要有以下几种：

（1）集装箱按用途不同可以分为干货集装箱，开顶集装箱，通风集装箱，台架式、平台式集装箱，冷藏式集装箱，罐式集装箱，汽车集装箱，动物集装箱、服装集装箱等10 种；

（2）集装箱按制造材料不同可以分为钢制集装箱、铝合金集装箱、不锈钢集装箱、玻璃钢集装箱等4 种；

（3）按所装货物种类分，有杂货集装箱、散货集装箱、液体货集装箱、冷藏箱集装箱等；

（4）按结构分，有折叠式集装箱、固定式集装箱等，在固定式集装箱中还可分密闭集装箱、开顶集装箱、板架集装箱等；

（5）按总重分，有30t 集装箱、20t 集装箱、10t 集装箱、5t 集装箱、2.5t 集装箱等。

为了有效地开展国际集装箱多式联运，必须强化集装箱标准，做好集装箱标准化工作。集装箱标准按使用范围不同可以分为国际标准、国家标准、地区标准和公司标准等四种：

1）国际标准集装箱

国际标准集装箱是指根据国际标准化组织(ISO)第104技术委员会制定的国际标准来建造和使用的国际通用的集装箱。集装箱标准化历经了一个发展过程。国际标准化组织104技术委员会(ISO/TC104)自1961年成立以来,对集装箱国际标准作过多次补充、增减和修改,现行的国际标准为第1系列共13种,其宽度都一样(均为2438mm)、长度有四种(分别是12192mm、9125mm、6058mm、2991mm)、高度有四种(分别是2896mm、2591mm、2438mm、小于2438mm)。

2)国家标准集装箱

各国政府参照国际标准并考虑本国的具体情况,制定了本国的集装箱标准。我国现行国家标准《集装箱外部尺寸和额定质量》(GB 1413—85)中规定了集装箱各种型号的外部尺寸、极限偏差及额定质量。

我国现行的集装箱标准如表8-1所示:

**我国现行的集装箱外部尺寸、极限偏差及额定质量** 表8-1

| 型号 | 高度($H$) | | 宽度($w$) | | 长度($L$) | | 额定质量(最大总重) |
|---|---|---|---|---|---|---|---|
| | 尺寸 | 极限偏差 | 尺寸 | 极限偏差 | 尺寸 | 极限偏差 | |
| | mm | | | | | | kg |
| 1AA | 2591 | 0~5 | 2438 | 0~5 | 12192 | 0~10 | 30480 |
| 1A | 2438 | 0~5 | 2438 | 0~5 | 12192 | 0~10 | 30480 |
| 1AX | <2438 | | 2438 | 0~5 | 12192 | 0~10 | 30480 |
| 1CC | 2591 | 0~5 | 2438 | 0~5 | 6058 | 0~6 | 20320 |
| 1C | 2438 | 0~5 | 2438 | 0~5 | 6058 | 0~6 | 20320 |
| 1CX | <2438 | | 2438 | 0~5 | 6058 | 0~6 | 20320 |
| 10D | 2438 | 0~5 | 2438 | 0~5 | 4012 | 0~5 | 10000 |
| 5D | 2438 | 0~5 | 2438 | 0~5 | 1968 | 0~5 | 5000 |

注:5D和10D两种箱型主要用于国内运输。

各种类型的标准集装箱之间的尺寸关系是:

$1A = 1B + 1D + i = 9125 + 2991 + 76 = 12192mm$;$i$(间距) = 3in(76mm)

$1B = 3D + 2i = 3 \times 2991 + 2 \times 76 = 9125mm$;$1C = 2D + i = 2 \times 2991 + 76 = 6058mm$;

具体关系如图8-10所示:

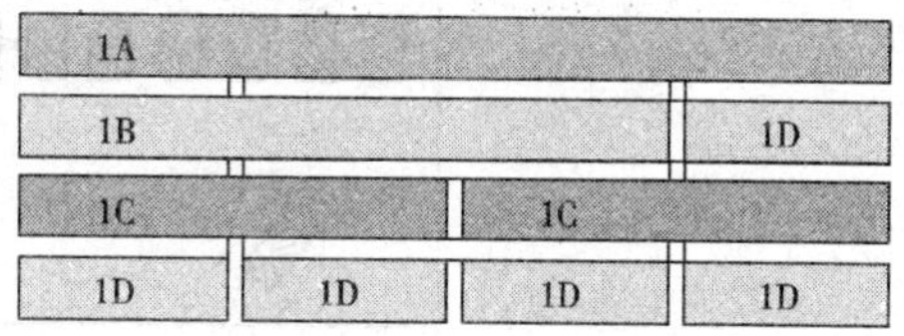

图8-10 各种类型的标准集装箱之间的尺寸关系

3)地区标准集装箱

此类集装箱标准,是由地区组织根据该地区的特殊情况制定的,因此这类集装箱仅适用于该地区。如根据欧洲国际铁路联盟制定的集装箱标准所建造的集装箱。

4)公司标准集装箱

某些大型集装箱船舶公司,根据本公司的具体情况和条件而制定的集装箱标准,这类集装箱主要在该公司运输范围内使用。如美国海陆公司的35ft集装箱。

此外,目前世界上还有不少非标准集装箱。如非标准长度集装箱主要有美国海陆公司的35ft集装箱、总统轮船公司的45ft及48ft集装箱;非标准高度集装箱主要有9ft和9.5ft两种高度的集装箱；非标准宽度集装箱主要有 8.2ft 宽度的集装箱等。由于经济效益的驱动，目前世界上 20ft 集装箱总重达 24t 的越来越多，而且普遍受到欢迎。

3. 集装箱码头

港口是水路运输和陆路运输的连接点，是水陆联运的枢纽。集装箱码头是集装箱水陆联运的集散地，是各种运输方式之间的换装点。集装箱码头应具备如下的功能：

(1)停靠集装箱船舶并进行装卸集装箱船舶作业；

(2)对集装箱进行堆存保管；

(3)用各种集疏运工具进行装卸集装箱作业；

(4)完成拼箱集装箱的拆装箱作业；

(5)完成集装箱联运的有关业务；

(6)其他有关集装箱运输和装卸的辅助作业。

为实现上述功能，一个现代化的集装箱码头应由下面各种设施所组成：码头前沿、集装箱编排场地、堆场、集装箱货运站、控制塔、维修车间、大门、办公楼以及各种装卸机械等。图 8-11 是一个集装箱码头的模式：

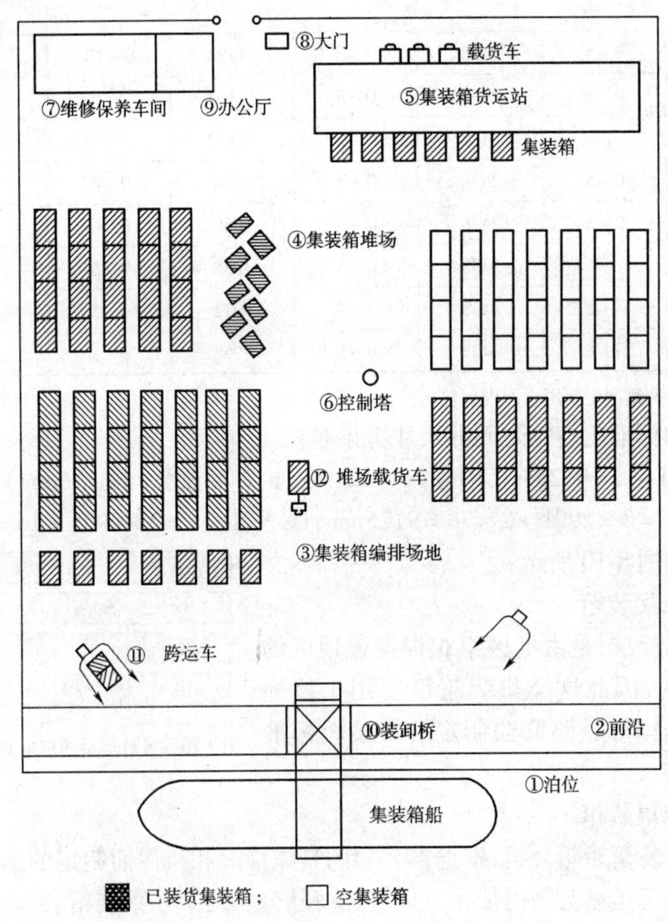


图 8-11 集装箱码头模式

图 8-12 集装箱码头

图 8-12 是我国某沿海港口集装箱专业化码头。

**(二)港口集装箱装卸工艺流程**

1. 集装箱吊具

为满足集装箱装卸的要求,提高集装箱的装卸效率,集装箱装卸机械均采用集装箱专用吊具进行集装箱的装卸作业。集装箱吊具按其操作方式可分为简易吊具和自动吊具;按其结构形式可分为固定式、伸缩式和组合式三种:

1)简易吊具

简易吊具旋锁的开锁和闭锁是由装卸工人站在吊具上搬动手柄来完成的,或由装卸工人在地面或甲板上拉动绳索带动吊具上的拉杆来完成的。结构形式可分为固定式和伸缩式两种。固定式的只能吊一种集装箱(20ft 或 40ft)。伸缩式的吊架拉出时可吊 40ft 的集装箱,吊架收入时可吊 20ft 的集装箱。吊架的伸出或收入也是由人工手动操作,用固定销固定的。

简易吊具多用于多用途起重机和场地通用的起重机。这种吊具存在的问题如下:

(1)当起重机旋转或变幅时,会引起吊具或吊具与集装箱一起摆动和转动,必须靠人力拉绳或用手推来稳住吊具进行集装箱对位;

(2)集装箱吊具旋锁的开闭由装卸工人站在吊具上搬动手柄或由装卸工人在地面或甲板上拉动绳索带动吊具上的拉杆来进行,作业不安全,容易造成人身事故;

(3)在采用吊钩起吊具时,由于吊具吊点集中在吊钩上,当所吊集装箱内货物重心出现偏移时,则吊起的集装箱会出现倾斜,难以进出集装箱船的格栅导轨,也不利于集装箱堆箱对位;

(4)当 20ft 和 40ft 的集装箱混装时,采用简易固定吊具进行装卸,需人工经常更换吊具;采用简易伸缩式吊具也需人工经常将伸缩吊架拉出推入,造成经常间断作业。

(5)由于过多的人力辅助作业,致使起重机装卸效率较低,一般为 7 ~ 15TEU/h;

简易吊具只适用于集装箱吞吐量比重很小,采用通用型起重机装卸集装箱的码头。

2)自动吊具

自动吊具旋锁采用电动液压机构来实现开闭的。按其结构可分为固定式、伸缩式和组合式三种:

(1)固定式自动吊具

固定式自动吊具具有固定的吊架,或专门起吊 20ft 的集装箱,或专门起吊 40ft 的集装箱,结构简单,质量轻。但一个吊具只适用于起吊一定尺寸的集装箱。当集装箱船混装有 20ft 和 40ft 的集装箱,起重机使用这种吊具进行装卸时,则需经常更换吊具,花费时间较长,影响起重机的装卸效率,因此应用得较少。目前广泛使用的是伸缩式自动吊具。

(2)伸缩式自动吊具

伸缩式自动吊具的吊架两端具有伸缩臂,由液压工作油缸控制。收入时可用于 20ft 的集装箱装卸作业,伸出时可用于 40ft 的集装箱装卸作业。变换非常灵活,可在小车空载运行中完成,保证起重机连续作业,提高了机械的装卸效率。

自动吊具均设有防摇装置,以减少起重机旋转或小车运行时吊具或吊具和集装箱的摇摆。门座起重机吊钩使用的自动吊具设有自动旋转机构;吊具的旋转角度一般为 ±270°,以满足集装箱装卸对位要求。为解决因集装箱内货物重心偏移引起的集装箱偏斜问题,吊具上均设有重心自动调节装置,使集装箱在吊运过程中始终保持水平,便于集装箱的起吊和对位。

伸缩式自动吊具的优点是变换吊具所用的时间少:一般小于 1min,个别的只需 9s。缺点是自重较大,通常为 9 ~ 10t。伸缩式自动吊具适合于在装卸桥上使用,这是因为:

①同一舱装载有不同尺寸的集装箱时,使用伸缩式自动吊具比较方便,且可节约更换吊具的时间;

②由于装卸桥本身是一种大型机械,即使吊具的质量稍大一点,对装卸桥的强度和经济性也不会产生太大的影响。

为了便于吊箱时对位,伸缩式自动吊具的四角设有鹅掌形导手(导向装置)。当吊具已抓住集装箱并锁紧后,导手立即翻起,搁置在集装箱吊具框架上方,以便吊具能进入船舱的箱格内。导手的动作是由可回转 180°的摆动油缸完成的,动作一次为 6s;

(3)组合式吊具

这种吊具是由装卸 20ft 的集装箱用的基本吊具和摘挂方便的 40ft 的集装箱用的辅助吊具两者组合而成的,组合式吊具主要用于跨运车等从事堆场作业的机械。组合式吊具有如下优点:

①自重轻、经济性好,作业时不像伸缩式自动吊具那样经常带着额外的质量。其自重一般为 4 ~ 7t;

②只具有最基本的抓取功能,结构简单,便于维修保养;

③能提高机械对不同尺寸集装箱的适应性,从而可减少机械的数量;

选用吊具应根据集装箱码头采用的起重机类型、装卸集装箱的数量、箱型比例和箱型变化情况及经济性等来确定,因此不能一概而论。在箱量小时,可采用简易吊具;在箱量大时应采用自动吊具;在箱型变化大时,应采用伸缩式自动吊具;在箱型变化小时,可采用固定式吊具。

2. 集装箱船装卸作业机械化

集装箱的标准化和集装箱船的专用化,为港口码头装卸高效化提供了良好条件。

现代集装箱码头上,普遍采用岸壁集装箱装卸桥装卸集装箱船。在多功能综合性码头仍较多采用多用途桥式起重机、多用途门座起重机和高架轮胎式起重机等。

1)岸壁集装箱装卸桥

岸壁集装箱装卸桥主要由带行走机构的门架,承担臂架质量的拉杆和臂架等几个部分组成,臂架可分为海侧臂架,陆侧臂架和门中臂架三个部分。门中臂架是专门用于连接海侧和陆侧臂架的。臂架的主要功用是用来承受带升降机构的小车自重,而升降机构又是用来承受集装箱吊具和集装箱总重的。海侧臂架一般设计成可俯仰的,以便集装箱装卸桥移动时与船舶的上层建筑不发生碰撞。在特殊外界条件的情况下,例如集装箱码头附近有飞机场,则可选择水平梭式臂架结构的形式,以降低其高度。

起重量 $Q$ 是岸壁集装箱装卸桥最重要的技术参数，它是表示岸壁集装箱装卸桥起重能力的指标，根据额定起重量和吊具自重确定，即岸壁集装箱装卸桥的起重量等于额定起重量加集装箱吊具的自重。所谓额定起重量是指集装箱吊具的起重量，一般按所起吊的集装箱的最大总重考虑，ISO 中的 1A、1AX、1AA 型 40ft 的集装箱最大总重为 30.5t。由于集装箱装卸桥的吊具种类繁多，自重的大小不一，以及受作业条件的影响，世界各国岸壁集装箱装卸桥的起重量并不一致。据有关资料统计，目前世界上共有各种岸壁集装箱装卸桥 670 多台，其中 70% 以上的起重量为 40.5t 和 37.5 吨，个别的则超过 53t。

目前世界各国主要岸壁集装箱装卸桥的起重量规格如表 8-2 所示：

**各国主要岸壁集装箱装卸桥的起重量**　　表 8-2

| 起重量(t) | 45 | 45.5 | 37.5 | 26.5 |
|---|---|---|---|---|
| 额定起重量(t) | 35 | 30.5 | 30.5 | 20.3 |
| 吊具自重(t) | 10 | 10 | 7.0 | 6.2 |

我国海港集装箱码头采用的国产岸壁集装箱装卸桥，其起重量一般为 40.5t，额定起重量为 30.5t，国产伸缩式自动吊具自重为 9.2t，适用于装卸 20ft 和 40ft 的国际集装箱。

集装箱装卸桥的起升高度 $H$ 由两部分组成：轨顶面以上的高度 $H_1$ 和轨顶面以下的高度 $H_2$。它取决于集装箱船的型深、吃水、潮差、甲板面上装载集装箱层数、码头标高等因素。在确定起升高度时，应保证船舶轻载高水位时能通过甲板上三层集装箱，并能堆高到四层；在满载低水位时，能吊到舱底最下一层集装箱。

运行轨道面以上的高度 $H_1$ 是指装卸桥运行轨道面往上至吊具上升到最高时，吊具抓取集装箱面与轨道面之间的垂直距离。

目前，世界各国设计制造的岸壁集装箱装卸桥，一般都是轨道面上起升高度为 25m，轨道面下起升高度为 12m。

岸壁集装箱装卸的外伸距 $L$，是指其海侧轨道中心线向外至集装箱吊具铅垂中心线之间的最大水平距离。

外伸距主要取决于到港集装箱船的船宽，并考虑在甲板上堆放 4 层 8ft 6in 高的集装箱，船舶向外横倾 3°时，仍能起吊甲板上外舷侧最上层的集装箱。

岸壁集装箱装卸的内伸距是指岸壁集装箱装卸桥内侧轨道中心线向内至吊具铅垂中心线之间的最大水平距离。

确定内伸距主要考虑两个问题：第一，放置集装箱，即当码头前沿搬运机械不能及时搬运时内伸距可把箱子暂放在码头上，起缓冲作用；第二，放置舱盖板。

岸壁集装箱装卸的轨距是指起重机两行走轨道中心线之间的水平距离。轨距的大小影响到装卸桥的稳定性。

考虑到装卸桥的稳定性和为了更有效地疏运岸边的集装箱，轨距内最好能安排 3 条接运线。几种集装箱搬运机械比较，以用跨运车时一条接运线所占用的宽度最大，如考虑轨距内布置 3 条跨运车接运线，则其轨距应约为 16m。

所谓 3 条跨运车接运线并非是指 3 台跨运车在轨距内同时进行作业，而是指轨距内能放置 3 列集装箱，当跨运车装卸任意一列集装箱时不会干扰另外两列集装箱。

岸壁集装箱装卸的横梁下的净空高度是指横梁下面到轨顶面之间的垂直距离。该高度应保证能堆装3层的跨运车在横梁下面进出。

能堆装3层集装箱的跨运车的总高度为9.15m,考虑0.85m的安全间隙,横梁下面的净空高度应为10m。

岸壁集装箱装卸的基距是指同一轨道上两个主支承中心线之间的距离。基距的尺寸应保证装卸桥框架内的有效宽度能通过40h的集装箱和舱盖板。如能通过长度为12.19m的40h的集装箱,并在框架两边各留0.8~0.9m的安全间隙考虑,框架内的有效宽度应为14m。如从能通过长和宽各为14m的大型舱盖板,并框架两边留安全间隙考虑,框架内的有效宽度应为16m。

2)多用途桥式起重机

多用途桥式起重机是在一般的岸壁集装箱装卸桥的基础上派生出的一种机型,其结构形式完全类似于岸壁集装箱装卸桥。其起重小车可配用集装箱吊具、抓斗或吊钩,既可装卸集装箱,又可装卸重件、成组货物及其他货物,适用于多用途码头的需要,是多用途码头前沿普遍采用的一种机型。

该机工作速度快,生产效率高,装卸集装箱时最高效率可达30~35TEU/h,平均可达20TEU/h,能实现重载低速、轻载高速的速度控制。各机构采用现代化的电气控制系统,可方便地更换作业方式及工属具,改变滑轮组倍率与距离可在司机室内操作实现,更换工属具也只需半小时。但该机自重大(高达700t以上)、轮压大,使码头投资大大增加。装卸过程中整机需频繁移动,特别是从一个舱口移到另一个舱口需要时间较长,限制了生产率的进一步提高(且造价高)。该机主要应用于集装箱多用途码头,目前世界上仅有几个港口采用。

3)多用途门座起重机

多用途门座起重机是港口通用门座起重机的一种变型,是为适应“混装”运输和货类不断变化的需要而发展起来的,主要增加了装卸集装箱的功能。通用门座起重机一样,它也具有起升、变幅、旋转和大车行走的功能。

多用途门座起重机若按其不同的需要配装不同的装卸属具(集装箱专用吊具、吊钩、抓斗),设置相应的附加装置,则可进行集装箱、重大件、件杂货和散货的装卸作业。它是多用途码头的一种理想的作业机型。多用途门座起重机工作覆盖面积大,与岸边集装箱装卸桥相比自重较轻,轮压较低。一台工作幅度为33m的多用途门座起重机,其自重约为450t,对码头负荷要求低,从而可安装在原有的码头上使用。集装箱吊具具有自动旋转装置,以保持装卸作业过程中集装箱纵轴与岸线平行。它具有吊具水平补偿装置,以保持变幅过程中吊具和集装箱的水平状态。

吊具还装有偏重心调节装置,以防止集装箱偏载产生的箱体倾斜。该机具有相当高的装卸效率,集装箱作业时平均装卸效率可达18~25TEU/h。多用途门座起重机可快速方便地变更作业方式及更换工属具,所需时间不超过15min。多用途门座起重机在多用途码头上得到了广泛的采用。

4)高架轮胎式起重机

高架轮胎式起重机是20世纪70年代末期发展起来的新机型,是在轮胎式起重机的基础上发展起来的一种起重机械。

该机具有如下特点:调动灵活,码头不需要安装轨道,可像普通轮胎式起重机那样任意行走，机动性大，既可在前方作业，又可到堆场作业，设备可得到充分利用；驾驶室离地面高，视野好；臂架铰点高，不会出现由于船舶干舷高而不能装卸船舶的现象，方便于装卸作业；通用性强，配置不同的吊具和属具，可用于集装箱、散货和件杂货装卸作业，适用于多用途码头。该机自重虽相对于多用途门座起重机较轻，但仍高达200t，对码头承载能力要求较高，需要较大的码头建造投资；该机结构与施工工艺比较复杂，造价也较高。高架轮胎式起重机在欧洲多用途码头应用较多，我国仅大连港购置了一台。

3. 集装箱堆场与水平运输作业机械化

集装箱堆场和车辆作业使用的机械主要是跨运车、集装箱牵引车加挂车、叉式装卸车、正面吊运机、龙门起重机。现分述如下：

1）跨运车

跨运车简称跨车，是一种具有搬运、堆垛、换装等多功能的集装箱专用机械，它与以往用于搬运长大件货的跨运车无论在性能和结构上都有很大不同。例如，采用旋锁机构能与集装箱接合或脱开；吊具能升降，以适应装卸和堆码集装箱的需要；吊具能慢移、倾斜和微动以满足对位的需要。此外，在整车的行走、制动、转向性能等方面都有一些特定的要求。

在集装箱码头上，跨运车可完成如下的作业：

（1）岸壁集装箱装卸桥与前方堆场之间的装卸和搬运；

（2）前方堆场与后方堆场之间的装卸和搬运；

（3）后方堆场与货运站之间的装卸和搬运：

（4）对底盘车进行换装。

由此可见，采用跨运车工艺比其他工艺有如下两大优点：

（1）跨运车自码头前沿载运集装箱后直接运到场地上进行堆垛，不需要其他机械协助；

（2）由于不需换装，可节省换装所需场地。

使用跨运车时，要按其使用要求与技术性能进行选择，主要考虑以下三个方面：

（1）专用性和通用性。跨运车有专用和通用两种。所谓专用型就是指20ft的跨运车只能装卸20ft的集装箱，40ft的跨运车只能装卸40ft的集装箱；所谓通用型是指这种跨运车既能适应20ft的集装箱，同时也能适应40ft集装箱的装卸。

一个国际集装箱码头，所装卸的集装箱通常既有20ft的也有40ft的，如采用专用型的机械，配机台数要比通用型的多一些，而通用型的机械造价比专用型的高些。

（2）堆垛能力。跨运车种类很多，有的能堆2层，有的能堆3层。国外甚至考虑设计能堆4层的。选用时要与整个集装箱码头的堆存面积大小结合起来考虑。堆箱层数多，能提高单位面积堆存量，缩短搬运距离。但层数增多，会增加倒箱率，增加提箱时找箱的困难。目前采用跨运车方式的集装箱码头堆场，通常只堆2层，即要求跨运车能吊着集装箱跨越2层集装箱。

（3）跨运车的视野要求。跨运车的视野问题是关系到跨运车今后发展前途的关键因素之一，是当前提高跨运车技术性能的重点研究项目。它与跨运车的安全性、迅速性和机动灵活性有密切关系。

跨运车的起重量跨运车最重要的技术参数，集装箱跨运车的起重量等于额定起重量加集装箱吊具的自重。所谓额定起重量是指集装箱吊具的起重量，一般按所起吊的集装箱的最大总重考虑，ISO 中的 1A、1AX、1AA 型 40ft 的集装箱最大总重为 30.5t。此外还需考虑货物装卸过程中的偏载，箱内所装货物允许偏心率为 10%，货物偏心时要增加旋锁装置一端所受的力。

2）集装箱牵引车加挂车

它是由陆上集装箱拖车（即牵引车 + 挂车）运输发展起来的，拖车本身不具备装货平台，必须与挂车连接在一起才能拖带集装箱在码头内或公路上运行。

集装箱堆场上采用的底盘车堆存方式是指将集装箱与起运输作用的底盘车一起存在堆场上的作业方式。

集装箱牵引车俗称拖车，它本身不具备装货平台，必须与挂车连接在一起才能拖带集装箱在码头内和公路上运行。

港口集装箱底盘车的优点：

（1）在堆场上不需要其他机械辅助作业，直接由拖车拖离；

（2）便于装卸桥实现往复装载式的作业方法；

（3）对场地结构要求低，能适应各种场地；

（4）能进行较远距离运输送；

（5）装卸作业场地不需要作业人员协助；

（6）吊箱次数少，集装箱损坏率低；

（7）便于交换，减少差错。

底盘车方式的缺点是：

（1）需要巨大的场地面积；

（2）需要大量的底盘车，初始投资大；

（3）发生事故时不好明确责任（运输方与港口之间）；

（4）不同船公司的底盘车容易混杂，影响业务的进行；

（5）影响装卸桥的装卸效率。（需要对位）

3）叉式装卸车（叉车）

叉式装卸车是集装箱码头上常用的一种装卸机械，主要用在吞吐量不大的综合性码头上进行集装箱的装卸、堆垛及短距离的搬运和车辆的装卸作业，是一种多功能机械。叉式装卸车的性能要求是：起升高度应符合堆垛层数的需要；负荷中心（货叉前壁至货物重心之间的距离）取集装箱宽度的 1/2，即 1220mm；为适应装卸集装箱的需要，除采用标准货叉外，还应备有顶部起吊的专用吊具；为便于对准箱位，货架应能侧移和左右摆动。

叉式装卸车在满足性能要求符合作业需要的情况下，根据作业场所或作业条件，可选取相应的装卸空箱、装卸重箱或装卸轻箱的叉式装卸车。

4）正面吊运机（正面吊）

正面吊运机是在 70 年代中期开发的一种新机型。正面吊运机可完成集装箱的搬运、堆码、装卸车作业，减少码头配备的机种，便于机械的维修保养。与叉车比较，它具有机动性强、稳性好、轮压较低、堆码层数高、可隔箱作业、场地利用率高等优点，是比较理想的货场搬运机械。

正面吊运机的主要特点是：

(1)有可伸缩和左右共旋转120°的吊具,因此特别适应在货场上作业。在吊装箱时,吊运机不一定要与集装箱垂直,可以与集装箱成夹角吊起。在吊起集装箱后,又可转动吊具,使集装箱与吊运机处在同一轴线上,以便通过比较狭窄的通道。同时吊具可以左右各移动800mm,便于在吊装时对箱,从而提高生产率。

(2)具有可带载变幅的伸缩式臂架。

(3)正面吊运机可跨箱作业,能多层堆码集装箱,一般吊装4层或5层箱高,相对叉车系统场地利用率较高。由于正面吊运机在设计时吸取了叉车和跨运车等集装箱搬运机械的优点,并考虑到了这些机械的不足,一般可吊装4个集装箱高,有的可达5个集装箱高,而且可以跨箱作业,从而提高了堆场的利用率。

(4)有多种保护装置,能保证安全操作。

(5)轮压低。由于满载后整车的重心位置仍在前后轮之间的接近中心处,并有8个轮胎接地,因此轮压比叉车低。

(6)加装吊钩或木材抓斗,可吊装其他重大件货物或木材。

正面吊运机是一种性能好、效率高、多用途的流动式集装箱装卸机械。

正面吊运机的缺点是:正面吊运机只能跨一箱或两箱作业,因而要求箱区小,通道多,且正面吊运机吊运集装箱时,一般箱体与吊运机垂直,因而需要较宽的通道,相对龙门起重机系统场地利用率低。正面吊运机一机完成多种作业,单机效率低,需配备的机械台数多,系统初始投资大。正面吊运机吊运集装箱行走时,载荷重心后移,造成转向轮轮压大,转向轮轮胎和路面磨损严重。

正面吊运机应用得尚不广泛,仅在集装箱吞吐量较小的码头上有所应用。

5)龙门起重机

龙门起重机简称龙门吊,又名搬运起重机。它是一种在集装箱场地上进行集装箱堆垛和车辆装卸的机械。龙门起重机有轮胎式(又称无轨龙门吊)和轨道式(又称有轨龙门吊)两种形式。

轮胎式龙门起重机由前后两片门框和底梁组成的门架,支承在橡胶充气轮胎上,在货场上行走。装有集装箱吊具的行走小车沿着门框横梁上的轨道行走,用以从底盘车上装卸集装箱和进行堆码作业。轮胎式龙门起重机采用机械液压装置或无线电感应装置,保持在货场上直线行走,并可做90°的直角转向。其主要特点是:机动灵活,通用性好。它不仅能前进、后退,并设有转向装置,可从一个雄场转向另一个堆场进行作业。

轮胎式龙门起重机的起重量是根据额定起重量和吊具自重确定的。额定起重量一般是按所吊集装箱的最大总重来决定。对于国际集装箱码头,额定起重量按ISO中1AA、1A和1AX型集装箱的最大总重来考虑,取30.5t对于其他集装箱码头,可按具体情况确定。

轮胎式龙门起重机的跨距是指两侧行走轮中心线之间的距离。跨距大小取决于所需跨越的集装箱列数和底盘车的通道宽度。

轮胎式龙门起重机的起升高度系指吊具底部至地面的垂直距离,它取决于起重机下所堆放集装箱的层数。

货场上相邻两台轮胎式龙门起重机之间应留有一定安全间隙,特别是在堆场与码头岸线垂直方向两排水坡度交接处,相邻两台轮胎式龙门起重机的上部不应发生碰撞。

货场上相邻两台轮胎式龙门起重机之间的安全间隙可取≥500mm，相邻两台轮胎式龙门起重机轮胎中心线之间距离应大于2200mm。

轨道式龙门起重机是在集装箱码头堆场上进行装卸、搬运和堆垛作业的一种专用机械。一般比轮胎式龙门起重机大，堆垛层数多。

轨道式龙门起重机是沿着场地上铺设的轨道行走的，因此，只能限制在所设轨道的某一场地范围内进行作业。轨道式龙门起重机确定机械位置的能力较强，较易实现全自动化装卸，是自动化集装箱码头比较理想的一种机械。

轨道式龙门起重机的起重量等于额定起重量加吊具自重，额定起重量按ISO中1AA型40ft的集装箱最大总重确定，即额定起重量为30.5t。

轨道式龙门起重机的跨距是指起重机行走轨道中心线之间的距离。

通常一个泊位堆场上采用两台大跨距的轨道式龙门起重机。对有水运—铁路联运的集装箱码头，一般将铁路线铺设在堆场后方的一台轨道式龙门起重机的悬臂伸距范围内。对于水运—铁路联运任务量大的码头，还可配置专门用于装卸铁路车辆的轨道式龙门起重机。

4. 集装箱码头装卸工艺流程

集装箱码头工艺方案是由进行装卸船舶作业、堆场作业和装卸车作业的各种机械及设备所组成。

海港集装箱专用码头前沿均采用岸壁集装箱装卸桥承担装卸船舶作业。根据国际上集装箱码头营运经验，一个泊位平均配备装卸桥1~2台。通常一个独立泊位需配备2台，2个或2个以上泊位码头岸线连在一起的连续泊位上，由于岸壁集装箱装卸桥可沿整个码头线行走，为了提高装卸桥的利用率和节约设备投资，平均一个泊位配备装卸桥的台数可随着连续泊位数的增加而有所减少，如两个泊位配备3台，3个泊位配备4~5台。随着大型集装箱船投入营运和船舶载箱量的增加，许多新建的大型集装箱专用码头采用了外伸距更大、起重量更大的岸壁集装箱装卸桥。

集装箱专用码头货场可采用的机械有轮胎式龙门起重机、轨道式龙门起重机、集装箱半挂车、跨运车、正面吊运机、叉车等，水平运输可采用不同的机械组成不同的装卸工艺系统，如底盘车系统、跨运车系统、轮胎式龙门起重机系统、轨道式龙门起重机系统、叉车系统、正面吊运机系统及混合系统等。

世界各大集装箱码头，根据其营运特点，普遍采用跨运车系统、轮胎式龙门起重机系统及轨道式龙门起重机系统。

1）装卸桥—跨运车工艺方案

"船—场"作业是由装卸桥将集装箱从船上卸到码头前沿地面上，然后用跨运车再把集装箱搬运到集装箱场地的指定箱位上："场—场"、"场—集装箱拖挂车"、"场—货运站"等作业，均由跨运车承担。

装卸桥—跨运车工艺方案的优点：

（1）能提高装卸桥卸船效率。装卸桥只需将集装箱从船上卸下后放在码头前沿，无须准确对位，跨运车便自行抓取集装箱并运走，因而节省了时间，充分发挥了装卸桥的卸船效率。

（2）机动灵活，作业效率高。跨运车是一种流动性的机械，当某一处作业量大时，可以相应灵活地多调配几台，而港口各种作业在时间上经常是不平衡的；跨运车既能搬运又能堆码,能减少作业环节,提高作业效率。

(3)机种少,便于组织管理。跨运车具有自取、搬运、堆垛以及装卸车辆多种功能,一种机械可完成多种作业,减少码头的机种和数量,也便于组织管理。

(4)堆场利用率高。跨运车能在场地上将箱子重叠堆垛,一般可堆高2~3层,与底盘车相比,场地利用率好,可节省堆场面积。

装卸桥—跨运车工艺方案的缺点:

(1)机械结构复杂,液压部件多,容易损坏漏油,维修保养比较困难。这一缺点在过去的老机型中较为突出。近年来各制造厂商尽了极大努力在设计制造上进行了改革,新型跨运车的性能已有了显著的改善。统计数字表明,坚持维修保养要求的码头,跨运车的完好率可达到80%以上。但在许多发展中国家,由于遇到保养和维修方面的困难,阻碍了跨运车的普遍使用。

(2)初始投资较高。一般认为,每一台码头前沿岸壁集装箱装卸桥最少需配4台跨运车承担集装箱的转载和堆码作业,另需一台承担进出场车辆装卸作业,同时还有一台进行维修,这样一台岸壁集装箱装卸桥需配6台跨运车。安装有两台岸壁集装箱装卸桥的泊位,需配12台跨运车。跨运车造价高,致使码头机械投资大,加之该机轮压较大,场地需要厚的铺装,场地建造费用也较高,造成码头初始投资高。过高的初始投资往往也限制了跨运车系统在发展中国家的应用。

(3)跨运车体积大,司机室位置高,视野差,对司机操作技术水平要求高,司机对位不准易造成集装箱损坏,操作时需配备1名辅助人员。

(4)要求维修人员有较高的技术水平。

(5)因货主取箱是任意的,所以堆场中常常进行倒垛,集装箱出场不如底盘车系统那样方便这种系统适用于进口重箱量大,出口重箱量小的码头。

2)装卸桥—轮胎式龙门起重机工艺方案

龙门起重机是轮胎式的,由于龙门起重机不能直接与装卸桥配合交接集装箱,所以这个方案还需要配备牵引车挂车。即在码头前沿与堆场之间,前方堆场与后方堆场之间,堆场与货运站之间需要牵引车挂车作水平搬运集装箱用。

装卸桥—轮胎式龙门起重机方案的优点:

(1)有效地利用堆场。轮胎式龙门起重机可堆3~4层集装箱,每堆区可码6列集装箱,且间距小,使堆场堆存能力增加,堆场面积得到有效的利用。

(2)减少堆场铺面费用。堆场除轮胎式龙门起重机通行道路需特殊加强外,其他只需满足集装箱半挂车轮压要求即可,相对跨运车系统,减少了场地铺面建造费用。

(3)设备操作较简单,对工人只需中等技术水平的训练。

(4)相对于跨运车系统,对集装箱损坏的机会少。

(5)采用90°转向和定轴转向,占用通道面积小;与轨道式龙门起重机比较,不受轨道限制,可从一个堆区转移到另一个堆区。

(6)可采用直线行走自动控制装置实现行走轨迹自动控制,并可采用计算机控制,易于实现集装箱装卸作业自动化。

装卸桥—轮胎式龙门起重机方案的主要缺点:

(1)相对于跨运车系统灵活性不够,一次只能固定在一个堆区作业,到另一个堆区需要较长的转移时间。

(2)轮胎式龙门起重机跨距大、箱位多、堆垛高、提取集装箱困难,有时还需倒垛。

(3)轮胎式龙门起重机系统需配备集装箱半挂车承担集装箱水平运输,增加了作业环节,组织作业较为复杂。

(4)初始投资也较高。每台岸壁集装箱装卸桥需配四台轮胎式龙门起重机,考虑到装卸车及维修需要,实际上需配6台,配有两台岸壁集装箱装卸桥的泊位需配12台。轮胎式龙门起重机造价高,致使码头初始投资较高。

3)装卸桥—轨道式龙门起重机工艺方案

轨道式龙门起重机系统与轮胎式龙门起重机系统的不同点是堆场采用轨道式龙门起重机代替轮胎式龙门起重机。轨道式龙门起重机可堆垛4~5层集装箱,其跨距更大,可跨21列或更多列集装箱。

装卸桥—轨道式龙门起重机工艺方案的优点:

(1)单位面积堆存量大,堆场面积利用率高。轨道式龙门起重机不仅堆垛层数多,单位面积堆存量大,而且在龙门起重机跨距内可紧密堆垛不留通道,因此堆场面积利用率高。

(2)营运费用低。轨道式龙门起重机为电力驱动,噪声污染小,不但节省能源,而且机械结构简单、维修容易,作业可靠。

(3)易于实现自动化控制。机械沿轨道运行,动作易于程序化,便于采用电子计算机控制,易于实现集装箱装卸的自动化。

装卸桥—轨道式龙门起重机工艺方案的主要缺点:

(1)机动性差,轨道式龙门起重机只能沿轨道运行,作业范围受到限制。

(2)轨道式龙门起重机跨距大,提取集装箱、倒箱困难,翻箱率高。

(3)堆场建设费用高。由于机械自重大,集装箱堆垛层数多,场地承受的载荷大,对堆场建设的要求高,初始投资与轮胎式龙门起重机系统投资相当;轨道式龙门起重机系统适用于场地面积有限、集装箱吞吐量较大的水陆联运码头。

5.集装箱码头新工艺系统

目前应用最多的集装箱装卸工艺是岸壁集装箱装卸桥—跨运车系统和岸壁集装箱装卸桥—龙门起重机系统。随着集装箱运输的发展和科学技术的进步,新工艺系统已纷纷出现,例如马托松高架装卸系统和环行电动平车系统。

1)马托松高架装卸系统

该系统是由1台岸壁集装箱装卸桥,2台大跨距堆场有轨龙门起重机,2~4台轮胎式龙门起重机以及1台集装箱传输机所组成。

岸壁集装箱装卸桥是采用普通的岸壁集装箱装卸桥,所不同的是在装卸桥的陆侧与大跨距有轨龙门起重机之间设有一部集装箱传输机(又称"鼠笼")。这种集装箱传输机可与装卸桥直接连接在一起移动,也可以脱离装卸桥单独移动。传输机上面有工作台,可以同时存放5个集装箱。传输机的工艺程序是:如果一个工作台处于卸载状态,那么传输机上的集装箱将被控制传送到卸载工作台。同样,如果另一个工作台为装载状态,此台上集装箱将被运往装载工作台。工作台间存贮位置的集装箱形成传送工作列,它大大缩短了岸壁集装箱装卸桥与堆场龙门起重机等待集装箱进入作业位置的间歇时间。这种传输形式,不会发生交叉作业。装卸桥与堆场起重机之间的传输机和某台起重机构成随动系统。它们的优点是:第一,传输机两端工作台作业互不影响,每个工作台可以独立地接受、发送由另一个工作台发送、接收的集装箱。第二,由于集装箱传输机起了缓冲作用,大大减少了装卸桥与堆场龙门起重机相互等待的时间。第三,随着岸壁集装箱装卸桥与堆场龙门起重机接口处工作效率的提高,整个船场作业系统的效率大幅度提高。

该系统的作业流程如下:装船作业。由大门进入码头的集装箱,先堆存在辅助作业场地上。装船时,用龙门起重机将第二工作区的集装箱汇集于中间集结待运区。在汇集期间或集结作业完成之后,轨道式龙门起重机将此区间的集装箱运至集装箱装卸桥传输机 3 的后端,传输机再将集装箱由后端移至前端。集装箱装卸桥将处于传输机前端位置的集装箱吊入集装箱船内。卸船作业程序与装船作业程序相反。

该系统的主要优点是:

(1)在整个装、卸船舶作业过程中,集装箱是悬吊在空中进行的,不影响地面运输车辆的运行;

(2)堆场上的龙门起重机能进行紧密堆码,且能堆高 4~5 层以上,场地堆存能力大;

(3)操作全部实现自动化控制;

(4)与跨运车工艺比较,通过能力可增加约 30%,集装箱损坏率可减少 70%,同时还节约了机械维修费用;

(5)有利于安全作业,减少了噪声和大气污染。

2)环行电动平车系统

环行电动平车系统是由装卸桥、环行轨道运行的电动台车、环行轨道和轨道式龙门起重机等组成。电动台车是遥控的无人驾驶的集装箱搬运小车。

电动台车的运行轨道有单轨和双轨两种布置方案。轨道通过装卸桥和轨道式龙门起重机机腿之间,呈环形状敷设,电动台车沿着这一轨道绕场地回转运行。

作业时,当电动台车通过遥控自动运行到装卸桥或轨道式龙门起重机下即自动定位,然后由装卸桥或轨道式龙门起重机按计划进行作业。由于轨道式龙门起重机的跨距和悬臂伸距较大,有拼箱货的集装箱从电动台车上吊起后,可直接送到货运站进行拆箱。公路车辆和铁路车辆的装卸作业同样可由轨道式龙门起重机进行。

该系统的优点是堆场上不需设许多通道;与跨运车系统比较,堆存能力约可提高 1 倍;操作人员少,自动化程度较高。

**(三)港口集装箱现场作业安全要求**

1. 作业现场人员安全要求

集装箱港口现场作业人员,主要包括指挥手、司机、水手等。

1)指挥手安全作业要求

作为港口集装箱现场作业人员,指挥手应具备的条件:

(1)指挥手须年满 18 周岁,经身体检查合格,经安全技术培训,由国家指定部门考核合格,取得上岗资格许可证后,方可从事指挥;

(2)指挥手应熟知《集装箱港口装卸作业安全规程》(GB 11602—89)和《起重吊运指挥

信号》(GB 5082—85);

(3)指挥手应了解桥吊的技术性能;

(4)指挥手应掌握对可能出现的事故所应采取必要的防范措施。

在现场作业时,集装箱指挥手安全作业要求主要包括以下几个方面:

(1)指挥手应根据本标准和《起重吊运指挥信号》(GB 5082—85)的要求与桥吊司机进行联系,负责指挥司机摆放、起吊集装箱和舱盖,发现异常及时发出警示信号,并协助司机采取必要措施;

(2)指挥手发出的指挥信号必须清晰、准确,用"指挥语言"指挥时应讲普通话;

(3)指挥手应经常清理作业现场,保持道路安全通畅;

(4)负责制止与作业无关的人员、车辆在桥吊跨距范围内通过或停留;

(5)指挥手负责对可能出现的或已出现的事故采取必要的防范措施;

(6)指挥手应佩戴鲜明的标志,如标有"指挥"字样的臂章或特殊颜色的安全帽、工作服等;

(7)指挥手在船上指挥应遵守船方作业的安全要求;

(8)负责桥吊防风应急预案中本岗位职责的落实;

(9)作业中需使用手势信号、旗语信号、音响信号的按《起重吊运指挥信号》(GB 5082—85)执行。

2)集装箱机械司机现场作业安全要求

港口操作集装箱机械的司机应具备下列几个方面的条件:

(1)必须年满18周岁,经身体检查合格,受过专门的安全教育和操纵桥式起重机的专门培训,实习期满,经国家指定部门考试合格,取得特殊工种操作证者,方可独立操纵桥吊投入工作;

(2)必须熟知本标准规定的各种指挥信号,并与指挥手密切配合;

(3)应熟知桥吊的性能,要具有相应的实际操作技能;

(4)应掌握桥吊防风设备的性能及操作;

(5)应掌握对可能出现的事故所应采取必要防范措施。

港口集装箱机械司机作业的基本职责:

(1)必须听从指挥手指挥,当指挥信号不明时,应发出"重复"信号询问,明确指挥意图后,方可动车;

(2)当指挥手发出信号错误,有权拒绝执行;

(3)在装卸作业过程中,对任何人发出的"紧急停止"信号均应服从;

(4)操作时不准吸烟、吃东西、看书报、使用手机或对讲机等,严格执行安全操作规程;

(5)应严格按所驾驶型号桥吊的技术操作规程执行;

(6)负责桥吊防风应急预案中本岗位职责的落实;

(7)严禁携带烟、火、易燃易爆品上桥吊;

(8)上下桥吊必须做到:

①上下桥吊人员应穿戴好劳动保护用品,精神集中,抓牢扶手,逐阶上下,严禁追逐打

逗,不准披衣夹物,非工作人员严禁上桥吊。

②上下桥吊人员所带物品、工具必须放在工具袋内背好,较重的物品、工具应用绳子提放,严禁抛掷工具和物品。

③桥吊在作业中,禁止任何人员上下。如确需上下时,必须通知司机,方可上下桥吊,并保持联系。

④经过司机室通道安全门时,必须和司机室司机取得联系,否则不准穿越安全门。

⑤使用电梯上下桥吊时,电梯载重和乘员均不得超过铭牌或技术规范规定数值,在层门和轿厢门关好后,方可启动电梯。

司机在开始现场作业前的安全要求主要表现在以下几个方面:

(1)作业前,司机及指挥手应将无线对讲机调至同一规定频率,并进行试讲;

(2)作业前,司机必须完成交接班;

(3)交接班司机应按照桥吊规定的检查内容,逐一进行交接,并确保符合要求;

(4)接班司机和指挥手共同检查桥吊周围的作业环境,排除障碍物,解除锚固和防风楔。司机检查岸桥大车电缆外部有无损伤;

(5)检查各操作手柄在空挡位置,确认后方可接通各部位电源;

(6)在作业前必须系好安全带、必须进行空载试车;

(7)操作俯仰(也称前大梁)时(包括使用自动方式操作俯仰),应注意涨潮、船舶位置等变化因素,防止前大梁与船舶碰撞。在前大梁下降到水平"俯仰水平"灯亮或俯仰上升至"俯仰进钩"灯亮之前,不准离开俯仰操作室。

集装箱司机在现场作业中操作集装箱时的安全操作要求:

(1)稳——在操作桥吊的过程中,必须做到启动、制动平稳,吊具和集装箱不游摆;

(2)准——在操作稳的基础上,吊具和所吊集装箱应准确地停在指定位置上方降落;

(3)快——在稳、准的基础上,协调相应各机构动作,缩短工作循环时间,保证桥吊不间断连续工作,提高生产效率;

(4)节能——长时间不作业,应停车等待,实现降耗目标;

(5)合理——在掌握桥吊性能的基础上,根据集装箱的箱型,正确地操纵桥吊并做到合理控制;

(6)安全——确保桥吊在完好情况下可靠有效地工作,在操作中,严格执行操作标准,不发生人身和设备、船上设施、箱货事故。

2. 集装箱码头卸船作业安全注意事项

(1)船上指挥手要认真检查吊具运行路线区域内其他相关情况,并确认集装箱之间的连接角件锁紧装置(也称旋锁)和螺栓加固件已经拆除,方可对桥吊司机发出卸船作业指令。

(2)船上指挥手根据集装箱的箱型及单、双箱发出指挥信号,司机根据指挥信号进行吊具的变换操作。

(3)司机接到船上指挥手可以开始作业的指令才能进行卸船集装箱作业。

(4)司机接到船上指挥手指令后将小车向前行驶至指定位置,当吊具下降到距集装箱箱顶300~400mm时应停车稳勾(根据作业环境放下吊具导板),低速下降至集装箱箱锁孔中。

(5)司机在确认吊具顶销灯亮后旋动转锁开关,经船上指挥手确认集装箱旋锁全部打开后，低速起升吊具。司机在确认吊具顶销灯灭后，或经船上指挥手确认被吊集装箱完全离开下部箱体，发出指令后，可正常上升吊具。

(6)当作业舱内集装箱时应低速起升，待箱体出舱口1/3以上时可正常运行。

(7)在运行高度确认可以越过本箱位其他集装箱(一般指里档集装箱)时，方可向后走行小车。

(8)司机操作小车向后行驶过前大梁后，视环境情况可低速下降吊具。当所吊集装箱下降至距拖板300～400mm后停车、稳勾，低速放在集卡上。

(9)司机确认吊具顶销灯亮后，旋转转锁开关，开锁，低速上升吊具；吊具顶销灯灭后，或经岸边指挥手检查确认吊具与箱体完全分离，发出起升指令后，司机可正常起升吊具进行下一工作循环。

3. 集装箱码头装船现场作业安全要求

(1)岸边指挥手作业前检查吊具运行路线内有无人员站立及其他异常情况。确认无异常情况后，岸边指挥手发出装船作业指令。

(2)岸边指挥手根据装船的集装箱箱型及单、双箱发出指挥信号，司机根据指挥信号进行吊具的变换操作。

(3)司机当接到岸边指挥手指令后将小车行驶至指定位置，下降吊具。当吊具下降至距所吊集装箱顶部300～400mm时停车，稳勾，视情况放下导板，低速下降至集装箱箱顶锁孔内。

(4)当吊具入孔后顶销灯亮，司机旋动闭锁开关，闭锁，同时抬起导板，低速上升吊具。

(5)司机确认吊具顶销灯灭后，或在岸边指挥手确认箱子完全离开拖板，发出指令后，可正常上升吊具。

(6)司机在确认小车走行前方无障碍物，小车可快速运行，在到达指定位置后下降吊具：

①在舱面作业时，司机在被吊集装箱底部距舱面或舱面集装箱顶部300～400mm时停车，稳勾，低速下降吊具，将集装箱放在指定位置。

②在舱内作业时，司机在被吊集装箱底部距舱内滑道导向角300～400mm时停车，稳勾，对齐舱内滑道导向角低速下降，当所吊集装箱箱体进入滑道导向角后听从船上指挥手指挥可适当提高下降速度，但不可高速运行。

(7)当集装箱按指定位置放妥，吊具顶销灯亮后，司机旋动转锁开关，低速上升吊具；

(8)吊具顶销灯灭后，或待船上指挥手确认吊具与箱体完全分离，发出起升指令后，司机可提升吊具进行下一工作循环。

(9)在进行舱面装箱作业前，船上指挥手指挥装卸工人清理舱面(旋锁、加固杆及其他物件)；同时船上指挥手检查船具(特别是滑道)是否完好，确认无异常时，船上指挥手方能下达指令开始作业。

(10)船舶边舷第一个箱装好后，应及时锁上角件锁紧装置，防止船舶摇晃或作业中轻微碰撞导致边舷集装箱坠落。需要进行摆旋锁作业时，船上指挥手应监护装卸辅助作业人员及时避让。

4. 集装箱码头装卸作业中其他安全注意事项

(1)严禁超负荷作业；严禁使用吊具斜拉任何物品；集装箱毛重超过额定载质量或超载

报警时,严禁强制操作。

(2)严禁吊具或吊箱从人员上空及集装箱载货车驾驶室上空越过。

(3)桥吊司机在起吊第一个集装箱时应进行重载试车,确认起升制动装置与吊具安全装置是否处于良好工作状态。

(4)司机作业中应注意观察潮高及船舶缆绳松紧情况,掌握船舶前后、吃水差以及左右偏杆度数,随时调整吊具。

(5)装卸前指挥手必须确认箱与船、箱与车、箱与箱之间的连接锁或捆扎物是否松开或拆除。

(6)装卸冷藏箱前,指挥手应检查并确保电源已经拔除,电缆线已放好,以免造成损坏。

(7)指挥手应检查所吊集装箱的箱门是否关闭完好,以防装卸箱时将箱门撞坏。

(8)指挥手要分清40ft、20ft集装箱箱型及单、双箱,并准确发出吊具伸缩指令,以防40ft吊具吊起两20ft集装箱。

(9)除维修和检查工作外,吊具伸缩必须在箱顶或地面5m以上空中进行,吊具伸缩不到位,司机不准进行其他操作。

(10)作业中,需跨箱装卸作业时,司机要确认吊具或被吊集装箱底部高于1m以上被跨箱(超限箱的最高点)或船方设施时,小车方可运行。

(11)桥吊夜间作业,司机应打开工作照明灯。

(12)作业时操作室内外均不准站人。(特殊情况下必须由码头安全管理部门审批)。

(13)集装箱降落前,指挥手必须确认降落区域安全时,方可发出降落信号。

(14)单吊具双20ft箱作业时,指挥手应确认两个箱子的高低,不同高度的两个箱子禁止同时装卸。

(15)司机起吊双箱时,应将中锁落下,确认双箱位置是否符合起吊要求,出现疑问时与指挥手联系,经指挥手认可后方可操作,作业中禁止使用顶销旁路(即封顶销)。

(16)具有防摇装置(俗称分离小车)的桥吊,司机在作业中应视作业环境合理使用此功能,以免造成主卷钢丝磨损,降低使用寿命。

(17)作业中,如没对正锁眼等原因集装箱不能一次放好,指挥手应指挥司机重新起升集装箱,待箱子稳定后,指挥手再指挥司机重新操作一次。

(18)在下列情况下,司机应发出警告信号:

①桥吊启动后,即将动大车前;

②吊具、小车靠近其他物件时;

③集装箱吊运中接近工作人员时;

④集装箱吊运过程中发生故障时;

⑤其他司机认为需要发出警示的情况。

(19)指挥手只有在取得司机同意并有其他具有资质的人员顶替时,方可离开作业岗位;

(20)指挥手指挥位置的选择

①指挥手应站在使司机能看清或听清指挥信号的安全位置上,并与被吊集装箱保持安全距离;严禁站在钩线下。

②应能清楚地看到被吊集装箱的吊运过程。

③岸边指挥手禁止站在行车通道上。

④指挥手根据作业变化情况及时调整自己的站立位置,确保安全。

(21)具有双20ft作业功能的桥吊,在进行单箱40ft集装箱作业时,吊具下的额定起重量应以铭牌上注明或技术说明书上规定的起重量为准。

(22)具有双20ft作业功能的桥吊,其吊具吊耳下的起重负荷应根据20ft、40ft状态的不同按铭牌上注明或技术说明书规定的额定起重量进行操作

5. 集装箱码头移动大车安全注意事项

(1)司机动车前要将防风锚固装置抬起止退销叉好,避免在大车走行时因锚固装置落下而发生危险。

(2)大车行走前,岸边指挥手应仔细观察沿轨道线周围环境,船上指挥手观察俯仰移动路线,确认无安全问题后由岸边指挥手发出行走指令,并监视行车。

(3)司机动车前应观察好周围环境和俯仰高度及移动路线,提前与指挥手做好沟通,确保安全行车;如大车需经过船头和驾驶台时,视船舶状况,必要时必须起升大梁(按不同机型技术要求执行)。

(4)动大车时,船上和岸边指挥手要呼应好,以岸边指挥手的指挥为主。

(5)严禁用大车运行机构顶撞其他机械或物品。

(6)大车走行中,任何人不得上下桥吊。

(7)两台桥吊同时相向移动时,应保持5m以上距离,并保持匀速移动。因作业需要,低于5m间距时,一部桥吊应暂停,待另一部桥吊调整到位后再移动。期间,指挥手应严格监控桥吊的运动状况,避免两部桥吊相撞。

6. 集装箱吊具载人作业的要求安全要求

(1)装卸工人在上下吊具或打锁吊笼时,司机应将吊具放稳、钢丝绳微松弛后可进行上下。

(2)指挥手确认装卸工人在吊笼内已拴好安全带,手持工属具已放妥,处于安全状态后再通知司机起升。

(3)在吊具或打锁吊笼载人时,吊具、小车只限低速运行,且保持吊具平稳,防止与箱体发生碰撞。

(4)桥吊用吊具接送工人上下船、箱时,禁止在作业船舶里、外橄第一批箱子或船舷位置上下吊具。

(5)装卸工通过对讲机与司机进行联络。作业中,司机应听从吊笼内作业人员指挥,吊笼内作业人员必须指定专人指挥,不得多人指挥。

(6)装卸工使用前、使用后都要对吊笼进行检查。码头相关部门对吊笼要妥善保管并要定期检查,发现隐患及时排除,保证使用安全。

7. 集装箱旋锁框架作业安全要求

(1)指挥手确认旋锁框在框架内摆放是否均匀、平整,防止坠落,双20ft框架作业前指挥手确认双框架是否高度一致,方能指挥司机起吊作业。

(2)旋锁框架需放置指定位置,不影响桥吊大车行驶和集装箱载货车通行。

(3)使用桥吊装卸特种箱、超限箱,以及捎带的大件货物前,应清楚货物超长超宽超高、

重心等位置，确保无障碍运行。

8. 集装箱装卸桥维修中安全注意事项

(1)司机应将小车对准通道位置便于维修人员通行。

(2)司机应听从指挥手转达的维修人员的指令，没有明确指令不能随意动车。

(3)司机未经维修人员允许不得任意操作桥吊各手柄、按钮开关、电源开关。

(4)司机应准确了解维修人员所处位置，听从指挥以安全速度运行调试桥吊。

(5)维修完毕，司机确认维修人员安全离开维修位置方能动车恢复作业。

(6)日常维修、保养、登高作业人员，以及司机对职责范围内的驾驶室外保洁必须使用安全带。

9. 集装箱装卸桥作业后的安全注意事项

(1)桥吊应行驶到指定锚固位置(为后序船舶靠离和作业做准备)，小车操作室应停放在与通道对应位置，吊具应提升到20m以上位置，俯仰应升起并用安全钩挂牢。

(2)各手柄、按钮开关回零位，切断电源。

(3)离车前，关好车门、窗，电梯门。将桥吊锚定住。

(4)认真填写好运行日志，做好交接。

10. 集装箱牵引车与拖挂车现场作业安全要求

1)作业前的安全要求

(1)司机必须经过安全技术培训，考试合格，取得发证部门颁发的有关证书；实习(学徒)司机，必须经安技部门办理实习证，在指定师傅的指导下，方可进行操作训练。

(2)司机必须随身携带证件(操作证或实习证或临时证)，不准涂改转让，并应保持清洁，随时接受安技人员检查。

(3)按安技部门规定，穿戴好个人防护用品。

(4)出车前应检查油、电、气、水是否充足，制动、转向、传动连接部位的紧固灵活情况，仪表、刮水器、车身的整洁和性能状况，牌照有无松动、缺失。

(5)检查电源、燃料、润滑油、冷却水、电解液等是否符合规定要求。

(6)检查轮胎有无破损，气压是否充足，两并列轮胎之间是否有夹杂物。

(7)检查转向、制动、灯光、喇叭、后视镜、刮水器等是否齐全、灵敏、可靠。

(8)检查牵引车与拖挂车连接是否可靠，制动管路是否连接好，制动气门阀是否接通。

(9)带增压器的柴油机长期停机，启动前必须预润滑增压器。

2)作业时的安全要求

(1)起步行驶时的安全要求：

①查看机械周围(包括车间、车底下)有无人员及障碍物，按喇叭提醒周围人员离开，在确认无误后，方可低速平稳、起步。

②启动发动机，怠速运转3min，观察发动机、压缩机、仪表的工作情况和冷却、供油系统是否牢固畅通，有无漏油、水现象，严禁猛踏。加速踏板。

③车辆起步时应观察周围环境，在确认安全的情况下平稳起步。

④低速起步，顺序换挡，根据道路情况正确使用排挡和离合器。

⑤遵守“港内道路交通管理条例”。出入库门、货垛、过铁路及交叉道口时，要严格遵守

“一慢、二看、三通过”，必要时下车瞭望，确保安全通行。

⑥选择平整路面，不准低速挡高速行驶，转向时必须点亮转向指示灯并减速行驶，过铁路时不准换挡。

⑦行驶中精力要集中，适时观察仪表的工作情况，倾听各部机件运转是否正常，发现异常情况应选择安全适当的地点停车检查，及时消除隐患。严禁带“病”行驶和直流供油。

⑧行经陡坡和滑溜路段，应正确使用排挡，利用发动机的牵阻作用控制车速，严禁脱挡熄火滑行。

⑨根据道路情况，灵活准确使用转向器，严禁猛打、猛回和双手离开转向盘。

⑩转弯做好四件事：减速、鸣号、靠右行、随时准备停车。

⑪气制动车辆起步时气压不得低于400kPa，严禁在气压不足的情况下，滑触发动机。

(2)起步后行驶速度应保持经济车速，避免突然加速，在港内行驶速度不得超过15km/h。

(3)在下列地区必须减速慢行：

①工人已在作业场地。

②凹凸不平、泥泞、狭窄、雨后及结冰的道路。

③路口、弯路、铁路交叉口、码头边、人员车辆拥挤场所。

④出入大门、转弯、过道路口时车速不得大于5km/h。

(4)在下列场合必须鸣喇叭：

①起步、转弯。

②通过人多车挤场所。

③铁路交叉口及狭窄处。

(5)作业过程中的一般安全注意事项：

①使用1AA(40ft)的拖挂车装运1CC(20ft)集装箱时，必须先装靠近牵引头的一端，并必须将中部旋锁锁上。

②集装箱在港内运输时，距离超过1000m或道路场地不平整时，必须将旋锁全部锁上。距离不足1000m或道路场地平整时，可锁2个安全旋锁。

③严禁拖车经过仓库行驶。

④驾驶员在作业过程中，应严格检查和督促装卸工人将旋锁锁住，否则严禁开车。

⑤严禁在升起的集装箱下通行。

⑥遵守港内道路交通规则。

⑦冰雪天作业时应采取防滑措施。

⑧满载启动时必须用一挡或爬行挡。

⑨横向坡度大于15%，纵向通过半径小于6m，横向通过半径小于1.5m的道路，前内轮到路的内侧边缘的距离小于内轮差的弯路不准通过。

⑩当驾驶员离开驾驶室时，必须将拖挂车置于制动状态。

⑪走合期内车载质量不得超过额定载荷的70%。

⑫驾驶室每次翻转时均要翻到底，即超过上止点才能进行驾驶室内的作业。

⑬作业过程中，不得重复操作，系统发生故障，应及时报告控制室或技术信息部处理，相

关情况应记录在交接班记录中。

⑭作业完毕，应退出登录，交班时，应对系统是否正常，硬件设备是否完好、齐全进行交接。

⑮禁止利用终端操作与工作无关的事情。

(6)作业中的其他特别注意事项：

①不准酒后驾驶车辆。

②不准在驾驶室外载人，室内不准超员(实习驾驶员除外)，车未停稳不准上、下车。

③不准用冷水冲洗热发动机和电气部分以及在冷却系统高温高压时立即加水降温。

④不准擅自把车辆交他人操作。

⑤不准让车不让速。

⑥不准穿拖鞋、高跟鞋驾车。

⑦不准在大雾、大雨视线不清冒险驾车。

11. 集装箱轨道门式龙门起重机安全作业要求

(1)交接时必须认真如实填写交接班记录和点检卡。

(2)上车前确认电缆接电箱位置、解除铁鞋、检查吊具是否正常，合上主电源开关。

(3)上车后检查安全装置的完整性、正位性，检查制动器的制动情况、检查连接件的紧固情况、检查润滑情况并进行调整、紧固、润滑，检查操纵手柄是否放在零位。

(4)检查终端是否正常，系统能否正常登录。

(5)动车检查按下列方法进行。

①合上电源开关，空车让各机构动作三次。检查各机构空车运行是否正常，各限位安全装置的灵敏性和可靠性、灯光显示是否正常、是否灵敏可靠，如有故障及时排除达到运行要求。

②开始作业时，在整车完全达到运行要求后进行正常工作，在第一次重载作业时必须再次试制动器(刹车)，在起升到0.5m左右时，应进行制动验证。作业过程中不允许将物品(对讲机、茶杯等)放在操作台面板上。

(6)在作业过程中如果要进行调绳，必须按下列规定进行：

①在双机起升机构中，当出现绳差达到0.2m时进行调绳。

②确认调绳方向：由高端向低端。

③点动观察方向正确后，用点动或低速挡调绳。

④确定调绳完成后，再进行正常作业。

⑤超过0.2m绳差的调绳必须在有第二人监护下完成，并作记录。

⑥超过0.5m绳差(防倾斜报警设定值)的调绳必须在有防范措施并确定现场指挥人员(由司机长或使用部门管理人员担任)时进行调绳，并作记录。

⑦超过1m绳差时，严禁调绳，只能在增加安全保险绳后且在有安保部和设备管理部门参与的情况下，确定方案正确后再进行险情排除，并作记录。

(7)下班时，必须将设备摆到指定位置(接电箱处)，切断控制电源，再进行交接同时填写运行记录(内容包括：运行情况、故障情况、故障停时、交代事项)。任何情况下离车必切断主电源，穿好铁鞋。

(8)司机在接到风暴预警后应立即停止作业,并按下列规定做好相关工作:

①将大小车迅速开到轨道尽头,先用三角铁或三角木牢固固定小车(或用钢丝绳将小车固定在挡轨器上)后,再下车切断主电源,锚定,用三角铁或三角木牢固固定大车(或用钢丝绳将大车固定在挡轨器上)。

②桥吊大车不能开到轨道尽头的应就地停车,将小车迅速开到轨道尽头,先用三角铁或三角木牢固固定小车(或用钢丝绳将小车固定在挡轨器上)后,再下车切断主电源,锚定后用三角铁或三角木两面牢固固定大车车轮。

③在紧急情况下,应就地停车,机上部分由司机负责固定,机下部分由地面人员负责固定。

(9)作业过程中,不得重复操作,系统发生故障,应及时报告控制室或技术信息部处理,相关情况应记录在交接班记录中。

(10)作业完毕,应退出登录,交班时,应对系统是否正常,硬件设备是否完好、齐全进行交接。

(11)禁止利用终端操作与工作无关的事情。

12. 集装箱正面吊/堆高机安全作业要求

(1)作业前应进行如下必要的检查:

①检查制动限位等各液压系统功能。

②检查轮胎紧固螺栓是否松动,有无严重损坏。

③检查制动和制动开关是否良好。

④检查防倾斜安全装置是否灵敏可靠。

⑤检查机上通道及司机室是否清洁,有无油污、杂物,如有要及时清除。

(2)操作设备前,应先打开系统,进入登录状态。检查终端是否正常,能否正常登录。

(3)起步行驶前的安全要求:

①查看机械周围(包括上、下)有无人员或障碍物,若有应让人员离开,清除障碍物。

②变速换挡手柄置于空挡位置。

③驾驶室外任何部位都不准载人。

④倒行时,按喇叭鸣示,回头瞭望确认安全后,挂低速挡起步。

⑤禁止使用二挡或三挡起步。

(4)作业中的安全要求:

①严格遵守本机负荷曲线图规定,严禁超负荷作业。

②起吊集装箱时,应尽量使机械靠近要起吊的集装箱,以使机械在最佳稳定性状态下操作。

③吊载行驶时,要注意旋锁指示灯,车轴线和箱轴线对齐对下,确认正确后方可作业,应在最小外伸距尽量降低高度以不影响行驶司机视线在工况下行驶。原则上应使集装箱略高于司机水平视线,以保证有足够的视野。

④吊运集装箱时,应用低速挡,行走速度不超过55km/h。

⑤吊箱行驶时,严禁急转弯、紧急制动、急加速。避免荷载摆动和突然动作。

⑥偏载箱不宜吊运。在吊运中严禁调整吊具。

⑦机械带载时，司机不准离开司机室。

⑧严禁在坡道上停机。

⑨行驶及作业过程中，严禁他人上下车。集装箱下、运行通道内严禁人员和车辆通过。

⑩机械在不吊箱作业时，吊具应收缩为20ft状态。

⑪冷藏集装箱堆高不超过二层。

⑫当需要纵向吊运集装箱时，应严格遵守本机操作说明规定。

⑬严禁在吊运集装箱时拆箱作业。

⑭严禁在岸边直接吊运船上的集装箱。

⑮严禁在10°的坡道上转向行驶。

⑯作业过程中，不得重复操作，系统发生故障，应及时报告控制室或技术信息部处理，相关情况应记录在交接班记录中。

⑰作业完毕，应退出登录，交班时，应对系统是否正常，硬件设备是否完好、齐全进行交接。

⑱禁止利用终端操作与工作无关的事情。

13. 集装箱拆装箱作业现场安全要求

港口拆装箱作业一般是在集装箱货运站（Container Freight Station，CFS）进行的，集装箱货运站是集装箱运输关系方的一个组成，在集装箱运输中起到重要作用。它办理拼箱货的交接，配载积载后，将集装箱送往CY，并接受CY交来的进口货箱，进行拆箱、理货、保管、最后拨给各收货人。同时也可按承运人的委托进行铅封和签发场站收据等业务。

（1）集装箱货运站的主要业务：

①拼箱货的理货和交接。

②对货物外表检验如有异状时，就办理批注。

③拼箱货的配箱积载和装箱。

④进口拆箱货的拆箱和保管。

⑤代承运人加铅封并签发站收据。

⑥办理各项单证和编制等。

（2）集装箱货运站种类：

集装箱货运站种类主要可分成三类：

①设置于集装箱码头内的集装箱货运站。它主要处理各类拼箱货，进行出口货的拼箱作业和进口货的拆箱作业。货主托运的拼箱货，凡是出口的，均先在码头集装箱货运站集货，在货运站拼箱后，转往出口堆箱场，准备装船；凡是进口的，均于卸船后，运至码头集装箱货运站拆箱，然后向收货人送货，或由收货人提货。一般的集装箱码头，均设有集装箱货运站。

②设置于集装箱码头附近的集装箱货运站。这类集装箱货运站设在码头附近，独立设置，不隶属于集装箱码头，这是为了缓解码头的场地紧张，作为集装箱码头的一个缓冲地带。有的集装箱码头业务繁忙，自身集装箱货运站规模有限，或堆场紧张。有些拼、拆箱作业就拉到码头外集装箱货运站进行。有些拼箱货卸船后，直接拉到码头外集装箱货运站，从而提高码头堆场的利用率。

③内陆集装箱货运站。这类集装箱货运站设于内陆,既从事拼箱货的拆箱、装箱作业,也从事整箱货的拆箱、装箱作业。有的还办理空箱的发放和回收工作,代理船公司和租箱公司,作为空箱的固定回收点。内陆的拼箱货或整箱货,可先在这类集装箱货运站集货、装货,然后通过铁路和公路运输,送往集装箱码头的堆场,准备装船。而从口岸卸下的进口箱,经铁路和公路运输,到内陆集装箱货运站拆箱,然后送到收货人处。

集装箱铁路基地站或办理站,有的要从事一些拆箱和拼箱的业务,所以通常兼有集装箱货运站的性质。集装箱公路中转站一般都要进行拼箱货的拆装箱,所以,同时都是集装箱货运站。

(3)集装箱货运站的主要作用:

①设置于集装箱码头内的集装箱货运站,其作用主要是拼箱货的拆箱和装箱,同时要负责出口拼箱货的集货和进口拼箱货拆箱后的暂时储存工作。

②设置于集装箱码头附近的集装箱货运站,其作用除与设在码头内的集装箱货运站相同外,通常还可能有以下作用两个方面的作用:

a. 作为集装箱码头的缓冲堆箱场,在出口箱大量到达与进口箱集中卸船、码头堆场难以应付的时候,作为码头的第二堆场;

b. 代理船公司与租箱公司,作为空箱提箱与交箱的场所。

③内陆集装箱货运站:除进行集装箱拼箱货的装箱与拆箱外,还充当联系经济腹地的纽带和桥梁,作为某一地区的集装箱集散点,进行一些箱务管理业务和空箱调度业务,以加快集装箱周转,提高整个地区集装箱多式联运的效率。

(4)集装箱货运站的主要作用:

①集装箱货物的承运、验收、保管和交付。

②拼箱货的装箱和拆箱作业。

③整箱货的中转。

④重箱和空箱的堆存和保管。

⑤货运单的处理,运费、堆存费的结算。

⑥集装箱及集装箱车辆的维修、保养。

(5)集装箱货运站的业务流程:

集装箱货运站的业务流程,可以分成进口业务流程和出口业务流程两大部分:

①进口业务流程:

a. 取得进口箱相关信息。集装箱货运站在船舶到港前几天,从船公司或其代理人处取到以下单证:提单副本或场站收据副本、货物舱单、集装箱装箱单、装船货物残损报告、特殊货物表。货运站根据以上单据做好拆箱交货准备工作。

b. 发出交货通知。货运站根据船舶进港时间及卸船计划等情况,联系码头堆场决定提取拼箱集装箱的时间,制定拆箱交货计划,并向收货人发出交货日期的通知。

c. 从码头堆场领取重箱。货运站经与码头堆场联系后,即可以从码头堆场领取重箱,双方应在集装箱单上签字,对出堆场的集装箱应办理设备交接手续。

d. 拆箱交货。货运站从堆场取回重箱后,即开始拆箱作业,拆箱后,应将空箱退回码头堆场。收货人前来提货时,货运站应要求收货人出具船公司签发的提货单,经单货核对无误后，即可交货，双方应在交货记录上签字。如发现货物有异常，则应将这种情况记入交货记录的备注栏内。

e. 收取有关费用。集装箱货运站在交付货物时，应检查保管费及有无再次搬运费，如已发生有关费用，则应收取费用后再交付货物。

f. 制作报告。制作交货报告或未交货报告交送船公司，以便船公司据此处理有关事宜。

②出口业务流程：

a. 出口拼箱货的集货与配货。为拼箱做好各种前期准备工作；

b. 拼箱货装箱。应根据货物的积载因数和集装箱的箱容系数，尽可能充分利用集装箱的容积，并确保箱内货物安全无损；

c. 制作装箱单。货运站在进行货物装箱时，应制作集装箱装箱单。制单应准确无误；

d. 将拼装的集装箱运至码头。堆场货运站在装箱完毕后，在海关监管下，对集装箱加海关封志，并签发场站收据。同时，应尽快联系码头堆场，将拼装的集装箱运至码头堆场。

(6)集装箱货运站作业现场安全要求：

从事货物装箱作业的人员，应接受有关法律、法规、规章和安全知识、专业技术、职业卫生防护和应急救援知识的培训，并经安全主管部门或其授权的机构(物料班)组织考核。考核合格，取得上岗资格证后，方可上岗作业。从事货物集装箱作业的部门，应制订本部门事故应急预案，配备应急救援人员和必要的应急救援器材、设备。事故应急预案应定期组织演练，做好演练记录，根据实际情况进行修订。从事货物集装箱作业的部门，应根据所装卸货物的特性，按规定配备相应的人员防护用品和清洗、消毒、急救等用品。

集装箱货运站现场作业现场安全要求主要表现在以下几个方面：

①货物集装箱时，距装卸地点10m范围内为禁止其他作业，不得进行车辆维修、保养等工作，保证有足够的叉车行走区域；

②在货物进行集装箱前24小时，由组织装箱的部门(计划部)向仓库发出《装箱单》，同时向承担装箱业务的部门发出《装箱作业计划书》，要求任务书必须注明作业委托人，以及货物品名、数量、作业地点和时间、安全防范措施等事项；

③仓库接到《装箱单》后立即组织人员进行备货；

④作业前，应召开工前会，相关作业人员应确认货物标签与《装箱单》一致，包装无异样，方可进行作业。所有作业人员详细了解货物的性质、危险程度、安全应急措施和医疗急救措施；

⑤装卸货物集装箱的作业指挥人员，应佩戴鲜明的标志(袖章)，发出的指挥信号应清晰、准确；

⑥装卸货物集装箱，应根据货物的性质、配装要求及船方确认的配载图，做好货物集装箱的积载隔离工作；

⑦集装箱门货物最高只许堆码二层，并根据货物不同性质做好有效的隔离和捆绑；

⑧装箱作业人员必须核对和检查货物的规格、数量、包装标记，单证、资料不符的不得装箱；

⑨货物堆码要整齐、稳固，利用三角木、钢丝绳对钢卷进行紧固；

⑩用梯上落集装箱，梯脚要捆扎防滑麻布，防止滑跌伤人；

⑪在集装箱内作业，要精神集中，不要站在集装箱死角位，注意站稳、防止挤压；

⑫钢卷在集装箱内滚动时，不允许徒手塞三角木，拿三角木两侧面，防止回弹压伤手指；

⑬作业中，应严格按照相关操作规程进行作业；

⑭作业结束，应按规定妥善处置残留物和人员所着装的护具用品。

## 五、港口干散货作业流程及作业现场安全要求

### （一）港口干散货概述

1. 干散货的概念

散货是指在运输过程中不加包装而散运的货物，主要是由颗粒状、粉状或较大块状物组成的物质或其混合物，其组成成分基本均匀，并且不用任何包装容器又不按件计数而直接装船运输。如煤炭、矿石、建筑用砂石等，多数是各种初级产品和原材料。由于散运可以节省包装，提高装卸效率，许多传统上以袋装运输的货物，如粗盐、水泥、化肥、砂糖等，也在不断的改为散运。所以港口装卸的散货在运量和品种两方面都有很大发展。

目前，以煤炭和矿石为主的散货是国民经济发展的重要原材料。这些年来，在世界货物海运量中，散物年运输量约占世界年总海运运输量的14%左右，是仅次于石油运输量、居世界货物海运量第二位的货类。在散货运输量中，煤炭和矿石的运量又约占了90%，可见采用煤炭、矿石专业化装卸运输技术，提高煤炭、矿石装卸运输效率的重要性。今后的发展情况是，随着国内外工农业的加速发展，各行各业对煤炭和矿石的需求量越来越大，促使煤炭和矿石的运输量的增加。有关资料表明，2000年以煤炭和矿石为主的干散货全球海运量近20亿吨，较上年增长了5%。预计在21世纪中，煤炭和矿石海运量还会有一定的增长。我国煤炭和矿石的水运量也有相当的发展空间，按我国国民经济发展的要求，预计在未来的十年中，我国沿海干散货将保持年均4%的增长速度，到2015年，仅我国沿海干散货运输总量将达到3.58亿吨，外贸进出口煤炭和矿石的运量也将有较大的增长。

2. 干散货的性质

散货的特性如块度、堆密度、流动性、黏结性、堆积角、自燃性等都和港口安全作业有着重要关系，影响着装卸机械设备的选用及相应的技术措施的采纳。

1）物料

物料的堆密度即是物料的单位体积质量。物料的堆密度将影响抓斗的选用，对皮带输送机来说，若输送带上的货物流量固定，物料的堆密度将与输送带的宽度选择有关。

不同物料的堆密度各不相同，下表8-3列出了部分煤炭、矿石的堆密度。

**煤炭、矿石堆密度**（吨/立方米） 表8-3

| 货物 | 煤炭 | 无烟煤 | 烟煤 | 矿石 | 粒矿 | 澳矿 |
|---|---|---|---|---|---|---|
| 堆密度 | 0.8～0.9 | 0.9 | 0.8～0.85 | 2.5～3.5 | 2.5 | 3.0 |

2）散货自然坡度角

散货从上往下自然下落时形成的锥面母线与水平面的最大夹角，即堆积角，是货堆自然形成的角度。自然坡度角反映了物料的流散性，物料的自然坡度角越小，其流散性越好；自然坡度角越大的物料，其流散性越差。对煤炭、矿石的装卸来说，物料的自然坡度角可影响储料漏斗壁倾角的确定，即选择的漏斗壁倾角一定要大于货物的自然坡度角，否则物料就不

易从漏斗漏出。煤炭的自然坡度角45°左右。

3)块度

物料的块度就是指碎块物料的大小,一般以碎块的三向长度的平均值(毫米)或碎块的最大长度(毫米)表示。物料的块度对机械和抓斗的选用有关。如在选用螺旋式卸车机,若遇到物料的块度直径大于螺旋的螺距时,大块度的物料就不能卸下。选用抓斗时,也要考虑物料的块度,因为抓斗的张开度对物料的块度也有限制。同样,漏斗口的尺寸也要考虑物料的块度。

4)物料与承受面之间的摩擦系数

物料与承受面之间的摩擦系数越大,物料就越不易倾倒,因而不仅要求料斗面光滑,料斗面的倾斜度也要增大,以减少物料下滑的阻力。

5)冻结性

通常,煤炭和矿石的含水率较大,如煤炭未脱水时,含水率可达20%。而含水率大的物料在冬季易结冰,造成卸货困难。所以在煤炭、矿石装卸工艺中要考虑物料的解冻方法,如增加破冰机械或设置加温设备。我国运输部门还采用在物料上撒生石灰,利用生石灰的吸水性,降低煤炭中的含水率,来减轻货物冻结程度。国外采用煤炭在矿山脱水的方法,或在物料和车辆里加防冻剂氯化钠以降低煤炭冻结的温度;另外,也有采用红外线或蒸汽加热的方法,在煤炭卸车前解冻。

6)发热和自燃性

在堆场上存放的煤炭,时间久了或在外界气温高时,煤堆内就会发热,当煤堆内温度上升到60℃时,煤温的上升速度会加剧,此时如不降温散热,煤炭就会发生自燃。通常的解决方法是将物料及时转堆,翻垛,避免煤堆温度达到自燃点。因此,选用的堆场机械要便于频繁的堆取作业;在煤堆布置时要注意在煤炭的堆垛之间要留出2m以上的间隙,煤堆的堆垛的端面间距不小于6m,以作消防通道用。

7)脆弱性、扬尘性

煤炭、矿石在装卸输送时会产生的大量的粉尘,造成对周围的环境的污染,并影响装卸工人的身体健康,因此要求港口的装卸系统中设置有防尘装置,如在堆场场地上设置洒水防尘系统,采用加罩封闭式输送系统等。针对物料的脆弱性,如焦炭,就要求装卸时放低落料点,以保证物料的质量。

8)其他性质

除了上述主要特性外,散货还有其他一些特性,如化肥具有吸湿性、腐蚀性、易爆性、扬尘性等,水泥具有水化和硬化性、扬尘性等。

**(二)港口干散货装卸工艺流程**

散货是指在运输过程中不加包装而散运的货物,如煤炭、矿石、建筑用砂石等。

散货虽然是港口装卸的具体对象,但它是通过某种运输工具进入港口装卸系统中的,所以不论用人力或用机械进行装卸,车船货三者的某些特点,对装卸工艺均有着极为重要的影响。

首先,散货的特性对装卸工艺是有影响的。散货的特性如块度、堆密度、流动性、黏结性、堆积角、自燃性等都和装卸工艺有着重要关系,影响着装卸机械设备的选用及相应的技术措施的采纳。例如用抓斗抓取大块煤炭就比抓取小块煤炭困难得多,并容易造成漏斗的堵塞和胶带输送机的损坏等一系列问题。再如黏结性和流动性对于机械的抓取和重力落料有直接关系;黏结性大、流动性差的物料在漏斗中易于成拱而不能自流。我国早期建成的V形存仓,在使用中常由于成拱而造成作业上的困难。物料的堆密度、堆积角,影响堆场的布置、所需堆场面积的大小和使用的机型。对易自燃、易污染、冻结的货物,应采取相应的技术和组织措施。

其次,散货运输工具的特点对装卸工艺也有影响。在进行散货装卸工艺设计时,对散货运输工具的类型、结构则要考虑到目前的和进一步发展的多种情况。以船舶运输来说,船舶有专用船和通用船之分。专用船中的大型专用货船,通常是大舱口,一舱到底而且甲板上不设起重机和桅杆等设备;内河驳船则有矿石驳、甲板驳和舱口驳等之分;散货专用船驳有利于装卸。

下面分别常见的散货码头不中作业环节的装卸工艺流程:

1.散货装船工艺

现代散货装船工艺所采用的装船机械均以皮带机为主体构成。河港装驳工艺以定机移船方式为主,即装船机在墩柱或囤船上固定不动,利用绞船设备等不断移动船舶,使物料投满全船。固定式装船机的主要优点是结构简单、自重轻、造价低,对码头强度要求不高,但装船覆盖面小。我国沿海煤炭和矿石等散货的运输目前主要采用载质量10000~25000t的船型。海船装船工艺,主要采用定船移机方式,即在整个装船过程中,船舶不移动,通过装船机运行机构变换舱口以及悬臂的伸缩运动,将物料投满全船各舱。散货装船作业时典型的装船机有:

1)固定转盘式散货装船机

固定转盘式散货装船机具有旋转、俯仰和悬臂伸缩机构,目前主要应用于河港码头,安装在墩座直立式码头上。在长江中下游大型散货出口码头,如南京港浦口作业区、芜湖港裕溪口作业区和武汉港汉阳作业区的煤炭出口码头都采用了这种形式。在墩座外设置了垫档囤船,这是为了便于船舶靠离时进行系缆、解缆等辅助技术作业。该工艺的适应范围,一般以10m左右的中小水位差和驳船船型较大的散货码头为宜。水位差较大时,货物的冲击也较大,需在受料处设置缓冲设施。

该工艺形式的作业流程是:

(1)从锚地空驳送到码头前沿。

(2)系缆以后,将装船机机头对正舱口,再顺次由前到后开动皮带机,将堆场或卸车线的物料,经过一系列中间皮带机传递到装船机悬臂皮带机,通过溜筒装入舱内。

(3)装船过程中为满足船舶平衡和驳船强度方面的要求,悬臂要经过几次水平方向的摆动和伸缩,使物料均匀地分配到各舱内。在驳船载质量小而装船机效率较高的情况下,驳船易过载。目前,港口由于皮带机自动秤误差大而仍有用看水尺计量的方法(在装船过程中必须注意水尺的变化)。当驳船装满时应及时通知停机。

(4)驳船装满以后由拖船或绞盘将重驳拖出,并重新送入空驳。

在低水位时可将悬臂降下,以减少投送高度,避免物料的冲击和粉尘的飞扬。在高水位且驳船靠离时,为避免悬臂碰撞驳船的上层建筑和拖船的桅柱,应将悬臂转向一边。

2)定点弧形轨道式散货装船机

在大水位差的情况下,将转盘式装船机固定在墩柱上,不仅水工建筑投资大,而且在作业上也存在很多问题。例如在枯水季节,物料投送高度大,司机的视线不好。所以在大水位差港口一般不采用固定墩柱式,而是采用浮式装船机,即把装船机装在囤船上,在斜坡式码头上设置随水位升降而上下移动的供料皮带机或钢引桥供料皮带机。

定点弧形轨道式散货装船机是内河大水位差斜坡式码头上常采用的机型之一,如重庆港猫儿沱作业区磷矿石出口码头、湖北枝城港煤炭出口码头均采用此机型。

该装船机安装在囤船上,通过俯仰或水平移动的卸料小车来改变装船机的工作幅度,以扩大其有效装船面积及适应多种船型。由卸料小车沿皮带机方向的水平移动和整机沿弧形轨道移动这两个动作,就可以把物料投送到驳船的所有舱口内。俯仰功能还可用来调整投送物料的高度。

当水位变化时,所有斜坡上的皮带机沿斜坡轨道上下移动,或通过钢引桥等装置,以适应水位变化时的船位调整。此装船作业方式在岸坡较大、水位差较大的情况下,比建直立式码头经济合理,使用方便。非工作性变幅和旋转机构主要是使臂架升起以避让船舶,或使臂架左右旋转90°以上,使整机能转到码头前沿线内。变幅采用钢丝绳变幅滑轮组机构;旋转机构沿弧形轨道绕机尾处固定的球铰轴线旋转,以实现斜坡皮带机对机尾的定点供料。

3)摆动式散货装船机

直线摆动式散货装船机主要由臂架、移动桥、摆动桥和前后支承等部分组成。

摆动式装船机是由绕中心转动的桥架装置和在桥架上前后移动的臂架装置所构成。桥架借助于前端回转台车,沿栈桥上的轨道运行和桥架本身绕后端墩柱的支承中心回转而摆动,而整机不沿码头线移动。装船机的臂架装置是由伸缩架前端设有悬臂的构架所组成,内设皮带机,伸缩架下有轨轮,可沿桥架上的轨道移动。悬臂的俯仰和伸缩架的前后移动,分别通过各自的绞车和钢丝绳的牵引来实现的。摆动式装船机按前端栈桥轨道的形式不同,分为两种,一种是弧线式装船机,另一种是直线式装船机。

弧线式装船机的前端栈桥轨道呈弧线形,装船机的前端回转台车的中心与后端墩柱中心距离不变,物料靠来回摆动的装船悬臂内的皮带机装船。这种装船机所需码头岸线的长度和码头前沿皮带输送机的长度比移动式装船机明显减少,因而可以节省码头建设费用;对船型的适应性也较转盘式装船机好,装船效率高,所以被大型的煤炭或矿石码头采用。如巴西图巴劳奥港矿石码头安装的2台弧线式装船机,伸臂总长度达70m,伸缩输送机的最大伸距为48m。适宜35万吨级的矿石船装船作业,每台装船机的装船效率可达16000t/h。美国安大略州全德湾煤码头也安装了2台弧线式装船机,每台装船机的煤炭装船效率为6000t/h;加拿大的几个主要散货出口码头也采用了这种装船机。

直线式装船机也是一种整机不沿码头岸线移动的固定式装船机。它与弧线式装船机的主要区别是装船机的前端栈桥的轨道呈直线形,也就是装船机的桥架沿直线轨道摆动。这种装船机具有其独特的优点:如它采用大跨距的回转桥架,由于前端有支承轨道,所以避免了巨大的悬臂倾覆作用,有利于加大回转半径,在较小的伸缩变幅的情况下,完成长大舱口的覆盖面积。这样就可以采用单机头,充分发挥皮带机高效率的特点;水工建筑也只受竖向载荷,使水工建筑的投资减少。但这种装船机的臂架支点的结构很复杂,不仅要能旋转,而且要能伸缩,并要求这些动作同步进行,所以直线式装船机的技术要求高。

直线摆动式散货装船机主要由臂架、移动桥、摆动桥和前后支承等部分组成。装船机上的带式输送机采用一根输送带,它绕过臂架前端和移动桥、摆动桥。在直线形轨道上,桥架摆动时,前端回转台车的中心与后端墩柱中心之间的距离是变化的。为适应这种变化,直线摆动式散货装船机的后支承要保证使桥架不但能绕中心转动,而且还能在转动的同时移动。

该装船机的臂架装置是由伸缩架前端设有悬臂的构架所组成的,内设皮带机,伸缩架下有轨轮,可沿桥架上轨道移动。悬臂的俯仰和伸缩架的前后移动,是分别通过各自的绞车和钢丝绳的牵引来实现的。

这种装船机构思新颖,有许多独特的优点:采用大跨距的回转桥架,借前端支承轨道,所以避免了巨大悬臂的倾覆作用,有利于加大回转半径,能在较小的伸缩变幅的情况下,完成长大舱口的覆盖面积。

直线式装船机是适应现代大型专用散货船具有舱口大、上层建筑采用尾机型、舱口之间不设置起重吊杆等特点而发展起来的一种新型散货装船机。一般适用 15 万吨级以上的大型散货装船码头,如挪威的纳尔维克港铁矿石码头安装的直线式装船机的装船效率为 11000t/h;巴西的伊塔基铁矿石码头的直线式装船机的装船效率为 16000t/h。这种装船机在我国也有采用,如日照港煤码头选用的直线式装船机效率是 6300t/h。

4)移动式散货装船机

我国沿海煤炭和矿石的运输目前主要采用载质量 10000 ~ 25000t 的船型。为适应多种类型的船舶,近年来新建的散货出口码头多采用移动式散货装船机。

移动式散货装船机具有完善的臂架伸缩、俯仰机构,回转及整机运行机构,以实现定船移机作业的需要。其特点是:使用灵活机动,生产效率高;便于对准各种舱口位置,有可能在每个泊位上配置较少的台数,且装船时可移到相邻泊位上集中工作,因而在海港直立式码头上得到了广泛的应用。但移动式散货装船机的构造复杂,自重较大,对码头结构及强度要求较高,后方输送系统也较复杂。为了供料方便,需要沿码头设置高架栈桥、可与装船机一起移动的卸料车和供料胶带输送机等设备。

5)散货平舱机

专用散货船驳的舱口大,用岸上装船机和溜筒即可把船装满。舱口小的船驳,仅是在舱口范围内垂直投送,就不能把船装满,对于这类船驳散货装船就有一个平舱作业的问题。平舱作业就是把装船机垂直投送下来的物料,转为水平方向投向舱口四周的甲板下。

平舱作业如果用人力则是极为繁重的,一是因为装船机效率很高,须同时配大量的工人;二是散货粉尘太大,舱内通风不好,夏季特别闷热。因此,必须尽可能使用平舱机作业。

散货平舱工艺的机械主要有三种方式:一是溜筒子舱机;二是曲带平舱机;三是直带平舱机。

平舱作业主要发生在沿海型宽为 20 ~ 22m 的海船上,或内河型宽为 13 ~ 14m 的货驳上,投送距离一般不超过船宽之半,约在 10m 以内。

(1)溜筒子舱机

溜筒平舱机即是安装在装船机头部的溜筒,其是利用散货装船时较大落差的自由溜放,通过底部弧形槽导向的溜筒进行平舱。它是一种最简单的平舱机,可随水位的涨落而伸缩,在散货装船中常用。但它不适用于易破碎、自流性不良或磨搓性大的散货。

(2)直带式平舱机

直带式平舱机实际上是一种带速较高的胶带输送机，其带速一般为7m/s左右(不宜过高，以较少部件磨损)，使用寿命较长、电力消耗少。但由于未能利用物料下落的末速度，故其射程不远。因尺寸较大，适用于大舱口的船舶的装载，一般悬挂于舱口上或放于货堆上作业。

(3)曲带式平舱机

曲带式平舱机最主要的部分是曲带，物料通过溜筒落入曲带上，沿曲带弧线运动而得到加速，增加了抛射距离。例如，当曲带速度为12m/s时，抛出距离可达10m。该平舱机结构紧凑，抛射距离远，但噪声大、磨损快、电耗大、物料抛射猛烈，对船体冲击大。长江上的舱口驳多用之。这种平舱机一般安装在溜筒的末端，性能最为完善。它具有回转机构，以便向四周抛射物料。不仅能绕溜筒旋转，而且在绳索控制下，可以改变投送点。

安装在溜筒末端的平舱机，须考虑物料分岔流动的需要：即仅当需要向甲板下抛射物料时，才使用平舱机的皮带机；当需在舱口范围内垂直投送时，物料可不经过平舱机的皮带机。

目前我国各港使用的平舱机，因质量大，大多不直接安装在溜筒末端，而是使用时用船舶吊杆或起重机吊放到船驳上。

6)散货出口工艺流程

散货出口工艺流程主要有下列三种：

(1)车—堆场：图8-13所示是车—堆场散货出口工艺流程。

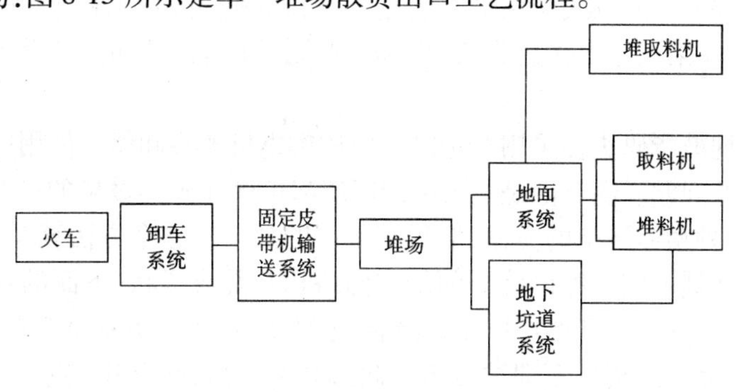


图8-13　车—堆场散货出口工艺流程

(2)堆场—船、驳：图8-14所示是堆场—船、驳场散货出口工艺流程。

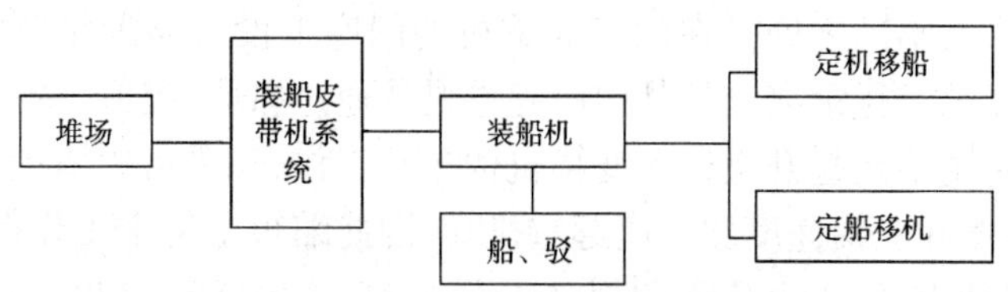


图8-14　堆场—船、驳场散货出口工艺流程

(3)火车—船、驳：图8-15所示是火车—船、驳场散货出口工艺流程。

2. 散货卸船工艺流程

现代散货码头的卸船工艺主要有两种方式：间歇式卸船方式和连续式卸船方式。间歇

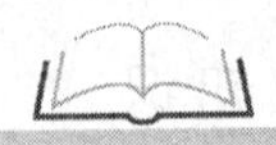



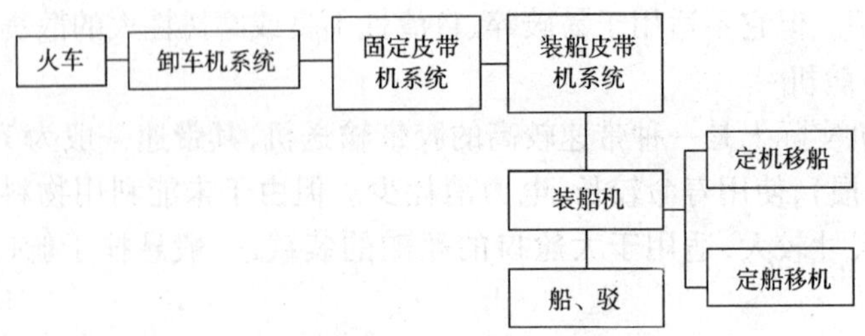


图 8-15　火车—船、驳场散货出口工艺流程

式卸船方式指船舶卸货是由周期性卸船作业机械完成的卸船方式，如：河驳卸船工艺采用的浮式起重机抓斗卸驳方式；海船卸船工艺采用的门座起重机抓斗、带斗门机及散货装卸桥作业方式。连续式卸船方式指船舶卸货是由连续式卸船作业机械完成的卸船方式，如：河驳卸船工艺采用的悬链式链斗卸船机卸驳方式；海船卸船工艺采用的链斗卸船机、斗轮卸船机作业方式等。

1）间歇式卸船作业方式

间歇式卸船作业包括内河驳船间歇式卸船和海船间歇式卸船两种情况。河驳间歇式卸船作业方式应用最多的是浮式起重机抓斗卸驳方式或缆车起重机抓斗卸驳方式。浮式起重机构成的浮式码头，一般是将起重机安装在方形平底囤船上，囤船既是起重船的一个组成部分，又是代替水上建筑物的靠驳码头。间歇式机型具有通用性强、适应性好、工作可靠、维修简便等优点。

海船间歇式卸船作业方式应用最多的是门座起重机、带斗门座起重机及散货装卸桥等抓斗卸船，水平运输采用固定式皮带机，堆场作业则采用堆取料机，以形成岸边起重机—输送机系统。

我国海港早期散货码头多采用 5t 和 10t 门座起重机抓斗卸船。使用门座起重机抓斗卸散货同样存在清舱问题。湛江港是我国采用门座起重机卸矿石最早的一个港口，20 世纪 60 年代，该港创造一种预铺网络的方法，取得了很好的效果。这个方法就是在船舶装货前，在舱底从四周向中间铺上钢丝绳网络。网络与网络相互叠成鳞状，下面的网络的起头吊索活套在上面网络上。卸船时，开始用抓斗，卸到接近网络时，改用吊钩将舱口下的网络先吊出，每吊起一网络，下面的起头吊索即被带出。此法效率很高，卸万吨级船只需 20h 左右，而且可节省大量的人力清舱劳动，但预铺网络仍是件繁重的工作。

20 世纪 70 年代我国海港开始采用带斗门座起重机卸散货。由一般门座起重机发展到带斗门座起重机，最大不同之处是在门座起重机的门座上设有靠近舱口的受货漏斗和接运皮带机，以缩小抓斗的运行距离。带斗门座起重机是通过抓取、提升、变幅，将物料投入受料漏斗，在工作过程中主要是起升机构和变幅机构参与工作，几乎可以省去回转动作。带斗门座起重机的升降速度和变幅速度比门座起重机高，因此缩短了每个工作循环的时间，提高了卸船效率。带斗门座起重机的升降和抓斗开闭速度，多在 80 ~ 140m/min；变幅速度高达 80 ~ 120m/min。但变幅速度也不宜过高，因为变幅速度过高会造成能耗增加、机械振动和抓斗的摆动。

目前带斗门座起重机的起重量较大的是 20 ~ 25t，生产率为 500 ~ 700t/h。带斗门座起重机多用在船型较小的散货船专用码头上。

其特点是在高大的门架上装设有轨桥架，使载重小车沿桥架运行。作业时，抓斗自船舱抓取货物并升出舱后，载重小车（抓斗小车）向岸方运行，将散货卸入前门框内侧的漏斗内，经胶带输送机系统送到货场。

2）连续式卸船作业方式

连续卸船机是当前人们致力于开发的一种卸船机械，以期能大幅度提高卸驳效率和减少粉尘污染。小型的连续卸船机在我国内河码头上很早就有应用。例如湖北省汉江的汉川等港站，用自行设计和制造的小型链斗卸船机卸驳船上的黄沙和煤炭，取得了很好的效果。

该机用于卸驳具有不损坏船体、作业平稳、清舱量少、耗电少等优点。如汉川港，采用链斗卸抓斗卸驳方式。浮式起重机构成的浮式码头，一般是将起重机安装在方形平底囤船上，囤船既是起重船的一个组成部分，又是代替水上建筑物的靠驳码头。浮式起重机的类型很多，目前用于河港散货卸驳作业较多采用的是3－18型浮式起重机。

为了提高卸船速度，除了设计制造出生产率更高的起重机和抓斗之外，人们寄希望于连续卸船机械。近十多年来，机械式散货连续卸船机在技术和应用上都取得了很大的进展。这类卸船机靠连续输送机从船舱中取料并将散货提升出舱和输送到岸上，与码头上的输送机系统相衔接。现有的机型很多，大多为移动式，也有的采用浮式。移动式一般将整机装在可沿轨道行走的门架上，装有输送机的臂架伸向船舶上方，臂架可回转、俯仰，臂架端部的提升物料和取料机构根据卸货的需要还常设有伸缩、回转、摆动等机构。连续卸船机主要根据提升物料出舱的连续输送机而命名。海船散货卸船作业主要有链斗卸船机、斗轮卸船机等。

链斗卸船机其主要优点是：

（1）应用范围广；就货物而言，从磷酸盐、煤（粒度在300m以下）、矾土等物料。

（2）卸船效率较高，工作稳定，卸船时的物料损失量低于抓斗起重机的2%，能量消耗也比同效率抓斗卸船机低1%～2%。

（3）易于实现卸船作业自动化。

（4）防污染问题解决较好。

连续式卸船机的作业特点是由双排斗轮取料，物料落入中间皮带机上，再送到链斗提升机提升到悬臂皮带机运到岸上。斗轮和链斗可以由舱内操纵转动240°。由于司机易于观察物料的挖取情况，机动性较好，效率较高，也可以减少整机移动和悬臂转动的次数。

3）清舱工艺

不论用抓斗还是链斗或斗轮机卸船，都不可能将舱内物料卸清。清舱机械主要用于将散货卸船机不能直接搜取的散货汇集，以便船舱最后能尽快卸空清扫。

散货清舱是目前卸船作业中的一个薄弱环节，尤其是舱口驳和小船，实现机械清舱还十分困难。据了解，目前我国散货卸船清舱量约占卸船量的18%～20%，劳动力占卸船作业的50%～60%，有个别卸船条件较差的船型，清舱量还大于20%，劳动力占70%～80%。要彻底解决清舱问题，根本出路在于改造船型。目前应用较多的清舱机械主要有：刮抛机；电铲；推土机及推耙机。

4）自卸船工艺

散货卸船的关键是清舱。目前使用的卸船机械在船型条件较好的情况下，卸货时仍会有10%～15%的清舱量须要清舱作业。在清舱阶段，由于物料层较薄，生产率要大大降低。

例如,我国使用的15t带斗门机,开舱阶段生产率在600t/h以上,清舱阶段生产率降低到150t/h,平均生产率仅为250~350t/h。

那么能否不用岸上大型卸船机械卸货,且能从根本上消除清舱问题呢?能否通过改造船型在船舱内利用V形坑道皮带机原理将散货卸出,这便是自卸船的构思。我国内河驳型小,卸货、清舱特别困难,因此自卸驳应用较早。国外海上自卸船已有较广泛应用。散货卸船与一般散货船不同之处是它自身设有V形存仓漏斗和皮带机卸货系统。卸货时打开漏斗闸门,物料自动落于皮带机上,然后转运到岸上,所以这种系统免除了清舱作业,适于高效率卸船。

自卸船突出的优点是卸船过程可以完全机械化,生产率高,对进一步自动化和解决污染等问题都有利,但造价比普通同样吨位的散货船高15%~20%。回程通常是空驶。自卸船工艺的经济效益主要取决于合理的航距和船舶吨级,尽管船上配置了众多的自卸设备,降低了船舶的有效载货量,但却缩短了卸船时间;虽然增加了船舶投资以及船舶回空问题,却节省了大量码头投产费用,在定向航线上及一定运距内是一种可取的运输方式。实践证明,把港口建设和船舶运输方式作为一个系统进行研究,协调配合,将会取得最佳的经济效果。

5)散货卸船进口的工艺流程

(1)卸船:卸船机(周期性、连续性)。

(2)中间运输:皮带机。

(3)堆场作业:堆料机+取料机、堆料机+坑道皮带机、堆取两用机。

(4)装车:装车站、装车机、流动机械装车。

3.散货堆场作业工艺流程

堆场的主要作业是物料进出堆场堆料、取料、转堆作业的统称。由于物料品种、特性和堆存量是决定堆场机械和设备选择的主要因素,而应用的机械的设备不同也会影响货物进出堆场的作业方式和堆存形式,两者要相互适应。目前我国散货堆场作业方式主要采用双臂堆料机—坑道胶带输送机系统和地面作业系统。

1)双臂堆料机—坑道胶带输送机系统

双臂堆料机—坑道胶带输送机系统,是我国长江中下游煤炭专用码头所普遍采用的一种方式,如南京浦口、芜湖裕溪口、武汉汉阳作业区等三座大型内河出口煤码头堆场,都曾在20世纪50年代末采用过这种堆场作业工艺,而且至今仍然在使用。它是由V形坑道存仓,双臂堆料机和坑道胶带输送机所组成的系统。采用大型的V形坑道存仓,目的是使所有的物料在重力作用下自流,避免采用结构复杂的出场机械供料的困难,且动力消耗少。物料的进场和堆料是由双臂堆料机来完成的。这种堆料机有两个悬臂皮带机,接受纵向皮带机经机尾送来的物料,通过分叉漏斗,把物料向左或右任一方分配。由于悬臂可以俯仰和整机的移动,在一个新起堆的货位上投料时,悬臂应降下来,以减少投放高度,避免粉尘飞扬和物料破碎。随着一个货位被物料堆满,堆料机沿着轨道移动到另一个货位,或由于物料品种不同,堆料机也要从一个货位移到另一个货位。

双臂堆料机是V形坑道存仓的堆料机械,堆料机的尺寸参数主要决定于悬臂皮带机投料点的位置。该位置又取决于V形坑道存仓堆满物料之后的断面高度和距离轨道中心的距离,以及物料抛出的距离。堆料机的轨道一般应高出地面0.5~1.0m,轨道两边应留有

1.0～2.0m 的人行道。

双臂堆料机结构简单，制造容易，自重轻，能堆高 5～10m、堆宽 10m 左右，堆量有限，仅在狭长地段的堆场使用。由于受机尾的影响，货堆长度小于固定送料皮带机的长度（约 20m）。

V 形坑道存仓断面决定于堆存量、堆场长度以及堆密度和物料的摩擦角。V 形坑道存仓壁的倾角要能使物料从上滑下来。为此坑道存仓壁不仅角度要足够大，而且表面要光滑。

大型 V 形坑道存仓的一重要的缺点是物料容易成拱，不能自流。为此南京港采用了压缩空气破拱的方法，效果良好。这个方法是在距离出料口上方 1m 处（通常在此处易于形成拱面），四角装上四个管口向上的管子，由一个阀门控制。当成拱时打开阀门，气流便以 6.72MPa的压力冲击拱脚，煤即下落。采用压缩空气破拱方法需要备有空压机站和管阀等设备系统，设备比较复杂。

2）堆取料机地面作业系统

地面作业是指堆场作业均在地面进行的。

堆料机、斗轮取料机、斗轮堆取料机已成为露天堆场地面作业系统中应用最广泛的机械。近些年煤炭进出口码头地面堆场作业，主要采用这类机械设备。采用堆取料机作为地面堆场作业机械化的主要设备，基本上有两种工艺形式：一种为堆取分授，即分别由堆料机堆料，由斗轮取料机取料，另一种形式是堆取合一，即堆料和取料由一台机械来完成。堆取合一的机械称为斗轮堆取料机。

（1）堆料机

地面堆场作业系统中所采用的堆料机一般为旋臂式。堆料机的机架跨在水平的固定胶带输送机上，并可在轨道上沿固定胶带输送机移动。堆料机的尾车实际上就是固定胶带输送机的卸料小车。堆料部分是机架上伸出的堆料悬臂，臂上设有胶带输送机，悬臂可变幅和左右回转。工作时，先由固定胶带输送机运来的物料通过尾车卸至悬臂上的堆料胶带输送机，然后输送到悬臂端部卸出堆放到货场上。

（2）斗轮堆取料机

斗轮堆取料机是兼有堆料和取料两种性能的大型高效率连续式机械，但堆取料作业不能同时进行。它主要由斗轮取料机构、悬臂胶带输送机、主带式输送机、运行机构、回转机构、变幅机构和尾车架等部分组成。

（3）门式滚轮堆取料机

门式滚轮堆取料机是在滚龙机的基础上发展起来的一种新机型。它的堆、取料机构是相对独立的。堆料用的倾斜胶带输送机固定在跨越堆场的运行门架的侧上部，它下面叠有一条能正向及反向转动的配料胶带输送机。堆料时，通过门架沿堆场的纵向运行，和配料胶带输送机的横向移动及正反向输送，就可以堆出一个平顶的条形货堆。而套在水平受料胶带输送机架上移动的取料斗轮可在运行门架另一侧升降，以适应从堆场的底部或从堆场的上部分层取料，以及从堆场任意位置取料。尾车通过伸缩机构连接在主体机架上，尾车铰接的头部插入到受料胶带输送机机架下的支架内，并可随滚轮及受料胶带输送机升降。当尾车的头部升高及向内。

4. 散货车辆卸车作业机械及工艺流程

铁路车辆类型与构造以及到港的运行组织形式，对港口装卸工艺有着重要影响。装运散货的铁路车辆主要是敞车和自卸车两大类型。敞车是一种通用型的车辆,除装散货外,还用于装运各种包装杂货,所以铁路车辆中大部分是敞车。自卸车造价高,回程不便于装运其他货物。敞车有木质车厢和钢质车厢两种,从装卸来说钢质车厢较好,因为它强度高,便于使用装卸机械。敞车的装货是从上方敞开部分装入,卸货时既可以从上方敞开部分卸出,也可以从车厢侧门卸出。自卸车装货也是由上方敞开部分装入,卸货则由底开门卸出。

在吞吐量大的港口,散货列车多采用专列直达,一般由 30~50 节车厢组成。

铁路与港口之间,对到港车辆的停留时间和车辆损坏都有赏罚的规约,对取送车的联系制度,也有明确的规定,因此在确定装卸车工艺及效率时对此都应给予充分的考虑。下面主要介绍散货的卸车作业。

对于港口散货个别港口仍然有用人力铁铲卸车的,这种卸车作业方式的劳动强度大,生产效率低,一辆车配 8 个人,生产率为 30~40t/h。用抓斗起重机卸车,由钢丝绳牵引抓斗,控制比较困难,抓斗容易倾倒,抓斗起重机卸车生产率仅 60t/h 左右,尚有 30% 余量需要人力清底。为解决抓斗起重机卸车的困难,可使用液压抓斗起重机。港口高效率散货卸车机械化作业方式主要有下列几种:

1)翻车机卸车系统

从车辆构造来看,对于敞车,最快的卸车方法莫过于将车辆旋转 180°,将物料一次卸出。但列车到港,几十辆一列,不可能将几十辆车在同一时间内一次卸空,通常需要一辆一辆地进行翻卸。

翻车机是铁路敞车沿平行于运行轨道的轴线翻转而自侧出车厢内所载散货的一种大型的卸车机械,它具有卸车效率高、生产能力大、机械化程度高的特点。目前应用最为广泛的是转子式翻车机,国产 KFJ-2A 型翻车机主要性能参数如下:

最大起重量:100t

翻卸车速度:30 辆/h

转子滚圈直径:7.3m

最大旋转角:175°

旋转周期:51.3s

定位器阻抗力(液压铁靴式):39.2kN

定位器缓冲行程:100mm

推车器推力:2.45kN

推车器推车速度:0.75m/s

推车距离:10m

压车装置行程(液压锁紧式):975mm

形成一个有效的翻车机卸车系统,除翻车机外,还需要相应的铁路线、空重车的调车设备以及翻车机下方的漏斗和接运皮带机等。下面通过南京港的一个例子来简要说明它的作业和工艺布置。该系统采用折返式铁路线布置,配有送车和取车设施,翻车机下设漏斗、给料器、接运皮带机等。

散货列车到达港口车站以后,需经过技术检查,查明车辆是否适于翻车机翻卸。对不适合翻卸的车辆应从列车中挑出,并将适于翻卸的车辆根据货物品种和卸车次序加以编组,然后才能向翻车机停车线（重车停车线）送车。

由机车将车辆送入重车停车线1后，将第一辆车的钩销和制动闸松开，然后由人力撬动车轮，使之沿坡度溜下。当冲入调车绞车推车器（铁牛）2沟槽后，即用铁鞋制动，以免后退。接着开动调车绞车5，钢丝绳通过滑轮组牵引推车器，将车辆推入翻车机3内。车辆在翻车机内停妥后，开动翻车机转160°～175°，将物料卸出。

翻车机主要由转子传动装置、压车装置、托架梁和托辊装置等组成。当重车溜入翻车机后先靠于托架梁上，再由压车装置将其压紧固定，转子即回转卸料。当翻转卸料复原后，由推车器将空车推出，沿驼峰坡度溜下，冲入反驼峰回溜，经弹簧道岔6进入空车停车线4。在进入空车线时，必须由制动员控制停车位置，以免与前面的车辆相撞。

回到空车停车线上的空车，还需要清扫残留在车辆内的物料。如装运的是潮湿的煤炭，剩余量可达2～3t之多。

每一辆重车经上述过程后，在空车停车线上集结，经列检，由机车取回。

为保证上述工艺过程的有效进行，配套设备在构造上、规模上、效率上必须相互适应，如停车线的长度，必须适应到港列车车辆所需要的停车线长度；调车系统的效率应保证能及时地为翻车机供应车辆等。

国产转子翻车机每卸一辆车的周期约需2min，而翻卸的时间约1min，物料从车辆中流出到卸空，仅20～30s。翻车机与坑道皮带机之间设有存仓漏斗闸门，起缓冲作用。存仓漏斗的容量为车辆载质量的1.5～2倍。

为使物料易于从存仓漏斗中卸下，可以在钢板制成的仓壁上装振动器，较有效的位置是在仓壁中心线距出料口约1/4的高度上。仓壁的倾斜角一般为55°～70°。出料口尺寸从500mm×500mm到1000mm×1000mm，上口应保证卸料时不致使物料散落于仓外。

为控制从存仓下料口流出的物料数量，可采用较简易的板式闸门等。但为获得供料均匀可靠，最好采用板式（或带式）给料机。给料机安装在出料口下方，物料是直接作用在给料机上的，所以给料机要比漏斗口宽才能使物料不外溢。

有的翻车机存仓上口设有栅格，以免过大的块状黏质或冻结的大块物料落于存仓内而造成堵塞。此外还配有小型推土机，作破碎大块物料之用。

该类翻车机主要特点是结构较简单，自重轻；倾翻角度大，生产率较高；工作可靠，清扫车量少；耗电量少。但地下构筑物较深，一般达15m左右，土建工程量及投资大；维修工作量大；易损坏车箱等。翻车机系统一般用于年卸车量大于500万吨的大中型港口。本系统还有一个较大的缺点是驼峰溜车制动员上下车劳动强度大，而且不安全。除上述的南京港翻车机系统中采用的取送车方式外，我国港口在翻车机系统中已采用牵车铁牛、摘钩平台、牵车台，空车铁牛等取送车方式。

采用这种系统的列车可以不用人力摘钩。列车由推车器1从最前一辆车牵引，当第一辆车进入摘钩平台4，后面的车辆便由液压止挡器2挡住。推车器降下牵引臂与车钩脱开。位于摘钩平台上的车辆，在摘钩平台后端上升0.4m，这样可以与后面车辆脱钩，同时溜入翻车机5内。在翻车机内有止挡器止挡定位，然后翻卸。再由机内推车器将空车推出，溜入牵车台7，止挡定位后，由牵车台将空车牵送到空车线推出。再由空车线上空车铁牛推送到空车线上，如此重复，直到一列车卸空。

用驼峰溜车的取送车方式，效率可达到25/h，用摘钩平台和牵车台的取送车方式，每小时可翻卸30～33次。不仅效率高而且所用人力少，作业安全；

进一步提高翻车效率可以从缩短工作周期和提高一次翻卸货物的数量两个方面去考虑。为缩短工作周期不宜简单地用提高翻车机旋转速度的方法，因为翻车机旋转的行程很短，提高旋转速度所能节约的时间很少，而且速度过高还会发生物料飞扬到存仓外面的弊病。因此缩短工作周期应主要着眼于重车的摘钩解体和空、重车进出所占时间的节约。

为此，近年来国外发展了一种不摘钩连续卸车方式，要实现这种作业方式，需要车辆之间的联结钩能够回转；翻车机的回转中心应与进车线和出车线上车辆之间联结钩的回转中心线一致。此种作业方式，效率可达30～40次/h，同时也避免了摘挂钩作业、绞车调车作业等许多人力作业环节。

另一种提高翻车机效率的方法是采用载质量大的车辆和一次翻卸2个或3个车辆。

2）螺旋卸车机系统作业方式

螺旋卸车机是一种简易而有效的卸车机械，基本方法是将螺旋插入物料中，当螺旋旋转时，通过螺旋斜面将物料从敞车侧边门推出。螺旋卸车机的形式主要有桥式、门式和单臂式三种。

3）链斗卸车机作业系统

链斗卸车机是利用跨在铁路线上的斗式提升机挖取物料，并通过其上部堆料的悬臂胶带输送机向铁路两侧堆料的卸车机械。其堆料的胶带输送机有平移外伸悬臂式、俯仰外伸悬臂式和跨内横移式等三种类型，其中，俯仰外伸悬臂式的堆料量较大。

链斗卸车机的卸料装置是由两排或四排垂直提升的料斗组成，料斗容积多为40～45L，料斗间距约为400～500mm，料斗提升速度多在1.0～1.5m/s，生产率为300～500t/h，料斗最低点位置离轨面为1.2m，即靠近车箱底面，行程多为2.5～4m，大车运行速度，卸货时多为2～2.5m/min，空车行驶时多为12～18m/min。

由于链斗卸车机是在高处卸货，所以可以不用坑道皮带机配合，而是将物料直接投入堆场。它可以沿卸车线长距离走行卸货，也可以定点卸货，但这时需要移动车辆，并用其他机械接运物料。

链斗卸车机工艺的特点是：把取料、运卸合为一个连续的整体，并由一台单机完成；不需任何辅助设施，不需要设置地下坑道；机型单一，作业环节少，设施简单，造价低，操作易，不伤车皮，设备维修简单；可以在卸车线上配置多台同时卸车，形成很高的卸车能力。主要缺点是：皮带机伸出有限，故物料一般只能堆放在铁路线两旁；作业范围不大，且堆存货物要求周转迅速；轨道两旁要经常清理，否则，易造成堵塞。另外，悬臂皮带机投料点扬尘大，链斗噪声大，易磨损，有一定的卸车余量（1～2t），需要人力清扫。

4）底开门自卸车系统作业方式

底开门自卸车有平底的底开门自卸车和漏斗式底开门自卸车两大类，载质量多为60t，底开门卸车线有许多不同的布置形式：卸车线长度，可以是2～3个车位，也可以是20～30个车位的长卸车线；卸车线有高出地面的和不高出的。从自卸车流出的物料如何接运是工艺布置中必须解决的问题。如用抓斗起重机把卸车线两边卸下的物料转运出去，卸车线两边的容量必须保证在第二次列车到达之前出清，所以它的断面就取决于这个卸车间隔时间内每一个车位卸车的数量。

除抓斗起重机配合卸车线外,还有用坑道皮带机接运的方式。由于底开门自卸车卸货速度比较快,而且一般是多辆同时进行卸车,进入坑道漏斗中的物料相当集中,所以坑道漏斗必须配有闸门加以控制。

当底开门自卸车停妥以后,由工人将车底门打开卸车,物料因潮湿而黏结在车箱边角上时,还需要进行清扫,然后将车底门关上。关闭车底门是一个比较费力的作业,尤其是老式的 7 对底门。

5. 散货车辆装车作业机械及工艺流程

目前常见装车机械设备有三种类型,即周期性的机械、连续性的机械及装车存仓等。

周期性的装车机械主要有起重机抓斗、装载机等。装卸车作业的方式往往决定着堆场作业的方式,故其机械的选型和工艺布置,一般宜结合堆场作业全面地综合考虑。门座起重机及桥式起重机是大型直立式码头上的主要装卸机械,一般用在有车船直取作业的码头,跨越 1 ~ 2 条铁路线。堆场上布置二线门座起重机时,除满足装卸车工艺要求外,还要求两机最大吊幅相互交叠 5m 左右。该机在装卸车作业时灵活性大,取料范围大。装卸桥因能跨越铁路及货堆,只占用很少的道路面积,可相应提高堆场有效面积利用率,可全面承担码头的船舶、堆场和车辆的各项装卸作业,使装卸机型单一,装卸过程简单。抓斗起重机装车的主要缺点是抓斗不易对准车厢,物料易外撒,对车厢冲击大,所以效率不高。此外,由于铁路线是固定的,货堆与铁路线的距离随着作业的进行而不断变化,因此采用流动起重机、挖掘机等在作业时本身不便移动的机械很不方便。

单斗车的铲斗可依靠液压油缸的驱动而升降和倾翻,能铲取散货并进行装车、搬运、清舱等作业。其动作迅速,操作灵活,铲斗容积为 1 ~ 4$m^3$,目前已较普遍地用于港口堆场散货装载汽车作业。

连续式散货装车机有链斗式、斗轮式、蟹耙式等多种形式,它们大都以其取料装置的形式而命名。例如:蟹耙式由两个蟹耙钳形耙交错动作把物料耙往运料输送机进行装车。斗轮式装车机与斗轮取料机相似,由斗轮取料并通过胶带输送机运料装车,其机型及生产率均不大。如 DZ—45 型履带式斗轮装载机,其生产率为 100 ~ 200$m^3$/h,斗轮直径为 2.4m,皮带机宽度为 500mm,带速为 2.5m/s,自重为 22t,整机功率为 61kW。该机不但能作为装车机械使用,还可作为轨道式堆料机的衔接机械,因此扩大了堆场宽度,增加了堆场容量。

在装车量较大的港口,可使用高架存仓漏斗皮带机构成的装车系统。高架存仓漏斗下可设一线、二线或三线停车线,每条停车线上有若干车位可以同时装货,每一辆车只要几分钟就可装满,如果采用长的装车线,若干车辆同时装车,可具备很高的装车能力。

每 3 辆车一组进行装车的方式。物料是由倾斜皮带机 1 供给,并由梭式皮带机 2 分配到各存仓中。由于存仓有一定的容量,所以向存仓中供料及装车作业都有相对的独立性。

当车辆停妥以后,放下溜槽 4 打开闸门 3,物料自动流入车辆。当物料进入车辆已接近规定的吨位时即关闭闸门,由前方的牵引绞车 6 牵引列车向前移动。当第一辆车位于轨道秤 5 上后,停车,打开计量存仓下的计量闸门,根据轨道秤的指示,将不足的份额装满。达到规定的吨位后计量闸门关闭。

关于装车量和闸门的控制,除用人力以外,还可以进一步机械化,例如闸门的开闭可以用液压油缸或电机驱动齿轮来实现。溜槽则可以由电动机和绳索卷筒来控制升降。当装货达到预定高度时,物料推动挡板使触点闭合,以电信号通知作业人员关闭闸门。这样闸门的看管就可以集中到司机室内,对改进劳动条件有利。这个信号也可以作为通知调车绞车之用。当车辆进入轨道秤以后,应补充装货,此时向车上溜送的物料,应该用较小的流量,随着轨道秤读数接近规定吨位,流量应不断减少,直到停止。

这种作业方式在宁波港煤炭码头上使用效果很好。由于该码头每次只给一个车辆装货,所以它不分预装存仓和计量存仓,而是二者合而为一,每辆车的装车和过磅的时间只需 5min。

**(三)港口干散货作业现场安全要求**

1. 散货作业现场一般安全要求

(1)作业人员必须根据散货的特性和操作要求,选用合适的吊运工具。作业场所内不准堆放杂物,与作业无关的人员及车辆不准在作业区域停留。夜间作业场所要有足够的照明。

(2)粮食及食品散货作业,作业人员必须使用符合食品卫生要求的机械、工具和个体防护用具。

(3)作业使用的机械和各种配套的工索具在工间检查、加油、故障修理或暂停作业时必须停放稳妥,岗位上的操作人员不准擅离岗位。

(4)开工作业前,必须在船边作业吊运路线上张挂好防止货物坠落的安全网。

(5)在操作中,指挥手站立的位置必须选择在司机视线的最佳处,要避开吊运路线,司机必须听从指挥手指挥,舱内有机械作业时,指挥手必须加用声号与舱内司机联系。

(6)舱内卸货时,必须保持船体平衡。抓斗在空中运行中不准空中开斗或撞击漏斗。

(7)机械下舱作业,必须确保舱内有足够的回旋余地($60m^2$),机械配合抓斗作业时,必须听从指挥手统一指挥,不准抓斗与舱内机械同时作业(混合作业),舱内机械不准在吊运路线上停留,抓斗及吊运货物不准从舱内机械上方通过。

(8)作业人员在舱内配合机械清舱时,必须注意避让关、避让山头、避让机械,禁止在同一舱口内采用抓斗和人力同时作业。禁止作业人员徒手推、稳抓斗。

(9)使用网络卸货时,不准超载,对牵附在网络外的货物必须在吊前清除。

(10)指挥手、起重机司机与舱内的作业人员要保持密切联系,交接班或吃饭时,指挥手必须等舱内的作业司机和作业人员上甲板后方可离开。

(11)抓斗落驳作业必须设专人指挥。安置上下驳船梯子必须远离关路 2m 以上。不准用抓斗直过 60t 以下的小驳船。

(12)装载机直送漏斗时,漏斗上不准有人,装载机不准撞击漏斗。装车时,必须保持车辆平衡。

(13)吊运辅助机械下舱必须使用专用工具,设专人指挥,被吊运的机械必须处于被运输的状态(即关闭发动机、合上制动器、锁定各种定位销)。用两台起重机同时抬吊时,必须使用平衡架吊具,每台起重机的实际受力不准超其允许负荷的 80%,抬吊时起重机械司机必须进行单动作操作。

2. 装船机安全操作规程

(1)作业前应检查电缆是否安全,检查各齿轮罩、推动器及离合器等注油情况,确认各操纵控制器、各触点、各开关及限位装置是否良好、有效。

(2)遵守《装卸作业安全操作规程》,看清指挥手势集中精力,认真操作,起、落要平稳、轻、准。

(3)俯仰升降、溜筒起降要慢,严禁大起大落,不得超过上下限位,野蛮操作。

(4)装船机大车行走、旋臂皮带回转时要响警铃,应避开障碍物,不得与船上设施、码头设施发生碰撞,听清指挥手指令。

(5)装船机在作业期间,不得在驾驶内做与工作无关的事,不得疲劳、带病、酒后上岗作业,严禁作业期间睡岗。

(6)随时关注皮带流量变化,最大流量不得超过600t/h。当流量不稳定时,应及时通知发运库内发散工及时调节,严禁长时间大流量超负载运行。

(7)当班期间随时注意天气变化,根据天气变化,及时采取相应的防范措施。严格按照《台风及恶劣性天气码头设备防风措施》落实设备防风工作。

(8)装船机停止作业时应将装船机停至锚定位置,并将溜筒置于码头面层,切断控制台开关,关好门窗。装船机长时间停机,应切断主电源。

(9)每班定期对传动机构进行检查,确保伸缩钢丝绳状况良好。

(10)溜筒移动时,行走安全路线,严禁从人头越过。

(11)装货过程中,要听从指挥手指令,不得在情况不明的情况下擅自调整操作。

(12)六级风(含六级风)以上,严禁1000总吨(含1000总吨)以下的船舶靠泊作业。八级风(含八级风)应停止为所有船舶靠泊作业。

(13)装船机操作人员在装船前要了解来船的吨位、所装吨位,并要求船主出具船舶装载图。

(14)在装船时,中控人员要密切注意各部位测量值的变化情况,及时与装船机现场联系,掌握装船情况。

3. 皮带输送机安全规程

(1)操作前必须正确穿戴劳动保护用品。

(2)信号不明或无专人联系不准开机。

(3)运行中,不准清理运转部位上的积料或杂物。

(4)运行中,不准移动或检修(调整跑偏除外)。

(5)操作中,一看、二不、三勤的操作要领。

①一看:物料粒度大小、有无其他杂物、下料口是否通畅。

②二不:皮带不跑偏、不掉料、不刮破皮带。

③三勤:勤检查、勤润滑、勤清扫。

(6)检修或维护时,必须将开关置于"检修",必要时进行断电并办理停电手续。

4. 链斗卸车机作业现场安全要求

为了保证链斗卸车机在使用过程中的安全,发挥卸车机满足现场需要的最大效能,链斗卸车机作业现场必须满足下列安全要求。

①对位作业时,车辆进入卸车机前,调车员必须下车,严禁调车员调车穿越卸车机。

②卸车机除指定的司机,其他人员一律禁止使用。

③在使用前,必须检查卸车机上轨道及行程中是否有人和其他杂物,确定没有才可启动。

④对位作业前和作业完毕后,上升斗式提升机必须提升到最大高度。

⑤车辆未停稳时,卸车机不准进行工作。

⑥卸车机在卸车过程中,不准进行调车作业,也不允许卸车清扫人员进入没有卸完的车厢中作业。

⑦卸车机在卸车过程中,司机人员应集中精神,控制和掌握链斗上升下降加大车前进后退,避免和防止碰撞车厢及刮伤车底。

⑧卸车机只能分两次挖货,严禁一次到底。

⑨作业完毕,卸车机必须停置原位,关闭的电源总开关。

5. 不同散货作业现场的安全要求

1)煤炭作业现场安全要求

(1)煤炭堆场的要求:

利用露天场地堆存煤炭,但堆场要符合下列条件:场地必须有一定的排水坡度,且较高而干燥,不会积水;场地应不受地下热源(电缆、油管、蒸汽管等)的影响;应另有相当于煤堆所占面积的1/6的场地,以供倒堆处理时使用;应有足够的消防设备;电器照明应有安全设备;煤堆之间以及煤堆与周围建筑物之间应有足够的安全距离,见表8-4。

**煤炭堆场安全距离** 表8-4

| 堆场环境 | 安全距离米(m) | 堆场环境 | 安全距离米(m) |
|---|---|---|---|
| 煤堆之间(放火间隔) | 6 | 煤堆与可燃物建筑物之间 | 20 |
| 煤堆与半防火可燃建筑物之间 | 15 | 煤堆油料、杂货、木材等库场之间 | 60 |

(2)煤堆高度控制:

为防止煤炭发生严重的风化损失和自燃,应根据不同的煤种和堆存期确定安全的煤堆高度,具体高度限制见表8-5。通常煤炭在港口的堆存期不会太长,但也有长期堆存的情况,不应忽视。

**煤堆高度限制** 表8-5

| 堆存期 | 煤种类别(按自燃倾向) | | | | |
|---|---|---|---|---|---|
| | 1 | 2 | 3 | 4 | 5 |
| 10昼夜之间 | 不限制 | 10m以内 | 5m以内 | 2.5m以内 | 2m以内 |
| 超过10昼夜 | 不限制 | 5m以内 | 3m以内 | 2.5m以内 | 2m以内 |

(3)防止煤堆自燃的措施:

防止煤堆自燃的措施有:打眼法、压实法、灌水法、化学覆盖法、物理覆盖法和定期测温法。

**检测温度时间间隔及测点间距** 表8-6

| 按自燃倾向分类 | 检测时间间隔 | 测点距离(m) |
|---|---|---|
| 1 | 10昼夜、 | 20~25 |
| 2 | 5昼夜 | 12~15 |
| 3 | 2昼夜 | 6~8 |
| 4及5 | 每日进行 | 4~6 |

(4)煤堆的降温措施：

当煤温达到40℃时，无论属于何种煤，每昼夜测温次数不得少于两次。测温时间间隔及测点间距见表8-6。

当煤温达到或超过60℃时，或每昼夜温度上升5℃时，应采取以下措施：

挖沟：在煤堆高温区，挖出几道纵横的沟渠，达到散热降温的目的。

松堆：降低煤堆高度，分成若干小堆，使温度下降。

倒堆：将堆全部或部分转移，搬移中使之散热。

灌水：在高温部位的堆顶上，挖出若干个浅坑，然后大量灌水，水渗出后带出热量。对已有局部自燃的煤堆，应将自燃部分挖开再灌水，防止因灌水不均匀挥发物和油类分解而遇火复燃，甚至积热不散，蔓延助长了自燃。

(5)防风化损失措施：

防风化损失的措施主要有：推陈出新，缩短堆存时间；减少碰击，用洒水压实来防风蚀；防雨风，挖排水沟，防流失。

(6)作业现场要按下列要求防煤冻结，以免影响装卸作业；

①为了避免煤冻结，最好的办法是只装运水分不超过5%的标准湿度煤；

②对已冻结的煤，则先用凿煤机、空气压缩锤或其他简单的工具如撬杠、锄头、丁字镐等把冻煤敲碎；

③采用防冻剂可防止煤冻结。如生石灰、食盐、氯化钙、石墨和白土等，可分层撒在煤的中间或与煤混在一起。

2)金属矿石作业现场安全要求

(1)在装矿石以前，应仔细检查和清扫船舶的污水沟、排水系统，应把污水沟盖堵严，以防止矿砂落入沟内。

(2)散运含水率在8%以上的精选矿粉中，针对渗水性(含水层)，装舱时应安装纵向止移板以减少渗水后自由液面对船舶稳性的影响，当装运量较大时，更不能忽视渗水移动所造成的严重后果。

(3)矿石运输应注意选定航线，要时刻注意海洋上的气象变化，避免在恶劣气象条件下航行，一旦面临较大的横向波浪或恶浪冲击船体，要避免较长时间在同一方向受波浪的打击，航行中应避免由于燃料、淡水不断消耗而出现船体发生倾斜的现象，同时要分析船体出现倾斜现象的原因以期及早恢复正浮。

3)粮食作业现场安全要求

(1)装货前应全面检查货舱及设备并使之处于适用状态。

(2)合理编制积载计划，备妥止移装置(如必要时)，填写散装谷物稳性计算表，只有满足《SOLAS 1974》的稳性要求后，才准许装货。

(3)非整船装运谷物时，严禁与易散发水分货物、易散发热量货物、有异味货物、污秽货物、有毒货物以及影响谷物质量的其他货物混装。

(4)承运前加强对谷物质量的检查，防止接受含水率超标、发热、霉变、有虫害的谷物，以免运输中扩大损失。

(5)航行途中应定时测量谷物的温度，并根据外界条件进行正确通风散发热量和防止出汗。

(6)谷物原则上应堆放在仓库内,仓库的条件与货舱基本相同,做好垫垛。港口短期存放可利用仓库或露天堆场,露天堆存应有较高的底部垫板和良好的铺盖,防止雨湿。

4)化肥作业现场安全要求

(1)应有完整并能防潮、防水的包装。

(2)堆装化肥的货舱(或仓库),以及所用的衬垫材料都必须干燥。

(3)装运化肥的货舱的舱盖板应保持完整和水密。

(4)污水沟应畅通,通过该舱内的管道应完好。

(5)船舶航行途中,还应加强通风管理,严防因船体出汗而发生货损。

(6)化肥运输最好专船、专舱装运对于不同种类的化肥,可按照配装表的规定。

(7)作出同舱或分舱装载的具体处理。

(8)贮运、装卸和搬运具有毒性的化肥应加强防止人员中毒的措施。

5)水泥作业现场安全要求

(1)货舱应干燥,舱室甲板和舱盖必须水密,舱内排水系统应完好,并有良好的通风防潮设施。

(2)一艘船舶最多只能配装两种不同标号的水泥,且分别装载。

(3)水泥最好装在单独的货舱内,不要与其他货物装于同一舱室。

(4)水泥在货舱、仓库内的堆装高度有所限制。

(5)装船时必须严格控制货舱的清洁条件,以防有任何能影响水泥质量的残留物混合地脚水泥。

## 六、港口液体货装卸工艺流程及作业现场安全要求

液体货是指以液体状运输和储存的货物,主要货品为石油及成品油、液化气及液体化学品。石油是工农业生产的重要能源之一。世界上石油运输的需求一方面产生于石油产地和销地的不平衡,另一方面是由于现代工农业生产的高度发展,对以石油为主的能源的越来越大量的要求。所以石油的海运量在近几十年内一直趋于上升的趋势,当前其运输量是居世界各货种相对运量之首位,在所有新能源尚不能完全取代石油前,石油运量还将要维持在相当高的水平。

### (一)石油及制品装卸工艺流程及作业现场安全要求

*1. 石油种类*

石油可分为原油和石油产品两大类。

石油可分为原油和石油产品两大类。原油是指未经提炼的石油;石油产品则是指原油经过提炼而成的油品。它可分为:

(1)透明石油及其产品:如汽油、煤油等轻质油品。

(2)深色石油及其产品:柴油、润滑油等。

(3)沥青及其他:沥青呈固体状,是石油经提取油品后的剩余物,在运输和装卸时,以件杂货处理。

*2. 石油的特性*

石油以及石油产品是具有易燃烧、易爆炸、易产生静电等特性的特殊液体,因而会给储

运、装卸带来危险，从事石油运输和装卸生产工作的人员，必须要熟悉和掌握石油的特性，采取一些相应的措施。

1）易燃性和爆炸性

石油和石油产品的易爆程度可以用闪点、燃点和自燃点来衡量。闪点即在常压下和一定温度时，油品蒸发出来的油蒸气和空气混合后，与火焰接触闪出蓝色火花并立即熄灭时的最低温度；燃点即在常规大气压力下和一定温度时，油品蒸发出来的油蒸气与空气混合后，与火焰接触而着火并继续燃烧不少于5s时的最低温度分两类：自燃点即在常压下，将油品加热到某个温度，不用引火也能自行燃烧时的最低温度。

爆炸分两类：一类是油气混合气因遇火而爆炸，这是一种化学性爆炸；另一类是密闭容器内的介质，在外界因素作用下，由于物理作发生剧烈膨胀超压而爆炸，如空油桶或空油轮等因高温或剧烈的碰撞使腔内气体剧烈膨胀而造成爆炸等。在油库中最易发生且破坏性较大的是第一类爆炸。油蒸气与空气的混合气达到适当浓度时，遇到足够能量的火源就能发生爆炸。某种油蒸气在空气中能发生爆炸的最低浓度和最高浓度，称为某种油蒸气的爆炸浓度下限和爆炸浓度上限，其所对应的饱和蒸气压对应的油料温度称为这种油料的爆炸温度极限。

当空气中含油蒸气的量处于爆炸上限和爆炸下限之间，才有爆炸的危险，而且爆炸极限的幅度越大，危险性就越大。如果低于爆炸下限，遇明火，既不会爆炸，也不会燃烧；当空气中含油蒸气的量超过上限时，遇火只会燃烧而不会立刻爆炸，但在燃烧过程中可能突然转为爆炸。这是因为油品蒸气在空气中所占的体积百分比在燃烧中逐渐降低而达到爆炸上限的缘故。

注意：油码头要和其他码头分隔并设在下游或下风处；与临近的建筑物要有300m以上的防护距离，并要和居民区分以上的防护距离开；码头要设置合理的消防设施；码头要设置合理的消防设施。

2）挥发性

不同的油料的挥发性是不同的，一般轻质成分越多，挥发性越大，汽油大于煤油，煤油大于柴油，润滑油挥发较慢，同时油料在不同温度和压力下，挥发性也不同，温度越高，挥发越快，压力越大挥发越快。从油料中挥发出来的油蒸气会迅速与空气混合，形成可燃混合气，一旦遇到足够大的点火能量，就会引起燃烧和爆炸。挥发性越大的油料的火灾危险性越大。因此，挥发性对安全运输、装卸和贮存具有重大的意义。另外，石油的挥发会引起油量的减少和油质的降低，因为挥发成气体的大部分是石油及其产品中的轻质有效成分，气体的大部分是石油及其产品中的轻质有效成分，而且这些挥发的气体还有伤害人体健康，一般情况下，当空气中油蒸气的含量达3g/L时，还会危及人的生命。所以应配备必要的防毒面具以便在检修管道或油堆时使用。

3）扩散性

油料的扩散性及其对火灾危险的影响主要表现在以下三个方面：

（1）油料的流动性油料，特别是轻质油料，具有很强的流动性。所以，油料的这种流动性使得油料的扩散能力大大增强，易发生溢油和漏油事故，同时也易沿着地面或设备流淌扩散，增大了火灾危险性，也易使火势范围扩大，增加灭火难度和火灾损失。

(2)油料比水轻且不溶于水这一特性决定了油料会沿水面漂浮扩散,一旦管道、储油设备或油轮把油料漏入江、河、湖、海等水域油料就会浮于水面,随波漂流,造成严重的污染,甚至造成火灾。这一特性还使得不能用水直接覆盖扑救油料火灾,因为这样做反而可能扩大火势和范围。

(3)油蒸气的扩散性油是由于油蒸气的密度比空气略大且很接近,有风时受风影响会随风飘散,即使无风时,它也能沿地面扩散出50m以外,并易积聚在坑洼地以外。

4)纯洁性

不同品种的石油产品一旦混在一起就不易分离,这就要求石油产品在装卸运输贮存时要保持其纯洁性。

5)易产生静电性

石油在金属容器中或沿管线流动时,会与容器壁或管道壁上产生摩擦,而摩擦会产生静电荷,静电荷会在容器壁或管道壁上聚集,当静电荷积聚到一定电位时,会产生静电放电,这种放电的火花对有大量的石油蒸气的作业场所来说,很容易引起燃烧和爆炸。

6)黏性和凝结性

各种石油产品及原油的黏性是不同的,有的黏性小,容易流动,如汽油;有的不仅在低温下有很大的黏性,甚至在夏季气温较高的情况下,仍是凝结的,如某些原油及不透明的石油产品。任何液体都有黏度,油品的黏度是表示油品流动性的指标,一般轻质油的黏度小,流动也快;重质油的黏度大,流动也慢。黏度与温度有关,温度升高,黏度下降,流动性好;反之,温度下降黏度升高,油品易凝固。

7)膨胀性

物质具有热胀冷缩的特性,称为膨胀性。石油及其产品受热时,体积会随着温度的升高或降低产生膨胀或缩小。石油及其产品受热时,体积会膨胀而增大,这就是石油的膨胀性。油品的膨胀性与体积、温度有关、一般说来,油品越轻,膨胀系数越大。石油及其产品的膨胀性要求人们在贮油的油罐容器中留出一定的剩余空间,以适应这种特性的要求。

8)毒害性

石油蒸气对人体健康很有害。因石油中毒或以吸入起蒸气而引起中毒的情况时有发生,越是大量吸入蒸气,造成人体中毒甚至死亡可能性越大。有的油品,如四乙基铅的汽油蒸气毒害性更大,它可以通过皮肤接触使人中毒。石油的毒性与其蒸发性有密切关系,易蒸发的石油制品比难蒸发的石油制品毒性大。

3.石油的装卸设备

石油的装卸设备主要包括输油泵、管线及附加设备。石油的装卸设备主要包括输油泵、管线及附加设备。

1)输油泵

输油泵的作用是产生压能,使油品在压差的作用下流动。输油泵一般要求排量大,扬程较低;扬程低的采用单级离心泵。输油泵主要有离心泵、往复泵、齿轮泵和螺杆泵等几种。油港输油通常采用的是离心泵。

输油泵的型号,应根据原油性质和输油参数进行选择,油性质和输油参数进行选择,同一泵房内,泵型应尽量一致。配用电机应优先考虑防爆,电压力求一致。输油泵的流量,应根据装船、装车、管道输送等不同情况分别确定。

2)管线及附加设备

油港内的管线有油管线、气管线(如压缩空气管线、真空管)、水管线(冷水、热水管线)等几种,一般都用无缝钢管和有缝钢管。

油管线是联系泵房、油船、油码头及铁路装卸车台的主要设备。油管线的种类有:钢管、耐油胶管、软质输油管等。固定输油管多用钢管;耐油胶管主要用于机动装、输油设备,及连接的活动部位;软质输油管是一种新产品,由于其收卷方便,在野外作业时得到广泛应用。

(1)钢管。

钢管按其制造方法分为无缝钢管和焊接钢管。无缝钢管又分为热轧和冷拔两种,油库常用的是热轧普通无缝钢管。它的主要优点是:品种规格多、强度高、安全可靠。无缝钢管的规格用外径乘壁厚表示,如 $\phi$59mm×4.5mm,表示外径为59mm,壁厚为4.5mm。

焊接钢管是先将钢板卷成圆筒,然后焊接而成。根据钢板卷制的方式不同,可分为对缝焊管和螺旋焊接管两种,大直径管路采用螺旋形焊缝。按表面质量分镀锌和不镀锌两种,镀锌的俗称白铁管,不镀锌的俗称黑铁管。焊接钢管价格较便宜,管壁较均匀,能制成较大直径;缺点是焊缝强度往往不能完全得到保证,因而承受压力较低。

(2)胶管。

油库常用的胶管主要有输油胶管、重型输油胶管和钢丝编织输油胶管等。输油胶管,即中间及外层带螺旋金属丝的输油胶管,这种胶管由内胶层、内增强层、螺旋金属丝、中胶层、中间增强层、外增强层以及外胶层组成。承压能力较强,可用于吸入和排出,适合用于油轮的装卸,也可用于军舰加油。

(3)钢丝编织输油胶管。

钢丝编织输油胶管由内胶布缓冲层或棉线螺旋钢丝、中间胶层、钢丝编织输油胶管和外胶层组成。其承压能力较强,工作压力为980kPa。这种胶管没有接头,可以截断使用,可以作为排出管,也可用于吸入管路。

(4)软质输油管。

这种输油管主要由能承受内压和拉力的编织骨架层和防渗内外保护层组成。编织骨架层采用锦纶、涤纶做主要材料,内外保护层采用橡胶做主要材料。它的优点是质量轻、存放体积小,使用方便等。

3)车船装卸的连接设备

油罐车的装卸设备包括装车台(栈桥)及鹤管。装车台一般是根据油品性质和操作条件不同分台设置的。

油船装卸可用橡胶软管作为码头和船舶之间的油流通道。

输油臂是一种新型的油港装卸设备。输油臂具有俯仰和旋转的功能,臂上油管为有活动接头的钢管。输油臂的特点是生产安全可靠、省力、使用年限长、效率高、维修费用低,有利于油港装卸自动化。

4.港口石油装卸工艺

传统的石油运输是以桶装的件货运输为主要运输方式的,20世纪上叶出现的散装石油运输,导致了现代化超级油轮的诞生和港口石油专业化码头和装卸工艺的出现,带来了水上运输工艺的第一次革命,同时也进一步促进了世界石油运输的发展。

港口石油的装卸包括石油的装船、卸船和装车、卸车。

1)油船装卸方法

油船装卸方式可分为靠码头直接装卸和通过海上泊地装卸两种。靠码头直接装卸是目前我国大部分油码头均采用的方式;通过海上泊地装卸在国外用得较多,海上泊地可理解为在离开陆域较大水深地设置的靠船设施。油船的海上泊地,按其构造形式及输油管方式分类见表8-7。

**按结构形式及输油管方式分类**

表8-7

| 结构形式 | | 输油管方式 | 结构形式 | | 输油管方式 |
|---|---|---|---|---|---|
| 固定式 | 靠船墩式 | 海上或海底油管海上油管 | 浮标式 | 单点系泊 | 海底油管 |
| | 栈桥式 | | | 多点系泊 | 海底油管 |

单点系泊方式是油船的船首系在一个浮筒上的方式。多点系泊方式是将油船的船首与船尾用数个浮筒保持在一定方向的系泊方式。海底输油管与油船的集合管由一根或数根软管相接。

2)油罐车装卸方法

(1)装车方式:目前我国大部分铁路轻油罐车均无下卸口,故采用鹤管上装为主。罐装方法有泵装和自流装车,自流装车是在有条件的地方,利用地形高差自流罐装。

(2)卸车方式:油罐车卸车分原油及重油卸车和轻油卸车两种方式。原油及重油卸车时,采用密闭自流下卸方式,敞开自流下卸方式与泵抽下卸方式。轻油卸车均采用上卸方式,所以要设卸油台,卸油台的结构与装油台基本相似。

上卸的方式又分为虹吸自流卸油和泵抽卸油两种。虹吸自流上卸应用于当油罐位于比油罐车更低的高程时,可利用卸油竖管作为虹吸管将油罐车中的液体货卸入油罐中,虹吸管中的负压由真空泵来实现。虹吸泵抽上卸则应用于当油罐车的高程及位置无法使液体货自流入油罐时采用。

需要注意的是,如采用非自吸式离心泵卸油,则必须装置真空泵,使吸入管造成真空,如采用自吸式的泵,则可不装真空泵。

3)港口石油装卸工艺流程

(1)装船流程。

装船根据来油情况是卸罐车,还是长输管线来油,液体货是进油罐,还是直接装船,是否要进加热炉加热等不同情况组成各种作业流程图,如图8-16所示:

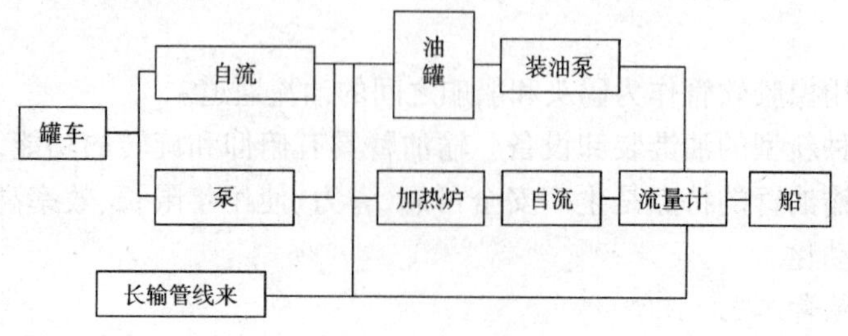


图8-16　石油装船流程

(2)卸船流程。

卸船一般用船上泵,根据液体货是否进油罐,以及去向是装卸车,还是进炼油车间等情况组成不同的作业流程,如图8-17所示:

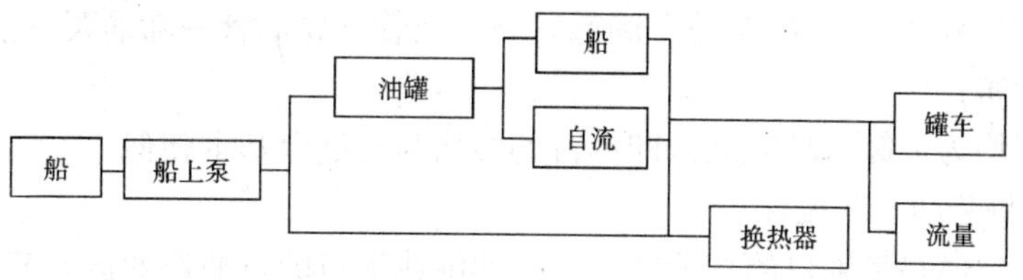


图8-17　石油卸船流程

(3)循环流程。

油区建成后,在正式投产前要进行试运转,使液体货在油区形成循环,检查各环节是否运转良好。在投产后,为避免原油在油管内凝固,在不进行船舶装油作业时,也需保持港口油库及油管内原油不断循环流动,如图8-18所示:

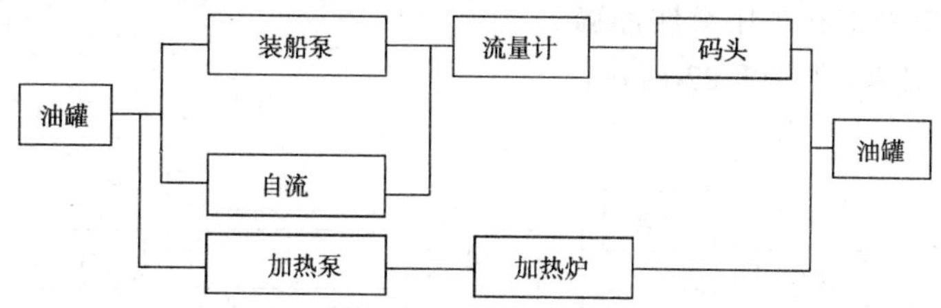


图8-18　石油循环流程

循环流程包括:倒罐流程、反输流程和罐车事故卸油流程:

①倒罐流程:如图8-19所示:

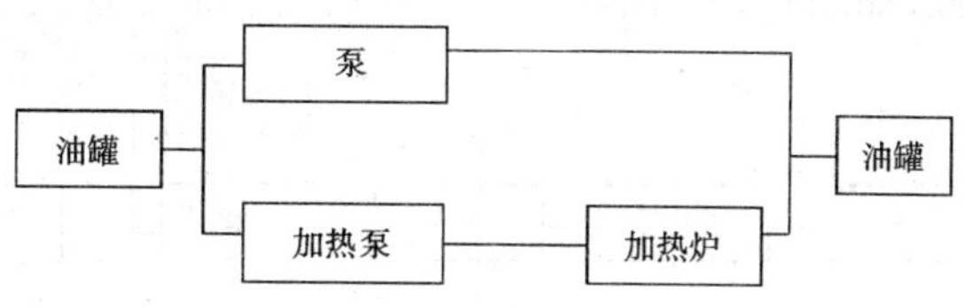


图8-19　倒罐流程

②反输流程:如图8-20所示:

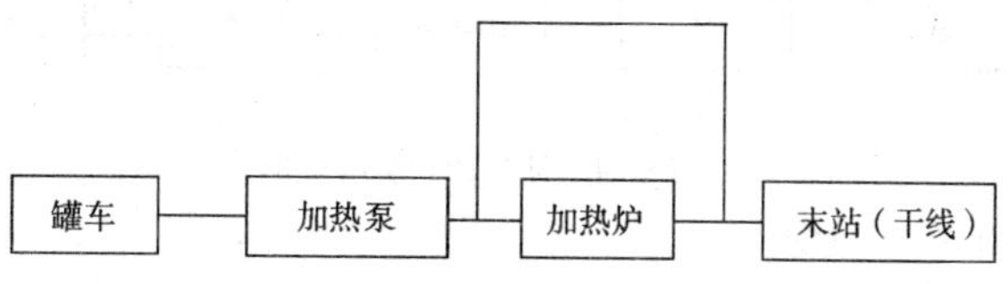


图8-20　反输流程

③罐车事故卸油流程:如图8-21所示:

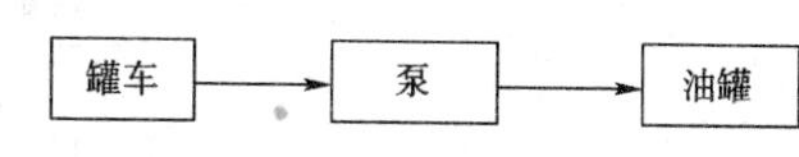


图8-21　罐车事故卸油流程

(4)卸车流程

①原油及重油卸车:

原油及重油卸车有密闭自流下卸方式,敞开自流下卸方式与泵抽下卸方式。

密闭自流下卸流程如下:油罐车→下卸鹤管→汇油管→导油管零位罐→转油泵→油罐。

敞开自流下卸流程如下:油罐车→卸油槽→集油沟(或导油管)→零位罐→转油泵→油罐。

泵抽下卸流程如下:油罐车→下卸鹤管→集油管→导油管→卸油泵→油罐。

②轻油卸车:

轻油卸车均为上卸,设卸油台,卸油台的结构与装油台基本相似。

(5)燃油料装卸工艺流程。

为船舶供应燃料是港口的功能之一。在油港或港口的石油作业区常建有燃料油供应系统。船舶常用的燃料油主要有内燃机燃料油、轻柴油、重柴油、渣油等几种,每种油品又各有不同的牌号。由于油品性质不同,轻柴油、渣油、内燃机燃料油和重柴油分三套单独的管线和泵,内燃机燃料油和重柴油的管线和泵可以混合使用。卸油时要用单独的管线和泵,分别进入各自的油罐;装船时两种油要调和成一定比例。因此在燃料油供应系统中除油罐外,还要设置调和罐,油品在罐内用压缩空气搅拌调和。内燃机燃料油、重柴油、渣油可以用钢筋混凝土油罐,轻柴油则必须用金属油罐。

①卸车装船流程,如图 8-22 所示:

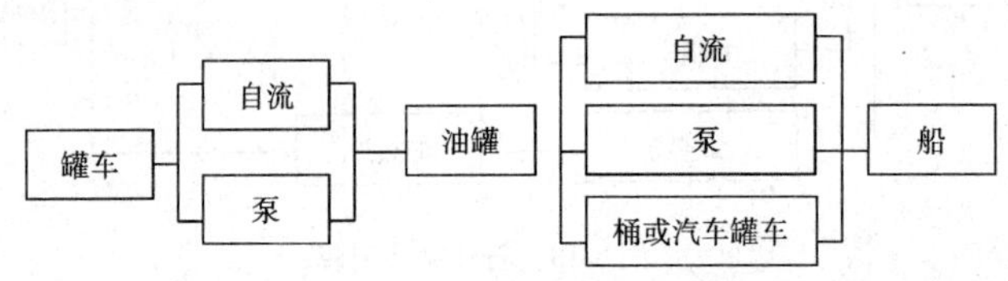


图 8-22 卸车装船流程

②卸船装驳船流程,如图 8-23 所示:

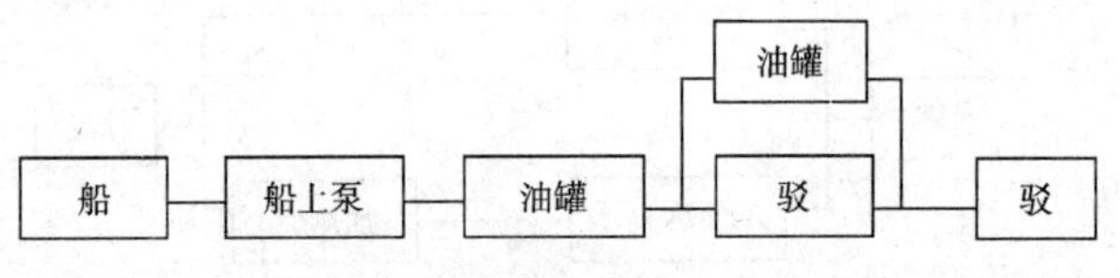


图 8-23 卸船装驳船流程

③油品调和装船流程,如图 8-24 所示:

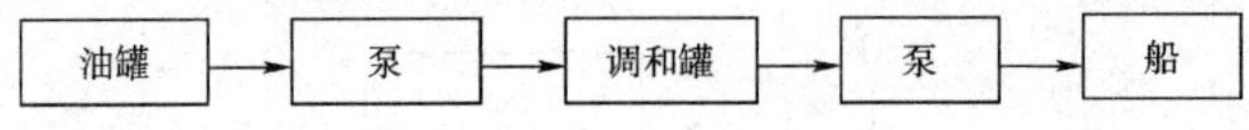


图 8-24 油品调和装船流程

④倒罐流程,如图 8-25 所示:

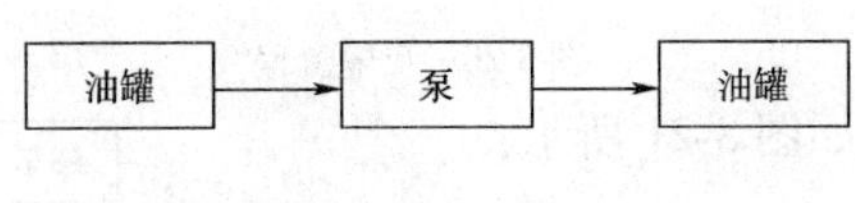


图 8-25 倒罐流程

4)油港污水处理方法与工艺流程

空载油轮外出装油时为了保证船舶航行的稳性,必须在油舱内充水压载(有些油轮设有专门的压载水舱，不在油舱内充水），压载的水量与油轮船型、航线、气候等情况有关。多数压载水质量约为所装油质量的30%。油轮为压载，将淡水或海水打入油舱，水与油舱中的剩余油混合，到装油港后，必须用船泵将其排到岸上污水处理场进行处理。从油轮出的压载水中含油2000～5000mg/L，还有泥沙等杂质，可造成严重的水污染，因此国际防海洋污染法严禁油轮在世界上任何水域排放含油压舱水。

含油的污水还可以在油港生产中产生，如油罐脱水；油罐加热器排出的冷凝水；泵房、阀室、管沟的积水；污水处理场本身在生产过程中产生的含油污水，以及有关区、铁路装卸区的雨水等，都应排到污水处理场，处理后再行排放。

①含油污水处理方法。

处理含油污水的方法，一般有物理法、化学法和生物法。

物理处理法种类很多，通常用的有：利用比重差使油水分离，形式有平流式隔油池，多板式油水分离地和粗粒化式油水分离地。也有利用气泡吸附油珠上浮的布气法和利用离心作用使油水分离的方法。还有利用吸附过滤作用使油水分离的过滤法。

化学处理法，主要是利用加凝聚剂生成絮状物吸附油珠，使油水分离。通常采用的有浮选池和混凝沉淀两种。

生物处理法，主要是利用微生物的作用分解油，有活性去污染法等。

②含油污水处理方法和工艺流程的选择。

含油污水处理方法和工艺流程的选择主要取决于含油污水的性质和排放标准的规定。原油压载水的含油率虽然在2‰～5‰，但其中绝大部分是浮上油和分散油，乳化油很少，在规定排放的标准下，一般采用物理方法就能够达到处理的要求。

污水场污水处理工艺流程主要有如下两种：

第一种：油轮→隔油池→调节池→油水分离池→排放；

第二种：油轮→隔油池→调节池→油水分离池→过滤池排放污泥。

5）液化气船装卸作业工艺流程

液化气是指在常温常压下为气体，通过冷却或在临界温度以下加压或冷却而变成液态的物质。《国际散装运输液化气体船舶构造和设备规则》（简称《IGC规则》）中定义：船运液化气是指温度为37.8℃时，其蒸气绝对压力超过0.28MPa的液体化学品。

液化气是碳氢化合物的混合物，其主要成分是含有三个碳原子和四个氢原子的碳氢化合物，即：丙烷、丁烷，但由于生产和净化的原因，还含有异丁烷、丙烯、1－丁烯、顺式－2－丁烯、反式－2－丁烯和异丁烯六种成分。石化行业习惯上称为碳三和碳四，它具有以下危险特性：

①液化气体一般都有较高的燃烧热，较低的爆炸极限，稍有泄漏易在局部形成爆炸性气体。

②对健康的危害性，主要表现为对人体组织的毒害性、窒息作用、麻醉作用和冻伤。

③反应性，即与空气、水、自身和与其他材料发生化学反应。

④腐蚀性。

⑤蒸气特性。液化气一般都有较高的气/液比，这是液化气以液体运输的原因，然而一旦泄漏会产生大量的蒸气。

⑥低温效应。主要是指溢漏时,液化气由液体转变为气体时会吸收大量的热量,使局部温度急剧降低,输液设施如材质不过关易发生损坏。

由于闪点低、易扩散、受热后迅速汽化,强热时剧烈汽化而喷发远射、燃烧值大、燃烧温度高、爆炸范围较宽且爆炸下限低等。一旦发生液化石油气火灾事故,除直接破坏财产引起人员伤亡外,还会发生爆炸、建筑物与设备崩塌飞散和引起火情进一步扩大等继生灾害,造成更加严重的后果。

(1)液化气的分类:

按根据液化气的主要成分,可分为:

①液化石油气(LPG):其主要成分为丙烷。

②液化天然气(LNG):其主要成分为甲烷。

③液化化学气(LCG):其主要成分除了碳氢化合物外,还有氧化丙烯和聚氯乙烯单体等。

(2)按液化气的沸点临界温度分,可分为:

①高沸点液化气体:指沸点不低于-10℃的物质,如丁二烯、丁烷、二氧化硫等。

②中沸点液化气体:指沸点在-10~-55℃之间且临界温度在45℃以上的物质,如氨、丙烷等。

③低沸点液化气体:指沸点低于-55℃或临界温度低于45℃的物质,如甲烷、乙烯、氮等。该类物质必须采用低温或低温加压方式贮运。

港口液化气码头装卸作业一般按以下工艺流程进行,如图8-26所示。

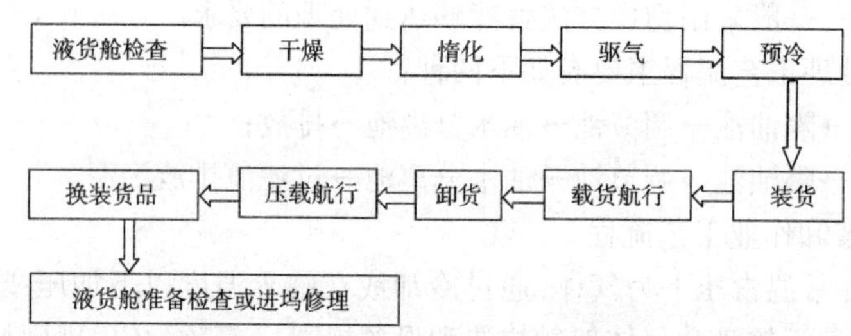


图8-26　液化气船装卸作业工艺流程

①干燥:清除液货舱、管路等的湿气,防止生成水合物或结冰。

②惰化:降低货物系统中的含氧量至安全程度,防止在装货过程中形成可燃的气体环境或货物与氧发生危险反应。

③驱气:用待装的货物蒸气把液货舱中的惰性气体排挤出去。

④预冷:在装货前降低液货舱温度以便尽量减少热应力和过度蒸发。

⑤装货:货物的冷却和装载极限的控制等。

⑥载货航行:进行货物状态控制。

⑦卸货:包括把冷冻货物加热以便卸到常温压力贮罐中去。

⑧换装货品:除液、除气、惰化和再驱气等。

⑨压载航行:把液货舱准备好以便变更货种。

⑩液货舱准备检查或进坞修理:这包括除液复温、用惰性气体置换可燃货物气体,随后

用空气置换惰性气体等操作。

**(二)港口石油作业现场安全要求**

1.港口储油区作业现场安全要求

(1)储油罐区作业现场安全要求:

①严禁非工作人员、无关车辆入内。

②严禁携带火种、易燃易爆物品、非防爆通信工具、非防爆电器、穿化纤服装、铁钉鞋入内。

③严禁使用化纤制品擦拭设备。

④严禁佩戴首饰、戒指登罐作业、敲打和擅自动用各类设备、消防器材。

⑤禁止在雷暴天气进行收发油作业。

⑥消防器材配备齐全,定期检查,不得挪用。

⑦加强设备维护保养,做到无锈蚀、无渗漏、无损坏、达到完好标准。

⑧严禁堆放杂物,及时清除杂草,保持防火堤完整、排水通畅和罐区整洁。

⑨进出油流速不准超过呼吸阀允许的流通量。

⑩油罐装油不得超过安全高度,作业人员不得离开岗位(有油罐自动计量仪器除外)。

⑪水封井阀门在晴天应处于关闭状态,雨天应处于开启状态,并及时排出防火堤内积水。

⑫定期检查隔油池内含油情况,及时清理浮油。每次雨后,检查隔油池液位,防止油水冒出。

⑬巡检人员必须按规定巡检。

⑭罐前阀门的启闭作业必须实行双人复核制或加锁管理。

⑮计量人员每日检查呼吸阀。

⑯检修人员每半月检查保养呼吸阀。

⑰检修人员每季度检查阻火器。

(2)隔油池作业现场安全要求:

①按巡检规定,定时检查隔油池内含油情况;

②如有杂质,及时清理;

③每次雨后,检查隔油池液位,防止油水冒出;

④排水阀日常保持开启状态。

2.装卸区作业现场安全要求

(1)作业板中"调度指令"要明确转油品名规格、数量,转出罐号,转入罐号、数量、空容量,并签字通知计量工进行动前计量;

(2)作业前,计量人员必须认真巡检转罐设施设备技术状况:储油罐、管道有无渗漏、损坏;泵房有无检修、接卸作业;附近无明火作业、临时用电、检维修作业等;司泵工必须认真检查设备及工艺流程;

(3)倒罐过程中,中心控制室要对输油全过程进行监控(油高、油温、体积、质量),防止胀管、溢油事故的发生。

3.泵房作业现场安全要求

(1)泵房基本安全要求:

①设备应由专人操作、使用,无关人员不得动用。隔离阀门加锁并专人管理。

②勤检查、勤保养,设备达到完好标准。

③按规定配置消防器材,禁止挪用。

④按要求张挂上墙制度、图板,做到整齐、美观。

⑤严禁各种工具物品,放在泵和电机上。

⑥按要求设置并填写运行记录、表格。

⑦通风良好,整洁干燥,地面无油污,墙面无蜘蛛网,设备无灰尘,室内无油味,窗明几净。

⑧工作完毕,清理现场,切断电源,锁闭门窗。

(2)泵房作业安全要求:

①严格遵守安全规定和交接班制度,交接班时做到"五交五不接"。

②掌握设备的技术状况,坚持"日检查"和"日保养"制度,使设备经常处于良好的技术状况。

③严格遵守操作规程,作业中严禁脱离岗位。

④保持泵房与栈桥、罐区、站台等作业地点通信联络畅通。

⑤运转中严禁擦拭设备,发现异常现象和故障,正确果断处理,并及时向领导报告,认真填写作业和运行记录、检修记录。

⑥遇停电,应切断电源;遇雷雨,暂停作业。

⑦收油作业后,及时将真空罐余油转尽,严禁擅作主张进行输转作业。

4. 油码头公路发油作业现场安全要求

(1)发油站台安全要求:

①站台地面无油迹、通道及扶梯无杂物,活动梯及护栏牢固,控制室内清洁整齐。

②禁止使用铁制工具,禁止使用化纤制品擦拭设备和地面。

③设施设备勤保养、勤维护,做到无渗漏、无锈蚀、转动灵活,达到完好标准。

④灭火器材配置合理,质量良好,取用方便。

⑤计量器具定期检定,确保发油计量准确。

⑥提油车辆必须服从指挥,限速行驶、佩带有效防火帽,禁止使用铁质接地拖链。

⑦严禁携带使用非防爆通信工具、非防爆照明设备进入发油场地。

⑧禁止在库内维修车辆,禁止非作业人员上罐车操作,禁止用塑料桶罐装轻质油料。

⑨油品回收容器应密封并及时处理。

(2)发油作业现场安全要求:

①作业人员必须按规定着防静电工作服,作业中坚守岗位、集中精力、认真操作,禁止嬉笑打闹,穿脱衣服、梳理头发和做与工作无关的事。

②为保证油品质量,必须严格执行"四不发"的规定。即:油品质量不合格不发;发现油品质量异常不发;装载容器技术不符合要求、不清洁不发;无质量检验合格证不发。

③发油操作严格执行公路发油作业规程(见3.2.1公路发油作业规程)。

作业过程中,发生突发事件,必须按应急预案,关闭相关球阀、阀门,疏散相邻机动车,防止火灾蔓延。

④作业过程中,驾驶员不得离开车辆。

⑤发现溢油或泄漏时,有关装油点和邻近装油位置上的一切发油作业都应立即停止,并关闭相关阀门。溢泄出来的油品清除干净以前,不得操纵车辆的启动。

⑥作业结束,各类油品实际发油数量的统计必须做到开票、发油、登记表三符合。

⑦作业完毕,做好设备的维护保养,使其处于完好状态。

5. 油港消防系统作业现场安全要求

(1)基本安全要求:

①加强消防设施器材的管理,建立、健全并落实各级责任制和维护保养制,确保完好率达100%。

②消防设施器材配备不得低于国家法规、规范和行业标准的要求,满足战备和防火、灭火需要。

③建立《消防设备(器材)台账》。

④对新购的消防设施器材,使用部门应根据国家或公司规定的质量标准进行严格检验,合格后方可使用或入库备用。

(2)消防泵房安全要求:

①泵房各种设备由专人负责使用管理,无关人员不得动用。

②值班人员必须遵守工作纪律,坚守岗位,不得擅离职守。

③消防水泵、供水管道常年充水,电动泵每周试运转一次,内燃机每日试运转一次。

④消防水泵房应照明合理,有应急照明灯。

⑤严格执行操作规程,建立、健全、完善各种记录。

⑥勤检查、勤保养,设备达到完好标准。

⑦泵、管道、阀门按规定涂色并有编号。

⑧室内不得存放无关物品,经常通风清扫,上墙制度、图纸张挂要整齐、美观。

(3)固定式消防设施作业现场安全要求:

①对固定消防设施必须按期进行试验:每2~3年对泡沫系统进行喷射泡沫试验,油罐喷淋系统每月试验一次,供水和泡沫管道每半年进行试压。对储罐上的泡沫管道锈渣清扫口,每周检查和清扫一次;消火栓在无冻期间,每月一次出水试验,接口及垫圈完好,做好记录。

②地下供水管道要常年充水,主干线阀门常开,警消队每周擦拭一次阀门、每月疏通一次降温孔、每半年冲洗一次管道,保证5min内将水送到最远油罐,并做好《消防管道(水带)试压记录》。每二至三年对地下管道局部挖开检查。

③经常对固定消防设施检查、维护、保养,定期进行防腐处理,消防系统上的阀门应有明显的开关标志。

④消防供水管道应涂绿色,泡沫管道应涂红色。

⑤泡沫液储存量:按规定的泡沫混合液供给的强度、泡沫枪数量和连续供给时间及充满管道的需要量计算确定。

⑥消防给水量:按油罐区的消防用水量计算确定。即:应为扑救油罐火灾配制泡沫最大用水量与冷却油罐最大用水量的总和。

⑦警消队每天巡回检查消火栓,每周进行一次维护保养,每月做一次消火栓出水试验,距消火栓1.5m半径范围内,严禁堆放杂物或有碍作业的植物、设施,并做好《消火栓出水试验记录》。

(4)移动式消防器材作业现场安全要求:

①在规定的配置点,固定摆放消防器材,并在消防器材间(箱)或消防器材架上应摆放器材配置明细卡片。

②消防器材应做到外观整洁,摆放合理,附件齐全完好,标记清楚准确,数量充足。表面无锈蚀、霉烂、灰尘。

③灭火器应进行统一编号,按期检查、维护保养、换药、试压、报废,悬挂卡片,在卡片上标明购置日期、配置类型、数量、设置位置、检查维修单位、更换药剂时间等有关情况。

④水带盘卷整齐,存放在干燥的专用箱内,防止受潮霉烂。每半年对全部水带按额定压力作一次耐压试验,持续5min不漏水为合格,使用后的水带要洗净晾干收好,并做好《消防管道(水带)试压记录》。

⑤移动式泡沫炮(枪)、水枪、钩管等关节灵活,接口、喷嘴、垫圈完好,各部件清洁无锈蚀及损坏。

(5)消防车辆作业现场安全要求:

①消防车库要完好,车辆进出方便,平坦有适当坡度。

②消防车辆建立技术档案和运行档案,并由专人管理。

③消防车驾驶员具有三年以上的驾驶经验,由所在单位考核合格后方可上岗,非任命的驾驶员严禁动用消防车。

④消防车辆要保持车况良好,每日早晚各发动15min,并检查冷却水、蓄电池、机油、泵油,保证处于战备状态。做好《消防车运行记录》。

⑤每周清洗一次消防车及随车器材,检查随车器材的完好情况。

⑥每季度进行一次维护保养。

⑦每次使用泡沫系统后,必须清洗管道、比例混合器、水泵。

⑧驾驶员在接到火警出动命令后,应立即发动车辆并在一分钟内将车辆驾驶出车库。

⑨随车装备、器材、工具应配备齐全、完整有效,未经主管领导批准不得转借、挪用。

⑩消防车驾驶员每日清点器材,查看车况,发现问题及时报告,及时维修。

(6)消防蓄水罐(池)作业现场安全要求:

①消防水罐(池)必须完好、不渗不漏,储量必须符合《石油库设计规范》要求。

②消防水罐(池)要保持常年满水,池内不得有水草等杂物,水罐(池)盖应完好,防尘、防雨。

③消防水罐(池)每四年应清洗一次,清洗前必须征得上级主管部门的同意。

④消防水罐(池)不能与生产、生活用水合并使用。

(7)泡沫灭火设施及系统作业现场安全要求:

①泡沫产生器的空气滤网每周刷洗一次,保持不堵、不破损、隔封玻璃完好。

②每周擦拭一次泡沫管道阀门、操作部件及备用接头。

③泡沫管道每半年进行一次分段试压,5min无渗漏。

④泡沫泵出泡沫后应对消防泵、泡沫液管道、泡沫混合液管道、泡沫比例混合器、管道过滤器等用清水彻底冲洗干净并立即放空。

⑤泡沫管道涂红漆。

6. 油港化验室作业现场安全要求

(1)基本安全要求:

①操作间禁止存放大量易燃品,在用易燃品要远离火源,沾有易燃品的仪器禁止放入烘箱,废纸、废棉纱、废擦布等要放入带盖的废桶内,及时处理。

②室内严禁吸烟,经常通风、防止易燃气体集聚。

③电器设备要经常检查,保证绝缘性能和接地良好。

④油样必须存放油样间,并按规定的期限回收。

⑤有毒、易挥发和冒烟的试验应在通风橱内进行。

⑥严格管理火源,禁止将火源带出室内。

⑦按规定配置消防器材并做到人人会用。

⑧操作间不得存放无关物品,试验设备摆放有序并加盖防尘罩,保持整洁。

(2)化验仪器现场安全要求:

①仪器应有专人负责收发保管,库房要整洁、干燥、通风。

②仪器堆放要上轻下重,分类配套,标记清楚,取用方便。

③各种仪器要按要求定期检查、保养,小件贵重仪器要专柜加锁,注意保管。

④建立仪器台账,定期清理,及时补充。

(3)油港天平室现场安全要求:

①天平要避免阳光直射和振动,经常保持干燥、清洁。

②天平安置在应避开热源,调整好后不得随便拆卸、移动,必须移动时,应将横梁取下。

③天平、砝码必须按期检定,保持其准确性。

④使用时,严禁超过天平的最大量程,损害传感器,造成天平受损失准。

⑤天平要一直保持通电状态,不使用时将开关键置于待机状态,使天平保持恒温状态。

⑥清洗天平时,必须断开电源,使用中性清洁剂擦拭。不要让液体侵入仪器内部。

⑦天平室应保持整洁。

(4)油港化学试剂作业现场安全要求:

①化验室对采购的化学试剂及时进行验收入库,填写入库登记表。

②各类试剂、溶液和危险药品应封口,存放在干燥、阴凉的专用储存柜内,专人保管,危险剧毒药品(如苯等)应实行"双人收发、双人使用、双人记账、双人双锁"。

③存放容器的标签应保持完好,并应标明试剂的名称、规格、分子式等,溶液应标明名称、浓度、滴定度、标化日期、标化人等,标准溶液应定期检查、标化。

④强酸与氨水,氧化剂与有机易燃试剂及其他相互起剧烈化学反应的试剂,严禁相邻放置,碱及其溶液不得用木塞瓶子盛装,装强酸性试剂、氧化剂、卤类、高清洁汽油、苯等不能用软木塞和胶塞,装容易挥发的试剂不能用软木塞。

⑤易挥发试剂应密封储存,且房间通风良好,易燃、易爆试剂应储存在水泥柜中,硝酸等见光易分解的试剂应存放在暗色瓶内。

⑥领用化学试剂应填写《试剂领取、使用记录》,登记表内容包括化学试剂的品名、用途、领用数量、领用人、审批人、保管人、剩余量等。

⑦领用一般试剂、溶液,由化验室组长同意后,做好登记,方可领用;领用有毒药品应经化验室组长同意,由科室负责人审核,报油库主管领导审批后,方可领用。

⑧使用时严禁任意混合各种化学物质,严禁随意取用和发放。

⑨各种易挥发的有毒药物,需在有烟厨通风或露天条件下使用,剧毒试剂须在玻璃盘中操作,不得泼洒。

⑩使用时应遵守"只出不回、量用为出"的原则,严禁将用后的余下部分倒回盛装容器内。对常用或用量少的试剂应单独盛装常用部分,取用试剂时必须用清洁、干燥的器具,用后立即洗净。

⑪操作人员应佩戴手套、口罩等安全防护用品,以减少化学试剂对人体的危害。从瓶中倾出液体试剂时,应使标签朝向手心,避免淌下的试剂腐蚀标签。

⑫使用易燃易爆试剂时,必须远离明火或加热源。

⑬对使用后的有毒物品应统一回收,采取安全管理措施,不得随意乱倒乱放乱埋或带出化验室;对回收的有毒物品或过期的化学试剂可根据其化学性质,采取分解、还原等方法降低危害性后进行销毁。采取的降低危害性方法和销毁工作,应经化验室组长同意,由科室负责人审核,报油库主管领导审批后,方可执行。

⑭建立本单位的试剂类《化学试剂购买情况登记表》,每月清点化验试剂数量,必须做到账账相符,账实相符

(5)油港化验室明火使用现场安全要求:

①一切明火操作要严格按试验方法规定进行。

②使用高温炉操作前,要仔细检查电器线路是否完好,高温加热炉温度不能超过800℃,用后要立即关闭电源。

③试验点火用的火源要放在规定的地方,不能拿出明火室,火源用后要妥善保管。

④酒精灯内的酒精不得超过总容积的三分之二,酒精灯要平稳地放在化验台上,用完后立即用灯帽盖上熄灭火焰。

(6)油港石油样品作业现场安全要求:

①取样品在采样、运输、保存等各环节应严格遵守有关规定,以保证样品具有代表性。

②取样人应严格按照有关采样标准执行,要认真记录采样现场的各有关参数。

③注意样品容器的一般处理及特殊处理要求,特殊处理应严格按要求进行。

④样品容器的材质应符合要求,确保密闭,不渗不漏。

⑤严格避免样品损失、沾污、变质。

⑥样品验收登记完毕后,应按规定方法妥善保存,并在规定的时间内进行分析测试。

⑦样品登记表原始记录应完整、齐全、清晰并与化验室测试记录一并保存。

(7)机修间现场安全要求:

①按规定对机具、设备进行维护保养和检修,达到完好标准。

②各种机具、工具、仪表、材料入柜上架,备品备料按品种、型号定位存放,建立账卡,专人保管,防止丢失损坏。

③操作间不得存放大量氧气、乙炔，保管和作业氧气、乙炔不得放在一起，保持安全距离。

④维修间各种资料、记录和物品摆放整齐，保持室内整洁，通风良好和正常的工作秩序。

(8)油港变配电间作业现场安全要求：

①变配电设备由专人负责使用、管理，无关人员不得入内。严禁非操作、检修人员触动设备。

②严格遵守配电操作规程和监护制度，雷暴天气停止输油作业，并切断电源。

③加强检查维护，定期测试校验，保持电源、仪表、接地装置技术状态良好。

④不得带电检修。检修时应断开隔离开关，并在手柄上悬挂"有人工作，禁止合闸"的警示牌。

⑤绝缘工具合理存放，整洁齐全；测量仪表、安全带完好保存，无腐蚀。

⑥屋面无渗漏，地面、墙壁。门窗无孔洞，设备无积尘，防护用品齐全有效。

7. 含油污水处理作业现场安全要求

(1)含油污水的处理方法，根据污水的水质和排放标准规定，首先采用物理处理法。一般物理处理法简单易行，管理方便，运营费用低，不产生二次污染。

(2)在设计污水处理工艺流程中，尽量采用重力流，避免压力流。因为使用泵会加剧油水的乳化，特别是含油量较大的污水。

(3)处理污水的关键是首先隔出大块油和粒径较大的油珠，以利于以后的处理。

(4)污水处理场应尽量靠近码头、管路短，不仅污水排得快，且能减轻乳化程度，降低投资。

(5)随着环境保护工作的加强和防治污染技术的不断发展，对于处理污水的排放标准的要求会越来越高。所以污水处理场的设计必须留有余地，以适应发展的需要。

8. 液化气船装卸作业现场安全要求

液化气在通常情况下是气态，为了便于运输和储存，利用气体的临界温度低、临界压力小的特性，经常温加压或冷却两个途径使气体从气态变为液态，使液化气的大宗水上运输成为可能。液化气装卸作业安全的关键所在是防泄漏和防火防静电，而究其根本是防泄漏，在整个运输和装卸过程中，如果没有液化气的泄漏就不会有危险气体氛围，也就不会有燃烧、爆炸、腐蚀及对人员的伤害等一系列液化气的危险特性的表现，当然也不会造成对大气的污染。

为了保证液化气的安全运输，各国主管机关都制定了严格的技术规范标准，在船体结构和船舶设备方面加强要求，国际海事组织也制定了规则标准，如 IGC code 和 GC code。为了防止和减少液化气一旦泄漏后造成的危害，船岸要排除一切火源，杜绝静电的产生，同时在易于产生泄漏的部位和液化气易于积聚的封闭场所加强对危害气体的探测。这些是液化气安全工作的要点，其责任人是液化气船舶和液化气码头的所有人和经营人，也就是"企业安全责任制"。作为水上安全与防污染监督机构的海事管理机构在危险货物运输和装卸过程中所起的作用是充分发挥"国家监察"职能，督促船岸落实好"企业安全责任制"，保障危险货物装卸作业安全高效进行。

液化气船舶在港口装卸作业现场必须符合下列安全要求：

(1)船岸双方应指定作业负责人,并应事先取得联系,根据货物性质共同商定作业程序和要求,安全注意事项及紧急情况下采取的措施和联络方法。

(2)船舶白天悬挂“B”字旗,夜间显示红色环照灯,装卸作业显示国际信号“RY”旗,甲板两舷醒目处放置告示牌。

(3)船舶生活区面向货物区域的门、窗与空调,通风入口应予关闭。烟囱上的火星熄灭器或金属网位于良好状态。

(4)在卸载、装载作业期间,船舶应随时都有足够的稳性和良好的纵倾,以便紧急情况下突然接到通知就能离开,应注意保证货物和压载分布不致造成船体过大的应力。

(5)防止造成污染。在加燃油时,加油管接头和油舱透气管下面应放盛液盘,所有在甲板上的排水口应该有效地塞住,以防燃油意外溢出到甲板并流到舷外。

(6)在整个装卸作业中,所有固定式气体探测设备均应工作。

(7)人员应了解低温的危险性,应按要求穿戴手套和防护服。

(8)出现紧急情况,应立即停止装卸货作业。

(9)装卸作业期间必须制定完善的事故应急方案。

必须配备急救设备,并在易于接近之处放置担架一副,以用于从甲板某一处所抬起受伤人员。船上应配备医药急救设备,包括氧气复苏设备和供所装运货品用的解毒剂。

为提高液化气船防范事故的能力,积累对应急事故抢险的演练,应根据船舶的工艺特点、设备、法兰状况及站区布置等情况,设置专门的事故抢险抢修队伍,配备专业技术人员、防护用品、消防器材、车辆、通信工具等,制定切实可行的事故应急方案,并定期予以运行,使船员熟悉掌握各类紧急情况的处置方法。定期开展应急演练,加强防堵泄漏点,预防电火花的产生。

(10)船舶装卸完毕做好下列安全工作:

①装货作业结束前15~30min,应注意加强与码头方联系,减低装卸货速度,准确扫货舱装到预定液位;

②拆接软管、试漏和扫气过程应使用惰性气体作为中间介质;

③卸货完毕后,必须进行扫线作业,把液货从所有甲板管路、岸上管路和软管货装卸硬臂中吹扫掉,然后才能排空和拆管。

9. 散装液体化学品作业现场安全要求

《国际散装运输危险化学品船舶构造及设备规则》(简称《IBC规则》)中定义:“散装液体化学品是指温度为37.8℃时,其蒸气压力不超过0.28MPa的液体化学品”。

1)散装液体化学品的特性

(1)易燃性。该特性可用货品的闪点、燃点、自燃点、沸点(气化点)及可燃范围来衡量。

(2)毒害性和腐蚀性。该特性分为直接接触与间接接触。可用半数致死量LD50及半数致死浓度LC50来衡量其直接接触毒害性;用紧急暴露限值EEL(指一次临时性接触的允许浓度)、货品的水溶性、挥发性等来衡量其间接接触毒害性。

(3)化学反应性。主要指货品自身的分解、聚合、氧化、腐蚀反应并产生毒气和大量热量;货品与水发生反应;货品与空气发生反应;货品与其他化学品的反应作用。

2)散装液体化学品的分类

MARPOL 73/78 对散装化学品的分类：

新修订的 MARPOL 73/78 附则 II“防止散装有毒液体物质污染规则”中，根据散化品的毒性和操作排放对环境污染造成的影响将其分为四大类：

（1）X 类：指排放入海后将会对海洋资源或人类健康造成严重危害的有毒液体物质。因此有必要严禁将此类物质排入海洋环境。

（2）Y 类：指排放入海后将会对海洋资源或人类健康造成严重危害，或对舒适性或其他合法利用海洋造成损害的有毒液体物质。因此有必要对排入海洋环境的此类物质的质量加以限制。

（3）Z 类：指排放入海后将会对海洋资源或人类健康造成较小的危害。因此有必要对排入海洋环境的此类物质的质量加以限制。

（4）OS 类：IBC 规则第 18 章污染类栏中所示的 OS 物质经评估后发现其并不属于 X 类、Y 类或 Z 类，将其排入海中后不会对海洋资源或人类健康造成危害，或不会对舒适性或其他合法利用海洋造成损害。因此排放含有 OS 类物质的舱底污水、压载水其他残余物或混合物不受附则 II 和 IBC 规则要求的约束。

注意：原 MARPOL 73/78 附则 II 中的分类定义为 A、B、C、D 四类，A 类的危害最大，D 类的危险最小。

港口散装液体化学品作业现场必须满足下列安全要求：

（1）加强全员安全教育，全面提高安全意识和安全生产技能：

首先应加强安全法律法规知识的培训，使各级人员增强法律意识和责任意识。其次抓好对各级人员的专业知识培训工作，码头管理人员培训的主要内容是安全生产管理制度和规定，各类液体化工品的 MSDS 和应急消防措施，散装液化品装卸储运管理知识、消防知识，与液体化工品装卸储运相关的技术标准、规程和规范等；对装卸作业人员主要进行安全生产规章制度、岗位责任制、各类液体化工品的 MSDS 和应急自救措施、各类液体化工品的装卸操作规程、各类消防器材的使用、各种防护用品和应急药品的使用等培训，通过培训提高全员生产技术水平，使之具备自我保护和安全操作的能力，具备预防和处理事故的应变能力。

（2）按照《中华人民共和国安全生产法》、《中华人民共和国消防法》、《危险化学品安全管理条例》和相关行业要求，健全完善安全生产规章制度，特别要针对不断变化的液体化工品种类及时制定装卸操作规程，完善应急预案。在日常工作中达到人人有职责，事事有程序，作业有标准，使生产现场标准化、规范化。

（3）加强对装卸设备设施的管理。建立设备设施档案，详细记录各种设备设施的使用状况、报废期限、维修保养和更换情况；对码头上的所有管线进行标识，定期进行巡查和检查，防止因磨损、腐蚀等原因造成泄漏事故。码头现场要配备相应的防护用品和应急救护药品。

（4）加强消防演练和应急处置演练。根据不同季节、不同化工品种类经常性地开展消防和应急处置演练，检验应急预案和消防设备设施，不断提高码头作业人员的技能和水平。

（5）采取有效措施，加强对重点环节的控制。

①在船靠岸前，码头作业人员应根据货物 MSDS 做好危险预知分析工作，落实防范措施，做好装卸前的各项准备工作。

②在作业前，码头安全调度员对船方的安全状况进行检查，与船方和有关业务方签订

《作业安全协议书》,就作业压力、流量和注意事项等达成协议,并明确各方的安全责任和应急措施,各方准备工作就绪后方可下达开工令。

③在货物取样和刚开泵作业时应严格控制流速,并采取有效措施防止因静电放电造成事故。

④作业过程中,罐区、码头和船甲板上 24 小时安排人员值班,并确保联络畅通(船方对讲机使用港方规定的频道)。码头值班人员不间断地进行巡查,并就当时作业情况进行记录。作业中如需换舱、换罐要事先联络,严格按照规程操作,先开后关。

⑤作业扫舱收尾和拆开码头与船舶连接管线时,一要控制好阀门的开关,防止骤升压;二是通球扫线时,要控制好压缩空气压力(丙烯腈、环氧丙烷等甲 A 类可燃液体须用氮气扫线),防止液体化工品溅出或发生其他意外;三是拆管线时要佩戴合适的防护用品,先将管线内的空气释放出来,再将残余的液体化工品回收,以免污染环境或留下安全隐患。

⑥扎实开展以“清理、整顿、清扫、整洁、素养”为内容的“5S”活动,通过每个员工的努力,不断创造安全和谐的工作环境,培养规范、严谨、有序的工作习惯,做到“时时安全、事事安全”,为港口安全装卸散装液体化工品打下坚实基础。

## 七、包装危险货物港口装卸工艺及作业现场安全要求

### (一)港口危险货物概述

1. 危险货物的概念

危险货物是指具有爆炸、易燃、毒害、腐蚀、放射性等特性,在运输、装卸和储存等过程中,容易造成人身伤亡和财产损毁而需要特别防护的货物。

危险货物具有品种繁多,性质各异,新品种不断涌现,危险程度不同,多数兼有多种危险的特性。为了方便运输和管理,依据我国《水路危险货物运输规则》将危险货物分成下列九个大类。

2. 危险货物的种类

第 1 类:爆炸品。

它是指在外界作用下(如受热、撞击等),能发生剧烈的化学反应,瞬时产生大量的气体和热量,使周围压力急剧上升,引发爆炸的物质和物品,也包括仅产生热、光、音响或烟雾等一种或几种作用的烟火物品。

爆炸品按其危险性,又分为六类:

第 1.1 类:具有整体爆炸危险(即实际上同时影响全部货物的爆炸)的物质和物品;

第 1.2 类:具有喷射危险,但无整体爆炸危险的物质和物品;

第 1.3 类:具有燃烧危险和较小爆炸危险或较小抛射危险,或者兼有此两种危险,但无整体爆炸危险的物质和物品;

第 1.4 类:无重大危险的物质和物品;

第 1.5 类:具有整体爆炸危险但极不敏感的物质;

第 1.6 类:无整体爆炸危险的极度敏感物质。

爆炸品的危险特性主要有爆炸性、燃烧性、毒性或窒息性。

第 2 类:气体。

本类包括永久性气体(指在环境温度下不能液化的气体)、液化气体(指在环境温度下经加压能成为液体的气体)、可溶气体(包括经加压后溶解在溶剂中的气体)及深度冷却的永久性气体(指在低温下加低压液化的气体)。

气体按其危险性可分为3类:

第2.1类:易燃气体。

这类气体自容器中溢出与空气混合,当其浓度达到爆炸极限时,如被点燃,能引起爆炸及火灾。

第2.2类:非易燃、无毒气体。

这类气体中有的本身不能燃烧,但能助燃,一旦和易燃物品接触,极易引起火灾;有的非易燃气体有窒息性,若处理不当,会引起人畜窒息。

第2.3类:有毒气体。

这类气体毒性很强,若吸入人体内,能引起中毒。有些有毒气体还有易燃、腐蚀、氧化等特性。这类气体的危险特性主要有以下表现:

(1)易燃性和爆炸性:

一些易燃气体容易燃烧,也易于和空气混合形成爆炸性混合气体。

(2)窒息性、麻醉性和毒性:

本类气体中除氧气和空气外,若大量溢出,都会因冲淡空气中氧气的含量而影响人畜正常的呼吸,严重时会因缺氧而窒息。

(3)污染性:

一些气体对海洋环境有害,被认为是“海洋污染物”。

第3类:易燃液体。

此类易燃液体包括在闭杯试验61℃(相当于开杯试验65.6℃)以下时放出易燃蒸气的液体或液体混合物,或含有处于溶液中呈悬浮状态固体的液体(如油漆、清漆等)。

易燃液体按其闪点的大小分为3类:

第3.1类:闭杯闪点低于-18℃的低闪点类液体;

第3.2类:闭杯闪点为-18~23℃(不包括23℃)的中闪点类液体;

第3.3类:闭杯闪点为23~61℃(包括61℃)的高闪点类液体。

易燃液体的危险特性主要有以下表现:

(1)挥发性和易燃性易燃液体都是含有碳、氢等元素的有机化合物,具有较强的挥发性,在常温下就易挥发,形成较高的蒸气压。易燃液体及其挥发出来的蒸气,如遇明火,极易燃烧。易燃液体与强酸或氧化剂接触,反应剧烈,能引起燃烧和爆炸。

(2)爆炸性当易燃液体挥发出的蒸气与空气混合,达到爆炸极限时,遇明火会引起爆炸。

(3)麻醉性和毒害性易燃液体的蒸气,大都有麻醉作用,如长时间吸入乙醚蒸气会引起麻醉,失去知觉。深度麻醉或长时间麻醉可能死亡。

(4)易积聚静电性大部分易燃液体的绝缘性能都很高,而电阻率大的液体一定能呈现带电现象。

(5)污染性。一些易燃液体被认为是对海洋环境有害的海洋污染物。

第4类:易燃固体、易自燃物质和遇水放出易燃气体的物质。

本类是指除了划为爆炸品以外的,在运输情况下易于燃烧或者可能引起火灾的物质。可分为以下3类:

第4.1类:易燃固体。

具有易被外部火源(如火星和火焰)点燃的固体和易于燃烧、助燃或通过摩擦引起燃烧的固体以及能自发反应的物质。本类物质包括浸湿的爆炸品。

危险特性:易燃固体燃点低,对热、摩擦、撞击及强氧化剂作用较为敏感,易于被外部火源所点燃,燃烧迅速。

第4.2类:易自燃物质。

它是指具有易于自行发热和燃烧的固体或液体。本类物质包括引火物质(与空气接触在5min内即可着火)和自然发热物质。

危险特性:本类物质无论是固体还是液体都具有自燃点低、发热以及着火的共同特性。这类物质自燃点低,受外界热源的影响或本身发生生物化学变化,热量积聚而使其温度升高引起燃烧。

第4.3类:遇水放出易燃气体的物质。

这类物质包括遇水放出易燃气体的固体或液体,在某些情况下,这些气体易自燃。

危险特性:这类物质遇水发生剧烈反应,放出易燃气体并产生一定热量。当热量使该气体的温度达到自燃点时或遇到明火时会立即燃烧甚至爆炸。

第5类:氧化物质(氧化剂)和有机过氧化物。

第5.1类:氧化物质。

氧化物质是一种化学性质比较活泼的、在无机化合物中含有高价态原子结构的物质,其本身未必燃烧,但通常因放出氧气能引起或促使其他物质燃烧。

氧化物质具有以下的危险特性:

(1)在一定的情况下,直接或间接放出氧气,增加了与其接触的可燃物发生火灾的危险性和剧烈性。

(2)氧化剂与可燃物质,如糖、面粉、食油、矿物油等混合易于点燃,有时甚至因摩擦或碰撞而着火。混合物能剧烈燃烧并导致爆炸。

(3)大多数氧化剂和液体酸类会发生剧烈反应,散发有毒气体。

(4)有些氧化剂具有毒性或腐蚀性,或被确定为海洋污染物。

第5.2类:有机过氧化物。

有机过氧化物是指其物质分子结构极不稳定、易于分解的物质。

危险特性:具有强氧化性,对摩擦、碰撞或热都极为不稳定,易于自行分解,并放出易燃气体。受外界作用或反应时释放大量热量,迅速燃烧;燃烧又产生更高的热量,形成爆炸性反应或分解。有机过氧化物还具有腐蚀性和一定的毒性或能分解放出有毒气体,对人员有毒害作用。

第6类:有毒(毒性)和感染性物质。

第6.1类:有毒(毒性)物质。

有毒物质是指被吞咽、吸入或与皮肤接触易于造成死亡、重伤害或损害人体健康的物质。

危险特性:几乎所有的有毒的物质遇火或受热分解时会散发出毒性气体;有些有毒的物质还具有易燃性;很多本类物质被认为是海洋污染物。

有毒物质毒性大小的衡量指标:

(1)致死剂量,用符号 LDl00 或 LD50 表示;

(2)致死浓度,用符号 LCl00 或 LC50 表示。

根据毒性的危险程度,有毒物质的包装可分为三个类别:

(1)包装类Ⅰ:呈现剧毒危险的物质和制剂;

(2)包装类Ⅱ:呈现严重性危险的物质和制剂;

(3)包装类Ⅲ:呈现较低毒性危险的物质和制剂。

第 6.2 类:感染性物质。

感染性物质是指含有微生物或它们的毒素、会引起或有可能引起人或动物疾病的物质。

危险特性:对人体或动物都有危害性的影响。

第 7 类:放射性物质。

这类物质包括自发地放射出大量放射线,其放射性比活度(单位为 kBg/kg)大于 70kBg/kg 的物质。放射性物质放出的射线有 α 射线、β 射线、γ 射线及中子流等四种。所有的放射性物质都因其放射出对人体造成伤害的看不见的射线而具有或大或小的危险性。

为了确保运输安全,必须对运输指数进行有效的控制。在常规运输条件下,运输工具外部表面任何一点的辐射水平不得超过 2mSv/h,并且距其 2m 处不得超过 0.1mSv/h。装在单一运输工具上的包件、集合包装、罐柜和货物集装箱的总数在该运输工具上的运输指数总和应不超过《国际海上危险货物运输规则》“货物集装箱和运输工具的运输指数限值”表中所规定的数值。

第 8 类:腐蚀性物质。

本类包括在其原态时都或多或少地具有能严重伤害生物组织,如从其包装中漏出也可损坏其他货物或运输工具的固体或液体。腐蚀性物质的化学性质比较活泼,能与很多金属、有机物及动植物等发生化学反应,并使其遭到破坏。

危险特性:具有很强的腐蚀性及刺激性,对人体有特别严重的伤害;对货物、金属、玻璃、陶器、容器、运输工具及其设备造成不同程度的腐蚀。腐蚀性物质中很多具有不同程度的毒性,有些能产生或挥发有毒气体而引起中毒。

第 9 类:杂类危险物质。

它是指在运输中呈现出未列入其他类别的危险的物质和物品。杂类危险物质和物品具有多种的危险特性,每一杂类危险物质和物品的特性都载于有关该物质或物品的各个明细表中。

### (二)港口危险货物作业流程

1. 陆转水危险品厂装箱作业工艺流程

外集装箱货车→正面吊→危险品区→正面吊→内集装箱货车→浮吊→船

(1)受理室接受客户作业委托,办理进场作业计划;

(2)客户凭装箱单和设备交接单,从检查桥进入危险品箱区,等待装船;

(3)箱管计划室编制装船作业计划;

(4)危品箱装船前,箱管计划室向港航局申报;

(5)操作部控制室执行装船作业计划。

2. 陆转水危险品港装箱作业工艺流程

货车→叉车→危险品区→正面吊→内集装箱货车→浮吊→船

(1)受理室接受客户装箱作业委托,办理港装箱作业计划;

(2)装箱前,受理室将危险品有关信息(品名、编号、特性、作业要求、预防措施)传递到货站;

(3)客户送货车辆从西侧门岗进入危险品箱区,货站实施装箱作业、安保部实施安全监控,作业完毕后,等待装船;

(4)箱管计划室编制装船作业计划;

(5)装船前,箱管计划室向港航局申报;

(6)操作部控制室执行装船作业计划。

3. 水转陆危险品厂拆箱作业工艺流程

船→浮吊→内集装箱货车→正面吊→危险品区→正面吊→外集装箱货车

(1)船方向箱管计划室发抵港报,同时向海事局申报;

(2)箱管计划室编制卸船作业计划;

(3)危品箱卸船前,箱管计划室向港航局申报;

(4)操作部控制室执行卸船作业计划,危品箱进入危险品箱区;

(5)客户到受理室办理提箱手续后,从检查桥出港。

4. 水转陆危险品港拆箱作业工艺流程

船→浮吊→内集装箱货车→正面吊→危险品区→叉车→货车

(1)船方向箱管计划室发抵港报,同时向海事局申报;

(2)箱管计划室编制卸船作业计划;

(3)危品箱卸船前,箱管计划室向港航局申报;

(4)操作部控制室执行卸船作业计划,危品箱进入危险品箱区;

(5)掏箱前,客户到受理室办理港拆箱作业计划,客户提货车辆从西侧门岗进入货站;

(6)受理室将危险品有关信息(品名、编号、特性、作业要求、预防措施)传递到操作部货站,然后货站实施危品掏箱、装车,安保部实施安全监控。作业完毕后,客户提货车辆从西侧门岗出港。

**(三)港口危险货物作业现场安全要求**

1. 港口危险货物作业现场一般安全要求

(1)装卸危险货物的泊位以及危险货物的品种和数量,危险货物集装箱在港区内拆、装箱,均应经港口管理机构批准,取得危险货物的经营资质后方可经营。

(2)装卸危险货物工作应选派具有一定专业知识的装卸人员承担。作业人员和管理人员应根据有关规定持证上岗。装卸前应详细了解所装卸危险货物的性质、危险程度、安全和医疗急救等措施,并严格按照有关操作规程作业。

(3)装卸危险货物,应根据货物性质选用适合的装卸机具。各种装卸机械、工属具用于危险货物装卸的安全系数要比用于普通货物大一倍以上。装卸易燃、易爆货物,装卸机械应安装火星熄火装置,禁止使用非防爆型电器设备和会摩擦产生火星的工属具。装卸前应对装卸机械进行检查,装卸爆炸品、有机过氧化物、一级毒害品、放射性物品,装卸机械应按额定负荷降低25%使用。

(4)进行危险货物装卸作业时,现场应备有相应的消防、应急器材。必须严格遵守各类货物的装卸操作规程。轻装、轻卸、防止货物撞击、重压、倒置,严禁摔甩翻滚。使用的工属具不得沾有与所装货物性质相抵触的污染物,不得损伤货物包装。操作过程中,有关人员不得擅自离开岗位。按危险货物的危险性强弱,尽量做到最危险的货物最后装货、最先卸货。

(5)夜间装卸危险货物,应有良好的照明,装卸易燃、易爆货物应使用防爆型的安全照明设备。船方应向港口经营人提供安全的在船作业环境。如货舱受到污染,船方应说明情况。对已被毒害品、放射性物品污染的货舱,船方应申请卫生防疫部门的检测,采取有效措施后方可作业。起卸包装破损的危险货物和能放出易燃、易爆气体的危险货物前,应对作业处所进行通风,必要时应进行检测。如船舶确实不具备作业环境,港口经营人有权停止作业,并书面通知海事管理机构。

(6)船舶装卸易燃易爆危险货物期间,不得进行加油、加水(岸上管道加水除外)、拷铲等作业;装卸爆炸品(第1.4类除外)时,不得使用和检修雷达、无线电电报发射机。所使用的通信设备应符合有关规定。

(7)装卸易燃、易爆危险货物,距装卸地点50m范围内为禁火区。内河码头、泊位装卸上述货物应划定合适的禁火区,在确保安全的前提下,方可作业。作业人员不得携带火种或穿铁掌鞋进入作业现场,无关人员不得进入。

(8)没有危险货物库场的港口,一级危险货物原则上以直接换装方式作业。特殊情况需经过港口管理机构批准,采取妥善的安全防护措施并在批准的时间内装上船或提离港口。

(9)装卸危险货物时,遇有雷鸣、电闪或附近发生火灾,应立即停止作业,并将危险货物妥善处理。雨雪天气禁止装卸遇湿易燃物品。

(10)装卸危险货物,装卸人员应严格按照计划积载图装卸,不得随意变更。装卸时应稳拿轻放,严禁撞击、滑跌、摔落等不安全作业。堆码要整齐、稳固。桶盖、瓶口朝上,禁止倒放。包装破损、渗漏或受到污染的危险货物不得装船,理货部门应做好检查工作。

(11)爆炸品、有机过氧化物、一级易燃液体、一级毒害品、放射性物品,原则上应最后装最先卸。装有爆炸品的舱室内,在中途港不应加载其他货物,确需加载时,应经海事管理机构批准并按爆炸品的有关规定作业。

(12)对温度较为敏感的危险货物,在高温季节,港口应根据所在地区气候条件确定作业时间,并不得在阳光直射处存放。

(13)装卸可移动罐柜,应防止罐柜在搬运过程中应内装液体晃动而产生静电等不安全因素。

(14)参加危险化学品作业的人员(管理人员、受理人员、理货人员、驾驶人员、装卸人员)必须经过专业技术培训考试,并取得国家行业主管部门的《危险货物运输岸上作业》上岗证,方可上岗作业。

(15)参加危险化学品作业的场桥、浮吊、叉车、正面吊、堆高机、集装箱货车等设备,其技术性能必须符合安全规范,主要安全装置必须齐全、灵敏、安全、可靠。运行设备应随时处于良好技术状态。

(16)危险化学品作业时,所选用的钢丝绳、吊带、托盘、跳板等工属具必须符合安全规范和作业要求。

(17)现场配置的消防设施、器材,照明设施要符合安全规范。消防通道要随时保持宽敞、畅通。

(18)危险化学品作业区域,应设置明显、醒目的"危险品箱区"标志、标线和"严禁烟火"警示牌。

(19)危险化学品在港口装、拆箱前,或者非箱装危险化学品在装、卸船前,理货室必须通知安全质量部监护人员和有关作业人员,由理货员主持召开工前会,交代作业任务、安全事项、应急措施。现场领班要根据危险货物特性,正确选用设备、工属具,落实安全预防措施。安全质量部要对个人防护用品的穿戴和预防措施的落实情况实施监督。

(20)危险化学品作业前,应落实防火防爆、防泄漏、防毒措施。灭火机、水枪、水带、黄沙、个人防护用品,必须在作业现场认真落实。

(21)危险化学品装、拆箱作业过程中,理货人员要进行监装监卸。安全监督人员要实施全程监控。确保危化品作业安全。

(22)危险化学品装卸船时,必须在船与船之间设置安全网、安全跳板。

(23)危险化学品装卸船时,不得进行敲锈、油漆、电焊等维修保养作业,严禁一切烟火。

(24)夜间作业危险化学品时,应有良好的照明。装卸易燃易爆危险货物时,应使用防爆型的照明设施。

(25)在危险化学品装箱作业前,理货人员认真检查箱内外、箱门、门锁、四柱、六面、八角和加固环是否完好正常,箱壁是否有破口、变形、漏水、漏光,箱内是否有水迹、污迹和异味,符合要求方能装箱。不符合要求,应通知货主或货代公司换箱。

(26)装箱作业时,按规定和要求积载,装载要均匀、紧凑,不留空隙。堆码要整齐、规范、稳固,箭头朝上,禁止倒放。装完箱后,应在箱体外四周贴上危险化学品标志。

(27)在危险化学品拆箱作业前应检查箱体有无损坏,铅封是否完好,如不符合要求,应通知货主或货代公司确认,并做好记录。

(28)拆箱作业开门时,作业人员应在箱门两旁,防止箱内货物倒塌。

(29)在危险化学品装、拆箱作业前或作业过程中,理货人员应检查包装,如有破损、渗漏、污染,或其他不符合安全质量规定的异常情况,应停止作业,并及时向上级汇报。

(30)在作业危险化学品时,要稳拿轻放,严禁撞击、摔跌、滑落等不安全行为,严禁野蛮装卸、冒险作业。

(31)危险品箱区,严禁携带火种和穿铁钉鞋,严禁一切烟火。禁止使用会摩擦产生火星的工属具。防止机械原因引起的冲击、摩擦、火花、静电等。

(32)危险品箱区,严禁动焊、严禁维修作业,特殊情况下需要在危险品箱区进行电焊、氧割作业,必须经公司安全质量部批准,落实防火措施和现场监护人,安全部门到场监控,把危品箱移到安全位置后,方能进行电焊、氧割作业。

(33)在最高气温37℃或37℃以上,当天12:00~18:00,不能安排危险化学品装、拆箱作业。

(34)在夏季,5月1日至9月30日,理货室必须按规定对危险品箱进行喷淋。

(35)如遇雷鸣、闪电或附近发生火灾,应立即停止作业化学危险品,并将危险货物妥善处理。雨、雪天气禁止作业遇湿易燃易爆的危险货物。

(36)作业易燃易爆货物,装卸机械应安装火星熄灭装置。作业易燃易爆货物、有机过氧化物、二级毒害品,装卸机械应按额定负荷的75%使用。

(37)危险化学品只能在危险品箱区进行装、拆箱作业或堆存。危险化学品严禁在非危险箱区作业或堆存。

(38)非危险化学品只能在非危险箱区进行装、拆箱作业或堆存。非危险化学品严禁在危险品箱区作业或堆存。

(39)拆箱后的危险化学品,必须及时装车出港,禁止在港区存放,严禁入库。

(40)装箱前的危险化学品,禁止在港区存放,严禁入库,必须及时卸车装箱。

(41)危险化学品重箱堆存时,必须根据危化品类别分区堆存,化学性质相抵触或灭火方法不同的易燃易爆危险货物,不得在同一区域堆存。

2. 港口危险货物集装箱装卸作业现场安全要求

1)危险货物集装箱装卸作业的一般要求

①危险货物集装箱装卸作业首先应执行集装箱港口装卸作业安全规程中的一般要求。

②雨雪天气禁止遇湿易自燃物品集装箱的装卸作业。

③风速大于15m/s时,禁止危险货物集装箱装卸作业。

④装卸危险货物集装箱的机械司机,应做到小心作业,稳起稳落,严禁拖、碰、撞集装箱。

⑤危险货物集装箱拖车行驶速度不得大于15km/h,十字路口、拐弯时行驶速度不得大于5km/h。

⑥危险货物作业人员需经危险货物安全培训,并取得上岗资格证书,方可上岗作业。

⑦船舶装卸易燃、易爆危险货物集装箱期间,不得进行加油、加水等作业。

⑧装卸易燃易爆危险货物集装箱时,距装卸地点50m范围内为禁止明火作业区域。

⑨实习机械司机禁止操作危险货物集装箱。

2)危险货物集装箱卸船作业现场安全要求

(1)卸船前拆除箱体紧固装置:

①按装卸顺序先拆除箱体的紧固装置。

②被拆除的紧固装置各部件应集中轻放于船方指定处。

(2)船舶卸载作业:

①在卸船前,对危险货物集装箱外观进行目视检查,检查危险货物集装箱箱体有无损坏、有无异味、撒漏或渗漏现象。发现不符合情况的箱体,应通知有关部门做妥善处理。

②危险货物集装箱卸箱前,作业人员应先确认无危险后方可作业。必要时经检测符合安全要求后,方可作业。

③易燃易爆危险货物集装箱卸箱时应做到无声响操作,一钩准。

④可酌情采用陆、江侧交替卸船的方法,以保证箱内危险货物的平衡。

(3)卸箱吊运作业

①桥吊起吊危险货物集装箱前,应先作调试试验,确认机具处于良好的技术状态。

②装卸危险货物集装箱的作业指挥人员应佩戴鲜明的标志，发出的指挥信号应清晰、准确。

③危险货物箱体被吊离支撑面300mm后应暂停，对吊具与集装箱连接情况进行检查，在自动化指示装置或目视确认连接牢固后，方可发出起升命令。桥吊各运行机构的工作速度应降低20%运行。

④卸船时，应先吊装载爆炸品、有机过氧化物、一级易燃液体、一级毒害品、放射品集装箱。桥吊吊具负荷应降低25%使用。

⑤吊运前发现危险货物可移动罐柜发生渗漏、异味、烟雾和罐体角件变形，应停止作业，并妥善处理。

⑥进口爆炸品、放射品集装箱，应由公安部门监护出港。

(4)危险货物集装箱水平运输作业：

①集装箱货车托运危险货物集装箱前，应先确保集装箱拖车安全技术状况良好，无任何固定装置的运输车辆不准托运危险货物集装箱。

②运输危险货物集装箱的车辆，应配备灭火器材和在车顶悬挂危险三角顶灯。

③运输危险货物集装箱车辆的驾驶员严禁超车、急转弯、紧急制动，前后车辆应保持安全距离。

④运输危险货物集装箱的车辆应遵守港口指定危险货物运行路线行驶。

⑤港外直取危险货物集装箱，收货人接到通知后，应按码头规定时间到达指定位置接货。

(5)危险货物集装箱进场堆存作业：

①进口危险货物集装箱必须堆存在港口危险货物集装箱专用场地。

②进行危险货物集装箱装卸作业的叉车，工作速度应降低20%。

③凡进入危险货物作业现场的运输机械应配备火星熄灭装置。

④危险货物集装箱堆场作业，应在装卸管理人员的现场指挥下进行。

⑤集装箱堆存作业的各工序应轻拿轻放，避免箱与箱间碰撞。

⑥放射性危险货物集装箱禁止在港区内滞留。

3. *港口危险货物堆存作业现场安全要求*

(1)各类危险货物库场堆存时应按照相应的原则进行隔离。

(2)经常装卸危险货物的港口，应建有存放危险货物的专用库场；建立健全管理制度，配备经过专业培训的管理人员及安全保卫和消防人员，配有相应的消防器材。库场内严禁无关人员进入。

(3)非危险货物专用库场存放危险货物，应经港口管理机构批准，并根据货物性质安装电气照明设备，配备消防器材和必要的通风、报警设备。库场应保持干燥、阴凉。

(4)危险货物入库前，应严格验收。包装破损、撒漏、外包装有异状、受潮或玷污其他货物的危险货物应单独存放，及时妥善处理。

(5)危险货物堆码要整齐、稳固，垛顶距灯不少于1.5m，堆垛距墙不少于0.5m，垛距不少于1m。性质不相容的危险货物、消防方法不同的危险货物不得同库场存放，确需存放时应符合相关隔离要求。消防器材、配电箱周围1.5m内禁止存放任何物品。堆场内消防通道不小于6m宽。

（6）存放危险货物的库场应经常进行检查，并做好检查记录，发现异常情况迅速处理。

（7）危险货物出运后，库场应清扫干净，对存放危险货物受到污染的库场应进行洗刷，必要时应联系有关部门处理。

（8）对无票、无货主或经催提后收货人仍未提取的货物，港口可依据国家“关于港口、车站无法交付货物的处理办法”的规定处理。

（9）对危机港口安全的危险货物，港口管理机构有权及时处理。

4. 港口装卸货物理货作业现场安全要求

（1）工作中穿好安全防护用品，如戴好安全帽、穿规定的工作服；登高时注意防滑；严禁穿拖鞋、赤脚、赤膊、穿背心上班。

（2）在现场，按指令实施组织指挥、安排装卸工、机械进行作业，对理货点内的作业人员实行安全督促检查，发现违规违章，及时制止。

（3）严禁站在吊臂下，关路上和机械运行范围内的不安全位置，严禁流动机械行走时上、下。

（4）做好船舶积载工作，装载应注意平衡，随时掌握装载进度，严禁超载、偏载、栽头、座梢。对易燃、易爆、有毒物品要严格按《危险品安全操作规程》执行。一般用管道进行由岸到船或由船到岸的装卸船作业。在油码头，采用输油臂以连接输油管道和油船。作业时，开动油泵，石油通过输油臂与管道进行装船或卸船。

**（四）案例分析：港口搬运工氰酸气中毒。**

多年前，青岛港第二码头第七堆栈熏蒸粮食发生搬运工51人集体氰酸气中毒事故。

1. 事故经过

中国粮油进出口公司青岛分公司，接到总公司指示，夏季正值虫类繁殖时期，为了保证出口货物的质量，以及国际信誉起见，决定凡在夏季出口容易生虫的货物一律进行熏蒸。由于出口花生米的数量较大，且船期迫近，为了节省往返搬运费用，争取不误装船及减少滞留费的损失，经青岛商品检验局提议，借用青岛港务局第二码头第七堆栈进行大批熏蒸。因技术条件所限，粮油出口公司请青岛商品检验局作技术指导，协助完成这一任务。

经过三天两夜的时间将生米运输入库，同时将仓库透气的空隙完全用纸糊补。于6月22日24时施放氰化钠1037kg，硫酸1560kg与水混合为氰酸气药品，一并进行约5000t生米的熏蒸。此次熏蒸经过72h的密闭，于25日24时打开仓库门，敲碎仓库天窗的部分玻璃进行通风放毒。经过56h的通风，感到仓库两端避风处有毒素反映，当时根据理论推测，在仓库中心区进行工作不致伤人。因此，28日8时粮油进出口公司根据青岛商品检验局的试验情况，向港务局申请调拨工人进行作业。但是，港务局恐怕中毒，要粮油出口公司出具无毒保证书方同意调拨工人作业。

2. 事故原因分析

粮油出口公司没有认真评估，就出具保证书要港务局调拨工人，港务局根据保证书于10时派搬运工人60名在库内进行“公证过磅”，工作中每隔1h轮班休息，并带有纱布口罩。下午继续工作至16时，有2名工人感到头晕，因当天气候阴沉，恐怕发生意外就停止了工作。粮油进出口公司为了赶装船只，29日边过磅，边装船，港务局派出60名工人在库内拆架，近

100名工人往返搬运装船，继续工作至14时30分。到16时左右仓库内工作的60名搬运工人中有15名感到头晕，胸部闷胀，口苦发麻，白眼球发赤等症状，当即送入医院急救。30日上午，原在二码头第七堆栈库内作业的60名搬运工人中又有36名先后出现头晕胸胀，前后共计有51名搬运工人氰酸气中毒，均歇工治疗。因为抢救及时，才幸免于难。

这次数十人集体中毒的原因是青岛粮油进出口公司单纯追求数量，赶任务，忽视仓库通风条件，以及熏蒸后的库内通风。只为了赶装船只，未采取投放杀虫药后的安全措施，造成仓库内余毒不能很快全部消散，在没有了解确切的毒性条件下，盲目地派调工人投入搬运工作。结果造成众多搬运工人中毒。同时，中国粮油进出口公司青岛分公司，错误地认为搬运不会中毒，并且出具无毒保证书，这是极其不负责任的严重失职行为，对事故的发生应负有重大责任。

## 八、港口木材装卸工艺及作业现场安全要求

### （一）港口木材作业概述

随着我国经济的发展，国产木材已不能满足工农业生产发展的需要，同时，随着我国森林资源的过度开发，林业资源逐渐减少，为保持生态平衡，国家对森林资源已实行了保护政策，国内木材的产量因此而逐渐减少，而木材的外贸进口量在20世纪80年代以后逐渐增加，并保持在一定的水平上。

港口木材作业的分类如下：

1. 圆木

圆木分为长圆木和短圆木两种。长度为4～9m及超过9m的圆木称为长圆木。这类圆木主要用于建筑业，如梁、木船的龙骨、电杆木、木桩等。长度在4m以下的圆木为短圆木。这类圆木常用于做坑木，我国东北的榆木、桦木、杨木等都是短圆木的木材品种。短圆木还可用作造纸工业和民用的薪材。

2. 成材

成材是经过加工或初步加工的木材。成材分为方木和板材两种。厚宽比小于3的成材称为方木；厚宽比大于3的成材称为板材。

除上述两大类木材外，海船经常运输的还有枕木、制箱板及胶合板等。木材装卸原本属于件杂货装卸工艺，由于木材运输保管要求的独特性，在木材运输量增加的情况下，港口木材装卸泊位和木材装卸工艺逐渐形成。近年来，随着人类对森林自然资源的保护和木材替代品的发展，原木的采伐量逐渐减少，木材专用泊位新建速度放慢，木材的装卸作业已出现在通用码头上。尽管如此，木材在装卸运输和保管方面仍有独特要求，需要在港口装卸和保管中予以重视。

### （二）木材运输、装卸和保管的特点

（1）是一种长、大、笨、重的货物；

（2）含水率高而且含水率变动范围大；

（3）品种、规格多；

（4）积载因素大；

（5）易腐、生青斑和木覃，易龟裂及弯曲；

（6）具有浮性。

**（三）木材装卸工艺**

1. 木材装卸和搬运机械

1）装卸船舶机械

木材码头装卸圆木和成材的船舶、驳船的机械与件杂货码头相似，有岸用起重机和船机两大类。常用的岸用起重机主要有：门座起重机（简称门机）和轮胎起重机，后者主要用于装卸驳船。船机主要有船舶起货机（简称船吊）。

木材码头装卸船机械的选型应根据船型、木材的运量、木材的种类和工艺布置等因素经比较后选定。采用船舶起货机的特点是，装卸工艺系统简单，码头可不专门设置装卸船舶机械，因而可节省系统的投资；但船舶起货机的装卸效率低，起货高度受码头水位的限制，特别是在码头水位较低时，不利于木材的装卸作业。

木材码头使用门座起重机装卸船舶的特点是，装卸效率高，机械的通用性好，既便于木材的直取作业，又可作水中起运木材作业，对船舶的适应性好，是木材码头最常使用的装卸船舶机械，特别适合装卸非木材专用船舶。

2）水平运输机械

港口木材水平运输机械主要有牵引挂车（也叫平头拖车）、圆木装载机和成材装载机及载货车辆等。

3）堆场机械

港口木材堆场机械门座起重机、轮胎起重机和桥式门座起重机等几种。

2. 港口木材装卸工艺流程

1）圆木装卸工艺流程

（1）船—驳、排、工艺流程如图 8-27 所示：

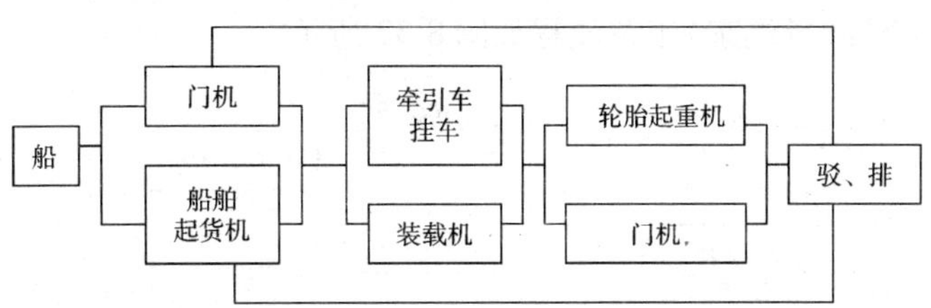


图 8-27　圆木船—驳、排装卸工艺流程

（2）船、驳—场工艺流程如图 8-28 所示：

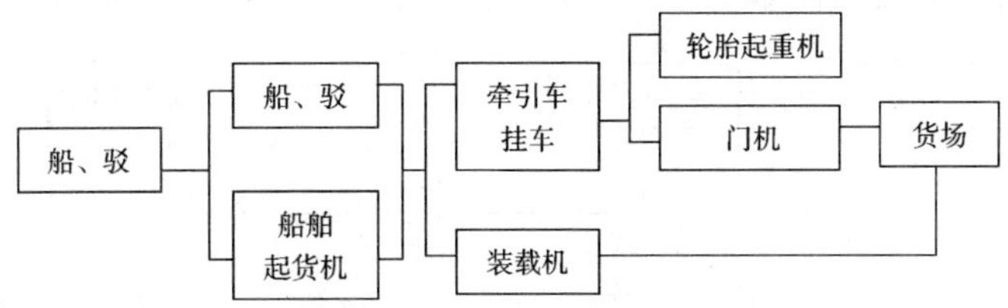


图 8-28　圆木船、驳—场装卸工艺流程

（3）载货汽车—场工艺流程如图 8-29 所示：

2）成材装卸工艺流程

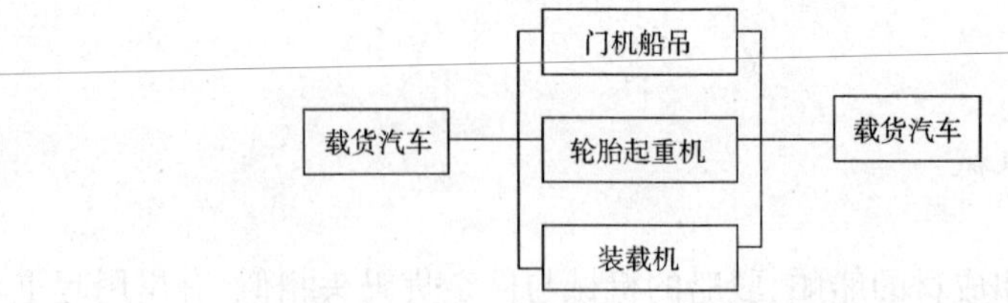


图 8-29　圆木载货汽车—场装卸工艺流程

(1)船—驳船工艺流程如图 8-30 所示：

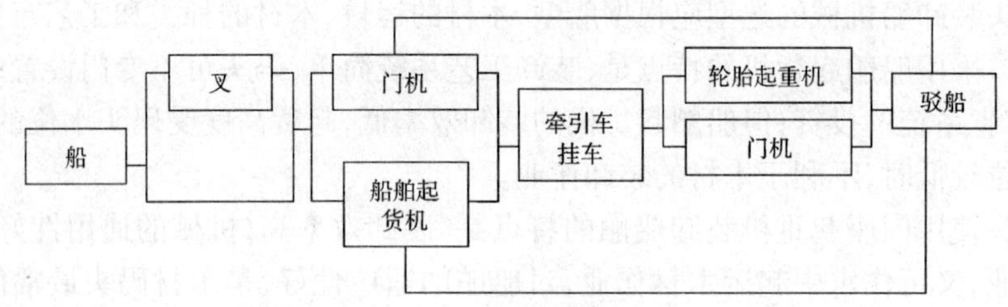


图 8-30　成材船—驳船装卸工艺流程

(2)船—货场(火车、载货汽车)工艺流程如图 8-31 所示：

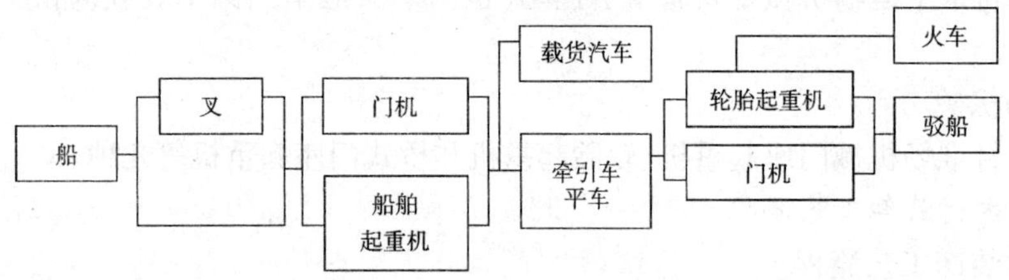


图 8-31　成材船—货场装卸工艺流程

(3)货场—货船(载货汽车)工艺流程如图 8-32 所示：

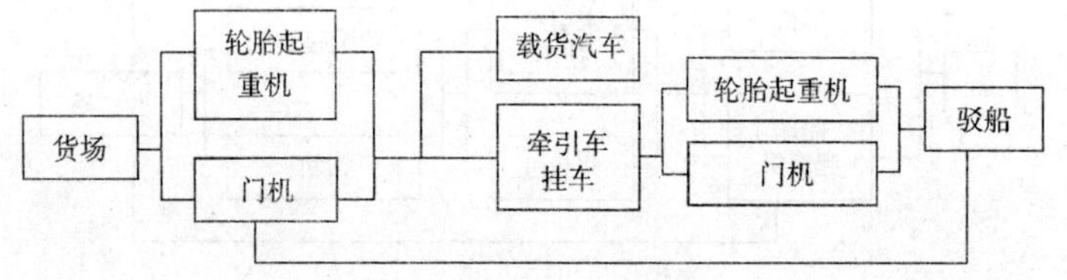


图 8-32　圆木货场—货船装卸工艺流程

(4)货场—火车工艺流程如图 8-33 所示：

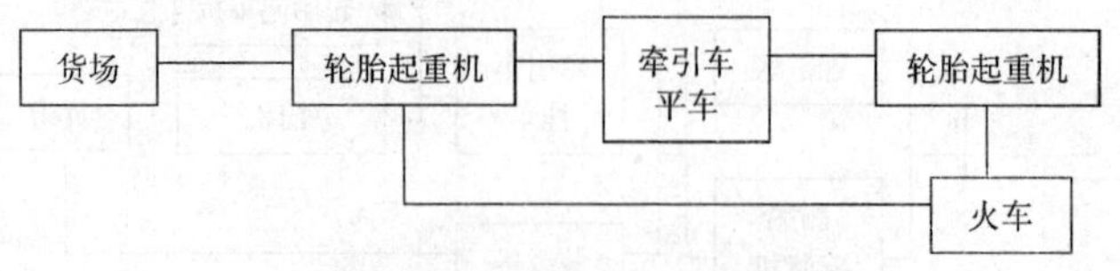


图 8-33　圆木货场—火车装卸工艺流程

**(四)港口木材作业现场安全要求**

1. 圆木装卸作业现场一般安全要求

(1)作业前，根据作业线负荷及圆木单重，确定每关圆木的支数、质量，确定机械设备和装卸工属具。

(2)机械设备须处于良好状态。正确选择和使用吊索具,严禁超负荷作业,装卸工属具(钢丝绳、钢扣、吊链、吊钩)的技术性能必须符合安全规范,其安全负荷必须与吊货质量相匹配。

(3)作业时,做到专人指挥、站位恰当、拴套牢固、起吊垂直、操作平稳、轻拿轻放、胸高稳钩、落关准确、交叉摘钩、慢慢抽绳。载货下面严禁站人。

(4)作业时要正确使用钢丝绳和吊链。吊货物时应考虑其支数、夹角。其最大安全负荷=单支额定负荷×支数×角度系数。吊索具与垂直方向的夹角不宜过大,钢丝绳与垂直方向夹角不能超过45°,吊链与垂直方向夹角不能超过30°。

(5)作业完毕,工属具整理归位,做到工完场地清。

2. 卸船作业现场安全要求

(1)卸船作业前,河边理货员及时与船方衔接和联系,了解核对船舶积载状况和有关信息,确定卸船顺序,按票卸船,严禁混票。

(2)使用直径为20mm以上的钢丝绳,采用兜套方式4绳起吊。每关负荷不得超过12t。

(3)按照2:6:2比例确定吊点,提头高度不宜过高,兜套平稳均衡、牢实可靠。

(4)按照从上向下的原则卸船。不准抽心,不准挖井留山。

(5)均衡卸船,不偏重,尽量保持船舶平衡,船舶横向倾斜不超过3°。

(6)外弦高堆作业时,作业人员应穿好救生衣,严禁背朝河心作业。

(7)理货人员须现场监卸,按票装车,计数准确。

(8)拴套要牢固、起吊要垂直、运转要平稳、货齐胸稳关、落关要准确、交叉摘钩、慢慢抽绳,辅助人员须协助稳钩,注意站位,防止圆木滚动伤人。

(9)按照从上向下的原则卸船。不准抽心,不准挖井留山。

(10)均衡卸船,不偏重,尽量保持船舶平衡。

3. 装卸车作业现场安全要求

(1)装车作业前,理货员必须了解核实汽车的承载负荷。

(2)装卸车时汽车驾驶室不准有人。

(3)做到不偏重、不集重、不超重、轻拿轻放。合理利用车位,装车紧凑、平整。

(4)拖车要均衡装载,不偏重、不集重、不超重、不超限。装载完毕,车的两端采用立柱遮挡,并拴套牢固。

(5)卸船装车时,汽车要均衡装载,不偏重、不集重、不超重、不超限。

(6)卸船装车作业完毕后,车的两端采用立柱遮挡,并拴套牢固。

(7)拴套要牢固、站位要稳妥、起吊要垂直、运转要平稳、货齐胸稳关、落关要准确、交叉摘钩、慢慢抽绳。

(8)按照从上向下的原则拆垛。不准抽心,不准挖井留山。

(9)汽车要均衡装载,不偏重、不集重、不超重、不超限。汽车装载完毕,车的两端采用立柱遮挡,并拴套牢固。

(10)装车完毕后,车的两端采用立柱遮挡,并拴套牢固。

(11)作业完毕,清扫周边环境。钢扣、撬杠要归位堆放。

4. 堆(拆)码作业安全要求

(1)堆码整齐合理,分票堆码,严禁混票。垛底层两端塞垫牢固。圆木堆码高度不得超过5m,堆码时防止堆山留井。

(2)堆码作业时,使用直径为20mm钢丝绳,采用兜套方式,4绳起吊。每关负荷不得超过12t。

(3)起吊后,圆木高度超过货堆和车头50cm以上,桥吊方可横向移动。

(4)圆木堆码高度不得超过5m,堆码时防止堆山留井。

(5)堆码要整齐合理,分票堆码,严禁混票。货垛底层两端塞垫牢固。

(6)作业时按票拆垛,一票一清。拆垛应按从上向下的原则,不准抽心,不准挖井留山。

(7)拆垛时采用直径为10~12mm的钢丝绳、兜套方式、4绳起吊。一次吊1~3根,按照2:6:2比例确定吊点,拴套牢固平稳。

(8)拆垛时垫料要边拆、边收、边整理,注意底层两端塞垫牢固。

## 第二节　安全作业环境创建

港口环境状况与安全生产、职业健康关系十分密切,影响较大。港区环境中的通道、消防、货物堆码布局等因素直接影响到事故的发生和事故损失的降低。

作业环境是生产劳动场所各种构成要素的总和。作业环境安全管理涉及内容很广,包括作业空间布局、作业环境照明、安全标志布设以及现场定置管理的作业环境和谐要求和面向职业有害因素的控制和预防的措施等。

本节主要就作业空间布局是否合理,环境照明条件是否达到要求,安全色与安全标志是否正确,作业现场定置管理和“6S”管理,个人防护用品的配备和使用是否符合规定予以介绍。

### 一、作业空间布局

在新建、扩建、改建港口作业区域时,要在港址选择、港口规划、港区建筑配置以及生活卫生设备的设计方面加以周密的考虑,应遵照《港口规划管理规定》的有关规定执行。

1. 港口主干道占道率

港口主干道是保证港内运输车辆和机械行驶、人流物流安全和港口救灾灭火的主要通道。港口主干道占道率定量评价主干道通畅程度,是港口作业环境评价的一项重要内容。

港口主干道指港内通向主要作业现场(如码头前沿、堆场、仓库、货运站、机修车间及各办公大楼等)的干道,它必须形成一个或多个环形通道。

港口主干道宽度应为:供车辆双向行驶的应在3.5m以上;单向行驶的应为2.5m以上。干道边沿应有标记;无标记的通道,应以轴心线为准设定宽度进行考核。

2. 库场安全通道占道率

库场安全通道是为了保证库场从业人员和其他库场工作人员通行以及材料、工件运输安全而设置的重要通道。安全通道占道率定量评价人流、物流安全状况,也是作业环境评价的一项重要内容。

港口库场通道不良会造成车辆、作业机械或运送物料对行人和工位操作人员的撞伤、挤伤；碰撞料堆和设备会发生砸伤，甚至引起火灾和触电事故。设立占道率指标能够对通道状况作出定量测算，也便于考核。港口生产区都必划定安全通道，通道内标记应醒目整齐，通道内应平整无台阶，无坑、沟，无斜坡。

3. 港口作业区域地面状态

港口作业区域地面状态包括地面整洁、平坦和确保人员、车辆和机械、物料通行安全。凡属港口生产作业场所的地面均属考核范围，可以独立作业区为单位或一个工作间为单位分别进行评分。

港口为生产所设置的坑、壕、池应有可靠的防护栏、盖板，夜间应有照明，作业场所的垃圾、废油、废水及废物应及时清理干净，作业辅助过程中产生的废弃物品不能出现在安全道上或在生产区域多点散布，或者无集装容器地堆在地面。港区内人行通道及空地应平坦、无绊脚物。

## 二、作业环境照明

良好的港区照明可以提高港口作业人员的视觉敏度、速度和精度，使港口作业现场人员容易看清物体，减缓视力疲劳。同时，明亮、整洁的港口作业环境还可以使港口现场作业人员在工作时心情舒畅，精力集中，情绪高昂。因此，港口创造一个良好的光环境，对于减少港口现场作业事故，提高港口装卸、搬运等作业效率，提高港口服务质量具有十分重要的作用。

1. 港区照明对生产作业现场的影响

港区作业场所的光环境，有自然采光和人工照明。利用自然界的天然光源形成作业场所光环境的称为天然采光，简称采光。利用人工制造的光源构成作业场所光环境的称为人工照明，简称照明。港口作业现场合理的采光与照明，对于提高港口生产效率，降低港口作业现场的事故发生率，提高港口服务质量有重要的意义。

港口作业现场良好的光环境可改善现场作业人员的视觉条件（生理因素）和视觉环境（心理因素）。良好的照明条件，使人易于识别物体，可减轻视觉疲劳。相反，不良的照明会使视功能降低和产生不适感，从而使观察对象模糊不清，容易造成近视疾患；光线微弱，还会影响周边视力，使视野变小。

照明不当，难以估测物体的相对位置，引发判断失误；照明度太低，识别物体的时间长，效率低。照明还影响人的情绪，明亮的房间令人愉快，阴暗的地方使人烦躁。

良好的照明条件不仅给港口现场作业者提供了舒适愉快的作业环境，而且对于提高生产效率，降低事故发生率，都有重要的作用；而且有利于提高港口操作人员工作精度和效率，增加操作量，减少差错。照明不良是事故发生的因素之一，据英国调查，在港口、机械、造船、建筑、纺织等部门，人工照明事故比天然采光情况下增加25%。良好的光环境对降低事故发生率和保证工作人员的安全有明显的效果。

2. 照明的度量级标准

（1）照度。照度是指入射在包含给定点的微小面积元上的光通量。港口在布置作业场所的照明时，应根据作业条件要求来确定合适的照明光源强度和布置距离。一般照度越高，视看情况越好。

(2)采光系数。自然采光是以太阳及其反射光作为光源的。由于太阳光变化大,因此室内自然光照度也随之变化。通常使用此采光系数来衡量室内在一定自然光下的明亮程度。

(3)显色指数。显色指数是用于衡量光源显色的指标。由光源所表现的物体色的性质称为光源的显色性。在显色性的比较中,一般是以日光或接近人工光源作为标准光源,其显色性最优,将其显色指数 Ra 用 100 表示,其余光源的显色指数均小于 100。

3. 作业场所光照条件的要求

由上述可知,作业场所的照明条件好坏对生产和安全都有重要的影响,因此,应给操作者创造一个良好的光环境。良好的光环境主要体现在两个方面,即适当的照度和良好的光质量。

1)照度要求

人识别外界物体的清晰程度主要取决于照度的数值大小。照度过大或过小都会加速人的视觉疲劳。照度不足往往可能成为事故的诱因。适当的照度应使人既能清楚地看清外界情况,又不容易产生视觉疲劳。

2)光的质量要求

作业场所对光的要求主要是均匀、稳定,光色效果得当,使光的亮度对比和亮度分配,不产生眩光。良好的照明还应有适当的亮度分配。一方面要保证操作面和周围环境的亮度大致相等,或是周围的亮度稍低一些,另一方面应保证物体不产生过强的阴影。

3)作业场所光照的布设

改善作业场所的光照条件,不仅要考虑照度,还要考虑光即光源的显色性,恰当确定亮度,真实反映视野范围内的景物,消除眩光,创造一个舒适愉快的照明环境。尽量应用自然采光、适当的人工照明,限制眩光。

4)适当的色彩调节

利用各种色彩的反射光线强度不同的原理,可以调整环境的明亮程度和物体与背景的量度对比程度。如为了提高环境的量度可以把背景涂刷成白色或明亮的色彩(淡黄、浅黄)等。

## 三、安全警示标志管理

在港口生产经营活动中,虽然人们追求本质上真正的安全,但港口作业环境、设施、设备总是存在着或多或少的不安全因素。为了引起人们对这些不安全因素的注意,提高行为自主能力,应当在有较大危险因素的港口生产经营场所和有关设施、设备上,设置明显的安全警示标志。尽管安全警示标志是一种消极的、被动的防御性的安全警告装置,并不能直接消除、控制危险,不能取代其他防范生产安全事故发生的各种措施,但它们形象而醒目地向人们提供了禁止、警告、指令、提示等安全信息,对于预防生产安全事故的发生,实现安全生产,具有重要的意义,是一种不可替代的安全装置。因此,了解它们所表达的安全信息含义对于人们的工作、生活可起到趋利避害、预防事故的发生具有重要的作用。

安全警示标志包括安全色、安全标志和安全线三部分内容。

### (一)安全色

安全色是特定的表达安全信息的颜色,它以形象而醒目的色彩语言向人们提供禁止、警告、指令、提示等安全信息，包括红、蓝、黄、绿四种颜色。安全色的对比色是为了使安全色更加醒目而采用的反衬色，其作用是提高物体颜色的对比度。对比色要与安全色同时使用。

1. 安全色的含义

安全色的红、蓝、黄、绿四种颜色，分别代表不同的含义：

(1)红色：表示禁止、停止、危险以及消防设备的意思。凡是禁止、停止、消防和有危险的器件或环境均应涂以红色的标记作为警示的信号。

(2)蓝色：表示指令、必须遵守的意思；如必须佩戴个人防护用具、交通指示标志均以蓝色表示。

(3)黄色：表示注意、警告的意思；凡是警告人们注意的器件、设备及环境都应以黄色表示。

(4)绿色：表示通行、安全和提供信息的意思。如表示可以通行、机器启动按钮、安全信号旗或安全情况涂以绿色标记。

对比色有黑白两种颜色，黄色安全色的对比色为黑色，红、蓝、绿安全色的对比色均为白色，而黑、白两色互为对比色。

黑色用于安全标志的文字、图形符号，警告标志的几何图形和公共信息标志。

白色则作为安全标志中红、蓝、绿色安全色的背景色，也可用于安全标志的文字和图形符号及安全通道、交通的标线及铁路站台上的安全线等。

对比色与安全色以相间条纹方式同时使用。

(1)红色与白色相间条纹：表示禁止人们进入危险的环境。

(2)黄色与黑色相间条纹：表示提示人们特别注意的意思。

(3)蓝色与白色相间条纹：表示必须遵守规定的意思。

(4)绿色与白色相间条纹：与提示标志牌同时使用，更为醒目地提示人们。

2. 安全色的使用

安全色的使用范围很广，可以使用在安全标志上，也可以直接使用在机械设备上；可以在室内使用，也可以在户外使用。

(1)红色。即各种禁止标志：交通禁令标志、消防设备标志；机械的停止按钮、制动及停车装置的操纵手柄；机械转动部件的裸露部分，如飞轮、齿轮、皮带轮等轮辐部分；指示器上各种表头的极限位置的刻度；各种危险信号旗等。

(2)黄色。即各种警告标志：道路交通标志和标线；警戒标记，如危险机器和坑池周围的警戒线等；各种飞轮、皮带轮及防护罩的内壁；警告信号旗等。

(3)蓝色。即各种指令标志：交通指示车辆和行人行驶方向的各种标线等标志。

(4)绿色。即各种提示标志：车间厂房内的安全通道、行人和车辆的通行标志、急救站和救护站等；消防疏散通道和其他安全防护设备标志；机器启动按钮及安全信号旗等。

(5)红色与白色相间条纹：公路、交通等方面所使用的防护栏杆及隔离墩表示禁止跨越；固定禁止标志的标志杆下面的色带。

(6)黄色与黑色相间条纹：各种机械在工作或移动时容易碰撞的部位，如移动式起重机的外伸腿、起重机的吊钩滑轮侧板、起重臂的顶端、四轮配重；平顶拖车的排障器及侧面栏杆;门式起重机的门架下端;剪板机的压紧装置;冲床的滑块有暂时或永久性危险的地方或设置;固定警告标志的标志杆上的色带。

(7)蓝色与白色相间条纹:交通上的指示性导向标志;固定指令标志的标志杆下部的色带。

(8)绿色与白色相间条纹:固定提示标志杆上的色带。

3. 安全色的适用范围

安全色适用于港口、交通运输、工业企业、建筑、消防、仓库、医院及剧场等公共场所使用的信号和标志的表面色,不适用于灯光信号、航海、内河航运以及其他目的而使用的颜色。

安全色的应用必须以表示安全为目的,如不是以表示安全为目的,即使应用了红、黄、蓝、绿四种颜色,也只能叫颜色,不能叫安全色。例如气瓶、容器管道等涂以各种颜色,目的是区分气瓶或容器中装有不同的介质,而不是向人们表示禁止、警告或安全的含义。

安全色有规定的颜色范围,超出范围就不符合安全色的要求。颜色范围所规定的安全色是最不容易相互混淆的颜色,如果超出它们的颜色范围,就会削弱它们的辨别度。安全色与对比色的颜色范围应严格执行规定的安全色和对比色的颜色范围和亮度因数。

在涂有安全色的部位应注意检查、保养、维修。当发现颜色有污染或有变化、褪色,不符合规定的颜色范围时,应及时清理或更换。检查时间至少每年一次。

**(二)安全标志**

安全标志是由安全色、几何图形和图形符号构成,用以表达特定的安全信息的标记。安全标志适用于工矿企业、港内运输和其他有必要提醒人们注意安全的场所。使用安全标志的目的是提醒人们对不安全因素的注意,防止事故的发生,起到保障安全的作用。当然,安全标志的使用只是起到提示、提醒的作用,它本身不能消除任何危险,不能代替安全操作规程,也不能取代预防事故的其他安全防护措施。

1. 安全标志的类型和含义

根据《安全标志》(GB 2894—1996)规定,安全标志分禁止标志、警告标志、指令标志和提示标志四大类型。

禁止标志的含义是禁止人们不安全行为的图形标志。其基本形式为带斜杠的圆边框。圆环和斜杠为红色,图形符号为黑色,衬底为白色。

警告标志的含义是提醒人们对周围环境引起注意,以避免可能发生危险的图形标志。其基本形式是正三角形边框。三角形边框及图形为黑色,衬底为黄色。

指令标志的含义是强制人们必须作出某种动作或采取防范措施的图形标志。其基本形式是圆形边框。图形符号为白色,衬底为蓝色。

提示标志的含义是向人们提供某种信息的图形标志。其基本形式是正方形边框。图形符号为白色,衬底为绿色。

文字辅助标志:文字辅助标志的基本形式是矩形边框,有横写和竖写两种形式。横写时,文字辅助标志写在标志的下方,可以和标志连在一起,也可以分开,禁止标志、指令标志为白色字,衬底色为标志的颜色,警告标志为黑色字,衬底色为白色;竖写时,文字辅助标志写在标志杆的上部,禁止标志、警告标志、指令标志、提示标志均为白色衬底,黑色字,标志杆下部色带和标志的颜色相一致,文字字体均为黑体字。

2. 使用安全标志的相关规定

安全标志在安全管理中的作用非常重要,如果作业场所或者有关设备、设施让人看不清楚,而且不采取一定的措施加以提醒,就可能会造成严重的后果。因此,在有较大危险因素的生产经营场所或者有关设施、设备上,必须设置明显的安全警示标志,以提醒、警告人们,使他们能时刻清醒认识所处环境的危险,提高注意力、加强自身安全保护,对于避免事故发生将起到积极的作用。

在设置安全标志方面,相关法律法规已有诸多规定。如《中华人民共和国安全生产法》第二十八条规定:"生产经营单位应当在有较大危险因素的生产经营场所和有关设施、设备上,设置明显的安全警示标志。"安全警示标志必须符合国家标准。设置的安全标志,未经有关领导批准,不准移动和拆除。

3. 安全标志的配备原则

安全标志牌的型号,应按照国家标准的规定使用。当无论是在港内或车间内,所设标志牌其观察距离不能覆盖全厂或全车间时,应多设几个标志牌。标志牌设置的高度,应尽量与人眼的视线高度相一致。悬挂式和柱式的环境信息标志牌的下缘距地面的高度不宜小于2m;局部信息标志的高度应视具体情况确定。标志牌应设在与安全有关的醒目地方,并使大家看见后,有足够的时间来注意它所表示的内容。环境信息标志宜设在有关场所的入口处和醒目处;局部信息标志应设在所涉及的相应危险地点或设备附近的醒目处;标志牌不应设在门、窗、架等本身能够移动后可能遮盖标志的物体上;标志牌前不得放置妨碍认读的障碍物;标志牌的平面与视线夹角应接近90°,观察者位于最大观察距离时,最小夹角不低于75°;标志牌应设置在明亮的环境中;多个标志牌在一起设置时,应按警告、禁止、指令、提示类型的顺序,先左后右、先上后下地排列。标志牌的固定方式分附着式、悬挂式和柱式三种,悬挂式和附着式的固定应稳固不倾斜,柱式的标志牌和支架应牢固地连接在一起。安全标志牌每半年检查一次,如发现有破损、变形、褪色等不符合要求的现象时应及时修整或更换。

4. 安全标志的使用

安全标志分四大类型,共有66个,下面仅介绍部分常见的安全标志的使用:

(1)禁止吸烟标志:用于有丙类火灾危险物质的场所,如木工车间、油漆车间纺织厂、印染厂等。

(2)禁止烟火标志:用于有乙类火灾危险物质的场所,如面粉厂、沥青车间。

(3)禁止带火种标志:用于有甲类火灾危险物质及其他禁止带火种的各种危险场所,如林区、草原等。

(4)禁止放易燃物标志:用于具有明火设备或高温的作业场所,如动火区,各种焊接、切割、锻造、浇注车间等场所。

(5)禁止启动标志:用于暂停使用的设备附近,如设备检修、更换零件等。

(6)禁止合闸标志:用于设备或线路检修时,相应的开关附近。

(7)禁止转动标志:用于检修或专人定时操作的设备附近。

(8)禁止触摸标志:用于禁止触摸的设备或物体附近,如裸露的带电体,炽热物体,具有毒性、腐蚀性物体等处。

(9)禁止跨越标志:用于不宜跨越的危险地段,如专用的运输通道、皮带运输线和其他作业流水线,作业现场的沟、坎、坑等。

(10)禁止攀登标志:用于不允许攀爬的危险地点,如有坍塌危险的建筑物、构筑物、设备旁。

(11)禁止跳下标志:用于不允许跳下的危险地点,如深沟、深地、车站站台及盛装过有毒物质、易产生窒息气体的槽车、贮罐、地窖等处。

(12)禁止入内标志:用于易造成事故或人员伤害的场所,如高压设备室、各种污染源等入口处。

(13)禁止停留标志:用于对人员具有直接危险的场所,如粉碎场地、危险路口、桥口等处。

(14)禁止通过标志:用于有危险的作业区,如起重、爆破现场,道路施工工地等。

(15)禁止靠近标志:用于不允许靠近的危险区域,如高压试验区、高压线、输变电设备的附近。

(16)禁止戴手套标志:用于戴手套易造成手部伤害的作业地点,如旋转的机械加工设备附近。

(17)禁止穿化纤服装标志:用于有静电火花会导致灾害或有炽热物质的作业场所,如冶炼、焊接及有易燃易爆物质的场所等。

(18)禁止穿钉鞋标志:用于有静电火花会导致灾害或有触电危险的作业场所,如有易燃易爆气体或粉尘的车间及带电作业场所。

(19)注意安全标志:用于警告标志中没有规定的易造成人员伤害的场所及设备等。

(20)当心火灾标志:用于易发生火灾的危险场所,如可燃性物质的生产、储运、使用等地点。

(21)当心爆炸标志:用于易发生爆炸危险的场所,如易燃易爆物质的生产、储运、使用或受压容器等地点。

(22)当心中毒标志:用于剧毒品及有毒物质的生产、储运及使用场所。

(23)当心触电标志:用于有可能发生触电危险的电器设备和线路,如配电室、开关等。

(24)当心电缆标志:用于在暴露的电缆或地面下有电缆处施工的地点。

(25)当心机械伤人标志:用于易发生机械卷入、轧压、碾压、剪切等机械伤害的作业地点。

(26)当心伤手标志:用于易造成手部伤害的作业地点,如玻璃制品、木制加工、机械加工车间等。

(27)当心扎脚标志:用于易造成脚部伤害的作业地点,如铸造车间、木工车间、施工工地及有尖角散料等处。

(28)当心吊物标志:用于有吊装设备作业的场所,如港口、码头、仓库、车间等。

(29)当心落物标志:用于易发生落物危险的地点,如高处作业、立体交叉作业的地方等。

(30)当心烫伤标志:用于具有热源易造成伤害的作业地点,如冶炼、锻造、铸造、热处理车间等。

(31)当心弧光标志:用于由于弧光造成眼部伤害的各种焊接作业场所。

(32)当心车辆标志:用于港内车、人混合行走的路段,道路的拐角处、平交路口;车辆出入较多的厂房、车库等出入口处。

(33)当心火车标志:用于港内铁路与道路平交路口,铁道进入港内的地点。

(34)必须戴防护眼镜标志:用于对眼睛有伤害的作业场所,如机加工、各种焊接车间等。

(35)必须戴防毒面具标志:用于具有对人体有害的气体、气溶胶、烟尘等作业场所,如有毒物散发的地点或处理由毒物造成的事故现场。

(36)必须戴防尘口罩标志:用于具有粉尘的作业场所,如纺织清花车间、粉状物料拌料车间以及矿山凿岩等。

(37)必须戴护耳器标志:用于噪声超过 85dB 的作业场所,如铆接车间、织布车间、射击场等处。

(38)必须戴安全帽标志:用于头部易受外力伤害的作业场所,如伐木场、造船厂及起重吊装处等。

(39)必须戴防护帽标志:用于易造成人体伤害或有粉尘污染头部的作业场所,如纺织、石棉、玻璃纤维以及具有旋转设备的机加工车间等。

(40)必须戴防护手套标志:用于易伤害手部的作业场所,如具有腐蚀、污染、灼烫、冰冻及触电危险的作业等地点。

(41)必须穿防护鞋标志:用于易伤害脚部的作业场所,如具有腐蚀、灼烫、触电、砸(刺)伤等危险的作业地点。

(42)必须系安全带标志:用于易发生坠落危险的作业场所,如高处建筑、修理、安装等地点。

(43)紧急出口标志:用于安全疏散的紧急出口处,与方向箭头结合设在通向紧急出口的通道、楼梯口等处。

(44)可动火区标志:用于经有关部门划定的可使用明火的地点。

(45)避险处标志:用于铁路桥、公路桥、矿井及隧道内躲避危险的地点。

5. 安全标志实例

1)禁止标志

禁止标志的基本形式是带斜杠的圆边框,如图 8-34 所示:

禁止标志基本形式的参数:

外径　$d_1 = 0.025L$;

内径　$d_2 = 0.800d_1$;

斜杠宽　$c = 0.080d_1L$;

斜杠与水平线的夹角 $\alpha = 45°$;

其中:$L$ 为观察距离。

港口常用的禁止标志见表 8-8。

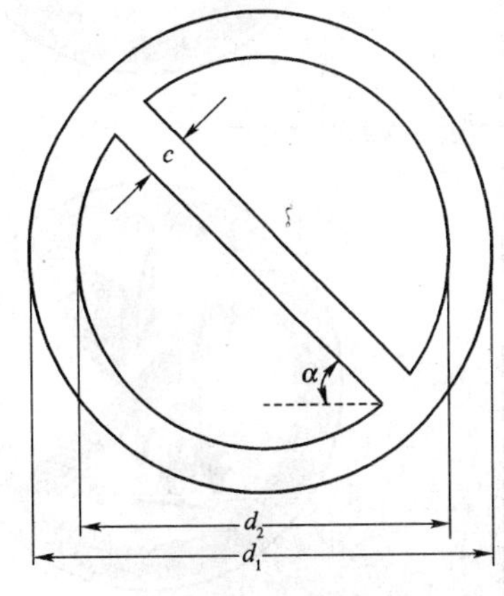


图 8-34　禁止标志的基本形式

港口常用的禁止标志 表8-8

| 图形标志 | 含义 | 说明 |
| --- | --- | --- |
|  | 禁止吸烟 No smoking | ISO 3864:1984No B.1.1 |
|  | 禁止烟火 No buring | ISO 3864:1984No B.1.2 |
|  | 禁止带火种 No kindling | |
|  | 禁止用水灭火<br>No watering to put out the fire | ISO 3864:1984<br>No B.1.4 |

续上表

| 图形标志 | 含义 | 说明 |
| --- | --- | --- |
|  | 禁止放易燃物<br>No laying inflammable thing | |
|  | 禁止启动<br>No starting | |
|  | 禁止合闸<br>No switching on | |
|  | 禁止转动<br>No turning | |

续上表

| 图形标志 | 含义 | 说明 |
| --- | --- | --- |
|   | 禁止触摸<br>No touching |  |
|   | 禁止跨越<br>No striding |  |
|   | 禁止攀登<br>No climbing |  |
|   | 禁止跳下<br>No jumping down |  |

续上表

| 图形标志 | 含义 | 说明 |
| --- | --- | --- |
|  | 禁止入内<br>No entering | |
|  | 禁止停留<br>No stopping | |
|  | 禁止通行<br>No thoroughfare | |
|  | 禁止靠近<br>No nearing | |

续上表

| 图形标志 | 含义 | 说明 |
| --- | --- | --- |
|  | 禁止乘人<br>No riding | |
|  | 禁止堆放<br>No stocking | |
|  | 禁止抛物<br>No tossing | |
|  | 禁止戴手套<br>No putting on gloves | |

续上表

| 图形标志 | 含义 | 说明 |
| --- | --- | --- |
|  | 禁止穿化纤服装<br>No putting on chemical fibre clothings |  |
|  | 禁止穿带钉鞋<br>No putting on spikes |  |
|  | 禁止饮用<br>No drinking |  |

2)警告标志

警告标志的基本含义是提醒人们对周围环境引起注意，以避免可能发生危险的图形标志。

警告标志的基本形式是正三角形边框，如图 8-35 所示：

警告标志基本形式的参数：

外边　$a_1 = 0.034L$；

内边　$a_2 = 0.700a_1$；

边框外角圆弧半径　$r = 0080a_2$；

其中 $L$ 为观察距离。

港口常用的警告标志见表 8-9。

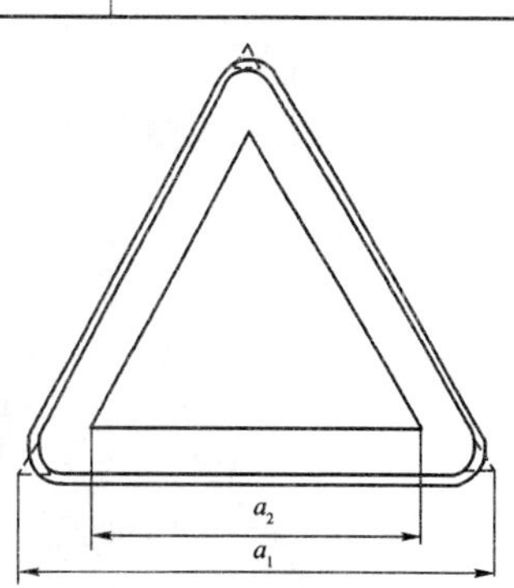


图 8-35　警告标志的基本形式

**港口常用的警告标志** 表 8-9

| 图形标志 | 含义 | 说明 |
| --- | --- | --- |
|   | 注意安全<br>Caution, danger | ISO 3864:1984<br>No B.3.1 |
|   | 当心火灾<br>Caution, fire | ISO 3864:1984<br>No B.3.2 |
|   | 当心爆炸<br>Caution, explosion | ISO 3864:1984<br>No B.3.3 |
|   | 当心腐蚀<br>Caution, corrosion | ISO 3864:1984<br>No B.3.4 |
|   | 当心中毒<br>Caution, poisoning | ISO 3864:1984<br>No B.3.5 |

续上表

| 图形标志 | 含义 | 说明 |
| --- | --- | --- |
|   | 当心感染<br>Caution, infection |  |
|   | 当心触电<br>Danger! electric shock | ISO 3864:1984<br>No B.3.6 |
|   | 当心电缆<br>Caution, cable |  |
|   | 当心机械伤人<br>Caution, mechanical injury |  |
|   | 当心伤手<br>Caution, injure hand |  |

续上表

| 图形标志 | 含义 | 说明 |
| --- | --- | --- |
|   | 当心扎脚<br>Caution, splinter |  |
|   | 当心吊物<br>Caution, hanging |  |
|   | 当心坠落<br>Caution, drop down |  |
|   | 当心落物<br>Caution, falling objects |  |
|   | 当心坑洞<br>Caution, hole |  |

续上表

| 图形标志 | 含义 | 说明 |
| --- | --- | --- |
|  当 | 当心烫伤<br>Caution, scald | |
|  | 当心弧光<br>Caution, arc | |
|  | 当心塌方<br>Caution, collapse | |
|  | 当心冒顶<br>Caution, roof fall | |
|  瓦斯 | 当心瓦斯<br>Caution, gas | |

续上表

| 图形标志 | 含义 | 说明 |
| --- | --- | --- |
|  | 当心电离辐射<br>Caution, ionizing radiation | |
|  | 当心裂变物质<br>Caution, fission matter | |
|  | 当心激光<br>Caution, laser | |
|  | 当心微波<br>Caution, microwave | |
|  | 当心车辆<br>Caution, vehicle | |

续上表

| 图形标志 | 含义 | 说明 |
| --- | --- | --- |
|  | 当心火车<br>Caution, train | |
|  | 当心滑跌<br>Caution, slip | |
|  | 当心绊倒<br>Caution, stumbling | |

3)指令标志

指令标志的含义是强制人们必须作出某种动作或采用防范措施的图形标志。

指令标志的基本形式是圆形边框,如图 8-36 所示。

指令标志基本形式的参数;

直径 $d=0025L$;

$L$ 为观察距离。

港口常用的指令标志见表 8-10。

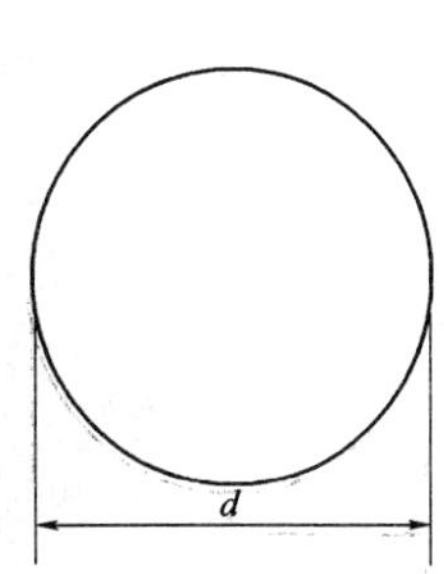

图 8-36 指令标志的基本形式

**港口常用的指令标志** 表 8-10

| 图形标志 | 含义 | 说明 |
| --- | --- | --- |
|   | 必须戴防护眼镜<br>Must wear protective goggles |  |
|   | 必须戴防毒面具<br>Must wear gas defence mask |  |
| 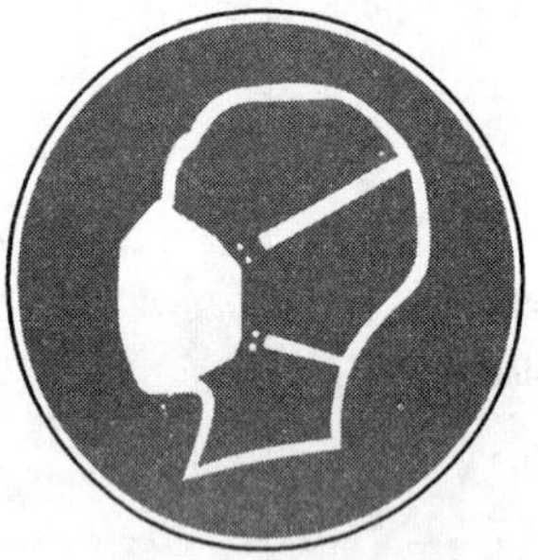  | 必须戴防尘口罩<br>Must wear dustproof mask |  |
|   | 必须戴护耳器<br>Must wear ear protector |  |

续上表

| 图形标志 | 含义 | 说明 |
|---|---|---|
|   | 必须戴安全帽<br>Must wear safety helmet |  |
|   | 必须戴防护帽<br>Must wear protective cap |  |
|   | 必须戴防护手套<br>Must wear protective gloves |  |
|   | 必须穿防护鞋<br>Must wear protective shoes |  |

续上表

| 图形标志 | 含义 | 说明 |
|---|---|---|
|   | 必须系安全带<br>Must fastened safety belt |  |
|   | 必须穿救生衣<br>Must wear life jacket |  |
|   | 必须穿防护服<br>Must wear protective clothes |  |
|   | 必须加锁<br>Must be locked |  |

4）提示标志

提示标志的含义是向人们提供某种信息（如标明安全设施或场所等）的图形标志。

提示标志的基本形式是正方形边框，如图 8-37 所示。

提示标志基本形式的参数：

边长　$d = 0.025L$，

其中：$L$ 为观察距离。

港口常用的提示标志见表 8-11。

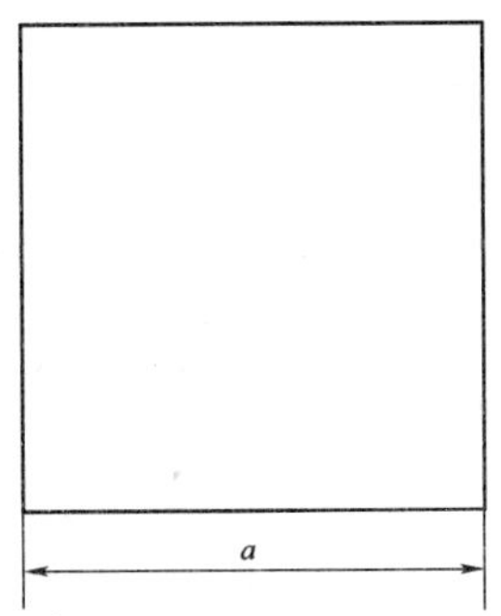


图 8-37　提示标志的基本形式

**港口常用的提示标志**　　表 8-11

| 图形标志 | 含义 | 说明 |
|---|---|---|
|   | 紧急出口 Emergent exit | GB 10001 NO7 21 |
|   | 紧急出口 Emergent exit | GB 10001 NO7 21 |
| 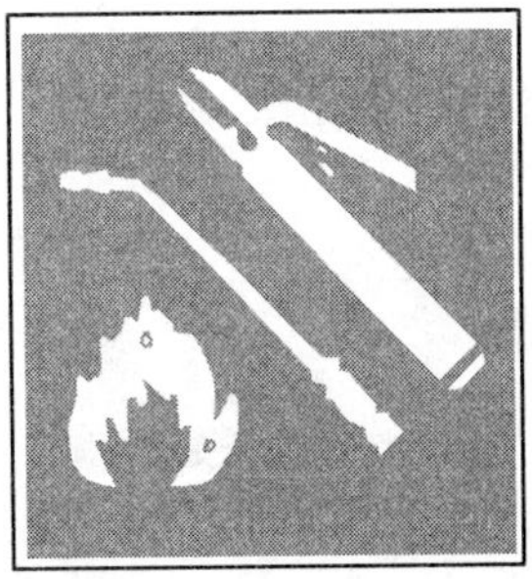  | 可动火区 Flare up region |  |

续上表

| 图形标志 | 含义 | 说明 |
|---|---|---|
| | 避险处<br>Haven | |

5)货物包装储运指示标志

国家标准(GB 191—2000)规定了货物包装储运图示标志的名称、图形、尺寸、颜色及使用方法,该标准适用于各种货物的运输包装。根据此标准,货物包装储运指示标志图示标志共17种,其名称和图形见表8-12。

**货物包装储运指示标志**

表8-12

| 序号 | 标志名称 | 标志图形 | 含　义 |
|---|---|---|---|
| 1 | 易碎物品 | | 运输包装件内装易碎品,因此搬运时应小心轻放 |
| 2 | 禁用手钩 | | 搬运运输包装件时禁用手钩 |
| 3 | 向上 | | 运输包装件的正确位置是竖直向上 |
| 4 | 怕晒 | | 运输包装件不能直接曝晒 |
| 5 | 怕辐射 | | 包装物品一旦受辐射便会完全变质或损坏 |

续上表

| 序号 | 标志名称 | 标志图形 | 含义 |
|---|---|---|---|
| 6 | 怕雨 |   | 包装件怕雨淋 |
| 7 | 重心 | 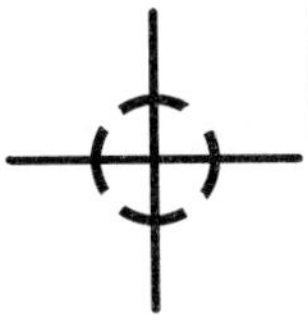  | 一个单元货物的重心 |
| 8 | 禁止翻滚 |   | 不能翻滚运输包装 |
| 9 | 此面禁用手推车 |   | 搬运货物时此面禁放手推车 |
| 10 | 禁用叉车 |   | 不能用升降叉车搬运的包装件 |
| 11 | 由此夹起 |  | 装运货物时夹钳放置的位置 |
| 12 | 此处不能卡夹 |   | 装卸货物时此处不能用夹钳夹持 |

续上表

| 序号 | 标志名称 | 标志图形 | 含　义 |
|---|---|---|---|
| 13 | 堆码质量极限 | … $kg_{max}$ | 该运输包装件所能承受的最大质量极限 |
| 14 | 堆码层数极限 | $n$ | 相同包装的最大堆码层数，$n$ 表示层数极限 |
| 15 | 禁止堆码 | | 该包装件不能堆码并且其上也不能放置其他负载 |
| 16 | 由此吊起 | | 起吊货物时挂链条的位置 |
| 17 | 温度极限 | | 表明运输包装件应该保持的温度极限 |

**（三）安全线**

工矿企业中用以划分安全区域与危险区域的分界线为安全线。厂房内安全通道的标示线，铁路站台上的安全线都是常见的安全线。根据国家有关规定，安全线用白色，宽度不小于60mm。在生产过程中，有了安全线的标志就能区分安全区域和危险区域，有利于对危险区域的认识和判断。

## 四、港口作业现场定置管理与“6S”管理

现场定置管理是现场各项专业管理的基础，其含义是根据生产活动的目的，考虑到生产活动的效率、质量、安全等制约条件和物品自身的特殊要求（如时间、质量、数量、流程等），划分适当的放置场所，确定在场所中的放置状态，明确作为生产活动主体的人与场所及物品联系的信息媒介，从而有利于人、物的结合，有效地进行生产活动。

**(一)港口作业现场定置管理**

1.定置管理的内涵、目的和原则

定置管理是对生产现场中的人、物、场所三者进行科学分析研究,通过“6S”活动,以完整的信息系统为媒介,使之达到最佳结合状态的科学管理方法。

定置管理的目的是通过对生产现场的整理整顿,把生产中不需要的物品清除掉,而需要的物品则根据定置管理的要求,放在随手可得的位置;以便消除人的无效劳动,防止和避免生产过程中的不安全因素,从而达到高效生产和安全生产的目的。

定置管理的步骤包含五个方面:

(1)分析现状。根据生产工艺流程,利用工程学原理分析系统中的人、物、场所的状态和它们在生产过程中如何做到最省力、最安全,而效率最高。

(2)优化配置。根据现状分析的结果,规划现场中的人、物、场所的最佳组合,使人(管理者、作业人员)、机(设备、设施、检测计量仪器)、料(原材料、在制品、半成品、能源等);法(安全操作规程、信息传递、各项规章制度)、环(作业环境)等因素有机协调。

(3)实施运行。根据优化配置规划,运行实施,进一步改善,达到人、物、场所的最佳配置。

(4)规范定置。根据最佳配置划出定置图,根据定置图在现场放置各种信息名牌,指定相应的管理规定(检查规定、考核标准、奖惩制度等内容),使之定置规范化、标准化、制度化。

(5)定置管理检查和考核。根据制定的定置管理检查规定,定期不定期地进行定置实施情况的检查,对于实施得好的要予以奖励,反之要根据责任制进行惩罚。只有这样,才能巩固定置管理的成果,持之以恒。

2.定置管理现场布置的基本原则

(1)采用单一的流向和看得见的搬运路线。

(2)最大限度地利用空间。

(3)最大的操作方便和最小的不愉快。

(4)最短的运输距离和最少的装卸次数。

(5)切实的安全防护保障。

(6)最少的改进费用和统一标准。

(7)最大的灵活性及协调性。

3.定置管理的现场要求

(1)各种物料堆放,设备安装,工、器具严格按照工艺和管理要求摆放规范、整齐且符合安全卫生要求。

(2)电线电缆架设符合国家和行业标准、规范。

(3)现场安全通道畅通;消防器材齐全有效,责任到人。

(4)现场各种安全标志符合国家标准,悬挂地点位置适当。各种安全标志、标语规范、醒目、协调、准确;重大危险源有明确标识,生产工作场所各种坑、井、沟、池、轮、轴、台等设有防护措施和警示标志。

(5)各种机械、电气设备上的安全防护装置、信号装置、警报装置、保险装置、限位装置等齐全可靠。

(6)现场通风设施完善,运转良好,尘毒浓度合格率达到规定要求,噪声控制在规定的范围之内。

(7)各种设备、管道、阀门应根据国标和行业标准实行色彩管理,清洁完好,无冒、滴、漏现象;厂区内道路应有明显的交通标志,进出车辆实行限速行驶。

例如,港口集装箱货场的场地应坚固、平坦,不得倾斜,排水应良好,不应有可能损伤集装箱的石块等坚硬突出物或其他障碍物,集装箱堆放还要满足定置管理的要求:

(1)集装箱应按箱位线堆码,空箱、重箱和结构类型不同的集装箱应分别堆码。

(2)货场内应设置冷藏集装箱和危险货物集装箱专用箱区。冷藏集装箱箱区应设置电源装置,并有专人负责,其货场管理应符合 GB/T13145 的有关要求;危险货物集装箱箱区应与其他箱区隔离,箱内货物性质或施救互抵的危险货物集装箱应分类和分隔堆放,并应配备符合国家有关危险品堆存规范的安全设备设施和设置相关的标识。

(3)集装箱堆码的垛型应与机械能力、集装箱类型、箱内货物的特性以及货场设计要求相适应。货场机械的安全应符合 JT/T565 的要求。

(4)集装箱堆码时只允许由集装箱的 4 个底角件支承。上下层集装箱的角件应充分接触且要对齐,上面各层与最底层角件间的最大偏离量纵向不大于 38.0mm,横向应不大于 25.4mm。

(5)上下堆码的集装箱,其长度尺寸一般应相同。如长度尺寸不同,堆码时应按下列要求:

①集装箱上不应堆放小于其长度尺寸的任何集装箱,如 40ft 的集装箱上堆放两个 20ft 的集装箱。

②单只集装箱上不应堆放大于其长度尺寸的任何集装箱。

③两只集装箱上堆放 1 只集装箱时,下面两箱高度应一致,不同不应堆放;堆放时,上面集装箱 4 个角件应与下面集装箱外端的角件对齐;为避免上下箱的箱间位置发生移动,可采取上下箱箱间转锁连接,或由连接件对下箱组合成与上箱一致的长度尺寸等措施。

④严禁不规范堆码状态。在风速大于 15m/s 时,应根据箱重和风速的大小对堆垛的集装箱,采取降低箱堆高层数、紧密堆装、合理安排轻重箱的位置,或使用栓固装置等有效的防护、加固措施。

4.定置管理的基本内容

定置管理的对象主要以生产现场为主,以职能部门办公室的定置管理为辅,逐步实行企业的全面定置,定置管理的基本内容大致包括以下几个方面:

1)系统定置管理

系统定置管理就是对生产经营的总体系统进行定置管理,使企业的总系统布局合理、物流有序、生产高效;

2)区域定置管理

区域定置管理是按工艺流程把生产现场划分为若干定置区域,对每一区域的人、机、料、法、环、信实行定置管理,促进其有机结合,保证区域内的人员精干、设备完好、物流有序、纪律严明、环境整洁、信息灵敏,促进生产活动高效运行。

3)生产要素定置管理

包括四个方面定置管理：

(1)设备定置管理，是对设备运转状况和过程的定置，包括设备本体定置、管理资料定置、备品备件定置、维修保养定置，通过定置促进设备的精良完好，充分发挥其效果。

(2)工具、器具、容器定置管理，是对生产工具、器具、容器按生产、工作的程序化、标准化、规范化要求进行分类摆放，确立最佳位置，使用方便，流动有序，减轻劳动，提高效率。

(3)原燃材料和产成品定置管理，是对各种原燃材料和产品进行分类存放，使其有节奏地运行，保证生产均衡进行。

(4)人员定置管理，主要是定人、定岗、定责，实行标准化作业，保证发挥最大的效能。

4)库房、料场定置管理

通过调整物品存放的位置，使仓库、料场内物品摆放有序，便于存取，消除杂乱、变质物品，及时了解库存物品供应情况，更好地发挥库存功能，促进库房管理科学化、规范化、标准化。

5)特别定置管理

对生产过程中关键问题和薄弱环节，实行特别的定置管理。主要包括质量控制点特别定置和安全防火特别定置等。

6)环境净化、美化定置管理

环境净化、美化定置管理主要是通过实行环境净化、绿化、美化定置来改善现场生产工作环境，创造美观舒适的劳动工作条件，达到促进人的身心健康，提高劳动效率的目的。

7)色调定置管理

色调对人的身心健康、工作效率、安全都有很大影响；通过对人员劳动、工作环境的色彩定置，创造优越的色彩条件，减轻劳动疲劳。同时，也可以起到识别、区别、警示作用，提高劳动效率，促进安全生产。

8)职能部门定置管理

职能部门定置管理要求企业各级干部和管理人员，按照标准化、规范化、系列化要求，科学管理各种文件、资料、物品，及时准确地处理各种信息，提高工作和办事效率。主要包括办公室定置管理和文件资料定置管理，办公桌椅定置管理等。

5. 工、器具，工件，材料摆放要求

(1)作业场所的原材料、半成品、成品、废品及工具柜应进行定量、定置管理平稳可靠。

(2)各类工、器具，专用工、模、夹具存放应牢固可靠、符合安全要求。

(3)产品、坯料等应限量存放，不得妨碍操作。

(4)工件、材料等应堆放整齐、平稳可靠，不得超过2m高度。

(5)工作场所的工位器具、工件、材料摆放合格率应为100%。

6. 定置管理实施标准

有图并有物，有物必有区，有区必挂牌，有牌必分类；按图定置，按类存放，账物一致。

具体实施包括三个步骤：

(1)清除与生产无关的物品。凡与生产无关的物，都要清除干净。

(2)按定置图实施定置。按定置图要求，将生产现场、器具等物品进行分类、搬、转调整并予定位。定置的物要与图相符，位置要正确，摆放要整齐，可引起伤害的物要有防护，贮存要有器具。可移动物，如手推车、电动车等定置到适当位置。

(3)放置标准信息名牌。牌、物、图相符，不得随意挪动；要以醒目和不妨碍生产为原则。

7. 定置管理的检查与考核

为使定置管理工作能持之以恒，必须建立定置管理的检查、考核制度和奖惩制度，实现定置管理的长期化、制度化和标准化。

**(二)港口作业现场"6S"**

1."6S"的含义

所谓6S指的就是：SEIRI(整理)、SEITON(整顿)、SEISO(清扫)；SEIKETSU(清洁)、SHITSUKE(自律)、SAFETY(安全)这六项，因为六个单词前面发音都是"S"，所以统称为"6S"。

(1)整理(SEIRI)。整理就是针对生产对象的整理，通过区分现场物料需要与不需要，不需要移出现场或处理掉，建立需要物料的上限数量，优化现场空间库存，改善和增大作业面积，使道路畅通，使人舒心，利于安全管理。

(2)整顿(SEITON)。整顿就是将现场那些不需要的物料、不需要的信息、清除掉，把不合理的重新规划，把所需物料有条理地定位或定置摆放，使这些物料始终处于任何人能方便取放的位置，使"三流"(人流、物流、信息流)能合理协调，流动有序，提高时间利用率，保证安全生产。

(3)清扫(SEISO)。清扫就是对设备、厂房等进行清扫，将包括机器、工具、地面、墙壁和其他现场物料的生产现场打扫干净，做到无垃圾、无废弃物、无灰尘。在清扫过程中，可以发现缺陷，实现点检，可与设备管理结合起来。

(4)清洁(SEIKETSU)。清洁就是维持和巩固整理、整顿和清扫的效果，始终使现场保持整洁、干净的状态，其中包括个人清洁和环境清洁。清洁的状态包含三个要素，即干净、高效、安全。主要包括地面、窗户和墙壁、操作台、工具和工装、设备、货架和放置物料场所和通道的清洁等。

(5)自律(SHITSUKE)。自律就是每天坚持整理、整顿、清扫及清洁，且习惯地将这些活动视为每日工作的一部分，这是"6S"活动的核心。

(6)安全(SAFETY)。安全就是在工作状态、行为、设备及管理等一系列活动中给员工带来既安全又舒适的工作环境，确保现场人员的安全和健康。

2. 开展"6S"管理活动注意要点

(1)领导重视，身体力行。一个企业"6S"活动开展的好与不好，关键在领导的重视程度。"6S"活动的推行要从最高管理者的办公室开始，继之以中层领导和管理干部，自上而下进行。

(2)"6S"活动要持之以恒。"6S"活动要坚持不懈地进行，才会取得预期的效果。开展"6S"活动要有长期坚持的思想准备。在企业里要养成这种风气，特别是个人的良好习惯和整个企业的风气是相辅相成的。企业风气的养成可以促进个人形成好习惯，个人良好的习惯又有利于企业良好氛围的营造。

(3)"6S"活动要经常教育。人的良好习惯需要培养，开展"6S"活动也要有条不紊、有秩序地进行。"6S"工作的推进就意味着要不断地发展。在企业里要教育全体员工不断地思考如何改进“6S”工作，脚踏实地把“6S”活动推向前进。

(4)遵守规定和规则。遵守规定虽然道理很浅显，但未必人人都能做到。问题的关键是缺乏遵守规定的自觉性。要教育员工凡是企业的规定就应该遵照执行，这不仅仅是“6S”的要求，也是大工业生产的基本前提。

(5)“6S”活动的评价。定期对“6S”活动进行评价是确保“6S”活动持之以恒的有效措施。企业应根据各自的实际情况，编制“6S”活动评价表，对本企业开展“6S”活动情况进行定期的评价。通过评价寻找可以进行改进的方面，组织攻关改进，推动“6S”活动健康发展。

## 五、港口现场作业环境的个体防护

作业环境较复杂、危害性较大，当采用各种改善技术措施还不能满足要求时，应采用个体防护措施，使作业人员免遭有害因素的危害。个体防护，就要利用好个体防护器具。个体防护器具，是指作业人员在生产活动中，为保证安全与健康，防止外界伤害或职业性毒害而佩戴使用的各种用具的总称。

1. 个体防护器具的作用

个体防护器具(以下简称防护器具)是劳动保护的重要措施之一，是生产过程中不可缺少的、必备的防护手段。对于危险性大的生产作业，当不能或很难采取可靠的技术保障措施时，为避免发生人身事故，必须佩戴必要的防护器具。此外，在某些特定条件下，为临时的目的而需要改善作业环境或条件时，由于花费投资较大，或者在紧急情况下需从事某项作业，而需要立即采取保护性措施时，利用某些特定的保护用具，将人体加以保护，则比较经济而且可以立即奏效。在作业人员遇到危险情况时，特殊的救生器材也是抢险救生的必备用具。因此，在所有需要对个体进行防护的作业场所，都必须提供并使用必要的防护器具，这既是对职工的生命和健康的爱护，也是安全管理人员的责任。对于任何生产活动都必须预先分析可能发生的危险及意外的事故，并充分估计作业人员所需的个体防护。

2. 个体防护器具的分类

防护器具实质上是避免或减少有害物质、物体或辐射对人体危害的特种防护性器具。利用个体防护用品的阻隔、封闭、吸收、分立等作用，保护人体的局部或全身免受外来的侵害。个体防护用品的品种很多，目前分类方法也不统一，但一般可按以下方法进行分类。

(1)按个体防护部位(或人的生理部位)分类。可分为头部、面部、眼、耳、呼吸道、手、足、躯干的防护用品等。

(2)按使用的原材料分类。根据个体防护用品使用的原材料不同，可分为棉纱面料制品、化学纤维制品、丝绸呢绒制品、皮革制品、石棉制品、橡胶制品、人造革制品、塑料制品、有机玻璃制品、五金制品、纸制品等。

(3)按防护用途(或使用性质)分类有两种方法。一类是适用于防止工伤事故的，成为安全防护用具，用于预防职业病的，称为劳动卫生防护用品；另一类则按其所使用的原料分为一般防护用品(主要是指棉布棉纱制品)和专用防护用品(如防毒面具、安全帽、安全带等)。

3. 个体防护器具的要求

(1)产品安全要求。即能预防对人体各种暴露的危害，达到全面保护；穿着舒适，佩戴方便，质量轻，不妨碍作业活动；选用优质材料，耐腐蚀、抗老化，对皮肤无刺激，各部配件吻合严密，牢固，外观光洁，色泽均匀协调，美观大方。

(2)选择。为了对劳动者提供可靠保护，在选择使用防护器具时，应首先考虑防护的需要，即根据需要预防的各种暴露的危害，准备必需的防护器具。其次是根据需要保护的部位和要求，选择有效的和适用的类型。因此，需要熟悉各种防护器具的型号、功用及其适用范围，以便正确选型和使用。

(3)生产。各种防护器具的生产都必须经国家指定的技术部门鉴定，符合安全卫生技术标准并发给许可证后方可生产。产品须由制造厂的技术检验部门检验，每个产品都应有合格证。

(4)发放。个体防护器具既然是劳动保护的辅助措施，就绝不能把它作为职工的福利任意发放。个体防护器具只能用于保护劳动者在生产劳动过程中的安全和健康。凡属于在生产过各程中保护工人的安全健康所必需的则发，否则不发。对于在不同行业中劳动条件相同的同类工种，应当发给相同的防护器具；如果工种相同，但劳动条件不同，应发给不同的防护器具。

(5)使用。防护器具在保护工人的工作安全与健康方面起着重要作用，但一定要正确使用。按操作规程要求，工人必须佩戴好个体防护器具，方可进入生产岗位，不得借任何理由拒绝佩戴防护器具。

## 第三节　作业现场安全管理

作业现场是由人、物和环境所构成的一个生产场所，它实际上也是一个“人工环境”。在这个人工环境里，有生产用的各种设备装置，原材物料，各类工具和其他杂物，还有作为设备动力源的蒸汽、电、燃油等，以及操作人员。

班组作业现场的安全管理也就是从这三个因素着手，即对人的不安全行为管理，对物的不安全状态管理及对作业环境条件的调节和治理。

### 一、对人的不安全行为的管理

1.发生事故前人的心理状态

人在操作中为什么会出现失误？他的操作动作为什么会出现错误，存在缺陷？研究证明，操作人员在发生事故前进行操作时往往存在以下几种心理状态：

(1)认为有经验，认为绝对安全而进行作业。

(2)然感到有一些危险，但认为不要紧而继续进行作业。

(3)实际有危险，但当时没有感到危险的存在而进行作业。

(4)意识到有危险，或者没有估计到有危险而进行作业。

(5)作业太简单，无所谓，所以只凭过去的经验进行作业。

(6)观认为自己操作方法是正确的，事故是由于第三者及其他方面的错误所引起的。

2.人的不安全行为的类型

(1)操作失误，忽视安全，忽视警告。具体表现为：未经允许开动，关停，移动机器；开动，关停机器时未给信号；开关未锁紧，造成意外转动，通电或泄漏等；在机器运转时进行加油、修理、检查、调整、焊接、清扫等工作；忘记关闭设备，任意开动查封或非本工种的设备；操作失误；超限使用设备，酒后作业；作业时有分散注意力的行为；禁火区擅自动用明火或抽烟；非特种作业者从事特种作业等。

(2)用手代替工具进行操作。具体表现为：作手代替手动工具操作；用手消除切削；用手拿住工件进行机加工，而不用夹具进行固定。

(3)冒险进入危险场所。冒险进入防空洞，地坑，受压容器及半封闭场所；接近无安全措施的漏料处；未经安全监察人员允许进入油罐，气柜或井中；在起吊物下作业，停留；在绞车道，行车道上行走；非岗位人员任意在危险，要害区内逗留。

(4)攀、坐不安全位置。主要是指攀、坐平台护栏，汽车挡板，吊车吊钩等不安全位置。

(5)未正确使用个人防护用品。具体表现为：该穿的不穿，如电工作业不穿绝缘鞋，电焊作业不穿白色帆布工作服；该戴的不戴，如高处作业不戴安全带，安全帽，在有颗粒飞溅的场合不戴防护镜，使用电动工具不戴绝缘手套。

(6)存放不当，特别是对易燃，易爆危险品和有毒物品处理不当。

3. 控制人的不安全行为的途径

(1)制定规章制度和操作规程，规范操作人员的安全行为，克服人的不安全行为：

①要结合本班组的具体情况和操作实际；

②要针对容易发生事故的重点部位作出具体明确的规定；

③要从本企业及同行的事故中吸取教训；

④要符合国家有关法律法规和标准。

(2)发动全体班组成员共同制定规章制度的操作规程。

4. 案例：港口现场作业“十不准”的特别规定

(1)没有安全技术措施、安全设施不齐备，不准开工。

(2)不戴安全帽、不按规定穿戴防护用品，不准上岗。

(3)穿高跟鞋、拖鞋，不准上班。

(4)作业现场(车内、船舱、仓库、码头)，不准吸烟。

(5)上班前4小时不准饮酒。

(6)现场不准猜拳、玩牌、吵架、斗殴、嬉戏。

(7)不准带家属、小孩到现场。

(8)不准偷、拿、吃运输货物。

(9)不准无证操车，学工无师傅指导不准操车。

(10)不准弄虚作假、谎报情况，隐瞒事故。

## 二、对物的不安全状态的管理

1. 物的不安全状态的类型

物的不安全状态一般有以下几种类型：

(1)防护、保险、信号等装置不全或存在缺陷。

(2)设备、设施、工具、附件存在缺陷。

(3)个人防护用品用具缺少或存有缺陷。

(4)生产(施工)场地环境不良。

2.加强对物的不安全状态的管理

(1)加强对作业场所的安全检查,及早发现问题,依靠本班组的力量或报告上级,及时妥善地整改。

(2)加强生产设备管理,按规定做好设备和安全设施、防护装置的维护保养,使之始终保持良好的工作状态。

(3)不断完善工艺设计,改善作业条件,尽可能地采用机械化、自动化作业,并不断改进操作方法。

(4)设备布置、物料堆放要尽可能地科学合理,保持通道畅通。

(5)彻底清除与本班组无关的物品,及时清扫垃圾、废料,整理现场的原材物料、产品和工具。

(6)彻底清除火种等危险源。

(7)正确穿戴和使用防护用具、用品。

(8)改善作业场所的通风条件,维持适宜的温度、湿度和照明度。

## 三、作业场所的布置

1.作业场所布置不合理的状况

作业场所布置的不良状况主要表现在物品、信息、卫生条件等方面,具体表现如下:

(1)物品布置不合理,如设备布置不合理;材料、物品的布置与堆放不符合要求等。

(2)现场物料规划不合理,如生产场地、通道、物流路线、物品临时滞留区与交验区、废品回收点等的布置不合理。

(3)安全距离不足厂房间距、设备布局、间距等不符合安全规范要求。

(4)安全标志不符合要求主要表现在不按安全生产要求设置各类安全警示标志。

(5)卫生条件不良如由于生产设备存在跑、冒、滴、漏的现象,使得生产场所脏、乱、差。

2.作业场所的布置原则

(1)人机工程学原则:

(2)重要性原则。

(3)使用频率原则。

(4)功能原则。

(5)使用顺序原则。

(6)安全标志不符合要求主要表现在不按安全生产要求设置各类安全警示标志。

(7)卫生条件不良如由于生产设备存在跑、冒、滴、漏的现象,使得生产场所脏、乱、差。

3.保证适当的作业空间

(1)考虑操作人员的行动空间在作业空间中,操作人员的各种动作是为了实现作业目的或实现其自身活动的目的。

(2)考虑协同作业空间实际作业中,常常不是一个人单独作业,而是由多人组成的集体作业。

(3)考虑预留空间生产过程是一个动态过程,预留空间范围在生产中也是动态的,如原材料、半成品、成品的堆放空间,车间内运输设备的移动空间等。

4.合理布置作业场所

1)总体布置

在进行总体布置时,应考虑以下问题:

(1)把使用频率高和最重要的设备、操纵控制装置及显示装置布置在最佳作业范围内(最显眼和最易触及的地方),以便于操作人员观察和操作。

(2)依据操作的顺序进行布置,保证整个作业不空转,不倒流,有条不紊地进行。

(3)符合人的生理和运动特性,做到人的手臂或脚活动的路线最短、最舒适,并能准确地进行操作,使人工作起来既高效又不易疲劳。

(4)人流物流的通行既畅通又安全。

2)操纵控制装置与显示装置的布置

布置时应注意以下问题:

(1)选择最佳认读区域和配置方法布置显示装置,以提高认读的效果,减少巡检时间,提高工作效率。

(2)操纵控制装置布置的位置除应遵循时间顺序外、功能顺序、使用顺序、重要性及运动方向原则之外,还应考虑各种控制装置本身的操作特点,将其布置在该种控制的最佳操作区域之内。如颜色编码控制器应布置在最佳视觉域之内。此外,联系较多的控制装置应尽量相互靠近,排列和位置应符合其操作程序和逻辑关系。

(3)控制装置之间的间距要合理。间隔过小,虽排列紧凑、观察方便,但容易造成误操作。

(4)避免操作对显示的干扰。在操纵控制器时,肢体往往会遮挡显示器,或者显示器受控制器的照明灯光干扰,使操作人员无法监视到某些信息而造成事故。解决显示受干扰的问题,需要安排较柔和的照明,以减少灯影;同时要处理好灯光照明的角度,尽量不让照明灯光直射到仪表区,以免把肢体的影子打在仪表盘上。

(5)各种控制装置在形状、大小或颜色上要彼此有所区别,以避免误操作。

3)防止误操作

虽然将控制装置的间隔和位置都布置得较为合理,但有时还会发生误操作。因此,为避免重要的操纵控制装置发生误操作,可采取以下措施:

(1)将按钮或旋钮设置在凹入的底座之中,或加装栏杆等。

(2)使操作人员的手部在越过控制装置时,手的运动方向与控制装置的运动方向不一致,这样,即使控制装置被经过的手碰到也不会产生误动作。

(3)在控制装置上加盖或加锁,也可增加操作阻力,使之在较小外力作用下不会动作。

(4)按固定顺序操作的控制装置,可以设计成连锁的形式,使之必须依次操作才能动作。

4)作业岗位布局

(1)运用人机工程原理,按照生产工艺要求,将设备、工具、物料放置在适当的位置,使操作者拿取省力,使用方便,避免寻找。

(2)工作台、控制台和座椅尺寸要符合人体测量学的原则,保证操作者能采取良好的劳动姿势。

(3)零件箱的设计应便于核查数量,其排列和摆放位置应尽可能在正常操作范围内,不超过最大操作范围。工具箱内应合理摆放物品,上层放轻的、精密的工具,下层放重的工具。

(4)保证适当的机器间距和足够宽度的作业通道。

(5)指示灯及开关应按规定着色,说明标签的字还应清晰易读。

(6)不用的、多余的物料应及时撤出工作场地,以免占据有用空间。

## 四、作业场所的清理与整顿

1. 作业场所的清理

清理就是对作业场所的物品按需要和不需要两大类区分开,并清除不需要的物品。区分的原则是,凡生产活动所必需的物品和生产过程中的产品均为需要物品,如机器、设备、工具、各种原材料、辅助材料以及成品。

2. 作业场所的整顿

1)确定物品的存放位置

根据作业方法及物品性质、特点和使用频率等情况,确定其存放位置。

(1)使用频率高,即经常使用的工具、物品放在附近。

(2)不常用的物品应整齐地放入箱、柜内,或者物品架上。

(3)很少用的物品应放进公用箱、柜内,由专人妥善保管。

(4)易燃易爆物质、毒品、腐蚀品、压缩气体等危险化学品,要有专门的场所存放、保管。

(5)任何时候,安全通道上都不允许存放物品。

2)确定物品的放置方式

物料堆放时,重物在下,轻物在上;易损物品要固定,易倒物品要挤压住,长件要放倒。

## 五、作业场所安全隐患的辨识和治理

1. 查找事故隐患的途径

查找事故隐患就是把运行系统、设备和设施存在的缺陷和危险因素以及工作过程中人的不安全行为(包括习惯性违章)查找出来。主要从以下几个方面查找:

(1)从本企业、本车间已发生过的事故中,吸取经验教训,分析本班组的安全现状,检查判断本班组是否存在发生事故的可能性,找出尚未觉察到的危险和隐患。

(2)对本班组已发生的事故或未遂事件进行分析,检查目前是否仍存在潜在的危险因素,检查事故预防措施是否真正落实。

(3)将每个班组成员的习惯性违章行为逐一列出,与操作规程对照,提出具体整改措施。

2. 辨识危险、查找隐患

其主要内容有:

(1)运行设备、系统有无异常情况,如振动声响、温升、磨损、腐蚀、渗漏等。

(2)设备的各种保护,如电气保护、自动装置、热工保护、机械保护装置等是否正常投运,动作是否准确、灵敏,是否进行定期校验。

(3)运行设备、检修设备的安全措施、安全标志是否符合有关规定和标准的要求。

(4)危险品的贮存、易燃物品的保管和领用是否存在隐患，动火作业是否按有关规定进行。

(5)作业场所的粉尘浓度是否达到工业卫生的控制标准，防尘设施是否正常投用；有毒有害气体物质排放点的通风换气装置是否正常投用。

(6)现场的井、坑、孔、洞、栏杆、围栏、转动装置的防护罩是否符合规定要求；脚手架、平台、扶梯是否符合设计标准。

(7)作业场所照明是否充足，是否按规定使用低压安全灯。

(8)班组成员在作业时是否正确使用个人防护用品，工作中有无习惯性违章行为。

(9)班组成员是否按规定使用安全工器具，是否对其进行定期检查试验。

3. 班组开展查找隐患活动的方法

班组在开展辨识危险查找隐患活动中，可采用对照检查的方式，充分依靠班组成员的智慧和经验。

4. 治理事故隐患的原则和措施

1)治理事故隐患的原则

在对事故隐患进行治理时，应遵循如下原则：

(1)彻底消除原则。

(2)降低隐患危害程度原则。

(3)屏蔽和时间防护原则。

(4)距离和不接近原则。

(5)取代、停用原则。

2)治理事故隐患的措施

(1)技术措施。

(2)管理措施。

(3)个人措施。

## 六、作业现场的安全检查

(1)安全检查实行公司职能部门检查与基层单位自查相结合的方式，及时发现问题、消除事故隐患。

(2)安全检查的四种形式：季节性安全检查、专项检查、重点检查、综合性检查。

(3)安全检查时，做到“六查”：查安全意识、查制度建设、查遵章守纪、查事故隐患、查措施落实。

(4)公司安委会每月下旬组织安全质量部、技术信息部、集装箱操作部、集装箱工程部、基建工程部、工会等有关部门，对公司安全工作进行一次综合性大检查。

(5)季节性安全检查时，做到查春季防雷工作；查夏季防洪度汛、防暑降温工作；查冬季“四防”工作(防冻、防滑、防雾、防枯)。

(6)安全专项检查：消防安全检查、设备安全检查、化学危险品作业检查、河下安全检查等、安全重点部位检查等。

(7)重点检查：各单位要对安全重点部位、重大危险源按规定完善责任制，落实监控措施、应急预案、监控责任人,强化日常检查和监控。

(8)安全综合性检查:

检查设备安全运行情况和安全装置完好情况,检查制动、转向、灯光、旋锁、钢丝绳等是否符合安全规范。

①检查安全生产责任制、安全操作规程、岗位责任制等规章制度贯彻落实情况;

②检查特种作业人员持证上岗情况;

③检查现场安全生产情况,检查是否存在安全问题和事故隐患,安全预防措施落实情况;

④检查防火安全:查消防器材的完好情况,查防火制度、应急预案的落实情况;

⑤检查危险化学品作业情况:查现场指挥人员、作业人员、理货人员、医务人员、安全监督人员是否到位并认真履行其职责;查预防措施、应急方案是否认真落实;查灭火器材、医疗药品是否到位。

(9)严格执行工前安全检查制度。现场控制员、司机长、班组长要根据当天作业情况,对设备、设施、工属具以及作业环境进行检查,发现隐患及时处理、处理不了及时报告。对临时提出的安全措施,要通知每个有关人员明白无误。

(10)各类安全检查要严格认真,切忌走过场,检查要有记录。对检查中发现的问题或隐患,要立即纠正或整改。对检查中发现的重大隐患,要立即向上级报告。对一时难以完成的整改,要采取有效的监控措施,确定专人负责跟踪监控。

## 第四节　港口作业现场特别规定

### 一、危险货物港口作业安全的特别规定

1. 各类危险货物的装卸作业现场的特别规定

1)装卸爆炸品作业现场的特别规定

装卸爆炸品,装卸机械应按额定负荷降低25%,应根据货物的性质和状态,在船—岸、船—船之间设置双层双幅安全网,装卸人员应穿戴相应的防护用品,搬运时应轻拿轻放,绝对禁止翻滚,肩扛,就地拖拉,避免摩擦,防止滑跌。

2)装卸气瓶作业现场的特别规定

装卸气瓶,气瓶的防护帽必须齐全紧固。装卸气瓶不得肩扛、背负、冲击和溜坡滚动,钢瓶气阀应避免对准人身。

3)装卸易燃易爆物品作业现场的特别规定

装卸作业现场必须远离火种、热源,操作人员不得身带火种和穿着有铁钉的鞋。

4)装卸遇水反应货物作业现场的特别规定

装卸遇水反应的危险货物,雨雪天禁止作业。茶水桶不得带入作业现场。装卸散装易燃液体时,船舶满载或卸空后若舱内仍有大量气体,应悬挂危险信号。

5)装卸氧化剂作业现场的特别规定

装氧化剂前,必须检查堆装氧化剂的舱面不得有任何酸类、煤木屑、糖面粉、硫磷金属粉

末等及其他各种可燃物质的残留物。

6)装卸有毒危险品作业现场的特别规定

装卸毒害品作业过程中及完工后手脸未经清洗消毒前不准进食、饮水、抽烟。

7)装卸放射性物质作业现场的特别规定

装卸机具按额定负荷降低25%。作业人员应穿戴口罩、防目镜、围裙、胶鞋等,凡皮肤破伤、体弱、孕妇、哺乳期妇女不得参加作业,不得与食物、饲料及其他危险货物同时进行装卸。

8)装卸腐蚀性物品作业现场的特别规定

工具不得占有氧化剂、易燃品。作业人员应穿戴口罩、工作服、手套。装卸强腐蚀品,应使用防腐的橡皮或塑料围裙、手套、护目镜等防护用品,严禁接触皮肤,一面灼伤。轻装轻卸,防止撞击、跌落,堆码整齐、牢固,桶口、箭头朝上。禁止肩扛背负,拖钩、倒钩,对木格箱装的酸坛要用绳索套底作业,以免发生货物脱底事故。

2. 货站拆装箱作业现场安全特别规定

(1)化学危险品箱区,严禁携带火种和穿铁钉鞋。严禁一切烟火。危险货物装卸作业区域外半径40m内为禁火区。无关人员不得进入危险品作业区域。

(2)危险品只能在危险箱区进行装、拆箱作业或堆存。严禁危险品在非危险箱区作业或堆存。

(3)非危险品只能在非危险箱区进行装、拆箱作业或堆存。严禁非危险品在危险箱区作业或堆存。

(4)拆箱后或装箱前的化学危险品不得在港区存放过夜。危险品重箱在港区存放不得超过72小时。

(5)危品装、拆箱作业前,货站通知安保部监护人员和作业的人员(驾驶员、理货员、装卸人员等)到作业现场。

(6)作业前,安保部监护人员落实防火防爆、防泄漏应急措施。灭火机、水枪、水带、黄沙一定要摆在作业现场,地上消火栓要可靠。货站落实防酸碱、防毒预防措施。防护服、防毒面具等必须安全可靠。

(7)在危险品装、拆箱作业过程中,理货人员要进行监装监卸。安全监督人员要实施全程监控;确保危险品作业安全质量。

(8)在危险品装拆箱作业前或作业过程中,理货人员对箱体和危险品包装进行检查,发现箱体或包装有破损、渗漏、污染;或其他不符合安全质量规定的异常情况,应停止作业,并及时向上级汇报。

3. 港口危险品作业现场其他特别规定

(1)从事化学危险品作业的人员(管理人员、受理人员、理货人员、驾驶人员、装卸人员)应经过专业技术、职业卫生防护、应急救援的培训和考核合格后,持特种作业操作证,方可上岗作业。

(2)参加化学危险品作业的岸桥、叉车、正面吊、集卡等设备,其技术性能必须符合安全规范。主要安全装置必须齐全、灵敏、安全、可靠。确保运行设备随时处于良好技术状态。

(3)现场配置的消防设施、器材,照明设施要符合安全规范。消防通道要随时保持宽敞、畅通。

(4)化学危险品作业区域,应设置明显、醒目的“危险品区”标志、标线和“严禁烟火”警示牌。

(5)作业化学危险品时,所选用的钢丝绳、托盘、跳板等工属具必须符合安全要求。

(6)化学危险品箱区,严禁动焊、严禁维修作业,严禁使用会摩擦产生火星的工属具。防止机械原因引起的冲击、摩擦、火花、静电等。

(7)港区从事危险货物作业的一切机动车辆,必须配备港口公安消防部门检验合格的火星熄灭装置,并悬挂规定的识别标志。

(8)危险货物作业前,必须召开班前会,并落实好安全措施、安全部门到场监护,然后才能开工。

(9)作业易燃易爆货物,装卸机械应安装火星熄灭装置。作业易燃易爆货物、有机过氧化物、二级毒害品,装卸机械应按额定负荷降低25%使用。

(10)现场发生火灾后,应严格按照公司《化学危险品事故应急预案》,及时事故报警,迅速、科学地组织事故应急救援。根据化学危险品的性质,选用恰当的灭火剂。设置火灾应急救援临时通道,与其他通道全部分开,同时拉安全警戒线,派专人执守。

(11)凡身体不适、皮肤有伤口的人员不得参加化学危险品装卸作业。

(12)为防止中毒,危险品重箱在开箱15min后,作业人员才能进入箱内。必要时利用通风设施,加强空气流通。避免中毒事故发生。

(13)化学危险品装卸作业时,严禁鼻嗅、口尝,中途休息或吃饭时,要用综合性物资洗脸、洗手,防止危险品与人体接触。

(14)化学危险品作业时,如果身体出现异常,发生皮肤中毒或被腐蚀灼伤,立即用大量清水全身冲洗,更换衣物;进行针对性处理。如果发生呼吸道中毒,立即向班组长汇报,并离开现场,到空气新鲜处静卧,进行针对性处理。情况危急,立即送医院就医。

(15)化学危险品作业发生泄漏时,是固体物质,应采用软扫刷和塑料簸箕收集,另行包装后交客户带回;是液体物质,用干沙或软材料覆盖吸收,妥善处理后进行清扫,清扫后的现场可以用水冲洗,冲洗水进入污水处理系统进行处理。

(16)参加化学危险品作业人员必须按规定穿戴好个人防护用品。

(17)在作业化学危险品时,要稳拿轻放,严禁撞击、摔跌、滑落。

(18)严禁超负荷作业、野蛮装卸和冒险作业。

(19)堆码要整齐、规范,桶盖、瓶口、箭头朝上,标志朝外,木箱不压纸箱,袋口朝里,严禁倒置。

## 二、港口高温、雷雨环境作业现场的特别规定

### (一)港口高温作业现场安全特别规定

1. 高温环境作业概述

生产作业环境的气象条件主要指空气的温度、湿度、风速和热辐射及气压。高温属不良气象条件,高温作业使人体产生一系列的生理改变,当机体获热与产热大于散热时体温升高,因大量出汗造成机体严重缺水和缺盐、心脏负荷加重、心率增加、血压下降,食欲减退、消化不良,严重时还可导致中暑。

在高温或同时存在高气温和热辐射的不良气象条件下进行的生产劳动，通称为高温作业。一般将散热量大于8.37×104J/($m^3$·h)的环境称为高温环境。高温作业按其气象条件的特点可分为下列三个基本类型：

1)高温强辐射作业

常见作业场所有炼焦、炼铁、炼钢、轧钢等车间，在这类作业环境中，同时存在着两种不同性质的热，即对流热(被加热了的空气)和辐射热(热源及二次热源)。对流热作用于体表，通过血液循环使全身加热。辐射热除作用于体表外，尚作用于深部组织，加热作用更快更强。人在此环境下劳动，大量出汗，且易于蒸发散热。如通风不良，则汗液难于蒸发，就可能因蒸发散热困难而发生蓄热和过热。

2)高温高湿作业

气象特点是气温、湿度均高，而热辐射强度不大。人在此环境下劳动，即使气温尚不很高，但由于蒸发散热困难，大量出汗而不能发挥有效的散热作用，故易导致体内热蓄积或水、电解质平衡失调，从而可发生中暑。

3)夏季露天作业

露天作业中的热辐射强度虽较高温车间为低，但其作用的持续时间较长，且头颅常受阳光直接照射，加之中午前后气温较高，此时如劳动强度过大，则人体极易因过度蓄热而中暑。

高温可使作业工人产生热、头晕、心慌、烦、渴、无力疲倦等不适感，可出现一系列生理功能的改变，主要表现为体温升高、体内酸碱平衡和渗透压失调、血压下降、消化不良和其他胃肠道疾病增加、神经系统可出现中枢神经系统抑制。

港口合理设计工艺流程，隔热及通风，加强个人防护及医疗预防，采取合理的防暑降温措施。

2.港口高温环境作业现场的特别规定

(1)港口应合理安排港区工作人员的作息时间，不得为赶时间随意加班加点，要采取“做两头、歇中间”的方法或轮换作业的办法，避免高温日照曝晒、疲劳作业和防止职工中暑。气温在38℃以上应停止港区内一切露天作业。同时港口应积极主动、热心关怀装卸搬运工人的身体，港口装卸单位要为装卸搬运工人提供足够的食品饮料和发放清凉油、仁丹、风油精等防暑降温药品。

(2)港口必须加强对装卸工人进行防暑降温知识的宣传教育，使其知道中暑症状。

(3)如果发生在高温环境中中暑情况，首先应将中暑患者迅速转移至阴凉通风的地方，解开衣服、脱掉鞋子、让其平卧，头部放低，保持患者呼吸畅通；用凉水或50%酒精擦其全身，直到皮肤发红，血管扩张以促进散热、降温；对于能饮水的患者应鼓励其多喝凉开水或其他饮料，不能饮水者，应将其及时送往医院进行治疗。

(4)对高温环境下作业的港口工作人员，要经常进行身体检查，发现有作业禁忌者，及时调换岗位。

(5)高温环境下港口装卸搬运工人饮水的特别规定。

①高温环境下作业，港口装卸搬运工人排汗量明显增加，其增加量与劳动强度成正比。排出的汗中含有大量盐分，大量排汗使体内盐分丢失，因此，高温作业装卸搬运工人在排汗量较大情况下，及时补充适量的水分和盐分对维持身体健康十分必要的。

②饮水是最常见,也是最简便的补充水分方式,但不恰当的饮水不但不能使高温作业者补充已丢失的水分,反而会损害健康,甚至诱发中暑。因此,高温作业装卸搬运工人恰当的饮水应遵循三条原则。

第一,补足补够原则。一般来说,要比平常每天多饮水3~5L,食盐20g。

第二,饮水方式以少量多饮为宜,暴饮会加重心、肾和胃肠道负担,又促使大量排汗。

第三,饮水和补盐同时进行,不能单纯补充水分。单纯暴饮淡水会引起热痉发(中暑)的发生,故以含盐饮料为佳。含盐饮料种类很多,既可自制,也可直接购买成品。含盐茶水、绿豆汤既方便自制,效果也十分可靠,值得推荐。

(6)油码头高温作业现场特别规定:

①每天收、发油作业完毕,必须进行管道泄压;泄压要放到同品种油品的油罐;

②计量和取样应在早晨进行,量油时间及计量应尽可能选择在罐内外压力平衡时进行操作;

③由于昼夜温差变化对储、输油设备的影响,应加强油库的防膨胀管理;

④夏季气温升高,操作人员在露天作业应佩戴遮阳用具;气温超过30℃,应为作业人员准备清凉降温饮料。

**(二)港口雷电环境作业现场的特别规定**

雷电是普通的天气现象,但更是非常严重和剧烈的自然灾害,联合国把它和台风、泥石流、暴雨、地 震、滑坡等列为十大自然灾害。

港口遇到雷雨天气主要时,作业现场要注意以下几个安全方面的特别规定:

(1)作业人员不准在避雷针及其引下线、有外漏金属物的地方(比如电话亭、路灯下等)停留,不在屋顶停留,不在大树和岗亭下避雨。

(2)寻找合适的避雷场所。

(3)不准打伞,必须关闭手机及其他无线通信工具,不宜手持固定电话话筒通话。

(4)港口装卸工人如果感到头发竖起时应立即双脚合并、下蹲、向前弯曲、双手抱膝。在室内躲雨时,不应依着建筑物或构筑物墙壁站立,宜保持一定距离。

(5)雷雨天气上下车时,不宜一脚在地、一脚在车, 双脚同时离地或离车是最佳方法。

(6)港口室内工作人员度应尽量不打手机电话,并关闭门窗,以防球形闪电和球雷侵入等。对港口钢筋水泥框架结构的建筑物来说,关闭门窗可以预防侧击雷和球雷的侵入;雷击时不宜接近建筑物的裸露金属物,如水管、暖气管、煤气管等,不宜使用淋浴器。

(7)不在港口水面或者水陆交界处作业。

(8)不宜使用未加防雷设施的电器设备。

(9)港口作业现场人员必须熟练掌握个人防雷击十大"秘诀":

①应该留在室内,并关好门窗;在室外工作的人员应躲入建筑物内;

②不宜使用无防雷措施或防雷措施不足的电视、音响等电器,不宜使用水龙头;

③切勿接触天线、水管、铁丝网、金属门窗、建筑物外墙,远离电线等带电设备或其他类似金属装置;

④避免使用电话和无线电话;

⑤切勿游泳或从事其他水上运动,不宜进行户外球类、攀爬、骑驾等运动,离开水面以及

其他空旷场地寻找有防雷设施的地方躲避；

⑥切勿站立于山顶、楼顶或其他凸出物体，切勿近导电性高的物体；

⑦切勿处理开口容器盛载的易燃物品；

⑧在旷野无法躲入有防雷设施的建筑物内时，应远离树木、电线杆、桅杆等高耸物体；

⑨在空旷场地不宜打伞，不宜把羽毛球拍、高尔夫球棍等工具物品扛在肩上；

⑩不宜驾驶、骑行车辆赶路。

(10)对于油码头，防雷电必须遵守下列特别规定：

①雷雨天应停止收发油品作业，以防雷感应产生放电，引起火灾；

②严格检查储油罐防雷设施及附件、泵房油气排放管等主要部位的防雷设施；

③对所有部位防静电接地装置从下面几个方面进行严格检查：

a. 接线是否连接牢固；

b. 跨线部位是否完好有效；

c. 接地体是否锈蚀，严重锈蚀的应及时处理；

d. 接地体的设置是否符合规范规定；

e. 连接螺丝是否齐全、牢固；

f. 接地阻值经测定是否达到规范要求。

## 三、港口作业现场防火特别规定

(1)港口要加强对配电房的管理，做好一年一次防雷设施的检查、维修、保养工作。

(2)在港口修理现场、作业现场、所有仓库、各种设备的机房和操作室，对使用后的油棉纱、油手套，及散漏在地上的油污等可燃物，要清理干净。

(3)保管、使用汽油的部门，一定要指定专人妥善保管好；在保管和使用地点周围不得有易燃、易爆物品；不得靠近热源，距离明火 15m 以上。

(4)食堂使用煤气罐、天然气时，一定要严格执行相关安全规定，发现天然气管道有泄漏现象，要立即汇报。

(5)严格执行港口装卸作业公司动火制度和审批制度：

①港区内严禁用明火取暖，严禁焚烧杂物。

②现场进行电焊、氧割作业时，应清除四周一切可燃物。

③在港区内具有火灾、爆炸危险的场所或仓库内，严禁使用明火或进行电焊、氧割作业。特殊情况下需要进行电焊、氧割作业，必须经公司安全质量部批准，并认真落实防火措施和现场监护人，安全部门到场监护，然后方能进行电焊、氧割作业。

(6)港口修理现场、作业现场、所有仓库、各种设备的机房和操作室，严禁吸烟；所有仓库严禁任何火种。

(7)在使用、储存、运输氧气瓶、乙炔瓶时要特别注意防火防爆，必须严格遵守相关安全规定：

①在使用、储存、运输时，要轻拿轻放，不要敲打、防止碰撞，严禁抛掷。

②在使用、储存、运输时，周围不得有易燃、易爆物品，严禁吸烟。

③储存地点应悬挂“严禁烟火”的标志，并配置一定的消防器材。

④在使用、储存时，不得靠近热源，距离明火10～15m以上。

⑤氧气瓶和乙炔瓶之间的距离必须5m以上。

(8)严禁携带任何易燃易爆物品进入港区，港区内严禁燃放烟花、爆竹。

(9)在港区严禁以下行为：

①使用大功率电热器具(电炉、电饭煲、电炒锅等)。

②私拉乱接电源线路。

③私自将电转供。

④下班后，不关闭空调，电开水桶、饮水机等。

(10)港口要随时检查设备：

①电器线路是否有短路、接头是否松动。

②设备上是否存在跑、冒、滴、漏现象。

③在高温天气电动机是否有过度发热现象，发现问题要及时处理。。

(11)港口安全质量部门要加强消防安全的监督、检查，针对消防存在的问题或隐患，责成有关部门立即纠正；或者制定切实可行的整改措施，下达火灾隐患整改通知书，并督促有关部门按照整改要求、限期实施。

(12)发现火灾隐患要向安全质量部报告。

(13)不能用水扑灭电气火灾、油类火灾。严禁用水扑灭某些化学危险品引发的火灾，以避免这些物质遇水后发生剧烈化学反应，使火灾进一步扩大。

(14)港口机械加油的特别规定：

①在高温天气(天气预报最高温度≥36℃)上午9点至下午6点，严禁露天加汽油。

②加油时20m以内严禁吸烟和使用任何火种。

③严禁流动机械和摩托车在不熄火的情况下加油。

④加油时严禁使用手机、对讲机。

⑤凡逢打雷、强放电、大暴雨时严禁加油，车辆加油时，必须熄火加油；高温时段禁止加油，在气温达到30℃以上时，每天对油罐进行喷淋降温，喷淋次数每天不得低于三次。

⑥加油现场严禁烟火，严禁携带火种进入加油点，严禁使用一切通信设施，严禁在加油现场拍打、敲击任何放电物体。

⑦每天加油时要检查加油机有无滴漏现象，静电接地极是否牢固、完好，加油点要清扫干净，做到地面无烟头、无油污、无杂物。

⑧加油点严禁堆放易燃、易爆物品。

⑨无关人员严禁进入加油点，严防破坏。

⑩值班人员对灭火器材、静电接地设施、喷淋降温设施加强检查，随时保证安全可靠，发现问题及时处置或汇报。

⑪严禁在加油点维修设备，严禁使用容易产生火花、静电的工属具。

(15)港口焊接作业场所消防火特别规定；

①气焊、气割工未经国家技术考核，无操作证者，不准进行焊、割作业。

②乙炔气瓶、氧气瓶与明火及各种热源的距离不准小于10m。乙炔气瓶与氧气瓶之间的距离不准小于5m。乙炔气软管与氧气软管不准绕在一起。在室内作业，乙炔气瓶、氧气

瓶和焊把应分别放置。

③氧气瓶要安装高、低压气压表，乙炔气瓶要安装控制回火装置，要经常检查管线以及各种连接部位是否漏气。检查时应使用肥皂水，严禁明火试漏。

④要严格执行动火审批制度。在工厂确定的三级动火区作业必须严格履行动火审批手续后，方能作业。

⑤进行焊、割作业前，要清除现场的易燃、可燃物，确保安全后方可作业。在高空焊、割时，乙炔气瓶、氧气瓶不准放在焊割部位下方，并须保持一定水平距离，焊割件下方要有接火盘。

⑥盛装过或盛有易燃、可燃液体、气体及危险化学物品的容器和设备，未经彻底清洗干净，不得进行焊割。有压力的管道、高压瓶和带气锅炉不得进行焊割。

⑦不得使用有故障的焊割工具作业，焊割软管不得从生产、使用、储存易燃、易爆物品的部位穿过，油脂或沾油的物品，禁止与氧气瓶及导管接触。

⑧焊割结束或离开工作场地时，必须切断气源，并对现场进行仔细检查，确保无误后方能离开。

⑨夏季作业时，氧气瓶、乙炔气瓶不得在阳光下曝晒，搬运时严禁滚动、撞击。

(16)港口配电房防火特别规定：

①非电工人员不得随便进入配电室。

②配电室内要保持整洁，严禁存放易燃易爆和其他物。

③电工未经考核，无操作证者不准进行电工作业。

④对变电器、露天输电线路、地下电缆、室内外配电装置和电器设备，要定期进行安全检查，对火险隐患要及时排除。

⑤值班电工要坚守岗位，认真监护电压、负荷的变化情况，填写运行记录，严格执行交接班制度。

⑥停电清扫检修时，严禁用汽油、煤油擦洗。

⑦在安装、维修电气设备和线路时，必须按规程操作，严禁违章作业。

(17)港口其他场所防火规定：

①作业场所内消防器材配备要充足、完好，防火标志醒目。动用明火需严格按工厂动火作业审批程序进行。

②作业场所内须指定专门的消防安全责任人，负责库房消防器材的保管和消防安全的检查。

③作业场所内严禁使用电热器具和临时线，灯具应符合要求，配电线路应穿管。

④对于初起火灾时，现场员工应及时组织扑救，并按应急响应流程执行。

⑤下班时应仔细检查场所内物品、设施，确定正常后，关闭电气、门窗。

## 四、港内机动车安全管理特别规定

叉车、集装箱载货车、正面吊、堆高机、铲车、牵引车、轮胎吊、蓄电池车等统称港内流动机械。港内流动机械、消防车、洒水车、清洁车、摩托车、助力车等统称港内机动车辆。

(1)机动车辆驾驶人员，必须持证上岗。不得驾驶与证件不相符的车辆。不得将车辆交给无证人员驾驶。

(2)未经公司人力资源部、安保部批准,严禁在港内学习驾驶机动车辆。经过批准,必须在指定的有证驾驶员指导下才能学车。

(3)港内各种机动车辆的制动、转向器、喇叭、灯光、后视镜等,必须齐全有效、安全可靠。严禁驾驶带病车。当机动车发生故障时,必须停车查明原因、排除故障。

(4)港内各种机动车辆在港内通道或公路上发生故障,应该将机动车移到不妨碍交通的地方停车检查,并且在来车方向 30~50m 处设置警告标志,夜间及雾天开启危险报警闪光灯。在坡道上处理故障时,必须先对轮胎进行塞垫。

(5)港内各种机动车辆在公路需要临时停车时,夜间接港内机动车辆交通安全管理规定需开启危险报警闪光灯。

(6)严禁酒后驾车,身体过度疲劳或患病不得驾驶车辆。

(7)不准在行驶时吸烟、饮食、闲谈、使用手机或对讲机,不得做其他有碍安全行车的事情。

(8)严格遵守公司限速规定。集装箱货车最高时速 30km;叉车、正面吊、堆高机最高时速 20km。严禁超速行驶。

(9)在弯道上行驶,要遵循"观察、减速、鸣笛、亮灯、右行"的原则,要小心谨慎、精力集中、认真观察、低速行驶。

(10)在下列情况下,要仔细观察、减速、鸣笛:

①在进出仓库、货堆、箱堆、闸口、引桥时。

②通过"十"字路口、"T"形路口、弯道。

③通过有障碍的路段、容易发生危险的路段。

④在倒车、会车、超车时。

⑤恶劣天气下如,冰雹、雨雪、雾天能见度 30m 以内、路面结冰等。

⑥道路维修段及有施工标识的场所。

⑦集装箱堆场通道交叉处。

⑧跨越岸桥轨道处。

(11)同车道同向行驶,后车必须与前车保持足以采取紧急制动措施的安全距离,防止追尾,严禁争道抢行。

(12)机动车超车时,应严格按照交通规则鸣笛、亮灯,在确认有充足的安全距离后,从前车左侧减速超越。下列情况严禁超车:

①在弯道、陡坡、路窄、有障碍路段、仓库进出口、码头引桥行驶。

②在"十"字路口、"T"形路口行驶。

③恶劣天气下如,冰雹、雨雪、雾天能见度 30m 以内、路面结冰等。

④当前车正在左转、掉头、超车、会车的。

⑤前车为执行紧急任务的车辆(警车、消防车、救护车、抢险车等)。

(13)下列情况严禁掉头:

①在弯道、陡坡、码头引桥、隧道行驶。

②在"十"字路口、"T"形路口行驶。

③在容易发生危险的路段。

④在前方、后方有车辆通行时。

⑤在有禁止掉头标志的地点。

(14)机动车会车时,要遵循以下原则:

①认真观察。应看清来车装载情况,有无拖带挂车,前方道路及周围环境情况。

②减速、靠右行驶、保持足够的安全距离。

③视线不好时,要鸣喇叭。

④夜间按规定亮灯。

⑤原则上应避免在有障碍路段或路窄路段会车。如果的确需要会车时,通过有障碍路段时,让无障碍一方先行;路窄时,让上坡一方先行。

(15)倒车时,应按喇叭鸣示、回头瞭望、确认安全、低速倒车。在“十”字路口、“T”形路口、急弯、陡坡、隧道中严禁倒车。

(16)要严格按照交通标志、标线行驶。严禁逆向行驶。

(17)选择平整路面,不准高档低速行驶。严禁下坡时熄火或者空挡滑行。

(18)严禁港口摩托车、叉车、集装箱货车、正面吊、堆高机、消防车、洒水车、清洁车等驶出港外。

(19)公司职工私有代步车必须在指定地点停车摆放,严禁进入生产区域。

(20)机动车在码头前沿与岸桥轨道平行行驶时,要注意保持安全距离,严禁超越黄色安全线。需要跨越轨道时,要认真观察,在保证与岸桥有足够的安全距离的前提下,才能跨越轨道。

(21)机动车在堆场与场桥轨道平行行驶,或者停车时,要注意保持安全距离,严禁超越黄色安全线。

(22)动车要按照鸣笛—观察—确认—低挡起步的操作程序动车。在路边起步时,要打开向左行驶的信号灯,以引起后方来车的注意,同时从后视镜注意后方来车动态。

(23)不准车辆在港区公路主干道上停放、维修和上下人员。严禁港内机动车辆停放下列地点:

①仓库进出口、码头引桥。

②“十”字路口、“T”形路口、急弯、陡坡。

③消防设备附近。

④有禁止停车标志的路段。

⑤妨碍交通及影响作业的地点。

⑥执行特别任务时,临时不能停车的地点。

(24)港内机动车辆机从箱堆、货堆进入公路主干道时,一定停车、认真观察、鸣笛,确认无误后,低速进入主干道。

(25)港口所有私有代步车,要进入港区,必须到安保部办理通行证,并接受道路交通安全教育后才能进港。

(26)严禁叉车行走时,一次搭2个人。

(27)叉车夜间作业,倒车时必须使用警示闪光灯。

(28)叉车行驶时,货叉距离地面20~30cm,起升门架要后倾到限。严禁将货物升高作长距离行驶。

(29)货叉上有人,叉起的货物上有人,严禁叉车动车;叉车叉板不得拖地行走。

(30)在货站和公路上,严禁一次叉2个箱。在堆场严禁一次叉3个箱。在堆场路面状况良好、近距离可以一次叉2个箱。

(31)非特殊情况,禁止叉车在载货行驶中紧急制动。

(32)叉车进出箱要低速慢行,注意保持与箱壁的安全距离。

(33)叉车载货行驶,载货必须处于不妨碍行驶的最低位置,也不能挡住驾驶员视线。当挡住驾驶员视线,应倒开叉车。

(34)叉车停止作业时,应将货叉放置地面。

(35)集装箱货车在港内运输集装箱时,距离超过1000m,或者道路不平整时必须将旋锁全部锁上;距离不足1000m或者道路平整时,可锁2个旋锁。

(36)集装箱货车在岸桥、场桥卸箱时,必须在集装箱离开港内机动车辆交通安全管理规定拖车平板后,才能动车。

(37)集装箱货车在岸桥、场桥提箱时,必须在吊架脱离集装箱后,才能动车。

(38)集装箱货车在岸桥、场桥卸箱前,必须由集装箱货车驾驶员解锁。

(39)正面吊、堆高机、集装箱货车在负载行驶时,非特殊情况,严禁急转弯、紧急制动、急加速。

(40)正面吊、堆高机吊载行驶时,集装箱的底部应略高于驾驶员水平视线,吊载行驶距离不能超过200m。

(41)严禁正面吊在公路上运输重箱。

(42)集装箱货车、正面吊、堆高机在行驶时,要随时注意观察气压。

## 五、港口高空作业现场安全管理特别规定

高空作业是指在距离基准面垂直高度2m以上(含2m),有可能坠落的高处进行的作业。

(1)患有心脏病、高血压、精神病、癫痫病等不适合从事高空作业的人员,不能进行高空作业。严禁饮酒后高空作业。

(2)各项安全措施和人身防护用品落实以前,不能进行高空作业。

(3)用于高空作业的各种设施和工属具,在使用前,要逐一认真检查,经确认完好后,才能使用。

(4)高空作业人员要按规定穿戴好劳动保护用品。衣着要灵便,脚下要穿软底防滑鞋,不能穿拖鞋、硬底鞋和带钉易滑的靴鞋。

(5)高空作业时要严格遵守各项安全操作规程,必须系好安全带,传递物件时不能上抛下丢。

(6)设备高空维修时,需要时要搭好跳板,铺好安全网。跳板、网子必须安全、牢固。严禁高空上下重叠作业。

(7)梯子不得有缺档,不得垫高使用。梯子横档间距以30cm为宜。使用时上端要扎牢,下端应采取防滑措施。

(8)高空作业时,责任部门必须指定专监护,设置安全标志。安全质量部派员现场监督。

(9)作业者若有不安全行为,要坚决制止。

# 第九章 预防预控方法与应对措施

## 第一节 安全生产预防预控要点与措施

港口企业装卸作业具有流动分散、操作复杂、人机交叉、昼夜连续作业的特点。这些特点决定了港口安全生产具有操作工艺的复杂性、安全监督过程的多变性、安全管理方式的动态性、事故的多发性。由于这些港口生产的特殊性,构成了人的不安全行为和物的不安全状态是造成港口事故多发的两大主要因素。因此,港口企业安全生产的预防、预控要点与措施主要就是针对这两大主要要素开展。

### 一、人不安全因素及需预防预控要点与措施

#### (一)人不安全因素及需预防预控要点

人和物的关系实际上是劳动者和劳动工具之间的关系,任何机器、设备无论多么复杂、精密,都是在人的操作和控制下起作用的。按照辩证唯物主义的观点,人的实践活动不会自发产生,是由客观事物引起并在其大脑思维调节作用下实现的。在港口装卸生产过程中,人的生理状态、心理活动及生产环境都会直接影响人的感觉器官和思维判断以及由此而产生的操作行为。人的不安全操作行为主要是指本人发生的可能造成事故的人为失误。分析诸多事故发生的原因,有80%以上是由于人的不安全行为所致。因此,港口企业安全生产预防预控要点首要就是人的不安全行为。

由于员工千差万别的个性,人的自由度比机器大得多,每个人的心理特征和心理状况是神秘莫测的。从人的信息角度来分析违章作业的基本原因,是探讨人的不安全行为的有效途径。下面是对天津港第一港埠公司1993~1996年100例违章行为进行的分析:

(1)从作业人员的工种分析:装卸工种占75%,机械司机占16%。

| 工种 | 装卸工 | 机械司机 | 理货员 | 其他 |
|---|---|---|---|---|
| 起数 | 75 | 16 | 5 | 4 |

(2)从作业的货类分析:钢材、设备两种高效率货占55%。

| 货类 | 钢材 | 设备 | 集袋 | 袋装货 | 石料 | 危品 | 散盐 | 其他 |
|---|---|---|---|---|---|---|---|---|
| 起数 | 48 | 7 | 6 | 8 | 6 | 3 | 2 | 20 |

(3)从违章的类别分析:违反工属具使用规定占42%,违反劳动防护用品使用规定占14%。

| 类别 | 工属具规定 | 防护用品 | 设备规定 | 值岗制度 | 其他 |
|---|---|---|---|---|---|
| 起数 | 42 | 14 | 12 | 8 | 24 |

从以上的分析数据中可以得出,港口装卸生产过程中人的不安全行为的产生主要表现

在以下几个方面：

(1)侥幸心理。侥幸心理是支持违章作业的主要心理原因。有这种心态的人，不是不懂安全操作规程，缺乏安全知识，也不是技术水平的，大多数是“明知故犯”。在他们看来，“违章不一定出事，出事不一定伤人”。在现场作业中，经常会碰到不使用专用工具，就近随意取物代替，该办理工作票的，觉得麻烦，就不用办理了等。抱着这种侥幸心理工作的，时常引发安全生产事故。

(2)麻痹大意、盲目自信。麻痹大意是造成违章和事故的主要心理因素之一。这种人，在行为上多表现为操作时不认真，马马虎虎，大大咧咧，明知安全工作的重要，但时间久了，安全就只挂在嘴边，而心里却放松了警惕，觉得无所谓。

(3)惰性心理。很多人在工作中总想省点事，偷点懒，为了贪图安逸，而忽视了安全。对现场操作中的小缺陷、小隐患视而不见，唯恐让自己去处理，现场巡检中，听、摸、闻、比、看不认真，纯粹是“走过场，挂牌子”，这种现象在我们身边最为常见。

(4)逞能心理和从众心理。有些人为了显示自己的能耐，往往会头脑发热，不遵守客观规律，不讲科学态度，干一些愚蠢和冒险的事。还有一些人，看见别人违章作业，或者看见别人那样做，明知不对，自己偏要照着做。例如，在易燃易爆作业场所打手机、在起重机械吊物下行走、安全帽不系带等，这种心理是形成习惯性违章的主要原因之一。

(5)逆反心理。这种心理常表现为，“你要我这样，我偏要那样”，你说危险，我偏不信，反其道而行。例如，看见检查人员来了，马上穿戴好劳保用品，检查人员一走，马上“原形毕露”。

(6)情绪波动，思想不集中。这种人往往受到社会、家庭、人为等方面因素的影响。要么烦躁不安，思想分散，顾此失彼手忙脚乱；要么喜悦、兴奋、手舞足蹈、得意忘形。这两者都会严重影响工作中的注意力和规章制度的执行。

**(二)人不安全因素及需预防预控措施**

1.提高员工的安全意识，控制员工的不安全心理及行为

及时对员工的不安全心理及行为进行预测和调整，能有效的预防和避免“三违”事故的发生。其主要方法有以下几点：

1)加强员工安全培训教育，提高员工安全意识和安全技能

坚持不懈地开展安全技能教育、岗位安全知识教育、危险化学品、危险货物的知识教育；岗位安全操作规程、工艺技术规程、安全技术规程的教育；以及关键装置、岗位、重点要害部位的安全检查教育、事故案例教育、安全生产法律法规和标准教育、事故应急预案的教育等。

2)建立激励机制，充分调动员工的积极性

企业应建立有效的激励机制，如采用美好的愿望鼓舞员工，用良好的道德培养员工，用先进的机制激发员工，用前途的美景鼓励员工，用安全生产奖励嘉奖员工，使员工自觉的遵守纪律，积极敬业，熟练掌握“四懂三会”和本岗位的应知应会，做到安全操作。

3)建立健全安全管理规章制度，规范员工的安全行为

企业应制定安全技术标准、规范和安全管理制度、岗位安全操作规程、工艺技术规程、安全技术监察规程，签订安全生产目标责任书，并经常组织反事故演练和应急预演等。

加强检查考核，坚持经常性的安全检查、日查、月查、季度安全检查、专业性安全检查，同

时注意员工情绪在工作上的反应，及时纠正员工的不安全行为和违规的不良习惯。

2. 刚柔并济抓管理，发挥管理层最高效力

安全管理是一项事关企业全局的大事，但安全管理不能只刚不柔，或只柔不刚，必须双管齐下，即一方面要靠各项规章制度和法律法规进行严厉考核和奖罚，就是所谓的刚性管理；另一方面还要坚持以人为本，通过情感关怀进行各种思想和心理教育及训练，就是所谓的柔性管理。

安全管理是由上至下的一种纵向深入和由外到内的一种递增强化。最终的落脚点还是生产活动的前沿阵地——班组。班组是企业的细胞，也是安全管理的最终目标，因为班组成员大多数处于生产第一线，接触危险、危害的概率也最高，因此抓好班组的安全管理就可能从源头上预防甚至切断事故的发生。

1）班组安全刚性管理的“四个硬”

（1）安全意识要“硬”：要牢固树立“安全第一，预防为主”的思想，明确教育在班组工作中的重要性，开展经常性的安全教育，提高员工的安全意识。

（2）执行制度要“硬”：制度是执行规程的保证，抓执行制度要一丝不苟，不讲私情。对违章违纪的员工要严格管理，严厉处罚。

（3）考核制度要“硬”：安全学习要有计划，有检查，有考核，要真抓实干，持之以恒。对发现预防事故的员工要加以重奖，调度员工预防事故的主动性。

（4）工作方法要“硬”：应采取多种形式的安全教育，各种舆论一起上，上下齐动员，形式多样，花样翻新，如运用案例分析，现场演习以及对比教育和启发教育的方法来提高员工的安全意识。

2）“以人为本”的柔性管理

（1）充分发挥“以人为本”的管理理念：“人是关键，人最重要”，“以人为本”的安全管理理念，无时无刻不贯穿着现代安全管理的始终。现代员工对企业的要求也越来越高，不仅满足于保证吃饱穿暖物质要求，同时还要求企业对自己要有尊重、理解、信任，把自己当成是企业的主人。这就要求企业对员工要及时地进行情感投资，让员工从心里感受到强烈的主人翁责任感。

（2）充分发挥激励机制的作用：对正确的安全行为要给予大力支持，及时进行表彰和奖励。从正面激活员工的安全意识，让员工在愉快的情绪中强化安全意识，自觉遵章守纪，做好安全。如举行各种安全知识竞赛、安全生产运动会、安全演讲等活动，对成绩突出者给予奖励，从而激发员工对安全工作的参与热情。对发现安全重大隐患，预防重大安全事故的员工要进行重奖，以调动员工认真巡检，主动安全的积极性。

（3）充分发挥各级领导的作用：在企业中，要强化安全意识，克服“安全疲劳”，需要全方位，多层次的共同行动。企业的各级领导以身作则，言行一致，将给员工起到模范带头作用。良好安全意识的形成，不可能一蹴而就，需要经过很长一段时间的培养才行。即不能对之小看，方法简单，行动草率，这样，员工的安全意识很难提高；也不能求全责备，过分加压，这样也会如弹簧受压过重而失去弹性，进而使员工失去抓好安全生产的积极性、主动性。这就要求我们必须用科学的方法，有效的手段，循序渐进，逐步培养员工的良好安全意识，然后再不断的巩固和提高，从根本上安全意识的各种“隐患”。

3)从安全生产设计的源头入手,做好“五个先”的预防工作

(1)安全意识在先。

随着经济发展和社会进步,安全生产已不再是港口企业发生事故造成人员伤亡的个别问题,而是事关人民群众生命和财产安全,事关国民经济发展和社会稳定大局的社会问题和政治问题。《中华人民共和国安全生产法》已把宣传、普及安全意识作为各级政府及有关部门和生产经营单位的主要任务,只有增强全体公民特别是从业人员的安全意识,才能使安全生产得到普遍的和高度的重视,极大的提高全民的安全素质,使安全生产变为每个公民的自觉行为,从而为实现安全生产的根本好转奠定深厚的思想基础和群众基础。

(2)安全投入在先。

港口企业要具备法定的安全生产条件,必须有相应的资金保障,安全投入是港口企业必备的安全保障条件之一。一些港口企业特别是非国有港口企业重效益轻投入,其安全生产投入较少甚至欠账,因而导致技术装备陈旧落后,不能及时地得到更新、维护,这就必然使许多不安全因素和安全隐患不能及时发现和消除,抗灾能力下降,引发事故。要预防事故,就必须有足够的、有效的安全投入。不依法保障安全投入的生产经营单位,要承担相应的法律责任。

(3)安全责任在先。

针对当前存在的安全责任不明确、权责分离的问题,《中华人民共和国安全生产法》在明确赋予生产经营单位及其从业人员各自的职权、权利的同时设定其安全职责,是实现预防为主的必要措施。实现安全生产,必须建立健全生产经营单位的安全生产责任制,各负其责,齐抓共管。

(4)建章立制在先。

“没有规矩,不成方圆” 港口企业及安全的工艺、设施设备、材料和环节错综复杂,必须制定相应的安全规章制度、操作规程,并采取严格的安全管理措施,才能保证安全。预防、预控需要通过港口企业制定并落实各种安全措施和规章制度来实现。安全规章制度不健全,安全管理措施不落实,势必埋下不安全的因素和安全隐患,最终导致事故的发生。因此,建章立制是实现预防、预控的前提条件。

(5)隐患预防、预控在先。

预防、预控为主,主要是为了防止和减少生产安全事故。无数案例证明,绝大多数生产安全事故是人为原因造成的,属于责任事故。在一般情况下,大部分事故发生前都有安全隐患,如果事故防范措施周密,从业人员尽职尽责,管理到位,使隐患得到及时消除,就能避免和减少事故。即使发生事故,也能够减轻人员伤害和经济损失。所以,消除安全隐患,预防事故发生是生产经营单位安全工作的重中之重。

## 二、物的不安全状态及需预防预控要点与措施

人机系统把生产过程中并发挥一定作用的机械、物料、生产对象以及其他生产要素统称为物。物都具有不同形式、性质的能量,有出现能量意外释放,引发事故的可能性。由于物的能量可能释放引起事故的状态,称为物的不安全状态。这是从能量与人的伤害间的联系所给的定义。如果从发生事故的角度,也可把物的不安全状态看做曾引起或可能引起事

故的物的状态。

在港口装卸作业过程中，物的不安全状态极易出现，物的不安全状态的运动轨迹，一旦与人的不安全行为的运动轨迹交叉，就是发生事故的时间与空间。所以，物的不安全状态是发生事故的直接原因。因此，正确判断物的具体不安全状态，控制其发展，对预防、消除事故有直接的现实意义。

不同的港口企业，其采用设施设备不同，相应的物的不安全状态也不同，针对不同类型码头的物的不安全状态及需预防预控要点与措施如下。

**（一）集装箱、件杂港口码头**

集装箱港口码头主要的设备就是起重装卸设备，若起重、装卸设备机械操纵失灵或安全保护装置发生故障易造成的起重伤害事故，起重伤害事故一般有挤压、高处坠落、重物坠落、倒塌、折断、倾覆、触电、撞击事故等。每一种事故都与其环境有关，有人为造成的，也有因设备有缺陷造成的，或人和设备双重因素造成的。

集装箱、件杂港口码头主要的物的不安全因素及需预防预控要点主要有：

1.起重机挤压事故的预防预控

起重机挤压事故的发生及预防预控有以下三种情况：

（1）起重机机体与固定物、建筑物之间的挤压。这种事故多是发生在运行起重机或旋转起重机与周围固定物之间。如桥式起重机的端梁与周围建筑物的立柱、墙之间，塔式起重机、流动式起重机旋转时其尾部与其他设施之间发生的挤压事故。事故多数由于空间较小，被害者位于司机视野的死角，或是司机缺乏观察而造成的。因此其预防预控措施是，在起重机与固定物之间要有适当的距离，至少要有0.5m间距，作业时禁止有人通过。

（2）吊具、吊装重物与周围固定物、建筑物之间的挤压。对此预防预控措施是：首先应合理布置场地、堆放重物。货物的堆放应有适当间隙，巨大构件和容易滚动及翻倒的货物要码放合理，便于搬运。其次，应选择适合所吊货物的吊具和索具，合理地捆绑与吊挂，避免在空中旋转或脱落。禁止直接用手拖拉旋转的重物，信号指挥人员要按原定的吊装方案指挥。

（3）起重机、升降机自身结构之间的挤压事故。如检查维修人员在汽车起重机转台与其他构件之间发生的挤压事故。物料升降机中以建筑升降机问题较多，主要是防护装置不全，如无上升限位器，无防护栏杆或无防护门等。其预防预控措施是：操纵卷扬机的位置要得当；没有封闭的吊笼，其通道应该封闭，不准过人；通道入口应设防护栏杆；检修接近上极限装置时，要注意防止撞头；底坑工作时，要注意桥箱和配重落下，避免事故发生。

2.起重作业高处坠落事故预防预控

起重机的操纵、检查、维修工作多是高处作业。梯子、栏杆、平台是起重机上的工作装置和安全防护设施。在上述操作地点，都必须按规定装设护圈、栏杆的平台，防止人员坠落；桥箱、吊笼运行时，要注意不准超载；制动器和承重构件，必须符合安全要求；防坠落装置必须可靠；电器设备要有保险装置，并要定期检查，防止事故。

3.起重机械吊具或吊物坠落事故的预防预控

吊物或吊具坠落是起重伤害中数量较多的一种。这类事故的发生，主要是由于绑挂方法不当，司机操作不良，吊具、索具选择不当，起升、超载限制器失灵等原因而造成的。因此其预防、预控措施是：首先，提升高度限位器要保证有效，避免过卷扬事故，司机在作业前要

检查提升高度限位器是否有效,失效时应不准启动;其次,要注意检查吊钩,是否有磨损或有无裂纹变形,该报废的不准使用;第三,要检查钢丝绳的状况,每班操作前都必须将钢丝绳从头到尾的细致检查一遍,是否有磨损、断丝、断脱,有无显著变形、扭结、弯折等,不符合的要及时更换;第四,加强作业现场的管理,吊运过程中,严禁吊物从人员上方经过,严禁人员在吊物下行走或在吊物下作业。

4. 起重机倾翻、折断、倒塌事故预防预控

倾翻事故多数发生在流动式起重机和沿轨道运行的塔式起重机。造成事故的原因主要是超载,支护不当,在基础不稳固状态下起吊重物,或负载转弯、超速运行等。因此其预防、预控措施是:起重机司机应该严格执行操作规程,防止麻痹大意;塔式起重机除防止超载外,还要注意按要求配重、压重、铺设轨道和安装合格。

折断、倒塌事故包括结构折断和零部件折断,如吊臂折断、主轴断裂等,这种事故主要是由于超载、机构及零部件的缺陷、违章操作和自然灾害等原因造成的。每次使用前都要对各主要部件和安全装置进行检查,防止由于机械部件的损坏而发生折断倾翻事故。此外,在作业过程中,当风速超过设计承载风速时,要停止作业。

5. 起重机械触电事故预防预控

起重机发生触电事故比较多。一种情况是维修、保养人员在起重机上发生的触电事故,主要是违章带电作业,碰到滑线或线路漏电,或者是保养人员在作业过程中,其他人员不知起重机上有人作业,误合电闸而造成。因此,在维修作业时,必须停电拉闸,且有人监护;同时要注意检查起重机的接地电阻和绝缘电阻,保证接地和绝缘良好。再一种情况是,起重机靠近输电线路造成触电事故。要教育司机,在行驶和作业中必须与输电线路保持一定距离。

6. 平台和引桥预防预控

平台和引桥预防预控的要点有:支柱坚固,无断裂和大面积露筋,直立无倾斜,露出水面部分要设可靠的防冲、防撞、防浸蚀设施;平台坚固平整,安全栏杆完好,防撞垫分布合理,安放结实,通道应有防滑设施;升降套和旋转轴应保持完好,能随水位自由升降,无晃动现象;引桥稳妥可靠,引桥升降应不影响管带,有可能经常发生摩擦的部位应设保护垫,并保持完整有效。其预防预控的措施是:应定期对固定式平台或引桥、升降式平台或引桥的坚固程度和升降情况进行检查,发现支撑结构和固定结构有损坏、断裂和倾斜等现象时,应及时修复加固,防止因塌落、倾倒、升降装置损坏造成事故。应定期检查防撞、防风和防浪等设施设备完好、齐备状况。

**(二)液体化工码头**

随着港口水运的发展,越来越多的液体化工品通过水路运输,通过港口码头进行装卸,由于液体化工品大都具有易燃、易爆和毒害等危险特性,容易引发火灾爆炸、中毒等安全生产事故,因此液体化工码头的预防预控工作尤为重要,其主要预防预控的要点与措施如下:

(1)确保装卸鹤管转动灵活和随意平衡,如采用悬挂重物平衡时,悬挂物应为不能在撞击时可产生火花的物体,不影响旋转和提升,下行时不应小于装卸栈桥与专用线之间接近界限的限值。

(2)液体灌装嘴应能插至小于距罐车底20cm的部位,出液口应不发生喷溅流,鹤管连接处应严密无渗漏。

(3)阀门、法兰连接、旋转接头、软管接口等均应严密无渗漏。

(4)应有高液位报警及联锁装置。

(5)栈桥走台、翻梯或伸缩梯应坚固,翻梯提升和降落用的绳子采用麻绳或棕绳,每月检查1次,发现破损、断股应及时更换。伸缩梯不论伸出或缩回都应有固定装置。

(6)栈桥照明设施应符合防火防爆要求,灯具、导线、信号联络装置等应完好,无断落、破损和短路现象。

(7)装卸栈台和输送管线应设专用的静电接地线;静电跨接和接地应完好,接地极不少于两处,接地电阻应符合"宜小于100Ω"的规范要求。防雷防静电设施定期进行检测。

(8)装船采用快装接头连接管道,卸船采用液体装卸臂装入槽车。

(9)装卸人员在易燃液体作业前应消除人体静电,穿戴好防静电服装。作业时必须使用经国家有关部门鉴定认可的防爆工具及照明设备,接触钢铁设备时严禁敲打和撞击。

(10)船舶作业前,岸、船双方要确认安全保障措施。作业中要密切注视作业动态,防止介质泄漏、溢出。如果需要换舱、换罐时,应先开空舱、空罐,后关满舱、满罐。

(11)易燃液体装卸始末,管道内流速不超过1m/s,正常作业流速不宜超过3m/s。其他液体产品可采用经济流速。

(12)装卸作业结束,应将管线内剩余的介质清扫干净。易燃液体采用泵吸或氮气清扫管线。

(13)液体化工品装卸船宜采用金属软管或输液臂,输液臂的选用和安装应考虑船舶和液体的流动方向及脉动情况,输液臂的材质要耐介质腐蚀。

**(三)油品码头**

油品码头进出的物料,都是易燃、易爆、易挥发液体。码头在来油接卸、输送等油料收发工艺过程中,一旦油蒸汽外泄、聚集,达到一定浓度,遇到火源就会引起燃烧爆炸事故。

油码头装卸作业涉及的汽油是甲类易燃液体,其蒸气比空气重,易在低处积聚,爆炸下限均低于1.3%(体积比);柴油是可燃液体,其蒸气也比空气重,易在低处积聚,爆炸下限均低于1.5%(体积比),这些物质一旦泄漏出来,如遇明火、碰撞或摩擦火花、电火花、静电火花、雷击火花及高温设备表面等均可能成为火灾、爆炸事故的触发因素。因此具有极大的火灾危险性。

重油组分复杂,含有汽油等易挥发的物质。这些组分在重油含量中所占比例较少,由于重油总量较大,在储存、运输过程中经过长时间的挥发、翻腾等,挥发到上部空间的易燃易爆物质的蒸汽聚集可达到混合物的爆炸范围,从而增加了发生火灾爆炸事故的可能性。

因此,装卸油品码头的安全预防预控工作极为重要,为预防油品码头发生火灾、爆炸、中毒等事故,其预防预控的要点就是防止油品的泄漏和火源的产生,具体措施如下:

1.防止油品外泄、聚集

码头装卸油过程中,大量的油蒸气从卸油口接头处散发,在卸油口周围形成易燃易爆气体。卸油泵油泵轴封、法兰、阀门等部位零部件松动、输油管道焊缝、伸缩节等部位破损,油品泄漏,在泄漏口附近与空气形成易燃易爆气体。由于卸油管破裂、密封垫损坏、快速接口紧固栓松动等原因,使油品滴落到地面挥发聚集;接卸人员操作错误,造成跑油泄漏形成易燃易爆气体。由于油蒸汽密度比空气密度大,在通风不良情况下,易在管沟等低洼处聚集。

油品码头防止油品外泄、聚集预防预控的措施是：油泵、管组、阀门、过滤器、流量计、消气器、集油罐、排空罐等设备，应完好无渗漏，工作正常可靠；金属或橡胶软管应连接牢固，无破损、无开裂和老化变形现象；输油臂转动灵活，能随意平衡，各旋转接头密封良好无渗漏；金属或橡胶软管的搬运取送，要有专用工具和设备，禁止强行拖拉，要防止潮水涨落、波浪摇晃而导致软管压坏和断脱，造成油品泄漏、聚集。

2. 防点火源的产生

油品码头预防预控的重点是防止产生静电火花。由于油品是静电非导体，易积聚静电荷，当油品在输送、装卸等作业时，会产生大量静电，静电电位往往可达几万伏。产生静电的原因为输油管路，泵等无静电接地装置或者接地线损坏、接地电阻不符合要求等。趸船人员穿用化纤等易产生静电的服装，也可能导致静电火花；电气火花，趸船上燃爆区域内使用非防爆型电气设备；雷电火花，避雷设施不符合要求；明火管理不善，趸船人员在趸船上吸烟或有关人员违章动火等；其他的原因包括：如用金属或易产生火花的工具敲打、撞击或作业，穿用带铁钉的鞋类，站内存在自燃物品等。其预防预控的措施是：严格要求职工自觉遵守各项规章制度、操作规程，严守生产纪律，防止因人为因素造成操作失误、工艺参数偏离，甚至引发事故，甲、乙类油品以及介质设计输送温度在其闪点以下10℃范围内的丙类油品，不得采用从顶部向油舱口灌装工艺，采用软管时应伸入舱底，原油或成品油在正常作业状态时，管道安全流速不应大于4.5m/s，输送甲、乙类油品的管道，当采用气体介质吹扫放空工艺时，应使用含氧量不大于5%的惰性气体；坚持巡回检查，发现问题及时报告、及时处理。尤其是严重的跑冒滴漏，压力温度出现异常现象，压力表、安全阀等安全设施损坏，消防通道堵塞等影响安全生产的事件应及时上报处理；输送管道应封闭管理，及时检查和纠正操作人员违章现象；装载臂应设置移动超限报警装置；装载臂与油船连接口处，宜配置快速接接器；采用金属软管装卸时，应采取措施避免和防止软管与码头面之间的摩擦碰撞产生火花。防雷防静电设施可靠，油船本身可不做接地处理，但如输油管接管为胶管时，应将胶管的钢丝和外缠线连接后，用不小于16$mm^2$的多股软铜线与不小于1$m^2$、厚10mm的钢板固定连接后放置水下。独立防静电接地电阻不得大于100Ω。在接管中有绝缘管时，应将绝缘管用裸金属屏蔽并接地。在利用码头或趸船平台上的接地端头接地连接时，应保证有两处相连。船靠船作业也应有两处相连。甲、乙、丙类油品码头上、下船的出入口处应设可以消除人体静电的装置。要定期、不定期的检查绝缘连接和静电接地的良好情况。为了防止杂散电流窜入油船，应在码头的输油干管上安装绝缘法兰或橡胶软管。每次停靠油船和作业之前，都应严格检查确认油船和码头应分别接地及绝缘管路屏蔽状态。

## 第二节　隐患排查治理方式与措施

安全隐患是事故形成的前兆，是事故发生的温床。隐患是在某个条件、事物以及事件中所存在的不稳定并且影响到个人或者他人安全利益的因素，它是一种潜藏着的因素，“隐”字体现了潜藏、隐蔽，而“患”字则体现了祸患，不好的状况。安全隐患是指作业场所、设备及设施的不安全状态，人的不安全行为和管理上的缺陷。它实质是有危险的、不安全的、有缺陷的状态，这种状态可在人或物上表现出来，如人走路不稳、路面太滑都是导致摔倒致伤的隐患;也可表现在管理的程序、内容或方式上,如检查不到位、制度的不健全、人员培训不到位等。海因里希理论认为,发生严重伤害、轻微伤害和没有伤害的事故数量之比为1:29:30,从这个比例可以看出,轻微伤害及无伤害的情况是大量的,在轻微伤害及无伤害的事故背后,隐藏着与造成严重伤害的事故相同的原因因素,这些原因因素就是安全隐患。安全隐患与事故和人身伤害之间存在一种因果连锁关系。因此,必须科学地、早期地排查安全隐患,在发生轻微伤害甚至无伤害事故时就应采取针对性对策措施,防止人的不安全行为,消除物的不安全状态,中断事故连锁的进程从而避免事故的发生。

党和国家高度重视安全隐患排查治理工作,把安全隐患排查治理作为安全生产工作的一项重要内容来抓。《安全生产法》第十四条、第三十八条就规定了"企业主要负责人和安全管理人员必须组织开展安全检查,及时处理检查中发生的问题"。2007年,国家安全生产监督管理总局以总局令16号发布了《安全生产事故隐患排查治理暂行规定》,对安全生产事故隐患排查治理工作作出了明确、具体的规定。2008年国家确定为隐患治理年,2009年、2010年、2011年都是国家确定的安全生产年。不管是隐患治理年还是安全生产年,国家都把隐患排查治理作为安全生产的一项重要工作内容来抓,以此来体现隐患排查治理工作的重要性。开展安全隐患排查治理,是国家法律法规对企业安全工作的要求,是落实企业安全生产主体责任的体现,是保护员工生命安全和健康的需要,是保障企业安、稳、长、满、优生产的前提。

## 一、安全隐患排查、治理的基本原则

"隐患不除、永无宁日","凡事预则立、不预则废"。企业必须对排查出隐患进行有效的治理,铲除滋生事故的土壤,才能防范安全生产事故的发生。安全隐患的治理须坚持以下几个基本原则。

### (一)安全隐患排查、治理必须制度化

企业是安全隐患排查、治理和防控的责任主体,应当根据国家法律法规的要求并结合企业的实际情况,建立健全安全隐患排查治理和监控制度,逐级建立并落实从主要负责人到全体员工的隐患排查治理和监控机制。企业通过建立隐患排查治理制度,可明确每一类隐患排查的检查频率、主持者、牵头部门、参加人员检查内容,避免隐患排查漏项和组织者之间相互推诿、扯皮。通过建立隐患排查制度,可以明确隐患整改的原则、要求和实施程序,确保隐患整改的措施、责任、资金、时限和预案能"五落实""五到位"。

### (二)安全隐患排查治理必须规范化

#### 1. 安全隐患排查治理必须表单化

安全隐患排查的目的是为了查找潜在的安全隐患。《安全生产安全隐患排查治理暂行规定》第三条规定:安全生产安全隐患是指安全生产经营单位违反安全生产法律、法规、规章、标准、规程和安全生产管理的规定,或因其他因素在生产经营活动中存在可能导致事故发生的危险状态、人的不安全行为和管理上的缺陷。排查安全隐患必须有针对性,因此,要求检查人员在排查前要明确本次检查的重点并根据国家法律法规和相关标准、规范以及企业管理制度的要求制定安全检查表,使隐患排查能做到有的放矢,避免盲目性。

#### 2. 安全隐患排查治理必须流程化

为规范安全隐患排查治理工作,企业应按隐患排查的策划、隐患排查的实施、隐患的汇

总、隐患的分析、隐患整改、隐患消除六个阶段进行。策划阶段牵头单位和人员应确定隐患排查的具体时间、排查内容、排查范围、参加人员并编制安全检查表和安全检查分工表,分片区、分专业进行检查。实施阶段检查人员应按预先制定的表单逐项认真进行排查,不得漏项,更不得走马观花应付了事。汇总阶段是牵头单位和人员应将各片区、各专业排查出的隐患进行统计汇总,建立安全检查台账。分析阶段是牵头单位和人员对排查出的各类隐患按隐患等级、隐患性质、所属专业进行统计分析,明确下一阶段隐患排查的重点。整改阶段由牵头单位对排查出的隐患按属地管理、专业管理原则确定隐患整改的责任单位和责任人,并根据隐患的严重程度确定隐患整改的方案和整改完成时间,下发隐患整改安排表,并做好隐患整改的督促和跟踪工作。隐患消除阶段由整改责任单位完成整改后填写隐患整改回执单经主管部门人员验证,确认隐患已消除填写隐患整改台账,实现隐患排查治理的闭环管理。

**(三)安全隐患排查治理必须常态化**

除开展专业性检查、季节性检查、节假日检查和综合性检查外,企业应重点开展好隐患的日常检查工作,将隐患排查治理纳入日常安全管理,使隐患排查治理工作常态化形成全面覆盖、全员参与的隐患排查治理工作机制。日常检查通常以岗位人员检查和管理人员巡回检查为主进行。岗位人员检查一般由班组长或岗位员工负责组织,在交接班前和班中不间断地进行现场巡回检查,检查内容主要包括工艺参数情况、设备设施完好运行情况、安全设施、环保设施、职业卫生设施等;管理人员检查通常由车间管理人员、部门管理人员负责组织,采用现场抽查和查记录的形式每天(车间)、每周(部门)进行一次检查,检查内容主要包括:岗位及班长按时巡检情况;工艺指标及操作规程执行情况;异常工况预案落实情况;设备缺陷消除情况;检修作业风险管控情况;安全环保设施运行情况;安全规章制度的执行情况;安全环保隐患整改的落实及检查情况;重大危险源安全环保风险管控情况等。对日常检查中排查出的隐患可按"三定""三不交"的原则按缺陷处理流程进入日常维修计划进行整改。此外,企业还可建立安全隐患报告和举报奖励制度,动员、鼓励从业人员及时发现和消除安全隐患。对发现、消除和举报安全隐患的人员,给予奖励和表彰。

安全隐患时时产生、形式多样、复杂多变,排查治理工作长期而艰巨,必须制度化、规范化、常态化地抓好安全隐患排查治理工作,建立安全隐患排查治理的长效运行机制,不断发现隐患、深挖隐患、消灭隐患,预防事故的发生,保证企业长周期安全运行,实现企业的长治久安。

## 二、安全隐患排查方式、方法

辨识安全隐患是排查安全隐患的前提,安全隐患具有一定的隐蔽性、潜伏性、不稳定性和时段性的特点,必须采用科学的方法进行深入细致的辨识,才能及时准确地查找存在的隐患。

**(一)安全隐患排查方式**

安全隐患的排查方式根据分类标准不同,可分为两种类型,一是按排查部门通常分为公司级安全隐患排查、工段级安全隐患自查、班组级安全隐患排查;二是按排查的时间通常分为日常性安全隐患排查、专项(业)性安全隐患排查、季节性安全隐患排查、节假日安全隐患排查、不定期的安全隐患排查和其他安全隐患排查等。

1. 按排查部门分类的安全隐患排查方式

1）公司级安全隐患排查

公司级安全隐患排查是指公司负责人或者公司安全管理部门组织，各部门负责人参加，对全公司或某关键部位进行安全隐患排查。主要目的是加强公司的安全管理，让公司领导层和管理层了解公司的安全生产状况，加强安全隐患的排查治理工作力度。公司级安全隐患排查一般每季度进行一次，检查出的安全隐患由安全管理部门负责汇总，分别提交有关部门、工段进行整改，并对整改情况进行跟踪考核。

2）工段级安全隐患排查

工段级安全隐患排查是指由工段负责人组织工段相关人员进行的，针对本工段设施设备的安全隐患排查。其目的是消除本工段的安全隐患，工段级的安全隐患排查一般每周一次，重点对工段安全状况进行检查。

3）班组级安全隐患排查

班组级安全隐患排查是指由班组长组织本班工人在各自工作范围进行的安全隐患排查，班组级的安全隐患排查是最为重要的安全隐患排查方式，因为一线员工长时间同本岗位的生产设施设备接触，最熟悉各设备的工况，出现安全隐患能第一时间发现，因此要求各岗位员工按时按点进行巡回检查，发现安全隐患立即处理或上报。

2. 按排查时间分类的安全隐患排查方式

1）日常性安全隐患排查

日常性安全隐患排查是指各车间、班组应针对本岗位存在的安全隐患在每日的工作中加以排查。企业的日常性安全隐患排查一般由安全管理部门的现场安全员、岗位员工，随时辨别生产过程中一切物的不安全状态、人的不安全行为及环境的不安全因素，并提醒操作者加以控制和调整，达到减少和防止伤亡事故及职业危害的发生。

2）专项（业）安全隐患排查

专项（业）安全隐患排查是指对容易发生严重事故的场所、设备、操作工序进行在其专业范围内的安全隐患排查，如趸船、锅炉压力容器、起重机械、电气安全、危险化学品、交通安全专项安全隐患排查。专项（业）安全隐患排查由各专业管理部门负责组织，相关部门参加，一般一个季度进行一次。

3）季节性安全隐患排查

季节性安全检查是针对季节天气的变化，相应的设施设备在不同天气环境下可能产生的安全隐患进行排查，由各归口部门组织进行。第一季度应加强防雷防静电安全隐患的排查，第二、三季度应加强防洪防汛、防暑降温安全隐患的排查，第四季度应加强防冻保暖、防火防爆防中毒的排查。季节性检查时间性较强，应在季节到来前就着手准备，及早动手，消除隐患。如公司通常在三月份开展防雷防静电接地检查、建构筑物专项检查、安全教育培训检查，四月份组织进行防洪防汛检查，七月份开展夏季防暑降温综合性检查。

4）节假日安全隐患排查

节假日安全隐患排查是指重要节假日（如：元旦、春节、五一、十一等）前应进行安全隐患排查，节假日前的安全隐患大排查由安全管理部门组织，各部门负责人参加，综合检查节日加班和节日前各项生产、检修活动中的安全措施、防火措施及不安全因素，使节日后的各项生产活动有计划、有秩序地进行。

5)不定期安全隐患排查

不定期安全隐患排查是指企业根据公司安全生产的需要,临时安排的安全隐患排查。如企业新、改、扩建装置运行、试运行、投产验收检查,装置开停工前、检修后检查,出现问题必须进行安全隐患排查。该项安全隐患排查由主管职能部门、班组分别负责进行。

### (二)安全隐患排查方法

安全隐患排查的方法主要有以下六种。

(1)通过学习借鉴事故案例查找隐患。对照同行业、同装置、同类生产工艺、类似生产场所发生的事故案例,举一反三,自我剖析,查找本岗位类似的安全隐患。

(2)通过关注异常事件分析查找安全隐患。只有关注并控制小事件、未遂事件及异常事件,才能更好地实现事故的管理,通过对异常事件的调查分析来查找隐患,以小见大,才能避免类似事件的重复发生。

(3)通过强化危险源动态管理查找安全隐患。危险源也是一种安全隐患,定期组织员工在生产岗位上开展危险源辨识活动,将辨识出的危险源进行归纳整理,并进行风险评价,制定相应的防范措施或事故预案,并对员工进行培训教育提高员工风险辨识水平。

(4)通过开展未遂事件征集活动查找安全隐患。发动岗位操作人员开展岗位事故危险预知预想分析活动,查找分析本岗位的未遂事件,找出管理上、设备上、工艺上存在的缺陷或隐患,并提出自我防范设想,将事故预防落实到生产运行的最前沿。

(5)通过开展现场安全检查查找安全隐患。经常性地开展全方位、全天候、多层次的现场安全检查、专项督查、专业检查,以便及早发现安全隐患。

(6)通过开展安全评价与评估查找安全隐患。可委托评价单位采用定性、定量的安全评价方法,进行建设项目预评价、验收评价和在役装置的现状安全评价;也可根据企业的实际情况定期组织进行风险评价,找出可能产生的安全隐患,提出防范对策措施。

### (三)安全隐患排查治理工作流程

安全隐患排查治理按图9-1的流程进行:

## 三、安全隐患治理措施

### (一)隐患分级

由于安全隐患的治理是要按分级进行的,不同级别的隐患需要用不同的治理方法和手段进行整改,因此排查出的隐患需要分级。

根据《安全生产事故隐患排查治理暂行规定》第三条第二款的要求:"事故隐患分为一般事故隐患和重大事故隐患。一般事故隐患,是指危害和整改难度较小,发现后能够立即整改排除的隐患。重大事故隐患,是指危害和整改难度较大,应当全部或者局部停产停业,并经过一定时间整改治理方能排除的隐患,或者因外部因素影响致使生产经营单位自身难以排除的隐患"。

根据《重大事故隐患管理规定》,重大事故隐患根据作业场所、设备及设施的不安全状态,人的不安全行为和管理上的缺陷,可能导致事故损失的程度分为重大事故隐患和特别重大事故隐患两级:

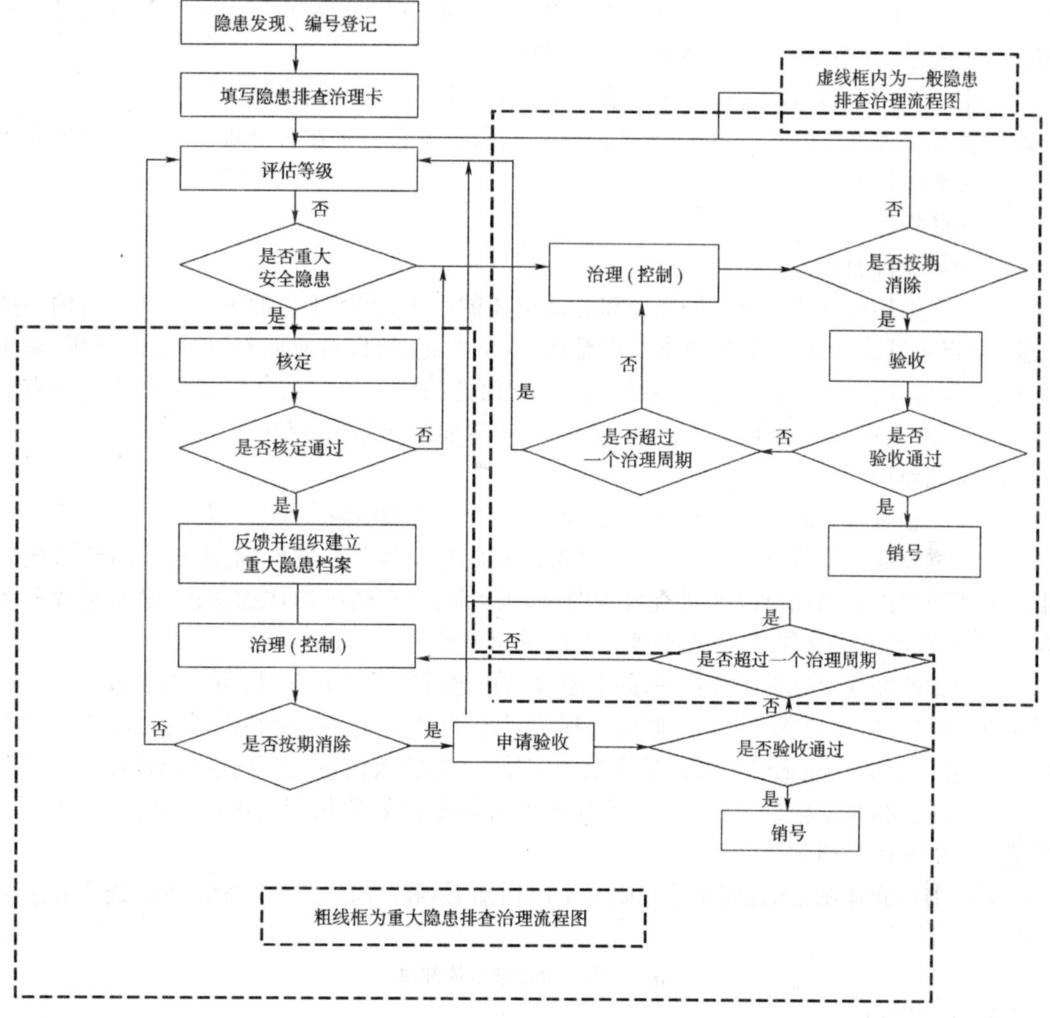


图 9-1 安全隐患排查治理工作流程图

(1)重大事故隐患是指可能造成死亡 10 人以上,或直接经济损失 500 万元以上的事故隐患。

(2)特别重大事故隐患是指可能造成死亡 50 人以上,或直接经济损失 1000 万元以上的事故隐患。

这种分级方式比较简单,实际工作中一般隐患的数量所占比例非常高,只有很少的隐患能够列为重大隐患,因此我们对隐患治理工作也按一般隐患治理与重大隐患治理进行区分。

**(二)一般隐患治理**

1. 一般隐患分级

一般隐患是指危害和整改难度较小,发现后能够立即整改排除的隐患。这种隐患在企业生产和管理实际工作是经常存在的,为更好地有针对性的治理,通常还要对一般隐患进行进一步的细化分级。

事故隐患的分级是以隐患的整改、治理和排除的难度及其影响范围为标准的。根据这个分级标准，在企业中通常将隐患分为班组级、车间级、分厂级直至厂（公司）级，其含义是在相应级别的组织（单位）中能够整改、治理和排除。

其中的厂（公司）级隐患中的某些隐患如果属于应当全部或者局部停产停业，并经过一定时间整改治理方能排除的隐患，或者因外部因素影响致使企业自身难以排除的隐患应当列为重大事故隐患。

2. 一般隐患治理

1）现场立即整改

有些隐患如明显的违反操作规程和劳动纪律的行为，这属于人的不安全行为式的一般隐患，排查人员一旦发现，应当要求立即整改，并如实记录，以备对此类行为统计分析，确定是否为习惯性或群体性隐患。有些设备设施方面的简单的不安全状态如安全装置没有启用、现场混乱等物的不安全状态等一般隐患，也可以要求现场立即整改。

2）限期整改

有些隐患难以做到立即整改的，但也属于一般隐患，则应限期整改。

限期整改通常由排查人员或排查主管部门对隐患所属单位发出"隐患整改通知"，内容中需要明确列出如隐患情况的排查发现时间和地点、隐患情况的详细描述、隐患整改负责人、隐患整改的方法和要求、隐患整改完毕的时间要求等。

限期整改需要全过程监督管理，除对整改结果进行"闭环"确认外，也要在整改工作实施期间进行监督，以发现和解决可能临时出现的问题，防止拖延。隐患整改通知由牵头部门下发，由负责人签收并在规定时间内负责处理完毕，并将整改信息反馈到牵头部门，牵头部门相关人员应进行验证检查并签字。对无故不按期完成整改，除按规定进行考核外，发生事故应追究负责整改部门领导的责任。

如某港口企业制定的《安全隐患限期整改通知书》和《整改结果反馈单》如图 9-2 和图 9-3 所示：

**安全隐患限期整改通知书**

部门（工段）：

年　　月　　日，经安全巡查，发现存在安全隐患（见下表）属于您部门整改范围，为确保安全，请组织整改，并于　年　月　日前将"整改结果反馈单"送安全环保部。

| 检查部门 | | | 受检单位 | | |
|---|---|---|---|---|---|
| 检查日期 | | | 检查人员 | | |
| 通知发出日期 | | | 限定整改日期 | | |
| 存在隐患情况 | | | 整改要求 | | 完成日期 |
| | | | | | |
| | | | | | |
| | | | | | |
| | | | | | |
| | | | | | |
| 发出单位 | （盖章） | 签发人 | | 受检单位签收人 | |

图 9-2　某港口企业的安全隐患限期整改通知书

**整改结果反馈单**

第　号

<table>
<tr><td colspan="3">整改情况</td><td colspan="3">发出单位复查意见</td></tr>
<tr><td colspan="3"></td><td colspan="3"></td></tr>
<tr><td>整改单位</td><td colspan="2">（盖章）</td><td>复查单位</td><td colspan="2">（盖章）</td></tr>
<tr><td>负责人签名</td><td></td><td>日期</td><td>复查人签名</td><td></td><td>日期</td></tr>
</table>

图 9-3

**（三）重大隐患治理**

针对重大隐患，就需要"量身定做"，为每个重大隐患制定专门的治理方案。由于重大隐患治理的复杂性和较长的周期性，在没有完成治理前，还要有临时性的措施和应急预案。治理完成后还有书面申请以及接受审查等工作。

1. 重大事故隐患报告

构成重大事故隐患的港口企业应编制《重大事故隐患报告书》，并上报港口主管部门和当地安全监管部门，重大事故隐患报告书应包括以下内容：

（1）事故隐患类别。

（2）事故隐患等级。

（3）影响范围。

（4）影响程度。

（5）整改措施。

（6）整改资金来源及其保障措施。

（7）整改目标。

2. 制定重大事故隐患治理方案

《安全生产事故隐患排查治理暂行规定》第十五条规定："重大事故隐患，由生产经营单位主要负责人组织制定并实施事故隐患治理方案"。重大事故隐患治理方案应当包括以下内容：

（1）治理的目标和任务。

（2）采取的方法和措施。

（3）经费和物资的落实。

（4）负责治理的机构和人员。

（5）治理的时限和要求。

（6）安全措施和应急预案。

此外，第二十条规定："安全监管监察部门对检查过程中发现的重大事故隐患，应当下达整改指令书，并建立信息管理台账。必要时，报告同级人民政府并对重大事故隐患实行挂牌督办"。第二十条还规定："安全监管监察部门发现属于其他有关部门职责范围内的重大事故隐患的，应该及时将有关资料移送有管辖权的有关部门，并记录备查"。

根据这些规定，企业在制定重大事故隐患治理方案时还必须考虑主管部门或安全监管监察部门所下达的"整指令书"和政府挂牌督办的有关内容的指示，也要将这些指示的要求体现在治理方案中。

3. 成立隐患管理小组

存在重大事故隐患的单位应成立隐患管理小组，小组由法定代表人负责。隐患管理小组应履行以下职责：

(1)掌握本单位重大事故隐患的分布、发生事故的可能性及其程度，负责重大事故隐患的现场管理。

(2)制定应急计划，并报安全监管部门和主管部门备案。

(3)进行安全教育，组织模拟重大事故发生时应采取的紧急处置措施，必要时组织救援设施、设备调配和人员疏散演习。

(4)随时掌握重大事故隐患的动态变化。

(5)保持消防器材、救护用品完好有效。

4. 重大事故隐患治理过程中的安全防范措施

《安全生产事故隐患排查治理暂行规定》第十六条规定："生产经营单位在事故隐患治理过程中，应当采取相应的安全防范措施，防止事故发生。事故隐患排除前或者排除过程中无法保证安全的，应当从危险区域内撤出作业人员，并疏散可能危及的其他人员，设置警戒标志，暂时停产停业或者停止使用；对暂时难以停产或者停止使用的相关生产储存装置、设施、设备，应当加强维护和保养，防止事故发生"。重大事故隐患治理方案中的"(六)安全措施和应急预案"更是安全防范措施里的重要内容。

5. 重大事故隐患治理情况评估

《安全生产事故隐患排查治理暂行规定》第十八条规定："地方人民政府或者安全监管监察部门及有关部门挂牌督办并责令全部或者局部停产停业治理的重大事故隐患，治理工作结束后，有条件的生产经营单位应当组织本单位的技术人员和专家对重大事故隐患的治理情况进行评估；其他生产经营单位应当委托具备相应资质的安全评价机构对重大事故隐患的治理情况进行评估"。

这种评估主要针对治理结果的效果进行，确认其措施的合理性和有效性，确认对隐患及其可能导致的事故的预防效果。评估需要有一定条件和资质的技术人员和专家或有相应资质的安全评价机构实施，以保证评估本身的权威性和有效性。

6. 重大事故隐患治理后的工作

《安全生产事故隐患排查治理暂行规定》第十八条规定："重大事故隐患治理后并经过评估，符合安全生产条件的，生产经营单位应当向安全监管监察部门和有关部门提出恢复生产的书面申请，经安全监管监察部门和有关部门审查同意后，方可恢复生产经营。申请报告应当包括治理方案的内容、项目和安全评价机构出具的评价报告等"；第二十三条规定："对挂牌督办并采取全部或者局部停产停业治理的重大事故隐患,安全监管监察部门收到生产经营单位恢复生产的申请报告后,应当在10日内进行现场审查。审查合格的,对事故隐患进行核销,同意恢复生产经营;审查不合格的,依法责令改正或者下达停产整改指令。对整改无望或者生产经营单位拒不执行整改指令的,依法实施行政处罚;不具备安全生产条件的,依法提请县级以上人民政府按照国务院规定的权限予以关闭"。

**(四)隐患治理措施**

隐患治理及其方案的核心都是通过具体的治理措施来实现的,这些措施大体上分为工程技术措施和管理措施,再加上对重大隐患需要做的临时性防护和应急措施。

治理措施的基本要求是:

(1)能消除或减弱生产过程中产生的危险、有害因素。

(2)处置危险和有害物,并降低到国家规定的限值内。

(3)预防生产装置失灵和操作失误产生的危险、有害因素。

(4)能有效地预防重大事故和职业危害的发生。

(5)发生意外事故时,能为遇险人员提供自救和互救条件。

治理措施分为工程技术措施和安全管理措施。

1.工程技术措施

工程技术措施的实施等级顺序是直接安全技术措施、间接安全技术措施、指示性安全技术措施等;根据等级顺序的要求应遵循的具体原则应按消除、预防、减弱、隔离、连锁、警告的等级顺序选择安全技术措施;应具有针对性、可操作性和经济合理性并符合国家有关法规、标准和设计规范的规定。

根据安全技术措施等级顺序的要求,应遵循以下具体原则:

(1)消除。尽可能从根本上消除危险、有害因素;如采用无害化工艺技术,生产中以无害物质代替有害物质、实现自动化作业、遥控技术等。

(2)预防。当消除危险、有害因素有困难时,可采取预防性技术措施,预防危险、危害的发生;如使用安全阀、安全屏护、漏电保护装置、安全电压、熔断器、防爆膜、事故排放装置等。

(3)减弱。在无法消除危险、有害因素和难以预防的情况下,可采取减少危险、危害的措施;如局部通风排毒装置、生产中以低毒性物质代替高毒性物质、降温措施、避雷装置、消除静电装置、减振装置、消声装置等。

(4)隔离。在无法消除、预防、减弱的情况下,应将人员与危险、有害因素隔开和将不能共存的物质分开;如遥控作业、安全罩、防护屏、隔离操作室、安全距离、事故发生时的自救装置(如防护服、各类防毒面具)等。

(5)连锁。当操作者失误或设备运行一旦达到危险状态时,应通过连锁装置终止危险、危害发生。

(6)警告。在易发生故障和危险性较大的地方,配置醒目的安全色、安全标志;必要时设置声、光或声光组合报警装置。

2.安全管理措施

管理措施能系统性地解决很多普遍和长期存在的隐患,在实施隐患治理时,企业应主动地和有意识地研究分析隐患产生原因中的管理因素,发现和掌握其管理规律,通过修订有关规章制度和操作规程并贯彻执行来从根本上解决问题。

"闭环管理"是现代安全生产管理中的基本要求,对任何一个过程的管理最终都要通过"闭环"才能最后结束。隐患治理工作的收尾工作也是"闭环"管理,要求治理措施完成后,企业主管部门和人员对其结果进行验证和效果评估。验证就是检查措施的实现情况,是否按方案和计划的要求一一落实了;效果评估是对完成的措施是否起到了隐患治理和整改的作用,是彻底解决了问题还是部分的、达到某种可接受程度的解决,是否真正能做到"预防为主"。

港口企业对检查出的隐患应进行登记建账,隐患台账内容应包括:编号、部门、隐患存在地点、隐患内容、整改措施、整改部门、整改负责人、限期整改时间、完成整改时间、验证结果、验证人等。

如某港口企业制定的安全隐患台账如表9－1所示。

港口企业对于检查出的隐患各部门应落实整改措施,按照"三定"(即:定措施、定负责人、定完成日期)、"四不推"(个人能解决的不推给班组,班组不推给工段、工段不推给码头公司、码头公司不推给集团或上级主管部门)的原则进行解决。如限于物质或技术条件暂不能解决的,必须采取并落实风险消减措施,然后定出计划,按期解决。

重大隐患应建立重大隐患档案,重大隐患档案含隐患报告及隐患治理方案两方面内容。

安全隐患整改台账　表9-1

| 编号 | 部门 | 存在地点 | 隐患内容 | 整改措施 | 资金 | 整改部门 | 负责人 | 限期完成日期 | 实际完成日期 | 验收结果 | 验收人 | 备注 |
|---|---|---|---|---|---|---|---|---|---|---|---|---|
| | | | | | | | | | | | | |
| | | | | | | | | | | | | |
| | | | | | | | | | | | | |
| | | | | | | | | | | | | |
| | | | | | | | | | | | | |
| | | | | | | | | | | | | |
| | | | | | | | | | | | | |
| | | | | | | | | | | | | |
| | | | | | | | | | | | | |

# 第三节　危险源界定与监管

## 一、危险源的定义及分类

危险源是指可能导致伤害或疾病、财产损失、工作环境破坏或这些情况组合的根源或状态。

危险源就是引起事故的一些不安全因素。传统的危险源一般是指纯粹的物,而这里指的危险源不仅有物、能量的载体,还包括"灾变信息"。危险源是认识对象中产生和强化负效应的核心,不仅有危险物质和能量,还有一些灾变信息也包含其中。

我国港口装卸生产大致上沿着以人力扛抬为主到机械化、流水化、半自动化和全自动化的轨迹发展。目前我国港口占主体的装卸生产方式是流水化和半自动化装卸方式，但人力作业和人机配合作业的传统作业方式仍然大量存在，加之港口装卸条件的复杂，因此港口企业的危险源众多，存在的形式也较复杂，为了能充分地辨识港口企业存在的危险源，对危险源进行分类十分必要。根据不同的分类方法，可以将危险源分为不同的类别，具体分类如下。

**（一）按照危险源在事故发生、发展过程中所起的作用划分**

如果把各种构成危险源的因素，按照其在事故发生、发展过程中所起的作用划分成类别，无疑会给我们的危险源辨识工作带来方便。安全科学理论根据危险源在事故发生、发展过程中的作用，把危险源划分为以下两大类：

1. 第一类危险源

根据能量意外释放理论，能量或危险物质的意外释放是伤亡事故发生的物理本质。于是，把生产过程中存在的，可能发生意外释放的能量（能源或能量载体）或危险物质称作第一类危险源。

通俗地讲，危险源是指能量载体，或者是危险物质，这是事故发生的物质性前提，它影响事故发生的后果的严重程度，是事故发生的物质根源。如港口作业过程中的吊运重型货物，具有很大重力势能，若作业过程中发生吊物坠落，可能对吊物下方的人员造成伤害或对设施设备造成损坏。

为了防止第一类危险源导致事故，必须采取措施约束、限制能量或危险物质，控制危险源。

2. 第二类危险源

正常情况下，生产过程中的能量或危险物质受到约束或限制，不会发生意外释放，即不会发生事故。但是，一旦这些约束或限制能量或危险物质的措施受到破坏或失效（故障），则将发生事故。

导致能量或危险物质约束或限制措施破坏或失效的各种因素称作第二类危险源。

通俗地讲，危险源包括物的故障、物理性的环境因素、个体人的失误，这类危险源是事故发生的出发条件、必要条件，第二类危险源主要包括以下三种：

1）物的故障

物的故障是指机械设备、装置、零部件等由于性能低下而不能实现预定的功能的现象。从安全功能的角度，物的不安全状态也是物的故障。物的故障可能是固有的，由于设计、制造缺陷造成的；也可能由于维修、使用不当，或磨损、腐蚀、老化等原因造成的。

2）人的失误

人的失误是指人的行为结果偏离了被要求的标准，即没有完成规定功能的现象。人的不安全行为也属于人的失误。人的失误会造成能量或危险物质控制系统故障，使屏蔽破坏或失效，从而导致事故发生。

3）环境因素

人和物存在的环境，即生产作业环境中的温度、湿度、噪声、振动、照明或通风换气等方面的问题，会促使人的失误或物的故障发生。

3. 两类危险源的辩证关系

一起伤亡事故的发生往往是两类危险源共同作用的结果。第一类危险源是伤亡事故发生的能量主体,决定事故后果的严重程度。第二类危险源是第一类危险源造成事故的必要条件,决定事故发生的可能性。两类危险源相互关联、相互依存。第一类危险源的存在是第二类危险源出现的前提,第二类危险源的出现是第一类危险源导致事故的必要条件。因此,危险源辨识的首要任务是辨识第一类危险源,在此基础上再辨识第二类危险源。

4. 第三类危险源

根据最新的危险源分类方面的发展和认知,将不符合安全的组织因素,包括组织程序、组织文化、规则、制度等称为第三类危险源。

举例说明:这就好比港区行驶的汽车,行驶的汽车本身就是危险源,汽车里面的汽柴油、运输的货物等是第一类危险源;驾驶员的违章,汽车的部件失灵,天气不好,能见度比较差属于第二类危险源;而安全安文化理念方面缺失,或者是港区有关的交通规则或者是安全培训缺失、港区交通安全管理松懈、或者是驾驶员的单位对汽车的维护管理或者是驾驶员的挑选、考核、配备方面的问题,这些就称为第三类危险源。

**(二)按导致事故的直接原因进行分类**

根据《生产过程危险和有害因素分类与代码》(GB/T 13861—2009)的规定,将生产过程中的危险、有害因素分为四大类,分别是“人的因素”、“物的因素”、“环境因素”和“管理因素”。

1. 人的因素

1)心理、生理性危险、有害因素

(1)负荷超限(体力负荷超限、听力负荷超限、视力负荷超限、其他负荷超限)。

(2)健康状况异常。

(3)从事禁忌作业。

(4)心理异常(情绪异常、冒险心理、过度紧张、其他心理异常)。

(5)辨识功能缺陷(感知延迟、辨识错误、其他辨识功能缺陷)。

(6)其他心理、生理性危险、有害因素。

2)行为性危险、有害因素

(1)指挥错误(指挥失误、违章指挥、其他指挥错误)。

(2)操作失误(误操作、违章作业、其他操作失误)。

(3)监护失误。

(4)其他错误。

(5)其他行为性危险和有害因素。

2. 物的因素

1)物理性危险、有害因素:

(1)设备、设施缺陷(强度不够、刚度不够、稳定性差、密封不良、应力集中、外形缺陷、外露运动件、制动器缺陷、控制器缺陷、设备设施其他缺陷)。

(2)防护缺陷(无防护、防护装置和设施缺陷、防护不当、支撑不当、防护距离不够、其他防护缺陷)。

(3)电(带电部位裸露、漏电、雷电、静电、电火花、其他电危害)。

(4)噪声(机械性噪声、电磁性噪声、流体动力性噪声、其他噪声)。

(5)振动(机械性振动、电磁性振动、流体动力性振动、其他振动)。

(6)电磁辐射(电离辐射:X 射线、γ 射线、a 粒子、β 粒子、质子、中子、高能电子束等;非电离辐射:紫外线、激光、射频辐射、超高压电场)。

(7)运动物(固体抛射物、液体飞溅物、反弹物、岩土滑动、料堆垛滑动、气流卷动、冲击地压、其他运动物危害)。

(8)明火。

(9)能造成灼伤的高温物质(高温气体、高温固体、高温液体、其他高温物质)。

(10)能造成冻伤的低温物质(低温气体、低温固体、低温液体、其他低温物质)。

(11)粉尘与气溶胶(不包括爆炸性、有毒性粉尘与气溶胶)。

(12)作业环境不良(作业环境乱、基础下沉、安全过道缺陷、采光照明不良、有害光照、通风不良、缺氧、空气质量不良、给排水不良、涌水、强迫体位、气温过高、气温过低、气压过高、气压过低、高温高湿、自然灾害、其他作业环境不良)。

(13)信号缺陷(无信号设施、信号选用不当、信号位置不当、信号不清、信号显示不准、其他信号缺陷)。

(14)标志缺陷(无标志、标志不清楚、标志不规范、标志选用不当、标志位置缺陷、其他标志缺陷)。

(15)其他物理性危险和有害因素。

2)化学性危险、有害因素

(1)易燃易爆性物质(易燃易爆性气体、易燃易爆性液体、易燃易爆性固体、易燃易爆性粉尘与气溶胶、其他易燃易爆性物质)。

(2)自燃性物质。

(3)有毒物质(有毒气体、有毒液体、有毒固体、有毒粉尘与气溶胶、其他有毒物质)。

(4)腐蚀性物质(腐蚀性气体、腐蚀性液体、腐蚀性固体、其他腐蚀性物质)。

(5)其他化学性危险、有害因素。

3)生物性危险、有害因素

(1)致病微生物(细菌、病毒、其他致病微生物)。

(2)传染病媒介物。

(3)致害动物。

(4)致害植物。

(5)其他生物性危险、有害因素。

3. 环境因素

(1)室内作业场所环境不良。

(2)室外作业场所环境不良。

(3)低下(含水下)作业环境不良。

(4)其他作业环境不良。

例如:地面滑、场所狭窄、地面不平、梯架缺陷、房屋基础下沉、通道缺陷、安全出口、采光照明缺陷、空气不良、给排水不畅、恶劣气候、门及围栏缺陷等。

4. 管理因素

(1)职业安全卫生组织机构不健全。

(2)职业安全卫生责任制未落实。

(3)职业安全卫生安全管理规章制度不完善。

(4)职业安全卫生投入不足。

(5)职业健康管理不完善。

(6)其他管理因素缺陷。

**(三)参照事故类别进行分类**

根据《企业职工伤害事故分类标准》(GB 6441),综合考虑起因物、引起事故的诱导性原因、致害物、伤害方式等,将危险因素分为20类。

1. 物体打击

指物体在重力或其他外力的作用下产生运动,打击人体造成人身伤亡事故,不包括因机械设备、车辆、起重机械、坍塌等引发的物体打击。

2. 车辆伤害

指企业机动车辆在行驶中引起的人体坠落和物体倒塌、飞落、挤压伤亡事故,不包括起重设备提升、牵引车辆和车辆停驶时发生的事故。

3. 机械伤害

指机械设备运动(静止)部件、工具、加工件直接与人体接触引起的夹击、碰撞、剪切、卷入、绞、碾、割、刺等伤害,不包括车辆、起重机械引起的机械伤害。

4. 起重伤害

指各种起重作业(包括起重机安装、检修、试验)中发生的挤压、坠落、(吊具、吊重)物体打击和触电。

5. 触电

包括雷击伤亡事故。

6. 淹溺

包括高处坠落淹溺,不包括矿山、井下透水淹溺。

7. 灼烫

指火焰烧伤、高温物体烫伤、化学灼伤(酸、碱、盐、有机物引起的体内外灼伤)、物理灼伤(光、放射性物质引起的体内外灼伤),不包括电灼伤和火灾引起的烧伤。

8. 火灾

只造成人身伤亡的企业火灾事故,不适用于非企业原因造成的属于消防部门统计的火灾事故。一般指火灾引起的烧伤和死亡。

9. 高处坠落

指在高处作业中发生坠落造成的伤亡事故,不包括触电坠落事故。

10. 坍塌

指物体在外力或重力作用下,超过自身的强度极限或因结构稳定性破坏而造成的事故,如挖沟时的土石塌方、脚手架坍塌、堆置物倒塌等,不包括矿山冒顶、片帮和车辆、起重机械、爆破引起的坍塌。

11. 冒顶、片帮

指矿井工作面、巷道侧壁由于支护不当、压力过大造成的坍塌，称为片帮；顶板塌落称为冒顶。两者同时发生称为冒顶片帮。

12. 透水

指矿山、地下开采或其他坑道作业时，意外水源带来的伤亡事故。

13. 爆破伤害

指爆破作业中发生伤亡事故。

14. 火药爆炸

指火药、炸药及其制品在生产、加工、运输、贮存中发生的爆炸事故。

15. 瓦斯爆炸

指可燃性气体瓦斯、煤尘与空气混合形成的混合物，接触火源时，引起的化学性爆炸事故。

16. 锅炉爆炸

指锅炉发生的物理性爆炸事故。

17. 容器爆炸

是指压力容器破裂引起的气体爆炸，即物理性爆炸。

18. 其他爆炸

凡不属于上述爆炸的事故均列为其他爆炸。

19. 中毒和窒息

包括中毒、缺氧窒息、中毒性窒息。

20. 其他伤害

凡不属于上述伤害的其他伤害均称为其他伤害。

## 二、危险源的辨识、界定

危险源在没有触发之前是潜在的，常不被人们所认识和重视，因此需要通过一定的方法进行辨识，评价其危险大小等级。

危险源辨识的目的就是通过对系统的分析，界定出系统中的哪些部分、区域是危险源，其危险的性质、危害程度、存在状况、危险源能量与物质转化为事故的转化过程规律、转化的条件、触发因素等。以便有效地控制能量和物质的转化，使危险源不至于转化为事故。它是利用科学方法对生产过程中那些具有能量、物质的性质、类型、构成要素、触发因素或条件，以及后果进行分析与研究，作出科学判断，为控制事故发生提供必要的、可靠的依据。危险源辨识的理论方法主要有系统危险分析、危险评价等方法与技术。

危险源辨识的程序包括分析系统的确定、危险源的调查、危险区域的界定、存在条件的分析、触发因素的分析、潜在危险性分析、危险源等级划分、评估报告等。

### （一）危险源的调查

在进行危险源调查之前首先确定所要分析的系统。例如，是对整个港区还是某个泊位或某个装卸设备。然后对所分析系统进行调查，调查的主要内容有：

(1)装卸工艺设备及作业货物情况。装卸工艺布置,设备名称、设备性能,设备本质安全化水平,装卸工艺设备的固有缺陷,所使用的材料种类、性质、危害,使用的能量类型及强度等。

(2)作业环境情况。安全通道情况,生产系统的结构、布局,作业空间布置等。

(3)操作情况。操作过程中的危险,工人接触危险的频度等。

(4)事故情况。过去事故及危害状况,事故处理应急方法,故障处理措施。

(5)安全防护。危险场所有无安全防护措施,有无安全标志,燃气、物料使用有无安全措施等。

**(二)危险区域的界定**

危险区域的界定即划定危险源点的范围。首先应对系统进行划分,可按设备、装卸装置及设施将其划分成若干子系统,(也可按作业单元划分子系统);然后分析每个子系统中所存在的危险源点,一般将产生能量或具有能量、物质、操作人员作业空间、产生聚集危险物质的设备、容器作为危险源点;然后再以源点为核心加上防护范围即为危险区域,这个危险区域就是危险源的区域。在确定危险源区域时,可按以下方法界定:

(1)按危险源是固定还是移动的界定。如港区的起重设备、运输车辆、叉车等搬运设备,其危险区域应随设备的移动空间而定,而固定皮带机、压力容器、储油罐等则是固定源,其区域范围也固定。

(2)按危险源是点危险源还是线危险源界定。一般线危险源引起的危害范围较点危险源的大,如液体化工码头输送液体化工产品的管道就属于线危险源,液体泵的连接轴无安全护罩就属于点危险源。

(3)按危险作业场所来划定危险源的区域。如有发生爆炸、火灾危险的场所,有被车辆伤害的场所,有触电危险的场所,有高处坠落危险的场所,有腐蚀、放射、辐射、中毒和窒息危险的场所等。

(4)按危险设备所处位置作为危险源的区域。如液体化工码头的甲醇、汽油等易燃易爆液体的储罐区,港区的变配电站等。

(5)按能量形式界定危险源。如危险化学品危险源、电气危险源、机械危险源、辐射危险源和其他危险源等。

**(三)存在条件及触发危险源的因素**

一定数量的危险物质或一定强度的能量,由于存在条件不同,所显现的危险性也不同,被触发转换为事故的可能性大小也不同。因此存在条件及触发因素的分析是危险源辨识的重要环节。存在条件分析包括:储存条件(如堆放方式、其他物品情况、通风等),物理状态参数(如堆放高度、温度、压力等),设备状况(如设备完好程度、设备缺陷、维修保养情况等),防护条件(如防护措施、故障处理措施、安全标志等),操作条件(如操作技术水平、操作失误率等),管理条件等。

触发因素可分为人为因素和自然因素。人为因素包括个人因素(如操作失误、不正确操作、粗心大意、漫不经心、心理因素等)和管理因素(如不正确管理、不正确的训练、指挥失误、判断决策失误、设计差错、错误安排等)。自然因素是指引起危险源转化的各种自然条件及其变化。如气候条件参数(气温、气压、湿度、大气风速)变化,雷电、雨雪,振动,地震等。

**(四)危险源潜在的危险性**

危险源转化为事故,其表现是能量和危险物质的释放,因此危险源的潜在危险性可用能量的强度和危险物质的量来衡量。能量包括电能、机械能、化学能、核能等,危险源的能量强度越大,表明其潜在危险性越大。危险物质主要包括燃烧爆炸危险物质和有毒有害危险物质两大类。前者泛指能够引起火灾或爆炸的物质,如可燃气体、可燃液体、易燃固体、可燃粉尘、易爆化合物、自燃性物质、混合危险性物质等。后者系指直接加害于人体,造成人员中毒、致病、致残、致癌等的化学物质。可根据使用的危险物质量来描述危险源的危险性。

关于危险源转化为事故,实际上,对事故隐患的控制管理总是与一定的危险源联系在一起,因为没有危险的隐患也就谈不上要去控制它;而对危险源的控制,实际就是消除其存在的事故隐患或防止其出现事故隐患。所以,在实践中有时不加区别地使用这两个概念。

**(五)危险源辨识方法**

目前,国内外已经开发出的危险源辨识方法有几十种之多,如直观经验法、系统安全分析方法(事件树分析、故障树分析等)安全检查表、预危险性分析、危险和可操作性研究、故障类型和影响性分析等。这些方法都是根据不同的对象和要求开发出来的。它们有其各自特点,也有各自的适用范围或局限性,应针对系统的具体情况选择适当的方法,也可采用多种方法结合起来对系统进行分析,取长补短,取得更加可靠的结果。

1. 直观经验法

这种方法适用于有可供参考先例、有以往经验可以借鉴的危害辨识过程;不能应用在没有可供参考先例的新系统中。

1)对照、经验法

它包括调查表、现场观察、专家风暴头脑、对照有关标准、法规、安全检查表等。

经验法是辨识中常用的方法,其优点是简便、易行,其缺点是受辨识人员知识、经验和占有资料的限制,可能出现遗漏。

2)类比方法

它是利用相同或相似系统或作业条件的经验和职业安全卫生的统计资料来类推、分析评价对象的危险、危害因素。多用于危害因素和作业条件危险因素的辨识过程。

2. 系统安全分析方法

这种方法实际上就是应用系统安全工程评价方法的部分方法进行危害辨识。系统安全分析方法常用于复杂系统、没有事故经验的新开发系统。

常用的系统安全分析方法有:

1)事件树(ETA)

事件树分析是从一个初始事件开始,按顺序分析事件向前发展中各个环节成功与失败的过程和结果。是一种时序逻辑的事故分析方法,它以一初始事件为起点,按照事故的发展顺序,分成阶段,一步一步地进行分析,每一事件可能的后续事件只能取完全对立的两种状态(成功或失败、正常或故障、安全或危险等)之一的原则,逐步向结果方面发展,直到达到系统故障或事故为止。所分析的情况用树枝状图表示,故叫事件树。

事件树分析(Event Tree Analysis,简称 ETA)起源于决策树分析(简称 DTA),它是一种按事故发展的时间顺序由初始事件开始推论可能的后果,从而进行危险源辨识的方法。

一起事故的发生,是许多原因事件相继发生的结果。其中,一些事件的发生是以另一些事件首先发生为条件的,而一事件的出现,又会引起另一些事件的出现。在事件发生的顺序上,存在着因果的逻辑关系。事件树分析法是一种时序逻辑的事故分析方法,它以一初始事件为起点,按照事故的发展顺序,分成阶段,一步一步地进行分析,每一事件可能的后续事件只能取完全对立的两种状态(成功或失败、正常或故障、安全或危险等)之一的原则,逐步向结果方面发展,直到达到系统故障 或事故为止。所分析的情况用树枝状图表示,故叫事件树。它既可以定性地了解整个事件的动态变化过程,又可以定量计算出各阶段的概率,最终了解事故发展过程中各种状态的发生概率。

2)故障树分析(FTA)

(1)简介

故障树分析法由美国贝尔电话研究所的沃森(Watson)和默恩斯(Mearns)于 1961 年首次提出并应用于分析民兵式导弹发射控制系统的。其后,波音公司的哈斯尔(Hasse)、舒劳德(Schroder)、杰克逊(Jackson)等人研制出故障树分析法计算程序,标志着故障树分析法进入了以波音公司为中心的宇航领域。1974 年,美国原子能委员会发表了以麻省理工学院(MIT)拉斯穆森(Rasmussen)为首的有 60 名专家参与的安全组进行了两年研究而编写的长达 3000 页的"商用轻水反应堆核电站事故危险性评价"的报告,该报告采用了美国国家航空和管理部于 20 世纪 60 年代发展起来的事件树(Event Tree,ET)和故障树分析方法,以美国 100 座核电反应堆为对象对核电站进行了风险评价,使 FTA 的应用得到很大发展。这一报告的发表引起了各方面的很大反响,被称为 FTA 发展进程中的一个重要里程碑。并推动了故障树分析法从宇航、核能进入电子、化工和机械等工业领域。

(2)定义

故障分析是在系统设计过程中通过对可能造成系统失效的各种因素(包括硬件、软件、环境、人为因素)进行分析,画出逻辑框图(失效树),从而确定系统失效原因的各种可能组合方式或其发生概率,已计算系统失效概率,采取相应的纠正措施,以提高系统可靠性的一种设计分析方法。

故障树分析把系统最不希望发生的故障状态作为逻辑分析的目标,在故障树中称为顶事件,继而找出导致这一故障状态发生的所有可能直接原因,在故障树中称为中间事件。再跟踪找出导致这些中间故障事件发生的所有可能直接原因。直追寻到引起中间事件发生的全部部件状态,在故障树中称为底事件。用相应的代表符号及逻辑们把顶事件、中间事件、底事件连接成树形逻辑图,责成此树形逻辑图为故障树。

故障树是一种特殊的倒立树状逻辑因果关系图,它用事件符号、逻辑门符号和转移符号描述系统中各种事件之间的因果关系。利用 FTA 模块,在系统设计过程当中,通过对造成系统故障的各种因素(包括硬件、软件、环境、人为因素等)进行分析,画出逻辑框图(即故障树),从而确定系统故障原因的各种可能组合方式及其发生概率以计算系统故障概率,采取相应的纠正措施,以提供系统可靠性的一种分析方法。它以图形的方式表明了系统中失效事件和其他事件之间的相互影响,是适用于大型复杂系统安全性与可靠性分析的常用的有效方法。利用 FTA,用户可以简单快速地建立故障树,输入有关参数并对系统进行定性分析和定量分析,生成报告,最后打印输出。

(3)故障树分析法的一般步骤

①了解系统,确定顶事件:顶事件是系统最不希望发生的事件,或是指定进行逻辑分析的故障事件。

②建造失效树,并加以简化和规范化。

③定性分析:确定失效树的最小割集;目的是为了弄清系统(或设备)出现某种故障(即顶事件)的可能性有多少,分析哪些因素会引发系统的某种故障。

④收集定量分析用的数据,如底事件的失效概率、失效率、维修率等。

⑤定量分析:计算顶事件的发生概率和系统可靠性、评价顶事件的严重性与危害度,计算底事件和最小割集的重要度等 。目的是得到在底事件互相独立和已知其发生概率的条件下,顶事件发生概率和底事件重要度等定量指标(GJB 768)。

3)危险与可操作性分析

危险与可操作性分析(Hazard and Operability Study)又称为HAZOP,是英国帝国化学工业公司(ICI)蒙德分部于20世纪60年代发展起来的以引导词(Guide Words)为核心的系统危险分析方法,已经有40年应用历史。

危险与可操作性分析是过程系统(包括流程工业)的危险(安全)分析(Process Hazard Analysis,PHA)中一种应用最广的评价方法。是一种形式结构化的方法,该方法全面、系统的研究系统中每一个元件,其中重要的参数偏离了指定的设计条件所导致的危险和可操作性问题。主要通过研究工艺管线和仪表图、带控制点的工艺流程图(P&ID)或工厂的仿真模型来确定,应重点分析由管路和每一个设备操作所引发潜在事故的影响,应选择相关的参数,例如:流量、温度、压力和时间,然后检查每一个参数偏离设计条件的影响。采用经过挑选的关键词表,例如"大于""小于""部分"等,来描述每一个潜在的偏离。最终应识别出所有的故障原因,得出当前的安全保护装置和安全措施。所作的评估结论包括非正常原因、不利后果和所要求的安全措施。

HAZOP分析既适用于设计阶段,又适用于现有的生产装置。HAZOP分析可以应用于连续的化工过程,也可以应用于间歇的化工过程。

3. 风险评价方法

1)安全检查表法

安全检查表(Safety Check List,SCL)是一种最早开发的、最基础、应用最广泛的危险源辨识的方法。它运用一个编写好的安全检查表,对组织进行系统的安全检查,可辨识出存在的危险源。安全检查表分析常常用于对熟知的已运行的系统进行分析,但也可用在新开发的全新的工艺过程的早期阶段,识别和消除在类似系统的多年操作中所发现的危险。

安全检查表的分析步骤如下:

(1)确定分析范围。在分析之前首先要确定并了解分析范围,同时搜集国内外同行业已经发生的事故。

(2)建立安全检查表。用安全检查表进行危险源的辨识,首先需要一份适当的安全检查表。分析人员应当从有关渠道选择适当的安全检查表,如果无法获得合适的安全检查表,分析人员必须运用自己的经验和可靠的参考资料编制一个安全检查表。

(3)分析已运行的系统。分析人员将工艺设备和操作与安全检查表比较,然后根据实际情况回答安全检查表中的问题。当所观察的系统特性或操作特性与安全检查表上希望的特性不同时,应记下差异。对于新工艺过程,常常是在分析会议上完成,主要是对工艺图纸进行审查,完成安全检查表,讨论差异。

(4)危险源的确定。完成分析后,应对分析的内容进行总结,识别出需要进一步分析的系统或单元。

2)预先危险性分析法

(1)方法简介

预先危险性分析(PHA)是系统安全分析方法之一,亦称“初步危险性分析”。它是对系统存在的危险类别、出现危险状态的条件、导致事故的后果等进行概略分析的一种定性安全评价方法,其目的是识别系统中的潜在危险,确定其危险等级,防止危险发展成事故。

预先危险性分析的主要功能是:大体识别与系统有关的主要危险;鉴别产生危险的原因;预测事故出现对人及系统产生的影响;判定已识别的危险性等级,并提出消除或控制危险性的措施。

(2)分析步骤

①危险性等级划分

在分析港口系统危险性时,为了衡量危险性的大小及其对系统破坏程度,将各类危险性划分为4个等级,见表9-2:

**危险性等级划分表** 表9-2

| 级别 | 危险程度 | 可能导致的后果 |
|---|---|---|
| Ⅰ | 安全的 | 不会造成人员伤亡及系统损坏 |
| Ⅱ | 临界的 | 处于事故的边缘状态,暂时还不至于造成人员伤亡或降低系统性能,但应予以排除或采取控制措施 |
| Ⅲ | 危险的 | 会造成人员伤亡和系统损坏,要立即采取防范对策措施 |
| Ⅳ | 灾难性的 | 造成人员重大伤亡及系统严重破坏的灾难性事故,必须予以果断排出并进行重点防范 |

②事故发生可能性等级划分

事故发生可能性等级划分为5级,见表9-3:

**事故发生可能性等级划分** 表9-3

| 级别 | 等级系数 $K$ | 发生可能性 | 级别 | 等级系数 $K$ | 发生可能性 |
|---|---|---|---|---|---|
| A | 1 | 几乎不发生 | B | 2 | 偶然发生 |
| C | 3 | 较易发生 | D | 4 | 容易发生 |
| E | 5 | 频繁发生 | | | |

③确定系统危险性等级

系统危险性等级按下式确定:

$$W = \frac{\Sigma P \cdot K}{\Sigma K}$$

式中:$W$——系统危险性等级,$1 \leqslant W \leqslant 4$;$W < 1.5$ 安全级,$1.5 \leqslant W < 2.5$ 比较安全级;$2.5 \leqslant W < 3.5$ 危险级;$3.5 \leqslant W < 4$ 灾难级;

$P$——分析项目的危险性等级系数;

$K$——分析项目的事故发生可能性等级系数。

④确定系统事故发生可能性等级

系统事故发生可能性等级按下式确定：

$$Q = \frac{\sum P \cdot K}{\sum P}$$

式中：$Q$——系统事故发生可能性：$Q<1.5$ 几乎不发生；$1.5 \leqslant Q<2.5$ 偶然发生；$2.5 \leqslant Q<3.5$ 较易发生；$3.5 \leqslant Q<4.5$ 容易发生；$4.5 \leqslant Q \leqslant 5$ 频繁发生。

$P$——分析项目的危险性等级系数；

$K$——分析项目的事故发生可能性等级系数。

4.常用危险源辨识方法举例

1)安全检查表法

根据相关法律法规、标准，如《安全生产法》、《港口法》、《建筑设计防火规范》、《河港工程设计规范》、编制安全检查表，针对该项目进行检查，判定其符合性，针对不符合项提出相应的对策措施。

该项目安全检查表检查内容及结果见表9-4。

**安全检查表** 表9-4

| 检查内容 | 依据标准 | 实际情况 | 检查结果 |
|---|---|---|---|
| 总平面布置 | | | |
| 码头前沿停泊水域不应占用主航道 | JTJ 212—2006 3.2.1 | | |
| 码头泊位长度应满足船舶安全靠离、系缆和装卸作业的要求 | JTJ 212—2006 3.3.1 | | |
| 泊位和长度应符合3.3的要求 | JTJ 212—2006 3.3 | | |
| 油码头的建筑物、构筑物应采用非燃烧材料建造(护舷设施除外) | GB 16994—1997 5.1.4 | | |
| 甲、乙类油品泊位与上游河港客运泊位距离不少于300m；与下游河港客运泊位距离不少于3000m；与其他货运泊位距离不少于150m | JTJ 237—1999 4.2.1 | | |
| 陆上与装卸作业无关的其他设施与油品码头的间距不应小于40m | JTJ 237—1999 4.2.7 | | |
| 油品泊位严禁与客运泊位共用 | JTJ 237—1999 5.1.2.3 | | |
| 装卸工艺及设施设备 | | | |
| 采用金属软管装卸时，应采取措施避免和防止软管与码头面之间的摩擦碰撞产生火花 | JTJ 237—1999 5.2.1.3 | | |
| 管道设计流速应符合下列规定：原油或成品油在正常作业状态时，管道安全流速不应大于4.5m/s | JTJ 237—1999 5.2.2.3 | | |
| 工艺管道除根据工艺需要设置切断阀门外，在通向水域引桥、引堤的根部和装卸油平台靠近装卸设备的管道上，尚应设置便于操作的切断阀 | JTJ 237—1999 5.2.2.6 | | |

续上表

| 检查内容 | 依据标准 | 实际情况 | 检查结果 |
|---|---|---|---|
| 输送甲、乙类油品的管道,当采用气体介质吹扫放空工艺时,应使用含氧量不大于5%的惰性气体 | JTJ 237—1999 5.3.1 | | |
| 油品码头装卸设备、取样口和输油管道阀门等部位水平距离15m范围内,宜设置固定式可燃气体检测报警仪,也可配置一定数量的便携式可燃气体检测报警仪代替固定式检测报警仪 | JTJ 237—1999 5.5.1 | | |
| 安全管理 | | | |
| 生产经营单位必须遵守安全生产法,和其他有关安全生产的法律、法规,加强安全生产管理,建立、健全安全生产责任制度,完善安全生产条件,确保安全生产 | 《中华人民共和国安全生产法》第四条 | | |
| 生产经营单位生产、经营、运输、储存、使用危险物品或者处置废弃危险物品,必须执行有关法律、法规和国家标准或者行业标准,建立专门的安全管理制度 | 《中华人民共和国安全生产法》第三十二条 | | |
| 危险物品的生产、经营、储存单位,应当设置安全生产管理机构或者配备专职安全生产管理人员 | 《中华人民共和国安全生产法》第十九条 | | |
| 生产经营单位的主要负责人和安全生产管理人员必须具备与本单位所从事的生产经营活动相应的安全生产知识和管理能力 | 《中华人民共和国安全生产法》第二十条 | | |
| 生产经营单位应当具备的安全生产条件所必需的资金投入,由生产经营单位的决策机构、主要负责人或者个人经营的投资人予以保证,并对由于安全生产所必需的资金投入不足导致的后果承担责任 | 《中华人民共和国安全生产法》第十八条 | | |
| 生产经营单位应当安排用于配备劳动防护用品、进行安全生产培训的经费 | 《中华人民共和国安全生产法》第三十九条 | | |
| 生产经营单位应当对从业人员进行安全生产教育和培训,保证从业人员具备必要的安全生产知识,熟悉有关的安全生产规章制度和安全操作规程,掌握本岗位的安全操作技能。未经安全生产教育和培训合格的从业人员,不得上岗作业 | 《中华人民共和国安全生产法》第二十一条 | | |
| 生产经营单位的安全生产管理人员应当根据本单位的生产经营特点,对安全生产状况进行经常性检查;对检查中发现的安全问题,应当立即处理;不能处理的,应当及时报告本单位有关负责人。检查及处理情况应当记录在案 | 《中华人民共和国安全生产法》第三十八条 | | |

2)预先危险性分析

(1)危险性等级划分

在分析港口系统危险性时,为了衡量危险性的大小及其对系统破坏程度,将各类危险性划分为4个等级,见表9-5。

**危险性等级划分表** 表9-5

| 级别 | 危险程度 | 可能导致的后果 |
|---|---|---|
| Ⅰ | 安全的 | 不会造成人员伤亡及系统损坏 |
| Ⅱ | 临界的 | 处于事故的边缘状态，暂时还不至于造成人员伤亡或降低系统性能，但应予以排除或采取控制措施 |
| Ⅲ | 危险的 | 会造成人员伤亡和系统损坏，要立即采取防范对策措施 |
| Ⅳ | 灾难性的 | 造成人员重大伤亡及系统严重破坏的灾难性事故，必须予以果断排出并进行重点防范 |

(2)事故发生可能性等级划分

事故发生可能性等级划分为5级，见表9-6：

**事故发生可能性等级划分** 表9-6

| 级别 | 等级系数 $K$ | 发生可能性 | 级别 | 等级系数 $K$ | 发生可能性 |
|---|---|---|---|---|---|
| A | 1 | 几乎不发生 | B | 2 | 偶然发生 |
| C | 3 | 较易发生 | D | 4 | 容易发生 |
| E | 5 | 频繁发生 | | | |

(3)确定系统危险性等级

系统危险性等级按下式确定：

$$W=\frac{\Sigma P\cdot K}{\Sigma K}$$

式中：$W$——系统危险性等级，$1\leqslant W\leqslant4$；$W<1.5$ 安全级，$1.5\leqslant W<2.5$ 比较安全级；$2.5\leqslant W<3.5$ 危险级；$3.5\leqslant W<4$ 灾难级；

$P$——分析项目的危险性等级系数；

$K$——分析项目的事故发生可能性等级系数。

(4)确定系统事故发生可能性等级

系统事故发生可能性等级按下式确定：

$$Q=\frac{\sum P\cdot K}{\sum P}$$

式中：$Q$——系统事故发生可能性：$Q<1.5$ 几乎不发生；$1.5\leqslant Q<2.5$ 偶然发生；$2.5\leqslant Q<3.5$较易发生；$3.5\leqslant Q<4.5$ 容易发生；$4.5\leqslant Q\leqslant5$ 频繁发生。

$P$——分析项目的危险性等级系数；

$K$——分析项目的事故发生可能性等级系数。

(5)评价过程

采用以上的评价方法，针对该项目存在的危险因素分析见表9-7。

**港口作业预先危险性分析表**

表 9-7

| 序号 | 状态 | 潜在事故 | 危害因数 | 触发事件(1) | 发生条件 | 触发事件(2) | 事故后果 | 危险等级 | 概率等级 | 防范措施 |
|---|---|---|---|---|---|---|---|---|---|---|
| 1 | 装卸作业 | 翻倒<br>碰撞<br>挤压<br>打击<br>坠落<br>触电 | (1)设备设施缺陷；<br>(2)安全装置缺陷<br>(3)标志缺陷；<br>(4)气象恶劣 | (1)起重机械设计、制造、安装；检修缺陷；<br>(2)起重机械未经检验合格；<br>(3)无信号或信号不清；<br>(4)无标志或标志不清；<br>(5)无安全防护设施 | (1)使用设计制造安装检修不合格、安全装置不全或失灵的设备；<br>(2)使用未定期检验、检查、维护保养，故障未整改的设备；<br>(3)暴雨大雾强风大浪时进行作业；<br>(4)在信号不良标志缺陷情况下作业；<br>(5)操作人员无操作证<br>(6)在无安全防护设施的环境下工作 | (1)起重机械失稳、变形、钢丝绳断裂、刹车失灵等；<br>(2)起吊超重造成机械变形、钢丝绳断裂；<br>(3)指挥、操作人员违章、或技术失误；<br>(4)起重物下站人；<br>(5)交叉作业；<br>(6)暴雨大雾强风大浪时作业 | 财产损失人员伤亡 | Ⅲ | B | (1)起重机械应符合《特种设备安全监察条例》及相关标准的规定；<br>(2)指挥和作业人员应经培训考核合格取得资格证书；<br>(3)建立健全岗位责任制、设备管理制度和安全操作规程等各项制度；<br>(4)定期对设备进行检查维护保养，定期进行检验；<br>(5)设备有故障应及时修复，不得带病进行装卸作业；<br>(6)不准违章作业、违章指挥、超重装卸；<br>(7)禁止交叉作业、起重物下站人；<br>(8)气象条件恶劣时禁止装卸作业；<br>(9)信号良好、标志齐全清晰完整；<br>(10)保持安全设施完好 |
| 2 | 船舶靠离泊 | 碰撞 | 水流速大；暴雨大雾；强风(特别是横风)大浪；照明不良；防冲设备(橡胶护舷)缺陷 | 码头结构安全强度缺陷；橡胶护舷缺陷；系缆柱缺陷；港池照明设施缺陷 | (1)水流速度大于2m/s无人指挥靠离泊；<br>(2)水流速、暴雨大雾超过标准规定靠离泊；<br>(3)违章靠离泊；<br>(4)照明不良靠离泊；<br>(5)靠离泊时指挥、操作失误 | (1)水流速度、暴雨大雾、大风大浪超过船舶靠离泊规程的规定时靠离泊；<br>(2)水流速度大无人指挥靠离泊；<br>(3)船舶违章靠离泊；<br>(4)照明不良靠离泊；<br>(5)靠离泊指挥失误，操作失误 | 财产损失人员伤亡 | Ⅲ | B | (1)充分考虑码头在船舶碰撞时的结构安全强度；<br>(2)暴雨大雾能见度低于3级，船舶不宜靠离泊；<br>(3)水流速大于2m，港口应有专人指挥靠离泊；<br>(4)指挥员、领航员及相关人员应经专门培训考核合格取得资格证；<br>(5)增强港池及码头前沿作业区的照明度；<br>(6)橡胶护舷、系缆柱应增强增大一级并满足水位变化的要求 |

### (六)危险源分级

危险源分级的方法主要有两种,一种是分级的标准不变或分级结果不随参加分级的危险源数目多少而变化,即危险源静态分级方法;另一种是危险源数目发生变化或分级的标准是可变的或两者皆可变,即动态分级方法。

1. 危险源静态分级

很多情况下,危险源静态分级的方法主要是以打分方式进行的,如美国 DOW 化学公司的火灾、爆炸指数法,ICI/MOND 火灾、爆炸、毒性指数法,日本劳动省基准局制定的化工企业六阶段评价法以及我国的机械工厂危险程度分级方法,化工厂危险程度分级法、冶金工厂危险程度分级法以及工厂危险程度分级等方法。这些危险源分级方法,有利于政府部门建立对危险源的监控机制。虽然打分法操作起来比较简便,但受主观因素的影响,不同的人所打出的分数有很大的差异,危险性等级划分的尺度很难把握,势必影响危险分析的准确性。

DOW 化学公司火灾爆炸指数评价法是以物质系数为基础,再考虑工艺过程中其他因素(如操作方式、工艺条件、设备状况、物料处理、安全装置情况等)的影响,来计算每个单元的危险度数值,然后按数值大小划分危险度级别。其分析过程对管理因素考虑较少。1964 年美国 DOW 化学公司发表了 DOW 化学火灾、爆炸、指标法第一版,1966 年修订为第二版,1973 年美国化学工程师协会沿用 DOW 化学公司的方法,编写了教科书,于是形成了内容更为成熟的第三版,以后经过不断修改完善,陆续发表了第四版(1976)、第五版(1980)、第六版(1987)和第七版(1994)。英国 ICI 公司的 MOND 工厂,在 DOW 化学公司的方法基础上,增加了毒性指数,提出了 ICI/MOND 火灾、爆炸、毒性指数法。日本劳动省基准局针对化工企业火灾、爆炸事故频繁发生的实际情况,制定了化工企业六阶段评价法,要求新建化工企业在计划、设计阶段进行安全性评价。该评价方法按 6 个阶段进行,属于多级过滤式的安全评价方式。它的 6 个阶段是:

(1)有关资料的准备和研究。

(2)利用安全检查表进行定性评价。

(3)对第一类危险源的定量评价。

(4)研究安全对策。

(5)根据事故资料再评价。

(6)利用 ETA 及 FTA 方法对重大危险源进行详细的定量评价。

2. 危险源动态分级

危险源的动态分级是按某种原则反复进行分级和修改,直到分级满足某种规则为止。分级的研究对象是全体同类危险源,其包含的元素的数目极大。要研究总体的元素不可能也不现实,只能根据抽样的部分去建立分级的标准。分级的标准不是一成不变的,可随样本数目进行动态调整,也可依据危险源等级划分的数目的改变而进行动态调整。

危险源动态分级方法可以对参加分级的 $n(n\geqslant 1)$ 个危险源划分为 $1\sim n$ 个危险级别,这有利于企业管理者进行危险源的管理或项目投资方进行投资决策等。危险源动态分级的常用方法有:具有自组织模式聚类功能的无教师监督学习的神经网络方法、DT 动态分级法等。具有自组织模式聚类功能的无教师监督学习的神经网络可发现样本在空间的分布规律。

对具有自组织模式聚类功能的无教师监督学习的神经网络的动态分级方法的算法、网络结构以及动态分级的实现进行了探讨。设$\rho$为警戒线,用以检验样本与模式之间的分级情况。参加分级的样本数目或警戒线$\rho$变化,可实现危险源动态分级。$\rho$取值较大,则分级数目小;$\rho$取值较小则划分的级别数目较大。若把危险源划分为某一级数,随着参加分级的样本数目变化,某一样本的危险级别将得到动态调整。程序设计中可通过控制$\rho$的取值,或者随分级的样本数目增大,使危险源的动态分级得以实现。在$n$维空间中,危险模式离绝对安全样本距离最大的危险源,其危险性最大,当属一级危险源,其次为二级危险源,以此类推。

## 三、重大危险源的辨识界定

### (一)危险化学品重大危险源

危险化学品重大危险源是指长期地或临时地生产、加工、使用或储存危险化学品,且危险化学品的数量等于或超过临界量的单元。具体根据《危险化学品重大危险源辨识》(GB 18218—2009)标准进行辨识。

注意:该标准不适用于危险化学品的运输。港口企业涉及危险化学品储存的适用于该标准。

标准定义的"单元"是指一个(套)生产装置、设施或场所,或同属一个工厂且边缘距离小于500m的几个(套)生产装置、设施或场所。只要是一个(套)装置,它们之间距离小于等于500m时即可划分为一个危险单元,危险单元内的物质数量达到标准规定临界量时即为危险化学品重大危险源。

危险化学品重大危险源的辨识依据见该标准表1和表2中所包含的内容,表1规定了容易引发事故的78种典型危险化学品的类别和临界量,将78种化学品按照《危险货物分类和品名编号》归类,划分为爆炸品、易燃气体、毒性气体、易燃液体、易于自燃的物质,遇水放出易燃气体的物质、氧化性物质、有机过氧化物、毒性物质六大类九小类。表2规定了其他危险化学品的类别和临界量,按照《危险货物分类和品名编号》的类别确定为六大类九小类,具体为爆炸品、气体、易燃液体、易燃固体、易于自燃的物质、遇水放出易燃气体的物质、氧化性物质、有机过氧化物、毒性物质。

辨识重大危险源应首先明确物质是否属于表1中的78种危险物质,若属于且数量大于等于临界量则判定为重大危险源。如果不属于表1,再确定是否属于表2中规定的六大类九小类物质,其中,前5大类物质的隶属类别可通过《危险货物品名表》(GB 12268—2005)查找,第6大类毒性物质可通过《化学品分类、警示标签和警示性说明安全规范　急性毒性》(GB 20592—2006)查找。

### (二)其他重大危险源

除去危险化学品重大危险源外的其他重大危险源的辨识采用安监管协调字〔2004〕56号《关于开展重大危险源监督管理工作指导意见》进行辨识。具体的辨识方法如下:

1. 压力管道

这里所说的压力管道是指符合下列条件之一的压力管道:

1)长输管道

①输送有毒、可燃、易爆气体,且设计压力大于1.6 MPa的管道;

②输送有毒、可燃、易爆液体介质，输送距离大于等于200 *km* 且管道公称直径≥300 mm的管道。

2）公用管道

中压和高压燃气管道，且公称直径≥200 mm。

3）工业管道

①输送GB5044中，毒性程度为极度、高度危害气体、液化气体介质，且公称直径≥100 mm的管道；

②输送GB5044中极度、高度危害液体介质、GB50160及GBJ16中规定的火灾危险性为甲、乙类可燃气体，或甲类可燃液体介质，且公称直径≥100 mm，设计压力≥4 MPa的管道；

③输送其他可燃、有毒流体介质，且公称直径≥100 mm，设计压力≥4 MPa，设计温度≥400℃的管道。

2. 锅炉

这里所说的锅炉是指符合下列条件之一的锅炉：

1）蒸汽锅炉

额定蒸汽压力大于2.5MPa，且额定蒸发量大于等于10 t/h。

2）热水锅炉

额定出水温度大于等于120℃，且额定功率大于等于14 MW。

3. 压力容器

这里所说的压力容器是指符合下列条件之一的压力容器：

（1）介质毒性程度为极度、高度或中度危害的三类压力容器。

（2）易燃介质，最高工作压力≥0.1MPa，且 $PV \geq 100$ MPa · $m^3$ 的压力容器（群）。

## 四、重大危险源的监管

### （一）重大危险源监管的法定要求

1.《中华人民共和国安全生产法》的相关规定

《中华人民共和国安全生产法》第三十三条规定："生产经营单位对重大危险源应当登记建档，进行定期检测、评估、监控。并制订应急预案。告知从业人员和相关人员在紧急情况下应当采取的应急措施。生产经营单位应当按照国家有关规定将本单位重大危险源及有关安全措施、应急措施报有关地方人民政府负责安全生产监督管理的部门和有关部门备案"。

该法只是对重大危险源的管理提出了行政方面要求。

2.《危险化学品安全管理条例》的规定

《危险化学品安全管理条例》第十九条规定，危险化学品生产装置或者储存数量构成重大危险源的危险化学品储存设施（运输工具加油站、加气站除外），与下列场所、设施、区域的距离应当符合国家有关规定：

（1）居住区以及商业中心、公园等人员密集场所。

（2）学校、医院、影剧院、体育场（馆）等公共设施。

（3）饮用水源、水厂以及水源保护区。

(4)车站、码头(依法经许可从事危险化学品装卸作业的除外)、机场以及通信干线、通信枢纽、铁路线路、道路交通干线、水路交通干线、地铁风亭以及地铁站出入口。

(5)基本农田保护区、基本草原、畜禽遗传资源保护区、畜禽规模化养殖场(养殖小区)、渔业水域以及种子、种畜禽、水产苗种生产基地。

(6)河流、湖泊、风景名胜区、自然保护区。

(7)军事禁区、军事管理区。

(8)法律、行政法规规定的其他场所、设施、区域。

已建的危险化学品生产装置或者储存数量构成重大危险源的危险化学品储存设施不符合前款规定的,由所在地设区的市级人民政府安全生产监督管理部门会同有关部门监督其所属单位在规定期限内进行整改;需要转产、停产、搬迁、关闭的,由本级人民政府决定并组织实施。

储存数量构成重大危险源的危险化学品储存设施的选址,应当避开地震活动断层和容易发生洪灾、地质灾害的区域。

条例所称重大危险源,是指生产、储存、使用或者搬运危险化学品,且危险化学品的数量等于或者超过临界量的单元(包括场所和设施)。

第二十条规定,生产、储存危险化学品的单位,应当根据其生产、储存的危险化学品的种类和危险特性,在作业场所设置相应的监测、监控、通风、防晒、调温、防火、灭火、防爆、泄压、防毒、中和、防潮、防雷、防静电、防腐、防泄漏以及防护围堤或者隔离操作等安全设施、设备,并按照国家标准、行业标准或者国家有关规定对安全设施、设备进行经常性维护、保养,保证安全设施、设备的正常使用。

生产、储存危险化学品的单位,应当在其作业场所和安全设施、设备上设置明显的安全警示标志。

第二十二条规定,生产、储存危险化学品的企业,应当委托具备国家规定的资质条件的机构,对本企业的安全生产条件每3年进行一次安全评价,提出安全评价报告。安全评价报告的内容应当包括对安全生产条件存在的问题进行整改的方案。

针对危险化品重大危险源管理和开展安全评价的要求。

3."国务院关于加强安全生产工作的决定"的要求

(1)完善政策,大力推进安全生产各项工作;搞好重大危险源的普查登记,加强国家、省(区、市)、市(地)、县(市)四级重大危险源监控工作,建立应急救援预案和生产安全预警机制。

(2)强化管理,落实生产经营单位安全生产主体责任;改进生产经营单位安全管理,积极采用职业安全健康管理体系认证、风险评估、安全评价等方法,落实各项安全防范措施,提高安全生产管理水平。

4.《危险化学品重大危险源辨识》(GB 18218—2009)的相关要求

该标准的全部技术内容为强制性的,该标准用于替代《重大危险源辨识》(GB 18218—2000),主要变化为:将标准名称改为《危险化学品重大危险源辨识》,涉及危险化学品的加工工艺和储存活动纳入了适用范围;不适用范围增加了海上石油天然气开采活动;部分术语和定义进行了修订;对危险化学品的范围进行了修订;对危险化学品的临界量进行了修订;

取消了生产场所与储存区之间临界量的区别。

《危险化学品重大危险源辨识》(GB 18218—2009)中关于危险源的定义是:重大危险源是指长期或临时生产、加工、搬运、使用或储存危险物,且危险物的数量等于或超过临界量的单元(一套生产装置、设施或场所)。

此处的危险物可以是能导致或可能导致事故的一种或若干物质的混合物或结合体;临界量是指国家法律法规、标准规范规定的一种或一类危险物质的使用或储存数量。

该标准是开展危险化学品重大危险源辨识工作的重要依据。

**(二)港口企业对重大危险源的安全管理要求**

为了预防重大、特大事故的发生,降低事故造成的损失,必须建立有效的重大危险源控制系统,加强对重大危险源的安全管理。港口企业应根据国家相关安全生产法律、法规的要求对重大危险源按照如下要求进行管理。

1. 对重大危险源进行登记建档

一般来讲,重大危险源总是涉及易燃、易爆或者有毒性的危险物质,并且在一定范围内使用、生产、加工或者储存超过了临界数量的这些物质。所谓危险物质是指一种物质或者若干种物质的混合物,由于它的化学、物理或者毒性特征,使其具有易导致火灾、爆炸或者中毒的危险。临界量是指国家法律、法规、标准规定的一种或一类特定危险物质的数量。重大危险源可能是具体的一个码头,也可能是码头的某一泊位,或者是储罐。

因此,分析、辨识危险源应按照系统的不同层次进行,这是防止事故的第一步。如何辨识重大危险源,应当严格按照法律、法规和标准进行。

《危险化学品重大危险源辨识》和安监管协调字〔2004〕56 号《关于开展重大危险源监督管理工作指导意见》是辨识重大危险源的两个重要依据。在此基础上,生产经营单位必须对重大危险源逐一登记建档,这是做好重大危险源安全管理的基础。

2. 对重大危险源进行定期检测、评估、监控

重大危险源是变化的,应当对其定期进行检测,掌握危险源的动态变化情况。同时,根据重大危险源的分析、辨识情况,选择合适的评估方法,对危险源导致事故发生的可能性和严重程度进行定性和定量评价,在此基础上进行危险等级划分,以确定管理的重点。危险等级一般为四级(一级、二级、三级、四级),一级重大危险源最严重,要重点加强监控,四级重大危险源比较轻,也要做好监控工作。生产经营单位要制定管理制度,切实加强对重大危险源的监控。

3. 制订应急预案

应急预案是重大危险源控制中的重要组成部分,港口企业涉及重大危险源的,必须制定重大危险源的应急预案。应急预案应按照《生产经营单位安全生产事故应急预案编制导则》(AQ/T 9002)的要求进行编制,明确应急演练的规模、方式、频次、范围、内容、组织、评估、总结等内容。企业制订应急预案后应对定期组织演练,预案的适宜性进行检验和评估其有效程度,对不恰当地方进行必要的修改。

4. 应急预案的培训

港口企业应针对制定重大危险源的应急预案进行培训和演练,要求全体人员的参与培训,告知从业人员和相关人员在紧急情况下应当采取的应急措施,使所有与事故有关人员均

掌握危险源的危险性、应急处置方案和技能。

5. 应急措施的上报

港口企业必须将本单位重大危险源及有关安全措施、应急措施报告主管部门和有关地方人民政府的安全生产监督管理部门，以便主管部门和当地政府能够及时掌握有关情况。一旦发生事故，主管部门和当地政府部门可以调动有关方面的力量进行救援，以减少事故损失。

## 第四节　突发事件应对要求与措施

### 一、案发事件的应对要求

根据《港口经营管理规定》第二十六条规定，港口经营人应当依照有关法律、法规和交通运输部有关港口安全作业的规定，加强安全生产管理，完善安全生产条件，建立健全安全生产责任制等规章制度，确保安全生产。

港口经营人应当依法制定本单位的危险货物事故应急预案、重大生产安全事故的旅客紧急疏散和救援预案以及预防自然灾害预案，并保障组织实施。

港口经营人按照前款规定制定的各项预案应当报送港口行政管理部门和港口所在地海事管理机构备案。

《港口危险货物管理规定》第9条对港口危险货物事故应急计划的主要内容概括为：危险货物作业码头、库场、储罐、锚地等港口设施的概况、重点部位、应急队伍的组成及职责、应急措施、应急救援流程图、指挥序列表、通信方式、应急人员联络表等。除上述危险货物事故应急预案外，该条第二款还规定港口经营人应当制定重大安全事故旅客紧急疏散、救援预案、预防自然灾害预案。此外，《中华人民共和国海洋环境保护法》也规定，沿海可能发生重大海洋环境污染事故的单位，应当依照国家的规定，制定污染事故应急计划；装卸油类的港口、码头、装卸站必须编制溢油污染应急计划，并配备相应的溢油污染应急设备和器材。这些规定同样适用于港口经营人。

制定本单位的应急预案是各单位安全生产工作的重要组成部分，应急预案本身是本单位安全生产制度的一部分。港口经营人不仅要制定有关应急预案，还要定期按照预案进行演习，告知从业人员和相关人员在紧急情况下应当采取的应急措施，在发生突发事件时应当及时组织实施。特别应当指出的是，港口经营人制定的本单位应急预案是整个港口应急体系的有机组成部分，应当与港口行政主管部门按照下一条规定制定的有关应急预案相衔接。按照《中华人民共和国安全生产法》《海洋环境保护法》和《化学危险品安全监督管理条例》等法律、法规的规定，港口经营人编制的应急预案（计划），应当分别报港口行政管理部门、当地负责安全生产的综合管理部门以及环保部门、海洋部门备案。

### 二、突发事件应对措施

1. 港口旅客紧急疏散和救援

1）港口旅客紧急疏散和救援的条件

在港口发生重大生产安全事故时，必须立即组织旅客的紧急疏散和救援。重大生产安全事故是指出现以下情况，导致旅客安全受到威胁：

（1）船舶或岸基设施发生火灾、爆炸。

（2）船舶碰撞、搁浅、沉没。

（3）旅客落水、受伤、急病。

（4）易燃、易爆、有毒气体的泄漏。

2）港口旅客紧急疏散和救援的原则

（1）服从指挥、安全第一。

（2）各级分工负责的原则。

（3）紧急处置的原则。

（4）局部利益服从全局利益的原则。

3）组织机构及主要职责

各港口的客运码头必须成立港口重大生产安全事故发生时的旅客紧急疏散和救援领导小组，全面指挥、协调此项工作。领导小组设组长一名，一般由港口管理当局第一负责人担任；副组长一名，一般由港口客运站负责人担任；成员若干名，主要包括港口和客运站负责安全工作的人员组成。

领导小组主要职责是：

（1）负责建立应急救援网络体系。

（2）迅速了解事故的相关情况，及时做好对上级汇报工作，以便作出判断，作出决策。

（3）组织落实和部署现场各项应急救援工作。

领导小组下设领导小组，配有固定的办公地点，开通昼夜不间断的值班电话。办公室设主任一名，副主任一名，成员若干名，主要职责为：

（1）迅速了解、收集和汇总事故险情，及时向领导小组汇报。

（2）传达、贯彻、落实上级对事故处理、旅客疏散和施救工作的指示。

（3）联系具有事故源处理经验的背景知识的专家，获取专家意见。

（4）协调救助疏运物资、资金的筹集、安排、调运。

4）事故报告

凡是本港口范围内出现本预案中的任一突发事件，立即启动本预案中的应急措施。预案启动命令由领导小组组长负责发布。

港区内任何人一旦发现本预案中的任一突发事件，必须立即报告。事故报告的主要内容：

（1）事故发生地点、位置。

（2）事故性质。

（3）事故规模、程度。

事故采用电话报告的方式。事故报告通过领导小组办公室的值班电话为，实行24小时值班制。值班室接到事故报告后，必须认真记录，及时向领导汇报，按事故性质和规模及时启动旅客紧急疏散和救援预案，组成相应的现场应急指挥小组，做应急处理，控制事故的发展。

事故应在尽可能短的时间内报警,事故的电话报告不得迟于事发后两小时,书面报告不得迟于两天,事故调查及处理报告一般不得超过15天。

5)应急处理

救援力量第一梯队为事故船的船员、旅客和码头工作人员。因时因地制宜,尽可能组织自救和疏散。根据事故性质,接到报告并到现场的港航部门人员为第二梯队。

(1)应急救援领导小组及办公室是应急保障的骨干力量,应时刻做好应对突发事故的准备。

(2)指挥部设立港口旅客紧急疏散和救援事故报告电话并向社会公布,确保安全监督艇、各种车辆、通信工具等设备处于良好状态,保障救援应急行动及时开展。

(3)指挥部根据疏散和救援应急的需要,组织专业学习和培训,对应急队伍组织演习、演练,不断提高应对港口重大事故救援的技术水平。

(4)执行应急任务的部门必须无条件执行指挥部的命令,对拒不执行命令、玩忽职守、推诿扯皮或对执行上级命令不坚决,贻误时机没有完成任务的责任人依法给予行政处分,触犯法律的,依法追究法律责任。

6)火灾及爆炸应急处理措施

(1)根据实际情况,领导小组必须配合消防现场指挥在最短的时间内确定如下情况:

①失火的确切地点、火势范围。

②燃烧物性质。

③评估该火势对临近建筑物、船舶存在哪些可能的威胁。

④火场可能蔓延到的区域内,是否存在任何危险货物,其确切位置,有无爆炸的可能性,释放有毒、爆炸性气体可能性。

(2)根据火灾严重程度,领导小组必须配合公安部门在第一时间内做好如下工作:

①控制所有进出港区的通道,阻止无关车辆和旅客、遇险人员家属进入事故地点。

②开通并维护应急疏散通道,以便救火人员和消防物资快速进入现场。

③开通并维护应急疏散通道,便于及时引导旅客撤离失火地点,对于拥挤人群及时疏散,维护秩序。

(3)根据消防部门指定的事故“危险区”和疏散“安全区”。港口行政管理部门配合相关部门做好以下工作:

①必须停止在事故“危险区”及其附近的一切正在进行的作业,直至事故(险情)警报解除。

②所有与救火和其他救助无关人员(包括作业工人和旅客)疏散至指定的“安全区”,并立即进行作业工人名单表和旅客名单的实地对照,尽快确认是否有人员陷落火场,争取营救时间。

③所有可移动的装卸设施、叉车、拖车驶离“危险区”附近,让清道路和场地,以便救火车和救火设备快速到位。

(4)如果火灾发生在船上,所有无救火和其他紧急任务的旅客、船员和装卸工人立即疏散,清点人数。

7)船舶港内碰撞、搁浅和沉没等突发重大事故的应急措施客船在港内碰撞、搁浅和沉没等突发重大事故时，主要依靠海事部门处理，港口行政管理部门配合海事部门做好以下工作：

(1)确认如下事故细节，具体包括：

①碰撞船舶总长、型宽、吃水等船舶参数。

②碰撞船舶所在确切位置，相撞两船目前状态(顶合还是分离)。

③是否堵塞航道或影响其他船舶安全航行。

④碰撞船舶船体损坏、类型、程度；水密性；是否漏油；是否有火灾、爆炸发生或有发生危险；是否下沉或有下沉危险；是否仍能动车、动舵等船舶情况。

(2)根据事故情况，召集或派遣应急拖轮待命、或直接驶往碰撞船舶处，进行旅客、船员营救或拖带。

(3)立即阻止一切无关船舶驶近事故地点，直至营救结束。

(4)应急拖轮或其他小艇靠上碰撞船舶，接驳事故船上的旅客，运往安全区域。

(5)视具体情况抢救人员或拖带碰撞船舶靠泊或驶往安全区域。

(6)船舶碰撞后沉没或倾覆的，必须立即动用所有能启动的船舶、资源，包括直升机和水上快艇。附近一切船舶必须无条件的驶往出事地点抢救落水人员。船舶沉没位置必须及时用浮筒和灯标示意，保障经该处的船舶安全，及时发布航行通告。

8)发生旅客落水、受伤、急病等急需救援措施

(1)旅客在码头上下船时不慎落水，码头工作人员或船员立刻将附近的救生圈或其他浮具从上风附近迅速抛给落水人员，下水营救并迅速报警。旅客受伤、急病时应立即报告并组织自救，应急值班室在接到险情报告后，必须认真记录，联系急救车赶赴客运码头救援；

(2)客船在港区内航行期间发现旅客落水或听到旅客落水的呼叫时，应立即停车，并满舵转向落水人一舷——以免落水人员被船尾螺旋桨打到，立刻将附近的救生圈或其他浮具从上风附近迅速抛给落水人员(防止抛在落水者头部)，迅速报警，必要时船员要穿救生衣跳下水营救。

9)发生危险品泄漏、爆炸事故的应急措施

发生危险品泄漏、爆炸时，按照各港口危险货物事故应急预案处理。

2.其他预防措施和各类准备工作

(1)港口客运码头负责做好港口失火预防措施，应经常检查消防设施，保证灭火工具完好有效，并能正确有效使用；经常检查港机蓄电池连线、电线，保持电线绝缘性能良好，防止电线老化引起短路起火；给船舶添加燃料或装卸油船、危险品船、液化石油气船时，要严禁烟火；不准旅客在港区乱丢烟蒂；

(2)港口客运码头平时应配合客船做好旅客落水预防和救援措施，船未停稳，旅客不得上下船舶，以免被门夹伤或落入船岸间空当；要照顾好老人小孩，上下船搀扶，禁止其乱走乱跑；非上下客时泊位前沿不准站人；维护旅客上下船秩序，不得争先恐后，拥挤推搡，严防旅客相互哄挤践踏。

(3)平时各基层航管站和客运码头管理人员负责客、渡现场的检查、监控和旅客压港情况报告工作。一旦出现码头客流过多、旅客滞留、压港、争先恐后、秩序混乱等现象必须立刻报告各航管所，并在应急客船到位前加强现场秩序维护，疏导群众分散，以免出现挤压伤亡

和人员落水事故。必要时通知公安部门派员协助。

(4)船舶不得在台风、浓雾、急流、大潮汛等自然灾害发生当时或虽未发生但可合理预见的情况下航行或进行旅客上下船。

(5)客运码头和船舶应配备符合标准的救生衣、救生圈、灭火器、黄沙箱、对讲机等救生、消防和通信设施,以备突发事故的施救和报警。

# 第十章 事故调查与处理

国家和交通部对港口的安全生产工作历来高度重视，加强港口企业的安全生产监管，是为了防止和减少港口生产安全事故，保障人民群众生命和财产安全，促进港口经济和谐发展。安全生产事故报告和调查处理工作作为安全生产工作的重要组成部分，作为港口企业了解和掌握国家关于安全生产事故的调查和处理的相关规定是十分必要的，为此，对安全生产事故的调查与处理相关要求作以下介绍。

## 第一节 事故信息报告

### 一、安全生产事故定义

安全生产事故，是指生产经营单位在生产经营活动中发生的造成人身伤亡或者直接经济损失的事故。

根据国务院令第 493 号《生产安全事故报告和调查处理条例》文中的有关规定，按照造成的人员伤亡或者直接经济的损失，安全生产事故分为以下四个等级：

(1)特别重大事故，是指造成 30 人以上死亡，或者 100 人以上重伤，或者 1 亿元以上直接经济损失的事故。

(2)重大事故，是指造成 10 人以上 30 人以下死亡，或者 50 人以上 100 人以下重伤，或者 5000 万元以上 1 亿元以下直接经济损失的事故。

(3)较大事故，是指造成 3 人以上 10 人以下死亡，或者 10 人以上 50 人以下重伤，或者 1000 万元以上 5000 万元以下直接经济损失的事故。

(4)一般事故，是指造成 3 人以下死亡，或者 10 人以下重伤，或者 1000 万元以下直接经济损失的事故。

### 二、事故类别的分类

根据《企业职工伤亡事故分类》(GB 6441)，综合考虑起因物、引起事故的诱导性原因、致害物、伤害方式等，将事故分为 20 类。

1. 物体打击

指由失控物体的惯性力造成的人身伤亡事故。该类事故适用于落下物、飞来物、滚石、崩块等造成的伤害。不包括因机械设备、车辆、起重机械、坍塌、爆炸等引起的物体打击。

2. 车辆伤害

指企业内由机动车辆引起的机械伤害事故。机动车辆包括：

汽车类：载重汽车、货卸汽车、大客车、小汽车客货两用汽车、内燃叉车等。

蓄电池车类：平板蓄电池车、蓄电池叉车等。

拖拉机类:转向盘式拖拉机、手扶拖拉机、操纵杆式拖拉机等。

有轨车类:有轨电动车、蓄电池机车等。

施工设施:挖掘机、推土机、电铲等。

凡在上述机动车辆的行驶中,发生挤、压、坠落、撞车或倾覆等事故;发生行驶中上、下车事故;发生因搭乘矿车或放飞车事故;发生车辆运输摘挂钩事故、跑车事故等均属本类别事故。

不包括起重设备提升、牵引车辆和车辆停驶时发生的事故。

3. 机械伤害

指机械设备与工具引起的绞、辗、碰、割、戳、切等伤害。适用于工件或刀具飞出伤人;切屑伤人;被设备的转动机构缠住等造成的伤害。已列入其他项事故类别的机械设备造成的机械伤害除外,如车辆、起重设备、锅炉和压力容器等设备。

4. 起重伤害

指从事起重作业时引起的机械伤害事故。适用于统计各种起重作业引起的伤害。起重作业包括:桥式起重机、龙门起重机、门座起重机、搭式起重机、悬臂起重机、桅杆起重机、铁路起重机、汽车吊、电动葫芦、千斤顶等作业。如:起重作业时,脱钩砸人,钢丝绳断裂抽人,移动吊物撞人,钢丝绳刚人,滑车碰人等伤害;包括起重设备在使用和安装过程中的倾翻事故及提升设备过卷、蹲罐等事故。

不适用于下列伤害的统计:触电;检修时,制动失灵引起的伤害;上下驾驶室失误引发的坠落或跌倒。

5. 触电

指电流流经人体,造成生理伤害的事故。用于统计触电、雷击伤害。如人体接触设备带电导体裸露部分或临时线;接触绝缘破损外壳带电的手持电动工具;起重作业时,设备误触高压线,或感应带电体;触电坠落;电烧伤等事故。

6. 淹溺

指大量的水经口、鼻进入人体肺部,造成呼吸道阻塞或发生急性缺氧而窒息死亡的事故。用于统计船舶、排筏、设施在航行、停泊作业时发生的落水事故。“设施”是指水上、水下各种浮动或者固定的建筑、装置、电缆和固定平台。“作业”是指在水域及其岸线进行装卸、勘探、开采、测量、建筑、疏浚、爆破、打捞、捕捞、养殖、潜水、流放木材、排除故障以及科学实验和其他水上、水下施工。

包括高处坠落淹溺,不包括矿山、井下透水淹溺。

7. 灼烫

指火焰烧伤、高温物体烫伤、化学灼伤(酸、碱、盐、有机物引起的体内外灼伤)、物理灼伤(光、放射性物质引起的体内外灼伤),不包括电灼伤和火灾引起的烧伤。

8. 火灾

指在时间和空间上失去控制的燃烧所造成的灾害。这里指的是造成人身伤亡的企业火灾事故。根据国家标准和国际标准,按物质燃烧特征把火灾分为 A、B、C、D 4 类。A 类火灾,是指固体物质(一般具有有机物性质)火灾,通常在燃烧时能产生灼热的余烬,如木材、棉、麻、毛、纸张等。B 类火灾,指液体火灾和可熔化的固体物质火灾,如汽油、煤油、柴油、原油、甲醇、乙醇、沥青、石蜡等。C类火灾,指气体火灾,如煤气、天然气、甲烷、乙烷等。D类火灾,指金属火灾,如钾、钠、镁、钛、锂、铝镁合金等。

不适用于非企业原因造成的火灾事故,比如居民家中失火蔓延到企业的火灾,安全生产监督管理部门不统计这种火灾。

9. 高处坠落

指因人体所具有的危险重力势能引起的伤害事故。适用于在脚手架、平台、陡壁等高于地面的施工作业场合;同时也适用因地面作业踏空失足坠入洞、坑、沟、升降口、漏斗等情况。但不包括以其他事故类别作为诱发条件的坠落事故,如触电坠落事故。

10. 坍塌

指建筑物、构筑物、堆置物倒塌以及土石塌方引起的事故。适用于因设计或施工不合理造成的倒塌;以及土方、砂石、煤等发生的塌陷事故,如建筑物倒塌、脚手架倒塌;挖掘沟坑、洞时土石的塌方等事故。不适用于矿山冒顶片帮事故,或因爆炸、爆破引起的坍塌事故。

11. 冒顶片帮

片帮指矿井作业面、巷道侧壁在矿山压力作用下变形,破坏而脱落的现象。冒顶是顶板失控而自行冒落的现象。两者常同时发生人身伤亡事故,统称为冒顶片帮。适用于矿山、地下开采、掘进及其他坑道作业发生的坍塌事故。

12. 透水

指矿山、地下开采或其他坑道作业时,意外水源带来的伤亡事故。适用于井巷与含水岩层、地下含水带、溶洞或与被淹巷道、地面水域相通时,涌水成灾。不适用于地面水害事故。

13. 放炮

指施工时,放炮作业造成的伤亡事故。适用于各种爆破作业,如采石、采矿、采煤、开山、修路、拆除建筑物等工程进行放炮作业引起的伤亡事故。

14. 火药爆炸

指火药与炸药生产过程中,如配料、运输、贮藏等发生的爆炸事故。适用于火药与炸药生产过程中,如配料、运输、贮藏、加工过程中,由手振动、明火、摩擦、静电作用,或因炸药的热分解作用,以及贮藏时间过长或存药过多,发生化学性爆炸事故;熔炼金属时,废料处理不净,因残存火药或炸药引起的伤亡事故。

15. 瓦斯爆炸

指可燃气体瓦斯、煤尘与空气混合形成了浓度达到爆炸极限的混合物,接触明火时,引起化学爆炸事故。主要适用于煤矿,同时也适用于空气不流通,瓦斯、煤尘积聚的场合。

(矿井瓦斯,是指在矿床或煤炭生成过程中所伴生的气体产物的总称,其主要成分是甲烷、二氧化碳和氮,有时出现小量的氢、二氧化硫及其他碳氢化合物。矿井生产中。瓦斯又是矿井内有害气体的统称。煤矿井下普遍存在而且危险性最大的甲烷。甲烷在井下空气中达到一定浓度遇火源可产生燃烧或爆炸,甲烷的爆炸下限为5%,其上限为16%。如其可燃气体有煤尘混入时,可使爆炸极限扩大,即可降低下限和升高上限。还因瓦斯浓度增大,可使井下空气中氧的含量相对减少,当氧减少到一定程度,会造成人员窒息。)

16. 锅炉爆炸

指锅炉发生的物理爆炸事故。适用于使用工作压力大于0.7个大气压,以水为介质的蒸汽锅炉。但不适用于铁路机车、船舶上的蒸汽锅炉以及列车电站和船舶电站的蒸汽锅炉。

17. 容器爆炸

指压力容器超压而发生的爆炸。压力容器爆炸包括压力容器破裂引起的气体爆炸。压力容器内盛装的可燃性液化气,因为化学反应失控,或环境温度过高等原因,压力容器的工作压力超过了设计容许的压力,导致压力容器发生物理性破裂;这种破裂对作业环境和作业人员都会产生很大的危害,尤其压力容器溢散出大量高压液化气体会立即蒸发,然后与周围的空气混合形成爆炸性气体混合物,其浓度达到一定范围时,遇到火源就会产生化学爆炸,通常也称为容器二次爆炸。两种情况都统计为容器爆炸事故。

适用于盛装容器。换热容器、分离容器、气瓶、气筒、槽车等容器爆炸事故。

18. 其他爆炸

其他爆炸,指凡不属于火药爆炸、瓦斯爆炸、锅炉爆炸、容器爆炸的爆炸事故。

下列爆炸都发生此类事故:

可燃性气体与空气混合形成的爆燃性气体混合物引起的爆炸。可燃性气体如:煤气、乙炔、氢气、液化石油气等。

可燃性蒸气与空气混合形成爆燃性气体混合物引起的爆炸,如汽油、苯挥发蒸气。

可燃性粉尘与空气混合形成的爆燃性气体混合物引起的爆炸,如铝粉、镁粉、锌粉、有机玻璃粉、聚乙烯塑料粉、面料、谷物淀粉、煤尘、木粉;以及可燃生纤维,如麻纤维、棉纤维、醋酸纤维、腈纶纤维、涤纶纤维、维纶纤维等粉尘爆炸事故。

间接形成的可燃性气体与空气相混合,或者可燃性蒸气与空气相混合,如可燃固体,自燃物品、当其受热、水、氧化剂的作用而迅速反应,分解出可燃性气体和蒸气与空气混合形成爆燃气体,遇火源爆炸的事故。

另外,炉膛爆炸、钢水包爆炸、亚麻尘爆炸等,均为"其他爆炸"。

19. 中毒和窒息

指在生产条件下,有毒物进入人体引起危及生命的急性中毒以及在缺氧条件下,发生的窒息事故。适用于有毒物经呼吸道和皮肤、消化道进入人体引起的急性中毒和窒息事故,也包括在废弃的坑道、竖井、涵洞中、地下管道等不通风的地方工作,因为氧气缺乏,发生晕倒,甚至死亡的事故。

不适用于病理变化导致的中毒和窒息事故,也不适用于慢性中毒的职业病导致的死亡。

20. 其他伤害

指凡不属于前面各项的伤亡事故均列为其他伤害。如扭伤、跌伤、冻伤、动物咬伤,钉子扎伤脚等。

## 三、安全生产事故报告

中华人民共和国国务院令第493号《生产安全事故报告和调查处理条例》和国家安全生产监督管理总局第21号令《生产安全事故信息报告和处置办法》对安全生产事故的报告均作了相关要求规定。

### (一)事故的报告程序

事故发生后,事故现场有关人员应当立即向本单位负责人报告;单位负责人接到报告后，应当于1小时内向事故发生地县级以上人民政府安全生产监督管理部门和负有安全生产监督管理职责的有关部门报告。

情况紧急时，事故现场有关人员可以直接向事故发生地县级以上人民政府安全生产监督管理部门和负有安全生产监督管理职责的有关部门报告。

**(二)事故报告内容**

事故报告内容和流程如图10-1所示，具体应当包括下列内容：

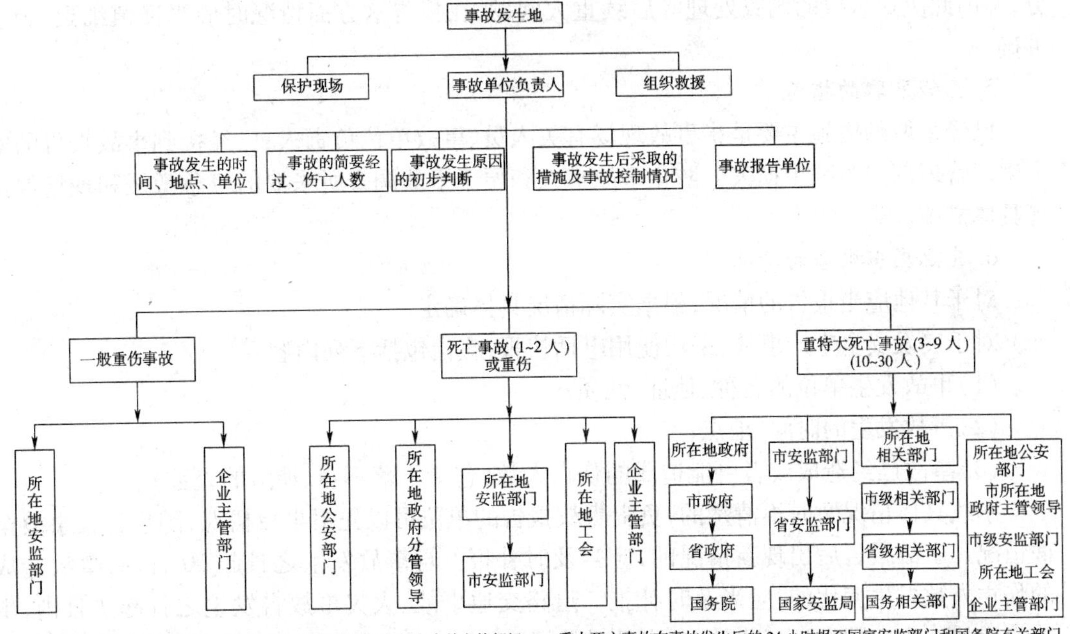


图10-1　安全生产事故报告程序流程图

1. 事故发生单位概况

事故发生单位概况应当包括单位的全称、所处地理位置、所有制形式和隶属关系、生产经营范围和规模、持有各类证照的情况、单位负责人的基本情况以及近期才生产经营状况等。当然，这些只是一般性要求，对于不同行业的企业，报告的内容应该根据实际情况来确定，但应当以全面、简洁为原则。

2. 事故发生的时间、地点以及事故现场情况

报告事故发生的时间应当具体，并尽量精确到分钟。报告事故发生的地点要准确，出事故发生的中心地点外，还应当报告事故所波及的区域。报告事故现场的情况应当全面，不仅应当报告现场的总体情况，还应当报告现场人员的伤亡情况、设备设施的毁损情况；不仅应当报告事故发生后的现场情况，还应当尽量报告事故发生前的现场情况，以便于前后比较，分析事故原因。

3. 事故的简要经过

事故的简要经过是对事故全过程的简要叙述。核心要求在于“全”和“简”，“全”是要全过程描述，“简”是要简单明了。需要强调的是，对事故经过的描述应当特别注意事故发生前作业场所有关人员和设备设施的一些细节，因为这些细节可能就是引发事故的重要原因。

描述要前后衔接、脉络清晰、因果相连。

4. 事故已经造成或者可能造成的伤亡人数(包括下落不明的人数)和初步估计的直接经济损失

对于人员伤亡情况的报告,应当遵守实事求是的原则,不作无根据的猜测,更不能隐瞒实际伤亡人数。对直接经济损失的初步估计,主要指事故所导致的建筑物的毁损。生产设备设施和仪器仪表的损坏等。由于人员伤亡情况和经济损失情况直接影响事故等级的划分,并因此决定事故的调查处理等后续重大问题,在报告这方面情况时应当谨慎细致,力求准确。

5. 已经采取的措施

已经采取的措施主要是指事故现场有关人员、事故单位负责人、已经接到事故报告的安全生产管理部门为减少损失。防止事故扩大和便于事故调查所采取的应急救援和现场保护等具体措施。

6. 其他应当报告的情况

对于其他应当报告的情况,根据实际情况具体确定。

对于突发安全生产事故,采用使用电话快报,应当包括下列内容:

(1)事故发生单位的名称、地址、性质;

(2)事故发生的时间、地点;

(3)事故已经造成或者可能造成的伤亡人数(包括下落不明、涉险的人数)。

事故具体情况暂时不清楚的,负责事故报告的单位可以先报事故概况,随后补报事故全面情况。事故报告后出现新情况的,应当及时补报。自事故发生之日起 30 日内,事故造成的伤亡人数发生变化的,应当及时补报。道路交通事故、火灾事故自发生之日起 7 日内,事故造成的伤亡人数发生变化的,应当及时补报。

## 第二节 事故处理

### 一、事故现场处置

根据中华人民共和国国务院令第 493 号《生产安全事故报告和调查处理条例》规定,事故发生单位负责人接到事故报告后,应当立即启动事故相应应急预案,或者采取有效措施,组织抢救,防止事故扩大,减少人员伤亡和财产损失。

事故发生后,应救护受伤害者,采取措施制止事故蔓延扩大。有关单位和人员应当妥善保护事故现场以及相关证据,凡与事故有关的物体、痕迹、状态,不得破坏,任何单位和个人不得破坏事故现场、毁灭相关证据。

因抢救人员、防止事故扩大以及疏通交通等原因,需要移动事故现场物件的,应当作出标志,绘制现场简图并作出书面记录,妥善保存现场重要痕迹、物证。

### 二、事故调查处理

事故调查处理是一项政策性、专业性、技术性强,涉及面广,严肃认真的行政执法工作,真正显示了“三个代表”重要思想的落实，是老百姓的切身利益的具体体现，也是国务院和各级政府安全生产监督管理部门的一项重要职责。《中华人民共和国安全生产法》第73条对事故调查处理的原则和要求作出严格的规定，并授权国务院制定具体的事故调查处理办法。

事故调查处理的目的不完全是为了处罚肇事单位，追究事故责任人的责任，处理事故当事人，其主要目的是通过对事故的调查，查清事故发生的经过，科学分析事故原因，找出发生事故的内外关系，总结事故发生的教训和规律，提出有针对性的措施，防止类似事故的再度发生，以警示后人。这是事故调查处理的真正目的，也是事故调查处理的重要意义所在。

事故调查与事故处理，是两个相对独立而又密切联系的工作。事故调查的任务，主要是查明事故发生的原因和性质，分清事故的责任，提出防范类似事故的措施；事故处理的任务，主要是根据事故调查的结论，对照国家有关法律、法规，对事故责任人进行处理，落实防范重复事故发生的措施，实现贯彻“四不放过”的原则要求。所以，事故调查是事故处理的前提和基础，事故处理是事故调查目的之实现和落实。

事故调查处理，是事故预防工作的延伸。对事故不依法进行调查处理，一切事故预防的责任制就很难坚持执行。安全生产事故是客观存在的。要搞清事故的真相，唯一的办法是客观、公正地调查。坚持重证据，重调查研究，没有调查就没有发言权。只有通过调查分析，在充分掌握事故发生和发展过程中大量事实依据的基础上，才能进行严密、科学的逻辑推理、鉴定和确认，正确认识并找出导致事故发生诸多因素的内在联系和因果关系，从而才能最终作出事故原因、性质和责任的正确结论。

**（一）事故调查处理程序**

1.成立事故调查组

接到事故报告后，事故发生地县级以上人民政府、安全生产监管部门和负有安全生产监管职责的部门的负责人，应立即赶赴事故现场，组织抢险救援，通知事故发生单位保护好事故现场，同时组织事故调查组开展事故调查取证工作。

2.开展事故调查

事故调查应按下列程序进行：

(1)现场勘察、拍照、摄像，搜集物证；

(2)调查询问有关人员，查阅有关安全生产管理文件资料；

(3)进行技术鉴定或模拟试验；

(4)分析研究，确定事故经过，找出事故发电的直接原因和间接原因；

(5)确定事故性质，分析认定事故责任；

(6)形成事故调查报告，提供对事故责任单位和责任人的处理建议和防范整改措施，报请组织事故调查的县级以上人民政府作出事故处理决定。

3.事故处理

按照负责事故调查处理的人民政府对事故调查报告的批复落实对事故责任单位、责任人处理、处罚。

**（二）事故调查处理的分工规定**

(1)轻伤、重伤事故，由企业负责人或指定人员组织生产、技术、安全等有关人员及工会成员参加的事故调查组进行调查。

对一次重伤3人以上(含3人)的重伤事故,安全生产监督综合管理部门视情况进行调查。

(2)一般死亡事故,由企业主管部门会同企业所在地设区的市(或者相当于设区的市一级)安全生产监督综合管理部门、纪检监察部门、公安部门、工会组成事故调查组,进行调查。县(区)等以下企业发生死亡事故,地市一级安全生产监督综合管理部门可视情况,委托县(市)一级安全生产监督综合管理部门参加事故调查。

上级安全生产监督综合管理部门委托下级安全生产监督综合管理部门参加调查时,原则上是委派下一级。

(3)重大死亡事故,按照企业的隶属关系由省、自治区、直辖市企业主管部门或者国务院有关主管部门会同同级安全生产监督综合管理部门、公安部门、纪检监察部门、工会组成事故调查组,进行调查。对一次死亡3人以上事故,省安全生产监督管理部门和有关部门可授权市(地)安全生产监督管理部门和有关部门调查,报省级安全生产监督管理部门批复结案。

(4)特别重大事故,按照事故发生单位的隶属关系,由省、自治区、直辖市人民政府参与,国家安全生产监督管理局会同行业有关主管部门成立特大事故调查组,负责事故的调查工作。国务院认为应由国务院调查的特大事故,由国务院或者国务院授权的部门组织成立国务院特大事故调查组。

(5)按照规定参加调查组的单位,因故不能参加事故调查时,已组成的调查组可继续进行调查工作。

(6)对重大死亡事故的调查,可邀请有关部门的专家参加。聘请有关方面的专家组成专家组,参与重大伤亡事故调查,提供技术支持。

**(三)事故调查组的组成和职责**

1. 事故调查组的组成

根据事故的具体情况,事故调查组的组成应当遵循精简、效能的原则,由有关人民政府、安全生产监督管理部门、负有安全生产监督管理职责的部门、监察机关、公安机关以及工会派人组成,并邀请人民检察院派人参加。事故调查组可以聘请有关专家参与调查。事故调查组组长由负责事故调查的人民政府指定,组长主持事故调查组的工作。如负责事故调查的人民政府授权、委托有关部门组织事故调金,除法律、行政法规和国务院另有规定的以外,应由安全生产监督管理部门的负责人任组长,负责主持事故调查工作。

(1)一般事故发生后,由事故发生地县(市、区)人民政府组织成立或者授权、委托有关部门组织成立事故调查组。未造成人员伤亡的一般事故,县级人民政府也可以委托事故发生单位组织事故调查组进行调查。

(2)较大事故发生后,由事故发生地设区的市级人民政府组织成立或者授权、委托有关部门组织成立事故调查组。

(3)重大事故发生后,由省级人民政府组织成立或者授权、委托有关部门组织成立事故调查组。

(4)特别重大事故由国务院组织成立或者国务院授权有关部门组织成立事故调查组。

上级民政府认为有必要时,可以直接组织调查或者委托有关部门组织调查应中下级人民政府负责调查的生产安全事故。一般情况下,上级人民政府不应委托下级人民政府调查应由上级人民政府负责调查的事故。

自事故发生之日起30日内(火灾事故、道路交通事故7日内),因事故伤亡人数变化导致事故等级发生变化的,上级人民政府可以另行组织事故调查组进行调查。

一般事故、较大事故、重大事故,事故发生地与事故发生单位不在同一个县级以上行政区域的,由事故发生地人民政府负责组织调查,事故发生单位所在地人民政府应当派人参加。

按照《生产安全事故报告和调查处理条例》的规定,特别重大事故以下等级事故的调查处理,有关法律、行政法规或者国务院另有规定的,依照其规定执行。地方各级人民政府在组织事故调查时,应当注意生产安全事故调查处理有关法律、行政法规和国务院有关规定之间的衔接。

2. 事故调查组的职责

(1)查明事故经过、人员伤亡情况及经济损失情况;

(2)辨明事故原因,确定事故性质,分析认定事故责任;

(3)提出对事故责任者的处理建议;

(4)总结事故教训,提出防范和整改措施;

(5)形成并提交事故调查报告。

**(四)事故调查处理的原则**

1. 实事求是,尊重科学的原则

事故调查是行政执法行为,调查结论是事故处理的依据,事故调查结果将对后序工作产生直接影响。因此必须严肃认真对待,不得有丝毫疏漏。

2. 公平、公正的原则

事故调查必须以事实为依据,以法律为准绳。事故发生原因、事故定性和责任分析务求准确、科学,事故调查组成员如与事故单位及有关人员有利害关系的应当回避。事故调查处理结果要在一定范围内公布,以达到吸取教训、教育群众和尽最大可能挽回社会影响,并引起全社会对安全生产工作更加重视的目的。

3."四不放过"的原则

即事故原因未查清不放过,事故责任有未受到处理不放过,整改措施未落实不放过,有关人员和群众未受到教育不放过。

4. 从严处理的原则

对事故责任人和责任单位的处理,要在实事求是的前提下。依照国家有关法律、法规和党纪、政纪的规定,给予严肃的党纪、政纪处分和处罚。对涉嫌犯罪的事故责任人,要及时移交司法机关依法追究刑事责任。

5. 分级管理的原则

各级人民政府及其有关部门要按照事故调查处理分级管理的原则,组织开展事故调查和作出处理决定。事故发生地有关地方人民政府应当支持、配合上级人民政府或者有关部门的事故调查工作,并提供必要的便利条件。六是属地管理的原则。无论是中央还是省属在地方的企业,凡发生生产安全事故,原则上均由企业所在地人民政府按事故级别组织调查处理。

**(五)事故结案**

负责事故调查处理的人民政府对事故调查报告批复后,进人事故处理的落实结案阶段。这一阶段的工作,应由安全生产监督管理部门或负有安全生产监管职责的有关部门,以及行政监察机构监督检查被处理单位对处理决定和防范整改措施的执行情况。事故处理情况由负责事故调查的人民政府或者其授权的有关部门、机构向社会公布,依法应当保密的除外。

事故处理决定执行后,事故处理即告结案,应将所有资料全部入档。入档材料应包括事故报告、事故调查报告、全部调查资料、事故检测鉴定资料、事故批复文件和事故处理结果等,并认真填写案卷首页、立案审批表、调查报告审批审核表和结案审批表等,资料整理齐全后逐页编号,装订归档。

**(六)事故调查报告**

1. 调查报告格式

调查报告书写格式如下:

| 一、事故的损失;<br>二、事故简要经过;<br>三、事故原因分析和事故性质认定;<br>四、总结事故教训;<br>五、事故防范和整改措施; |
|---|

2. 调查报告内容说明

1)事故简要记述

事故调查组必须查明事故发生的经过,事故经过应包括以下内容:

(1)事故发生前,事故发生单位生产作业状况;

(2)事故发生的具体时间、地点;

(3)事故现场状况及事故现场保护情况;

(4)事故发生后采取的应急处置措施情况;

(5)事故的报告经过;

(6)事故抢救及事故救援情况;

(7)事故的善后处理情况;

(8)其他与事故发生经过有关的情况。

2)事故原因分析和事故性质认定(对事故发生进行详细的原因分析,该部分为报告书核心部分)

(1)事故发生的直接原因

直接原因指直接导致事故发生的原因。它可分为三类:

①物的不安全状态。它是指由于设备不良所引起的,也称为物的不安全状态。所谓物的不安全状态是使事故能发生的不安全的物体条件或物质条件。

②环境原因。它是指由于环境不良所引起的。

③人的原因。它是指由人的不安全行为而引起的事故。所谓人的不安全行为是指违反安全规则和安全操作原则,使事故有可能或有机会发生的行为。

(2)事故发生的间接原因

间接原因指间接原因产生和存在的原因。包括技术、设计上的原因和管理上的原因。间接原因主要有：

①技术的原因。具体包括：主要装置、机械、建筑的设计，建筑物竣工后的检查保养等技术方面不完善，机械装备的布置，工厂地面、室内照明以及通风、机械工具的设计和保养，危险场所的防护设备及警报设备，防护用具的维护和配备等所存在的技术缺陷。

②教育的原因。具体包括：与安全有关的知识和经验不足，对作业过程中的危险性及其安全运行方法无知、轻视不理解、训练不足，坏习惯及没有经验等。

③身体的原因。具体包括：身体有缺陷或由于睡眠不足而疲劳、酩酊大醉等。

④精神的原因。具体包括怠慢、反抗、不满等不良态度，焦躁、紧张、恐怖、不和等精神状况，褊狭、固执等性格缺陷。

⑤管理原因。具体包括：企业主要领导人对安全的责任心不强，作业标准不明确，缺乏检查保养制度，劳动组织不合理等。

(3)事故责任认定

综合以上原因，事故调查组认为事故的性质是一起××××事故

事故责任认定和对责任者处理的意见，通过事故调查分析，对事故的性质有明确结论。其中对认定为自然事故或非责任事故的可不追究事故责任人，对认定为责任事故的，要按照责任大小和承担责任的不同分别认定下列事故责任者：

直接责任者：指其行为与事故发生有直接因果关系的人员。如违章作业人员等。

主要责任者：指对事故发生负有主要责任的人员。如违章指挥者等。

领导责任者：指对事故发生负有领导责任的人员。如有关部门的主管人员。

对责任事故者的处理意见包括行政处分、纪律处分或者追究民事责任。

直接责任者是指其行为与事故发生有直接因果关系的人，行为表现为：违章指挥或违章作业、冒险作业；违反安全生产责任制、违反劳动纪律、玩忽职守；擅自开动机器设备，擅自更改、拆除、毁坏、挪用安全装置和设备、设施。领导责任者就是指其行为对事故发生负有领导责任的人，行为表现为：没有按规定对从业人员进行安全教育和技术培训，或未经特殊工种考试合格就上岗操作；缺乏安全技术操作规程或不健全；设备严重失修或超负荷运转；缺少或没有安全措施及安全信号、安全标志、安全用具、个人防护用品缺乏或有缺陷；对现场工作缺乏检查或指导错误的。主要责任者就是指在直接责任者和领导责任者中对事故发生负有主要责任的人。确定事故主要责任者的原则是：以事故的主要原因确定事故的主要责任者。

3)总结事故教训

事故发生单位要认真总结事故的教训，主要是在安全生产管理、安全生产投入、安全生产条件等方面存在那些薄弱环节、漏洞和隐患，要认真对照问题查找根源：

(1)事故发生单位应该吸取的教训。

(2)事故单位主要负责人应该吸取的教训。

(3)事故单位有关主管人员和有关部门应该吸取的教训。

(4)从业人员应该吸取的教训。

4)事故防范和整改措施

事故防范和整改措施是在事故调查分析的基础上针对事故发生单位在安全生产方面的

薄弱环节、漏洞、隐患等提出的，要具备以下性质：

(1)针对性。

(2)可操作性。

(3)普遍适用性。

(4)时效性。

## 三、事故责任

《中华人民共和国安全生产法》第13条明确规定："国家实行生产安全事故责任追究制度，依照本法和有关法律、法规的规定，追究生产安全事故责任人员的法律责任"。

### (一)事故责任分类

为了准确地实行处罚，必须根据事故调查所确认的事实，分清事故责任。

(1)直接责任者：指其行为与事故的发生有直接关系的人员。

(2)主要责任者：指对事故的发生起主要作用的人员。

有下列情况之一时，应由肇事者或有关人员负直接责任或主要责任：

①违章指挥或违章作业、冒险作业造成事故的；

②违反安全生产责任制和操作规程，造成伤亡事故的；

③违反劳动纪律、擅自开动机械设备或擅自更改、拆除、毁坏、挪用安全装置和设备，造成事故的。

(3)领导责任者：指对事故的发生负有领导责任的人员。

有下列情况之一时，有关领导应负领导责任：

①由于安全生产责任制、安全生产规章和操作规程不健全，职工无章可循，造成伤亡事故的；

②未按规定对职工进行安全教育和技术培训，或职工未经考试合格上岗操作造成伤亡事故的；

③机械设备超过检修期限或超负荷运行，或因设备有缺陷又不采取措施，造成伤亡事故的；

④作业环境不安全，又未采取措施，造成伤亡事故的；

⑤新建、改建、扩建工程项目的尘毒治理和安全设施不与主体工程同时设计、同时施工、同时投入生产和使用，造成伤亡事故的。

根据事故责任的大小，对事故责任者进行不同程度的处罚，处罚的形式有行政处罚、经济处罚和刑事处罚。

### (二)安全生产实行责任追究的基本规定

(1)《中共中央关于加强安全生产的通知》(中发〔1970〕71号)第4条规定："严格组织纪律，今后对一切违反安全生产制度，不遵守劳动纪律，工作不负责任，以致造成的重大事故，必须分别情况，追究责任，情节严重的以党纪国法论处。"

(2)《中华人民共和国安全生产法》第13条规定："国家实行生产安全事故责任追究制度，依照本法和有关法律、法规的规定，追究生产安全事故责任人员的责任。"

(3)《中华人民共和国刑法》第134条规定："工厂、矿山、林场、建筑企业或者其他企业、事业单位的职工，由于不服管理、违反规章制度，或者强令工人违章冒险作业，因而发生重大伤亡事故或者造成其他严重后果的，处3年以下有期徒刑或者拘役；情节特别恶劣的，处3年以上7年以下有期徒刑。”

(4)《中华人民共和国刑法》第397条规定：“国家机关工作人员滥用职权或者玩忽职守，致使公共财产、国家和人民利益遭受重大损失的，处3年以下有期徒刑或者拘役；情节特别严重的，处3年以上7年以下有期徒刑。本法另有规定的，依照规定执行。”

(5)《生产安全事故报告和调查处理条例》(中华人民共和国国务院令第493号)规定：事故发生单位主要负责人有下列行为之一的，处上一年年收入40%～80%的罚款；属于国家工作人员的，并依法给予处分；构成犯罪的，依法追究刑事责任：

①不立即组织事故抢救的；

②迟报或者漏报事故的；

③在事故调查处理期间擅离职守的。

事故发生单位及其有关人员有下列行为之一的，对事故发生单位处100万元以上500万元以下的罚款；对主要负责人、直接负责的主管人员和其他直接责任人员处上一年年收入60%～100%的罚款；属于国家工作人员的，并依法给予处分；构成违反治安管理行为的，由公安机关依法给予治安管理处罚；构成犯罪的，依法追究刑事责任：

①谎报或者瞒报事故的；

②伪造或者故意破坏事故现场的；

③转移、隐匿资金、财产，或者销毁有关证据、资料的；

④拒绝接受调查或者拒绝提供有关情况和资料的；

⑤在事故调查中作伪证或者指使他人作伪证的；

⑥事故发生后逃匿的。

事故发生单位对事故发生负有责任的，依照下列规定处以罚款：

①发生一般事故的，处10万元以上20万元以下的罚款；

②发生较大事故的，处20万元以上50万元以下的罚款；

③发生重大事故的，处50万元以上200万元以下的罚款；

④发生特别重大事故的，处200万元以上500万元以下的罚款。

事故发生单位主要负责人未依法履行安全生产管理职责，导致事故发生的，依照下列规定处以罚款；属于国家工作人员的，并依法给予处分；构成犯罪的，依法追究刑事责任：

①发生一般事故的，处上一年年收入30%的罚款；

②发生较大事故的，处上一年年收入40%的罚款；

③发生重大事故的，处上一年年收入60%的罚款；

④发生特别重大事故的，处上一年年收入80%的罚款。

有关地方人民政府、安全生产监督管理部门和负有安全生产监督管理职责的有关部门有下列行为之一的，对直接负责的主管人员和其他直接责任人员依法给予处分；构成犯罪的，依法追究刑事责任：

①不立即组织事故抢救的；

②迟报、漏报、谎报或者瞒报事故的；

③阻碍、干涉事故调查工作的；

④在事故调查中作伪证或者指使他人作伪证的。

事故发生单位对事故发生负有责任的，由有关部门依法暂扣或者吊销其有关证照；对事故发生单位负有事故责任的有关人员，依法暂停或者撤销其与安全生产有关的执业资格、岗位证书；事故发生单位主要负责人受到刑事处罚或者撤职处分的，自刑罚执行完毕或者受处分之日起，5 年内不得担任任何生产经营单位的主要负责人。

为发生事故的单位提供虚假证明的中介机构，由有关部门依法暂扣或者吊销其有关证照及其相关人员的执业资格；构成犯罪的，依法追究刑事责任。

**（三）安全生产责任追究的具体规定**

*1.政府及其领导干部安全生产责任追究的主要规定*

（1）国务院第 302 号令第 2 条规定："地方人民政府主要领导人和政府有关部门正职负责人对下列特大安全事故的防范、发生，依照法律、行政法规和本规定的规定有失职、渎职情形或者负有领导责任的，依照本规定给予行政处分；构成玩忽职守罪或者其他罪的，依法追究刑事责任。

①特大火灾事故；

②特大交通安全事故；

③特大建筑质量安全事故；

④民用爆炸物品和化学危险品特大安全事故；

⑤煤矿和其他矿山特大安全事故；

⑥锅炉、压力容器、压力管道和特种设备特大安全事故；

⑦其他特大安全事故。

地方人民政府和政府有关部门对特大安全事故的防范、发生直接负责的主管人员和其他直接责任人员，比照本规定给予行政处分；构成玩忽职守罪或者其他罪的，依法追究刑事责任。"

（2）国务院第 302 号令第 14 条规定："市（地、州）、县（市、区）人民政府依照本规定应当履行职责而未履行，或者未按照规定的职责和程序履行，本地区发生特大安全事故的，对政府主要领导人，根据情节轻重，给予降级或者撤职的行政处分，构成玩忽职守罪的，依法追究刑事责任。"

（3）国务院第 302 号令第 15 条规定："发生特大安全事故，社会影响特别恶劣或者性质特别严重的，由国务院对负有领导责任的省长、自治区主席、直辖市市长和国务院有关部门正职负责人给予行政处分。"

（4）国务院第 302 号令第 16 条规定："特大安全事故发生后，有关县（市、区）、市（地、州）和省、自治区、直辖市人民政府及政府有关部门应当按照国家规定的程序和时限立即上报，不得隐瞒不报、谎报或者拖延报告，并应当配合、协助事故调查，不得以任何方式阻碍、干涉事故调查。

特大安全事故发生后，有关地方人民政府及政府有关部门违反前款规定的，对政府主要领导人和政府部门正职负责人给予降级的行政处分。"

（5）《中华人民共和国安全生产法》第 92 条规定："有关地方人民政府、负有安全生产监督管理职责的部门，对生产安全事故隐瞒不报，对直接负责的主管人员和其他直接责任人员依法给予行政处分；构成犯罪的，依照刑法有关规定追究刑事责任。”

(6)国务院第302号令第20条规定：“地方人民政府或者政府部门阻挠、干涉对特大安全事故有关责任人员追究行政责任的，对该地方人民政府主要领导人或者政府部门正职负责人，根据情节轻重，给予降级或者撤职的行政处分。”

(7)国务院第302号令第11条规定：“依法对涉及安全生产事项负责行政审批（包括批准、核准、许可、注册、认证、颁发证照、竣工验收等，下同）的政府部门或者机构，必须严格依照法律、法规和规章规定的安全条件和程序进行审查，不符合法律、法规和规章规定的安全条件，不得批准；不符合法律、法规和规章规定的安全条件，弄虚作假，骗取批准或者勾结串通行政审批工作人员取得批准的，负责行政审批的政府部门或者机构除必须立即撤销原批准外，应当对弄虚作假骗取批准或者勾结串通行政审批工作人员的当事人依法给予行政处罚，构成行贿罪或者其他罪的，依法追究刑事责任。

负责行政审批的政府部门或者机构违反前款规定，对不符合法规和规章规定的安全条件予以批准的，对部门或者机构的正职负责人，根据情节轻重，给予降级、撤职直至开除公职的行政处分，与当事人勾结串通的，应当开除公职；构成受贿罪、玩忽职守罪或者其他罪的，依法追究刑事责任。”

(8)国务院第302号令第12条规定：“对依照本规定第十一条第一款的规定取得批准的单位和个人，负责行政审批的政府部门或者机构必须对其实施严格监督检查，发现不再具备安全条件，必须立即撤销原批准。

负责行政审批的政府部门或者机构违反前款规定，不对取得批准的单位和个人实施严格监督检查，或者发现其不再具备安全条件而不立即撤销原批准的，对部门或者机构的正职负责人，根据情节轻重，给予降级或者撤职的行政处分；构成受贿罪、玩忽职守罪或者其他罪的，依法追究刑事责任。”

(9)国务院第302号令第14条第2款规定：“负责行政审批的政府部门或者机构、负责安全监督管理的政府有关部门，未依照本规定履行职责，发生特大安全事故的，对部门或者机构的正职负责人，根据情节轻重，给予撤职或者开除公职的行政处分。构成玩忽职守罪或者其他罪的，依法追究刑事责任。”

(10)《中华人民共和国安全生产法》第77条规定：“负有安全生产监督管理职责的部门的工作人员，有下列行为之一的，给予降级或者撤职的行政处分；构成犯罪的，依照刑法有关规定追究刑事责任：

①对不符合法定安全生产条件的涉及安全生产的事项予以批准或者验收通过的；

②发现未依法取得批准、验收的单位擅自从事有关活动或者接到举报后不予取缔或者不依法予以处理的；

③对已经依法取得批准的单位不履行监督管理职责，发现其不再具备安全生产条件而不撤销原批准或者发现安全生产违法行为不予查处的。”

(11)《中华人民共和国安全生产法》第78条规定：“负有安全生产监督管理职责的部门，要求被审查、验收的单位购买其指定的安全设备、器材或者产品的，在对安全生产事项的审查、验收中收取费用的，由其上级机关或者监察机关责令改正。责令退还收取费用；情节严重的,对直接负责的主管人员和其他直接责任人员依法给予行政处分。"

(12)《中华人民共和国安全生产法》第 92 条规定:"有关地方人民政府、负有安全生产监督管理职责的部门,对生产安全事故隐瞒不报、谎报或者拖延不报的,对直接负责的主管人员和其他直接责任人员依法给予行政处分;构成犯罪的,依照刑法有关规定追究刑事责任。"

(13)《中华人民共和国宪法》第 41 条规定:"由于国家机关工作人员侵犯公民权利而受到损失的人,有依照法律规定取得赔偿的权利。"

(14)《安全生产行政复议暂行办法》第 30 条规定:"安全生产行政复议机关违反本办法规定,无正当理由不予受理依法提出的行政复议申请或者不按规定转送行政复议申请的,或者在法定期限内不作出行政复议决定的,对直接负责的主管人员和其他直接责任人员依法给予警告、记过、记大过的行政处分;经责令受理仍不受理或者不按照规定转送行政复议申请,造成严重后果的,依法给予降级、撤职、开除的行政处分。"

(15)《安全生产行政复议暂行办法》第 31 条规定:"安全生产行政复议机关工作人员在行政复议活动中,徇私舞弊或者有其他渎职、失职行为的,依法给予警告、记过、记大过的行政处分,情节严重的,依法给予降级、撤职、开除的行政处分,构成犯罪的,依法追究刑事责任。"

(16)《安全生产行政复议暂行办法》第 34 条规定:"安全生产行政复议机构发现有无正当理由不予受理行政复议申请、不按规定期限作出行政复议决定、徇私舞弊、对申请人打击报复或者不履行行政复议决定等情形的,应当向安全生产监督管理部门提出建议,安全生产监督管理部门应当依照《中华人民共和国行政复议法》和有关法律、行政法规的规定作出处理。"

*2. 中介机构责任追究的主要规定*

(1)《中华人民共和国安全生产法》第 79 条规定:"承担安全评价、认证、检测、检验工作的机构,出具虚假证明,构成犯罪的,依照刑法有关规定追究刑事责任;尚不够刑事处罚的,没收违法所得,违法所得 5 000 元以上的,并处违法所得 2 倍以上 5 倍以下的罚款,没有违法所得或违法所得不足 5 000 元的,单处或者并处 5 000 元以上 2 万元以下的罚款,对其直接负责的主管人员和其他直接责任人员处 5 000 元以上 5 万元以下的罚款;给他人造成损害的,与生产经营单位承担连带赔偿责任。"

对有前款违法行为的机构,撤销其相应的资格。

(2)《特种设备安全监察条例》第 81 条规定:"特种设备检验检测机构,有下列情形之一的,由特种设备安全监督管理部门处 2 万元以上 10 万元以下罚款;情节严重的,撤销其检验检测资格。"

①检验检测工作不符合安全技术规范的要求;

②聘用未经特种设备安全监督管理部门组织考核合格并取得检验检测人员证书的人员,从事相关检验检测工作的;

③在进行特种设备检验检测中,发现严重事故隐患,未及时告知特种设备使用单位,并立即向特种设备安全监督管理部报告的。

(3)《中华人民共和国职业病防治法》第 74 条规定:"职业病诊断鉴定委员会组成人员

收受职业病诊断争议当事人的财物或者其他好处的，给予警告，没收收受的财物，可以并处3 000元以上5万元以下的罚款，取消其担任职业病诊断鉴定委员会组成人员的资格，并从省、自治区、直辖市人民政府卫生行政部门设立的专家库中予以除名。”

3. 生产经营单位及负责人安全生产责任追究的主要规定

(1)《中华人民共和国安全生产法》第80条规定：“生产经营单位的决策机构、主要负责人、个人经营的投资人不依照本法规定保证安全生产所必需的资金投入，致使生产经营单位不具备安全生产条件的，责令限期改正，提供必需的资金；逾期未改正的，责令生产经营单位停产停业整顿。

有前款违法行为，导致发生生产安全事故，构成犯罪的，依照刑法有关规定追究刑事责任，尚不够刑事处罚的，对生产经营单位的主要负责人给予撤职处分，对个人经营的投资人处2万元以上20万元以下的罚款。”

(2)《中华人民共和国安全生产法》第81条规定：“生产经营的主要负责人未履行本法规定的安全生产管理职责的，责令限期改正；逾期未改正的，责令生产经营单位停产停业整顿。

生产经营单位的主要负责人有前款违法行为导致发生生产安全事故，构成犯罪的，依照刑法有关规定追究刑事责任；尚不够刑事处罚的，给予撤职处分或者处2万元以上20万元以下的罚款。

生产经营单位的主要负责人依照前款规定受刑事处罚或者撤职处分的，自刑罚执行完毕或者受处分之日起，5年内不得担任任何生产经营单位的主要负责人。”

(3)《中华人民共和国安全生产法》第82条规定：“生产经营单位有下列行为之一的，责令限期改正；逾期未改正的，责令停产停业整顿，可以并处2万元以下的罚款：

①未按照规定设立安全生产管理机构或者配备安全生产管理人员的；

②危险物品的生产、经营、储存单位以及矿山、建筑施工单位的主要负责人和安全生产管理人员未按照规定经考核合格的；

③未按照本法第21条、第22条的规定对从业人员进行安全生产教育和培训，或者未按照本法第36条的规定如实告知从业人员有关的安全生产事项的；

④特种作业人员未按照规定经专门的安全作业培训并取得特种作业操作资格证书，上岗作业的。”

(4)《中华人民共和国安全生产法》第83条规定：“生产经营单位有下列行为之一的，责令限期改正；逾期未改正的，责令停止建设或者停产停业整顿，可以并处5万元以下的罚款；造成严重后果，构成犯罪的，依照刑法有关规定追究刑事责任：

①矿山建设项目或者用于生产、储存危险物品的建设项目没有安全设施设计或者安全设施设计未按照规定报经有关部门审查同意的；

②矿山建设项目或者用于生产、储存危险物品的建设项目的施工单位未按照批准的安全设施设计施工的；

③矿山建设项目或者用于生产、储存危险物品的建设项目竣工投入生产或者使用前，安全设施未经验收合格的；

④未在有较大危险因素的生产经营场所和有关设施、设备上设置明显的安全警示标

志的；

⑤安全设备的安装、使用、检测、改造和报废不符合国家标准或者行业标准的；

⑥未对安全设备进行经常性维护、保养和定期检测的；

⑦未为从业人员提供符合国家标准或者行业标准的劳动防护用品的；

⑧特种设备以及危险物品的容器、运输工具未经取得专业资质的机构检测、检验合格，取得安全使用证或者安全标志，投入的；

⑨使用国家明令淘汰、禁止使用的危及生产安全的工艺、设备的。”

(5)《安全生产法》第84条规定：“未经依法批准，擅自生产、经营、储存危险物品的，责令停止违法行为或者予以关闭，没收违法所得，违法所得10万元以上的，并处违法所得1倍以上5倍以下的罚款，没有违法所得或者违法所得不足10万元的，单处或者并处2万元以上10万元以下的罚款；造成严重后果，构成犯罪的，依照刑法有关规定追究刑事责任。”

(6)《安全生产法》第85条规定：“生产经营单位有下列行为之一的，责令限期改正；逾期未改正的，责令停产停业整顿，可以并处2万元以上10万元以下的罚款；造成严重后果，构成犯罪的，依照刑法有关规定追究刑事责任：

①生产、经营、储存、使用危险物品，未建立专门安全管理制度、未采取可靠的安全措施或者不接受有关主管部门依法实施的监督管理的；

②对重大危险源未登记建档，或者未进行评估、监控，或者未制订应急预案的；

③进行爆破、吊装等危险作业，未安排专门管理人员进行现场安全管理的。”

(7)《中华人民共和国安全生产法》第86条规定：“生产经营单位将生产经营项目、场所、设备发包或者出租给不具备安全生产条件或者相应资质的单位或者个人的，责令限期改正，没收违法所得；违法所得5万元以上的，并处违法所得1倍以上5倍以下的罚款；没有违法所得或者违法所得不足5万元，单处或者并处1万元以上5万元以下的罚款。导致发生生产安全事故给他人造成损害的，与承包方、承租方承担连带赔偿责任。

生产经营单位未与承包单位、承租单位签订专门的安全生产管理协议或者未在承包合同、租赁合同中明确各自的安全管理职责，或者未对承包单位、承租单位的安全生产统一协调、管理的，责令限期改正，逾期未改正的，责令停产停业整顿。”

(8)《中华人民共和国安全生产法》第87条规定：“两个以上生产经营单位在同一作业区域内进行可能危及对方安全生产的生产经营活动，未签订安全生产管理协议或者未指定专职安全生产管理人员进行安全检查与协调的，责令限期改正，逾期未改正的，责令停产停业。”

(9)《中华人民共和国安全生产法》第88条规定：“生产经营单位有下列行为之一的，责令限期改正；逾期未改正的，责令停产停业整顿；造成严重后果，构成犯罪的，依照刑法有关规定追究刑事责任：

①生产、经营、储存、使用危险物品的车间、商店、仓库与员工宿舍在同一座建筑内，或者与员工宿舍的距离不符合安全要求的；

②生产经营场所和员工宿舍未设有符合紧急疏散需要、标志明显、保持畅通的出口，或者封闭、堵塞生产经营场所或者员工宿舍出口的。”

(10)《中华人民共和国安全生产法》第89条规定：“生产经营单位与从业人员订立协

议，免除或者减轻其对从业人员因生产安全事故伤亡依法应承担的责任的，该协议无效；对生产经营单位的主要负责人、个人经营的投资人处2万元以上10万元以下的罚款。”

(11)《中华人民共和国安全生产法》第91条规定：“生产经营单位主要负责人在本单位发生重大生产安全事故时，不立即组织抢救或者在事故调查处理期间擅离职守或者逃匿的，给予降职、撤职的处分，对逃匿的处15日以下拘留；构成犯罪的，依照刑法有关规定追究刑事责任。

生产经营单位主要负责人对生产安全事故隐瞒不报、谎报或者拖延不报的，依照前款规定处罚。”

(12)《中华人民共和国安全生产法》第93条规定：“生产经营单位不具备本法和其他有关法律、行政法规和国家标准或者行业标准规定的安全生产条件，经停产停业整顿仍不具备安全生产条件的，予以关闭；有关部门应当依法吊销其有关证照。”

(13)《中华人民共和国安全生产法》第95条规定：“生产经营单位发生生产安全事故造成人员伤亡、他人财产损失的，应当依法承担赔偿责任，拒不承担或者其负责人逃匿的，由人民法院依法强制执行。

生产安全事故的责任人未依法承担赔偿责任，经人民法院依法采取执行措施后，仍不能对受害人给予足额赔偿的，应当继续履行赔偿义务，受害人发现责任人有其他财产的，可以随时请求人民法院执行。”

4.从业人员安全生产责任追究的主要规定

(1)《中华人民共和国安全生产法》第90条规定：“生产经营单位的从业人员不服从管理，违反安全生产规章制度或者操作规程的，由生产经营单位给予批评教育，依照有关规章制度给予处分，造成重大事故，构成犯罪的，依照刑法有关规定追究刑事责任。”

(2)《企业职工奖惩条例》(1982年4月10日国务院发布，下同)第11条规定：“对于有下列行为之一的职工，经批评教育不改的，应当分别情况给予行政处分或者经济处罚：

玩忽职守，违反技术操作规程和安全规程，或者违章指挥，造成事故，使人民生命、财产遭受损失的。

职工有上述行为，情节严重，触犯刑律的，由司法机关依法惩处。”

(3)《企业职工奖惩条例》第12条规定：“对职工的行政处分分为：警告、记过、记大过、降级、撤职、留用察看、开除。在给予上述行政处分的同时，可以给予一次性罚款。”

(4)《企业职工奖惩条例》第14条规定：“对职工给予留用察看处分，察看期限为一至二年，留用察看期间停发工资，发给生活费。生活费标准应低于本人原工资，由企业根据情况确定。留用察看期满以后，表现好的，恢复为正式职工，重新评定工资，表现不好的，予以开除。”

(5)《企业职工奖惩条例》第15条规定：“对于受到撤职处分的职工，必要的时候，可以同时降低其工资级别。

给予职工降级的处分，降级的幅度一般为一级，最多不要超过两级。”

(6)《企业职工奖惩条例》第16条规定：“对职工罚款的金额由企业决定，一般不要超过本人月标准工资的20%。”

(7)《企业职工奖惩条例》第17条规定：“对于有第11条第(3)项的职工，应责令其赔偿经济损失。赔偿经济损失的金额,由企业根据具体情况确定,从职工本人的工资中扣除,但每月扣除的金额一般不要超过本人月标准工资的20%。如果能够迅速改正错误,表现良好的,赔偿金额可以酌情减少。"

## 第三节 事故教训

前车之鉴,后事之戒的道理,说明了总结事故教训的科学性。通过对事故、事件原因的分析,找出引以为戒的教训,再制定有针对性的整改措施,达到防止事故发生的目的。尤其是对防止同类事故发生的作用更有效,比一般性的预防措施更有实用价值。人类制定的很多规章制度、行为规范和技术标准都吸收了很多事故教训。实践证明,这是杜绝事故最直接的做法。因为事故的发生与其原因有着必然的因果关系,通过总结事故教训,消除发生事故的原因,即可防止事故。具体的做法是针对事故的具体原因,吸取相应的事故教训,制定有效的整改措施。

总结事故教训的原则、方法和分析事故原因基本一致,可参考事故分析与性质的确定。下面就通过几个典型事故案例来看如何分析事故教训。

### 一、油船爆炸事故案例分析

#### (一)事故经过

2004年10月5日20时许,江西省某航运公司所属的"玉茗油壹号"油船到达位于南昌富昌油库卸油码头,并于22时许开始向油库卸油。23时55分许,管线恢复后,卸油恢复。认为卸油情况正常后,船长周×朝船尾餐厅方向走去。大副肖×随后登上驾驶室,轮机长吴×则在餐厅里悠闲地喝起了茶。

6日零时8分许,只听见"轰"的一声,在没有任何征兆的情况下,"玉茗油壹号"油船泵舱部位发生爆炸。

肖×听到爆炸声,从驾驶室下到舱面时,发现泵舱有很大的火,而且只看到泵舱起火。他和大管轮陈×试图用推车式灭火器灭火,但未成功。在拨打"119"报警后,船上人员纷纷弃船逃生,船长周×受伤跳水后死亡。

零时13分,南昌市公安消防支队调度指挥中心接到报警后,先后调集了市区、郊县12个中队,共24辆消防车,10台机动泵,近200名消防官兵迅速投入灭火。

由于"玉茗油壹号"距下游赣江大桥不过1km,东西两面被采沙场围堵,距岸上的富昌油库仅200m,离油库趸船更是仅有十几米之遥,现场情况十分复杂。

期间,油船先后发生多次爆炸,整个灭火过程显得尤为惊心动魄。

13时许,经过消防人员奋力拼搏,大火终于被彻底扑灭。15时,船舱上部裂缝被封堵住,切断了未燃油品流入赣江的通道。17时左右,剩余数百吨油品顺利被卸载转运。

#### (二)事故原因分析

经过调查人员细心的勘查发现,油泵舱油泵在柴油机传动轴穿越舱壁处有一密封轴套。平时在传动轴上缠绕沾有黄油的石棉条,再用铜瓦压入轴套内,起密封作用。火灾后,传动轴与轴套均出现严重磨损。传动轴直径5.51cm,磨损后出现凹槽,凹槽内直径最小处仅

5.01cm，磨损厚度达0.5cm。轴套磨损后截面呈椭圆状，直径最大处6.41cm，最小处5.96cm，相差0.45cm。此外，传动轴与铜瓦之间也有摩擦痕迹。

调查人员迅速将这一物证送往南昌大学机电工程学院鉴定，鉴定结果认为是由于偏心造成受力不均匀且长期运行所致。从南昌大学机电工程学院出来后，调查人员又找来了金属材料专家进行鉴定。

随后，调查人员还邀请了海事、造船厂等单位的专家教授参与事故分析，进行技术鉴定。最后认定这起火灾的原因是油泵传动轴由于偏心变形而与机舱和油泵舱间舱壁上的密封轴套发生剧烈摩擦，产生火花引燃了处于爆炸极限范围内的汽油蒸气。

## 二、起重机翻倒事故案例分析

### （一）事故经过

2004年1月2日下午6时左右，大连YL公司（以下简称YL公司）港务公司调度张×，安排在该公司从事劳务输出的大连TT建筑工程公司（以下简称建筑公司）的劳务队的劳务工进行从厂内火车专用线到码头倒运原木和工字钢的装卸作业。其中厂内车辆驾驶员梁××负责将原木、工字钢从火车专用线拉到码头，杨×操作15t门座起重机（设计最大载荷为15t），杨×、赵×负责起重作业的挂钩、摘钩。20时左右倒运完原木，开始进行工字钢（工字钢的型号36B，12m/根，65.6kg/m）的倒运，先后两次分别拉来13根、16根工字钢，都是一钩起吊。20时50分左右，梁×拉来第三车工字钢（28根，约22t），杨×、赵×爬上汽车准备捆绑工字钢进行挂钩作业，发现此次拉来的工字钢太多，欲分两次起吊，而门座起重机操作工杨××则示意一钩起吊，杨×、赵×没再坚持，就将28根工字钢捆绑在一起，并将绳扣挂到起重机的钩头上后跳下汽车。20时55分左右，门座起重机操作工杨××开始在19m幅度（此处最大载质量为100kN）起吊，因吊物严重超载，加上无力矩限位器，致使门座起重机发生倾倒，操作工杨××随门座起重机一同摔到地面受伤，后立即送往医院抢救无效死亡。

### （二）事故原因分析

经过调查组的现场勘查取证，并依据大连市事故调查分析中心提交的《中国水产大连YL公司"2004.1.2"事故现场勘查报告》，认定造成此起死亡事故发生的原因是由于违章作业、设备有缺陷、安全管理不善等造成的生产安全责任事故，发生的具体原因如下：

1.直接原因

（1）YL公司用于码头装卸货物的自制15t门座起重机存在严重设备缺陷，无力矩限位器。当门座起重机操作工杨××超载吊运工字钢时，设备无自我保护装置，吊物将门座起重机拉倒，导致门座起重机倾斜而倒塌，操作工杨××随倒塌的门座起重机一起摔到地面受伤致死。是造成此起事故发生的直接主要原因。

（2）门座起重机操作工杨××安全意识淡薄，违反YL公司《起重机操作规程》，在吊运工字钢时，没有确认其质量，就盲目起吊，导致超载运行将门座起重机拉倒，杨××随倒塌的门座起重机一起摔到地面受伤致死。

2.间接原因

（1）YL公司下属港务公司对码头装卸的安全管理存在漏洞，安全规章制度落实不够，缺乏对作业现场安全的监督检查，对起重作业缺乏必要的安全交底，对在港务公司码头从事装卸的劳务人员的安全教育不落实,允许未经起重专业知识培训的劳务工从事起重作业。

(2)YL公司对在用起重设备安全管理不善,缺乏对起重设备定期的保养与检修,使15t门座起重机长期处于不安全状态下带病运行。同时违反了特种设备必须经法定检验部门进行定期检验合格后方可使用规定,15t门座起重机超过法定检验周期未申请检验,致使15t门座起重机存在无力矩限位器的安全隐患没有及时进行整改。这是造成此起事故发生的重要原因。

(3)YL公司对劳务用工的合同管理有漏洞,违反《大连市外来劳务人员劳动安全管理规定》,将港务公司码头装卸任务交给不具备劳务输出资质和安全资质的同泰公司劳务队承担。同时,对作业现场的安全管理不到位。

(4)建筑公司违反《大连市外来劳务人员劳动安全管理规定》,在不具备劳务输出资质和安全资质的情况下,违规承包YL公司下属港务公司码头装卸任务。同时,对作业现场的安全管理不到位。对在码头从事装卸作业人员的安全管理不到位,重视不够,教育不严,监护不力。

**(三)预防事故发生的措施**

(1)YL公司要从事故中吸取深刻教训,加强对特种设备的安全管理。要开展一次对在用的特种设备是否经法定检验部门进行定期检验、在安全上是否存在隐患的专项检查,对存在的问题必须立即进行整改,达到安全条件后方可使用。

(2)YL公司要加强对作业现场的安全检查的力度,落实安全生产责任制,明确安全职责,责任到人。同时要加强对职工的安全教育,特别是对劳务人员和从事起重作业等特种作业人员的安全技能的培训,提高作业人员对所从事岗位危险性的知情权和紧急避险权的教育。杜绝事故的再次发生。

(3)建筑公司必须按照《大连市外来劳务人员劳动安全管理规定》的要求,在取得劳务输出资质和市安管局核发的《安全生产资格证》后方可以从事劳务输出业务。同时要做好对下属单位的安全监管的力度,纠正承包合同中的违法行为。

**(四)事故责任分析和对事故责任者的处理意见**

根据《中华人民共和国安全生产法》、《辽宁省职工因工伤亡事故处理条例》、《建设工程安全生产管理条例》和《安全生产违法行为行政处罚办法》等法律法规的规定,按照"事故原因不查清不放过,事故责任者得不到处理不放过,整改措施不落实不放过,教训不吸取不放过"的原则,大连市安监局根据事故调查组的建议,对在此起死亡事故中负有责任的相关责任人作出了经济罚款。

## 第四节　事故预防

### 一、事故预防的基本原则

**(一)可能预防的原则**

人灾的特点和天灾不同,要想防止发生人灾,应立足于防患于未然。原则上讲人灾都是能够预防的。因而,对人灾不能只考虑发生后的对策,必须进一步考虑发生之前的对策。安全原理学中把预防灾害于未然作为重点,正是基于灾害是可能预防的这一基点上。但是,实际上要预防全部人灾是很困难的,因而不仅必须对物的方面的原因,而且还必须对人的方面的原因进行探讨。归根结底,必须坚持人灾可能预防的原则,必须把防患于未然作为安全管理工作的目标。

在事故原因的调查报告中,常常见到记载事故原因是不可抗拒的。所谓不可抗拒,是认为在当时、当地的具体情况下,对于受害者本人来说不能避免的意思。如果站在防止这个事故再次发生的立场考虑,应该不是不可抗拒的。通过实施有效的对策,可以防患于未然。

过去的事故对策中多倾向于采取事后对策。例如针对火灾、爆炸的对策有:建筑物的防火结构,限制危险物贮存数量、安全距离、防爆墙、防液堤等,以便减少事故发生时的损害;设置火灾报警器、灭火器、灭火设备等以便早期发现、扑灭火灾;设立避难设施、急救设施等以便在灾害已经扩大之后做紧急处置。即使这些事后对策完全实施,也不一定能够使火灾和爆炸防患于未然。为了防止火灾和爆炸,妥善管理发生源和危险物质是必须的,而且通过这些管理方式是可能预防火灾、爆炸的发生的。当然为防备万一,采取充分的事后对策也是必要的。

总之,作为人为灾害的对策应该是防患于未然的对策比事故后处置更为重要。安全管理的重点应放在事故前的对策上,这也体现了“安全第一、预防为主”的方针。

**(二)偶然损失的原则**

分析灾害这个词的概念,包含着意外事故及由此而产生的损失这两层意思。

一般把造成人的伤亡、伤害的事故称为人身事故,造成物的损失的事故称为物的事故。

人身事故可分为以下几类:

(1)由于人的动作所引起的事故。例如,绊倒、高空坠落、人和物相撞、人体扭转;生产中的错误操作等。

(2)由于物的运动引起的事故。例如,人受飞来物体打击、重物挤压、旋转物夹持、车辆压撞等。

(3)由于接触或吸收引起的事故。例如,接触带电导线而触电,接触高温或低温物体,受到放射线辐射,吸入或接触有毒、有害物质等。

这些人身事故的发生,会在人体的局部或全身引起骨折、脱臼、创伤、电击伤害,烧伤、冻伤、化学伤害、中毒、窒息、放射性伤害等疾病或伤害,有时造成死亡。

对于人的事故,例如跌倒这样的事故,如反复发生,将会遵守这样的比率:无伤害300次,轻伤29次,重伤1次。这就是众所周知的“1:29:300”法则。这个比率是学者海因里希从很多伤害事故统计数字中总结出来的。

实际上随事故种类不同会有所不同,例如坠落、触电等事故的重伤比例非常高。因此,这个法则并不只是数学比率的意义,而是意味着事故与伤害程度之间存在着偶然性的概率原则。因而,事故和损失之间有下列关系;“一个事故的后果产生的损失大小或损失种类由偶然性决定”。反复发生的各种事故常常并不一定产生相同的损失。

也有在事故发生时完全不伴有损失的情况,这种事故被称为险肇事件(nearaccident)。

但是,即便是像这种避免了损失的危险事件,如再发生,会产生多大损失,只能由偶然性决定而不能预测。因此,为了防止发生大的损失,唯一的办法是防止事故的再次发生。因而可以说，事后不管有无损失，作为防止灾害的根本的、重要的工作是防患于未然，因为如果完全防止了事故，其结果就避免了损失。

灾害是由事故及其损失两部分构成，同样的事故其损失是偶然的。

**(三)继发原因的原则**

如前所述，防止灾害的重点是必须防止发生事故。事故之所以发生，是有它的必然原因的。也就是说，事故的发生与其原因有着必然的因果关系。事故与原因是必然的关系，事故与损失是偶然的关系。

一般来说，事故原因可分为直接原因和间接原因两种。

直接原因又称为一次原因，是在时间上最接近事故发生的原因，通常又可进一步分为两类：物的原因和人的原因。物的原因是指由于设备、环境不良所引起；人的原因是指由人的不安全行为引起的。

事故的间接原因有五类：技术的原因、教育的原因、身体的原因、精神的原因和管理的原因。一般来说，调查事故发生的原因，不外乎上述五个间接原因中的某一个，或者某两个以上的原因同时存在。

如果引发事故的原因没有从根本上消除，那么，类似的事故就会重复、多次发生。

## 二、事故预防的措施

安全技术措施、安全教育措施和安全管理措施被公认为是防止事故的三根支柱。通过运用这三根支柱，能够取得防止事故的效果。如果仅片面强调其中任何一根支柱，例如强调法规，是不能得到满意的效果的。它一定要伴随技术和教育的进步才能发挥作用，而且改进顺序应该是技术、教育、法规。只有在安全与预防事故的技术措施充实之后，才能提高安全教育效果；而安全技术与安全教育充实后，才能实行合理的法律、法规。否则，任何安全法规只能停留在纸上。

**(一)安全技术措施**

安全技术措施和安全工程学的对策是不可分割的。当设计机械装置或工程以及建设港口码头时，要认真地研究、讨论潜在危险之所在，预测发生危险的可能性，从技术上解决防止这些危险的对策。为了实施这样根本的技术对策，应该知道所有有关的化学物质、材料、机械装置和设施，了解其危险性质、构造及其控制的具体方法。为此，不仅有必要归纳整理各种已知的资料，而且要测定性质未知的有关物质的各种危险性质。为了得到机械装置的安全设计所需要的其他资料，还要反复进行各种实验研究，以收集有关防止事故的资料。而且，这样已经实施了安全设计的机械装置或设施，还要应用检查和保养技术，确实保障安全计划的实现。

**(二)安全教育措施**

安全教育包括安全意识教育、安全知识教育及安全操作技能教育等方面。安全教育应不断重复、多次强化，并注重教育的科学性、系统性和有效性。

港口企业的安全培训和教育工作分 3 个层面进行。

(1)单位主要负责人和安全生产管理人员的安全培训教育，侧重面为国家有关安全生产的法律法规、行政规章和各种技术标准、规范，了解企业安全生产管理的基本脉络，掌握对整个企业进行安全生产管理的能力，取得安全管理岗位的资格证书。

(2)从业人员的安全培训教育在于了解安全生产知识，熟悉有关的安全生产规章制度和安全操作规程，掌握本岗位的安全操作技能。

(3)特种作业人员必须按照国家有关规定经专门的安全作业培训，取得特种作业操作资格证书。要选拔具有一定文化程度、操作技能、身体健康和心理素质好的人员从事相关工作，并定期进行考察、考核、调整。重大危险岗位作业人员还需要进行专门的安全技术训练，有条件的单位最好能对该类作业人员进行身体素质、心理素质、技术素质和职业道德素质的测定，避免由于作业人员先天性素质缺陷而造成安全隐患。

对作业人员要加强职业培训、教育，使作业人员具有高度的安全责任心、缜密的态度，并且要熟悉相应的业务，有熟练的操作技能，具备有关物料、设备、设施、防止工艺参数变动及泄漏等的危险、危害知识和应急处理能力，有预防火灾、爆炸、中毒等事故和职业危害的知识和能力，在紧急情况下能采取正确的应急方法，事故发生时有自救、互救能力。

加强对新职工的安全教育、专业培训和考核，新进人员必须经过严格的三级安全教育和专业培训，并经考试合格后方可上岗。对转岗、复工人员应参照新职工的办法进行培训和考试。对职工每年至少进行两次安全技术培训和考核。

**(三)安全管理措施**

安全管理措施与安全技术对策措施处于同一层面上的安全管理对策措施，其在企业的安全生产工作中与前者起着同等重要的作用。如果将安全技术对策措施比作计算机系统内的硬件设施，那么安全管理对策措施则是保证硬件正常发挥作用的软件。安全管理对策措施通过一系列管理手段将企业的安全生产工作整合、完善、优化，将人、机、物、环境等涉及安全生产工作的各个环节有机地结合起来，保证企业生产经营活动在安全健康的前提下正常开展，使安全技术对策措施发挥最大的作用。

安全管理措施一般包括安全审查，可行性研究、初步设计、竣工验收，安全检查，安全评价，辨识危害、评价风险、提出风险控制，安全目标管理、建立健全安全管理规章制度等。

# 下篇　考评知识

# 第十一章 考评执业规范

## 第一节 概 述

### 一、企业安全生产标准化考评工作的背景

企业安全生产标准化是安全生产工作的重要手段和抓手，目的是通过建立安全生产责任制，制定安全管理制度和操作规程，排查治理隐患和监控重大危险源，建立预防机制，规范生产行为，使各生产环节符合有关安全生产法律法规和标准规范的要求，并持续改进、完善和提高，使企业的人、机、物始终处于良好的安全状态下运行，从而提升企业安全管理水平，促进企业在安全的前提下健康快速发展。

企业安全生产标准化建设工作的提出最早可追溯到2004年国务院文件《关于进一步加强安全生产工作的决定》（国发〔2004〕2号）。国发2号文件明确提出了在全国所有的工矿、商贸、交通、建筑施工等企业普遍开展安全质量标准化活动的要求。但当时标准化工作还处于探索阶段，重点是安全质量环节，没有形成通过规范安全生产各个环节使人、机、物、环处于良好的生产状态，并持续改进，不断提升企业安全生产综合管理水平全面、系统的要求。

国务院关于企业安全生产标准化工作是以国发〔2010〕23号和国发〔2011〕40号文件在全国范围内进行部署的。23号和40号文件明确要求要深入开展以岗位达标、专业达标和企业达标为内容的安全生产标准化建设，对在规定期限内未实现达标的企业，要依据有关规定责令停产整顿；对整改逾期仍未达标的，要依法予以关闭。国务院安委会安委〔2011〕4号文件《关于深入开展企业安全生产标准化建设的指导意见》则对全国企业安全生产标准化工作作了进一步细化和部署，要求以工矿商贸、交通运输等行业（领域）为重点深入开展安全生产标准化建设。

为贯彻落实国务院关于开展企业安全生产标准化建设工作部署，交通运输部在国务院安委〔2011〕4号文件下发后，迅速制定了《关于印发交通运输企业安全生产标准化建设实施方案的通知》（交安监发〔2011〕322号），对交通运输企业安全生产标准化建设工作进行了全面部署，要求从事客运、危险化学品和烟花爆竹等重点运输企业在2013年底前实现达标，其他交通运输企业在2015年前实现达标。交通运输企业安全生产标准化建设工作正式启动。

### 二、企业安全生产标准化考评工作的管理

根据国务院《关于进一步加强企业安全生产工作的通知》（国发〔2010〕23号）、《关于坚持科学发展安全发展促进安全生产形势持续稳定好转的意见》（国发〔2011〕40号）精神和《关于深入开展企业安全生产标准化建设的指导意见》（安委〔2011〕4号）的部署，交通运输部起草了《交通运输企业安全生产标准化考评管理办法》和《交通运输企业安全生产标准化

达标考评指标》。

2012 年 4 月 20 日,《交通运输企业安全生产标准化考评管理办法和达标考评指标》(交安监发〔2012〕175 号)颁发,标志着旨在通过规范企业安全生产管理及行为,提升企业安全生产能力和水平的交通运输企业安全生产标准化建设工作进入了全面实施阶段。

为规范交通运输企业安全生产标准化考评发证、考评机构和考评员的管理,根据《交通运输企业安全生产标准化考评管理办法》(交安监发〔2012〕175 号),交通运输部制定了《交通运输企业安全生产标准化考评发证实施办法》、《交通运输企业安全生产标准化考评机构管理实施办法》、《交通运输企业安全生产标准化考评员管理实施办法》(见交通运输部办公厅文件(厅安监字〔2012〕134 号)《关于印发交通运输企业安全生产标准化相关实施办法的通知》)。这些办法对交通运输企业安全生产标准化和考评员的管理进行了规范与安排。

本章主要针对交通运输企业安全生产标准化考评员管理和执业规范进行论述,有关考评发证和考评机构的管理放入第 13 - 15 章来说明。

考评员是指在规定职业工种、等级和类别范围内,按照统一考核方法、职业标准及考核要求,对鉴定对象进行考核、评审的人员。安全生产考评员则是在规定的安全生产培训类别范围内,按照国家有关部门考核大纲要求,对安全生产培训对象进行考核后的人员。

为保证交通行业安全生产标准化考核工作的科学性、公正性、客观性,建设一支政策水平高、业务能力强的职业安全生产考评员(以下简称考评员)队伍,以规范交通行业安全生产考核工作,根据《中华人民共和国安全生产法》、《关于坚持科学发展安全发展促进安全生产形势持续稳定好转的意见》(国发〔2011〕40 号)及其他有关规定和要求,明确考评员的职业道德、作用和地位、具备条件、完善考评员注册制度等,以加强对考评员的管理及考评执业规范。

## 第二节　考评员的职业道德

### 一、职业道德概述

职业道德是随着社会分工的深化而逐渐形成和发展起来的特殊的道德规范体系,它的社会功能,在于改善企业员工的工作态度,调节员工之间及其与社会各方面的人际关系,使企业运营能够朝着有利于改善个人福利、推动企业发展、促进社会进步的目标努力。

现代职业道德,则以有效协调群体活动中个人与组织的关系为基本前提。对于企业内部一个岗位上的员工来说,基本的作业技能是他必备的能力,此时,能否正确地做事就看他的态度了,这个态度也就是我们这里所强调的"职业道德"。职业道德的好与坏,直接决定了工作绩效的优与劣,决定了企业的成败。我们常说,"干得怎么样是能力问题,干不干是态度问题",说到底,还是在强调职业道德的重要性。

作为安全生产标准化考评员,无论身在何处,行在何时,其言行举止都应该符合现代社会、现代企业和现代员工的行为操守。现代职业道德集中体现为员工的责任观念,下面三种职责是其代表:

(1)对自己的职责:要尽其所能履行分内工作的任务和责任,你的一生都成就于你工作中的每一时刻。

(2)对企业的职责:在完成既定目标过程中,你要时刻牢记尽力增强企业实力,以保持企业持续发展。

(3)对社会的职责:时刻不要忘记你的工作正关系着他人的生命健康和人生幸福,关系着人类繁荣和社会进步。

## 二、现代职业道德建设的基础

由于文化传统、社会制度和发展程度的差异,决定我国的现代职业道德建设,不能完全照搬西方的观念和规范,而应立足于本国文化传统,结合企业实际情况、符合社会经济发展规律、借鉴别人成熟的先进经验,逐步形成和完善具有中国本土特色、符合现代经营理念和企业自身特点的独特的职业道德体系。

1. 忠于职守、合作敬业

敬业乐业是任何历史时期的任何一个在岗从业人员都必须秉持的职业道德精神,它是所有在岗人员做好本职工作的基本前提。对此,我国传统道德观念早就给出了一系列相应的道德规范,大力提倡敬业、乐业、勤业、精业意识。在传统儒家思想中,孔子很早就提出了“敬业乐群”的主张。所谓“敬业”指的是聚精会神、全心全意地做好自己的本职工作。这正是从业人员搞好本职工作所应具备的基本的思想品格。

2. 遵纪守法、诚实守信

“诚实守信”是任何社会成员安身立命的道德准绳,是一切从业人员做好本职工作的道德前提,更是我们中华民族代代相传的美德。诚实是指对人对事要真实无欺;守信是指不食言、不违约,坚守诺言,说到做到。“诚信”二字合起来,就是要求人们在相互交往中,做到真诚实在,不失信誉。这是我们从事任何职业都应有的道德意识。

3. 坚持原则、顾全大局

“办事公道,顾全大局”是从事任何职业,既要对社会尽义务,享有社会赋予的权力,又要遵纪守法。例如,法官有审判案件的权力,医生有开处方、拿手术刀的权力等;但从职业道德规范来说,从业人员要办事公道,顾全大局,遵纪守法。我们古代思想家们对此有许多精辟的论述,提倡正直无私的道德规范。“正直”,就是办事持平,不偏不倚;“无私”,就是要出以公心。为此,我们在行使职业权力时,一定不能以权谋私、假公济私、枉法徇私,要顾全大局、办事公道、遵纪守法。

4. 以义取利、开拓创新

职业作为一种谋生的手段,不能不讲利益。但是,从业人员要取利,又必须受道德制约,这就是要遵循“以义制利”或“见利思义”的原则。孔子说过:富裕和尊贵,是每个人都渴望得到的,但如果是靠不择手段得来的,宁愿不要。贫穷与低贱,是所有人都厌恶的,但如果不是靠正当手段去改变它,还不如安于贫贱好。所以,以义取利早已成为我们民族的道德价值取向。这种道德价值取向告诉我们,对于“利”要有一种理性的制约,不苟取,不妄得,拒受不义之财。这对于目前社会转型期出现的许多贪赃枉法、巧取豪夺的不正当风气更是一种警醒和匡正。但是,单单讲以义取利是不够的,会导致顾小利而失大义。在守法经营的同时,更要具备开拓创新,着眼长远的职业精神,否则只能是个人修养,称不上职业道德。

综上所述，我们可以看到，现代职业道德的内涵，不是传统伦理道德观念所能完全涵盖的，还蕴含着与现代市场经济运营密切相关的全新内容，不仅要从民族传统的道德土壤中汲取养分，还要努力吸收全人类的优秀品质。现代职业道德的建设，是造就具有现代市场视野、法律意识、伦理情操和时代精神的一代代新人的伟大事业。

## 三、行业职业道德的表现形态

职业道德是一种针对职业行为的社会化角色道德，它与行业有非常密切的关系，它的深刻基础在于从业人员与其职业利益的关系。同时，职业道德的基本精神作为时代精神的一个组成部分，必然反映时代的内容。在改革开放和市场经济条件下，职业结构的调整和职业内容的变化也会提出与其相适应的职业道德精神。最后，在市场经济条件下，职业道德精神的培养还必须注意层次性。基于上述考虑，针对现代交通运输业，职业道德的基本精神都应该包括责业守则精神、精业求实精神、创业拼搏精神、敬业爱岗精神。

1. 责业守则精神

所谓的责业守则精神，就是从业人员对于其所从事的职业要有一定的责任心，要有对本职工作认真负责的态度和精神，要能够充分理解、正确执行职业规则，包括经济的、行政管理的和业务技术方面的规则，这些规则通常表现为必要的规章制度和程序等。责业守则是维系职业和岗位正常实现其功能的基本条件，也是职业道德对从业人员的最起码的要求。责业守则精神是每个职业组织，每一个从业人员所应有的最起码的职业道德精神。在高度规范的市场经济中，如果从业人员和职业组织连这点最起码的职业道德精神都没有的话，那么就根本谈不上什么发展社会主义市场经济了。

2. 精业求实精神

精业求实精神，就是从业人员在责业守则精神的基础上，对本职工作精益求精，不断开拓创新，讲究效率，达到业务纯熟，以至于把它当作一门学问，力求精通，遵循工作对象本身的客观规律，求真务实，努力钻研科学知识，依靠科技进步来提高工作效率。也就是“钻研业务，讲究效率”。精业求实精神是实现职业的社会职能和效益的保证。

3. 创业拼搏精神

所谓创业拼搏精神，是指面对职业上的困难和挑战时，不是被困难和挑战所吓倒，而是敢于面对它，通过艰苦奋斗，顽强拼搏去克服它、战胜它，在不断开创新事业、创造崭新价值的过程中去实现职业价值，实现从业人员的个人利益。

4. 敬业爱岗精神

敬业爱岗精神，就是从业人员在责业、精业、创业的基础上，在职业生活中逐渐形成的一种对自身职业崇敬、热爱的心理。它表现为职业的尊严感和荣誉感，表现为从业人员将自身的价值和名誉与自身职业的价值和名誉结合在一起，在职业活动中，不仅不允许自己有有损于本职业的行为，也不能容忍他人做有损于自身职业的事情。

敬业爱岗精神的形成，首先是责业守则精神、精业求实精神、创业拼搏精神长期实践并逐渐同化的结果。从业人员最初在职业活动中，其责业守则、精业求实、创业拼搏，主要是由于职业规范的约束、市场竞争的压力、职业所面对的困难和挑战而自然生发的反应，这种思想行为在这个阶段上本质上不是自己真心愿意的行为，而是只有在外在的压力和奖惩制度的保障下才表现出来和继续下去。随着外在压力和奖惩制度的继续,从业人员渐渐在职业活动中被责业守则、精业求实、创业拼搏精神所同化。进人这个阶段后,从业人员对责业守则、精业求实、创业拼搏精神能够自愿地接受和履行,已经感受到这些职业道德精神是作为一个从业人员本应具备的基本精神,使外部要求与自己的要求趋于一致。

## 四、企业安全生产考评员职业道德守则

考评员职业道德的学习有利于考评员人生价值的实现;有利于促进安全生产标准化考核工作的发展;有利于改善社会道德风尚;有利于高技能人才队伍建设。

1. 爱岗敬业

考评人员应热爱自己的工作岗位,敬重自己所从事的职业,尽职尽责对待考评工作,要树立职业荣誉感和强烈的职业责任感。要有奉献精神,奉献是考评员职业道德的内在精神体现;在社会主义职业道德中,奉献社会是其中的重要内容,也是职业道德的最高境界。

2. 诚实守信

考评人员应诚实守信,通过获取客观证据,给出公正客观的考评分值和评价,信守承诺,讲求信誉。技术要精湛,考评员的知识(技能)结构是考评员自身的知识结构,也是考评员的考核鉴定技术和能力。

3. 办事公道

考评人员在考评过程中应做到公平、公正,不谋私利,不徇私情,不以权谋私,不以私害民,不假公济私。其核心就是公正。公正是考评员最基本的行为特征。考评员公正与否取决于四个方面的素质:一是法制观念;二是道德素质;三是专业素质,即技术水平;四是考评员的心理素质,即考评员心态对鉴定误差的控制能力。

4. 优质服务

考评人员在考评过程中应尽量减少企业负担,对企业提出的合理请求应酌情予以考虑,考评过程应尽量做到务实、有序、高效,为企业安全标准化建设提供良好服务。要强化服务意识,由被动式服务变为主动式服务。同时要做到文明礼貌,仪表端庄,语言规范,举止得体。

## 五、企业安全生产考评员廉政准则

考评员廉政准则就是要求其在考评过程中做到“廉洁公正”。所谓廉洁,就是清白不贪;所谓公正,就是公道正直,不徇私情。要做到廉洁公正,考评员必须做到如下几点:

(1)素质过硬,要经得起考验。

(2)实事求是,坚持原则。

(3)公平公正,公私分明。

(4)按程序办事,刚直不阿。

禁止考评人员利用考评权利和影响谋取不正当利益。不准有下列行为:

(1)索取、接受或者以借为名占用管理和服务对象以及其他与行使职权有关系的单位或者个人的财物。

(2)接受可能影响公正考评的礼品、宴请以及旅游、健身、娱乐等活动安排。

(3)在考评活动中接受礼金和各种有价证券、支付凭证。

(4)以交易、委托理财等形式谋取不正当利益。

(5)利用知悉或者掌握的内幕信息谋取利益。

## 第三节　考评员的权利与义务

### 一、考评员的作用与地位

(1)考评员在经主管部门批准成立的考评机构或咨询机构中,依据《中华人民共和国安全生产法》及其他有关规范和要求,对交通运输企业安全生产情况进行评价与鉴定。

(2)考评员是安全生产标准化活动的主导因素,其考核行为直接影响考核质量,考评员素质的高低是安全生产标准化考核工作成败的关键。

(3)考评员是实施安全生产标准化考核的技术力量,由交通运输部统一进行资格管理和实施业务指导。

### 二、考评员的权利与义务

1.权利

(1)独立实施考评权。考评员应在考评规定的范围内独立实施考评活动,有权拒绝任何单位和个人更改考核结果的非正当要求。

(2)独立处置权。考评员对考评现场发生的违纪行为,应视情节轻重给予警告或终止考核,考评员对可能发生人员伤害和设备毁损的行为有采取紧急处置的权力。

(3)保护自身合法权益。各级主管机关应维护考评员的合法权益;考评员自身权益受到侵害时,可以向上级行政主管部门进行申诉。

2.义务

(1)核查场地义务。考评员应严格执行考评员工作守则和考核规则。按照安全生产标准化指标和相关规定的要求,对考核场地、设备、材料、工具和检测仪器等进行核查和检验。对不符合安全生产标准化指标或不能满足考核要求的,应通知考评机构予以调整或更换场地。考评机构不予采纳的,考评人员有权拒绝执行考评任务,并在考评报告中予以记录。

(2)评分义务。考评员应严格按照规定的考核方式、方法和评分标准,完成评分任务,填写考评记录。考评组长负责考评工作的组织、协调和最终裁决。每次考评工作完成后,在规定的时间内向考评机构提交考评报告。

(3)回避义务。考评员在执行考评任务时,实行回避制度。考评员与考核对象存在近亲属关系或其他利害工作关系的,考评员应主动向考评机构申请回避或由考核对象及其他人员提出回避申请。

(4)接受监督义务。考评员执行考评任务,必须佩戴考评员资格证卡,并接受考核对象、考评机构督导人员、考评机构和主管机关的监督。

(5)业务提升义务。考评员应加强业务知识和考评技术与方法的学习及研究,提高自身的安全生产理论知识、法律法规知识和实际业务操作技能的水平。

(6)自律义务。考评员应加强职业道德修养,廉洁自律、公平公正,自觉维护考评的公正性、严肃性和权威性。

(7)接受培训考核义务。考评员应参加主管机关组织的培训和考核活动,接受考评机构的派遣,执行考评任务,不得无故缺席。

### 三、考评员的职责

考评员的主要职责如下:

(1)熟悉许可考评范围内的考核内容、考核要求及评分标准。

(2)负责对申请考核企业提交的材料进行审查,并进行现场考评或咨询服务。

(3)对考评结果或咨询服务质量负责,并对聘用单位负责。严格遵守聘用单位制定的考评员工作守则,执行考核纪律,工作认真负责,坚持公平、公正、公开的原则,不弄虚作假,不滥用职权,不徇私舞弊。考核结束后,要如实填写考核记录。

(4)不接受企业或任何相关方的回扣、佣金、礼品或其他任何形式的好处,也不应在知情时允许同事接受。

(5)遵守法律法规及相关规章制度,忠于职守,客观公正。除非有法律要求或经企业和考评机构书面授权,不透露任何有关考评或咨询服务的信息。

(6)每年至少参加2次以上的考评服务项目。

(7)考评员在注册有效期内,每年应接受至少15学时的再教育培训。

(8)考评员被考评机构聘用后尚无特殊情况不得变更考评机构。

(9)考评员有权对考核工作中存在的问题向考评机构提出改进的意见或合理化建议。

## 第四节　考评员的培训、考核、办证与登记

### 一、考评员培训

1.参加考评员培训的人员应具备的条件

(1)热爱安全生产工作,具有良好的职业道德和工作责任心,廉洁奉公、办事公道、作风正派;

(2)熟悉交通运输企业安全生产标准化有关法律、法规、规章和政策,掌握安全生产标准化考评标准指标和安全生产相关技术;

(3)具有大学专科以上学历,相关专业技术职称,且从事交通运输相关工作5年以上;

(4)身体健康,年龄原则上不得超过60周岁,能够胜任安全生产标准化考评工作;

(5)有较强的组织协调能力和文字语言表达能力;

(6)报考考评员的人员应由本人提出,通过交通运输企业安全生产标准化管理信息系统向户籍所在地或常住地主管机关提交申请。

2.培训目的

通过培训使学员熟悉《交通运输企业安全生产标准化考评管理办法》、《交通运输企业安全生产标准化达标考评指标》的具体要求等,掌握安全生产标准化考评的依据、原则和方

法;选聘安全生产标准化考评员。

3. 培训形式与内容

(1)培训形式:专家讲授,集中培训和考试,通过考试选拔水路普货运输企业安全生产标准化考评员。

(2)培训内容:

考评人员培训内容包括公共知识要求和专业技能两部分。公共知识要求以国家法律法规、政策、考评人员道德规范、工作守则等为主要内容。专业技能培训以相关的行业标准、新工艺、新技术、新的考试方法为主要内容。具体如下:

①交通行业安全生产标准化评审办法、考评员职业道德、考评员的权利与义务等基本要求和考评员管理等通用要求;

②基础管理规范要求及考评方法;

③通用安全技术和现场规范考评方法;

④交通运输企业安全生产标准化考评管理办法;

⑤交通运输企业安全生产标准化达标考评指标;

⑥交通运输企业安全生产标准化考评员考试。

## 二、考评员的资格考核与办证

考评员的考核应按照国家有关法律、法规和培训考核的要求,由省交通运输主管部门组织。根据需要,也可委托专业考评机构进行培训,省交通运输主管部门组织考核。

考评人员的考核分为公共理论知识和专业技能两个部分进行。公共理论知识的考核,由交通运输部统一命题,采取笔试方式进行。专业技能的考核由省交通运输主管部门或其委托机构组织命题,结合行业和个人实际进行。

经培训考试合格的人员,由省级交通运输主管部门、长江航务管理局、珠江航务管理局核发交通运输企业安全生产标准化考评员资格证。

直接从事交通运输安全生产行政管理工作10年以上,熟练掌握交通运输安全生产相关法规和企业安全生产标准化规定,身体健康,经本人申请、所在单位推荐、发证主管机关核准,可直接颁发考评员资格证。

## 三、考评员信息登记

考评员的信息由省级交通运输主管部门和长江航务管理局、珠江航务管理局在管辖范围内进行登记,并报交通运输部。

考评员有下列行为之一的,主管机关应当撤销考评员资格:

(1)隐瞒企业重大安全问题的;

(2)考评工作中弄虚作假的;

(3)泄露企业技术和商业秘密的;

(4)收受企业财物或者为企业谋取不正当利益的;

(5)不服从主管机关监督管理的;

(6)资格证逾期不申请换证的;

(7)其他不能胜任考评工作的。

因上述(1)、(2)、(3)、(4)原因被撤销资格证的,终身不得从事考评工作;因上述其他原因被撤销资格证的,2 年内不得申请考评员资格。

考评员常住地发生省际变更的,应申请换发资格证。

## 第五节　考评员的执业规范

考评员应当遵守下列规定:

(1)严格执行国家有关法律法规,客观公正,实事求是,保证考评工作质量和真实性。

(2)遵守考评纪律,恪守职业道德,保守考评企业技术和商业秘密。

(3)对考评工作负责。

(4)对考评结论持有异议的,可向考评机构报告,如对考评机构的认定仍有异议的,可向相应的主管机关报告。

(5)与申请考评的企业存在利害关系的,应当主动回避。

(6)自觉接受主管机关、考评机构的监督管理。

(7)年度继续教育时间不少于 8 学时。

考评员职业资格管理:

(1)未取得考评员资格证书的人员不得独立承担考评任务或咨询工作。

(2)各省交通运输主管部门或其委托机构负责全省考评员的资格申报受理与材料审核、培训、考核和日常管理工作。

(3)考评机构要与考评员签订劳动合同,明确双方的职责和权利。考评机构应依法维护考评员的合法权益。

(4)考评员只能在一家安全生产考评机构任职。

(5)考评员资格证卡不得转借给其他机构或者个人。

(6)各考评机构应对聘用(任)的考评员进行上岗前培训和定期业务培训,使考评员熟练掌握考核方法、评分标准以及考场组织管理等规定。

(7)考评员应服从考评工作安排,因故不能参加考评工作的,应提前告知并说明原因。

(8)考评员在执行考评任务时,应佩戴考评员资格证卡,主动执行亲属、师生、师徒回避制度。

(9)考评员应接受交通运输主管部门和考评机构委派的督考员(或巡考员)监督检查。

(10)各考评机构要建立考评员档案管理制度,并按年度向交通运输主管部门备案。其内容包括;考评员资格申报相关材料、考评员资格证卡复印件、考评员劳动合同或聘任协议、考评员工作记录等。

(11)考评员有下列行为之一者,各考评机构可予以解除劳动合同或聘任协议,并上报省、市交通运输主管部门:①有违法违纪行为,玩忽职守,不能履行职责者;②业务水平低,能力不胜任者;③经常无故不参加考评或长期未参加考评的;④不服从主管部门和聘用单位监督管理的。

(12)考评员出现严重违法违纪行为构成犯罪的,由司法机关依法追究其法律责任。

(13)对在考评工作中作出突出贡献的考评员,交通运输主管部门将予以表彰。

# 第十二章　港口码头企业安全生产标准化达标考评指标

## 第一节　概　述

根据《关于进一步加强企业安全生产工作的通知》(国发〔2010〕23号)、《关于坚持科学发展安全发展促进安全生产形势持续稳定好转的意见》(国发〔2011〕40号)精神和《关于深入开展企业安全生产标准化建设的指导意见》(安委〔2011〕4号)的部署,交通运输部起草了《交通运输企业安全生产标准化考评管理办法》和《交通运输企业安全生产标准化达标考评指标》。

交通运输企业安全生产标准化达标等级分为一级、二级、三级,其中城市轨道交通企业安全生产达标标准等级分为一级、二级。评为一级达标企业的考评分数不低于900分(满分1000分,下同)且完全满足所有达标企业必备条件;评为二级达标企业的考评分数不低于700分且完全满足二、三级达标企业必备条件;评为三级达标企业的考评分数不低于600分且完全满足三级达标企业必备条件。

交通运输部主管全国交通运输企业安全生产标准化工作并负责一级达标企业的考评工作。省级交通运输主管部门负责本管辖范围内交通运输企业安全生产标准化工作和二、三级达标企业的考评工作。长江航务管理局、珠江航务管理局分别负责长江干线、西江干线跨省航运企业安全生产标准化工作和二、三级达标企业的考评工作。

交通运输企业安全生产标准化达标考评指标根据经营内容差异,分为五个个类别,分别是水路运输企业、道路运输企业、港口企业、公交企业及交通设施建设企业,每个类别根据其业务特点,进一步细分,如港口企业细分为港口客运(含滚装、渡船渡口)码头企业、港口普通货物码头企业和港口危险货物码头企业,每一类企业的安全生产标准化达标考评指标都明确了考评内容、考评要点以及分值。

## 第二节　考评系列指标构成与特点

考评系列指标由包括安全目标、管理机构和人员、安全责任体系、法规和安全管理制度、安全投入、装备设施、科技创新与信息化、队伍建设、作业管理、危险源辨识与风险控制、隐患排查与治理、职业健康、安全文化、应急救援、事故报告调查处理、绩效考核与持续改进等十六项内容构成,其中每一项内容又分解为若干子项,以针对考评对象的特性及行业安全生产要求,细化每一个考评要点,并赋予一定分值,各项考评得分的总和为企业安全生产标准化达标考评得分。

本评分标准共有16项一级要素、55项二级要素及135条企业达标标准。如"港口客运(含滚装、渡船渡口)码头企业安全生产标准化达标考评指标"、"港口普通货物码头企业安全生产标准化达标考评指标"和"港口危险货物码头企业安全生产达标考评指标"的一级要素及各要素分值分配分别见表12-1、表12-2和表12-3。

安全生产标准化达标等级共分为一级、二级、三级,其中一级为最高级。

评为一级达标企业的考评分数不低于900分(满分1000分,下同)且满足所有必备条件,评为二级达标企业的考评分数不低于700分且满足二、三级必备条件,评为三级达标企业的考评分数不低于600分且满足三级必备条件。

考评指标中部分考评要点被标注为相应等级达标企业必须完全满足的指标项:"★"为一级必备条件;"★★"为二级必备条件;"★★★"为三级必备条件。必备条件为考评指标中申请相应达标级别的企业。

**港口客运(滚装、渡船渡口)码头企业安全生产标准化达标考评指标一级要素及各要素分值分配**

表12-1

| 一级要素 | 分值 |
|---|---|
| 一、安全目标 | 35分 |
| 二、管理机构和人员 | 40分 |
| 三、安全责任体系 | 45分 |
| 四、法规和安全管理制度 | 70分 |
| 五、安全投入 | 45分 |
| 六、装备设施 | 115分 |
| 七、科技创新与信息化 | 55分 |
| 八、队伍建设 | 90分 |
| 九、作业管理 | 160分 |
| 十、危险源辨识与风险控制 | 45分 |
| 十一、隐患排查与治理 | 70分 |
| 十二、职业健康 | 25分 |
| 十三、安全文化 | 35分 |
| 十四、应急救援 | 85分 |
| 十五、事故报告调查处理 | 50分 |
| 十六、绩效考核与持续改进 | 35分 |
| 合计 | 1000分 |

**港口普通货物码头企业安全生产标准化达标考评指标一级要素及各要素分值分配** 表12-2

| 一级要素 | 分值 |
|---|---|
| 一、安全目标 | 35分 |
| 二、管理机构和人员 | 35分 |
| 三、安全责任体系 | 45分 |
| 四、法规和安全管理制度 | 70分 |

续上表

| 一级要素 | 分值 |
|---|---|
| 五、安全投入 | 45 分 |
| 六、装备设施 | 140 分 |
| 七、科技创新与信息化 | 55 分 |
| 八、队伍建设 | 90 分 |
| 九、作业管理 | 140 分 |
| 十、危险源辨识与风险控制 | 45 分 |
| 十一、隐患排查与治理 | 70 分 |
| 十二、职业健康 | 25 分 |
| 十三、安全文化 | 35 分 |
| 十四、应急救援 | 85 分 |
| 十五、事故报告调查处理 | 50 分 |
| 十六、绩效考核与持续改进 | 35 分 |
| 合计 | 1000 分 |

**港口危险货物码头企业安全生产达标考评指标一级要素及各要素分值分配** 表 12-3

| 一级要素 | 分值 |
|---|---|
| 一、安全目标 | 35 分 |
| 二、管理机构和人员 | 40 分 |
| 三、安全责任体系 | 45 分 |
| 四、法规和安全管理制度 | 70 分 |
| 五、安全投入 | 45 分 |
| 六、装备设施 | 130 分 |
| 七、科技创新与信息化 | 55 分 |
| 八、队伍建设 | 90 分 |
| 九、作业管理 | 145 分 |
| 十、危险源辨识与风险控制 | 45 分 |
| 十一、隐患排查与治理 | 70 分 |
| 十二、职业健康 | 25 分 |
| 十三、安全文化 | 35 分 |
| 十四、应急救援 | 85 分 |
| 十五、事故报告调查处理 | 50 分 |
| 十六、绩效考核与持续改进 | 35 分 |
| 合计 | 1000 分 |

企业安全生产标准化内审人员应认真学习交通运输企业安全生产标准化达标指标和指标释义，根据考评指标释义的相关要求，针对企业实际情况，如实进行得分及扣分点说明、描述，并在自评扣分点及原因说明汇总表中逐条列出。安全生产标准化达标考评员应从考评

指标体系出发，依据释义内容，对提出安全生产标准化达标考评申请的企业进行客观考评。

## 第三节 考评评分基本原则与要点

交通运输企业安全生产标准化考评以国家有关安全生产的方针、政策和法律、法规、标准为依据，运用定量和定性的方法对交通运输企业存在的隐患、危险源等有害因素进行辨识、分析和评价，提出预防、控制、治理对策措施，为交通运输企业减少事故发生的风险，为政府主管部门进行安全生产监督管理提供科学依据。考评工作不但具有较复杂的技术性，而且还有很强的政策性，做好这项工作，必须以申请考评企业的具体情况为基础，以国家安全法规及有关技术标准为依据，用严肃的科学态度，认真负责的精神，强烈的责任感和事业心，全面、仔细、深入地开展和完成考评任务。

考评机构人员在对交通运输企业进行考评时，应秉持客观、公正、公开、透明的基本原则，全面了解并掌握企业安全生产总体状况，可采用资料核对、人员询问、现场考评等方法，对照考评内容及要点，逐一详细检查企业内部安全管理目标和应急预案的制定、各项安全管理制度和操作规程的执行情况、相关工作台账以及档案的记录与存档、安全生产责任落实情况等。每项检查要点得分达到满分分值的60%为合格，未通过考评的或经主管机关审核不合格的，企业应采取纠正措施并可在3个月后重新申请考评。

考评工作过程中，应注意以下几个方面的问题。

### 一、考评目的的把握

交通运输安全生产标准化达标考评的根本目标不仅是为了取得达标证书，而是通过安全生产标准化考评来发现交通运输企业安全生产管理中存在的不足，并通过有效整改措施，完善制度，消除隐患，有效监控应对重大风险源，实现安全生产管理水平的提升。简而言之：不断改进安全生产管理、提高安全管理效益，推动安全生产管理的良性循环。

交通运输安全生产标准化考评活动的开展是针对交通运输行业安全生产工作存在的问题和不足，考评指标和等级划分标准体现了交通运输部对于交通运输企业安全生产管理工作改进的方向和目标。考评指标的展开和具体化服务于交通运输部安全生产“十二五”规划的总体目标。考评过程应牢牢把握这一基本原则。

### 二、考评过程的客观、公正、公开、透明

考评过程每一项工作都要做到客观和公正，既要防止评价人员主观因素的影响，又要排除外界因素的干扰，避免出现不合理、不公正的评价结论。

客观考评。真实、准确地反映被考评企业安全生产标准化工作中的成绩和缺点，有利于被考评企业改进管理、提高安全管理的质量和水平；遵循客观性原则，注重对安全生产标准化绩效的考核，有利于激励先进、教育后进，提升交通运输企业参与安全管理的热情，起到积极向上的作用。

公正考评。安全生产标准化达标证书将逐步成为行业准入的门槛，如果考评过程违背公正原则，将极大损害交通运输安全生产标准化工作的权威性和严肃性，使得愿意改进安全

生产管理，努力实现安全生产标准化达标的企业信心受挫，最终阻碍交通运输行业安全生产标准化建设的深入。在涉及一些部门、集团、个人的某些利益时，应以国家和交通运输行业整体利益为重，以企业员工的安全与健康为重，以旅客安全、环境安全、货物安全等为重，依据有关法规、标准、规范作出考评结论，确保考评指标体系的一致性和有效性。

考评应做到公开、透明，不搞暗箱操作，对于考评过程中发现的问题应及时指出，对于考评的结果应及时公布。公开透明的考评，将有助于企业安全生产标准化考评过程接受社会监督，取得考评对象及政府部门的信任；公开透明的考评，对不达标企业形成一定压力，有助于达标企业提升企业信誉，获得市场客户、合作伙伴及相关者更多信任，提高市场竞争力。通过安全生产标准化达标工作实现合理的市场淘汰机制，提升整个交通运输行业的安全生产管理水平。

因此，对于考评流程的管理、考评机构的管理以及考评员管理也应遵循这样的思路。

## 三、考评的科学性

企业安全生产标准化达标考评涉及学科范围广，影响因素复杂多变。为保证考评结果和达标等级能准确地反映被考评企业的客观实际，确保结论的正确性，在开展安全生产标准化达标考评的全过程中，必须采用科学的方法、程序，以严谨的科学态度全面、准确、客观地进行工作，提出科学的对策措施，作出科学的结论。

确保考评的科学性，首先要求考评机构和考评员具备相应的专业资质和能力，对安全生产管理的客观规律有一定程度的掌握，了解特定交通运输细分行业的营运特征，对相关领域隐患、危险源的种类、程度、产生的根源及出现事故险情、突发事件的条件及其后果有深入认识，才能为考评的科学性提供坚实基础。

其次需要考评机构和考评员对各种考评方法的局限性有清醒认识。评价员应全面、仔细、科学地分析各种考评方法的原理、特点、适用范围和使用条件，必要时，还应采用多种方法进行分析综合，互为补充，互相验证，提高考评的准确性；考评时，切忌生搬硬套、主观臆断、以偏概全。同时还需要考评机构和考评员从收集资料、调查分析直至作出考评结论，提出对策措施、与建议要求等。每个环节都必须用科学的方法和可靠的数据，按科学的工作程序一丝不苟地完成各项工作，努力在最大程度上保证考评结论的正确性和对策措施的合理性、可行性和可靠性。

## 四、考评的权威性和严肃性

企业安全生产管理是国家法律提出的强制性要求。随着安全生产标准化工作的逐步深入，企业安全生产标准化也会成为强制性要求。考评机构和考评员在考评过程中，应在国务院安委会、交通运输部安监司及省市交通运输主管部门的指导、监督下，严格执行国家、行业及地方颁布的有关安全生产的方针、政策、法规和标准，在评价过程中主动接受主管部门的监督和检查，确保考评结果合法、合规，具有科学性和可验证性，为企业安全生产管理提供科学建议。从而体现交通运输企业安全生产标准化达标考评的权威性。

企业安全生产标准化达标考评对于交通运输企业的正常营运和可持续发展意义重大，更牵涉企业员工的安全健康，相关者的安全，以及环境的安全，是一项十分严肃的工作，考评机构和考评员必须以强烈的责任心和事业心来进行考评工作。

考评过程中，为确保考评结论完整反映被考评企业的实际情况，考评机构和考评员应认真细致地对所有必须的各种书面材料进行逐一核对和查验，对相关安全生产台账和档案进行仔细分析，对相关应急预案进行全面考察；对书面材料无法确认的情况应积极采取人员询问和现场查验方式进行进一步验证，确保考评工作的严肃性。

# 第十三章　考评流程与监督管理

## 第一节　考 评 管 理

根据交通运输部《交通运输企业安全生产标准化考评管理办法》和《交通运输企业安全生产标准化达标考评指标》要求。从事道路水路运输(含客货运输企业、客货运站场、港口经营企业)、城市客运(含公交、轨道交通、出租汽车企业)、交通运输建设施工、机动车维修等企业必须进行交通运输企业安全生产标准化考评。

交通运输企业安全生产标准化达标等级分为一级、二级、三级，其中城市轨道交通企业安全生产达标标准等级分为一级、二级。

评为一级达标企业的考评分数不低于900分(满分1000分，下同)且完全满足所有达标企业必备条件，评为二级达标企业的考评分数不低于700分且完全满足二、三级达标企业必备条件，评为三级达标企业的考评分数不低于600分且完全满足三级达标企业必备条件。

交通运输部主管全国交通运输企业安全生产标准化工作并负责一级达标企业的考评工作。省级交通运输主管部门负责本管辖范围内交通运输企业安全生产标准化工作和二、三级达标企业的考评工作。长江航务管理局、珠江航务管理局分别负责长江干线、西江干线跨省航运企业安全生产标准化工作和二、三级达标企业的考评工作。以上部门和单位统称为主管机关。

交通运输企业安全生产标准化考评包括初次考评、换证考评和附加考评等三种形式。

交通运输企业安全生产标准化考评工作应坚持客观、公正、公开、透明的原则，由主管机关按照《交通运输企业安全生产标准化考评管理办法》组织实施。主管机关应向社会公告交通运输企业安全生产标准化考评结果。

## 第二节　考 评 流 程

交通运输企业安全生产标准化建设流程包括策划准备及制定目标、教育培训、现状梳理、管理体系文件制修订、实施运行及整改、企业自评、考评申请、考评实施与管理等八个阶段

一、策划准备及制定目标

策划准备阶段首先要成立领导小组，由企业主要负责人担任领导小组组长，所有相关的职能部门的主要负责人作为成员，确保安全生产标准化建设组织保障；成立执行小组，由各部门负责人、工作人员共同组成，负责安全生产标准化建设过程中的具体问题。

制定安全生产标准化建设目标，并根据目标来制定推进方案，分解落实达标建设责任，明确在安全生产标准化建设过程中确保各部门按照任务分工，顺利完成各阶段工作目标。

2. 教育培训

安全生产标准化建设需要全员参与。教育培训首先要解决企业领导层对安全生产标准化建设工作重要性的认识，加强其对安全生产标准化工作的理解，从而使企业领导层重视该项工作，加大推动力度，监督检查执行进度；其次要解决执行部门、人员操作的问题，培训评定标准的具体条款要求是什么，本部门、本岗位、相关人员应该做哪些工作，如何将安全生产标准化建设和企业日常安全管理工作相结合。

同时，要加大安全生产标准化工作的宣传力度，充分利用企业内部资源广泛宣传安全生产标准化的相关文件和知识，加强全员参与度，解决安全生产标准化建设的思想认识和关键问题。

3. 现状梳理

对照相应专业评定标准（或评分细则），对企业各职能部门及下属各单位安全管理情况、现场设备设施状况进行现状摸底，摸清各单位存在的问题和缺陷；对于发现的问题，定责任部门、定措施、定时间、定资金，及时进行整改并验证整改效果。现状摸底的结果作为企业安全生产标准化建设各阶段进度任务的针对性依据。

企业要根据自身经营规模、行业地位、工艺特点及现状摸底结果等因素及时调整达标目标，注重建设过程，真实有效可靠，不可盲目一味追求达标等级。

4. 管理体系制修订

安全生产标准化对安全管理制度、操作规程等要求，核心在其内容的符合性和有效性，而不是对其名称和格式的要求。企业要对照评定标准，对主要安全管理文件进行梳理，结合现状摸底所发现的问题，准确判断管理文件亟待加强和改进的薄弱环节，提出有关文件的制修订计划；以各部门为主，自行对相关文件进行修订，由标准化执行小组对管理文件进行把关。

5. 实施运行及整改

根据制修订后的安全管理文件，企业要在日常工作中进行实际运行。根据运行情况，对照评定标准的条款，按照有关程序，将发现的问题及时进行整改及完善。

6. 企业自评

企业在安全生产标准化系统运行一段时间后，依据评定标准，由标准化执行小组组织相关人员，开展自主评定工作。申请达标等级的交通运输企业应对照《交通运输企业安全生产标准化达标考评指标》进行自评，逐项给出自评分值，形成自评报告。企业对自主评定中发现的问题进行整改，整改完毕后，着手准备安全生产标准化评审申请材料。

7. 考评申请

企业完成自评后，通过“交通运输企业安全生产标准化管理信息系统”向相应的主管机关提出考评申请（申请表格式见附件），并根据经营类别分别申请达标等级；主管机关收到企业申请后确定考评机构，受理考评。

8. 考评实施与管理

考评机构应在5个工作日内完成对企业申请材料的真实性和符合性的核查，对核查通过的企业启动考评；核查不通过的，应及时告知主管机关和企业，并说明原因。

考评机构应组织3名以上（含3名）具有相应资质的考评人员成立考评组，制定具体考评计划，告知企业后实施。考评机构应在接到申请后25个工作日内完成对企业的考评。

企业在考评过程中，应积极主动配合，由参与安全生产标准化建设执行部门的有关人员参加考评工作。企业应对考评报告中列举的全部问题，形成整改计划，及时进行整改，并配合考评机构上报有关考评材料。考评机构考评时，可邀请属地安全监管部门派员参加，便于安全监管部门监督考评工作，掌握考评情况，督促企业整改考评过程中发现的问题和隐患。

考评工作流程如图13-1所示。

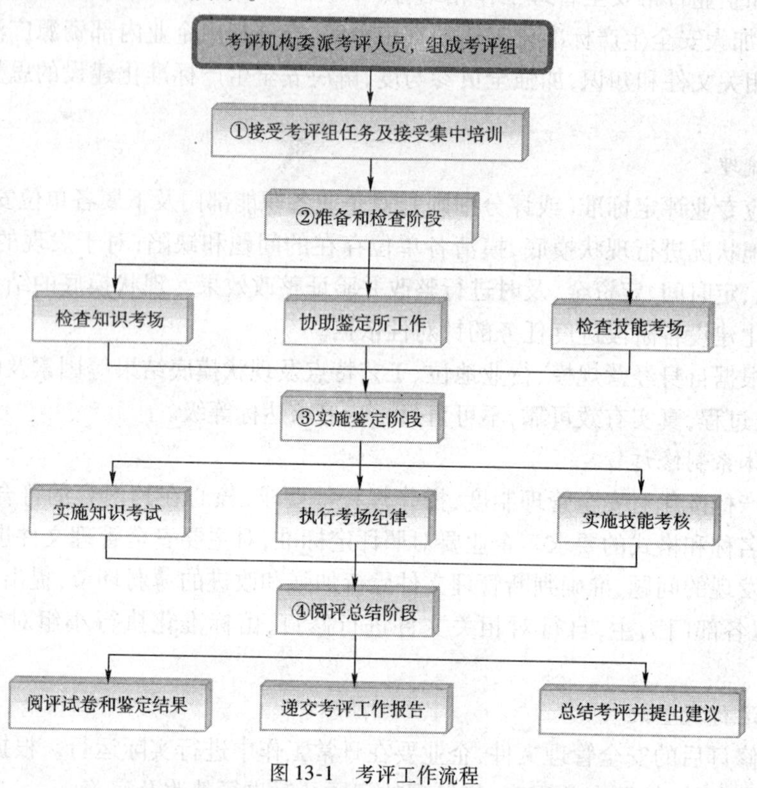


图13-1 考评工作流程

# 第三节 考评申请与发证

## 一、考评申请

申请考评的企业应向主管机关提交申请。企业安全生产标准化达标考评申请表(见本章附件)。

交通运输部主管全国交通运输企业安全生产标准化工作并负责一级达标企业的考评工作；省级交通运输主管部门负责本管辖范围内交通运输企业安全生产标准化工作和二、三级达标企业的考评工作；长江航务管理局、珠江航务管理局分别负责长江干线、西江干线跨省航运企业安全生产标准化工作和二、三级达标企业的考评工作。

不同级别的达标考评企业分别向上述相应的主管机关提出申请；主管机关审核合格后由考评机构组织考评。

企业安全生产标准化考评包括初次考评、换证考评和附加考评等三种形式。

企业安全生产标准化考评工作应坚持客观、公正、公开、透明的原则，由主管机关按照本办法组织实施。主管机关应向社会公告交通运输企业安全生产标准化考评结果。

在接受考评过程中，企业应提供所需的工作便利，以确保考评员充分有效地实施考评；如实提供相关资料和证据；与考评员合作，以保证考评工作顺利完成。

## 二、初次考评和发证

申请初次考评的企业应具备以下条件：

(1)具有企业法人资格(含分公司)，并直接从事交通运输生产经营建设行为的实体。

(2)具有与其经营管理相适应的安全生产管理机构和人员，并建有相应的安全生产管理制度。

(3)已进行安全生产标准化建设自评。

初次考评应提交申请报告，并附以下材料：

(1)企业法人营业执照、经营许可证等。

(2)企业基本情况和安全生产组织架构。

(3)企业安全生产基本情况。

(4)企业安全生产标准化建设自评报告。

主管机关收到初次考评申请及所附材料后，应审查以下内容：

(1)是否属于本管辖范围。

(2)是否满足申请条件。

(3)申请材料是否齐全。

申请材料不符合要求的，应告知企业补充、修改或重新提交申请。

对满足申请要求的企业，主管机关应结合企业的申请确定考评机构。考评机构应按照主管机关的要求和本办法的规定对企业安全生产情况进行考评。

企业通过考评的，由考评机构报主管机关审核同意后，向该企业签发安全生产标准化达标证书。未通过考评的或经主管机关审核不合格的，企业应采取纠正措施并可在3个月后重新申请考评。

企业安全生产标准化达标证书有效期为3年。

已取得相关机构颁发的安全生产管理体系证书(证明)的企业，连续3年未发生重特大事故的，经主管机关对必备条件审核后，可颁发二级或三级安全生产达标证书。

企业申请高一级别安全生产标准化达标考评，考评及发证的内容、范围和方法按照初次考评的有关规定执行。

新组建企业应于正式运营6个月后提出初次考评申请。

## 三、换证考评与发证

换证考评申请应在企业安全生产标准化达标证书有效期届满之日前3个月内提出。

换证考评申请应附送以下材料：

(1)企业法人营业执照、经营许可证等。

(2)安全生产标准化达标证书。

(3)企业基本情况和安全生产组织架构。

(4)企业安全生产管理情况。

换证考评及发证的内容、范围和方法参照初次考评的有关规定执行。

换证考评和发证应在现有企业安全生产标准化达标证书有效期届满前完成。

换证考评未通过的,企业应在原证书期满后 3 个月内提出重新考评申请。

企业安全生产标准化达标证书遗失的,可以向原考评发证机构申请补发。

企业法人代表、名称、地址等变更的,应在变更后 1 个月内,向相应的主管机关提供有关材料,申请对企业安全生产标准化达标证书的变更。

主管机关向企业、考评机构、考评人员发放证书不得收取任何费用。

### 四、附加考评

有下列情况之一的,主管机关或其指定的考评机构应对持有企业安全生产标准化达标证书的企业实施附加考评:

(1)企业发生重大及以上安全责任事故。

(2)企业一年内连续发生二次及以上较大安全责任事故。

(3)企业被举报并经核实其安全生产管理存在重大安全问题。

(4)企业发生其他可能影响其安全生产管理的重大事件或主管机关认为确实必要的。

上述事故等级按照《生产安全事故报告和调查处理条例》(国务院第 493 号令)确定。

附加考评应针对引发附加考评的原因进行。在考评中发现有严重问题的,可扩大考评范围,直至实施全面考评。

通过附加考评并经主管机关审核合格的,维持企业安全生产标准化达标证书的有效性。

未通过附加考评或经主管机关审定认为其安全生产管理存在重大问题的,主管机关应责令其整改,整改合格的,企业应在 3 个月内再次申请初次考评。

## 第四节　后期监督与管理

### 一、达标后企业的监督与管理

考评机构应严格按照相关安全生产标准化评定标准的要求开展考评的相关工作,确保安全生产标准化考评工作的质量,并对考评结果负责。

取得安全生产标准化证书后,企业应每年对本单位安全生产标准化的实施情况至少进行一次自我评定,并形成自评报告,及时发现和解决生产中的安全问题,持续改进,不断提高安全生产水平。

安全生产标准化企业证书和牌匾有效期 3 年,有效期满后应按交通运输部《交通运输企业安全生产标准化考评管理办法》的规定重新申请。

### 二、证书撤销条件

对获得安全生产标准化称号的企业,各级安全生产监督管理部门视情况组织日常检查、抽查,并对检查、抽查情况进行通报。企业在考评过程中弄虚作假、申请材料不真实的,不接受检查或抽查的,发生生产安全事故符合下述情况的,撤销其安全生产标准化企业称号。

取得安全生产标准化证书的企业,在证书有效期内发生生产安全事故累计造成的人员伤亡或经济损失符合下列规定,或发生其他造成较大社会影响的生产安全事故、存在隐瞒事故行为的,由原考评机构撤销其安全生产标准化企业称号:

一级达标企业,大型企业集团发生较大以上生产安全事故,或集团所属成员企业20%以上发生死亡生产安全事故;上市公司或行业领先企业发生人员死亡生产安全事故;

二级达标企业生产安全事故死亡超过2人;

三级达标企业生产安全事故死亡超过3人。

被撤销安全生产标准化称号的企业,应向原发证机构交回证书和牌匾。

附件

# 交通运输企业安全生产标准化达标考评

# 申

# 请

# 表

申请日期：　　年　　月　　日

中华人民共和国交通运输部制

# 交通运输企业安全生产标准化达标考评申请表

<table>
<tr><td>企业名称</td><td colspan="3"></td></tr>
<tr><td>经营范围</td><td colspan="3"></td></tr>
<tr><td>法人代表</td><td></td><td>注册地</td><td></td></tr>
<tr><td>注册时间</td><td></td><td>申请记录</td><td>有□ 年 月 无□</td></tr>
<tr><td>申请类别</td><td></td><td>申请等级</td><td></td></tr>
<tr><td>主管机关</td><td colspan="3"></td></tr>
<tr><td rowspan="7">相关附件</td><td colspan="3">1. 企业法人营业执照、经营许可证等 □</td></tr>
<tr><td colspan="3">2. 企业基本情况和安全生产组织架构 □</td></tr>
<tr><td colspan="3">3. 企业安全生产基本情况 □</td></tr>
<tr><td colspan="3">4. 相关安全生产管理体系证书(证明)及近3年安全事故情况 □</td></tr>
<tr><td colspan="3">5. 企业自评报告 □</td></tr>
<tr><td colspan="3"></td></tr>
<tr><td colspan="3"></td></tr>
<tr><td>主管机关意　　见</td><td colspan="3">(电子签名) 年 月 日</td></tr>
<tr><td>备　　注</td><td colspan="3"></td></tr>
</table>

说明:如有申请记录请在该栏填写最近一次申请时间。

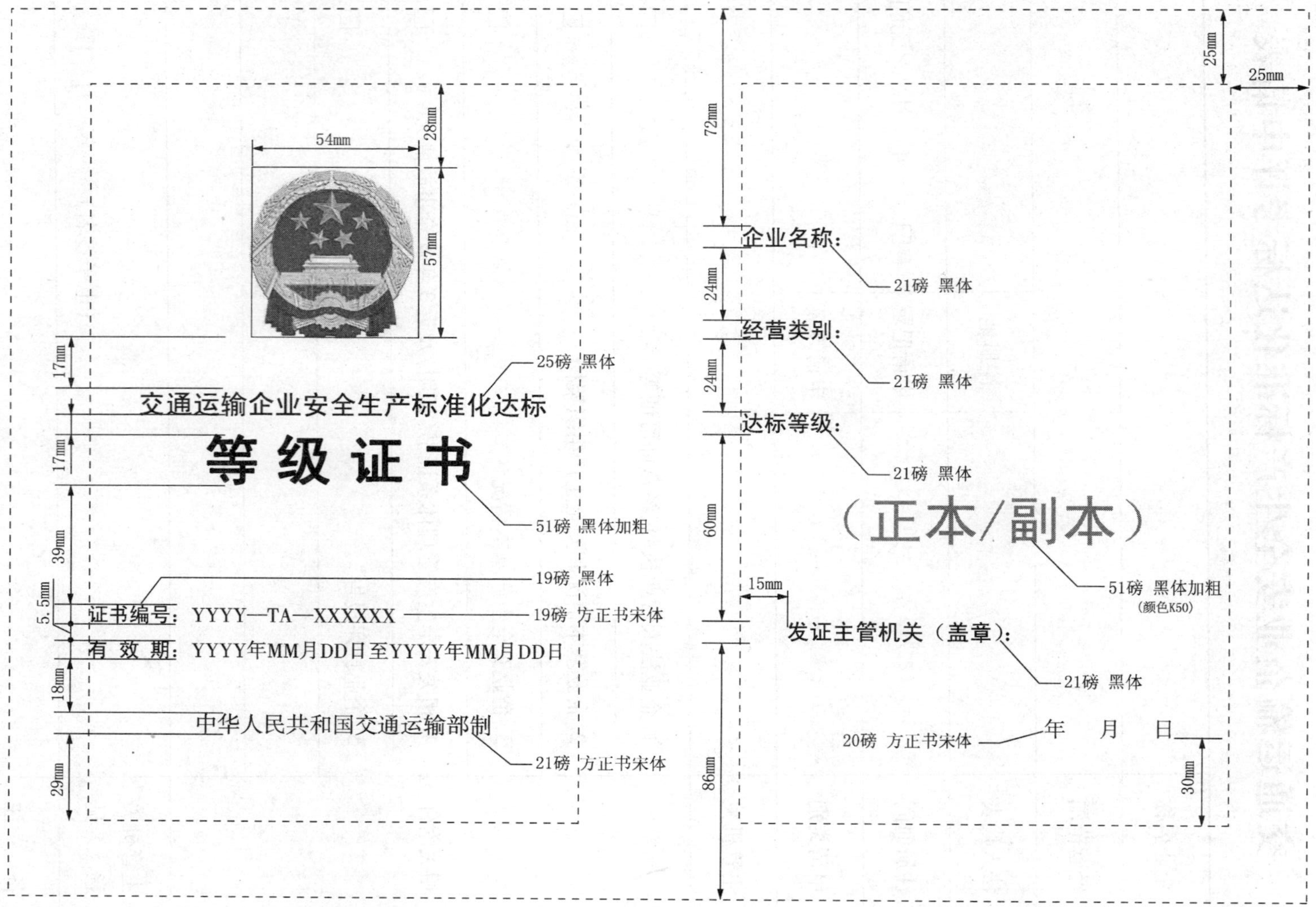

交通运输企业安全生产标准化达标

# 等 级 证 书

证书编号：YYYY—TA—XXXXXX

有 效 期：YYYY年MM月DD日至YYYY年MM月DD日

中华人民共和国交通运输部制

25mm
28mm
54mm
57mm
17mm
17mm
39mm
5.5mm
18mm
29mm
25磅 黑体
51磅 黑体加粗
19磅 黑体
19磅 方正书宋体
21磅 方正书宋体

企业名称：

经营类别：

达标等级：

（正本/副本）

发证主管机关（盖章）：

年 月 日

72mm
24mm
24mm
60mm
15mm
86mm
30mm
21磅 黑体
21磅 黑体
21磅 黑体
51磅 黑体加粗 (颜色K50)
21磅 黑体
20磅 方正书宋体

## 证书说明

1. 等级证书纸张大小为420mm×297mm(A3),带底纹。

2. 证书编号格式为YYYY—TA—XXXXXX。YYYY表示年份;TA表示发证主管机关(01表示交通运输部,02表示北京市,03表示天津市,04表示河北省,05表示山西省,06表示内蒙古自治区,07表示辽宁省,08表示吉林省,09表示黑龙江省,10表示上海市,11表示江苏省,12表示浙江省,13表示安徽省,14表示福建省,15表示江西省,16表示山东省,17表示河南省,18表示湖北省,19表示湖南省,20表示广东省,21表示海南省,22表示广西自治区,23表示重庆市,24表示四川省,25表示贵州省,26表示云南省,27表示西藏自治区,28表示陕西省,29表示甘肃省,30表示青海省,31表示宁夏自治区,32表示新疆自治区,33表示新疆生产建设兵团,34表示长江航务管理局,35表示珠江航务管理局);XXXXXX表示序列号。

3. 经营类别分为城市公共汽车客运、城市轨道交通运输、出租汽车营运、道路旅客运输、道路危险货物运输、道路普通货运、道路货物运输场站、机动车维修、汽车客运站、港口客运(滚装码头、渡船渡口)、港口普通货运、港口危险货物营运、水路旅客运输、水路普通货物运输、水路危险货物运输、交通运输建筑施工16个类别。

4. 达标等级分一级、二级、三级3个级别。

5. 国徽图案的制作及使用应遵守国家相关法律和规范。

6. 发证主管机关印章使用圆形封口章,名称统一为“＊＊＊企业安全生产标准化达标专用章”,“＊＊＊”为发证主管机关名称,“达标专用章”封口。例:“＊＊省交通运输厅企业安全生产标准化达标专用章”、“＊＊省＊＊市交通运输局企业安全生产标准化达标专用章”。

7. 证书电子模板可在交通运输企业安全生产标准化管理信息系统下载。

8. 证书正本1份,副本3份。

# 第十四章 现场考评

## 第一节 考评机构和考评员的资质

### 一、考评机构的资质

1. 概述

根据《交通运输企业安全生产标准化考评管理办法》等有关规定，为做好交通运输企业安全生产标准化考评工作，规范交通运输企业安全生产标准化考评机构（以下简称：考评机构）考评行为，各级交通运输主管部门及长江航务管理局、珠江航务管理局（简称：主管机关）对考评机构以及考评活动进行监督管理。

考评机构是指经主管机关认定，从事企业安全生产标准化达标考评的单位。主管机关或其认定的考评机构负责对交通运输企业实施考评。

2. 考评机构类别与资质

考评机构资质类型分为道路运输、水路运输、港口营运、城市客运、交通运输工程建设五类。

道路运输资质类型含道路旅客运输、道路危险货物运输、道路普通货运、道路货物运输站场、机动车维修、汽车客运站等经营类别；水路运输资质类型含水路旅客运输、水路普通货物运输、水路危险货物运输等经营类别；港口营运资质类型含港口客运（滚装码头、渡船渡口）、港口普通货运、港口危险货物营运等经营类别；城市客运资质类型含城市公共汽车客运、城市轨道交通运输、出租汽车营运等经营类别；交通运输工程建设资质类型含交通运输建筑施工经营类别。

考评机构的资质分为一、二、三级。同一级别考评机构最多只能申请两种专业类型。

一级考评机构由交通运输部认定，二级、三级考评机构由各省市交通运输主管部门和长江航务管理局、珠江航务管理局认定，并报交通运输部。一级、二级、三级考评机构分别负责相应交通运输企业的达标考评工作。

考评机构应取得主管机关颁发的交通运输企业安全生产标准化考评机构资质证书（以下简称“资质证书”，样式见本章附件1）。资质证书包含考评机构的资质类型和资质等级，有效期5年。已认定的考评机构由主管机关向社会公布。

资质证书有效期满需要换证的，应于期满前3个月内向主管机关提出换证申请，经主管机关审查合格的可以换发证书；不合格的，不予换发证书。

3. 考评机构资质条件

考评机构应具备的一般条件：

（1）交通运输事业单位或经批准注册的交通运输系统社团组织。

(2)具备固定办公地点和必要的设备。

(3)具有一定数量从事相关领域考评工作需要的管理人员及考评员。

(4)建有相应的管理制度。

考评机构应经主管机关认可,接受主管机关的监督管理,并按照主管机关赋予的权限开展工作,建立企业考评档案。

一级考评机构应当具备下列条件:

(1)从事交通运输业务的事业单位或经批准注册的交通运输社团组织。

(2)具有相适应的固定办公场所、设施和必要的技术条件。

(3)从事专职管理和取得相应类别考评资格且未在其他考评机构从事考评工作的人员不少于7名(其中具有高级技术职称的不少于3名)。

(4)从事相关业务领域管理、咨询、服务工作。

(5)制定了完善的考评管理制度。

二级、三级考评机构应当具备下列条件:

(1)从事交通运输业务的事业单位或经批准注册的交通运输社团组织。

(2)具有相适应的固定办公场所、设施和必要的技术条件。

(3)从事专职管理和取得相应类别考评资格且未在其他考评机构从事考评工作的人员,二级不少于5名(其中具有高级技术职称的不少于2名),三级不少于3名(其中具有高级技术职称的不少于1名)。

(4)从事相关业务领域管理、咨询、服务工作。

(5)制定了完善的考评管理制度。

4. 监督管理

主管机关应当根据其管辖范围内交通运输企业数量、经营类别以及具备开展安全生产标准化考评条件的机构等情况,合理认定考评机构。

申请考评机构资质的应按照相关规定,通过交通运输企业安全生产标准化管理信息系统向相应的主管机关提交电子申报材料(申请表格式见附件)。

考评机构应当建立考评员档案,并将下列材料汇总后报主管机关。

(1)考评员汇总表、登记表。

(2)专职考评员聘用证明。

(3)考评员培训合格证明。

(4)其他相关材料。

考评机构应对企业考评工作资料、现场审查记录、音像资料及相关证明材料及时归档,妥善保管,不得泄露被考评企业的技术和商业秘密。档案存档时间不得低于5年,并至少包括下列材料:

(1)被考评企业的基本情况。

(2)被考评企业安全生产相关文件目录。

(3)现场抽查情况。

(4)考评组及考评员对企业的考评意见和相关整改意见。

(5)考评员资格证复印件。

考评机构应当依照相关法律、法规、标准的规定，独立开展考评工作，如实反映被考评企业的安全生产状况，严禁弄虚作假，并对考评结论承担责任。与申请考评的企业存在利害关系的，应当回避。

考评机构有下列情形之一的，应当申请变更：

(1)机构名称和法定代表人变更的。

(2)停业、破产或有其他原因终止业务的。

(3)从事专职管理和考评工作的人员发生重大变化的。

考评机构对企业进行考评前，应告知企业所在省市主管机关。考评机构的考评工作不得以盈利为目的，不得利用考评工作谋取其他利益。考评机构应进行年度考评工作总结，并于次年1月底前报主管机关。

主管机关及其工作人员应当坚持公开、公平、公正的原则，严格按照法律法规和本办法规定，对考评机构和考评员进行监督管理。主管机关应当采取专家评议、征求被评审企业意见、抽查考评文件等方式，对其认定的考评机构的考评活动进行监督、检查和指导。主管机关发现考评机构存在问题的，应向考评机构下达整改通知书，要求考评机构及时整改。整改结束后，考评机构应向主管机关提交整改报告。

任何单位和个人有权向主管机关实名举报考评机构。主管机关应当及时受理、组织调查处理，并为举报人保密。

考评机构有下列情形之一的，原发证主管机关应当撤销其考评资质，并收回资质证书：

(1)违反有关考评规定和违法违规行为，不宜继续从事考评工作的。

(2)考评机构未按照主管机关整改通知书要求整改或整改不合格的。

(3)资质证书有效期满未申请换证或申请换证但未获得认可的。

(4)按照有关法规、规定，应予以撤销的。

## 二、考评员的任职条件

1.概述

根据《交通运输企业安全生产标准化考评员管理实施办法》(厅安监字〔2012〕134号)的规定，企业安全生产标准化考评员是指经专业培训并考试合格、取得资格证书的人员。也就是说，考评员在参加考评工作之前，首先需要经过主管部门的考核和资格认定；只有通过了主管部门安排的学习培训、考试和资格认定，获得由省级交通运输主管部门、长江航务管理局、珠江航务管理局核发交通运输企业安全生产标准化考评员资格证，才能从事考评员工作。

考评员按照专业分为道路运输、水路运输、港口营运、城市客运、交通运输工程建设五种类型，每位考评员最多只能申请两种专业类型的资格。

交通运输部负责指导全国考评员的管理，省级交通运输主管部门、长江航务管理局、珠江航务管理局负责其管辖范围内的考评员管理工作。

为加强交通运输企业安全生产标准化考评员的管理，规范其考评行为，交通运输部制定了《交通运输企业安全生产标准化考评员管理实施办法》。本办法所称考评员是指经专业培训并考试合格、取得资格证书的人员。考评员的分类、资格认定、考评活动以及对考评员的监督管理适用本办法。

2. 考评员的资格条件

考评员应具有交通运输相关学历和工作经历，并经专业培训、考试合格取得资格。主管机关负责考评员适任条件的审核、考试发证、注册登记等管理工作，并建立档案。考评机构应建立考评员日常管理档案，并按年度向主管机关备案。

凡中华人民共和国公民，遵守法律、法规和规章，恪守职业道德，符合下列条件的，均可报考考评员。

(1)具有大学专科以上学历，相关专业技术职称，且从事交通运输相关工作5年以上。

(2)熟悉交通运输安全生产法律法规及相关规定。

(3)有较强的组织协调能力和文字语言表达能力。

(4)年龄原则上不得超过60周岁，身体健康。

报考考评员的人员应通过交通运输企业安全生产标准化管理信息系统向户籍所在地或常住地主管机关提交申请，并附下列材料：

(1)申请表(见本章附件2)。

(2)相关证明文件(包括身份证明、学历证明、培训合格证明等的电子文档)。

考评员资格最多只能申请两种专业类型。

3. 考评员的培训考试与登记

交通运输部负责组织制定考试大纲和编写培训教材。省级交通运输主管部门、长江航务管理局和珠江航务管理局按管辖范围负责组织实施培训、考试工作。

培训和考试应包含以下内容：

(1)安全生产相关法律法规。

(2)交通运输企业安全生产标准化相关规定。

(3)相关专业技术知识和考评技能。

(4)其他相关知识。

取证培训时间不少于24个学时。

经培训考试合格的人员，由省级交通运输主管部门、长江航务管理局、珠江航务管理局核发交通运输企业安全生产标准化考评员资格证。

直接从事交通运输安全生产管理工作10年以上，熟练掌握交通运输安全生产相关法规和企业安全生产标准化规定，身体健康，经本人申请、所在单位推荐、发证主管机关核准，可直接颁发考评员资格证。

从事交通运输企业安全生产标准化考评工作的考评员应受聘于考评机构开展考评活动。

省级交通运输主管部门和长江航务管理局、珠江航务管理局应将管辖范围内的考评员登记信息报交通运输部。

4. 考评员资格证的管理

交通运输部统一规定考评员资格证样式(见本章附件2)，省级交通运输主管部门、长江航务管理局和珠江航务管理局负责资格证的印制和发放等工作。

考评员个人信息变动应及时向发证主管机关报告。

交通运输部建立全国统一的资格证书管理信息系统。该系统包括考评员基本信息、证书信息和其他电子文档内容。

考评员资格证有效期为5年。有效期满继续从事考评工作的,应在有效期满前3个月内向发证主管机关提出换证申请。

考评员申请换证应提交以下材料:

(1)申请表(见本章附件2)。

(2)继续教育证明。

(3)所在考评机构出具的工作业绩证明。

考评员应妥善保管考评员资格证,不得损毁、涂改或转借他人。考评员资格证遗失者,应及时向主管机关申请补发。

5. 考评员管理

考评员应当遵守下列规定:

(1)严格执行国家有关法律法规,客观公正,实事求是,保证考评工作质量和真实性。

(2)遵守考评纪律,恪守职业道德,保守考评企业技术和商业秘密。

(3)对考评工作负责。

(4)对考评结论持有异议的,可向考评机构报告,如对考评机构的认定仍有异议的,可向相应的主管机关报告。

(5)与申请考评的企业存在利害关系的,应当主动回避。

(6)自觉接受主管机关、考评机构的监督管理。

(7)年度继续教育时间不少于8学时。

考评员在考评企业时,应当出示考评员资格证。

考评员从事考评工作,应认真做好考评记录,保证考评工作规范、有序开展。

主管机关应对考评员的考评活动进行监督检查,其方式可采取现场检查、企业反馈意见搜集、询问等。

考评员有下列行为之一的,主管机关应当撤销考评员资格:

(1)隐瞒企业重大安全问题的。

(2)考评工作中弄虚作假的。

(3)泄露企业技术和商业秘密的。

(4)收受企业财物或者为企业谋取不正当利益的。

(5)不服从主管机关监督管理的。

(6)资格证逾期不申请换证的。

(7)其他不能胜任考评工作的。

因上述第(1)至(4)条原因被撤销资格证的,终身不得从事考评工作;因上述其他原因被撤销资格证的,2年内不得申请考评员资格。

考评员常住地发生省际间变更的,应申请换发资格证。

## 第二节　现场考评内容与方法

### 一、现场考评的一般要求

主管机关或其认定的考评机构负责对交通运输企业实施考评。

申请考评的企业应向主管机关提交申请,考评机构应在接到申请后25个工作日内完成对企业的考评。

考评组实施考评可采取提问、交谈、查阅文件和记录、资料核对、现场检查与抽查等方式。若有必要,可以进行现场检测与测量。考评组在企业从事考评活动,按下列程序进行:

(一)考评启动。考评组应提前与企业协调确认考评计划及考评进度表,考评前应介绍考评流程、考评方法及保密承诺等。企业应向考评组介绍企业的组织构架和安全生产工作等情况。

(二)实施考评。考评组成员按照考评计划和任务分工实施考评,获取真实数据,给出公正客观的考评分值和评价。

(三)考评组内部评议。考评组应进行内部评议,具体审核汇总各考评人员提交的考评依据和考评结果,研究确定综合考评结论。

(四)交换意见。考评组应向企业通报考评情况,交换考评结果,并就考评过程中发现的问题向企业提出整改建议。

企业对考评机构提出的整改意见,1个月内能按要求整改到位的,经考评机构核实后,可视为达到考评要求。

企业对考评结论存有异议的,可向同级主管机关、直至上级主管机关提出复核申请。主管机关应及时组织复核。

考评组考评工作结束后,应向考评机构提交考评报告,考评报告包含下列内容:

(一)考评组人员组成。

(二)考评综述。

(三)考评材料(含考评员考评结果原件等)。

(四)考评结论。

(五)对企业的相关整改建议。

(六)其他需说明的问题。

考评机构收到考评组的考评报告并按程序审查后,向主管机关提交考评结论及达标等级意见。

## 二、现场考评程序

现场考评工作是考评工作的重要组成部分,考评机构可采取召开首次会议、现场考评、内部会议及沟通、末次会议等程序进行。现场考评前,按照申请企业所涉及评定标准中的管理、技术、工艺等要求,配足相应的考评人员,组成现场考评组。

1. 首次会议

在企业开展现场考评前,需召开首次会议。首次会议应包括介绍现场考评的目的、依据、介绍考评组成员、听取企业基本情况及安全生产标准化建设情况的介绍、确定现场考评的方法与具体安排等内容。首次会议要求考评组全体成员和企业主要负责人及相关人员参加,并进行签到。同时有必要时可以邀请所在地安全监管部门负责人参加首次会议。

考评组要做好首次会议的相关记录。

2. 现场考评

现场考评组至少由3名以上(一般不超过7名)考评人员组成,其中至少包括1至2名由考评机构备案的考评专家；指定1名考评员担任考评组长，负责现场考评工作；按照企业规模、生产工艺情况及考评人员专业情况，进行考评分组，至少分为资料组和现场组，现场组应配有至少2名考评专家。在分组确定后，要求考评人员在考评分组表上进行签字。

现场考评采用资料核对、人员询问、现场考核和查证的方法进行。现场考评时各考评小组应由企业相关人员进行陪同或见证。

现场考评前，应由申请单位相关人员对考评组人员进行进入现场前的相关安全培训或安全告知，并提供相应的安全防护装置。

3. 内部会议及沟通

现场分组考评结束后，考评组需要独立召开内部会议。各小组分别召开碰头会，完成小组考评意见；各小组将意见汇总后，对照适用的评定标准及有关规定，对得分点、扣分点、不符合项等进行汇总，形成一致的、公正客观的考评组意见，并给出现场考评结论和等级推荐意见。企业须为考评组提供独立的会议场所。

在考评组内部会议形成了现场考评结论后、末次会议前，根据需要，考评组可就现场考评结论与企业主要负责人进行沟通；若在现场考评中发现存在较大原则性问题而导致无法通过现场考评时，由考评组组长与接受考评企业主要领导充分沟通后，达成一致意见。

4. 末次会议

末次会议主要是由各小组组长宣布小组考评意见及考评组组长宣读现场考评结论以及对下一步工作安排。参加首次会议的人员应全部参加。

宣读现场考评结论后，考评组全体成员须在现场考评结论上签字，并要求企业在规定时间内制定整改计划报考评机构备案。

考评组应对整改计划的有关内容是否满足整改效果进行材料验证。

## 三、现场考评报告和总结

现场考评全部结束后，由考评组向考评考评机构提交考评报告、考评工作总结、考评结论原件、考评得分表、考评人员信息及企业整改计划等考评相关材料。

1. 考评报告

考评报告应按照有关要求，如实进行编写，包含考评报告表和考评报告。考评报告应对考评企业概况、考评内容等进行描述：考评企业概况应包含企业基本情况、年经营收入、主体工艺流程、从业人员数量等内容；考评内容应表述企业安全生产标准化建设工作的内容、成效，将每个一级要素进行有针对性的概括描述。

2. 考评工作总结

考评工作总结包括考评情况概况、资料考评综述、现场考评综述、其他需说明的问题等内容。

3. 考评结论

考评结论应能体现企业是否通过申请等级的现场考评，企业不符合评定标准要求的扣分项及建议项。

4. 考评得分表

考评得分表为企业实得分数和扣除分数的汇总表，根据各评定标准制定。

5. 考评人员信息

考评人员信息为实际参加现场考评人员基本信息及分工情况，考评人员应为由相应考评组织单位进行备案的有关人员，并按照其专业情况从事考评工作。

6. 企业整改计划

企业整改计划为企业针对安全生产标准化现场考评末次会议中提出的扣分项及建议项的整改计划。

## 四、考评发证与日常管理

1. 初次考评和发证

申请初次考评的企业应具备以下条件：①具有企业法人资格（含分公司），并直接从事交通运输生产经营建设行为的实体；②具有与其经营管理相适应的安全生产管理机构和人员，并建有相应的安全生产管理制度；③已进行安全生产标准化建设自评。

初次考评应提交申请报告，并附以下材料：①企业法人营业执照、经营许可证等；②企业基本情况和安全生产组织架构；③企业安全生产基本情况；④企业安全生产标准化建设自评报告。

主管机关收到初次考评申请及所附材料后，应审查以下内容：①是否属于本管辖范围；②是否满足申请条件；③申请材料是否齐全。申请材料不符合要求的，应告知企业补充、修改或重新提交申请。

对满足申请要求的企业，主管机关应结合企业的申请确定考评机构。考评机构应按照主管机关的要求和本办法的规定对企业安全生产情况进行考评。

企业通过考评的，由考评机构报主管机关审核同意后，向该企业签发安全生产标准化达标证书。未通过考评的或经主管机关审核不合格的，企业应采取纠正措施并可在 3 个月后重新申请考评。

已取得相关机构颁发的安全生产管理体系证书（证明）的企业，连续 3 年未发生重特大事故的，经主管机关对必备条件审核后，可颁发二级或三级安全生产达标证书。

企业申请高一级别安全生产标准化达标考评，考评及发证的内容、范围和方法按照初次考评的有关规定执行。

新组建企业应于正式运营 6 个月后提出初次考评申请。

2. 换证考评与发证

换证考评申请应在企业安全生产标准化达标证书有效期届满之日前 3 个月内提出。

换证考评申请应附送以下材料：①企业法人营业执照、经营许可证等；②安全生产标准化达标证书；③企业基本情况和安全生产组织架构；④企业安全生产管理情况。

换证考评及发证的内容、范围和方法参照初次考评的有关规定执行。换证考评和发证应在现有企业安全生产标准化达标证书有效期届满前完成。

换证考评未通过的，企业应在原证书期满后 3 个月内提出重新考评申请。

企业安全生产标准化达标证书遗失的，可以向原考评发证机构申请补发。

企业法人代表、名称、地址等变更的，应在变更后 1 个月内，向相应的主管机关提供有关材料，申请对企业安全生产标准化达标证书的变更。

主管机关向企业、考评机构、考评人员发放证书不得收取任何费用。

3. 附加考评

有下列情况之一的，主管机关或其指定的考评机构应对持有企业安全生产标准化达标证书的企业实施附加考评：①企业发生重大及以上安全责任事故；②企业一年内连续发生二次及以上较大安全责任事故；③企业被举报并经核实其安全生产管理存在重大安全问题；④企业发生其他可能影响其安全生产管理的重大事件或主管机关认为确实必要的。上述事故等级按照《生产安全事故报告和调查处理条例》(国务院第 493 号令)确定。

附加考评应针对引发附加考评的原因进行。在考评中发现有严重问题的，可扩大考评范围，直至实施全面考评。

通过附加考评并经主管机关审核合格的，维持企业安全生产标准化达标证书的有效性。

未通过附加考评或经主管机关审定认为其安全生产管理存在重大问题的，主管机关应责令其整改，整改合格的，企业应在 3 个月内再次申请初次考评。

4. 公示与发证

主管机关收到考评机构提交的考评结论后，应对企业拟达标的等级进行公示(公示期 7 天)，公示期间没有实名举报的应向企业颁发安全生产标准化达标等级证书，并向社会公布。公示期间如有实名举报，主管机关应进行核查，举报不属实和举报属实但不影响考评结论的应予以发证；举报属实且影响考评结论的不予发证。企业安全生产标准化达标证书有效期为 3 年。

省级交通运输主管部门和长江航务管理局、珠江航务管理局应将二、三级达标企业发证情况报交通运输部。

企业安全生产标准化达标证书应按照交通运输部规定的统一样式(见附件)制发。

获得安全生产达标等级证书的企业每年应进行自评，并在次年 1 月底前将年度自评报告报发证主管机关。上级主管机关应对下级主管机关和考评机构的考评工作进行监督检查。

附件1：

# 交通运输企业安全生产标准化考评机构

# 申

# 请

# 表

申请日期：　　年　　月　　日

中华人民共和国交通运输部制

# 交通运输企业安全生产标准化考评机构申请表

| 单位名称 | | | |
|---|---|---|---|
| 业务范围 | | | |
| 何时成立 | | 批准单位 | |
| 法人代表 | | 单位类别 | |
| 申请类别 | | 申请级别 | |
| 拟从事考评人数 | | 其中高级职称人数 | |
| 从事相关业务经历 | 年 | 申请从事业务地域 | |
| 主 管 机 关 | | | |
| 主要业绩 | | | |
| 相关附件 | 1. 单位基本情况 ☐ | | |
| | 2. 考评管理制度______个 ☐ | | |
| | 3. 拟从事专职考评人员情况（含劳务意向协议） ☐ | | |
| | | | |
| | | | |
| 主管机关意见 | （电子签名） 年 月 日 | | |
| 备 注 | | | |

说明：拟从事考评人数，应填写已获取考评员培训、考试资格，并与本单位签订专职劳务意向协议的人员数量。拟从事专职考评人员情况，应含其个人关键信息。

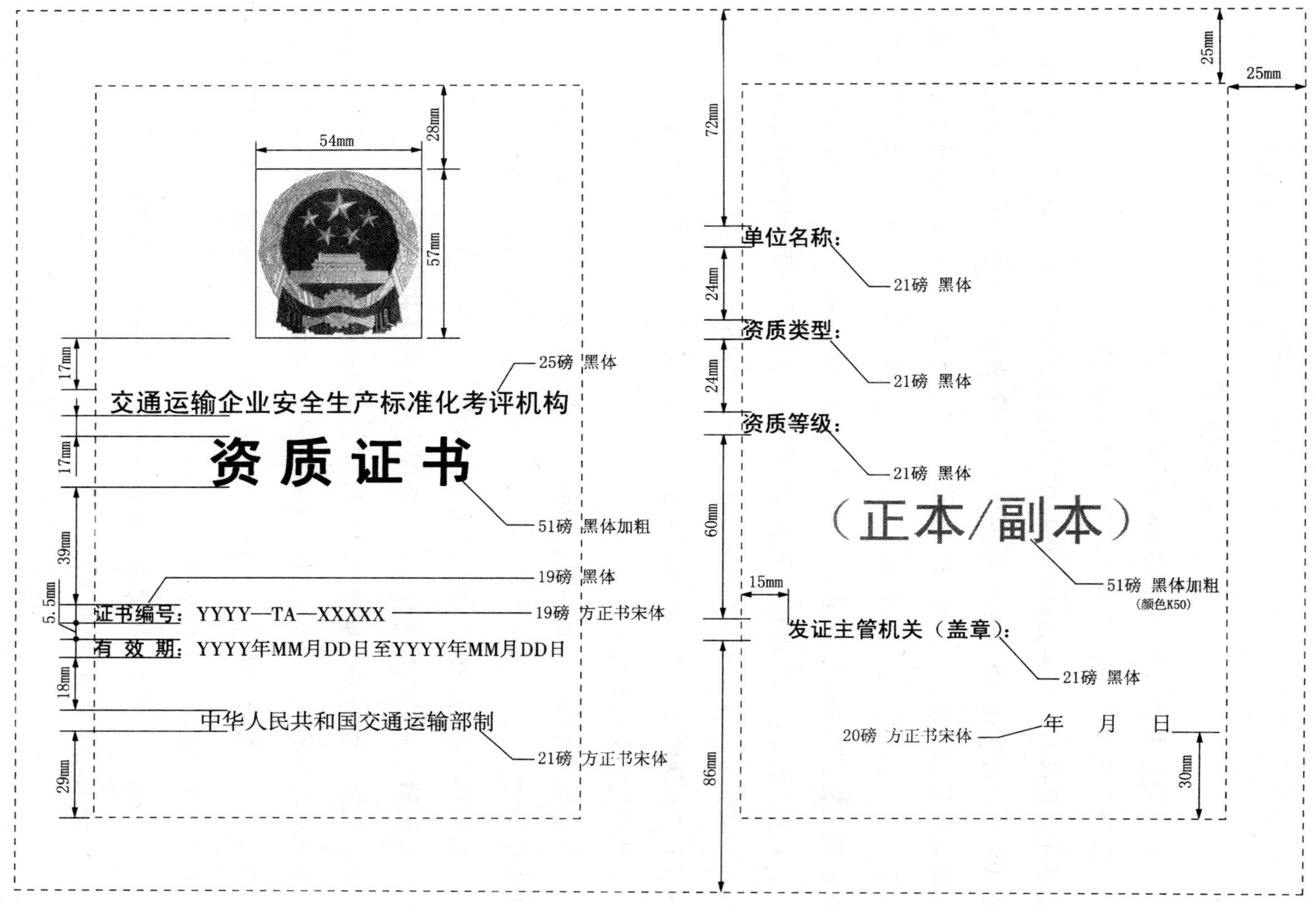
54mm
28mm
57mm
17mm
25磅 黑体
交通运输企业安全生产标准化考评机构
17mm
资质证书
51磅 黑体加粗
39mm
19磅 黑体
5.5mm
证书编号：YYYY—TA—XXXXX
19磅 方正书宋体
有 效 期：YYYY年MM月DD日至YYYY年MM月DD日
18mm
中华人民共和国交通运输部制
21磅 方正书宋体
29mm
25mm
25mm
72mm
单位名称：
21磅 黑体
24mm
资质类型：
21磅 黑体
24mm
资质等级：
21磅 黑体
60mm
（正本/副本）
51磅 黑体加粗
（颜色K50）
15mm
发证主管机关（盖章）：
21磅 黑体
20磅 方正书宋体
年 月 日
30mm
86mm

## 证书说明

1. 资质证书纸张大小为420mm×297mm(A3),带底纹。

2. 资质证书编号格式为YYYY—TA—XXXXX。YYYY表示年份;TA表示发证主管机关(01表示交通运输部,02表示北京市,03表示天津市,04表示河北省,05表示山西省,06表示内蒙古自治区,07表示辽宁省,08表示吉林省,09表示黑龙江省,10表示上海市,11表示江苏省,12表示浙江省,13表示安徽省,14表示福建省,15表示江西省,16表示山东省,17表示河南省,18表示湖北省,19表示湖南省,20表示广东省,21表示海南省,22表示广西自治区,23表示重庆市,24表示四川省,25表示贵州省,26表示云南省,27表示西藏自治区,28表示陕西省,29表示甘肃省,30表示青海省,31表示宁夏自治区,32表示新疆自治区,33表示新疆生产建设兵团,34表示长江航务管理局,35表示珠江航务管理局);XXXXX表示序列号。

3. 资质类别分为道路运输、水路运输、港口码头、城市客运、交通运输工程建设5个类型。

4. 资质等级分一级、二级、三级3个级别。

5. 国徽图案的制作及使用应遵守国家相关法律和规范。

6. 发证主管机关印章使用圆形封口章,名称统一为"×××企业安全生产标准化达标专用章","×××"为发证主管机关名称,"达标专用章"封口。例:"××省交通运输厅企业安全生产标准化达标专用章"、"××省××市交通运输局企业安全生产标准化达标专用章"。

7. 证书电子模板可在交通运输企业安全生产标准化管理信息系统下载。

8. 证书正本1份,副本3份。

附件2：

# 交通运输企业安全生产标准化考评员

# 申

# 请

# 表

申请类别：□道路运输　□水路运输　□港口码头
□城市客运　□交通运输工程建设

主管机关：________________________________

申请日期：________________________________

中华人民共和国交通运输部制

# 交通运输企业安全生产标准化考评员申请表

<table>
<tr><td>姓　　名</td><td></td><td>性别</td><td></td><td>出生年月</td><td></td><td rowspan="5">照　片(电子版)</td></tr>
<tr><td>身份证号</td><td colspan="5"></td></tr>
<tr><td>工作单位</td><td colspan="3"></td><td>职务/职称</td><td></td></tr>
<tr><td>常住地址</td><td colspan="3"></td><td>邮　　编</td><td></td></tr>
<tr><td>联系电话</td><td colspan="3"></td><td>传真号码</td><td></td></tr>
<tr><td>手机号码</td><td colspan="3"></td><td>电子邮箱</td><td colspan="2"></td></tr>
<tr><td>文化程度</td><td></td><td colspan="2">所学专业</td><td></td><td>现从事专业</td><td></td></tr>
<tr><td>申请类别</td><td colspan="6"></td></tr>
<tr><td>主要学习<br>（培训）<br>经历</td><td colspan="6"></td></tr>
<tr><td>主要工作<br>简　　历</td><td colspan="6"></td></tr>
<tr><td>主管机关<br>意　　见</td><td colspan="6">（电子签名）　年　月　日</td></tr>
<tr><td>备　　注</td><td colspan="6"></td></tr>
</table>

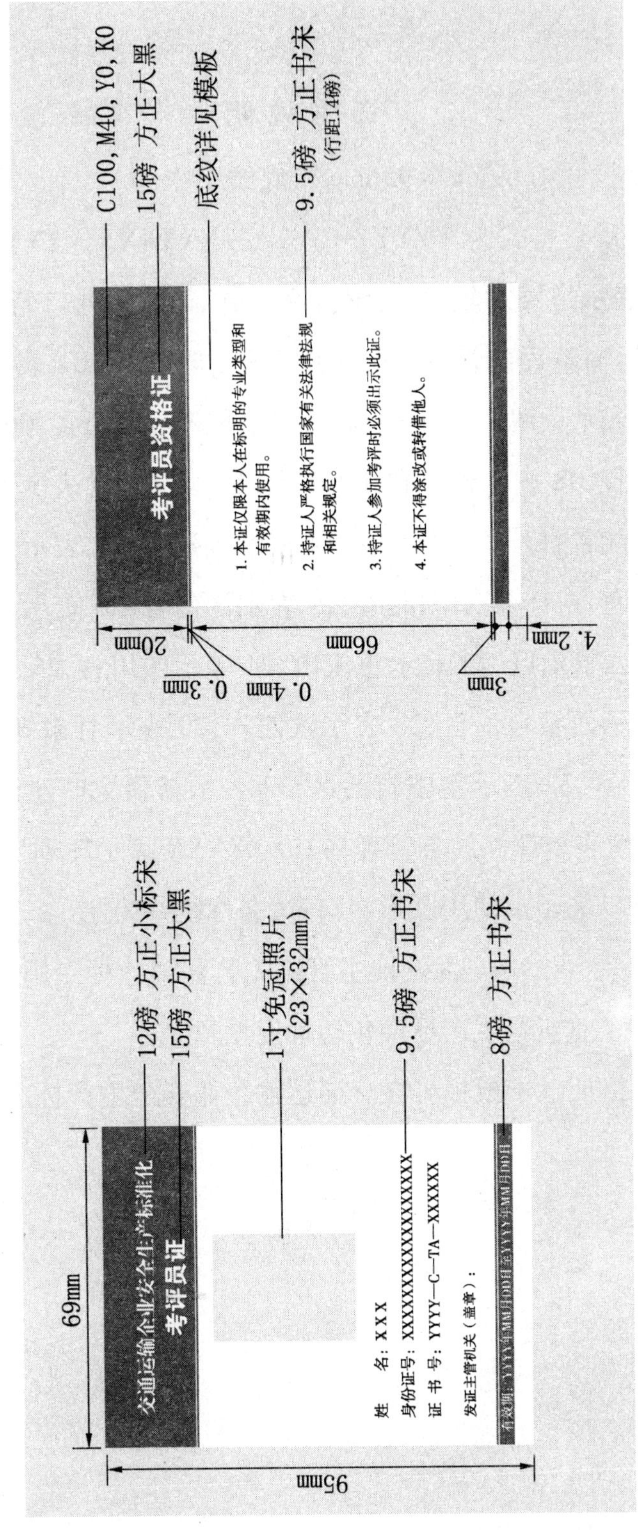
C100, M40, Y0, K0
15磅 方正大黑
底纹详见模板
9.5磅 方正书宋
(行距14磅)
考评员资格证
1. 本证仅限本人在标明的专业类型和有效期内使用。
2. 持证人严格执行国家有关法律法规和相关规定。
3. 持证人参加考评时必须出示此证。
4. 本证不得涂改或转借他人。
20mm
66mm
4.2mm
0.3mm
0.4mm
3mm
12磅 方正小标宋
15磅 方正大黑
1寸免冠照片
(23×32mm)
9.5磅 方正书宋
8磅 方正书宋
交通运输企业安全生产标准化
考评员证
姓 名：XXX
身份证号：XXXXXXXXXXXXXXXXXX
证书号：YYYY—C—TA—XXXXXX
发证主管机关（盖章）：
有效期：YYYY年MM月DD日至YYYY年MM月DD日
69mm
95mm

## 证书说明

1. 考评员证尺寸为69mm×95mm,带底纹。

2. 考评员证编号格式为 YYYY—C—TA—XXXXXX。YYYY 表示年份;C 表示资质类型(1 表示道路运输,2 表示水路运输,3 表示港口营运,4 表示城市客运,5 表示交通运输工程建设);TA 表示发证主管机关(01 表示交通运输部,02 表示北京市,03 表示天津市,04 表示河北省,05 表示山西省,06 表示内蒙古自治区,07 表示辽宁省,08 表示吉林省,09 表示黑龙江省,10 表示上海市,11 表示江苏省,12 表示浙江省,13 表示安徽省,14 表示福建省,15 表示江西省,16 表示山东省,17 表示河南省,18 表示湖北省,19 表示湖南省,20 表示广东省,21 表示海南省,22 表示广西自治区,23 表示重庆市,24 表示四川省,25 表示贵州省,26 表示云南省,27 表示西藏自治区,28 表示陕西省,29 表示甘肃省,30 表示青海省,31 表示宁夏自治区,32 表示新疆自治区,33 表示新疆生产建设兵团,34 表示长江航务管理局,35 表示珠江航务管理局);XXXXXX 表示序列号。

3. 发证主管机关印章使用圆形封口章,名称统一为"×××企业安全生产标准化达标专用章","×××"为发证主管机关名称,"达标专用章"封口。例:"××省交通运输厅企业安全生产标准化达标专用章"。

4. 考评员资格证电子模板可在交通运输企业安全生产标准化管理信息系统下载。

# 参考文献

[1] 船舶设计实用手册编委会. 轮机分册[M]. 北京:国防工业出版社,1999.

[2] 宗蓓华,真虹. 港口装卸工艺学[M]. 北京:人民交通出版社,2003.

[3] 真虹. 港口货运[M]. 北京:人民交通出版社,2008.

[4] 秦同瞬. 港口装卸工艺实务[M]. 北京:高考教育出版社,2001.

[5] 杨茅甄. 港口企业装卸实务[M]. 北京:中国物资出版社,2009.

[6] 郑立业. 企业员工安全知识培训教材[M]. 北京: 石油工业出版社,2011.

[7] 国际劳工局. 国际劳工组织操作规程:港口安全与卫生[M]. 大连:大连理工大学出版社,2010.

[8] 交通运输部水运局. 水运工程建设相关法律法规汇编(2011 版) [M]. 北京:人民交通出版社,2011.

[9] 张林江,魏明. 中国水运法律政策全书(上中下)[M]. 北京:社会科学文献出版社,2010.

[10] 李飞. 中华人民共和国港口法释义[M]. 北京:法律出版社,2003.

[11] 国际海运危险货物规则(IMDG CODE 35 - 10 版)[M]. 海事局,译. 北京:国伦科贸海事有限公司,2011.

[12] 管永义,钱闵. 国际国内安全管理规则相关文件(国内分册)[M]. 大连:大连海事大学出版社,2002.

[13] 固体散装货物安全操作规则[M]. 中华人民共和国交通部国际合作司,译. 大连:大连海事大学出版社,2007.

[14] 真虹. 港口管理[M]. 2 版. 北京:人民交通出版社,2009.

[15] 杜文. 旅客运输组织[M]2 版. 成都:西南交通大学出版社,2008.

[16] 中国安全生产协会注册安全工程师工作委员会. 安全生产管理知识[M]. 北京:中国大百科全书出版社,2011.

[17] 魏东. 现行有效交通法规汇编 水运分册[M]. 北京:人民交通出版社,2008.

[18] 南嘉谋. 危险货物运输相关法律法规汇编[M]. 北京:人民交通出版社,2008.

[19] 中华人民共和国交通部. 交通行业职业技能标准汇编(一)(JT/T29.1 - 29.23 - 2004)[M]. 北京:人民交通出版社,2004.

[20] 刘铁民. 职业安全健康法规手册[M]. 北京:群众出版社,2003.

[21] 邢娟娟. 职业健康工作实务[M]. 北京:煤炭工业出版社,2002.

[22] 张穹,等. 新《特种设备安全监察条例》释义[M]. 北京:中国法制出版社,2010.

[23] 李洪. 职业健康与安全[M]. 北京:人民出版社,2010.

[24] 王福绵. 起重机械作业人员安全技术培训教材[M]. 北京:北京理工大学出版社,2006.
[25] 韩展初. 现场管理实务[M]. 厦门:厦门大学出版社,2002.
[26] 苏勋民,等. 港口生产安全系统分析及预警研究[M]. 济南:山东大学出版社,2007.
[27] 机械电子工业部生产司. 设备管理与维修工作手册. 湖南:湖南科学技术出版社,1989.
[28] 中国海事服务中心. 船舶管理. 大连:大连海事大学出版社,2005.
[29] 中华人民共和国交通运输部. 水运工程质量检验标准. 北京:人民交通出版社,2008.